U0917166

编委会

感谢

中国人民大学副校长 袁卫 教授
台湾政治大学商学院院长 林英峰 教授
纽约大学商学院副院长 Fred Choi 教授
《财务报表分析》杂志主编、纽约大学会计系 Paul Brown 教授
纽约大学商学院高级经理培训中心主任 Michael Darling 教授
纽约大学商学院策略系 Ari Ginsberg 教授

在选书上给予的支持

全美最新工商管理
权威教材系列

Statistics for Business and Economics

商业和经济统计学

(第8版)

〔美〕 詹姆斯·麦克莱夫 (James T. McClave)
乔治·本森 (P. George Benson) 著
特里·辛西奇 (Terry Sincich)

邵学清 张亚涛 刘乐平 等译
袁卫 审校

Statistics for Business and Economics

中国财政经济出版社

著作权合同登记号:图字 01－2008－4410 号

图书在版编目(CIP)数据

商业和经济统计学/(美)麦克莱夫等著;邵学清等译. 8 版. 一北京:中国财政经济出版社,2008. 9

书名原文:Statistics for Business and Economics,8E

ISBN 978－7－5095－0913－5

Ⅰ. 商…　Ⅱ. ①麦…②邵…　Ⅲ. ①商业统计学　②经济统计学　Ⅳ. F712. 3　F222

中国版本图书馆 CIP 数据核字(2008)第 127589 号

中国财政经济出版社出版

(北京市海淀区阜成路甲 28 号　邮政编码:100036)

发行处电话:88190406　财经书店电话:64033436

E－mail:cfeph@dre. gov. cn

北京科文剑桥图书有限公司承销

(北京市安定门外大街 208 号三利大厦四层　邮政编码:100011)

编辑热线:64219634　购书热线:64203023

网上购书:www. dangdang. com(当当网)

北京交通印务实业公司印刷装订　新华书店经销

787 毫米×1092 毫米　16 开本　58. 5 印张　1520 千字

2008 年 9 月第 1 版　2008 年 9 月第 1 次印刷

定价:118. 00 元

译者的话

我从上世纪90年代初开始为校内MBA学生开设“应用统计学”的课程，开始时使用的是我们自己编写的教材。1992年在中欧管理学院为MBA讲统计学时使用的是Wonnacott兄弟编写的《商务与经济统计学导论》(Introductory Statistics for Business and Economics, 1990, 第四版)。那是一本很好的教材，但遗憾的是一直没有见到新的版本。1998年去美国访问时我又了解到美国不少著名的大学都使用McClave, Benson和Sincich的《商务与经济统计学》(Statistics for Business and Economics)作为本科生和MBA学生的统计学教材，并深受老师和学生欢迎。在为中国人民大学与美国纽约州立大学布法罗分校合作培养EMBA准备“商务统计”课程时，我就选择了这本书的第七版作为一班和二班的教材，三班和四班则使用2001年出版的第八版。不仅我很喜欢这本书，同学们也反应良好。这本书之所以能够修订八版且一直畅销，我认为主要是因为具有如下几个特点：

一、教材回避了统计方法的数学推导，借助统计软件着重于讲透统计思想和应用。对于多数学生来讲，学习统计学的最大障碍就是数学。而对绝大多数学习经济、商务和管理等专业的学生来讲，学习统计学的主要的目的是应用。因而，用浅显的数学表达清楚统计的思想，同时借助计算机软件对数据进行分析就成为许多教材努力的目标。应该说，本书在这方面相当成功。

二、为帮助读者掌握统计方法，作者搜集了大量统计数据和案例，对统计概念和方法的介绍做到了深入浅出。本书在每章都精心安排了“统计实践”和“现实案例”，融趣味性、知识性、实用性于一体，用真实的数据和实际案例帮助读者掌握统计思想和方法。

三、下大功夫收集、整理了大量经济和商务实践中的问题作为习题。第八版的习题增加到了1400多道，并且都是来自于实践的问题。作者特地将习题设计成两类，一类习题旨在帮助读者学习、理解概念和方法；另一类习题旨在提高读者分析数据的能力和水平，而且这两类习题的安排十分合理，使读者能在浓厚的兴趣中轻轻松松地学习、提高。

四、有丰富的辅助材料和便捷的网络服务。为达到较好的学习效果，出版社配合这本教材编辑出版了大量的辅助材料，其中包括：教师用书、学生用书、习题答案、试题库、教学幻灯片、统计软件介绍等，很多材料都可以从出版社的网站上免费下载。

除了以上这些特点，本书的体系、结构、内容等也都是精心安排的，既适合于课堂讲授，也易于自学。正是由于这本教材有以上这些特色，使得它深受读者的欢迎，也让我早就想将它翻译出来，介绍给学习经济学、工商管理和人文社会科学的读者。

翻译工作由我的博士研究生和我共同完成。我负责整个翻译工作的组织、校审、定稿。各章初稿翻译的分工如下：丁文斌：前言、1～4章；王新军：5～8章；张亚涛：9～11章；邵学清：12～14章；刘乐平：15～16章。在初稿的基础上，我对部分章节进行了重新翻译，刘乐平和张亚涛参加了部分章节的修改。我们感谢科文图书公司的谢志宁、单靖华和中国财政经济出版社李乃君副总编辑、陈冰主任，是他们的热情支持、认真负责的工作保证了本书能够和读者见面。我还要感谢使用过这本英文教材的同学们，是他们对这本教材的喜爱和对我的鼓励使我下决心要翻译这本近1000页的大部头教材。由于我们翻译水平有限，书中不妥之处在所难免，欢迎读者指正。

衷心地希望您和我们一样喜欢这本书！

袁卫

2005年5月于中国人民大学

前 言

《商务与经济统计学》第八版是一本以商务知识为应用背景的统计教材，重点讲述统计推断，也包括数据收集与分析等许多其他内容，所有这些知识都是评价统计研究结果和制定正确决策时必须具备的。本书前几版的内容主要讲述统计思想的发展、以数据为基础进行统计推断及其对推断的可靠性进行判断等。另外说明一点，我们假定使用本书的读者已掌握基本的代数知识。

本书的一个简本——《商务统计学初步》(A First Course in Business Statistics) 可作为一学期的课程开设，内容包括回归分析、方差分析和分组数据分析等最基本的内容。

第八版中新增内容

主要内容变化

第 2 章新增两节选学内容：检验离群值的方法(第 2 章第 8 节)和两个变量关系的图示法(第 2 章第 9 节)。

第 5 章增加了评价一个数据集是否近似服从正态分布的描述性方法。

第 11 章包括新增的多元回归部分。多元回归模型与建模理论(以前版本中属于第 11 章和第 12 章)重新编为单独的一章，但仍以一元模型为重点，其他较为复杂的模型(如交互模型、二次模型和虚拟变量模型)按难易程度在后面依次介绍。另外，残差分析(第 11 章第 13 节)的内容扩展到包括处理异方差性。

用统计软件处理数据——在本书中，介绍了 4 种流行的基于 Windows 系统的统计软件(SAS,SPSS,MINITAB,STATISTIX)的输出结果以及如何运用这些结果制定决策。

统计实践——每章中用一到两个例子专门讨论现实生活中经常碰到的一些事件，给出相关数据供大家分析，然后设计一些问题以促进学生思考并得出自己的结论。

现实商务案例——书中介绍的 6 个与商务内容有关的案例，都来源于真实的数据作为作业，每一案例都是对前面所学知识的回顾和总结。

真实数据练习——教材中几乎所有的习题都选自实际出版物(如报纸、杂志和期刊)的真实数据。

要点回顾——每一章用一系列关键术语和公式作为结尾，这些术语和公式首次出现的页码也同时列出以供查找。

语言库——给出教材中希腊字母和其他专门术语的发音向导，并列出用法注解。

传统特色

我们坚持《商务与经济统计学》以前版本中那些独有的特色，这些特色有助于学生全面了解统计及其在现实世界和日常生活中的应用，具体如下：

借助实例引出概念

几乎所有的新概念都借助有实际背景的数据和例子导出并加以解释。我们相信以这些实际例子为基础，学生们会更好地理解定义并进一步达到融会贯通。

练习量大——按类型划分

教材中编入1400多道练习题，这些练习几乎涉及统计在所有研究领域的应用。另外考虑到在现实生活中碰到问题时，许多学生常常会因不熟悉统计方法而一筹莫展，因此我们把书中所有的练习分成两类：

学习技巧类：设计用来直接运用新概念。这些练习在于帮助学生检验自己理解一个概念或定义的能力。

应用概念类：这些练习以来自期刊、报纸和其他资料的应用实例为基础，培养学生运用统计知识解决现实问题的能力。

对概率的介绍(第3章)

统计入门课程的难点之一是对概率的学习。概率这个概念对教师是一个考验，因为他们必须解释清楚这个概念；同样，对学生们来讲，他们更认为概率不容易理解。我们认为产生上述问题的原因之一是大多数教科书把计算规则和概率混在了一起，本书中我们把计算规则作为一部分独立的选学内容放在概率一章的结尾。另外，在所有要求使用计算规则的练习前都标有星号(*)，以便讲授者灵活控制概率内容的覆盖范围。

多元回归分析与建模理论的扩充内容(第11章)

这部分内容介绍实际应用中最有用的一种统计方法——回归分析，尽管可以用一本书的内容来专门讨论回归模型，但我们相信本书安排的篇幅足以把这部分内容解释清楚。

我们用三章的内容来介绍回归分析中的主要推断类型，以及如何在计算机中显示相关的结果。特别是，选择多元回归模型用于分析。这样，讲授者既可以用一章的内容来单独讲授一元回归，也可以用三章的内容来依次讲授一元回归、多元回归及建模理论。总之，对这些有用统计方法的补充介绍将加深学生对统计与应用问题关系的理解。

脚注

由于本书是为没有微积分基础的学生设计的，所以用脚注的方式解释了微积分在相关场合中的作用，尤其是向学生介绍包含在特定结果中的某些理论。此外，采用脚注方式也使不同水平的读者在使用本书时更具灵活性。

为教师准备的辅助材料

第八版的附录已作过充分修改以体现教材的再版特色。为了保证主要章节所介绍的各种方法的一致性，我们对每部分内容的介绍都尽量做到条理清晰。此外，对书中的计算结果、印刷错误和统计错误我们也都进行了认真的检查。

教师用加注解的版本(AIE)(ISBN 0-13-027985-4)

标在概念旁的注释包括：

- 教学提示——提出另一种解释或指出学生常见错误
- 练习——为了增强对概念的理解而安排在特定章节中的练习
- 软盘标志——表示数据集和数据磁盘上的文件名
- 简短答案——某些章节给出的对部分精选练习的答案

为教师准备的注释(ISBN 0-13-027410-0)

教材建议用统计实践的问题作为课堂上讨论使用，书中的许多练习和答案都选自本书的前几版。

教师习题答案(ISBN0－13－027421－6)

本手册对题号为偶数的练习都给出了答案，并对其进行过仔细审核以保证解题思路及所用符号与课本中相一致；题号为奇数的练习题答案则放在学生答案手册中。

试题库(ISBN 0－13－02419－4)

经修订后，试题库现在包括1000多道与课本中出现问题有关的题目。

PowerPoint 演示盘(ISBN0－13－027365－1)

教师们可用多种不同的方式使用这个多功能的Windows系统下的工具：

- 在电化教室中浏览演示
- 打印并用作幻灯片母版
- 打印出来可分发给学生以便他们做笔记

软盘中还包括学习目的、思维训练、概念演示以及带有答案的例题。PowerPoint演示盘可从McClave网站的FTP站点下载。

数据盘——从 Prentice Hall 购买的每本书后都附有一张赠送盘

所有的习题和案例使用的数据都以ASCⅡ码格式存放在本书背后的3.5寸软盘里。

McClave 网站(http://www.prenhall.com/mcclave)

这个网站随新信息、新工具的出现而不断更新，现有的内容包括：教材内容及其附录；PowerPoint演示盘和数据文件(可从FTP站点下载)；教学提示、自学帮助等，这个网站还提供许多数据库、“STEPS”软件(Glasgow大学研制的交互式教学软件)等许多有用的数据和信息，此外这个网站也用来帮助大学教师们创建和管理课程主页。

为学生准备的辅助材料

学生习题答案(ISBN 0－13－027422－4)

本手册给出了题号为奇数练习题的完整答案，并进行过仔细审核以保证所有解答和记号与教材中所讲的内容相一致。

Excel 手册(ISBN013－029347－4)

手册与教材相配合，一步一步的详细说明为读者理解课本中的有关例题及其他技术性问题提供了详细的帮助。对题号为奇数的习题提供了简要说明以提高案例的效果。Excel手册包括PHstat——这是Microsoft Excel软件中新增的一个统计分析模块，它以一系列选择菜单为特征，以对话框的形式帮助学生(比不用Excel时)更快捷地完成统计分析。

SPSS 和 SYSTAT 统计软件的学生版

SPSS是广受赞誉并在市场上畅销的商务数据分析软件包；MINITAB和SYSTAT则比较适合学生购买。所有新产品的详细资料都可以从Prentice Hall或SPSS网站上得到，网址为：http://www.spss.com。

通过 Excel 学习商务统计(ISBN0－13－234096－6)

Excel 作为一个可进行统计分析和计算的软件包,本书对其进行了清晰和易于操作的介绍。

MINITAB 统计向导(ISBN0－13－784232－5)

本手册假定读者没有 MINITAB 基础,但考虑到多数统计教材都将 MINITAB 作为图表处理方法的重要内容之一,所以提供了如何使用 MINITAB 进行统计分析的详细说明。

致谢

本书是许多人多年努力的结果。首先我们应当感谢下面这些教授,他们对教材内容和结构设计的建议及反馈意见对第七版和以前的各版帮助很大。

第八版的审阅者:

Mary C. Christman,马里兰大学;James Czachor,AT&T;William Duckworth Ⅱ,衣阿华州立大学;Ann Hussein,费城大学;Lawrence D. Ries,密苏里-哥伦比亚大学。

若想获取关于本书或其他 Prentice Hall 出版公司的信息,可在线浏览我们的网站 http://www.prenhall.com.

詹姆斯·麦克莱夫(James T. McClave)
乔治·本森(P. George Benson)
特里·辛西奇(Terry Sincich)

目 录

第 1 章

统计学、数据与统计思想

本章内容

统计实践

我们将要学习的

什么是统计学?它是一个研究领域,还是用来概括国民经济运行状态、股票表现或特定场所企业状况的一组数据?或者就如一本通俗教材(Tanur et al.,1989)中所言,它是“通向未知领域的一个向导”。在第 1 章中我们会发现,以上每一种描述对理解统计的概念都是有用的。我们也将明白,统计学有两大领域——描述统计学和推断统计学。描述统计学重点在于对一些经济现象进行图示或数字性的描述,而推断统计学则是借助这些数字性描述结果去做出管理决策。本书的基本主题是推断统计,因此,我们将重点介绍如何运用统计方法去解释数据并进行决策。由于企业、政府、医学及其他领域的许多工作都要求我们做出有数据支撑的决策,所以掌握好这些统计方法会使我们在实际工作中大受裨益。

1.1 统计学

提起统计,你会想到什么?平均成功率、盖洛普民意测验、失业数字还是杂乱无章的一堆数据(与统计有关)?或者仅仅是你不得不完成的一门升学必修课程?我们希望通过本书使大家明白，统计学其实是一门既有趣、又实用的科学，它不仅在企业、政府中有用，在自然科学和社会科学中更有着无限广阔的应用空间；我们也将阐明统计学的真正价值其实正隐藏在你误用它的背后。最后，我们希望说明统计学在一些重要领域如学习、工作或日常生活中所起的关键性作用。我们的目的是想给大家留下这样一个印象，即：你花在这门学科上的时间将使你在许多方面获得回报。

在《随机收藏大学词典》(The Random House College Dictionary)一书里，统计学被定义为"关于信息或数据的收集、分类、分析与解释的科学"。因此，一个统计学家并非只会计算棒球比赛的胜负比率或者列表显示盖洛普民意测验的调查结果，专业统计学家受过统计科学的系统训练，也就是说他们接受过收集数据信息，对数据进行评估以及从中导出结论的整个过程的系统训练。此外，统计学家能够确定与给定问题有关的信息并就一项研究结论是否可信的问题做出回答。

定义 1.1

统计学是研究数据的科学，它包括数据收集、分类、汇总、组织、分析以及对数字信息进行解释。

在下一节，你将看到几个统计在商务和政府中应用的例子，其中包括制定决策和导出结论。

1.2 统计在商务中的应用类型

对多数人来说，统计意味着"数字性描述"。月度失业人数、新企业倒闭数、一个特定行业的女职工比例等等，都是对来自某些现象中大量数据的统计描述。统计数据常常是从一些大数据集中抽取出来的，而这些大数据集具有哪些特征正是我们所希望研究的，我们把这种抽取过程叫做抽样。例如：你希望根据一家音像店部分顾客的年龄(样本)来估计该店所有顾客的平均年龄，然后利用估计结果将广告对象定位在一个适当的年龄段。注意，统计包括两个不同的过程：(1)描述数据集；(2)以样本数据为基础导出结论(做出估计、决策、预测等)。因此，统计的应用也被划分为两大领域：描述统计学和推断统计学。

定义 1.2

描述统计学是利用数字和图表方法寻找数据集的特征，概括数据集中的信息，并以适当的形式表示这些信息。

定义 1.3

推断统计学是利用样本数据对一个大数据集进行估计、决策、预测或其他推广。

虽然在下面的章节中我们对描述统计和推断统计都会进行讨论，但本书的重点是推断统计。让我们从一些商务中应用统计的实例开始。

研究 1 "美国信用卡市场份额"[《尼尔森报告》(The Nilson Report)，1998 年 10 月 8 日)]

尼尔森报告收集了 1998 年前 6 个月人们购买信用卡和借记卡的所有资料，记录每次购买的信用卡数量并把它们按使用类型分类，结果显示在美联社图集中，见图 1.1。从图中你可以清楚地看出，售出的信用卡中有一半是 Visa 卡，有 1/4 是 MasterCard 卡。由于图 1.1 描述的是 1998 年上半年有关购买和使用两种信用卡的情况，所以这个图是一个描述统计的例子。

研究 2 "经理收入记分板"[《商业周刊》(Business Week)，1999 年 4 月 19 日]

图 1.1　美国信用卡市场份额

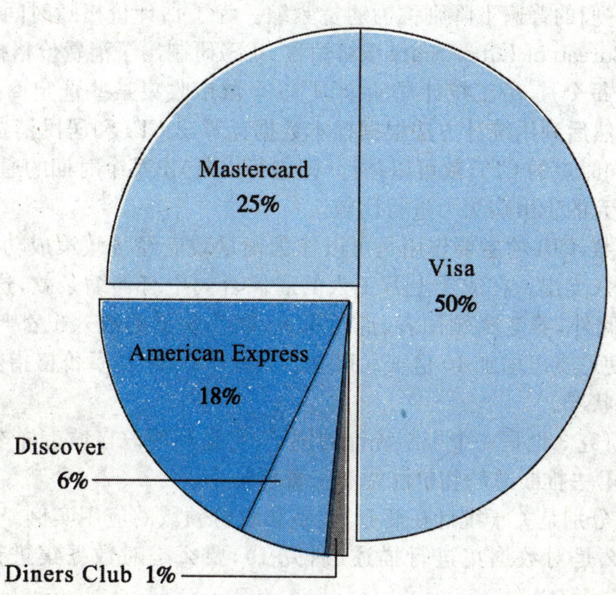

资料来源:*The Nilson Report*,Oct. 8,1998.

在美国,公司高层官员的收入是多少?他们的身价值那么多钱吗?为了回答这些问题,《商业周刊》杂志每年对荣登"商业周刊 1000"栏目的那些公司总裁进行调查,然后编制一个"经理收入记分板"。1998 年从记分板中抽取的 365 家公司的首席执行官(CEO)的平均年收入是 16000000美元①,这个数字比上年增长了 36%。

要确定哪些经理的收入与贡献相符,《商业周刊》给出了同样的三年内与 CEO 所得报酬(以 1000 美元计)相比,所有持股人回报所占比例(用 3 年前投资于该公司 100 美元的现值来衡量)。比如,1995 年投资于迪斯尼公司的 100 元到 1998 年底升值到 156 元,持股人的回报(156 元)与同期(1996—1998 年)CEO 迈克尔的总收入 5.949 亿元相比,结果是投资回报率仅为 0.0003,这也是该类调查中最低的回报率之一。

一套样本数据的分析显示,工业高技术行业的 CEO 是平均回报率最高者(0.046)之一,而运输业 CEO 的回报率处于最低位置(0.015),见表 1.1。根据这些样本信息,《商业周刊》也许会认为:在持股人看来,与工业高技术行业的 CEO 相比,运输业 CEO 的回报率并不算低。那么,这项研究就是推断统计学的一个例子。

表 1.1　CEO 的平均回报率(按行业划分)

行业	平均回报率	行业	平均回报率
工业高技术	0.046	消费品	0.029
服务	0.046	资源	0.016
通信	0.045	工业低技术	0.015
公用事业	0.039	运输	0.015
金融	0.031		

资料来源:Analysis of data in "Executive Compensation Scoreboard" Business Week, April 19,1999.

研究 3　"消费价格指数"[美国劳工部(U. S. Department of Labor)]

① 虽然我们在第二章才正式给"平均"这个词下定义,但此处可以用典型或中等之类的词语来代替,这样就不会引起混淆。

与所有美国人息息相关的数据是美国经济中商品和服务的价格水平，这些价格水平的普遍上涨称为通货膨胀，它们的普遍下降则称为通货紧缩。为了估计价格随时间变化的关系，美国劳工部的劳工统计局(Bureau of Labor Statistics，简称 BLS)研制出了消费价格指数(Consumer Price Index，简称为 CPI)。每个月，劳工统计局从全国 85 个城市收集某些选定商品和服务(称为市场购物篮)的价格数据，然后利用统计方法根据样本数据计算出 CPI 和居民消费支出方面的其他数据，最后通过比较不同时点的 CPI，就可以估计(即进行推断)出某个时期的通货膨胀率，据此也就可以对不同时期 1 美元的货币购买力进行比较。

作为一个物价指数，CPI 的主要作用是可以作为衡量政府经济政策成功与否的指示器；它的第二个作用是调整收入支出。在成千上万工人的雇佣合同中有伸缩条款，这些条款要求工资应随物价增长而增长；此外，养老金领用者、退伍军人、联邦雇员的收入也都与 CPI 有联系。据估计，CPI 上涨 1%，会使总支出增加 10 亿美元以上。因此可以说，消费价格指数的变动会影响到几百万美国家庭的生活状况。

像研究 2 一样，研究 3 也是一个推断统计的例子，它是利用取自城市样本的市场购物篮的价格数据(用于计算 CPI)去推断总的物价涨幅和工资增长率。

上面的三项研究分别是关于统计在商务、经济和政府领域的应用实例。注意，每一项研究都与数据分析有关，要么是对数据集进行描述(研究 1)，要么是对数据集进行推断(研究 2 和研究 3)。

1.3 统计学的基本要素

统计方法在研究、分析和了解总体时特别有用。

定义 1.4

总体(Population)是我们所要研究的所有基本单位(通常是人、物体、交易或事件)的集合。

例如，总体可以包括：(1)美国的所有从业人员；(2)加利福尼亚的所有合法选民；(3)某品牌移动电话的所有购买者；(4)某条生产线去年生产的所有汽车；(5)美国航空维修设备业的所有零部件存货；(6)给定年份麦当劳餐馆所有窗口的销售量；(7)一个假期内某个州际高速公路交叉处的交通事故次数。可见，前三个总体是人的集合；接下来的两个总体是物体的集合；第 6 个是交易的集合；最后一个是事件的集合。同时也可以看出每一个集合都包括了研究总体的所有单位。

在研究总体时，我们重点关注的是总体单位具有哪些特征或特性，我们把这些特征称为变量。例如，我们也许会对目前美国失业人员的年龄、性别、收入或受教育年限等变量感兴趣。

定义 1.5

变量是总体中个体单位所具有的特征或特性。

“变量”这个名称起源于如下事实，即总体中每一基本单位的特性可能都有所差别。

在研究一个特定变量时，如果能用数值把它表示出来那对我们是很有帮助的。不过，我们常常不容易得到这种数值，因此，在统计研究中测量过程就起着非常重要的辅助作用。测量就是我们给每个总体单位的变量分配数值的过程。比如，我们也许会让消费者就某种食品的口味从 1 到 10 进行打分；或者，我们会通过简单询问每个工人今年多少岁来测量他们的年龄。在其他情形下，测量可能会用到像秒表、尺子和卡钳之类的工具。

如果我们想要研究的总体比较小，那么就有可能对总体中每个单位进行一一测量。例如，如果你想了解去年密歇根大学 MBA 毕业生的见习工资，那么你可以去一一进行统计。当我们就某个变量对总体中的单位进行一一测量时，这个过程就叫做对总体的普查。不过，在大多数情况下，我们研究的总体很大，其中的单位可能成千上万甚至无法计数。定义 1.4 后面介绍的就是一些大总体的例子，此外，像福布斯 500 强企业生产的所有货物、购买一款新传真机的所有可能顾客、在纽约证券交易所上市的某公司的所有股东等也都是大总体的例子。对这些总体来说，进行一次普查可能会受到时间或费用方面的条件限制。一个合理的选择是抽取总体单位的一个子集（或部分）来进行研究。

定义 1.6

样本是总体单位的一个子集。

例如，假定一家公司正在审查发票，那么审计人员没有必要审查该公司年度内的所有 15472 张发票，只需抽查一个 100 张发票的样本即可（见图 1.2）；如果是对“发票错误情况”这一变量感兴趣，那么他只需对每张样本发票的差错情况（有错误或无错误）进行记录（测量）。

图 1.2　一个所有公司发票的样本

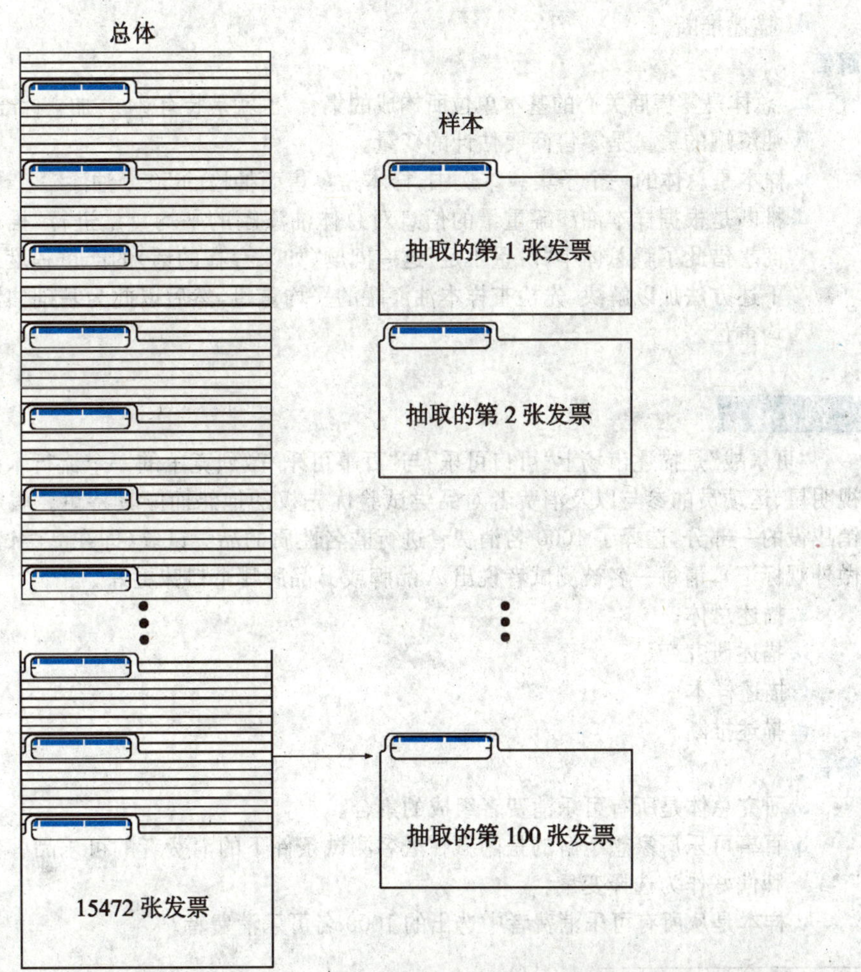

对样本（或总体）中每一单位的选定变量进行测量后，就可以采用描述统计或推断统计方法对所得到的数据进行分析。例如，审计人员（表面上）也许只对描述 100 张样本发票的差错率感兴

趣，但实际上他很可能是利用这些样本信息来对所有 15472 张发票的差错率进行推断。

定义 1.7

统计推断是根据样本信息对总体进行估计、预测或其他推广。

也就是说，我们可以利用样本信息来推测更大总体的信息①。因此，根据 100 张样本发票的统计结果，审计人员可以对所有 15472 张发票中有错误的发票数做出估计，然后公司可据此决定是否调整其营业额。

例 1.1

一家大型油漆零售商收到了客户关于油漆罐份量不足的许多抱怨。于是，他们开始检查供货商的集装箱，有问题的将其退回。最近的一个集装箱装的是 2440 加仑标准（每罐）的油漆罐。这家零售商抽查了 50 罐油漆，每一罐的重量精确到 4 位小数。装满的油漆罐应为 10 磅重。

a. 描述总体；

b. 描述研究变量；

c. 描述样本；

d. 描述推断。

解答：

a. 总体是零售商关心的基本单位所构成的集合，也就是装有 2440 加仑标准油漆罐的集装箱。

b. 油漆罐的重量是零售商要估计的变量。

c. 样本是总体的一个子集。本例中，样本是零售商抽检的 50 个油漆罐。

d. 推断是根据样本油漆罐重量的信息对总体油漆罐的平均重量进行“推广”。特别是，零售商想借此了解总体中“份量不足”这一问题（如果存在的话）的严重程度。这个问题可通过下述方法加以解决：先检查样本油漆罐的平均重量，然后以此为基础估计总体油漆罐的平均重量。

例 1.2

“可乐战”是描述市场上“可口可乐”与“百事可乐”激烈竞争的一个流行术语。这场战役因影视明星、运动员的参与以及消费者对品尝试验优先权的抱怨而颇具特色。假定作为百事可乐营销战役的一部分，选择了 1000 名消费者进行匿名性质的品尝试验（即在品尝试验中，两个品牌不做外观标记），请每一名被测试者说出 A 品牌或 B 品牌哪个口味更好。

a. 描述总体；

b. 描述研究变量；

c. 描述样本；

d. 描述推断。

解答：

a. 研究总体是所有可乐消费者组成的集合。

b. 百事可乐厂家想了解的是隐藏在匿名测试条件下的消费者的可乐品牌偏好，因此，可乐品牌偏好作为选择变量。

c. 样本是从所有可乐消费者中选出的 1000 名可乐消费者。

---

① 总体和样本通常指观测集合本身，以及具体进行观测的那些单位。当只观测一个变量时，这种用法可能会引起小的混乱，如果碰到这种情况，我们将分别使用总体集合和样本集合的概念。

d. 推断是根据 1000 名样本消费者的品牌偏好去推断所有可乐消费者的品牌偏好，特别是，样本消费者的偏好可用以估计所有消费者中偏好每种品牌的比率。

上面的定义和例子指出了推断统计问题五要素中的四要素，即：一个总体、一个或多个观测变量、一个样本以及一种推断。但进行推断仅是整个过程的一部分，除此之外，我们还需要知道它的可靠性——即我们推断的效果如何。从严格意义上说，要保证对总体的推断正确，惟一的办法就是把总体当成样本进行全部观察。但在实际中由于条件的限制（如时间或费用），我们通常不可能直接对总体进行统计，所以就把总体的一部分（即样本）作为推断的基础。上面的讨论表明，只要有可能，就应计算并说明每一种推断的可靠性，因此，可靠性也就成为我们推断统计过程的第五个要素。

对推断可靠性的度量使统计这门学科更具科学性，也将其从不确定性学科中分离出来。一个看手相的人，虽然也可以像统计学家那样根据你的手（样本）来推测你的一生（总体），但与统计学家的推断不同，看手相者的推测没有可靠性理论作为支撑。

在例 1.1 中，我们的兴趣是根据样本油漆罐的平均重量来估计总体油漆罐的平均重量。运用统计方法，我们可以确定出这种估计误差的范围，这个范围只是一个估计误差（样本油漆罐平均重量与总体油漆罐平均重量的差）不太可能突破的数值。在后面的章节中我们将会了解，这个范围（在后面把它称为置信限）就是对我们推断结果不确定性的一个度量。统计推断可靠性的讨论贯穿于本书的全过程。这里，我们只是想让大家知道，一个没有可靠性度量的统计推断是不完全的。

定义 1.8

可靠性度量是对统计推断不确定程度的一种描述（通常是定量的）。

让我们通过对描述统计和推断统计各自所包含的基本要素进行概括并列举一个说明可靠性估计的例子来结束本章的内容。

描述统计问题的四要素：

1. 研究总体或样本；
2. 要调查的一个或多个变量（总体或样本单位的特征）；
3. 图表、曲线图或数字汇总方法；
4. 以图表数据为基础得出结论。

推断统计问题的五要素

1. 研究总体；
2. 要调查的一个或多个变量（总体单位的特征）；
3. 总体单位的样本；
4. 由样本到总体的推断；
5. 推断可靠性的度量。

例 1.3

在例 1.2 的品尝试验中，1000 名消费者的可乐品牌偏好已经知晓。描述一下如何度量百事可乐销售区所有可乐消费者品牌偏好推断的可靠性。

解答：

当用 1000 名消费者的偏好结果去估计该地区所有消费者的偏好时，估计结果并不能准确反映总体偏好。比如，假定最近的试验表明，1000 名调查者中有 56%选择百事品牌，那么我们并不能由此断定该地区所有的消费者中也有 56%的人爱喝百事可乐。但是，我们可以采用正确的统计推断方法（本书后面将介绍）来保证，按照我们的抽样方法所得到的估计结果，几乎肯定会落在偏爱百事可乐消费者真实比例的一个特定区间之内。拿本例来说，这种推断方法可以使我们确信，根据样本消费者的百事品牌偏好去推断所有消费者的百事品牌偏好其误差几乎就在 5%以内，意思是对所有消费者而言，实际喜欢喝百事可乐的消费者比例在 51%[即(56－5)%]到 61%[即(56＋5)%]之间，这个区间就是对推断可靠性的一个度量。

1.4 过程(选学)

本章第 2 节和第 3 节主要阐述了统计方法在分析和研究总体时的作用，这些总体都是现有单位的集合。统计方法也同样可用于对过程的分析和推断。

定义 1.9

过程就是将投入转化为产出的一系列活动。过程伴随着时间的流逝而产生或生成结果。

企业最感兴趣的过程是生产或制造过程。一个制造过程是由人或机器通过一系列的操作将投入（如原材料或零部件）转化为产出（如产成品）的过程。比如生产印刷纸制品、自动装配线以及石油精炼等都是这样的过程。

图 1.3 表示的是从投入到产出的一个一般过程。图中制造过程描述的可能是全部生产过程，也可能是构成全过程的许多过程之一（称为子过程）。所以，一个过程的输出结果可能是指将被运往最终消费者的最终产品，也可能是指即将进入下一个子过程的中间产品。例如，图 1.3 表示了整个汽车组装过程，其中的“产出”可能是将被运往商家的整车，也可能是正准备安装挡风玻璃，即将进入下一个装配车间的“半成品”。

图 1.3　制造过程示意图

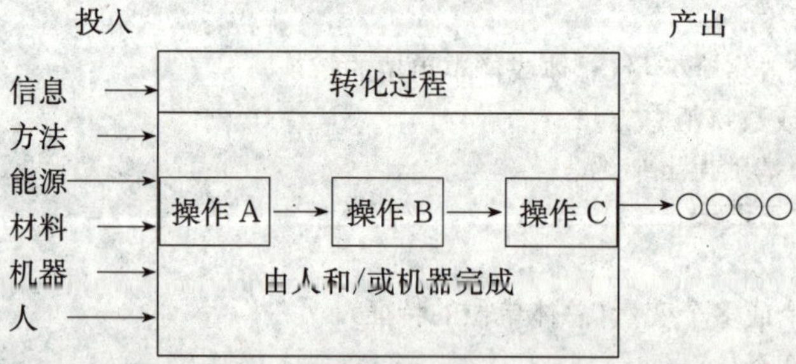

除提供物质产品和服务外，企业和其他组织还生成一系列随时间变化的数据资料，这些数据资料用于评估组织的表现。这类例子包括：周销售额、季度收益以及年利润。美国经济（一个复合组织）可被认为是一个生成包括国内生产总值、股票价格、消费价格指数（见第 2 节）等系列数据（数据流）的大组织。统计师和其他分析人员往往把这些数据流看作是由一个过程产生的，然而，产生特定数据的一系列操作或行动往往是未知或非常复杂甚至被当作黑箱来处理的一个过程。

定义 1.10

作用机制未知或无法解释的过程就称作一个**黑箱**。

通常，当一个过程被看作黑箱、它的输入又未知时，研究的全部重点就都集中于过程的输出。下面的图 1.4 是对黑箱过程的一个说明。

图 1.4　输出结果为数字的一个黑箱过程

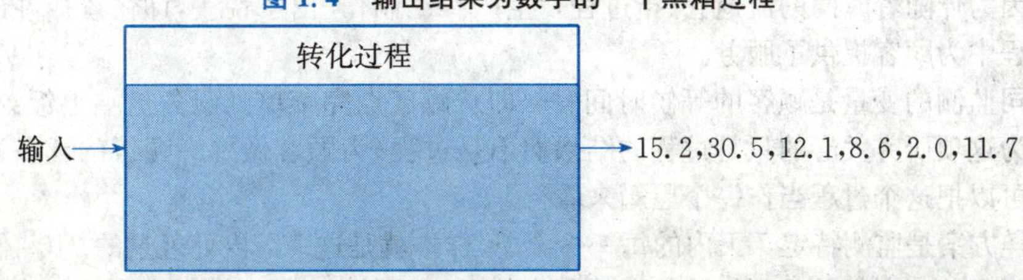

在研究一个过程时，我们一般把注意力集中在输出结果所具有的一个或多个特征（或特性）上。比如，我们也许对输出单位的重量或长度甚至对生产每个单位所花费的时间感兴趣，这些都是总体单位的特性，我们将其称为变量。在研究那些输出结果已经是数字形式（即数字流）的过程时，这些数字形式表示的特征或特性（比如销售额、GDP 或股票价格）就是典型的研究变量；如果输出结果是非数字形式的，我们就用测量过程给变量分配一些数值。① 例如，如果汽车组装过程中的整车重量是研究变量，我们就用一个包括大型称重设备在内的测量过程来给每辆汽车分配一个数值。

对于总体来说，我们利用样本资料来对过程进行分析和推断（估计、预测或其他推广）。但是对样本来说，过程的定义又有所不同，我们知道，总体是所有现存单位的集合，样本是总体单位的一个子集。然而，在讨论过程的情形下，使用"现有单位"集合这样的概念就是不确切或不恰当的。因为过程的意思正是，在时间流逝的过程中才"一个接一个"地生成或产生出它的结果，这样，"现有"与"一个接一个地生成"这两种说法就是矛盾的，例如，一个特定的汽车组装线每 4 分钟才会生产出一辆整车。下面，我们给黑箱过程的样本来下一个定义。

定义 1.11

一个过程产生的部分结果（物体或数字）所构成的集合称为一个**样本**。

这样，组装线接下来生产的 10 辆汽车就构成过程中的一个样本，同样，接下来生产的 100 辆车或今天生产的汽车中每隔 5 辆抽出一辆的那些汽车也分别构成一个样本。

例 1.4

一家特定的快餐连锁店有 6289 个供应窗口。为了吸引更多的顾客前来就餐，公司正在考虑对那些等候就餐时间超过指定时限（分钟）的顾客实行 5 折优惠。为了帮助确定等候时间多长比较合适，公司决定，对设在达拉斯和得克萨斯的几个特定店中顾客就餐的平均等候时间进行估计。在连续的 7 天内，负责点单的服务员记录每个下单时间，送餐收单的服务员则记录收单时间，在两种情形下，服务员都用同步数字钟把记录的每个时间精确到秒。在第 7 天结束时，共记录了 2109 份订单。

① 输出结果为数字形式的那些过程一定包含一个测量过程为其子过程。

a. 描述与达拉斯饭店有关的过程。
b. 描述研究变量。
c. 描述样本。
d. 描述推断。
e. 描述如何检验推断的可靠性。

解答:

a. 过程是在指定的达拉斯和得克萨斯快餐店窗口下进行的一系列活动。说这是一个过程,是因为伴随着时间的流逝它(指过程)"生产"或"制作"出了快餐,即快餐店在时间流逝的过程中为顾客提供了服务。
b. 公司监测的变量是顾客的等候时间——即从顾客点完菜单到服务员端上饭菜这段时间,因为这项研究关心的只是过程的结果而不是过程(为顾客做好一顿饭的任务)的进行,所以可以把这个过程当作一个黑箱来看待。
c. 抽样方案是监测特定 7 天内的每一份菜单,样本就是这 7 天内处理过的 2109 份菜单。
d. 公司目前感兴趣的是了解达拉斯快餐店的窗口"服务"时间。他们准备用样本等候时间来对快餐店的"服务"过程进行统计推断,也就是说,他们可以根据顾客样本的平均等候时间来估计在达拉斯饭店就餐所需要的(总体)平均等候时间。
e. 对总体的推断,可通过测量推断过程的可靠性来完成,即对达拉斯快餐店平均等候时间估计的可靠性可通过测量估计误差的一个弹性区间来完成。比如,我们(根据样本)算出平均等候时间为 4.2 分钟,估计误差为 0.5 分钟,这就意味着我们有理由相信在达拉斯快餐店就餐的真正平均等候时间在 3.7～4.7 分钟之间。

注意,本例中也提到一个总体:即快餐连锁公司所有的 6289 个窗口。在最后的分析中,公司将根据在达拉斯快餐店(或其他类似店)的等候时间来推断在所有连锁店的平均等候时间。

注意,一个过程中已经产生的结果可看作是一个总体。例如,假定在昨天的饮料灌装过程中,生产出 2000 箱(12 罐/箱)饮料,后来又把它们入库。如果我们的兴趣是研究这 2000 箱(饮料)的某些特性——比如有问题包装箱所占的百分比,那么就可以把 2000 箱(饮料)作为一个总体。然后我们从这个总体中抽出一个样本,检验观测变量(包装箱有没有问题),并运用像 1.2 和 1.3 节中提到的那些方法,根据样本信息对 2000 箱(饮料)总体的情况做出统计推断。

在这部分选学内容中,我们对过程的概念以及利用统计方法对过程进行分析和研究等内容作了一些简单介绍,在后面的第 12、13 章我们将对它们做进一步的分析。

1.5 数据类型

我们已经知道,统计是研究数据的科学,数据是通过测量样本(或总体)单位的一个或多个变量值而得到的。数据(即我们观测的变量值)一般可分为两种类型:定量数据和定性数据。

定量数据是能用自然形成的数值尺度去测量的数据。下面是一些定量数据的例子:

1. 20 个耐热塑料零件组成的样本中,每一个零件开始融化的温度(摄氏度)
2. 目前 50 个州各自的失业率(百分比形式)
3. 150 名 MBA 学生组成的样本申请报考 GMAT 考试的分数,GMAT 是全国范围内商学院研究生入学标准化考试
4. 75 家制造业公司组成的样本中,每一家雇佣的女管理人员数

定义 1.12

定量数据是按自然形成的数值尺度去记录的观测值。

相比之下，定性数据不能用自然数值尺度去度量，它们只能被分类。定性数据的例子有：

1. 50 个首席执行官组成的样本中，每一个所属的政党派别（民主党、共和党或无党派）
2. 由 Intel 公司生产的 100 个计算机芯片组成的样本中，每一个的残损情况（有残损或没有）
3. 30 个商务旅行者组成的样本中，每一个租用的车型（超小型、小型、中型或大型）
4. 10 名品味师组成的小组中，每一位品味师对 4 种沙茶酱口味顺序的排列（最好、最坏，等等）

时常，我们会给一些定性变量随意赋值，以便录入计算机和进行分析。但是这些指定的数值只是简化了的代码，不能对它们进行有意义的加、减、乘、除运算。比如，我们可以用 1 表示民主党、用 2 表示共和党、用 3 表示无党派。类似地，一个品味师也许会将沙茶酱的口味类别从 1（最好）排到 4（最差）。上面这些做法都是给定性类别随意分配数值代码，实际意义不大。

* 定量数据可进一步细分为定距数据和定比数据。对定比数据而言，初始值（也就是 0）是一个有意义的数字；但对定距数据而言，初始值没有什么意义。因为我们可以对定距数据进行加减运算，但不能对它们进行乘除运算。上面列出的四个定量数据集中，(1)和(3)是定距数据，(2)和(4)是定比数据。

* 定性数据可进一步细分为定类数据或定序数据。定序数据集的类别可以划分等级或进行有意义的排序，但是定类数据集的类别不能进行排序。上面列出的四个定性数据集中，(1)和(2)是定类数据，(3)和(4)是定序数据。

统计实践

1.1　质量改进：美国公司应对来自日本的挑战

过去的 30 年，美国公司已受到来自海外优质产品的严重挑战。比如，从 1984 年到 1991 年，进口小轿车和轻型卡车在美国市场上所占份额从 22%稳步上升到 30%。第二个例子，看一下电视机和 VCR 的市场情况。这两类产品原来都是美国自己生产的，但到 1995 年，没有一家美国公司还在生产这些产品，两类产品均来自海外太平洋沿岸的国家，主要是日本。

面对这种具有竞争性的挑战，美国公司（既有制造业又有服务业）开始了质量改进方面的创新。这些公司中的大多数现在开始加强各环节和各方面的质量管理——从产品设计到生产、分配、销售以至服务。

广义地讲，质量改进程序包括：(1)弄清消费者想要什么；(2)把这些需求融入产品设计方案；(3)提供符合甚至超越产品设计规格的产品或服务。在所有这些程序特别是第三步中，质量改进实际还包含着过程改进——这些过程包括生产过程、分配过程、服务过程以及辅助过程。

但是过程改进意味着什么呢？一般来讲，这意味着过程的服务对象（即产品的使用者）会表示出一种对产品的较大满意度，而且这种满意度的增加往往要求过程中的“变化”尽可能的少，比如说，生产过程中“意外情况”越少越好。

但是如何控制或减少这种过程变化呢？在 20 世纪 20 年代中期，贝尔实验室做出了上个世纪过程改进方面最重要的突破。他们认为，生产过程中的变化虽然不可避免（比如，一台机器生产的产品中没有两件是完全相同的；一个银行完成的交易中没有两笔是完全一样的），但他们认为可用统计方法来说明、监测和控制这种变化。因此，他们研制出一种简单的图形技术——称为控制图，用以确定产品变化是否在可接受的范围之内。这种方法提供何时调整或

续

改变生产过程以及何时可顺其自然等方面的指导，既可用于生产过程的结束，又可用于过程内部的不同环节。在第 12 章我们将讨论控制图和改进生产过程的其他工具。

在 20 世纪的最后 10 年，作为日本公司挑战美国优势产品的结果，控制图和其他统计工具在美国得到了广泛应用，有证据表明美国成功地应对了日本的挑战。下面这一事实就是一个例子：世界上最具权威的质量改进奖曾经是日本的 Deming 奖，但今天却是美国的 Malcolm Baldrige 国家质量奖。美国竞争力东山再起的其他证据还包括：美国汽车制造商所占市场份额已彻底改变；美国市场的进口份额从 1991 年的 30%以上降到 1999 年的 26%。

讨论焦点：

a. 识别你感兴趣的两个过程。

b. 对 a 中的每一个过程，识别可用于监测过程结果质量的变量。

c. Walter Shewhart 知道，变化是每一个过程中输出结果的内在特征。现在请你描述一下 b 中的变量是如何随时间而变化的。

定义 1.13

定性数据是不能用自然数值尺度去测量的观测值；它们只能被划分为几类中的一类。

例 1.5

化工厂有时把含毒的废料如 DDT 等排放到附近的河流或溪水中，这些毒素会对生活在河里或河岸上的植物及动物产生不良影响。美国陆军工程部(The U. S. Army Corps of Engineers)对田纳西河及三条支流里的鱼作了一项研究。一共捕了 144 条鱼并对每条鱼和每条河测量了如下变量：

1. 捕鱼的地点：河/支流；
2. 鱼的种类[鲶鱼，大口黑鲈或小口黑鲈]；
3. 鱼的长度(厘米)；
4. 鱼的重量(克)；
5. DDT 浓度(百万分比)。

将上面 5 个变量中的每个按定量或定性分类。

解答：

长度、重量和 DDT 浓度是数字变量(定量变量)，因为它们都可以用数值去测度：比如，长度以厘米为单位，重量以克为单位，DDT 浓度以百万分之一为单位。相反，河或鱼的种类都不能用数值去刻画，它们只能被分类(如：鲶鱼，大口黑鲈，小口黑鲈等)。因此，河/支流或鱼的种类这些变量就是定性的。

正如你所期望的，描述、报告、分析数据时用什么统计方法，一般取决于被测数据的类型(定量或定性)。在本书后面的章节中将介绍许多有用的方法。但首先让我们来讨论一些关于数据搜集方面的重要思想。

1.6　收集数据

一旦你确定了适合手头研究问题的数据类型——定量或定性，你就可以动手收集数据了。一般地，你可以通过下列 4 种不同的渠道去获取数据：

1. 从公开出版物中取得数据；
2. 从设计试验中取得数据；
3. 通过调查取得数据；
4. 通过观察收集数据。

有时，在公开出版物如书、杂志或报纸里已经有我们要研究的现成数据。比如，你想了解并汇总一下美国 50 个州的失业率(即有工作能力但处于失业状态的人所占的百分比)，那么你可以在图书馆的《美国统计摘要》(Statistical Abstract of United States)中找到这些数据(或许多其他数据)，《美国统计摘要》是由美国政府按年度出版的。类似地，想了解每月为购买新房而申请住房贷款情况的人可以在《即时商务调查》(Survey of Current Business)中找到相关的数据，这本书是政府的另一本出版物。其他可取得数据的出版物还有《华尔街杂志》(The Wall Street Journal，有关金融数据)和《体育新闻》(The Sporting News，有关体育消息)等。①

第二种收集数据的方法与设计实验有关。在这种实验中，研究人员严格控制变量单位(人、物或事件)。例如，最近一次医学研究调查的是阿司匹林是否可用来抑制心脏病发作。将接受实验者分成两组——治疗组和控制组。对治疗组，要求每位病人每天服一片阿司匹林，连服一年；对控制组的病人则要求他们每天服一片看起来像阿司匹林的安慰剂(不含阿司匹林，也不是药)。具体给哪些人服用阿司匹林，给哪些人服用安慰剂，由研究人员来控制。就像你将在后面的第 14 章中了解的那样，如果对实验加以适当的控制，利用这种方法可能会提取到更多的信息(比不受控制的实验)。

第三种收集数据的方法是进行调查(Survey)，即研究人员抽取一部分人，向他们提一个或多个问题，并记录答案。也许人们最熟悉的此类调查形式就是由某个组织[(比如哈里斯(Harris)，盖洛普(Gallup)，罗珀(Roper)，以及美国有线新闻网(CNN)]进行的大选民意测验，这种调查是为了预测政治选举结果。另一种常见的调查是尼尔森调查(Nielsen Survey)，这种调查是为了向主要电视媒体提供电视节目收视率方面的信息。调查一般可通过邮寄问卷、电话访问或当面访问等形式来完成，尽管面访比邮寄问卷或电话访问形式成本要高，但有时要获取某些重要的信息还必须采取这种形式。

最后，可以通过观察研究方法(Observational study)来获取数据。在这种方法中，研究人员在自然状态下观察实验单位并记录研究变量。例如，一个公司的心理分析师可能会观察并记录一条生产线上抽取的样本中“A”型血工人的表现。类似地，在多家公司购买某一公司的股票前，金融研究人员会观察并记录前一日那种股票的收盘价，并把这个收盘价同购买当日的收盘价进行比较。与设计实验不同，在观察研究这种方法中，研究人员不会对实验单位施加任何控制。

不管使用哪种数据收集方法，所收集的数据可能都是来自某个总体的样本。所以如果我们希望进行推断统计的话，就必须获取一个具有代表性的样本。

---

① 对于出版物中的数据，我们常常需要弄清它是原始数据还是二手数据。如果作者就是数据的最初收集者，这些数据就是原始数据，否则，就是二手数据。

定义 1.14

代表性样本(Representative sample)是能够体现总体单位典型特征的样本。

例如,考虑总统选举年份进行的政治民意测验。假定民意测验专家想估计一下全美1.2亿已登记的选民中支持在任总统的选民比例,那么他们不会根据从候选人所在州得到的样本数据来对总体进行估计,因为这样的估计很可能是一个有偏估计。

满足代表性样本要求的最常用方法是抽取随机样本。随机抽样就是保证总体中大小相同的每个子集都有相同的机会被抽到样本中。假定民意测验专家从总体1.2亿选民中抽取一个1500人的样本,如果他的抽取方法能够使每个1500人的子集都有同样的机会被抽中,那么这样得到的样本就是一个随机样本。抽取随机样本的方法将在第3章中进行讨论,不过,在这儿让我们先看两个与随机抽样有关的例子。

例 1.6

有多少网络用户沉溺于互联网?为了解这方面的情况,一位心理学家根据广泛使用的赌博规则设计了10个问题(一个问题是,"你用互联网逃避问题吗?")并通过ABCNews.com这个网站发布出去,最后共有17251个互联网用户回答了这项调查。如果参与者对至少一半的问题回答"是"的话,他们就被认为是沉溺于互联网。1999年美国心理学会年会上发布的一项结果表明,990名或者说5.7%的回答者沉溺于互联网(Tampa Tribune,1999年8月23日)。

a. 识别本例中的数据收集方法。

b. 识别目标总体。

c. 样本数据能代表总体吗?

解答:

a. 数据收集方法是调查法:因为17251名互联网用户回答了ABCNews.com网站提出的调查问题。

b. 既然任何一个网上冲浪者都可登录ABCNews.com这个网站,所以我们假定目标总体就是所有的互联网用户。

c. 由于17251名回答问题者组成了目标总体的一个子集,所以他们确实构成了一个样本。这个样本是否具有代表性还不清楚,因为我们对这17251名回答问题者的情况一无所知,但这类调查由于回答者是自选的(即每个看到调查问题的上网用户自己决定是否回答),所以常常会导致无回答偏差(Nonresponse bias)。许多选择不回答(或从未看到过问题)的互联网用户原本有可能对这些问题给出不同的答案,所以就导致持肯定回答的比例较高(或较低)。

例 1.7

许多商务决策是由于受到使决策制定者"感到满意"的激励而做出的。俄亥俄州州立大学的研究人员进行了一项研究,以确定有多少积极因素会影响决策者的风险偏好(《组织行为与人的决策过程》(Organizational Behavior and Human Decision Processes),1987年第39卷)。他们从这所大学商学院的研究生中抽取了一个24人的随机样本,并把这24人分成两组,一组称为"鼓励组",另一组称为"控制组"。分到"鼓励组"的学生每人被发给一袋糖果,作为参与这项研究的纪念;分到"控制组"的学生则得不到上述"礼物"。然后再给所有学生每人10枚玩赌博机的硬币(值10美元)。研究人员测量了每个学生最愿意玩的游戏种类与获胜的概率,最后对两组学生的获胜概率进行了比较。

a. 识别本例中的数据收集方法。
b. 样本数据对总体有代表性吗?

解答:

a. 研究人员控制了每个学生被分配到哪一组("鼓励组"或"控制组"),因此,收集数据的方法是设计实验法。
b. 24 个学生样本是从俄亥俄州商学院的所有学生中随机抽取的,如果目标总体是"俄亥俄州大学的所有学生"的话,那么这个样本可能具有代表性。不过研究人员提醒说,不应该用上面的样本数据去推断别的或其他范围更大的总体。

1.7 统计在管理决策中的作用

根据科幻电影《星球大战》(The War of the Worlds)和《时空隧道》(The Time Machine)作者韦尔(H. G. Well)的预测,"统计思想总有一天会像读和写那样成为人们的必备能力"。现在看来,韦尔先生一百多年前写下的这个预言已经得到证实。

在过去的几十年中,与科学现象、商务活动、政府行为(如质量控制、统计检验、预测)等有关的数据收集方法大量涌现。每天,各种媒体会提供给我们有关政治、经济和社会调查方面的大量出版物。比如,政府正在加强对药品和新产品试验方面的管理力度,我们也看到了许多用于评估数据集(如药品的疗效或新产品的实用性)方面的生动证据。因此,我们每个人都应培养一种洞察力——即一种运用合理思想解释和理解数据含义的能力,这种能力有助于我们做出理性的决策、推断或推广,也就是说,这种能力可以帮助我们利用统计思想进行缜密的思考。

定义 1.15

统计思想是利用合理的思想和统计的科学性去缜密地评估数据和进行推断。统计思想的作用基础在于变化存在于总体及过程数据中。

为了对统计在检验思想中所起的作用有较深入的认识,我们来看一个 27 名数学家和统计学家组成的小组参加美国统计学会"概率"研讨会的评估结果。考虑下面的问题,它们摘自一篇描述性的文章。

> 新闻中很少有与统计不沾边的事件。比如说,是否应立法要求摩托车驾驶员佩戴头盔?……在《不戴头盔的情形》(纽约时报,1995 年 6 月 17 日)这篇文章里,哈里一戴维森自行车杂志的编辑迪克·特丽斯(Dick Teresi)辩论说,头盔也许才会引来杀身之祸,因为在时速超过 15 英里的碰撞中,头盔固然可以保护头部,但它更可能导致脊柱骨折。特丽斯引用一项"研究"结果说,不要求戴头盔的 9 个州的交通死亡率(平均每 10000 名摩托车手中死亡 3.05 人)要低于要求戴头盔的其他州(这些州的平均死亡率是 3.38);而且,在 2500 例调查中,反对这项法律(指要求戴头盔)的人占 98%。
>
> 文章编辑问:读完这篇消息(指纽约时报报道的消息)后,你认为是戴头盔安全呢,还是不戴头盔安全?你认为 98%是对持反对意见比例的一个正确估计吗?你想了解这方面的更多统计信息吗?(引自 Cohn, V. "Chance in college curriculum," AmStat News,第 223 期,1995 年 8~9 月第 2 页)。

你可以利用"统计思想"帮助你正确地估计研究结果。比如,在你评估 98%这一估计的有效性以前,你一定想知道自行车杂志的编辑在做这方面研究时是如何收集数据的。如果进行的一项调查发现,构成样本的 2500 名摩托车手可能并不是从所有骑摩托车者这一目标总体中随机抽取的,而是"主观"抽取的(记住,他们全来自 rally—即持反对意见的那些摩托车手),也就是说受调查者是完全不赞成立法的那些人(即强烈反对立法),那么上述估计结果就有可能偏高。因此,如果这样的有偏样本是故意选取的,目的在于误导公众,那么这些研究人员承受"不道德统计实践"的骂名也是咎由自取。

你也一定想了解有关这项研究(即比较不要求戴头盔的 9 个州与其他要求戴头盔的各州中摩托车手的死亡率)的更多信息。比如,数据来自公开出版物吗?对所有的 50 个州都进行过研究吗?——也就是说,你看到的是样本信息还是总体信息?再进一步问,各州对摩托车手佩戴头盔的要求一样吗?假如要求都一样的话,你还会对死亡率进行比较研究吗?

上面的这些问题使研究小组对头盔问题的研究得出了两个既科学又符合统计检验的结论:第一个,即 UCLA 无致命伤害研究,认为头盔使受伤部位由头部转移到了脊柱。第二个研究结果报告说,加利福尼亚州在实行戴头盔制度以后的摩托车碰撞事故中,死亡率明显下降。

成功的管理者非常重视用统计思想来指导他们的决策行为。图 1.5 显示了统计在管理决策中发挥作用的流程。

图 1.5 统计在管理决策中的作用流程图

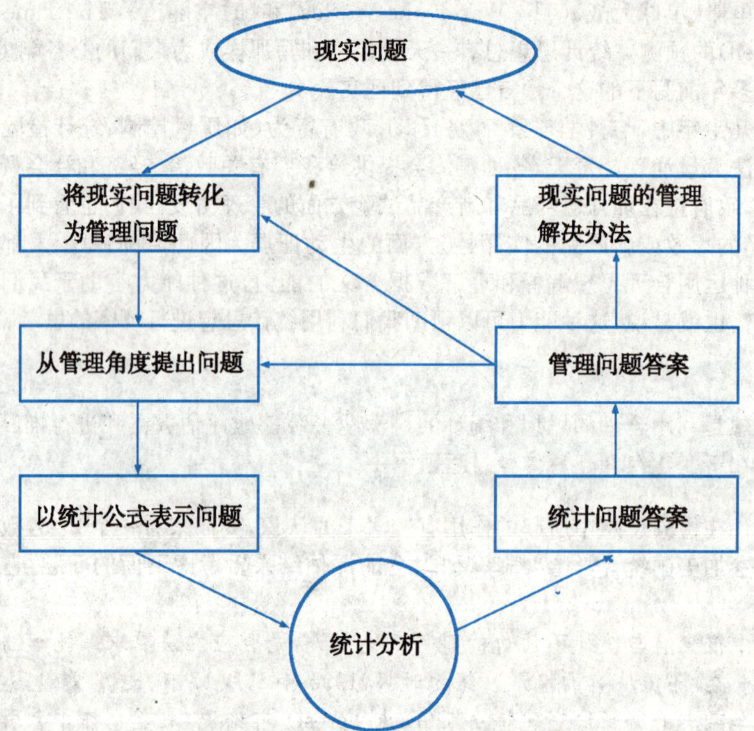

资料来源:Chervany, Benson, and Iyer(1980)

由于每一个管理决策问题都来源于现实世界问题,所以首先将这个现实世界问题用管理术语表示,将现实问题转化为管理问题。第二步,(从逆时针方向看流程图)指出统计在这个过程中所起的作用,从而把管理问题又转化为统计问题,然后从中抽取样本数据并进行分析,得出统计问题的解。第三步,利用统计问题的解来推导管理问题的解,这个解可能会把原来的管理问题再表示为公式,从而又提出一个新的管理问题;也可能这个解就是原管理问题的最终解。

在管理决策过程中,难点之一是如何使管理者和统计学家进行合作——也就是把管理问题转化为统计问题(比如,把管理问题转化为一个关于统计总体的问题),而且要求这个统计问题能用公式表示,这样,当求出这个统计问题的解以后,就可以进一步利用这个解再去推导管理问题的解决办法。上面的思路就像在一场象棋比赛中,你必须将如何走向最后胜利的各步(即这里解决管理问题的办法)都在头脑中设计出来。

在本书后面的章节中，你将逐步熟悉奠定一个坚实统计基础所要掌握的各种方法。

统计实践

1.2　对 20/20 节目中一项调查结果的看法：事实还是虚构？

你是否注意到，对目前的事件无论你持什么观点，你总能找到统计数字作为支撑——比如，是否吃维生素，日托对小孩是否有利，或者哪种食物有益健康、哪些食物有害健康？有无数的信息可供你参考，但这些信息是精确的还是有偏的？约翰·斯多塞(John Stossel)决定研究上述问题，而你也许很好奇地想知道你对上述问题的回答是对还是错。

1995 年 3 月 31 日，在 ABC 电视节目 20/20 的黄金时段，巴巴拉·沃尔特斯(Barbara Walters)提出了上面的开场白。故事的题目是"事实还是虚构——对一些所谓调查的揭密"。ABC 电视台记者约翰·斯多塞所做的一项调查研究比较了 20 世纪 40 年代教师们经历的纪律问题和今天教师们经历的纪律问题，结果是：前者担心的问题是学生们在课堂上交头接耳，嚼口香糖，在大厅里乱跑；而后者最担心的是校园恐怖事件，这类信息在日报、周刊、专栏、国会季度报告、华尔街杂志等印刷刊物上被大肆宣扬，在其他一些报道中甚至还引用了一些名人对上述事件所发表的言论，这些人物包括前第一夫人芭芭拉·布什(Barbara Bush) 和前教育秘书威廉·贝内特(William Bennett)等。

"听到这些我不禁回想起过去简朴典雅的生活，当时的生活不是他们所说的那样啊"，带着这些回忆，斯多塞问到："有少年犯罪现象吗(20 世纪 40 年代)？调查属实吗？"在耶鲁管理学院教授们的帮助下，斯多塞最后找到了上面"调查结果"的最初资料来源，发现那些观点根本就不是来自什么调查结果！而是一位得克萨斯老人特· 科林·戴维斯(T. Colin Davis)的个人看法。戴维斯只不过列举了一份保守时事通讯中刊登的教师们所碰到的几个特定的纪律问题。在调查中，戴维斯承认说那些资料并不是通过统计调查得到的，而是来自他对 40 年代那些纪律问题的个人见解("我那时在学校")和他对当今问题的理解("我看了报纸")。

斯多塞关于教师 "调查"问题的理性思考说明，开始的那些"调查结论"说得轻点儿是误导，说得重点儿就是不道德。ABC 节目还列举了另外几例误导性(也可能是不道德)的调查。就像刚才列举的事实一样，这类情况许多都是来自商人或搜寻猎奇者的无端炒作。

20/20 节目最后以采访《受玷污的真理》作者辛西娅·克罗斯(Cynthia Crossen)并揭露误导或有偏调查的真相作为结束。克罗斯最后提醒："如果一个人正在误用数据而又让我们利用这些数据去做什么事情，那么无论这些事情本身多有意义，最终都会因数据的不真实而完全失去其应有的作用。现在，我们经常要通过调查来了解某些事情。比如，我们知道抽烟对人体的肺和心脏有损害，那么，正是因为了解了这些，才使许多人的生命得以延长或被挽救。总之，我们不想丢失那些有助于我们进行决策的信息，因为那些信息是我们最关心的。"

讨论焦点

a. 考虑一下伪造的关于国内暴力和出生缺陷的狄姆斯(Dimes)报告。讨论用于调查国内暴力对出生缺陷发生影响的数据类型。你建议采用哪种数据收集方法？

b. 参考美国大学妇女协会(American Association of University Women，简写为 AAUW)对高校女生自尊心理的研究结果。解释为什么 AAUW 的研究结果可能对人们产生误导。要评估高校女生的自尊心理，用哪些数据比较合适？

c. 参考食品研究与行动中心(Food Research and Action Center)对美国饥饿问题的研究结果。解释为什么研究结果可能对人们产生误导？哪些信息才会提供对美国受饥饿儿童比例的真实反映？

报告信息来源

吃燕麦糠是减少你胆固醇含量的一种既经济又简单的方法[Quaker Oats]

每年有150000名妇女死于厌食[Feminist group]

国内暴力会引起比所有医疗事故总和更多的出生缺陷[March of Dimes]

与66%的低年级女生相比，高年级女生中只有29%有幸福感[American Association of University Women]

12岁以下的美国儿童中有1/4面临饥饿危险[Food Research and Action Center]

实际研究信息

只有含燕麦糠的饮食才能保证胆固醇含量比较低。

每年大约有1000名妇女死于与厌食有关的疾病。

没有进行研究——一个伪造的报告。

3000名高年级女生中，29%的人对“我对现在的生活感到满意”这样的观点表示完全同意，其他多数人则回答“基本满意”和“有时满意”。

根据对问题的反映回答：“你曾经节过食吗？”“你曾经吃过比你认为合适的量更少的饭吗？”“你曾经因为经济紧张而只给你的小孩吃有限的几种食物吗？”

要 点 回 顾

关键术语：

黑箱(Black box)
普查(Census)
数据(Data)
描述统计学(Descriptive statistics)
设计的实验(Designed experiment)
推断(Inference)
推断统计学(Inferential statistics)
可靠性度量(Measure of reliability)
观测值(Measurement)
观察研究(Observational study)
总体(Population)
过程(Process) *
公开出版物(Published source)
定性数据(Qualitative data)
定量数据(Quantitative data)
可靠性(Reliability)
代表性样本(Representative sample)
随机样本(Random sample)
样本(Sample)
统计思想(Statistical thinking)
统计推断(Statistical inference)
统计学(Statistics)
调查(Survey)
不道德统计实践(Unethical statistical practice)
变量(Variable)

练习 1.1～1.30

注意：带星号的练习来自本章的选学内容。

技能训练：

1.1 什么是统计？

1.2 解释描述统计与推断统计之间的区别。

1.3 列出并定义描述统计问题的四要素。

1.4 列出并定义推断统计问题的五要素。

1.5 列出收集数据的四种主要方法并解释它们之间的区别。

1.6 解释定性数据与定量数据之间的区别。

1.7 说明如何区分总体和变量。

1.8 说明如何区分总体和样本。

1.9 什么是代表性样本？它的作用是什么？

1.10 为什么统计学家认为没有测量可靠性的推断是不完整的？

*1.11 解释总体和过程的区别。

1.12 给统计思想下一个定义。

1.13 假定给你一个数据集，其中的样本单位被分为A、B、C、D四类。你准备利用上述数据建一个计算机数据库，而且决定用代码A=1，B=2，C=3和D=4分别表示原来的四类数据。那么构成A、B、C、D的四类数据是定量数据还是定性数据？数据用1、2、3、4分别表示后，它们是定量数据还是定性数据？解释你的答案。

概念运用：

1.14 刀具协会最近调查了154家美国公司，以确定这些公司开展电子商务的程度如何，结果发现竟然有65%的公司没有制定完整的电子商务计划。下面列出了刀具协会所提的四个问题，对每个问题，请确定研究变量并把它们分为定量变量和定性变量(《互联网周刊》1999年9月6日，www.internetweek.com)。

a. 你们有完整的电子商务计划吗？

b. 如果还没有电子商务计划，你们准备何时制定这样的计划：不制定，2000年以后制定，2000年年中制定，2000年上半年制定，1999年年末制定？

c. 你们通过互联网运送产品吗？

d. 上一个财政年度你们公司的总收入是多少？

1.15 民意测验专家定期进行民意测验，以了解现任总统的支持率。假定明天将对2000人进行民意测验，请他们回答现任总统做得怎样。2000名受调查者通过拨随机数字电话选定，调查过程也在电话里进行。

a. 与本题相关的总体是什么？

b. 研究变量是什么？它是定量变量还是定性变量？

c. 样本是什么？

d. 民意测验专家准备用此调查推断什么？

e. 调查中采用了哪种数据收集方法？

f. 样本的代表性如何？

1.16 学院和大学在做出接受一名申请者并向其提供奖学金的决定前，要求申请者提供大量信息。请你将学院要求提供的下列各类数据分为定量和定性两类：

a. 高中GPA。

b. 高中类别。

c. 申请者的SAT或ACT分数。

d. 申请者的性别。

e. 父母亲的收入。

f. 申请者的年龄。

1.17 20世纪90年代美国经济出现繁荣景象，其后果之一是劳动力市场高级人才紧缺、公司技术人员频繁流动。为了帮助雇主更好地了解雇员的价值观，Fort Lauderdale猎头公司从全美抽取了10000人的随机样本进行调查。他们提出的问题之一是：如果你的雇主为你提供了优厚的待遇，你愿意继续为他的公司工作5年吗？结果发现样本中有6000人回答“是”。(*HRMagazine*，1999年9月)

a. 识别猎头公司的研究总体。

b. 根据猎头公司提出的问题判断，研究变量是什么？

c. 变量是定量的还是定性的？解释一下。

d. 描述样本。

e. 从调查结果中可以做出什么推断？

1.18 过去的15年，全球竞争使美国公司朝小规模、流水化方向发展，并通过外购和使用临时工来减小成本。从事实看，20世纪90年代临时工的数量增加了2.5倍。联合国秘书招募机构——管理与办公事务研究所对临时劳动力市场进行了一次调查研究。他们向研究所4000名成员构成的随机样本邮寄了调查问卷，最后收回684份答卷。其中的一个调查问题是：“你预计到2002年你公司的临时工人数是增加呢，还是不变或减少？”43%的答卷认为他们雇佣的临时工人数将会增加。(Management Service，1999年9月)

a. 识别研究者所用的数据收集方法。

b. 识别研究者抽样的总体。

c. 根据研究者提出的问题判断，研究变量是什么？

d. 变量是定量的还是定性的？解释一下。

e. 从研究结果中可以做出什么推断？

1.19 美国联邦公路管理局(Federal Highway Administration，简写为FHWA)周期性地对全国的路桥状况进行检查。检查结果被编辑成国家桥梁目录手册(National Bridge Inventory简写为NBI)。下面列出了NBI保存的近百个变量中的几个，请你把这些变量分为定量的或定性的。

a. 桥梁的最长跨度(英尺)。

b. 机动车道数。

c. 过桥费(有或没有)。

d. 平均日流量。

e. 桥体状况(好，一般，差)。

f. 绕行长度(英里)。

g. 路的类型(州际公路，国家公路，州公路，县公路、市公路)。

1.20 参考练习1.19，对NBI最近的数据进行了分析，其结果刊登在《下部构造体系杂志》(*Journal of Infrastructure System*，1995年7月)上。根据美国联邦公路管理局(FHWA)的分类标准，美国所有的470515座公路桥被分为“结构不合理”、“功能老化过时”或“安全”三类。分析结果表明：26%的桥梁结构不合理，

19%的桥梁功能老化。

a. 研究者的目标变量是什么？

b. a 中的变量是定性的还是定量的？

c. 分析的数据集是总体还是样本？解释一下。

d. 研究者是怎样得到他们的研究数据的？

1.21《零售业》杂志（*Journal of Retailing*）发表了一项关于工作满意度与权谋导向度关系的研究结果。简单地说，权谋导向就是指管理者高度集权，对其雇工的监督带有一定的欺诈性和残忍性。研究者向一个包括 218 家百货商店的样本中每一家的经理发送了调查问卷，最后得出了工作满意度分数和权谋导向度级别。他们的结论是：工作满意度得分较高的人其权谋导向程度较低。

a. 抽取总体的样本是什么？

b. 作者观测的变量是什么？

c. 使用了哪种数据收集方法？

d. 作者做出了什么推断？

1.22 媒体报告显示，不满意的股东越来越倾向于向公司管理层施加压力。这是近期少数大投资者的故意炒作，还是大范围的股东激进行为？为了回答这个问题，弗吉尼亚 Mclean 的一家舆论研究组织——Wirthlin 研究小组在全美抽取并调查了 240 位大投资者（货币管理者、共同基金管理者、机构投资者等）。向被调查者提出的问题之一是：你们准备聘请或已经聘请了一位代言人吗？结果发现，样本中有此行动者竟超过 40%。（《纽约时报》，1995 年 10 月 31 日）

a. 识别 Wirthlin 小组研究的兴趣总体。

b. 根据 Wirthlin 小组所提的问题判断，研究变量是什么？

c. 描述一下样本。

d. 从调查结果中可做出什么推断？

1.23 公司兼并（Corporate merger）是一家公司（投标者）控制另一家公司（标的）资产的手段。1995 年美国掀起了一股银行兼并浪潮，使银行业成为效率更高、更具竞争力的行业，但同时也使美国银行的数目从 1984 年最多时的 14496 家减少为 1995 年底的不到 10000 家（《财富》，1995 年 10 月 2 日）。

a. 设计一个简短的问卷，就"银行业为什么在进行兼并以及是否还会进一步兼并"这一问题调查样本中银行经理们的看法。

b. 描述可以根据样本对其进行推断的总体。

c. 就 200 家样本银行的经理们对调查问卷的回答进行正反两方面的讨论。

*1.24 可口可乐 Schweppes 饮料有限公司（CCSB）成立于 1987 年，可口可乐公司拥有其 49% 的股份。《行业管理与数据系统》（*Industrial Management and Data System*，1992 年第 92 期）的资料显示：CCSB 的韦克菲尔德生产厂每分钟能生产 4000 罐软饮料，自动化生产过程如下：将称重后的原料分发到储存器以制造糖浆，然后在把糖浆注入饮料罐的同时加入二氧化碳。为了监控将二氧化碳加入罐中的这个子过程，每隔 15 分钟从装罐生产线上取下 5 罐已装满的饮料进行检查，以确定二氧化碳含量是否在允许的范围之内。

a. 描述所研究的过程。

b. 描述观测变量。

c. 描述样本。

d. 描述推断。

e. 白利糖度计（Brix）是测量含糖浓度的单位，如果一个技术员被指派去完成一项任务——即估计韦克菲尔德生产厂附近一个仓库中所有240000罐饮料的平均白利糖度计水平，那么这个技术员是检查一个过程呢还是检查一个总体？解释一下。

1.25 兼职是一项新颖的职业选择方式，起源于瑞典并日益风行于美国。提供兼职岗位的公司允许两人或多人分担全职工作——即：做同一份工作的两个人可以交替工作周（比如一个人上班时另一个人下班）；但兼职者不在同一时间工作而且可能互不相识。兼职工作对家中有小孩的妇女和那些由于经济波动而频繁失业的人来说尤其有吸引力。一项对美国 1035 家主要公司的调查发现，大约有 22% 的公司为他们的雇员提供兼职岗位（*Entrepreneur*，1995 年 3 月）。

a. 识别抽取样本的总体。

b. 识别观测变量。

c. 确定样本。

d. 哪些相关信息是政府代理机构比较感兴趣的？

1.26 12 亿人口的中国目前是世界头号香烟市场，而且烟草业已成为中央政府的主要税收来源之一。为了更好地了解中国烟民和他们所代表的潜在公众健康灾难，在闵行区进行了一项涉及 3423 名男性和 3593 名女性的挨家挨户的调查，闵行区是上海附近一个约 50 万人口的郊区。研究结果是："中国人尽管只有中等收入水平，但却愿意花掉个人收入的 60% 和

家庭收入的 17%去购买香烟”(见 *Newark*, *star-Ledger*, 1995 年 10 月 19 日)。

a. 识别抽取样本的总体。

b. 样本容量有多大?

c. 进行这样的研究是想对什么样的总体做出推断?

d. 说明为什么对 a 和 c 不同的回答会影响研究结果的可靠性。

1.27 Windows 是微软公司生产的计算机软件产品。在设计 win98 时,市场调查人员通过电话采访了数千名 win95(一个旧版本)的用户,并就如何改进产品征求他们的意见。假定消费者被问到如下问题:

Ⅰ. 你是家庭中用 win95 最频繁的成员吗?

Ⅱ. 你的年龄。

Ⅲ. 你怎样评价 win95 指导说明书的帮助性能;请在 1～10 之间做出选择,假定 1 代表没有帮助。

Ⅳ. 在用 win95 支持的打印机时,你最常用的是激光打印机还是其他类型的打印机。

Ⅴ. 如果 win95 的速度可以改变,你更喜欢下列哪种选择:减慢、不变还是加快?

Ⅵ. 你的家庭成员中至少用过一次 win95 的有多少人?

上面的每个问题都为公司确定了一个观测变量,请你将每个变量对应的数据分为定量的或定性的,然后对你的分类做出解释。

1.28 为了评价纽约州会计公司在多大范围内采用抽样方法评估雇员,纽约注册会计师(CPA)协会对雇佣两个或两个以上雇员的 800 家会计公司作了一次邮寄问卷调查,发现有 179 家公司对问卷中的四项问题没有回答,其中的 12 家报告说他们没有审计经验;调查问卷还问公司是否使用过抽样方法,如果是的话,是否用的是随机抽样(CPA 杂志,1999 年 7 月)。

a. 识别总体、变量、样本以及准备对纽约CPA协会进行的推断。

b. 考虑是何原因使得四项问题没有答案。

c. 在第 6～9 章你会明白,推断的可靠性与所用的样本大小有关。请你考虑一下,除此之外,还有什么因素可能影响上面提到的邮寄调查推断的可靠性?

***1.29** 休斯顿的 Wallace 公司是一家向冶炼、化学和石油化工行业提供管道、阀门和配件的单位,最近获得了 Malcolm Baldrige 国家质量奖(1991 年 5 月)。该公司控制分配过程质量的步骤之一是对其客户的一个子集进行一年两次的调查,询问这些客户对传递速度、发货单准确性以及来自 Wallace 公司的产品包装质量的看法。

a. 描述研究过程。

b. 描述观测变量。

c. 描述样本。

d. 描述对观测变量的推断。

e. 可能影响推断质量的因素有哪些?

1.30 每个美国劳动力的就业状况(就业或失业)是经济学家、商务人员和社会学家都极为关心的内容,这些资料也是反映社会和经济健康状况的信息。为了获得劳动力就业状况信息,美国普查局发布一种称为流动人口调查的报告。每个月约有 1500 名访问员从全美 9200 万户家庭中访问 59000 人,调查其中 14 岁以上者的就业状况。这项调查结果使普查局得以估计出劳动力中未就业者所占的比率(失业率)。

a. 确定普查局的研究总体。

b. 测量的是哪类变量,定量的还是定性的?

c. 普查局感兴趣的问题是描述问题还是推断问题?

d. 为了监控失业率,有必要给“失业”下一个定义,但是不同经济学家甚至不同国家给出了不同的定义。请你试着给“失业者”下一个定义,要求你给出的定义能够回答下面的问题:如:暑假里的学生是失业者吗?夏天学校里不讲课的大学教授算失业者吗?哪些年龄的人可算作适龄劳动者?没有工作又不积极寻找工作的人算失业者吗?

第 2 章

描述数据集的方法

本章内容

2.1 描述定性数据
2.2 描述定量数据的图表方法
2.3 求和符号
2.4 集中趋势的数值测度
2.5 变异性的数值测度
2.6 解释标准差
2.7 相对定位的数值测度
2.8 检测离群值的方法(选学)
2.9 两变量关系的图示(选学)
2.10 时间序列图(选学)
2.11 用描述技术"歪曲"真相

统计实践

2.1 帕雷托(Pareto)分析
2.2《汽车与司机》杂志(Car & Driver's)的"路考摘要"

我们已学习过的

在第1章我们接触过一些统计应用的典型例子,并且讨论了统计思想在支持管理决策方面所起的作用。我们也指出了描述统计与推断统计的区别并概括了推断统计的5要素:即,一个总体,一个或多个变量,一个样本,一种推断以及对推断可靠性的度量。此外我们还介绍了数据可分为两类——定量数据和定性数据。

我们将要学习的

在作统计推断之前,必须要描述一个数据集,我们可以用本章将要讨论的图示法或数值法来完成这一步。而且就像在第7章中将要看到的那样,我们利用样本的数量特征去估计相应总体的

特征。因此，本章所学的知识是后面进行统计推断的基础。

假定你希望根据一个 MBA 班 400 名学生的管理学研究生能力测试(GMAT)成绩来评估他们的管理能力的话，你将怎样描述那 400 个观测值？那个数据集的特点包括：典型的或者说出现次数最多的 GMAT 分数、分数的变异程度、最高分和最低分、数据分布的"形状"以及数据集中是否包含非正常值等等。通过目测的方法来提取这些信息并不容易，400 个分数可能会提供太多的信息以至于我们难以分清主次。所以很显然，我们需要一些正式的方法来概括和描述这类数据集中的信息。描述数据集的方法对统计推断来说也是必要的，多数总体是大数据集，因此，我们需要一些描述样本数据集的方法，以便根据这些来自总体的样本对总体做出推断。

本章介绍两种描述数据的方法，一种是图示法，另一种是数值法，它们在统计中都起着非常重要的作用。第 2 章第 1 节说明了描述定性数据时既用图示法也用数值法。描述定量数据的图示法将在 2.2 和 2.8、2.9 以及 2.10 节的适当部分加以讨论，描述定量数据的数值法则安排在 2.3～2.7节。这一章的最后，我们介绍如何避免利用描述技术来"歪曲"真相。

2.1 描述定性数据

回忆一下《商业周刊》(见 1.2 中研究 2)中"经理收入记分板"的年度表式。《福布斯》(Forbes)杂志每年也进行一项关于首席执行官的薪水调查。除薪金信息外，《福布斯》还收集和报告有关 CEO 的个人资料，其中包括教育水平。请问，大多数 CEO 具有像硕士或博士这样较高的学位吗？为了回答这个问题，表 2.1 给出了 1998 年 25 位薪水最高的 CEO 所具有的最高学位(学士、硕士、博士或没有学位)。

在这项研究中，我们感兴趣的变量——已获得的最高学位，本质上是定性变量。由于定性资料本质上是非数字性的，所以，定性变量只能被划分为称做组的种类。本例中，可能的学位类型——学士、硕士、博士以及没有学位——就表示了这个定性变量的类别。我们可以从数字的意义上用两种方法来汇总这类资料：(1)计算组频——即计算数据集中落入每个组的观察值个数；(2)计算相对组频——即落入每个组的观察值数目所占的比例。

定义 2.1

组是定性数据能够归于其中的类别之一。

定义 2.2

组频是数据集中落入特定组的观测值个数。

表 2.1　**25 个收入最高的 CEO 的资料**

CEO	公司	学位
1. Michael D. Eisner	Walt Disney	学士
2. Mel Karmazin	CBS	学士
3. Stephen M. Case	America Online	学士
4. Stephen C. Hilbert	Conseco	无学位
5. Craig R. Barrett	Intel	博士
6. Millard Drexler	Gap	硕士
7. John F. Welch, Jr.	General Electric	博士

续表

CEO	公司	学位
8. Thomas G. Stemberg	Staples	硕士
9. Henry R. Silverman	Cendant	法学博士
10. Reuben Mark	Colgate-Palmolive	硕士
11. Philip J. Purcell	Morgan Stanley Dean Witter	硕士
12. Scott G. McNealy	Sun Microsystems	硕士
13. Margaret C. Whitman	eBay	硕士
14. Louis V. Gerstner, Jr.	IBM	硕士
15. John F. Gifford	Maxim Intergrated Products	学士
16. Robert L. Waltrip	Service Corp. International	学士
17. M. Douglas Ivester	Coca-Cola	学士
18. Gordon M. Binder	Amgen	硕士
19. Charles R. Schwab	Charles Schwab	硕士
20. William R. Steere, Jr.	Pfizer	学士
21. Nolan D. Archibald	Black & Decker	硕士
22. Charles A. Heimbold, Jr.	Bristol-Myers Squibb	法学士
23. William L. Larson	Network Association	法学博士
24. Maurice R. Greenberg	American International Group	法学士
25. Richard Jay Kogan	Schering-Plough	硕士

资料来源:Forbes,1999 年 5 月 17 日。

定义 2.3

组相对频率是组频除以数据集中所有观测值的个数。

检查表 2.1,我们看到 25 个收入最高的 CEO 中,1 人没有学位,7 人具有学士学位,11 人具有硕士学位,其余 6 人具有博士学位或法律学位。这些数字 1 、7 、11 和 6 代表 4 个组的组频,并被显示在汇总表 2.2 中。

表 2.2　25 个收入最高的 CEO 资料的汇总表

组	频数	相对频率
获得的最高学位	CEO 人数	比例
没有学位	1	0.04
学士学位	7	0.28
硕士学位	11	0.44
博士/法律学位	6	0.24
合计	25	1.000

表 2.2 给出了按四种学位分组的相对组频。根据定义 2.3 我们知道,可用各组的频数除以数据集中观测值的总数而得出各组的相对频率。因此,四个学位组的相对频率分别为:

没有学位者：　$\frac{1}{25}=0.04$

学士：　$\frac{7}{25}=0.28$

硕士：　$\frac{11}{25}=0.44$

博士：　$\frac{6}{25}=0.24$

从这些相对频率中我们发现，25 个收入最高的 CEO 中，近一半(44%)具有硕士学位。

尽管表 2.2 的汇总表已经描述了表 2.1 中的资料，但我们常常还需要更直观的图示方式。图 2.2 和 2.3 是描述定性数据时最常用的两种方法——柱形图和饼图。图 2.2 中运用 Excel 软件创建的柱形图显示了获得最高学位者所占的频数。注意每一组中矩形或柱形的高度表示组频(柱形的高度也可以按比例对应组相对频率)。相比之下，图 2.3(也是 Excel 图)是以饼图形式表示的四个组的相对频率，注意饼图是圆环形的，每一块的大小按比例对应于相应的相对组频，比如，分配给硕士组的饼块大小是 360°的 44%，即(0.44)(360°)=158.4°。

图 2.2　25 个 CEO 数据的 EXCEL 图

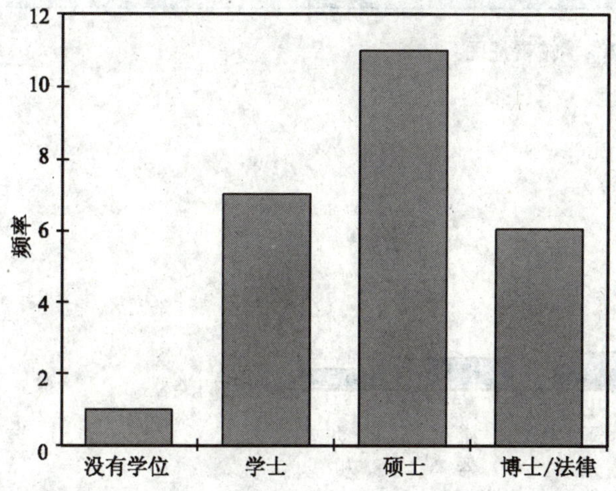

图 2.3　25 个 CEO 数据的 EXCEL 饼图

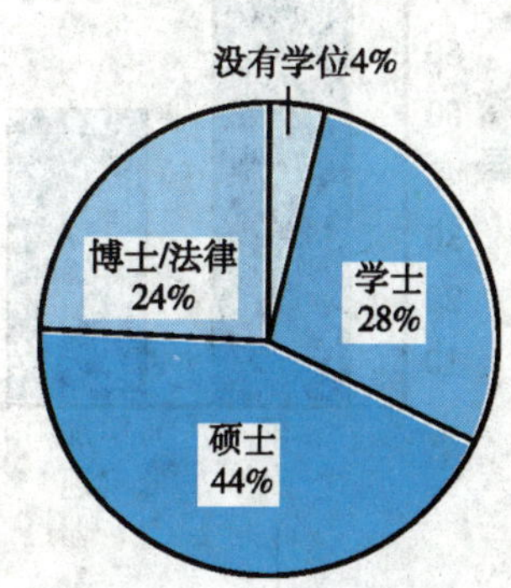

统计实践

2.1 帕雷托分析

意大利经济学家维利菲尔多·帕雷托(Vilifiedo Pareto，1843—1923)发现，一个国家中 80%左右的财富集中在大约 20%的人手中。凯恩(V. E. Kane)在他的著作《过失防范》(Defect Prevention，New York：Marcel Dekker，1989)中也指出了其他领域的类似结果，比如，80%的商品卖给了 20%的顾客；80%的顾客抱怨起因于 20%的产品；80%的缺陷项目由生产过程中 20%的错误决策引起，等等。这些例子说明了“极其重要的少数，无关紧要的多数”这样一个思想。将帕雷托原理应用到刚才最后一例，就说明“极少数”主要错误导致了绝大多数次品，而剩余的少部分次品则起因于许多不同的错误，即上面所说的“无关紧要的多数”。

一般来说，帕雷托分析包括项目分类，以及确定哪些类别包含了大部分观察值，这些类别就是那些“极其重要的少数”。帕雷托分析现在作为一种问题识别工具被广泛应用于工业领域。经理和工人用它来识别最重要的问题以及导致这些问题的原因。由于抓住了要害，管理者才得以集中力量去解决这些问题。

帕雷托分析的主要工具是帕雷托图。帕雷托图(Pareto diagram)只是一个关于频数或相对频率的柱形图。柱形在水平坐标轴上按高度从左到右依降序排列，即，最高者居左，最低者居右。这种安排列出了最重要的类别——即那些具有最大频数者在图的左边。由于数据是定性的，没有内在的数值次序，所以可进行重新排列使图看起来更加直观。

讨论焦点

a. 考虑汽车业的如下例子（节选自凯恩著作，1989 年）。检查特定日期生产的所有车辆是否有毛病，有毛病者分类如下：车身、加速器、电子元件、传感器和发动机。这些定性数据对应的帕雷托图显示在图 2.1(a)，借助该图可找出出现次数最多的故障类型。

b. 检查车辆时要收集足够多的数据以使帕雷托分析更进一步。所有 70 类车身质量问题被进一步细分为油漆、凹痕、装潢、挡风玻璃或者铬合金问题。50 类辅助设备质量问题则被进一步分成空调系统(A/C)、收音机、动力转向，速度控制器和雨刷(W/S)等。建立在上述两类数据基础之上的帕雷托图见图 2.1 中的(b)和(c)。帕雷托图的这种分解方法被叫做“分解帕雷托图”(Exploding the Pareto diagram)。从“分解后”的帕雷托图看，哪些类型的故障应分别引起管理者、工程师和一线生产工人的注意呢？

图 2.1　帕雷托图

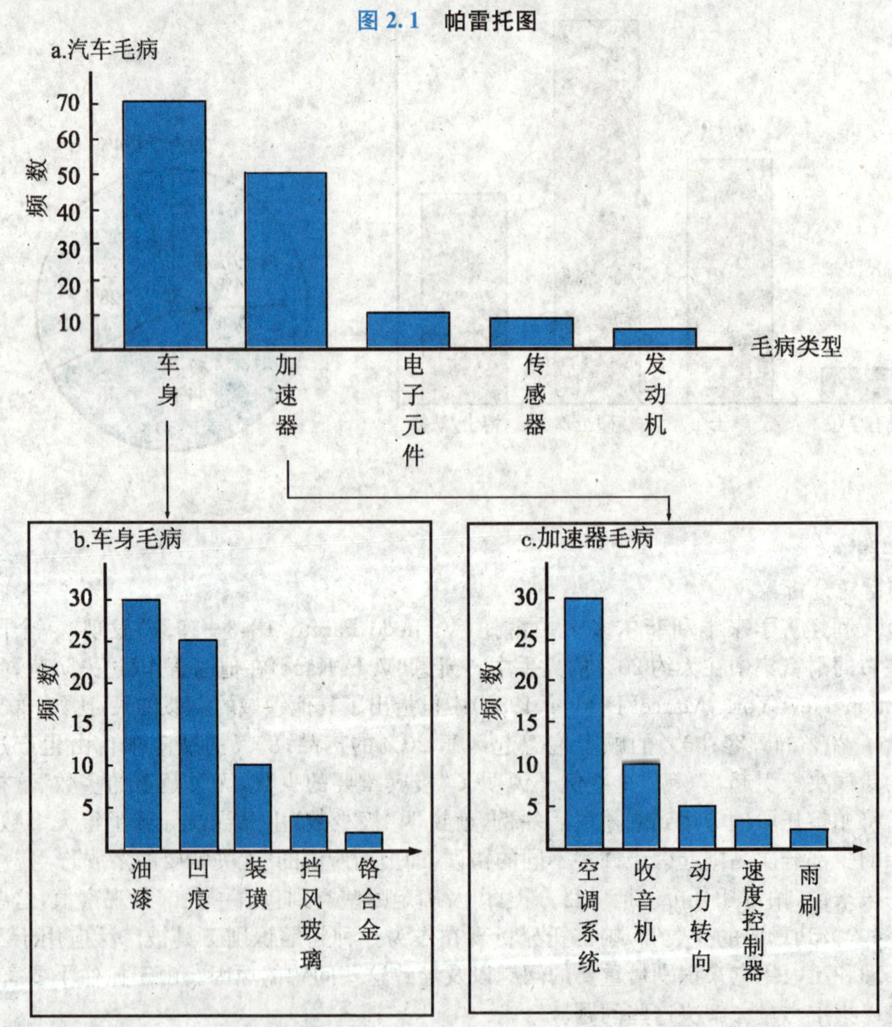

让我们看一个要求对图形结果进行解释的实际例子。

例 2.1

佛罗里达西南部的一个心外科研究小组一直在研究一种新药，希望用这种新药来减少心脏

搭桥手术过程中的血液流失。在发明出这种新药后，他们分析了114例使用该药进行心脏动脉搭桥手术的病人的失血资料（这些病人中有些收到一定剂量的药物，有些则没有收到）。在声明药物有减少失血作用的同时，医生们也非常关注这种新药可能引起的副作用及并发症。因此，他们的数据集中不仅包括定性变量——药物（Drug），即病人是否收到了药物，而且包括定性变量——并发症（Comp）——即具体指出病人出现并发症的类型（如果有的话）。医生们记录的并发症的四种后果为：(1)重做手术（Redo），(2)术后感染（Infect），(3)术后感染后重做手术（Both），(4)未发生术后感染，也没有重做手术（None）。

图2.4 关于药物和并发症的SAS汇总表

药物	频率	百分比	累积频率	累积百分比
NO	57	50.0	57	50.0
YES	57	50.0	114	100.0

公司	频率	百分比	累积频率	累积百分比
1：REDO	12	10.5	12	10.5
2：INFECT	12	10.5	24	21.0
3：BOTH	4	3.5	28	24.5
4：NONE	86	75.5	114	100.0

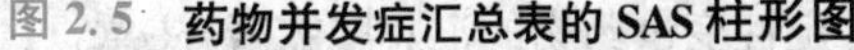

图2.5 药物并发症汇总表的SAS柱形图

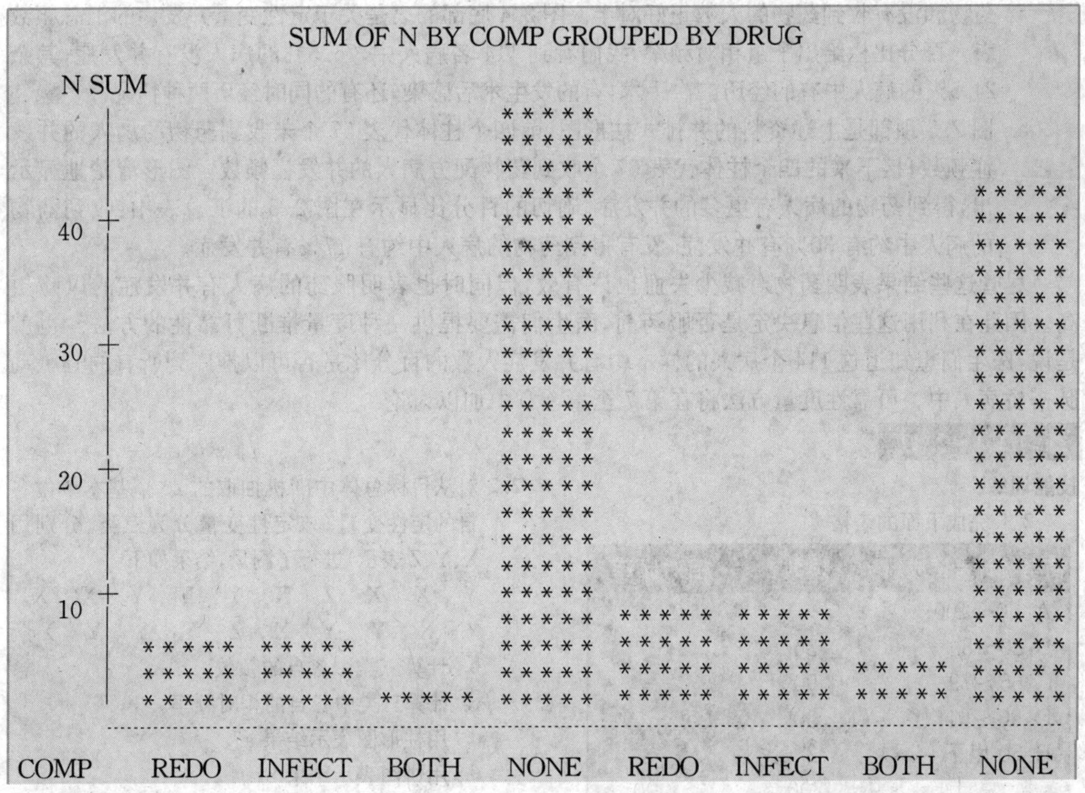

DRUG	NO		YES	

DRUG = NO

COMP	Frequency	percent	Cumulative Frequency	Cumulative percent
1:REDO	5	8.8	5	8.8
2:INFECT	4	7.0	9	15.8
3:BOTH	1	1.8	10	17.5
4:NONE	47	82.5	57	100.0

DRUG = YES

COMP	Frequency	percent	Cumulative Frequency	Cumulative percent
1:REDO	7	12.3	7	12.3
2:INFECT	7	12.3	14	24.6
3:BOTH	3	5.3	17	29.8
4:NONE	40	70.2	57	100.0

a. 图 2.4 是由 SAS 软件生成的关于两个定性变量——药物和并发症——的汇总表，对表中的结果进行解释。

b. 对图 2.5 中的 SAS 图和汇总表进行解释。

解答：

a. 图 2.4 顶部的表是关于定性变量药物的汇总频数表，注意，114 名心脏动脉搭桥病人中收到药物和没有收到药物的人数正好对半。图 2.4 底部的表是关于定性变量并发症的汇总频数表。百分比栏给出了组相对频率，我们看到 114 名病人中，75.5%的病人没有并发症；其余 24.5%的病人中有的经历二次手术，有的发生术后感染，还有的同时经历两种情况。

b. 图 2.5 顶部是上述资料的并排式柱形图，前四个柱体代表 57 个未收到药物的病人的并发症频数，接下来的四个柱体代表 57 个收到药物配方病人的并发症频数。图形清楚地显示出，得到药物的病人有更多的并发症，确切的百分比显示在图 2.5 的汇总表中：收到药物的病人中约有 30%有并发症，没有得到药物的病人中约有 17%有并发症。

尽管这些结果表明药物对减少失血也许有效，但同时也表明服药的病人有并发症的风险更高。因此在利用这些信息决定是否服药前，医生们需要提供一种度量推断可靠性的方法。也就是说，医生们想知道这 114 个病人的样本中有并发症人数的百分比是否可以推广到所有的心脏动脉搭桥病人中。可靠性度量方法将在第 7 至第 9 章中加以讨论。

练习 2.1～2.11

技能训练：

2.1 完成下面的表格

商务统计考试成绩	频数	相对频率
A:90～100	—	0.08
B:80～89	36	—
C:65～79	90	—
D:50～64	30	—
E:50 以下	28	—
总计	200	1.00

2.2 对从目标总体中随机抽取的 20 个基本单位各自的定性变量（该定性变量分为三类，分别用 X、Y、Z 表示）进行了测量，结果如下：

Y X X Z X Y Y Y X X
Z X Y Y X Z Y Y Y X

b. 计算三类中各自的频数。

c. 计算三类中各自的相对频率。

d. 用柱形图表示结果 a。

d. 用饼图表示结果 b。

概念运用：

2.3 20 世纪 70 年代，在未受到日本和欧洲公司的竞争威胁之前，大部分美国公司很少注意顾客的满意度。但现在，所有世界级的公司都很重视监测顾客的满意度和忠诚度。那么满意的顾客一定就是忠诚的顾客吗？哈特-汉克斯市场研究公司(Harte-Hanks Market Research)对仓储超市和银行的顾客进行了调查，并在《美国人口统计学》杂志(*American Demographics*，1999 年第 8 期)上发布了下面的调查结果。

	银行	仓储超市
完全满意并很忠诚	27%	4%
完全满意但不太忠诚	18%	25%
不完全满意但很忠诚	13%	2%
不完全满意也不很忠诚	42%	69%
	100%	100%

资料来源：American Demographics，AUG. 1999.

a. 构造每个数据的相对频率柱形图。

b. 这些资料可以用饼图来表示吗？为什么？

c. 资料是否表明完全满意的顾客是绝对忠诚的？为什么？

2.4 1998 年卡那维若港口接待了 150 万游客。每一艘从卡那维若港口驶出的游船运送的游客人数列表如下：

练习 2.4 的表

游船	游客人数
海豚号	152240
狂欢号(幻想号)	480924
迪斯尼号(魔术号)	73504
总理号(海洋号)	270361
皇家加勒比海号(北欧皇后号)	106161
克鲁兹娱乐号	453806
英镑巡游号(纽约人号)	15782
南美蜂鸟国际海运号(南美蜂鸟号)	28280
其他	10502
总计	1591560

资料来源：Florida Trend，Vol. 41，No. 9，Jan. 1999.

a. 指出每一艘游船对应游客数的相对频率。

b. 找出具有最高相对频率的游船，并进行解释。

c. 画一个柱形图来描述 1998 年从卡那维若港口出发的游船总体。

2.5 对公司管理层施加压力使其做出某些财务决策的有意见股东被称为激进派股东。在练习 1.22 我们描述了一项对 240 个大投资者作所的调查，设计那个调查的目的在于确定为什么有那么多的股东参与。提出的问题之一是：当 CEO(执行总裁)和部门经理在公司决策方面意见不一致时，作为公司的一位大投资者，你将采取什么行动[《纽约时报》，1995 年 10 月 31 日]？所有股东的反应汇总如下表；

练习 2.5 的表

反应	投资者个数
寻求正式的解决途径	154
复查 CEO 行为	49
解雇 CEO	20
不采取行动	17
总计	240

a. 为上述数据构造一个相对频率表。

b. 以图形方式表示相对频率。

c. 讨论上面的结果。

2.6 根据 Topaz 公司——美国俄勒冈州波特兰基地一家航空会计公司的资料，国内航线中 80%以上的客票存在打折现象(《旅游周刊》，1995 年 5 月 15 日)。会计公司对国内航线客票的调查结果汇总如下表：

练习 2.6 的表

国内航线机票类型	比率
全价票	0.005
打折票	0.206
合同票	0.425
头等舱票	0.009
公务舱票	0.002
公务舱合同票	0.001
预定票	0.029
团体打折票	0.209
无退款票	0.114
总计	1.000

a. 你认为表中的资料是来自总体还是来自样本，解释你的理由。

b. 用柱形图表示资料，将柱形按高度排列构成一个帕雷托图，然后对其进行解释。

c. 上述数据支持 Topaz 公司关于购买打折票的百分比所得出的结论吗？

(注意：预定票和合同票可以考虑打折。)

2.7 商家喜欢用“读者反馈卡”来宣传他们的产品以扩大市场份额，这些卡片通常被夹放在杂志和商业出版物中。读者取下这些卡片并寄回表明他们对所宣传的产品感兴趣，并期望得到电话回访。作为营销手段，这些卡片的效果怎样（在业内叫做宾果卡片）？Performark，明尼苏达州的一家促销企业，打算利用从 17000 个卡片广告中得到的反馈信息来回答上述问题，这 17000 个卡片是用了 6 年多的时间从多种商业出版物中收集到的。Performark 追踪每个广告收到反馈所花费的时间。反馈时间的汇总表报告在 Inc 杂志（1995 年 7 月）上。

练习 2.7 的表

广告反馈时间分类	百分比
没有反馈	21
13～59 天	33
60～120 天	34
120 天以上	12
合计	100

a. 描述 Performark 所测量的变量。

b. Inc 以饼图方式显示了结果，按表中给出的信息重新构造饼图。

c. 17000 例广告中，有多少从未在销售方面得到反馈？

d. 广告商在"读者反馈卡"营销战役中至少花费了 1 百万美元，但许多工业营销商认为这些"宾果卡片"不值得如此破费。b 中饼图的信息支持这种论点吗？解释支持与不支持的原因；如果不支持，饼图中哪些信息有助于潜在的"宾果卡片"战役？

2.8 许多图书馆员依靠书讯来决定为他们的图书馆购买哪些新书。现从美国历史、地理等学科领域的书讯中随机抽取了一个 375 条书讯的样本，并检查了每一书讯对相应书的全面介绍（*Library Acquisitions*：*Practice and Theory*，1995 年第 19 卷）。将所得到的意见以代码分类如下：

1＝不推荐，2 ＝持谨慎态度或不轻易推荐，3＝很少或没有推荐价值，4＝赞成或推荐，5＝非常好或有重要价值。

汇总资料以柱形图（见右上）的方式给出：

a. 解释柱形图

b. 评论下述研究结论："书讯中的大部分（75%以上）评价客观，推荐购买"

练习 2.8 的图

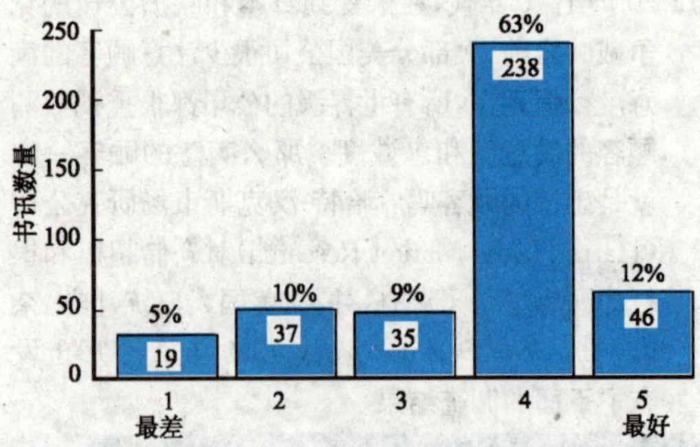

资料来源：翻印自 Library Acquisitions: Practice and Theory, Vol. 19, No. 2, P. W. Carlo and A. Natowitx, "Choice Book Reviews in American History, Geography, and Area Studies: An Analysis for 1988 — 1993," p. 159 Copyright 1995, with kind permission from Elsevier Science Ltd, The Boulevard, Langford Lane, Kidlington OX5 1GB, UK.

2.9 国际互联网为计算机用户提供了通讯和娱乐的媒介。但是，许多企业却认识到可以利用国际互联网来发布广告和销售产品。*Inc. Technology*（1995 年 9 月 12 日）杂志对 2016 户小企业（雇员少于 100 人）每周使用国际互联网的情况进行了一项调查，结果发现：1855 户小企业从不使用国际互联网，11 户每周使用国际互联网 1～5 小时，40 户每周使用国际互联网 6 小时以上。

a. 确定该项调查中的观测变量。

b. 用图概括调查结果。

c. 2016 户小企业中，每周使用国际互联网的企业数占多大比例？

2.10 由于发生了几起严重的油船溢出石油污染海洋事故，国会通过了 1990 年的石油污染法。该法案要求，所有油船都要设计使用比较厚的船壳。从那时起，人们开始对油船的外观设计作进一步的改进，每一项改进都是为了降低石油溢出的可能和减少通过外壳渗出石油的数量。为了给设计提供帮助，J. C. Daidola 报告了最近 50 起比较严重的装船及运输过程中石油溢出的数量及其渗透原因。下页是有关资料［《船舶技术》，1995 年 1 月］的复制表。

练习 2.10 的表 　　　　　　**OILSPILL. DAT**

容器	漏油量（1000 公吨）	漏油原因				
		碰撞	触底	起头/爆炸	船体受损	原因不明
Atlantic Empress	257	X				
Castillo De Bellver	239			X		
Amoco Cadiz	221				X	
Odyssey	132			X		
Torrey Canyon	124		X			
Sea Star	123	X				
Hawaiian Patriot	101				X	
Independento	95	X				
Urquiola	91		X			
Irenes Serenade	82			X		
*Knark*5	76			X		
Nova	68	X				
Wafra	62		X			
Epic Colocotronis	58		X			
Sinclair Petrolore	57				X	
Yuyo Maru No 10	42	X				
Assimi	50			X		
Andros Patria	48			X		
World Glory	46				X	
British Ambassador	46				X	
Metula	45		X			
Pericles G. C.	44				X	
Mandoil II	41	X				
Jacob Maersk	41		X			
Burmah Agate	41	X				
J. Antonio Lavalleja	38		X			
Napier	37	X				
Exxon Valdez	36		X			
Corinthos	36	X				
Trader	36				X	
St. Peter	33			X		
Gino	32	X				
Golden Drake	32			X		
Ionnis Angelicoussis	32			X		
Chryssi	32				X	
Irenes Challenge	31				X	
Argo Merchant	28		X			
Heimvard	31	X				
Pegasus	25					X
Pacocean	31				X	
Texaco Oklahoma	29			X		
Scorpio	31		X			
Ellen Conway	31		X			
Caribbean Sea	30				X	
Cretan Star	27					X
Grand Zenith	26				X	
Athenian Venture	26		X			
Venoil	26	X				
Aragon	24			X		
Ocean Eagle	21		X			

资料来源：Daidola, J. C. F"Tanker structure behavior during collision and grounding." *Marine Technology*, Vol. 32, No. 1, Jan. 1995, p. 22(Table 1). Reprinted with permission of The Society of Naval Architects and Marine Engineers(SNAME), 601 Pavonia Ave. Jersey City, NJ 07306, USA, (201) 798-4800. Material appearing in The Society of Naval Architect and Marine Engineers(SNAME) publications cannot be reprinted without obtaining written permission.

a. 用图表法描述 50 个油罐漏油的原因。

b. a 图中说明某一种原因比其他原因更容易出现吗？设计工程师会怎样评价这种信息？

2.11 自从 1979 年向西方投资者开放大门以来，中国向市场经济稳步迈进。然而由于中国政治和经济体制中某些方面的不确定性，西方投资者对在中国投资心存疑虑。1995 年中国政府的一家机构调查了 402 家外国投资者对中国投资环境的评价，请每一家企业说明他们最关心的问题，调查结果如右表：

a. 构造 10 个类别的帕雷托图。

b. 根据上述帕雷托图分析，哪些环境因素最为投资者所关注？

c. 在这种情况下，是否像帕雷托原理指出的那样，80%的投资者主要关注所有环境因素中的 20%？并证实你的回答。

练习 2.11 的表　　CHINA.DAT

投资者关注的问题	频数
通信设施	8
环境保护	13
金融服务	14
政府效率	30
通胀率	233
劳动力供应	11
个人安全	2
房地产价格	82
个人财产安全	4
水供应	5

资料来源：选自《中国市场新闻》，1995 年 11 月第 26 期。

2.2 描述定量数据的图表方法

第 1 章第 5 节曾经提到，定量数据集由可以量化的数值尺度数据组成。为了描述、概括和探求数据集的特征，我们可以采用三种方法：点图，茎叶图和直方图。

比如，假定一位金融分析师对计算机硬件和软件公司花费在 R&D(研究与发展项目)方面的资源数量感兴趣。她选择了 50 家高技术企业为样本，并计算每家企业上年花费在 R&D 方面的资金数量，然后将其表示为总支出的百分比，最后得到表 2.3 中的结果。

正如我们所看到的那样，50 个单位(公司)的样本观测值是以百分数形式表示的定量数据，金融分析师最初的目的就是对这些数据进行概括和描述，以提取相关的信息。

表 2.3　研究与发展经费支出的百分比

公司	百分比	公司	百分比	公司	百分比	公司	百分比
1	13.5	14	9.5	27	8.2	39	6.5
2	8.4	15	8.1	28	6.9	40	7.5
3	10.5	16	13.5	29	7.2	41	7.1
4	9.0	17	9.9	30	8.2	42	13.2
5	9.2	18	6.9	31	9.6	43	7.7
6	9.7	19	7.5	32	7.2	44	5.9
7	6.6	20	11.1	33	8.8	45	5.2
8	10.6	21	8.2	34	11.3	46	5.6
9	10.1	22	8.0	35	8.5	47	11.7
10	7.1	23	7.7	36	9.4	48	6.0
11	8.0	24	7.4	37	10.5	49	7.8
12	7.9	25	6.5	38	6.9	50	6.5
13	6.8	26	9.5				

通过观察表2.3中的数据可以发现一些明显的事实，如：最小的R&D百分比是5.2%，最大的R&D百分比是13.5%。但如果不采用某些处理数据的方法，同时又想了解50家公司研发支出百分比数据方面更多信息的话，那将是比较困难的。点图是解决此类问题的一种方法。

点图(Dot plots)

图2.6是运用Minitab软件得到的关于50个研发百分比数据的点图。图中水平坐标轴代表一个定量变量的尺度——百分比。数据集中的每个数值对应坐标轴上的一个点，当数值重复时，就在原来的点上方再画一个点，从而在那个特定的数值位置形成一个点集。就像你在点图上看到的那样，几乎所有的研发百分比数据都介于6%～12%之间，而且大多数落在7%～9%之间。

图2.6　**50个研发数据百分比的MINITAB点图**

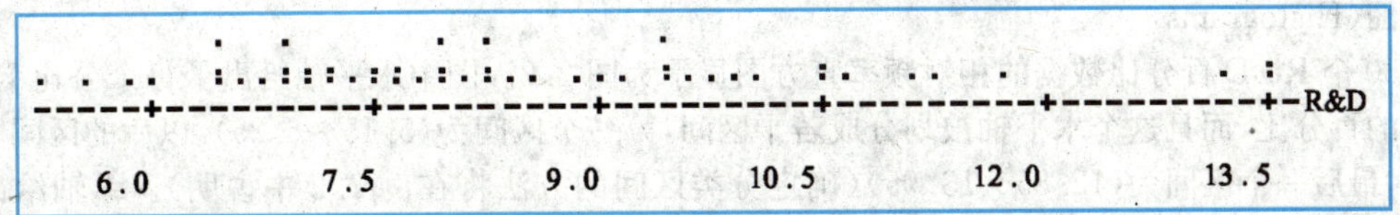

茎叶图(Stem-and-Leaf display)

我们用STATISTIX软件来生成上面相同数据的另一种图形——茎叶图，见图2.7。在这个图中"茎(stem)"为观测值数据(百分比)小数点左边的部分，"叶(leaf)"为小数点右边的剩余部分。

将数据集的树茎从最小(5)到最大(13)列在一栏，每一观察值的树叶记录在相应观测值树茎所在行，如：表2.3中第一个观测值13.5的树叶5位于树茎13所在的行。类似地，第2个观测值8.4的树叶4记录在树茎8所在的行；而第3个观测值10.5的树叶5记录在树茎10所在的行(这前3个观测值的树叶显示在图2.7中)。特别是，每一行的树叶按图2.7所示的顺序排列。

图2.7　**50个研发数据百分比的茎叶图**

```
STEM AND LEAF PLOT OF RDPCT                    MINIMUM    5. 2000
                                                MEDIAM     8.0500
                                                MAXIMUM    13.500

LEAF    DIGIT    UNIT=0.1
5       2        REPRESENTS    5.2

        STEM     LEAVES
3       5        269
12      6        055568999
23      7        11224557789
(9)     8        001222458
18      9        02455679
10      10       1556
6       11       137
3       12
3       13       255

50  CASES  INCLUDED      0  MISSING  CASES
```

茎叶图是用图表示数据集的另一种简洁方法。你一眼就能看出计算机公司样本中大多数(50家中的37家)的R&D支出占收入的6%～9.9%，有11家的公司这一支出比例在7%～7.9%之间。而且相对于样本以外的公司来说，有3家公司其R&D支出占收入的百分比更大——超过13%。

大多数统计软件包允许你对茎和叶的定义进行修改以使图像更加直观。如：假定我们把树茎定义为 R&D 数据整数部分的十位数，而不是个位数和十位数，那么按照这种定义，对应于观测值 13.5 和 8.4 的树茎和树叶就分别如下：

茎	叶
1	3

茎	叶
0	8

注意，数值的小数部分被省略了。一般地，在叶中只显示一位数。

如果你看一下数据，就会明白为什么我们不这样定义树茎。因为所有的 R&D 观测值都小于 13.5，如果将十位数定义为树茎的话，所有的树叶将只属于两个树茎所在的行——1 和 0，这样画出的图就不如图 2.7 形象。

直方图(Histograms)

50 个 R&D 百分比数据的相对频率直方图显示为图 2.8。图中水平轴给出了每个公司 R&D 支出的百分比，而且这个水平轴被划分成若干区间，第一个区间为(5.15～6.25)，以后的区间宽度相等，最后一个区间为(12.85～13.95)(确定分类区间的方法将在例 2.2 中说明)。纵轴给出了 50 个百分数落在每一区间的比例(或相对频率)。这样，你可以看到有 1/3 的公司将它们收入的 7.35%～8.45%花在研究与发展项目上，这个区间包含了最大的相对频率，而且随着 R&D 百分比的变小或变大，对应区间只包含一小部分观测值。

图 2.8　**50 家计算机公司 R&D 百分比的直方图**

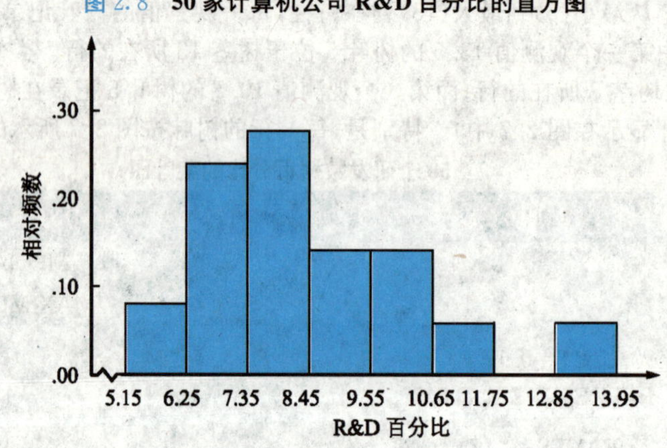

把区间 6.25～7.35，7.35～8.45，8.45～9.55，9.55～10.65 内的相对频率相加，你会发现 80%的 R&D 百分比数据处于 6.25～10.65 的区间之内。类似地，计算机公司中 R&D 支出占其收入超过 12.85%的公司只占 6%。对直方图的进一步研究可得出更多其他概括性的观点。

点图、茎叶图和直方图都是以图形方式表示定量数据的有用方法。由于大多数统计软件包都可做出这些图形，所以我们把重点放在解释而不是如何作图方面。

直方图可用于表示落入特定区间(称为观测值组)的观测值的频数或相对频率。R&D 百分比数据的观测值组、频数及相对频率显示在表 2.4 中。

通过观察直方图(比如图 2.8 中的相对频率直方图)，你会发现两个重要的事实。首先，看一下直方图下的所有区域，然后再看上述区域落在水平轴上特定区间部分所占的比例，你会发现落入每一区间的区域面积等于落入这一区间的观测值的相对频率。例如，区间 7.35～8.45 的相对频率是 0.28，因此，该区间上面的矩形面积就占整个直方图覆盖区域的 28%。

表 2.4　**R&D 百分比数据的观测值组、频数和相对频率**

组别	观测值组	组频	相对组频
1	5.15～6.25	4	$\frac{4}{50}=0.08$
2	6.25～7.35	12	$\frac{12}{50}=0.24$
3	7.35～8.45	14	$\frac{14}{50}=0.28$
4	8.45～9.55	7	$\frac{7}{50}=0.14$
5	9.55～10.65	7	$\frac{7}{50}=0.14$
6	10.65～11.75	3	$\frac{3}{50}=0.06$
7	11.75～12.85	0	$\frac{0}{50}=0.00$
8	12.85～13.95	3	$\frac{3}{50}=0.06$
总计		50	1.00

其次，你可以设想一下，对一组很大的数据（比如一个总体）而言，其相对频率直方图的外观会是什么样子。显然，当样本容量增大的时候，我们可以通过紧缩分组区间的宽度来获得更直观的印象。特别是当区间宽度变得足够窄时，相对频率直方图将（为了所有实用的目的）呈现为一条光滑的曲线（图 2.9）。

图 2.9　**样本容量大小对直方图外观的影响**

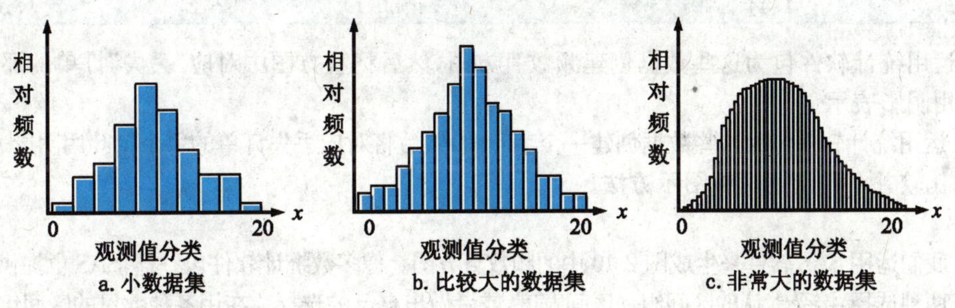

当直方图给出对数据集——尤其是非常大的数据集——一个很形象的描述时，它也就让我们分辨不出单个的观测值了。相比之下，在某种程度上对点图和非常直观的茎叶图而言，每一个原始的观测值都是可以清楚看见的。茎叶图按降序排列数据，因此容易确定单个的观测值。例如：在图 2.7 中，我们可以很容易地看到有 3 个 R&D 数据都等于 8.2，但是在图 2.8 的直方图中我们看不到这个结果。不过，对于特别大的数据集而言，茎叶图法就不适用了，因为众多的茎和叶使得纵轴和横轴的刻度变得难以确定，从而减弱了图示法的效用。

例 2.2

轮胎制造商怀疑，公司正因花费大量时间研究吸引潜在顾客的报价单而失去有利可图的订单。为了调查这种可能性，从去年的所有报价单中随机抽取了 50 份，并确定了每份报价单的处理时间，处理时间显示在表 2.5 中，而且根据报价单是否“丢失”（即在收到报价单后客户是否下订单）将每个报价单加以分类。

表 2.5　报价单处理时间(天)

订单编号	处理时间	丢失?	处理时间	订单编号	丢失?
1	2.36	No	26	3.34	No
2	5.73	No	27	6.00	No
3	6.60	No	28	5.92	No
4	10.05	Yes	29	7.28	Yes
5	5.13	No	30	1.25	No
6	1.88	No	31	4.01	No
7	2.52	No	32	7.59	No
8	2.00	No	33	13.42	Yes
9	4.69	No	34	3.24	No
10	1.91	No	35	3.37	No
11	6.75	Yes	36	14.06	Yes
12	3.92	No	37	5.10	No
13	3.46	No	38	6.44	No
14	2.64	No	39	7.76	No
15	3.63	No	40	4.40	No
16	3.44	No	41	5.48	No
17	9.49	Yes	42	7.51	No
18	4.90	No	43	6.18	No
19	7.45	No	44	8.22	Yes
20	20.23	Yes	45	4.37	No
21	3.91	No	46	2.93	No
22	1.70	No	47	9.95	Yes
23	16.29	Yes	48	4.46	No
24	5.52	No	49	14.32	Yes
25	1.44	No	50	9.01	No

a. 运用统计软件包为这些数据创建频数直方图，然后将直方图中对应“丢失”订单的那些区域用阴影表示。

b. 运用统计软件包为这些数据创建一个茎叶图，然后将对应丢失订单的每个树叶用阴影表示。

c. 比较并解释上述两种图示方法。

解答：

a. 我们运用 SAS 软件来生成图 2.10 中的频数直方图。像多数统计软件包一样，SAS 也提供给用户两种选择：接受默认的区间组和区间宽度，或者做出自己的选择。在用各种数目的区间组和区间宽度进行一些实验后，我们最后采用了 10 个区间。SAS 接着给出了间隔为 2 天的区间，从 1 天处开始，正好低于最小的观测值 1.25 天；在 21 天处结束，正好高于最大的观测值 20.2 天。注意，SAS 在每个柱形的中点而不是结尾处做标记，这样，标记为“2”的柱形代表从 1.00 到 2.99 的观测值，标记为“4”的柱代表从 3.00 到 4.99 的观测值，等等。这一直方图清晰地显示出，分布较低的一端（大约在 1～7 天之间）观测值比较多，而分布较高的一端（大于 12 天）观测值相对较少。频数直方图中对应丢失订单的阴影部分清楚地表明它们位于分布较高的一端。

b. 我们用 SPSS 软件生成图 2.11 所示的茎叶图。注意茎由整数组成（个位数和十位数），叶是每个观测值的十分位数（小数点后第一位）①，百分位小数被省略以使图形更加直观。SPSS 也包

① 在本部分的例子中，茎由小数点左边的部分组成。其他情况下不都如此。例如，在下面的数据集中，茎是十分位小数，叶是百分位小数：.12，.15，.22，.25，.28，.33。

括标题是频数的一栏，用于显示对应于每个茎的观测值数目。同时应该注意，不是把茎一直扩大到 20 天以显示最大的观测值，SPSS 只把大于 13 天的茎显示出来，将最大的 4 个观测值（阴影）标记为极端值，并把它们简单排列在最后一排。极端观测值称为离群值（outliers），在统计分析中应特别注意。尽管离群值也许代表合理的观测值，但他们常常包含着错误：如记录不正确、数据输入时编码出错、数据来自于另外的总体等。茎叶图在识别离群值方面很有用处。注意，像直方图那样，茎叶图也把阴影部分表示的“丢失”订单显示在分布的大尾一端。

图 2.10　报价单处理时间数据的 SAS 频数直方图

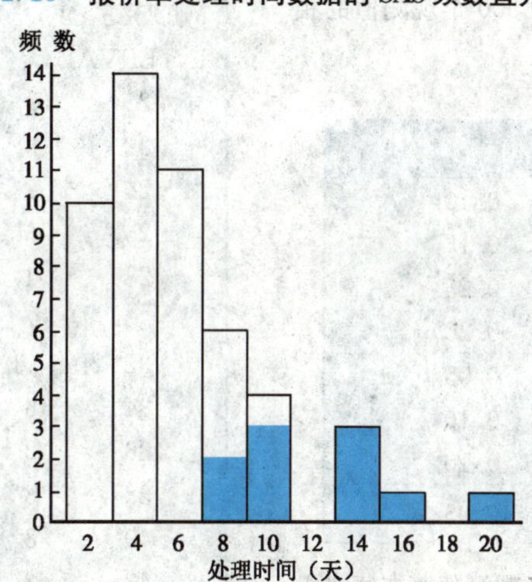

c. 与通常容量不太大的数据集类似（比如说，观测值个数少于 100），茎叶图比不加限制的直方图可以提供更多的细节。比如，图 2.11 中的茎叶图清楚地表明，丢失的订单不仅与较高的处理时间有关（像图 2.10 中的直方图那样），而且确切说是与丢失订单相对应的时间有关。

当分布的整体形状比识别单个的观测值更重要时，直方图在表现大数据集时就更有用处。不过，两种图显示的信息是清楚的：设置处理时间限制很可能会减少丢失的订单。

图 2.11　夜间处理时间数据的 SPSS 茎叶图

频数	茎	叶
5.00	1.	24789
5.00	2.	03569
8.00	3.	23344699
6.00	4.	034469
6.00	5.	114579
5.00	6.	01467
5.00	7.	24557
1.00	8.	2
3.00	9.	049
1.00	10.	0
0.00	11.	
0.00	12.	
1.00	13.	4
4.00 极值		(14.1)，(14.3)，(16.3)，(20.2)

茎的宽度：　1.00
每叶：　1 例(s)

多数统计软件包可用于生成直方图、茎叶图和点图。三种图都是以图表示数据的有用工具。我们建议大家尽可能地去作图和比较，你会发现直方图非常适用于描述大数据集，而茎叶图和点图在描述小数据集方面可提供更有用的细节。

练习 2.12～2.25

技能训练：

2.12 画出汇总在相对频率表中 500 个观测值的相对频率直方图。

练习 2.12 的表

观测值组	相对频率
0.5～2.5	0.10
2.5～4.5	0.15
4.5～6.5	0.25
6.5～8.5	0.20
8.5～10.5	0.05
10.5～12.5	0.10
12.5～14.5	0.10
14.5～16.5	0.05

2.13 参考练习 2.12，计算 500 个观测值落在每个组中的个数，然后做出这些数据的频数直方图。

2.14 下面是用 SAS 软件生成的茎叶图，注意 SAS 将茎作降序排列。

练习 2.14 的图

茎	叶
5	1
4	4 5 7
3	0 0 0 3 6
2	1 1 3 4 5 9 9
1	2 2 4 8
0	0 1 2

a. 原始数据集中有多少个观测值？

b. 在茎叶图的底部一行，识别茎、叶以及它们所代表的原始数据集中的数值。

c. 重新生成数据集中的所有数值并构造点图。

2.15 运用 MINITAB 软件生成下面的直方图：

c. 这是频数直方图还是相对频率直方图？解释原因。

b. 在直方图的构造过程中用了多少个观测者分组？

c. 用直方图描述的这个数据集中有多少个观测值？

练习 2.15 的 MINITAB 输出结果

```
MIDDLE OF    NUMBER  OF
INTERVAL     OBSERVATIONS
   20        1   *
   22        3   * * *
   24        2   * *
   26        3   * * *
   28        4   * * * *
   30        7   * * * * * * *
   32        11  * * * * * * * * * * *
   34        6   * * * * * *
   36        2   * *
   38        3   * * *
   40        3   * * *
   42        2   * *
   44        1   *
   46        1   *
```

2.16 下图是对 100 个学生的管理能力进行调查所得分数的汇总资料（分数是从 0 到 20 的整数，分数较高者表明其管理能力较高）

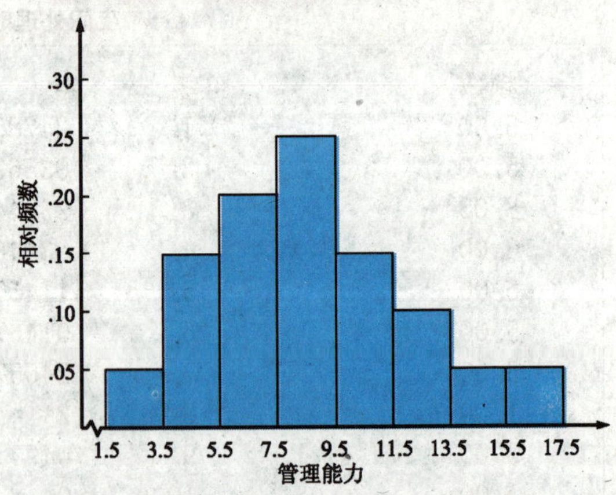

a. 哪个观测值组包含得分最高的部分？

b. 得分在 3.5 到 5.5 之间者占多大比例？

c. 得分在 11.5 以上者占多大比例？

d. 得分小于 5.5 的学生有多少人？

概念运用：

2.17 下表报告了《福布斯》杂志（1999 年 9 月 6 日）

列出的“100 家发展最快的公司”中，那些技术公司和工业公司的股票价格在一年中的百分比变化情况。

练习 2.17 的表　　**FORT100. DAT**

技术公司	百分比变化	工业公司	百分比变化
SIEBEL SYSTEMS	120		
		MERITAGE	-32
THO	58		
NETWORK APPLIANCE	159		
CITRIX SYSTEMS	52		
		SALTON	158
VERITAS SOFTWARE	119		
VITESSE SEMICONDUCTOR	89		
		CONSOLIDATED GRAPHICS	-32
DELL COMPUTER	45		
CREE RESEARCH	312		
QUALCOMM	392		
ARGUSS HOLDINGS	-8		
		KELLSTROMINDUSTRIES	-59
		ARMOR HOLDINGS	1
TEKELEC	-44		
LEGATO SYSTEMS	65		
		MONACO COACH	161
ASPECT DEVELOPMENT	-37		
COMPUWARE	16		
HAUPPAUGE DIGITAL	146		
ZOMAX	317		
AVT	39		
MERCURY INTERACTIVE	137		
		SUMMA INDUSTRIES	49
WHITTMAN-HART	9		
AAVID THERMAL TECH.	98		
i2 TECHNOLOGIES	50		
		TOWER AUTOMOTIVE	-6
		CADE INDUSTRIES	0
INSIGHT ENTERPRISES	37		
ANALYTICAL SURVEYS	-9		
HNC SOFTWARE	-15		
CIBER	-41		
TSR	-5		
		DYCOM INDUSTRIES	119
		MODTECH HOLDINGS	-34
		MORRISON KNUDSEN	-23
		SCHULER HOMES	-6
TECH DATA	-17		
POMEROY COMPUTERS RES.	-43		

资料来源：Fortune，1999 年 9 月 6 日.

a. 用统计软件包构造技术公司股价变化的茎叶图，然后对工业公司作同样的处理。

b. 运用 a 中的结果对技术公司和工业公司的股价变化进行比较和对照。

c. 数据集中技术公司股价增长 1 倍以上者占多大比例?

2.18 圣路易斯红衣主教队的蒙克·麦圭尔(Monk McGuire)和芝加哥童子军队的萨米·索萨(Sammy Sosa)分别进行了 70 场和 66 场国内比赛,在 1998 年的主要联盟棒球赛季中,均打破了罗杰·马瑞斯(Roger Maris)在 1961 年创造的记录(61 场国内比赛)。纽约大学的 J. S. 西蒙诺夫(J. S. Simonoff)收集了他所崇拜的有麦圭尔和索萨参加比赛的球队取得胜利的数据资料(*Journal of statistics Education*,1998 年第 6 期)。这些资料重新列在下面的表中(*号表示麦圭尔或索萨赢得多次国内比赛的场次)。

练习 2.18 的表 **STLRUNS. DAT**

圣路易斯红衣主教队				
6	6	3	11	13
8	1	10	6	7
5	8	9	6*	3
8	2	3	6*	6
15*	2	8*	5	6
8	6	2	3	5
5	8	4	10*	
8	9	4	4	
3	5	3	11*	
5	7	6	1	
2	3	8	4	
6	2	7*	6*	
3	7	14*	4*	

练习 2.18 的表 **COBSRUNS. DAT**

芝加哥童子军队				
3	6*	8*	6	7*
4	5	2	7	2
1	8*	6	13	
1	9*	6	8	
4	2	3*	10	
3	6	9	6*	
5	4	10	5	
5	4	4	9	
2	9	5	7	
5*	5	4	8	
5*	6	5	15	
10*	9	8	11*	
5	3	11	6	

a. 用茎叶图表示有麦圭尔参加时圣路易斯红衣主教队所得分数。

b. 按 a 中的要求对索萨所在的芝加哥队作同样处理。

c. 对比 a 和 b 中的两个分布。

d. 在茎叶图中,对麦圭尔或索萨赢得多场国内比赛的场次做标记,你发现有什么特征吗?

2.19 债券可由联邦政府、州政府、地方政府以及美国公司发行。抵押债券(Mortgage bond)是一种约定的凭证,发行该凭证的公司保证其代表真实资产并可用其交换一定数额的货币。debenture 是一种无保证的合约凭证,只由发行方中的总债权人在其上背书。抵押债券或 debenture 的价格由要价方(可接受的最低价格)和还价方(可支付的最高价格)商定(Alexander, Sharpe and Bailey, Fundamentals of Investments,1993 年)。

下表是公用事业公司发行的 30 种公开交易债券构成样本的出价。

a. 频数直方图由 SPSS 软件生成,注意 SPSS 只标出每一组观测值的中点。解释一下这个直方图。

b. 用直方图确定样本中有多少种债券的出价高于 $96.5? 这些债券占债券总数的多大比例?

c. 将符合 b 中要求的直方图部分画为阴影。

练习 2.19 的表

公共事业公司	标价	公用事业公司	标价
Gulf States Utilities	$102^3/_8$	Indiana& Michigan Electric	$100^1/_8$
Northern States Power	$99^1/_2$	Toledo Edison Co.	$92^7/_8$
Indiana Gas	$102^7/_8$	Dayton Power and Light	$99^1/_2$
Appalachian Power	$97^3/_8$	Atlantic City Electric	$100^3/_8$
Empire Gas Corp.	70	Long Island Lighting	$91^5/_8$
Wisconsin Electric Power	$87^1/_4$	Portland General Electric	100
Pennsylvania Electric	$99^7/_8$	Boston Gas	$102^7/_8$
Commonwealth Edison	$89^1/_8$	Duquesne Light Co.	73
El Paso Natural Gas	$105^1/_4$	General Electric Co.	$93^1/_8$
Montana Power Co.	$100^3/_8$	Ohio Power Co.	$99^7/_8$
Elizabethtown Water	$103^5/_8$	Texas Utilities Electric	$100^5/_8$
Tennessee Gas Pipeline	$82^1/_2$	Central Power and Light	$100^1/_8$
Western Mass. Electric	$99^5/_8$	Boston Edison	$99^3/_8$
Carolina P&L	$99^7/_8$	Philadelphia Electric	99
Hartford Electric Lt.	$100^1/_8$	Colorado Interstate Gas	$114^1/_4$

资料来源：*Bond Guide* (a publication of the Standard&Poor corporation), June 1996.

练习 2.19 的频数直方图

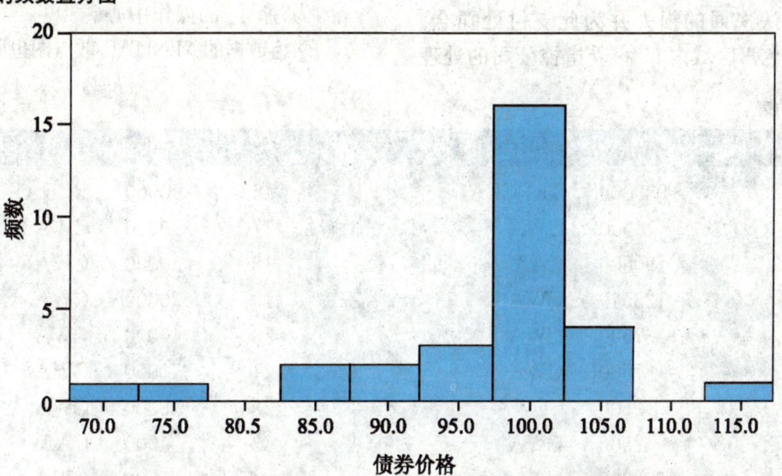

2.20 生产过程可分为 *Make-to-stock* 过程或 *Make-to-order* 过程。*Make-to-stock* 过程是生产现有存货类型的产品；*Make-to-order* 是根据顾客的特定要求生产产品（*Schroeder*，*Operations Management*，1993 年）。一般地，用传递时间（从收到订单起到产品运达客户这段时间）来衡量 *Make-to-order* 过程。下面的数据是去年一家特定 *Make-to-order* 公司的传递时间（天）所组成的样本，带有星号的传递时间对应那些随后又给公司发出补充订单的客户。

练习 2.20 的表　　**DELTIMES. DAT**

50 *	64 *	56 *	43 *	64 *	82 *	65 *	49 *	32 *	63 *	44 *	71
54 *	51 *	102	49 *	73 *	50 *	39 *	86	33 *	95	59 *	51 *
68											

上述数据的 MINITAB 茎叶图显示如下：

练习 2.20 的图

Stem-and-leaf of Time		N=25
Leaf Unit=1.0		
3	3	239
7	4	3499
(7)	5	0011469
11	6	34458
6	7	13
4	8	26
2	9	5
1	10	2

a. 标出那些没有追加订单的客户所对应的叶。

b. 由于担心传递时间较长而失去潜在的回头客，管理层想设定一个界限作为可容忍的最大运送时间。运用茎叶图，给出一个可作为建议的界限，并解释理由。

2.21 在美国，经营任何公司都必须了解并遵守联邦和州制定的环保条例，违反这些条例就会对环境造成无法挽回的损失并为此支付处罚金。在对阿肯色州区域内 55 家受指控公司的处理中，美国司法部对 38 家处以罚款。这些处罚是依据下表列出的法律条文做出的（注意：有些公司受到了不止一次的处罚）。

a. 做出 38 家受罚公司的茎叶图。

b. 标出那些没有执行“清洁空气法案”而受罚的公司所对应的叶。

c. 相对于表中其他标记而言，b 中哪些标记表示对应的那些公司会因违反“清洁环境行动”而受到更严厉的处罚？然后解释一下原因。加入上表

2.22 在制造型工厂，“操作中心”是一个特定的生产场所，该中心由一个或多个人及机器组成，作为一个单元来计划作业量及安排作业时序。如果作业量到达特定操作中心的速度快于离开的速度，这个操作中心就阻碍了整个生产过程而被称之为“瓶颈(Bottleneck)”(Fogarrty, Blackstone and Hoffmann, *Production and Inventory Managemen*, 1991 年)。一位管理人员收集了下表中的数据，用以调查一个可能成为“瓶颈”的操作中心。

两组数据的 MINITAB 散点图也同时列出。

练习 2.21 的表

CLEANAIR.DAT

公司识别号码	罚款	适用法律	公司识别号码	罚款	适用法律
01	$930000	CERCLA	16	90000	RCRA
02	10000	CWA	17	20000	CWA
03	90600	CAA	18	40000	CWA
04	123549	CWA	19	20000	CWA
05	37500	CWA	20	40000	CWA
06	137500	CWA	21	850000	CWA
07	2500	SDWA	22	35000	CWA
08	2500	CWA	23	4000	CAA
09	1000000	CAA	24	25000	CWA
09	25000	CAA	25	40000	CWA
10	25000	CWA	26	30000	CAA
10	25000	RCRA	27	15000	CWA
11	19100	CAA	28	15000	CAA
12	100000	CWA	29	105000	CAA
12	30000	CWA	30	20000	CWA
13	35000	CAA	31	400000	CWA
13	43000	CWA	32	85000	CWA
14	190000	CWA	33	300000	CWA/RCRA/CERCLA
15	15000	CWA	34	30000	CWA

CAA：清洁空气法；CERCLA：理解环保、赔偿责任法；CWA：净水法；PCRA：资源保护及复原法；SDWA：安全饮水法。

资料来源：Tabor R. H., and Stanwick. S. D. “Arkansas: An environmental perspective.” *Arkansas Business and Economic Review*, Vol. 28, No. 2, Summer 1995, pp. 22-32(Table 4).

从散点图看，该操作中心可能是一个瓶颈吗？解释原因。

2.23 为了估计生产一种特定的产品花费多少时间，管理者需要研究单位产品生产时间与产品数量之间的关系，刻划这种关系的直线或曲线叫做学习曲线(Learning curve, Adler and Clark, *Management Science*, 1991 年 3 月)。一位管理人员对从事相同生产任务的 25 个雇员进行了十次观测，并记录了每个人完成任务的时间(分钟)。后来又对上面从事相同工作任务的 25 个雇员分别进行了 30 次和 50 次的观测，各自的完成时间汇总于下表。

a. 用一个统计软件包构造上述三组数据各自的频数直方图。

b. 比较 a 中的直方图。一般情况下，完成任务时间与完成任务数目之间的关系与上面提到的生产过程的观测值相一致吗？解释你的结论。

练习 2.22 的表　　**WORKCTR. DAT**

每小时内到达流转中心的项目数											
155	115	156	150	159	163	172	143	159	166	148	175
151	161	138	148	129	135	140	152	139			

每小时离开流转中心的项目数											
156	109	127	148	135	119	140	127	115	122	99	106
171	123	135	125	107	152	111	137	161			

练习 2.22 MINTAB 的输出结果

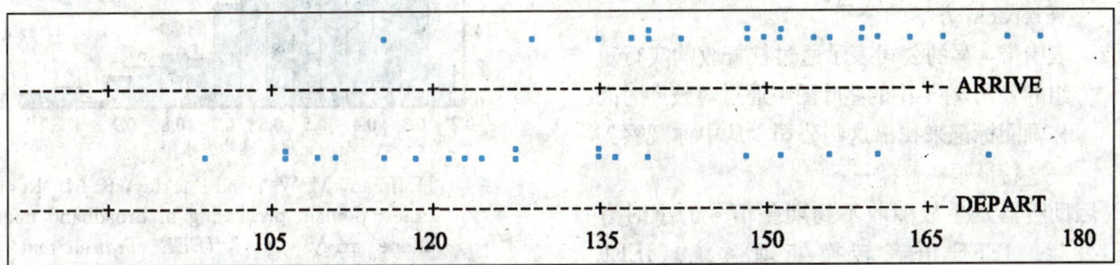

练习 2.23 的表　　**COMPTIME. DAT**

雇员	表现 第 10 次	表现 第 30 次	表现 第 50 次
1	15	16	10
2	21	10	5
3	30	12	7
4	17	9	9
5	18	7	8
6	22	11	11
7	33	8	12
8	41	9	9
9	10	5	7
10	14	15	6
11	18	10	8
12	25	11	14
13	23	9	9
14	19	11	8
15	20	10	10

续表

雇员	表现 第 10 次	表现 第 30 次	表现 第 50 次
16	22	13	8
17	20	12	7
18	19	8	8
19	18	20	6
20	17	7	5
21	16	6	6
22	20	9	4
23	22	10	15
24	19	10	7
25	24	11	20

2.24 资金紧张的公司如果按照美国破产条例(US Bankruptcy Codes)申请了破产保护，在它们进行重组时就可以从贷款方得到保护。在预先申报破产(*prepackaged bankruptcy*)制度下，一家公司如果在申请破产前与它的贷款人商定

一项重组计划，就可以使它比传统做法下更容易摆脱破产的命运。布雷恩·贝特克(Brain Betker)对 49 家在 1986—1993 年间申请破产的预先申报破产公司进行了研究并将结果发表在《金融管理》(*Financial Management*)上(1995 年春季)。表中列出了这 49 家公司的破产时间，也同时列出了每家公司领导就自己喜欢的重组计划进行表决的结果(注意:"Joint"＝提出预先申报破产请求并准备重组;"Prepack"＝只提出预先申报破产请求;"None"＝没有预先提出表决申请)。

a. 构造所有 49 家公司破产时间长度的茎叶图。

b. 概括 a 中茎叶图反映出的信息，对采用"Prepack"策略的公司破产时间长度作一般性说明。

c. 选择一种图形技术，它可以对如下三类"Prepack"公司破产时间的分布进行比较：没有预先提出表决申请的公司；提出采用优先重组方案的公司；投票准备优先采用"Prepack"方案的公司。

d. 表中带 * 号的公司表示通过杠杆收购实行重组的公司，在 a 中的茎叶图中通过对破产时间作画圈标记来找出这些公司。从中你观察到一些特征吗？解释一下。

2.25 因助听器发生故障收不到期望信号的事时有发生。IEEE 语音转换处理系统(*IEEE Transaction on Speech and Audio Processing*，1995 年 5 月)报告说已经设计出一种新的听觉处理系统，用于限制可能发生的信号衰减量。该系统运用一个数学方程式来实现其功能，这个数学方程式中包含一个称为充足规范约束(*Sufficient norm constraint*)的变量 V。右图是运用模拟方法实现的变量 V 的直方图。

a. 估计 V 值在 0.425～0.675 之间的实现程度。

b. 期望信号的衰减程度受规范约束变量 V 的限制。为一家想经销新助听器的公司设计 V 值，以便该公司的产品中只有 10%具有低于选择标准的 V 值。

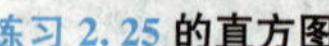

练习 2.25 的直方图

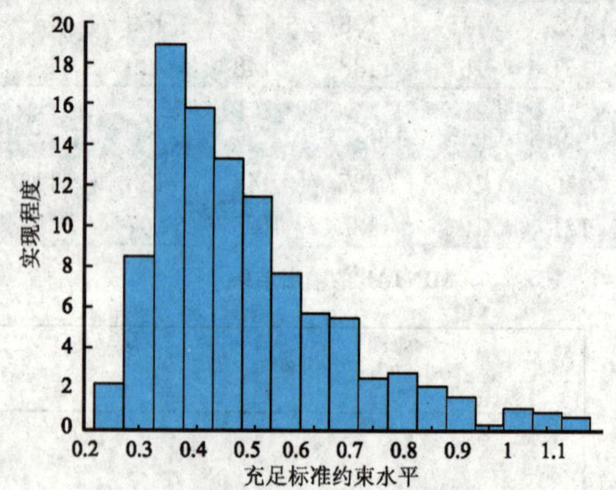

资料来源：Hoffman, M. W., and Buckley, K. M. "Robust time－domain processing of broadband microphone array data." *IEEE Transactions on Speech and Audio Processing*, Vol. 3, No. 3, May 1995, p199(图 4), ©1995 IEEE。

练习 2.24 的表 BANKROPT. DAT

公司	表决结果	破产时间(月)	公司	表决结果	破产时间(月)
AM International	None	3.9	LIVE Entertainment	Joint	1.4
Anglo Energy	Prepack	1.5	Mayflower Group*	Prepack	1.4
Arizona Biltmore*	Prepack	1.0	Memorex Telex*	Prepack	1.1
Astrex	None	10.1	Munsingwear	None	2.9
Barry's Jewelers	None	4.1	Nat'l Environmental	Joint	5.2
Calton	Prepack	1.9	Petrolane Gas	Prepack	1.2
Cencor	Joint	1.4	Price Communications	None	2.4
Charter Medical*	Prepack	1.3	Republic Health*	Joint	4.5
Cherokee*	Joint	1.2	Resorts Int'l*	None	7.8
Circle Express	Prepack	4.1	Restaurant Enterprises*	Prepack	1.5
Cook Inlet Comm.	Prepack	1.1			
Crystal Oil	None	3.0	Rymer Foods	Joint	2.1
Divi Hotels	None	3.2	SCI TV*	Prepack	2.1
Edgell Comm.*	Prepack	1.0	Southland*	Joint	3.9

续表

公司	表决结果	破产时间(月)	公司	表决结果	破产时间(月)
Endevco	Prepack	3.8	Specialty Equipment*	None	1.4
Gaylord Container	Joint	1.2	SPI Holdings*	Joint	1.4
Great Amer. Comm. *	Prepack	1.0	Sprouse—Reitz	Prepack	5.4
Hadson	Prepack	1.5	Sunshine Metals	Joint	2.4
In—Store Advertising	Prepack	1.0	TIE/Communications	None	1.7
JPs Textiles*	Prepack	1.4	Trump Plaza	Prepack	1.4
Kendall*	Prepack	1.2	Trump Taj Mahal	Prepack	2.7
Kinder—Care	None	4.2	Trump's Castle	Prepack	1.2
Kroy*	Prepack	3.0	USG	Prepack	4.1
Ladish*	Joint	1.5	Vyquest	Prepack	2.9
LaSalle Energy*	Prepack	1.6	West Point Acq. *	Prepack	

资料来源：Betker, B. L. "An empirical examination of prepackaged bankruptcy." *Financial Management*, Vol. 24, No. 1, Spring 1995, p. 6(Table 2).

2.3 求和符号

前面我们已经讨论了一些概括和描述定量数据集的图表技术，现在我们再来研究实现这一目标的数学方法。在给出计算数学描述方法的公式之前，让我们先来认识一些速记符号，这些符号将简化我们的计算步骤。记住：运用这些速记符号只有一个原因，即避免反复出现同样的词语描述。如果你每次读到这些符号的定义时都用心记忆，你很快就会熟练运用。

我们把一个数据集的观测值表示如下：

$x_1, x_2, \cdots, x_n$。其中 x_1, x_2 分别是数据集的第一个，第二个观测值，x_n 是第 n 个观测值。这样，如果有一个包含 5 个观测值的数据集，那么我们就可以用 x_1, x_2, x_3, x_4, x_5 来代表这 5 个观测值。如果实际值是 5,3,8,5,4，我们就有 $x_1=5, x_2=3, x_3=8, x_4=5$ 和=4。

我们所用的多数公式都要求对数值求和。例如，我们想得到一个数据集中所有观测值的和，即 $x_1+x_2+x_3+\cdots x_n$，为了简便起见，我们就可以利用求和符号$\sum$，即 $x_1+x_2+x_3+\cdots+x_n=\sum_{i=1}^{n} x_i$。$\sum$可解释如下："$\sum$表示对观测值求和，这些观测值的一般形式是 x_i，即第一个观测值为 x_1（即 $i=1$），最后一个观测值为 x_n（即 $i=n$）。"

假定在前面的例子中，$x_1=5, x_2=3, x_3=8, x_4=5$ 和 $x_5=4$，那么这 5 个观测值的和就可以表示为$\sum_{i=1}^{5} x_i$，具体计算如下：

$$\sum_{i=1}^{5} x_i = x_1+x_2+x_3+x_4+x_5=5+3+8+5+4=25$$

另一种重要的计算要求我们将每个观测值先平方，然后再相加。这种求和公式可表示为$\sum x_i^2$。比如对上面的 5 个观测值，我们有：

$$\sum_{i=1}^{5} x_i^2 = x_1^2+x_2^2+x_3^2+x_4^2+x_5^2=5^2+3^2+8^2+5^2+4^2=25+9+64+25+16=139$$

一般地，求和符号$\sum$后面的符号表示要对其进行求和的变量（或变量的函数）。

求和公式$\sum_{i=1}^{n} x_i$ 的意义：

对符号$\sum$右边的变量 x_i 求和，下标 i 从 1 取到 n。

练习 2.26—2.29

技能训练：

注意：在所有练习中，$\sum$代表$\sum_{i=1}^{n}$.

2.26 一个数据集包含观测值 5,1,3,2,1。计算：

a. $\sum x$　　b. $\sum x^2$
c. $\sum (x-1)$　　d. $\sum (x-1)^2$
e. $(\sum x)^2$

2.27 假设一个数据集包含观测值 3,8,4,5,3,4,6。计算：

a. $\sum x$　　b. $\sum x^2$
c. $\sum (x-5)^2$　　d. $\sum (x-2)^2$
e. $(\sum x)^2$

2.28 参考练习 2.26,计算：

a. $\sum x^2-\frac{(\sum x)^2}{5}$　　b. $\sum (x-2)^2$
c. $\sum x^2-10$

2.29 一个数据集包含观测值 6,0,-2,-1,3,计算：

a. $\sum x$　　b. $\sum x^2$
c. $\sum x^2-\frac{(\sum x)^2}{5}$

2.4 集中趋势的数值测度

当提到一个数据集时，一般指的是样本或总体。如果我们的目的是进行统计推断，那么我们最终希望利用数字描述方法(Numerical descriptive measures)来刻画样本，从而对总体的相应特征值做出推断。

像我们将要看到的，有许多方法可用于描述定量数据集。这些方法大多可以测量两个数量特征中的一个：

1. 观测值组的集中趋势——即数据向某个中心数值汇聚或集中的趋势(图 2.12a)。

图 2.12　数值描述方法

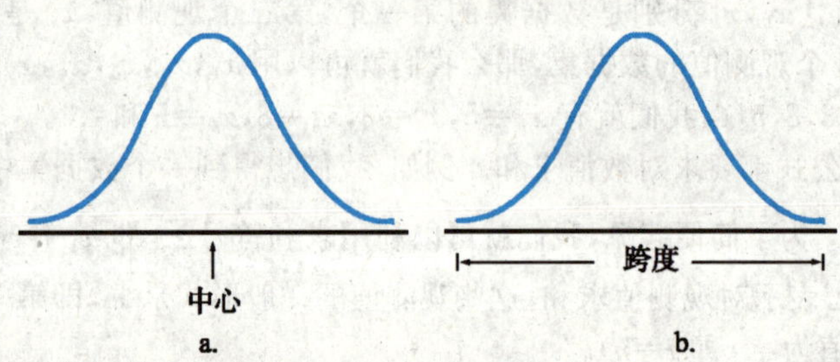

2. 观测值组的变异性——即数据的发散程度(图 2.12 b)。

本节我们主要讨论集中趋势的测度方法，在下一节再讨论对变异性的测度。

测度一个定量数据集集中趋势的最普遍、最容易理解的方法是计算该数据集的算术平均数(或简称均值)。

定义 2.4

一个定量数据集的**均值**就是该数据集中的观测值总和除以相应的观测值个数。

在日常术语中，均值就是指数据集的平均值，常被用作一个"典型"的数值。我们用符号(读作"x 把")来表示一个样本的均值，其计算公式如下：

计算样本均值：

$$\bar{x}=\frac{\sum_{i=1}^{n}x_i}{n}$$

例 2.3

计算下面 5 个样本观测值的均值：5,3,8,5,6。

解答：

根据样本均值的定义和求和符号，我们有：

$$\bar{x}=\frac{\sum_{i=1}^{5}x_i}{5}=\frac{5+3+8+5+6}{5}=\frac{27}{5}=5.4$$

这样，这个样本的均值就是 5.4①。

例 2.4

计算表 2.3 中 50 家公司 R&D 支出百分比所构成样本的均值。

解答：

50 家公司 R&D 支出百分比的均值表示为：

$$\bar{x}=\frac{\sum_{i=1}^{50}x_i}{50}$$

我们不用手工或计算器来计算，而是把表 2.3 中的数据输入计算机，然后利用 SPSS 统计软件包来计算均值。SPSS 的打印结果显示如图 2.13，在输出结果的首要位置就是均值 $\bar{x}=8.492$。

图 2.13　对 50 个 R&D 百分比数据进行数值描述的 SPSS 输出结果

RDEXP							
Valid cases:	50.0	Missing cases:		0.0	Percent missing:		0.0
Mean	8.4920	std Err	0.2801	Min	5.2000	Skewness	0.8546
Median	8.0500	Variance	3.9228	Max	13.5000	S E Skew	0.3366
5% Trim	8.3833	Std Dev	1.9806	Range	8.3000	Kurtosis	0.4193
				IQR	2.5750	S E Kurt	0.6619

利用上述信息，你可以看到 R&D 百分比数据的分布集中在 $\bar{x}=8.492$ 附近。检查相对频率直方图(图 2.8)发现，$\bar{x}$ 确实落在分布的中心附近。

在根据样本信息推断总体时，样本均值 $\bar{x}$ 起着重要的作用。由于这个原因，我们需要用另一个不同的符号来表示总体均值(Mean of a population)——即总体中所有基本单位观测值集合的均值。我们用希腊字母 μ(缪)来表示总体均值。

> 样本均值和总体均值的符号：
>
> 在本书中，我们采用统一规则：用希腊字母表示总体数量特征，用罗马字母表示相应的样本数量特征。表示均值的符号是：
>
> $\bar{x}$=样本均值　　　　μ=总体均值

以后我们将经常用样本均值 $\bar{x}$ 来估计(或推断)总体均值 μ。例如，由所有美国公司研发经费支出百分数构成的总体有一个均值 μ，我们从中选出的 50 家公司各自的研发支出百分数就构成一个样本，其均值为 $\bar{x}=8.492$。通常，我们不可能得到整个总体的所有观测值，所以就用 $\bar{x}$ 作为 μ

① 在此处给出的例子中，$\bar{x}$ 有时精确到十分位，有时精确到百分位，有时精确到千分位，等等。计算 $\bar{x}$ 时保留几位小数没有固定的规则，因为 $\bar{x}$ 被具体定义为所有观测值的总和然后除以观测值个数 n；也就是说，它是一个特定的分数。当 $\bar{x}$ 用于描述目的时，把计算出的 $\bar{x}$ 值精确到与原观测值相同的小数位常常是比较方便的。不过，当 $\bar{x}$ 还要用于其他计算时，保留到更精确的小数位也许就很必要。

的一个估计，这时我们就需要了解这种推断的可靠性，也就是说，我们需要知道用 $\bar{x}$ 估计 μ 的精确性如何。在第 7 章，我们将发现，这种精确性取决于如下两方面的因素：

1. 样本容量(Size of the sample)。样本容量越大，估计的精确性越高。

2. 数据的变异或发散程度。在其他因素保持不变的条件下，数据的变异性越大，估计的精确性就越小。

另一个度量集中趋势的重要数值是中位数。

定义 2.5

当观测值以升序(或降序)排列时，**中位数**就是这个数据集中处于中间位置的数。

在描述大数据集时中位数是一个重要的数值。如果数据是用相对频率直方图的形式表示的(图 2.14)，中位数就是轴上的一个点，该点左、右直方图下的面积各占一半(注意：在第 2 章第 2 节我们看到，水平轴上某一特定区间对应的相对频率与该区间上方直方图下所包含面积的大小成比例)。我们用 m 表示样本的中位数。

图 2.14　中位数的位置

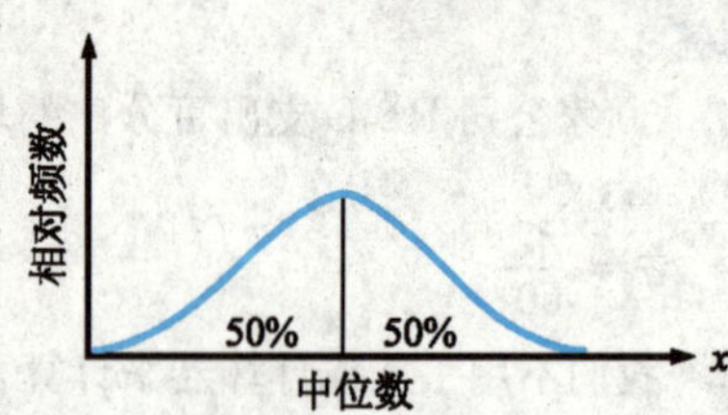

计算一个样本的中位数，m

把 n 个观测值从最小排到最大。

1. 如果 n 是奇数；m 就是中间位置的那个数。

2. 如果 n 是偶数；m 就是中间那两个数的均值。

例 2.5

考虑下面 $n=7$ 的样本：5，7，4，5，20，6，2。

a. 计算这个样本的中位数。

b. 去掉最后的观测值，计算其余 6 个观测值的中位数。

解答：

a. 把样本中的 7 个数按升序排列：2，4，5，5，6，7，20。因为观测值的个数是奇数，中位数就是中间的那个观测值。所以，这个样本的中位数是 m=5(数列中的第二个 5)。

b. 把 2 从样本中去掉后(第二个 5 在数列中)，我们把剩下的 6 个观测值按升序排列如下：4，5，5，6，7，20。这时，观测值的个数为偶数，所以我们把中间的两个数加以平均，中位数就是 $m=\frac{5+6}{2}=5.5$。

在某些情况下，中位数可能是比均值更好的一个反映集中趋势的数值，特别是，中位数不像均值那样易受极大值或极小值的影响。例如，在例 2.5 的问题 a 中，所有的观测值都以 5(第二个 5)为中心，其中一个相对较大的观测值 $x=20$ 并没有影响中位数是 5 这个结果，但它使得均值 $\bar{x}=7$ 落在多数观测值的右边。

另一个例子也说明用中位数描述集中趋势比用均值更好。考虑一下专业运动员(如美国 NBA 球员)的工资。我们知道，仅仅几个工资很高的运动员(如奥尼尔)的存在就会明显地影响到均值，此时中位数可以更准确地反映一个专业球队队员的工资水平，而均值则很可能大于样本中的绝大多数观测值(工资)，从而误导对集中趋势的测度。

例 2.6

计算表 2.3 中给出的 50 个 R&D 百分比数据的中位数，并把这一中位数同例 2.4 中得到的均值作比较。

解答：

对于这个大数据集，我们再次借助计算机来进行分析。图 2.15 给出了 SPSS 的输出结果，中位数位于显要位置，你会看到这个中位数为 8.05，这意味着数据集的 50 个 R&D 百分比数据中，有一半小于 8.05，另一半大于 8.05。

图 2.15　对 50 个 R&D 百分数进行数描述的 SPSS 输出结果

RDEXP

Valid cases:	50.0	Missing cases:	0.0	Percent missing:	0.0

Mean	8.4920	Std Err	0.2801	Min	5.2000	Skewness	0.8546
Median	8.0500	Variance	3.9228	Max	13.5000	S E Skew	0.3366
5% Trim	8.3833	Std Dev	1.9806	Range	8.3000	Kurtosis	0.4193
				IQR	2.5750	S E Kurt	0.6619

注意，这些数据的均值(8.492)大于中位数，这一事实表明，数据的分布向右偏斜——也就是说——在分布的右尾比左尾有更多的极端数值(回忆一下图 2.8 中的直方图)。

一般地，由于在计算均值时要用到极端值，因此极端值(大值或小值)对均值的影响要大于对中位数的影响；另一方面，既然在计算中位数时只用到中间位置的观测值(或中间位置的两个观测值)，所以中位数不会受到极端值的直接影响。这样，如果观测值的分布向一侧偏斜时(就像 R&D 百分比数据的分布那样)，均值就比中位数更明显地偏向于同一侧。

均值和中位数的比较给我们提供了一种检查数据分布偏斜度的一般方法，如以下专栏所示。

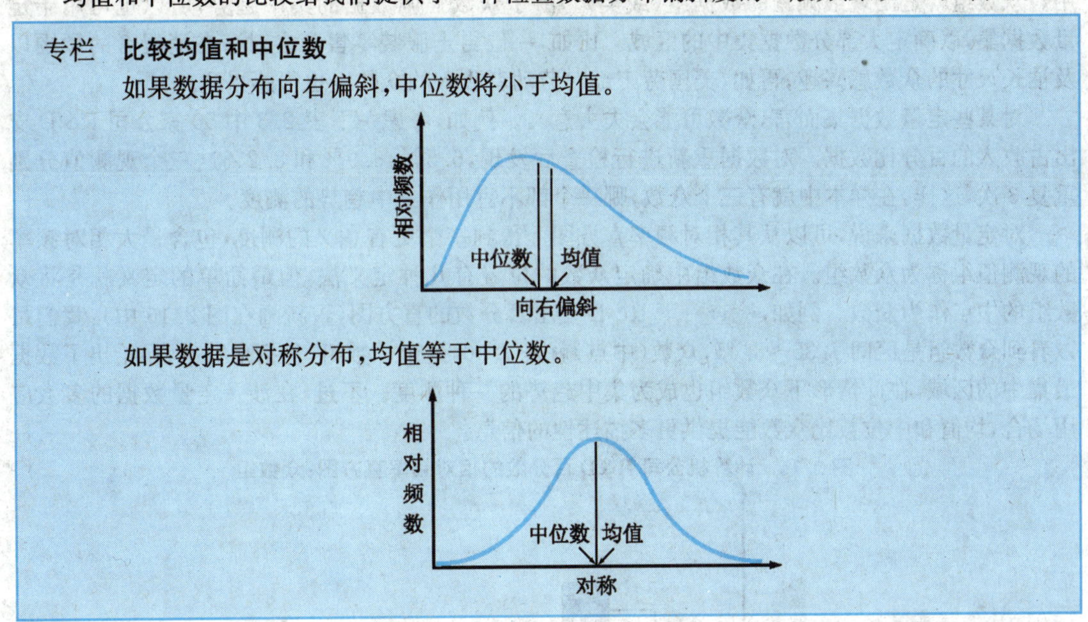

如果数据分布向左偏斜，均值将小于中位数(在中位数左边)。

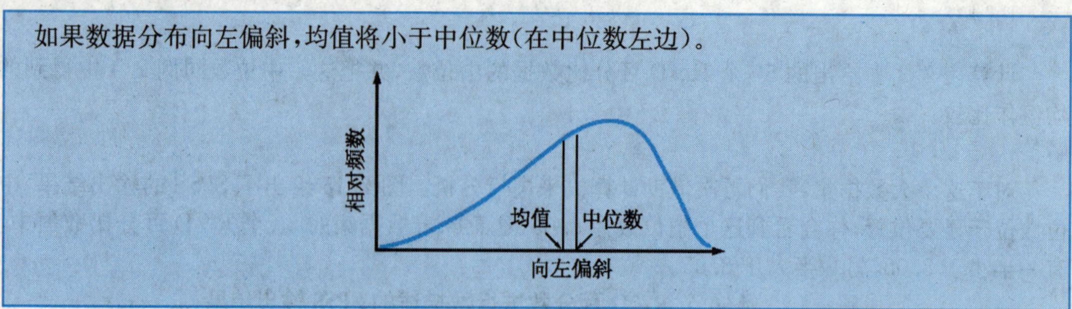

第三个测度集中趋势的数值是众数。

定义 2.6

众数(Mode)是数据集中出现次数最多的观测值。

例 2.7

10 个品味师分别对一种新调味汁进行了 10 分制的打分，其中：1＝最差，10＝最好。计算下列 10 个分值的众数：8　7　9　6　8　10　9　9　5　7。

解答：

由于 9 出现次数最多，所以 10 个分值的众数就是 9。

注意例 2.7 中的数据本质上是定性数据(如最差、最好)。众数在描述定性数据方面特别有用。众数组就是出现最频繁的数据组(或类)。由于众数强调数据的集中趋势，所以也可用于定量数据集，以确定大部分数据集中的区域。比如，一位男士服装零售商会对潜在消费者的颈围以及袖长尺寸的众数感兴趣；再如，美国劳工部对劳动者收入的众数组也很感兴趣。

对某些定量数据集而言，众数可能会失去意义。例如，考虑一下表 2.3 中 50 家公司 R&D 支出占收入的百分比数据。对数据重新进行检查后发现，6.5%，6.9%和 8.2%这三个观测值分别重复 3 次，这样，在样本中就有三个众数，哪一个都不宜用作集中趋势的测度。

对定量数据来说，可以从其相对频率直方图上得到一个更有意义的测度，包含最大相对频率的观测值组称为众数组。在众数组中确定众数的位置有几种定义法，但最简单的定义就是将众数组的中点作为众数。例如，检查一下 R&D 支出百分数的直方图(重新画在图 2.16 中)，我们可以看到众数组是区间 7.35～8.45，众数(中点)就是 7.90，这个众数组(包括众数本身)给出了数据最集中的区域，在此情形下众数组也成为集中趋势的一种测度。不过，在涉及定量数据的多数应用场合，均值和中位数比众数能提供更多描述性的信息。

图 2.16　计算机公司 R&D 百分数的相对频率直方图：众数组

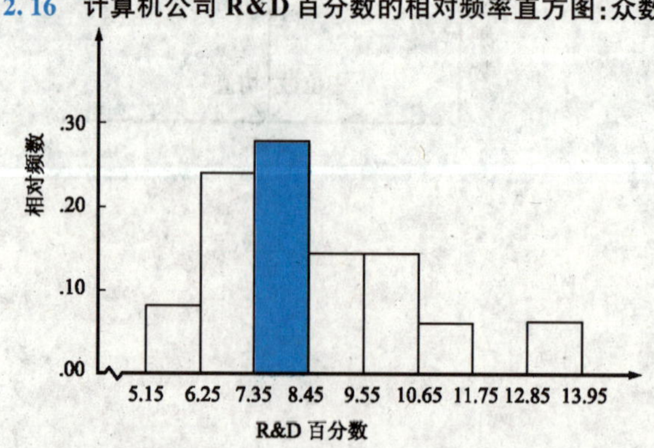

练习 2.30～2.46

技能训练：

2.30 计算下列数据的众数、均值和中位数：

18 10 15 13 17 15 12 15 18 16 11

2.31 计算下列组平均数的均值和中位数：

3.2　2.5　2.1　3.7　2.8　2.0

2.32 说明计算奇数个观测值和偶数个观测值的中位数时有什么区别。构造两个数据集，一个包含 5 个观测值，另一个包含 6 个观测值，要求这两个数据集的中位数相同。

2.33 解释一下如何根据均值与中位数的关系所提供的信息来判断数据的分布是对称的还是偏斜的？

2.34 计算满足下列条件的样本均值。

a. $n=10, \sum x=85$　　b. $n=16, \sum x=400$

c. $n=45, \sum x=35$　　d. $n=18, \sum x=242$

2.35 计算下列各样本的均值、中位数和众数。

a. 7，−2，3，3，0，4

b. 2，3，5，3，2，3，4，3，5，1，2，3，4

c. 51，50，47，50，48，41，59，68，45，37

2.36 描述一下如何在下面的分布中将均值与中位数作比较。

a. 左偏分布　　b. 右偏分布　　c. 对称分布

概念运用：

2.37 下表列出了 1998 年停泊在佛罗里达州卡那维若港的 8 艘游船上所有的乘客数。确定并解释这个数据集的均值和中位数。

练习 2.37 的表　　CRUISE. DAT

航线(船)	乘客数(人)
海豚号	152240
狂欢号	480924
迪斯尼号	73504
总理号	270361
皇家加勒比海号	106161
克鲁兹娱乐号	453806
英镑巡游号	15782
南美峰鸟国际海运号	28280

资料来源：Florida Trend，Vol. 41，No. 9，Jan. 1999.

2.38 下表中给出的是《财富》(*Fortune*，Oct. 25，1999)杂志对美国最有影响的 50 名妇女进行的第二次年度排序。除去工资、职位和形象等因素外，财富杂志的这种排序还参考了妇女在自己公司内部的影响以及该公司对社会文化的影响。考虑一下这 50 名妇女的年龄(岁)分布。下面是运用 MINITAB 软件对这些数据进行统计的结果：

练习 2.38 的表　　WOMENPOW. DAT

排名	姓名	年龄	公司	职务
1	Carly Fiorina	45	Hewlett-Packard	CEO
2	Heidi Miller	46	Citigroup	CFO
3	Mary Meeker	40	Morgan Stanley	Managing Director
4	Shelly Lazarus	52	Ogilvy & Mather	CEO
5	Meg Whitman	43	eBay	CEO
6	Debby Hopkins	44	Boeing	CFO
7	Marjorie Scardino	52	Pearson	CEO
8	Martha Stewart	58	Martha Stewart Living	CEO
9	Nancy Peretsman	45	Allen & Co.	Ex. V. P.

续表

排名	姓名	年龄	公司	职务
10	Pat Russo	47	Lucent Technologies	Ex. V. P.
11	Patricia Dunn	46	Barclays Global Investors	Chairman
12	Abby Joseph Cohen	47	Goldman Sachs	Managing Director
13	Ann Livermore	41	Hewlett-Packard	CEO
14	Andrea Jung	41	Avon Products	COO
15	Sherry Lansing	55	Paramount Pictures	Chairman
16	Karen Katen	50	Pfizer	Ex. V. P
17	Marilyn Carlson Nelson	60	Carlson Cos.	CEO
18	Judy McGrath	47	MTV & M2	President
19	Lois Juliber	50	Colgate-Palmolive	COO
20	Gerry Laybourne	52	Oxygen Media	CEO
21	Judith Estrin	44	Cisco Systems	Sr. V. P.
22	Cathleen Black	55	Hearst Magazines	President
23	Linda Sandford	46	IBM	General Manager
24	Ann Moore	49	Time Inc.	President
25	Jill Barad	48	Mattel	CEO
26	Oprah Winfrey	45	Harpo Entertainment	Chairman
27	Judy Lewent	50	Merck	Sr. V. P
28	Joy Covey	36	Amazon. com	COO
29	Rebecca Mark	45	Azurix	CEO
30	Deborah Willingham	43	Microsoft	V. P.
31	Dina Dubion	46	Chase Manhattan	Ex. V. P.
32	Patricia Woertz	46	Chevron	President
33	Lawton Fitt	46	Goldman Sachs	Managing Director
34	Ann Fudge	48	Kraft Foods	Ex. V. P.
35	Carolyn Ticknor	52	Hewlett-Packard	CEO
36	Dawn Lepore	45	Charles Schwab	CIO
37	Jeannine Rivet	51	UnitedHealthcare	CEO
38	Jamie Gorelick	49	Fannie Mae	Vice Chairman
39	Jan Brandt	48	America Online	Mar. President
40	Bridget Macaskill	51	OppenheimerFunds	CEO
41	Jeanne Jackson	48	Banana Republic	CEO
42	Cynthia Trudell	46	General Motors	V. P.
43	Nina Disesa	53	McCann-Erickson	Chairman
44	Linda Wachner	53	Warnaco	Chairman
45	Darla Moore	45	Rain water Inc.	President
46	Marion Sandler	68	Golden West	Co－CEO
47	Michelle Anthony	42	Sony Music	Ex. V. P.
48	Orit Gadlesh	48	Bain & Co.	Chairman
49	Charlotte Beers	64	J. Walter Thompson	Chairman
50	Abigail Johnson	37	Fidelity Investments	V. P.

a. 确定年龄分布的均值、中位数和众数，并对这些数据进行解释。

b. 从均值和中位数看，年龄分布的偏斜状况如何？

c. 40 岁，50 岁，60 岁的妇女各占多大比例？

d. 用一个统计软件包构造一个频数直方图，其中的众数组是什么？把这个众数组的年龄同 a 中的结果加以比较。

e. 在 d 中的直方图上确定均值和中位数。

练习 2.38 的 **MINITAB 输出结果**

Descriptive Statistics

Variable	N	Mean	Median	Tr Mean	StDev	SE Mean
Age	50	48.160	47.000	47.795	6.015	0.851

Variable	Min	Max	Q1	Q3
Age	36.000	68.000	45.000	51.250

2.39 国会通过了“超基金法(Superfund Act)”,以鼓励各州参与修订有关排放和清理有害物方面的法律。“超基金法”资助修建的有害物存放点被称为超基金点。阿肯色州的废旧物资管理公司负责管理所有的 395 个超基金点(*Arkansas Business and Economic Review*,*Tabor and Stanwick*,1995 年夏)。

下表给出了阿肯色州 75 县各自拥有的超基金点数。Excel 输出结果给出了对这个数据集的数字性描述。

练习 2.39 **的表**　　**ARKFUND. DAT**

3	3	2	1	2	0	5	3	5	2	1	8	2
12	3	5	3	1	3	0	8	0	9	6	8	6
2	16	0	6	0	5	5	0	1	25	0	0	0
6	2	10	12	3	10	3	17	2	4	2	1	21
4	2	1	11	5	2	2	7	2	3	1	8	2
0	0	0	2	3	10	2	3	48	21			

资料来源:Tabor, R. H. and Stanwick, S. D“Arkansas: An environmental perspective”. Arkansas Business and Economic Review, Vol. 28, No. 2, Summer 1995, pp. 22—32(Table 1)

练习 2.39 **的 Excel 输出结果**

SITES	
均值	5.24
标准误	0.836517879
中位数	3
众数	2
标准差	7.244457341
样本方差	52.48216216
峰度	16.41176573
斜度	3.468289878
极差	48
最小值	0
最大值	48
总和	393
计数	75
置信水平(95.000%)	1.639542488

a. 确定输出结果中反映集中趋势的变量,并对其数值进行解释。

b. 注意数据中至少有一个县的超基金点数目异常(偏大),找出这些观测值中的最大者,即离群值。

c. 在 b 中去掉离群值后,重新计算集中趋势变量值,并考虑去除离群值后对哪个数值的影响最大?

2.40 血小板激活因子(Platelet-activating factor,简写为 PAF)是出现在受惊、发烧、血压过低、过敏以及呼吸和心率失调等患者身上的一种剧烈化学反应。因此,有效抑制 PAF 使其脱离人体细胞的药物对治疗上述病人也许是有效的。现进行了一项生物的药理鉴定,用于调查 17 种传统中草药在抑制 PAF 方面的效果(H. Guiqui, Progress in Natural Science, June, 1995),每种药物在阻止 PAF 与人体细胞结合过程中所起作用的资料以百分数的形式列于下表。

练习 2.40 的表

DRVGPAE.DAT

药物	抑制效果(%)
Hai-feng-teng(Fuji)	77
Hai-feng-teng(Japan)	33
Shan-ju	75
Zhang-yiz-hu-jiao	62
Shi-nan-teng	70
Huang-hua-hu-jiao	12
Hua-nan-hu-jiao	0
Xiao-vie-pa-ai-xiang	0
Mao-ju	0
Jia-ju	15
Xie-yie-ju	25
da-yie-ju	0
Bian-yie-hu-jiao	9
Bi-bo	24
Duo-mai-hu-jiao	40
Yan-sen	0
Jiao-guo-hu-jiao	31

资料来源:Guiqui, H. "PAF recepbor an tagonistic principles from chinese braditiond drugs," progress in Natural saiende, rol. 5, No. 3, June 1993, P. 30 (Tablel)

a. 构造数据集的茎叶图。

b. 计算 17 种中草药抑制效果百分数的中位数，并解释结果。

c. 计算 17 种中草药抑制效果百分数的均值，并解释结果。

d. 计算 17 种中草药抑制效果百分数的众数，并解释结果。

e. 确定 a 中茎叶图上的中位数、均值和众数。这些集中趋势度量值明显位于数据集的中心吗?

2.41 人口统计学在娱乐业中发挥着一种关键性的作用。伯金(D. A. Bergin)在休闲研究期刊(*Journal of Leisure Research*, Vol, 23, 1991)上发表的研究预测结果表明，娱乐业将面临发展困难时期。伯金报告说，1980 年美国人口年龄的中位数是 30，但到 2000 年可能是 36。

a. 对 1980 年和 2000 年人口年龄中位数的数值进行说明，并解释一下趋势。

b. 如果娱乐业把 18～30 岁年龄组的人群作为服务对象，中位数年龄的变化会产生什么影响? 解释一下。

2.42 职业体育明星的工资收入引起了媒体的广泛关注。对这些精英们来说，现在签订一份数百万美元的长期合同是一件很平常的事。不过，在一个或几个球员协会与球队老板之间就特定比赛场次所有球员的奖金和小额优惠达成协议之前赛季是不会过去的。

a. 如果球员协会想支持其提高"平均"工资的要求，你认为它应该选用哪一个测度集中趋势的变量? 为什么?

b. 为了反驳上述意见，球队老板又会使用哪种集中趋势变量去描述运动员的工资? 为什么?

2.43 你希望下面描述的数据集的相对频率分布是对称分布呢? 还是右偏或左偏分布? 解释原因。

a. 一所大学所有员工的工资。

b. 一次小测验的成绩。

c. 一次有一定难度的考试成绩。

d. 上星期你班学生学习的时间数。

e. 一堆旧车中每辆车已使用过的年限。

f. 在一次有一定难度的考试中学生们所花费的时间(最长时间是 50 分钟)。

2.44 承办大型会议可为举办城市引来成千上万的人，并可为当地经济带来数百万美元的收入。确定此类会议的地点时，在很大程度上要考虑当地宾馆的接待能力。下表(摘自《华尔街杂志》，1995 年 11 月 17 日)列出了宾馆房间数排前 10 位的美国城市。

a. 计算并解释每个数据集的中位数。

b. 对于每个城市，计算房间数与宾馆数的比例，然后确定各城市每个宾馆平均有多少房间。

c. 根据 b 中的答案重新排列城市位次。

练习 2.44 的表

HOTELS.DAT

城市	房间数	宾馆数
拉斯维加斯	93719	231
奥兰多	84982	311
洛杉矶—长海滩	78597	617

续表

城市	房间数	宾馆数
芝加哥	68793	378
华盛顿	66505	351
纽约市	61512	230
亚特兰大	58445	370
圣地亚哥	44655	352
圣达菲	44374	351
旧金山	42531	294

资料来源：Smith travel Research，September 1995.

2.45 参考练习 2.24《金融管理》(*Financial Management*)中对预先申报破产制度的研究结果。回忆一下，我们已将在申请破产前与债权人就重组计划进行谈判的 49 家公司分为三类：

提出预先申报破产请求并准备重组类、只提出预先申报破产请求类和没有预先提出表决申请类。

下面是利用 SPSS 软件对每类公司的破产时间数据(月)进行统计的输出结果。

练习 2.45 的 SPSS 输出结果

```
TIME
By  CATEGORY  Joint
Valid cases:     11.0   Missing cases:      0.0   Percent missing:            0.0
mean      2.6545   Std Err     0.5185   Min      1.2000   Skewness     0.7600
Mean      1.5000   Variance    2.9567   max      5.4000   S E Skew     0.6607
5% Trim   2.5828   Std Dev     1.7195   Range    4.2000   Kurtosis    -1.4183
                                        IQR      3.1000   S E Kurt     1.2794
TIME
By  CATEGORY  None
Valid cases:     11.0   Missing cases:      0.0   Percent missing:            0.0
Mean      4.2364   Std Err     0.7448   Min      2.4000   Skewness     1.8215
Median    3.2000   Variance    6.1025   Max     10.1000   S E Skew     0.6607
5% Trim   4.0126   Std Dev     2.4703   Range    7.7000   Kurtosis     2.6270
                                        IQR      1.6000   S E Kurt     1.2794
TIME
By  CATEGORY  Prepack
Valid cases:     27.0   Missing cases:      0.0   Percent missing:            0.0
Mean      1.8185   Std Err     0.1847   Min      1.0000   Skewness     1.4539
Median    1.4000   Variance    0.9216   Max      4.1000   S E Skew     0.4479
5% Trim   1.7372   Std Dev     0.9600   Range    3.1000   Kurtosis     0.9867
                                        IQR      0.9000   S E Kurt     0.8721
```

a. 确定输出结果中测度集中趋势的变量，并对其数值进行解释。

b. 仅用一个数值(如均值或中位数)描述破产时间分布的中心合理吗？也就是说，是否应该计算 3 个“中心”，每个中心对应三类预先打包公司中的一类？解释一下。

2.46 美国能源信息协会一直在跟踪研究美国无铅汽油的正常价格。下表列出了 1998 年由 20 个州组成的样本中每一个州的平均油价(以美分计)。

a. 计算这个数据集的均值、中位数和众数。

b. 从数据集中去掉最大值后再按 a 的要求进行计算，考虑去掉这个数值对 a 中计算出的集中趋势度量结果有什么影响？

c. 将 20 个价格从低到高排序，然后从中去掉最小的两个和最大的两个数并计算剩余价格的均值。由于这个均值是去掉数据集中最大的10%和最小的10%个数值后所得到的均值，所以叫做10%修正均值。10%修正均值的优点在于它不像算术均值那样易受数据集中离群值的影响。

练习 2.46 的表 GASPRICE. DAT

州	价格
Arkansas	85.2
Connecticut	112.2
Delaware	94.6
Hawaii	117.9
Louisiana	85.7
Maine	90.1
Massachusetts	95.6
Michigan	84.4
Missouri	85.9
Nevada	102.1

续表

州	价格
New Hampshire	96.6
New Jersey	81.7
New York	96.4
North Dakota	90.4
Oklahoma	81.4
Oregon	100.2
Pennsylvania	91.1
Texas	83.8
Wisconsin	95.6
Wyoming	84.4

资料来源：*Statistical Abstract of the United States*：1998. U. S. Energy Information Administration. *Petroleum Marketing Monthly*.

2.5 变异性的数值测度

集中趋势测度值仅给出了对一个定量数据集的部分描述，这种描述是不完全的，因为它反映不出数据的变异性或离散程度。实际上，数据相对于中心数值变异程度的知识有助于我们识别数据集的形状和它的离群值。

例如，假定我们正在利用两个成本估计量来比较一家大型建筑公司的100项建筑工程中每一项(以总标价的一个百分比形式出现)的边际利润，图2.17给出两种由100个边际利润数值构成的直方图。

图 2.17 两个成本估计量的边际利润直方图

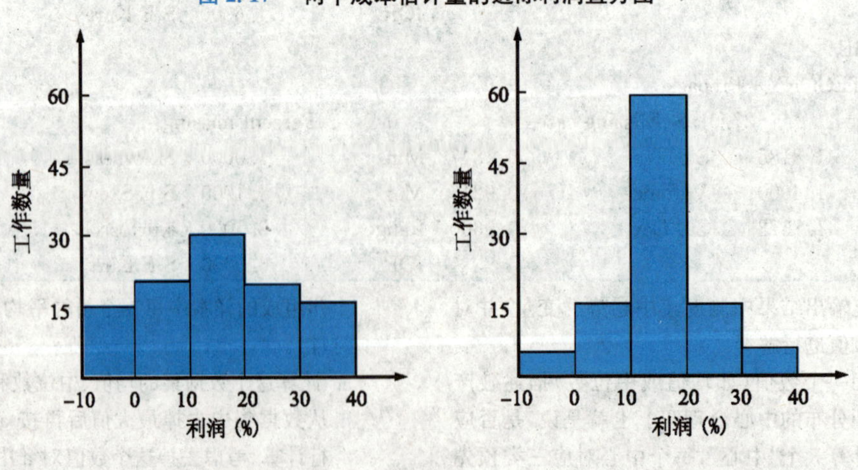

如果检查一下这两个直方图，你会发现两个数据集都呈对称分布而且具有相同的众数、中位数和均值。然而，成本估计量A(图2.17a)的边际利润在各观测值组间差异程度不大，而成本估

计量 B(图 2.17b)的边际利润则向分布的中心附近积聚。这样，估计量 B 的边际利润的发散程度就小于估计量 A。由此你会发现，我们需要一个像描述数据集中趋势那样的数值来测度数据的变异程度。

测度一个定量数据集变异性的最简单方法可能就是计算它的极差。

定义 2.7

一个定量数据集的**极差**等于该数据集的最大值减去最小值。

极差计算简单也容易理解，但对于大数据集而言，极差在反映其变异性方面很不敏感。这是因为极差相同的两个数据集在变异性方面可能相差很大，图 2.17 解释了这种现象。对那两个呈对称分布的数据集来说，尽管极差和所有反映集中趋势的度量值都相等，但它们之间还是有明显的区别，这种区别在于：估计量 B 的边际利润更趋稳定——也就是说边际利润向数据集的中心聚集；而估计量 A 的边际利润则布满极差所在的范围。这表明，高利润往往伴随着高风险。因此，即使极差相等，估计量 A 的边际利润也比估计量 B 的边际利润更加易变，这说明两个成本估计量的统计特性存在明显差别。

让我们看一下能否找到一种比极差更敏感的测度数据变异程度的方法。考虑表 2.6 中的两个样本：每个样本中有 5 个观测值(为方便起见我们指定数值)。

表 2.6　两个假想的数据集

	样本 1	样本 2
观测值	1,2,3,4,5	2,3,3,3,4
均值	$\bar{x}=\frac{1+2+3+4+5}{5}=\frac{15}{5}=3$	$\bar{x}=\frac{2+3+3+3+4}{5}=\frac{15}{5}=3$
观测值相对于均值的离差	(1−3),(2−3),(3−3),(4−3),(5−3),或−2,−1,0,1,2	(2−3),(3−3),(3−3),(3−3),(4−3),或−1,0,0,0,1

注意两个样本的均值都是 3，而且我们也计算出每个观测者相对于均值的距离和方向——即离差。这些离差中包含着什么信息？如果象样本 1 那样，离差数值很大，观测值就比较分散或者说变异性较大；如果离差很小，像样本 2 那样，观测值就会向均值 $\bar{x}$ 周围集中，数据的变异性也就比较小。你会发现，像图 2.18 表现的那样，离差提供了关于样本观测值变异性方面的大量信息。

图 2.18　两个数据集的点图

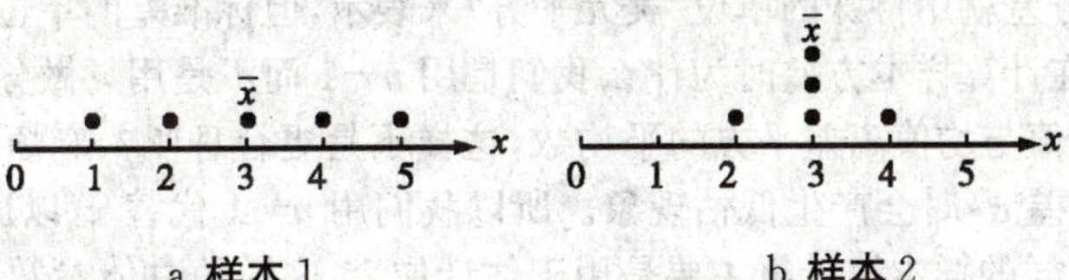

a. 样本 1　　b. 样本 2

下一步是将这些离差中的信息浓缩成一个反映变异性的数值。把离差简单平均不合适，因为离差有正有负会相互抵销，也就是说离差的和(即平均离差)总是等于零。

避免正负离差相互抵销的方法有两种：一种是不考虑离差的正负号，把它们全当正数处理。我们不推荐这种方法，因为按这种方法处理观测值之间的变异性会产生本书内容无法解决的困难。第二种去除离差负号的方法是将离差平方，根据离差平方计算出的数值会对数据集的变异性做出有意义的描述，而且在作统计推断时碰到的困难也更少。

为了利用从数据集中计算出的离差平方，我们先来计算样本方差。

定义 2.8

n 个观测值组成样本的**样本方差**(Sample variance)等于各观测值与其均值离差的平方和再除以$(n-1)$。用符号 s^2 表示样本方差，就有 $s^2=\frac{\sum_{i=1}^{n}(x_i-\bar{x})^2}{n-1}$

注意：计算 s^2 的一个简化公式是

$$s^2=\frac{\sum_{i=1}^{n}x_i^2-\frac{(\sum_{i=1}^{n})x_i)^2}{n}}{n-1}$$

参考表 2.6 中的两个样本，你可计算样本 1 的方差如下：

$$s^2=\frac{(1-3)^2+(2-3)^2+(3-3)^2+(4-3)^2+(5-3)^2}{5-1}=\frac{4+1+0+1+4}{4}=2.5$$

第二步是计算数据集的标准差，标准差在测度数据的变异性方面更有意义。

定义 2.9

样本标准差(Sample standard deviation)s，定义为样本方差 s^2 的正的平方根，即：$s=\sqrt{s^2}$。

总体方差用符号 σ^2 表示，是总体中所有观测值与总体均值 μ 离差平方的平均数，σ 是这个数的平方根。由于我们无法真正求出总体的 σ^2 和 σ(实际上抽样的目的就是为了节省这笔费用)，所以就用下面的简略符号分别表示上面两组数值。

方差和标准差符号

s^2＝样本方差

s＝样本标准差

σ^2＝总体方差

σ＝总体标准差

注意，与方差不同，标准差的(计量)单位与原来观测值的单位相同。例如，如果原来观测值的单位是美元，那么方差就用特殊的单位“美元平方”来表示，但标准差的单位仍是美元。

你也许会纳闷，在计算样本方差时为什么我们是用 $n-1$ 而不是用 n 做分母。如果用 n 的话，样本方差正好是观测值与均值离差平方的平均数，这样不是更合理吗？麻烦在于，用 n 算出的样本方差去估计总体方差 σ^2 时会产生低估现象。所以我们用 $n-1$ 代替 n，以适当地修正上述低估倾向①。既然像 s^2 这样的样本统计量主要是用于估计像 δ^2 这样的总体参数，所以在定义样本方差时用 $n-1$ 就比用 n 更好。

例 2.8

计算样本 2,3,3,3,4 的方差和标准差。

---

① *这里的“适当”指的是用$(n-1)$做分母的 s^2 是 σ^2 的无偏估计。在第 6 章我们将定义和讨论“无偏估计”。

解答:

随着观测值个数的增加,计算 s^2 和 s 会变得很麻烦。幸运的是,像我们将在例 2.9 中看到的那样,我们可以利用统计软件包(或计算器)来计算这些数值。如果你必须要通过手工来计算的话,那么利用定义 2.8 中的简化公式是非常有利的。为了做到这些,我们需要两个和式:$\sum x$ 和 $\sum x^2$。通过下面的表式不难推出这两个结果:

x	x^2
2	4
3	9
3	9
3	9
4	16
$\sum x=15$	$\sum x^2=47$

这样,我们用①

$$s^2=\frac{\sum_{i=1}^{n}x_i^2-\frac{(\sum_{i=1}^{n}x_i)^2}{n}}{n-1}=\frac{47-\frac{(15)^2}{5}}{5-1}=\frac{2}{4}=0.5$$

$$s=\sqrt{0.5}=0.71$$

例 2.9

利用计算机计算 50 个公司 R&D 支出百分数构成样本的样本方差 s^2 和样本标准差 s。

解答:

图 2.19 显示的是描述 R&D 支出百分数的 SAS 输出结果,其中方差和标准差分别是:$s^2=3.922792$,$s=1.980604$。

图 2.19　50 个 R&D 百分比数据统计特性的 SAS 输出结果

```
                         UNIVARIATE   PROCEDURE
Variable=RDPCT
                                   Moments
               N                50        Sum Wgts          50
               Mean          8.492        Sum            424.6
               Std dev    1.980604        Variance    3.922792
               Skewness   0.854601        Kurtosis    0.419288
               USS         3797.92        CSS         192.2168
               CV         23.32317        Std Mean      0.2801
```

① * 在计算 s^2 时,你应当保留多少位小数呢?虽然没有固定的法则,但由于最后还要计算 s,所以将 s^2 保留两位小数较为合理。比如,如果你希望将 s 精确到百分位(两位小数),那么在计算 s^2 时应将其结果保留到万分位(四位小数)。

续表

T:Mean=0	30.31778	Prob>|T|	0.0001
Sgn Rank	637.5	Prob>|S|	0.0001
Num ^=0	50		
Quantiles(def=5)			
100% Max	13.5	99%	13.5
75% Q3	9.6	95%	13.2
50% Med	8.05	90%	11.2
25% Q1	7.1	10%	6.5
0% Min	5.2	5%	5.9
		1%	5.2
Range	8.3		
Q3−Q1	2.5		
Mode	6.5		

现在我们明白了标准差是用于测度一组数据的变异性，也了解了如何去计算它。但我们该怎样去解释并运用标准差呢？这就是第 2 章第 6 节的主题。

练习 2.47～2.59

技能训练：

2.47 回答关于数据集变异性的下列问题：

a. 在比较数据集的变异性时，运用极差的主要优点是什么？

b. 运用语言而不是公式来描述样本方差和总体方差。

c. 一个数据集的方差可能是负数吗？解释原因。方差会小于标准差吗？说明理由。

2.48 计算下列样本的方差和标准差。

a. $n=10, \sum x^2=84, \sum x=20$

b. $n=40, \sum x^2=380, \sum x=100$

c. $n=20, \sum x^2=18, \sum x=17$

2.49 计算下列样本的极差、方差和标准差。

a. 4,2,1,0,1

b. 1,6,2,2,3,0,3

c. 8,−2,1,3,5,4,4,1,3,3

d. 0,2,0,0,−1,1,−2,1,0,−1,1,−1,0,−3,−2,−1,0,1

2.50 计算下列样本的极差、方差和标准差。

a. 39,42,40,37,41

b. 100,4,7,96,80,3,1,10,2

c. 100,4,7,30,80,30,42,2

2.51 计算下列各数据集的和，可能的话，指明答案的计量单位。

a. 3,1,10,10,4

b. 8 只脚，10 只脚，32 只脚，5 只脚

c. −1,−4,−3,1,−4,4

d. 1/5 盎司，1/5 盎司，1/5 盎司，2/5 盎司，1/5盎司，4/5 盎司

2.52 用 0～10 之间的整数构造两个数据集，每个数据集至少有 10 个观测值，而且这两个数据集的均值相同但方差不同。做出每个数据集的散点图并在其上标出均值。

2.53 用 0～10 之间的整数构造两个数据集，每个数据集至少有 10 个观测值，使这两个数据有相同的极差和不同的均值。做出每个数据集的散点图并在其上标出均值。

2.54 考虑下面 5 个观测值构成的样本：2,1,1,0,3。

a. 计算极差、s^2 和 s。

b. 将每个观测值加 3 后重做 a。

c. 将每个观测值减 4 后重做 a。

d. 考虑一下 a，b，c 三者的答案，每个观测值增加或减少同一数值后对数据集的变异性会有何影响？

概念运用：

2.55 本题的表格列出了别克(Buick)和卡迪拉克(Cadillac)公司所生产的汽车在 1999 年的底价。

a. 计算别克价格的极差和卡迪拉克价格的极差。

b. 雪佛莱牌(Chevrolet)汽车的最低价和最高价分别是 9373 美元(都市型)和 45575 美元(护卫舰型)，计算雪佛莱牌汽车价格的极差。

c. 只利用上面 a 和 b 中计算出的 3 个极差而

没有其他信息，能确定哪一个生产商只生产豪华型汽车吗？解释一下原因。

练习 2.55 的表 **AUTO99. DAT**

别克	价格	卡迪拉克	价格
Century Custom	$ 19335	Catera	$ 34820
Century Limited	20705	DeVille	39300
Regal LS	22255	DeVille DElegance	43400
Regal GS	24955	DeVille Concours	43900
LeSabre Custom	23340	Eldorado	39905
LeSabre Limited	26605	Eldorado Touring	44165
Park Avenue	31800	Seville SLS	44025
Park Avenue Ultra	36695	Seville STS	48520
Riviera	34490		

资料来源：Automotive News，Nov. 30，1998.

2.56 参考练习 2.37。1998 年卡那维若港（佛罗里达）8 艘左旋式游船所承载的游客总数重新列在下面的表中：

练习 2.56 的表 **CRUISE. DAT**

航船	游客数
海豚号	152240
狂欢号	480924
迪斯尼号	73504
总理号	270361
皇家加勒比海号	106161
克鲁兹娱乐号	453806
英镑巡游号	15782
南美峰鸟国际海运号	28280

数据来源：*Florida Trend*，Vol. 41，No. 9，Jan. 1999.

a. 计算数据的极差。

b. 计算数据的方差。

c. 计算数据的标准差。

d. 假设在佛罗里达外的另一个城市中，佛罗里达巡游船所能承载的游客数据的标准差是 209000，那么就这两个城市的游船乘客数相比较，哪一个的变异性更大？

2.57 消费价格指数（Consumer Price Index 简写为 CPI）反映特定市场上一揽子商品和服务的价格变化。在美国，由劳工统计局公布全国和国内 32 个不同城市各自的消费价格指数（全国的 CPI 称为美国城市平均指数）。消费价格指数被用于许多劳动合同的生活费伸缩条款中，作为根据物价调整工资的依据[《劳工统计局方法手册》（*Bureau of Labor Statistics Handbook of Methods*），1992 年]。下表列出了 1994 到 1995 年发布的美国城市平均指数和芝加哥指数。

练习 2.57 的表 **CITYCPI. DAT**

月份	美国城市平均指数	芝加哥指数
January 1994	146.2	146.5
February	146.7	146.8
March	147.2	147.6
April	147.4	147.9
May	147.5	147.6
June	148.0	148.1
July	148.4	148.3
August	149.0	149.8
September	149.4	150.2
October	149.5	149.4
November	149.7	150.4
December	149.7	150.5
January 1995	150.3	151.8
February	150.9	152.3
March	151.4	152.6
April	151.9	153.1
May	152.2	153.0
June	152.5	153.5
July	152.5	153.6
August	152.9	153.8
September	153.2	154.0
October	153.7	154.3
November	153.6	154.0
December	153.5	153.8

资料来源：CPI Detailed Report，Bureau of Labor Statistics，Jan. 1994—Dec. 1995.

a. 计算美国城市平均指数和芝加哥指数的平均值。

b. 计算美国城市平均指数和芝加哥指数的极差。

c. 计算表中调查时期美国城市平均指数和芝加哥指数的标准差。

d. 调查时期相对于均值而言哪个指数的变异程度更大？说明你的理由。

2.58 在估计工人生产一件产品需要多长时间时，一项广泛应用的技术是时间研究。在时间研究中，将所要研究的任务划分为可以测量的几段，用秒表记录完成每段的时间以作日后分析。对每个工人的每项工作，这一程序都要重复多次，然后再计算出每个工人完成每段任务所需时间的平均数和标准差。这样，将每个工人完成每段任务的平均时间相加就可以确定他完成全部任务所需要的时间[Gaither, *Production and Operations Management*, 1996年]。下表中的数据(以分钟计)是对包括两段任务的一项生产工艺进行时间研究的结果。

练习 2.58 的表 TIMSTUDY. DAT

	工人 A		工人 B	
重复次数	任务 1	任务 2	任务 1	任务 2
1	30	2	31	7
2	28	4	30	2
3	31	3	32	6
4	38	3	30	5
5	25	2	29	4
6	29	4	30	1
7	30	3	31	4

a. 确定每个工人完成生产工艺所需的全部时间。

b. 对每一个工人，计算对应于任务 1 的 7 个时间数据的标准差。

c. 在 b 中你计算出的标准差是什么单位？

d. 对任务 2 重做 b。

e. 假定你可以选择 A 类工人或 B 类工人去完成任务 1 和任务 2，你会让哪种类型的工人去完成哪种任务？根据上面你对 a～d 的回答解释你的决策理由。

2.59 下表列出的是 1995 年由 7 家航空公司组成的一个样本的利润资料(百万美元)。

练习 2.59 的表 AIRLINES. DAT

航空公司	利润
西南航空公司	182.6
大陆航空公司	226.0
西北航空公司	342.1
三角洲航空公司	510.0
美国航空公司	119.3
联合航空公司	378.0
美国西部航空公司	54.8

资料来源："*Business Week* 1000." *Business Week*, March 25, 1996, p. 90.

a. 计算数据集的极差、方差和标准差。

b. 指出 a 中每一项答案的单位。

c. 假定"美国西部航空"这个样本点是亏损 50 美元而不是赢利 5480 万美元，那么数据集的极差是增加还是减少？为什么？数据集的标准差是增加还是减少？为什么？

2.6 解释标准差

我们已经发现，在比较同一总体两个样本的变异性时，标准差大者变异性也大。这样，我们就懂得了如何在相对或比较的基础上对标准差做出解释，但我们还没有解释怎样提供一种衡量单个样本变异性的方法。

要理解标准差怎样衡量一个数据集的变异性，我们考虑一个特定的数据集并回答下列问题：与均值相差 1 个标准差的区间内有多少个观测值？相差 2 个标准差的区间内又包含多少个观测值？对于一个特定的数据集，我们可通过计算每一区间内的观测值数目来回答上述问题。不过，如果我们的兴趣是给这类问题提供一个一般性的答案，那就要困难一些。

与均值相差 1 个、2 个、3 个标准差的区间内各含有多少个观测值，对这个问题，表 2.7 和表 2.8 给出了两种答案。第一种答案适用于任何数据集，该答案由俄罗斯数学家契比雪夫(P. L. Chebyshev, 1821—1894)证明的定理给出。第二种答案适用于钟形分布——即数据呈对称分布(均值、中位数和众数完全相同的分布)，该答案建立在多年积累的经验基础之上。不过，即使数

据分布有点偏斜或不对称，表 2.8 中那些区间给出的百分比也提供了相当好的一个近似。注意，这两种答案或者适用于总体或者适用于样本。

契比雪夫准则(Chebyshev's Rule)适用于任何数据集，而不管这些数据的频数分布是什么形状。

a. 落入与均值相差一个标准差区间内的观测值提供不了多少有用的信息，即：对于样本来说，落入区间$(\bar{x}-s,\bar{x}+s)$；对于总体来说，落入区间$(\mu-\sigma,\mu+\sigma)$。

b. 至少 3/4 有的观测值将落入与均值相差 2 个标准差的区间之内，即：对于样本来说，落入区间$(\bar{x}-2s,\bar{x}+2s)$，对于总体来说，落入区间$(\mu-2\sigma,\mu+2\sigma)$。

c. 至少 8/9 有的观测值落入与均值相差 3 个标准差的区间之内，即：对于样本来说，落入区间$(\bar{x}-3s,\bar{x}+3s)$，对于总体来说，落入区间$(\mu-3\sigma,\mu+3\sigma)$。

d. 一般来说，对于任何大于 1 的数 k，至少有$(1-1/k^2)$个观测值落入与均值相差 k 个标准差的区间之内，即：对于样本来说，落入区间$(\bar{x}-ks,\bar{x}+ks)$，对于总体来说，落入区间$(\mu-k\sigma,\mu+k\sigma)$。

表 2.8　**解释标准差：经验准则**

经验准则(Empirical Rule)适用于频数分布为钟形和对称形状的数据集，如下图：

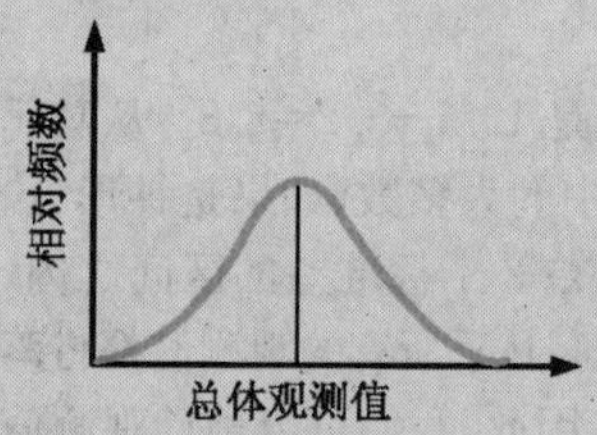

a. 大约有 68%的观测值落入与均值相差 1 个标准差的区间之内，即：对于样本来说，落入区间$(\bar{x}-s,\bar{x}+s)$；对于总体来说，落入区间$(\mu-\sigma,\mu+\sigma)$。

b. 大约有 95%的观测值落入与均值相差 2 个标准差的区间之内，即：对于样本来说，落入区间$(\bar{x}-2s,\bar{x}+2s)$，对于总体来说，落入区间$(\mu-2\sigma,\mu+2\sigma)$。

c. 大约有 99.7%(几乎是全部)的观测值落入与均值相差 3 个标准差的区间之内，即：对于样本来说，落入区间$(\bar{x}-3s,\bar{x}+3s)$，对于总体来说，落入区间$(\mu-3\sigma,\mu+3\sigma)$。

例 2.10

50 个公司中 R&D 支出占各自收入的百分数重新列为表 2.9。

表 2.9　**50 个公司研究与发展经费支出的百分数**

13.5	9.5	8.2	6.5	8.4	8.1	6.9	7.5	10.5	13.5
7.2	7.1	9.0	9.9	8.2	13.2	9.2	6.9	9.6	7.7
9.7	7.5	7.2	5.9	6.6	11.1	8.8	5.2	10.6	8.2
11.3	5.6	10.1	8.0	8.5	11.7	7.1	7.7	9.4	6.0
8.0	7.4	10.5	7.8	7.9	6.5	6.9	6.5	6.8	9.5

前面我们已经知道(图 2.13)，这些数据的均值和标准差分别是 8.49 和 1.98。现在计算一下落在区间$(\bar{x}-s,\bar{x}+s)$，$(\bar{x}-2s,\bar{x}+2s)$，$(\bar{x}-3s,\bar{x}+3s)$ 内的观测值所占比例，并将所得结果同表 2.7 和表 2.8 的预测结果作比较。

解答：我们首先构造区间：

$(\bar{x}-s,\bar{x}+s)=(8.49-1.98,8.49+1.98)=(6.51,10.47)$

检查观测值数目发现，50 个观测值中有 34 个——占 68%，落入与均值相差一个标准差的区间之内。

第二个区间 $=(\bar{x}-2s,\bar{x}+2s)(8.49-3.96,8.49+3.96)=(4.53,12.45)$包括 50 个观测值中的 47 个，占 94%。

最后，与均值 $\bar{x}$ 相差 3 个标准差的区间$(\bar{x}-3s,\bar{x}+3s)=(8.49-5.94,8.49+5.94)=(2.55,14.43)$中包含了所有或者说 100% 的观测值。

尽管这些数据的分布是向右偏斜(图 2.8)，但上面 3 个区间包含观测值的百分数(68%，94%和 100%)与经验准则(表 2.8)给出的百分数(68%，95%和 99.7%)非常接近。你会发现，除非分布的偏斜度很大，否则对于钟形分布来说这种近似程度非常高。当然，不管分布形状如何，契比雪夫准则(表 2.7)确信，至少有 75%和 89%的观测值将分别落入与均值相差 2 个和 3 个标准差的区间之内。

例 2.11

契比雪夫准则和经验准则在验证标准差的计算方面是很有用的。比如，假定我们计算得到研发经费支出百分比数据的标准差是 3.92(表 2.9)，那么，在数据中是否有一些能使我们判断这个数值合理与否的“线索”呢？

解答：

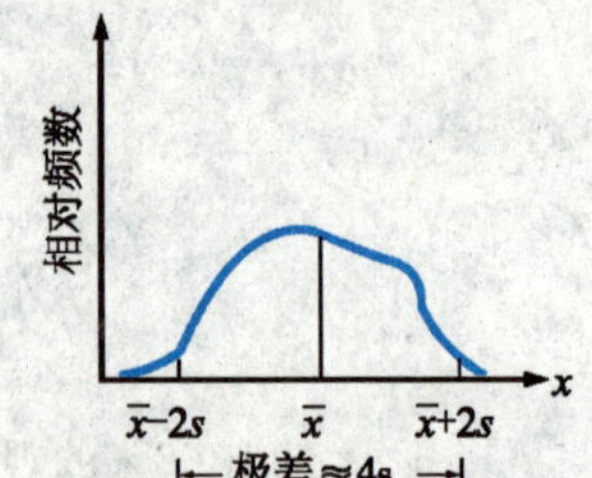

图 2.20 极差与标准差的关系

表 2.9 中研发百分比数据的极差是 13.5−5.2=8.3。从契比雪夫准则和经验准则我们知道，观测值中的大多数(如果是钟形分布，这一比例约为 95%)将落入与均值相差 2 个标准差的区间之内；而且，不管分布的形状和观测值个数如何，几乎所有的观测值都将落入与均值相差 3 个标准差的区间之内。因此，我们可以预计观测值的极差在 4(即±2s)到 6(即±3s)个标准差之间(图 2.20)。

对研发数据而言，这意味着样本标准差应当介于

$$\frac{极差}{6}=\frac{8.3}{6}=1.38 与 \frac{极差}{4}=\frac{8.3}{4}=2.08 之间。$$

特别是，标准差不应该比$\frac{1}{4}$极差大很多，尤其是对 50 个观测值的数据集而言更是如此。据此，我们有理由相信上面 3.92 这一计算结果太大了。通过检查我们发现 3.92 原来是样本方差 s^2，而不是标准差 s(见例 2.9)。我们在计算标准差时“忘记”了取平方根(一类常犯的错误)。正确的数值是 $s=1.98$，注意，这个数值介于 1/6 极差到 1/4 极差之间。

在以后的例题和练习中我们有时会根据 $s\approx\frac{1}{4}$极差来获得对 s 的一个近似估计(通常有些大)。不过，我们需要强调一下，有时可能找不到替代方法来计算 s 的确切值。

最后，也是最重要的，我们将用契比雪夫准则和经验准则的结论来构筑统计推断的基础，下面的例 2.12 就是对这种方法的一个说明。

例 2.12

一家汽车电池制造商声称其 A 号电池的平均使用期限为 60 个月，但有保证的使用期限仅为 36 个月。假定电池使用期的标准差为 10 个月，且使用寿命数据的频数分布为钟形，考虑下述问题：

a. 假定制造商的声明是真实的，那么该制造商生产的 A 号电池中使用期超过 50 个月的约占多大比例？

b. 假定制造商的声明是真实的，那么电池使用期少于 40 个月者约占多大比例？

c. 假定你买的电池使用了 37 个月，你对制造商的声明作何评价？

解答：

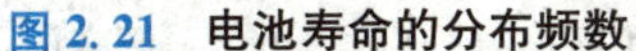
图 2.21　电池寿命的分布频数

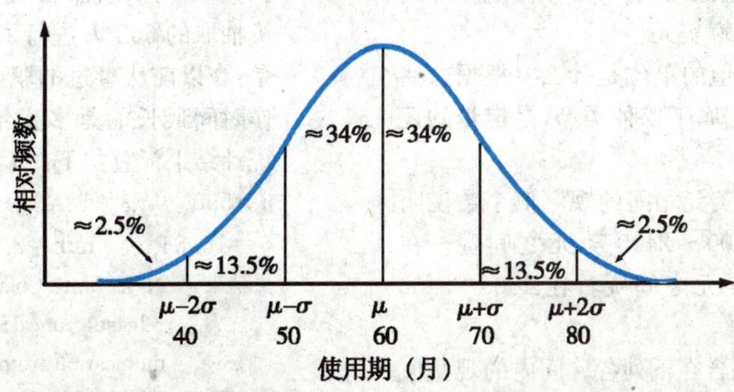

如果假定电池寿命（数据）的分布是均值为 60 个月、标准差为 10 个月的钟形分布，就应显示为图 2.21 那样。注意我们将充分利用钟形分布是以均值为中心的对称分布（近似的）这一事实，以便使经验准则中的百分比可以对半地分配到均值的每一侧。相对于经验准则（表 2.8）而言，图 2.21 给出的近似程度更多地依赖于钟形分布的假定，因为图 2.21 的近似程度依赖于钟形分布的（近似）对称性。在例 2.10 中我们看到，即使对于偏斜分布而言经验准则也可得到很好的近似。但图 2.21 中的近似情况不是这样，它要求分布必须是钟形而且是近似对称的。

例如：既然大约有 68％的观测值将落在与均值相差一个标准差的区间之内，那么分布对称就意味着约有 1/2(68％)＝34％的观测值将分别落在上述区间内的每一侧。用图 2.21 来说明这个概念，这个图同时表明各有 2.5％的观测值落在距均值 2 个标准差区间的外侧。这一结果实际来自这样一个事实——如果约有 95％的观测值落在与均值相差两个标准差的区间之内，那么就有大约 5％的观测值落在该区间之外；假如分布是近似对称的，那么就各有大约 2.5％的观测值落在距均值两个标准差区间外的每一侧。

a. 在图 2.21 中容易看到，使用寿命在 50 个月以上电池的比例大约是 34％（50 到 60 个月之间）加上 50％（超过 60 个月），这样，总共约有 84％的电池其使用寿命超过 50 个月。

b. 根据图 2.21 同样可以容易地确定使用寿命在 40 个月以下的电池所占的百分比。假定制造商的声明是真实的，那么约有 2.5％的电池其使用寿命不到 40 个月。

c. 如果碰巧你买的电池使用寿命不到 37 个月，那么你可能做出两种推断：或者你正好买到占总数 2.5％的那些使用寿命不到 40 个月的电池，或者你认为制造商的声明不真实。由于在正常情况下一个电池使用寿命不到 40 个月的概率很小，所以你有充足的理由怀疑制造商的声明是否真实。相反，均值小于 60 个月或者标准差大于 10 个月都可能使我们认为电池使用寿命大于 40 个月的概率增大。*

例 2.12 是我们对统计推断决策过程的一些基本解释，由此你会意识到我们是用样本信息（例 2.12 中，你购买的电池的使用寿命为 37 个月）去推断总体（例 2.12 中，制造商关于所有电池使用寿命总体的声明），下面进行的讨论也建立在这个基础之上。①

---

①　假定分布是钟型或对称的也许不正确。然而，如果分布向右偏斜，就像寿命分布那样，那么，在以均值为中心的 2 个标准差以外的观测值所占比例小于 2.5％。

练习 2.60～2.75

技能训练：

2.60 某种统计软件包的输出结果显示：一个由 200 个观测值构成的数据集的均值和标准差分别为 1500 美元和 300 美元。

a. 研究变量观测值的单位是什么？根据这些单位判断，数据属于哪种类型，是定量的还是定性的？

b. 在 900～2100 美元之间的观测值个数说明了什么？在 600～2400 美元之间呢？在 1200～1800 美元之间呢？在 1500—2100 美元之间呢？

2.61 对任一数据集，包含在下列各区间内的观测值数目百分比说明了什么？

a. $(\overline{x}-s,\overline{x}+s)$

b. $(\overline{x}-2s,\overline{x}+2s)$ c. $(\overline{x}-3s,\overline{x}+3s)$

2.62 对一个相对频率分布为钟形的数据集而言，包含在 2.61 中各类区间内的观测者个数的百分比说明了什么？

2.63 下面是一个包含 25 个观测值的样本：

练习 2.63 的表 LM2-63.DAT

7	6	6	11	8	9	11	9	10	8	7	7	
5	9	10	7	7	7	7	9	12	10	10	8	6

a. 计算该样本的 $\overline{x}$，s^2 和 s。

b. 分别计算落在区间$(\overline{x}-s,\overline{x}+s)$，$(\overline{x}-2s,\overline{x}+2s)$ 和区间 $(\overline{x}-3s,\overline{x}+3s)$内的观测值个数，然后将其表示为观测值总数的百分比。

c. 将 b 中得到的百分数与经验准则和契比雪夫准则给出的结论相比较。

d. 计算极差并利用它对 s 作一粗略的估计。这一结果与 a 中所得到的实际值吻合得怎样？

2.64 假定有一个最大值为 760、最小值为 135 的数据集，估计一下它的标准差是多少？解释你这样估计的理由。假定一项报告说标准差是 5，可能吗？解释原因。

概念运用：

2.65 1998 年春季，新泽西州商会与阿瑟安德逊资助的 Rutgers 商务学校进行了一项调查，以研究新一代人对未来工作场所与职业的预期。调查中，对从新泽西州 21～28 岁的市民中随机抽取的 662 人进行了电话访问。一个问题是：在以前从事过的职业中，你期望为雇主工作时间最长的是多少年？590 份有效问卷的统计结果汇总如下：

$n=590$　　$\overline{x}=18.2$ 年　　中位数＝15 年

$s=10.64$　　min＝2.0　　max＝50

资料来源：N. J. State Chamber of Commerce, press release, June 18, 1998 and personal communication from P. George Benson.

a. 哪些证据表明年限的分布不是钟形的？

b. 假定你不知道样本标准差 s，请你运用极差来估计 s，并将这个估计值与实际的样本标准差作一比较。

c. 在最后的十年中，工人们调换工作的频率远高于 20 世纪 80 年代，因此，研究人员对新一代人给出的工作年限预期感到惊讶。对于样本中那些预计工作年限为 40 年或年限更长的答案你作何评论？对于 8 年及以上预期者又做何评论？

2.66 为使胃肠发病率降到最低，抵达美国港口的所有客轮都要接受事先不通知的公共卫生设备检查。客轮按疾病控制中心制定的 100 分规则进行排列，得分在 86 分及以上者意味着卫生设备合格。下表列出的是 1999 年 1 月对 121 艘游船的卫生检查得分，其后是用 MINITAB 软件进行统计的结果。

a. 在 MINITAB 输出结果中找出均值和标准差。

b. 计算区间$(\overline{x}-s,\overline{x}+s)$，$(\overline{x}-2s,\overline{x}+2s)$，$(\overline{x}-3s,\overline{x}+3s)$。

c. 计算数据集的观测值落入 b 中各区间内的百分比，这些百分比与契比雪夫准则或经验准则一致吗？

练习 2.66 的数据

游船	得分	游船	得分	游船	得分
Americana	75	Hanseatic	93	Regal Voyager	88
Arcadia	93	Holiday	93	Rembrandt	78
Arkona	89	Horizon	94	Rhapsody of the Seas	93
Astor	74	Imagination	91	Rotterdam VI	96
Asuka	88	Inspriation	91	Royal Princess	93
Black Watch	86	Island Adventure	95	Royal Viking Sun	89
C. Columbus	92	Island Dawn	86	Ryndam	93
Carnival Destiny	87	Island Princess	88	Sea Bird	89
Celebration	93	Islandbreeze	94	Sea Goddess I	89
Century	96	Jubilee	93	Sea Goddess II	90
Clipper Adventurer	93	Leeward	92	Sea Lion	97
Clipper Adventurer	93	Leeward	92	Sea Lion	97
Club Med I	92	Legacy	86	Seabourn Legend	94
Contessa I	87	Legend of the Seas	99	Seabourn Pride	88
Costa Romantica	94	Maasdam	96	Seabreeze I	86
Costa Victora	92	Majesty of the Seas	93	Sensation	86
Crown Princess	90	Maxim Gorky	81	Silver Cloud	91
Crystal Harmony	91	Mayan Prince	94	Sky Princess	90
Crystal Symphony	88	Melody	91	Song of America	96
Dawn Princess	79	Mercury	97	Sovereign of the Seas	89
Delphin	91	Monarch of the Seas	96	Spirit of Columbia	89
Destiny	87	Nantucket Clipper	89	Splendour of the Seas	94
Discovery Sun	94	Nieuw Amsterdam	86	Starship Oceanic	94
Disney Magic	88	Nippon Maru	36	Statendam	92
Dolphin IV	90	Noordam	93	Stella Solaris	91
Dreamward	95	Nordic Princess	93	Sun Princess	86
Ecstasy	93	Norway	88	Superstar Capricorn	70
Edinburgh Castle	86	Norwegian Crown	90	Topaz	92
Elation	92	Norwegian Dynasty	95	Tropicale	95
Emerale	95	Norwegian Majesty	91	Universe Explorer	95
Enchanted Capri	95	Norwegian Sea	91	Veendam	91
Enchanted Isle	90	Norwegian Star	78	Victoria	91
Enchantment of the Seas	97	Norwegian Wind	95	Viking Serenade	91
Europa	88	Oceanbreeze	87	Vision of the Seas	96
Fantasy	93	Oriana	98	Vistafjord	92
Fascination	93	Palm Beach Princess	88	Westerdam	92
Flamenco	93	Paradise	95	Wind Spirit II	93
Galaxy	97	Paul Gauguin	86	World Discoverer	89
Grand Princess	94	Queen Elizabeth 2	87	Yorktown Clipper	91
Grande Caribe	95	Radisson Diamond	90	Zenith	93
Grande Mariner	87	Regal Empress	95		
Grandeur of the Seas	98	Regal Princess	95		

资料来源:Center for Environment. Health and Injury Control;Tampa Tribune,1999 年 2 月 7 日。

练习 2.66 的 MINITAB 输出结果

Descriptive Statistics

Variable	N	Mean	Median	Tr Mean	StDev	SE Mean
Sanlevel	121	90.339	92.000	91.138	6.947	0.632
Variable	Min	Max	Q1	Q3		
Sanlevel	36.000	99.000	88.000	94.000		

练习 2.67 的 SPSS 输出结果

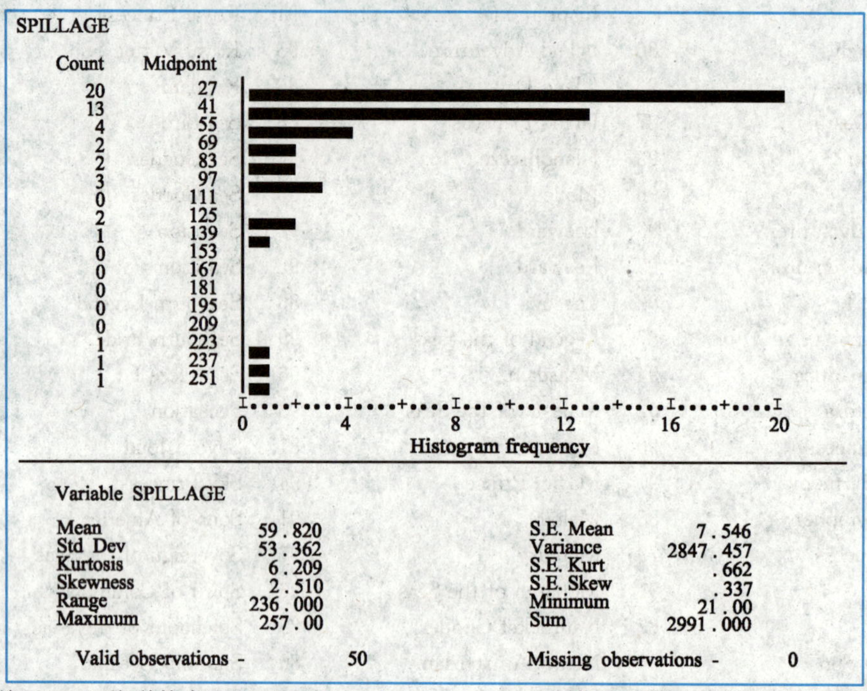

2.67 参考练习 2.10《海洋技术》(Marine Technology,1995 年 1 月)中 50 个主油罐的溢出量(以千吨为单位)数据。50 个溢出量数据的 SPSS 直方图列在上面。

a. 解释这个直方图。

b. SPSS 的输出结果给出了对 50 个溢出量数据的描述统计。运用这一信息构造一个区间——该区间可用于预测下一个主油罐的溢出量。

2.68 迫于政府和消费者的压力,美国的汽车制造商正致力于改进汽车耗油状况方面的研究。一家制造商希望他的一种合同车型能实现行驶 40 英里只耗 1 加仑油的目标,为此,测量了 36 辆该类车各耗用 1 加仑油走出的里程,结果如下表(为方便起见,以最接近的里程计算):

练习 2.68 的表 MPG36. DAT

43	35	41	42	42	38	40	41	41	40	40	41
42	36	43	40	38	40	38	45	39	41	42	37
40	40	44	39	40	37	39	41	39	41	37	40

这些数据的均值和标准差显示在下面的 SAS 输出结果中。

a. 在输出结果中找出均值和标准差,并指明其计量单位。

b. 如果使制造商满意的均值(总体)是每加仑油行驶 40 英里,那么,对上面的试验数据制造商会有什么反映?

c. 运用表 2.7～2.8 中的信息检验由计算得到的标准差的合理性。

d. 构造数据集的相对频率直方图。该数据集是钟形分布吗?

e. 在区间$(\bar{x}-s,\bar{x}+s)$、$(\bar{x}-2s,\bar{x}+2s)$、$(\bar{x}-3s,\bar{x}+3s)$内你期望各有多少观测值(百分比)?

f. 数一下实际落入 e 中各区间的观测值个数,然后计算每一个区间的观测值占总数的百分比,并把这些结果同 e 中的答案进行比较。

练习 2.68的 SAS 输出结果

Analysis Variable：MPG

N	Obs	N	Minium	Maximum	Mean	Std Dev
	36	36	35.0000000	45.0000000	40.0555556	2.1770812

2.69 参考练习 2.4 金融管理(1995 年夏季)中对 49 家申请提前破产公司的研究资料。回忆一下，研究变量是每一个公司破产的时间长度(月)。

练习 2.69的 MINITAB 直方图

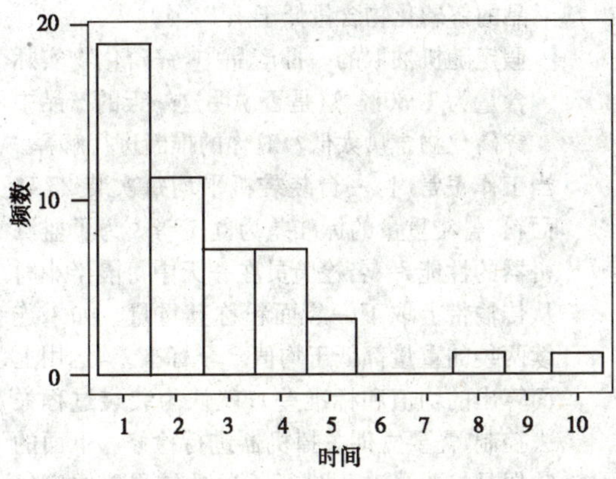

a. 49 家公司破产时间的 MINITAB 直方图列在上面，评论一下经验准则是否适用于描述申请破产公司的破产时间分布。

b. MINITAB 软件给出的数字性描述统计输出结果如上，运用这些信息构造一个区间，使得至少有 75% 的破产公司对应的破产时间被包括在该区间内。

c. 参考练习 2.4 列出的资料，数一下 49 个破产时间数据中有多少落入 b 中的区间，然后把结果表示成百分数。这一结果符合契比雪夫准则吗？符合经验准则吗？

d. 一家公司正在考虑加入预先打包破产计划，估计该公司破产的时间长度。

2.70 参考练习 2.39“阿肯色州商务与经济回顾”对阿肯色州超基金有害垃圾点数目的研究结果(1995 年夏季)，这儿再次列出 Excel 给出的统计输出结果，具体数据列在下面。计算分别落入区间$(\bar{x}-s,\bar{x}+s)$，$(\bar{x}-2s,\bar{x}+2s)$，$(\bar{x}-3s,\bar{x}+3s)$ 的观测值所占的百分比。检查一下这些结果与契比雪夫准则和经验准则是否一致。

练习 2.70的 Excel 输出结果

垃圾点	
均值	5.24
标准误	0.836517879
中位数	3
众数	2
标准差	7.244457341
样本方差	52.48216216
峰度	16.41176573
斜度	3.468289878
极差	48
最小值	0
最大值	48
总和	393
计数	75
置信水平(95.000%)	1.639542488

练习 2.69的 MINITAB 输出结果

Descriptive Statistics

Variable	N	Mean	Median	TI Mean	StDev	SE Mean
Time	49	2.549	1.700	2.333	1.828	0.261
Variable	Min	Max	Q1	Q3		
Time	1.000	10.100	1.350	3.500		

2.71《美国步枪手》(*American Rifleman*，1993 年 6 月)报告了 FEG P9R 手枪(匈牙利制造的 9 毫米口径手枪)发射出的子弹速度。野外试射结果表明：手枪射出的温切斯特子弹的平均速率为每秒 936 英尺，标准差为每秒 10 英尺。然后用 Uzi 和 Black Hills 子弹也进行了同样的

试验。

a. 描述 FEG P9R 手枪射出的温切斯特子弹的速率分布。

b. 有一颗未知型号的子弹从 FEG P9R 手枪中射出。假定该子弹的速率为每秒 1000 英尺,该子弹可能是温切斯特型号吗?说明原因。

2.72 一位市政工程师记录了去年每一天通过某一横断路口的车辆数。该项研究的目的之一是确定一天之内通过该路口的车辆数超过 425 辆的天数占全年的比例。假定数据的均值是 375 辆/天,标准差是 25 辆。

a. 假定对上述数据的相对频率分布一无所知,那么对每天通过该路口的车辆超过 425 辆的天数所占的百分比你作何评论?

b. 如果你知道数据的相对频率分布为钟形,你对 a 中的问题又该怎样回答?

2.73 一家木材公司必须决定是否购买一片长有 5000 棵松树的土地。如果 5000 棵松树中至少有 1000 棵的高度在 40 英尺以上,他就会购买这块土地,否则,他就不准备购买。土地所有者说树群高度的均值为 30 英尺,标准差为 3 英尺。根据这些信息,购买者会做出何种决策?

2.74 一家化工厂生产一种由 98%的碎玉米粒与 2%的锌磷化物合成的物质,用于控制甘蔗地里的老鼠数量。生产必须严格加以控制,以便使锌磷化物的含量保持在 2%左右,因为锌磷化物含量过高对甘蔗有害,含量过少又达不到控制老鼠生长的目的。过去的生产记录显示,产品中锌磷化物百分比的分布近似为钟形分布,其均值为 2.0%,标准差为 0.08%。

a. 如果生产线作业正常,一天中约有多少批产品的锌磷化物含量低于 1.84%?

b. 假定随机抽取的一批产品中,锌磷化物实际含量为 1.80%,这是否说明这一天的产品中锌磷化物含量太低?对你的推断进行解释。

2.75 当工作正常时,一台装袋机平均每次装 25 磅面粉,各袋重量的标准差为 0.1 磅。为了监测机器的性能,一名检验员在一天中每隔半小时从传输带上取下一袋面粉称其重量。如果连续两袋的重量都低于均值 2 个标准差(运用上面算出的均值和标准差),就认为装袋过程失去控制,需要立即关掉机器进行检修。下面的数据是检验员昨天进行检验的结果。假定每次停机时间不超过 15 分钟,那么昨天什么时间进行过停机检修?证实一下你的回答。

练习 2.75 的表　　**FLOUR. DAT**

时间	重量(磅)	时间	重量(磅)
8:00 A.M.	25.10	12:30 P.M.	25.06
8:30	25.15	1:00	24.95
9:00	24.81	1:30	24.80
9:30	24.75	2:00	24.95
10:00	25.00	2:30	25.21
10:30	25.05	3:00	24.90
11:00	25.23	3:30	24.71
11:30	25.25	4:00	25.31
12:00	25.01	4:30	25.15
		5:00	25.20

练习 2.70 的表　　**ARKWASTE. DAT**

3	3	2	1	2	0	5	3	5	2	1	8	2	12	3	5	3	1	3
0	8	0	9	6	8	6	2	16	0	6	0	5	5	0	1	25	0	0
0	6	2	10	12	3	10	3	17	2	4	2	1	21	4	2	1	11	5
2	2	7	2	3	1	8	2	0	0	0	2	3	10	2	3	48	21	

资料来源:Tabor, R. h., and Stanwick, S. D. Arkansas: An environmental perspective. Arkansas Business Economic Review, Vol. 28, No. 2, Summer 1995, pp. 22~32(Table 1).

2.7　相对定位的数值测度

图 2.22　石油公司年销售额第 90 个百分位点

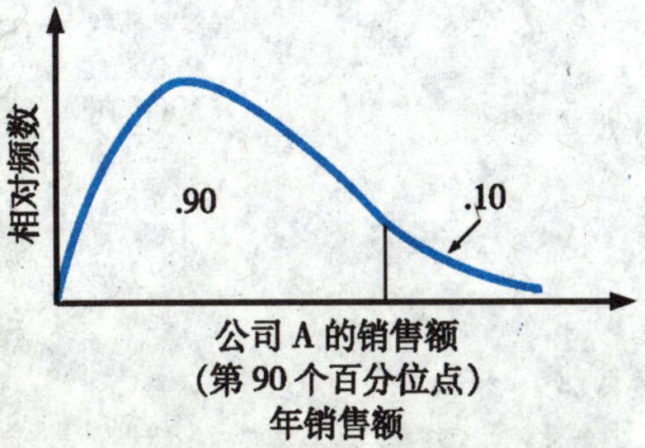

我们已经知道，集中趋势和变异性的测度值描述了定量数据集(样本或总体)的一般特性。除此之外，我们也许还对描述数据集中某个特定观测值所在的相对位置感兴趣。描述数据集中某一观测值相对其余观测值位置关系的方法称为相对定位法。

相对定位方法之一是百分位排列法。例如，石油公司 A 报告说它的年销售额在同行业所有公司中排在第 90 个百分位点，就意味着所有石油公司中 90%的公司其年销售额比 A 公司低，只有 10%的公司其年销售额比 A 公司高，图 2.22 对此作了说明。类似地，如果一个石油公司的年销售额处于第 50 个百分位点(数据的中位数)，就意味着年销售额低于该公司和高于该公司者各占 50%。

百分位排列法只对大数据集比较适用。找百分位点涉及到一个类似于寻找中位数的过程，即：将观测值按顺序排列并设定一个规则来确定每一个百分位点的位置。由于我们最初感兴趣的是对观测值的百分位排列进行解释(而不是在一个数据集中寻找特定的百分位点)，所以我们把对数据集中第 p 个百分位点的定义作为定义 2.10。

定义 2.10

对任意包含 n 个观测值的数据(以升序或降序排列)集而言，其**第 p 个百分位数**是这样一个数——p%的观测值比它小，$(100-p)$%的观测值比它大。

例 2.13

参考表 2.9 列出的 50 家高技术企业中研究与发展支出的百分比数据。图 2.23 显示的是描述这些数据的 SAS 输出结果。在输出结果中确定第 25 个百分位数和第 95 个百分位数，并对这两个数值进行解释。

解答：

在图 2.23 的 SAS 输出结果中，第 25 个百分位数和第 95 个百分位数都非常醒目，它们分别是 7.1 和 13.2。我们对其解释如下：50 个研究与发展经费支出的百分数中，有 25%小于 7.1，有 95%小于 13.2。

另一种常用的相对定位法是 z 记分。如您在定义 2.11 中了解的那样，z 记分是利用数据集的均值和标准差来确定一个观测值的相对位置。注意，z 记分计算如下：用观测值 x 减去 $\bar{x}$ 然后除以 s(或 σ)。z 记分这个最终结果反映了一给定观测值 x 与均值的距离，而且以标准差的形式给出。

图 2.23　对 50 个研发百分比数据的 SAS 统计描述

UNIVARIATE PROCEDURE

Variable=RDPCT

Moments

N	50	Sum Wgts	50
Mean	8.492	Sum	424.6
Std Dev	1.980604	Variance	3.922792

续表

Skewness	0.854601	Kurtosis	0.419288
USS	3797.92	CSS	192.2168
CV	23.32317	Std Mean	0.2801
T:Mean=0	30.31778	Prob>|T|	0.0001
Sgn Rank	637.5	Prob>|S|	0.0001
Num^=0	50		
	Quantiles(Def=5)		
100% Max	13.5	99%	11.5
75% Q3	9.6	95%	13.2
50% Med	8.05	90%	11.2
25% Q1	7.1	10%	6.5
0% Min	5.2	5%	5.9
		1%	5.2
Range	8.3		
Q3−Q1	2.5		
Mode	6.5		
	Extremes		
Lowest	obs	Highest	obs
5.2(	45)	11.3(	34)
5.6(	46)	11.7(	47)
5.9(	44)	13.2(	42)
6(	48)	13.5(	1)
6.5(	50)	13.5(	16)

定义 2.11

观测值 x 的**样本 z 记分**是：

$$z=\frac{x-\overline{x}}{s}$$

观测值 x 的**总体 z 记分**是：

$$z=\frac{x-\mu}{\sigma}$$

例 2.14

假定选取了 200 个炼钢工人，每个工人的年收入已知。均值和标准差分别是 $\overline{x}=24000$ 美元和 $s=2000$ 美元。假定约翰·史密斯的年收入为 22000 美元，他的 z 记分是多少？

解答：

约翰·史密斯的年收入低于 200 名炼钢工人的平均年收入(图 2.24)。

我们作如下计算：

$$z=\frac{x-\overline{x}}{s}=\frac{\$22000-\$24000}{\$2000}=-1.0$$

这一结果告诉我们，约翰·史密斯的年收入比样本均值低一个标准差，或者简单地说，他的样本 z 记分是 -1.0。

图 2.24　炼钢工人的年收入

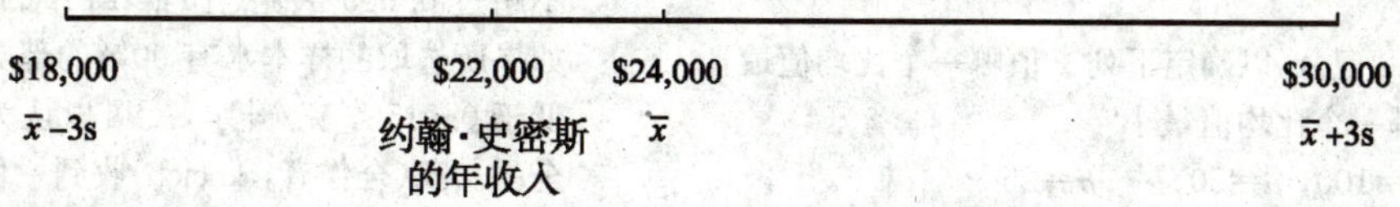

$18,000　$22,000　$24,000　$30,000

$\bar{x}-3s$　约翰·史密斯的年收入　$\bar{x}$　$\bar{x}+3s$

z 记分的数值反映观测值的相对位置。一个数值较大的正的 z 记分意味着这个观测值几乎大于所有的其他观测值，而一个绝对值较大的负的 z 记分则表明该观测值几乎小于所有的其他观测值，如果 z 记分是 0 或接近于 0，那么这个观测值处于或接近样本(或总体)均值的位置。

如果我们知道观测值的频数分布是钟形分布，我们就可以对其进行更具体的讨论。在这种情形下，对 z 记分可作如下解释：

对钟形分布数据的 z 记分的解释

1. 大约 68%的观测值的 z 记分在 -1 到 1 之间。
2. 大约 95%的观测值的 z 记分在 -2 到 2 之间。
3. 大约 99.7%(几乎是全部)的观测值的 z 记分在 -3 到 3 之间。

注意：对 z 记分的这种解释与按经验准则对钟形分布的解释完全相同(见表 2.8)。既然介于 $(\mu-\sigma)$ 和 $(\mu+\sigma)$ 之间的所有观测值都落在与 μ 相差一个标准差的区间之内，那么，说一个观测值落入区间 $(\mu-\sigma,\mu+\sigma)$ 与说这个观测值对应的总体 z 记分在 -1 到 1 之间就是等价的。这些 z 记分表示在图 2.25 中。

图 2.25　一个钟形分布的总体 z 记分

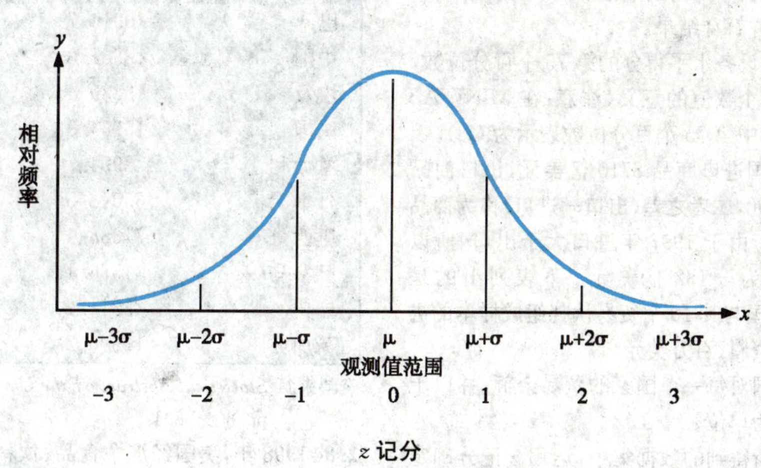

练习 2.76～2.86

技能训练：

2.76 计算下列每一观测值 x 的 z 记分。

a. $x=40,\ s=5,\ \bar{x}=30$

b. $x=90,\ \mu=89,\ \sigma=2$

c. $\mu=50,\ \sigma=5,\ x=50$

d. $s=4,\ x=20,\ \bar{x}=30$

e. 在上面的 a～d 中，说明 z 记分是否与样本或总体中的观测值 x 相对应。

f. 在上面的 a～d 中，说明每个观测值大于还是小于均值，二者相差多少个标准差。

2.77 给出一个数据集中大于或小于下列各百分位数的观测值所占的百分比。

a. 第 75 个百分位数

b. 第 50 个百分位数

c. 第 20 个百分位数

d. 第 84 个百分位数

2.78 在一个定量数据集中，第 50 个百分位数叫做什么？

2.79 计算 z 记分，以确定下列 x 值哪一个比均值最大，哪一个比均值最小？

a. $x=100$，$\mu=50$，　$\sigma=25$

b. $x=1$，　$\mu=4$，　$\sigma=1$

c. $x=0$，　$\mu=200$，　$\sigma=100$

d. $x=10$，　$\mu=5$，　$\sigma=3$

2.80 假定 40 和 90 是一个总体数据集中的两个元素，它们的 z 记分分别是 -2 和 3。仅依靠这些信息，能确定这个总体的均值和标准差吗？如果能的话，给出具体结果；如果不能的话，说明理由。

概念运用：

2.81 美国环保署(EPA)为饮用水的含铅量制定了一个上限标准，这个标准是每升水中的含铅量不超过 0.015 毫克。按照 EPA 的这一标准，如果所选取的样本水有 90%的部分其铅含量低于 0.015 毫克/升水，就可以认为水质是安全的。我(合作者，Sincich)收到一份关于我们小区饮用水中含铅量的近期研究报告，报告说第 90 个百分位数对应的样本水中含铅量为 0.00372 毫克/升水。请问这个小区的居民面临饮用水含铅量较高的危险吗？说明理由。

2.82 参考练习 2.66 中关于 1999 年 1 月游船卫生设备水平的资料，现将利用 MINITAB 软件做出的统计分析结果重复如下：

练习 2.82 的 MINITAB 分析结果

Descriptive Statistics

Variable	N	Mean	Median	Tr Mean	StDev	SE Mean
Sanlevel	121	90.339	92.000	91.138	6.947	0.632
Variable	Min	Max	Q1	Q3		
Sanlevel	36.000	99.000	88.000	94.000		

a. 给出得分为 79 分的黎明公主号的一个相对定位值，并解释结果。

b. 给出得分为 92 分的南美蜂鸟号的一个相对定位值，并解释结果。

c. 找出卫生设备水平得分的第 75 个百分位数，并解释这个数值的意义(注意：在 MINITAB 输出结果中第 75 个百分位数表示为 Q3)。

2.83 1997 年美国进口商品 8710 亿美元，出口商品 6890 亿美元，二者之差(出口—进口)称为商品贸易余额。由于 1997 年进口大于出口，所以贸易余额为 -182 亿美元。下表列出的是 1997 年美国与其 10 个贸易伙伴组成样本的进出口贸易资料(百万美元)。

a. 计算美国对每一个国家的贸易余额，并以十亿美元为单位。

b. 在 a 中所得到的数据集中，运用 z 记分确定美国对日本贸易余额所在的相对位置；然后对埃及再做同样运算。最后用一到两句话描述上面两个贸易余额在数据集中的相对位置。

练习 2.83 的表　　**EXPIMP.DAT**

国家	出口	进口
巴西	15914.7	9625.5
中国	12862.3	62557.6
埃及	3835.4	657.5
法国	15964.9	20636.4
意大利	8994.7	19407.5
日本	65548.5	121663.2
墨西哥	71388.4	85937.5
巴拿马	1536.1	367.2
瑞典	3314.1	7208.0
新加坡	17696.2	20074.6

资料来源：*Statistical Abstract of the United States*: 1998, pp. 801～804.

2.84 1998 年，美国经济中食品、饮料及烟草行业的经济状况不如人意，《福布斯》(1999 年 1 月 11 日)杂志报告了一个由上述行业中 12 家公司的销售增速构成的样本。

练习 2.84 的表 FOOD98.DAT

公司	1998 年销售增速
Anheuser-Busch	0.9%
Campbell Soup	−0.1
Coca-Cola	2.4
Dole Food	7.9
Flowers Industries	120.5
General Mills	6.6
H. J. Heinz	−1.9
Hershey Foods	4.5
Philip Morris	2.3
Smithfield Foods	−5.0
Universal	−4.0
Wm Wrigley Jr.	4.7

资料来源：*Forbes*, Jan. 11, 1999, p. 175.

a. 计算销售增速数据的均值和标准差。

b. 计算可口可乐公司、花卉业和史密斯菲尔德(Smithfield)食品业的 z 记分。

c. 利用 b 中的 z 记分，描述上面三个公司的销售增速在样本中的位置。

2.85 参考练习 2.39《阿肯色商务与经济回顾》中关于阿肯色州有害垃圾点的研究资料。下面显示的是 SAS 软件对 75 个地区各自拥有的超基金点数进行统计描述的输出结果。

练习 2.85 的 SAS 输出结果

```
                          UNIVARIATE PROCEDURE
Variable=RDPCT
                                  Moments
                    N              75        Sum Wgts        75
                    Mean           5.24      Sum             393
                    Std Dev        7.244457  Variance        52.48216
                    Skewness       3.46829   Kurtosis        16.41177
                    USS            5943      CSS             3883.68
                    CV             138.253   Std Mean        0.836518
                    T:Mean=0       6.264062  Prob>|T|        0.0001
                    Sgn Rank       1008      Prob>|S|        0.0001
                    Num^=0         63
                              Quantiles(Def=5)
                    100%  Max      48        99%             48
                     75%  Q3       6         95%             21
                     50%  Med      3         90%             12
                     25%  Q1       1         10%             0
                      0%  Min      0         5%              0
                                             1%              0
                     Range         48
                     Q3-Q1         5
                     Mode          2
                                  Extremes
                         Lowest  obs                   Highest  obs
                           0(    68)                     17(    47)
                           0(    67)                     21(    52)
                           0(    66)                     21(    75)
                           0(    39)                     25(    36)
                           0(    38)                     48(    74)
```

a. 计算输出结果数据集的第 10 个百分位数，并解释结果。

b. 计算输出结果数据集的第 95 个百分位数，并解释结果。

c. 利用 SAS 输出结果中的信息计算具有 48 个超基金点的一个阿肯色县的 z 记分。

d. 根据 c 中的答案，你可以把 48 作为超基金点的一个极值吗？

2.86 有一所大学，每个学期末给学生一个 z 记分，而不是传统的 *GPA* 分数。所有学生累计

GPA 的均值和标准差分别是 2.7 和 0.5，z 记分以此为基础计算。

a. 把下列每一个 z 记分转换成对应的 GPA：$z=2.0$，$z=-1.0$，$z=0.5$，$z=-2.5$。

b. 对 z 记分小于−1.6 的学生进行试验，对应于这些 z 记分的 GPA 是多少？

c. 校长希望给予排名前 16％的学生 Cum laude（以优等成绩毕业）奖，给排名前 2.5％的学生 Summa Cum laude（享有最高荣誉奖）奖。按照 z 记分，上述界限应划在什么地方（近似）？如果可能的话，你对大学 GPA 的分布作什么假定？

2.8 检测离群值的方法（选学）

有时，识别数据集中不规律或异常的观测值是很重要的。相对于我们想要描述的数值而言，太大或太小的观测值就称为离群值。

离群值常常由几方面的原因引起：第一，与离群值有关的测量方法也许是无效的。比如：产生观测值的实验程序发生故障，实验人员将观测值错误记录，或者数据被计算机错误编码。第二，离群值产生于观测值的错误分类，即某一观测者所属总体与其他样本所属的总体不同。最后，与离群值有关的观测值记录正确，而且这些离群值与样本中其他观测值来自同一总体，但它表示一个很少出现的事件。当样本数据的相对频率分布斜度很大时常常会出现这种离群值，因为这种分布容易包括相对于样本中其他观测值而言特别大或特别小的数据。

定义 2.12

相对于数据集中其他数据而言特别大或特别小的观测值称为离群值(Outlier)。离群值主要基于以下原因：

1. 在数据的采集、整理或录入计算机时发生错误。
2. 数据来自不同的总体。
3. 数据正确，但它代表一些稀有（偶然）事件。

箱线图(Box plots)**和 z 记分**是检查离群值的两种有效方法，前者是图表，后者是数字。箱线图以数据集的四分位点(Quartiles)为基础，四分位点把数据集等分为四部分，每一部分包括 1/4 的观测值。较小的四分位数 Q_L 第 25 个百分位数，中间的四分位数是中位数 m（第 50 个百分位数），较大的四分位数 Q_U 是第 75 个百分位数（图 2.26）

图 2.26　数据集的四分位数

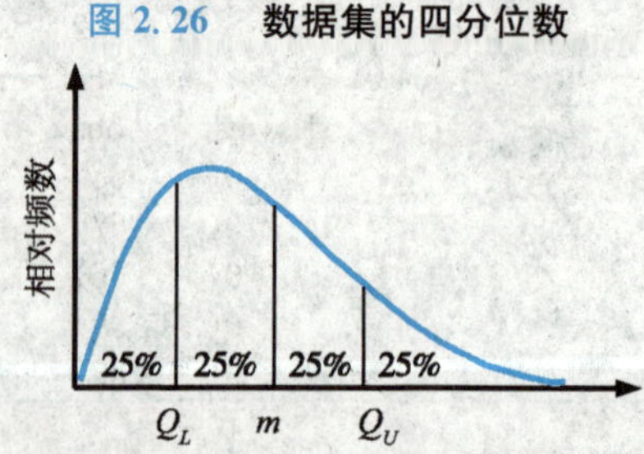

定义 2.13

下四分位数 Q_L 是数据集的第 25 个百分位数，**中四分位数 m** 是中位数，**上四分位数 Q_U** 是第 75 个百分位数。

箱线图以四分位差为基础，IQR 就是下四分位数与上四分位数之间的距离，即：

$$IQR = Q_U - Q_L$$

定义 2.14

四分位差（Interquartile range，简记为 IQR）是下四分位数与上四分位数之间的距离，即

$$IQR = Q_U - Q_L$$

图 2.27① 显示的是 50 家公司研发经费支出占收入百分比数据（表 2.3）的竖向 MINITAB 箱线图，注意此处画了一个长方形（箱子），长方形的顶边和底边分别对应四分位数 Q_U 和 Q_L。那么根据定义，中间 50% 的观测值（在 Q_L 和 Q_U 之间）落在长方形内。对于上述研发数据而言，这些四分位数（大约）出现在 7 和 9.5 的位置。因此

$$IQR = 9.5 - 7.0 = 2.5\text{（近似数）}$$

图 2.27　研发支出百分比的 MINITAB 箱线图

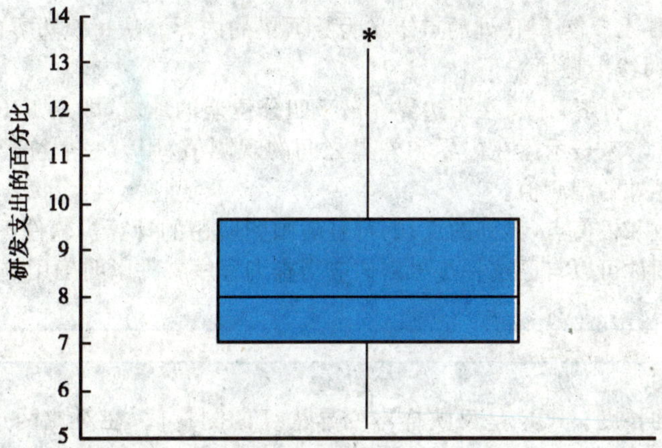

中位数的位置大约在长方形内距水平线 8.0 处。

为了构造箱线图的"尾巴"，要用到称作内界和外界的两个极值。实际上两个界都没有出现在箱线图中。内界位于离边界 1.5IQR 处。从箱子边界处伸出的垂直线叫做触须。两条触须分别延伸到内界里的极值处。例如：研发百分比数据的箱线图中，位于较低一边（底部）的内界是（近似地）：

$$\begin{aligned}\text{较低的内界} &= \text{下边界} - 1.5(IQR)\\ &= 7.0 - 1.5(2.5)\\ &= 7.0 - 3.75 = 3.25\end{aligned}$$

数据集中最小的观测值是 5.2，它正好处于内界中，因此，下触须延伸到 5.2，类似地，上触须延伸到（9.5+3.75）=13.25。界内的最大观测值是第 3 个最大观测值 13.2。注意，上触须较长表明 R&D 分布是向右偏斜。

内界外的数值很可能是离群值，因为它们表示那些出现概率相对较小的极端值。事实上，对钟形分布来说，落在内界外部的观测值不到 1%。50 家公司研发数据中落在上界外部的两个观测值都是 13.5，（因此）在 13.5 处用 * 号做标记，以表示每一个这样的观测值都可能是离群值。

其他两个假想的界——即外界，定义在距箱子每边 3 倍于 IQR 的地方。落在外界外的观测值以 0 表示，它们是需要进行专门分析的离群值。由于在服从钟形分布的样本中，人们预计落在外界外的观测值不到 1% 的 1%（即 0.01% 或 0.0001），所以这些观测值可以被认为是离群值。在研发百分比数据的箱线图（图 2.27）中，没有用 0 表示的观测值，因此没有离群值。

---

① 尽管可用手工画出箱线图，但精度要求使得用计算机画图更有必要。在这部分我们用计算机软件来画箱线图。

回忆一下，离群值是离样本群较远的极端值：它们可能是被错误记录的观测值、与样本中其他数据不属于同一总体的观测值、或者至少是同一总体中非常特殊的观测值。例如：在 13.5 处(以 * 标记者)的两个研发数据可以认为是离群值。当对这些数据进行分析时，我们发现对它们的记录并没有错误，但这两个数据分别代表了研发机构中最年轻的和发展最快的两家公司，因此对离群值的分析也许正好揭示了与高技术公司研发支出有关的重要因素：即它们的年龄和增长速度。由于对离群值的分析时常会反映出这种有用的信息，所以它在统计推断决策过程中起着重要的作用。

除用于检查离群值外，箱线图在反映数据集变易性方面也可提供有用信息。箱线图的基本要素概括在下面的阴影框中，对它的一些帮助说明也同时给出。

箱线图的几个要素：

1. 根据下四分位数和上四分位数来画矩形，中位数在矩形中间，通常用一条线或一个符号(如"+")来表示。
2. 距每个边界 1.5 倍 IQR 处的点定义为数据集的内界。从每个边界向内界中的极端观测值画出的线为触须。
3. 另一对界——外界，定义在距边界 3 倍于四分位差的地方，即 3(IQR)处。用一个符号(通常用"*")来表示落在内界和外界之间的观测值，用另一个符号(通常用"0")来代表落在外界外的观测值。
4. 表示中位数和极值点(界外的点)的符号随画图所用的计算机软件不同而不同(如果你是手工画图你可以自己选择符号)，你应当查询程序文件以明确用哪些符号。

箱线图的帮助说明

1. 检查矩形的长度。IQR 是反映样本变异程度的测量值，在对比两个样本时特别有用(见例 2.16)。
2. 用目测的方法比较触须的长度，如果一个明显较长，数据分布就可能向较长的触须一方偏斜。
3. 分析落在界外的观测值，即使对于偏斜度很大的分布，也只有不到 5%的观测值落在内界的外部。界外的观测值有可能是离群值，原因如下：
   a. 观测值不正确，可能由观察、记录或录入错误引起。
   b. 观测值与样本中其他观测值来自不同的总体(见例 2.16)。
   c. 观测值正确而且与样本中其他观测值来自同一总体。一般地，只有在仔细排除了其他原因外我们才接受这种解释。

例 2.15

在例 2.2 中我们分析了轮胎制造商研究报价的 50 份时间资料，目的在于确定能否得到订单是否与处理报价的时间长度有关。每一个"Lost"企业对应的报价都是这样分类的。现将资料重新列在表 2.10 中，请你运用统计软件包画出这些数据的箱线图。

解答：

用 SAS 软件处理这些数据的箱线图显示在图 2.28 中。

表 2.10　价格征询处理时间(天)

订单编号	处理时间	丢失?	订单编号	处理时间	丢失?
1	2.36	No	26	3.34	No
2	5.73	No	27	6.00	No
3	6.60	No	28	5.92	No
4	10.05	Yes	29	7.28	Yes
5	5.13	No	30	1.25	No
6	1.88	No	31	4.01	No
7	2.52	No	32	7.59	No
8	2.00	No	33	13.42	Yes
9	4.69	No	34	3.24	No
10	1.91	No	35	3.37	No
11	6.75	Yes	36	14.06	Yes
12	3.92	No	37	5.10	No
13	3.46	No	38	6.44	No
14	2.64	No	39	7.76	No
15	3.63	No	40	4.40	No
16	3.44	No	41	5.48	No
17	9.49	Yes	42	7.51	No
18	4.90	No	43	6.18	No
19	7.45	No	44	8.22	Yes
20	20.23	Yes	45	4.37	No
21	3.91	No	46	2.93	No
22	1.70	No	47	9.95	Yes
23	16.29	Yes	48	4.46	No
24	5.52	No	49	14.32	Yes
25	1.44	No	50	9.01	No

图 2.28　用 SAS 处理时间数据的箱线图

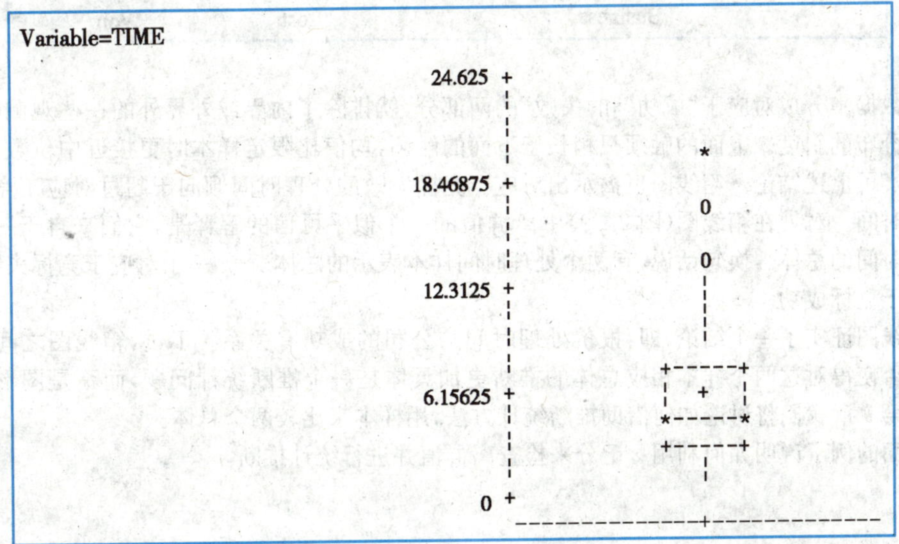

SAS用盒子中的一条水平虚线来代表中位数，用一个加号(+)来表示均值(SAS在箱线图中显示均值，与许多其他统计软件不同)。而且，SAS用符号“0”表示介于内、外界之间的观测值，用“*”表示界外的观测值(与MINITAB软件相反)。

注意，上面的触须比下面的触须长，而且均值位于中位数上方；这些特点表明数据分布向右偏斜。不过，数据集的最重要特征在箱线图中也体现得非常明显：在内、外界之间至少有两个观测值(实际上有三个，但其中的两个几乎相等，用相同的“0”表示)，在界外至少有一个观测值，它们都在分布的顶部。因此，分布完全向右偏斜，而且有几个观测值需要我们在分析中加以特别关注。在下面的例子中我们对离群值给出一个解释。

例 2.16

50个处理时间的箱线图(图2.28)没有清晰地揭示出对应于成功的时间集合和对应于失败的时间集合之间是否有一些差异。运用SAS软件生成了一个对应39个“成功”与11个“失败”的箱线图，见图2.29。对上述结果进行说明。

图 2.29 处理时间的SAS箱线图

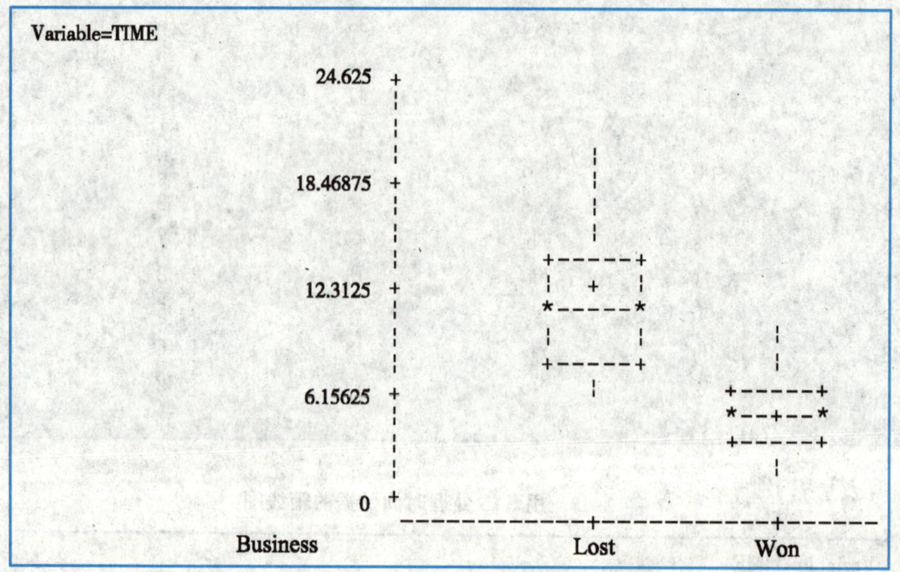

解答：

把数据集分成对应于“成功”和“失败”的两部分，就排除了内界或外界外的一些观测值，而且减小了分布的斜度。上面的触须只稍长于下面的触须，均值比限定样本时更接近中位数，这两个事实证实了上述结论。箱线图也揭示出对应于竞标失败的处理时间倾向于超过对应于竞标成功的处理时间。对处在箱线图(图2.29)中离群值的一个似乎可信的解释是，它们来自于一个不同于大批时间的总体。换句话说，有两个处理时间样本表示的总体—— 一个对应于竞标失败，另一个对应于竞标成功。

箱线图证实了一个结论，即：报价处理时间与公司的成功有关系。不过，箱线图之间的视觉差异是否使得对这两个样本相应总体的推断更加具体是一个推断统计问题，而不是图形描述问题。在第9章我们将讨论如何借助推断统计方法，用样本来比较两个总体。

下面的例子说明如何利用z记分来检查离群值并进行统计推断。

例 2.17

假定一名银行女雇员认为她的薪水较低是因为性别歧视的结果。为了证实她的看法，该雇员收集了银行业男雇员的工资信息。她发现男雇员工资的均值为 34000 美元，标准差为 2000 美元。她的工资是 27000 美元，请问该信息能否支持她对性别歧视的抱怨？

解答：

可按如下步骤进行分析：首先，我们计算女雇员薪水相对于男性同伴薪水的 z 记分。这样就有，

$$z=\frac{\$27000-\$34000}{\$2000}=-3.5$$

这说明上述女雇员的薪水比男雇员薪水分布的均值低 3.5 个标准差。进一步分析，如果一项对男雇员工资资料的检查表明其频数分布为钟形分布，我们就可认为在该分布中很少有雇员其工资的 z 记分小于 -3，如图 2.30 所示。很显然，-3.5 这样一个 z 记分代表一个离群值——这个离群值或者是来自于与男雇员工资分布不同的其他分布的观测值，或者是男雇员工资分布中的异常值(极不合理值)。

图 2.30　男雇员工资分布

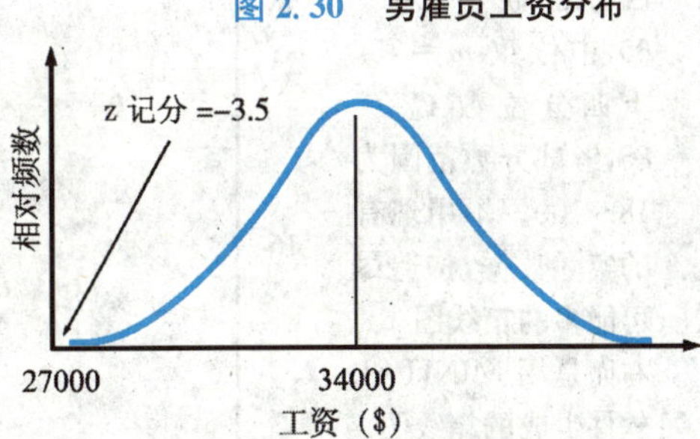

你认为两种情形中哪一种更为合理？你认为在工资分布中女雇员的工资只是偶然较低呢，还是上面那位女雇员声称的性别歧视确实存在？多数人也许会认为女雇员的工资不服从男雇员的工资分布。不过，谨慎的调查者在把性别歧视作为(工资差别)原因之前应该获取更多的信息。因此，我们就需要了解上述女雇员收集资料时所采用的技术以及她们工作中竞争状况方面的更多信息，而且，其他像工龄长短等因素或许也应在分析时加以考虑。

例 2.16 和例 2.17 例示了一种可以称为小概率事件(Rare-event approach)的统计推断方法。这类实验者假定用一种特定的频数分布来描述一个观测值总体，然后从总体中抽取一个样本。如果实验者认为样本不可能来自假设的分布，就认为该假设是错误的。按此思想，例 2.17 中的女雇员就认为她的工资水平反映了性别歧视这一现象。因为在她看来，如果没有性别歧视，那么她的工资应该是她的男同伴工资分布中的一个观测值，现在，既然样本(在本例中就是她的工资)不可能来自男同伴的频数分布，那么她就有理由拒绝那个假设，从而认为她的工资所在的总体分布不同于男同伴的工资分布。

这种小概率事件推断方法在以后的章节中还要进一步讨论。这种方法的正确运用要求使用者具备概率论方面的知识，也就是下一章将要介绍的主要内容。

最后我们列出几种检查离群值的常用方法作为本部分内容的结尾。

检查离群值的常用规则①

箱线图：落在内外界之间的观测值被认为是可能的离群值，落在外界外的观测值被认为是极有可能的离群值。

z 记分：绝对值大于 3 的 z 记分所对应的观测值可认为是离群值(对某些偏斜度很大的数据集，绝对值大于 1 的 z 记分对应的观测值就可作为离群值处理)。

---

① z 计分和箱线图都设定一个界限，在此界限之外的观测值被认为是离群值。通常，两种方法会得到类似的结果。但当数据集中存在一个或几个离群值时就有可能抬高 s 值。因此，脱离常规的观测值很可能有绝对值大于 3 的 z 计分，相比之下，用于计算箱线图区间的四分位值不会受到存在离群值的影响。

练习 2.87～2.96

技能训练：

2.87 一个样本数据集的均值为 57，标准差为 11。确定下列各样本观测值是否是离群值。

a. 65　b. 21　c. 72　d. 98

2.88 给一个数据集的第 25，50 和 75 个百分位数下定义，解释它们怎样给出对数据的一种描述。

2.89 假定由考试成绩组成的一个数据集中，下四分位数为 $Q_L=60$，中位数 $m=75$，上四分位数 $Q_U=85$，考试分数范围为 18～100。不用现有的实际数据，构造尽可能多的箱线图。

2.90 右面是用 MINITAB 软件生成的箱线图。

a. 数据集的中位数是多少(近似)?

b. 数据集的上四分位数和下四分位数各为多少(近似)?

c. 数据集的四分位差是多少(近似)?

d. 数据集是左偏，右偏还是对称分布?

e. 数据集中位于中位数右侧的观测值占多大百分比? 在上四分位数左边的观测值占多大百分比?

f. 识别数据集中的离群值。

练习 2.90 的图

2.91 考虑下面的两个样本数据集：

练习 2.91 的表　　LM2-91. DAT

样本 A			样本 B		
121	171	158	171	152	170
173	184	163	168	169	171
157	85	145	190	183	185
165	172	196	140	173	206
170	159	172	172	174	169
161	187	100	199	151	180
142	166	171	167	170	188

a. 运用统计软件包构造每一个数据集的箱线图。

b. 运用箱线图反映出的信息，描述两个数据集的相似和不同之处。

概念运用：

2.92 下表给出了最近从新泽西州大学 Rutger 管理研究院毕业的 50 个 MBA 学生每人获得的最高薪水数据(千美元)。

练习 2.92 的表　　MBASAL. DAT

61.1	48.5	47.0	49.1	43.5
50.8	62.3	50.0	65.4	58.0
53.2	39.9	49.1	75.0	51.2
41.7	40.0	53.0	39.6	49.6
55.2	54.9	62.5	35.0	50.3
41.5	56.0	55.5	70.0	59.2
39.2	47.0	58.2	59.0	60.8
72.3	55.0	41.4	51.5	63.0
48.4	61.7	45.3	63.2	41.5
47.0	43.2	44.6	47.7	58.6

资料来源：Career Services Office, Graduate School of Management, Rutgers University.

a. 均值和标准差分别是 52.33 和 9.22，计算并解释与最高薪水、最低薪水和平均薪水相对应的 z 记分。你是否认为最高薪水有点过高? 为什么?

b. 运用一种统计软件包构造该数据集的箱线图。哪些薪水数据(如果有的话)是可能有错误的观测值? 说明理由。

2.93 参考练习 2.24 中《金融管理》(1995 年春季)对 49 家申请提前打包破产公司的研究资料。回忆一下，存在三类"预先打包"的公司：(1)没有预先提出表决申请的公司(简称 None 类)；(2)申请优先采取重组方案的公司(简称 Joint 类)；(3)只提出预先申报破产请求的公司(简称 Prepack 类)。

用 MINITAB 软件对各类公司破产时间做出的箱线图显示如下图。

练习 2.93 的图

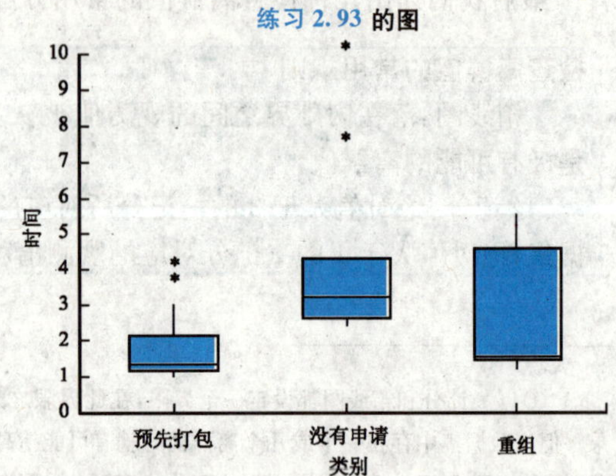

a. 就三类破产时间的中位数进行比较，结果如何？（提示：回忆一下，MINITAB 中用通过箱线图的一条水平线来代表中位数。）

b. 比较一下三类破产时间的变异程度？

c. 破产时间的标准差分别是："None 类" 2.47，"Joint 类" 1.72，"Prepack 类"0.96。就破产时间的变异程度比较结果看，标准差与 b 中的四分位差一致吗？

d. 在三种分布中存在离群值吗？

2.94 参考练习 2.38《福布斯》(1999 年 10 月 25 日）对美国最有影响的 50 位妇女的排序资料。运用 MINITAB 软件对 50 位妇女的年龄所作的箱线图显示如下：

a. 用箱线图估计这些数据的下四分位数、中位数和上四分位数。（把你的估计同原书 61 页 MINITAB 输出结果中的实际值加以比较）

b. 年龄分布是偏斜分布吗？解释理由。

c. 在这些资料中有一些离群值吗？如果有，请找出。

练习 2.94 的 STATISTIX 输出结果

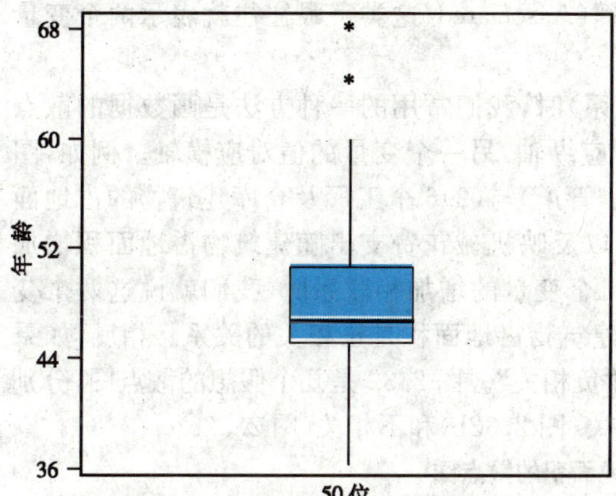

2.95 微型计算机系统制造商有兴趣改进其客户辅助服务系统。作为首要步骤，它的营销部门被责令就系统中断时间给客户造成的影响进行汇总分析。现调查了最近的 40 家客户，以确定上个月他们所经历的系统中断时间(小时)。

a. 运用统计软件包构造这些数据的箱线图。并利用箱线图反映出的信息描述数据集的频数分布，在描述中应说明集中趋势、变异程度和斜度。

b. 运用你的箱线图确定哪些客户具有异常的中断时间长度。

c. 计算并解释你在 b 中找到客户的 z 记分。

练习 2.95 的表　DOWNTIME. DAT

客户号	中断时间	客户号	中断时间	客户号	中断时间
230	12	244	2	258	28
231	16	245	11	259	19
232	5	246	22	260	34
233	16	247	17	261	26
234	21	248	31	262	17
235	29	249	10	263	11
236	38	250	4	264	64
237	14	251	10	265	19
238	47	252	15	266	18
239	0	253	7	267	24
240	24	254	20	268	49
241	15	255	9	269	50
242	13	256	22		
243	8	257	18		

2.96 根据《福布斯》(1999 年 11 月）的统计结果，零售业是 1998 年美国经济中表现最好的行业。互联网及其在线销售在零售业中起了非常重要的作用。下表列出了 1998 年 4 家主要零售商的销售额和净收入(百万美元)。

a. 用一个统计软件包分别构造销售额和净收入这两个变量的箱线图。

b. 对于销售额而言，哪些公司(如果有的话）表现为离群值？对于净收入而言情况又如何？

c. 用箱线图估计两个数据集中的上四分位数并对它们的数值进行解释。哪些公司落在上四分位数之上？

练习 2.96 的表　 RETAIL98. DAT

公司	销售额	净收入
Ames Dept Stores	2500	42
AutoZone	3243	228
Bed Bath & Beyond	1201	82
Best Buy	9084	150
BJ's Wholesale Club	3497	77
CDW Computer Centers	1607	61
Costco Cos	24270	460
Dollar General	3089	169
Family Dollar Stores	2362	103
Gap	8190	726
Global DirectMail	1401	43
Goody's Family	1062	37
Home Depot	28692	1503

续表

公司	销售额	净收入
Kohl's	3470	171
Lowe's Cos	11727	449
Office Depot	8425	211
Pier 1 Imports	1120	76
Ross Stores	2125	129
Staples	6596	178
Starbucks	1309	68
Tiffany	1094	79
Wal-Mart Stores	132235	4158
Walgreen	15307	537
Williams-Sonoma	1033	45

资料来源：*Forbes*, January 11, 1999, p. 196.

2.9 两变量关系的图示(选学)

人们通常认为犯罪率与失业率"高度相关"；还有一种流行的看法是国内生产总值(GDP)与通货膨胀率"有关"；甚至有人认为道琼斯工业指数与正在流行的裙子长度"有联系"。一般来说，像"相关"(Correlated)、"有关"(Related)和"有联系"(Associated)这类字眼往往就表示两个变量(如刚才所举的几对定量变量)之间存在着联系。

描述两个定量变量之间的关系(称为两变量关系)时，我们常用的一种方法是画数据的散点图。这些散点图是二维图形，其中一个变量的值对应纵轴，另一个变量的值对应横轴。例如，图2.31就是关于(1)机械工作的花费支出(加热，通风，管道)与(2)6个工厂及仓库建筑物的占地面积这两个变量之间关系的散点图。注意，散点图可以反映机械花费支出随建筑物占地面积增加而增加的一般趋势。当一个变量的增加经常与第二个变量的增加相联系时，我们就说这两个变量是"正相关"①。图2.31意味着机械设备支出与建筑物占地面积是正相关的关系。相反，如果一个变量随另一个变量的增加而减少，就说它们是"负相关"。图2.32是几个假想的散点图，分别表示二变量之间的关系为：正相关(图2.32a)，负相关(图2.32b)和不相关(图2.32c)。

图2.31 成本与占地面积的散点图

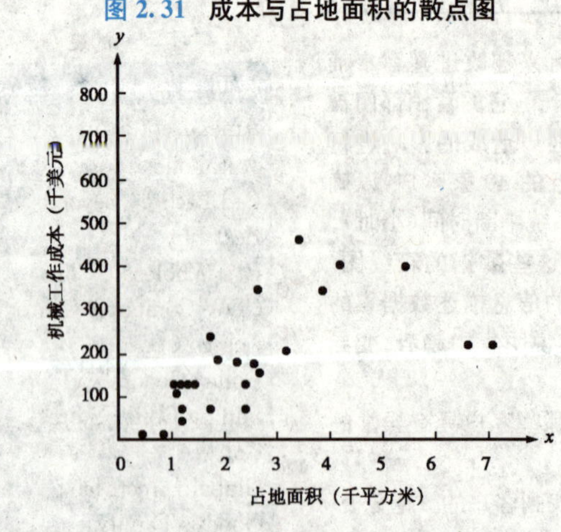

① 相关的正式定义将在第10章给出。到时我们将会明白，相关是对两个变量之间线性(或直线)关系强弱的一种测度。

图 2.32　假想二变量关系图

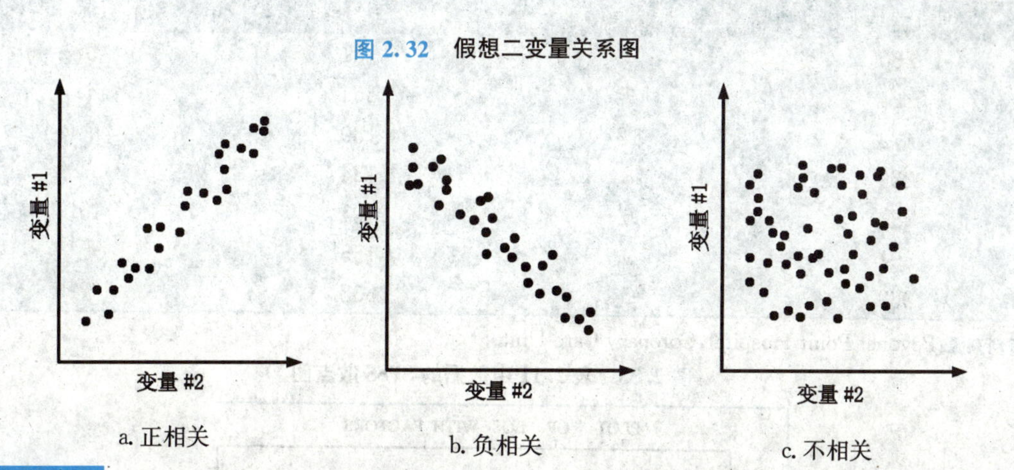

a. 正相关　　b. 负相关　　c. 不相关

例 2.18

过去常将护理医院病人的一个医疗项目称为一个因素(Factor)。例如,因素可以是静脉注射器、静脉输液管、针头、刀片、床上便盆、尿布、病号服、药物乃至带有编码的手推车等。Bayonet Point 医院的冠状动脉医疗科(佛罗里达,Petersburg 大街)最近对护理一个病人所用的医疗器具数目与病人住院时间长短(天)二者之间的关系进行了调查研究,表 2.11 是关于这两个变量数据的一个样本,该样本由 50 名冠状动脉病人组成。运用散点图的方法描述这两个变量(即医疗器具数目与病人住院时间)之间的关系。

解答:

不用手工作图,我们借助 SPSS 统计软件包来完成上述任务。将表 2.11 中的住院时间长度(LOS)作为纵轴,使用医疗器具的数目(FACTORS)作为横轴,最后得到散点图见下页。

表 2.11　病人住院时间与所用器具资料

使用器具数	住院长度(天)	使用器具数	住院长度(天)
231	9	354	11
323	7	142	7
113	8	286	9
208	5	341	10
162	4	201	5
117	4	158	11
159	6	243	6
169	9	156	6
55	6	184	7
77	3	115	4
103	4	202	6
147	6	206	5
230	6	360	6
78	3	84	3
525	9	331	9
121	7	302	7
248	5	60	2
233	8	110	2

使用器具数	住院长度(天)	使用器具数	住院长度(天)
260	4	131	5
224	7	364	4
472	12	180	7
220	8	134	6
383	6	401	15
301	9	155	4
262	7	338	8

资料来源: Beyonet Point Hospital,Coronary Care Unit.

图 2.33 表 2.11 中数据的 SPSS 散点图

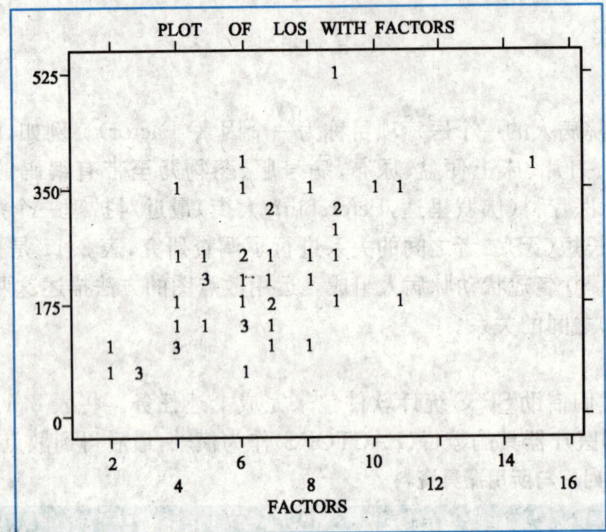

SPSS 用数字表示散点,每一个符号的坐标代表该点对应的样本点数目(病人)。尽管这些点比较分散,但散点图清楚地表现出一种增长趋势,这表明病人住院时间长度与他(她)所需要的医疗器具数目是正相关关系。医院管理者可利用这一信息改进他们对新病人住院时间长度的预测。

散点图比较简单,在描述二变量之间的关系方面是一个很有力的工具。但我们应当明白,它毕竟只是一个图,只根据样本数据的散点图还不足以对二变量的总体做出具有可靠性保证的推断,能满足这方面要求的统计工具我们将在第 10 章中加以介绍。

2.10 时间序列图(选学)

前面的各部分内容都与描述样本或总体所含包的信息有关,这些数据的产生往往与时间有密切的关系,但到目前为止,所描述的各种图示方法中还没有考虑时间因素。

生产或管理方面许多变量的数据常常离不开时间,比如公司普通股每日的收盘价格,公司每周的销售额、季度利润,以及公司生产产品的特征如重量、大小等等。

定义 2.15

随时间变化而产生或监测到的数据称为**时间序列数据**。

回忆一下第 1 章第 4 节中的内容，一个过程是随时间变化生成结果的一系列活动，这个过程（比如生产过程）中产生的一系列数值就是时间序列数据。一般地，任何随时间变化而变化的一列数都可以看做是由某一过程生成的。

当观测值随时间变化而生成时，同时对这些数值和时间（或者与每个观测值有关的时间段）进行记录是很重要的，根据这些信息可以构造一个时间序列图[有时称为流程图(Run chart)]，利用这个图可以更直观地反映时间序列的特性。一个时间序列图是平面坐标系中的一些点，这些点的横坐标对应时间，纵坐标对应相应时刻的观测值，而且在分析时常把这些散点用短线连接以发现观测值随时间变化而变化的规律。例如，图 2.34 是某公司月度销售量（每月销售的单位数）的时间序列散点图；图 2.35 是 30 个油漆罐（1 加仑标准）实际重量的散点图，这 30 罐油漆是同一个装罐器连续灌装的。

注意：重量的散点图是按先后灌装顺序排列而不是对应具体的时间单位。因为在监控生产过程时，记录产品顺序常常比记录确切的生产时间更为方便。

图 2.34　公司销售量的时间序列图

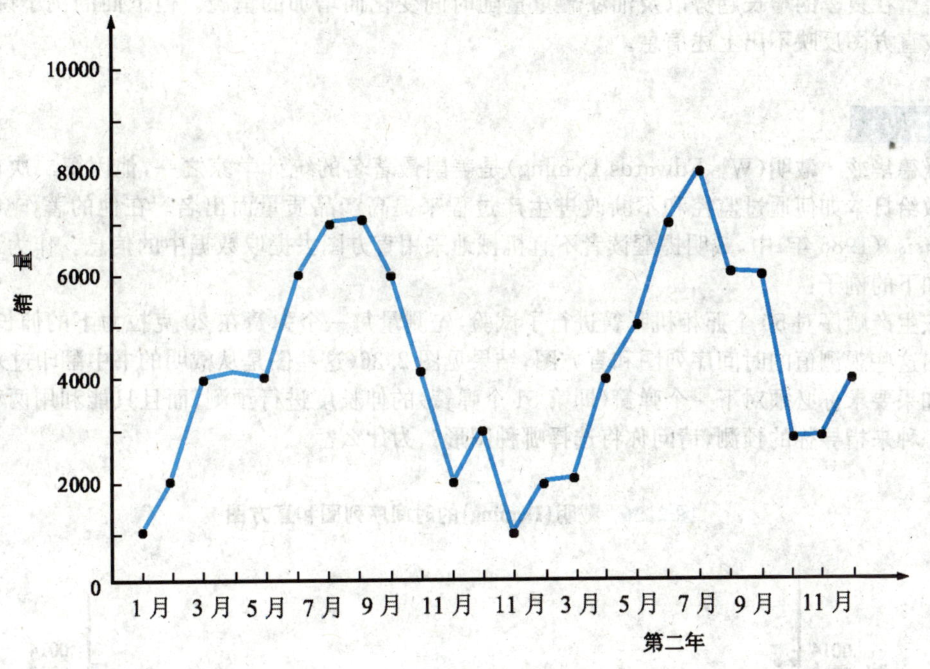

图 2.35 油漆罐重量的时间序列图

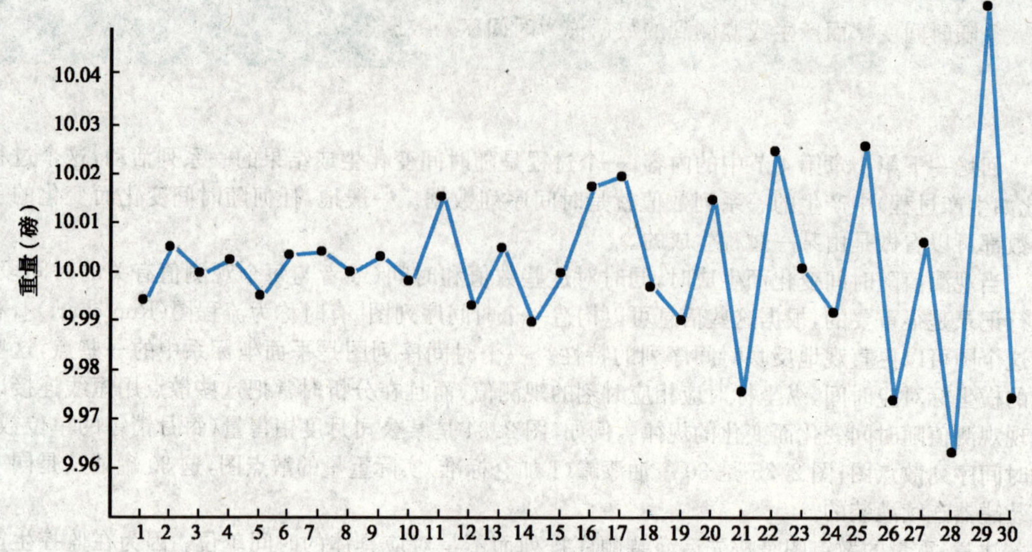

时间序列散点图可以大致反映观测变量的变化趋势及程度,比如上面的两个图就分别反映了销售量在夏季的增长趋势以及油漆罐重量随时间变化而增加的情况。但下面的例子说明,茎叶图或直方图反映不出上述信息。

例 2.19

爱德华兹·戴明(W·Edwards Deming)是美国最著名的统计学家之一,他因第二次世界大战后教给日本如何通过监控和不断改进生产过程来提高产品质量而出名。在他的著作《*Out of the Crisis*》(1986 年)中,戴明提醒读者不宜机械地采用直方图去提取数据中的信息。作为证据他给出如下的例子:

按生产顺序对 50 个照相机弹簧进行了试验,先测量每一个弹簧在 20 克拉力下的伸长度,然后绘出这些观测值的时间序列图和直方图,结果见图 2.36(这些图是从戴明的书中翻印过来的)。

如果要求你必须对下一个弹簧(即第 51 个弹簧)的伸长度进行预测,而且只能利用两种图形中的一种来指导你的预测,请问你将选择哪种图形?为什么?

图 2.36 戴明(Deming)的时间序列图和直方图

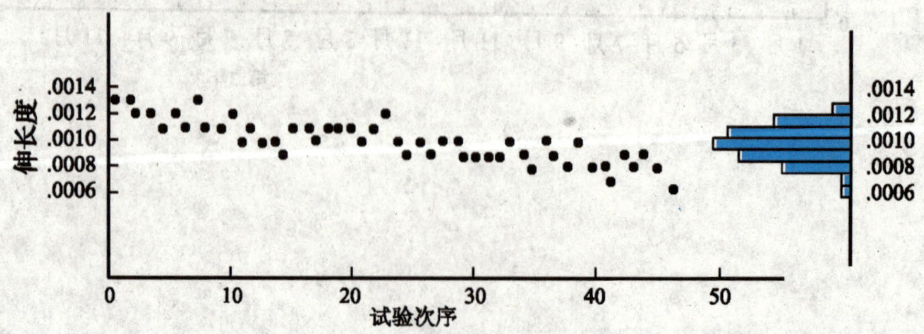

解答：

只有时间序列图可以描述生产弹簧过程中弹簧长度随时间变化的情况，也就是说只有从时间序列图中才容易发现弹簧的伸长度随时间变化而减少这样一个事实。由于直方图反映不出生产弹簧的先后次序，而本例中的观测值正是在这种先后次序中逐步生成的，所以运用直方图来预测第 51 个弹簧的伸长度时，很可能会得出过高的估计。

上面戴明的例子的结论就是：要显示和分析一个过程中随时间变化而产生的数据，那么较好的工具是时间序列图而不是直方图。

在第 13 章中我们将讨论有关时间序列统计分析方面的许多其他内容。

2.11　用描述技术"歪曲"真相

一图也许值"千字"。我们知道利用图表有许多好处，但是应当注意图表有时也会给人们造成错觉。比如直方图、柱形图、时间序列图等如果利用不当就很容易造成假象。这种结果有时候可能是无意造成的，有时候则是故意的不道德行为。在本节，我们将列举几个在解释曲线、图表或对数字进行描述时应当注意的陷阱。

改变图表意义的一种常用方法是改变纵轴、横轴或同时改变二者的刻度。例如，图 2.37 是 1995 年到 2000 年某家公司的销售额占市场份额的柱形图。如果你想在图上显示该公司市场份额随时间变化的幅度是适中的，你就可以把纵轴的刻度单位放大一些——也就是说使纵轴上相邻刻度单位之间的距离变小，就像图 2.37 那样，这样看上去该公司市场份额的变化就不那么明显。

图 2.37　1995～2000 年 A 公司市场份额——压缩纵轴

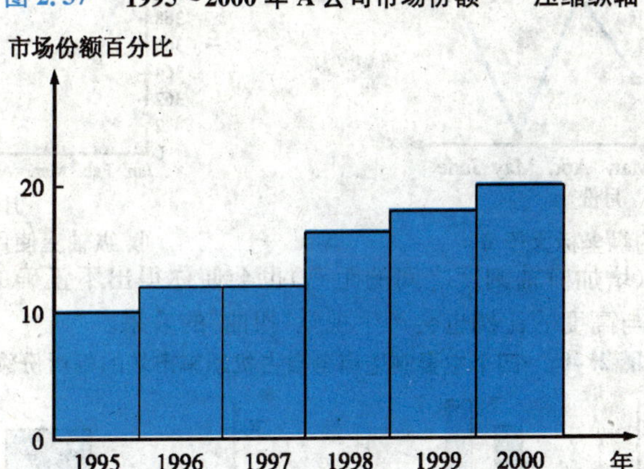

如果还是上面的那些数据，但是你想使 A 公司市场份额的变化看起来比较大，你就应当增加纵轴刻度单位之间的距离，即像图 2.38 那样将纵轴原有的刻度进一步细化。缩小纵轴的刻度单位可以使图形变大，但这种效果常常会被坐标轴的起点大于 0 而掩盖，如图 2.39a。在纵轴上使用间隔线也能达到同样的效果，如图 2.39b。

图 2.38　1995～2000 年 A 公司市场份额——伸长纵轴

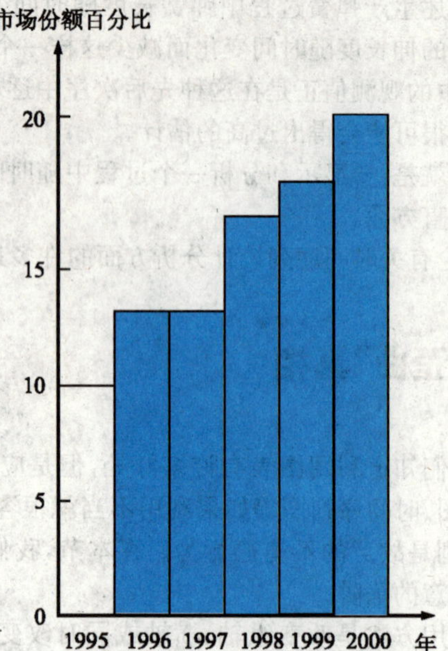

图 2.39　1～7 月货币供应变化

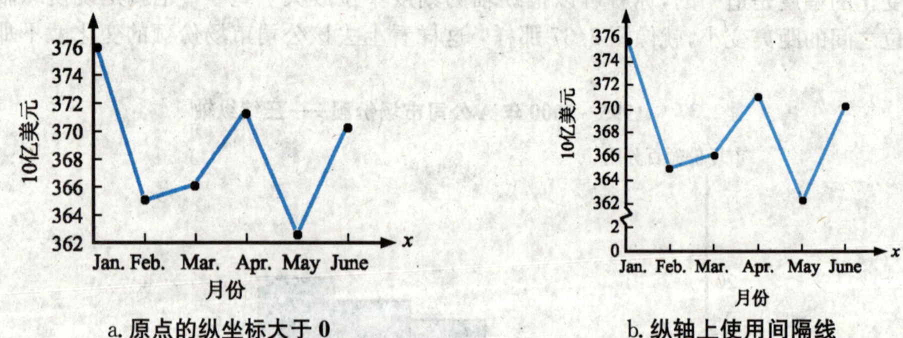

a. 原点的纵坐标大于 0　　　　b. 纵轴上使用间隔线

同样地，拉长横轴（增加横轴刻度之间的距离）也会使你得出不正确的结论。特别是对柱形图来说，改变柱体宽度与高度的比例也会产生视觉“扭曲”的效果。

图 2.40　四个主要制造商各自占机动车市场的相对份额

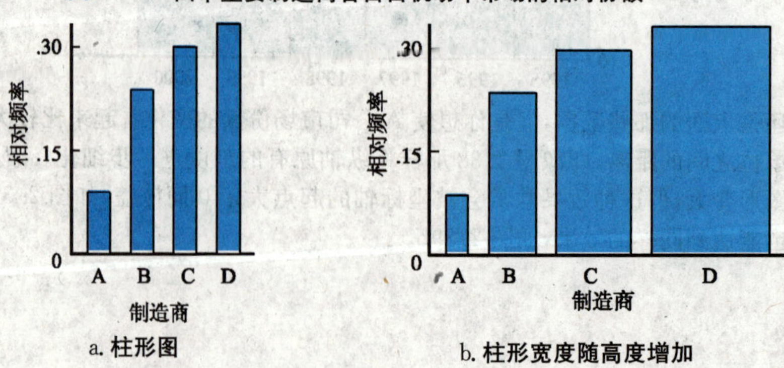

a. 柱形图　　　　b. 柱形宽度随高度增加

例如，看一下图 2.40a 中的柱形图，它描绘了四家主要汽车制造商各自销售量所占的百分比。现在我们假定柱体的宽度随市场份额的增加而增加，那么这种变化结果如图 2.40b。通常大家也许乐于把每个制造商的相对市场份额所对应的柱体设成同样的宽度，但事实上，真正的相对市场份额只与柱体的高度成比例。

有时用不着“操作”图形来改变视觉效果，对图形描述词语的修改就足以改变人们对图形的看法。图 2.41 是这种技巧的一个示范。

图 2.41　变化描述词语以改变读者的视觉效果

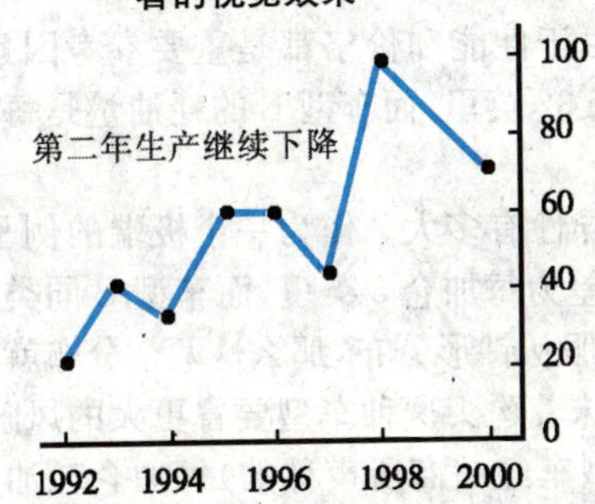

对我们的生产来说，我们不必改变图形，因此也不必因捏造数据而受到谴责。在这儿，我们只是改变了一下标题以便向下议院说明，我们做的不如去年好。

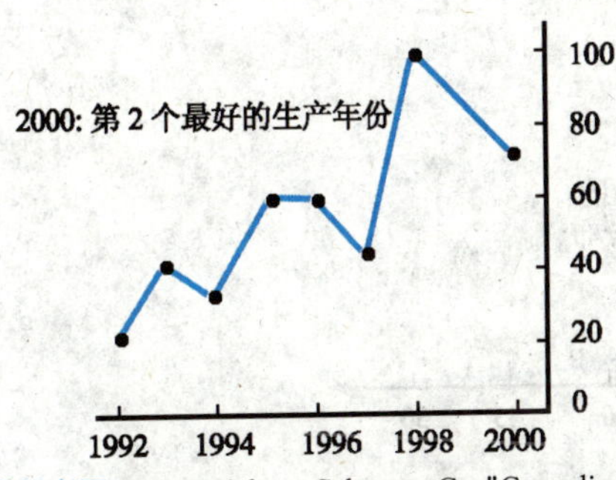

不过对于一般公民，我们将告诉他们，我们仍处于全盛期。

资料来源：Adapted from Selazny, G. "Grappling with Graphics", Management Review, Oct, 1975, p. 7

尽管只列举了几种用图表“歪曲”事实的方法，但我们觉得已经把这种方法的思想介绍清楚了。在实际中，要对图形进行仔细观察，特别是，要注意检查坐标轴及坐标轴的刻度单位，忽略视觉差异，集中注意力观察图表或曲线所表示的实际数据的变化情况。

数据集中包含的信息也会因使用数字描述方法而被曲解，如例 2.20 所示。

例 2.20

假定你正在考虑去一家小型法律公司工作——该公司目前有一名高级职员和三名低级职员，你想了解一下加盟该公司你可能得到的工资水平。不巧的是，你得到了两种答复：

答复 A：高级职员告诉你说“雇员平均工资”为 67500 美元。

答复 B：有一个低级职员后来告诉你说“雇员平均工资”为 55000 美元。

你相信哪个答复？

解答：

上述两个答案的混淆之处在于没有指明“雇员平均工资”的含义。假定 4 个员工的工资水平是：高级职员为 105000 美元，每一个低级职员工资为 55000 美元。那么：

$$\text{均值}=\frac{3\times \$5000+\$105000}{4}=\frac{\$270000}{4}=\$675000$$

中位数＝$55000

你现在可以看出上面两种不同答复的来历。高级职员告诉你的是4个职员工资水平的均值，而低级职员告诉你的是中位数。你得到的答复不一致是因为没有一方指明他们用的是哪种集中趋势度量方法。

当只报告一种集中趋势测度结果时，样本信息就会使人产生误会。要对一个数据集有全面的认识，就需要同时了解观测值的集中度和变异度。

假定你想买一辆轿车并试图在两种车型中做出选择。由于性能和价格都是重要参考因素，所以你决定买A车，因为在城市中它的EPA耗油量为每加仑32英里，而车型B的耗油量是每加仑30英里。

不过你不必行动太快，因为你还没有弄清耗油里程的变异性有多大。作为一个极端的例子，假定进一步的调查表明，车型A的单位耗油行驶里程的标准差为每加仑5英里，而车型B同类数据的标准差仅为每加仑1英里。如果一加仑油行驶的里程数服从钟形分布，那么这两个分布就可能像图2.42中显示的那样。注意，车型A的变异性较大，意味着购买这种车型要冒更大的风险，也就是说，你购买的那辆A型车的实际耗油量很可能与(该型车经销商所声称的)每加仑耗油行驶32英里的EPA标准相去甚远，而车型B的这种差异不会超过每加仑2英里。

图2.42　两种车型的耗油里程分布

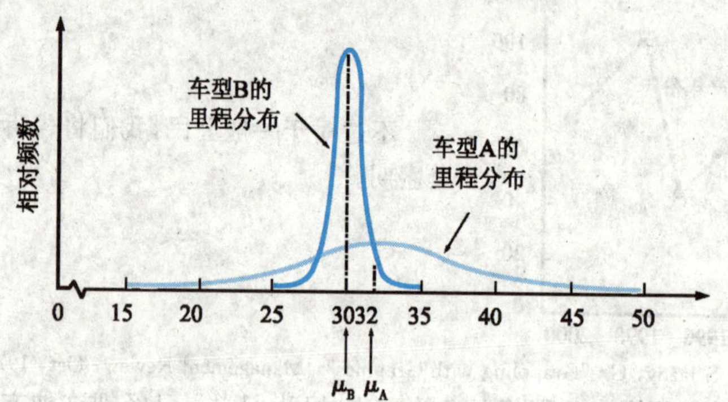

我们通过另一个使用数字描述方法歪曲事实真相的例子来结束本节的内容。

例2.21

《美国校外学生》是学生保护基金会(CDF)提供的有关适龄学生不能上学情况的报告。该基金会是一家政府发起的组织。考虑下面三个CDF调查报告结果。

· 报告1：在波特兰、东海岸缅因州得到的报告结果是，16～17岁的年龄段有25％的学生没有上学。事实：仅调查了8名学生，其中有两名在校外。

· 报告2：据调查，在哥伦比亚、南卡罗来那的所有初中学校中，至少中断过1次学业的学生为22人，其中33％的学生中断过两次，67％的学生中断过3次或3次以上。

事实：CDF发现在整个调查中只对3个曾中断过学业的学生进行了调查，其中一个中断过2次，另两个分别中断过3次或3次以上。

· 报告3：在东海岸波特兰，所有逃学1次以上的学生中有50％逃课次数在3次或3次以上。

事实：调查发现，在那个地区有2个学生逃过学，其中的一个逃学3次以上。

现在请你识别一下CDF报告结果中的潜在歧义。

解答：

在以上各例中，由于报告结果使用百分数而不是实际数因而产生了误导。从所举的例子中得出的推断都是不可靠的（我们在第 7 章将介绍怎样度量估计百分数的可靠性）。简单地说，一个报告要么应当用实际数字而不是百分数来作说明，要么报告应当说明得到的数字太少不足以说明问题。现实中最好是将几种方法结合起来，那样，列举出的数字（以及百分数）才可能更有意义。

统计实践

2.2　《汽车与司机》杂志的"路考摘要"

《汽车与司机》杂志周期性地刊登一些关于新车型路考记录的评论。路考结果报道在《汽车与司机》的"路考摘要"专栏。

"路考摘要"讨论每种试验车型的下述变量：

1. 车型
2. 标价（美元）
3. 加速时间（从 0 到 60mph）（秒）
4. 加速时间（从 1/4 英里到全速）（秒）
5. 最高时速（mph）
6. 刹车距离（从 70 到 0 mph）（英尺）
7. EPA 估计的城市排放标准（mpg）
8. 拐弯时的摩擦力（地球引力，以克计）

讨论焦点：

从 1998 年第 7 期《汽车与司机》的数据盘可以得到这些"路考摘要"资料。包含这些数据的文件名是 CAR. DAT。你的任务是对《汽车与司机》杂志中的数据进行全面描述。数据中有一些趋势吗？一个购买新车者对这些变量中的哪些最为关注？有一些关注变量表现较好的新车型吗？变量之间有关系吗？你对上述问题的汇总结果将在以后各期的杂志上加以报告。

要 点 回 顾

关键术语：

注意：标 * 号的项目来自本章的选学内容

柱形图（Bar graph）
均值（Mean）
二变量关系（Bivariate relationship）*
观测值组（Measurement classes）
箱线图（Box plots）*
集中趋势度量（Measures of central tendency）
集中趋势（Central tendency）
相对位置度量（Measures of relative standing）
契比雪夫准则
变异或发散性度量（Measures of variation or spread）
组频（Class frequency）
中位数（Median）
相对组频（Class relative frequency）
中四分位数（Middle quartile）*
组（Class）
众数组（Modal class）
点图（Dot plot）
众数（Mode）
钟形分布（Mound－shaped distribution）
经验准则（Empirical Rule）
数字描述方法（Numerical descriptive measures）
界（Hinges）*
外界（Outer fences）*
直方图（Histogram）
离群值（Outliers）*
内界（Inner fences）*
帕雷托图（Pareto diagram）
四分位差（Interquartile range）*
百分位数（Percentile）
下四分位数（Lower quartile）*
饼图（Pie chart）

四分位点(Quartiles) *
极差(Range)
小概率事件方法(Rare-event approach) *
相对频率直方图(Relative frequency histogram)
散点图(Scattergram) *
散点(Scatterplot) *
偏度(Skewness)
标准差(Standard deviation)
茎叶图(Stem-and-leaf display)
对称分布(Symmetric distribution)
时间序列数据(Time series data) *
时间序列图(Time series plot) *
上四分位数(Upper quartile) *
方差(Variance)
触须(Whiskers) *
z 记分(z-Score)

重要公式

(组频)
n 相对组频

$\bar{x}=\frac{\sum_{i=1}^{n}x_i}{n}$ 样本均值

$s^2=\frac{\sum_{i=1}^{n}(x_i-\bar{x})^2}{n-1}=\frac{\sum_{i=1}^{n}x_i^2-\frac{(\sum_{i=1}^{n}x_i)^2}{n}}{n-1}$ 样本方差

$s=\sqrt{s^2}$ 样本标准差

$z=\frac{x-\bar{x}}{s}$ 样本 z 记分

$z=\frac{x-\mu}{\sigma}$ 总体 z 记分

$IQR=Q_U-Q_L$ 四分位差

语言库

符号	发音	描述
$\sum$	求和	求和符号：$\sum_{i=1}^{n}x_i$ 表示观测值 $x_1,x_2,\cdots,x_n$ 的和
μ	缪	总体均值
$\bar{x}$	x 把	样本均值
σ^2	希格玛平方	总体方差
σ	希格玛	总体标准差
s^2		样本方差
s		样本标准差
z		观测值的 z 记分
m		样本数据集的中位数(中四分位数)
Q_L		下四分位数(第 25 个百分位数)
Q_U		上四分位数(第 75 个百分位数)
IQR		四分位差

补充练习 2.97～2.123

带 * 号的练习来自本章选学内容。

技能训练：

2.97 构造汇总于下表数据的相对频率直方图。

练习 2.97 的表

观测值组	相对频率	观测值组	相对频率
0.00～0.75	0.02	5.25～6.00	0.15
0.75～1.50	0.01	6.00～6.75	0.12
1.50～2.25	0.03	6.75～7.50	0.09
2.25～3.00	0.05	7.50～8.25	0.05
3.00～3.75	0.10	8.25～9.00	0.04
3.75～4.50	0.14	9.00～9.75	0.01
4.50～5.25	0.19		

2.98 讨论一下，在什么条件下用中位数比用均值描述集中趋势更好。

2.99 有 3 个观测值：50，70，80。如果它们是来自具有下列均值和标准差的总体，计算这 3 个观测值的 z 记分。

a. $\mu=60, \sigma=10$；

b. $\mu=50, \sigma=5$；

c. $\mu=40, \sigma=10$；

d. $\mu=40, \sigma=100$；

2.100 如果一组数据的极差为 20，估计一下这个数据集的标准差。

2.101 对下列每一个数据集，计算 $\bar{x}$，s^2 和 s。

a. 13，1，10，3，3；

b. 13，6，6，0；

c. 1，0，1，10，11，11，15；

d. 3，3，3，3。

2.102 对下列每一数据集，计算 $\bar{x}$，s^2 和 s，如果可能的话，指出每一个答案的单位。

a. 4，6，6，5，6，7；

b. －\$1，\$4，－\$3，\$0，－\$3，－\$6；

c. 3/5%，4/5%，2/5%，1/5%，1/16%。

d. 计算 a～c 中各数据集的极差。

2.103 解释一下，为什么我们一般用标准差而不用极差来测度定量数据的变异性。

概念运用：

2.104 美国制造业的管理人员经常抱怨本国的劳动力价格较高。尽管相对太平洋地区和南美洲的许多国家而言，美国劳动力价格也许较高，但下表说明，在西方国家中，美国劳动力的价格还是相对较低的。

练习 2.104 的表　 **LABRATES. DAT**

国家	制造业每小时劳动力价格(德国马克)
德国	43.97
瑞士	41.47
比利时	37.35
日本	36.01
澳大利亚	35.19
荷兰	34.87
瑞典	31.00
法国	28.92
美国	27.97
意大利	27.21
爱尔兰	22.17
英国	22.06
西班牙	20.25
葡萄牙	9.10

资料来源：The New York Times, October 15, 1995, p. 10.

a. 表中劳动力价格比美国高的国家占多大百分比？比美国低的国家占多大百分比？

b. 按照 1996 年 7 月 5 日的汇率，1 马克约合 0.65 美元（《华尔街杂志》，1996 年 7 月 8 日）。将上表中数据换算为以美元为单位的数据，并用这些数据完成下面的练习。

c. 表中 13 个国家每小时劳动力价格的均值是多少？连美国算在内均值又是多少？

d. 计算所有 14 个国家的和。

e. 根据契比雪夫准则，你期望有多大比例的观测值落在区间 $\bar{x}\pm0.75s$，$\bar{x}\pm2.5s$，$\bar{x}\pm4s$ 之内？

f. 实际落入 e 中各区间的观测值占多大比例？将结果同 e 作比较。

2.105 自从 1994 年鳄鱼联盟出现后，无檐小便帽婴儿动物玩具便成为有价值的收藏品。《无檐小便帽世界杂志》提供了 50 种无檐小便帽婴儿玩具的信息。

a. 用适当的图表示 50 种无檐小便帽婴儿玩具中已被淘汰和正流行者的情况，并解释图表。

b. 用适当的图表示 50 种无檐小便帽婴儿玩具的价值，并解释图表。

c. 用图表示无檐小便帽婴儿玩具的价值与它的年龄的关系；从中能发现一些趋势吗？

练习 2.105 的表

BEAMOE. DAT

	姓名	年龄(月) 1998年9月	R.退休 C.目前	价值($)
1.	Ally the Alligator	52	R	55.00
2.	Batty the Bat	12	C	12.00
3.	Bongo the Brown Monkey	28	R	40.00
4.	Blackie the Bear	52	C	10.00
5.	Bucky the Beaver	40	R	45.00
6.	Bumble the Bee	28	R	600.00
7.	Crunch the Shark	21	C	10.00
8.	Congo the Gorilla	28	C	10.00
9.	Derby the Coar Mained Horse	28	R	30.00
10.	Digger the Red Crab	40	R	150.00
11.	Echo the Dolphin	17	R	20.00
12.	Fetch the Golden Retriever	5	C	15.00
13.	Early the Robin	5	C	20.00
14.	Flip the White Cat	28	R	40.00
15.	Garcia the Teddy	28	R	200.00
16.	Happy the Hippo	52	R	20.00
17.	Grunt the Razorback	28	R	175.00
18.	Gigi the Poodle	5	C	15.00
19.	Goldie the Goldfish	52	R	45.00
20.	Iggy the Iguana	10	C	10.00
21.	Inch the Inchworm	28	R	20.00
22.	Jake the Mallard Duck	5	C	20.00
23.	Kiwi the Toucan	40	R	165.00
24.	Kuku the Cockatoo	5	C	20.00
25.	Mistic the Unicorn	11	R	45.00
26.	Mel the Koala Bear	21	C	10.00
27.	Nanook the Husky	17	C	15.00
28.	Nuts the Squirrel	21	C	10.00
29.	Peace the Tie Died Teddy	17	C	25.00
30.	Patty the Platypus	64	R	800.00
31.	Quacker the Duck	40	R	15.00
32.	Puffer the Penguin	10	C	15.00
33.	Princess the Bear	12	C	65.00
34.	Scottie the Scottie	28	R	28.00
35.	Rover the Dog	28	R	15.00
36.	Rex the Tyrannosaurus	40	R	825.00
37.	Sly the Fox	28	C	10.00
38.	Slither the Snake	52	R	1,900.00
39.	Skip the Siamese Cat	21	C	10.00
40.	Splash the Orca Whale	52	R	150.00
41.	Spooky the Ghost	28	R	40.00

续表

姓名	年龄(月) 1998 年 9 月	R. 退休 C. 目前	价值($)
42. Snowball the Snowman	12	R	40.00
43. Stinger the Scorpion	5	C	15.00
44. Spot the Dog	52	R	65.00
45. Tank the Armadillo	28	R	85.00
46. Stripes the Tiger(Gold/Black)	40	R	400.00
47. Teddy the 1997 Holiday Bear	12	R	50.00
48. Tuffy the Terrier	17	C	10.00
49. Tracker the Basset Hound	5	C	15.00
50. Zip the Black Cat	28	R	40.00

资料来源：*Beanie World Magazine*, Sept. 1998.

2.106 消费者工会出版的《消费者报告》(*Consumer Report*)是一本有关消费者在商品、服务、健康以及个人财产等方面情况的杂志。消费者工会报告了对 46 种牙膏品牌的检测结果(消费者报告，1992 年 9 月)，包括包装设计、口味、清洁力、含氟量以及消费者每月支出费用(费用支出估计以每天刷牙两次，每次用半英寸牙膏为基础)。下面是每月花费在 46 种牙膏上的支出数据。标有 * 号者表示这些品牌印有美国牙齿协会(American Dental Association 简写为 ADA)认证的防蛀效果。

练习 2.106 的表

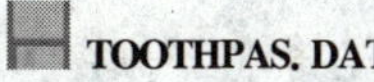
TOOTHPAS.DAT

0.58	0.66	1.02	1.11	1.77	1.40	0.73*	0.53*	0.57*	1.34
1.29	0.89*	0.49	0.53*	0.52	3.90	4.73	1.26	0.71*	0.55*
0.59*	0.97	0.44*	0.74*	0.51*	0.68*	0.67	1.22	0.39	0.55
0.62	0.66*	1.07	0.64	1.32*	1.77*	0.80*	0.79	0.89*	0.64
0.81*	0.79*	0.44*	1.09	1.04	1.12				

a. 运用一种统计软件包构造这些资料的茎叶图。

b. 用圆圈标出带有 ADA 印记的树叶。

c. 标有 ADA 印记牙膏品牌的支出费用呈现什么形状?

2.107 一家工业轮胎制造商正在失去许多有利可图的订单，原因是这家公司的营销、设计和财务部门在研制针对潜在顾客的报价单方面花费了大量时间。为了解决这个问题，公司管理层准备对各部门花在研究报价单方面的时间制定一个指导线。为了帮助制订这些指导线，从上年制定的报价单中随机抽取了 50 个报价，处理时间(天)根据各部门的每一报价来确定，这些时间显示在下表。报价根据这些征订单是否“丢失”(即顾客在收到征订单后是否下订单)来进行分类。

a. 以下给出了各部门和总的处理时间的 MINITAB 茎叶图，注意会计部门和总的处理时间的树叶单位是整数(1.0)，而营销和设计部门处理时间的树叶单位以一位小数计(0.1)。用阴影画出与图中每一“丢失”订单相对应的树叶，并对其分别加以解释。

b. 运用你在 a 中得到的结果，研制每一部门的“最长处理时间”指导线——如果遵守这个指导线，就有助于公司减少“丢失”订单的数量。

练习 2.107 的表

PRQUOTES. DAT

序号	营销	工程	会计	是否丢失?	序号	营销	工程	会计	是否丢失?
1	7.0	6.2	0.1	No	26	0.6	2.2	0.5	No
2	0.4	5.2	0.1	No	27	6.0	1.8	0.2	No
3	2.4	4.6	0.6	No	28	5.8	0.6	0.5	No
4	6.2	13.0	0.8	Yes	29	7.8	7.2	2.2	Yes
5	4.7	0.9	0.5	No	30	3.2	6.9	0.1	No
6	1.3	0.4	0.1	No	31	11.0	1.7	3.3	No
7	7.3	6.1	0.1	No	32	6.2	1.3	2.0	No
8	5.6	3.6	3.8	No	33	6.9	6.0	10.5	Yes
9	5.5	9.6	0.5	No	34	5.4	0.4	8.4	No
10	5.3	4.8	0.8	No	35	6.0	7.9	0.4	No
11	6.0	2.6	0.1	No	36	4.0	1.8	18.2	Yes
12	2.6	11.3	1.0	No	37	4.5	1.3	0.3	No
13	2.0	0.6	0.8	No	38	2.2	4.8	0.4	No
14	0.4	12.2	1.0	No	39	3.5	7.2	7.0	Yes
15	8.7	2.2	3.7	No	40	0.1	0.9	14.4	No
16	4.7	9.6	0.1	No	41	2.9	7.7	5.8	No
17	6.9	12.3	0.2	Yes	42	5.4	3.8	0.3	No
18	0.2	4.2	0.3	No	43	6.7	1.3	0.1	No
19	5.5	3.5	0.4	No	44	2.0	6.3	9.9	Yes
20	2.9	5.3	22.0	No	45	0.1	12.0	3.2	No
21	5.9	7.3	1.7	No	46	6.4	1.3	6.2	No
22	6.2	4.4	0.1	No	47	4.0	2.4	13.5	Yes
23	4.1	2.1	30.0	Yes	48	10.0	5.3	0.1	No
24	5.8	0.6	0.1	No	49	8.0	14.4	1.9	Yes
25	5.0	3.1	2.3	No	50	7.0	10.0	2.0	No

练习 2.107 的 MINITAB 输出结果 1

营销茎叶图 N=50
Leaf Unit=0.10

6	0	112446
7	1	3
14	2	0024699
16	3	25
22	4	001577
(10)	5	0344556889
18	6	002224799
8	7	0038
4	8	07
2	9	
2	10	0
1	11	0

练习 2.107 的 MINITAB 输出结果 2

工程茎叶图 N=50
Leaf Unit=0.10

7	0	4466699
14	1	3333788
19	2	12246
23	3	1568
(5)	4	24688
22	5	233
19	6	01239
14	7	22379
9	8	
9	9	66
7	10	0
6	11	3
5	12	023
2	13	0
1	14	4

练习 2.107 的 MINITAB 输出结果 3

会计茎叶图　　N=50
Leaf Unit=1.0

(31)	0	0000000000000000000000000001111
19	0	2222333
11	0	5
20	0	67
9	0	89
6	1	0
5	1	3
4	1	4
3	1	
3	1	8
2	2	
2	2	2
1	2	
1	2	
1	2	
1	3	0

练习 2.107 的 MINITAB 输出结果 4

总体茎叶图　　N=50
Leaf Unit=1.0

4	0	1334
17	0	5666677888999
(15)	1	000033333444444
18	1	555566778999
6	2	0344
2	2	
2	3	0
1	3	6

2.108 参考练习 2.107，MINITAB 给出的处理时间汇总如下：

a. 计算对应于练习 2.107 中各部门的最长处理时间指导线和总处理时间的 z 记分。

b. 计算 3 个部门各自最长处理时间相应的 z 记分，超过指导线的订单占多大比例？这一结论与契比雪夫准则或经验准则一致吗？

c. 利用 a 中的第 2 个 z 记分重做 b。

d. 将"丢失"订单数量的百分比同相应的时间进行比较，这些时间至少超过 b 中的某一个指导线，这一指导线与 c 中的指导线占相同的百分比。你建议采用哪套指导线？为什么？

练习 2.108 的 MINITAB 输出结果

	N	MEAN	MEDIAN	TRMEAN	STDEV	SEMEAN
MKT	50	4.766	5.400	4.732	2.584	0.365
ENG	50	5.044	4.500	4.798	3.835	0.542
ACC	50	3.652	0.800	2.548	6.256	0.885
TOTAL	50	13.462	13.750	13.043	6.820	0.965
	MIN	MAX	Q1	Q3		
MKT	0.100	11.000	2.825	6.250		
ENG	0.400	14.400	1.775	7.225		
ACC	0.100	30.000	0.200	3.725		
TOTAL	1.800	36.200	8.075	16.600		

***2.109** 与下图相似的一个时间序列图最近出现在一家著名的《高尔夫球》杂志的广告中，一个人也许会对其做出如下的解释：即：你订阅这份杂志的时间越长，你打高尔夫球的水平就越高。另一个人则将其解释为，如果你订阅这份杂志有 3 年的话，你的击球水平应该有显著的提高。

a. 说明为什么对这个图的解释不止一种？

b. 怎样改变这个图可以纠正目前对其的曲解？

练习 2.109 的图

高尔夫比赛得分

1　2　3

订阅时间
（年）

2.110 一家公司在下述 5 部门的员工人数大致相同：生产、销售、研究与开发、维修和行政部门。下表列出了去年各部门的主要工伤人数及工伤类型。

练习 2.110 的表 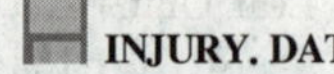 INJURY.DAT

工伤种类	部门	受伤人数
烧伤	生产	3
	维修	6
背部拉伤	生产	2
	销售	1
	研发	1
	维修	5
	行政	2
眼部伤害	生产	1
	维修	2
	行政	1
耳聋	生产	1
割伤	生产	4
	销售	1
	研发	1
	维修	10
手臂骨折	生产	2
	维修	2
腿骨折	销售	1
	维修	1
手指骨折	行政	1
震伤	维修	3
	行政	1
听觉减退	维修	2

a. 构造一个帕雷托图以识别哪个部门或哪些部门有最不安全的记录。

b. 分解 a 中的帕雷托图，以便找出最不安全记录部门中最主要的工伤种类。

2.111 在某些场所，室内辐射程度远远高于周围环境的辐射水平，因此，许多建筑师和工人正在改进设计确保通风以使辐射远离屋内。在这些场所，测量了 50 处室内辐射水平，其均值为 10(ppb)，中位数为 8ppb，标准差为 3ppb。这些场所周围环境的辐射水平约为 4ppb。

a. 根据这些结果，判断 50 个室内辐射水平数据的分布是对称分布，这是左偏分布或右偏分布？并解释原因。

b. 用契比雪夫准则和经验准则描述辐射水平的分布。你认为在这种情况下哪种规则更为适用？为什么？

c. 运用 b 中的结果估计：这个样本中有多少处房屋其室内的辐射水平高于周围环境的辐射水平。

d. 假定测得距样本 10 英里处的另一房屋内的辐射水平为 20ppb。相对于另外样本中 50 个房屋而言，上述观测值的 z 记分是多少？这个新的观测值有可能来自与辐射水平服从相同分布的另外 50 个数据的样本吗？为什么？你如何证实你的结论？

2.112 下表列出了 1997 年 9 个国家构成样本的失业率：

练习 2.112 的表  UNEMPLOY.DAT

国家	失业率(%)
澳大利亚	8.7
加拿大	9.2
法国	12.4
德国	10.0
英国	7.0
意大利	12.1
日本	3.4
瑞典	9.9
美国	4.9

资料来源：*Statistical Abstract of the United States*：1998, p. 842.

a. 计算样本中失业率的均值和中位数，并解释这些数字。

b. 计算样本中失业率的标准差。

c. 计算美国和法国失业率的 z 记分。

d. 描述 c 中计算出 z 记分的符号（正或负）所传递的信息。

2.113《福布斯》杂志（1999 年 1 月 11 日）报告了全国足球联盟(NFL)各队的收入排位。下表列出了目前各队的市价总值（没有扣除债务，场馆欠费除外）和 1998 年的营业收入。

练习 2.113 的表  NFLVALUE.DAT

球队	市值（百万美元）	营业收入（百万美元）
Dallas Cowboys	663	56.7
Washington Redskins	607	48.8
Tampa Bay Buccaneers	502	41.2
Carolina Panthers	488	18.8
New England Patriots	460	13.5
Miami Dolphins	446	32.9
Denver Broncos	427	5.0
Jacksonville Jaguars	419	29.3
Baltimore Ravens	408	33.2
Seattle Seahawks	399	6.4
Pittsburgh Steelers	397	15.5
Cincinnati Bengals	394	3.4

续表

球队	市值（百万美元）	营业收入（百万美元）
St. Louis Rams	390	33.2
New York Giants	376	25.2
San Francisco 49ers	371	12.7
Tennessee Titans	369	4.1
New York Jets	363	12.1
Kansas City Chiefs	353	31.0
Buffalo Bills	326	10.7
San Diego Chargers	323	8.2
Green Bay Packers	320	16.4
Philadelphia Eagles	318	19.1
New Orleans Saints	315	11.3
Chicago Bears	313	19.7
Minnesota Vikings	309	5.1
Atlanta Falcons	306	16.8
Indianapolis Colts	305	15.8
Arizona Cardinals	301	10.6
Oakland Raiders	299	17.3
Detroit Lions	293	16.4

资料来源：*Forbes*，Jan. 11，1999.

a. 运用统计软件包为 NFL 各队目前的市值构造一个茎叶图。

b. 目前市值的分布呈偏斜状吗？解释一下。

c. 利用 a 中的茎叶图确定目前市值的中位数。

d. 计算 Denver Broncos 目前市值和营业收入的 z 记分。

e. 解释 d 中的两个 z 记分。

f. 哪几个 NFL 队目前市值的 z 记分为正数而营业收入的 z 记分为负数。

*g. 识别目前市值数据集中的离群值。

*h. 画图研究一下 NFL 球队目前市值与营业收入之间的可能趋势，从中你观察到什么？

*2.114 如果不仔细检查，下面显示的美国花生生产示意图将会使人产生误会。

a. 解释为什么这个图会误导某些读者。

b. 构造所给年份未失真的美国花生生产统计图。

练习 2.114 的图　美国花生生产（10 亿磅）

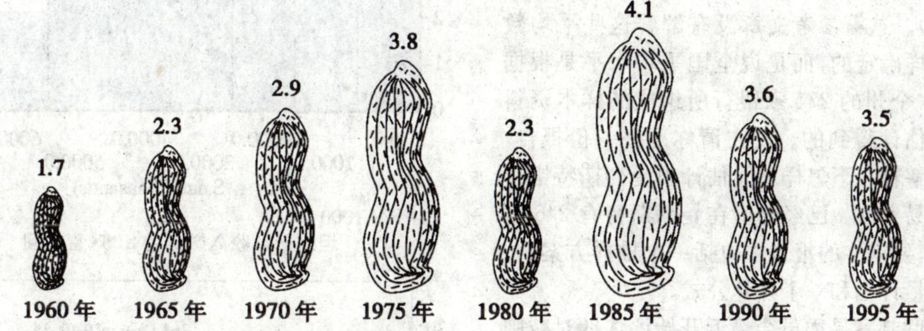

2.115 在用一种新技术为纸巾的图案和名称进行印花实验时，一家纸制品公司发现会出现 4 个可能的结果：

(A) 印花成功；

(B) 印花有污点；

(C) 印花偏左；

(D) 印花偏右；

为了检验这种印花技术的可靠性，公司印了 1000 张纸巾并得到显示在右图中的结果。

a. 设计用的是什么类型的绘图工具？

b. 图中向你传递出什么信息？

c. 根据图中所提供的信息，你可以用什么样的数字形式来描述这种印花技术的可靠性？

练习 2.115 的图

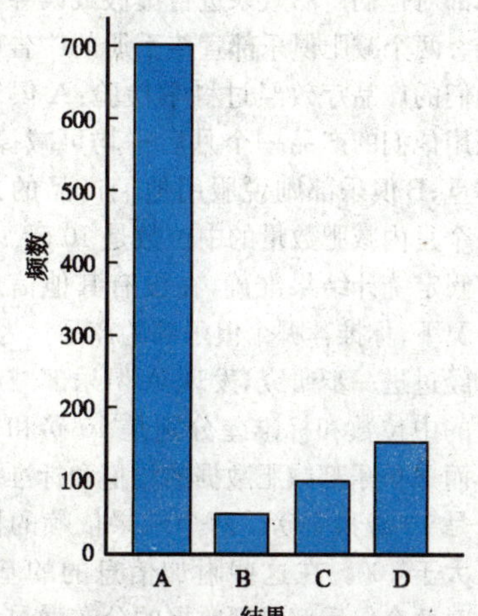

2.116 下表中数据描述了 1997 年美国公寓住户房租的分布。用相对频率直方图表示这些数据。

练习 2.116 的数据

租金(美元)	每个租金分组中的住户百分比
低于 $300	14.1
$300—$399	12.5
$400—$499	16.5
$500—$599	14.9
$600—$699	12.3
$700—$799	8.5
$800—$999	8.4
$1,000—$1,249	3.6
$1,250—$1,499	1.2
$1,500 或以上	1.1
无现金住户	6.9
总计	100.0

资料来源:U. S. Bureau of the Census,*Statistical Abstract of the united States*:1998.

2.117 美国大众研究兴趣小组的一项研究表明,有人指责曼彻斯特银行储户的交易费率低于全国经常账户、现金账户和储蓄账户交易的平均费率。因为曼彻斯特银行经常账户交易费率的均值是 190.06 美元/年,而全国平均水平是 201.94 美元/年(*Boston Globe*, Aug. 9, 1995)。这篇参考文章没有解释这些平均数是怎样确定的,而是说全国平均水平是根据对 25 个州的 271 家银行所组成的样本资料进行估计得到的。现在请你准备一份报告,详细解释一下怎样才能估计出曼彻斯特银行的交易费率。已经知道在曼彻斯特有 245 家银行,要求你的报告中包括一个抽样方案、一个测量计划和一个计算公式。

2.118 美国联邦贸易委员会最近开始评估针对减肥俱乐部采取的罚款及其他处罚效果,这些俱乐部对他们产品效果进行虚假或误导性的宣传。两个减肥俱乐部宣传手册的广告中都说他们的产品疗效经过科学检验:A 俱乐部说服用他们的产品一个月后平均可减掉 15 磅体重;B 俱乐部则说服用他们产品的人在第一个月内减肥数量的中位数是 10 磅。

a. 假定统计结果准确,在没有其他信息的情况下,你推荐哪个俱乐部的产品?为什么?

b. 经过进一步研究,发现 A 俱乐部减肥数据的中位数和标准差分别是 10 磅和 20 磅,而 B 俱乐部减肥数据的均值和标准差分别是 10 磅和 5 磅。两个结果依赖的样本都大于 100。在这些附加信息的的基础上,对两个俱乐部减肥数据的分布做尽可能全面的描述。现在,你推荐哪个俱乐部的产品?为什么?

c. 假如我们不知道做疗效统计的样本是如何抽取的,但又想了解这方面的情况(指俱乐部采用何种抽样技术),那么哪些附加信息是最重要的?

2.119 在 1998 年主要棒球联盟(MLB)的各队中,巴尔迪摩金莺队(Baltimore Orioles)有收入最高的球员,而坦姆巴魔术队(Tampa Bay Devil Rays,一支正在发展的球队)则有收入最低的球员之一。利用 SPSS 软件对 1998 年这两支球队队员的工资数据进行了分析,并在下图中列出了每个数据集的 SPSS 分析结果直方图。

练习 2.119 的图 巴尔迪摩队收入数据的 SPSS 直方图

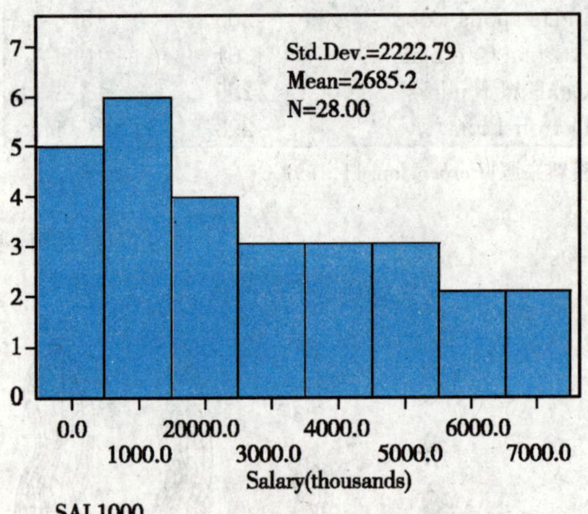

坦姆巴队收入数据的 SPSS 直方图

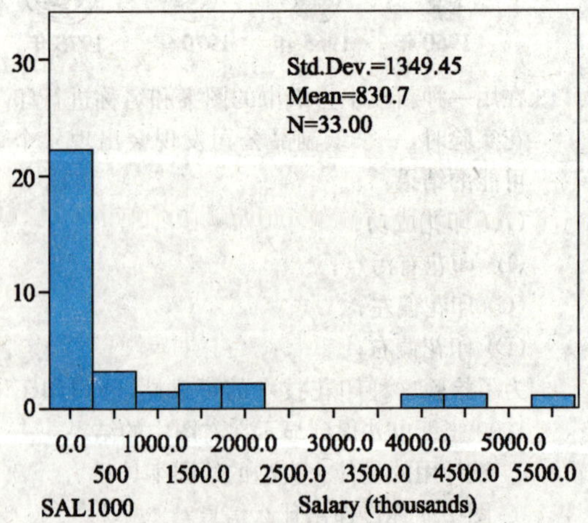

a. 对两个直方图进行比较,你发现它们的分布有什么区别吗?分布的斜度呢?

b. 对显示在 SPSS 输出结果中的统计描述进行

解释。

2.120 就业法中的年龄歧视条款要求，在所有用工制度(包括聘用、提拔、解雇等)中都不应对 40 岁及 40 岁以上的工人有所歧视。年龄歧视现象表现为两种类型：全异对待和全异影响。前一种情况指的是工人是否被有意区别对待，后一种情况则是指受保护阶层(即 40 岁及以上的工人)反而因工作经验受到了影响，尽管用工者并非有意这样做(Zabell，1989)。一家小型计算机公司从其 20 位软件工程师中解雇了 10 位，解雇发生时所有工程师的年龄如右表：

分析数据并确定该公司是否存在区别对待工人的现象。

练习 2.120 的表 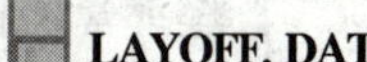 LAYOFF.DAT

未被解雇者	34	55	42	38	42	32	40	40	46	29
被解雇者	52	35	40	41	40	39	40	64	47	44

* 2.121 一家全国性连锁加油站声称“我们将在 12 分钟之内为您加满油箱”。为了验证这种说法，一家电视台的一位匿名记者在上述连锁加油站之一对连续 25 个加油者的加油时间进行了监测，监测结果见下表。请你为这些数据构造一个时间序列图，并用文字对该图中所反映出的信息进行描述。

练习 2.121 的表  HOODTIME.DAT

加油者编号	加油时间(分钟)	加油者编号	加油时间(分钟)
1	11.50	14	12.50
2	13.50	15	13.75
3	12.25	16	12.00
4	15.00	17	11.50
5	14.50	18	14.25
6	13.75	19	15.50
7	14.00	20	13.00
8	11.00	21	18.25
9	12.75	22	11.75
10	11.50	23	12.50
11	11.00	24	11.25
12	13.00	25	14.75
13	16.25		

2.122 下表报告了近年来美国汽车销售(以千辆计)市场的“三巨头”，即：美国制造商(福特、通用、克莱斯勒)、欧洲制造商和日本制造商。

a. 为这些数据构造一个相对频率柱形图。

b. 堆叠是指把一个柱形图中的所有柱体合到一块，然后把最高的那个去掉，并将余下的按不同的颜色和图案加以区分。请你按照这种做法把 5 类汽车销售量的相对频率加以堆叠。

c. a 中的柱形图反映出哪些与美国汽车市场有关的信息？

d. 美国汽车制造商在本国市场上占有多大份额？

练习 2.122 的表　CARSALES.DAT

制造商	销售量
通用	229.7
福特	131.2
克莱斯勒	58.3
日本	192.6
欧洲	37.0
合计	648.8

资料来源：*Wall Street Journal*，December 6，1995，p. B5.

2.123 电脑焦虑症是指“人们在计划使用电脑或正在使用电脑过程中感觉到的一种恐惧忧虑综合症”。研究人员发现，在各类人群中都存在电脑焦虑症，比如学生、医生、律师、秘书、经理和大学教授等。对电脑焦虑症的影响及程度了解很少的一个专业是二类技术教育。《技术职业研究月刊》(1995 年第 15 期)对 STE 中教师们患电脑焦虑症的程度进行了研究。利用电脑焦虑检测仪对一个 116 名教师样本的电脑焦虑症程度进行了检测，得到从10到50的分数，这些数据被分为如下几类：非常紧张（37～50）；紧张（33～36）；有一些紧张（27～32）；比较放松/舒适（20～26）；非常放松/自信（10～19）。下表给出了我们对样本中教师们患“电脑焦虑症”程度的一个汇总。

a. 用图表示汇总结果并进行解释。

b. 研究目的之一是对男性和女性STE教师患“电脑焦虑症”的程度进行比较。请利用表中右边的汇总信息进行比较。

练习 2.123 的表

	男教师	女教师	全体教师
n	68	48	116
x	26.4	24.5	25.6
s	10.6	11.2	10.8

资料来源：*Gordon, H. R. D. "Analysis of the computer anxiety levels of secondarytechnical education teachers in West Virginia." Journal of Studiesin Technical Careers*, Vol. 15, No. 2, 1995, pp. 26—27(Table 2)

练习 2.123 的表

分类	得分范围	频数	相对频数
非常紧张	37～50	22	0.19
焦急/紧张	33～36	8	0.07
有一些紧张	27～32	23	0.20
比较放松/舒适	20～26	24	0.21
非常放松/自信	10～19	39	0.33
合计		116	1.00

资料来源：Gordon, H. R. D. "Analysis of the computer anxiety levels of secondarytechnical education teachers in West Virginia." *Journal of Studiesin Technical Careers*, Vol, 15, No. 2, 1995, pp. 26—27(Table 1)

现实案例

肯塔基州牛奶案例——第一部分

（一个涵盖第1章和第2章内容的案例）

许多产品和服务是由（联邦）政府、各市、各州或企业通过匿名招标方式购买的，供货合同最后属于投标价最低者。在完全竞争市场上，这种程序运行得非常理想。但是如果市场是非竞争性的或者存在共谋现象，那么就有可能增加潜在的购买成本。对1986年佛罗里达校区牛奶市场标价进行的统计分析研究表明，牛奶生产企业通过密谋操纵标价获取了3300万美元的超额收入，这完全是由于20世纪80年代该地区的牛奶市场存在共谋现象。这一调查结果很快被传到其他各州。在另外20个州，到结算日，从操纵牛奶标价的生产企业追回的处罚金超过1亿美元。下面这个例子就是对肯塔基州校区牛奶标价操纵案件的调查结果。

每一年，肯塔基州向牛奶加工厂招标，请他们为当地的学校提供半品脱包装的液体牛奶，这类奶产品包括白色全脂奶、白色低脂奶、低脂咖啡奶等。在北肯塔基州的13个校区中，供应商（牛奶加工厂）被指责非法“限价”，也就是说，供应商合谋分割垄断该地区，以便在竞标中“稳操胜券”。由于该地区分属Boone、Campbell和Kenton三县，所以这一块市场被称为“三县”市场。在1983～1991年，两家牛奶加工厂——Meyer和Trauth——是该校区所在“三县”市场上惟一的两家竞标企业，所以，这两家企业也就自然而然地“赢得”了本地区所有的供货合同[相比之下，其他大多数牛奶加工厂只能“分享”北肯塔基州周边校区（称为周边市场）的那些合同]。肯塔基州怀疑Meyer和Trauth这两家供货商合谋分割了三县市场所在区域。在对这两家供货商进行调查时，有一家（Meyer）承认了错误，但另一家（Trauth）却顽固地“矢口否认”。

肯塔基州为所有争夺供货合同的牛奶加工厂的投标价建立了数据库，现在给出其中的一些数据，供你分析确定在三县市场是否存在标价共谋的经验证据。这些数据（以ASCⅡ码格式存储在3.5寸软盘里）详细描述如下。另外也提供了一些数据的背景信息及有关标价共谋方面的重要经济理论，这些信息有助于你进行分析。请你准备一份专门的文件，给出你的分析结果和你对标价共谋的看法。

DATA. ASCII file name: MILK. DAT

Number of observations: 392

变量	列数	数据类型	变量描述
YEAR	1—4	定量	赢得牛奶合同的年份
MARKET	6—15	定性	北肯塔基州牛奶市场("三县"市场或周边市场)
WINNER	17—30	定性	中标牛奶厂名
WWBID	32—38	定量	总的白色牛奶的中标价格(美元/半品脱)
WWQTY	40—46	定量	购买的总的白色牛奶的数量(单位/半品脱)
LFWBID	48—53	定量	低脂白色牛奶的中标价格(美元/半品脱)
LFWQTY	55—62	定量	购买的低脂白色牛奶的数量(单位/半品脱)
LFCBID	64—69	定量	低脂巧克力牛奶的中标价格(美元/半品脱)
LFCQTY	71—78	定量	购买的低脂巧克力牛奶的数量(单位/半品脱)
DISTRICT	80—82	定性	校区号码
KYFMO	84—89	定量	FMO 牛奶的最低毛成本(美元/半品脱)
MILESM	91—83	定量	Meyer 牛奶加工厂到校区的距离(英里)
MILEST	96—97	定量	Frauth 牛奶加工厂到校区的距离(英里)
LETDATE	99—106	定性	牛奶合同招标开始日期(月/日/年)

背景信息

共谋的市场环境

市场的某些经济特征造就了可能存在共谋的环境，这些基本特征包括：

1. 较少的卖主与较高的集中度。仅仅少数几个牛奶加工厂就控制了市场上全部或几乎全部牛奶业务。

2. 同类产品：销售的产品在买者(即校区)看来完全相同。

3. 刚性需求：需求对价格变化不敏感(注意：一个校区的牛奶需求量主要取决于学校注册人数而不是价格)。

4. 相似成本：牛奶加工厂对牛奶合同的标价面临相似的成本条件(注意：牛奶加工厂生产成本中 60%左右为生奶，这是联邦的规定。Meyer 和 Trauth 是同等规模的牛奶加工厂，而且这两个企业从同一家供货商购进生奶)。

尽管这些市场结构特征造就了容易产生共谋行为的市场环境，但并不表明一定就会产生共谋现象。对实际标价的分析可能会提供有关市场竞争程度的更多信息。

共谋标价模式

对匿名竞标模式的分析会揭示出有关竞争水平或卖主方面的大量信息。考虑下列标价分析：

1. 市场份额：某一家牛奶加工厂的市场份额是指——在给定的学年内，该供应商提供的半品脱包装的牛奶数量除以整个市场所供应的半品脱包装牛奶的总数量。潜在共谋行为的一个迹象是稳定，即调查期间各牛奶加工厂的市场份额大致相同。

2. 责任率：市场分割是标价共谋行为的普遍表现形式，尤其当同一家牛奶加工厂年复一年地控制同一个校区时情况更是如此。在给定的学年中，某一市场的责任率定义为：上年占有某校区的卖主今年继续占有该校区市场份额的百分数。超过 70%的责任率就被看做是存在共谋行为的迹象。

3. 标价水平与分散程度：在竞争性的匿名标价市场，卖主不能分享其他投标者的标价信息，因此，这种条件下标价之间的分散程度或变异性要大于共谋市场。在共谋市场条件下，卖主就他们的标价信息进行交流以达成比较接近的标价，这个竞标过程表面看来好像具有“竞争性”。特别是，在竞争市场，标价之间的分散程度直接与标价水平成比例：当标价以相对较高的水平提出时，标价之间的变异性就比按边际成本或接近边际成本提出的标价要大，在同一个地域市场，不同牛奶加工厂的边际成本基本相同。

4. 成本价格比：在竞争市场，人们期望标价接近成本。这样，如果市场是竞争性的，牛奶的标价应该与生牛奶的成本高度相关，缺乏这种关系就是存在共谋行为的另一个迹象。类似地，在竞争市场条件下，牛奶的标价应该与把奶产品从加工厂运到学校的距离（导致运输成本）相关。

5. 出价顺序：学校所需牛奶的招标价在春天或夏天提出，这个时间一般在一个学年的结束或下一个学年的开始。在竞争市场，当依次检查标价时，标价水平可望随着招标季节的临近而下降（这个现象是由于在招标季节，各投标企业会打听信息并相应调整标价。在招标季节的早期，牛奶加工厂会报出较高的标价以“试探”市场的反映，如果这个较高的标价失败，他们也有信心在后期再提高标价。但是，早期业务不多的牛奶加工厂在招标季节临近时可能会变得雄心勃勃，迫使标价水平下降）。在一个独家企业年复一年获胜的市场中，标价持久或轻微上升是存在共谋行为的又一个信号。

6. 获胜标价平均水平比较：考虑两个相似的市场，一个市场上标价是被操纵的，另一个市场上标价是通过竞争确定的。从理论上说，“被操纵”市场上获胜标价的均值将会大大地高于竞争市场的标价均值，因为在前一个市场中每年都存在共谋行为。

第 3 章

概率

本章内容

3.1 事件、样本空间与概率
3.2 并集与交集
3.3 互补事件
3.4 加法法则与互斥事件
3.5 条件概率
3.6 乘法法则与独立事件
3.7 随机抽样

统计实践

3.1 游戏表演策略：转换还是不换
3.2 彩票大王(Lottery buster)

我们已学习过的

我们已经把从样本到总体的推断确定为统计的目标，同时也知道要实现这个目标，就必须描述一组观测值。因此，我们在前面首先介绍了如何用图表法和数值法去描述定量数据集和定性数据集。

我们将要学习的

现在我们开始讨论如何进行统计推断的问题。凭借什么工具我们可以做出从样本到总体的推断并给出对这一推断的可靠性测度呢？就像在后面即将看到的，这个答案就是概率(Probability)。本章主要研究概率——即概率是什么以及由此引出的一些基本概念。

我们知道，统计学的一个分支是以样本信息为基础对总体进行推断。如果你了解了总体和样本之间的关系(当我们把从样本到总体进行推断的统计过程倒过来以后这种关系就变得比较清楚了)，你就会看到这一任务是多么容易完成。因此在本章我们假定总体已知，然后计算从总体中得到各种样本的可能性，这样我们就会发现，概率与统计正好相反：在概率论里，我们是利用总体信息来推断样本可能具有的各种特性。

概率在统计推断中起着非常重要的作用。例如，假定你有机会投资于一家石油勘探公司，过去的记录表明这家公司在以前的

10次钻井过程中,没有一次找到石油,据此你会得出什么样的结论?你认为该公司在下一次勘探中找到石油的可能将大于5成吗?你应当向这家公司投资吗?很可能,你会对上面这些问题果断地说"不"。因为假如这家公司确实有5成以上的把握找到新油井的话,那么对它来说,勘探10口油井结果全没有找到石油就是一个极不可能发生的事件。

再比如你正在与一些认为你是洗牌能手的对手玩扑克,连玩3局,每局给每人连发5张牌,结果你的下家得到4张A牌。以这3次牌局为样本,你认为牌被彻底洗过吗?你的答案很可能是否定的,因为如果洗牌彻底的话,在3局牌中连续得到4张A牌的可能性是极小的。

注意,有关石油勘探公司能否找到石油和洗牌是否彻底的判断都与特定样本出现的机会——或者说概率有关,设计这两种情形也都是为了使我们能容易地得出结论,即出现那两个样本结果的概率很小。但不幸的是,多数样本结果出现的概率凭直觉不容易判断,在这些情形下我们需要概率知识的帮助。

3.1 事件、样本空间与概率

让我们用一些易于描述的简单例子来开始对概率的讨论。借助于这些简单例子,我们可以引进一些重要的定义,这些定义有助于我们更容易地解释概率。

将一枚硬币向上抛掷一次观察出现的结果,我们所看到并记录的结果就称为一个观察值(或观测值),记录这个观察值的过程就叫做一次实验。注意我们在这里给实验所下的定义比自然科学中要宽泛得多,自然科学中的实验会使你联想到试管、显微镜或其他实验设备等等。下面是统计中的一些实验:记录互联网用户对浏览器的偏好;记录道琼斯工业指数在连续两天中的变化;记录一家商贸公司的周销售额;对会计分类账中某一页的错误数进行记录等。统计实验的一个重要特点是:只要结果是不确定的,我们就可能观测到任何一个结果。

定义 3.1

实验是一次观察的过程或行动,这个过程会产生一个预先无法确定的结果。

考虑另一个简单的实验,该实验是抛掷一枚骰子,观察向上一面出现的点数。这个实验中可能出现的6个基本结果为:

1. 出现的点数为1;
2. 出现的点数为2;
3. 出现的点数为3;
4. 出现的点数为4;
5. 出现的点数为5;
6. 出现的点数为6。

注意,如果进行一次这样的实验,你会看到将出现6个基本结果中的一个而且只会出现一个,但具体出现哪个结果预先不能确定,而且出现的这些结果也不能被进一步细分。观察一个实验的结果类似于从总体中抽取一个样本,这个实验中可能出现的基本结果就称为样本点①。

定义 3.2

样本点(Sample point)是一个实验中最基本的结果。

例 3.1

抛掷两枚硬币,记录朝上一面出现的结果,并列出这个实验的所有样本点。

① 等价说法,也可以用"简单事件"这个术语。

解答：

即使对表面看来非常微小的实验，在列举其样本点时也必须很细心。在本实验中，第一眼我们可能会看到下面3个结果之一：出现两个正面(H)；出现两个背面(T)；出现一个正面和一个背面。然而，进一步观察就会发现，最后一种情形（即一个正面和一个背面这种情形）实际上又可分成两种类型：第一枚硬币出现正面，第二枚硬币出现背面；或者，第一枚硬币出现背面，第二枚硬币出现正面①。因此，该实验中共有4个样本点：

1. 出现 HH；　　　**2.** 出现 HT；

3. 出现 TH；　　　**4.** 出现 TT。

上面第一个位置的H表示"第一枚硬币出现正面"，第二个位置的H表示"第二枚硬币出现正面"，其余的含义类似。

我们时常希望看到一个实验中所有样本点的集合，这个集合称为该实验的样本空间。例如，掷骰子实验的样本空间中有6个样本点。表3.1列出了到目前为止已讨论过的所有实验的样本空间。

定义 3.3

一个实验的**样本空间**(Sample space)是该实验中所有样本点的集合。

表 3.1　实验及其样本空间

实验：观察硬币朝上的一面 样本空间：1. 观察到正面； 2. 观察到背面。 这个样本空间可以用集合的形式表示为包含两个样本点的集合： $S:\{H,T\}$ 这儿 H 表示观察到正面这一样本点，T 表示观察到背面这一样本点。
实验：观察一枚骰子向上的一面。 样本空间：1. 观察到1点； 2. 观察到2点； 3. 观察到3点； 4. 观察到4点； 5. 观察到5点； 6. 观察到6点。 这个样本空间可以用集合的形式表示为包含6个样本点的集合： $S:\{1,2,3,4,5,6\}$
实验：观察两枚硬币向上的一面。 样本空间：1. 观察到 HH 2. 观察到 HT； 3. 观察到 TH； 4. 观察到 TT。 这个样本空间可以用集合的形式表示为包含4个样本点的集合： $S:\{HH,HT,TH,TT\}$

就像图表在描述数据集时非常有用一样，我们也常常用图示方法去表示样本空间。图3.1就

① 事实上，即使外观完全相同，它们毕竟还是两个不同的硬币。所以，在任何情况下把一个硬币当做1号而把另一个硬币当做2号都是合理的。

是用图示方法将表 3.1 中的每个样本空间表示出来。在每一种情形，样本空间表示为一个封闭的矩形，记为 S，S 中包含所有可能的样本点。每个样本点用一个实心点（也就是一个点）表示并用相应的记号作标记，这种图示方法叫做维恩图（Venn diagrams）。

我们知道，一次实验中只会产生一个基本结果——称为样本点，样本空间是所有可能样本点的集合。下面我们先来讨论样本点的概率。你肯定已经用过概率这个术语而且对它的含义有一些本能的理解。概率通常用作“可能性”或“机会”等类似概念的同义词。例如，如果抛掷一枚均匀的硬币，我们会推断说两个样本点——出现正面和出现背面——具有相同的出现机会，因此，我们会说“出现正面的概率是 50%”或者“看到正面的可能性是 50∶50”。这两种说法都依赖于概率的常识，接下来我们将从这种常识的概念开始来讨论概率，并在后面进一步加以解释。

样本点的概率实际上是 0～1 之间的一个数，这个数表示这个样本点在实验中出现的可能性，它通常被当做是重复进行许多次实验时样本点出现的相对频率。[①] 例如，如果在抛掷硬币实验中我们要给两个样本点（出现正面或出现背面）分配概率，那么我们就会认为，如果将一枚均匀硬币抛掷许多许多次，“出现正面”或“出现背面”这两个样本点的相对频率就大致相同，都是 0.5。

图 3.2 支撑了我们的推理。图形画出了当发射（用专门的发射机）硬币 N 次时出现正面次数的相对频率，这儿的取值范围为 25～1500。你可以看到，当取值很大（比如 1500）时，相对频率就趋近于 0.5。因此，在抛掷硬币实验中每个样本点的概率是 0.5。

图 3.1　三个实验的维恩图

●H　　●T

S

实验：观察一枚硬币朝上的一面

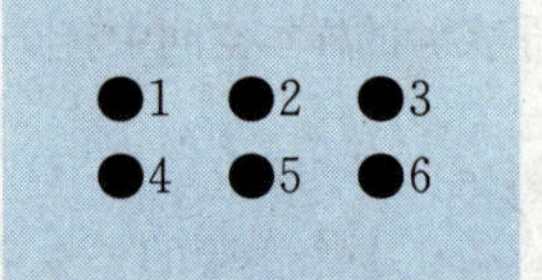

实验：观察一枚硬币朝上一面出现的点数

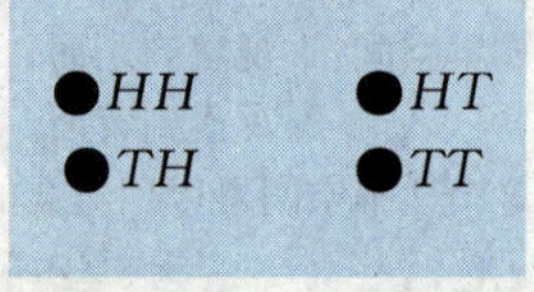

实验：观察两枚硬币朝上一面的图像

图 3.2　抛掷硬币 N 次时头像出现的比例

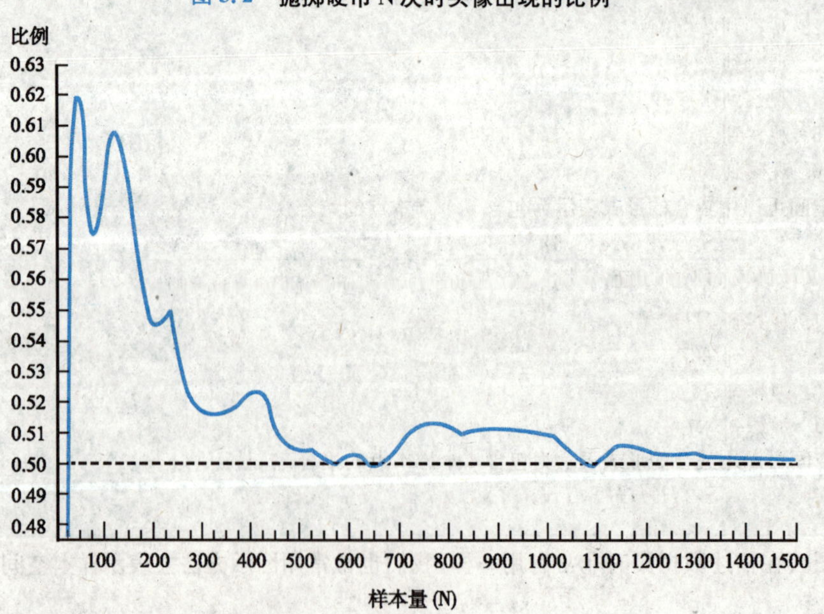

样本量

① 这个结果引自概率论中一个称作“大数定律”的公理。这个定律指出，在反复进行一项实验（即进行大量次实验）时，一个结果出现次数的相对频率就非常接近于它的理论概率。

在某些实验中，对样本点出现的相对频率的信息我们了解得很少或完全不了解，因此就必须根据实验的一般信息来给样本点分配概率。例如，如果实验是向一家风险企业投资并观察该企业的经营是成功还是失败，对应的样本空间显示如图3.3。

图3.3　实验：向一家风险企业投资，观察企业是成功(S)还是失败(F)

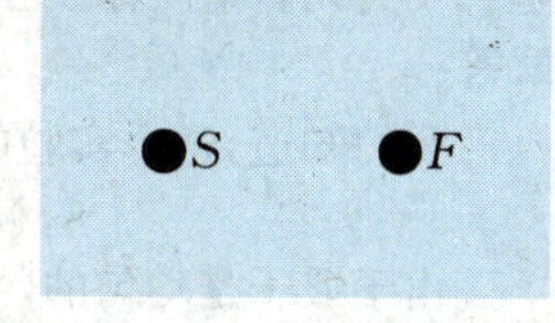

我们不可能根据大量重复试验的结果来分配样本点的概率，因为这受到方方面面的条件限制(如时间、资金等)。相反，我们可以充分利用其他方面的相关信息，如企业内部的人事管理、当时的外部经济状况、类似企业成功的比率等。假设我们最终认为风险企业有80%的成功机会，我们就可以将样本点成功的概率定为0.8，这个概率可以解释为我们对风险投资企业的认可程度，也就是说，它是一个主观概率。不过要注意，此类概率应以经过仔细评估的专家信息为基础，否则，任何基于主观概率或其他算法的决策都会对我们的行为产生误导[注意，详细论述概率主观估计内容的课本见 Winkler(1972)或 Lindley(1985)]。

无论你如何分配样本点的概率，这些概率都必须遵循两条规则：

> 样本点的概率规则：
> 1. 所有样本点的概率都是介于0到1之间的数值，且预先无法确定。
> 2. 一个样本空间中所有样本点的概率之和必须为1。

在有些实验中，给样本点分配概率是容易的。例如，如果实验是抛掷一枚均匀硬币并观察朝上的一面，我们也许都同意将可能出现的两个样本点——朝上的一面出现正面或出现背面的概率各赋值为0.5。然而，在许多其他的实验中，样本点的概率是难以分配的。

例3.2

一家计算机零售商店销售两种基本类型的个人电脑：台式电脑和笔记本电脑，因而店主必须决定每种电脑各准备多少台，影响决策的一个重要因素是购买每种PC电脑的顾客比例。解释一下如何在一个具有样本空间和样本点的实验中解决上述问题，并指出如何将概率分配给样本点。

解答：

如果我们用顾客这一术语来表示购买电脑者，那么实验就可定义为顾客进入店中并准备购买的电脑类型。对应于这项实验的样本空间包含两个样本点：

D：{顾客购买台式电脑}；

L：{顾客购买笔记本电脑}。

当我们试图给两个样本点分配概率时，上面这个实验与抛掷硬币实验的区别就变得很明显。我们应该分配给样本点 D 什么概率？如果你回答是0.5，那么你在假定事件 D 和事件 L 发生的概率相同，就像抛掷硬币实验中出现正面和出现背面的两个样本点时那样的情况。但是给购买PC电脑实验中的样本点分配概率并没有那样容易。假定商店的记录表明，80%的顾客购买台式电脑，那么认为样本点 D 的概率是0.8而样本点 L 的概率是0.2或许就是合理的。在这儿我们看到样本点不总是等可能出现的，所以给它们分配概率就比较复杂——尤其是对那些代表实际应用的实验而言(与抛掷硬币或骰子的实验相反)。

尽管样本点的概率时常是我们所关心的，但样本点集合的概率往往更为重要。例3.3说明了这一点。

例 3.3

抛掷一枚骰子，观察朝上一面出现的点数。如果出现的是偶数，你会赢得 1 美元；否则，你会输掉 1 美元。请问你获胜的概率是多少？

解答：

我们知道，这个实验的样本空间中包含 6 个样本点：

$$S:\{1,2,3,4,5,6\}$$

由于骰子是均匀的，我们就可以认为该样本空间中每个样本点的概率都是 1/6，如果出现样本点“观察到 2 点”、“观察到 4 点”、“观察到 6 点”中的任何一个，那么就等于出现了偶数，像这样的样本点组成的集合就叫做一个事件，我们用字母表示。既然事件包含了 3 个样本点——每个具有 1/6 的概率——而且这 3 个样本点不可能同时出现，所以我们推断事件的概率是它所包含的样本点的概率之和。因此，事件的概率是 1/6+1/6+1/6=1/2，这意味着从长远观点看，你赢得 1 美元和输掉 1 美元的情况各占一半。

图 3.4　抛掷骰子实验：事件 A：出现一个偶数

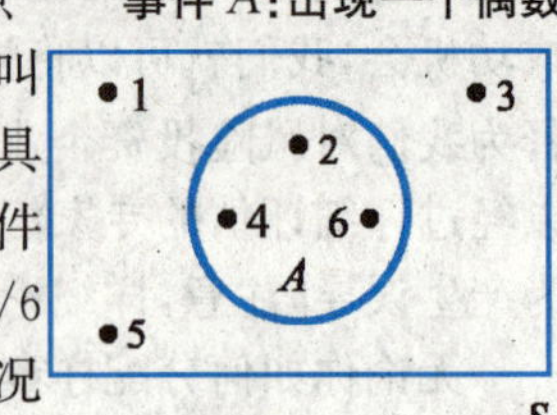

图 3.4 是一个维恩图，用来描述抛掷骰子实验的样本空间以及事件 A——即朝上的一面出现偶数。事件 A 用样本空间 S 中封闭的圆环表示，这个圆环 A 包含了组成事件 A 的所有样本点。

为了确定哪个样本点属于事件 A，我们对样本空间 S 中的样本点逐一进行检验，如果样本点的出现导致事件 A 发生，那么这个样本点就是 A 中的点。例如：A 表示抛掷骰子实验中“朝上一面出现偶数”这一事件，显然，如果“朝上一面出现 2 点”这个样本点出现，那么事件 A 就发生，根据同样的推理方法，“朝上一面出现 4 点”和“朝上一面出现 6 点”这两个样本点也都属于事件 A。

总而言之，我们已经说明，一个事件可以用文字来定义，也可以定义为是由样本点组成的一个特定集合，据此我们可以给事件下一个一般的定义：

定义 3.4

事件是由样本点组成的特定集合。

例 3.4

考虑如下实验：抛掷两枚不均匀的硬币。因为硬币是不均匀的，结果的出现（H 或 T）就不是等概率的。假定表中给出的是样本点的正确概率（注意：样本点概率的要求是满足的）。

考虑事件：

A：“恰好出现一个正面”；

B：“至少出现一个正面”。

计算事件 A 和事件 B 的概率。

表 3.2

样本点	概率
HH	4/9
HT	2/9
TH	2/9
TT	1/9

解答：

事件 A 包含样本点 HT 和 TH。既然不可能有两个或两个以上的样本点同时出现，我们就可以把两个样本点的概率相加而容易地计算出事件 A 的概率。这样，恰好出现一个正面（事件

A)的概率——用符号 $P(A)$ 表示，就是

$$P(A)=P(\text{出现 }HT)+P(\text{出现 }TH)=\frac{2}{9}+\frac{2}{9}=\frac{4}{9}$$

类似地，由于事件 B 包含样本点 HH，HT 和 TH，所以，

$$P(B)=\frac{4}{9}+\frac{2}{9}+\frac{2}{9}=\frac{8}{9}$$

上面这个例子教给了我们计算一个事件 A 的一般方法：

事件的概率(Probability of an event)
一个事件 A 的概率等于该事件的样本空间中所有样本点的概率之和。

这样，我们可以将计算任何事件概率的步骤概括如下：

计算事件概率的步骤：
1. 定义实验：即描述一个过程，该过程用于确定一个观测变量并记录这个观测变量的类型。
2. 列出样本点。
3. 给样本点分配概率。
4. 确定事件所包含的样本点的集合。
5. 将样本点的概率相加得到事件的概率。

例 3.5

对员工实行多技能培训是美国企业的最新趋势。《今日美国》(*1995* 年 *8* 月 *15* 日)报告了企业将多技能培训作为其发展战略构成部分的主要原因，这些原因概括在表3.3中。假定从所有实行多技能培训的美国企业中随机抽取了一家并确定其实行这种培训的主要原因。

表 3.3　实行多技能培训的主要原因

原因	百分数
执行人事政策(CPP)	7
增加生产率(IP)	47
保持竞争优势(SC)	38
社会责任(SR)	4
其他(O)	4
合计	100%

资料来源：*USA Today*, August 15, 1995

a. 定义一项实验，该实验可以产生表3.2中的数据，然后列出样本点。
b. 给样本点分配概率。
c. 企业实行多技能培训的主要原因与竞争优势和生产率有关的概率是多少？
d. 社会责任不是企业实行多技能培训主要原因的概率是多少？

解答：

a. 实验是关于美国公司对雇员实行多技能培训的主要原因进行分析这样一个过程。样本点——即实验中最简单的结果——是列在表3.2中的5个原因种类，这些样本点用维恩图的形式显示在图3.5中。

图 3.5　多技能培训调查的维恩图

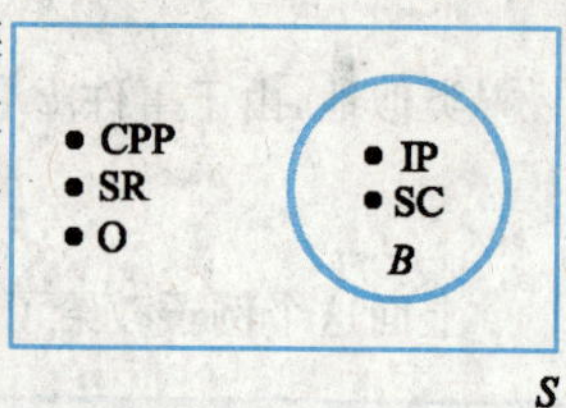

b. 在例 3.5 中，如果我们给每种情形分配相等的概率，那么每一类原因的概率都是 1/5 或者说是 0.2。但是，检查表 3.2 你会发现，在这儿等概率的分配方式是不合理的，因为在 5 种分类中每种原因的百分比相差较大。如果像表 3.3 显示的那样①，将每种原因所占的百分比就当成相应样本点的概率，那么结果就可能更为合理。

表 3.3　多技能培训调查中样本点的概率

样本点	概率
CPP	0.07
IP	0.47
SC	0.38
SR	0.04
O	0.04

c. 用符号 B 表示"多技能培训的主要原因与企业有关"这一事件。B 不是一个样本点，因为它包含一种以上的原因(样本点)。事实上，如图 3.5 所示，事件 B 由两个样本点 IP 和 SC 组成，其概率定义为它所包含的样本点的概率之和。

$$P(B)=P(IP)+P(SC)=0.47+0.38=0.85$$

d. 用 NSR 表示"社会责任不是多技能培训的主要原因"这一事件，那么 NSR 由除 SR 外的所有样本点组成，其概率就是相应样本点的概率之和：

$$P(NSR)=P(CPP)+P(IP)+P(SC)+P(O)$$
$$=0.07+0.47+0.38+0.04=0.96$$

例 3.6

假定你准备从 4 家风险企业中选择两家对其进行投资，而且投资于每一家企业的资金数额大致相等。但是你事前不知道，4 家企业中最终只有两家会取得成功，而另外两家会失败。你对 4 家企业进行了调查，因为你认为你的调查会增加纯随机抽样中你选中两家成功企业的概率。问题：你选到 4 家企业中两家最好企业的概率至少是多少？也就是说，你没用调查中得到的任何信息，随机选择了两家企业，这两家企业正好是成功的那两家企业的概率有多大？至少选中一家成功企业的概率又是多大？

解答：

将两家成功企业分别表示为 S_1 和 S_2，两家失败企业分别表示为 F_1 和 F_2。实验是从 4 家风险企业中随机选择两家，而且每两家代表一个样本点。于是，组成样本空间的 6 个样本点就是：

1. (S_1, S_2)
2. (S_1, F_1)
3. (S_1, F_2)
4. (S_2, F_1)
5. (S_2, F_2)

---

① 原因种类的百分比以美国企业的一个样本为基础：因此，这些给定的概率是对总体中相应原因种类百分比的估计，在第 7 章你将学习如何度量概率估计的可靠性。

6. (F_1, F_2)

接下来是给样本点分配概率。如果我们假定，选中一对企业的机会与选中另一对企业的机会相同，那么每个样本点的概率就是 1/6。现在检查一下哪个样本点会导致选中两个成功的企业。显然只有这样的一个样本点——即(S_1, S_2)。所以，从 4 个风险企业中选中两个成功企业的概率是：

$$P(S_1, S_2)=\frac{1}{6}$$

选中的两个企业中至少包含一个成功企业的事件由除(F_1, F_2)外的所有样本点组成。

$$P(\text{至少选中一个成功企业})=P(S_1,S_2)+P(S_1,F_1)+P(S_1+F_2)+P(S_2,F_1)+P(S_2,F_2)$$
$$=\frac{1}{6}+\frac{1}{6}+\frac{1}{6}+\frac{1}{6}+\frac{1}{6}=\frac{5}{6}$$

由上可知，由于是随机抽样，所以选中两个成功的风险企业的概率是$\frac{1}{6}$，至少选中一个成功企业的概率是$\frac{5}{6}$。

前面所举的例子中有一点共同之处，即每个样本空间中样本点的数目都比较小，因此容易识别和列出那些样本点。但是当样本点成千上万时，我们该如何处理？比如，假定你希望从 1000 个风险企业中挑选 5 家，那么每 5 个不同的风险企业组成的组就代表一个样本点。你该怎样确定与该实验相关的样本点个数？

对一个复杂的实验来说，确定样本点数目的方法之一是设计一种算法。让我们从一种简单情形入手。例如，假定你能研究出一种计算方法，用这种方法可以算出从 4 个风险企业中抽取两个的不同抽取方法(就像例 3.6 中所做的那样)。如果用符号 V_1, V_2, V_3, V_4 分别代表 4 个风险企业，样本点就可列为如下的格式：

(V_1, V_2)　　(V_2, V_3)　　(V_3, V_4)
(V_1, V_3)　　(V_2, V_4)
(V_1, V_4)

在此基础上，我们再来尝试一种更复杂的情形，即从 5 个风险企业中抽取 3 个，然后列出这个实验的样本点并观察其排列格式。最后，考虑一下你是否能推出一般情况下的样本点排列格式(当然如果借助于计算机的话，从 1000 个企业中抽取 5 个企业的样本点也是不难列出的)。

确定一项实验中样本点数目的另一种方法是运用组合数学知识，这个数学分支是讨论给定条件下的记数方法。例如，在计算从 1000 个风险企业中抽取 5 个企业的不同样本数时有一个简单的法则，这个法则叫做组合法则，由下列公式给出

$$\binom{N}{n}=\frac{N!}{n!\,(N-n)!}$$

这儿 N 是总体的基本单位数；n 是样本中包含的基本单位数；符号(!)读作阶乘，意思是

$n!=n(n-1)(n-2)\cdots(3)(2)(1)$

这样，$5!=5\cdot4\cdot3\cdot2\cdot1$($0!$ 定义为 1)。

例 3.7

在例 3.6 中我们从 4 家风险企业中选择两家进行投资，运用组合计算法则确定共有多少种不同的选择方法。

解答：

在本例中，$N=4$，$n=2$ 这样

$$\binom{4}{2}=\frac{4!}{2!\,2!}=\frac{4\cdot3\cdot2\cdot1}{(2\cdot1)(2\cdot1)}=6$$

你可以看出，这个结果与例 3.6 中得到的样本点数一致。

例 3.8

假定你计划向 5 家风险企业中的每一家投资数额相同的资金。如果有 20 家企业可供你从中选择，那么从这 20 家企业中可以选出多少由 5 个企业组成的不同样本？

解答：

在本例中，$N=20$，$n=5$。这样，从 20 家风险企业中选择 5 家企业的不同样本数为

$$\binom{20}{5}=\frac{20!}{5!\ (20-5)!}=\frac{20\cdot 19\cdot 18\cdots 3\cdot 2\cdot 1}{(5\cdot 4\cdot 3\cdot 2\cdot 1)(15\cdot 14\cdot 13\cdot 12\cdots 3\cdot 2\cdot 1)}=15504$$

符号$\binom{N}{n}$表示从 N 个元素中每次取 n 个元素的组合数，这是根据组合数学知识得出的一个计算大样本数的法则，它适用于下述情形的实验：即从所有 N 个元素中每次抽取 n 个元素，并且两次取出的元素不完全相同。如果你有兴趣学习在各种类型的实验中计算样本点的其他方法，可在附录 A 中找到一些基本的计算方法，其他更多的方法则可在本章列出的参考书中找到。

统计实践

3.1　游戏表演策略：转换还是不转换

玛丽琳·沃斯·萨维特(Marilyn vos Savant)，因具有“最高智商”而被选入《吉尼斯世界记录大全》。她在星期日报纸的增刊——*Parade Magazine* 中撰写月度专栏文章，该栏目叫“请教玛丽琳”，专门介绍游戏技巧、猜谜和“脑筋急转弯”等方面的知识。在某一期栏目中，沃斯·萨维特提出了如下问题：

假定你在进行一项游戏，在你面前有 3 个门，一个门的背后是一辆小汽车，其他两个门的背后是山羊，游戏的目标是选中有小汽车的那个门。在游戏中，假定你选择了一个门，比如说 1 号门，但主持人(他知道 1 号门背后是什么)却打开了另一个门，比如说 3 号门——结果是一只山羊。这时主持人问你，“你准备改换 2 号门吗？”此时改变选择对你有利吗？

萨维特的回答是：“是的，你应当改变选择。第一个门有 1/3 的获胜机会(小汽车)，但第二个门的获胜机会为 2/3(小汽车)。”正如所预计的那样，沃斯·萨维特的奇特答案招来了成千上万封批评信件，其中的多数作者具有数学博士学位，他们不同意沃斯·萨维特的意见。下面是其中的一些来信，将在沃斯·萨维特的下一期专栏(*Parade Magazine*，1991 年 2 月 24 日)中刊登：

- “在你试图再次回答这类问题之前，我建议你去学习或参考一下有关概率知识的标准教材？”(佛罗里达大学)
- “你的逻辑有错误，我确信你将从中学和大学生那里收到许多关于这个题目的信件，也许你应该保留几个地址以便做未来的栏目时派上用场。”(佐治亚州立大学)
- “你对游戏表演问题的回答是完全错误的，我希望这场争论能引起某些人对国内数学教育所面临的严重危机的注意。如果你能承认自己的错误，你将会为解决这类可悲性的事件做出一些建设性的贡献。有多少数学家生气才会使你改变自己的思想呢？”(乔治顿大学)
- “在至少有 3 个数学家对你进行教育后，你仍然看不到自己的错误，我感到很吃惊。”(狄根森州立大学)
- “你就是山羊！”(西部州立大学)

●“你错了，还可以看你正确的一面。如果所有博士都错了，这个国家就危险了。”(美国军队研究所)

那些不同意沃斯·萨维特观点的人持下面的逻辑：一旦主持人打开了3号门(结果是一只山羊)，那么就只剩下两个门。汽车在1号门后面的概率就是1/2。类似地，在2号门后面的概率也是1/2。所以，从长远观点来看(也就是在大量的试验中)你转向2号门或停留在1号门都无关紧要，因为你赢得汽车的机会大约是50%，得到山羊的机会也是50%。

博士们和沃斯·萨维特相比较，谁是正确的？回答完下列问题后，你就会找到正确答案了。

讨论焦点

a. 在游戏开始前，主人随机决定在哪个门后放汽车，然后把山羊领到剩下的两个门后。列出这个实验的样本空间(即所有可能性)。

b. 假定你随机选择了1号门。现在，就这个事件构造如下的一个新样本空间：从a的每个样本点中去掉背后有山羊的两个门中的一个。(这就是主人所指的那个门——后面总是山羊)

c. 参考b中已经改变了的样本点。假定你的策略是呆在1号门前，数一下获胜策略(即你赢得汽车)所包含的样本点数。假定样本点是等可能出现的，你赢得汽车的概率是多大？

d. 假定你的策略是不断变换选择，在此假设下重做b。

e. 以c和d中的概率为基础，变换选择对你有利吗？

f. 假定你随机选择了2号门，然后重做b～e。

g. 假定你随机选择了3号门，然后重做b～e。

h. 说明你对不同门的选择并不会影响你的长远策略。

练习3.1～3.15

技能训练：

3.1 一项实验产生了下列样本点：E_1, E_2, E_3, E_4, E_5。

a. 如果$P(E_1)=0.1, P(E_2)=0.2, P(E_4)=0.1, P(E_5)=0.1$。计算$P(E_3)$。

b. 如果$P(E_1)=P(E_3), P(E_2)=0.1, P(E_4)=0.2, P(E_5)=0.1$。计算$P(E_3)$。

c. 如果$P(E_1)=P(E_2)=P(E_4)=P(E_5)=0.1$。计算$P(E_3)$。

3.2 下面的图描述了一项特定实验的样本空间和A、B两个事件。

练习3.2的图

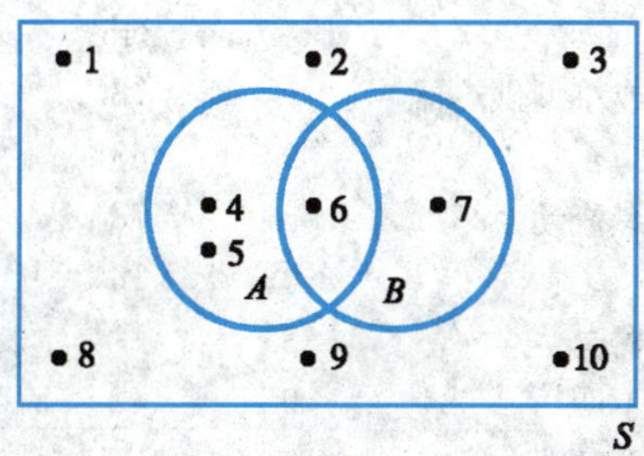

a. 这种形式的图叫什么图？

b. 假定样本点出现的可能性相同，计算$P(A)$和$P(B)$。

c. 假定

$P(1)=P(2)=P(3)=P(4)=P(5)=1/20$，

$P(6)=P(7)=P(8)=P(9)=P(10)=3/20$，

计算$P(A)$和$P(B)$。

3.3 一项实验的样本空间包含5个样本点，各自的概率如下表所示。计算下列每一事件的概率：

样本点	概率
1	0.05
2	0.20
3	0.30
4	0.30
5	0.15

A:{样本点1,2或3出现}；

B:{样本点1,3或5出现}；

C:{样本点4不出现}。

3.4 计算下列每一组合数：

a. $\binom{9}{4}$；b. $\binom{7}{2}$；c. $\binom{4}{4}$；d. $\binom{5}{0}$；e. $\binom{6}{5}$。

3.5 一个箱子中有 2 颗绿球和 3 个红球，不放回地从箱中取出 2 颗。计算下列每一事件的概率：

A:{取到 2 颗绿球}；

B:{取到 1 颗红球和 1 颗绿球}；

C:{取到 2 颗红球}；

3.6 用 5 个形状完全相同的物体重做例 3.5 中的实验，这 5 个物体中有 2 个是一种颜色，其余 3 个是另一种颜色。在箱子中将这些球混在一起，从中取出 2 个并做记录，然后将它们再放回箱子中。重复这样的实验很多次（至少 100 次），计算事件 A、B、C 出现次数的比例。将这些比例与例 3.5 中计算得到的概率相比较会得出什么样的结论？可以将这些比例当做概率吗？解释理由。

概念运用：

3.7 全面质量管理（Total Quality Management，简写为 TQM）被定义为通过不断改进和重新设计工作程序而完善对顾客的服务（*Quality Progress*，July 1995）。在评估对 TQM 的领会程度时，北卡罗来纳州的一所大学请 159 名雇员就包括“我相信管理受益于 TQM”在内的一系列陈述表明他们同意或不同意的明确态度，下表是收到的答复：

练习 3.7 的表

完全同意	同意	态度不明	不同意	完全不同意
30	64	41	18	6

资料来源：Buch, K., and Shelnut, J. W. “UNC Charlotte measures the effects of its quality initiative.” *Quality Progress*, July 1995, p. 75(Table 2).

a. 定义实验并列出样本点。

b. 给样本点分配概率。

c. 一名雇员同意或完全同意上述陈述的概率是多少？

d. 一名雇员不完全同意上述陈述的概率是多少？

3.8 下表选自 *Railway Age*（1999 年 5 月），其中列出了 1999 年 4 月 10 日那一周美国主要铁路线承载不同类型商品的数量。假定这些电脑记录是从那一周所有货物中随机抽取的，并且消费品类型是指定的。

练习 3.8 的表

商品类型	载重量
农产品	41690
化工用品	38331
煤	124595
林产品	21929
金属矿物	34521
机动车辆及设备	22906
非金属矿产品	37416
其他货物	14382
合计	335770

资料来源：*Railway Age*, May 1999, p. 1

a. 列出并描述这个实验的样本点。

b. 计算每个样本点的概率。

c. 火车正在运送机动车辆的概率是多少？正在运送非农产品的概率是多少？

d. 火车中装有化工产品或煤的概率是多少？

e. 上周一节车厢所载货物的序列号是 1003642，这批货物是随机从电脑记录中抽取的货物之一的概率是多少？证实你的回答。

3.9 试验结果表明：上星期一上午 8 点至 10 点之间某家工厂生产的 6 辆轿车中，有 3 辆是“lemons”。不过，6 辆车中有 3 辆将被运往销售商 A，另外 3 辆将被运往销售商 B。结果发现销售商 A 收到的 3 辆全是“lemons”。如果运往销售商 A 的 3 辆车是从所生产的 6 辆车中随机抽取的，那么上述事件出现的概率有多大？

3.10《美国大众健康杂志》（*The American Journal of Public Health*，1995 年 7 月）发表了一份关于科罗拉多居民 CO（一氧化碳）无意中毒情况的研究报告。报告说 6 年中总共有 981 例 CO 中毒事件，每一例按暴露源分别归类到致命类和非致命类，每一类中的案例数列在下面的表中。假定从 981 例 CO 中毒事例中随机抽取了一例。

练习 3.10 的表

暴露源	致命	非致命	小计
火灾	63	53	116
自动排气装置	60	178	238
锅炉	18	345	363
煤油或小型供热器	9	18	27
燃具	9	63	72
其他燃汽动力车	3	73	76
壁炉	0	16	16
其他器具	3	19	22
原因不明	9	42	51
合计	174	807	981

资料来源：Cook, M. C., Simon, P. A., and Hoffman, R. E. "Unintentional carbon monoxide poisoning in Colorado, 1986 through 1991." *American Journal of Public Health*, Vol 85, No. 7, July 1995, p. 989 (Table1). American Public Health Association

a. 列出该实验的样本点。

b. 所有样本点的集合称作什么？

c. 假定 A 表示由火灾引起的 CO 中毒事件，计算 $P(A)$。

d. 假定 B 表示致命类的 CO 中毒事件，计算 $P(B)$。

e. 假定 C 表示由自动排气装置引起的 CO 中毒事件，计算 $P(D)$。

f. 假定 D 表示由自动排气装置引起的致命类 CO 中毒事件，计算 $P(D)$。

g. 假定 E 表示由火灾引起的非致命类 CO 中毒事件，计算 $P(E)$。

3.11 1998 年网络电视（ABC，NBC，或 CBS）播放的 11855 部新故事片中，专门反映拉丁美洲或与拉丁美洲题材有关的只有 118 部。由于拉丁美洲人在美国人口中占 11%，有人争辩说新闻宣传中反映拉丁美洲题材的比例严重失衡。美国"拉丁美洲新闻协会"将上面与拉丁美洲题材有关的 118 部故事片的主题进行了汇编并报告在下面的表中。

a. 如果从 1998 年播放的所有新故事片中随机选取 1 部，这部故事片的主题与拉丁美洲无关的概率是多大？与拉丁美洲有关的概率是多大？

b. 如果从 118 部与拉丁美洲有关的故事片中随机选取 1 部，这部片子反映犯罪主题的概率是多大？与犯罪或毒品有关的概率是多大？与政治或犯罪无关的概率是多大？

3.12《消费者报告》杂志每年请读者对前一年中购买新车的经历进行回顾。对近年来的调查分析显示，读者对下列 3 家销售商最为满意（没有特定的次序）：Infiniti，Saturn 和 Saab（*Consumer Reports*，1995 年 4 月）。

a. 列出这 3 家最好的销售商排列次序的所有可能组合。

b. 假定 a 中每一种排列的可能都相等，那么读者将 Saturn 排在首位的概率是多大？将 Saturn 排在第 3 位的概率是多大？将 Saturn 排在第 1 位而将 Infiniti 排在第 2 位的概率是多大（实际中他们排列的次序是哪一种）？

练习 3.11 的表

新故事片主题	频数	百分比
双语教育	10	8.5
犯罪	23	19.5
移民	10	8.5
毒品	1	0.8
正义行动	5	4.2
环境	1	0.8
就业	3	2.5
政治	27	22.9
荣誉	3	2.5
艺术与文学	3	2.5
健康与安全	11	9.3
灾难	5	4.2
商务	5	4.2
体育	10	8.5
宗教	1	0.8
合计	118	100

资料来源：*Hispanic Business*, September 1999, p. 68.

3.13 灰狗比赛的裁判用机会这一术语来表示他们对每只灰狗获胜概率的看法。如果事件 E 的概率是 $P(E)$，那么有利于 E 的机会是 $P(E)$ 比 $1-P(E)$。这样，如果一名裁判估计 Oxford Shoes 将赢得下一场比赛的概率是 0.25，那么 Oxford Shoes 取胜的机会就是 25/100 比 75/100——或者说 1 比 3。因此出现相反结果的机会是 $1-P(E)$ 比 $P(E)$ 或者说 3∶1。一般地，如果有利于事件的机会是 a 到 b，那么 $P(E)=a/(a+b)$。

a. 第二个裁判估计 Oxford Shoes 取胜的概率是 1/3，根据这个裁判的估计，Oxford Shoes 取胜的机会是多少？

b. 第三个裁判估计 Oxford Shoes 取胜的机会是 1∶1，根据这个裁判的估计，Oxford Shoes 取胜的概率是多少？

c. 第四个裁判估计与 Oxford Shoes 取胜相反的机会是 3∶2，计算这个裁判估计 Oxford Shoes 取胜的概率。

3.14 The Value Line Survey——一家为普通股票投资者服务的机构，向它的订户提供与购买大笔普通股有关的前景或风险方面的最新评估资料。按照 Value Line Survey 对未来 12 个月股票增值潜力的估计，将每只股票从 1（最高）到 5（最低）进行排列。假如你准备从具有 2 类等级的 3 家电力公用公司发行的 7 种股票中购买股票，但是不知道下一年度上面的 3 家公司中将有 2 家会因核设备原因而面临困境。现在假定你要从上述 7 家公司中随机选取 3 家，计算选中下列事件的概率是多大？

a. 没有一家公司碰到困难。

b. 有一家公司碰到了原来无法预期的困难；有两家公司碰到了原来无法预期的困难。

3.15 可持续发展或可持续农业是指"在地球上寻求不损害未来的生活和工作方式"（1992 年 6 月 20 日）。在美国中西部的 5 个州进行了一项研究以描绘可持续农民的形象。结果表明，农民可以按可持续规模来进行分类，但要依据他们是否有可能从事下列实践：(1)增加作物混植；(2)饲养家畜；(3)节俭地使用农药；(4)运用像轮作之类的土地再生技术。

a. 列出可能的不同分类集合。

b. 假定你计划会见全国的农民以确定他们落入你在 a 中列出的分类集合的频率 。由于目前还没有可用的信息，所以在开始我们假定农民落入每一个分类集合的可能性都相等。根据这个假定，一个农民不可能被划分到符合所有 4 类标准（即划分到非可持续农民）的概率是多大？

c. 运用 b 中的同一假定，一个农民可能被划分到至少符合 3 类标准（即划分为近似可持续农民）的概率是多大？

3.2 并集与交集

一个事件通常可被看做是两个或多个事件的组合，这类事件——称为复合事件。复合事件可用两种方法合成，定义和说明如下：

定义 3.5

两个集合 A 与 B 的**并集**是指这样一个事件，即在一次实验中，不管 A 发生、还是 B 发生、或者 A、B 同时发生都会导致该事件的出现。我们用符 $A\cup B$ 号表示事件 A 与 B 的并集。$A\cup B$ 由属于 A 或 B 或者既属于 A 又属于 B 的所有样本点组成（图 3.6a）。

图 3.6 并集和交集的维恩图

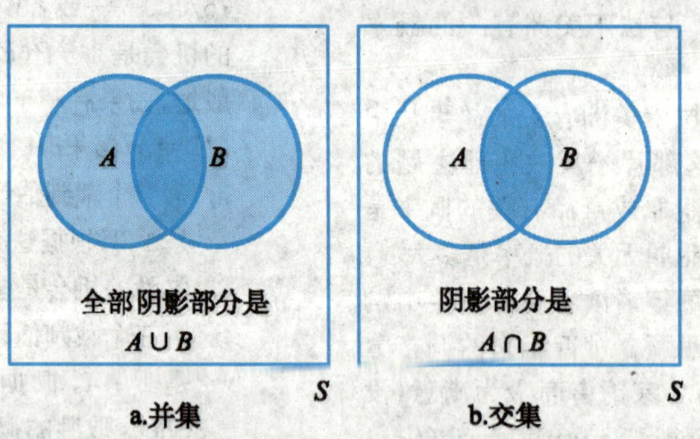

定义 3.6

两个事件的**交集**是指这样一个事件，即在一次实验中，只有 A 和 B 同时发生时该事件才会出现，我们用符号 AB 表示事件 A 与 B 的交集，AB 由既属于 A 又属于 B 的所有样本点组成（图 3.6b）。

例 3.9

在掷骰子实验中，定义如下事件：

A：{向上一面出现偶数}；

B：{向上一面出现的点数小于或等于3}。

a. 对这个实验，描述 $A\cup B$ 的意义。

b. 对这个实验，描述 $A\cap B$ 的意义。

c. 假定骰子是均匀的，计算 $P(A\cup B)$ 和 $(A\cap B)$

图 3.7 抛掷骰子实验图

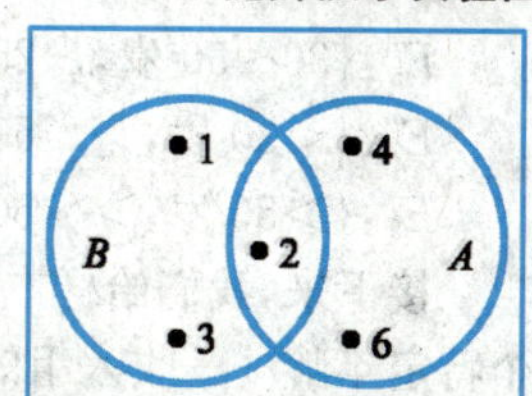

解答：

a. 当我们抛掷一次骰子时，向上一面出现的点数是偶数、或者是小于或等于3的数时所对应的事件就是事件 A 和 B 并集。因此，事件 $A\cup B$ 的样本点就是导致 A 或 B 发生或者 A 与 B 同时发生的那些样本点。检查整个样本空间的样本点，我们发现由 A 和 B 的并集所含样本点组成的集合是

$A\cup B=\{1,2,3,4,6\}$

b. 当我们抛掷一次骰子时，向上一面出现的点数既是偶数又小于或等于3时所对应的事件就是事件 A 和 B 交集。检查样本点看一下什么情况表示 A 和 B 同时发生，我们发现这个交集只包括一个样本点：

$A\cap B=\{2\}$

换句话说，事件 A 和 B 的交集就是观察到样本点2时对应的事件。

c. 前面学过，一个事件的概率等于组成该事件的所有样本点的概率之和，于是我们有

$$P(A\cup B)=P(1)+P(2)+P(3)+P(4)+P(6)=1/6+1/6+1/6+1/6+1/6=5/6$$

$$P(A\cap B)=P(2)=1/6$$

例 3.10

许多公司从事直接营销战役以促销他们的产品。这种战役通常包括向许多家庭邮寄产品信息问卷，然后对回答率进行仔细分析以确定居民户的人口特征。通过研究答案的倾向性，公司就可以将下一步的邮寄目标转向那些极有可能购买他们产品的家庭。

假定问卷发出者正在分析近期回收的问卷结果，他们认为被调查者回答问卷的概率与他们的收入和年龄有关。表3.4给出了回答问卷者按收入和年龄分类的百分数。

表 3.4 按收入和年龄分类的回答者百分数

年龄	收入		
	<\$25000	\$25000～\$50000	>\$50000
<30岁	5%	12%	10%
30岁～50岁	14%	22%	16%
>50岁	8%	10%	3%

定义下列事件：

A：{回答问卷者的收入高于\$50000}

B：{回答问卷者的年龄是30岁或30岁以上}

a. 计算 $P(A)$ 和 $P(B)$。

b. 计算 $P(A\cup B)$ 。

c. 计算 $P(A\cap B)$。

解答：

按照计算一般事件概率的步骤进行。首先应当注意，我们的目标是描述那些回答问卷者的收入和年龄特征。要完成这一步，我们把试验定义为：从所有回答者的集合中选择一位并观察他

(或她)的收入和年龄所在的分组,这样,样本点就是 9 个不同的年龄-收入组:

E_1:{<30 岁,<\$25000}　E_2:{30～50 岁,<\$25000}
E_3:{>50 岁,<\$25000}　E_4:{<30 岁,\$25000～\$50000}
E_5:{30～50 岁,\$25000～\$50000}　E_6:{>50 岁,\$25000～\$50000}
E_7:{<30 岁,>\$50000}　E_8:{30～50 岁,>\$50000}
E_9:{>50 岁,>\$50000}

接下来,我们给样本点分配概率。如果我们从回答者中盲目选择一位,那么他(或她)落入某个特定年龄——收入组的概率就恰好是对应组在分类中所占的比例,或相对频率。这些比例已在表 3.4 中给出(以百分数的形式)。这样,

$P(E_1)$=回答者所在年龄-收入组{<30 岁,<\$25000}的相对频率=0.05

同理,$P(E_2)=0.14$　$P(E_3)=0.08$　$P(E_4)=0.12$
$P(E_5)=0.22$　$P(E_6)=0.10$　$P(E_7)=0.10$
$P(E_8)=0.16$　$P(E_9)=0.03$

你可以证明样本点的概率之和为 1。

a. 为了计算 $P(A)$,我们首先确定包含在事件 A 中的样本点的集合。既然 A 被定义为{>\$50000},从表 3.4 中我们看到 A 是由表中最后一栏表示的 3 个样本点构成的。也就是说,事件 A 由所有 3 个年龄组中{>\$50000}这种收入类组成。A 的概率就是它所包含的样本点的概率之和:

$$P(A)=P(E_7)+P(E_8)+P(E_9)=0.10+0.16+0.03=0.29$$

类似地,B={<30 岁}由表 3.4 中第二到第三行的 6 个样本点组成:

$$P(B)=P(E_2)+P(E_3)+P(E_5)+P(E_6)+P(E_8)+P(E_9)$$
$$=0.14+0.08+0.22+0.10+0.16+0.03=0.73$$

b. 事件 A 和 B 的并集 $A\cup B$ 由属于 A 或 B 或者既属于 A 又属于 B 的所有样本点组成,即:A 和 B 的并集由收入超过\$50000 或年龄在 30 岁或 30 岁以上的所有回答者组成,在表 3.4 中这就是指第三栏或者最后两行中的任何一个样本点。这样,

$$P(A\cup B)=0.10+0.14+0.22+0.16+0.08+0.10+0.03=0.83$$

c. 事件 A 和 B 的交集 $A\cap B$ 由同时属于 A 和 B 的所有样本点组成,即:A 和 B 的交集由收入超过\$50000 而且年龄在 30 岁或 30 岁以上的所有回答者组成,在表 3.4 中这就是指第三栏与最后两行交叉部分的任何一个样本点。这样,

$$P(A\cap B)=0.16+0.03=0.19$$

3.3 互补事件

在计算事件的概率时一个非常有用的概念叫做补集:

定义 3.7

事件 A 的补集是 A 不发生时对应的事件——即,这个事件由所有不包括在 A 中的样本点组成。我们用 A^C 来表示 A 的补集。

图 3.8 互补事件的维恩图

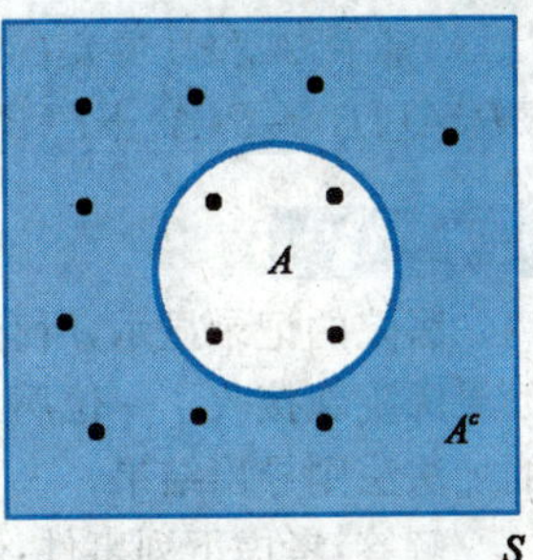

如果一个事件 A 是某些样本点的集合，那么 A^C 中的样本点正是那些不属于 A 的样本点，图 3.8 说明了这点。从图中可以看到，样本空间 S 的样本点要么属于 A 要么属于 A^C，没有样本点既属于 A 又属于 A^C，因此我们可以推出，一个事件的概率与该事件补集的概率之和必须等于 1：

> **互补事件的概率和**
>
> 互为补集之事件的概率之和为 1；即 $P(A)+P(A^C)=1$。

在许多概率问题中，计算一个事件的补集的概率要比计算这个事件本身的概率容易一些。由于

$$P(A)+P(A^C)=1$$

所以，我们可以根据上面的关系计算出 $P(A)$

$P(A)=1-P(A^C)$

例 3.11

考虑抛掷两枚均匀硬币的实验。根据互补事件之间的关系计算事件 A:{朝上的一面至少出现一个正面}的概率。

解答：

图 3.9 抛掷两枚硬币实验的互补事件

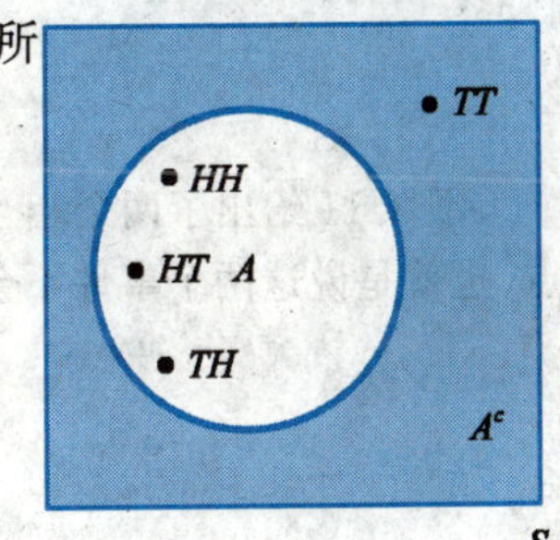

我们知道事件 A:{朝上的一面至少出现一个正面}由样本点 A:{HH,HT,TH}组成，事件 A 的补集又被定义为 A 不出现这个事件，所以，

A^C:{朝上的一面没有出现正面}={TT}

图 3.9 显示出这种互补关系。假定硬币是均匀的，那么

$P(A^C)=P(TT)=1/4$，

从而，$P(A)=1-P(A^C)=1-1/4$。

3.4 加法法则与互斥事件

在第 3 章第 2 节我们弄明白了如何确定一个并集包含哪些样本点，以及怎样将并集中样本点的概率相加而计算出并集的概率。实际上运用概率的加法法则(Additive rule of probability)也可以得到两个事件并集的概率。

图 3.10 并集的维恩图

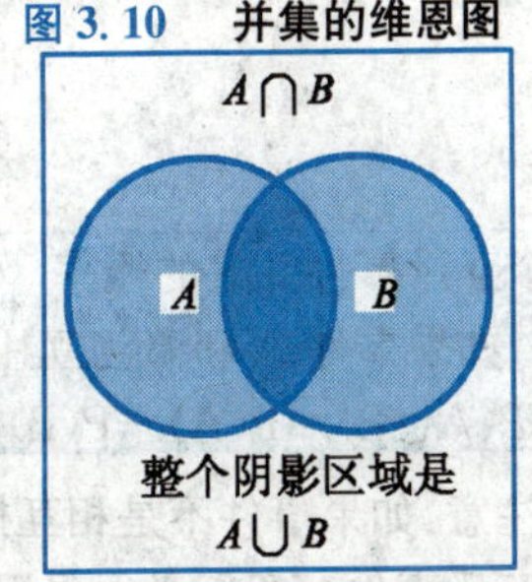

两个事件的并集通常要包含更多的样本点，因为两个事件中至少有一个发生时并集就会出现。通过研究图 3.10 的维恩图你可以看到，两个事件 A 与 B 并集的概率可以通过将 $P(A)$ 与 $P(B)$ 相加然后再减去事件 $A\cap B$ 的概率而得到，所以，我们在下面给出计算两个事件并集的概率公式。

概率的加法法则

事件 A 和 B 并集的概率等于事件 A 与 B 的概率之和再减去这两个事件交集的概率，即，$P(A\cup B)=P(A)+P(B)-P(A\cap B)$

例 3.12

医院的记录显示，所有病人中有 12% 是看外科，有 16% 是看产科，有 2% 既看产科又看外科。如果医院新接收了一位病人，那么这位病人看外科、产科或两个科都看的概率是多少？运用概率的加法法则导出结果。

解答：考虑下列事件：

A：{医院收治的病人看外科}；

B：{医院收治的病人看产科}。

根据给定的信息，有：

$P(A)=0.12$

$P(B)=0.16$

$P(A\cap B)=0.02$　　（$A\cap B$ 表示一个病人既看产科又看外科）

并集 $A\cup B$ 是这样一个事件，即这个事件中的病人或者看外科，或者看产科，或者两个科都看。运用加法法则可计算出 $A\cup B$ 的概率：

$P(A\cup B)=P(A)+P(B)-P(A\cap B)=0.12+0.16-0.02=0.26$

这样，医院接收的病人中看外科、看产科，或者两个科都看的病人占总数的 26%。

当 $A\cap B$ 不包含任何样本点时，事件 A 和 B 之间就存在一种特殊的关系。在这种情形下，我们称事件 A 和 B 为互斥事件。

定义 3.8

如果 $A\cap B$ 不含任何样本点，事件 A 和 B 就是相互排斥的，即 A 和 B 没有共同的样本点。

图 3.11 给出了两个相互排斥事件（简称互斥事件）的维恩图。事件 A 和 B 没有共同的样本点，也就是说这两个事件不会同时出现，即 $P(A\cap B)=0$，于是我们给出下面的重要关系。

图 3.11　互斥事件的维恩图

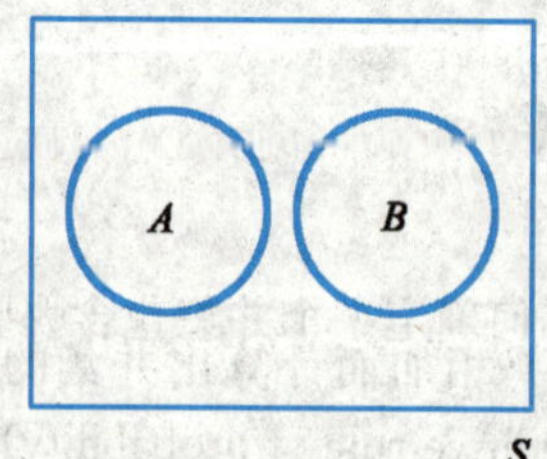

两个互斥事件并集的概率

如果事件 A 和 B 为互斥事件，那么 A 和 B 并集的概率等于这两个事件各自的概率之和。即，$P(A\cup B)=P(A)+P(B)$。

注意：如果事件不是相互排斥的，那么上面的公式是不成立的。在这种情形下（即两个事件不是互斥事件），我们必须采用一般的概率加法法则。

例 3.13

抛掷两枚均匀的硬币，计算朝上一面至少出现一个正面的概率。

解答：

定义事件

A：{朝上一面至少出现一个正面 }；

B：{朝上一面恰好出现一个正面 }；

C：{朝上一面恰好出现两个正面 }。

可以看出

$A=B\cup C$ 而且 $B\cap C$ 不含任何样本点(图 3.12)，所以 B 和 C 是互斥事件，于是有

$$P(A)=P(B\cup C)=P(B)+P(C)=1/2+1/4=3/4$$

尽管例 3.13 非常简单，但它告诉我们，像“至少”或“至多”一类的动词在描述互斥事件的并集时是非常有用的，另外本例也说明我们可以将互斥事件的概率相加来得到它们并集的概率。

图 3.12　抛掷硬币实验的维恩图

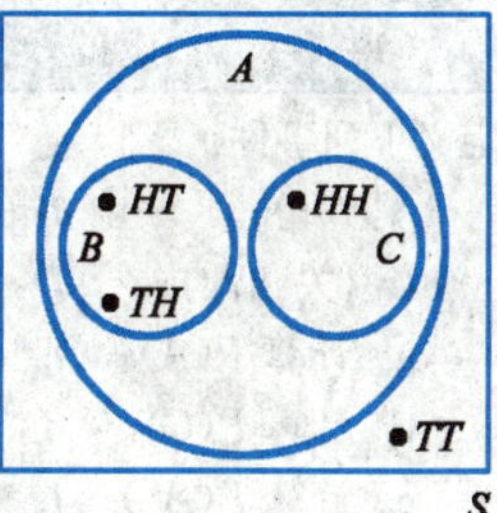

练习 3.16～3.31

技能训练：

3.16 将一枚均匀的硬币抛掷 3 次，定义事件 A 和 B 如下：

A：{朝上的一面至少出现一次正面}；

B：{出现正面的次数是奇数}；

a. 分别找出事件 $A,B,A\cup B,A^C$ 和 $A\cap B$ 所包含的样本点。

b. 通过将适当样本点的概率相加计算 $P(A)$，$P(B)$，$P(A\cup B)$，$P(A^C)$ 和 $P(A\cap B)$。

c. 运用加法法则计算 $P(A\cup B)$，并将这个结果同 b 中得到的结果作比较。

d. 事件 A 和 B 是相互排斥的吗？为什么？

3.17 什么是相互排斥事件？用词语进行描述然后画出维恩图。

3.18 抛掷一对均匀的骰子，定义如下事件：

A：{朝上一面共出现 7 点}(即两个骰子朝上一面出现的点数之和为 7)；

B：{至少有一个骰子的点数为 4 点}；

a. 分别找出事件 $A,B,A\cap B,A\cup B$ 和 A^C 所包含的样本点。

b. 通过将适当样本点的概率相加计算 $P(A)$，$P(B)$，$P(A\cap B)$，$P(A\cup B)$和 $P(A^C)$。

c. 运用加法法则计算 $P(A\cup B)$，并将这个结果同 b 中得到的结果作比较。

d. 事件 A 和 B 是相互排斥的吗？为什么？

3.19 考虑下列维恩图，其中 $P(E_1)=P(E_2)=P(E_3)=1/5$，$P(E_4)=P(E_5)=1/20$，$P(E_6)=1/10$，$P(E_7)=1/5$。

计算下面的概率：

练习 3.19 的图

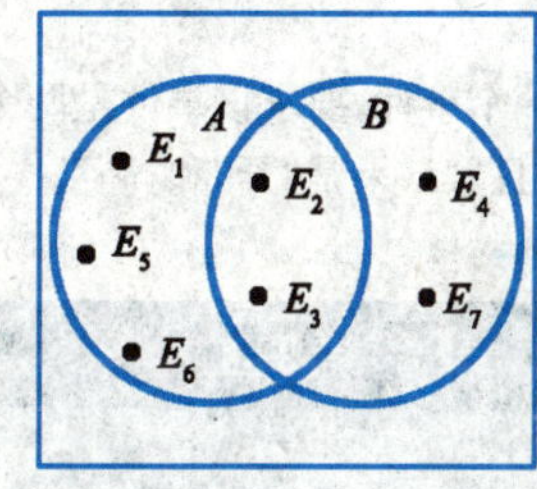

a. $P(A)$　　b. $P(B)$　　c. $P(A\cup B)$

d. $P(A\cap B)$　　e. $P(A^C)$　　f. $P(B^C)$

g. $P(A\cup A^C)$　　h. $P(A^C\cap B)$

3.20 考虑下列维恩图，其中 $P(E_1)=0.10$，$P(E_2)=0.05$，$P(E_3)=P(E_4)=0.2$，$P(E_5)=0.06$，$P(E_6)=0.3$，$P(E_7)=0.06$，$P(E_8)=0.03$。

计算下面的概率：

练习 3.20 的图

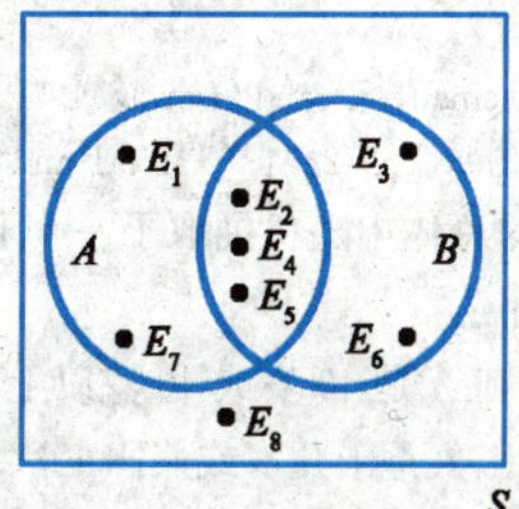

a. $P(A^C)$　b. $P(B^C)$　c. $P(A^C\cap B)$
d. $P(A\cup B)$　e. $P(A\cap B)$　f. $P(A^C\cup B^C)$
g. A 和 B 是互斥事件吗？为什么？

3.21 两个变量的结果分别是（低，中，高）和（开，关）。现进行了一项实验，并观察到两个变量各自的结果。下表给出了 6 对可能组合结果的概率。

	低	中	高
开	0.50	0.10	0.05
关	0.25	0.07	0.03

定义下列事件：

A:{开}；　B:{中或开}；
C:{关和低}；　D:{高}。

a. 计算 $P(A)$。　b. 计算 $P(B)$。
c. 计算 $P(C)$。　d. 计算 $P(D)$。
e. 计算 $P(A^C)$。　f. 计算 $P(A\cup B)$。
g. 计算 $P(A\cap C)$。
h. 考虑几对事件（A 和 B，A 和 C，A 和 D，B 和 C，B 和 D，C 和 D），指出哪几对是互斥事件，然后证明你的回答。

3.22 参考练习 3.21，运用同样的事件进行下列实验：

a. 写出一个事件，要求该事件是两个事件的交集，而且其结果是“开”和“高”。
b. 写出一个事件，要求该事件是一个事件的补集，而且其结果是“低”或“中”。

概念运用：

3.23 一家州级的能源机构对州政府所在地的 1000 名住户进行了一项节能方面的邮寄问卷调查，最后收回 500 份答卷。假定实验是从返回的答卷中随机抽取一份并进行评论。

考虑如下事件：

A:{选中的住户住在砖建筑的房子里}
B:{选中的住户在 30 岁以上}
C:{选中的住户用油作为取暖燃料}

要求：以并集、交集或补集的形式（即 $A\cup B$，$A\cap B$，A^C 等）描述下列每一事件：

a. 选中的住户在 30 岁以上并用油作为取暖燃料。
b. 选中的住户其房子不是砖建筑。
c. 选中的住户用油作为取暖燃料或者他（她）的年龄在 30 岁以上。
d. 选中的住户其房子是砖建筑而且不用油作为取暖燃料。

3.24 在日本，公司规模的缩小使得对临时工和兼职工的需求大量增加。下表（选自 Monthly Labor Review, Oct, 1995）给出了日本非正式工按年龄的分布（百分数），在表的下部定义了栏标题。

练习 3.24　的表

年龄	兼职工	Arubaito	临时工和日工	派送工	合计
15～19	0.3	3.7	2.3	0.2	6.5
20～29	3.4	7.8	6.1	4.7	22.0
30～39	8.4	1.6	4.5	2.7	17.2
40～49	15.6	1.6	7.3	1.4	25.9
50～59	9.4	1.1	5.8	0.6	16.9
60 及以上	4.3	1.8	4.8	0.6	11.5
合计	41.4	17.6	30.8	10.2	100.0

兼职工：每天工作的小时数或每周工作的天数比正式工的工作时间少；arubaito：除学校或其他地方的正式工作外，还有另外工作的人；临时工：按一年以内一个月以上的合同期限工作的人；日工：按一个月以内合同期限工作的人；派送工：受雇于临时帮助机构的人。

资料来源：Houseman, S. , and Osawa, M. “Prat-time and temporary employment in Japan. ”*Monthly Labor Review*, October 1995, pp. 12～13(Table 1 and 2)

假定从上面的总体中随机抽取了一个非正式工，并定义如下事件：

A:{这个工人是 40 岁或 40 岁以上}
B:{这个工人是十几岁或兼职工}
C:{这个工人在 40 岁以下而且既是 arubaito 又是派送工}
D:{这个工人是兼职工}

a. 计算上面每一事件的概率。
b. 计算 $P(A\cap D)$ 和 $P(A\cup D)$。
c. 用文字叙述下列事件：A^C，B^C 和 D^C。
d. 计算你在 c 中描述的每一事件的概率。

3.25 几年前，E* 贸易集团公司（E* Trade Group

Inc.)开始为它的客户提供在线有价证券交易,同时提供可选择的传统交易方式。根据《商业周刊》的报道,在线交易现在已占到股票交易业务量的相当份额。下表报告了在线交易和传统交易中列前5位的交易账目数。

练习 3.25 中的表

单位:百万

证券交易公司	在线账户	传统账户	总账户
Fidelity Investments	2.8	8	10.8
Merrill Lynch & Co.	0	8	8
Charles Schwab & Co.	2.8	3.5	6.3
TD Waterhouse Group Inc.	1.0	1.1	2.1
E* Trade Group Inc.	1.24	0	1.24
合计	7.84	20.6	28.44

资料来源:*Business Week*, October 18, 1999, pp. 185—186。

假定从表中描述的账户总体中随机抽取了一个账户。考虑下列事件:

A:{这个账户来自 Merrill Lynch 公司};

B:{这个账户是一个在线账户};

C:{这个账户来自 E* 贸易公司而且是一个在线账户};

D:{这个账户来自 TD Waterhouse 或 E* 贸易公司,而且是一个在线账户};

E:{这个账户来自 E* 贸易公司}。

a. 计算上面每一事件的概率。

b. 计算 $P(A\cap B)$。

c. 计算 $P(A\cup B)$。

d. 计算 $P(B^C\cap E)$。

e. 计算 $P(A\cup E)$。

f. 哪几对事件是互斥事件?

3.26 轮盘赌是许多美国娱乐场所非常流行的一种游戏。在轮盘赌游戏中,一只球在一条环形轨道上滚动,这条轨道等分为38个弧形,依次编号为00,0,1,2,...,35,36。球停顿处对应的弧形编号就是这项游戏的一个结果,这些编号数字分别被涂上下列颜色:

红色:1,3,5,7,9,12,14,16,18,19,21,23,25,27,30,32,34,36

黑色:2,4,6,8,10,11,13,15,17,20,22,24,26,28,29,31,33,35

绿色:00,0

游戏者可以各种方式打赌,比如:球停顿处对应的编号数字是奇数,偶数,红色,黑色,大号码,小号码等等。

定义下列事件:

A:{结果是奇数(00和0既不算奇数也不算偶数)}

B:{结果是黑色数字}

C:{结果是一个小号码(1~18)}

a. 定义事件 $A\cap B$ 为一个特定样本点的集合。

b. 定义事件 $A\cup B$ 为一个特定样本点的集合。

c. 通过把适当样本点的概率相加来计算 $P(A)$, $P(B)$, $P(A\cup B)$, $P(A\cap B)$ 和 $P(C)$。

d. 定义事件 $A\cap B\cap C$ 为一个特定样本点的集合。

e. 运用加法法则计算 $P(A\cup B)$,事件 A 和 B 是互斥事件吗?为什么?

f. 把d中得到的样本点的概率相加来计算 $P(A\cap B\cap C)$。

g. 定义事件 $A\cup B\cup C$ 为一个特定样本点的集合。

h. 把g中得到的样本点的概率相加来计算 $P(A\cup B\cup C)$。

3.27 在清点完3个仓库的存货后,一家高尔夫球杆生产商将库存的20125支球杆以百分比的形式分类如下表。假定从现存的20125支球杆中随机抽取一支并记录其所在的仓库号和球杆类型。

练习 3.27 的表

		球杆类型		
		普通型	硬型	超硬型
仓库	1	41%	6%	0%
	2	10%	15%	4%
	3	11%	7%	6%

a. 列出该实验的所有样本点。

b. 所有样本点的集合叫做什么?

c. 如果 C 表示由3号仓库中抽取的球杆所组成的事件,将 C 中样本点的概率相加来计算 $P(C)$。

d. 如果 F 表示抽取到超硬型球杆这一事件,

计算 $P(F)$。

e. 如果 A 表示抽取到的球杆来自 1 号仓库这一事件，计算 $P(A)$。

f. 如果 D 表示抽取到的球杆是普通型这一事件，计算 $P(D)$。

g. 如果 E 表示抽取到的球杆是硬型球杆这一事件，计算 $P(E)$。

3.28 参考练习 **3.27**，对下述事件所刻画的高尔夫球杆的特点进行描述，然后求出各自的概率。对每个并集，运用加法法则计算概率，同时确定哪些事件是互斥事件。

a. $A\cap F$ b. $C\cup E$ c. $C\cap D$ d. $A\cup F$
e. $A\cup D$

3.29《汽车新闻》跟踪并报告每月国内外汽车生产厂家的库存情况。下表给出的是 1998 年 11 月美国三大汽车生产商的库存资料。

练习 3.29 的表

生产商	轿车	卡车	合计
戴姆勒·克莱斯勒	178300	381900	560200
福特	321300	467300	788600
通用	550500	433900	984400
合计	1050100	1283100	2333200

资料来源：*Automotive* News, December 14, 1998, p. 38.

假定从上述总体中随机抽取一辆车并观察其车型及生产厂家。

a. 列出该实验的样本点。

b. 分别计算抽到的车是轿车，是卡车或来自福特厂家的概率。

c. 计算抽到的车是戴姆勒·克莱斯勒或福特车的概率。

d. 计算抽到的车是轿车而且来自通用厂家的概率，是卡车而且来自通用厂家的概率。

3.30 企业的长盛不衰取决于它能否推出质量上乘、最令消费者满意同时又能给公司带来竞争优势的产品（Kotler, *Marketing Management*, 1994）。一家食品生产商研制出 10 种新产品，市场研究表明这 10 种产品具有下面维恩图中所描述的那些特点。

a. 写出一个事件，要求这个事件中的产品具备维恩图中 3 个事件交集的所有特点。哪些产品包含在这个交集中？

b. 如果从 10 种产品中随机抽取一个并准备将其出售，该产品具备我们所期望特点的概率是多大？

c. 写出一个事件，要求这个事件是维恩图中某几个事件的并集，其中的产品能给公司带来竞争优势或者满足消费者的需求；然后计算这个并集的概率。

d. 写出一个事件，要求这个事件中的产品质量上乘而且能够满足消费者的需求，然后计算这个交集的概率。

练习 3.30 的图

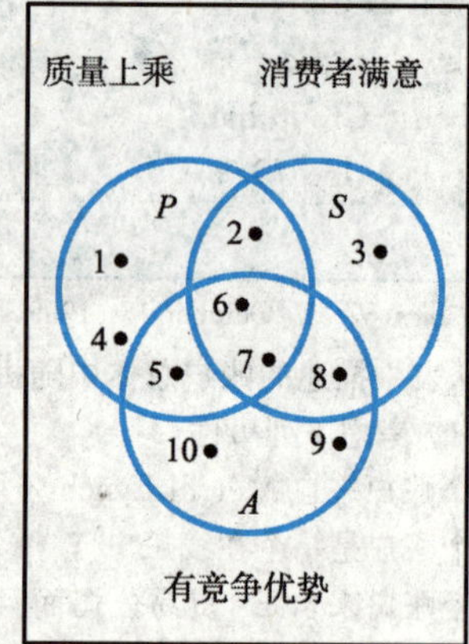

3.31 寻找既聪明又具主动性的管理人才是比较困难的。一位人力资源经理设计出如下的双向式表格，其中包括“能力—主动性”的 9 种组合。单元中的数字是经理对那些具备对应能力管理人才概率的估计。假定这位经理准备雇用一位新的管理人员。

练习 3.31 的表

	才能		
主动性	高	中	低
高	0.05	0.16	0.05
中	0.19	0.32	0.05
低	0.11	0.05	0.02

定义如下事件：

A:{落入“高—主动性”类}；
D:{落入“高—才能”类}；
C:{落入两组中的“中等或较高水平类”}；
D:{落入至少两组中的一个“低”水平类}；
E:{同时落入两组中的高水平类}。

a. 单元格中的概率之和等于 1 吗？

b. 列出上面描述的每一事件的样本点并计算其概率。

c. 计算 $P(A\cup B)$，$P(A\cap B)$，$P(A\cup C)$。

d. 计算 $P(A^C)$，从现实的观点出发解释其意义。

e. 考虑各对事件（如：A 与 B，A 与 C 等），哪对事件是互斥事件？为什么？

3.5 条件概率

我们一直在讨论的事件概率给出了当重复进行大量次实验时事件出现的相对频率，与其他类型的实验不同，因为没有特殊的假定条件，所以此类概率通常称为非条件概率。

然而，我们常常会有一些附加性的条件，这些条件可能影响实验结果出现的可能性，因此我们就需要改变相关事件的概率。反映这些附加信息的概率称为事件的**条件概率**。例如，我们知道在抛掷一枚骰子时，观察到偶数(事件 A)的概率是 1/2。但是如果假定在某一次特定的抛掷过程中出现的结果是小于或等于 3 的数(事件 B)，那么在这个前提下观察到偶数的概率还等于 1/2 吗？不会了，因为"B 已经出现"这个假定就使得样本空间所包含的样本点从 6 个减为 3 个(即包含在事件 B 中的样本点)，这个缩紧的样本空间显示如图 3.13。

图 3.13 抛掷骰子实验中假定 B 已经出现的条件下对应的紧缩样本空间

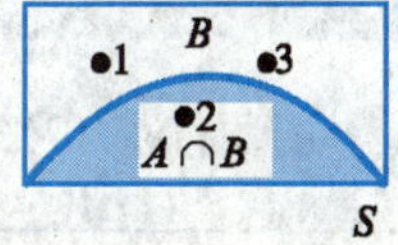

因为抛掷骰子实验中样本点是等可能出现的，因此我们将缩小的样本空间中 3 个样本点的每一个都赋予相同的条件概率 1/3。既然缩小的样本空间 B 所包含的 3 个数中惟一的偶数是 2 而且骰子是均匀的，因此我们得出给定 B 的条件下事件 A 出现的概率是 1/3。我们用符号 $P(A|B)$表示给定 B 的条件下事件 A 发生的概率，对于抛掷骰子实验来说 $P(A|B)=1/3$ 。

一般地，要得到给定 B 条件下事件 A 发生的概率，可按如下步骤进行：将 A 落入缩小后的样本空间 B 中那一部分的概率[即 $P(A\cap B)$]，除以缩小后样本空间的总概率[即 $P(B)$]。这样，对于抛掷骰子实验中的事件 A:{出现的点数是一个偶数}与事件 B:{出现的点数小于或等于 3}，我们有

$$P(A|B)=\frac{P(A\cap B)}{P(B)}=\frac{P(2)}{P(1)+P(2)+P(3)}=\frac{\frac{1}{6}}{\frac{3}{6}}=\frac{1}{3}$$

$P(A|B)$的公式一般是成立的。

条件概率公式

要计算事件 B 已出现的条件下事件 A 发生的条件概率，只须将 A 和 B 同时出现的概率除以事件 B 发生的概率，即

$$P(A|B)=\frac{P(A\cap B)}{P(B)}\text{(我们假定 }P(B)\neq 0\text{)}$$

这个公式将事件 $A\cap B$ 在全样本空间 S 中原来的概率调整为在缩小后的样本空间 B 中的条件概率。如果原来样本空间中各样本点的出现是等可能的，那么就像在抛掷骰子实验中的结果一样，上面的公式也将缩小后样本空间中的样本点赋予相同的概率。另一方面，如果样本点的概率不相等，上面的公式将按原来样本空间中样本点概率的比例来分配条件概率，我们用下面的例子作进一步的说明。

例 3.14

假定你对大批重型推土机的销售概率感兴趣，现进行了一个简单的实验。用 F 表示购买者有足够的钱(或存款)去购买上述产品这个事件，F^C 表示 F 的补集(即当事人没有足够的钱购买上述产品)。类似地，用 B 表示购买者希望购买上述产品这一事件，B^C 为它的补集。与上述实验

相联系的 4 个样本点显示在图 3.14 中，它们的概率在表 3.5 中给出。假定购买者有足够的支付能力，根据样本点的概率计算他确实准备购买的概率。

图 3.14 销售实验的样本空间

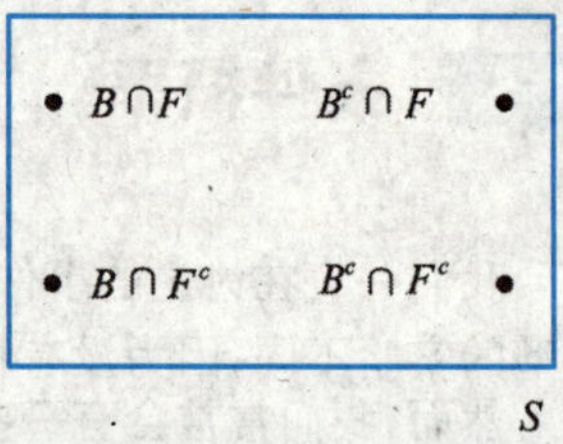

表 3.5 顾客想购买而且有能力购买的概率

		意愿	
		购买 B	不购买 B^C
支付能力	具备，F	0.2	0.1
	不具备，F^C	0.4	0.3

解答：

假定你正在考虑向一大批顾客推销你的产品并从这批顾客中随机选取一位。

图 3.15 包含有支付能力样本点的子空间

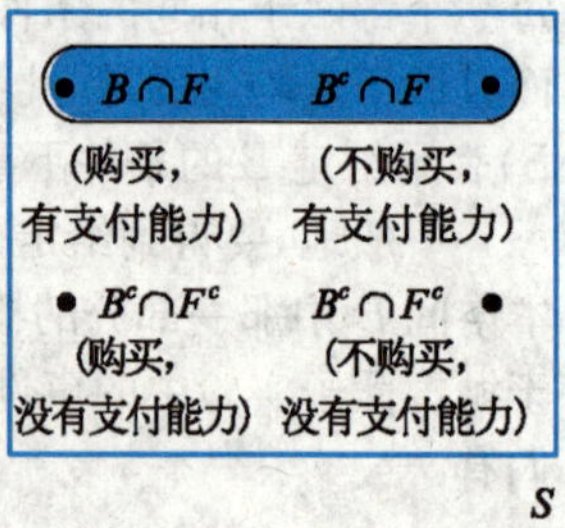

首先考虑"选中的这位顾客将购买产品的概率是多大?"这一问题。为了购买产品，顾客必须有足够的资金而且有购买的愿望，所以问题中的概率实际上就应该是上表 3.5 中的入口数，即{购买，B}，与相邻{具备，F}交叉处的数，或者写成 $P(B\cap F)=0.2$，我们把这个概率叫做事件 $B\cap F$ 的非条件概率。

相比之下，假定你已经知道选中的那位顾客有购买产品的财力。现在要求你在此前提下计算这位顾客确实准备购买的概率。这个概率——即假定 F 已经出现的前提下 B 发生的条件概率[用符号表示为 $P(B|F)$]，只需根据包含 $B\cap F$ 和 $B^C\cap F$ 的这个缩小的样本空间中的样本点来进行确定，这些样本点就是有支付能力的那些样本点(这个子空间就是图 3.15 中的阴影部分)。

根据条件概率的定义，

$$P(B|F)=\frac{P(B\cap F)}{P(F)}$$

此处 $P(F)$是对应于 $B\cap F$ 和 $B^C\cap F$(表 3.5 中给出)这两个样本点的概率之和，于是

$$P(F)=P(B\cap F)+P(B^C\cap F)=0.2+0.1=0.3$$

所以在顾客有支付能力的情况下，顾客购买产品的条件概率是

$$P(B|F)=\frac{P(B\cap F)}{P(F)}=\frac{0.2}{0.3}=0.667$$

正如我们所期望的，在假定顾客有支付能力的前提下，他(或她)准备购买产品的概率要比从原来的样本空间中随机选择一个顾客而他准备购买产品的非条件概率大一些。

注意，在例 3.14 中条件概率公式给缩小后样本空间中$(B\cap F)$这个事件分配的概率与完全样本空间中同一事件的概率成比例。为了说明这一点，我们注意到，缩小后的样本空间中的两个样本点——$(B\cap F)$和$(B^C\cap F)$，在原来完全样本空间 S 中的概率分别是 0.2 和 0.1。因此在缩小后的样本空间 F 中，公式给这两个样本点分配的条件概率就分别是 2/3 和 1/3，以便它们的条件概率仍保持与原样本点概率一样的 2 比 1 的比例关系。

例 3.15

联邦贸易委员会(Federal Trade Commission 简称为 FTC)对消费品抱怨问题的调查结果引起了生产商对其产品质量问题的极大关注。一家电动厨具生产商对大量消费者抱怨进行分析后发现,这些抱怨可分为 6 类,如表 3.6 所示。假定现在接到一起消费者抱怨事件,而且该抱怨发生在产品保证期内,那么抱怨起因于产品外观的概率是多大?

表 3.6 产品抱怨分布

抱怨时间	抱怨原因			合计
	电路	机械	外观	
在保证期内	18%	13%	32%	63%
在保证期后	12%	22%	3%	37%
合计	30%	35%	35%	100%

解答:

假设: A:{表示抱怨起因于产品外观};

B:{表示抱怨发生在产品保证期内}。

检查表 3.6,你会发现有(18+13+32)%=63%的抱怨发生在产品保证期内,所以,$P(B)=0.63$;另外,在产品保证期内因外观设计引发抱怨(事件 $A\cap B$)的比例为 32%,所以 $P(A\cap B)=0.32$。

运用上面这些概率值,我们可以计算出:在产品保证期内抱怨起因于产品外观的条件概率是:

$$P(A|B)=\frac{P(A\cap B)}{P(B)}=\frac{0.32}{0.63}=0.51$$

因此,我们可以看到,在产品保证期内将近一半的抱怨起因于厨具表面的划痕、凹凸不平或其他毛病。

在后面的章节中你会发现,条件概率在许多统计应用中起着关键性的作用。例如,我们也许对某只股票在下一年涨 10%这一概率感兴趣,那么我们就会利用诸如“股票过去的表现”或“目前的经济状况”等等信息来估计这个概率。然而,如果我们假定下一年国内生产总值(GDP)将增长 10%的话,我们对股票升值概率的估计就会发生很大的变化,即在假定下一年 GDP 增长 10%的条件下,我们的股票涨 10%的可能性(条件概率)就更大。因此,在假定某些事件已经发生的条件下计算(或估计)其他事件发生的概率就是一个条件概率。

3.6 乘法法则与独立事件

两个事件交集的概率可以根据乘法法则来计算,其中要用到我们在前面定义的条件概率。实际上,我们在其他背景下已经推出了这个计算公式。我们知道,给定 B 的条件下 A 发生的条件概率公式是:

$$P(A|B)=\frac{P(A\cap B)}{P(B)}$$

在这个公式的等式两边同乘以 $P(B)$,我们就得到事件 A 和 B 交集的概率,这个结果通常称为**概率的乘法法则**。

概率的乘法法则

$P(A\cap B)=P(A)P(B|A)$，或者同样地有 $P(A\cap B)=P(B)P(A|B)$

例 3.16

小麦期货投资者关心下列事件：

B：{下一年美国的小麦生产将有利可图}；

A：{下一年将发生严重旱灾}。

根据已有的信息，投资者知道在假定发生严重旱灾的条件下小麦生产有利可图的概率是 0.01，而且知道发生严重旱灾的概率是 0.05，即：

$$P(B|A)=0.01,\quad P(A)=0.05$$

根据上面这些信息计算，发生严重旱灾的同时小麦生产又有利可图的概率是多少？这个问题实际上就是计算 $P(A\cap B)$，即事件 A 和事件 B 交集的概率。

解答：

我们要计算的是 $P(A\cap B)$，运用乘法公式，我们有，

$$P(A\cap B)=P(A)P(B|A)=(0.05)(0.01)=0.0005$$

这就是说发生严重旱灾的条件下小麦生产有利可图的概率只有 0.0005，正如我们想像的那样，这个交集是一个非常罕见的事件。

交集常常只包含几个样本点，这时只需将适当样本点的概率相加就可以简便地计算出这些交集的概率；然而，就像下例中将要说明的那样，当交集含有很多的样本点时，按照上面的办法（即将满足条件的样本点的概率一一相加）进行计算就很麻烦，有时甚至不太可能，在这种情形下交集概率的公式就体现出它的巨大作用。

例 3.17

一家县级福利机构雇佣了 10 名福利工作人员，这 10 名工人的工作是接待前来领取救济食品券的申请者。监督者周期性地从这 10 名工人中随机抽取两人审查其工作以防他们非法截留应分发的救济食品券，但他们并不知道这 10 名工人中确实有 3 人存在非法截留现象。试问抽取的两名工人就是非法截留者的概率有多大？

解答：

定义如下两个事件：

A：{抽取的第一个工人存在非法截留现象}；

B：{抽取的第二个工人存在非法截留现象}。

我们想计算抽取的两个工人都存在非法截留现象的概率，这个事件实际上可以表示为：{第一个工人与第二个工人都存在非法截留现象}。因此，我们就是要计算交集 $A\cap B$ 的概率。运用乘法法则，我们有：

$$P(A\cap B)=P(A)P(B|A)$$

要计算 $P(A)$，我们可以把这个实验当成是从 10 个工人中随机抽取一人，那么这个实验的样本空间包含 10 个样本点（代表 10 个工人），其中那 3 名存在非法截留行为的工人用符号 $I(I_1,I_2,I_3)$ 表示，其余 7 名不存在非法截留行为的工人用符号 $N(N_1,N_2,N_3,N_4,N_5,N_6,N_7)$ 表示，相应的维恩图表示在图 3.16 中。

图 3.16　计算 $P(A)$ 的维恩图

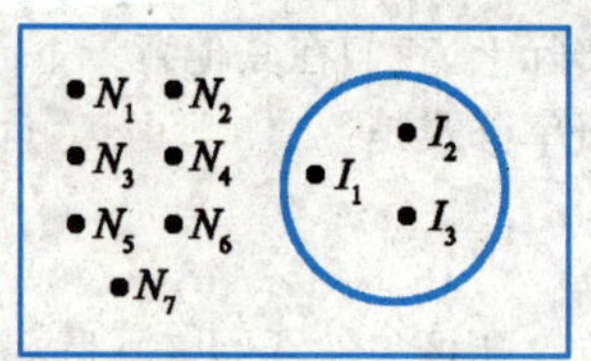

既然第一个工人是从 10 名工人中随机选取的，因此可以认为每个样本点的概率都相等，都等于 1/10。由于事件 A 的样本点是

$\{I_1, I_2, I_3\}$——即3名存在非法截留行为的工人，所以有：

$$P(A)=P(I_1)+P(I_2)+P(I_3)=\frac{1}{10}+\frac{1}{10}+\frac{1}{10}=\frac{3}{10}$$

图 3.17 计算 $P(B|A)$ 的维思图

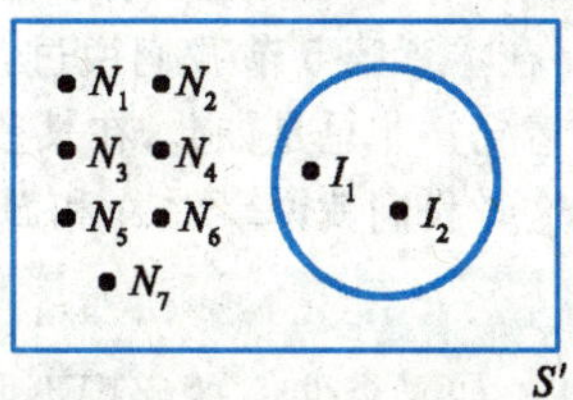

要计算条件概率 $P(B|A)$，我们需要改变样本空间 S。由于我们知道 A 已经发生，即选中的第一个工人存在非法截留现象（不妨设这个工人为 I_3），所以样本空间剩下的 9 个工人中只有 2 人存在非法截留行为，这时就可以在新样本空间（用 S' 表示，就是去掉 I_3 后剩下的那 9 个工人所组成的样本空间）中讨论问题，具体的维恩图显示在图 3.17 中。

显然，对于新样本空间来说，9 个样本点中每一个出现的概率都相等，都应当是 1/9。由于事件 $(B|A)$ 包含样本点 $\{I_1, I_2\}$，所以我们有

$$P(B|A)=P(I_1)+P(I_2)=1/9+1/9=2/9$$

把 $P(A)=3/10$ 和 $P(B|A)=2/9$ 代入概率乘法法则公式中，我们得到

$$P(A|B)=P(A)P(B|A)=(3/10)(2/9)=6/90=1/15$$

这样，监督者抽取的两个工人都存在非法截留行为的概率为 1/15。

样本空间方法只是解决例 3.17 中问题的一种方法。另一种可供选择的方法是使用树状图的概念，树状图在计算交集的概率时很有帮助。

为了说明树状图的用法，我们将例 3.17 的树状图列在图 3.18 中。树开始于最左端并分为两杈。这两杈代表选出的第一个工人所对应的两个可能结果——N（不存在非法截留行为）和 I（存在非法截留行为），而且在适当的位置标出了每个结果的非条件概率（用圆括号中的数表示），意思就是说，对选中的第一个工人而言，$P(N)=7/10$，$P(I)=3/10$（同例 3.17 中一样，这些概率可通过将样本点的概率相加而得到）。

树状图的第二段（向右移动）表示选出的第二个工人对应的结果。由于我们假定已经知道第一个工人的结果，所以第二段显示的概率就是条件概率。例如，如果已知第一个工人存在非法截留现像（I），那么第二个工人也存在非法截留现象的概率就是 2/9，因为此时可供选择的工人只剩下 9 个，而且其中有非法截留行为的工人也只有 2 人。条件概率 2/9 显示在图 3.18 中底部的一杈。

图 3.18 例 3.17 的树状图

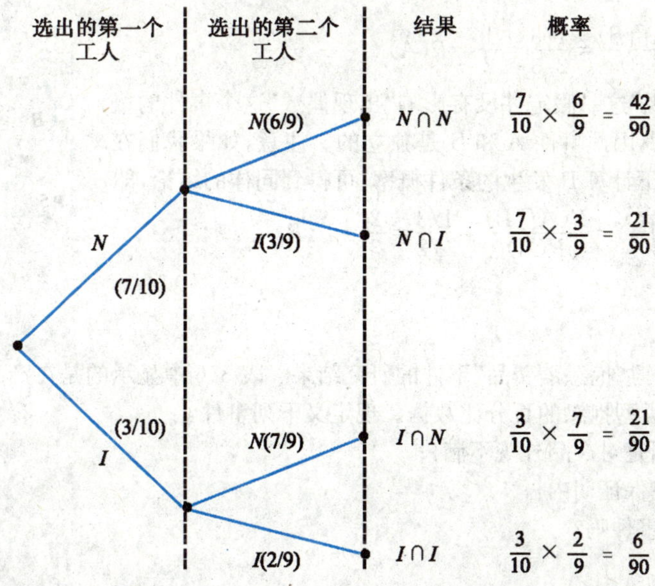

最后，在 4 个树杈各自的结尾处列出了该实验的 4 个可能结果，这些事件是两个事件的交集（第一个工人的结果与第二个工人的结果）。因此，就像图 3.18 所示，可以用乘法法则来计算每一个概率。我们可以看到交集$\{I \cap I\}$——即：所抽取的两个工人都存在非法截留行为这一事件的概率是 $6/90=1/15$，这一结果与例 3.17 相同。

在本章第 5 节我们说过，一个事件 A 的概率也许会因另一个事件 B 的出现而完全改变，不过，情况并非总是如此，在某些情况下，"事件 B 已经出现"这一假定丝毫也不会影响事件 A 的概率，这时我们就说事件 A 和 B 是独立事件。

定义 3.9

如果事件 B 的出现不影响事件 A 发生的概率，那么事件 A 和 B 就称为**独立事件**；即，如果

$$P(A|B)=P(A)$$

那么事件 A 和 B 就是独立的。

当事件 A 和 B 独立时，同样也有下面的结果

$$P(B|A)=P(B)$$

不独立的事件就称为**相依事件**。

例 3.18

在抛掷一枚均匀骰子的实验中，假定：

A：{出现的点数为偶数}；

B：{出现的点数小于或等于 4}。

问 A 和 B 是独立事件吗？

解答：

这个实验的维恩图显示在图 3.19 中，我们首先计算

$$P(A)=P(2)+P(4)+P(6)=1/2$$
$$P(B)=P(1)+P(2)+P(3)+P(4)=2/3$$
$$P(A\cap B)=P(2)+P(4)=1/3$$

现在假定 B 已经发生，那么在此条件下，A 的条件概率就是，

$$P(A|B)=\frac{P(A\cap B)}{P(B)}=\frac{1/3}{2/3}=\frac{1}{2}=P(A)$$

这样，"B 已出现"这一假定并没有影响"出现偶数"这个事件的概率，$P(A)$ 仍然是 1/2，因此事件 A 和 B 是独立的。注意，如果我们在已知 A 出现的条件下计算 B 发生的条件概率，可得到同样的结论，即

$$P(B|A)=\frac{P(A\cap B)}{P(A)}=\frac{1/3}{1/2}=\frac{2}{3}=P(B)$$

图 3.19 抛掷骰子实验的维恩图

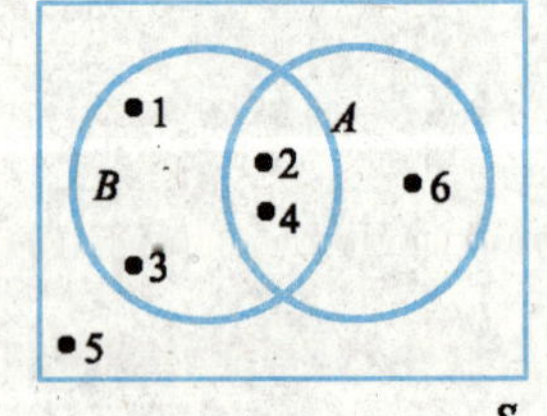

例 3.19

参考例 3.15 中对"抱怨消费品"事件的研究结果。表 3.6 中显示的是在产品保证期内和保证期过后发生的各种类型抱怨的百分比数据。现定义下列事件：

A：{抱怨的原因是对产品外观不满}；

B：{抱怨发生在保证期内}；

A 和 B 是独立事件吗？

图3.20 相互排斥的事件是独立事件

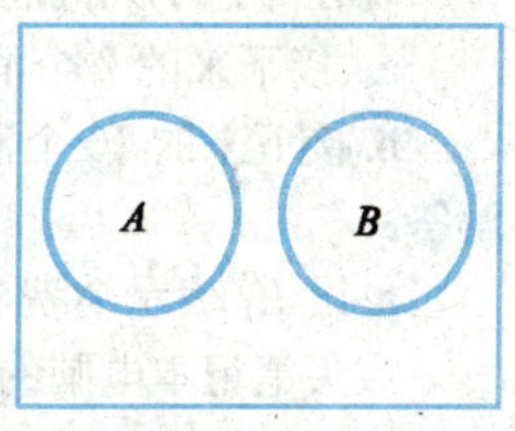

解答:

如果 $P(A|B)=P(A)$,那么 A 和 B 就是独立事件。在例3.15中,我们已经算出,$P(A|B)=0.51$,从表3.6中我们看到:

$$P(A)=0.32+0.03=0.35$$

所以,$P(A|B)$ 不等于 $P(A)$,A 和 B 就是相依事件。

要对独立事件的含义有直观的理解,考虑一下下面的情形,即某一事件出现与否不影响另一个事件出现的概率。

例如,假定一位银行家正在监测两家小公司的经营状况以决定是否对其进行投资。如果这两家企业属于不同行业而且没有业务联系,那么一个企业的成功或失败与另一个企业的经营状况可能就是独立的,也就是说,A 企业的失败不会影响到 B 企业失败的概率。

第二个例子,在一次投票选举中,要求1000名合法选民从两名候选人中选出1人。组织者想按照一定的程序从选民中抽取一个样本以便得到独立的答案,也就是说,组织者的目的是选择一个样本以便使一个选民的决定不会对另一个选民的决定产生任何影响。

关于独立性我们强调三点:

第一,与相互排斥事件的特点不同,独立性的特点不能在维恩图中表示出来,这意味着你不能凭直觉去判断两个事件是否独立。一般来说,检查独立性的惟一方法还是根据独立性的定义去计算概率。

第二,弄清独立事件与互斥事件之间的关系。假定事件 A 和 B 是互斥事件,如图3.20所示,而且两个事件的概率都不为0,那么这两个事件是独立的还是相依的?或者换一种问法,B 的出现会对 A 的出现产生影响吗?答案是"当然会",因为如果假定事件 B 已经出现,那么事件 A 与事件 B 同时出现就是不可能的,即 $P(A|B)=0$。这样,由于 $P(A)\neq P(A|B)$,A 和 B 就是相依事件。

第三,独立事件交集的概率容易计算。参考一下计算交集概率的公式,我们知道

$$P(A\cap B)=P(A)P(B|A)$$

这样,当 A 和 B 独立时,就有 $P(B|A)=P(B)$,从而我们可以推出下面这个有用的法则:

两个独立事件交集的概率

如果事件 A 和 B 是独立的,那么这两个事件交集的概率就等于它们各自概率的乘积;即

$$P(A\cap B)=P(A)P(B)$$

反过来也有:如果 $P(A\cap B)=P(A)P(B)$,那么事件 A 和 B 就是独立的。

在抛掷骰子实验例3.18中,我们看到,如果骰子是均匀的,那么事件 A:{出现的点数为偶数}与事件 B:{出现的点数小于或等于4}就是独立的。这样,

$$P(A\cap B)=P(A)P(B)=(1/2)(2/3)=1/3$$

这与我们从例子中得到的结果一致:

$$P(A\cap B)=P(2)+P(4)=2/6=1/3$$

例3.20

几乎每一个零售企业都存在如何确定存货数量的问题,存货不足可能会导致经营的失败,存货过多则会对利润产生不利影响。假定一个计算机零售店的老板正在作购进个人电脑的计划,她正在考虑该订多少台台式电脑和多少台笔记本电脑。

该老板以前所做的记录表明:个人电脑消费者中,80%的人购买台式电脑而20%的人购买笔

记本电脑。

现在考虑下列问题：

a. 接下来的 2 个消费者购买笔记本电脑的可能性是多少？

b. 接下来的 10 个消费者中购买笔记本电脑的可能性又有多大？

解答：

a. 设 L_1 表示消费者 1 购买笔记本电脑，L_2 表示消费者 2 购买笔记本电脑，两个消费者都购买笔记本电脑的事件就是上述两个事件的交集，即 $L_1 \cap L_2$。根据以往的资料店主推知，$P(L_1)=0.2$（基于过去的经验，顾客中有 20% 的人购买笔记本电脑），同样的推理方法也适用于确定 $P(L_2)$。然而，为了计算 $L_1 \cap L_2$ 这一事件发生的概率，我们还需要更多的信息：或者是必须对后来购买笔记本电脑的情况进行连续监测，或者需要作某些假设以便按照乘法法则计算 $L_1 \cap L_2$。一个合理的假设是上面两个事件相互独立，即第一个消费者的决策行为不影响第 2 个消费者的决策行为。假定上述两个事件独立，我们就有

$$P(L_1 \cap L_2)=P(L_1)P(L_2)=(0.2)(0.2)=0.04$$

b. 要想知道怎样计算后 10 个购买者都买笔记本电脑的概率，首先考虑 3 个相邻的购买者都购买笔记本电脑这一事件的概率。以 L_3 表示第 3 个消费者购买笔记本电脑这一事件，那么我们想要计算的就是 $L_1 \cap L_2$ 与 L_3 交集的概率。再次假定购买者的决策都是独立的，于是有

$$P(L_1 \cap L_2 \cap L_3)=P(L_1 \cap L_2)P(L_3)=(0.2)^2(0.2)=0.008$$

同理可知，10 个类似事件的交集应计算如下：

$$P(L_1 \cap L_2 \cap \cdots L_{10})=P(L_1)P(L_2)\cdots P(L_{10})=(0.2)^{10}=0.0000001024$$

这样，如果假定每个消费者购买笔记本电脑的概率是 0.2，而且购买者的决策行为彼此独立，那么后面 10 个购买者都购买笔记本电脑的概率就是千万分之一。

练习 3.32～3.51

技能训练：

3.32 在一个包括 3 个相互排斥事件的实验中，事件 A、B、C 发生的概率分别是 $P(A)=0.30$，$P(B)=0.55$，$P(C)=0.15$。

计算下列各事件的概率：

a. $P(A \cup B)$　　b. $P(A \cap C)$

c. $P(A|B)$　　d. $P(B \cup C)$

e. B 和 C 是独立事件吗？为什么？

3.33 考虑下列以维恩图方式给出的实验：样本空间包括 5 个样本点，每个样本点的概率分配如下：$P(E_1)=0.20$，$P(E_2)=0.30$，$P(E_3)=0.30$，$P(E_4)=0.10$，$P(E_5)=0.10$

练习 3.33 的图

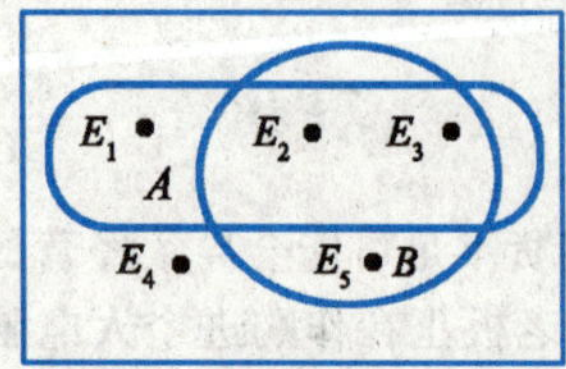

a. 计算 $P(A)$，$P(B)$ 和 $P(A \cap B)$。

b. 假定事件 A 已经发生，事件 A 的子空间由 3 个样本点组成，即 E_1，E_2 和 E_3。运用条件概率公式计算 A 发生的前提下 E_1，E_2 和 E_3 出现的概率[即 $P(E_i|A)$]，并验证一下此时 3 个条件概率的比例与原样本点对应概率的比例相同。

c. 用两种方法计算条件概率：$P(B|A)$：(1)在交集 $A \cap B$ 中增加调整后的样本点的概率，因为它们代表了 A 已经出现的条件下事件 B 发生这一现象；(2)运用条件概率公式 $P(B|A)=\frac{P(A \cap B)}{P(A)}$，证明这两种算法结果相同。

d. 事件 A 和 B 独立吗？为什么？

3.34 抛掷 3 枚硬币，定义下列事件：

A：[至少出现一个正面]；

B：[恰好出现两个正面]；

C：[恰好出现两个反面]；

D：[至多出现两个正面]。

a. 确定每一样本点的概率并计算：P(A)，P(B)，P(C)，P(D) ，P(A∩B)，

P(A∩D)，P(B∩C)和P(B∩D)

b. 利用a的答案计算$P(B|A)$，$P(A|D)$和$(C|B)$。

c. 哪些事件是独立的(如果有的话)？为什么？

3.35 一次实验中，出现了5个样本点，它们的概率如下：

$P(E_1)=0.22$，$P(E_2)=0.31$，$P(E_3)=0.15$，$P(E_4)=0.22$，$P(E_5)=0.1$

现在定义如下一些事件：

A:{E_1，E_3}；B:{E_2，E_3，E_4}；C:{E_1，E_5}。

然后计算下面的概率：

a. $P(A)$　　b. $P(B)$

c. $P(A\cap B)$　　d. $P(A|B)$

e. $P(B\cap C)$　　f. $P(C|B)$

g. 考虑几对事件：A和B，A和C，B和C。几对事件中有相互独立的吗？为什么？

3.36 抛掷了两对骰子，并定义如下事件：

A:{出现的点数之和为奇数}

B:{出现的点数之和为9，11或12}

事件A和B独立吗？为什么？

3.37 一个样本空间包含6个样本点，事件A、B、C显示在维恩图中，样本点的概率是：

$P(1)=0.20$，$P(2)=0.05$，$P(3)=0.30$，$P(4)=0.10$，$P(5)=0.10$，$P(6)=0.25$

a. 哪几对事件(如果有的话)是相互排斥的？为什么？

b. 哪几对事件(如果有的话)是相互独立的？为什么？

c. 通过增加样本点的概率并利用加法法则来计算$P(A\cup B)$，然后说明计算答案与事实相符；按同样的方法计算$P(A\cup C)$。

练习3.37的图

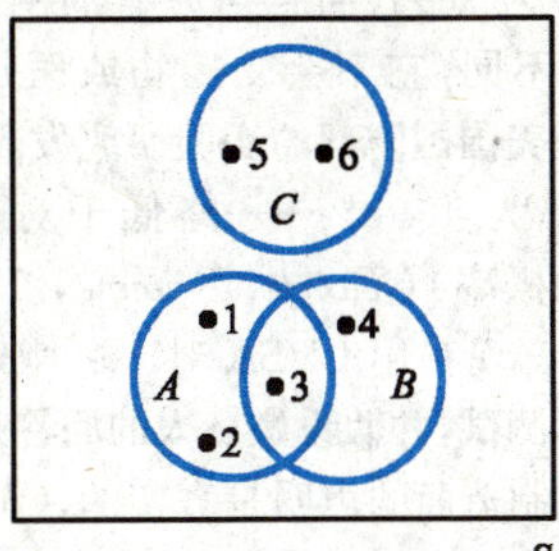

3.38 支持或反驳下列各种观点：

a. 相依事件总是相互排斥的。

b. 相互排斥事件总是相依的。

c. 独立事件总是相互排斥的。

3.39 对于事件A和B，$P(A)=0.4$；$P(B)=0.2$

a. 如果A和B是独立的，计算$P(A\cap B)$，$P(A|B)$和$P(A\cup B)$。

b. 如果A和B是非独立的，利用$P(A|B)=0.6$，计算$P(A\cap B)$和$P(B|A)$。

概念运用：

3.40 《福布斯》(1999年7月26日)杂志对基地设在美国之外的20家最大的公用公司(以销售收入确定)进行了描述。对每一家公司，下表中列出了相应的国家名称和企业类型。从20家公司中随机抽取一家观察其国别和企业类型。

练习3.40的表　　PUBLIC. DAT

公司	国家	行业
DaimlerChrysler	德国	汽车
Mitsui&Co.	日本	贸易
Itochu	日本	贸易
Mitsubishi	日本	贸易
Toyota Motor	日本	汽车
Royal Dutch/Shell Group	荷兰	能源
Marubeni	日本	贸易
Sumitomo	日本	贸易
AXA Group	法国	保险
Volkswagen Group	德国	汽车
Nippon Tei & Tel	日本	通信
BP Amoco	英国	能源
Nissho Iwai	日本	贸易
Siemens Group	德国	电子
Allianz Worldwide	德国	保险
Hitachi	日本	电子
Matsusthita Electric	日本	用具
ING Group	荷兰	金融
Sony	日本	用具
Metro	德国	零售

资料来源：*Forbes*，July，26，1999，p. 160.

a. 构造所得数据的频数表，以国家名为行变量，以企业类型为列变量。

b. 计算所选公司是日本公司的概率。

c. 计算所选公司是汽车制造公司的概率。

d. 计算所选公司是保险公司或电子公司的概率。

e. 计算所选公司是日本汽车制造公司的概率。

f. 计算所选公司是德国公司或电子公司的概率。

g. 如果选出的公司是日本公司，那么该公司是汽车制造公司的概率有多大？

h. 如果所选公司是汽车制造公司，那么该公司是日本公司的概率有多大？

i. b和c中描述的事件是独立的吗？证明你的结论。

3.41 20世纪90年代主要联盟棒球世界系列赛进行了9次(其中1994年由于某个成员的罢工没有进行)。下表列出了9次系列赛中各个优胜者所属联盟及区域分布,现从中随机选取一名优胜者。

练习 3.41 的表

		联盟	
		国家	美洲
分组	东部	2	5
	中部	1	1
	西部	0	0

资料来源:Major League Baseball,1990

a. 假定优胜者是美洲联盟的一名成员,该优胜者在东部一组中的概率是多少?

b. 如果优胜者在中部一组,该优胜者属于国家联盟的概率有多大?

c. 如果优胜者是国家联盟的一个成员,该优胜者属于中部或西部分组的概率有多大?

3.42 "围棋(Go)"是世界上最古老和最流行的一种棋盘智力游戏,在日本和韩国尤为盛行。这种游戏在一个19条竖线和19条横线组成的棋盘上进行。具体方法是:两个人进行比赛,双方轮流在棋盘上的交点处放置"棋子"(黑色和白色石头),占据较大面积者获胜,并且规定执黑棋的一方先行。[注意:弗吉尼亚大学要求MBA学生学习围棋,以便从中领会日本人管理企业的思想。] Chance(1995年夏)发表了一篇文章,该文章通过对专业棋手近期进行的577场比赛结果进行分析,研究了围棋比赛中执黑先行一方的优势。

练习 3.42 的表 Go. DAT

黑棋选手水平	对手水平	获胜次数	比赛次数
C	A	34	34
C	B	69	79
C	C	66	118
B	A	40	54
B	B	52	95
B	C	27	79
A	A	15	28
A	B	11	51
A	C	5	39
	Totals	319	577

资料来源:J. Kim, and H. J. Kim. "The advantage of playing first in GO." *Chance*, Vol. 8, No. 3, Summer 1995, p. 26(Table 3).

a. 在577场比赛中,执黑棋的运动员赢了319场,执白棋者赢了258场。运用这些信息估计一下当你执黑先行时取胜的概率。

b. 专业棋手按级别分类:C组由级别最高的棋手组成,其次是B组(中等级别棋手)和A组(低级别棋手)。上表给出了执黑棋的棋手获胜的场数,并将棋手按级别划分。估计一下第一次参加围棋比赛时与不同级别的选手对阵取胜的概率。

c. 如果执黑棋的棋手级别比对手高,那么黑棋选手取胜的概率是多大?

d. 假定一对棋手的级别相同,那么执黑棋者取胜的概率是多大?

3.43 现已研制出一种新式测谎仪——称做计算机声音压缩分析器(Computerized Voice Stress Analyzer 简写为CVSA)。厂家声称CVSA的准确率为98%,而且与原有的测谎器(Polygraph)不同,它不会受药物或医疗因素的影响。但美国国防部的实验研究发现,CVSA的准确率为49.8%——略低于对等概率(即50%的概率)(*Tampa Tribune*,1999年1月10日)。现在用CVSA对4名嫌疑者的诚实性进行测试,并假设嫌疑人的回答是独立的。

a. 如果制造商的声明是真实的,CVSA会以多大的概率正确地确定4个嫌疑犯的诚实性?

b. 如果制造商的声明是真实的,CVSA至少对一个嫌疑犯做出不正确判断的概率是多大?

c. 假定美国国防部利用CVSA对4个嫌疑犯进行了一项实验,结果发现对其中两人的检测结果不符合实际情况。根据这一结果,对CVSA的有效性进行评价。

3.44 大多数公司选择优先保障组织(PPOs)和健康

维护组织(HMOs)为他们的雇员提供系列健康保障计划(Monthly labor Review, Oct. 1995)。现在分别对 100 家大、中、小型公司(这些公司可以为他们的雇员提供 HMOs, PPOs 和收费服务式的健康保障计划)进行了一次调查,要求每个公司按雇员选择的保障方式提供信息。这些公司总共有 833303 名雇员,下表给出了按公司规模和保障类型划分的各类雇员人数:

练习 3.44 的表

公司规模	收费服务	PPO	HMO	总数
小公司	1808	1757	1456	5021
中型公司	8953	6491	6983	22382
大公司	330419	241770	233711	805900
总数	341180	250018	242105	833303

资料来源:Adapted from Bucci, M., and Grant, R"Employer-sponsored health insurance: What's offered; what's chosen?" *Monthly Labor Review*, October 1995, pp. 38～43.

从 833303 个雇员中随机选择一名以便作进一步分析。事件 A 和 B 定义如下:

A:{该雇员选择的是收费服务方式}

B:{该雇员来自一个小公司}

a. 计算 $P(B)$;　b. 计算 $P(A\cap B)$;

c. 计算 $P(A\cup B)$;　d. 计算 $P(A|B)$;

e. A 和 B 独立吗?证实你的回答。

3.45 参考练习 3.10 中《美国大众健康杂志》对科罗拉多地区一氧化碳无意中毒事件的研究结果,表中分类包括 981 种情形,见下面复制表。从 981 种情形中随机选取了一例一氧化碳无意中毒事例。

练习 3.45 的表

暴露源	致命	非致命	小计
火灾	63	53	116
自燃	60	178	238
锅炉	18	345	363
煤油或小型供热器	9	18	27
燃具	9	63	72
其他燃气动力车	3	73	76
壁炉	0	16	16
其他器具	3	19	22
原因不明	9	42	51
合计	174	807	981

资料来源:Cook, M. C., Simon, P. A., and Hoffman, R. E. "Unintentional carbon monoxide poisoning in Colorado, 1986 through 1991." American Journal of Public Health, Vol 85, No. 7, July 1995, p. 989 (Table1). (c) 1995 American Public Health Association

a. 假定产生毒物的原因是火灾,这种情形是致命类的概率有多大?

b. 如果情形属于非致命类,那么它由自燃引起的可能性是多大?

c. 如果情形属于致命类,那么它起因于不明原因的概率是多大?

d. 如果情形属于非致命类,那么起因不是火灾或壁炉的概率是多大?

3.46 医生和药剂师有时会犯下列错误,即没有向病人介绍清楚处方药的合理用法以及建议病人谨慎用药以避免可能产生的副作用。对医生来说,提醒病人的有效方法之一是提供患者用药说明书(Patient Medication Instruction 简称 PMI)。然而,美国医疗协会发现只有 20%的医生在开药方时把 PMI 提供给他们的病人。假定所有病人中有 20%随处方收到 PMI,有 12%的病人收到了 PMI 同时又因与药物有关的问题而住院治疗。问题:假定一个病人收到了 PMI,那么他因服药原因而住院的概率有多大?

3.47 一频道是面向美国中等学校的一个教育电视网络。入网学校的每间教室都安装有电视接口以便接收一频道的节目。据 Educational Technology(1995 年 5～7 月)统计,40%的美国中等学校认买一频道通信网(CCN)。这些认买的学校中,每周使用 CNN 次数在 5 次以上者占 20%,从未使用过 CNN 者只占 5%。

a. 估计一下一所随机抽取的学校认买了 CNN 但从未使用的概率。

b. 估计一下一所随机抽取的学校认买了 CNN 且每周使用次数在 5 次以上的概率。

3.48 下表对 1996 年归于国内税收服务系统(IRS)的 6200 万张联邦长期纳税申报单和其中已被 IRS 审计过的部分(百分比)进行了描述。

练习 3.48 的表

收入	申报单数目	已审记过的百分比(百万)
低于＄25000	13.2	1.17
＄25000—＄49999	27.3	0.95
＄50000—99999	17.0	1.16
＄100000 or more	4.5	2.85

资料来源:*Statistical Abstract of the United States*:1998, p. 347.

a. 如果从上述总体中随机抽取一张纳税申报单(即每张申报单被抽中的概率相等),这张纳税申报单已被审计的概率是多大?

b. 如果一张纳税申报单是从总体中随机抽取的,该申报单填报的收入在2500～49999美元之间而且已被审计的概率是多大?该申报单填报的收入在50000美元以上或该申报单未被审计的概率是多大?

3.49 Economic Botany(1995年1～5月)杂志刊登了对玉蜀黍基因起源和特性的研究结果,这种玉蜀黍在8000年前就已在墨西哥本土上种植。玉蜀黍种子要么带有单穗,要么带有双穗,但不会同时带有单穗或双穗。对大约600个玉蜀黍穗的产品所进行的试验揭示出如下信息:40%的种子具有单穗,60%的种子具有双穗。具有单穗的种子会长出比种子本身多29%的小穗,而具有双穗的种子会长出比其本身多71%的小穗。具有单穗的种子长出的小穗带有单穗的概率为26%,带有双穗的概率为74%。

a. 确定随机抽取的玉蜀黍穗种子带有单穗、而且其长出的小穗也带有单穗的概率。

b. 确定随机抽取的玉蜀黍穗种子长出双小穗的概率。

3.50 1994年10月,在许多新PC个人电脑的奔腾芯片中发现了毛病——即对两个数做除法时芯片给出了错误的计算结果,但英特尔公司(一家奔腾芯片制造商)说发生这种错误的可能性只有90亿分之一,或者说对一个特定的用户来讲,这样的情况"在27000年中才可能发生一次",因此,它没有马上更换芯片。假定现实中奔腾芯片在做除法运算时出错的概率是1/9000000000。

a. 用有缺陷的奔腾芯片做除法时,不发生错误的概率是多大?

b. 用一个有缺陷的芯片连续做了2次除法,没有发生错误的概率是多大?(假定2次运算互不影响)。

c. 统计软件包依赖程序进行大量的运算,对于作业量大的用户,要求软件在很短的时间内进行10亿次运算是很平常的事。计算一下让有缺陷的奔腾芯片进行10亿次运算而不发生错误的概率。

d. 利用c的结果,计算10亿次运算中至少发生一次错误的概率(注意:发现芯片确实存在缺陷的两个月后,英特尔公司同意为客户免费更换所有的奔腾芯片)。

3.51 练习3.7给出了"全面质量管理"(TQM)的一个定义,另一个定义是"全面质量管理是提高产品质量、服务质量以及劳动生产率的管理技术体系或管理哲学"(Benson,Minnesota Management Review,1992年)。对100家美国公司的调查发现有30家已完成了TQM;这100家公司中有60家在上年其销售收入有所增加,这60家中,又有20家完成了TQM。现在从上面的100家公司中随机抽取一家进行分析。

a. 挑选的这家公司已经完成TQM的概率是多少?挑选的这家公司销售收入有所增加的概率是多大?

b. {完成了TQM}和{销售收入增加}这两个事件是否独立?解释原因。

c. 假定完成TQM的60家公司中销售收入增加的仅有18家而不是20家,此时{完成了TQM}和{销售收入增加}这两个事件是否独立?为什么?

3.7 随机抽样

如何从总体中抽取样本在统计推断中是很重要的,因为我们要用样本出现的概率去推断总体的特性。例如,假定你从一副52张的牌中抽出4张,结果这4张全是A。你认为那副纸牌是一副普通纸牌——其中只有4张A,还是认为那副纸牌中的A多于4张?结论取决于抽牌方式。如果4张A总是位于一副牌的最上面,那么抽到4张A就不足为奇。但如果那副牌已被彻底洗

过，那么抽出的4张牌都是A的可能性就很小。所以，问题的关键是：为了利用抽到的4张牌(样本)来对总体(52张牌)进行推断，我们就必须知道样本是如何从总体中抽取的？

最简单、最常用的一种抽样方法其实在前面的许多例子和练习中已经使用过，这种方法叫随机抽样，抽出的样本称为随机样本。

定义 3.10

如果从总体中抽取n个元素的方法是使每组这样的n个元素都有同样的概率被抽中，那么这样的n个元素所组成的样本就称为**随机样本**①(Random sample)。

如果一个总体不太大，其基本元素可以用纸条上的数字来表示的话，你就可以把这些纸条充分搅匀，然后从中取出n个，选中纸条上面的数字说明总体元素包含在样本中。由于常常不容易把纸条充分搅匀，这种方法只能给出一个近似的随机抽样。大多数研究中都依靠随机数发生器来生成随机样本，随机数发生器以图表的方式给出，而且多数统计软件都设计有这项功能(指生成随机数)。

统计实践

3.2 彩票大王(Lottery Buster)

欢迎你来到《彩票大王》精彩世界，让我们从彩票大王的第一期说起：彩票大王是面向全国彩票游戏爱好者发行的一种月刊杂志，它提供目前美国40多个州正在进行的彩票活动中的一些有趣事实和数据，同时也为游戏者提高中彩率“指点迷津”。

1963年，新罕布什尔州成为现代将彩票业作为增加税收来源的第一个州(此前，始于1895年的彩票业因怕诱发腐败而在美国被禁止)。从那时起，基于两个原因使彩票业迅速发展起来：第一，1美元投资可能换来数百万美元的回报对人们具有很大的诱惑；第二，即使你输了，你也会为自己把钱投到了一项有益的事业而感到自豪。

彩票业的兴盛引出了大量自称是“专家”和“数学奇才”(诸如*Lottery Buster*的编辑)的人，他们指导人们如何提高中彩率——当然是有偿服务。这些专家——不管怎么说也是合法的——把他们获胜的“秘诀”建立在他们对概率和统计知识的熟练掌握上。

例如，许多专家认为中彩的“黄金法则”或第一规则就在于游戏方式。政府彩票业一般提供3种游戏方式：即买即开式，每日选数(选3或选4)式，以及每周选6式。

即买即开式就是购买彩票后立即刮开彩票上的涂层以确定是否中奖。这种彩票每张的购买价格是50美分，大多数州的中奖金额从1美元到10万美元不等，但也有一些地方将奖金金额设到高达100万美元。《彩票大王》不主张进行即买即开式的彩票活动，因为这纯粹是一种碰运气式的游戏，你买中也只是偶然，这种游戏无规律可循。

每日选数式游戏允许你以一张价格1美元的彩票选3个数字(*Pick*－3)或4个数字(*Pick*－4)，每天晚上进行摇奖选出中奖号码。如果你买的号码对上中奖号的话，你会赢得一大笔钱，通常是10万美元。由于你可以对每日选数式游戏作某些控制(因为你可以挑选你中意的数字)，所以就存在一些增加中奖机会的技巧。但是，与即买即开式一样，每日选数式彩票只适用于本州州民。由于这个原因，加之该游戏收益相对较低，所以彩票专家更喜欢玩每周选6式彩票游戏。

---

① 严格地说，这是一个简单随机样本。因为随机样本有许多类型，简单随机样本只是最常用的一种。

每周选 6 式彩票游戏，就是请你从 1 到 N 的一系列数字中选出你中意的 6 个数字，这儿的 N 与你在哪个州买彩票有关。例如，像图 3.21 中“佛罗里达彩票”显示的那样，佛罗里达州彩票游戏是从 1 到 53 的 53 个数字中选取 6 个数字(表示为 6/53)；特拉华州彩票是 6/30 游戏；宾夕法尼亚州彩票是 6/40 游戏。购买一张这样的彩票只需 1 美元，如果你选的 6 个数字与每周末晚上摇奖抽出的中奖号码相同，那么你的收益将是 600 万美元甚至更多——依赖于购买的彩票号码。除去特等奖以外，你还可以根据你的选号分别对上中奖号码 6 个数字中的 5 个、4 个或 3 个而分别获得二等奖、三等奖或四等奖。你不是本州的居民也可以购买本州的彩票，每个人都可以通过免费服务“热线”电话跨州参与这种游戏。

图 3.21 佛罗里达 6/53 彩票游戏的复印表

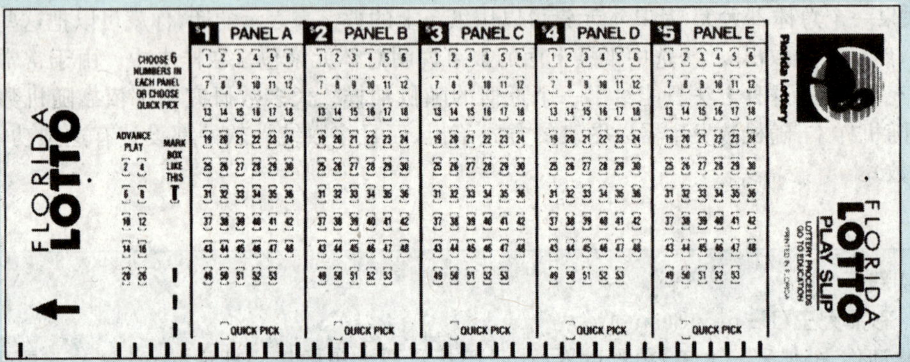

讨论焦点：

a. 考虑一下佛罗里达州的 6/53 彩票游戏。计算一下从 53 个数字中选 6 个数字共有多少种不同的选法。假定你只买了一张彩票，你中头彩的概率(即选中全部 6 个数字)是多少？

b. 对特拉华州的 6/30 彩票游戏重新回答 a 中的问题。

c. 对宾夕法尼亚州的 6/40 彩票游戏重新回答 a 中的问题。

d. 既然你可以参与任何州的彩票活动，那么在佛罗里达、特拉华和宾夕法尼亚三个州的彩票中你会选择哪一个？为什么？

e. 增加中彩机会的一个技巧是使用机选系统。在一个完全的机选系统中，你选择 6 个以上的数字，比方说 7 个，然后确定出 7 个数字中选 6 个的所有可能组合。假定你在 6/40的彩票游戏中“转”出下列 7 个数字：2，7，18，23，30，32，39。你需要购买多少张彩票才能包括上述 7 个数字的所有组合？在每一种组合中列出 6 个数字。

f. 参考 e，在 6/40 的彩票游戏中当你“转”出 7 个数字时，你获胜的概率是多大？从实际情况看，上述策略增加了你获胜的几率吗？

g. 考虑一下“邻数组合”这种策略。邻数组合就是中奖的彩票号码中包括 2 个相邻的数字。例如：在一个州的彩票活动中，79%的中奖彩票至少包含一组相邻数字。因此，某些专家认为，如果在你选择的数字中至少包含一组相邻数字的话，你中彩的机会就会增加。计算一下在 6/40 彩票游戏中选下面 6 个数字 2，15，19，20，27，37 而中彩的概率(注意 19 和 20 是一对邻数)。把这个概率同 c 中的结果加以比较。然后评论一下邻数组合的策略。

例 3.21

假定你希望从 100000 户家庭的总体中随机抽取一个 5 户的样本进行研究。

a. 可以取到多少个不同的样本？

b. 用随机数生成器来选择一个随机样本。

解答：

a. 为了确定样本数目，我们运用第 3 章第 1 节中介绍的组合法则。在本例中，$N=100000$，$n=5$，从而，

$$\binom{N}{n}=\binom{100000}{5}=\frac{100000!}{5!\ 99995!}=\frac{100000\times99999\times99998\times99997\times99996}{5\times4\times3\times2\times1}=8.33\times10^{22}$$

这样，可以从 100000 个家庭中选出 8.33×10^{22} 个不同的包括 5 个家庭户的样本。

b. 为了保证每一个可能的样本有相同的机会被抽中，按照随机抽样的要求，我们可以用附录 B 中表 I 提供的随机数字表来进行抽样。随机数字表的构成方法是使每个数字出现的可能性都相同(或大致相同)。此外，表中某个位置出现什么数与其他位置出现什么数都是无关的。要使用随机数字表，首先把总体中的 N 个元素从 1 到 N 编号，然后返回表 I 从中选择一个开始数字，接着再从这个数字开始按横行或纵列进行取数，直到取出第 n 个数。

具体说明如下：首先我们把总体中的家庭户从 1 编到 100000。然后查看随机数字表 I，比如第一页(表 3.7 给出了随机数字表 I 第一页的复印内容)。现在，我们任意选一个数作为开始，假定这个数在第 3 行第 2 列的位置，具体是 48360。然后沿第 2 列往下走依次得到其余的 4 个随机数。在本例中，我们已经选了 5 个随机数，它们在表 3.7 中以灰网标识。

表 3.7　附表 B 中表 I 的部分复印表

行＼列	1	2	3	4	5	6
1	10480	15011	01536	02011	81647	91646
2	22368	46573	25595	85393	30995	89198
3	24130	48360	22527	97265	76393	64809
4	42167	93093	06243	61680	07856	16376
5	37570	39975	81837	16656	06121	91782
6	77921	06907	11008	42751	27756	53498
7	99562	72905	56420	69994	98872	31016
8	96301	91977	05463	07972	18876	20922
9	89579	14342	63661	10281	17453	18103
10	85475	36857	53342	53988	53060	59533
11	28918	69578	88231	33276	70997	79936
12	63553	40961	48235	03427	49626	69445
13	09429	93969	52636	92737	88974	33488

用前 5 个数代表从 1 到 99999 的家庭户，用数 00000 代表家庭户 100000，我们看到数字为 48360、93093、39975、6907、72905 的家庭应当包括在我们的样本中。注意，只选择必要的数字以便这些随机数能找到样本中的对应元素。如果从随机数字表中选出的 n 个数字中，有一个已经在前面被选中，这时只需去掉重复的这个数，然后再从刚才数据列的末尾再取一个数来替代它。这样，要得到一个容量为 n 的样本，你也许会在随机数字表中标出多于 n 个的数字。

我们能确信所有的 8.33×10^{22} 个样本有同样被抽中的概率吗？严格地说不可能，但从“随机数字表包含了真正的随机数序列”这个意义上来理解的话，按上述方法取出的样本应该是非常接

近随机性要求的。

附录 B 中的表 I 只是随机数字生成器的一个例子。对许多要求大随机样本的科学研究来说，需要借助计算机来生成随机样本。SAS、MINITAB 和 SPSS 统计软件包中都有易于使用的随机数生成器。

例如，在例 3.21 中假定我们要从 100000 个家庭户的总体中抽取 n=50 的随机样本，这时，我们就可以利用 SAS 随机数生成器。图 3.22 显示了 SAS 给出的 50 个随机数的输出结果（从 100000 个总体中得到），与这 50 个随机数对应的那些家庭将被选入随机样本中。

图 3.22　SAS 生成的 50 个家庭的随机样本

OBS	HOUSENUM	OBS	HOUSEUM	OBS	HOUSENUM	OBS	HOUSENUM
1	47122	14	47271	27	17098	40	4260
2	94231	15	3642	28	23259	41	58140
3	95531	16	7611	29	30512	42	22903
4	41445	17	81646	30	91548	43	65959
5	80287	18	92158	31	7673	44	13962
6	11731	19	36667	32	68549	45	25819
7	47523	20	71811	33	85433	46	66497
8	84847	21	78988	34	5231	47	79559
9	69822	22	3819	35	13455	48	87017
10	18270	23	21873	36	71666	49	28483
11	52636	24	74938	37	66280	50	91806
12	21750	25	23635	38	66210		
13	63363	26	35807	39	21998		

练习 3.52～3.58

技能训练：

3.52 假定你希望从 $N=10$ 的全部元素中得到 $n=2$ 的样本。

a. 计算一下能取出多少个不同的样本，先用列举的方法，然后再用排列组合数学方法（见第 3 章第 1 节）。

b. 如果使用随机抽样，任一特定样本被抽中的概率是多大？

c. 说明如何利用随机数字表附录 B 中的表 I，从 10 个元素的总体中抽取一个包含 2 元素的随机样本。进行 20 次抽样，其中会有两个样本包含同样的两个元素吗？假定你在 b 中的答案成立，你估计会有重复的样本吗？

3.53 假定你希望从全部 $N=600$ 个元素的总体中抽取 $n=3$ 的一个样本。

a. 运用组合知识计算共有多少个不同的样本（见第 3 章第 1 节）。

b. 如果使用随机抽样，抽出某一特定样本的概率是多大？

c. 说明如何利用附录 B 中随机数字表 I，从一个 600 个元素的总体中抽取一个包含 3 元素的随机样本。进行 20 次抽样，会有两个样本包含相同的 3 个元素吗？假定 b 中的答案成立，你预料会有重复的样本吗？

d. 运用计算机从 600 个元素的总体中生成一个 3 元素的随机样本。

3.54 假定一个总体包含 $N=200000$ 个元素。运用计算机或附录 B 中的表 I 从上面的总体中抽取一个 $n=10$ 的随机样本，并解释一下你如何得到你的样本。

概念运用：

3.55 在审计一个公司的财务状况时，审计师将进行两方面的工作：(1)评估公司财务系统积累、测量和综合处理数据的能力；(2)评估财务制度运行的有效性。在进行第二项评估时，审计师常常依赖于一个实际处理过程的随机样本(Stickney and Weil, *Financial Accounting: An Introduction to Concepts, Methods, and Uses*, 1994)。某一家公司有 5382 个客户账户，编号从 0001 到 5382。

a. 审计师随机抽取一个账户，抽中的账户号码

为 3241 的概率是多大？

b. 抽取一个包含 10 个账户的随机样本，并详细解释所用的抽取方法。

c. 参考 b，下面是两个可能被抽取的 10 个账户的随机样本，问其中一个比另一个更容易被抽中吗？说明原因。

练习 3.55 的表

样本 1				
5011	0082	0963	0772	3415
2663	1126	0008	0026	4189
样本 2				
0001	0003	0005	0007	0009
0002	0004	0006	0008	0010

3.56 为了确定广告战役的效果，公司经常利用随机拨号器抽取电话号码对消费者进行电话采访。借助于这样的工具，也可自动生成要拨叫的电话号码样本。

a. 说明如何利用随机数字表(附录 B 的表 I，或者计算机)来生成一个 7 位电话号码的样本。

b. 用 a 中描述的方法生成一个 10 位电话号码组成的样本。

c. 用 a 中描述的方法生成 5 个 7 位数字的电话号码，这些号码的前 3 位数字是 373。

3.57 纽约证券交易所(NYSE)及其他 5 家地区性的交易所——芝加哥、太平洋、费城、波士顿和辛辛那提交易所——前一个交易日的证券交易结果每天都汇总在 NYSE——华尔街杂志的合成交易表中。

a. 检查一下最近一期华尔街杂志上的 NYSE——合成交易表，说明如何从表中抽取一个随机样本。

b. 利用 a 中描述的方法从近期的 NYSE——合成交易表中抽取一个 20 种股票的随机样本。对样本中的每一只股票(如表中给出的 abbreviation)，列出其股票名称、销售量和收盘价。

3.58 除每年发布一次人口数据外，美国普查局还经常进行人口抽样调查以估计像收入、家庭人口、就业和婚姻等其他状况的水平及变化。假定普查局计划从一个拥有 534322 户家庭的城市中抽取一个 1000 户的样本。说明普查局如何利用附录 B 中的随机数字表或计算机来生成这个样本，并选出列在样本中的前 10 户家庭。

要点回顾

关键术语：

概率的加法法则(Additive rule of probability)
组合法则(Combinations rule)
组合数学(Combinatorial mathematics)
互补事件(Complementary events)
复合事件(Compound events)
条件概率(Conditional probability)
相依事件(Dependent events)
实验(Experiment)
事件(Event)
独立事件(Independent events)
交集(Intersection)
概率乘法法则(Multiplicative rule of probability)
相互排斥事件(Mutually exclusive events)
几率(Odds)
概率规则(Probability rules)
随机数字表(Random number table)
随机样本(Random sample)
随机数生成器(Random number generator)
样本点(Sample point)
样本空间(Sample space)
树状图(Tree diagram)
非条件概率(Unconditional probabilities)
并集(Union)
维恩图(Venn diagram)

关键公式：

$$\binom{N}{n}=\frac{N!}{n!\,(N-n)!}$$

其中 $N!=N(N-1)(N-2)\cdots(2)(1)$　　组合法则

$P(A)+P(A^{C})=1$　　互补事件

$P(A\cup B)=P(A)+P(B)-P(A\cap B)$	加法法则
$P(A\cap B)=0$	相互排斥事件
$P(A\cup B)=P(A)+P(B)$	相互排斥事件的加法法则
$P(A\|B)=\frac{P(A\cap B)}{P(B)}$	条件概率
$P(A\cap B)=P(A)P(B\|A)=P(B)P(A\|B)$	乘法法则
$P(A\|B)=P(A)$	独立事件
$P(A\cap B)=P(A)P(B)$	独立事件的乘法法则

语言库：

符号	发音	描述
S		样本空间
S:{1,2,3,4,5}		样本空间中，样本点 1,2,3,4,5 的集合
A:{1,2}		事件 A 是样本点 1,2 的集合
$P(A)$		事件 A 发生的概率
$A\cup B$	A 并 B	事件 A 和 B 的并集（A、B 中至少有一个发生）
$A\cap B$	A 交 B	事件 A 和 B 的交集（A、B 同时发生）
A^C	A 补	事件 A 的补集（A 不发生的事件）
$P(A\|B)$		B 发生条件下 A 发生的概率
$\binom{N}{n}$	从 N 中选 n	一次从 N 中抽取 n 的组合数
$N!$	N 阶乘	连乘积 $N(N-1)(N-2)\cdots(2)(1)$

补充练习 3.59～3.88

技能训练：

3.59 分配给样本点的概率必须遵循哪两条规则？

3.60 相互排斥的事件也是相依事件吗？解释原因。

3.61 假定 $P(A\cap B)=0.4$，$P(A|B)=0.8$。计算 $P(B)$。

3.62 下列哪对事件是相互排斥事件？证实你的回答。

a. {星期一的道琼斯工业平均指数上升}，{纽约一家大银行在星期一降低基准利率}。

b. {个人电脑零售商的下一个销售点是一种与 IBM 兼容的微型计算机}{个人电脑零售商的下一个销售点是苹果牌微型计算机}。

c. {你将 1997 年的所有股息收入再投资给一个有限合伙人}，{你将 1997 年的所有股息收入再投资到一种货币市场基金}。

3.63 下面维恩图表示的样本空间中包含 6 个样本点和 3 个事件——A、B、C。样本点的概率是：
$P(1)=0.3$；$P(2)=0.2$；
$P(3)=0.1$；$P(4)=0.1$；
$P(5)=0.1$；$P(6)=0.2$。

练习 3.63 的图

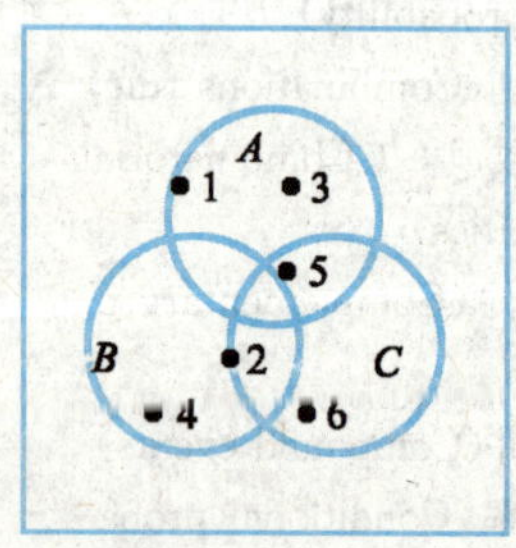

a. 计算 $P(A\cap B)$，$P(B\cap C)$，$P(A\cup C)$，$P(A\cup B\cup C)$，$P(B^C)$，$P(A^C\cap B)$，$P(B|C)$ 和 $P(B|A)$。

b. A 和 B 独立吗？相互排斥吗？为什么？

c. B 和 C 独立吗？相互排斥吗？为什么？

3.64 两个事件 A 和 B 独立，且 $P(A)=0.3$，$P(B)=0.1$。

a. A 和 B 相互排斥吗？为什么？

b. 计算 $P(A|B)$ 和 $P(B|A)$。

c. 计算 $P(A\cup B)$。

3.65 计算下列结果：

a. $6!$　b. $\binom{10}{9}$　c. $\binom{10}{1}$

d. $\binom{6}{3}$　e. $0!$

3.66 从 50 个 MBA 学生中抽取一个包含 5 名研究生的随机样本以参加一项竞赛。

a. 有多少种不同的抽取样本方式。

b. 说明如何利用附录 B 中随机数表 I 来抽取学生样本。

概念运用：

3.67 根据 1998 年对 CACI 市场体系的全国性调查，有 25%的美国成年人吸烟。过去的一年，这些吸烟者中有 13%试图戒烟（但未成功）。定义下列事件：

A：{一个美国成年人吸烟}；

B：{一名去年试图戒烟的吸烟者}；

a. 计算 $P(A)$。

b. 计算 $P(B|A)$。

c. 计算 $P(A^c)$，以回答问题的方式描述这个概率。

d. 计算 $P(A\cap B)$，以回答问题的方式描述这个概率。

3.68 下表给出了 1997 年美国 106757000 名雇工的职业类型及其相对频率。从上述总体中随机抽取一名确定他（或她）的职业。（假定总体中每个雇工只有一种职业）

练习 3.68 的表

职业		相对频率
男性雇员	0.54	
经理/专业人员		0.16
技术工/销售人员/管理人员		0.10
服务人员		0.05
精密仪器手工作业和维修人员		0.11
装配人员/实验人员		0.10
农业、林业和渔业劳动者		0.02
女性雇员	0.46	
经理/专业人员		0.16
技术工/销售人员/管理人员		0.18
服务人员		0.07
精密仪器手工作业和维修人员		0.01
装配人员/实验人员		0.03
农业、林业和渔业劳动者		0.01

资料来源：*Statistical Abstract of the United States*：1998，p421

a. 这名雇工是女性的概率为多大？

b. 这名雇工是经理或专业人员的概率为多大？

c. 这名雇工是女性专业人员，女装配人员或女实验人员的概率分别是多大？

d. 这名雇工不是技术或销售管理人员的概率是多大？

3.69 一家从事研究与发展项目的公司对公司内部所有 200 名 60 岁以上的员工进行了一项调查，得到的信息如下表：

练习 3.69 的表

	在公司工作不到 20 年		在公司工作超过 20 年	
	技术人员	非技术人员	技术人员	非技术人员
计划在 65 岁退休	31	5	45	12
计划在 68 岁退休	59	25	15	8

现从上述 200 名员工中随机抽取一名。

a. 选出的这名员工是技术人员的概率是多大？

b. 如果选出的这名员工已经为公司服务了 20 年，试问该员工在 68 岁时退休的概率为多大?

c. 如果选出的这名员工是技术人员,试问他在该公司工作的时间不超过 20 年的概率有多大?

d. 选出的这名员工为公司工作了 20 年以上的概率有多大?是非技术人员的概率有多大?计划在 65 岁时退休的概率有多大?

e. 考虑事件:A:{计划在 68 岁退休},B:{在技术部门工作}。事件 A 和 B 独立吗?为什么?

f. 考虑事件 D:{在技术部门工作并计划在 68 岁退休},描述事件 D 的补集。

g. 考虑事件 E:{在非技术部门工作},事件 B 和 E 是相互排斥事件吗?为什么?

3.70 许多美国制造商采用 ISO9000 系列标准作为建立和控制质量体系、生产过程以及生产工艺的标准。然而,人们一般不知道领导或参与修订该标准的管理者是如何评价他们自己的工作、又是怎样确定这些标准的。从在科罗拉多注册的公司中抽取了 40 家通过 ISO9000 认证的公司组成一个样本,并对这些公司中主要负责 ISO9000 修订工作的管理者进行了采访(*Quality Progress*,1995 年)。下面是这项研究的部分数据:

练习 3.70 的表

参与 ISO 9000 注册过程的程度	频数
全部参与	9
适度参与	16
参与较少	12
没有参与	3

练习 3.70 的表

获得 ISO 9000 认证的时间长度	频数
少于 1 年	5
1~1.5 年	21
1.6~2 年	9
2.1~2.5 年	2
多于 2.5 年	3

假定从受访的 40 名管理者中随机选择一名进行附加调查。考虑下列事件:

A:{这名管理者负责 ISO9000 登记};

B:{获得 ISO9000 认证时间超过 2 年}。

a. 计算 $P(A)$。

b. 计算 $P(B)$。

c. 说明为什么上述数据不足以确定事件 A 和事件 B 是否独立。

3.71 表中列出了美国主要航空公司国内航班正点到达的百分比。

练习 3.71 的表

航空公司	正点到达百分比
西南航空公司	82.9
美国航空公司	78.5
西北航空公司	78.4
美国空军航空公司	77.0
美国西部航空公司	75.8
联合航空公司	75.4
三角洲航空公司	74.3
环球航空公司	72.9
阿拉斯加航空公司	70
大陆航空公司	64.1

资料来源:*Aviation Daily*, August 7,1995.

a. 从这 10 家航空公司中随机选取一家,选中西南航空公司的概率是多少?

b. 如果从本土国内航班中随机选取一架航班,该航班正点到达的概率是多少?晚点的概率是多少?

c. 上述数据每月从各航线上报给美国运输部,因此,某些专家怀疑这些数据的准确性。根据这些情况,你认为上述百分数比实际正点到达的百分数是高还是低?解释原因。

3.72 国家议会已经拨款 100 万美元以补助金的形式分配给从事可转换能源研究与开发的个人和组织。政府能源机构请你组织一个 5 人(能源)专家小组,这 5 位专家的任务就是确定哪些个人和组织应当得到上述经费。你已经找了 11 位能力相当并愿意为小组服务的个人。从这 11 个人中可以选出多少个不同的 5 人样本?

3.73 一家电子表制造商声称,他的表在 1 年后快(或慢)超过 1 分钟的概率是 0.05。一家消费者保护机构购买了这位制造商的 4 只钟表以检验其声称是否真实。

a. 假定制造商的声称是正确的,4 只表中没有 1 只符合要求的概率是多大?

b. 假定制造商的声称是正确的,4 只表中恰好有 2 只符合要求的概率是多大?

c. 假定 4 只表中只有一只符合要求,对制造商的声称应怎样评价?解释原因。

d. 假定 4 只表都没有达到要求,可以肯定制造商的声称有假吗?解释原因。

3.74 竞争力较强的剃须刀生产公司每年要做许多

广告。G 公司给消费者提供了 G、S、W 三个知名品牌并请他们使用然后排出先后顺序。当然，每个公司都希望消费者喜欢它的品牌并把这些品牌排在首位，因此常常送给消费者一些礼品作为促销手段。如果消费者并不偏爱哪一种产品但仍被要求把产品排序，那么出现下列情况的概率是多少：

a. 消费者把 G 品牌排在第一位。
b. 消费者把 G 品牌排在最后一位。
c. 消费者把 G 品牌排在最后，而把 W 品牌排在第二位。
d. 消费者把 W，G，S 分别列为第一位，第二位和第三位。

3.75 Acupoll 是消费者预测一种新产品投放市场后能否成功时优先采用的一种民意测验方法。Acupool 的可靠性描述如下：Acupoll 预测某一产品能够成功而后来该产品确实成功的概率是 0.89（*Minneapolis Star Tribune*，1992 年 12 月 16 日）。一家公司正在考虑引进一种新产品而且估计该产品成功的概率是 90%。如果这家公司打算通过 Acupoll 来评估这种产品，那么 Acupoll 预测该产品成功而且该产品确实在实际中取得成功的概率是多少？

3.76 运用你对独立性的直观理解来说明下列每一种描述是否代表一个独立事件：

a. 连续抛掷硬币的结果。
b. 在一个民意测验中随机抽取选民的意见。
c. 一个专业联盟棒球运动员轮到连续击球两次。
d. 投资于不同股票的获利或亏损数额，如果这些股票在同一天买入而且又在一个月后的同一天卖出。
e. 投资于不同股票的获利或亏损数额，如果这些股票在相隔 5 年的不同时间买入或卖出。
f. 两家不同的设计公司对同一项施工项目的竞标价格。

3.77 一家当地的乡村俱乐部拥有包括 600 名会员、一个 18 孔的高尔夫球场以及 12 个网球场在内的运动设施。在决定如何接收新会员之前，俱乐部主席想知道经常使用每一种设施的会员数各有多少。对会员的一项调查结果表明：70%的会员经常使用高尔夫球场，50%的会员经常使用网球场，5%的会员常常既不使用网球场也不使用高尔夫球场。

a. 构造维恩图描述调查结果
b. 如果随机选择一名会员，这名会员使用高尔夫球场或网球场或两者都使用的概率是多大？
c. 如果随机选择一名会员，这名会员既使用高尔夫球场又使用网球场的概率是多大？
d. 从经常使用网球场的会员中随机抽取一名，这名会员也经常使用高尔夫球场的概率是多大？

3.78 一种用于高层公寓、办公楼和旅馆的自动洒水系统为每一个洒水头安装了两个不同类型的激活装置。一种激活装置的可靠性是 0.91（即当它应当激活时也确实激活的概率为 91%）；另一种类型的激活装置与第一种独立工作，可靠性为 0.87。假定某一激活头附近发生了一起严重的火灾，问：

a. 激活头被激活的概率是多少？
b. 激活头未被激活的概率是多少？
c. 两个激活装置都正常工作的概率是多少？
d. 只有概率为 0.91 的那个激活装置正常工作的概率是多少？

3.79 “有小孩（6 岁以下）的家庭具有什么特点？”这是密歇根大学研究者在《儿童与青年服务评论》（*Children and Youth Services Review*）（1995 年 17 期）中提出的几个问题之一。根据来自国家儿童保护调查（National Child Care Survey）的资料，将这些家庭的收入分配和就业情况汇总在下表中。

练习 3.79 的表

收入特征	百分比
没有父母	1
贫困线以下；失业	7
贫困线以下；就业	7
贫困线以上，但收入少于 25000 美元；失业	2
贫困线以上，但收入少于 25000 美元；就业	22
收入高于 25000 美元	61
合计	100

a. 计算一下随机抽出的有小孩家庭其收入在贫困线以上但低于25000美元的概率。

b. 计算随机抽取的有小孩的家庭中父母失业或没有父母的概率。

c. 计算随机抽取的有小孩的家庭其收入在贫困线以下的概率。

3.80《风险与不确定性》杂志(1992年5月)发表了一篇文章,该文章调查了全能机动车驾驶员,(简称ATV)受伤率与各种因素之间的关系,发现了一个很有趣的现象——驾驶员年龄与受伤率有密切的关系。文章报告说,14%的ATV驾驶员年龄小于12岁,13%的ATV驾驶员年龄在12~15岁之间,48%的ATV驾驶员年龄在25岁以内,这些人都缺乏安全警觉感。假定在安装安全警示程序前随机选择了一名ATV驾驶员。

a. 计算该ATV驾驶员年龄为15岁以内的概率。

b. 计算该ATV驾驶员年龄在25岁或以上的概率。

c. 假定该ATV驾驶员年龄不到25岁,计算在12岁以内的概率。

d. 驾驶员年龄小于25岁的事件和年龄小于12岁的事件相互排斥吗?为什么?

e. 驾驶员年龄小于25岁的事件与小于12岁的事件独立吗?为什么?

3.81 一个售货员在第一次接待可能买东西的顾客时能售出其"beauty"产品的概率是0.4,如果第一次没有卖出,在第二次接待时卖出的概率是0.65,售货员接待一位可能买东西的顾客不多于2次。试问售货员向一位特定顾客卖出商品的概率是多少?

3.82 质检员的表现既影响出厂产品的质量又影响产品的价格,通过检验的产品被认为符合质量标准,未通过检验的产品可能要做报废或重新接受检验。Westinghouse电子公司的质量工程师就每一个质检员对153个焊接点的分类与专家小组意见一致与否对质检员的表现进行了评估。下表是对某个特定质检员的检查结果:

练习3.82的表

委员会判断	质检员的判断	
	焊接点可接受	焊接点未通过检验
焊接点通过检验	101	10
焊接点未通过检验	23	19

资料来源:Meagher, J. J. and Scazzero, J. A. "Measuring inspector variability", 39*th Annual Quality Congress Transactions*, 1985年5月,pp75~81,American Society for Quality Control。

从153个焊接点中随机抽取了一个。

a. 检验员判断焊接点可接受的概率是多少?委员会判断焊接点可接受的概率是多少?

b. 检验员和委员会都认为焊接点可接受的概率是多大?两者都认为不可接受的概率是多大?

c. 检验员和委员会意见不一致的概率是多大?意见一致的概率又是多大?

3.83 下面的第一个图是对由3个部件组成系统的概要描述。只有当3个部件都正常工作时系统才能正常工作,已知3个部件是依次起作用。部件可以是机械的也可以是电子的,它们可以是一个组装过程的工作站,也可以是一个组织中功能不同的3个部门。3个部件各自发生故障的概率列在下表,并假定各部件是相互独立工作的。

a. 计算系统正常工作的概率。

b. 计算至少有一个部件发生故障因而系统不能正常工作的概率。

练习3.83的表

部件	发生故障的概率
1	0.12
2	0.09
3	0.11

3.84 下面显示的第二图表示由两个子系统构成的一个系统,这两个子系统平行起作用。每个子系统由先后起作用的两个部件组成(参考练习3.53)只要两个子系统中至少有一个起作用,系统就可以正常工作。系统中每个部件发生故障的概率是0.1,并假定各部件独立工作。

a. 计算系统正常工作的概率。

b. 计算恰好有一个子系统发生故障的概率。

c. 计算系统不能正常工作的概率。

d. 要有多少个像上面这样的平行子系统才能保证系统正常工作的概率在99%以上。

练习 3.83 的图

由3个部件构成的系统

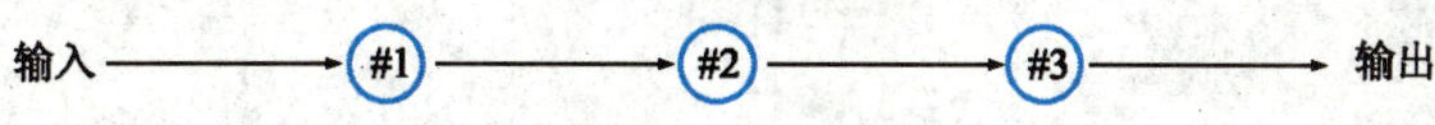

练习 3.84 的图

两个平行子系统构成的系统

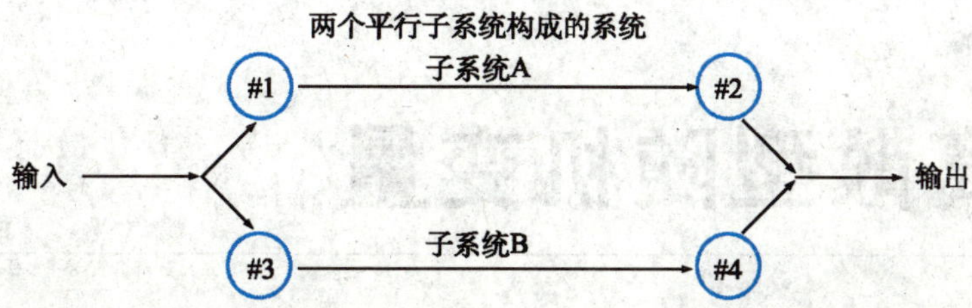

3.85 考虑一下一家银行某个交易日新开储蓄账户的人数，数据见下表。假定你希望从中抽出一个 2 名账户的随机样本。

练习 3.85 的表

储户号码	0001	0002	0003	0004	0005
账户金额	1000 美元	12500 美元	850 美元	1000 美元	3450 美元

a. 列出能得到的所有可能账户的不同组合。

b. 选中账户号 0001 和 0004 的概率是多少？

c. 选中分别存款 1000 美元的两个账户的概率是多少？选中存款额不是 1000 美元的两个账户的概率是多大？

3.86 一家小酿造厂有两个装瓶机，A 机器装 75%的瓶子，B 机器装 25%的瓶子。由于某些原因 A 机器拒装的概率是 1/20，而 B 机器拒装的概率是 1/30。试问一个瓶子被拒装的概率是多少？在被接受的前提下，随机抽取的一个瓶子来自机器 A 的概率是多大？

3.87 提供贷款的业务部门不可避免地要面临收要坏账的任务。《金融研究杂志》(1986 年春季）发表了贷款者对可采取的补救措施所做的一项研究结果。作为研究的一部分，就如何处理应收账款对 4 个州的贷款者进行了提问，他们的回答记录在下表中。“强制措施”包括采取合法行动、把债务转给像律师或代收欠款公司之类的第三方。现在假定从被调查的贷款机构中随机抽取了一家。

练习 3.87 的表

	威斯康辛	伊利诺伊	阿肯色	路易斯安那
提前采取强制措施	0	1	5	1
事后采取强制措施	37	23	22	21
从未采取强制措施	9	11	6	15

a. 这家贷款机构来自威斯康辛州或路易斯安那州的概率有多大？

b. 这家贷款机构不是来自威斯康辛州或路易斯安那州的概率有多大？

c. 这家贷款机构不采取强制措施的概率有多大？

d. 这家贷款机构来自阿肯色州但从未采取强制措施的概率有多大？

e. 假定这家贷款机构来自阿肯色州，那么它从未采取强制措施的概率有多大？

f. 假定这家贷款机构提前采取了强制措施，那么它来自阿肯色州或路易斯安那州的概率有多大？

g. 一家阿肯色州的贷款机构从未采取强制措施的概率有多大？

3.88 将一枚均匀的硬币抛掷了 20 次，结果出现了 20 个正面，在这种情形下人们常说下一次抛掷结果应该出现反面，这种说法正确还是错误？解释你判断的理由。

第 4 章

离散型随机变量

本章内容

4.1 两类随机变量
4.2 离散型随机变量的概率分布
4.3 离散型随机变量的期望值
4.4 二项随机变量
4.5 泊松随机变量(选学)

统计实践

4.1 投资组合选择
4.2 航天飞机挑战者号的太空灾难

我们已学习过的

通过第 3 章的学习,我们懂得了如何利用概率根据样本信息对总体做出推断,我们也注意到可以利用概率度量推断的可靠性。

我们已学习过的

我们在第 3 章见到的多数实验事件都是以文字叙述的。在现实生活中,多数样本观测值是数据性的——或者说,它们是数据资料。在这一章,我们要研究的数据是随机变量的观测值;我们还要研究两种重要的随机变量,并计算这些变量取特定数值的概率。

也许你已经注意到,第 3 章实验中的许多例子都产生了定量(数值)性的观测值,如消费价格指数、失业率、一周的销售数量、一个公司的年利润等。所以,多数实验中都含有与某些数值性变量的取值相对应的样本点。

为了说明这一点,我们考虑第 3 章中的抛掷硬币实验。图 4.1 是一个维恩图,表示抛掷两枚硬币时出现正面次数所对应的样本点,在这个实验中,样本点对应的数值是两枚硬币中出现正面的总数,这些数值(0、1、2 分别表示出现 0 个、1 个和 2 个正面)在维恩图中以括号的形式表示,每个数值对应一个样本点。用概率语言讲,"抛掷两枚硬币时出现正面的次数"这个变量就称为一个随机变量。

图 4.1　抛掷硬币实验的维恩图

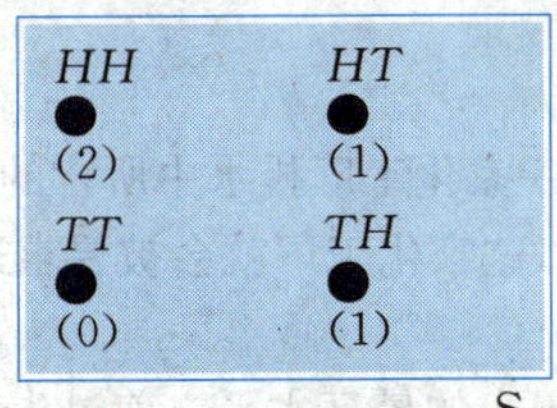

定义 4.1

随机变量是指这样一个变量,它的取值与一项实验的随机结果相联系,而且每个数值对应一个(且只对应一个)样本点。

随机变量这个术语比变量这个词的意义要丰富得多,因为"随机"这个形容词表示,在抛掷硬币实验中,随着出现不同的结果,如 HH,HT,TH 和 TT 等,变量也会对应不同的数值,如 0、1、2 等。类似地,如果实验是记录银行柜台窗口每天接待的顾客数,那么,由于随机变量(即顾客数)结果可能每天都不相同,所以,随机变量的取值就是 0 到一天内能接待的最多顾客数。

在本章第 1 节,我们先定义两种不同类型的随机变量——离散型和连续型,然后讨论离散型随机变量的具体特性及其在商务中的重要应用。在第 5 章我们将讨论连续型随机变量。

4.1　两类随机变量

我们知道一个实验中所有样本点的概率之和必须为 1。样本空间中样本点的概率分配和随机变量值的概率分配不像第 3 章中的例子那样容易理解,因为如果样本点的数目可以列举出来,那么我们的工作就很容易做;但如果实验产生的样本点很多,是不可数或无法列举的,那么不借助概率模型就无法完成给样本点分配概率的任务。下面的 3 个例子说明,是否需要不同的概率模型取决于随机变量的可能取值。

例 4.1

Wine Spectator(一种全国出版物)的 10 人专家小组被邀请品尝一种新的白葡萄酒,并根据各自的口感按 0、1、2、3 四个级别分别进行打分。把 10 位专家的评分相加就得到一个分数,请问这个随机变量有多少个取值?

解答:

样本点是由 10 位专家各自的评分值所构成的序列。比如,一个样本点是:

{ 1,0,0,1,2,0,0,3,1,0 }

将每个样本点所对应的 10 个数相加就得到随机变量的一个取值。这样,最小的随机变量值是 0(如果 10 位专家的评分都是 0),最大的随机变量值是 30(如果 10 位专家的评分都是 3)。由于 0 到 30 之间的每一个整数都是随机变量的可能取值,所以如果用符号 x 表示随机变量的话,x

就可能有 31 个取值。注意，上面列举的样本点对应的随机变量值为 $x=8$①。

由于上面讨论的随机变量只能取有限个数值，所以这是一个离散型随机变量的例子。一般地，只要随机变量的所有可能取值都能列(或数)出来，这个随机变量就是离散型的。

例 4.2

假定美国环保署(简称 EPA)对一家化工厂排水中所含的杀虫剂数量每月记录一次。如果杀虫剂数量超过 EPA 规定的最高水平，这家化工厂就会被要求采取改进措施甚至有可能遭受处罚。考虑下列随机变量：

x——在杀虫剂数量超过 EPA 规定的最高水平之前过去的月份数。

问：x 可能取哪些数值？

解答：

在监测的第一个月，第二个月，…等等，化工厂排水中所含的杀虫剂数量有可能超过 EPA 所允许的最高水平，但也可能从来都没有超过这个最高水平。因此，随机变量 x 可能取值的集合就是所有正整数组成的集合：

1，2，3，4，…

如果我们能列出随机变量 x 的可能取值，那么即使这个数列没有尽头，我们也说这个数列是可数的，而且相应的随机变量是离散型的。所以，到化工厂排水中的杀虫剂数量首次超过 EPA 规定的最高水平前所过去的月份数 x 就是一个离散型随机变量。

例 4.3

参考例 4.2，我们来研究第二个随机变量，即每月从化工厂排水样本中检测到的杀虫剂数量(毫克/升)x，请问这个随机变量又会取哪些数值？

解答：

与杀虫剂数量超过 EPA 规定的最高水平的月份数不同，每月从化工厂排水样本中检测到的杀虫剂数量(毫克/升)x 是不能列举——即不可数的。杀虫剂数量的可能取值与区间——0 到 1 升水中能达到的杀虫剂最高含量(毫克)——相适应(实际上，这个区间可能很小，比如说是 0～500 毫克/升)。当随机变量值不可数但与某个区间包含的点相对应时，我们称它是一个连续型随机变量。这样，化工厂排水样本中检测到的杀虫剂数量(毫克/升)x 就是一个连续型随机变量。

定义 4.2

如果随机变量的取值是可数的，这个变量就称为**离散型**随机变量。

定义 4.3

如果随机变量的取值与一个或多个区间中所包含的点相对应，这个变量就称为**连续型**随机变量。

下面是离散型随机变量的另外几个例子：

1. 某个星期内售货员卖出的商品数量：$x=0,1,2,\cdots$
2. 500 个消费者组成的样本中认为某种产品最优的消费者人数：$x=0,1,2,\ldots,500$

---

① 标准数学习惯是用大写字母(如 X)表示理论随机变量，随机变量的可能取值(或实现值)通常用小写字母(x)表示。这样，在例 4.1 中，随机变量 X 的可能取值为：$x=0, 1, 2, \cdots, 30$。由于这个符号容易引起初学统计的学生们误会，为了简化，在本书中我们从始至终都用小写字母 x 表示随机变量。

3. 债券发售中收到的投标数：$x=0,1,2,\cdots$

4. 会计账户某一页中的错误数：$x=0,1,2,\cdots$

5. 特定时间内在某个餐馆等候就餐的顾客数：$x=0,1,2,\cdots$

注意，上面每一个离散型随机变量的例子都是以"…的个数"之类的文字开头的。由于多数离散型随机变量都是可数的，所以这种说法非常普遍。

在结束本节内容之前，我们再列举一些连续型随机变量的例子：

1. 去一个诊所看病的病人之间的时间间隔：$0\leqslant x<\infty$（无穷）

2. 一栋新公寓建成后，从竣工之日起到租出房间达到某个数值所过去的时间：$0\leqslant x<\infty$

3. 在一次装罐过程中，装入 12 盎司标准罐中的碳酸饮料数量：$0\leqslant x\leqslant 12$

4. 一次成功的石油勘测中钻头刚碰到石油时离地面的高度：$0\leqslant x\leqslant c$，这里 c 是可能达到的最大深度。

5. 在超市购买的食品重量：$0\leqslant x\leqslant 500$（注意：从理论上说，$x$ 没有上限，但实际上一个人购买的食品不可能超过 500 磅）

离散型随机变量及其概率分布在本章进行介绍，连续型随机变量及其概率分布则安排在第 5 章介绍。

练习 4.1～4.10

概念运用：

4.1 什么是随机变量？

4.2 怎样区分离散型随机变量和连续型随机变量？

4.3 证券分析师是一些专家，他们倾心研究如何在几种有限的证券之间进行投资。例如，有的证券分析师擅长分析银行股票，而另一些证券分析师则是评估计算机或制药行业公司的专家。下面是证券分析师感兴趣的一些变量（*Radcliffe*，*Investments*：*Concepts*，*Analysis and Strategy*，1994），请你判断哪些是离散型随机变量，哪些是连续型随机变量？

a. 纽约证券交易所某特定股票的收盘价。

b. 每个交易日某特定股票的成交量。

c. 某个公司的季度收益。

d. 1999—2000 年某个公司年收益的百分比变化。

e. 某家公司每年开发的新产品数。

f. 某家制药公司从生产出新药到获得美国食品和药物管理委员会许可销售前的时间间隔。

4.4 下列各种描述中，哪个描述的是离散型随机变量，哪个描述的是连续型随机变量？

a. 《纽约时报》每月销售的报纸数量。

b. 印刷《纽约时报》周日版所用的油墨数量。

c. 一加仑瓶装洗衣剂中实际含有的洗衣剂数量。

d. 一次装运螺母和螺钉中的次品数。

e. 每月申请失业保险的人数。

4.5 分别列举两例产生离散型随机变量和连续型随机变量的企业。

4.6 列举一个银行家感兴趣的离散型随机变量的例子。

4.7 列举一个经济学家感兴趣的连续型随机变量的例子。

4.8 列举一个酒店经理感兴趣的离散型随机变量的例子。

4.9 列举两个服装店经理感兴趣的离散型随机变量的例子。

4.10 列举一个股票经纪人感兴趣的连续型随机变量的例子。

4.2　离散型随机变量的概率分布

对离散型随机变量的完整描述包括指出离散型随机变量的可能取值以及与每个取值相联系的概率。为了说明这一点，我们看一下例 4.4。

例 4.4

回忆一下抛掷两枚硬币的实验(4.1 节),用 x 表示出现正面的次数。假定两枚硬币是均匀的,计算随机变量取每一个值的概率。

解答:

在图 4.2 中重新画出这个实验的样本空间和样本点,注意随机变量可以取值 0,1,2。我们还记得(第 3 章)4 个样本点各自的概率都是 1/4,现在计算与上面这些值相联系的样本点的概率,我们有

$$P(x=0)=P(TT)=\frac{1}{4}$$

$$P(x=1)=P(TH)+P(HT)=\frac{1}{4}+\frac{1}{4}=\frac{1}{2}$$

$$P(x=2)=P(HH)=\frac{1}{4}$$

图 4.2 抛掷两枚硬币实验的维恩图

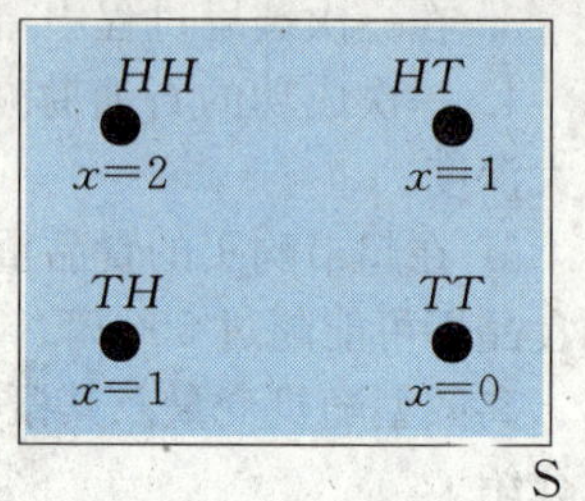

表 4.1 抛掷硬币实验的概率分布:表式

x	$p(x)$
0	1/4
1	1/2
2	1/4

图 4.3 抛掷硬币实验的概率分布

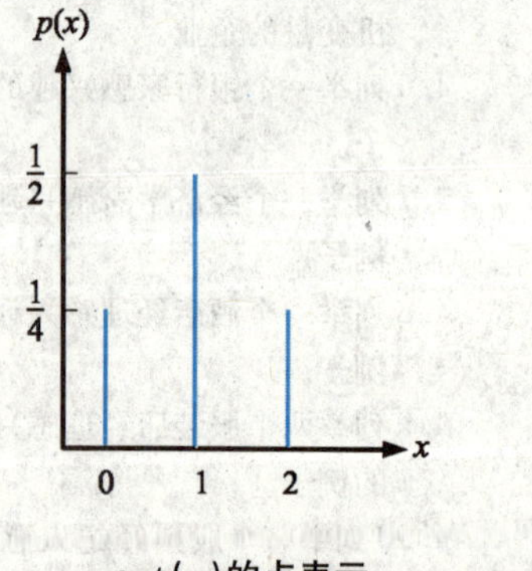

a. $p(x)$的点表示

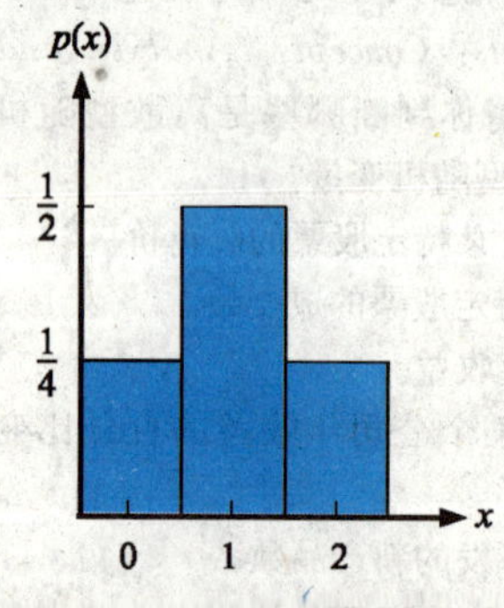

b. $p(x)$的直方图表示

这样,我们现在知道随机变量可取(0,1,2),相应的概率分别是$(\frac{1}{4},\frac{1}{2},\frac{1}{4})$。这种描述随机变量的完整方法称为概率分布,用符号 $p(x)$表示①。抛掷硬币实验的概率分布以表的形式表示为表 4.1,以直方图的形式表示为图 4.3。由于离散型随机变量的概率分布集中在具体的样本点(x 值),所以在图 4.3 中以对应于 x 值的竖线高度表示概率。尽管用直方图的形式表示概率[如图 4.3(b)]不够精确(因为概率分散在一个单位区间),但是当我们要近似地描述 4.4 节中特定离散随机变量的概率分布时直方图的表示方法还是非常有用的。

---

① 按标准的数学定义,随机变量 X 取 x 值的概率表示为 $P(X=x)=p(x)$,这样 $P(X=0)=p(0)$,$P(X=1)=p(1)$,等等。在本书中,我们采用简单表示法 $p(x)$。

我们也可以用一个公式来表示概率分布，但这可能会把一个简单的问题复杂化。在本章的后面我们将给出某些常见离散型随机变量的概率分布。

定义 4.4

离散型随机变量的**概率分布**是一个图形、表格或公式，这些图形、表格或公式将随机变量的每一可能取值及其相应的概率具体描述出来。

所有离散型随机变量的概率分布必须满足两个条件。

对离散型随机变量概率 x 分布的要求：

1. $p(x) \geqslant 0$，对所有 x 值
2. $\sum p(x)=1$

这里 $\sum p(x)$ 是对所有可能取值 x 的 $p(x)$ 求和。①

例 4.4 说明如何导出一个离散型随机变量的概率分布，但在许多实际情况下，这个任务是非常困难的。幸运的是，在商务活动过程中的许多实验及相关的离散型随机变量具有相同的特点。因此，我们可以通过观察一个营销实验中的随机变量来研究会计、经济或管理中与这个实验具有相同特点的随机变量。具体方法是：首先研究每一类离散型随机变量的概率分布，然后根据实际问题中观察到的随机变量类型来运用适当的概率分布。这样就为解决商务分析中某些概率分布的问题提供了方便。

在 4.4 节和 4.5 节，我们将描述两种重要的离散型随机变量，给出它们的概率分布，并说明何时及如何在实际中加以运用（概率分布的数学推导过程从略，但推导的主要细节可在书后介绍的参考书中找到）。

在 4.3 节的开始，我们讨论一些有时会碰到的复合概率分布的描述方法。由于概率分布与第 2 章介绍的相对频率分布有类似之处，所以均值和标准差在这里仍然是有用的描述方法。

练习 4.11～4.20

技能训练：

4.11 一个离散型随机变量的可能取值是 2，3，5，8 和 10，它的概率分布如下：

x	2	3	5	8	10
$p(x)$	0.15	0.10	—	0.25	0.25

a. $p(5)$ 等于多少？

b. $x=2$ 或 10 的概率是多少？

c. $P(x \leqslant 8)$ 等于多少？

4.12 解释下面每一个分布是否是随机变量的可能概率分布：

a.

x	0	1	2	3
$p(x)$	0.1	0.3	0.3	0.2

b.

x	−2	−1	0
$p(x)$	0.25	0.50	0.25

c.

x	4	9	20
$p(x)$	−0.3	0.4	0.3

d.

x	2	3	5	6
$p(x)$	0.15	0.15	0.45	0.35

4.13 抛掷 3 枚均匀的硬币，用 x 表示出现正面的个数。

a. 找出该实验的样本点并分配每一个点的 x 值。

b. 计算每个 x 的 $p(x)$ 值。

c. 构造 $p(x)$ 的概率直方图。

d. $P(x=2$ 或 $x=3)$ 等于多少？

① 除非特别指明，一般总是对所有可能的 x 值求和。

4.14 随机变量具有如下离散型概率分布：

x	1	3	5	7	9
$p(x)$	0.1	0.2	0.4	0.2	0.1

a. 计算 $P(x\leqslant 3)$。 b. 计算 $P(x<3)$。
c. 计算 $P(x=7)$。 d. 计算 $P(x\geqslant 5)$。
e. 计算 $P(x>2)$。 f. 计算 $P(3\leqslant x\leqslant 9)$。

4.15 抛掷一枚骰子，用 x 表示向上一面出现的点数。

a. 确定 x 的概率分布并将这个概率分布用表的形式表示。

b. 以图的形式表示 x 的概率分布。

概念运用：

4.16 下表是成功运作两年的“Dotcom”公司亚特兰大总部在 1999 年 6 月 1 日 55 名员工的年龄分布，从这个总体中随机选取一名员工。

a. 表中的相对频率分布可以解释为一个概率分布吗？解释一下。

b. 画出概率分布图。

c. 随机选出的那名员工年龄在 30 岁以上的概率是多少？在 40 岁以上的概率是多少？在 30 岁以下的概率又是多少？

d. 随机选出的那名员工年龄是 25 岁或 26 岁的概率是多少？

练习 4.16 的表

年龄	20	21	22	23	24	25	26	27	28	29	30	31	32	33
员工	1.82	3.64	5.45	7.27	3.64	1.82	7.27	1.82	10.9	7.27	9.09	12.73	14.55	12.73

资料来源：Personal Communication from P. George Benson.

4.17 一氧化二氮(Nitrous oxide)即通常所指的“笑气”广泛运用在治疗牙齿方面。据美国牙科协会统计，60%的牙医在他们的实践中使用一氧化二氮(《纽约时报》，1995 年 6 月 20 日)。假定 x 表示随机抽取的 5 名牙医中使用笑气的医生数。如果任意一个牙医使用笑气(牙医的工作是独立的)的概率为 0.6，那么 x 的概率分布见下表(在 4.4 节中我们说明如何计算这些概率)：

x	0	1	2	3	4	5
$p(x)$	0.0102	0.0768	0.2304	0.3456	0.2592	0.0778

计算抽取的 5 个牙医中使用笑气者符合下列要求的概率：

a. 4 人。

b. 少于 2 人。

c. 多于或等于 3 人。

4.18 一组顾问研究了新泽西州 Woodbridge 商业街上 Wendy 餐馆的服务程序，他们记录了一天中顾客到达餐馆的时间，并根据这些数据对每隔 15 分钟就餐的顾客人数的概率分布特征进行了研究。这些概率分布结果列表如下：

练习 4.18 的概率分布

x	5	6	7	8	9	10	11	12	13	14	15
$p(x)$	0.01	0.02	0.03	0.05	0.08	0.09	0.11	0.13	0.12	0.10	0.08

x	16	17	18	19	20	21
$p(x)$	0.06	0.05	0.03	0.02	0.01	0.01

a. 这些概率分布满足离散型概率分布的两个条件吗？证明你的回答。

b. 在接下来的 15 分钟内恰好有 16 个顾客光临餐馆的概率是多少？

c. 计算 $p(x \leqslant 10)$。

d. 计算 $p(5 \leqslant x \leqslant 15)$。

4.19 在一项纳税研究中，由 Occidental 学院（洛杉矶）的 Peter Dreier 教授编制的相对频率分布列在下表，这个分布描述了 1995 年美国填写纳税申报单的所有住户的收入。现从总体中随机抽取一个住户。

a. 说明为什么表中的百分数可解释为概率，例如，选中的住户收入低于 1 万美元的概率是 0.185。

b. 计算选中住户的收入分别高于 20 万美元、高于 10 万美元，低于 10 万美元以及收入在 3～4.9999 万美元之间的概率。

c. 将收入类别（1，2，3，…）和对应的百分数结合组成一个离散型概率分布，并用图表示这个分布。

d. 随机抽取一个家庭，其落在第 6 个收入类中的概率是多少？落在第 1 个或第 9 个收入类中的概率又是多少？

练习 4.19 的概率分布

收入类别	家庭收入	家庭所占百分比
1	低于 10000 美元	18.5
2	10000～19999 美元	19.0
3	20000～29999 美元	15.9
4	30000～39999 美元	12.8
5	40000～49999 美元	9.1
6	50000～74999 美元	13.8
7	75000～99999 美元	5.7
8	100000～199999 美元	4.1
9	高于 200000 美元	1.1

资料来源：Johnston，D. C. "The Divine Write-off."《纽约时报》，1996 年 1 月 12 日，p. D1.

4.20 现实中许多运行系统（如电力传输、运输、电信以及制造系统等）可以被当做容量流动网络来处理，它们的节点具有独立而且随机的容量。一些中国大学教授对月刊《网络》（Network）（1995 年 5 月）上刊登的几个流动网络的可靠性进行了调查研究。文章中提到的一个网络（说明见下）是一个拥有节点 a_1，a_2，a_3，a_4，a_5 和 a_6 的桥梁网络。下表中给出了 6 个节点各自容量的概率分布。

a. 证明每一个节点容量的分布满足离散型概率分布的特性。

b. 计算节点 a_1 的容量将大于 1 的概率。

c. 对剩余 5 个节点中的每一个重做 b。

d. 从源节点到尾节点的一条路径经过节点 a_1 和 a_2。计算系统通过 a_1～a_2 路径时能保持一个以上容量的概率（回忆一下节点的容量是独立的）。

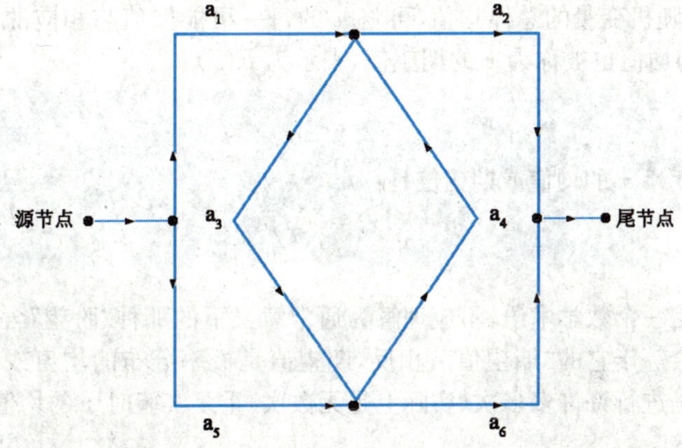

练习 4.20 的表

节点	容量(x)	$p(x)$	节点	容量(x)	$p(x)$
a_1	3	0.60	a_4	1	0.90
	2	0.25		0	0.10
	1	0.10			
	0	0.05			
a_2	2	0.60	a_5	1	0.90
	1	0.30		0	0.10
	0	0.10			
a_3	1	0.90	a_6	2	0.70
	0	0.10		1	0.25
				0	0.05

资料来源:Lin,J.,et al.“关于最小路径网络容量流动的可靠性评价”。《网络》1995 年 5 月第 25 卷第 3 节,135 页(表 1),1995 年,约翰·威廉和桑恩斯。

4.3 离散型随机变量的期望值

如果对一个离散型随机变量进行许多次观测,并将所得数据按相对频率分布排列,那么这个频率分布就与该变量的概率分布相差无几。因此,随机变量的概率分布就是总体相对频率分布的理论模型。从两个分布相等(我们假定如此)的意义上说,对具有均值 μ 和方差 σ^2 的 x 的概率分布的描述方法与对相应总体的描述完全相同。本节的内容将向你解释如何计算随机变量的均值,我们用例子来说明这种方法。

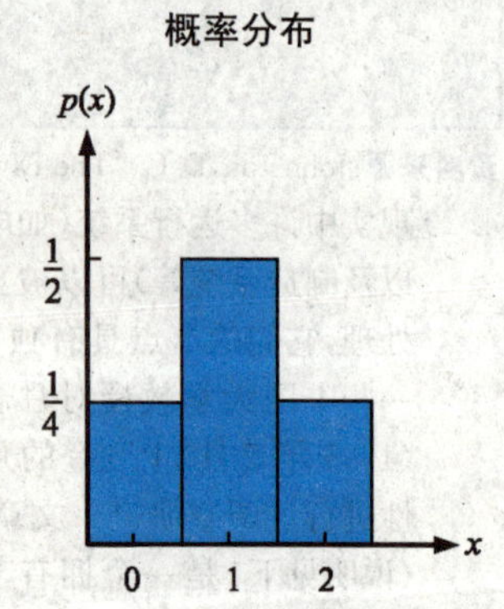

图 4.4 抛掷两枚硬币实验的概率分布

检查图 4.4 中变量(抛掷两枚均匀硬币出现正面的数值)的概率分布,试着凭直觉判断一下分布的均值。我们可以推导出这个分布的均值为 1,过程如下:在很多次实验中,$x=0$ 会出现 1/4,$x=1$ 会出现 1/2,$x=2$ 会出现 1/4。这样出现正面的平均次数是

$$\mu=0(1/4)+1(1/2)+2(1/4)=0+1/2+1/2=1$$

注意,要想得到随机变量的总体均值,可将 x 的每一可能取值与相应的概率相乘,然后再把这些乘积相加。x 的均值也被称为 x 的期望值,表示为 $E(x)$。

定义 4.5

离散型随机变量 x 的**均值**或**期望值**是:

$$\mu=E(x)=\sum xp(x)$$

这里的期望值是一个数学术语,不应理解为通常意义下的那种“盼望”含义。特别是,一个随机变量也许永远不会等于它的“期望值”,相反,期望值是概率分布的均值或一种集中趋势度量。我们可以把 μ 看作是进行许许多多次(实际上是无数次)重复实验时 x 的均值。

例 4.5

假定你为一家保险公司工作，销售一种年收保费 290 美元，保 10000 美元的一年期保险。保险精算表明，未来的一年中一个客户由于年龄、性别、健康等因素而死亡的概率是 0.001。这个险种的期望收益（公司实际得到的收入）是多少？

解答：

实验是要观察客户在未来的一年内是否平安渡过。与两个样本点——生和死——相联系的概率分别是 0.999 和 0.001。你感兴趣的随机变量是收益 x，假定其数值如下表所示：

收益 x	样本点	概率
290 美元	客户在世	0.999
−9710 美元	客户去世	0.001

如果客户在世，公司可以得到 290 美元的保费收入。如果客户去世，公司收益为负，因为公司必须赔付 10000 美元，所以净“收益”是(290−10000)美元＝−9710 美元。因此期望收益是：

$$\mu=E(x)=\sum_{\text{所有}x} xp(x)=290\times0.999+(-9710\times0.001)=\$280$$

换句话说，如果公司向服从上述生存概率分布的客户卖出大量一年期的 10000 美元保额的保单，那么在下一年公司每份保单的平均净收益为 280 美元。

例 4.5 说明，一个随机变量的期望值不一定等于它的可能取值。即：期望值是 280 美元，但在完成的每次实验中（卖出保险，且一年已经过去），x 可能为 290 美元也可能为−9710 美元。期望值是集中趋势的一个测度值——在本例中表示对于大量一年期保单的平均收益——而不是 x 的一个可能取值。

在第 2 章中我们学过的均值和其他集中趋势度量方法仅仅是对一个数据集的部分描述，这个结论对概率分布也是成立的。除此之外，我们还需要考查数据集的变异性，既然概率分布可看作是对一个总体的描述，我们就用总体方差来反映它的变异性。

总体方差 σ^2 定义为变量观测值与总体均值 μ 离差平方的平均数。既然 x 是一个随机变量，那么离差平方 $(x-\mu)^2$ 也是一个随机变量。按照计算 x 均值的相同思路，我们将每一个 $(x-\mu)^2$ 乘以对应的 $p(x)$ 并对所有的可能取值求和，就可以算出 $(x-\mu)^2$ 的均值①，这个数值

$$E[(x-\mu)]^2=\sum_{\text{所有}x}(x-\mu)^2p(x)$$

也叫做与均值离差平方的期望值；即 $\sigma^2=E[(x-\mu)^2]$，x 的标准差定义为方差 σ^2 的平方根。

定义 4.6

离散型随机变量 x 的**方差**是

$$\sigma^2=E[(x-\mu)^2]=\sum(x-\mu)^2p(x)$$

定义 4.7

一个离散型随机变量的**标准差**等于其方差的平方根，即，$\sigma=\sqrt{\sigma^2}$

我们已经知道，随机变量 x 概率分布的均值 μ 和标准差 σ 服从契比雪夫准则（表 2.7）和经验准则（表 2.8），我们可以说明 x 值落入区间 $\mu\pm\sigma$，$\mu\pm2\sigma$ 和 $\mu\pm3\sigma$ 的可能性，这些可能性在下面的阴影部分给出。

---

① 可以看出：$E[(x-\mu)^2]=E(x^2)-\mu^2$，这里 $E(x^2)=\sum x^2p(x)$ 注意这个表达式与第 2 章给出的简化公式 $\sum(x-\bar{x})^2=\sum x^2-(\sum x)^2/n$ 之间的相似性。

离散型随机变量的契比雪夫准则和经验准则

假定 x 是具有概率分布 $p(x)$ 的离散型随机变量，均值为 μ，标准差为 σ，那么，根据 $p(x)$ 的形状可以做出下列概率描述：

	契比雪夫准则	经验准则
	适用于任何概率分布(见图 4.5a)	适用于钟形对称分布(见图 4.5b)
$P(\mu-\sigma<x<\mu+\sigma)$	$\geqslant 0$	≈ 0.68
$P(\mu-2\sigma<x<\mu+2\sigma)$	$\geqslant \frac{3}{4}$	≈ 0.95
$P(\mu-3\sigma<x<\mu+3\sigma)$	$\geqslant \frac{8}{9}$	≈ 1.00

图 4.5 离散型随机变量 x 的两种概率分布形状

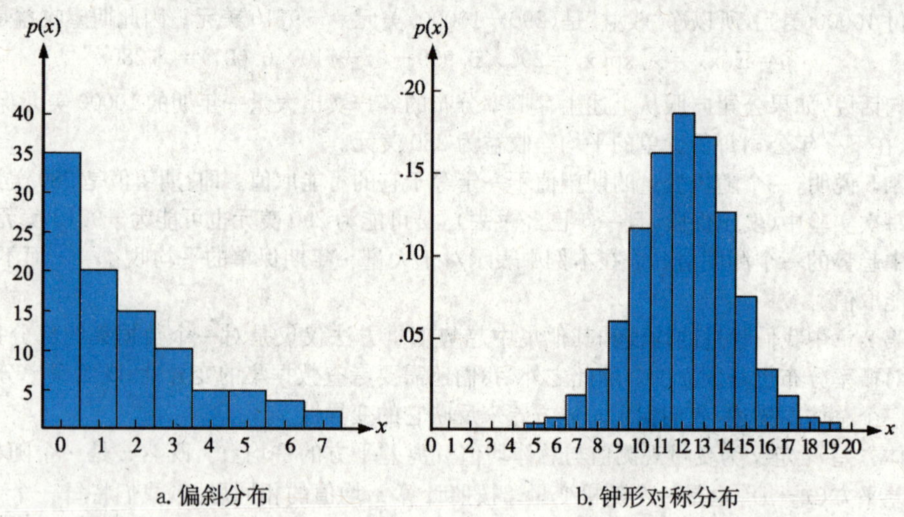

例 4.6

你准备将一定数额的资金分别投资到 5 家互联网风险企业。假定你知道这种投资成功的可能性为 70%，而且不同企业的经营状况(指成功或失败)相互独立。5 家企业中成功的企业数 x 的概率分布为：

x	0	1	2	3	4	5
$p(x)$	0.002	0.029	0.132	0.309	0.360	0.168

a. 计算 $\mu=E(x)$，并解释结果。

b. 计算 $\sigma=\sqrt{E[(x-\mu)^2]}$，并解释结果。

c. 用图表示 $p(x)$，在图上确定 μ 和区间 $\mu\pm 2\sigma$。运用契比雪夫准则或经验准则近似估计 x 落入上述区间的概率，将这一结果与实际概率进行比较。

d. 你期望 5 家企业中成功的企业少于 2 家吗？

解答：

a. 运用公式

$$\mu=E(x)=\sum xp(x)$$

$=0\times0.002+1\times0.029+2\times0.132+3\times0.309+4\times0.360+5\times0.168=3.50$

平均来说，5家企业中成功的企业数为3.5家。注意这个期望值的意义仅仅是：当实验(投资于5家互联网风险企业)被重复进行许多次的结果。

b. 现在我们来计算x的方差：

$$\sigma^2=E[(x-\mu)^2]=\sum(x-\mu)^2p(x)$$
$$=(0-3.5)^2\times0.002+(1-3.5)^2\times0.029+(2-3.5)^2\times0.132$$
$$+(3-3.5)^2\times0.309+(4-3.5)^2\times0.360+(5-3.5)^2\times0.168$$
$$=1.05$$

这样，标准差是$\sigma=\sqrt{\sigma^2}=\sqrt{1.05}=1.02$

这个数值测度了5家企业中成功企业数概率分布的离散程度。回答完下面c和d中的问题后会得到更有意义的解释。

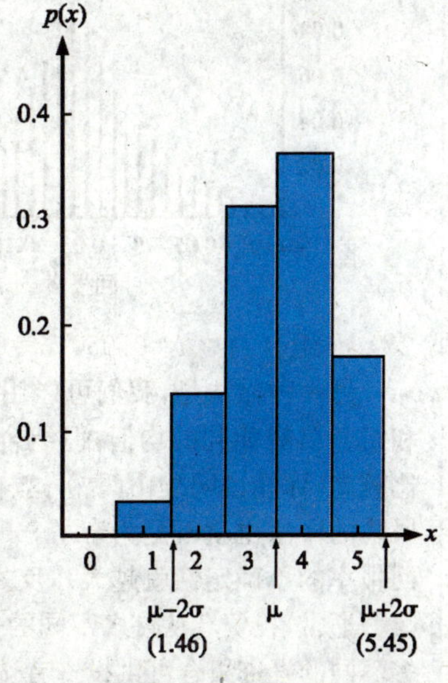

图 4.6　例 4.6 的 $p(x)$ 分布图

c. 图4.6给出了$p(x)$以及均值μ和区间

$\mu\pm2\sigma=3.50\pm2\times1.02=3.50\pm2.04=(1.46, 5.54)$

应当注意$\mu=3.5$位于概率分布的中心。因为这个分布基本呈钟形(图4.6)，是一个理论的相对频率分布，我们期望(根据契比雪夫准则)至少有75%、甚至可能(根据经验准则)近95%的观测值x落入区间$\mu\pm2\sigma$——即在1.46到5.54之间。从图4.6中你可以看到，x落入区间$(\mu-2\sigma,\mu+2\sigma)$的概率实际上等于$x$分别取2、3、4和5时对应的$p(x)$之和。这个概率就是：

$p(2)+p(3)+p(4)+p(5)=0.132+0.309+0.360+0.168=0.969$

因此96.9%的概率分布落在以均值为中心的两个标准差区间之内。该百分比同时符合契比雪夫准则和经验准则。

d. 5个企业中成功企业不到2个意味着$x=0$或$x=1$。由于这两个x值落在区间$\mu\pm2\sigma$之外，根据经验准则我们知道这样一个结果是不可能的(近似概率为0.05)。确切的概率$P(x\leqslant1)$是$p(0)+p(1)=0.002+0.029=0.031$。因此，在一个单独的投资于5家互联网风险企业的例子中，我们将发现取得成功的企业不会少于2家。

统计实践

4.1 投资组合选择

投资者——如大公司、银行、养老基金、共有基金或个人等，很少持有单一的金融资产，而多持有资产组合。因此，他们就不怎么关注资产组合中某一只特定股票的收益率，而更多的是关注整个投资组合的回报率①。由于投资组合的未来回报率是不确定的，所以，可以采用一个概率分布来对其进行描述。图 4.7 是这类分布的两个例子。

图 4.7 回报率概率分布

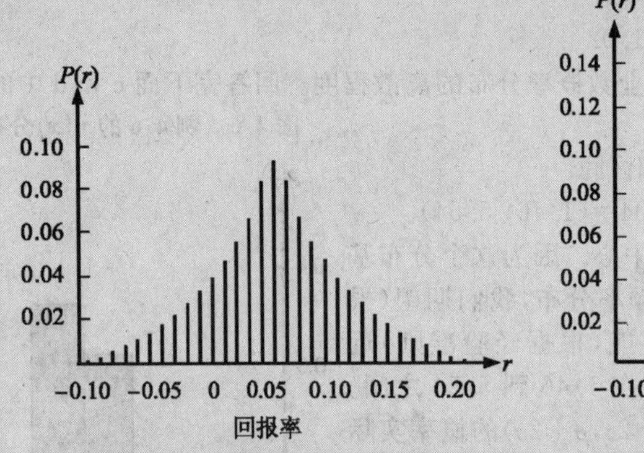

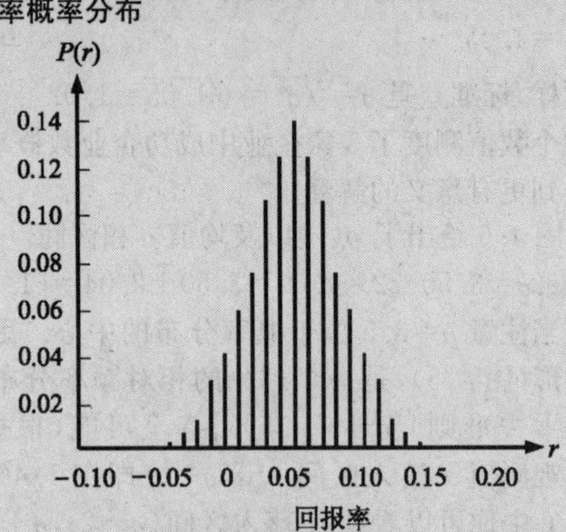

a. 组合 A：$\mu=0.050$，$\sigma=0.053$　　b. 组合 B：$\mu=0.050$，$\sigma=0.033$

另一种做法是，我们可以用概率分布的均值和标准差来描述未来的回报率。注意组合 A 和组合 B 有相同的均值，但组合 A 的标准差较大。因此，组合 A 的投资回报率为负的概率就比较高(你能说明理由吗?) 这样，我们对经常用投资组合回报率分布的标准差作为衡量相关风险的做法也就不足为奇了——因为标准差越大，表示投资组合的风险就越大(即投资组合回报率的不确定性就越大)，反之亦然。

通常，投资者从许多不同的资产中进行选择来形成一个组合。那么就有下面的问题，有许多不同的投资组合可供投资者选择，但是投资者应选择哪个组合呢？这个问题最初是由哈里·马柯威茨(Harry M. Markowitz，1952 年)发表在财经杂志的一篇著名文章中提出的。为了利用回报率的均值和方差来描述投资组合，马柯威茨提出了一种从组合中进行选择的两步骤法：第一步，首先把所有可能的组合(可行组合)缩减成一个有效的组合集。有效的组合集就是对给定的风险要求(即任何给定的标准差)，它能提供最大可能的平均回报率，或者在给定平均回报率的条件下能使风险程度最小。第二步，从有效的组合集中选择最适合他(或她)需要的投资组合。

图 4.8 给出了各种组合下回报率的均值和标准差。根据均值 μ 和标准差 σ 找出的落在椭圆区域内的组合代表某个特定投资者的有效组合集。有效组合集用边界线 *ABC* 表示，有时也称为有效边界。*ABC* 左边的组合是不可能达到的，因为它们落在有效边界之外。*ABC* 右边的组合是无效的，因为在有效边界上总存在一种组合，使得：(1)对于给定回报率的标准差(比较点 *B* 和 *D* 点)，它能给出较高的平均回报率；(2)对于给定的平均回报率(比较点 *B* 和点 *E*)，它的标准差较小(风险水平较低)。投资者如何确定有效组合集的细节参见 Alexander，Sharp 与 Bailey(1996 年)或 Alexander 与 Francis(1986 年)。

---

① 如果不知道调查日的股息，这一天的股票回报率可定义为$(P_t-P_{t-1})/P_{t-1}$，这里 P_t 是第 t 日股票的收盘价，P_{t-1}是前一日的收盘价。

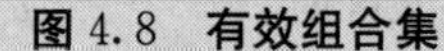

图 4.8　有效组合集

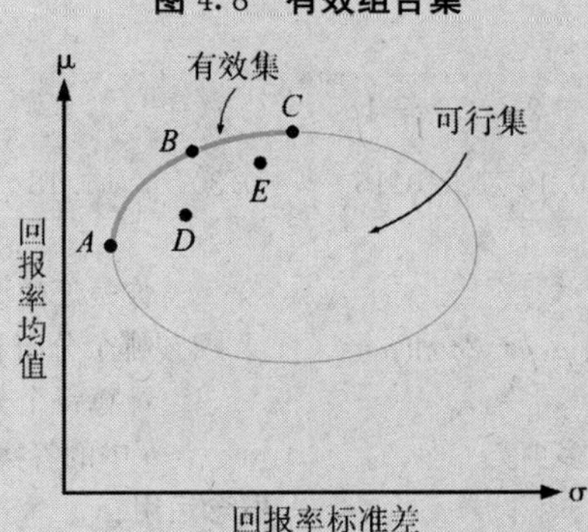

讨论焦点

X、Y、Z 股票组合的未来回报率可以用下述概率分布进行描述：

a. 哪种组合最有可能使投资者遭受负的投资回报率？证实你的结论。

b. 计算每一种组合的 μ 和 σ。

c. 像图 4.8 那样，在一张图上画出每一种组合的均值和标准差。

d. 你选择哪一种组合？说明你选择的理由。

股票组合 X		股票组合 Y		股票组合 Z	
回报率	概率	回报率	概率	回报率	概率
0.20	0.05	0.15	0.10	0.25	0.05
0.15	0.15	0.10	0.20	0.20	0.10
0.10	0.26	0.05	0.30	0.15	0.25
0.05	0.20	0.00	0.20	0.10	0.20
0.00	0.15	−0.05	0.10	0.05	0.15
−0.05	0.10	−0.10	0.07	0.00	0.10
−0.10	0.05	−0.15	0.03	−0.05	0.07
−0.15	0.03			−0.10	0.05
−0.20	0.01			−0.15	0.03

练习 4.21～4.34

技能训练：

4.21 解释符号 μ, $\bar{x}$ 和 $E(x)$ 在含义上有什么区别。

4.22 考虑下述概率分布：

x	1	2	4	10
$p(x)$	0.2	0.4	0.2	0.2

a. 计算 $\mu=E(x)$。

b. 计算 $\sigma^2=E[(x-\mu)^2]$。

c. 计算 σ。

d. 解释你得到的值 μ。

e. 在本例中，随机变量 x 会取到 μ 值吗，解释一下原因。

f. 一般情况下，随机变量的取值能等于它的期望值吗？说明原因。

4.23 下面是随机变量 x 的概率分布：

x	10	20	30	40	50	60
$p(x)$	0.05	0.20	0.30	0.25	0.10	0.10

a. 计算 μ, σ^2 和 σ。

b. 用图表示 $p(x)$。

c. 在图中标出 μ 和区间 $\mu\pm2\sigma$，x 落入区间 $\mu\pm2\sigma$ 的概率是多少？

4.24 考虑下述概率分布：

x	−4	−3	−2	−1	0	1	2	3	4
$p(x)$	0.02	0.07	0.10	0.15	0.30	0.18	0.10	0.06	0.02

a. 计算 μ，σ^2 和 σ。

b. 用图表示 $p(x)$，在图上标出 μ，$\mu-2\sigma$ 和 $\mu+2\sigma$。

c. x 落入区间 $\mu\pm2\sigma$ 的概率是多少？

4.25 考虑下述概率分布：

x	0	1	2
$p(x)$	0.3	0.4	0.3

y	0	1	2
$p(y)$	0.1	0.8	0.1

a. 利用你的直觉确定每个分布的均值，并说明你是怎样做出这种判断的？

b. 哪个分布看起来变异程度更大？为什么？

c. 计算每个分布的 μ 和 σ^2，将这些结果与 a 和 b 中的答案作比较。

概念运用：

4.26 金融资产组合的风险有时被称为投资风险(Radcliffe，1994)。一般来说，测量投资风险的典型方法是计算概率分布的方差和标准差，这个概率分布描述了决策者的潜在收益(赢利或亏损)。潜在收益的变异性越大，决策者面临的不确定性就越大；潜在收益的变异性越小，决策者赢利或亏损的情况就越容易预测。下表给出的两个离散型概率分布来自于历史数据，它们描述了下一年两个公司运输车队潜在的物理损耗。

练习 4.26 的表

公司 A		公司 B	
下一年的损耗	概率	下一年的损耗	概率
\$ 0	0.01	\$ 0	0
500	0.01	200	0.01
1000	0.01	700	0.02
1500	0.02	1200	0.02
2000	0.35	1700	0.15
2500	0.30	2200	0.30
3000	0.25	2700	0.30
3500	0.02	3200	0.15
4000	0.01	3700	0.02
4500	0.01	4200	0.02
5000	0.01	4700	0.01

a. 证明这两个公司的期望物理损耗相同。

b. 计算每个概率分布的标准差，确定哪个公司在下一年面临更大的物理损耗风险。

4.27 打赌者试图对职业足球队和学院足球队谁将获胜以及获胜的比分进行预测。如果打赌者预测准确，获胜者与失败者的最后得分应该相同。买一张赌票需花费 1 美元，假定你在 3 局比赛中猜对获胜者的话，你会赢得 6 美元；猜错的话，你就白花 1 美元。这样，1 美元的赌注要么使你损失 1 美元，要么使你净挣 5 美元。试问打赌者 1 美元的赌金能获得多少美元的期望收入？

4.28 国家气象服务局发布一定时间内某地的降水概率(≥0.01 英寸)(Doswell and B rooks,

Probabilstic Forecasting：*A Primer*，1996)。现在假设，如果在 24 小时之内降雨达到一定数量，河流就会上涨到洪峰警戒线，企业将可能因此承受 30 万美元的损失。国家气象服务局的历史数据表明，未来 24 小时内降水量达到一定数量的概率为 30%。

a. 构造并描述可能造成洪灾的概率分布。

b. 计算洪灾可能给公司造成的损失。

4.29 掌握高级计算机软件程序，需要通过 1 到 5 个模块的考试，具体考多少个模块因人而异。在经过多次试验后，软件研制者发现使用者掌握各个模块的概率分布如下：

模块数	1	2	3	4	5
通过的概率	0.1	0.25	0.4	0.15	0.1

a. 计算掌握运用程序必须通过模块数的均值，然后计算中位数，并分别对其进行解释。

b. 如果公司要保证至少有 75%的学生掌握程序，必须安排的模块数最少是多少？如果要保证 90%的学生掌握程序，情况又怎样？

c. 假定公司研究出一种新的培训程序，使需要通过一个模块的概率从 0.1 上升到 0.25，需要通过 2 个模块的概率上升到 0.35，需要通过 3 个模块的概率仍为 0.4，并且完全避免了需要通过 4 个或 5 个模块的可能。对于这个新的程序，上面 a 和 b 中的答案将如何变化？

4.30 为纽约市区一家大型国内连锁超市工作的顾问组研制出一个统计模型，用来预测新开超市可能的年销售额。模型中包括了一些影响销售额的识别变量，如超市的规模(以平方英尺计)，周边人口数以及收银通道数。他们调查了国内某个地区的 52 家超市，并构造了每家超市收银通道数 x 的相对频率分布(见下表)。

练习 4.30 的概率分布

x	1	2	3	4	5	6	7	8	9	10
相对频率	0.01	0.04	0.04	0.08	0.10	0.15	0.25	0.20	0.08	0.05

资料来源：Adapted from Chow, W., et. al. " model for predicting a supermarket's annual sales per foot." Greduate School of Management, Rutgers University, 1994.

a. 为什么本表中的相对频率代表了随机抽取超市所具有的收银通道数 x 的近似概率？

b. 计算 $E(x)$ 并在具体的环境中解释这个数值。

c. 计算 x 的标准差。

d. 根据契比雪夫准则(第 2 章)估计，会有多大比例的超市落入区间 $\mu\pm\sigma$？有多大比例的超市落入区间 $\mu\pm2\sigma$？

e. 实际落入 $\mu\pm\sigma$ 以及 $\mu\pm2\sigma$ 的超市数各有多少家？与 d 的结果进行比较，结果是否相符？

4.31 练习 4.20 给出了 6 个节点型的网络通路(*Network*，1995 年 5 月)。下表重新给出 6 个节点容量的概率分布。计算每个节点容量的均值并加以解释。

节点	容量(x)	$p(x)$	节点	容量(x)	$p(x)$
a_1	3	0.60	a_4	1	0.90
	2	0.25		0	0.10
	1	0.10			
	0	0.05			
a_2	2	0.60	a_5	1	0.90
	1	0.30		0	0.10
	0	0.10			
a_3	1	0.90	a_6	2	0.70
	0	0.10		1	0.25
				0	0.05

资料来源: Lin,J. ,et al. "On reliability evaluation of capacitated-flow network in terms of minimal pathsets." Networks, Vol. 25,No. 3,May 1995,p. 135(table 1),1995,John Wiley and Sons.

4.32 假定你拥有一家从事金融管理业务的公司。根据过去的经验,你认为你损失某一种债券的概率是0.001,那么你应当将100万美元的多大比例分配到此类债券才不至于亏本?

4.33 在一种流行的电视游戏节目 *The Price is Right* 中,竞争者可以玩"The Showcase Showdown"。该游戏是旋转一个大"转盘",这个转盘上等间隔地标有5,10,15,20,…95,100这20个数值。游戏规则是,旋转一次或两次这个大转盘,目标是转出不超过100的最高数值[根据《美国统计学家》(*American Statistician*,1995年8月)的研究结果,3个游戏者中第一个旋转者的最佳策略是,只有当第一次转出的数是65或更小的数值时,才旋转第二次]。用 x 表示一个游戏者玩"The Showcase Showdown"所得分数,并假定转盘是"均匀"的,即出现每个数值的可能性相等。如果游戏者转出的总分值超过100,就以0记。

a. 如果只允许游戏者旋转一次,计算 x 的概率分布。

b. 参考a,计算 $E(x)$ 并对这个数值进行解释。

c. 参考a,给出 x 可能落在其中的一个数值范围。

d. 假定不论第一次旋转的结果如何,游戏者可以旋转两次,计算 x 的概率分布。

e. 要得到d中的概率分布,应作什么样的假定?这个假定合理吗?

f. 计算d中概率分布的 μ 和 σ,并加以解释。

g. 参考d,在两次旋转中游戏者的总得分超过100的概率是多大(即重新设置为0)?

h. 假定游戏者第一次得分20,并决定旋转第二次。计算这个游戏者的总得分超过100的概率有多大?

i. 参考h,游戏者的总得分超过100的概率是多少?

j. 假定游戏者第一次得分65,并决定旋转第二次,计算其总得分超过100的概率是多大?

k. 在第一次得分的不同结果下重做j,利用这一信息为单个游戏者提供策略建议。

4.34 大多数州都设立每周开奖的彩票以创造财政资金。尽管获奖的可能性很小,居民们还是非常热衷于这项活动(见统计实践3.2)。赢得佛罗里达Pick-6乐透彩票奖的概率大约是二千三百万分之一。假定你买了一张一美元的乐透彩票,期望赢得700万美元的大奖。计算一下你的期望净收益,并对结果进行说明。

4.4 二项随机变量

许多实验会产生二分(Dichotomous)反应——即出现两种可能的对应结果,如:是——不是,成功——失败、有缺点的——无缺点的,男性——女性等。这类试验中一个最简单的例子是抛掷硬币实验,把一枚硬币抛掷许多次,比如说10次,每一次抛掷会出现两个结果中的一个(正面或反面),最后我们感兴趣的是出现正面次数 x 的概率分布。许多其他实验类似于抛掷硬币实验,即在 n 次实验中观察两个可能结果中某一个出现的次数。具有这种特点的随机变量就称为二项随机变量。

公众意见和消费者偏好民意测验[如美国有线新闻网、盖洛普、哈里斯等民意测验]中经常会产生二项随机变量的观测值。例如,假定从一家公司的客户资料库中抽取了100名消费者,然后问他们是喜欢该公司的产品,还是更喜欢竞争对手的产品。假定我们关心的是样本中对该公司产品感兴趣的人数,那么抽取100个消费者就类似于将硬币抛掷100次。于是,我们发现像上面这类消费者偏好测验不过是抛掷硬币实验在现实生活中的一个"翻版"。我们一直在描述的二项实验,可通过下述特征加以识别:

二项随机变量的特征：

1. 实验由完全相同的 n 次试验组成。

2. 每次试验只可能出现两种结果。我们把其中的一种结果记做 S(表示成功)，另一种结果记做 F(表示失败)。

3. 每次试验出现 S 的概率都相等。我们用 p 表示出现 S 的概率，用 q 表示出现 F 的概率，注意 $q=1-p$。

4. 试验是独立进行的。

5. 二项随机变量 x 为 n 次试验中出现 S 的次数。

例 4.7

试判断下面的 x 是否是二项随机变量。

a. 从 10 种可能的债券中随机地抽取 3 种进行投资。10 种债券中，有 8 种能保持现值，另外两种由于利率变化已经贬值。假设 x 表示抽出的 3 种债券中已贬值的个数。

b. 在将新产品大规模推向市场以前，许多公司常常会对这种产品作一个消费者偏好调查，以估计这种产品在市场上是否会取得成功。假设某公司开发了一种健怡可乐，并且公司作了一次消费者口味偏好调查。在这项调查中，公司随机抽取了 100 名消费者，要求他们就本公司的新口味健怡可乐和市场上最畅销的两种健怡可乐进行比较并说出自己的偏好。假设 x 表示抽取的 100 个消费者中偏爱该公司新健怡可乐的人数。

c. 假设使用一种不同于简单抽样(定义见第 3 章)的方法进行了几项调查研究。例如，一有线电视公司在某市作了一项调查，目的是研究该市居民家庭愿意享用有线电视服务的比例。具体抽样方法如下：先在该市随机抽取一个居民区，然后调查这个区的所有家庭。这种抽样方式叫整群抽样。假设这家公司在该市随机地抽取了 10 个居民区，共计 124 户家庭。用 x 表示抽取的 124 户家庭中愿意享用有线电视服务的家庭数目。

解答：

a. 在检查该变量是否满足二项分布的特性时，发现不满足第三条(在每次试验中，事件出现的概率相等)和第四条(独立性)。因为第一次抽到贬值债券的概率是 2/10，但是如果你第一次真的抽到了贬值债券，那么下一次再抽到贬值债券的概率就减小为 1/9，因为在剩下的 9 种债券中只有一种贬值债券了，所以很显然，这两次抽样是相互依赖的。你抽取的 3 种债券中贬值债券的种数 x 不是一个二项随机变量。

b. 调查中只会产生两个结果，而且调查方式为随机抽样，这样的试验是二项分布实验中的经典实例。在我们的例子中，随机抽取的消费者对新调味剂的偏好回答，要么是肯定的，要么是否定的。这个 100 名消费者组成的样本相对于潜在的总消费群体来说是很小的，因此我们可以认为抽样是相互独立的①。由此，我们可以得出结论，x 是一个二项随机变量。

c. 这个调查具备二分反应的性质(愿意与不愿意享用有线电视服务)，但抽样方式不是简单随机抽样。另外第四条独立性的条件也不一定满足，即在同一居民区里的家庭对调查的响应有可能不独立。因为在同一居民区的居民，他们的家庭收入水平，受教育的程度，以及一般的兴趣爱好都比较类似。因此，整群抽样下，x 不是一个二项随机变量。

---

① 在许多二项分布的实际应用中，目标总体包含有限个元素，用 N 来表示。当 N 非常大，且样本数 n 相对 N 来说比较小，比方说 $n/N\leqslant 0.05$ 时，为了实际应用方便，我们通常认为这样的实验满足二项分布实验的条件。

例 4.8

一计算机零售商网上销售台式电脑和笔记本电脑。假设他网上销售的电脑中，台式电脑占80%，笔记本电脑占20%。

1. 利用在第3章中给出的步骤，计算接下来销售的电脑中连续4台都是笔记本电脑的概率。
2. 计算网上销售的连续4台电脑中有3台是笔记本电脑的概率。
3. 设 x 为网上销售的连续4台电脑中笔记本电脑的数目，解释为什么 x 是二项随机变量。
4. 利用a与b中的结果，为二项随机分布变量 x 的概率 $p(x)$ 构造一个计算公式。

解答：a.

1. 第一步是定义试验。这里我们的目标是观察网上销售的电脑中，相邻4台电脑的类型是台式的(O)，还是笔记本式的(L)。
2. 接着，我们列出与实验有关的样本点。每个样本点由4个网上消费者的购买决定组成。例如，*DDDD* 表示连续销售的4台电脑都是台式的，*LDDD* 表示连续销售的4台电脑中，一个消费者购买的是笔记本式的，其他3人购买的是台式的。下表列出了与之有关的16个样本点。

表 4.2　例 4.8 中 PC 实验的样本点

DDDD	*LDDD*	*LLDD*	*DLLL*	*LLLL*
	DLDD	*LDLD*	*LDLL*	
	DDLD	*LDDL*	*LLDL*	
	DDDL	*DLLD*	*LLLD*	
		DLDL		
		DDLL		

3. 现在我们来给样本点分配概率。注意，每一个样本点都可以看成是4个消费者决定的交集，且这4个消费者的决定是相互独立的。因此，通过乘法法则可以获得每个样本点的概率。如下式：

$P(DDDD)=P$[(消费者1购买台式的)$\cap$(消费者2购买台式的)
　　$\cap$(消费者3购买台式的)$\cap$(消费者4购买台式的)]
$=P$(消费者1购买台式的)$\times P$(消费者2购买台式的)
　$\times P$(消费者3购买台式的)$\times P$(消费者4购买台式的)
$=0.8\times0.8\times0.8\times0.8=0.8^4=0.4096$

运用类似的方法可算出所有其他样本点的概率，比如：

$P(LDDD)=0.2\times0.8\times0.8\times0.8=0.2\times0.8^3=0.1024$

把所有16个样本点的概率求出来后，你会发现，这16个概率的和为1。

4. 最后，我们把适当样本点的概率相加，以获得一些期望事件的概率。现在我们关心的事件是所有4个在线消费者都购买笔记本电脑。在表4.2中，我们发现这个事件中仅包含一个样本点 *LLLL*，其他样本点表示的是至少购买一台台式电脑。这样：

　P(所有4个消费者都购买笔记本电脑)$=P(LLLL)=0.2^4=0.0016$

　也就是说，10000例4个相邻消费者购买电脑的人中，只可能有16例是“4个消费者都买笔记本电脑”。

b. 在线销售的连续4台电脑中有3台是笔记本电脑的样本点有4个：*DLLL*　*LDLL*　*LLDL* 和 *LLLD*，见表中第4栏，为了求出这个事件的概率，我们将这4个样本点的概率相加。

　P(接下来的4个消费者中有3人购买笔记本电脑)

$= P(DLLL) + P(LDLL) + P(LLDL) + P(LLLD)$

$= 0.2^3 \times 0.8 + 0.2^3 \times 0.8 + 0.2^3 \times 0.8 + 0.2^3 \times 0.8$

$= 4 \times 0.2^3 \times 0.8 = 0.0256$

注意，4 个样本点中每一个的概率都相同，因为每一个样本点都是由 3 个 L 和一个 D 组成；排列顺序也不会影响概率，因为消费者的决策（假设）是独立的。

c. 我们可以把实验看作是由 4 个相同的试验组成——4 个消费者的购买决策。每个试验有两个可能的结果，D 或者 L，并且在这 4 个试验中，取 L 的概率都是 $p=0.2$，每个试验都相同。最后我们假定这 4 个消费者的购买决策是独立的，以保证 4 个试验的独立性。这样，网上销售的连续 4 台电脑中笔记本电脑的数目 x 就是一个二项随机变量。

d. a 与 b 中的结果为计算二项随机变量 x 的概率分布 $p(x)$ 提供了一个思路。首先，我们考虑 4 个消费者中有 3 个购买笔记本电脑这一事件（b 部分）。我们发现：

$$P(x=3) = (\text{与 } x=3 \text{ 有关的样本点的个数}) \times (0.2)^{\text{购买的笔记本电脑的台数}} \times (0.8)^{\text{购买的台式电脑的台数}} = 4 \times 0.2^3 \times 0.8^1$$

一般情况下，我们可以用组合公式来计算样本点的个数，例如：

与 $x=3$ 有关的样本点的个数

=4 个购买决策中有 3 个购买 L 的不同取法

$$= \binom{4}{3} = \frac{4!}{3!\,(4-3)!} = \frac{4 \cdot 3 \cdot 2 \cdot 1}{(3 \cdot 2 \cdot 1) \cdot 1} = 4$$

取值为 x 的公式可推导如下。由于

$P(x=3) = \binom{4}{3} \times 0.2^3 \times 0.8^1$，所以可推出：

$$p(x) = \binom{4}{x} \times 0.2^x \times 0.8^{(4-x)}$$

其中组合 $\binom{4}{x}$ 表示 4 个购买者中有 x 人购买笔记本电脑的样本点的个数，$0.2^x \times 0.8^{(4-x)}$ 是与每个样本点中含 x 台笔记本电脑相联系的概率。

对于一般的二项分布实验，即进行 n 次实验，每次实验成功的概率是 p，那么有 x 次成功的概率是：

$$p(x) = \binom{n}{x} p^x (1-p)^{(n-x)}$$

其中，$p(x)$ 表示成功 x 次的简单事件个数，$p^x(1-p)^{(n-x)}$ 表示 n 次试验中，成功 x 次、失败 $n-x$ 次的概率。

从理论上说，我们总可以依据例 4.8 中介绍的思路来计算二项分布概率，即先列出所有的样本点，然后将相关样本点的概率相加。然而随着 n 的增大，样本点的个数（2^n）会急剧增加。因此，为了避免列出所有样本点，我们更愿意利用公式来计算概率。

下面归纳了二项分布的一些性质。

二项概率分布(Binomial probability distribution)

$$p(x)=\binom{n}{x}p^x q^{n-x} \qquad (x=0,1,2,\cdots,n)$$

其中 p=一次单独的试验成功的概率。

$q=1-p$

n=试验次数

x=在 n 次试验中,成功的次数

$$\binom{n}{x}=\frac{n!}{x!\ (n-x)!}$$

正如在第 3 章中所介绍的,符号 5! 表示 5·4·3·2·1=120,类似地,$n!=n(n-1)(n-2)\cdots 3\cdot 2\cdot 1$;请记住,0!=1。

下面给出了二项随机变量 x 的均值、方差以及标准差的计算公式。

二项随机变量的均值、方差以及标准差:

均值:$\mu=np$

方差:$\sigma^2=npq$

标准差:$\sigma=\sqrt{npq}$

正如我们在第 2 章中所描述的,均值和标准差分别描述了分布的集中趋势和离散程度。因此,当计算 x 的概率很复杂时,通过均值 μ 和标准差 σ,我们可以大致地把握 x 的概率分布状况。为了说明二项概率分布的用途,请看下面的例 4.9 和例 4.10。

例 4.9

一台生产汽车冲压件的机器,由于功能有点失灵,生产出来的产品有 10%是次品,且次品或合格品的出现都是随机的。如果检测连续生产的 5 个产品,试求其中有 3 个次品的概率。

解答:

设 x 为这 $n=5$ 次实验中,出现的次品数,那么 x 是一个二项随机变量,而且在每次试验中出现次品的概率为 p,$p=0.1$,$q=1-p=1-0.1=0.9$。x 的概率分布为:

$$p(x)=\binom{n}{x}p^x q^{(n-x)}=\binom{5}{x}\times 0.1^x\times 0.9^{(5-x)}$$

$$=\frac{5!}{x!\ (5-x)!}\times 0.1^x\times 0.9^{(5-x)} \qquad (x=0,1,2,3,4,5)$$

为求 5 个产品中有 3 个次品的概率,我们将上式中的 x 用 3 代替。就有:

$$p(3)=\frac{5!}{3!\ (5-3)!}\times 0.1^3\times 0.9^{5-3}=\frac{5!}{3!\ 2!}\times 0.1^3\times 0.9^2$$

$$=\frac{5\cdot 4\cdot 3\cdot 2\cdot 1}{(3\cdot 2\cdot 1)(2\cdot 1)}\times 0.1^3\times 0.9^2=10\times 0.1^3\times 0.9^2$$

$$=0.0081$$

注意,上面的式子表明,含有 3 个次品的样本点共有 10 个(可以列出以作检验),且每一个样本点的概率都是 $0.1^3\times 0.9^2$。

例 4.10

参看例 4.9，计算 $p(0)$、$p(1)$、$p(2)$、$p(4)$ 和 $p(5)$ 的值，并用图表示 $p(x)$；然后计算均值 μ 和标准差 σ，并在上面的图中标出 μ，以及区间 $(\mu-2\sigma,\mu+2\sigma)$。如果这个实验重复许多次，那么 x 个观测值中落入区间 $(\mu-2\sigma,\mu+2\sigma)$ 的比例有多大？

解答：

这里，$n=5$，$p=0.1$，$q=0.9$。将相应的 x 值代入公式 $p(x)$：得到

$$p(0)=\frac{5!}{0!\ (5-0)!}\times0.1^0\times0.9^{(5-0)}=\frac{5\cdot4\cdot3\cdot2\cdot1}{1\times5\cdot4\cdot3\cdot2\cdot1}\times1\times0.9^5=0.59049$$

$$p(1)=\frac{5!}{1!\ (5-1)!}\times0.1^1\times0.9^{(5-1)}=5\times0.1\times0.9^4=0.32805$$

$$p(2)=\frac{5!}{2!\ (5-2)!}\times0.1^2\times0.9^{(5-2)}=10\times0.1^2\times0.9^3=0.07290$$

$$p(4)=\frac{5!}{4!\ (5-4)!}\times0.1^4\times0.9^{(5-4)}=5\times0.1^4\times0.9=0.00045$$

$$p(5)=\frac{5!}{5!\ (5-5)!}\times0.1^5\times0.9^{(5-5)}=0.1^5=0.00001$$

图 4.9 是 $p(x)$ 的概率分布直方图。[$p(3)=0.0081$ 来自例 4.9]

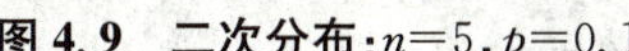

图 4.9　二次分布：$n=5$，$p=0.1$

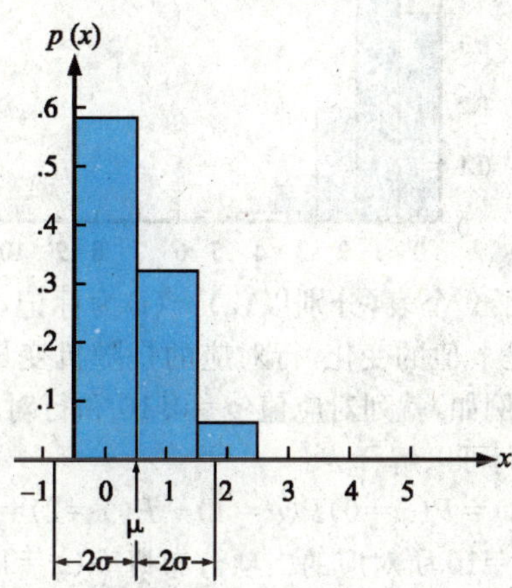

为了计算 μ,σ 我们将 $n=5$，$p=0.1$ 代入下面的公式：

$\mu=np=5\times0.1=0.5$

$\sigma=\sqrt{npq}=\sqrt{5\times0.1\times0.9}=\sqrt{0.45}=0.67$

为求区间 $\mu-2\sigma$ 到 $\mu+2\sigma$，我们计算得：

$$\mu-2\sigma=0.5-2\times0.67=-0.84$$

$$\mu+2\sigma=0.5+2\times0.67=1.84$$

如果实验被重复进行很多次，会有多大比例的 x 值落入 $(\mu-2\sigma,\mu+2\sigma)$ 区间？从上面图 4.9 我们不难发现，所有 x 为 0 和 1 的观测值都落在这个区间里，它们对应的概率分别为 0.5905 和 0.3280。因此，落在这个区间的观测值比例为 $0.5905+0.3280=0.9185$，或者说约等于 91.9%。这再一次表明，对大多数概率分布而言，很少会有观测值落在与均值相差 2 个标准差的区间之外。

二项分布表的使用

当 n 很大时，计算二项分布的概率就很繁杂。在附录 B 表 II 中，对给定 p,n 的一些二项分布概率值已经算出，我们可以直接查询，表 4.3 是查询表的一部分。图 4.10 是对应于 $n=10$，$p=0.1$ 的二项概率分布直方图。

表 4.3　二项分布概率查询表的一部分(n=10)

k \ p	0.01	0.05	0.10	0.20	0.30	0.40	0.50	0.60	0.70	0.80	0.90	0.95	0.99
0	0.904	0.599	0.349	0.107	0.028	0.006	0.001	0	0	0	0	0	0
1	0.996	0.914	0.736	0.376	0.149	0.046	0.011	0.002	0	0	0	0	0
2	1.000	0.988	0.930	0.678	0.383	0.167	0.055	0.012	0.002	0	0	0	0
3	1.000	0.999	0.987	0.879	0.650	0.382	0.172	0.055	0.011	0.001	0	0	0
4	1.000	1.000	0.998	0.967	0.850	0.633	0.377	0.166	0.047	0.006	0	0	0
5	1.000	1.000	1.000	0.994	0.953	0.834	0.623	0.367	0.150	0.033	0.002	0	0
6	1.000	1.000	1.000	0.999	0.989	0.945	0.828	0.618	0.350	0.121	0.013	0.001	0
7	1.000	1.000	1.000	1.000	0.998	0.988	0.945	0.833	0.617	0.322	0.070	0.012	0
8	1.000	1.000	1.000	1.000	1.000	0.998	0.989	0.954	0.851	0.624	0.264	0.086	0.004
9	1.000	1.000	1.000	1.000	1.000	1.000	0.999	0.994	0.972	0.893	0.651	0.401	0.096

图 4.10　二项概率分布直方图(n=10,p=0.1)[变成阴影的只有 $P(x\leqslant2)$]

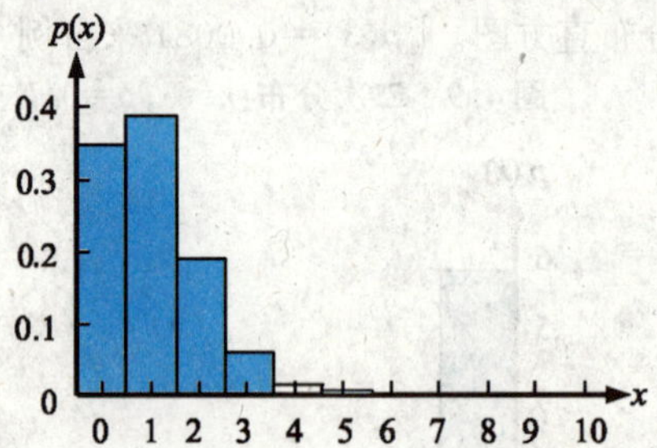

附录 B 表 II 中实际上包含了 9 个表,分别以(a)—(i)为标记,相应的 n=5,6,7,8,9,10,15,20,25。在这些表中,列对应的是 p 值的变化,行对应的是随机变量 x 的取值 k,表中的数据是累积二项分布概率,即 $P(x\leqslant k)$。例如,就列对应值 p=0.10 和行对应值 k=2 来说,表中相应的累积二项分布概率等于 0.930,它们可以解释为:

$$P(x\leqslant2)=P(x=0)P(x=1)+P(x=2)=0.930$$

在图 4.10 中,p=0.10 和 n=10 所对应的二项分布概率(x=1,2,3)被表示成阴影的形式。

当 x=2,n=10,p=0.10 时,你也可以利用表 II 来求相应的概率,例如,

$$P(x=2)=[P(x=0)+P(x=1)+P(x=2)]-[P(x=0)+P(x=1)]$$
$$=P(x\leqslant2)-P(x\leqslant1)=0.930-0.736=0.194$$

如果要计算二项随机变量超过某一特定值的概率,我们也可以利用表 II 来获得。例如,n=10,p=0.1,且 $x>2$ 时的概率可以这样计算:

$$P(x>2)=1-P(x\leqslant2)=1-0.930=0.070$$

注意,在图 4.10 中,这个概率就是没有表示成阴影部分的概率。

在表 II 中,所有的概率都精确到了小数点后第三位。因此,尽管表中的二项分布概率没有一个正好等于零,但有一些实际上非常小(小于 0.0005),所以在表中近似取为零。例如,利用公式计算当 n=10,p=0.6 时的 $P(x=0)$,我们得到

$$P(x=0)=\binom{10}{0}\times0.6^0\times0.4^{(10-0)}=0.4^{10}=0.00010486$$

但在附录 B 的表 II 中,这个概率的值为零(见表 4.3)。

类似地,表中没有一个概率值是刚好等于 1 的,但当累积二项分布概率超过 0.9995 时,就取近似值 1.000。在行中,x 取最大值 $x=n$ 时的概率被省略掉了,因为此时的累积二项分布概率刚

好是 1。例如,在表 4.3 中,不管 p 取什么值,当 $n=10$ 时,$P(x\leqslant 10)=1.0$。

下面的例题将进一步解释表 II 的使用。

例 4.11

在一家大公司里,对 20 名员工进行了一项民意测验,其目的是确定赞成加入工会的人数 x。假设全公司有 60%的人赞成加入工会。

a. 求 x 的均值和标准差。

b. 利用附录 B 中的表 II,求 $P(x\leqslant 10)$。

c. 利用附录 B 中的表 II,求 $P(x>12)$。

d. 利用附录 B 中的表 II,求 $P(x=11)$。

e. 将 x 的概率分布图示出来,并且在图上标明区间$(\mu-2\sigma,\mu+2\sigma)$。

解答:

a. 假设参与民意测验的员工数相对于整个公司员工数而言比例很小。那么,在本题中,我们就可将 x 看成一个二项随机变量,表示 20 个人中赞成加入工会的人数,p 是全公司赞成加入工会的员工比例,即 60%。于是均值和方差可这样获得:

$$\mu=np=20\times 0.6=12$$

$$\sigma^2=npq=20\times 0.6\times 0.4=4.8$$

$$\sigma=\sqrt{4.8}=2.19$$

b. 在表 II 中(附录 B)中寻找 $n=20$ 时,第 10 行($k=10$)与第 6 列($p=0.6$)交叉处的数,我们得到 0.245 这个值,所以:

$$P(x\leqslant 10)=0.245$$

c. 因为根据 $k=12,p=0.6,n=20$ 查得的值是 0.584,所以有:

$$P(x>12)=1-P(x\leqslant 12)=1-0.584=0.416$$

d. 要求出 11 位赞成加入工会员工的概率,利用表Ⅱ及关系式

$$\begin{aligned}P(x=11)&=[p(0)+p(1)+\cdots+p(11)]-[p(0)+p(1)+\cdots+p(10)]\\&=P(x\leqslant 11)-P(x\leqslant 10)\end{aligned}$$

所以

$$P(x=11)=0.404-0.245=0.159$$

e. x 的概率分布见图 4.11。注意:

$$\mu-2\sigma=12-2\times 2.2=7.6 \qquad \mu+2\sigma=12+2\times 2.2=16.4$$

所以,区间为(7.6,16.4)(图 4.11),x 落在这个区间的概率为:

$$P(x=8,9,10,\cdots,16)=P(x\leqslant 16)-P(x\leqslant 7)=0.984-0.021=0.963$$

这与根据经验准则得到的值 0.95 非常接近,因此,我们估计这 20 个参与了民意测验的员工中有 8 到 16 个赞成加入工会。

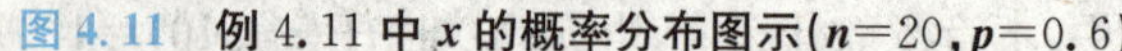

图 4.11 例 4.11 中 x 的概率分布图示($n=20, p=0.6$)

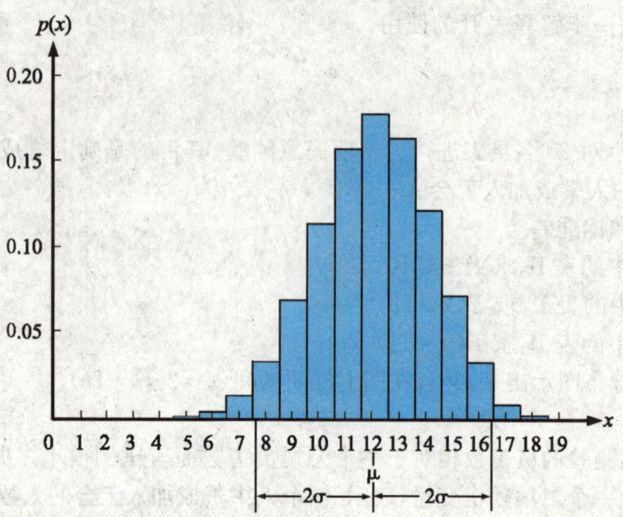

统计实践

4.2 航天飞机挑战者号的太空灾难

在 1986 年元月 28 日上午 11 点 39 分 13 秒(美国东部标准时间),正当挑战者号航天飞机以 1.92 马赫的速度穿越在 46000 英尺的高空时,航天飞机突然爆炸,7 名宇航员全部魂落太空。怎么回事?是什么酿成了这次巨灾?这已经是挑战者者号的第 25 次太空使命了,前 24 次都很成功。

对此,总统委任调查小组对事故的原因作了调查,并在《发现》(Apr. 1986)杂志上刊登了一份调查报告。报告说,灾难是由右侧固体燃料火箭推动器下面两部分之间的环形垫圈失效所导致的。垫圈的作用是,在火箭推动器中的燃料燃烧时,阻止热燃料泄漏。由于垫圈的失效,一股白色热空气泄漏出来,点燃了外部油箱中的液体燃料,从而导致了挑战者号的爆炸。

这种灾难发生的可能性有多大呢?在此事件发生的前一年里,美国航空航天局(NASA)发表了一份报告,指出这类事故发生的概率是 1/60000,也就是说,在 60000 次飞行中,大概会有一次面临灾难。但是,几乎在同一时间美国空军也作了一次风险评估,结果显示,由火箭推动器引发太空灾难的概率为 1/35,也就是说,在 35 次太空使命中,有一次将失败。

讨论关键:

a. 假设 NASA 对失败率的估计是准确的,那么在 25 次太空使命中,全部成功的概率是多大?
b. 采用空军对失败率的估计,重新回答 a 中的问题。
c. 为使 a 与 b 中计算的概率有效,必须满足什么条件。
d. 从这次太空灾难来看,NASA 对失败率的估计与空军对失败率的估计哪一个更合理(提示:考虑 a 与 b 中的对立事件)。
e. 在 20 世纪 80 年代末 90 年代初,当对太空飞行系统进行了大规模的改进以后,NASA 在 1993 年发表了一份报告,报告表明,航天飞机主体发动机失灵从而导致灾难的可能性为 1/120(见"Laying Odds on Shuttle Disaster",*Chance*,Fall 1993)。根据这个评估结果以及二项分布概率知识,估计在以后的 10 次太空使命中,至少有一次失败的概率。

练习 4.35～4.52

技能训练：

4.35 计算下面各式的值：

a. $\frac{6!}{2!(6-2)!}$　b. $\binom{5}{2}$

c. $\binom{7}{0}$　d. $\binom{6}{6}$　e. $\binom{4}{3}$

4.36 下面是一个概率分布：

$p(x)=\binom{5}{x}\times 0.7^{x}\times 0.3^{(5-x)}\quad (x=0,1,2,\cdots,5)$

a. x 是连续型还是离散型随机变量？

b. 这个概率分布的名称是什么？

c. 用图表示这个概率分布。

d. 计算 x 的均值和标准差。

e. 在 c 中绘制的图上标出均值和两倍标准差区间。

4.37 如果 x 是二项随机变量，请计算下列事件的概率 $p(x)$。

a. $n=5,x=1,p=0.2$；

b. $n=4,x=2,q=0.4$；

c. $n=3,x=0,p=0.7$；

d. $n=5,x=3,p=0.1$；

e. $n=4,x=2,q=0.6$；

f. $n=3,x=1,p=0.9$。

4.38 如果 x 是二项随机变量，且：$n=3,p=0.3$。

a. 利用二项分布概率计算公式，计算 $p(x)$，$x=0,1,2,3$。

b. 运用 a 中求得的概率，计算 x 的概率分布，并把它列在表格里。

4.39 如果 x 是二项随机变量，计算 μ,σ^2 和 σ。

a. $n=25,p=0.5$

b. $n=80,p=0.2$；

c. $n=100,p=0.6$；

d. $n=70,p=0.9$；

e. $n=60,p=0.8$；

f. $n=1000,p=0.04$。

4.40 如果 x 是二项随机变量，利用附录 B 中的表 II，求下面的概率：

a. 如果 $n=10,p=0.4$，求 $P(x=2)$；

b. 如果 $n=15,p=0.6$，求 $P(x\leqslant 5)$；

c. 如果 $n=5,p=0.1$，求 $P(x>1)$；

d. 如果 $n=25,p=0.7$，求 $P(x>10)$；

e. 如果 $n=15,p=0.9$，求 $P(x\geqslant 10)$；

f. 如果 $n=20,p=0.2$，求 $P(x=2)$。

4.41 二项概率分布是一个概率族，各分布的特征依赖于 n 和 p 的取值。假设 x 是二项随机变量，且 $n=4$，解下题：

a. 确定 p 的一个值，使得 x 的分布是对称的。

b. 确定 p 的一个值，使得 x 的分布是右偏的。

c. 确定 p 的一个值，使得 x 的分布是左偏的。

d. 将在 a、b、c 中获得的分布绘制在图上，并标明各分布的均值。

e. 一般说来，p 取什么值时 x 的分布是对称的？x 的分布是右偏的？x 的分布是左偏的？

概念运用：

4.42 美国联邦贸易委员会（FTC）对电子收款扫描仪的精确度进行定期的监控，以确保顾客在付款时商品价格准确无误。在 1998 年针对 100000 件商品的调查中（详见 *Price Check II：A Follow－Up Report on the Accuracy of Checkout Scanner Prices*，Dec. 16，1998），发现有 1/30 的商品被电子收款扫描仪错误计价。现假设 FTC 随机抽取了 5 件零售商品，以检查扫描仪是否存在错误。令 x 表示 5 件商品中被扫错价格的商品数。

a. 说明 x 是一个二项随机变量（近似的）。

b. 利用 FTC 的研究信息估计二项随机实验的 p 值。

c. 只有一件商品价格被错扫的概率是多少？

d. 至少有一件商品价格被错扫的概率是多少？

4.43 根据美国国内税收服务系统（IRS）的统计，如果一个人的收入少于 100000 美元，那他的纳税申报单被审查的可能性为 15/1000，如果一个人的收入是 100000 美元或更多，那他的纳税申报单被审查的可能性为 30/1000（*Statistical Abstract of the United States*：1998）。

a. 如果一个纳税者的收入少于 100000 美元，那他被 IRS 审查的概率是多少？收入等于或大于 100000 美元呢？

b. 如果随机地抽取 5 个纳税者，他们的收入都少于 100000 美元，那么刚好有一人被审查的概率是多少？一个人以上被审查的概率又是多少？

c. 假设 5 个纳税者的收入都等于或大于 100000 美元，重新回答 b 中的问题。

d. 如果随机抽取的 4 个纳税者中，2 个的收入少于 100000 美元，其他两个的收入等于或者大于 100000 美元，则这 4 个人都未被 IRS 审查的概率是多少？

e. 如果要采用本节讲的方法解决上面这些问题，必须满足什么假设条件。

4.44 随着婴儿潮时期出生的人的年龄增长，工人在上班时受伤的人数连续上升。费城 GIGNA 综合医疗机构发起的盖洛普组织最近所做的调查发现（详见 *National Underwriter*，Apr. 5，1999），没来上班的工人中，有 40%是因为背部骨骼肌受伤。假设 x 为没来上班的工人中因为背部骨骼肌受伤的人数。

a. 解释为什么 x 可被近似地看成一个二项随机变量？

b. 利用盖洛普组织提供的数据，为 a 中的二项随机变量估计 p 值。

c. 假设在某个加工厂随机地抽取了 10 个工人，利用 b 中估计的 p 值，计算因背部骨骼肌受伤而没来上班的工人数 x 的均值和标准差。

d. 利用 c 中的样本，计算刚好有一人因为背部骨骼肌受伤而没来上班的概率。计算一人以上因为背部骨骼肌受伤而没来上班的概率。

4.45 "您认为您孩子将来的生活水平比您高吗?"这是美国有线新闻网对取自全国有小孩的一个成年人样本的调查提问[详见 Time /CNN poll(Jan. 29，1996)]。在该项调查中，有 63%的成年人持肯定回答，这个回答的误差率在 3%左右。假设持肯定回答的成年人中答案正确的比例是 60%。现在随机抽取了 5 个成年人，用 x 表示这 5 人中持肯定回答的人数。

a. 说明 x 可以被近似地看成一个二项随机变量。

b. 在此二项分布试验中，p 是多少？

c. 求 $P(x=3)$。

d. 求 $P(x\leqslant 2)$。

4.46 公共医疗设施和医疗费用的迅猛增长给经济的发展带来了很大的冲击。造成这种情况的一个主要原因是许多实际上没有生病的人也装病享受医疗服务，据保守估计，这类"病人"约占 10%，但一些医生认为，这个比例也许高达 40%。假定我们随机调查了医生的病案记录，发现 15 个就医者中实际上有 5 个是健康的。

a. 如果医生观察到的一般比例 p(无病接受治疗的比例)为 10%，则在抽取的 15 个病人中，实际无病者是 5 个或 5 个以上的概率是多少？

b. 如果医生观察到的一般比例 p(无病接受治疗的比例)为 40%，则在抽取的 15 个病人中，实际无病者是 5 个或 5 个以上的概率是多少？

c. 为什么 a 中的结果让你觉得，p 应该比 10% 更大。

4.47 根据美国高尔夫球协会(简称 USGA)的规定，每个高尔夫球的重量不能超过 1.620 盎司(45.93 克)，球的直径不能小于 1.680 英寸，球的速度不能大于每秒 250 英尺(USGA，1999)。为了保证高尔夫球质量，USGA 定期对全国各商店销售的高尔夫球进行抽检。每种品牌的球各抽取 24 个，如果有 3 个不符合上面的规格要求，则这个品牌的高尔夫球就被列入禁售之列。

a. 为了用二项概率分布来计算 USGA 将把某种品牌的高尔夫球列入禁售之列的概率，必须假定什么条件和知道哪些信息。

b. 假设某厂家生产的高尔夫球中有 10%的直径小于 1.680 英寸。另外，在抽样的 24 个球中，用 x 表示直径小于 1.680 英寸的球的个数，同时假设 x 满足二项分布变量的条件。求这个变量的均值和标准差。

c. 参考 b，如果 x 是二项分布变量，那么 y 也是二项分布变量，其中 y 是这 24 个球中符合 USGA 标准的球的个数(注意：$x+y=24$)。请描述 y 的分布，并确定 p、q、n，然后计算 y 的均值和标准差。

4.48 根据 Catalyst 这家位于纽约的关爱女性研究小组的调查结果，在 1999 年，美国前 500 家大公司的高级职员中女性比例已从 1995 年的 8%上升到了 12%(详见 *Atlanta Journal Constitution* Nov. 12，1999)。

a. 根据 Catalyst 组织的数据，如果在前 500 家大公司中随机抽取 1000 名高级职员，那么其中会有多少名女性？

b. 如果在前 500 家大公司中随机抽取 8 名高级职员，那么其中没有一名女性的概率是多少？有一半女性的概率又是多少？

c. 为了能利用二项分布回答 b 中的问题，应当作哪些假设？

4.49 假设你是一家大公司的采购员，你从某家供货商那里购买了 500 万个用电开关。你的供货商担保，其中的次品不会多于 0.1%。为了验证这个说法，你随机抽取了 500 个开关并对它们进行检测，结果发现有 4 个次品。假定供货商声明属实，计算这 500 个样本的均值和标准差；根据你的抽样结果，你认为供货商的产品符合他的承诺吗？解释一下。

4.50 在20世纪90年代，美国银行兼并的数目比以往任何10年里兼并的数目都多。兼并使银行规模越来越大，但许多消费者对超大规模的银行进行了投诉，指控他们的服务态度很差。盖洛普公司最近的一项调查表明，当某一银行与另一家银行合并以后，该银行的客户大约会有20%转向别的银行（*Bank Marketing*，Feb. 1999）。现在假定随机抽取了25名客户，他们一年前都是第一联盟银行的忠实客户，现由于此银行合并，这25名客户中有x人转向了其他银行。

a. 为了使x成为二项随机变量，必须做出什么假定条件？作为本题的继续，利用来自盖洛普民意调查的数据估计p值。

b. 计算$P(x\leqslant 10)$。

c. 计算x的均值和标准差。

d. 计算区间$\mu\pm 2\sigma$。

e. 每次抽样取本25个，并将这种抽样重复很多次，其中x为每一次抽取的25名客户中转向其他银行的人数，x的值落在d中区间的比例有多大？

4.51 每一个季度，食品与药物管理局（简称FDA）都要做一份名为总的食物研究（*Total Diet Study*）的报告。FDA的报告中涉及200多种食物，并且对每一种食物中潜在的有害成分作了分析。最近一份食物研究的报告表明（详见*Consumer's Research*，June 1995），家庭食物样本中的65%不含任何残留农药。现假设为了检测残留农药的存在性，随机抽取了800种食品。

a. 假设x为这个样本中不含残留农药的食品种数，计算这个二项随机变量的均值与标准差。

b. 以800种食品的样本为基础，你是否会发现50%以下的食品不含任何残留农药？并说明理由。

4.52 新泽西州市政委员会对无毒车间的调查表明，本州70%的企业中存在因吸毒和酗酒而影响了工作的雇员。据估计，在这些商务雇员中，8.5%的人存在酗酒问题，5.2%的人存在吸毒问题，后面的两个数据都相应地略低于全国的比例10%和7%（详见*Report: The Governor's Council for a Drug Free Workplace*，Spring/Summer 1995）。

a. 新泽西州的某公司承认，公司中部分员工因毒品和酗酒问题影响了他们的工作业绩。试问，此公司1000名员工中，大概有多少存在吸毒问题？

b. 就a中提到的公司来说，假设我们从中随机抽取10人组成一个小组并对每人是否酗酒进行调查。考虑一下，这10人中，至少有一个存在酗酒问题的概率是多少？刚好有两个酗酒的概率又是多少？

c. 为了能采用本节介绍的方法回答b中的问题，必须假设什么条件？

4.5 泊松随机变量（选学）

在描述某特定时间段、某面积或某体积内发生事件的数目时，我们经常用到一种非常有用的概率分布，即泊松分布（它是以一位18世纪的数学家和物理学家Simeon Poisson命名的）。泊松概率分布为许多随机变量提供了很好的模拟，下面是一些典型的例子：

a. 某加工厂一个月内出现的事故次数。

b. 一台新汽车表面上很明显的瑕疵（斑点、残痕等）数目。

c. 某加工厂每一百万份排气或排水物中含某种毒素的比例。

d. 某超市收银台前单位时间内到达的顾客人数。

e. 一保险公司每天收到的死亡索赔的次数。

f. 某公司账单记录里每100张发票中的错误个数。

泊松随机变量的特征：

a. 实验的目的是计算给定时间段或给定面积、体积（以及重量、距离等其他测量单位）内特定事件出现的次数。

b. 事件在某给定时间段或给定面积、体积内发生的概率与在其他同样时间、面积、体积内发生的概率相同。

c. 在某单位时间段或给定面积、体积内出现的事件个数与在其他单位时间、面积、体积内出现的事件个数独立。

d. 每个测量单位内出现事件个数的均值用希腊字母 λ 来表示。

在实际的例子里，泊松随机变量的特征很难验证。上面给出的那些典型例子都非常符合泊松分布的条件，对那些例子，泊松分布都能提供很好的模拟。对于所有的概率模型，泊松模型是否合理的真正检验就在于它是否为现实提供了一个合理的模拟，也就是说，看经验数据是否支持这个模型。

泊松随机变量的概率分布、均值及方差①：

$$p(x)=\frac{\lambda^x e^{-\lambda}}{x!} \qquad (x=0,1,2,\cdots)$$

$$\mu=\lambda$$

$$\sigma^2=\lambda$$

这里

λ=在给定的单位时间（面积、体积等）内出现事件个数的均值。

$e=2.71828\cdots$

利用附录 B 中的表 III，计算泊松分布的概率就变得很简单了。对于不同的 λ 取值，表 III 都给出了累积概率 $P(x\leqslant k)$。下面的例 4.12 介绍了表 III 的使用。

例 4.12

假定星期一某公司缺勤的人数 x（近似）服从泊松概率分布，并进一步假设此公司星期一缺勤人数平均为 2.6。

a. 求星期一缺勤人数 x 的均值和标准差。

b. 查阅表 III，计算某个星期一此公司缺勤人数少于 2 人的概率。

c. 查阅表 III，计算某个星期一此公司缺勤人数大于 5 人的概率。

d. 查阅表 III，计算某个星期一此公司缺勤人数刚好为 5 人的概率。

解答：

a. 由于泊松随机变量的均值和方差都等于 λ，所以有：

$$\mu=\lambda=2.6$$
$$\sigma^2=\lambda=2.6$$

因此，标准差为：

$$\sigma=\sqrt{2.6}=1.61$$

我们知道均值测量了分布的集中趋势，但它不一定就等于 x 的某个可能取值。比如，本例中

① 当 p 很小、n 很大时（比如 $np\leqslant 7$），泊松概率分布就近似于二项分布，且有 $\lambda=np$。

缺勤人数的均值为 2.6，是指星期一平均缺勤人数为 2.6，但在某个特定星期一，缺勤的人数不一定就是 2.6。同样，标准差 1.61 是用来衡量星期一缺勤人数变动程度的。也许，一种更有帮助的测量方法是构造区间 $\mu\pm2\sigma$。本例中，这一区间为(−0.62，5.82)。我们期望，在大部分的时间里，落入该区间的缺勤人数的相对频率至少为 75%(根据契比雪夫准则)，甚至有可能达到 95%(根据经验准则)。图 4.12 中显示了均值和以均值为中心的 2 倍标准差区间。

图 4.12　星期一缺勤人数的概率分布

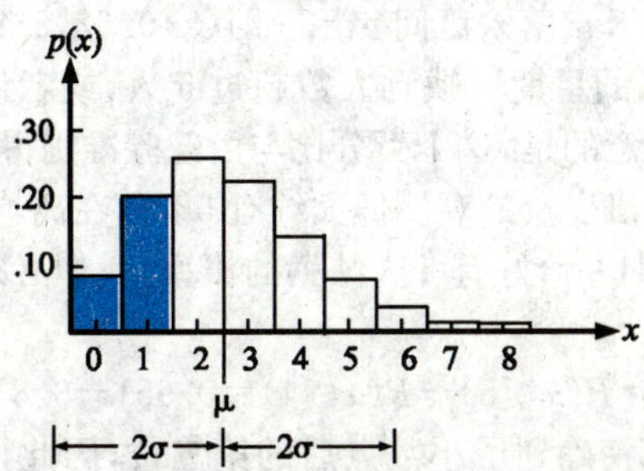

b. 表 4.4 是附录 B 中表 III 的一部分。行对应 λ 的不同取值，列对应泊松分布变量 x 的不同取值 k。像二项分布概率表 II 一样，表中的值是累积概率$[P(x\leqslant k)]$，为了计算缺勤人数少于 2 的概率，我们首先注意到：

$$P(x<2)=P(x\leqslant1)$$

表 4.4　附录 B 中表 III 的一部分

λ \ k	0	1	2	3	4	5	6	7	8	9
2.2	0.111	0.355	0.623	0.819	0.928	0.975	0.993	0.998	1.000	1.000
2.4	0.091	0.308	0.570	0.779	0.904	0.964	0.988	0.997	0.999	1.000
2.6	0.074	0.267	0.518	0.736	0.877	0.951	0.983	0.995	0.999	1.000
2.8	0.061	0.231	0.469	0.692	0.848	0.935	0.976	0.992	0.998	0.999
3.0	0.050	0.199	0.423	0.647	0.815	0.916	0.966	0.988	0.996	0.999
3.2	0.041	0.171	0.380	0.603	0.781	0.895	0.955	0.983	0.994	0.998
3.4	0.033	0.147	0.340	0.558	0.744	0.871	0.942	0.977	0.992	0.997
3.6	0.027	0.126	0.303	0.515	0.706	0.844	0.927	0.969	0.988	0.996
3.8	0.022	0.107	0.269	0.473	0.668	0.816	0.909	0.960	0.984	0.994
4.0	0.018	0.092	0.238	0.433	0.629	0.785	0.889	0.949	0.979	0.992
4.2	0.015	0.078	0.210	0.395	0.590	0.753	0.867	0.936	0.972	0.989
4.4	0.012	0.066	0.185	0.359	0.551	0.720	0.844	0.921	0.964	0.985
4.6	0.010	0.056	0.163	0.326	0.513	0.686	0.818	0.905	0.955	0.980
4.8	0.008	0.048	0.143	0.294	0.476	0.651	0.791	0.887	0.944	0.975
5.0	0.007	0.040	0.125	0.265	0.440	0.616	0.762	0.867	0.932	0.968
5.2	0.006	0.034	0.109	0.238	0.406	0.581	0.732	0.845	0.918	0.960
5.4	0.005	0.029	0.095	0.213	0.373	0.546	0.702	0.822	0.903	0.951
5.6	0.004	0.024	0.082	0.191	0.342	0.512	0.670	0.797	0.886	0.941
5.8	0.003	0.021	0.072	0.170	0.313	0.478	0.638	0.771	0.867	0.929
6.0	0.002	0.017	0.062	0.151	0.285	0.446	0.606	0.744	0.847	0.916

这个概率是累积概率,对应于表中的值0.267(行对应$\lambda=2.6$,列对应$k=1$)。这个概率是图4.12中阴影部分概率的和,可以这样解释这个值,即在某个星期一内,此公司缺勤人数少于2人的可能性是26.7%。

c. 为了求缺勤人数大于5的概率,我们应该从它的对立事件入手,即:

$$P(x>5)=1-P(x\leqslant 5)=1-0.951=0.049$$

这个概率是累积概率,对应于表中的值0.951(行对应$\lambda=2.6$,列对应$k=5$)。注意,在图4.12中,这个概率等于x落入区间$\mu\pm 2\sigma$即(-0.62,5.82)内的概率。这就是说,在所有的星期一中,有4.9%的星期一缺勤人数超过5人,或者说缺勤人数在离均值2倍标准差的区间以外。值得注意的是,这个百分比与由经验准则得到的钟形分布中的比例非常吻合,这个比例也说明,随机变量的观测值大约有5%落在离均值2倍标准差的区间之外。

d. 为了利用表III计算星期一恰好有5人缺勤的概率,我们必须将这个概率表示为两个累积概率的差,即:

$$P(x=5)=P(x\leqslant 5)-P(x\leqslant 4)=0.951-0.877=0.074$$

注意,表III中的概率值都精确到了小数点后的第三位,因此,尽管从理论上讲,泊松分布变量可以取无穷大值,但表III中k的值只取到了一个有限值,当取这个值时,累积概率为1.000,这并不等于x不能取更大的值了,只是意味着取更大值的可能性非常非常小(事实上小于0.0005)。

最后,在实际工作中,你或许需要计算超出表III范围λ值的泊松概率。如果你有能力,可以把表III扩充一下,如果没有,可以参看其他更广泛的泊松分布表。

练习4.53~4.65

技能训练:

4.53 下面是一个变量的概率分布:

$$p(x)=\frac{3^x e^{-3}}{x!}\quad (x=0,1,2,\cdots)$$

a. x是连续型还是离散型随机变量?请解释。

b. 这个概率分布是什么分布?

c. 用图把它表示出来。

d. 求x的均值和标准差。

e. 计算这个概率分布的均值和标准差。

4.54 x是一个随机变量,对此变量,泊松分布能提供一个很好的近似。利用表III计算下面的概率。

a. 当$\lambda=1$时,求$P(x\leqslant 2)$。

b. 当$\lambda=2$时,求$P(x\leqslant 2)$。

c. 当$\lambda=3$时,求$P(x\leqslant 2)$。

d. 在λ由1上升到3的过程中,事件$\{x\leqslant 2\}$的概率发生了什么变化?从直观的角度来看,这个结果合理吗?

4.55 假设x是随机变量,且服从泊松分布,均值为1.5。利用表III,求下面的概率。

a. $P(x\leqslant 3)$

b. $P(x\geqslant 3)$

c. $P(x=3)$

d. $P(x=0)$

e. $P(x>0)$

f. $P(x>6)$

4.56 假设x是随机变量,而且$\lambda=5$的泊松分布能给它一个很好的模拟。

a. 在图上将$x=0,1,2,\cdots,15$时对应的$p(x)$表示出来。

b. 为计算μ、σ,并在图上标出和区间$\mu\pm 2\sigma$。

c. x落入区间$\mu\pm 2\sigma$的概率有多大?

概念运用:

4.57 联邦存款保险公司(简称FDIC)为联邦储蓄系统的银行承保了100000美元,以防止银行破产或被盗而带来的巨大损失。在过去的5年里,FDIC承保的银行中每年平均有4.4家破产(见FDIC, Nov. 1999)。假设x为保险公司承保的银行中每年破产的个数,则x可近似看作一个泊松随机变量,且均值为4。

a. 计算x的期望值和标准差。

b. 在1997年,只有一家银行破产。$x=1$低于泊松分布均值多远(以标准差来衡量)?这就是说计算$x=1$的z记分。

c. 在1999年,有6家投了保的银行破产,求$P(x\leqslant 6)$。

d. 为了能够运用泊松分布解题,必须满足什么条件?

4.58 作为提高面包店的服务质量中的一项内容,管理顾问连续几个周末观察了光临本店的顾客人次。根据所得数据,这个顾问估计在星期天的每10分钟之内,平均有6.2位顾客光顾此

店。她假设星期天每 10 分钟之内光顾的人数服从泊松分布，数据见下表(有些数据缺失)。

x	0	1	2	3	4	5	6	7	8	9	10	11	12	13
$p(x)$	0.002	0.013	—	0.081	0.125	0.155	—	0.142	0.110	0.076	—	0.026	0.014	0.007

数据来源：Lei，L. Dorsi's Bakery：*Modeling Service Operations*. *Graduate School of Management*，Rutgers University，1993.

a. 填补表中缺失的数据。

b. 用图表示这个分布。

c. 计算变量 x 的 μ，σ，并在 b 中的图上标出 μ 以及区间 $\mu\pm\sigma$、$\mu\pm2\sigma$ 和 $\mu\pm3\sigma$。

d. 经理认为，在星期天的每一小时内，至少有 75 人光顾面包店。根据顾问得到的数据，你认为这个结果可能吗？然后说明原因。

4.59 污染严重影响了消费者的安全和工业部门的正常运作，为此，美国环保署(EPA)颁布了工厂排放物标准(详见 The United States Government Manual 1998～1999)。例如，EPA 认为，生产乙烯基氯化物以及类似成分的厂家必须控制排气物中这些有害物质的含量，要求一百万份中超过标准的不得超过 10 份，假设某厂家的排气物中，乙烯基氯化物的含量均值是 4 份。假设百万份排气物里含乙烯基氯化物的份数 x 服从泊松分布。

a. 上述厂家 x 的标准差是多少。

b. 这个厂家排气物样本的 x 取值是否有可能超过 EPA 的标准，请解释。

c. 为了能够运用泊松分布解题，必须满足什么条件？

4.60 美国航空公司每月大约运载旅客 480 亿人英里(即人数加英里数，类似旅游统计中的人次)，且每月平均有 2.63 起空难(详见 Statistical Abstract of the United States：1998)。假定每月发生的空难次数服从泊松分布。

a. 在给定的 1 个月内，没有发生空难的概率是多少？(提示：运用表 III 将其做近似推广，或者运用计算机或计算器直接计算)。

b. 求 x 的均值和标准差。

c. 利用 b 中所得结果，计算某 1 个月内发生 10 次空难的概率是多少？

d. 为了能够运用泊松分布解题，必须满足什么条件？

4.61 美国新墨西哥州大学的经济学家凯桑・卡瓦德和蒂莫西・惠勒就美国海岸护卫队保障海上安全体系的有效性作了一项调查研究。他们研究了 951 艘美籍船只的航海日志，将一艘船在过去 3 年内发生海难的次数 x 以泊松分布来描述(海难次数指的是出现死亡或失踪者事件的次数)。根据所得数据，他们估计 $E(x)=0.03$(见 *Management Science*，January 1999)。

a. 计算 x 的方差。

b. 要用泊松分布描述 x，必须满足什么条件？

c. 在 3 年内一艘美籍船只刚好发生一次海难的概率是多大？没有海难的概率又是多大？

4.62 为了确保木质门的质量，生产厂家要求在木质门出厂以前，必须对其进行质量检测。质量检测员在检测木质门时发现，每平方英尺的表面上平均有 0.5 个小的瑕疵。于是，对每张门的每平方英尺表面都作了瑕疵检测。厂主决定，将一平方英尺表面上发现两个或两个以上瑕疵的所有被检测门全部重做。试求一张门需要重做的概率是多大？通过质检的概率又是多大？

4.63 在研究 1968～1982 年间电脑主机在市场上的生命周期时，西北大学的教授沙恩・格林斯泰恩和伊利诺伊州大学的教授詹姆斯・韦德发现，每家公司每年引进新产品的数目 x 近似地服从泊松分布，且均值为 0.37(详见 *Rand Journal of Economics*，Winter 1998)。

a. 求 x 的标准差。

b. 将 x 的概率分布 $p(x)$ 绘制出来。

c. 电脑主机生产厂家每年是否有可能两次引进新产品？是否有可能不引进新产品？请说明理由。

4.64 在特定的时间段里，光顾银行某柜台的人数 x 可以近似地看成一个泊松分布变量。如果均值 λ 可以求出，那么它对银行安置顾客服务设施有很大的帮助。假设你估计每分钟内光顾银行柜台人数 x 的均值是 1 人。

a. 在某一分钟内，光顾银行柜台的人数为 3 人或 3 人以上的概率是多少？

b. 你是否可以告诉银行经理说在某一分钟内,光顾银行柜台的人数很少超过2人。

4.65 一大型加工厂安装了3200个白炽灯泡用来照明,如果在一小时内灯泡不亮的个数服从泊松分布,且均值为3。那么,在某一小时内,刚好有3个灯泡不亮的概率有多大?没有不亮灯泡的概率又是多大?在一个工作周期里(8小时)没有不亮灯泡的概率是多大?要计算最后一个概率,必须满足什么假设条件?

要点回顾

关键术语:

(带星号的来自选学内容)

二项实验(Binomial experiment)

二项随机变量(Binomial random variable)

连续型随机变量(Continuous random variable)

可数的(Countable)

累积二项分布概率(Cumulative binomial probabilities)

离散型随机变量(Discrete random variable)

期望值(Expected value)

泊松随机变量 *(Poisson random variable)

概率分布(Probability distribution)

随机变量(Random variable)

标准差(Standard deviation)

方差(Variance)

关键公式:

概率分布	均值 μ	方差 σ^2	
$p(x)$	$\sum_{\text{所有的}x} xp(x)$	$\sum_{\text{所有的}x} (x-\mu)^2 p(x)$	一般的离散型随机变量
$\binom{n}{x} p^x q^{n-x}$	np	npq	二项随机变量
$\frac{\lambda^x e^{-\lambda}}{x!}$	λ	λ	泊松随机变量

语言库:

符号	描述
$p(x)$	随机变量的概率分布
S	在二项实验中表示出现成功结果
F	在二项实验中表示出现失败结果
p	在二项实验中成功的概率
q	在二项实验中失败的概率
λ	泊松随机变量的均值
e	泊松概率分布中用到的一个常数,即 $e=2.71828\cdots$

补充练习 4.66~4.86

注意:带星号的来自选学内容。

技能训练:

4.66 对下面的各例,请确定 x 是否是二项随机变量,并给予解释。

a. 为了估计次品的比例,电脑芯片生产商每小时从生产的芯片中随机抽取100个芯片,设 x 为这100个样本中的次品数。

b. 5个职业申请者,能被选中的只有两个,尽管这5个人看似水平差不多,但事实上只有3人有望完成公司将安排的任务。假设从这5人中随机选2个,设 x 为被选中的人当中具有完成公司任务能力的人数。

c. 一软件开发商开通了一条电话热线,鼓励消费者就开发的软件提出问题,设 x 为某一特

定的上班日内收到的热线电话个数。

d. 佛罗里达州是不设个人所得税的少数州之一。为此，进行了一次有 1000 人参与的民意测验，借以了解在目前的财政状况下，有多少人支持征收个人所得税。设 x 为样本中支持征收个人所得税的人数。

4.67 假设 x 为二项随机变量，对下列各种情形，计算 $p(x)$。

a. $n=7, x=3, p=0.5$

b. $n=4, x=3, p=0.8$

c. $n=15, x=1, p=0.1$

4.68 考虑下表中的离散型概率分布。

x	10	12	8	20
$p(x)$	0.2	0.3	0.1	0.4

a. 计算 μ, σ^2 和 σ。

b. 求 $P(x<15)$。

c. 计算区间 $\mu\pm2\sigma$。

d. x 落入区间 $\mu\pm2\sigma$ 的概率是多大？

4.69 假设 x 为二项随机变量，且有 $n=20, p=0.7$。

a. 求 $P(x=14)$。

b. 求 $P(x\leqslant12)$。

c. 求 $P(x>12)$。

d. 求 $P(9\leqslant x\leqslant18)$。

e. 求 $P(8<x<18)$。

f. 计算 μ, σ^2 和 σ。

g. x 落入区间 $\mu\pm2\sigma$ 的概率是多大？

*4.70 假设 x_1 是一泊松随机变量，对下列各种情形，请计算 $P(x)$。

a. $\lambda=2, x=3$。

b. $\lambda=1, x=4$。

c. $\lambda=0.5, x=2$。

4.71 下面描述的变量中，哪一些是离散型随机变量，哪一些是连续型随机变量？

a. 毁坏了的财产清单数目。

b. 过去的一年里，某位销售人员平均每月完成的销售收入。

c. 一公司租赁的仓库空间的平方英尺数。

d. 在复印机装好以前，某家公司需要等待的时间长度。

4.72 x、y、z 是三个离散型随机变量，有相同的均值和级差。下图分别是它们的概率分布。哪一个的方差最大？哪一个次之哪一个最小？请解释。

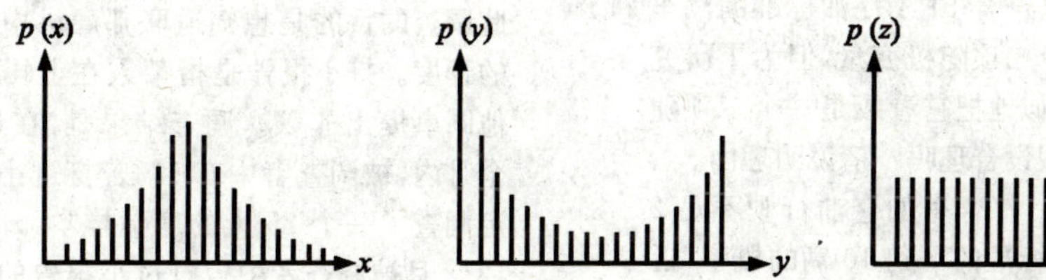

概念运用：

4.73 几年前，总统在任命司法部长时遇到了一些麻烦，其中涉及到被任命者雇佣非法移民和（或）未缴纳有助于本国利益的社会保障税，这两项行为都是违法的。假定一项研究表明：年收入超过 50000 美元的家庭中有 10%雇佣非法移民和（或）未缴纳社会保障税。设 x 为具有上述收入的家庭中，在没有发现违反如上两方面规定的条件下而被抽查到的家庭数。

a. x 可能取值的全距是多少？

b. 计算 $P(x<3)$。

c. 计算 $P(x>2)$。

d. 如果 x 取 1 到 10 的值，计算 x 的概率分布，并将此分布绘制出来。x 的取值会超过 10 吗？

4.74 南卡罗来纳大学的杰弗里・阿珀特教授做了一项全国性的研究，发现开快车追缉的警察中有 40%最终发生了事故。为此，除 Tampa 警察局外，其他多数警察局都做出了限制高速追缉的决定。但 3 年以后，警察局调整了管理制度并渐渐放松了追辑限制，结果虽然总的犯罪次数下降了 25%，但在连续监测的 5 个月内，高速追缉事件由 5 个月前的 10 起上升到了 85 起，并且其中有 29 起导致了事故（详见 *New York Times*, Dec. 17, 1995）。现在假定从 85 起追缉事件中随机地抽取 5 起。

a. 设 x 为追缉中导致事故的事件数，请说明 x 是一个近似的二项随机变量。

b. 利用阿珀特教授的统计数据，计算 5 起追车事件中至少导致了一起事故的概率。

c. 利用 Tampa 警察局的数据，计算 b 中的概率。

d. b 与 c 中的哪一个概率更合理地反映了美国的高速追尾事件，并进行解释。

4.75 一家公司的会计认为,公司发票中有10%存在数据错误。为了验证这一结论,随机抽取了25张样本发票,结果发现7张发票有错误。如果会计的观点是正确的,那么这25张样本中,有错误的发票为7张或7张以上的概率是多少?为了利用本章介绍的方法解此题,应作哪些假设?

4.76 预计到未来的5年内销售业务将快速增长,一打印公司开始设计扩充仓库的计划。很显然,准确预测所需的空间大小 x 是不可能的,但公司可以通过概率分布来研究 x(见下表)。请问在5年之内,公司期望的储存空间是多大?

x	10000	15000	20000	25000	30000	35000
$p(x)$	0.05	0.15	0.35	0.25	0.15	0.05

4.77 美国环保署(EPA)对已投入使用的汽车进行了检测,旨在了解汽车的耗油量与EPA颁布的标准是否有差别。在某一年中,EPA检测发现,在高速公路上行驶的汽车中,只有70%的汽车符合EPA颁布的标准。假定EPA正计划从总体中随机抽取20辆汽车,以检测到底有多少辆车每加仑油行驶不足2英里。

a. 这20辆汽车中,符合EPA耗油标准的汽车数不一定是一个二项随机变量,但为了研究的方便,可以近似地把它看成是一个二项随机变量。这种假设合理吗?请说明理由。

b. 这20辆汽车中,符合每加仑油行驶不足2英里EPA耗油标准的不到10辆的概率(近似)是多少?

4.78 在美国的医院里,医护人员犯过不少本可避免的错误,如下药过多、手术不彻底、误诊等(详见 *New York Times*, July 18,1995)。对某大城市医院的一项研究发现,每100例药物处方或药物分发中存在一个错误,但每500例药物处方或药物分发中只存在一个引起重大医疗事故的错误。已知这家医院每年有60000例药物处方或药物分发。

a. 这家医院每年发生错误的期望值是多少?发生重大错误的期望值是多少?

b. 你希望每年发生重大错误的次数落在哪个区间之内?

c. 为了回答这些问题,必须满足什么假设条件?

4.79 越来越多的郊区上班族发现,乘坐火车上班比驾车上班要方便、省时、轻松。然而一般被认为安全的交通工具火车,因交通事故导致的死亡人数也平均高达20人,结果非常令人吃惊(详见 U. S. National Center for Health Statistics, *Vital Statistics of the United States*, 1998)。

a. 选择两个变量来描述每周因火车交通事故导致的死亡人数,一个使用泊松分布,一个不使用泊松分布。

b. 假设 x 为每周因火车交通事故导致的死亡人数,且 x 近似地服从泊松分布。计算一下 x 的均值和标准差。

c. 以b中的结果为基础,你认为在下周内因火车事故而死亡的人数在4人或4人以内的事件是否可能出现?

d. 计算 $P(x\leqslant 4)$,这个概率与你c中的结论相符吗?请解释。

4.80 顾客回答来自市场部邮寄问卷的概率是0.4。

a. 20份问卷中,能返回15份的概率有多大?

b. 如果你期望有100份问卷返回,那么应该寄出去多少份?

4.81《应用心理学杂志》(*Journal of Applied Psychology* Vol. 71,1986)刊登了一项调查结果,此调查的目的是想知道联邦雇员中打小报告的程度。打小报告是指某人在上司面前对其他同事提出非议。调查结果是,在过去的12个月内,被调查者中有5%曾打过小报告。假定调查了一个25人的雇员样本,x 表示过去12个月被调查者中曾打过小报告的人数。并假定在过去的12个月内每位联邦雇员打小报告的概率就是0.05。

a. 计算 x 的均值和标准差,x 能取到它的均值吗?请解释。

b. 写出雇员中至少有5人是打小报告者的事件,并求这个事件的概率。

c. 在过去的12个月内,如果被调查的25人中有5人打过小报告,那么你如何评价上面5%这一假设的合理性?利用在b中得到的答案来证明你的结论。

4.82 建筑公司A的老板对几项工程投了标,如果一项中标,该公司就将获得10000美元的利润;建筑公司B也对几项工程投了标,如果一项中标,此公司将获得15000美元的利润。下表是两个建筑公司每年中标个数的概率分布。

公司 A	
2	0.05
3	0.15
4	0.20
5	0.35
6	0.25

公司 B	
2	0.15
3	0.30
4	0.30
5	0.20
6	0.05

a. 计算每个公司每年中标数目的期望值。

b. 每个公司每年的期望利润是多少？

c. 计算每个公司中标数目分布的均值和标准差。

d. 用图表示公司 A 和 B 的 $p(x)$，并计算 x 落在区间 $\mu\pm2\sigma$ 内的比例是多大？

4.83 杀虫剂的功效通常用杀死一定比例的害虫需要多少杀虫剂来衡量。据说某杀虫剂新产品的一定剂量能杀死接触到药物的害虫的 80%。为证实这点，给 25 只虫子撒了杀虫剂。

a. 如果此杀虫剂真的能杀死 80%的虫子，那么实际被杀死的虫子少于 15 只的概率是多大？

b. 如果实际被杀死的虫子真的少于 15 只，你对新杀虫剂的功效如何评价？并说明原因。

4.84 许多公司采用抽样计划来进行质量控制。在包装出厂以前，控制加工出来的成品质量；在进货时，控制进厂产品的质量，如零件、原料等。为了对抽样方法进行说明，我们假设正在装运保险丝，每捆 5000 根。抽样方法如下：从每捆中随机抽取 25 根，如果次品数 x 小于 3，就可接受并装运；如果次品数大于或等于 3，就不能装运。如果实际检测中次品比例如下，则能包装的概率是多大($x=0,1,2$)。

a. 0　b. 0.01　c. 0.10　d. 0.30　e. 0.50

f. 0.80　g. 0.95　h. 1

i. 设 $P(A)$是一捆保险丝被通过检测的概率，$P(A)$是次品比例 p 的函数，请在图上将 $P(A)$ 绘制出来。这个图称为抽样计划的操作特征曲线。

j. 假设抽样计划要求样本大小 $n=25$，且当 $x\leqslant3$时，一捆保险丝被通过检测。请计算 a～h中所限制的数量，并为抽样计划构建操作特征曲线，然后将它们与 i 中构建的曲线作比较。(请注意操作特征曲线是如何描述抽样计划筛选次品的能力的)

4.85 一大型面包厂有一支专门负责运送面包的车队，这个面包厂已经知道，车队每天平均抛锚的次数是 1.5 次，假设车队各天抛锚的次数是相互独立的。

a. 今天刚好抛锚 2 次且明天刚好抛锚 3 次的概率是多少？

b. 今天抛锚的次数少于 2 次且明天抛锚的次数大于 2 次的概率是多少？

4.86 当谷物市场价很低时，农民不会将谷物出售，而是参与由国家补贴的在农场就地储存谷物的计划。但是储存谷物需要使用杀虫剂。农民如果销售遭受害虫侵扰过的谷物，就会受到收购者的处罚。美国谷物市场研究实验室的研究人员估计，全国大约 80%的粮仓遭受过害虫的侵扰。现假设随机抽取 20 个粮仓，检查是否有害虫侵扰。

a. 只有一半以下的粮仓遭受过害虫侵扰的概率是多大(近似)？

b. 在回答 a 中问题时，你必须作什么假设？

c. 为什么说你在 a 中的答案是近似的？

d. 如果所有 20 个粮仓都遭受过害虫侵扰，你会感到惊讶吗？请解释。

第 5 章

连续型随机变量

本章内容

统计实践

我们已学习过的

我们知道,因为随机变量的观察值可以用数值表示,我们需要求出与特定的样本观察值相对应的概率。第 3 章的概率理论提供了计算离散型随机变量概率的方法。在第 4 章我们讲述了如何计算和描述这组概率——离散型随机变量的概率分布。

我们将要学习的

与离散型随机变量一样,商业数据可以通过连续的观察得到。这样,我们就需要知道有关连续型随机变量的概率分布以及如何使用均值和标准差来描述这些分布。在第 5 章便提出了这个问题并重点介绍了正态分布。你会发现正态分布是统计学中最有用的分布之一。

这一章我们将考察一些常见的连续型随机变量。连续型随机变量是可以在一些区间或间隔内部取任意值的随机变量。例如,一名消费者两次购买新车的时间间隔,一个轧钢厂生产的钢板的厚度,农场每英亩小麦的产量等都是连续型随机变量。我们用来描述连续型随机变量的方法肯定与描述离散型随机变量所使用的方法有所不同。首先我们讨论连续型概率分布的一般形式,然后我们探讨形成商业决策的三种特殊类型。正态分布在统计理论和应用中发挥着基础而重要的作用,而且它对本书后续各章节的学习也是必不可少的。其他类型的分布也在实践中得到应用,但我们将其作为选学内容。

5.1 连续型概率分布

连续型随机变量 x 的概率分布图形是一条如图 5.1 所示的光滑曲线。这条曲线是 x 的一个函数，用符号 $f(x)$表示，并称为概率密度函数(pdf)，也可以称其为频率函数或概率分布。

概率分布曲线下的面积与变量 x 取值的概率是相对应的。例如，在 a 和 b 两点之间曲线下的面积 A(如图 5.1 所示)，是 x 在 a 和 b 之间($a<x<b$)取值的概率。因为在某一点上面没有对应的面积，比如 $x=a$，根据我们的图形，变量 x 取特定值 a 的概率等于零，即 $P(x=a)=0$，因此就有 $P(a<x<b)=P(a\leqslant x\leqslant b)$。换句话说，不管是否包含区间的两个端点，变量 x 在该区间取值的概率都是相同的。另外，因为区间上面的面积代表概率，那么，概率分布曲线下的总面积就是取遍 x 所有值的概率，其大小应该等于 1。需要注意的是，连续型随机变量的概率分布曲线会有不同形状，这主要取决于它所要表现的实际数据的频率分布状况。

大多数概率分布下的面积是通过积分或者数值法得到的①。由于这些方法经常会涉及一些很难的计算步骤，我们在附录 B 中给出了一些最常用的概率分布表的面积。这样，通过查相应的概率分布表，我们就可以很容易地求得 x 在 a 与 b 之间取值的概率。

图 5.1　连续型随机变量 x 的概率分布 $f(x)$

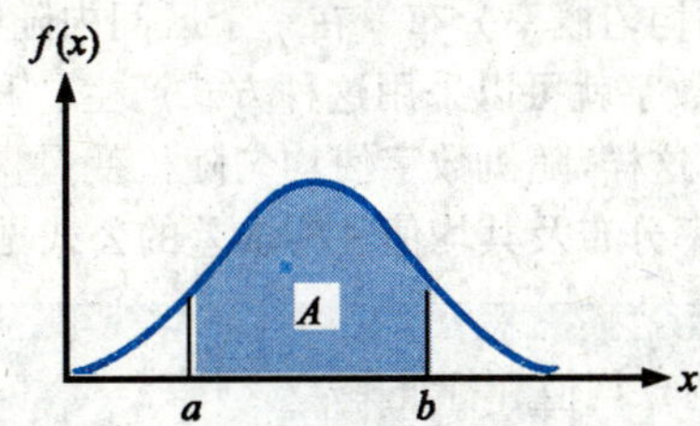

对于在本章出现的每个连续型随机变量，我们都将给出一个均值为 μ、标准差为 σ 的概率分布公式。即使你没有看到一个随机变量的概率分布表，通过这两个数字，你也能够对这个随机变量做出一些近似的概率解释。

5.2 均匀分布(选学)

我们在第 3 章讨论过的所有概率问题都是就包含有限个样本点的样本空间进行的。在大部分情况下，各个样本点都具有相同的概率，例如，掷骰子或掷硬币就属于这种情况。对于连续型随机变量来说，在样本空间中具有无限个数值，但在一些情况下这些数值可能呈现出相等的状态。例如，如果在一段 5 米长的电线上有一处短路，那么在该电线任何一段 1 厘米内发生的概率是相同的。又如，一个安全检查员计划在下午 4 小时的工作期间内随机选择一个时间突然访问一个工厂的某一部门，那么在这 4 个小时期间内的每个一分钟的时间间隔里选择去访问的概率也是相等的。

当连续型随机变量在其可能的取值域里取各种结果的可能性相同时，我们可以称其为服从均匀概率分布。也许在所有的连续型概率分布中，均匀概率分布是最简单的一种。假设随机变量 x 只能在区间 $c\leqslant x\leqslant d$ 内取值，那么这个均匀频率函数的形状为矩形，如图 5.2 所示。注意 x 的可能值是由点 c 和点 d 之间的区间内的所有点组成的。在区间 $c\leqslant x\leqslant d$ 内 $f(x)$的高度是一个常

---

① 具有积分知识的学生将注意到，假设积分存在，那么，x 在区间 $a<x<b$ 取值的概率是 $P(a<x<b)=\int_a^b f(x)dx$，与对离散型随机变量的要求一样，需要 $f(x)\geqslant 0$ 并且 $\int_{-\infty}^{\infty} f(x)dx=1$。

数，其值为 $1/(d-c)$，那么 $f(x)$ 下的总面积可以由下式给出：

$$\text{矩形的总面积}=\text{底}\times\text{高}=(d-c)\left(\frac{1}{d-c}\right)=1$$

图 5.2　均匀概率分布

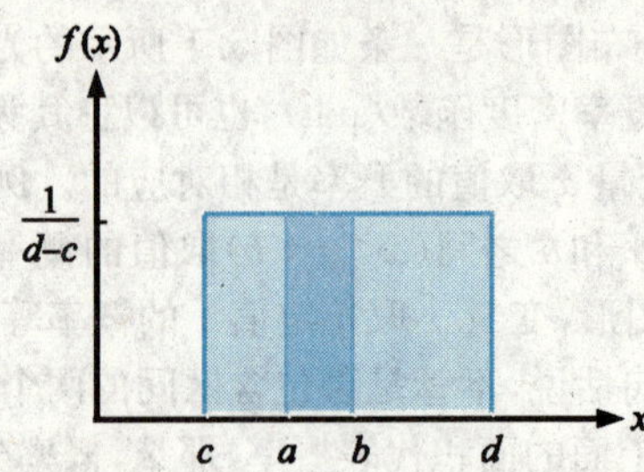

均匀概率分布为连续型随机变量提供了这样一个模型，即在某个区间上的变量值都是均匀分布的。换言之，一个均匀随机变量是这样一个变量，它在一个区间内取一个值和在另外任何一个长度相等的区间内取一个值的概率是一样的。在这里任何一个值的周围没有群聚点，在整个可能的取值域上，变量值是均匀地分散的。

均匀分布有时候被归类于随机分布，因为一个均匀随机变量产生的方式之一是通过在横轴上的 c 和 d 两点之间随机选择一个点做试验来完成的。如果无限期地将这个试验做下去，我们就可以构造出一个如图 5.2 所示的均匀概率分布。在一个区间内随机选点的方式也被用于产生随机数字，像附录 B 表 I 中的那些数字就可以采用这种方式产生。利用这种方式选择随机数字，每个数字被选中的概率是相等的。这样，随机数字使均匀随机变量得以实现（在 3.7 节中随机数字被用来描述随机抽样）。均匀概率分布及其均值和标准差的公式见下框。

> 均匀随机变量 x 的概率分布、均值和标准差：
>
> $$f(x)=\frac{1}{d-c}\quad c\leqslant x\leqslant d$$
>
> $$\mu=\frac{c+d}{2}\quad \sigma=\frac{d-c}{\sqrt{12}}$$

假设区间 $a<x<b$ 位于 x 的域中，那么它会落在较大的区间 $c\leqslant x\leqslant d$ 内部。因此，在区间 $a<x<b$ 内 x 取一个值的概率等于这个区间上面的矩形面积，即：$(b-a)/(d-c)$。①（见图 5.2 阴影部分的面积）。

例 5.1

假设一个钢铁制造厂的研究部认为，公司的一台轧钢机所生产的钢板厚度不匀，这个厚度在 150 毫米和 200 毫米之间服从一个均匀分布。任何钢板的厚度如果少于 160 毫米则必须被废弃，因为它们不能被购买者接受。

a. 计算并解释这台机器所生产的钢板的厚度 x 的均值和标准差。

b. 画图表示 x 的概率分布，并在横轴上标出均值，同时标明在均值周围的 1 到 2 个标准差的区间。

c. 计算由这台机器生产的钢板中必须被废弃的比例。

解答：

a. 为了计算 x 的均值和标准差，我们将 150 毫米和 200 毫米分别代入均匀随机变量公式中的

① 具有积分知识的学生注意，$P(a<x<b)=\int_a^b f(x)d(x)=\int_a^b 1/_{(d-c)}dx=(b-a)/(d-c)$

c 和 d，这样，

$$\mu=\frac{c+d}{2}=\frac{150+200}{2}=175\text{ 毫米}$$

并且

$$\sigma=\frac{d-c}{\sqrt{12}}=\frac{200-150}{\sqrt{12}}=\frac{50}{3.464}=14.43\text{ 毫米}$$

我们可以做出如下解释：

所有钢板的平均厚度 $\mu=175$ 毫米，根据车比雪夫定理（表 2.7）我们知道，钢板的厚度 x 至少有 75％的可能将落在以下的区间内，

$$\mu\pm 2\sigma=175\pm 2\times 14.43=175\pm 28.86$$

即，146.14 和 203.86 毫米之间（因为我们知道 x 的所有值落在 150 毫米和 200 毫米之间，这便再次证明了车比雪夫定理的保守性）。

b. 均匀概率分布是，$f(x)=\frac{1}{d-c}=\frac{1}{200-150}=\frac{1}{50}(150\leqslant x\leqslant 200)$

这个函数的图形如图 5.3 所示。均值以及在均值周围 1 和 2 个标准差的区间也已在横轴上表示出来。

图 5.3　例 5.1 中 x 的分布

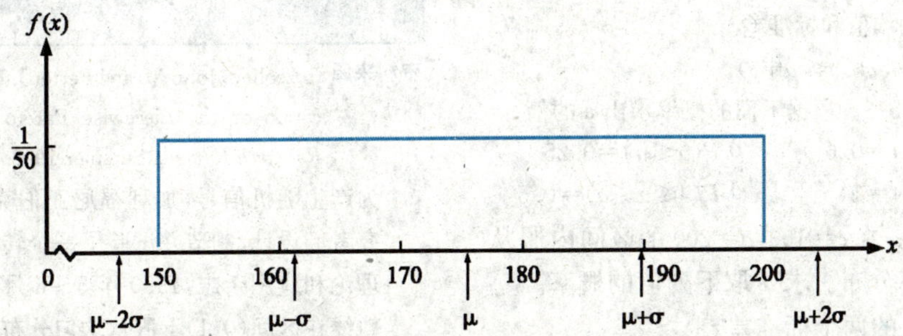

c. 为了求出由这台机器生产的钢板中必须被废弃的比例，我们必须先求出厚度 x 小于 160 毫米的概率。如图 5.4 所示，我们需要计算频率函数 $f(x)$ 下面在点 $x=150$ 和 $x=160$ 之间的面积，也就是底等于 160－150＝10、高等于 1/50 的矩形的面积。因此，必须被废弃的比例为，

$$P(x<160)=\text{底}\times\text{高}=10\times\frac{1}{50}\times=\frac{1}{5}$$

这就是说这台机器所生产的钢板的 20％必须被废弃。

图 5.4　钢板厚度 x 在 150 和 160 毫米之间的概率

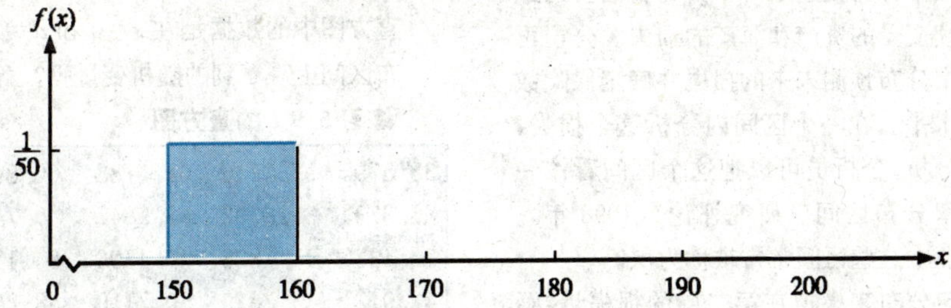

练习 5.1～5.12

技能训练：

5.1 假设 x 是一个随机变量，并在 $c=20, d=45$ 的区间内服从均匀概率分布。

a. 求 $f(x)$。

b. 求 x 的均值和标准差。

c. 画出 $f(x)$ 的图形并确定 μ 和区间 $\mu\pm2\sigma$ 在图上的位置。注意 x 在区间 $\mu\pm2\sigma$ 内取值的概率等于1。

5.2 关于练习 5.1，求出下面的概率：

a. $P(20\leqslant x\leqslant 30)$　b. $P(20<x\leqslant 30)$

c. $P(x\geqslant 30)$　d. $P(x\geqslant 45)$

e. $P(x\leqslant 40)$　f. $P(x<40)$

g. $P(15\leqslant x\leqslant 35)$　h. $P(21.5\leqslant x\leqslant 31.5)$

5.3 假设 x 是一个随机变量，并在 $c=3, d=7$ 的区间内服从均匀概率分布。

a. 求 $f(x)$。

b. 求 x 的均值和标准差。

c. 求 $P(\mu-\sigma\leqslant x\leqslant\mu+\sigma)$。

5.4 关于练习 5.3。根据下面的概率求出 a 的值。

a. $P(x\geqslant a)=0.6$　b. $P(x\leqslant a)=0.25$

c. $P(x\leqslant a)=1$　d. $P(4\leqslant x\leqslant a)=0.5$

5.5 随机变量 x 在 $c=100, d=200$ 的区间内服从均匀概率分布。求 x 取下列值的概率。

a. 大于 μ 的两个标准差。

b. 小于 μ 的三个标准差。

c. 介于 μ 的两个标准差之间。

5.6 随机变量 x 服从均值为 10、标准差为 1 的均匀概率分布。求 c, d 和 $f(x)$，并画出概率分布图。

概念运用：

5.7 下表中的频率分布描述了一个大的石油公司最近两年持续遭受的资产和海产的损失。公司可以利用这个分布预测未来的损失并确定保险数额的合适水平。在一个区间内分析这个损失，为了便于分析，分析员可以把这个区间看作一个均匀概率分布区间(《研究评论》，1998 年)。在保险行业中这些区间常常被称为层。

a. 使用均匀分布来模拟在第二层的损失量，画出分布图，计算并解释它的均值和方差。

b. 对第 6 层重复 a 的内容。

c. 假设损失发生在第 2 层，损失超过＄10000 的概率是多少？损失在＄25000 以内的概率又是多少？

d. 假设损失发生在第 6 层，损失在＄750000 和＄1000000 之间的概率是多少？超过＄900000 的概率是多少？等于＄900000 的概率是多少？

层	资产和海产损失 (百万美元)	频数
1	0.00～0.01	668
2	0.01～0.05	38
3	0.05～0.10	7
4	0.10～0.25	4
5	0.25～0.50	2
6	0.50～1.00	1
7	1.00～2.50	0
		720

资料来源：Cozzolino, John M, and Perter J. Mikola, "Application of the Piecewise Pareto Distribution," *Research Review*, Summer 1998.

5.8 为产生随机信号，加利福尼亚伯克利大学的研究者们设计、制造并试验了一个转换电路(电路理论和应用杂志，1990 年 5～6 月)这个电路的轨线在区间(0,1)上服从均匀分布。

a. 给出电路轨线的均值和方差。

b. 计算轨线落在 0.2 和 0.4 之间的概率。

c. 你能观察到一个超过 0.995 的轨线吗？解释原因。

5.9 利用 MINITAB 随机数字发生器产生的数据组列在下表。对于这组数据构造一个频率直方图。除在分组区间中相应频率变化之外，你认为你的直方图中的数据是在 $c=0$ 和 $d=100$ 的均匀分布区间上观察到的随机变量吗？解释原因。

练习 5.9　的直方图

38.8795	98.0716	64.5788	60.8422	0.8413
88.3734	31.8792	32.9847	0.7434	93.3017
12.4337	11.7828	87.4506	94.1727	23.0892
47.0121	43.3629	50.7119	88.2612	69.2875
62.6626	55.6267	78.3936	28.6777	71.6829
44.0466	57.8870	71.8318	28.9622	23.0278
35.6438	38.6584	46.7404	11.2159	96.1009
95.3660	21.5478	87.7819	12.0605	75.1015

5.10 在 20 世纪 80 年代末和 90 年代初的商业衰退

时期，许多公司开始执行紧缩报销费用的政策。例如，由Dartnell公司对550家公司的调查发现，在1992年，大约有一半公司报销了业务员家庭传真费用，但是到了1994年只有1/4的公司这样做(*Inc.*，1995年9月)。一个公司发现每月员工报销余额为x美元，能够通过在区间$\$10000 \leqslant x \leqslant \$15000$上的均匀分布来进行充分的模拟。

a. 求$E(x)$并解释它在这个练习中的前后关系。

b. 下个月员工报销超过$12000的概率是多少？

c. 为了预算的目的，公司需要估计下个月的员工报销费用。假设他们超出预算的概率仅在0.20内，这个公司对雇员的报销预算是多少？

5.11 一个当地软饮料装瓶公司的经理相信，当设置一台新的饮料分装机分发7盎司时，事实上分发量x是随机地分布在6.5至7.5盎司之间的。假设x服从一个均匀的概率分布。

a. 这台机器的分发量是一个离散型随机变量还是一个连续型随机变量？并做出解释。

b. 当设置分发7盎司时，此经理相信饮料的数量x是由这台新机器分发的，画出x的频率函数图。

c. 在b的内容中，求这个分布图的均值和标准差并且确定均值和区间$\mu \pm 2\sigma$在图形中的位置。

d. 求$P(x \geqslant 7)$。

e. 求$P(x < 6)$。

f. 求$P(6.5 \leqslant x \leqslant 7.25)$。

g. 假设一个瓶子的分装数量与另一个瓶子的分装数量相互独立，由新机器分装的6个瓶子中每个瓶子中的饮料多于7.25盎司的概率是多少？

5.12 在特定的条件下，一台设备能否在给定的时间内成功地完成预定的功能取决于设备的可靠性(《经营管理原理》1995年)。设备的可靠性通常用概率p来描述。因为p从一个时点到另一个时点是变化的，一些分析家把p看作一个随机变量。假设一个分析家在描述某自动装配线机器人装置的可靠性的不确定性时，使用了下面的分布：

$$f(p)=\begin{cases}1 & 0 \leqslant p \leqslant 1 \\ 0 & \text{其他}\end{cases}$$

a. 画出分析家关于p的概率分布图。

b. 求p的均值和方差。

c. 根据分析者关于p的概率分布，p大于0.95的概率是多少？小于0.95的概率是多少？

d. 假设此分析家得到另外一个信息，即p在0.90和0.95之间变动，但是它在这些值之间的具体位置是完全不确定的。那么，现在这位分析家将用什么概率分布来描述p。

5.3 正态分布

我们观察到的其中一种最常见的连续型随机变量具有一个钟形概率分布(或者钟形曲线)，如图5.5所示，他被称为正态随机变量，其概率分布被称为正态分布.

图5.5 正态分布

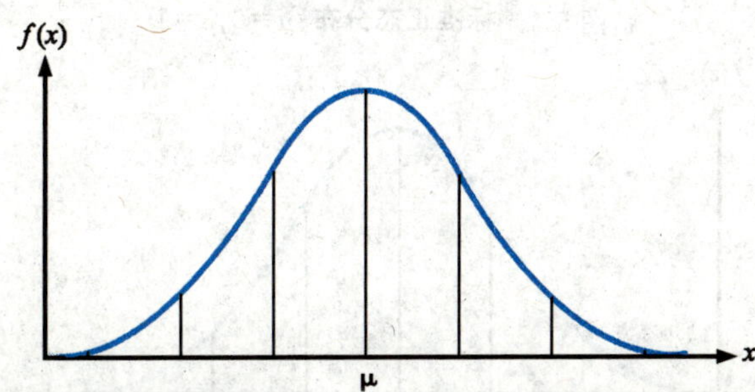

正态分布在统计推断科学中发挥着重要的作用。此外，许多商业现象所产生的随机变量的概率分布都可以近似为正态分布。例如，某一股票每月的收益率近似于一个正态随机变量；一个公司每周销售量的概率分布也可以用一个正态分布来近似；正态分布还可以为雇员才能测试成绩的分布提供一个准确的模型。通过将数据的一个大样本的相对频率分布与一个正态概率分布相比较，我们可以确定将一个现有的总体近似为正态的充分性。我们将在第5.4节给出数据与正态性的假设之间不一致的方法。

由图5.6可以看到，正态分布关于其均值 μ 是完全对称的。其离散程度是由它的标准差 σ 确定的。

图 5.6 具有不同均值和标准差的几个正态分布

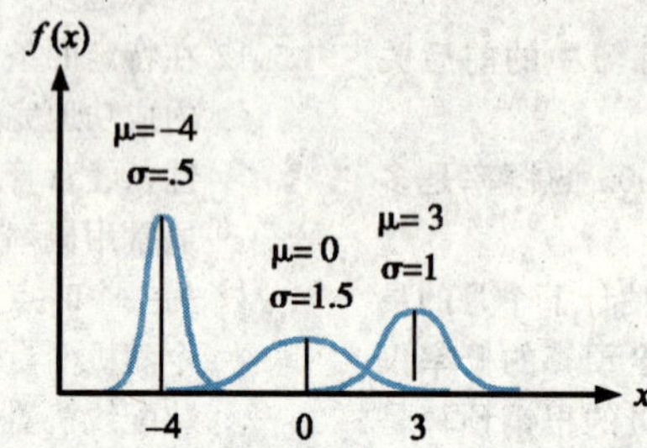

下面是正态概率分布公式，在绘图时，此公式产生一条如图5.5所示的曲线。

一个正态随机变量 x 的概率分布

$$f(x)=\frac{1}{\sigma\sqrt{2\pi}}e^{-(1/2)[(x-\mu)/\sigma]^2}$$

这里 μ=正态随机变量 x 的均值

σ=标准差

π=3.1416…

e=2.71828…

注意该公式中含有均值 μ 和标准差 σ，因此不需要单独求 μ 和 σ 的公式。要画出一条正态曲线，我们必须要知道 μ 和 σ 的数值。

计算正态概率分布下各区间的面积是一项困难的任务，所以我们将利用附表B中的表Ⅳ列出的已计算出来的面积。尽管不同的 μ 和 σ 的值对应于不同的正态分布曲线，但我们形成了一个可以应用于任何正态分布曲线的统一表。

表Ⅳ是基于均值 $\mu=0$ 和标准差 $\sigma=1$ 的一个正态分布，即标准正态分布。标准正态分布的随机变量通常用符号来 z 表示，z 的概率分布公式如下

$$f(z)=\frac{1}{\sqrt{2\pi}}e^{-(1/2)z^2}$$

图5.7显示了标准正态分布的图形。

图 5.7 标准正态分布：$\mu=0,\sigma=1$

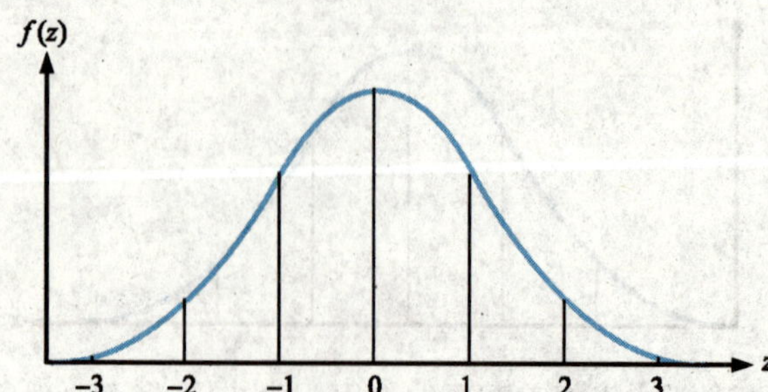

定义 5.1

标准正态分布是一个 $\mu=0$ 且 $\sigma=1$ 的正态分布。一个服从标准正态分布的随机变量用符号 z 表示,并称其为标准正态随机变量。

由于在求概率时要运用表Ⅳ,则我们最终要把所有的正态随机变量转换为标准正态随机变量,所以学好使用表Ⅳ是非常重要的。表 5.1 是表Ⅳ的一部分。注意:该表左边一列是标准正态随机变量的 z 值,而表的主体部分则给出了 0 和 z 之间的面积(概率)。例 5.2～例 5.5 说明了对于这个表的使用。

表 5.1　附录 B 中表Ⅳ的复制部分

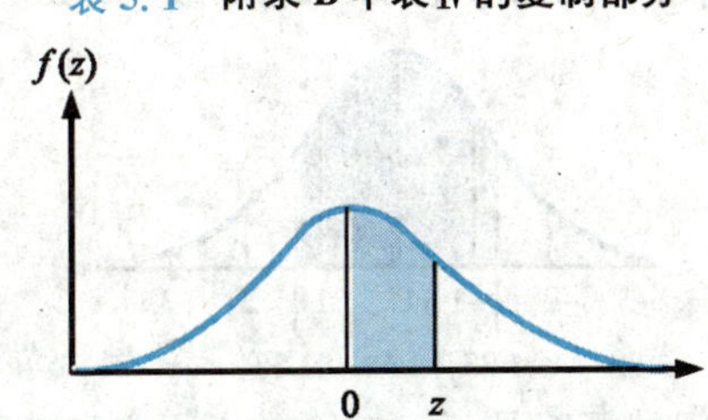

z	0.00	0.01	0.02	0.03	0.04	0.05	0.06	0.07	0.08	0.09
0.0	0.0000	0.0040	0.0080	0.0120	0.0160	0.0199	0.0239	0.0279	0.0319	0.0359
0.1	0.0398	0.0438	0.0478	0.0517	0.0557	0.0596	0.0636	0.0675	0.0714	0.0753
0.2	0.0793	0.0832	0.0871	0.0910	0.0948	0.0987	0.1026	0.1064	0.1103	0.1141
0.3	0.1179	0.1217	0.1255	0.1293	0.1331	0.1368	0.1406	0.1443	0.1480	0.1517
0.4	0.1554	0.1591	0.1628	0.1664	0.1700	0.1736	0.1772	0.1808	0.1844	0.1879
0.5	0.1915	0.1950	0.1985	0.2019	0.2054	0.2088	0.2123	0.2157	0.2190	0.2224
0.6	0.2257	0.2291	0.2324	0.2357	0.2389	0.2422	0.2454	0.2486	0.2517	0.2549
0.7	0.2580	0.2611	0.2642	0.2673	0.2704	0.2734	0.2764	0.2794	0.2823	0.2852
0.8	0.2881	0.2910	0.2939	0.2967	0.2995	0.3023	0.3051	0.3078	0.3106	0.3133
0.9	0.3159	0.3186	0.3212	0.3238	0.3264	0.3289	0.3315	0.3340	0.3365	0.3389
1.0	0.3413	0.3438	0.3461	0.3485	0.3508	0.3531	0.3554	0.3577	0.3599	0.3621
1.1	0.3643	0.3665	0.3686	0.3708	0.3729	0.3749	0.3770	0.3790	0.3810	0.3830
1.2	0.3849	0.3869	0.3888	0.3907	0.3925	0.3944	0.3962	0.3980	0.3997	0.4015
1.3	0.4032	0.4049	0.4066	0.4082	0.4099	0.4115	0.4131	0.4147	0.4162	0.4177
1.4	0.4192	0.4207	0.4222	0.4236	0.4251	0.4265	0.4279	0.4292	0.4306	0.4319
1.5	0.4332	0.4345	0.4357	0.4370	0.4382	0.4394	0.4406	0.4418	0.4429	0.4441

例 5.2

求标准正态随机变量 z 落在 -1.33 和 $+1.33$ 之间的概率。

解答:

标准正态分布又显示在图 5.8 中。因为所有与标准正态随机变量相对应的概率都能够表示为标准正态曲线下的面积，则我们通常先画出曲线，然后使所求的概率等于一个面积。

在这个例子中我们想求出 z 落在 -1.33 和 $+1.33$ 之间的概率，它等于 -1.33 和 $+1.33$ 之间的面积，也就是在图 5.8 中的阴影部分面积。表Ⅳ提供了 $z=0$ 与 z 取任何值之间的面积，我们可以找出 $z=1.33$，查出 $z=0$ 和 $z=1.33$ 之间的面积是 0.4082，这就是图 5.8 中 A_1 的面积。为了求出位于 $z=0$ 和 $z=-1.33$ 之间的面积 A_2，我们注意到，正态分布的对称性意味着 $z=0$ 到其左端任何一点之间的面积等于到其右端同样距离的点之间的面积。就本例而言，$z=0$ 与 $z=-1.33$ 之间的面积等于 $z=0$ 与 $z=+1.33$ 之间的面积。即：

$$A_1=A_2=0.4082$$

图 5.8　例 5.2 中标准正态曲线下的面积

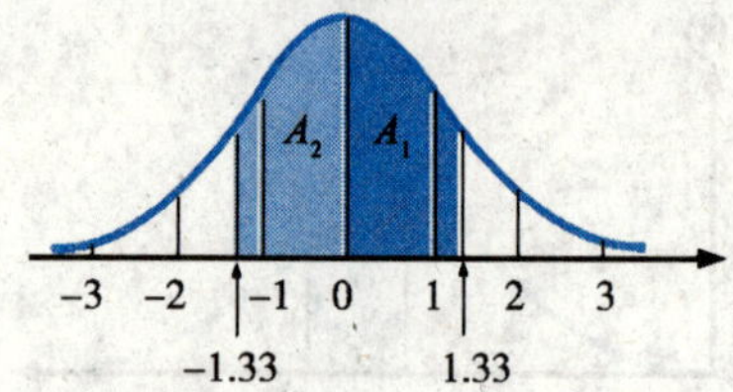

z 落在 -1.33 和 $+1.33$ 之间的概率是 A_1 和 A_2 的面积之和。我们可以用概率符号表示为：

$$P(-1.33<z<1.33)=P(-1.33<z<0)+P(0<z<1.33)$$
$$=A_1+A_2=0.4082+0.4082=0.8164$$

记住对于"<"或"≤"，z 发生的概率是相等的，因为对于一个连续型随机变量，包含(或不包含)一个单独点并不改变一个事件的概率。

例 5.3

求出标准正态随机变量大于 1.64 的概率 $P(z>1.64)$。

解答：

在图 5.9 中，z 大于 1.64 的概率为标准正态分布曲线下 1.64 右侧的面积，即阴影部分 A_1 的面积。然而，当我们在表Ⅳ中查 $z=1.64$ 时，其概率是对应于 $z=0$ 和 $z=1.64$ 之间的面积(即，在图 5.9 中标有 A_2 的面积)。从表Ⅳ我们求出 $A_2=0.4495$。为了求出 1.64 右侧的 A_1 的面积，我们可基于两个事实：

1. 标准正态分布关于其均值 $z=0$ 是对称的。
2. 标准正态分布下的总面积等于 1。

两者结合在一起，就意味着在均值 $z=0$ 两边的任何一边的面积等于 0.5，这样，在图 5.9 中 $z=0$ 右端的面积是 $A_1+A_2=0.5$。那么，

$$P(z>1.64)=A_1=0.5-A_2=0.5-0.4495=0.0505$$

图 5.9　例 5.3 中标准正态分布曲线下的面积

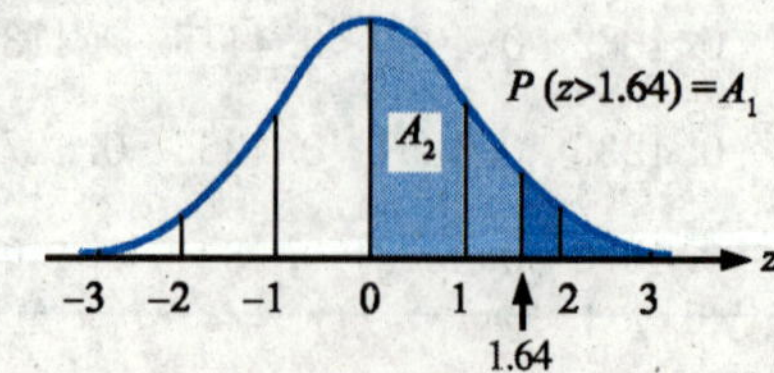

这个概率具有一些实际意义，注意：其含义是标准正态随机变量大于 1.64 的概率近似于 0.05。

例5.4

求出标准正态分布随机变量位于0.67左侧的概率。

解答:

这个事件的概率见图5.10中标出的面积。为了求出$P(z<0.67)$,我们可以把这块面积分为两部分:面积A_1(在$z=0$和$z=0.67$之间)和面积A_2(在$z=0$的左侧)。当所求的面积位于均值($z=0$)的两边时,我们总是要作出这样一种分割,因为表Ⅳ所包含的面积是在$z=0$和所查找的点之间。从表Ⅳ中查$z=0.67$,可求出$A_1=0.2486$。标准正态分布的对称性意味着均值两边各占分布的一半,所以$z=0$左端面积A_2是0.5。那么,$P(z<0.67)=A_1+A_2=0.2486+0.5=0.7486$

图5.10　例5.4中标准正态曲线下的面积

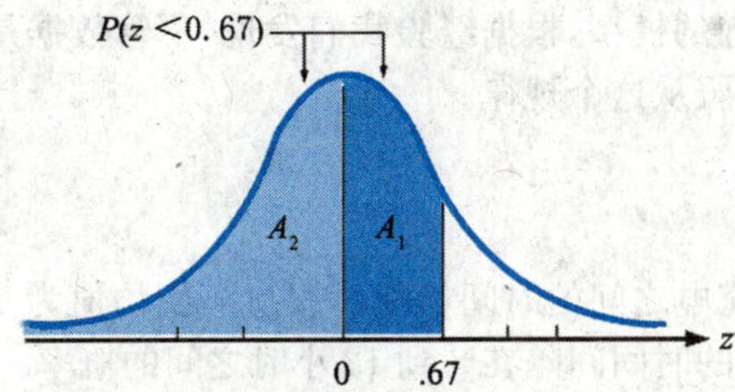

注意到这个概率近似于0.75,这样,标准正态随机变量z大约将有75%的可能落在0.67的左侧,这就意味着$z=0.67$代表着这个分布的大约第75个百分位点。

例5.5

求出标准正态随机变量的绝对值超过1.96的概率。

解答:

我们所求的概率为

$P(|z|>1.96)=P(z<-1.96$或$z>1.96)$

此概率是图5.11中阴影部分的面积。我们注意到总的阴影面积是两个面积A_1和A_2之和——由于正态分布的对称性,这两个面积是相等的。

我们查$z=1.96$,求出$z=0$和$z=1.96$之间的面积等于0.4750。那么1.96右侧的面积A_2是$0.5-0.4750=0.0250$,这样:

$P(|z|>1.96)=A_1+A_2=0.0250+0.0250=0.05$

图5.11　例5.5中标准正态曲线下的面积

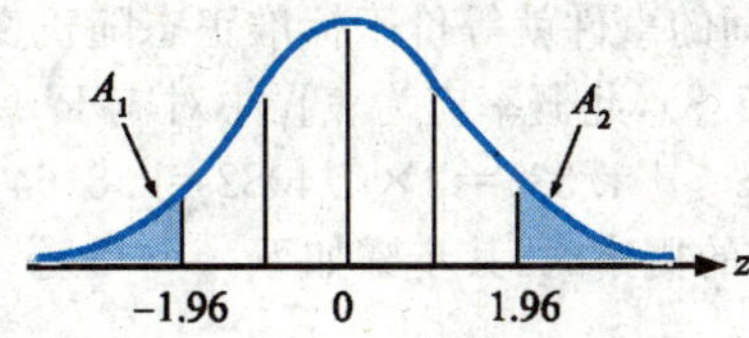

对于一个具有任意均值μ和任意标准差σ的正态随机变量x,为了运用表Ⅳ,我们必须要首先将x的值转换为z统计量值。总体某个观测值的z值(在2.6节)被定义为该观测值与总体均值之间的距离除以总体标准差。这样,z值给出了该观测值与均值的距离相当于标准差的数量。对于观测值的z值,其符号形式为:

$$z=\frac{x-\mu}{\sigma}$$

注意当$x=\mu$时,我们得到$z=0$。

正态分布的一个重要性质是,假设x是一个具有任意均值和任意标准差的正态分布变量,z总是服从均值为0且标准差为1的正态分布,即,z是一个标准正态随机变量。

正态分布的性质

假设 x 是一个具有均值 μ 和标准差 σ 的正态随机变量，那么随机变量 z 可以通过下面的公式来定义

$$z=\frac{x-\mu}{\sigma}$$

z 服从标准正态分布，z 值描述了 x 和 μ 之间标准差的量。

在例 5.5 中，$P(|z|>1.96)=0.05$，这一概率以及我们对 z 的解释意味着，任何正态随机变量与其均值之间的距离大于 1.96 个标准差的可能性仅为 5%。将其与经验准则（第 2 章）相比较，它告诉我们，在峰形分布中大约 5% 的观测值将落在距均值的两个标准差以外。事实上正态分布提供了作为经验准则基础的模型，根据经验我们发现，不管数据是否来自于一个正态分布总体，实际数据的分布常常近似服从这个规律。

例 5.6

假设一部移动电话两次充电之间的时间长度 x 服从一个均值为 10 小时、标准差为 1.5 小时的正态分布，求移动电话充电的时间间隔在 8 到 12 小时之间的概率。

解答：

均值 $\mu=10$ 和标准差 $\sigma=1.5$ 的正态分布如图 5.12 所示。所要计算的充电间隔在 8 到 12 小时之间的概率就是图中的阴影部分。为了求出这个概率，我们必须将这个分布转换成标准正态分布，计算出 z 统计量值：

$$z=\frac{x-\mu}{\sigma}$$

图 5.12 **例 5.6 中正态曲线下的面积**

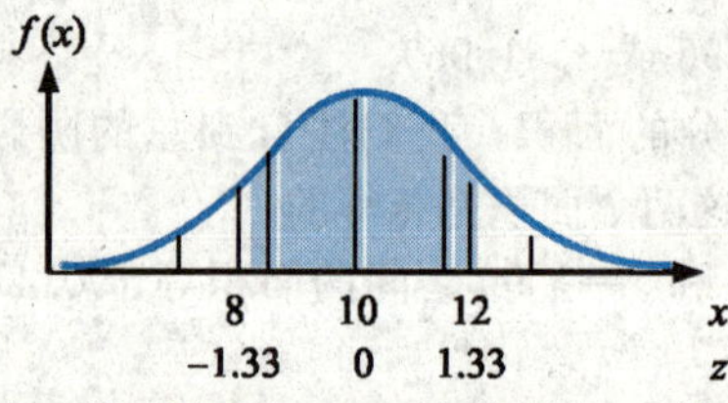

与 x 的几个特定值相对应的 z 值列在图 5.12 的横轴上 x 值的下方。注意到 $z=0$ 对应于均值 $\mu=10$ 小时，而当 x 的值取 8 和 12 时，z 统计量分别为 -1.33 和 $+1.33$。这样，移动电话充电的时间间隔 x 在 8 到 12 小时之间的事件就等价于标准正态随机变量 z 位于 -1.33 和 $+1.33$ 之间的事件。由例 5.2 已知（见图 5.8），此概率应为表Ⅳ中对应于 $z=1.33$ 的面积的两倍。即，

$P(8\leqslant x\leqslant 12)=P(-1.33\leqslant z\leqslant +1.33)=2\times 0.4082=0.8164$

在计算正态随机变量所对应的概率时，其步骤如下：

正态随机变量概率的计算步骤：

1. 作出正态分布的草图，并标出随机变量 x 的均值。然后，将与所求的概率相对应的面积涂上阴影。

2. 运用以下公式将阴影面积的边界由 x 值变换为标准正态随机变量的 z 值。

$$z=\frac{x-\mu}{\sigma}$$

在草图中 x 值的下方列出所对应的 z 值。

3. 运用附录 B 中的表Ⅳ求出对应于 z 值的面积。若需要计算负的 z 值所对应的面积，则可以利用正态分布的对称性。因为均值两边的面积各为 0.5，这样可以将表Ⅳ中的面积转换成你所要计算的事件的概率。

例 5.7

假设某汽车制造商在其某新款汽车的广告中声称，该汽车每消耗一加仑汽油可在城市中平均行驶 27 英里。这样的广告很少会对变异性的任何测度进行报道，假设你写信给这个制造商想了解详细的情况，得知其标准差是每加仑 3 英里。设 x 为这种车型每消耗一加仑汽油在城市中平均行驶的里程，根据上面的信息，我们可以用公式表示随机变量 x 的概率模型。这里 x 的概率分布可用一个均值为 27、标准差为 3 的正态分布来近似。

a. 假如你欲购买这种款式的汽车，则你买到的汽车在城市中平均每加仑汽油行驶的里程少于 20 英里的概率，即 $P(x<20)$ 是多少？

b. 假设你已购买了一辆这种新车，它在城市中驾驶时每加仑汽油的里程是少于 20 英里的。你会认为你的概率模型是不正确的吗？

图 5.13　**例 5.7 中正态曲线下的面积**

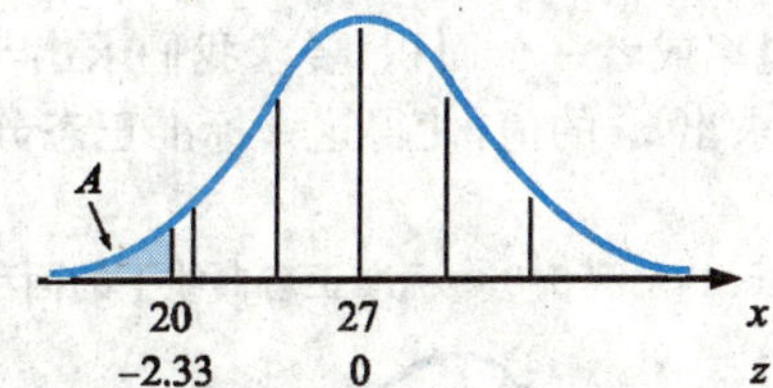

解答：

a. 对于在城市中每加仑汽油行驶的里程 x 的概率模型如图 5.13 所示。

我们所要求的是图 5.13 中位于 20 左侧的面积 A，因为此面积对应于从这个分布中抽选的一个观测值低于 20 的概率。换言之，假如这个模型是正确的，则面积 A 代表的是，每加仑汽油行驶里程少于 20 英里的汽车所占比例。为了求出 A，我们首先计算与 $x=20$ 相对应的 z 值。即，

$$z=\frac{x-\mu}{\sigma}=\frac{20-27}{3}=-\frac{7}{3}=-2.33$$

那么，

$$P(x<20)=P(z<-2.33)$$

此概率可表示为图 5.13 中所示的阴影部分的面积。因为表Ⅳ仅给出了均值右侧的面积，则根据正态分布关于其均值对称的性质，通过在表Ⅳ中查 2.33，我们得到相应的面积为 0.4901，这等于 $z=0$ 与 $z=-2.331$ 之间的面积。则有：

$$P(z<20)=A=0.5-0.4901=0.0099\approx0.01$$

根据这个概率模型，则此种汽车在城市中平均每加仑汽油行驶的里程少于 20 英里的概率大约仅为 1%。

b. 现在要求你根据一个样本——你购买的这辆车，做出一个推断。如果你在城市中驾驶你所购买的汽车，若每加仑汽油行驶的里程少于 20 英里，你将得出什么结论呢？我们认为你将同意下面的其中一种可能性：

a)这个概率模型是正确的。你只是不幸地购买了每加仑汽油行驶里程少于 20 英里的 1%汽车的其中一辆。

b) 这个概率模型是不正确的。也许正态分布的假设是无根据的,或者均值为 27 是一个过高的估计,或者标准差为 3 是一个过低估计,或者上述错误同时存在。无论如何,实际的概率模型的形式一定要通过进一步调查才能确定。

你没有确切的方法知道哪一种可能性是正确的,但事实倾向于后者。我们又一次根据了小概率事件方法进行了统计推断,这些方法我们前面都介绍过。这个样本(在本情况中有一个观测值)并不像从预想的概率模型中抽取的。这个模型有很多疑问,我们更加倾向于相信这个模型存在一定的错误。

有时会给你一个概率,并希望求出此概率所对应的正态随机变量的值。例如,假设知道一所大学入学考试的分数服从正态分布,而某所著名大学认为只有那些分数超过考试分数分布第 90 百分位数的申请者才允许进入该校。为了确定允许进入该校的最低分数,你有可能需要反转使用表Ⅳ,正如以下例子所示。

例 5.8

求出一个 z 值,令它为 z_0,使得在标准正态分布中只有 10%的机会大于 z_0。也就是,求出 z_0 使得 $P(z \geqslant z_0)=0.10$。

解答:

在这个例子中给出了一个概率或者一个面积,要求我们求出与这个面积相对应的标准正态随机变量的值。具体地,我们要求出 z_0 的值,使得这一标准正态分布中仅有 10%的可能大于 z_0(见图 5.14)。

图 5.14 **例 5.8 中标准正态曲线下的面积**

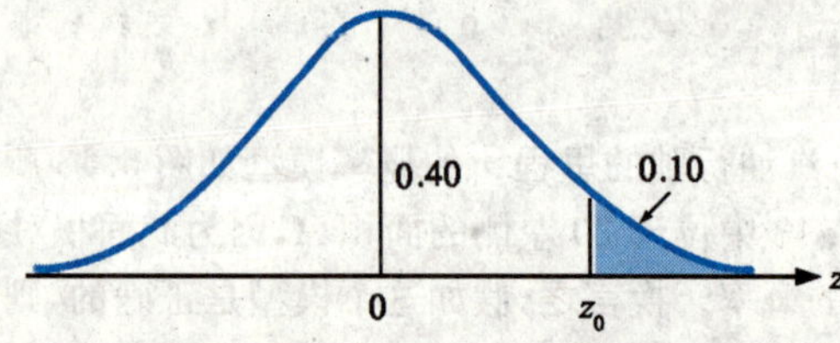

我们知道,均值 $z=0$ 右侧的总面积是 0.5,这就意味着 z_0 必定位于 0 的右边(大于 0 的一边)。要确定其值,我们利用 z_0 右端的面积是 0.10,则 $z=0$ 和 z_0 之间的面积是 $0.5-0.1=0.4$。但表Ⅳ中所给出的是 $z=0$ 与其他一些 z 值之间的面积,所以,我们在表的主体部分找到面积 0.4000,并且查出所对应的(最接近的)z 值是 $z_0=1.28$。其含义是大于均值 1.28 个标准差的点是正态分布的第 90 个百分位点。

例 5.9

求出 z_0 的值,使得标准正态 z 值的 95%位于 $-z_0$ 和 $+z_0$ 之间,即,$P(-z_0 \leqslant z \leqslant z_0)=0.95$。

解答:

这里,我们希望从均值 $z=0$ 向正反两个方向移动相等的距离 z_0,直到 95%的标准正态分布的位于 $-z_0$ 和 $+z_0$ 之间。这就意味着均值两边的面积各等于 $1/2(0.95)=0.475$,如图 5.15 所示。因为 $z=0$ 与 z_0 之间的面积是 0.475,我们在表Ⅳ的主体部分查 0.475 得到 $z_0=1.96$。这样,与我们在例 5.5 中所求出的方向相反,有 95%的正态分布变量值落在均值两边 +1.96 和 −1.96 个标准差之间。

图 5.15　**例 5.9 中标准正态曲线下的面积**

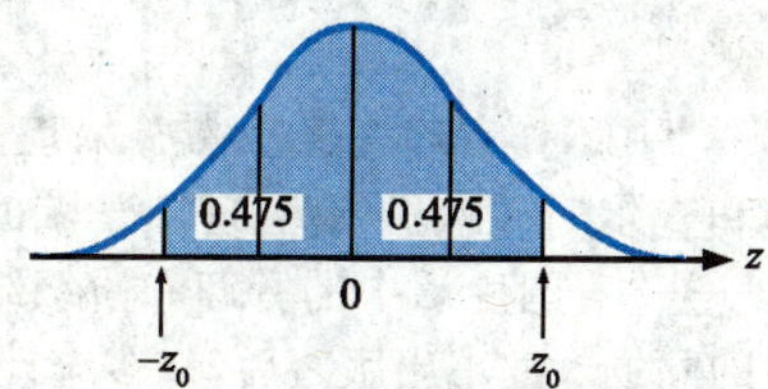

现在我们已经学习了利用表Ⅳ去求与某个指定概率相对应的标准正态 z 值，接下来我们通过例 5.10 了解其实际应用。

例 5.10

假设一个油漆制造商的日产量 x 服从一个均值为 100000 加仑、标准差为 10000 加仑的正态分布。管理部门为了鼓励员工多生产，计划设立一个鼓励奖金，并规定在日产量超过这个分布的第 90 个百分位数给予奖励。那么，在达到什么样的生产水平时管理部门应支付鼓励奖金呢？

解答：

在这个例子中，我们想求一个生产水平 x_0，在这个分布中 90％的日产量水平（x 值）落在 x_0 以下且仅有 10％落在 x_0 以上。即，

$$P(x\leqslant x_0)=0.90$$

将 x 转换成一个标准正态随机变量，这里，$\mu=100000$，$\sigma=10000$，则有：

$$P(x\leqslant x_0)=P\left(z\leqslant\frac{x_0-\mu}{\sigma}\right)$$

$$=P\left(z\leqslant\frac{x_0-100000}{10000}\right)=0.90$$

在例 5.8 中（见图 5.14）我们发现，标准正态分布的第 90 个百分位数所对应的值为 $z_0=1.28$，则有 $P(z\leqslant 1.28)=0.90$。所以，我们知道支付鼓励奖金的生产水平 x_0，所对应的 z 值为 1.28，即：

$$\frac{x_0-100000}{10000}=1.28$$

解得，

$$x_0=100000+1.28\times 10000=100000+12800=112800$$

这个 x 值被标示在图 5.17 中。这就是说，生产分布的第 90 个百分位数是 112800 加仑。如果，管理部门的目标仅仅是产量位于目前日产量分布的前 10％须支付奖金的话，则当一天的生产量超过这个水平时就应当支付鼓励奖金。

图 5.17　**例 5.10 中正态曲线下的面积**

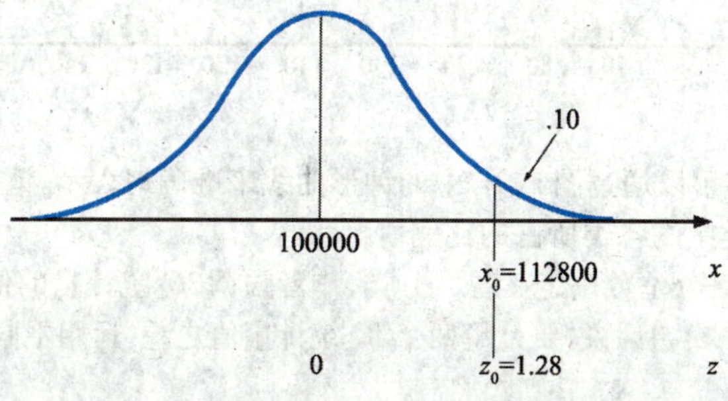

统计实践

5.1 智商、经济变动、钟形曲线

在颇具争议的《钟形曲线》一书中，作者理查德.J.赫恩斯坦教授（哈佛大学的一位心理学教授，在本书问世时不幸去世）和查尔斯·默里（麻省理工学院的一位政治科学家）所探讨的问题正如其副标题所示的一样——“美国生活中的智商和阶级结构”。《钟形曲线》一书大量地使用了统计分析以支持作者的立场。此书出版之后，许多统计学专家对作者的统计方法以及所做的推断持怀疑态度（比如，“误用钟形曲线：一个歪曲种族、基因和智商关系的谎言”Chance，1995 年夏。）在统计实践 11.2 节中，我们将对这些难题中的其中几个进行讨论。

由这本书所引起的争论之一是作者的理念——智力水平（或智力水平的缺乏）是导致社会问题难以解决的一个普遍原因，包括限制经济状况的变动。“美国为代际变动感到非常自豪”。赫恩斯坦和默里解释说，“但是这种变动有其局限性……对于某人，如果父亲处于（收入）分布的最低的 5%，那么儿子只有 1/20（甚至更少）的概率进入收入最高的 5%，同时差不多有 50%的概率仍然停留在收入最低的 5%之内。他只有不到 1/4 的概率进入中等收入阶层……因为智商的原因，现在大多数人仍然停滞在其父母收入分布的位置附近，智商变成了收入的预测器，通过一代遗传到下一代，以至限制了经济状况变动”。

作者所选择的智力测度办法是使用大家都非常熟悉的智商（IQ）。人们创造了很多测定 IQ 的方法，而赫恩斯坦和默里所使用的是军队合格检验法（AFQT），最初设计这个试验是用于测定所招募新兵的认识能力。心理学家传统地把 IQ 看作一个随机变量，并且服从均值 $\mu=100$ 和标准差 $\sigma=15$ 的正态分布。这个分布，也就是钟形曲线，如图 5.16 所示。

在书中，赫恩斯坦和默里把人的智力分类归为 5 类，并利用正态分布的百分位数来确定。Ⅰ类（“非常聪明”）由那些 IQ 在第 95 个百分位点以上的人组成；Ⅱ类（“聪明”）是那些 IQ 在第 75 和第 95 个百分位点之间的人；Ⅲ类（“正常”）包含 IQ 在第 25 和第 75 个百分位点之间的人；Ⅳ类（“迟钝”）是那些 IQ 在第 5 和第 25 个百分位点的人；Ⅴ类（“非常迟钝”）则是 IQ 低于第 5 个百分位点的人。这个分类也可用图说明，如图 5.16 所示。

图 5.16 IQ 的分布

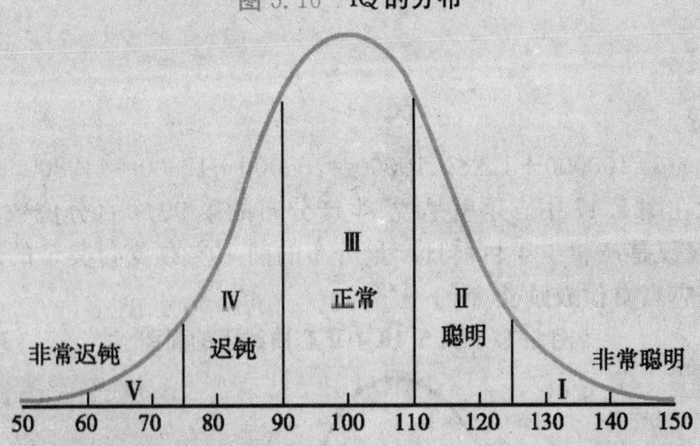

讨论焦点：

a. 假设 IQ 的分布可以通过图 5.16 中的钟形曲线来准确地表示，请确定赫恩斯坦和默里所定义的 5 种智力分类中的各类所占的比例。

b. 尽管上面是以百分位数来定义智力分类，作者强调 IQ 统计量的值是将 z 值进行比较，而不是比较百分位数。换句话说，要计算两个 IQ 统计量值之差，运用不同的 z 值比运用不同的

百分位数更能说明问题。为了论证这一点，试计算 IQ 的第 50 和第 55 个百分位点的 z 值之差。同样地，计算 IQ 的第 94 和第 99 个百分位点的 z 值之差，从这两个结果的比较中你发现了什么？

c. 调查者发现许多智力测试的得分明显地非正态。有些分布是向高分偏斜，而其他的则向低分偏斜。如果 IQ 分布向右偏斜，那么其 5 级分类的比例有什么不同？向左偏斜呢？

练习 5.13～5.37

技能训练：

5.13 求出在标准正态分布下，下列各对值之间的面积：

a. $z=0$ 和 $z=2.00$

b. $z=0$ 和 $z=3$

c. $z=0$ 和 $z=1.5$

d. $z=0$ 和 $z=0.80$

5.14 对于标准正态随机变量 z，求出下列概率：

a. $P(-1\leqslant z\leqslant 1)$

b. $P(-2\leqslant z\leqslant 2)$

c. $P(-2.16\leqslant z\leqslant 0.55)$

d. $P(-0.42<z<1.96)$

e. $P(z\geqslant -2.33)$

f. $P(z<2.33)$

5.15 对于标准正态随机变量 z，求出下列概率：

a. $P(z>1.46)$

b. $P(z<-1.56)$

c. $P(0.67\leqslant z\leqslant 2.41)$

d. $P(-1.96\leqslant z<-0.33)$

e. $P(z\geqslant 0)$

f. $P(-2.33<z<1.50)$

5.16 对于标准正态随机变量 z，求出下列概率：

a. $P(z=1)$　b. $P(z\leqslant 1)$

c. $P(z<1)$　d. $P(z>1)$

5.17 对于标准正态随机变量 z，求出下列概率：

a. $P(-1\leqslant z\leqslant 1)$

b. $P(-1.96\leqslant z\leqslant 1.96)$

c. $P(-1.645\leqslant z\leqslant 1.645)$

d. $P(-2\leqslant z\leqslant 2)$

5.18 求标准正态随机变量 z 的值，令它为 z_0，使得，

a. $P(z\geqslant z_0)=0.05$

b. $P(z\geqslant z_0)=0.025$

c. $P(z\leqslant z_0)=0.025$

d. $P(z\geqslant z_0)=0.10$

e. $P(z>z_0)=0.10$

5.19 求出标准正态随机变量 z 的值，令它为 z_0，使得

a. $P(z\leqslant z_0)=0.2090$

b. $P(z\leqslant z_0)=0.7090$

c. $P(-z_0\leqslant z<z_0)=0.8472$

d. $P(-z_0\leqslant z\leqslant z_0)=0.1664$

e. $P(z_0\leqslant z\leqslant 0)=0.4798$

f. $P(-1<z<z_0)=0.5328$

5.20 给出下列来自于正态分布的观察值的 z 统计量值：

a. 大于均值 1 个标准差；

b. 小于均值 1 个标准差；

c. 等于均值；

d. 小于均值 2.5 个标准差；

e. 大于均值 3 个标准差。

5.21 假设随机变量 x 服从均值 $\mu=30$ 和标准差 $\sigma=4$ 的正态分布。求出对应于下列 x 值的 z 统计量值：

a. $x=20$　b. $x=30$

c. $x=27.5$　d. $x=15$

e. $x=35$　f. $x=25$

5.22 随机变量 x 服从正态分布并且 $\mu=1000$ 和 $\sigma=10$。

a. 求出 x 取值大于它的均值 2 个标准差的概率，以及大于均值 3 个标准差的概率。

b. 求 x 在其均值左右的 1 个标准差内取值的概率，以及在均值左右 2 个标准差内取值的概率。

c. 求这个分布的第 80 个百分位点的 x 值和第 10 个百分位点的 x 值。

5.23 假设 x 是一个正态分布随机变量，且 $\mu=11$ 和 $\sigma=2$，求出下列概率：

a. $P(10\leqslant x\leqslant 12)$

b. $P(6\leqslant x\leqslant 10)$

c. $P(13\leqslant x\leqslant 16)$

d. $P(7.8\leqslant x\leqslant 12.6)$

e. $P(x\geqslant 13.24)$

f. $P(x\geqslant 7.62)$

5.24 假设 x 是一个正态分布随机变量，且＝50 和

=3。求出随机变量的值 x_0，使得，

a. $P(x \leqslant x_0)=0.8413$

b. $P(x > x_0)=0.025$

c. $P(x > x_0)=0.95$

d. $P(41 \leqslant x < x_0)=0.8630$

e. x 值的 10%小于 x_0

f. x 值的 1%大于 x_0

5.25 假设 x 是一个正态分布随机变量，其均值为 120 且方差为 36。画出 x 分布的略图，在图中标出 μ 和区间 $\mu \pm 2\sigma$ 的位置，并求下列概率：

a. $P(\mu-2\sigma \leqslant x \leqslant \mu+2\sigma)$

b. $P(x \geqslant 128)$

c. $P(x \leqslant 108)$

d. $P(112 \leqslant x \leqslant 130)$

e. $P(114 \leqslant x \leqslant 116)$

f. $P(115 \leqslant x \leqslant 128)$

5.26 随机变量 x 服从正态分布，其标准差为 25。已知 x 超过 150 的概率是 0.90，求该分布的均值 μ。

概念运用：

5.27 某年对某个农场的粮食产量进行了有代表性的测量，以此作为每英亩粮食的生产量。例如，棉花产量以磅/英亩来表示。据悉，正态分布一直被用来描述粮食产量的分布特征(《美国农业经济杂志》1999 年 5 月)。历史数据表明，第二年夏天佐治亚农场的棉花产量能够用一个正态分布表示其特征，并且均值为每亩 1500 磅，标准差为 250 磅。假设每亩产量至少 1600 磅对于农场是有利可图的。

a. 第二年夏天农场将亏损的概率是多少？

b. 假设同一个正态分布可用于描述连续两个夏天的棉花产量的分布特征。假设这两个产量是独立统计的，那么这个农场连续两年亏损的概率是多少？

c. 第二年夏天粮食产量落在每英亩 1500 磅左右 2 个标准差范围内的概率是多少？

5.28 某企业将一种昂贵的液体注入一个容器，并对其注入过程的特征进行了研究(《质量技术杂志》July 1999)。得知每个容器所注入的数量近似于正态分布，且均值为 10 个单位，标准差为 0.2 个单位。已知每个单位的注入费用为 20 美元。如果一个容器的含量少于 10 个单位(未充满)，则必须花费 10 美元对其重新处理。如果一个容器的注入量合适的话，则可以以 230 美元的价格销售。

a. 求出一个容器未被充满的概率和被充满的概率。

b. 若一个容器最初未被充满则必须进行重装，且重装后含量为 10.60 个单位，则由此容器公司可得到的利润是多少？

c. 为了使不注满的概率接近于 0，经营经理将注入量的均值向上调整为 10.10 个单位。在这种情况下，每个容器的期望利润是多少？

5.29 将飞机与乘客对各段航程的需求进行匹配的问题在航空工业中被称为飞行分配问题。超员被定义为因飞机的承载能力不足而使乘客不能被运送的数量。(《界面》1994 年，12 月)一书介绍了 Delta 航空公司解决飞行分配问题的一种办法。其作者(4 个 Delta 航空公司的研究人员和一名佐治亚技术学院教授 Roy Marsten)运用一个实例证实其研究，在这个例子中，乘客的飞行需求服从正态分布，其均值为 125 个乘客，标准差为 45 个乘客。一架波音 727 能承载 148 个乘客，而一架波音 757 能承载 182 个乘客。

a. 乘客需求超过波音 727 的承载量的概率是多少？波音 757 呢？

b. 假如安排波音 727 飞行，则飞机起程时有一个或者更多空座的概率是多少？对于波音 757 回答同样的问题。

c. 假如波音 727 被安排飞行，超员人数将超过 100 名的概率是多少？

5.30 政府数据显示，美国的制造业工人每小时的平均工资是 14 美元(《美国统计摘要》1999)。假设全国范围内的制造业工资率近似地服从正态分布，且标准差为每小时 1.25 美元。有一工人向找到的第一家工厂要求 15.30 美元时薪。

a. 假设这个工人在全国范围内寻找工作，则时薪超过每小时 15.30 美元所占的比率是多少？

b. 假如这个工人随意选择一个美国制造企业，此企业支付的工资高于每小时 15.30 美元的概率是多少？

c. 我们将总体中位数记为 η，则连续型随机变量 x 满足：$P(x \geqslant \eta)=P(x \leqslant \eta)=0.5$。也就是说，中位数 η 将概率分布下的面积正好一分为二。试求出与工资率相对应的随机变量的中位数并与平均工资率相比较。

5.31 在对鱼的总体进行动态研究时得知，一种鱼在不同年龄的长度是很关键的，尤其是对于渔商

而言。《渔业科学》(1995 年 2 月)发表的一篇文章对于一种栖居于日本水域的沙丁鱼的长度分布进行了研究。在两岁时,此种鱼的长度分布近似于正态分布,$\mu=20.20$ 厘米,$\sigma=0.65$ 厘米。

a. 求这种两岁的沙丁鱼的长度在 20 与 21 厘米之间的概率。

b. 若在日本水域捕获了一条长为 19.84 厘米的沙丁鱼,这条沙丁鱼有可能两岁大的吗?

c. 如果一条沙丁鱼长 22.01 厘米,这条沙丁鱼有可能两岁大的吗?

5.32 在检验工作申请人的认知和身体能力时运用了个人测试。前者的测试之一为 IQ 测试;后者测试之一为速度测试是将测标安装在一个测标船上(Cowling 和 James,《个人管理和工业关系的实质》,1994)。在全国范围内,一家私人的测试公司统一对一个特别敏捷的试验进行管理。根据去年所有的试验管理情况,已知分数的分布近似于正态分布,并且均值为 75,标准差为 7.5。

a. 某个雇主需要工作候选人的敏捷测试得分至少为 80。在去年的测试中分数超过 80 的近似百分位点是多少?

b. 测试服务报道了某个雇主的工作候选人之一的分数落在第 98 个分布的百分位点(近似 98%的分数低于此人的分数,仅有 2%的分数高于他),则这个候选人的分数是多少?

5.33 在棒球运动中,“无安打赛局”是一个 9 局项目规则,在这个项目中棒球投手一次都没有击中对手。《机会》(1994 夏)报道了专业棒球联合会(MLB)关于“无安打赛局”的一项研究。最初的分析集中在 1989 年至 1993 年的 MLB 比赛中在参赛的 9 局中每个队每一局击中对手的次数。9 局击中次数的分布近似于正态分布,其均值为 8.72,标准差为 1.10。

a. 在 9 局 MLB 比赛结果中,击中少于 6 次所占的百分比是多少?

b. 从统计角度证明,在 MLB 为什么“没有击手”被认为是一个极其少见的偶然事件。

5.34 在协商一个长期的建筑合同之前,建筑承包人必须仔细估算完成这个项目的总费用。由于估算过程的复杂总费用并不能提前确切知道。纽约大学的 Benzion Barlev 提出了一个模型,他认为一个长期建筑合同的总费用服从正态分布(《企业财务核算杂志》,1995 年 7 月)。对于某一个建筑合同,Barlev 假设总费用为 x,它服从正态分布,且均值为 850000 美元,标准差为 170000 美元。记收入为 R,并许诺给承包商的总费用为 1000000 美元。

a. 假如收入超过费用合同将是可盈利的。对这个承包商来说,合同将是盈利的概率是多少?

b. 对承包商来说,项目结果出现亏损的概率是多少?

c. 假设承包商有一个机会重新协商这个合同,为了使盈利的概率为 0.99,则 R 值应该是多少?

5.35 为了调和染料的色度,安装了一台用于控制染料分发量的机器。每桶染料的平均排出量为 μ 毫升。已知染料的分配数量服从正态分布,标准差为 0.4 毫升。假设当排出的染料超过 6 毫升时会形成一种蓝色调,而这个色调是不可接受的。如果仅有 1%的染料桶是不可接受的,试确定 μ 的值。

5.36 投资者经常用股票的月收益率来评价股票投资行为。一种股票的月收益率一般反映了一个投资者将每一美元投资于这种股票在一月内所形成的收益(如果收益是负值则是损失)。Eugene Fama 在他的经典教科书《财务基础》(1976 年)中,证实了一种股票月收益率的概率分布能够用一个正态概率分布来近似。现假设股票 ABC 的月收益率是正态分布,其均值为 0.05,标准差为 0.03;股票 XYZ 的月收益率也是正态分布,均值为 0.07,标准差为 0.05。假设你对每一种股票投资了 100 美元。

a. 经过长期操作,哪一种股票的月平均收益率较高?为什么?

b. 假设你计划每一种股票仅持有一个月,则在一个月末每种投资的期望值是多少?

c. 为了防止你在下个月的投资发生亏损,购买哪一种股票更有保障?为什么?

5.37 在使用四分位数描述数据分布时,标准正态分布与箱线图法(参考 2.8 节)之间存在着什么关系?答案依赖于实际数据的概率分布。对于这个练习,假设其分布是正态的。

a. 计算与箱线图的关键点——上下四分位数,即 Q_L 和 Q_U 相对应的标准正态随机变量 z 的值,令它们为 z_L 和 z_U。

b. 对于一个正态分布计算与箱线图的内层相对应的 z 值。

c. 对于一个正态分布计算与箱线图的外层相对应的 z 值。

d. 一个观察值位于正态分布内层以外的概率是什么？外层呢？

e. 你能较好地理解为什么箱线图的内层和外层可以被用来检测一个分布中的异常点吗？解释原因。

5.4 检验正态性的描述性方法

在以下的章节里，我们将学习怎样利用样本信息推断总体。这些方法中的几个是假设总体近似服从正态分布的。所以，在我们能否恰当地运用这些方法之前，检验样本数据是否来自于一个正态总体是非常重要的。

有几种描述性方法可用于检验正态性。在这一节里，我们先考虑 4 种方法，并将它们概括在下框中。

前两种方法直接来自于 5.3 节所讲述的正态分布的性质。方法 3 是基于这样一个事实，对于正态分布，对应于第 25 和第 75 个百分位点的 z 值分别是 −0.67 和 0.67（见例 5.4）。因为对于一个标准正态分布，$\sigma=1$，则

$$\frac{\mathrm{IQR}}{\sigma}=\frac{Q_U-Q_L}{\sigma}=\frac{0.67-(-0.67)}{1}=1.34$$

用来检验正态性的方法 4 是基于一个正态概率图。在图中，将数据组的各个观察值从小到大排序，然后在这些数据来自于一个正态分布的假设下，计算其 z 值并画图表示。事实上，当数据是正态分布时，将存在一个线性（直线）趋势，而在非线性趋势下数据是非正态的。

检验数据是否来自一个近似的正态分布

1. 对数据绘制一个直方图或者茎叶图，并注意图的形状。假如数据是近似正态的，则其直方图或者茎叶图的形状将相似于正态曲线，如图 5.5 所示（峰形且关于均值对称）。
2. 计算区间 $\bar{x}\pm s$，$\bar{x}\pm 2s$，$\bar{x}\pm 3s$，并计算数据落在每一个区间的百分比。假设数据是近似正态的，则百分比将分别近似于 68%、95%和 100%。
3. 求样本的四分位间距 IQR 和标准差 s，然后计算它们的比 IQR/s。假如数据是近似正态分布的，那么 IQR/$s\approx 1.3$
4. 对于这些数据可以绘制一个正态概率图。假如数据是近似正态的，则点将（近似地）落在一条直线上。

定义 5.2

对于一组数据来说，正态概率图是一个散点图，它将排序的数据值列在一个坐标轴上，其对应的来自于标准正态分布的 z 值则在另一个坐标轴上。（注：标准正态 z 值的计算超出了本书的内容，因此，我们将依赖方便的统计软件包来产生一个正态概率图。）

例 5.11

环境保护机构(EPA)欲对所有的新车型进行广泛的试验，以确定其每加仑汽油所行驶的里程。EPA 对某一种新车型的 100 辆汽车进行了检测，结果列在表 5.2 中。用来描述测度结果的数字和图形见图 5.18a～c 的 MINITAB 和 SPSS 输出结果。试确定 EPA 所检测的这些汽车每加仑汽油行驶的里程是否近似服从正态分布。

表 5.2 EPA 检测的 100 辆汽车的里程(每加仑英里数)

36.3	41.0	36.9	37.1	44.9	36.8	30.0	37.2	42.1	36.7
32.7	37.3	41.2	36.6	32.9	36.5	33.2	37.4	37.5	33.6
40.5	36.5	37.6	33.9	40.2	36.4	37.7	37.7	40.0	34.2
36.2	37.9	36.0	37.9	35.9	38.2	38.3	35.7	35.6	35.1
38.5	39.0	35.5	34.8	38.6	39.4	35.3	34.4	38.8	39.7
36.3	36.8	32.5	36.4	40.5	36.6	36.1	38.2	38.4	39.3
41.0	31.8	37.3	33.1	37.0	37.6	37.0	38.7	39.0	35.8
37.0	37.2	40.7	37.4	37.1	37.8	35.9	35.6	36.7	34.5
37.1	40.3	36.7	37.0	33.9	40.1	38.0	35.2	34.8	39.5
39.9	36.9	32.9	33.8	39.8	34.0	36.8	35.0	38.1	36.9

解答：

首先作一个检查，我们观察图 5.18a 所示的数据的 MINITAB 直方图。可以很清楚地看到，里程分布的形状近似峰形，以近似 37 英里/加仑的均值为中心呈对称分布。注意一条正态曲线被置于图形之上。因此，利用框中的第 1 种检验方法，可以判断数据近似为正态分布。

图 5.18a 每加仑汽油行走里程的 MINITAB 直方图

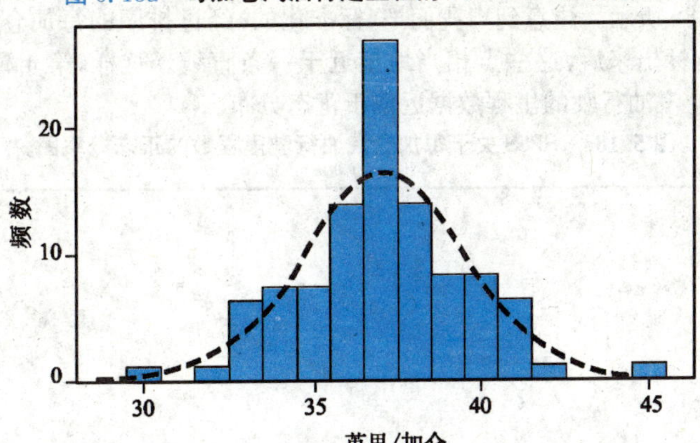

利用第 2 种检查方法，我们由图 5.18b 的 MINITAB 输出结果得到 $\bar{x}=37$ 和 $s=2.4$。区间 $\bar{x}\pm s$、$\bar{x}\pm 2s$ 和 $\bar{x}\pm 3s$，以及行驶里程落在每一个区间内的百分比均列在了表 5.3 中。通过这些百分数几乎可以肯定这些数据服从正态分布。

图 5.18b　每加仑汽油行走里程的 MINITAB 统计描述

Descriptive statistics

Variable	N	Mean	Median	Tr Mean	StDev	Se Mean
MPG	100	36.994	37.000	36.992	2.418	0.242

Variable	Min	Max	Q1	Q2
MPG	30.000	44.900	35.625	38.375

表 5.3　100 辆每加仑汽油行走里程分布

区间	区间所含百分比
$\bar{x}\pm s=(34.6,39.4)$	68
$\bar{x}\pm 2s=(32.2,41.8)$	96
$\bar{x}\pm 3s=(29.8,39.4)$	99

利用框中所述的第 3 种检查方法，我们需要求出 IQR/s。根据图 5.18b，第 25 个百分位点（被 MINITAB 称为 Q_1）是 $Q_L=35.625$，第 75 个百分位点（被 MINITAB 称为 Q_3）是 $Q_U=38.375$。则 $IQR=Q_U-Q_L=2.75$，并且有，

$$\frac{IRQ}{s}=\frac{2.75}{2.4}=1.15$$

因为这个值近似等于 1.3，则我们可以进一步证实这些数据是近似于正态的。

第 4 种描述方法是通过一个正态概率图进行说明的。关于每加仑汽油行驶里程数的 SPSS 正态概率图如图 5.18c 所示。注意到当我们把（标准化的）经过排序的每加仑汽油行驶的里程值与其 z 值所对应的点标出来后，这些点相当地接近于一条直线。这样，第 4 种检验方法也表明，EPA 所检测的每加仑汽油行驶的里程数据近似于正态分布。

图 5.18c　SPSS 关于每加仑汽油行驶里程数的正态概率图

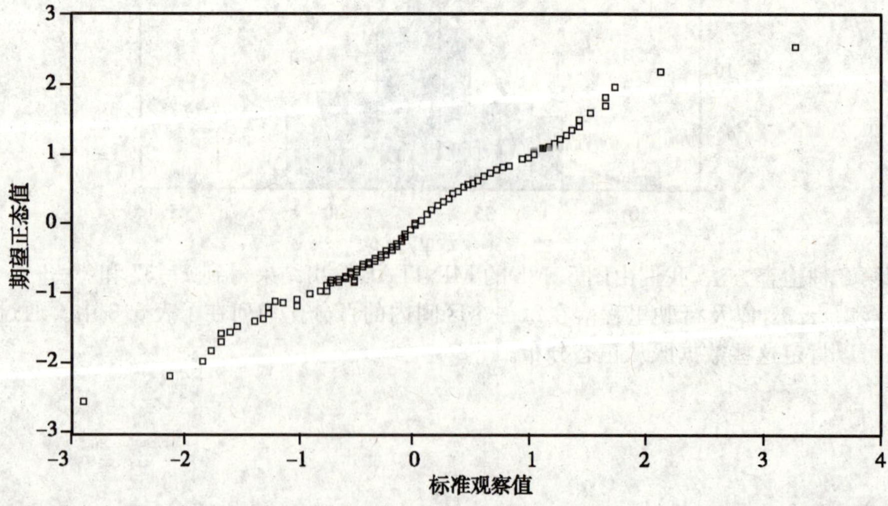

在框中所给出的正态性的检验方法虽简单却非常实用，但是它们在本质上仅是描述性的。即使在检验结果相当满意的情况下，数据非正态也是可能的（尽管未必发生这种情况）。这样，我

们事实上不能轻易断言例 5.11 中 EPA 所检测的 100 辆汽车每加仑汽油行驶的里程数是正态分布。我们仅能说明相信数据来自于正态分布是合理的。①

下一章我们将要学习的几种推断方法也要求数据近似于正态分布。如果数据很显然是非正态的，那么由这些方法所作出的推断可能是无效的。因此，在进行分析之前检验数据的正态性是明智的。

练习 5.38～5.45

技能训练：

5.38 如果某个总体数据组是正态分布，你认为观察值落在下列区间内的比例是多少？

a. $\mu\pm\sigma$ b. $\mu\pm2\sigma$ c. $\mu\pm3\sigma$

5.39 如果一个样本数据组具有下面的统计特征值：$s=95, Q_L=72, Q_U=195$。

a. 计算 IQR。

b. 计算 IQR/s。

c. IQR/s 值近似等于 1.3 吗？其含义是什么？

5.40 三个数据组的正态概率图如下图所示，哪个图表明数据是近似正态分布的？

练习 5.40 图

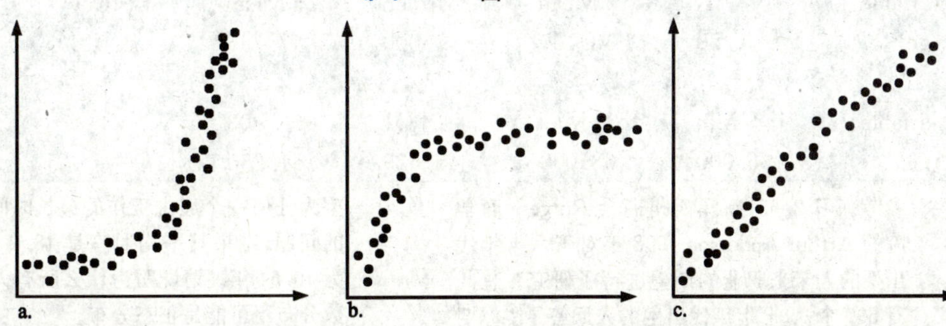

5.41 检查下列样本数据

练习 5.41 的表

5.9	5.3	1.6	7.4	8.6	1.2	2.1
4.0	7.3	8.4	8.9	6.7	4.5	6.3
7.6	9.7	3.5	1.1	4.3	3.3	8.4
1.6	8.2	6.5	1.1	5.0	9.4	6.4

a. 绘制一个茎叶图，评价数据是否来自于近似正态分布的总体。

b. 计算样本标准差 s。

c. 求 Q_L 和 Q_U 的值，并利用 b 部分的 s 值去判断数据是否来自于正态分布总体。

d. 关于数据组绘制一个正态概率图，并利用它去判断数据是否为近似正态。

概念运用：

5.42 参考练习 2.18 中《统计教育杂志》关于球队比赛情况的研究，它研究了 Mark McGwire，St. Louis Cardinals 和 Sammy Sosa（芝加哥俱乐部）在职业棒球联合会 1998 赛季的比赛中打破记录的得分情况。在这些比赛中有关各个队的得分数据被复制在下表中。

a. 确定 St. Louis Cardinals 的得分数据是否近似服从正态分布。

b. 对于芝加哥俱乐部重复 a 部分。

练习 5.42 的表

St. Louis Cardinals				Chicago Cubs		
6	6	3	11	3	6	8
8	1	10	6	4	5	2
5	8	9	6	1	8	6
8	2	3	6	1	9	6
15	2	8		4	2	3
8	6	2		3	6	9
5	8	4		5	4	10
8	9	4		5	4	4
3	5	3		2	9	5
5	7	6		5	5	4

① 正态性的统计检验为合理推断提供了一种可靠性的测度。然而，这些检验对于正态性的轻微偏离是非常敏感的，即，对于任何一个形状不是非常对称且呈峰型的分布，这些检验倾向于拒绝正态性的假设。如果你想学习更多的有关检验的内容，可以参考 Ramsey&Ramsey(1990)的著作。

续表

St. Louis Cardinals			Chicago Cubs		
2	3	8	5	6	5
6	2	7	10	9	8
3	7	14	5	3	11
5	1	7	6	6	15
3	4	3	7	5	11
10	6	6	13	9	6
4	4	6	8	7	7
11	13	5	10	8	2

5.43 参考练习 2.66,它列出了 1999 年 1 月 121 艘巡游船的卫生设备得分,现在重新复制如下表。试评价卫生设备得分是否近似正态分布。

5.44 参考练习 2.38 中《财富》(1999 年 10 月 25 日)杂志所确定的美国企业 50 个最出色妇女的年龄资料,其年龄分布的统计资料见下表的 MINITAB 输出结果。

a. 根据输出结果运用恰当的统计方法确定年龄分布是否为近似正态。

b. 在练习 2.38d 中构造了一个年龄数据的频率直方图,用这个图支持你的 a 部分的结论。

练习 5.44 的 MINITAB 输出结果

Descriptive statistics

Variable	N	Mean	Median	Tr Mean	StDev	Se Mean
Age	50	48.160	47.000	47.795	6.015	0.851

Variable	Min	Max	Q1	Q3
Age	36.000	68.000	45.625	51.250

5.45 参考练习 2.65,新泽西州商会 Rutgers 商学院的 Arthur Anderson 1998 年对于六十年代出生的人未来职业的期望进行了研究。总共有 590 个六、七十年代出生的人回答了"你期望为任何一个雇主工作的最长时间是多少?"的问题,结果其平均回答是 18.2 年,标准差为 10.64 年。请说明为什么所有人回答的年数分布不可能是正态分布。

练习 5.43 的数据

船	得分	船	得分	船	得分
Americana	75	Hanseatic	93	Regal Voyager	88
Arcadia	93	Holiday	93	Rembrandt	78
Arkona	89	Horizon	94	Rhapsody of the Seas	93
Astor	74	Imagination	91	Rotterdam VI	96
Asuka	88	Inspiration	91	Royal Princess	93
Black Watch	86	Island Adventure	95	Royal Viking Sun	89
C. Columbus	92	Island Dawn	86	Ryndam	93
Carnival Destiny	87	Island Princess	88	Sea Bird	89
Celebration	93	Islandbreeze	94	Sea Goddess Ⅰ	89
Century	96	Jubilee	93	Sea Goddess Ⅱ	90
Clipper Adventurer	93	Leeward	92	Sea Lion	97
Club Med I	92	Legacy	86	Seabourn Legend	94
Contessa I	87	Legend of the Seas	99	Seabourn Pride	88
Costa Romantica	94	Maasdam	96	Seabreeze Ⅰ	86
Costa Victoria	92	Majesty of the Seas	93	Sensation	86

船	得分	船	得分	船	得分
Crown Princess	90	Maxim Gorky	81	Silver Cloud	91
Crystal Harmony	91	Mayan Prince	94	Sky Princess	90
Crystal Symphony	88	Melody	91	Song of America	96
Dawn Princess	79	Mercury	97	Sovereign of the Seas	89
Delphin	91	Monarch of the Seas	96	Spirit of Columbia	89
Destiny	87	Nantucket Clipper	89	Splendour of the Seas	94
Discovery Sun	94	Nieuw Amsterdam	86	Starship Oceanic	94
Disney Magic	88	Nippon Maru	36	Statendam	92
Dolphin IV	90	Noordam	93	Stella Solaris	91
Dreamward	95	Nordic Princess	93	Sun Princess	86
Ecstasy	93	Norway	88	Superstar Capricorn	70
Edinburgh Castle	86	Norwegian Crown	90	Topaz	92
Elation	92	Norwegian Dynasty	95	Tropicale	95
Emerald	95	Norwegian Majesty	91	Universe Explorer	95
Enchanted Capri	95	Norwegian Sea	91	Veendam	91
Enchanted Isle	90	Norwegian Star	78	Victoria	91
Enchantment of the Seas	97	Norwegian Wind	95	Viking Serenade	91
Europa	88	Oceanbreeze	87	Vision of the Seas	96
Fantasy	93	Oriana	98	Vistafjord	92
Fascination	93	Palm Beach Princess	88	Westerdam	92
Flamenco	93	Paradise	95	Wind Spirit Ⅱ	93
Galaxy	97	Paul Gauguin	86	World Discoverer	89
Grand Princess	94	Queen Elizabeth 2	87	Yorktown Clipper	91
Grande Caribe	95	Radisson Diamond	90	Zenith	93
Grande Mariner	87	Regal Empress	95		
Grandeur of the Seas	98	Regal Princess	95		

资料来源:Center for Environmemtal Health and Injury Control; Tampa Tribune, Feb. 7, 1999.

5.5 用正态分布近似二项分布

当离散型二项随机变量(4.4 节)取值很大时,它的概率计算可能变得非常单调乏味。为了解决这个问题,我们在附录 B 中提供了一些表,它们给出了对应于一些 n 和 p 值的概率,但是出于必要这些表是不完整的。回想二项概率表(表Ⅱ)仅仅给出了当 $n=5,6,7,8,9,10,15,20$ 或 25 时的概率。针对这一局限性,我们可以寻求一个计算二项概率分布的近似方法。

当 n 很大时,可以用正态概率分布提供近似二项随机变量的概率分布。为了说明近似过程,我们参考例 4.11,在那里我们运用二项分布模拟了 20 个雇员中支持加入工会的人数 x。我们假设所有公司雇员的 60%支持加入工会,可以求出 x 的均值和标准差分别是 $\mu=12$ 和 $\sigma=2.2$。对于 $n=20$ 和 $p=0.6$ 的二项分布如图 5.19 所示,可以看出,它渐近于均值 $\mu=12$ 和标准差 $\sigma=2.2$ 的正态分布。

像例 4.11 部分一样,我们可以用表Ⅱ求 $x\leqslant 10$ 的概率。这个概率,等于对应于 $p(o)$, $p(1)$,

$p(2)$,……$p(10)$的各个矩形的面积之和(见图 5.19 中),我们求出为 0.245。近似的正态曲线的一部分被用来近似面积 $p(0)+p(1)+p(2)+\cdots+p(10)$,也就是图 5.19 中的阴影部分。注意到这个阴影面积位于 10.5(不是 10)的左侧,这样我们可以包含与 $p(10)$相对应的矩形中所有的概率。因为我们将一个离散型分布(二项分布)近似为连续型分布(正态分布),我们称 10.5 的使用(而不是 10 或者 11)是一个**连续性修正**。也就是说,我们正在修正离散型分布,使得它能被一个连续型分布来近似。运用连续性修正可以计算如下的标准正态分布 z 值:

$$z=\frac{x-\mu}{\sigma}=\frac{10.5-12}{2.2}=-0.68$$

利用表Ⅳ,我们求出 $z=0$ 和 $z=0.68$ 之间的面积是 0.2517。那么 x 小于或等于 10 的概率由 10.5 左端正态分布下的面积来近似,如图 5.19 中阴影面积所示。也就是

$$P(x\leqslant 10)\approx P(z\leqslant -0.68)=0.5-P(-0.68<z\leqslant 0)=0.5-0.2517=0.2438$$

这个近似结果与精确的二项概率 0.245 仅略微有一点差别。当然,当可以利用精确的二项概率表时,我们将使用精确值而不用正态近似。

对于二项分布来讲,运用正态分布并不是总能提供一个好的近似。下面是一个有用的经验法则,用来确定当 n 足够大时近似是有效的:为了使正态近似适当,区间 $\mu\pm 3\sigma$ 应该位于二项随机变量的范围内(0 到 n)。这项规则比较实用因为几乎所有的正态分布都落在均值左右 3 个标准差之内,这样,如果区间被包含在 x 值的范围内,则对于正态近似合理来说存在着一个"空间"使之有效。

如图 5.20a 所显示的一样,对于前面的例子,$n=20$,$p=0.6$,区间 $\mu\pm 3\sigma=12\pm 3\times 2.19=(5.43,18.57)$位于 0 到 20 范围内。然而,如果在 $n=10$ 和 $p=0.1$ 时我们进行正态近似,则区间 $\mu\pm 3\sigma$ 是 $1\pm 3\times 0.95$ 或$(-1.85,3.85)$。如图 5.20b 中所示,这个区间并没有被包含在 x 的范围内,因为 $x=0$ 是一个二项随机变量的下限。注意在图 5.20b 中正态分布并不适合 x 的范围,因此,对于二项概率它将不能提供一个好的近似。

图 5.19　二项分布($n=20$, $p=0.6$)和正态分布($\mu=12$, $\sigma=2.2$)

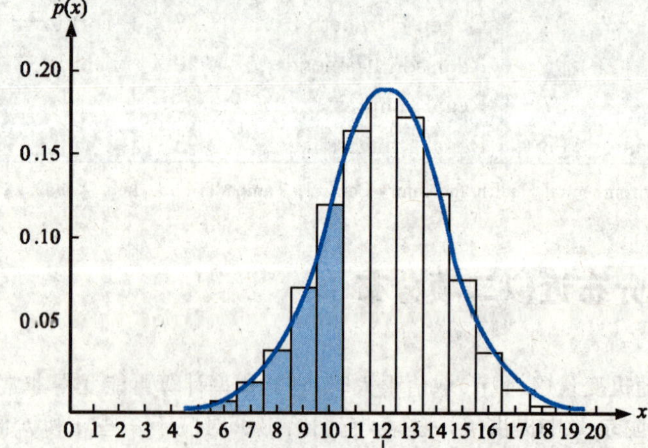

图5.20　对于二项分布进行正态近似的经验法则

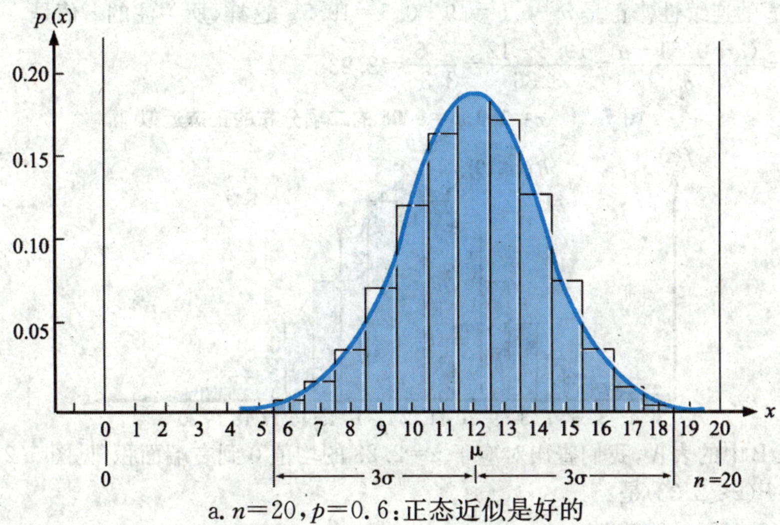

a. $n=20$，$p=0.6$：正态近似是好的

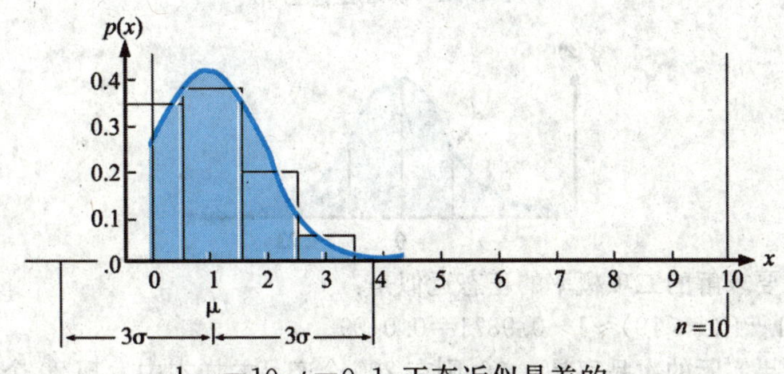

b. $n=10$，$p=0.1$：正态近似是差的

例5.12

任何大量生产的产品（例如，一个绘图计算器）都会遇到质量控制问题，因此，需要以某种方式对生产过程进行监控或检查，以确保其产出符合要求。解决这个问题的方法之一是大量进行抽样，从生产过程的不同阶段抽取产品并仔细检查。然后根据样本中不合格品的数量决定哪些产品被接受或者被拒绝。被接受的产品可以送到下一道工序或者送到消费者手中；被拒绝的产品则要返工或者被废弃。

例如，假设一个计算器制造商从一天的产品中抽选了200个模压电路，并确定出样本中不合格电路的数量 x。假设次品率在6%以内便认为这道工序是可接受的。

a. 假设次品率是6%，求出 x 的均值和标准差。

b. 利用正态近似来确定在200个产品所组成的样本中发现有20个或者多于20个次品的概率（即，求出 $x\geqslant 20$ 的近似概率）。

解答：

a. 随机变量 x 服从二项分布，并且 $n=200$，次品率 $p=0.06$。这样，

$$\mu=np=200\times 0.06=12$$

$$\sigma=\sqrt{npq}=\sqrt{200\times 0.06\times 0.94}=\sqrt{11.28}=3.36$$

我们首先注意到，$\mu\pm 3\sigma=12\pm 3\times 3.36=12\pm 10.08=(1.92, 22.08)$完全位于从0到200的范围内。所以，用正态概率分布来近似这个二项分布是合适的。

b. 利用完备准则，$P(x\geqslant 20)=1-P(x\leqslant 19)$。为了求出对应于 $x\leqslant 19$ 的近似面积，

参见5.21。注意到我们想包含从0到19所有的二项概率直方图。因为事件是 $x \leqslant a$ 的形式，合适的连续性修正是 $a+0.5=19+0.5=19.5$。这样，所关注的 z 值是，

$$z=\frac{(a+0.5)-\mu}{\sigma}=\frac{19.5-12}{3.36}=\frac{7.5}{3.36}=2.23$$

图 5.21　$n=200, p=0.06$ 的二项分布的正态近似

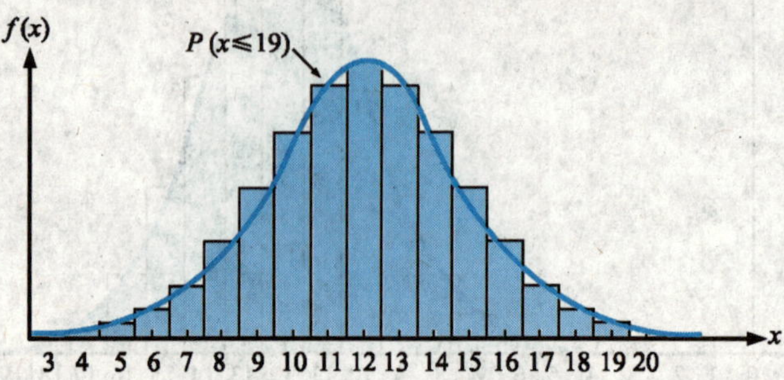

参考附录B中的表Ⅳ，我们查出对应于 $z=2.23$ 的均值0到右端面积(见图5.22)是0.4871。所以面积 $A=P(z \leqslant 2.33)$ 是：

$A=0.5+0.4871=0.9871$

图 5.22　标准正态分布

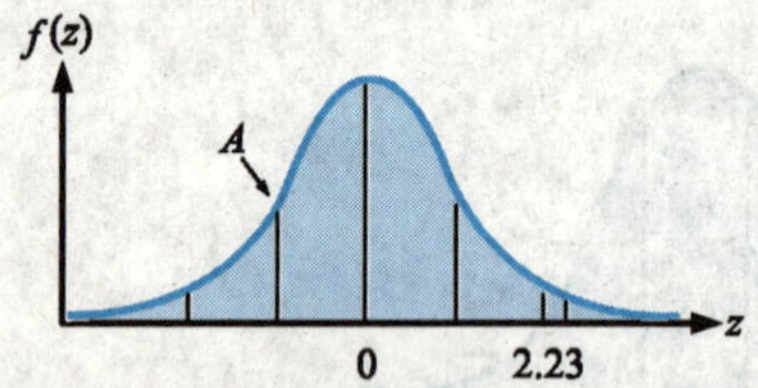

这样，我们所要求解的二项概率的正态近似是：

$P(x \geqslant 20)=1-P(x \leqslant 19) \approx 1-0.9871=0.0129$

换句话说，如果实际的次品率是0.06，则在200个产品的样本中发现20个或20个以上次品的概率是非常小的。假如制造商观察到 $x \geqslant 20$，原因很可能是这道工序生产的产品次品率超过了可接受的6%。这种验收抽样的方法是利用小概率事件方法进行推断的又一个例子。

通过正态分布近似二项分布的步骤在附框中给出。

利用正态分布近似二项概率：

1. 在确定二项分布的 n 和 p 以后，计算区间

$$\mu \pm 3\sigma = np \pm 3\sqrt{npq}$$

如果区间位于0到 n 的范围内，则正态分布可以为大多数二项事件的概率提供一个合理的近似。

2. 将二项分布表示为近似 $P(x \leqslant a)$ 或者 $P(x \leqslant b)-P(x \leqslant a)$ 的形式，例如

$P(x<3)=P(x \leqslant 2)$

$P(x \geqslant 5)=1-P(x \leqslant 4)$

$P(7 \leqslant x \leqslant 10)=P(x \leqslant 10)-P(x \leqslant 6)$

3. 对每一个 a 值进行连续性修正得到 $(a+0.5)$，所对应的标准正态 z 值是，

$$z=\frac{(a+0.5)-\mu}{\sigma} \quad (\text{见图 } 5.23)$$

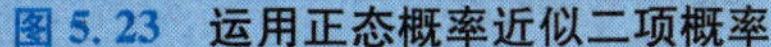

图 5.23　运用正态概率近似二项概率

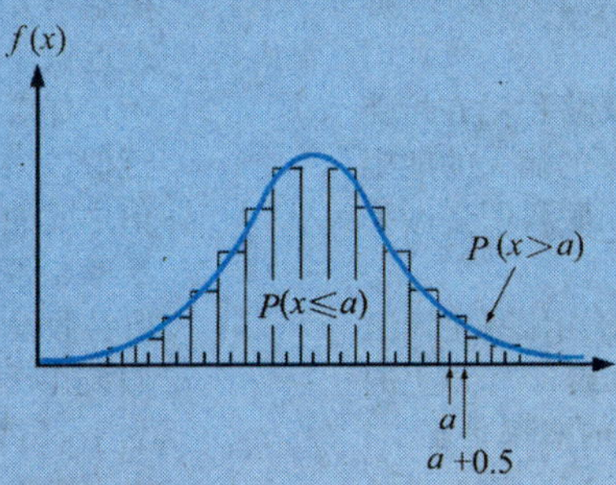

4. 画出一张近似正态分布的草图，将与所研究事件的概率相对应的面积涂成阴影，正如图 5.23 所示，并证明那些阴影部分所包含的矩形与你所要近似的事件概率相对应。利用表Ⅳ和你在第 3 步所计算的 z 值，求出阴影面积，这就是二项事件概率的近似值。

练习 5.46～5.59

技能训练：

5.46 为了使正态分布为二项分布提供一个好的近似，必须满足什么条件？

5.47 假设 x 是一个二项随机变量，n 和 p 的值如下，哪种情况适合利用正态分布去近似二项分布？

a. $n=100, p=0.01$　b. $n=20, p=0.6$
c. $n=10, p=0.4$　d. $n=1000, p=0.05$
e. $n=100, p=0.8$　f. $n=35, p=0.7$

5.48 假设 x 是一个二项随机变量，$p=0.4, n=25$。

a. 它符合运用一个正态分布去近似 x 的概率分布的条件吗？请解释原因。
b. 假设一个正态分布为 x 的分布提供了一个合适的近似，则这个正态分布的均值和方差是多少？
c. 利用附录 B 中的表Ⅱ求 $P(x\geqslant 9)$ 的精确值。
d. 利用正态近似求 $P(x\geqslant 9)$。

5.49 假设 x 是一个二项随机变量，$n=25, p=0.5$。使用附录 B 中的表Ⅱ和正态近似分别求出下列概率的精确值和近似值：

a. $P(x\leqslant 11)$　b. $P(x\geqslant 16)$
c. $P(x\leqslant x\leqslant 16)$

5.50 假设 x 是一个二项随机变量，$n=100, p=0.40$。用正态近似求下列概率：

a. $P(x\leqslant 35)$　b. $P(x\leqslant x\leqslant 50)$
c. $P(x\geqslant 38)$

5.51 假设 x 是一个二项随机变量，且 $n=1000, p=0.50$ 求出下列概率：

a. $P(x>500)$　b. $P(490\leqslant x<500)$　c. $P(x>550)$

概念运用：

5.52 如今便携式电脑芯片的生产来自于半导体晶片。某些半导体晶片在特定环境中可产生 100 个瑕疵。假设制造过程是稳定的，且晶片产生的瑕疵是随机的，发现每个晶片上的瑕疵数量 x 服从一个二项分布（*IEEE*《关于半导体制造的处理》1995 年 5 月）。用 p 代表晶片上的瑕疵数为 100 以内任何数的概率。对于下列每一种情况，确定是否能够运用正态近似来描述 x 的性质。

a. $p=0.01$　b. $p=0.50$　c. $p=0.90$

5.53 参考练习 4.42 对超级市场电子扫描器定价准确性的 FTC 研究。扫描商品被错误定价的概率是 1/30=0.033。

a. 假设对 10000 件超级市场商品进行扫描，你发现至少 100 件商品被错误定价的近似概率是多少？
b. 假设 100 件商品被扫描，你所关注的是错误定价少于 5 个的概率。解释为什么 a 部分的近似方法可能不会得到概率的精确估计值。

5.54 在《运动生理的国际杂志》(1990 年 7 月－9 月)上刊登的一篇文章评价了身体健康与工作压力之间的关系。研究显示，白领工人在身体条件良好的情况下仅有 10%的概率会出现与工作压力相关的健康问题。在一个由 400 个身体条件良好的白领雇员所组成的随机样本中，有 60 个以上的雇员出现与压力有关的疾病的概率是多少？

5.55 在 1999 年，接近 500000 美国人接受了激光手术来纠正他们的视力。当大多数人对手术结果表示满意时，估计有1%角膜专家的病人和5%缺乏经验的眼科医生的病人在接受激光治疗后具有严重的术后视力问题（《时代》1999年10月11日）。

a. 假设500000个病人由角膜专家做手术，在接受激光治疗后具有严重视力问题的病人的期望值是多少？假设所有的病人由眼科医生做手术，回答同样的问题。

b. 假如某公司的400个雇员选择由眼科主治医师做激光手术，这些雇员中20或20个以上的雇员将遭受严重的视力问题的概率是多少？证明你的回答。

c. 参考b部分。假设所有的400个雇员选择了一个角膜专家，能够用同样的方法回答同样的问题吗？请解释原因。

5.56 近年来，美国消费者已经把信用卡作为商品，结果使得信用卡业竞争日益激烈。下表报告了1999年中期工业市场的份额。对一个由100个信用卡使用者组成的随机样本，调查了他们对其信用卡公司是否满意的问题。为了简单起见，假设每一个信用卡使用者恰好携带一种信用卡，并且市场份额等于相应的所有信用卡使用者的市场份额百分比。

练习5.56的表

信用卡	市场份额(%)
威萨	47.0
万事达	25.5
美国运通	20.2
发现	6.0
大莱	1.3

资料来源：Newsweek, Oct. 4, 1999, p. 55.

a. 随机选择100个信用卡使用者，写出抽选程序。

b. 对于由100个信用卡使用者组成的随机样本，消费者使用威萨卡的期望数量是多少？发现卡呢？

c. 在信用卡使用者组成的样本中有一半或一半以上使用威萨卡的概率是多少？美国运通卡呢？

d. 证明在回答c部分的问题中对于二项分布的正态近似方法的使用。

5.57 在统计实践4.2中，在n次执行任务中因助推故障引起的飞机灾难数量被作为一个二项随机变量。利用二项分布和灾难的概率是由空军风险研究确定的（为1/35），在25次执行任务中至少有一次飞机遇难的概率确定为0.5155。

a. 根据本节所介绍的准则，利用二项分布的正态近似计算概率是否可取？请解释原因。

b. 不论你对a部分如何回答，试用正态分布去近似二项概率，并讨论概率的精确值和近似值之间的不同。

c. 参考a部分。假设$n=100$，正态近似是否可取？假设$n=500$呢？假设$n=1000$呢？

d. 假设在任何一次飞行中发生空难的概率均为1/35，计算在1000次飞行中发生25次以上灾难的近似概率。

5.58《高等教育年鉴》（1999年8月27日）报道了在美国接受联邦财政帮助的大学生比例，其中在四年制公立大学为45%，在四年制私立大学为52%。在对一个由100名四年制美国大学生组成的样本进行调查时，美国教育部所关注的是他们对联邦财政帮助的程序和政策所评估的满意度。

a. 要得到一个理想的随机样本会遇到什么困难？

b. 假设上面的百分比适用到你所在的大学，若从你所在的大学抽选100名大学生作为样本，则50或50名以上的大学生接受财政帮助的近似概率是多少？少于25名呢？

c. 为了回答b部分，用正态分布近似二项分布必须作出什么样的假设？

5.59 根据《新泽西商业》杂志（1996年2月），纽瓦克国际机场新航站平均每小时接待3000名国际乘客，但是实际的接纳能力是它的两倍。另外，在到达的国际乘客中80%没有检查行李就通过，而其余的则因为检查被耽搁。对旅行者来说，若检查设施每小时处理600名乘客就不会有不合理的延误。

a. 当国际乘客到达速度为每小时1500人时，因为行李检查将被耽搁的乘客的期望数量是多少？

b. 将来每小时有4000名国际乘客到达该机场，在这种情况下，因为行李检查将被耽搁的乘客的期望数量是多少？

c. 参考b部分。求600名以上的乘客因为行李检查被耽搁的近似概率（这也是旅客经受不合理的行李检查被耽搁的概率）。

5.6 指数分布(选学)

到"得来速"免下车服务的快餐厅用餐的来客间隔,制造设备停止运转的时间长度,以及一个小的保险公司赔付的时间长度等都是我们想概率性地描述的商业现象。像这些随机事件发生的时间长度通常可运用**指数概率分布**来描述。因为这个原因,指数分布有时候被称为等待时间分布。指数概率分布的公式以及它的均值和标准差如下框所示。

> 指数随机变量 x 的概率分布、均值和标准差:
>
> $$f(x)=\lambda e^{-\lambda x} \quad (x>0)$$
>
> $$\mu=\frac{1}{\lambda}$$
>
> $$\sigma=\frac{1}{\lambda}$$

指数分布不像正态分布那样具有一个形状和由 μ 和 σ 的值所确定的位置,它的形状是由一个单独的量 λ 控制着。进一步说,指数分布是一个均值和标准差相等的概率分布。对应于 $\lambda=0.5$、1,和 2 的指数分布如图 5.24 所示。

要计算指数随机变量的概率,我们需要求指数概率分布下的面积。假设我们想求出某一数字 a 右边的面积 A,如图 5.25 所示。则此面积可利用下框中的公式去计算。

> 对于一个指数分布求数字 a 右边的面积 A①
>
> $A=P(x\geqslant a)=e^{-\lambda a}$

图 5.24　指数分布

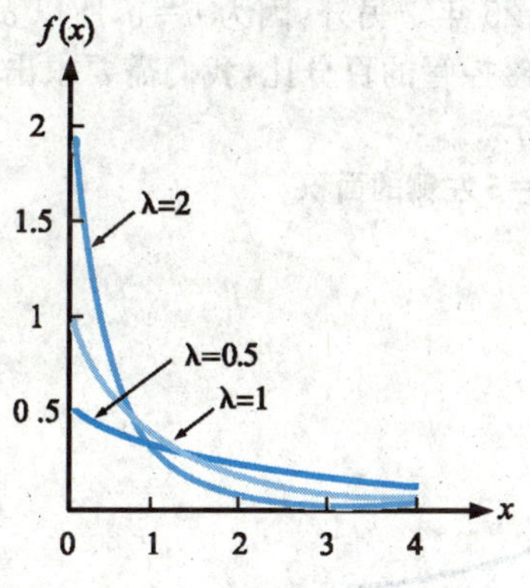

图 5.25　一个指数分布某数系 a 右侧的面积

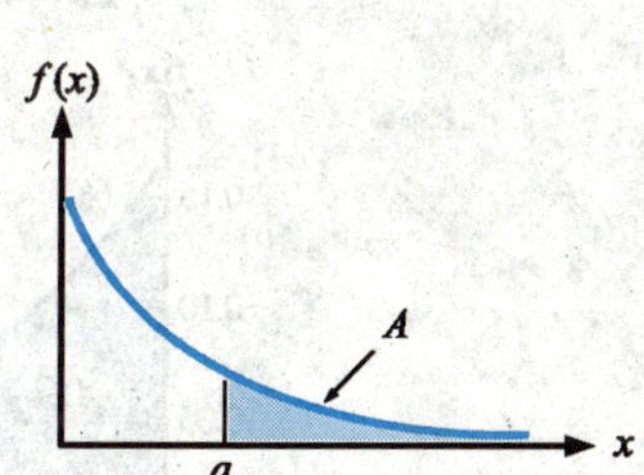

利用附录 B 中的表 V 或者运用一个具有指数函数的袖珍计算器将 λ 和 a 的相应数值代入,便可求出 $e^{-\lambda a}$ 的值。

例 5.13

假设某汽车销售人员出售一辆汽车的时间长度(以天数计)被模拟为一个 $\lambda=0.5$ 的指数分布,则这个销售人员超过 5 天没有销售一辆汽车的概率是多少?

解答:

我们想求的概率是在图 5.26 中 $a=5$ 的右侧的面积 A。为了求出这个概率,利用求出面积的

---

① 对于具有积分知识的学生来说,图 5.25 中的阴影面积对应于积分 $\int_a^{\infty}\lambda e^{-\lambda x}dx=-e^{-\lambda x}\Big|_a^{\infty}=e^{-\lambda a}$。

公式：

$$A=e^{-\lambda a}=e^{(0.5\times5)}=e^{-2.5}$$

查表Ⅴ我们得到，

$$A=e^{-2.5}=0.082085$$

因此，我们的指数模型表明这名汽车销售人员连续超过5天没有销售一辆汽车的概率是0.08。

图 5.26　例 5.13 中 $a=5$ 右侧的面积

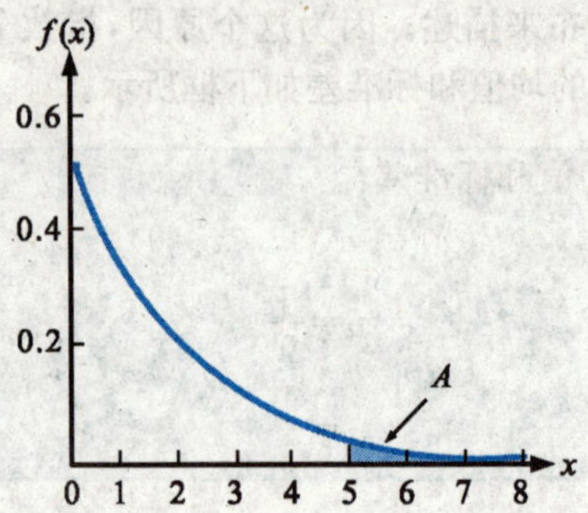

例 5.14

一个微波炉制造商试图确定磁控管的保质期长度，磁控管是微波炉中最主要的部件。初步检验显示，一个磁控管寿命(单位：年)的长度 x 服从 $\lambda=0.16$ 的指数分布。

a. 求 x 的均值和标准差。

b. 假设其磁控管的保修期为5年，假设指数模型中 $\lambda=0.16$ 是正确的，则制造商必须计划更换磁控管的百分比是多少？

c. 求出一个磁控管的寿命长度将落在区间 $\mu-2\sigma$ 到 $\mu+2\sigma$ 之内的概率。

解答：

a. 对于这个指数随机变量，$\mu=1/\lambda=1/0.16=6.25$ 年。另外，因为 $\mu=\sigma$，所以 $\sigma=6.25$ 年。

b. 为了求出在5年的保修期满前将不得不更换磁控管的百分比，我们需要求出指数分布下0和5之间的面积。此面积为 A，如图5.27所示。

图 5.27　例 5.14 中 $a=5$ 左侧的面积

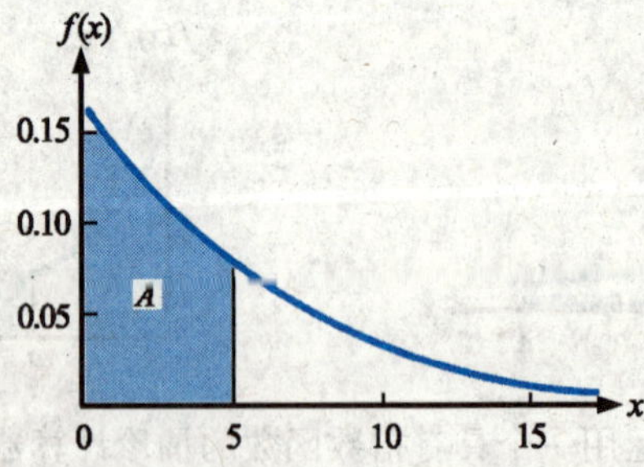

为了求出所需要的概率，可根据前面的公式，

$$P(x>a)=e^{-\lambda a}$$

利用此公式，我们能够求出，

$$P(x>5)=e^{-\lambda(5)}=e^{-(0.16\times5)}=e^{-0.80}=0.449329$$

(查看表Ⅴ)为了求面积 A，我们利用互补关系：

$$P(x\leqslant5)=1-P(x>5)=1-0.449329=0.550671$$

所以，大约有55%的磁控管将在5年的保修期间不得不更换。

c. 我们希望一个磁控管的寿命 x 落在区间 $\mu-2\sigma$ 到 $\mu+2\sigma$ 内的概率是相当大的。图 5.28 中的指数分布图显示了 $\mu-2\sigma$ 到 $\mu+2\sigma$ 的区间。因为点 $\mu-2\sigma$ 小于 $x=0$，我们则只需要求出 $x=0$ 与 $x=\mu+2\sigma=6.25+2\times6.25=18.75$ 之间的面积。

此面积 P 就是图 5.28 中的阴影部分，为：

$$P=1-P(x>18.75)=1-e^{-\lambda(18.75)}=1-e^{-(0.16\times18.75)}=1-e^{-3}$$

图 5.28 例 5.14 中在区间 $\mu\pm2\sigma$ 内的面积

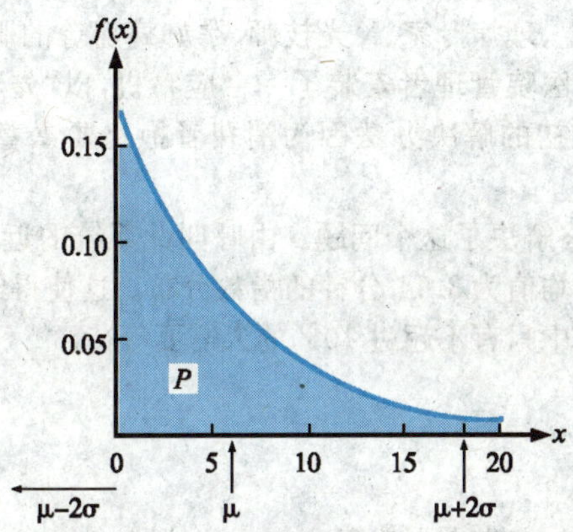

利用表 V 或者一个计算器，我们求出 $e^{-3}=0.049787$。这样，一个磁控管的寿命 x 将落在区间 $\mu-2\sigma$ 到 $\mu+2\sigma$ 内的概率是：

$$P=1-e^{-3}=1-0.049787=0.950213$$

尽管这个概率分布不是峰型（它强烈地向右偏斜），我们还是能够看到这个概率与表 2.8 经验准则具有非常好的一致性。

统计实践

5.2 排队理论

当对某种服务的需求超过供给时就会出现排队等待或者排队现像。我们每天都会在银行的出纳窗口、超级市场付款台、交通路口等地方看到这种现象。假设有长队形成，表示可能没有提供足够的服务；假设没有长队形成，则可能提供了过剩的服务。对于服务提供者来说，这两种情况的代价都很高。为了帮助制定计划服务量，人们运用排队理论来研究排队的模型和特征。

在大多数排队模型所假设的基本结构中，顾客寻求的服务是通过投入资源产生的。这些顾客进入排队系统，加入一个队列，并等待服务。对其提供服务的排队成员是按照一些服务规则选择的（例如，先来后到或者随机抽样）。一个被选择的顾客由服务机制提供服务后离开这个排队系统。此过程图示在图 5.29 中。

为了完成基本的排队模型，必须要做出一定的假设条件，使得能够概率性地模拟出到达和离开此排队系统。有人发现许多真实排队的到达时间间隔（到达之间的时间）能够通过一个指数概率分布来合理地近似。进一步来说，当个别的消费者的具体服务需求不同时，指数分布为服务于一个消费者所需的时间提供了一个合适的近似（即，服务开始和服务结束之间的时间）。这样，指数分布可以用于描述投入资源和服务机制。关于基本排队理论模型及其不同假设的更为详细的描述可参见 Camm 和 Evans 的著作（1996 年）。

在建立了一个排队模型以后，我们能够回答这样的问题：(1)在排队系统中消费者的期望数量是多少？(2)排队的期望长度是多少？(3)对于一个单独的消费者而言，在系统中期望等待的时间是多少？(4)对于某一个消费者来说，在队列中期望等待的时间是多少？(5)到达和离开的速度将不受限制地继续增长吗？

Agnihothri 和 Taylor(《界面》1991 年 21 卷)描述了如何利用排队理论改进纽约宾厄姆顿市的 Lourdes 医院的中心电话安排系统。设置中心系统的目的是用来安排门诊病人、住院病人的预约和其他如内科医生、理疗专家、X 光技师、孕妇病房等的服务需求。由于被通话前等待时间太长的抱怨所困扰，医院管理者安装了一台应答机，以“先到者先服务”为准则对电话进行排队。很遗憾，这个最初的解决办法因为消费者抱怨要拿着电话等几分钟而没有被接听。

通过运用排队理论最终解决了这个问题。由呼叫此系统的近 1000 次电话所组成的样本表明，服务时间接近于一个均值为 3.11 分钟的指数分布。这使得经理能够确定一个合适的职员人数，使所有打进的电话中只有不超过 10%的人需要等待。

讨论焦点：

a. 这个分布的 λ 是什么？
b. 画出这个分布的图形，并在图形中确定均值的位置。
c. 平均来说，每小时有多少次电话由系统处理？这被称为服务率。
d. 随机选择的一个进入电话将等待超过 3 分钟的概率是多少？少于 1 分钟呢？
e. 你认为这个指数分布可以应用于全天候吗？请解释原因。

图 5.29　基本排队系统

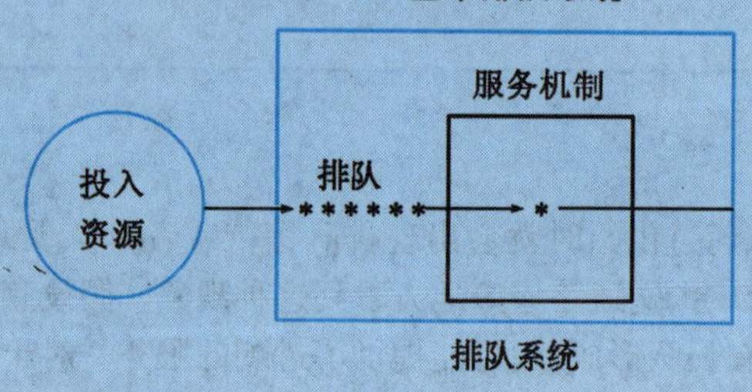

练习 5.60～5.73

技能训练：

5.60 随机变量 x 和 y 服从指数分布并分别有 $\lambda=3$ 和 $\lambda=0.75$。利用附录 B 中的表Ⅴ，在同一组坐标轴上仔细画出这两个分布。

5.61 对于下列的每一种情况利用附录 B 中的表Ⅴ确定 $e^{-\lambda a}$。

a. $\lambda=1, a=1$　　b. $\lambda=1, a=2.5$
c. $\lambda=2.5, a=3$　　d. $\lambda=5, a=0.3$

5.62 假设 x 服从指数分布且 $\lambda=3$，求出下列概率：

a. $P(x>2)$　　b. $P(x>1.5)$
c. $P(x>3)$　　d. $P(x>0.45)$

5.63 假设 x 服从指数分布且 $\lambda=2.5$，求出下列概率：

a. $P(x\leqslant 3)$　　b. $P(x\leqslant 4)$
c. $P(x\leqslant 1.6)$　　d. $P(x\leqslant 0.4)$

5.64 假设一个随机变量 x 服从指数分布且 $\lambda=3$，求出 x 的均值和标准差，以及 x 在区间 $\mu\pm 2\sigma$ 内取值的概率。

5.65 随机变量 x 近似服从指数分布且 $\lambda=1$，求 x 取下列值的概率：

a. 大于 μ 的 3 个标准差。
b. 小于 μ 的 2 个标准差。
c. 在 μ 的 0.5 个标准差以内。

概念运用：

5.66 在缺乏港口设施或者浅水区，可能需要利用小飞机将大船上的货物转移到码头。这个过程需要小飞机从船到岸往返许多次。研究员 G. Horne(海军分析中心)和 T. Irony(乔治・华

盛顿大学)开发了这个转移过程的模型,这个模型可以提供船到岸转移时间的估计量(《海军后勤研究》,1994年41卷)。在这里他们利用了一个指数分布模拟小飞机到达码头的时间。

a. 假设从船到码头之间的时间均值是17分钟,请给出这个指数分布λ的值,并画出分布图。

b. 假设在码头仅有一个卸货区可供小飞机使用,如果第一架飞机在上午10:00点进港并且直到上午10:15才卸完货,则第二架飞机到达卸货区需在进港前等待的概率是多少?

5.67 密歇根大学的研究员 B. Wilkinson、N. Diedrich 和 E. Rothman,以及印地安 Purdue 大学的 C. Drummond 利用密歇根大学的曲棍球队在1996年全国冠军赛季的40局比赛,研究了射门得分之间的时间间隔。他们发现射门得分之间的时间间隔能够用一个均值为10.54分钟的指数分布来描述其特征(《美国地理学会公告》,1998年8月)。

a. 求出这个指数分布的λ值。

b. 求出这个分布的均值和标准差,并结合问题的背景解释之。

c. 画出这个指数分布的图形,并确定均值在图中的位置。

d. 假如在比赛中密歇根在准确的2分钟以内得分,在时间用完之前他们将再次得分的概率是多少?

5.68 由一个弯曲制造系统(FMS)生产的一种部件是通过一系列操作完成的,这些操作有一些是连续的,而有一些是平行的。另外,一个FMS操作可以由不同的机器完成。在《IEEE 交易》(1990年3月)的一篇文章中给出了一个FMS的例子,有4台机器独立工作,对于这些机器来说,修理的时间〔即,修理一台失灵机器所需时间(小时)〕服从指数分布且均值分别为 $\mu_1=1$, $\mu_2=2$, $\mu_3=0.5$,和 $\mu_4=0.5$。

a. 对于1号机器求修理时间超过1小时的概率。

b. 对于2号机器重复a部分。

c. 对于3号和4号机器重复a部分。

d. 假设这4台机器同时失灵,求整个系统修理时间超过1小时的概率。

5.69 产品的稳定性被定义为,当一个产品在特定条件下运作时,在其预期寿命内完成其预期作用的概率。一个产品的稳定函数 $R(x)$,表明产品的寿命超过时间 x 的概率。当一个产品直到失灵时能够用一个指数分布适当地模拟时,产品的稳定函数是 $R(x)=e^{-\lambda x}$。假设一件特殊产品失灵的时间(年)可以由一个指数分布来模拟且 $\lambda=0.5$。

a. 产品的稳定函数是什么?

b. 产品较好地工作至少4年的概率是多少?

c. 一个产品的使用寿命长于其平均寿命的概率是多少?

d. 假如λ变化,你在c部分所计算的概率将会变化吗?请解释原因。

e. 假如销售10000件产品,大约有多少件使用寿命超过5年?大约有多少件不到1年就损坏了?

f. 假如制造商想在保质期内的更换件数不超过销售件数的5%,对该产品来说保质期的长度将是多长?

5.70 在《经营研究的欧洲杂志》(1985年21卷)发表的一篇文章中,对一个以机场主的出租车服务车辆的派遣计划进行了调查。在创建系统时,作者假设连续运行次数是独立的指数随机变量。假设 $\lambda=0.05$。

a. 对于出租车服务来说运行时间的均值是什么?

b. 一次特定的运行时间超过30分钟的概率是多少?

c. 若两辆出租车同时被派出,则两辆车出行时间均超过30分钟的概率是多少?至少一辆车在30分钟内返回的概率是多少?

5.71 在《工业工程》中(1990年8月)讨论了对机器合适的停工期进行模拟研究的重要性。这篇文章同时对具有下列性质的单独的机器工具系统给出了模拟结果:

(1)工作间隔时间服从均值为1.25分钟的指数分布。

(2)机器在发生故障之前的运行时间服从指数分布且均值为540分钟。

a. 对于这个过程,求两项工作至多间隔1分钟的概率。

b. 求机器在发生故障之前至少运行720分钟(12小时)的概率。

5.72 一种产品的保质期是一个与消费者是否接受并最终与销售和利润相关的随机变量。假设面包的保质期可以很好地近似为一个指数分布并且均值等于2天。如果你期望3天以后仍旧可卖(即,没有变质),那么今天面包存货的百分比是多少?

5.73 通常,知道定期将旧部件(例如,一个计算机芯片,卤灯管,CD机)更新是否一定就好是很重要的。例如，对于某一种类型的灯泡，一个正在使用的旧灯泡有比一个新灯泡使用寿命更长的趋向。令 x 代表一个新灯管寿命长度(小时)，假设服从指数分布且 $\lambda=0.004$。

a. 求出 x 的均值并解释其值。

b. 求出卤灯管寿命长度超过 500 小时的概率。

c. 对于两个独立挑选的新灯管，求出一个寿命超过 300 小时且另一个的寿命超过 200 小时的概率。

d. 根据《微电子和稳定性》(1986 年 1 月)，如果

$P(x>a+b)\leqslant P(x>a)P(x>b)$

则 x 的寿命分布被认为新的比旧的好(NBU)；如果

$P(x>a+b)\geqslant P(x>a)P(x>b)$

则一个认为新的 x 的寿命分布比旧的(NWU)差

利用 b-c 部分的概率，可以显示出当 $a=300$ 和 $b=200$ 时指数分布是 NBU 和 NWU。

e. 选择任意两个正数 a 和 b，这里 $a>0$ 和 $b>0$，重复 d 部分。

f. 一般地，对于任意的 a 和 b($a>0$ 和 $b>0$)，具有均值 $1/\lambda$ 的指数分布是 NBU 和 NWU。这样的寿命分布被称为新旧同样或者无记忆。请解释为什么。

要点回顾

注:星(*)项是本章选学部分的内容。

关键术语:

钟形曲线 Bell curve

钟形分布 Bell-shaped distribution

连续概率分布 Continuous probability distribution

连续型随机变量 Continuous random variable

连续性修正 Correction for continuity

指数分布* Exponential distribution

频率函数 Frequency function

正态分布 Normal distribution

正态概率图 Normal probability plot

正态随机变量 Normal random variable

概率密度函数 Probability density function

标准正态分布 Standard normal distribution

*均匀分布 Uniform distribution

*等待时间分布 Waiting time distribution

关键公式:

随机变量	密度函数	均值	标准差
均匀，x^*	$f(x)=\frac{1}{d-c}$ $(c\leqslant x\leqslant d)$	$\mu=\frac{c+d}{2}$	$\sigma=\frac{d-c}{\sqrt{12}}$
正态，x	$f(x)=\frac{1}{\sigma\sqrt{2\pi}}e^{-(1/2)[(x-\mu)/\sigma]^2}$	μ	σ
标准正态 $z=\left(\frac{x-\mu}{\sigma}\right)$	$f(z)=\frac{1}{\sqrt{2\pi}}e^{-(1/2)z^2}$	$\mu=0$	$\sigma=1$
指数，x^*	$f(x)=\lambda e^{-\lambda x}$ $(x>0)$	$\mu=\frac{1}{\lambda}$	$\sigma=\frac{1}{\lambda}$

$P(x\leqslant a)=P\left[z\leqslant\frac{(a+0.5)-\mu}{\sigma}\right]$ 二项分布的正态近似

语言库：

符号	描述
$f(x)$	连续型随机变量的概率密度函数
λ	指数随机变量的参数

补充练习 5.74～5.96

注释：带星号（＊）的练习参考本章的选学部分。

技能训练：

5.74 对于标准正态随机变量 z，求出下列概率：

a. $P(z\leqslant 2.1)$

b. $P(z\geqslant 2.1)$

c. $P(z\geqslant -1.65)$

d. $P(-2.13\leqslant z\leqslant -0.41)$

e. $P(-1.45\leqslant z\leqslant 2.15)$

f. $P(z\leqslant -1.43)$

＊5.75 假设随机变量 x 服从均匀分布且 $c=10$ 和 $d=90$。

a. 求 $f(x)$。

b. 求 x 的均值和标准差。

c. 画出 x 的概率分布图，并确定其均值和区间 $\mu\pm 2\sigma$ 在图中的位置。

d. 求 $P(x\leqslant 60)$。

e. 求 $P(x\geqslant 90)$。

f. 求 $P(x\leqslant 80)$。

g. 求 $P(\mu-\sigma\leqslant x\leqslant \mu+\sigma)$。

h. 求 $P(x>75)$。

5.76 随机变量 x 服从正态分布且 $\mu=75$ 和 $\sigma=10$。求下列概率：

a. $P(x\leqslant 80)$　　b. $P(x\geqslant 85)$

c. $P(70\leqslant x\leqslant 75)$　　d. $P(x>80)$

e. $P(x=78)$　　f. $P(x\leqslant 110)$

5.77 求一个 z 统计量的值 z_0，使得，

a. $P(z\leqslant z_0)=0.5080$

b. $P(z\geqslant z_0)=0.5517$

c. $P(z\geqslant z_0)=0.1492$

d. $P(z_0\leqslant z\leqslant 0.59)=0.4773$

5.78 随机变量 x 服从正态分布且 $\mu=40$ 和 $\sigma^2=36$。求 x 值，令它为 x_0，使得，

a. $P(x\geqslant x_0)=0.10$

b. $P(\mu\leqslant x<x_0)=0.40$

c. $P(x<x_0)=0.05$

d. $P(x\geqslant x_0)=0.40$

e. $P(x_0\leqslant x<\mu)=0.45$

5.79 假设 x 是一个二项随机变量且 $n=100$ 和 $p=0.5$。利用正态概率分布近似计算下列概率：

a. $P(x\leqslant 48)$　　b. $P(50\leqslant x\leqslant 65)$

c. $P(x\geqslant 70)$　　d. $P(55\leqslant x\leqslant 58)$

e. $P(x=62)$　　f. $P(x\leqslant 49$ 或 $x\geqslant 72)$

＊5.80 假设 x 服从指数分布且 $\lambda=3.0$。求：

a. $P(x\leqslant 2)$　　b. $P(x>3)$

c. $P(x=1)$　　d. $P(x\leqslant 7)$

e. $P(4\leqslant x\leqslant 12)$

概念运用：

5.81 对于一件产品来讲，它的某个质量特性（例如、长度、重量或者力）的允许限度是指产品在正常运行情况下的最大值或者最小值。允许限度是由制造企业的工程设计函数来确定的（Moss，《产品设计和发展的 TQM 应用》，1996 年）。某个金属零件的张力可以表示为均值为 25 磅、标准差为 2 磅的正态分布，并且这个金属零件所允许的张力的上下限分别是 30 磅和 21 磅。一个零件落在允许限度内就有 10 美元的盈利，落在最低允许限度以下则公司花费 2 美元，一部分落在最高允许限度以上公司花费 1 美元。求公司所生产的每个金属零件的期望利润。

5.82 对于一种产品的需求（单位时间内的需求量）其分布常常可以近似为正态分布。例如，一个面包店确定其白面包的每日需求量服从均值为 7200 和标准差为 300 个面包的正态分布。考虑到成本，公司决定它的最优战略是生产足够的面包以满足总需求量的 94%。

a. 公司应生产多少个面包？

b. 在 a 题的生产量基础上，该公司剩余 500 个面包未销售的天数的百分比是多少？

5.83 某大城市的机场委员会正在考虑对当地一个机场的噪声污染进行控制。现在，每架飞机起飞时对邻近居民产生的噪音近似服从均值为 100 分贝和标准差为 6 分贝的正态分布。

a. 随机选择一架飞机，在它附近将产生大于 108 分贝噪音的概率是多少？

b. 随机选择一架飞机，正好产生 100 分贝噪音的概率是多少？

c. 假设通过一条规定,要求飞机噪音在95%的时间里低于105分贝。假设噪音分布的标准差不变,则按照这个规定噪音均值水平必须降低多少?

*5.84 一个工具模具机器车间生产一种极具耐力的轴。这种轴是18英寸的细长杆,可以用在各种军事设备上。一台用来制造这种轴的设备偶尔出现了故障,在轴的一些部分留下了一个半圆槽。然而,如果将轴切割而连续14英寸没有一个半圆槽,那么这个轴能够用作其他用途。若半月圆槽在轴上的位置是随机的,则有缺陷的轴能被利用的概率是多少?

*5.85 病人到医院就医的时间间隔和诊断服务时间是两个随机变量,它们在设计一个诊所以及决定诊所营业需要多少医生和护士时发挥着重要作用。就医的时间间隔和服务的时间长度常常近似于指数分布。假设病人到达诊所间隔时间的均值是4分钟。

a. 时间间隔(两个病人到达之间的时间)少于1分钟的概率是多少?

b. 随后的4个时间间隔都少于1分钟的概率是多少?

c. 时间间隔将超过10分钟的概率是多少?

5.86 某一种品牌的玉米片每包净重为10盎司。每一包的实际重量是由一台自动化机器分发的,每包的实际重量是一个正态随机变量,均值为10.5盎司,标准差为0.2盎司。假设随机选择1500包并查明其净重。让表示抽选的1500包玉米片中每包含量至少10盎司的数量,那么x是一个二项随机变量,且$n=1500$,$p=$随机选择的一包含量至少为10盎司的概率。则它们都包含至少10盎司玉米片的概率是多少?至少90%的包装含10盎司或更多一些的概率是多少?

5.87 为了帮助公路设计者预测公路所需要的维修以及设计未来的建设项目,利用特殊的载重移动设备搜集到了有关卡车在路面上的流量和重量的估计数据(《交通计划手册》,1992年)。明尼苏达州交通部门反复利用一辆重27907磅的卡车完成了一个实验,发现由载重移动设备所记录的重量近似服从正态分布,其均值为27315磅,标准差为628磅(明尼苏达州交通部门)。根据实际重量和记录重量之间的差别发现,测量误差服从正态分布,且均值为592磅,标准差为628磅。

a. 载重移动设备低估卡车实际重量的概率是多少?

b. 假如一辆重27907磅的卡车在载重移动设备上行驶100次,则设备夸大卡车重量的次数大约是多少?

c. 对一辆重27907磅的卡车来说,由载重移动设备记录的误差超过400磅的概率是多少?

d. 可以通过调整(或校正)载重移动设备来控制测量的平均误差。若这台设备将会有50%的时间低估一辆27907磅的卡车重量,则平均误差应被设计成什么水平?40%的时间呢?

5.88 参考练习2.21中对于阿肯色州38个企业违反一条或多条环境法而被处罚的研究。对这些公司的财务处罚评估结果见下表,请确定财务处罚是否近似正态分布。

CLEANAIR. DAT

公司编号	处罚金额	法律
01	$930,000	CERCLA
02	10,000	CWA
03	90,600	CAA
04	123,549	CWA
05	37,500	CWA
06	137,500	CWA
07	2,500	SDWA
08	1,000,000	CWA
09	25,000	CAA
09	25,000	CAA
10	25,000	CWA
10	25,000	RCRA
11	19,100	CAA
12	100,000	CWA
12	30,000	CWA
13	35,000	CAA
13	43,000	CWA
14	190,000	CWA
15	15,000	CWA
16	90,000	RCRA
17	20,000	CWA
18	40,000	CWA
19	20,000	CWA
20	40,000	CWA
21	850,000	CWA
22	35,000	CWA
23	4,000	CAA
24	25,000	CWA
25	40,000	CWA
26	30,000	CAA

续表

公司编号	处罚金额	法律
27	15,000	CWA
28	15,000	CAA
29	105,000	CAA
30	20,000	CWA
31	400,000	CWA
32	85,000	CWA
33	300,000	CWA/RCRA/CERCLA
34	30,000	CWA

资料来源：Tabor, Richard H. and Stanwich, Sarah. D. "Arkansas: An environmental perspective," *Arkansas Business and Economic Review*, Vol. 28, Summer 1995, pp. 22—32 (Table 4).

5.89 参考练习2.24中《财务管理》(1995年春)对49个申请破产的企业的研究。每一个公司的破产时间(按月测算)重新在下表中列出。请确定破产时间是否近似正态分布。

练习5.89的数据  **BANKRUPT. DAT**

公司	申请前 投票	破产时间(月)
AM International	None	3.9
Anglo Energy	Prepack	1.5
Arizona Biltmore*	Prepack	1.0
Astrex	None	10.1
Barry's Jewelers	None	1.4
Calton	None	1.9
Cencor	Joint	4.1
Charter Medical*	Prepack	1.3
Cherokee*	Joint	1.2
Circle Express	Prepack	4.1
Cook Inlet Comm.	Prepack	1.1
Crystal Oil	None	3.0
Divi Hotels	None	3.2
Edgell Comm. *	Prepack	1.0
Endevco	Prepack	3.8
Gaylord Container	Joint	1.2
Great Amer. Comm. *	Prepack	1.0
Hadson	Prepack	1.5
In-Store Advertising	Prepack	1.0
JPS Textiles*	Prepack	1.4
Kendall*	Prepack	1.2
Kinder-Gare	None	4.2

续表

公司	申请前 投票	破产时间(月)
Kroy*	Prepack	3.0
Ladish*	Joint	1.5
LaSalle Energy*	Prepack	1.6
LIVE Entertainment	Joint	1.4
Mayflower Group*	Prepack	1.4
Memorex Telex*	Prepack	1.1
Munsingwear	None	2.9
Nat'l Environmental	Joint	5.2
Petrolane Gas	Prepack	1.2
Price Communications	None	2.4
Republic Health*	Joint	4.5
Resorts Int'l*	None	7.8
Restaurant Enterprises*	Prepack	1.5
Rymer Foods	Joint	2.1
SCI TV*	Prepack	2.1
Southland*	Joint	3.9
Specialty Equipment*	None	2.6
SPI Holdings*	Joint	1.4
Sprouse-Reitz	Prepack	1.4
Sunshine Metals	Joint	5.4
TIE/Communications	None	2.4
Trump Plaza	Prepack	1.7
Trump Taj Mahal	Prepack	1.4
rump's Castle	Prepack	2.7
USG	Prepack	1.2
Vyquest	Prepack	4.1
West Point Acq. *	Prepack	2.9

资料来源：Betker, Brian L. "An empirical examination of prepackaged bankruptey." Financial Management, Vol. 24, No. 1, Spring 1995, p. 6(Table 2).

* Leveraged buyout.

5.90 在国家曲棍球联合会(NHL)的比赛中，若在三期结束时打平则安排一场"突然死亡"的加时赛。在加时期间，首先破门得分的队获胜。对1970至1993年期间所有的NHL加时赛的分析显示，得分赢得比赛之前的时间长度服从一个均值为9.15分钟的指数分布(《机会》*Chance*，1995冬)。

a. 对于一个随机选择的NHL加时赛，求出在3分钟或少于3分钟内得分的概率?

b. 在NHL中，每阶段(包括加时)持续20分钟。若在加时期间没有队进球得分，则认为比赛是一个平局。一个 NHL 比赛以平局结束的概率是多少？

5.91 A. K. Shah 在《美国统计》(1985 年 2 月)发表的一篇文章对正态曲线下的面积进行了简单近似。Shah 列出了在 0 与 z 之间的标准正态曲线下的面积 A 是

$$A \approx \begin{cases} z(4.4-z)/10 & 若 \quad 0 \leqslant z \leqslant 2.2 \\ 0.49 & 若 \quad 2.2 < z < 2.6 \\ 0.50 & 若 \quad z \geqslant 2.6 \end{cases}$$

a. 利用近似方法求出：
(Ⅰ) $P(0<z<1.2)$ (Ⅱ) $P(0<z<2.5)$
(Ⅲ) $P(0>0.8)$ (Ⅳ) $P(z<1.0)$

b. 求出 a 部分的准确概率。

c. Shah 指明近似方法的最大绝对误差为 0.0052，请对 a 部分的近似加以证实。

*5.92 根据在丹佛地区所搜集的样本数据，一项研究发现在一些情况下指数分布可用于个人失业时间(周数)分布的适当近似(《经济杂志》，1985 年 28 卷)。而且作者发现，指数分布对于美国的白人和黑人工人特别适合，但是对西班牙人却不适合。试用 $\lambda=1/13$ 回答下列问题。

a. 根据指数分布，工人失业时间的均值是多少？

b. 一个白人失业至少 2 周的概率是多少？大于 6 周呢？

c. 一个失业的工人在 12 周内找到一个新工作的概率是多少？

5.93 一个可靠的结论认为，一个大的消费群体偏爱某一种产品或者某种社会问题的比例能够基于一个相对小的样本得到，这与我们的直觉是相反的。例如，假设一个消费者的目标总体包含 5000 万人口，我们试图确定在这个总体中偏爱某种产品(或问题)的消费者的比例 p 是否等于 0.2。假设你从 5000 万人口中随机选择了一个由 1600 人组成的小样本，并且调查了样本中喜爱新产品的消费者数量为 x。假设 $p=0.2$，求出 x 的均值和标准差。假设由 1600 个消费者组成的样本中有 400 个(或者 25%)喜爱新产品，为什么这个抽样结果可以使你得出 p(在 5000 万总体中喜爱产品的消费者的比例)至少等于 0.2 的结论？(提示：根据 $p=0.2$ 求出 μ 和 σ 的值，利用其决定是否 x 的观察值通常不那么大。)

*5.94 一辆公共汽车被安排在整点和半点每半小时在某个公共汽车站停一次。当一天快结束时，公共汽车仍旧每 30 分钟停一次，但是由于经常在一天的早些时候就发生延误，公共汽车很可能迟到。公共汽车路线的调度员称，一辆汽车迟到的时间长度服从均匀分布，并且迟到的最长时间是 20 分钟。

a. 假如调度员的断言是正确的，则一辆公共汽车迟到时间的期望值是多少分钟？

b. 假如调度员的断言是正确的，则在某一天里最后一辆公共汽车迟到的时间超过 19 分钟的概率是多少？

c. 假如一天结束时你正好在半点到达公共汽车站，并且等车时间超过了 19 分钟，则你将如何看待这位调度员的断言？为什么？

*5.95 一个生产厂发生严重意外事件的数量(近似)服从一个泊松概率分布，并且均值为每个月发生两次严重意外事件。(如果单位时间内的意外事件数量 x 服从均值为 λ 的泊松分布，那么它表明两个连续意外事件之间的时间服从指数分布，且均值为 $1/\lambda$。)

a. 假如今天发生了一件意外事件，则在下个月里不再发生严重意外事件的概率是多少？

b. 在下个月发生一次以上严重意外事件的概率是多少？

5.96 某 3.5 英寸计算机软盘的制造商声称其软盘中的 99.4% 不是残品。一个购买和使用大量软盘的大软件公司想证实此断言，便选择了 1600 张软盘去做试验。试验表明，12 张软盘有缺陷。假设软盘制造商的断言是正确的，则在一个由 1600 张软盘组成的样本中发现 12 张及其以上的软盘有缺陷的概率是多少？你的答案会使人们对制造商的断言产生怀疑吗？请解释原因。

第 6 章

抽样分布

本章内容

6.1 抽样分布的概念

6.2 抽样分布的性质：无偏性与最小方差性(选学)

6.3 中心极限定理

统计实践

6.1 通过多样化减少投资风险

6.2 失眠药丸

我们已学习过的

前面我们已经学过，多数统计调查的目的是进行统计推断，即在样本信息的基础上作出关于总体的决策和预测。在实际作决策时，我们使用样本数据去计算样本统计量，例如样本的均值或方差。运用随机变量的知识和它们的概率分布能够使我们建立总体的理论模型。

我们将要学习的

因为样本观测值是观察到的随机变量的值，因此，当我们取不同的样本时样本统计量的值是随机变化的。换言之，因为样本统计量是随机变量，所以它们拥有离散型或是连续型的概率分布。在本章，我们将研究这些被称为抽样分布的概率分布。你将学习为什么许多样本趋向于正态分布，并且你将看到怎样运用抽样分布来估计统计推断的可靠性。

在第 4 章和第 5 章里我们假设已知道了一个随机变量的概率分布，并且利用这些知识得以计算均值和方差，以及随机变量相应的概率。然而，在大多数的实践应用中，这种信息是得不到的。例如，在例 4.11 中我们计算服从二项分布的随机变量 x 的概率，其中 x 为在所调查的 20 个雇员中支持工会的雇员数量。为了计算这些概率，有必要假定一些 p 的值(总体中支持工会的雇员比例)。当我们假设 $p=6$ 时，其真实值是不知道的，事实上，我们调查的目的正是估计 p。类似地，在例 5.7 中，当建立某种汽车每加仑汽油在城市中行驶英里数的模型时，我们运用了具有**假定的**均值和标准差(分别为每加仑汽油 27 英里和 3 英里)的正态概率分布。实际上，真实的均值和标准差是未知量，需要我们去估计。描述概率分布的数量被称为参数。这样，二项分布中成功的概率 p 和正态分布的均值 μ 和标准差 σ 都是参数的例子。

定义 6.1

参数是对总体的数量描述性测度。因为它是基于对总体的观察而得到，所以它的值几乎总是未知的。

我们也讨论了样本均值$\bar{x}$，样本方差 s^2，样本标准差 s 等等。它们是根据样本所计算出的数量描述指标。我们将经常利用包含这些样本统计量的信息来形成关于总体参数的推断。

定义 6.2

样本统计量是对样本的数量描述指标。它是根据样本的观察值计算而来的。

注意："统计量"与**样本**有关，而"参数"与**总体**有关。在我们讲述怎样利用样本统计量对总体参数进行推断之前，我们需要评价它们的性质。一个样本统计量比另一个样本统计量包含了关于总体参数更多的信息量吗？对于总体参数的推断我们将根据什么选择"最好"的统计量？本章的目的就是回答这些问题。

6.1 抽样分布的概念

如果我们想估计总体的一个参数，如总体均值 μ，我们可以用许多样本统计量进行估计，例如用样本均值 $\bar{x}$ 或是样本中位数 m。你认为对于 μ 的估计，哪一个较好？

在回答这个问题之前，考虑下面的例子：掷一枚均匀的骰子，用 x 表示掷出的点数。假设骰子被掷 3 次，产生了样本观察值 2，2，6。此样本的均值是 $\bar{x}=3.33$，样本的中位数是 $m=2$。因为 x 的总体均值是 $\mu=3.5$，你能够看到对于这个样本的 3 个观察值，样本均值 $\bar{x}$ 是比样本中位数更接近于 μ 的估计（见图 6.1a）。现在假设我们再掷 3 次骰子并且得到样本观察值 3，4，6。这个样本的均值和中位数分别是 $\bar{x}=4.33$ 和 $m=4$。在此次，中位数 m 更接近于 μ（见图 6.1b）。

图 6.1 当估计总体均值(μ)时，比较样本均值($\bar{x}$)和样本中位数(m)

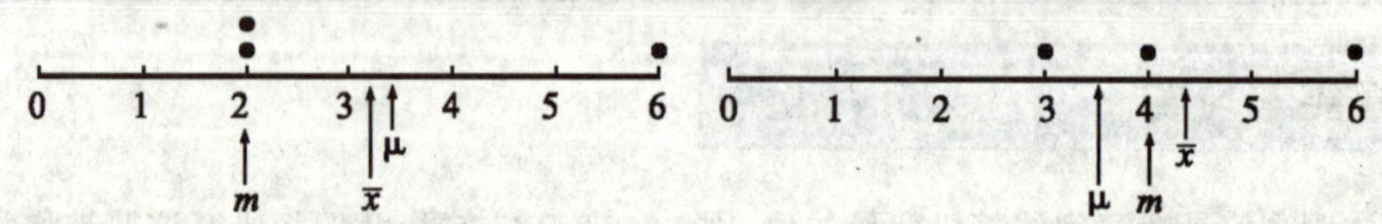

a. 样本 1：$\bar{x}$ 比 m 更接近于 μ　　b. 样本 2：m 比 $\bar{x}$ 更接近于 μ

这个简单例子说明：样本均值和样本中位数并不总是落在距总体均值很近的位置。因此，我们不能仅仅根据一个样本去比较这两个样本统计量以及任意两个样本统计量。相反，我们需要认识到样本统计量本身就是随机变量，因为不同的样本会导致样本统计量取不同的值。作为随机变量，判断和比较样本统计量必须要在其概率分布的基础上进行，即，在大量重复抽样试验的基础上，得到统计量取值的集合以及相应的概率，进而做出判断和比较。我们将用另一个例子进行说明。

假设已知制造某种品牌的起搏器所用的连接模有一个 $\mu=0.3$ 英寸的均值长度和一个 0.005 英寸的标准差。考虑一次试验，该试验随机选择了最近生产的 25 个连接模，现测量出每一个连接模的长度，并计算了其样本均值长度 $\bar{x}$。假设这个试验被大量重复，则 $\bar{x}$ 的值将会随样本的不同发生相应的变化。例如，第一个具有 25 个观察值的样本有一个 $\bar{x}=0.301$ 的均值，第二个样本的均值为 $\bar{x}=0.298$，第三个样本的均值为 $\bar{x}=0.303$，等等。若抽样试验被大量重复多次，则样本均值的直方图将近似于 $\bar{x}$ 的概率分布。如果 $\bar{x}$ 是 μ 的一个好的估计量，我们预料到 $\bar{x}$ 的值将聚集

在的 μ 周围，正如图 6.2 所示。这个概率分布被称为一个抽样分布，因为它是通过一个大量的重复的抽样试验产生的。

图 6.2　$\bar{x}$ 的基于一个 $n=25$ 个观测值样本的抽样分布

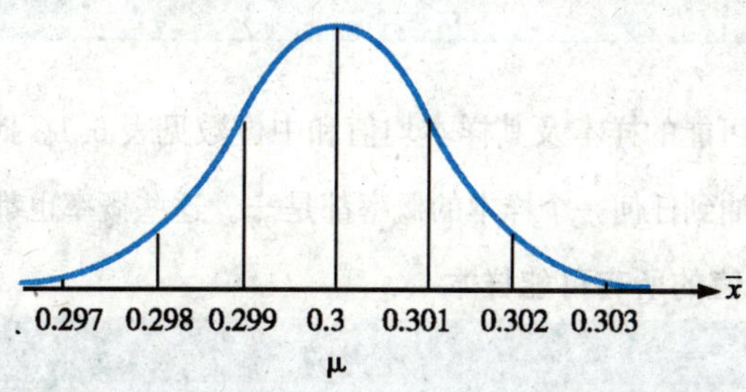

定义 6.3

根据对一个样本的 n 个观察值所计算出的样本统计量的抽样分布是这个统计量的概率分布。

在实际应用中，统计量的抽样分布是通过数学推导或在计算机上利用程序进行类似的模拟而得到的。

假设 $\bar{x}$ 是由来自总体的某个 $n=25$ 个观测值的样本计算而来的，此总体均值 $\mu=0.3$，标准差 $\sigma=0.005$，抽样分布(图 6.2)提供了在重复抽样中 $\bar{x}$ 的可能取值的信息。例如，你抽取一个有 25 个观测值的样本，并且要得到 $\bar{x}$ 在区间 $0.299\leqslant\bar{x}\leqslant0.3$ 内取值的概率，则它将是在该区间的抽样分布的面积。

由于统计量的性质是由它的抽样分布来表示的，因此在比较两个样本统计量时，你可以比较它们的抽样分布。例如，假设你有两个统计量 A 和 B，用它们来估计同一个参数(为了说明目的，假设此参数为总体方差 σ^2)，假设它们的抽样分布如图 6.3 所示，则你将优先选择统计量 A 而不是统计量 B。因为统计量 A 的抽样分布更集中于 σ^2 的周围，且离散程度(变异)小于统计量 B。当你在实际抽样中抽取一个样本时，统计量 A 落在 σ^2 附近的概率会更大一些。

图 6.3　估计总体方差 σ^2 的两个抽样分布

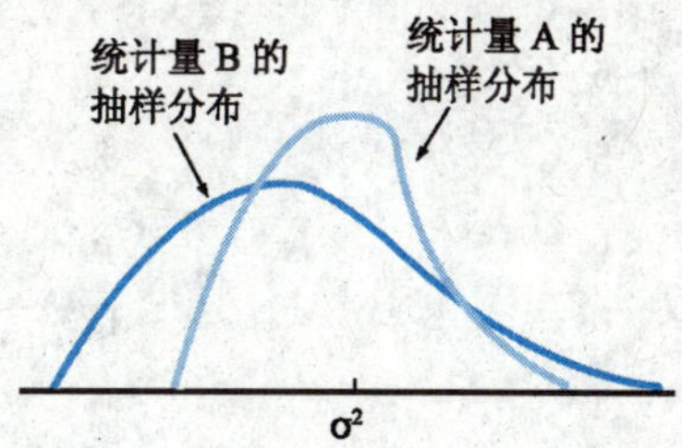

值得注意的是，在实践中我们并不知道未知参数 σ^2 的数值，所以对于一个样本来说，我们也不知道在统计量 A 和统计量 B 之间哪一个更接近于 σ^2。我们不得不依赖于我们的抽样分布理论知识来选择最好的样本统计量，然后将之运用于各个样本。寻找一个统计量的抽样分布的过程可用例 6.1 来说明。

例 6.1

考虑一个由观察值 0，3 和 12 所组成的总体，其概率分布如下表。从这个总体中选择一个 $n=3$ 个观察值的随机样本。

a. 求样本均值 $\bar{x}$ 的抽样分布。

b. 求样本中位数 m 的抽样分布。

例 6.1 的表 1

x	0	3	12
$p(x)$	⅓	⅓	⅓

解答：

这 $n=3$ 个观察值所有可能的样本及其样本均值和中位数见表 6.1。此外，由于任何一个样本被抽到的可能性是相同的，则抽到任何一个样本的概率都是$\frac{1}{27}$。这些概率也都列在了表 6.1 中。

表 6.1　$n=3$ 个观察值的所有可能样本

可能样本	$\bar{x}$	m	概率
0,0,0	0	0	$^1/_{27}$
0,0,3	1	0	$^1/_{27}$
0,0,12	4	0	$^1/_{27}$
0,3,0	1	0	$^1/_{27}$
0,3,3	2	3	$^1/_{27}$
0,3,12	5	3	$^1/_{27}$
0,12,0	4	0	$^1/_{27}$
0,12,3	5	3	$^1/_{27}$
0,12,12	8	12	$^1/_{27}$
3,0,0	1	0	$^1/_{27}$
3,0,3	2	3	$^1/_{27}$
3,0,12	5	3	$^1/_{27}$
3,3,0	2	3	$^1/_{27}$
3,3,3	3	3	$^1/_{27}$
3,3,12	6	3	$^1/_{27}$
3,12,0	5	3	$^1/_{27}$
3,12,3	6	3	$^1/_{27}$
3,12,12	9	12	$^1/_{27}$
12,0,0	4	0	$^1/_{27}$
12,0,3	5	3	$^1/_{27}$
12,0,12	8	12	$^1/_{27}$
12,3,0	5	3	$^1/_{27}$
12,3,3	5	3	$^1/_{27}$
12,3,12	9	12	$^1/_{27}$
12,12,0	8	12	$^1/_{27}$
12,12,3	9	12	$^1/_{27}$
12,12,12	12	12	$^1/_{27}$

a. 从表 6.1 你能够看到，$\overline{x}$ 可以取值 0,1,2,3,4,5,6,8,9,和 12。因为 $\overline{x}=0$ 仅发生在一个样本中，所以 $p(\overline{x}=0)=\frac{1}{27}$。同样，$\overline{x}=1$ 发生在三个样本(0,0,3),(0,3,0)和(3,0,0)中，因此，$p(\overline{x}=0)=\frac{3}{27}=\frac{1}{9}$。我们将其余的 $\overline{x}$ 的取值概率都列在一个表中，其概率分布(抽样分布)如下表 2。

例 6.2 的表 2

$\overline{x}$	0	1	2	3	4	5	6	8	9	12
$p(\overline{x})$	1/27	3/27	3/27	1/27	3/27	6/27	3/27	3/27	3/27	1/27

上表是关于 $\overline{x}$ 的抽样分布，因为它确定了与 $\overline{x}$ 的每一个可能值相对应的概率。

b. 在表 6.1 中，中位数 m 可以取 3 个数值：0,3 和 12。$m=0$ 发生在 7 个不同的样本中。因此，$p(m=0)=7/27$。同样，$m=3$ 发生在 13 个样本中，而 $m=12$ 发生在 7 个样本中。所以，中位数 m 的概率分布(抽样分布)如表 3 所示

例 6.1 的表 3

m	0	3	12
$p(m)$	7/27	13/27	7/27

例 6.1 阐述了当从总体中所选取的所有可能样本的数目很小时，求出一个统计量准确的抽样分布的过程。在实际问题中，总体常常由大量的不同的值组成，因此，所有可能形成的样本难以一一列举。这时，我们可以通过反复进行抽样模拟，并且记录下当统计量取不同值时的次数比例，来得到一个统计量近似的抽样分布。例 6.2 便说明了这个过程。

例 6.2

假设我们反复进行下面的试验：从图 6.4 所示的均匀分布中取一个 11 个观察值的样本。这种均匀分布，我们已在 5.2 节的选学中讨论过。计算以下两个样本统计量：

$\overline{x}=$样本均值$=\frac{\sum x}{11}$

$m=$中位数=当 11 个观察值按升序排列时的第六个样本的观察值

求 $\overline{x}$ 和 m 的近似的抽样分布。

解答：

我们用计算机产生 1000 个样本，每一个样本有 $n=11$ 个观察值。然后对于每一个样本我们计算 $\overline{x}$ 和 m。我们的目的是得到 $\overline{x}$ 和 m 的近似抽样分布，以便观察哪一个样本统计量($\overline{x}$ 或者 m)包含了更多的关于 μ 的信息[注：在此例子中，我们知道总体均值是 $\mu=0.5$(参看选学 5.2 节)]。1000 个样本中的前 10 个被列在表 6.2 中。例如，计算机从均匀分布中所产生的第一个样本(按升序排列)包含了以下的观察值：0.125,0.138,0.139,0.217,0.419,0.506,0.516,0.757,0.771,0.786 和 0.919。对于这个样本而言，样本均值和中位数是：

$$\overline{x}=\frac{0.125+0.138+\cdots+0.919}{11}=0.481$$

$m=$排序在第六的观察值$=0.506$

在 1000 个样本中，样本容量 $n=11$ 的样本均值 $\overline{x}$ 和中位数 m 的相对频率直方图如图 6.5。

我们可以看到，$\overline{x}$ 的值在很大程度上比 m 的值更趋向于集中于 μ 的周围。这样，在观察值抽样分布的基础上，我们得到结论：至少对于来自于均匀分布的 $n=11$ 个观察值的样本来说，$\overline{x}$ 比 m

包含了更多关于 μ 的信息。

图 6.4 [0,1]上的均匀分布

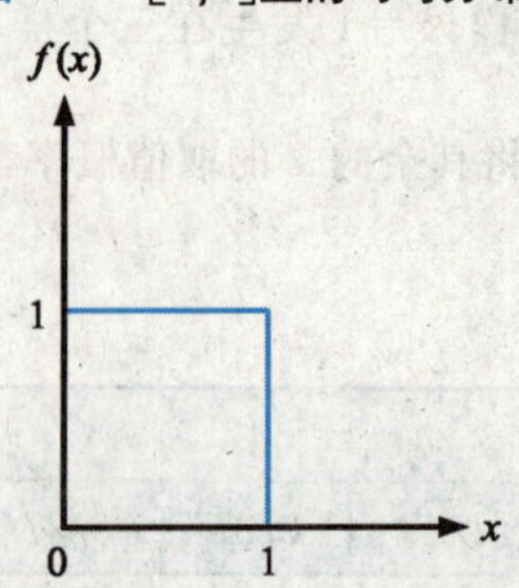

表 6.2 来自于均匀分布的 $n=11$ 个观察值的前 10 个样本

样本	观察值										
1	0.217	0.786	0.757	0.125	0.139	0.919	0.506	0.771	0.138	0.516	0.419
2	0.303	0.703	0.812	0.650	0.848	0.392	0.988	0.469	0.632	0.012	0.065
3	0.383	0.547	0.383	0.584	0.098	0.676	0.091	0.535	0.256	0.163	0.390
4	0.218	0.376	0.248	0.606	0.610	0.055	0.095	0.311	0.086	0.165	0.665
5	0.144	0.069	0.485	0.739	0.491	0.054	0.953	0.179	0.865	0.429	0.648
6	0.426	0.563	0.186	0.896	0.628	0.075	0.283	0.549	0.295	0.522	0.674
7	0.643	0.828	0.465	0.672	0.074	0.300	0.319	0.254	0.708	0.384	0.534
8	0.616	0.049	0.324	0.700	0.803	0.399	0.557	0.975	0.569	0.023	0.072
9	0.093	0.835	0.534	0.212	0.201	0.041	0.889	0.728	0.466	0.142	0.574
10	0.957	0.253	0.983	0.904	0.696	0.766	0.880	0.485	0.035	0.881	0.732

图 6.5 例 6.2 中 $\bar{x}$ 和 m 的相对频率直方图

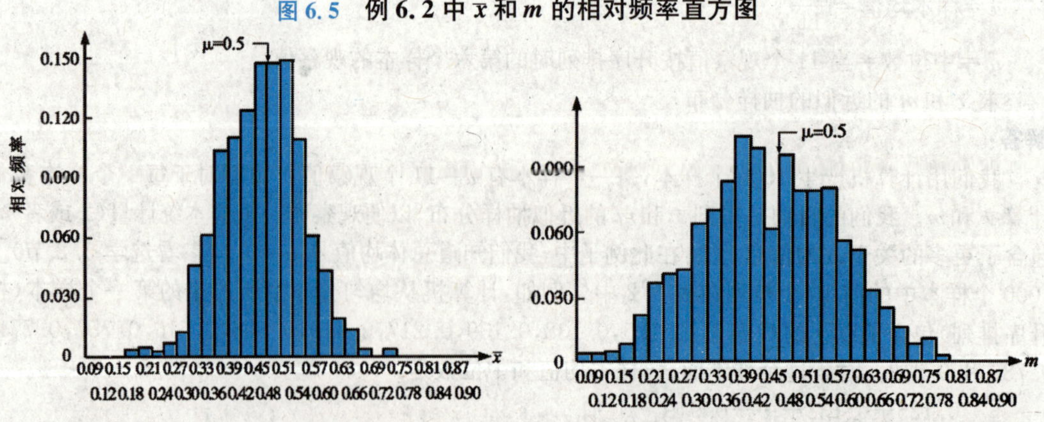

a. $\bar{x}$ 的抽样分布(基于 $n=11$ 个观察值的 1000 个样本)　b. m 的抽样分布(基于 $n=11$ 个观察值的 1000 个样本)

如前所述,许多抽样分布能够运用数学推导来得到,但数学推导所必需的理论已超出了本书的范围。因此,当我们需要知道一个统计量的性质的时候,我们将直接给出它的抽样分布并且简单地描述它的性质。抽样分布中的几个重要性质我们将在下一节讨论。

练习 6.1～6.7

技能训练：

6.1 这个概率分布描述了一个能够取 0,2,4 和 6 四个观察值的总体，各观察值具有相同的频率：

练习 6.1 的表

x	0	2	4	6
$p(x)$	¼	¼	¼	¼

a. 列出该总体所有的 $n=2$ 个观察值的样本。

b. 计算 a 中各不同样本的均值。

c. 假设一个 $n=2$ 个观察值的样本是从总体中随机选取的，这个样本被选出的概率是多少?

d. 假设一个 $n=2$ 个观察值的样本 $\bar{x}$ 从总体中被随机选出。列出在 b 中求出的 $\bar{x}$ 的不同值，并且求每一个值的概率。然后给出样本均值的抽样分布并列成表格。

e. 对于 $\bar{x}$ 的抽样分布构造一个概率直方图。

6.2 从练习 6.1 的总体中通过记录 x 的数值模拟抽样，将标有 0,2,4 和 6 数值(即 x 值)完全相同的 4 个硬币放入一个袋子，随机选取一个，并观察其数值，将其放回后，再取下一个。最后，对于这个从总体中随机选择出的 $n=2$ 个观察值的样本(练习 6.1b 部分)计算均值。重放硬币，混合，并且利用同样的过程，从总体中再选择一个 $n=2$ 个观察值的一个样本。对于这个样本记下数字并计算 $\bar{x}$。重复这个抽样过程直到取得 $\bar{x}$ 的 100 个值为止。对于这 100 个样本均值构造一个频率分布，并将这个分布与练习 6.1 中 e 部分所求出的 $\bar{x}$ 的精确的抽样分布进行比较。(注：在这个练习中得到的分布只是精确抽样分布的一个近似。但是，假如你重复这个抽样过程，抽取两个硬币不是 100 次而是 10000 次，这 10000 个样本均值的频率分布将几乎与练习6.1中 e 部分所求出的 $\bar{x}$ 的抽样分布完全相同。)

6.3 考虑由下面的概率分布所描述的总体。

练习 6.3 的表 1

x	1	2	3	4	5
$p(x)$	0.2	0.3	0.2	0.2	0.1

随机变量 x 被观察两次，假设这些观察值是相互独立的，核实容量为 2 的样本和相应的概率如下表。

a. 求样本均值 $\bar{x}$ 的抽样分布。

b. 对于 $\bar{x}$ 的抽样分布构造一个概率直方图。

c. $\bar{x}$ 大于或等于 4.5 的概率是多少?

d. 你认为能观察到 $\bar{x}$ 的一个值大于或等于4.5吗? 请解释。

练习 6.3 的表 2

样本	概率	样本	概率
1,1	0.04	3,4	0.04
1,2	0.06	3,5	0.02
1,3	0.04	4,1	0.04
1,4	0.04	4,2	0.06
1,5	0.02	4,3	0.04
2,1	0.06	4,4	0.04
2,2	0.09	4,5	0.02
2,3	0.06	5,1	0.02
2,4	0.06	5,2	0.03
2,5	0.03	5,3	0.02
3,1	0.04	5,4	0.02
3,2	0.06	5,5	0.01
3,3	0.04		

6.4 参考练习 6.3 并且求出 $E(x)=\mu$。然后用在练习 6.3 中所求出的 $\bar{x}$ 的抽样分布求出 $\bar{x}$ 的期望值。注意 $E(\bar{x})=\mu$。

6.5 参考练习 6.3。假设从总体中随机选取一个 $n=2$个观察值的随机样本。

a. 列出样本中位数 m 可以取的不同值并求出相应的概率。然后给出样本中位数的抽样分布。

b. 对于样本中位数的抽样分布构造一个概率直方图，并将之与样本均值的概率直方图相比较(练习 6.3 b 部分)。

6.6 在例 6.2 中我们用计算机产生了 1000 个样本，每个样本包含 $n=11$ 个观察值，这些样本均来自于从 0 到 1 区间上的均匀分布。对于这个练习，用计算机产生 500 个样本，每一个也来自于这个总体，且包含 $n=15$ 个观察值。

a. 对于每一个样本计算样本均值。为了得到 $\bar{x}$ 的近似抽样分布，对 $\bar{x}$ 的 500 个值构造一个频率直方图。

b. 对于样本中位数重复 a 部分。将这个样本中位数的近似抽样分布与 a 部分所求出的 $\bar{x}$ 的近似抽样分布进行比较。

6.7 一个总体 x 的值等于 00,01,02,03,...,96,97,98,99，假设 x 取这些值的概率相等。用计算机产生来自于这个总体的 500 个样本，每一个包含 $n=25$ 个观察值，计算每一个样本均值 $\bar{x}$ 和

样本方差 s^2。

a. 为得到 $\bar{x}$ 的近似抽样分布，对于 $\bar{x}$ 的 500 个值构造一个频率直方图。

b. 对于 s^2 的 500 个值重复 a 部分。

6.2 抽样分布的性质：无偏性和最小方差性（选学）

在推断总体参数时所运用的最简单的统计量是点估计量。点估计量是一种准则或公式，它告诉我们怎样运用样本数据计算出一个数值，使之作为某个总体参数的估计。例如，样本均值 $\bar{x}$ 是总体均值 μ 的一个点估计量。同样地，样本方差 s^2 是总体方差 σ^2 的一个点估计量。

定义 6.4

总体参数的点估计量是一种准则或者公式，它告诉我们怎样运用样本数据计算出一个数值，将其作为总体参数的估计。

对于同一个参数的估计常常运用许多不同的点估计量，它们的抽样分布都提供了关于点估计量的信息。通过检验抽样分布，我们能够确定估计量与真实的参数值之间的差距大小（称为估计误差）。我们还能够知道一个估计量是高估还是低估了一个参数。

例 6.3

假设有两个统计量 A 和 B，用于估计同一个总体参数 θ（注意 θ 可以是任何参数，如 μ、σ^2、σ，等等）。假设两个统计量的抽样分布如图 6.6 所示。根据这两个抽样分布，哪一个统计量更适合作为 θ 的一个估计量呢？

图 6.6 无偏和有偏估计量的抽样分布

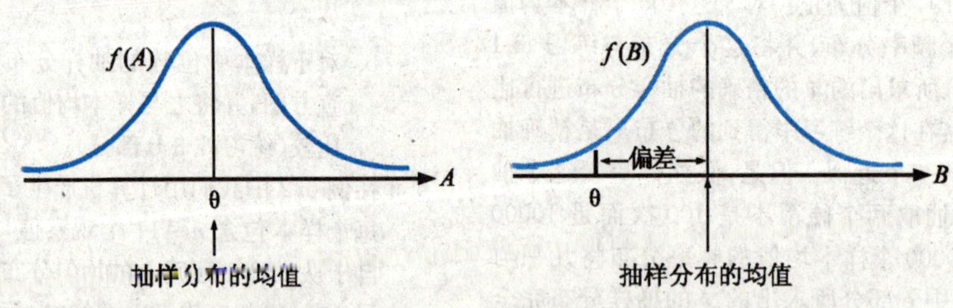

a. 参数 θ 的无偏样本统计量　　b. 参数 θ 的有偏样本统计量

解答：

首先，我们希望抽样分布集中在我们所要估计的参数值的附近，这个性质可以用抽样分布的均值进行描述。因此，假如抽样分布的均值等于所要估计的参数，则我们称一个统计量是无偏的。正如图 6.6a 所示，这里统计量 A 的均值 μ_A 等于 θ。假如一个抽样分布的均值不等于所要估计的参数，则称这个统计量是有偏的。如图 6.6b 所示，统计量 B 的抽样分布的均值 μ_B 不等于 θ；事实上，它偏向 θ 的右边。

我们可以看到，有偏估计量不是高估就是低估了一个参数。因此，如果统计量的其他性质相同时，我们将选择一个无偏统计量去估计一个我们所关注的参数。*

定义 6.5

如果一个样本统计量的抽样分布的均值等于所要估计的总体参数，则称该统计量为这个参数的无偏估计量。

如果抽样分布的均值不等于这个参数，则这个统计量被称为该参数的有偏估计量。

抽样分布的标准差用于度量统计量的另一个方面的重要性质——通过重复抽样所产生的估计值的离散程度。假设有两个统计量 A 和 B，它们是总体参数 θ 的两个无偏估计量。由于两个抽样分布的均值是相同的，则我们要再观察它们的标准差，以确定哪一个估计的取值与我们所要估计的未知总体参数更近些。很自然地，我们将选择具有较小标准差的样本统计量。图 6.7 描绘了 A 和 B 的抽样分布。注意到 A 的分布的标准差比 B 的标准差小，这表明在样本数较大时，A 的值比 B 的值聚集在更靠近 θ 的周围。换言之，A 接近于参数值的概率比 B 接近参数值的概率高。

图 6.7　两个无偏估计量的抽样分布

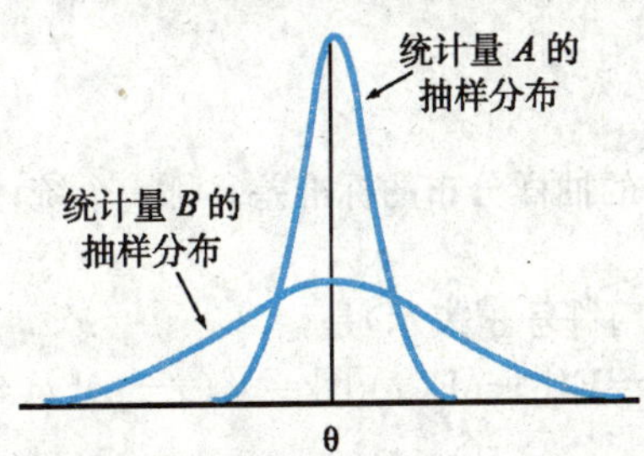

概括地说，在对总体参数进行推断时，我们应该选用具有无偏的抽样分布和较小标准差（比其他无偏样本统计量的标准差小）的样本统计量。我们并不担心这一样本统计值与参数的差异，因为估计某一具体的参数的“最好”的统计量是有根据的。对于我们考虑的每个总体参数，重要的是给出它的无偏估计量及其标准差。（注：一个统计量的抽样分布的标准差也称为统计量的标准误。）

例 6.4

在例 6.1 中，对于一个来自下表中概率分布的总体的 $n=3$ 个观察值的随机样本，我们求出了样本均值 $\bar{x}$ 和样本中位数 m 的抽样分布。

例 6.4 的表 1

x	0	3	12
$p(x)$	⅓	⅓	⅓

$\bar{x}$ 和 m 的抽样分布如表：

例 6.4 的表 2

$\bar{x}$	0	1	2	3	4	5	6	8	9	12
$p(\bar{x})$	1/27	3/27	3/27	1/27	3/27	6/27	3/27	3/27	3/27	1/27

例 6.4 的表 3

m	0	3	12
$p(x)$	7/27	13/27	7/27

* 并不是所有的参数都存在无偏统计量，但对于本文所考虑的参数，它们的确是存在的。

a. 说明在这种情况下，$\bar{x}$ 是 μ 的一个无偏估计量。

b. 说明在这种情况下，m 是 μ 的一个有偏估计量。

解答：

a. 一个离散型随机变量 x 的期望值（见 4.3 节）被定义为 $E(x)=\sum xp(x)$，这里的总和是遍及所有的 x 值。那么，

$$E(x)=\mu=\sum xp(x)=(0)(1/3)+(3)(1/3)+(12)(1/3)=5$$

离散型随机变量 $\bar{x}$ 的期望值是，

$$E(\bar{x})=\sum(\bar{x})p(\bar{x})$$

对所有的 $\bar{x}$ 值相加。即，

$$E(\bar{x})=(0)(1/27)+(1)(1/27)+(2)(1/27)+\cdots+(12)(1/27)=5$$

因为 $E(\bar{x})=\mu$，则我们看到 $\bar{x}$ 是 μ 的一个无偏估计量。

b. 样本中位数 m 的期望值是，

$$E(m)=\sum mp(m)=(0)(7/27)+(3)(13/27)+(12)(7/27)=4.56$$

因为 m 的期望值不等于 $\mu(\mu=5)$，则样本中位数 m 是 μ 的一个有偏估计量。

例 6.5

参考例 6.4，并求出 $\bar{x}$ 和 m 的抽样分布的标准差。哪一个统计量是 μ 的一个较好的估计量？

解答：

$\bar{x}$ 的抽样分布的方差（我们用符号 $\sigma_{\bar{x}}^2$ 表示）是，

$$\sigma_{\bar{x}}^2=E\{[\bar{x}-E(\bar{x})]^2\}=\sum(\bar{x}-\mu)^2p(\bar{x})$$

这里，根据例 6.4，

$$E(\bar{x})=\mu=5$$

那么，

$$\sigma_{\bar{x}}^2=(0-5)^2(1/27)+(1-5)^2(3/27)+(2-5)^2(3/27)+\cdots+(12-5)^2(1/27)=8.6667$$

则，

$$\sigma_{\bar{x}}=\sqrt{8.6667}=2.94$$

类似地，m 的抽样分布的方差（我们用符号 σ_m^2 表示）是，

$$\sigma_m^2=E\{[m-E(m)]^2\}$$

这里，根据例 6.4，m 的期望值为 $E(m)=4.56$。那么，

$$\sigma_m^2=E\{[m-E(m)]^2\}=\sum[m-E(m)]^2p(m)=(0-4.56)^2(7/27)+(3-4.56)^2(13/27)+(12-4.56)^2(7/27)=20.9136$$

则，

$$\sigma_m=\sqrt{20.9136}=4.57$$

样本均值 $\bar{x}$ 和中位数 m，哪一个统计量是总体均值 μ 的较好估计量呢？为了回答这个问题，我们对这两个统计量的抽样分布进行比较。样本中位数 m 的抽样分布是有偏的（即，它位于均值 μ 的左端），并且其标准差 $\sigma_m=4.57$ 远大于 $\bar{x}$ 的抽样分布的标准差 $\sigma_{\bar{x}}=2.94$。因此，对于本题中的总体而言，样本均值 $\bar{x}$ 是总体均值 μ 的一个较好的估计量，而不是样本中位数 m。

统计实践

6.1 通过多样化减少投资风险

在统计实践 4.1 中，我们注意到某种证券的月收益率的方差被许多投资者作为证券投资的风险或者不确定性的一个测度。在这个应用中，我们研究了投资者投资一种以上的证券时，即当投资者的证券投资多样化时，他或她所面临的风险。

金融分析家所做的大量研究表明：可将股票收益率的方差作为一种股票的总风险（总变差）的度量。它由两部分组成：系统风险和非系统风险。其中，系统风险（系统变量）是总风险的一部分，它是由同时影响所有股票价格的那些因素所引起的。联邦经济政策的变化和国家政治气候的变化都属这种因素的例子。这些因素解释了为什么全部股票的价格会随着时间一起变动（即，普遍上升或普遍下降）。而非系统风险（非系统变异）是某种特定股票总风险的一部分，它是由特定企业相关的因素引起的，但是它一般不影响其他企业。例如工人罢工、管理错误和诉讼等都属于这种风险。尽管不同企业所面临的系统风险和非系统风险的比例是不同的，但对于纽约股票交易所的多种股票来说，这个比例基本上是确定的。系统风险大约占股票总风险的 25%，而非系统风险大约占股票总风险的 75%（Blume，1971 年）。下面，我们将研究投资多样化对投资者所面临的总投资风险中的非系统风险的影响。

如果一个投资者欲将 5000 美元投资于 5 种不同股票中的其中一种或者多种。我们用符号 $\gamma_1, \gamma_2, \gamma_3, \gamma_4$ 和 γ_5 分别表示这些股票的月收益率。为了简单起见，假设这些股票的月收益率是独立同分布的随机变量，且均值 $\mu=10\%$，标准差 $\sigma=4\%$。假设这个投资者只有两种选择：(1)将全部 5000 美元投资于股票 1；或者(2)对 5 种股票的每一种都投资 1000 美元。

在第一种选择下，投资者的每月收益率是 r_1。在第二种选择下，由于对每一种股票的投入金额是相等的，则投资者的每月收益率是：

$$\overline{\gamma}=\sum_{i=1}^{5}\gamma_i/5$$

讨论焦点

a. 假设投资者进行了第一种选择，则每月期望收益率是多少？每月收益率的方差（即，这个投资者面对的风险）又是多少？

b. γ_1 是 μ 的一个无偏估计量吗？请解释。

c. 可以证明 $\overline{\gamma}$ 是 μ 的一个无偏估计量，利用这条信息去求在第二种选择下每月的预期收益率。

d. 因为 $\overline{\gamma}$ 是 $n=5$ 个独立同分布的随机变量的和，每个随机变量的均值是 μ，方差是 σ^2，所以 $\overline{\gamma}$ 的方差是，

$$\sigma_{\overline{r}}^2=\frac{\sigma^2}{n}$$

利用这一事实求出与第二种选择相对应的风险。

e. 将答案与 b 部分和 d 部分比较，并且讨论分散投资与“将所有的鸡蛋放在一个篮子里”对投资者的影响。

有关投资风险和投资多样化的更为详细的讨论，请参看 Alexander，Sharpe 和 Bailey（1993 年）或者 Radcliffe（1994 年）。

练习 6.8～6.14

技能训练：

6.8 考虑下面的概率分布。

练习 6.8 的表

x	0	1	4
$p(x)$	⅓	⅓	⅓

a. 求 μ 和 σ^2。

b. 对于来自于这个分布的具有 $n=2$ 个观察值的随机样本，求样本均值的抽样分布。

c. 说明$\bar{x}$是 μ 的一个无偏估计量。（提示：说明 $E(\bar{x})=\sum\bar{x}p(\bar{x})=\mu$）

d. 对于一个来自于这个分布的具有 $n=2$ 个观察值的随机样本，求样本方差的抽样分布。

e. 说明 s^2 是 σ^2 的一个无偏估计量。

6.9 考虑下面的概率分布。

练习 6.9 的表

x	2	4	9
$p(x)$	⅓	⅓	⅓

a. 对于这个分布计算 μ。

b. 对于来自于这个分布的一个具有 $n=3$ 个观察值的随机样本，求样本均值 $\bar{x}$ 的抽样分布，并且说明 $\bar{x}$ 是 μ 的一个无偏估计量。

c. 对于一个来自于这个分布的具有 $n=3$ 个观察值的随机样本，求样本中位数 m 的抽样分布，并且说明 m 是 μ 的一个有偏估计量。

d. 假如你想用来自于这个总体的一个具有 $n=3$ 个观察值的样本估计 μ，你将用哪一个估计量？为什么？

6.10 考虑下面的概率分布。

练习 6.10 的表

x	0	1	2
$p(x)$	⅓	⅓	⅓

a. 求 μ。

b. 对于一个来自于这个分布的具有 $n=3$ 个观察值的随机样本，求样本均值的抽样分布。

c. 求来自于这个总体具有 $n=3$ 个观察值的样本中位数的抽样分布。

d. 参考 b 和 c 部分说明对于这个总体来说，样本均值和中位数都是 μ 的无偏估计量。

e. 求样本均值和样本中位数的抽样分布的方差。

f. 你将用哪一个估计量来估计 μ？为什么？

6.11 从 1,2,...,48,49,50 的总体中使用计算机随机产生 500 个样本，每一个包含 $n=25$ 个观察值。对于每一个样本计算样本均值 $\bar{x}$ 和中位数 m，并对 $\bar{x}$ 的 500 个值和 m 的 500 个值构造频率直方图。利用这些 $\bar{x}$ 和的 m 抽样分布的近似值来回答下列问题：

a. $\bar{x}$ 和 m 是总体均值的无偏估计量吗？（注意：$\mu=25.5$）

b. 哪一个抽样分布表现出较大的方差？

6.12 参考练习 6.3。

a. 说明 x 是 μ 的一个无偏估计量。

b. 求 $\sigma_{\bar{x}}^2$。

c. 求$\bar{x}$落在区间$[\mu-2\sigma_{\bar{x}},\mu+2\sigma_{\bar{x}}]$内的概率。

6.13 参考练习 **6.3**。

a. 求 s^2 的抽样分布。

b. 求 σ^2 总体方差。

c. 说明 s^2 是 σ^2 的一个无偏估计量。

d. 求样本标准差的抽样分布。

e. 说明 s 是 σ 的一个有偏估计量。

6.14 参考练习 6.5，在此练习中我们求出了样本中位数的抽样分布。这个中位数是总体均值 μ 的一个无偏估计量吗？

6.3 中心极限定理

对于汽车平均使用寿命的估计、在一个大城市里所有计算机经销商的平均月销售量的估计，以及新塑料制品的平均破裂强度的估计，它们是具有某些共性的实际问题。在每一种情况下，我们感兴趣的都是对某个总体均值 μ 做出推断。正如第 2 章所讲，样本均值 $\bar{x}$ 一般是 μ 的一个好的估计量。现在我们详尽阐述有关这一有用的统计量的抽样分布信息。

例 6.6

假设总体服从如图 6.8 所示的均匀概率分布，概率分布的均值和标准差是 $\mu=0.5$ 和 $\sigma=0.29$（对于 μ 和 σ 的公式参见选学 5.2 节）。现在假设从这个总体中选取一个具有 11 个观察值 $\bar{x}$ 的样本，试描述例 6.2 中基于 1000 个抽样试验的样本均值 $\bar{x}$ 的抽样分布。

图 6.8 被抽样的均匀总体

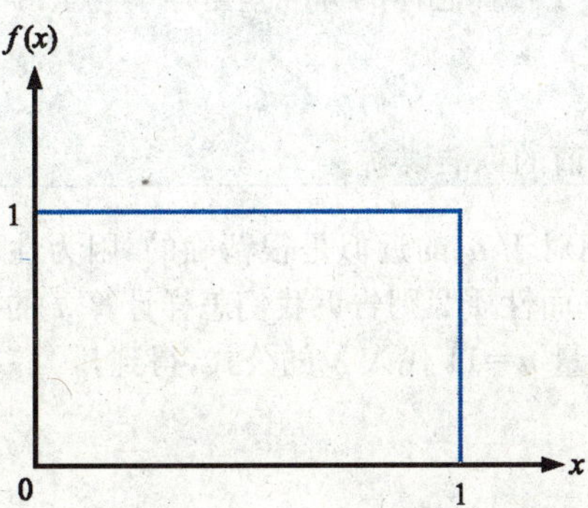

解答：

记得在例 6.2 中我们产生了 1000 个样本，每一个样本含有 $n=11$ 个观察值。这 1000 个样本均值的相对频率直方图见图 6.9，在上面还有一个拟合的正态概率分布。我们可以看到这个正态概率分布非常近似于计算机所产生的抽样分布。

为了完全描述一个正态概率分布，必须要知道均值和标准差。由图 6.9 可以看到，$\bar{x}$ 的分布的均值 $\mu_{\bar{x}}$ 非常接近于 0.5——抽样均匀总体的均值。而且，对于一个如图 6.9 中所示的峰形分布，几乎所有的观察值 $\bar{x}$ 都落在均值的 3 个标准差以内。因为 $\bar{x}$ 值的数量是非常大的（1000），观察到的 $\bar{x}$ 的极差除以 6（而不是 4）将给出样本均值的标准差 $\sigma_{\bar{x}}$ 的一个可靠的近似。$\bar{x}$ 的值大约在 0.2 到 0.8 之间，则我们计算：

$$\sigma_{\bar{x}} \approx \frac{\bar{x}\text{ 的极差}}{6} = \frac{0.8-0.2}{6} = 0.1$$

对于这 1000 个来自于均匀总体且各自包含 11 个观察值的样本，我们可总结出：$\bar{x}$ 的抽样分布是一个均值大约为 0.5、标准差大约为 0.1 的近似正态分布。

图 6.9 $n=11$ 个观察值的 1000 个样本及拟合的正态分布的 $\bar{x}$ 的相对频率直方图

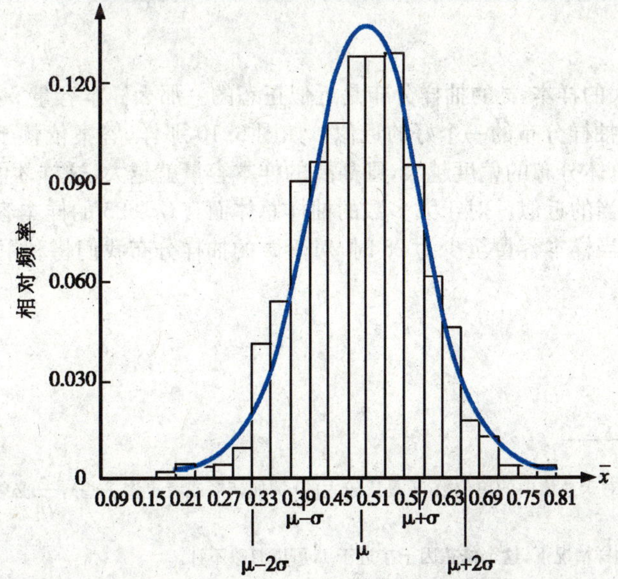

下面框中给出了 $\bar{x}$ 的抽样分布所具有的性质，仅是假设从任意总体中选出具有 n 个观察值的一个随机样本。

$\bar{x}$ 的抽样分布的性质

1. 抽样分布的均值等于抽样总体的均值。即，$\mu_{\bar{x}}=E(\bar{x})=\mu$。
2. 抽样分布的标准差等于抽样总体的标准差与样本容量的平方根之比，即：

$\sigma_{\bar{x}}=\dfrac{\sigma}{\sqrt{n}}$。①

标准差 $\sigma_{\bar{x}}$ 常常被称为均值的标准误差。

从例 6.6 中可以看到我们对于 $\mu_{\bar{x}}$ 的近似是很精确的，因为性质 1 保证了样本均值与抽样总体的均值是一样的，均为 0.5。而性质 2 则告诉我们怎样计算 $\bar{x}$ 的抽样分布的标准差。将均匀分布的标准差 $\sigma=0.29$ 和样本容量 $n=11$ 代入 $\sigma_{\bar{x}}$ 的公式，得到，

$$\sigma_{\bar{x}}=\frac{\sigma}{\sqrt{n}}=\frac{0.29}{\sqrt{11}}=0.09$$

这样，我们在例 6.6 所得到的近似值 $\sigma_{\bar{x}}\approx 0.1$ 是非常接近于准确值 $\sigma_{\bar{x}}=0.09$ 的。

那么 $\bar{x}$ 的抽样分布的形状又是怎样的呢？以下的两个重要的定理提供了这方面信息。

定理 6.1

假设一个具有 n 个观察值的随机样本来自于一个正态分布的总体，则 $\bar{x}$ 的抽样分布将是一个正态分布。

定理 6.2

（中心极限定理）

假设一个具有 n 个观察值的随机样本选自于一个总体(任意总体)，且该总体均值为 μ 和标准差为 σ。那么，当 n 充分大时，$\bar{x}$ 的抽样分布将近似于一个具有均值 $\mu_{\bar{x}}=\mu$ 和标准差 $\sigma_{\bar{x}}=\dfrac{\sigma}{\sqrt{n}}$ 的正态分布。样本容量越大，此正态分布对 $\bar{x}$ 的抽样分布近似得越好。

这样，对于充分大的样本，$\bar{x}$ 的抽样分布是近似正态的。那么样本容量 n 必须要多么大时，正态分布才能够是 $\bar{x}$ 的抽样分布的一个好的近似？如图 6.10 那样，答案依赖于抽样总体的分布形状。一般来说，抽样总体分布的偏度越大，则需要的样本容量就越大，这样才能将正态分布作为 $\bar{x}$ 的抽样分布的一个适当的近似。对于大多数的抽样总体而言，$n\geqslant 25$ 的样本容量便满足了可用正态分布近似的要求。当样本容量至少为 25 时，对于 $\bar{x}$ 的抽样分布我们将利用正态分布来近似。

---

① 如果样本容量 n 相对于总体中的单位数 N 是比较大的(例如，5%或者更多一些)，$\dfrac{\sigma}{\sqrt{n}}$ 必须乘以一个有限总体修正因子 $\sqrt{\dfrac{(N-n)}{(N-1)}}$。在多数抽样情况下，这个修正因子接近于 1，可以忽略不计。

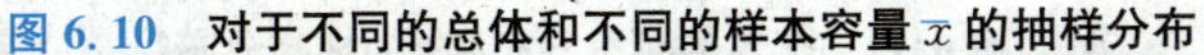

图 6.10　对于不同的总体和不同的样本容量 $\bar{x}$ 的抽样分布

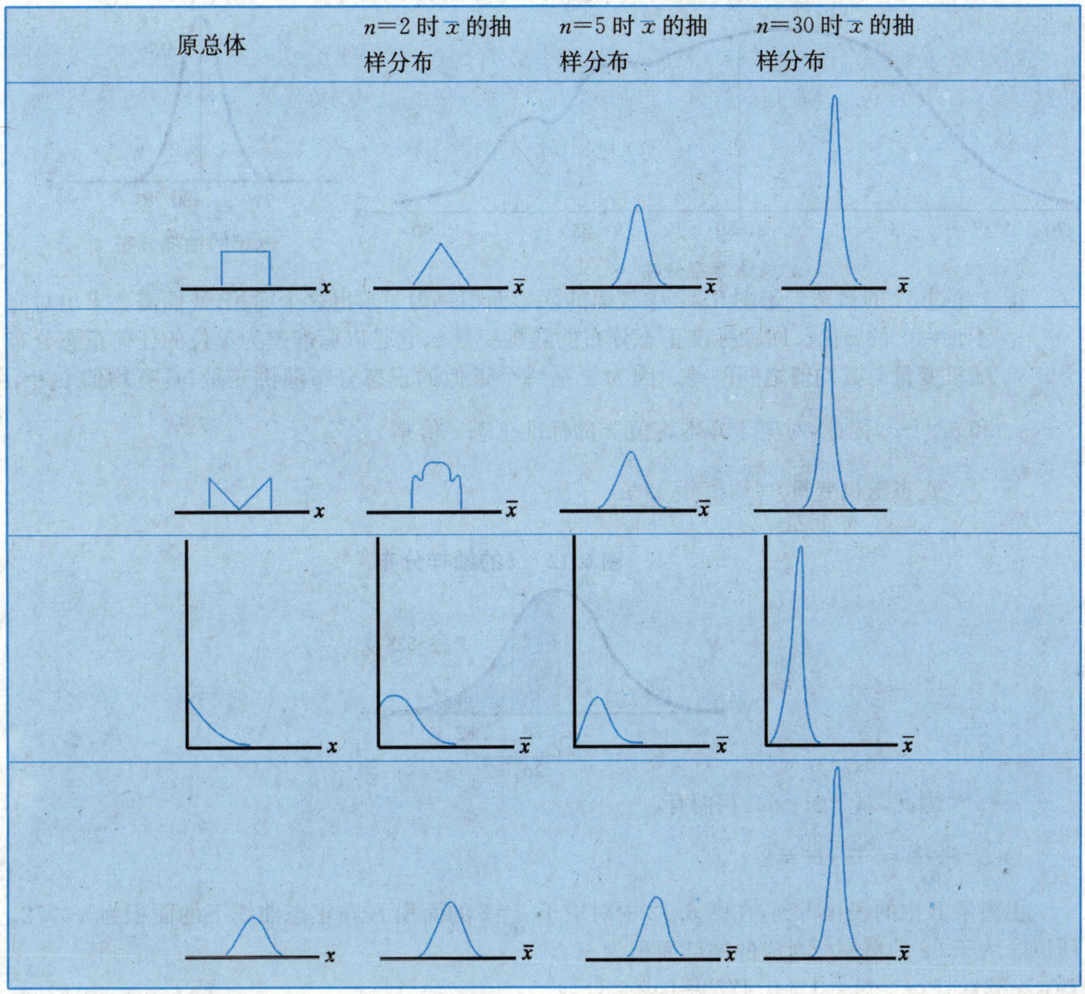

原总体	$n=2$ 时 $\bar{x}$ 的抽样分布	$n=5$ 时 $\bar{x}$ 的抽样分布	$n=30$ 时 $\bar{x}$ 的抽样分布
x	$\bar{x}$	$\bar{x}$	$\bar{x}$
x	$\bar{x}$	$\bar{x}$	$\bar{x}$
x	$\bar{x}$	$\bar{x}$	$\bar{x}$
x	$\bar{x}$	$\bar{x}$	$\bar{x}$

例 6.7

假设我们从均值为 80 且标准差为 5 的一个总体中选择了一个具有 $n=25$ 个观察值的随机样本,并且已知该总体并不是极端偏斜的。

a. 对于总体和样本均值 $\bar{x}$ 的抽样分布,画出相对频率分布的草图。

b. 求出 $\bar{x}$ 大于 82 的概率。

解答:

a. 尽管我们并不知道总体频率分布的准确形状,但是我们知道它的值集中在 $\mu=80$ 周围,其离散程度由 $\sigma=5$ 来度量,而且它不是高度偏斜的。可能性之一如图 6.11a 所示。根据中心极限定理,我们知道由于被抽样总体的分布并不是非常偏斜,则 $\bar{x}$ 的抽样分布将近似于正态分布。我们还知道这个抽样分布将有如下的均值和标准差:

$$\mu_{\bar{x}}=\mu=80 \text{ 和 } \sigma_{\bar{x}}=\frac{\sigma}{\sqrt{n}}=\frac{5}{\sqrt{25}}=1$$

$\bar{x}$ 的抽样分布如图 6.11b.

图 6.11　总体的频率分布和$\bar{x}$的抽样分布

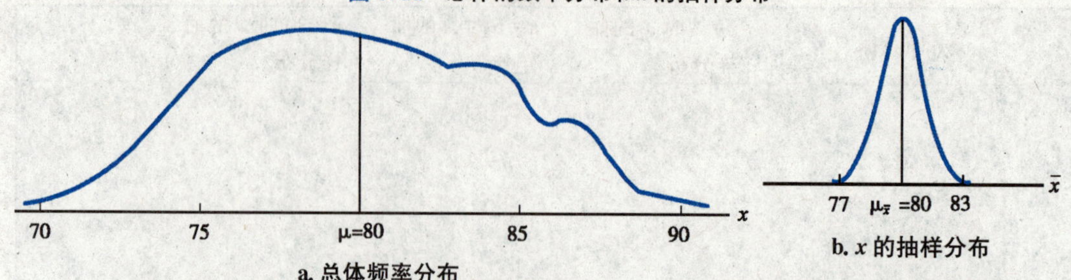

a. 总体频率分布　　b. $\bar{x}$ 的抽样分布

b. $\bar{x}$超过 82 的概率等于图 6.12 中较黑的阴影面积。为了求出这个面积，我们需要求出对应于$\bar{x}=82$ 的 z 值。回顾标准正态分布的随机变量 z，它是以标准差为单位的任何正态分布随机变量与其均值之间的差。因为 $\bar{x}$ 是一个近似的正态分布随机变量，具有均值 $\mu_{\bar{x}}=\mu$ 和 $\sigma_{\bar{x}}=\dfrac{\sigma}{\sqrt{n}}$，因此，对应于样本均值 $\bar{x}$ 的标准正态 z 值是

$$z=\frac{(\text{正态随机变量})-(\text{均值})}{\text{标准差}}=\frac{\bar{x}-\mu_{\bar{x}}}{\sigma_{\bar{x}}}$$

图 6.12　$\bar{x}$的抽样分布

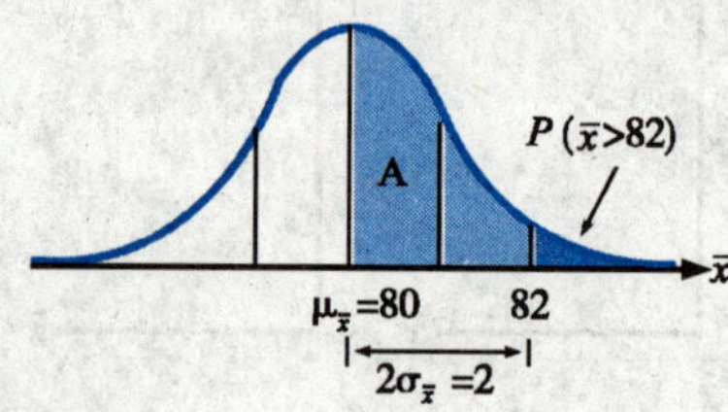

因此，对于 $\bar{x}=82$，我们有，

$$z=\frac{\bar{x}-\mu_{\bar{x}}}{\sigma_{\bar{x}}}=\frac{82-80}{1}=2$$

由附录 B 中的表Ⅳ得到，在图 6.12 中对应于 $z=2$ 的面积 A 在正态曲线下的面积为0.4772。所以 $\bar{x}$ 大于 82 的概率所对应的尾部面积为

$P(\bar{x}>82)=P(z>2)=0.5-0.4772=0.0228$

例 6.8

一个汽车电池的制造商声称其最好的电池寿命的分布均值为 54 个月，标准差为 6 个月。假设某一消费组织决定购买 50 个这种电池作为样本来检验电池的寿命，以核实这一声明。

a. 假设这个制造商所言是真实的，试描述这 50 个电池样本的平均寿命的抽样分布。

b. 假设这个制造商所言是真实的，则消费团体的样本寿命均值小于或等于 52 个月的概率是多少？

解答：

a. 尽管我们没有关于电池寿命的概率分布形状的信息，我们仍能够运用中心极限定理推断：对于这一 50 个电池的样本来说，平均寿命的抽样分布是近似正态分布的。因此，这个抽样分布的均值与抽样总体的均值是相同的，根据制造商的声称，总体均值为 $\mu=54$ 个月。最后，抽样分布的标准差由下式给出：

$$\sigma_{\bar{x}}=\frac{\sigma}{\sqrt{n}}=\frac{6}{\sqrt{50}}=0.85(\text{个月})$$

注意到我们利用了制造商所声称的抽样总体的标准差 $\sigma=6$ 个月。这样，如果我们假设此声明是真实的，则这 50 个被抽样电池平均寿命的抽样分布如图 6.13 所示。

图 6.13　在例 6.8 中 $n=50$ 的 $\bar{x}$ 的抽样分布

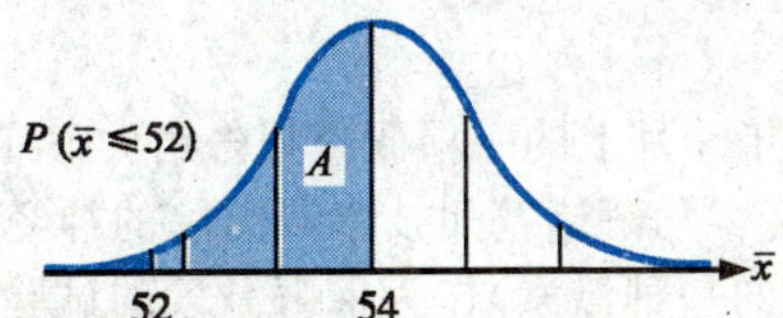

b. 假设制造商所声称的是真实的，则对于这 50 个电池的样本来说，消费组织观察到电池的平均寿命小于或等于 52 个月的概率 $P(\bar{x}\leqslant 52)$ 等于图 6.13 中较黑的阴影面积。因为抽样分布是近似正态的，则通过计算标准正态的 z 值我们能够求出这个面积：

$$z=\frac{\bar{x}-\mu_{\bar{x}}}{\sigma_{\bar{x}}}=\frac{x-\mu}{\sigma_{\bar{x}}}=\frac{52-54}{0.85}=-2.35$$

这里 $\bar{x}$ 的抽样分布的均值 $\mu_{\bar{x}}$ 等于抽样总体的寿命均值 μ，并且 $\sigma_{\bar{x}}$ 是 $\bar{x}$ 的抽样分布的标准差。注意到 z 是我们熟悉的 2.7 节中的标准化距离（z-统计量值），且由于 $\bar{x}$ 是近似的正态分布，它将（近似地）服从 5.3 节的标准正态分布。由附录 B 中的表Ⅳ中可查出，图 6.13中 $\bar{x}=52$ 和 $\bar{x}=54$ 之间的面积 A 是 0.4906（对应于 $z=-2.53$）。因此，$\bar{x}=52$ 左端的面积是

$$P(\bar{x}\leqslant 52)=0.5-A=0.5-0.4906=0.0094$$

因此，如果制造商的声明是真实的，则消费组织观察到样本均值（即电池平均寿命）小于或等于 52 个月的概率仅为 0.0094。如果 50 个试验电池平均寿命的确小于或等于 52 个月，则消费组织将具有强有力的证据说明此制造商的声明是不真实的，因为倘若其声称是正确的，则这样一个事件是几乎不可能发生的。（这仍是统计推断的小概率事件方法的另一个应用）

最后，我们运用两个关于 $\bar{x}$ 的抽样分布的说明来结束这一节。首先，由公式 $\sigma_{\bar{x}}=\frac{\sigma}{\sqrt{n}}$ 我们看到，$\bar{x}$ 的抽样分布的标准差会随着样本容量 n 的增大而变小。例如，在例 6.8 中当 $n=50$ 时，我们计算出 $\sigma_{\bar{x}}=0.85$。然而，对于 $n=100$ 我们可得到 $\sigma_{\bar{x}}=\frac{\sigma}{\sqrt{100}}=0.60$。这样的关系对于大多数本教科书中所遇到的抽样统计量都是适用的。即：当样本容量增加时抽样分布的标准差将减少。因此，样本容量越大，在估计总体参数时（例如，μ）样本统计量（例如，$\bar{x}$）越准确。在第 7 章中我们将利用这个结论来决定为得到特定的估计准确度所必要的样本容量。

我们的第二个说明针对于中心极限定理。中心极限定理除了提供了一个非常有用的样本均值的近似抽样分布外，还对许多数据的相对频率分布为峰形分布这一事实提供了一个解释。我们在商务中所取得的许多观测值实际上是大量很小现象的平均数或者总和。例如，一个公司一年的总销售量是公司在一年间许多单个销售量的总和。类似地，我们可以将一个建筑公司建设一栋房子的时间长度视为完成众多不同的工作所需的时间总和，我们也可以认为一个医院每月对于血液的需求是许多个别病人的需求总和。总和的观察值是否满足中心极限定理的基本条件是可以考虑的问题。然而，许多数据的分布本质上呈峰形且拥有正态分布的形状却是一个事实。

统计实践

6.2　失眠药丸

《国家科学院院报》1994 年 3 月上的一项研究报告给失眠症患者和患飞行时差综合症的国际商务旅行者们带来了福音。马萨诸塞州技术研究院的神经科学家一直在进行一种利用褪黑激素(大脑松果体中隐藏的一种激素)作为催眠激素的试验。由于这种激素是自然产生的,它不会使人上瘾。研究者相信褪黑激素对于飞行时差综合症(身体对于快速通穿越许多时区而使昼夜变化干扰了睡眠模式所产生的反应)的治疗有一定的疗效。

在马萨诸塞州技术研究院的研究中,给年轻男性志愿者服用不同的药片——褪黑激素或者一种安慰剂(一种不含褪黑激素但外形相同的药片)。然后在中午时将他们带到一个黑暗的房间里并要求他们闭眼 30 分钟。我们所关注的变量是每一个志愿者入睡所需的时间(以分钟为单位)。

调查负责人 Richard Wurtman 教授称,"那些服用了褪黑激素的志愿者在 5 到 6 分钟内便入睡了,而那些服用安慰剂的志愿者却需要大约 15 分钟"。然而,Wurtman 警告,如果对褪黑激素的剂量不加以控制,则会有改变情绪的副作用。(褪黑激素在一些保健食品商店里有售,但在这方面并没有任何法规限制,并且激素的纯度和浓度常常是不确定的。)

讨论焦点:

对于服用安慰剂(即没有褪黑激素)的人,研究人员求出其入睡的平均时间是 15 分钟。假设服用安慰剂时,$\mu=15$ 且 $\sigma=5$。现考虑一个由 40 个年轻男性所组成的随机样本,给他们每个人服用某一剂量的催眠激素(褪黑激素)。这 40 位年轻男性入睡的时间(以分钟为单位)被列在表 6.3 中。试用这些数据对那些服用了褪黑激素的人进行有关 μ 的真值的推断。那么褪黑激素是一种治疗失眠的有效药物吗?

失眠数据

表 6.3　40 个男性志愿者入睡的时间(以分钟为单位)*　　**INSOMNIA.DAT**

6.4	6.0	3.2	4.4	6.2	1.7	5.1
5.9	1.6	4.4	16.2	4.8	8.3	7.5
4.8	3.3	4.0	6.2	6.3	5.0	6.3
5.1	6.4	15.6	3.4	3.1	6.1	6.0
5.0	1.8	6.1	4.5	4.5	1.5	4.7
7.6	8.2	4.9	6.1	3.0		

* 这些模拟入睡时间取自 MIT 研究提供的汇总信息。

练习 6.15～6.30

技能训练:

6.15　假设一个具有 n 个观察值的随机样本从均值为 $\mu=100$、方差为 $\sigma^2=100$ 总体中抽取。对下面的每一个 n 值,给出样本均值 $\bar{x}$ 的抽样分布的均值和标准差。

a. $n=4$　b. $n=25$　c. $n=100$
d. $n=100$　e. $n=500$　f. $n=1000$

6.16　假设一个具有 $n=25$ 个观察值的随机样本选自于均值为 μ、标准差为 σ 的总体。对下列每一个 μ 和 σ 值,给出 $\mu_{\bar{x}}$ 和 $\sigma_{\bar{x}}$ 的值。

a. $\mu=10,\sigma=3$　b. $\mu=100,\sigma=25$
c. $\mu=20,\sigma=40$　d. $\mu=10,\sigma=100$

6.17　考虑下面的概率分布。

练习 6.15 的表

x	1	2	3	8
p(x)	0.1	0.4	0.4	0.1

a. 求 μ, σ^2 和 σ。
b. 对于来自于这个分布的具有 $n=2$ 个观察值的随机样本，通过列出 $\bar{x}$ 的所有可能值，求出 $\bar{x}$ 的抽样分布及相应的概率。
c. 利用 b 部分的结果计算 $\mu_{\bar{x}}$ 和 $\sigma_{\bar{x}}$。证实 $\mu_{\bar{x}}=\mu\sigma_{\bar{x}}=\mu$ 和 $\sigma_{\bar{x}}=\frac{\sigma}{\sqrt{n}}=\frac{\sigma}{\sqrt{2}}$。

6.18 $\bar{x}$ 的抽样分布总是近似于正态分布吗？请解释。

6.19 一个具有 $n=64$ 个观察值的随机样本来自于均值等于 20、标准差等于 16 的总体。
a. 给出 $\bar{x}$ 的抽样分布(重复抽样)的均值和标准差
b. 描述 $\bar{x}$ 的抽样分布的形状。你的回答依赖于样本容量吗？
c. 计算标准正态统计量 z 对应于 $\bar{x}=15.5$ 的值。
d. 计算标准正态统计量 z 对应于 $\bar{x}=23$ 的值。

6.20 参考练习 6.19。求概率。
a. $\bar{x}<16$ b. $\bar{x}>23$ c. $\bar{x}>25$
d. $\bar{x}$ 落在 16 和 22 之间 e. $\bar{x}<14$

6.21 一个具有 $n=100$ 个观察值的随机样本选自于 $\mu=30$、$\sigma=16$ 的总体。试求下列概率的近似值：
a. $P(\bar{x}\geqslant 28)$ b. $P(22.1\leqslant\bar{x}\leqslant 26.8)$
c. $P(\bar{x}\leqslant 28.2)$ d. $P(\bar{x}\geqslant 27.0)$

6.22 一个具有 $n=900$ 个观察值的随机样本选自于 $\mu=100$ 和 $\sigma=10$ 的总体。
a. 你预计 $\bar{x}$ 的最大值和最小值是什么？
b. 你认为 $\bar{x}$ 至多偏离 μ 多远？
c. 为了回答 b 你必须要知道 μ 吗？请解释。

6.23 考虑一个包含 x 的值等于 0,1,2,…,97,98,99 的总体。假设 x 的取值的可能性是相同的。则运用计算机对下面的每一个 n 值产生 500 个随机样本，并对于每一个样本计算 $\bar{x}$。对于每一个样本容量，构造 $\bar{x}$ 的 500 个值的频率直方图。当 n 值增加时在直方图上会发生什么变化？存在什么相似性？这里 $n=2, n=5, n=10, n=30$ 和 $n=50$。

概念运用：

6.24 美国汽车联合会(AAA)是一个拥有 90 个俱乐部的非营利联盟，它对其成员提供旅行、金融、保险以及与汽车相关的各项服务。1999 年 5 月，AAA 公布以下数据以供成员参考，一个 4 口之家平均每日餐饮和住宿费用大约是 213 美元(《旅行新闻》*Travel News*，1999 年 5 月 11 日)。假设这个费用的标准差是 15 美元，并且 AAA 所报道的平均每日消费是总体均值。又假设选取 49 个 4 口之家，并对其在 1999 年 6 月期间的旅行费用进行监控。
a. 描述 $\bar{x}$(样本家庭平均每日餐饮和住宿的消费)的抽样分布。特别说明 $\bar{x}$ 服从怎样的分布以及 $\bar{x}$ 的均值和方差是什么？证明你的回答。
b. 对于样本家庭来说平均日常消费大于 213 美元的概率是多少？大于 217 美元的概率呢？在 209 美元和 217 美元之间的概率呢？

6.25 20 世纪末的工人们不同于其父辈，可能很少为一个雇主工作许多年(Georgia Trend，1999 年 12 月)。今天的大学生知道他们所要进入的工作场所与其父母的相比有着很大的不同吗？为了回答这个问题，佐治亚大学泰里商学院的研究人员抽取了 344 名商业专业学生，并向其询问：在你一生中，你期望为任何一个雇主工作的最多年数是多少？得到的抽样结果为 $\bar{x}=19.1$ 年，$s=6$ 年。这里假设学生样本是从泰里学院的 5800 个大学生中随机选取的。
a. 描述 $\bar{x}$ 的抽样分布。
b. 假设总体均值是 18.5 年，$P(\bar{x}\geqslant 19.1$ 年$)$ 是多少？
c. 假设总体均值是 19.5 年，$P(\bar{x}\geqslant 19.1)$ 是多少？
d. 假设 $P(\bar{x}\geqslant 19.1)=0.5$，总体均值是多少？
e. 假设 $P(\bar{x}\geqslant 19.1)=0.2$，总体均值是大于还是小于 19.1 年？证明你的回答。

6.26《大学生杂志》(*College Student Journal*，1992.12)对传统和非传统学生的不同进行了调查，这里的非传统学生定义为那些 25 岁及以上并且正在从事全职或兼职工作的人。根据研究结果，我们假设对于所有的非传统的大学生的 GPA 来说，总体均值和标准差分别是 $\mu=3.5$ 和 $\sigma=0.5$。假设一个由 $n=100$ 个非传统学生所组成的随机样本是从所有非传统学生中选出的，并且每一个学生的 GPA 都可被确定，那么样本均值 $\bar{x}$ 将是近似的正态分布(根据中心极限定理)。
a. 计算 $\mu_{\bar{x}}$ 和 $\sigma_{\bar{x}}$。
b. 非传统学生 GAP 的样本均值在 3.40 和

3.60之间的概率大约是多少?

c. 这100个非传统学生GPA的样本均值超过3.62的近似概率是多少?

d. 假如样本容量n从100到200增加一倍,则$\bar{x}$的抽样分布将会怎样变化?当样本容量加倍时你对于b部分和c部分的回答有何变化?

6.27 路易斯维尔大学研究人员J. Usher、S. Alexander和D. Duggins对饼干装袋过程进行了检验(《质量工程》*Quality Engineering*,1996年91卷)。现在填充的平均重量设定为$\mu=406$克,标准差设定为$\sigma=10.1$克。(根据研究者,"每袋重量之所以变化较大是由于产品的流动性差,所以,使得从一个袋到另一个袋的填充重量难以完全一致。")监控这个过程的操作者每天随机地抽取36袋,并对每袋饼干重量进行测量。现考虑这36袋饼干所组成的样本的平均填充量$\bar{x}$。

a. 描述$\bar{x}$的抽样分布。(给出$\mu_{\bar{x}}$和$\sigma_{\bar{x}}$的值,以及概率分布的形状。)

b. 求$P(\bar{x}\leqslant 400.8)$。

c. 假设某一天操作者观察到$\bar{x}=400.8$,若其中一名操作者认为这表明在那一天的填充过程中真实的均值μ是小于406克的。而另一名操作者则认为$\mu=406$,所观察到的的值较小是由于填充过程中的随机变化。你同意哪一位操作者?为什么?

6.28 在新英格兰和中大西洋海岸发现的帘蛤是蛤蜊的一种。新泽西州广阔的海岸给这种帘蛤的生长提供了温床,也成为美国的一项最大的有壳水生动物的丰收项目。1980年到1992年间,新泽西州进行的一项有关捕捞近海帘蛤的联邦调查表明,每次捕捞可平均抓获(CPUE)89.34个蛤蜊,且CPUE的标准差是7.74(《有壳水生动物研究杂志》*Journal of Shellfish Research*,1995年6月)。现令$\bar{x}$代表新泽西州海岸的一个由35个海洋帘蛤捕捞队所组成的样本的CPUE均值。

a. 计算$\mu_{\bar{x}}$和$\sigma_{\bar{x}}$。对它们的值做出解释。

b. 画出$\bar{x}$的抽样分布的草图。

c. 求$P(\bar{x}>88)$。

d. 求$P(\bar{x}<87)$。

6.29 在决定什么时间下订单以将库存不足的产品补足时,零售商会考虑该产品的提前预订时间。提前预订时间是从下订单至得到消费者需求产品之间所需要的时间。它包括下订单、收到供货商的货物,检查货物以及将其放入库存的时间(Clauss,《应用管理科学和商业建模》*Applied Management Science and Spreadsheet Modeling*,1996年)。某一全国性连锁店的采购部门由于对某种男式服装供货商的平均提前订货时间感兴趣,便随机抽取了50个厂商的提前订货时间,并且发现天$\bar{x}=44$。

a. 描述$\bar{x}$的抽样分布的形状。

b. 假如μ和σ分别是40和12,那么容量为50的第二个随机样本的均值大于或等于44的概率是多少?

c. 利用b部分的μ和σ值,对于一个容量为50的样本其均值在区间$\mu\pm\frac{2\sigma}{\sqrt{n}}$内的概率是多少?

6.30 全国轿车租赁系统股份有限公司委托美国汽车俱乐部(USAC)对Hertz, Avis, National和Bughet等4家租赁公司的出租汽车进行一个一般条件的调查①。USAC官员利用缺陷计点系统对每个公司的汽车进行评价。对每一辆汽车从最好的分数0分开始,将每一次缺陷过失由检查员进行记录并对其计分。对于一个公司的汽车总的条件的度量之一是该公司所受到的所有记分的均值,即公司汽车队的平均分数。为了对每一个汽车租赁公司车队的均值分数进行估计,他们随机选择了10个主要的机场,再从每一个机场的各个公司的租赁汽车中随机选择10辆汽车由USAC官员进行检查;即,对于每一个公司抽取容量为$n=100$辆的一个车队样本并对其检查。

a. 对一个$n=100$辆出租汽车样本的平均得分的抽样分布进行描述。

b. 根据本题的背景就$\bar{x}$的均值进行解释。

c. 假设某个出租汽车公司的$\mu=30$且$\sigma=60$,则对于这个公司,求出$P(\bar{x}\geqslant 45)$。

d. 参考c部分。此公司声称其车队的真实得分"将不可能高到30分",而由USAC的记录得到此公司样本的平均得分是$\bar{x}=45$。这一结果倾向于支持还是反驳了该公司的观点?请解释。

① 信息来自个人与Rajiv Tandon的交流,Rajiv Tandon是明尼苏达州National出租车公司副总裁、总经理。

要点回顾

关键术语：

[注：星号（＊）项来自于这一章的选学节。]

有偏估计值＊Biased estimate＊

中心极限定理 Central Limit Theorem

估计误差＊Error of estimation＊

参数 Parameter

点估计量＊Point estimator＊

样本统计量 Sample statistic

抽样分布 Sampling distribution

均值的标准误差 Standard error of the mean

无偏估计值＊ Unbiased estimate＊

关键公式：

	均值	标准差	z 值
$\bar{x}$ 的抽样分布	$\mu_{\bar{x}}=\mu$	$\sigma_{\bar{x}}=\frac{\sigma}{\sqrt{n}}$	$z=\frac{\bar{x}-\mu_{\bar{x}}}{\sigma_{\bar{x}}}=\frac{\bar{x}-\mu}{\frac{\sigma}{\sqrt{n}}}$

语言室：

符号	读法	描述
θ	theta	总体参数（一般的）
$\mu_{\bar{x}}$	mu of x-bar	$\bar{x}$ 的抽样分布的真实均值
$\sigma_{\bar{x}}$	sigma of x-bar	$\bar{x}$ 的抽样分布的标准差

补充练习 6.31～6.51

注意：星号（＊）练习参考这章的选学节。

技巧训练：

6.31 考虑一个样本统计量 A。与所有的样本统计量一样，A 是运用样本观察值的一个特定函数（公式）来计算的。（例如，假如 A 是样本均值，则这个特定的公式将是观察值的和除以观察值数。）

a. 请说明“样本统计量 A 的抽样分布”的含义。

b. ＊假设 A 被用来估计一个总体参数 α，则“A 是 α 的一个无偏估计量”的含义是什么？

c. ＊考虑另一个样本统计量 B，假设 B 也是总体参数 α 的一个无偏估计量。我们如何运用 A 和 B 的抽样分布来决定这二者哪一个是 α 的较好的估计量？

d. 假设计算 A 和 B 的样本容量是很大的，则我们能够应用中心极限定理并且断定 A 和 B 的抽样分布是近似的正态分布吗？为什么能或者为什么不能？

＊6.32 样本均值$\bar{x}$的抽样分布的标准差（即通常所称的标准误差），等于样本所来自的总体的标准差除以样本容量的平方根。即，

$$\sigma_{\bar{x}}=\frac{\sigma}{\sqrt{n}}$$

a. 当样本容量增加时，$\bar{x}$的标准误差会怎样？为什么这条性质被认为是很重要的？

b. 假设一个样本统计量的标准误差不是样本容量的函数，即，当 n 变化时这个标准误差保持不变，则这个统计量作为总体参数的一个估计量将意味着什么？

c. 假设总体均值的另一个无偏估计量（称为 A）是一个样本统计量，其标准误差等于，

$$\sigma_A=\frac{\sigma}{\sqrt[3]{n}}$$

则作为总体均值的一个估计量，$\bar{x}$和 A 哪一个样本统计量更为可取？为什么？

d. 假设总体标准差 σ 等于 10 并且样本容量是 64，请计算$\bar{x}$和 A 的标准误差。假设 A 的抽样分布是近似正态的，试解释标准误差。为什么对于$\bar{x}$的抽样分布（近似）正态的假设是不必要的？

6.33 一个具有 $n=68$ 个观察值的随机样本是从 $\mu=19.6$ 且 $\sigma=3.2$ 的总体中被选出的，试近似求出下列每一个概率。

a. $P(\bar{x}\leqslant 19.6)$

b. $P(\bar{x}\leqslant 19)$

c. $P(\bar{x}\geqslant 20.1)$

d. $P(19.2\leqslant\bar{x}\leqslant 20.6)$

6.34 现有一个含有 40 个观察值的随机样本是从一个大的测量值总体中抽取的。已知在总体中 30%的测量值是 1,20%的测量值是 2,20%的测量值是 3,还有 30%的测量值是 4。

a. 请给出 40 个观察值的样本均值$\bar{x}$的抽样分布(重复)的均值和标准差。

b. 试描述$\bar{x}$的抽样分布的形状。你的回答将依赖于样本容量吗?

6.35 运用统计软件包从一个均匀概率分布的总体(选学 5.2 节)中产生 100 个容量为 $n=2$ 的随机样本,并且 $c=2$ 和 $d=10$。对于每一个样本计算$\bar{x}$,并且对于这 100 个$\bar{x}$值作一个频率分布图。对于 $n=5$,10,30 和 50 重复这个过程。请解释你的作图是怎样说明中心极限定理的。

6.36 利用统计软件包从一个均值为 100、标准差为 10 的正态概率分布的总体产生 100 个容量为 $n=2$ 的随机样本。对于每个样本计算$\bar{x}$,并且对于$\bar{x}$的这 100 个值作频率分布图。对于 $n=5$,10,30 和 50 重复这个过程。请说明抽样总体为正态这一事实是怎样影响$\bar{x}$的抽样分布的。

6.37 从一个均值为 100 且标准差为 10 的大的总体中抽取一个容量为 n 的随机样本,请计算样本均值$\bar{x}$。观察不同的样本容量 $n=1,5,10,20,30,40$ 和 50,对于$\bar{x}$的抽样分布的标准差的影响,并作图。

概念运用:

6.38 在佐治亚州李县,1997 年建筑行业工人每周工资的分布是右偏的,且具有 473 美元的均值(佐治亚劳动部,《劳动市场信息》*Labor Market Information*,1999 年)。假设分布的标准差是 25 美元。某经济学家计划在李县随机抽取 40 个工人,并对其询问有关周工资、年龄和雇佣时间长度的问题。

a. 描述建筑行业工人的周工资 x 的分布。

b. 描述建筑行业工人的年龄 y 的分布。

c. 描述$\bar{x}$和$\bar{y}$的分布。

d. 求 $P(\bar{x}\geqslant \$465)$。

e. 为了计算 $P(\bar{x}\geqslant 30)$,需要增加什么样的信息?

6.39 衡量电梯性能的方法之一是利用循环时间。电梯循环时间是指电梯连续两次启动之间的时间,包括电梯运行的时间和停在某一层的时间。研究人员发现:在运输复杂的情况下,为了确定电梯系统的平均循环时间,需要进行模拟。《模拟》(1993 年 10 月)杂志发表了一篇关于微机上电梯模拟器的论文。当运输密度被设置在每 5 分钟 50 人时,这个模拟器产生一个 26 秒的平均循环时间 μ。考虑一个含有 200 个模拟电梯运行的样本,并令$\bar{x}$代表这个样本的平均循环时间。

a. 你对于电梯两次连续启动之间的时间 x 的分布有何评价?(如果可能,给出 x 的均值、标准差以及分布的形状。)

b. 你对$\bar{x}$的分布有何评价?(如果可能,给出$\bar{x}$的均值、标准差以及分布的形状。)

c. 假设循环时间 x 的标准差 σ 是 20 秒,运用这一信息计算 $P(\bar{x}\geqslant 26.8)$。

d. 假设 $\sigma=10$,重复 c 部分。

6.40 参考练习 6.39 中《模拟》(1993 年 10 月)对于电梯循环时间的研究。循环时间与电梯某次运行的距离(称为运行距离,由楼层数度量)有关。在电梯运输的低峰期,运行距离的模拟分布见图。这个分布的均值为 $\mu=5.5$ 层且标准差为 $\sigma=7$ 层。考虑一个由 80 次模拟电梯在运输的低峰期间的运行所组成的随机样本,我们所关注的是平均运行时间。

a. 求 $\mu_{\bar{x}}$ 和 $\sigma_{\bar{x}}$。

b. $\bar{x}$的分布形状与这个图相似吗?如果不相似,请画出这个分布图。

c. 在交通的低峰期间,有可能观察到一个平均运行距离为 $\bar{x}$ 层的样本吗?请解释。

练习 6.40 的图

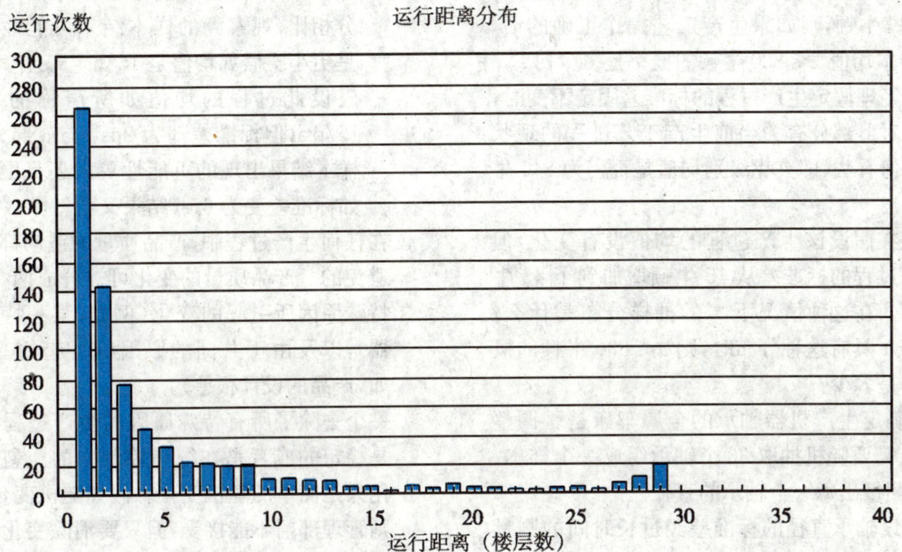

资料来源: Siikonen, M. L. "电梯交通模拟""模拟", 61 卷, 4 号, 1993 年, 10 月, 266 页(图 8)。版权 1993 由模拟理事会, 股份有限公司许可重印。

6.41 去年某公司开展了一项对雇员未使用的病假天数进行补偿的计划，对于雇员每一个未使用的病假日，付给其平常应挣工资的一半作为奖金。这样，自然会产生一个问题："这项政策能够激发雇员们少用病假吗？"。已知前年，雇员使用的病假天数的均值为 7 天、标准差为 2 天。

a. 假设去年这些参数没有改变，对于随机选择的 100 个雇员，求出去年使用的平均病假天数小于或等于 6.4 天的近似概率。

b. 假如这 100 个雇员的样本均值是 6.4 天，你怎样解释这个结果？

6.42 在 6.1 的统计实践中，某投资者考虑将 1000 美元投资于 $n=5$ 种不同的股票。每一种股票月收益率的均值为 $\mu=10\%$，标准差 $\sigma=4\%$。对于这 5 种股票的投资组合，投资者每月的收益率是 $\bar{r}=\frac{\sum r_i}{5}$。投资者的每月收益率的方差是 $\sigma_{\bar{r}}^2=\frac{\sigma^2}{n}=3.2$，它是投资者所面临风险的一个度量。

a. 假如投资者将 1000 美元仅投资于这 5 种股票的其中 3 种，则这个投资者所面对的风险将会增加还是减少？请解释。

b. 假设将 1000 美元投资在另外 10 种收益率与上述的完全一样的股票，试度量其风险，并与只投资 5 种股票的情形进行比较。

6.43 某个生产制造过程需要长度至少为 3 米的钢铁杆。若成批购买钢铁杆，每批 50000 根。为了确定这批钢铁杆是否符合需要的质量标准，从购进的每一批钢铁杆中随机地抽取了 100 根，并且计算样本中 钢杆的平均长度。质量经理决定，若样本均值为 3.005 米或者以上就接受该批钢铁杆。假设在一批钢铁杆中钢杆长度的标准差是 0.03 米。

a. 假如事实上每一批钢铁杆的平均长度为 3 米，则此制造商所收到的每批产品中的百分之多少将会退还给卖主(即供应商)？

b. 如果事实上厂商收到的所有各批产品中的所有钢杆长度是在 2.999 和 3.004 米之间，则各批产品的百分之多少将会退回给卖主？

6.44 某制造商为击剑运动员生产安全夹克，这些夹克是以剑锋刺入其中时所需的最小力量(以牛顿为单位)来定级的。如果生产工艺操作正确，则他生产的夹克级别应平均为 840 牛顿，标准差为 15 牛顿。国际击剑管理组织(FIE)希望这些夹克的最低级别不小于 800 牛顿。为了检查其生产过程是否操作正确，某经理从生产过程中抽取了 50 个夹克作为一个样本进行定级，并计算 $\bar{x}$，即该样本中夹克级别的均值。如假设这个过程的标准差是固定的，但是级别均值可能已经发生变化。

a. 如果该生产过程仍旧操作正确，则 $\bar{x}$ 的样本分布如何？

b. 假设这个经理所抽取样本的级别均值为830牛顿，则如果生产工艺操作正确的话，样本均值$\bar{x} \leq 830$牛顿的概率是多少？

c. 在经理假定生产过程的标准差固定不变时，你对b部分有关当前生产工艺过程的现状有何看法(即夹克级别均值是否仍为840牛顿)？

d. 现在假设该生产过程的均值没有变化，但是过程的标准差从15牛顿增加到了45牛顿。在这种情况下$\bar{x}$的抽样分布是什么？当$\bar{x}$具有这种分布时，则$\bar{x} \leq 830$牛顿的概率是多少？

6.45 为了确定生产机器轴承的金属车床是否调整得当，需要随机抽取36个轴承组成一个样本，并且测量出每一个轴承的直径。

a. 假设轴承直径的标准差经过长时间的测量是0.001英寸，则样本中这36个轴承的平均直径$\bar{x}$落在轴承总体平均直径的0.0001英寸以内的近似概率是多少？

b. 假设轴承直径的总体有一个极其偏态的分布，则你在a部分中所做的估计将受到什么影响？

c. 该机器生产的轴承的平均直径假设为0.5英寸，现公司决定用样本均值来确定生产过程是否处于控制之中，即正处于生产中的轴承其平均直径是否为0.5英寸。若这$n=36$个直径的样本均值小于0.4994英寸或者大于0.5006英寸，则认为这台机器是失控的。假如事实上这台机器所生产轴承的平均直径是0.501英寸，那么试验结果表明生产过程为失控的近似概率是多少？

6.46 一个软饮料瓶装厂从某供应商处购买玻璃瓶，该瓶需要有一个每平方英寸至少150磅的内部压力(psi)。一个未来的玻璃瓶供应商声称，他所生产的瓶子内部压力均值为157psi，标准差为3psi。该瓶装厂与其达成一项协议，获准从此供应商的生产过程中取样加以检验。瓶装厂从近期生产的10000个瓶子中随机地抽取了40个瓶子，并测量每只瓶子的内部压力，得到这个样本的平均压力是1.3psi，低于供应商所声称的均值。

a. 假设供应商的声称为真，则得到这样的一个样本均值或低于此均值的概率是多少？对于供应商声称的正确性你有何看法？

b. 假如这个过程的标准差如供应商所声称的那样是3psi，但均值却是156psi，则与a部分相比，观察到的样本结果可能性更大还是更小？假如均值是158psi又会怎样？

c. 假设此过程的均值如所声称的那样是157psi，但标准差却为2psi，与a部分相比，样本结果出现的可能性更大还是更小？假如标准差变为6psi结果又会怎样？

6.47 在任何生产过程中，产品质量的波动都是不可避免的。产品质量的变化可被分成两类：由于特殊原因所引起的变化(例如，某一特定的机器)，以及由于共同的原因所引起的变化(例如，产品的设计很差)。

一个去除了所有特殊原因的生产过程被称为是稳定的或者是在统计控制中的。剩余的变化只是简单的随机变化。假如随机变化太大，则管理部门不能接受，但只要消除变化的共同原因，便可减少变化(Deming，1982，1986；De Vor，Chang，和 Sutherland，1992)。

通常的做法是将产品质量的特征绘制到控制图上，然后观察这些数值随时间如何变动。例如，为了控制肥皂中碱的含量，可以每小时从生产线中随机地抽选$n=5$块试验肥皂作为样本，并测量其碱的含量，不同时间的样本含碱量的均值$\bar{x}$描绘在下图中。假如这个过程是在统计控制中的，则$\bar{x}$的分布将具有过程的均值μ，标准差具有过程的标准差除以样本容量的平方根，$\sigma_{\bar{x}}=\frac{\sigma}{\sqrt{n}}$。下面的控制图中水平线表示过程均值，两条线称为控制极限度，位于μ的上下$3\sigma_{\bar{x}}$的位置。假如$\bar{x}$落在界限的外面，则有充分的理由说明目前存在变化的特殊原因，这个过程一定是失控的(我们将在12章详细讨论控制图。)

当生产过程是在统计控制中时，肥皂试验样本中碱的百分比将服从$\mu=2\%$和$\sigma=1\%$的近似的正态分布。

a. 假如$n=4$则上下控制极限应距离μ多么远？

b. 假如这个过程是在控制中，则$\bar{x}$落在控制极限之外的概率是多少？

c. 假如抽取样本之前，过程均值移动到$\mu=3\%$，则由样本得出这个过程失控的(正确的)结论的概率是多少？

练习 6.47 的图

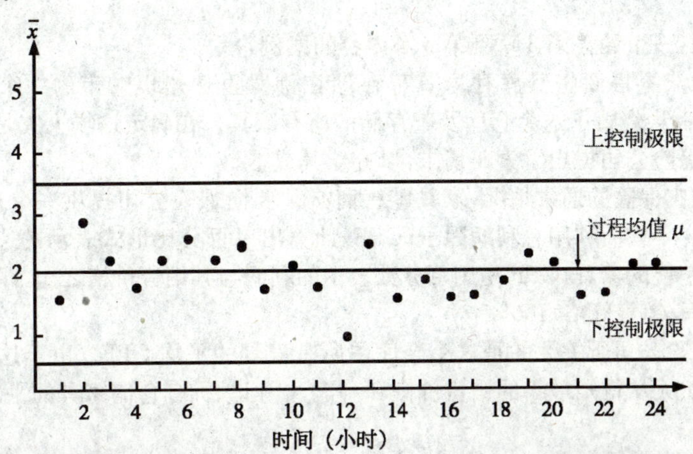

6.48 参考练习 6.47。肥皂公司决定设置比练习6.47中所述的 $3\sigma_{\bar{x}}$ 这一限度更为严格的控制极限。特别地，当加工过程在控制中时，公司愿意接受 $\bar{x}$ 落在控制极限外面的概率是 0.10。

a. 若公司仍想将控制极限度设在与均值的上下距离相等之处，并且仍计划在每小时的样本中使用 $n=4$ 个观察值，则控制极限应该设定在哪里？

b. 假设 a 部分中的控制极限已付诸实施，但是公司不知道，μ 现在是 3%（而不是 2%）。若 $n=4$，则 $\bar{x}$ 落在控制极限外面的概率是多少？若 $n=9$ 呢？

6.49 参考练习 6.48。为了改进控制图的敏感性，有时将警戒线与控制极限一起画在图上。警戒限一般被设定为 $\mu \pm 1.96\sigma_{\bar{x}}$。假如有两个连续的数据点落在警戒限之外，则这个过程一定是失控的(蒙哥马利，1991 年)。

a. 假如肥皂加工过程是在控制中(即，它遵循 $\mu=2\%$ 和 $\sigma=1\%$ 的正态分布)，则 $\bar{x}$ 的下一个值落在警戒限之外的概率是什么？

b. 假如肥皂加工过程是在控制中，则你预料画在控制图上的 $\bar{x}$ 的这 40 个值中有多少个点落在上控制极限以上？

c. 假如肥皂加工过程是在控制中，则 $\bar{x}$ 的两个未来数值落在下警戒线以下的概率是多少？

6.50（注意：本练习参考第 4 章的选学节。）一个楼房承包商决定从某个工厂的不合格墙板中抽取容量为 35 的样本，若每片墙板的平均裂痕数量不多于 2.1 个，就购买一车该工厂不合格的铝墙板。已知在工厂的不合格墙板中，每片墙板的裂痕数量服从均值为 2.5 的泊松概率分布，求承包商不购买一车墙板的近似概率。[提示：若 x 是一个泊松分布的随机变量，则其均值为 λ，σ_x^2 也为 λ。]

6.51（注意：本练习参考第 5 章指数分布的选学节。）《工业工程》(1990 年 8 月)的一篇文章讨论了在模拟研究中准确地模拟机器停工时间的重要性。作为说明，研究人员认为一个单独的机器系统其修理的时间(以分为单位)能够用 $\lambda=\frac{1}{60}$ 的一个指数分布来表示(见 5.5 节)。我们感兴趣的是一个具有 100 台停止运转的机器样本的平均修理时间。

a. 求 $E(\bar{x})$ 和 $\bar{x}$ 的方差。

b. 哪种概率分布提供了 $\bar{x}$ 的抽样分布的最好模型？为什么？

c. 计算平均修理时间 $\bar{x}$ 不多于 30 分钟的概率。

现实案例

家具失火案(一个涵盖第 3 章到第 6 章内容的案例)

某家具批发兼零售商将其库存家具都存储在佛罗里达州坦帕市的一个大仓库里。在 1992 年初,一场大火烧毁了这个仓库及其存储的所有家具。在确定这场火灾是一次偶然事故后,该批发商向保险公司提出了索赔请求,以补偿其成本。

正如此种火灾保险的通常情况,家具零售商必须要向保险公司提供一个被毁家具的"损失"利润的估计。零售商利用总利润因子(GPF)计算出以百分比形式表示的边际利润。根据定义,对于某种销售的家具,GPF 是用百分数表示的利润与其销售价格之比,即:

GPF=(利润/销售价格)100%

零售商和保险公司所关注的是这个仓库中所有家具的平均 GPF。由于这些家具已被全部烧毁,他们显然无从得知最终的销售价格和利润。因此,所有仓储家具的平均 GPF 是未知的。

要估计被烧毁家具的平均 GPF,其方法之一是利用最近销售的类似家具的平均 GPF。零售商在 1991 年(这场火灾的前一年)销售了 3005 件家具并且保留了所有的销售发票。他从中抽取了一个总数为 253 张的发票样本,并且计算了这些销售项目的平均 GPF,而不是对所有的 3005 个项目计算平均 GPF。这 253 个项目的选择方法是先选出一个包含了 134 个项目的样本,然后再抽取一个含有 119 个项目的第二个样本,以扩大样本。这两个子样本的平均 GPF 被分别计算为 50.6%和 51.0%,其总平均 GPF 为 50.8%。将此平均 GPF 用于在火灾中被烧毁的家具项目,便得到一个"损失"利润的估计值。

然而,保险公司富有经验的诉讼调解人却认为,对于火灾中被烧毁的这类销售项目,其 GPF 很少超过 48%。因此,50.8%的估计看起来异常的高(对于此类销售项目,GPF 每增加 1%,便相当于利润大约增加 16000 美元)。当保险公司就此问题质询零售商时,得到的回答是,"我们的估计是基于 1991 年的 3005 张发票总体所选择的两个独立的随机样本。因为这个样本是随机选取的,并且总的样本容量是很大的,因此 50.8%的平均 GPF 的估计绝非无稽之谈。"

这样,在家具零售商和保险公司之间发生了一场争论,并且引发了诉讼。在诉讼中,保险公司指控零售商使用了欺骗性的抽样方法,而不是随机地选择样本。零售商被指控从总体中选择了过多的"高利润"项目,以增加总样本的平均 GPF。

保险公司为了证实其对骗局的指控而雇佣了一个会计公司,使其独立地就零售商 1991 年的总利润因子进行评估。在整个评估过程中,会计公司合法地得到了整个总体的 3005 个销售项目的发票,并且将其信息输入计算机。销售价格、利润、边际利润,以及这 3005 件家具的月销售额都可在这个数据磁盘上得到,正如下表所示。

在此案例中,你的目的是利用这些数据确定欺骗的可能性。从这一 3005 个项目的总体中选取一个含有 253 个项目的随机样本,并产生一个至少为 50.8%的平均 GPF 是很可能的吗?或者说,两个样本容量分别为 134 和 119 的独立随机样本分别产生至少为 50.6%和 51.0%的平均 GPF,是可能的吗?(这些是由会计公司的一位统计学家所提出的保留问题。)利用概率和抽样分布的方法指导你的分析。

请准备一份职业公文提交你的分析结果,并且提出你对骗局的看法。一定要说明你的结论所使用的假设和方法。

现实案例附表

变　量	栏　目	类　型	描　述
月	17—19	QL	1991 年家具销售的月份
发票	25—29	QN	发票号码
销售	35—42	QN	以美元计的家具销售价格
利润	47—54	QN	以美元计的家具销售利润量
边际	59—64	QN	家具的边际利润＝(利润/销售)100％

第 7 章

基于单个样本的推断：置信区间估计

本章内容

7.1 总体均值的大样本置信区间
7.2 总体均值的小样本置信区间
7.3 总体比率的大样本置信区间
7.4 确定样本容量
7.5 关于简单随机抽样的有限总体修正(选学)
7.6 抽样调查设计(选学)

统计实践

7.1 扇贝、抽样与法律
7.2 抽样误差与非抽样误差

我们已经学过的

我们知道参数表示的是总体的特征，它们的值可以通过样本统计量来估计。但由于样本统计量是一个随机变量，它随样本的变化而变化，因此，根据样本统计量来推断的总体参数具有不确定性。这个特性反映在统计量的抽样(概率)分布中。

我们将要学习的

本章我们将前面的理论付诸实践。也就是说，我们将从所关注的总体中选取一个样本来对总体均值或比率进行估计。最重要的是，我们用样本统计量的抽样分布去评价估计值的可靠性。

我们对于一辆新款汽车平均每加仑汽油行驶的英里数的估计，对于一台计算机期望寿命的估计，以及对于钢铁工业公司平均每年销售量的估计，都具有一个共同点，即在每一种情况下，我们都是对定量观测值的总体均值的估计感兴趣。这便是本章所要探讨的主要问题。

在估计均值时，对于大样本和小样本所采用的方法是不同的。不过，我们的目标是相同的：即利用样本信息去估计均值并且来评价这一估计值的可靠性。

首先，我们考虑用大随机样本(7.1 节)和小随机样本(7.2 节)估计总体均值的方法。其次，考虑总体比率的估计(7.3 节)。然后，讨论如何根据随机抽样估计的可靠性确定必要的样本容量(7.4 节)。最后，我们描述几个其他的更复杂的抽样调查设计(7.5 节和 7.6 节)。

7.1　总体均值的大样本置信区间

为了阐述估计总体均值的大样本方法，我们考虑一个例子。假设一个规模较大的银行想估计其借款人逾期贷款的平均欠款量，即指借款人超过应付款期两个月以上的欠款。为了完成这个目标，银行计划随机抽取 100 个逾期贷款的账户，并且利用这一逾期贷款数的样本均值 $\bar{x}$ 去估计所有逾期贷款量的均值 μ。这里样本均值 $\bar{x}$ 是总体均值 μ 的一个点估计(定义 6.4)。那么我们怎样才能评价这个点估计的准确性呢?

根据中心极限定理，对于大样本来说，样本均值的抽样分布近似正态分布，如图 7.1 所示。让我们计算区间：

$$\bar{x}\pm 2\sigma_{\bar{x}}=\bar{x}\pm\frac{2\sigma}{\sqrt{n}}$$

图 7.1　$\bar{x}$ 的抽样分布

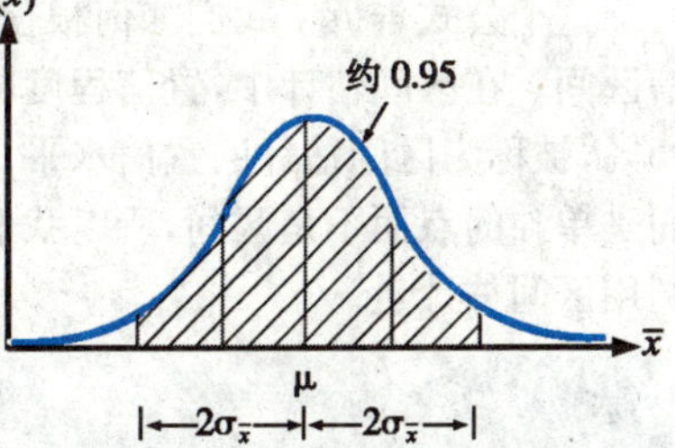

这样便形成一个宽度约为 4 个标准差的区间——均值左右各为 2 个标准差。那么，**在抽取样本之前**，此区间将包含总体均值 μ 的概率是多少?

为了回答这个问题，参考图 7.1。假如由 100 个样本观测值所产生的 $\bar{x}$ 落在 μ 的两侧所形成的区间内，即在 μ 的两个标准差之内，那么区间 $\bar{x}\pm 2\sigma_{\bar{x}}$ 将包含 μ；若 $\bar{x}$ 落在这些边界的外面，区间 $\bar{x}\pm 2\sigma_{\bar{x}}$ 将不包含 μ。因为在这些边界之间，正态曲线($\bar{x}$ 的抽样分布)下的面积大约是 0.95(根据附录 B 中的表Ⅳ，更精确的面积是 0.9544)，这样我们知道区间 $\bar{x}\pm 2\sigma_{\bar{x}}$ 将包含 μ 的概率近似等于 0.95。

例如，表 7.1 列出的是 100 个逾期贷款账户的欠款量。图 7.2 则显示了这 100 个样本观测值的 *SAS* 汇总统计量输出结果。从这个输出结果中可得到 $\bar{x}=233.28$ 美元和 $s=90.34$ 美元。为达到我们的目标，必须构造区间：

$$\bar{x}\pm\sigma_{\bar{x}}=233.28\pm 2\frac{\sigma}{\sqrt{100}}$$

表 7.1　**100 个到期未付账户的欠款量**

195	243	132	133	209	400	142	312	221	289
221	162	134	275	355	293	242	458	378	148
278	222	236	178	202	222	334	208	194	135
363	221	449	265	146	215	113	229	221	243
512	193	134	138	209	207	206	310	293	310
237	135	252	365	371	238	232	271	121	134
203	178	180	148	162	160	86	234	244	266
119	259	108	289	328	331	330	227	162	354
304	141	158	240	82	17	357	187	364	268
368	274	278	190	344	157	219	77	171	280

图 7.2 **100 个逾期贷款账户的欠款量的 SAS 汇总统计量**

Analysis Variable: AMOUNT

N Obs	N	Minimum	Maximum	Mean	Std Dev
100	100	17.0000000	512.0000000	233.2800000	90.3398835

但是,我们目前面临的一个问题是:由于总体的标准差 σ 未知,即,所有逾期贷款数量的标准差,我们便不能计算这个区间。然而,由于已有了一个大样本($n=100$),我们则可以运用样本的标准差 s 去近似总体的标准差 σ,这样,近似地计算这一区间为,

$$\bar{x}\pm 2\frac{\sigma}{\sqrt{100}}\approx\bar{x}\pm 2\frac{s}{\sqrt{100}}=233.28\pm 2\left[\frac{90.34}{10}\right]=233.28\pm 18.07$$

即对于所有的账户来说,平均逾期贷款将落在 215.21 美元和 251.35 美元的区间内。

那么,我们能够确信均值 μ 的真值一定是在区间(215.21,251.35)内吗?虽然我们不能确定,但是我们可以合理地确信这一结果。这是因为从理论上知道,假如我们从这个总体中重复抽取容量为 100 的随机样本,则每次都可形成区间 $\bar{x}\pm 2\sigma_{\bar{x}}$,其中大约 95%的区间将包含 μ。我们无法知道此样本区间是属于包含 μ 的 95%之一者,还是属于不包含 μ 的 5%之一者(因为没有考虑所有的逾期贷款账户),但是这个机率显然倾向于区间包含着 μ。因此,215.21 美元到 251.35 美元的区间是平均每个账户逾期贷款数的一个可靠的估计。

这个公式告诉了我们如何根据样本数据去计算一个区间估计,它被称为区间估计量,或者置信区间。在区间估计中,置信程度的测度称为置信系数,在本例中为 0.95。将其用百分比表示为 95%,被称为区间估计的置信水平。要想准确地评价点估计量的可靠性通常是不可能的,因为它们是单独的点而不是区间,所以我们希望使用那种能够进行可靠性测度的估计量,因而我们通常利用区间估计量。

定义 7.1

区间估计量(或者置信区间(Confidence interval))是利用样本数据来计算用于估计总体参数的一个区间。

定义 7.2

置信系数是随机选择的置信区间包含总体参数的概率——也就是在大量重复多次地运用估计量构建包含了总体参数的区间所具有的相对频率。置信水平是用百分数表示的置信系数。

我们已经知道了如何运用区间对总体均值进行估计。当使用区间估计量时,我们通常能够计算出估计出的区间包含总体均值真值的概率。那就是说,区间在重复使用中包含参数的概率通常是已知的。图 7.3 表明了从一个总体中抽出 10 个不同的样本时所发生的情况,从中可以计算出关于 μ 的每一个置信区间。μ 的位置由图中的垂直线表示。这 10 个置信区间,每个基于一个样本,用水平线段表示。注意置信区间随着样本的移动而移动——有时候包含 μ,有时候不包含 μ。假设置信水平是 95%,那么在不断重复计算中,95%的置信区间将包含 μ,而 5%的置信区间将不包含 μ。

假如你所选择的置信系数不是 0.95。注意到在图 7.1 中置信系数 0.95 等于在抽样分布下的总面积 1 减去面积 0.05,这个 0.05 在两尾被分成相等的两部分。利用这一思路,我们通过增加或者减少指定的抽样分布的两尾面积(称它为 α)(见图 7.4),便能够构造出一个具有任意所需的置信系数的置信区间。例如,假设我们把 $\alpha/2$ 面积分配在双尾的每一尾,并且假设 $z_{\alpha/2}$ 是使右端面积为 $\alpha/2$ 的 z 值,那么具有置信系数($1-\alpha$)的置信区间是,

图 7.3　关于 μ 的置信区间：10 个样本

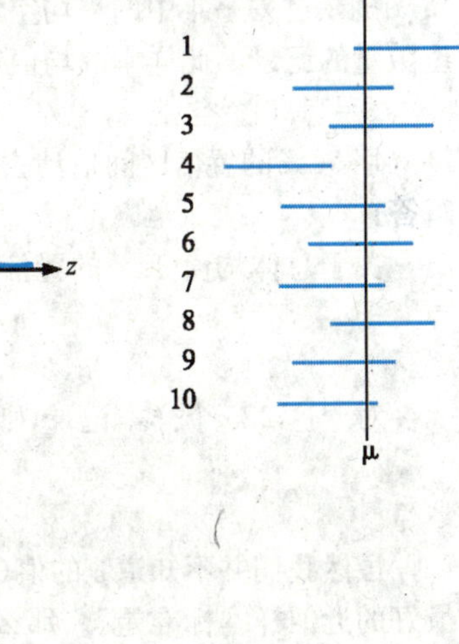

$\bar{x} \pm z_{\alpha/2}\sigma_{\bar{x}}$

图 7.4　在标准正态曲线上确定 $z_{\alpha/2}$ 的位置

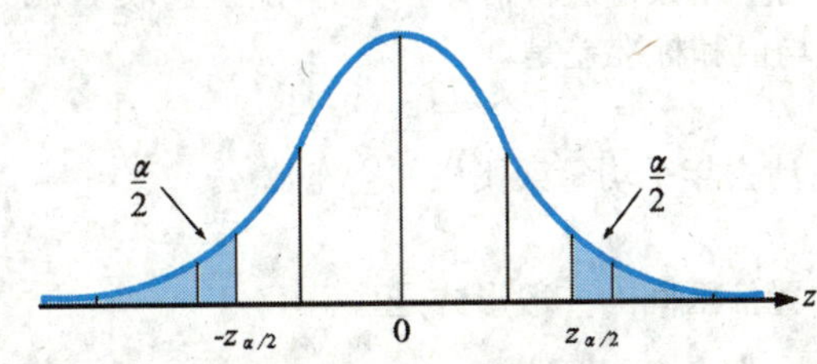

图 7.5　所对应的 z 分布的右尾面积等于 0.05z 值($z_{0.05}$)

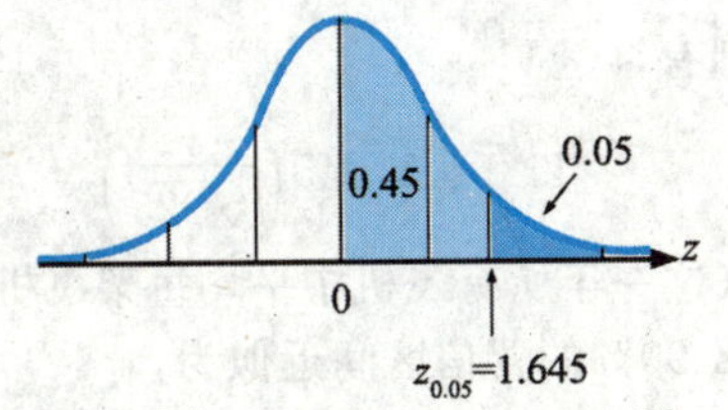

举例说明，对于 0.90 的置信系数，我们有$(1-\alpha)=0.90$，则 $\alpha=0.10$，且 $\alpha/2=0.05$；$z_{0.05}$是在抽样分布中使右尾面积为 0.05 的 z 值。回顾在附录 B 中的表Ⅳ，它给出了均值与指定的 z 值之间的面积。因为均值右侧的总面积是 0.5，我们所求的 $z_{0.05}$是对应于均值右侧的面积为 0.5-0.05 =0.45 的 z 值(见图 7.5)。这个 z 值是 $z_{0.05}=1.645$。

在实践中所运用的置信系数通常在 0.90 到 0.99 之间。我们将最常使用的置信系数所具有的 α 值和 $z_{\alpha/2}$的值列在表 7.2 中。

表 7.2 通常使用的 $z_{\alpha/2}$ 值

置信水平			
100(1-α)	α	$\alpha/2$	$z_{\alpha/2}$
90%	0.10	0.05	1.645
95%	0.05	0.025	1.96
99%	0.01	0.005	2.575

关于 μ 的大样本的 100(1-α)%置信区间

$$\bar{x} \pm z_{\alpha/2}\sigma_{\bar{x}} = \bar{x} \pm z_{\alpha/2}\frac{\sigma}{\sqrt{n}}$$

其中，$z_{\alpha/2}$是右尾面积为 $\alpha/2$ 的 z 值(见图 7.4)，且 $\sigma_{\bar{x}}=\frac{\sigma}{\sqrt{n}}$。参数 σ 是抽样总体的标准差，n 是样本容量。

注：当 σ 未知(几乎总是这种情况)并且 n 较大(比如，$n\geqslant 30$)时，置信区间近似等于

$$\bar{x} \pm z_{\alpha/2}\left(\frac{s}{\sqrt{n}}\right)$$

这里 s 是样本标准差。

假设条件：无。因为中心极限定理确保了 $\bar{x}$ 的抽样分布近似服从正态分布。

例 7.1

在客机飞行中的空座位导致航空公司的收入减少。假设一个规模较大的航空公司欲对其每架飞机在过去一年中的平均空座数量进行估计。为此，随机选取了 225 架飞机，每架飞机都有空座数量的记录。此样本的均值和标准差是，

$\bar{x}=11.6$ 个空座　　　　　　$s=4.1$ 个空座

用 90%的置信区间估计去年平均每架飞机的空座数 μ。

解答：

关于总体均值 90%的置信区间的一般形式是，

$$\bar{x}\pm z_{\alpha/2}\sigma_{\bar{x}}=\bar{x}\pm z_{0.05}\sigma_{\bar{x}}=\bar{x}\pm 1.645\left(\frac{\sigma}{\sqrt{n}}\right)$$

对于这 225 个样本记录，则有，

$$11.6\pm 1.645\left(\frac{\sigma}{\sqrt{225}}\right)$$

虽然我们并不知道 σ 的值（这一年所有飞机中平均每架飞机的空座数的标准差），但我们运用最好的近似样本标准差 s。那么 90%的置信区间近似为，

$$11.6\pm 1.645\left(\frac{4.1}{\sqrt{225}}\right)=11.6\pm 0.45$$

即(11.15,12.05)。则在 90%的置信水平下，我们估计出在抽样年期间平均每一架飞机的平均空座数量在 11.15 至 12.05 之间。这个结果可由图 7.6 的 MINITAB 分析输出结果加以证实。

图 7.6　关于置信区间的输出结果

	N	MEAN	STDEV	SE MEAN	90.0 PERCENT C.I.
Noseats	225	11.6	4.1	0.273	(11.15, 12.05)

强调一下，本例中的 90%的置信水平是，相对于所运用的过程而言的。假如我们用不同的样本重复这个过程，则大约 90%的区间将包含 μ。我们并不知道这个特定的区间(11.15,12.05)是属于包含 μ 的 90%之一者还是属于不包含 μ 的 10%之一者，但是其概率是这样的。

关于总体均值置信区间的解释我们总结在下面的框内。

有时候，在估计步骤中所产生的置信区间就我们的目的而言太宽了。在这种情况下，我们想减少区间的宽度而得到一个更精确的 μ 的估计值。完成这个问题的方式之一是减小置信系数 $1-\alpha$。例如，我们来重新考虑对所有的逾期贷款平均数 μ 的估计问题。回顾那 100 个账户所构成的样本，$\bar{x}=233.28$ 美元和 $s=90.34$ 美元。则其关于 μ 的 90%的置信区间是，

$$\bar{x}\frac{1.645\sigma}{\sqrt{n}}\approx 233.28\pm(1.645)\left(\frac{90.34}{\sqrt{100}}\right)=233.28\pm 14.86$$

即(218.42 美元，248.14 美元)。你可以看到，这个区间比先前所计算出的 95%的置信区间(215.21美元，251.35 美元)要窄一些。但遗憾的是，对于 90%的置信区间我们也“减少了信心”。减小一个区间的宽度而不牺牲“置信度”的方法之一是增加样本容量 n。我们将在 7.4 节证明这个方法。

关于总体均值的置信区间的解释

当我们形成 μ 的 $100(1-\alpha)\%$ 的置信区间时,我们通常表述为,"我们能够 $100(1-\alpha)\%$ 地确信 μ 位于这一置信区间的上下限之间"。对于特定的应用例子,我们用适当的数值作为置信度和区间的上下限。此表述反映的是我们对于估计过程的确信程度,而不是对由样本数据所计算出来的某一具体区间的信任。我们知道将同样步骤重复应用于不同的样本数据,将导致不同的区间上限和下限。更进一步来说,我们知道这些区间的 $100(1-\mu)\%$ 将包含 μ。这里,(通常)无法确定某一个具体的区间是否包含了 μ 的真值。然而,与点估计量不同,置信区间有可靠性的测度——置信系数。因此,置信区间估计通常比点估计更受青睐。

练习 7.1～7.17

技能训练:

7.1 求出下列各个情况中的 $z_{\alpha/2}$:

a. $\alpha=0.10$　　b. $\alpha=0.01$

c. $\alpha=0.05$　　d. $\alpha=0.20$

7.2 下列关于 μ 的置信区间的置信水平是什么?

a. $\bar{x}\pm1.96\left(\frac{\sigma}{\sqrt{n}}\right)$　　b. $\bar{x}\pm1.645\left(\frac{\sigma}{\sqrt{n}}\right)$

c. $\bar{x}\pm2.575\left(\frac{\sigma}{\sqrt{n}}\right)$　　d. $\bar{x}\pm1.282\left(\frac{\sigma}{\sqrt{n}}\right)$

e. $\bar{x}\pm0.99\left(\frac{\sigma}{\sqrt{n}}\right)$

7.3 从一个未知均值 μ 和标准差 σ 的总体中选出一个具有 n 个观测值的随机样本。对于下列各种情况计算关于 μ 的 95%的置信区间:

a. $n=75, \bar{x}=28, s^2=12$

b. $n=200, \bar{x}=102, s^2=22$

c. $n=100, \bar{x}=15, s=0.3$

d. $n=100, \bar{x}=4.05, s=0.83$

e. 若要保证置信区间的有效性,对于 a,b,c,d 中假设测度总体的正态分布是必要的吗?请解释。

7.4 由 90 个观测值所构成的一个随机样本,其样本均值 $\bar{x}=25.9$,样本标准差 $s=2.7$。

a. 求出关于总体均值 μ 的一个 95%的置信区间。

b. 求出 μ 的一个 90%的置信区间。

c. 求出关于 μ 的一个 99%的置信区间。

7.5 对于一个来自于正态总体且由 70 个观察值所构成的随机样本,其样本均值等于 26.2,样本标准差等于 4.1。

a. 求出关于 μ 的一个 95%的置信区间。

b. 当置信系数为 0.95 时意味着什么?

c. 求出关于 μ 的一个 99%的置信区间。

d. 若样本容量保持固定,当置信系数的值增加时,则置信区间的宽度发生什么变化?

e. 假如其总体不是正态分布,则 a 和 c 中的置信区间是有效的吗?请解释。

7.6 请解释"我们以 95%的置信度确信这个区间估计包含 μ"这句话的含义。

7.7 请阐述 μ 的区间估计量和点估计量之间的不同。

7.8 由 μ 个观测值所组成的一个随机样本,其样本均值和标准差分别等于 33.9 和 3.3,

a. 若 $n=100$,求出关于 μ 的一个 95%的置信区间。

b. 若 $n=400$,求出关于 μ 的一个 95%的置信区间。

c. 求出 a 和 b 中置信区间的宽度。若保持置信系数固定,则当样本容量扩大到原来的 4 倍时,置信区间的宽度有什么变化?

7.9 假如抽取样本的总体不是正态分布,则大样本置信区间是有效的吗?请解释。

概念运用:

7.10 美国拥有 140 万免税组织,其中包括大多数中学和大学、基金会和社会服务组织,比如,红十字、救世军、YMCA 和美国癌症者社团等。对这些组织的捐赠不仅用于捐赠目的本身,而且还用作募捐活动的费用和经常性管理费用。下表列出了一个由 30 个慈善团体所构成的样本的慈善承付款项和用于捐赠目的费用百分比。

a. 对于免税组织的平均施舍承付款给出一个点估计。

b. 对于免税组织的真实平均施舍承付款构造一个 98%的置信区间,并解释其结果。

c. 与 a 的点估计量相比,为什么 b 的区间估计是一个更好的平均施舍承付款的估计量?请解释。

练习 7.10 的数据 CHARITY.DAT

组织	施舍承付款
American Cancer Society	62%
American National Red Cross	91
Big Brothers Big Sisiters of America	77
Boy Scouts of America National Council	81
Boys $ Girls Clubs of America	81
CARE	91
Covenant House	15
Disabled American Veterans	65
Ducks Unlimited	78
Feed the Children	90
Girl Scouts of the USA	83
Goodwill Industries International	89
Habitat for Humanity International	81
Mayo Foundation	26
Mothers Against Drunk Drivers	71
Multiple Sclerosis Association of America	56
Museum of Modern Art	79
Nature Conservancy	77
Paralyzed Veterans of America	50
Planned Parenthood Federation	81
Salvation Army	84
Shriners Hospital for Children	95
Smithsonian Institution	87
Special Olympics	72
Trust for Public Land	88
United Jewish Appeal/Federation—NY	75
United States Olympic Committee	78
United Way of New York City	85
WGBH Educational Foundation	81
YMCA of the USA	80

资料来源："Look Before You Give," Forbes, Dec. 27, 1999, pp. 206—216.

7.11《美国医药联合会杂志》(1993 年 4 月 21 日)报告了一个旨在确定美国成年人抽烟盛行程度的全国健康调查。40000 个以上的成年人回答了这样的问题，如"在你的一生中至少抽过 100 支烟吗?","你现在抽烟吗?"。对于正在抽烟者(在调查中超过了 11000 个成年人)还被问及："你现在平均一天抽多少支烟?"，结果产生了一个每天 20.0 支烟的平均值及一个 95%的置信区间(19.7,20.3)。

a. 根据所抽取的样本仔细地描述这个总体。

b. 解释这一 95%的置信区间。

c. 为了保证区间推断的有效性，说明正在抽烟者的目标总体必须满足的假设条件。

d. 一个烟草行业的研究人员声称，经常性抽烟者每天抽烟的平均数量少于 15 支。试评论这个推断。

7.12 在 1995、1996 和 1997 年末，纽约股票交易所(NYSE)每股股票的平均价格分别是 38.86美元、41.2 6 美元和 45.45 美元。(《美国统计摘要》,在 1998 年末为了调查平均股价，抽出一个由 30 种 NYSE 股票组成的随机样本。表中列出了(由他们的 NYSE 缩写)1998 年 12 月 29 日的结算价格。同时列出了 SAS 描述统计的输出结果。

a. 利用所补充的 SAS 输出结果信息，估计 1998 年末关于每股股票平均价格的 90%的置信区间。

b. 利用《美国统计摘要》最新版，求出 1998 年末 NYSE 的每股股票准确的平均价格。这个数字与你的置信区间相符吗?假如不符，提供一个可能的解释。

练习 7.12 的表 NYSEPRIC.DAT

股票	价格(美元)	股票	价格(美元
Litton	$7^{13/16}$	MCN Engy	$19^{1/16}$
Monsanto	$47^{1/2}$	Premdor	$9^{15/16}$
Deere	$32^{7/8}$	Clorox	$116^{13/16}$
Tremont	$33^{1/4}$	ToysRUs	$16^{15/16}$
Munivest PA	$13^{13/16}$	JCPenney	$46^{7/8}$
Case CP	$38^{5/8}$	Ameren	$42^{11/16}$
Tyler Cp	$6^{1/8}$	MDC	$21^{3/8}$
Pacific Cp	$21^{1/16}$	Dean Food	$40^{13/16}$
Pepsi Co	$40^{7/8}$	PubSvsEnt	40
DeVry	$30^{5/8}$	CocaCola	67
Loewen Gp	$17^{1/4}$	Morgan JP	$105^{1/16}$
Lyondell	$8^{1/2}$	Dana Corp	$40^{7/8}$
Moore Cp	11	CV REIT	$12^{9/16}$
MrgnStn	$24^{13/16}$	PLC Cap MPS	$25^{3/8}$
AT&T	$75^{3/4}$	Progrsv Cp	$169^{3/8}$

资料来源：Wall Street Journal, January 4, 1999.

练习 7.12 中的 SAS 输出结果

Analysis Variable:PRICE

N	MEAN	Std Dev	Minimum	Maximum
30	39.4875033	36.2778754	6.1250000	169.3750000

7.13 研究表明自行车头盔可以保护生命。《公共健康报告》(1992年5~6月)的一项研究想了解怎样鼓励孩子戴头盔。测度变量之一是骑自行车的孩子们的风险感觉。研究采用了一个4点比率尺度,分数从1(没有风险)到4(非常高的风险)。对于一个由4~6年级的797个儿童构成样本,产生了以下的关于风险感觉变量的结果:$\bar{x}=3.39, s=0.80$。

a. 对所有的4~6年级学生计算平均风险感觉的90%置信区间。为了保证置信区间的可靠性,你必须做出什么假设呢?

b. 假如风险感觉的总体均值超过2.50,研究者将推断,在这些年级的骑自行车学生中表现出了风险意识。根据问题的背景解释a部分中所构成的置信区间。

7.14 一份贸易杂志《质量改进》从其100000多的订户中随机抽取9117户,邮寄给他们一张工资调查表。寄出一周以后,再寄一张名信片,提醒他们完成这张调查表。明信片寄出两周以后,再寄一张完全一样的调查表给所有仍没有回答的人。一周后,又寄出另一张提醒他们完成这张调查表的名信片。最后,收到4828户可用答卷,回收率为53%。(注意:这么高的回收率,如果不用全面的紧追过程,是不能取得的。)这项调查产生的数据以工作种类及工资的形式列在表中。

练习 7.14 的表

职位	样本容量	均值	标准差
检查员	251	26098	7395
技术员	397	27384	5956
协调人	176	36919	13178
专家	373	42110	13449
监督人	456	42699	14187
工程师	651	46816	12557
经理	1142	55076	17910
顾问(在家)	260	60601	20561
主管	670	67339	23211
顾问(独立)	163	69355	26871
副总裁	284	93247	33740

资料来源:"1994 Salary Survey." Quality Progress, November 1994, pp. 27-49.

a. 标有"均值"的列是关于某些参数的点估计量,请仔细描述相关总体及其参数。

b. 构造并解释经理的平均工资的95%置信区间。

c. 关于副总裁重复b部分。

d. 解释为什么在描述经理和副总裁的平均工资时,b和c的置信区间优于点估计。

7.15 《心理学应用杂志》(1998年8月)对雇员参与完成评价过程与后来下属对于评价的反应之间的关系进行了调查。在第10章,我们将讨论反映两个变量之间线性关系的一个数量测度——相关系数γ。研究人员对参与评价和下属对于评价的满意程度之间的关系进行了34次研究,得到样本的相关系数γ,这些系数列在表中(γ的值接近于+1反应了变量之间呈正相关关系),并提供了有关数据均值的95%置信区间的MINITAB输出结果。在输出结果中确定95%的置信区间的位置,并就此问题进行解释。

练习 7.15 的表

0.50	0.58	0.71	0.46	0.63	0.66	0.31	0.35	0.51
0.06	0.35	0.19	0.40	0.63	0.43	0.16	-0.08	0.51
0.59	0.43	0.30	0.69	0.25	0.20	0.39	0.20	0.51
0.68	0.74	0.65	0.34	0.45	0.31	0.27		

资料来源:Cawley, B. D., Keeping, L. M., and Levy, P. E. "Participation in the performance appraisal process and employee reactions: A meta-analytic review of field investigations." Journal of Applied Psychology, Vol. 83, No. 4, Aug. 1998, pp. 632-633(Pppendix).

7.16 1978年国内收入法典的401(k)方案允许雇员将税前工资的一部分进行投资,如投入共同基金。通常,雇主再拿出一部分钱,按雇员投资额的50%划入雇员的投资的账号作为鼓励,但最高不得超过工资的6%(《财富》,1992年12月28日)。一个公司担心被认为在它的401(k)方案中的雇员参与率太低,便抽取了30个具有相似方案的其他公司,并询问其401(k)参与率,得到了以下的比率(百分数):

练习 7.16 的表 RATE401K. DAT

80	76	81	77	82	80	85	60	80	79	82	70	88	85	80
79	83	75	87	78	80	84	72	75	90	84	82	77	75	86

这些数据的描述统计量在下面的 SPSS 输出结果中给出

a. 对于所有具有 401(k)方案的公司，利用 SPSS 输出结果构造一个平均参与率的 95%的置信区间。

b. 根据这个问题的背景解释这个区间。

c. 为保证置信区间的有效性，必须要有什么样的假设？

d. 假如实施抽样的公司参与率为 71%，是否可以推断它的比率低于所有具有 401(k)的公司的总体平均比率？请解释。

e. 假如在这个数据组中 60%的数据有 80%参与率，在 a 中所构造的置信区间的中心和宽度将受到怎样的影响？

7.17 1967 年《雇佣中的年龄歧视行为(ADEA)》使歧视 40 岁或更大年龄工人的行为成为非法。但反对者认为，雇主不愿意雇佣和训练接近退休年龄的工人的原因似乎是经济的原因。他们还认为人的能力随着年龄增长趋于下降。事实上，《福布斯》(1999 年 12 月 13 日)的报告显示，在最流行的 IQ 测验 Wechsler 成年人智力等级上，25 岁的智力等级明显好于 60 岁。下面的数据是 36 个 25 岁的和 36 个 60 岁的原始测试分数(不是熟悉的正态化的 IQ 分数)：

a. 对于所有 25 岁者，估计其平均原始测试分数的 95%的置信区间，并对其进行解释。

b. 为了使用 a 中的估计方法，必须要满足什么假设？

c. 下面的 STATISTIX 输出结果提供了对于 60 岁者的原始测试数据的样本分析。对于所有 60 岁的平均原始数据，求 95%的置信区间并解释其结果。(注：在第 9 章我们将给出一个直接比较 25 岁者和 60 岁者均值的方法。)

练习 7.17 的表 1 IQ25. DAT

25 岁的					
54	61	80	92	41	63
59	68	66	76	82	80
82	47	81	77	88	94
49	86	55	82	45	51
70	72	63	50	52	67
75	60	58	49	63	68

练习 7.17 的表 2 IQ60. DAT

60 岁的					
42	54	38	22	58	37
60	49	51	60	45	42
73	28	65	65	60	34
34	33	40	28	36	60
45	61	47	30	45	45
45	37	27	40	37	58

资料来源：Adpted from: The Case for Age Discrimination," Forbes, Dec. 13, 1999, p.

练习 7.15 的 MINITAB 输出结果

Variable	N	Mean	StDev	SE Mean	95.0% CI
corr	34	0.4224	0.1998	0.343	(0.03526, 0.4921)

练习 7.16 SPSS 的输出结果

Number of Valid Observations (Listwise) = 30.00

Variable	Mean	Std Dev	Minimum	Maximum	N Label
PARTRATE	79.73	5.96	60.00	90.00	30

练习 7.17 STATISTLX 的输出结果

DESCRIPTIVE STATISTICS

VARLABLE	N	LO95%CI	MEAN	UP95%CI	SD
RAWIQ60	36	41.009	45.306	49.602	12.698

7.2 总体均值的小样本置信区间

联邦法律要求制药公司在新药投放市场以前要进行广泛的试验。首先，将新药在动物身体上试验。假如这种药在第一阶段的试验后被认为是安全的，便允许其在一个有限的基础上开始人体试验。在这第二阶段期间，根据较小样本的信息，对此药的安全性进行推断。

假如一个制药公司必须对服用某种新药后的病人估计其血压的平均增加量。假设在人体试验的最初阶段仅能利用 6 个病人（从所有病人总体中随机选取）。当我们试图运用标准正态分布 z 作为试验统计量时，运用一个小样本对 μ 进行推断就产生两个直接的问题。

问题 1： 样本均值 $\bar{x}$（和统计量 z）的抽样分布的形状依赖于被抽样总体的形状。而这里我们不能再假设 $\bar{x}$ 的抽样分布是近似的正态分布，因为只有当样本充分大时，中心极限定理才能保证其正态性。

解答： 根据定理 6.1，假如抽样总体服从正态分布，即使对于相对小的样本，$\bar{x}$（和 z）的抽样分布一定也是正态分布。假如抽样总体是近似的正态分布，抽样分布也是近似的正态分布。

问题 2： 总体标准差 σ 几乎总是未知的。尽管 $\sigma_{\bar{x}}=\sigma/\sqrt{n}$ 仍然是事实，但当样本容量较小时，样本标准差 s 对于 σ 的近似较差。

解答： 我们定义并且使用统计量

$$t=\frac{\bar{x}-\mu}{s/\sqrt{n}}$$

在这里样本标准差 s 代替了总体标准差 σ，而不再使用需要知道 σ 或其较准确近似值的标准正态统计量

$$z=\frac{\bar{x}-\mu}{\sigma_{\bar{x}}}=\frac{\bar{x}-\mu}{\sigma/\sqrt{n}}$$

在重复抽样中，t 统计量的分布是由爱尔兰吉尼斯啤酒厂的一名化学家 W. S. Gosset 于 1908 年发现的，并以"学生"的笔名发表了他的发现。Gosset 的主要结论是，假设我们从一个正态分布中抽样，t 统计量的抽样分布非常接近 z 统计量：峰形、对称且具有 0 均值。t 和 z 的抽样分布之间的主要不同是：t 统计量比 z 值更易变化，当你认识到 t 包含两个随机变量（$\bar{x}$ 和 s），而 z 仅包含一个（$\bar{x}$）时。

在 t 的抽样分布中，其数值的大小依赖于样本容量 n，这种依赖性的一个方便的表述方式是 t 统计量有（n-1）个自由度（df）。回想（n-1）是出现在关于 s^2 的公式中的分母，这个数在 s^2 的抽样分布中发挥着一个关键的作用，在后面章节的其他统计量的讨论中会出现。特别地，与 t 统计量相联系的自由度个数越小，则其抽样分布的变化越大。

在图 7.7 中我们显示了 z 的抽样分布和一个具有 4 个自由度的 t 统计量的抽样分布。可以看到，随着 t 统计量变异性的增加，t_α，即在 t 分布的右尾对应面积 α 的 t 值，大于相对应的值 z_α。对于任意给出的 α 值，当自由度（df）减少时，t_α 则增加。有关用小样本置信区间估计 μ 的 t 值见附录 B 的表Ⅳ，我们将此表的一部分复制在表 7.3 中。

图 7.7　标准正态（z）分布和具有 4 个自由度的 t 分布

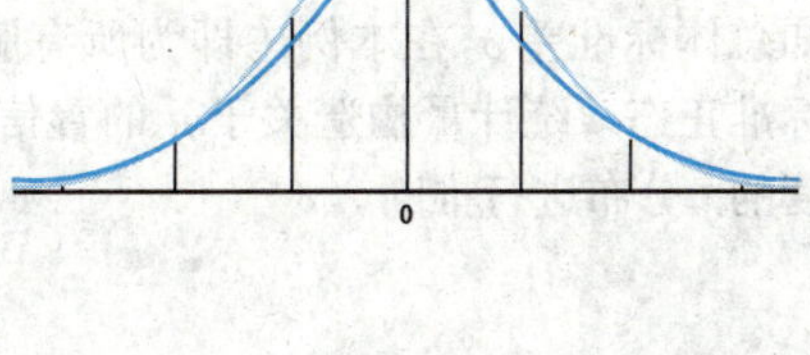

表 7.3　在附录 B 中表 Ⅵ 的复印部分

自由度	$t_{0.100}$	$t_{0.050}$	$t_{0.025}$	$t_{0.010}$	$t_{0.005}$	$t_{0.001}$	$t_{0.0005}$
1	3.078	6.314	12.706	31.821	63.657	318.13	636.62
2	1.886	2.920	4.303	6.965	9.925	22.326	21.598
3	1.638	2.353	3.182	4.541	5.841	10.213	12.924
4	1.533	2.132	2.776	3.747	4.604	7.173	8.610
5	1.476	2.015	2.571	3.365	4.032	5.893	6.869
6	1.440	1.943	2.447	3.132	3.707	5.208	5.959
7	1.415	1.895	2.365	2.998	3.499	4.785	5.408
8	1.397	1.860	2.306	2.896	3.355	4.501	5.041
9	1.383	1.833	2.262	2.821	3.250	4.297	4.781
10	1.372	1.812	2.228	2.764	3.169	4.144	4.587
11	1.363	1.796	2.201	2.718	3.106	4.025	4.437
12	1.356	1.782	2.179	2.681	3.055	3.930	4.318
13	1.350	1.771	2.160	2.650	3.012	3.852	4.221
14	1.345	1.761	2.145	2.624	2.977	3.787	4.140
15	1.341	1.753	2.131	2.602	2.947	3.733	4.073
⋮	⋮	⋮	⋮	⋮	⋮	⋮	⋮
∞	1.282	1.645	1.960	2.326	2.576	3.090	3.291

注意到 t_α 值是按照自由度从 1 到 29 列出的，这里 α 是指 t 分布下 t_α 右端的尾部面积。例如，假如 t 值右端的面积为 0.025，且自由度为 4，则我们可查在 $t_{0.025}$ 栏下对应于 4 个自由度的一行的数值，为 $t_{0.025}=2.776$，如图 7.8 中所示。相应的标准正态分布 z 统计量的值是 $z_{0.025}=1.96$。

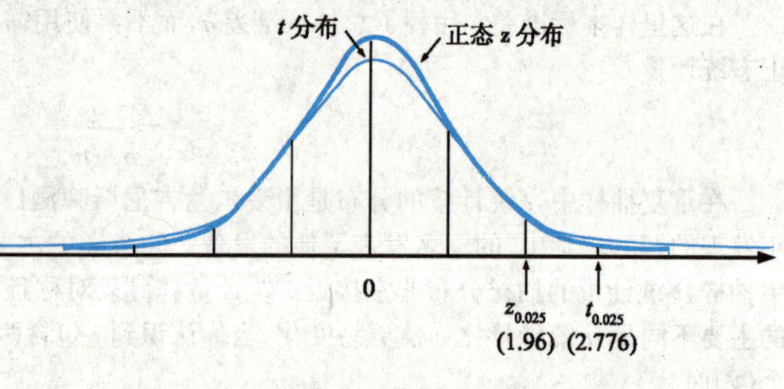

图 7.8　在一个具有 4 个自由度的 t 分布中的 $t_{0.025}$ 的值和对应于 $z_{0.025}$ 的值

注意表 Ⅵ 的最后一行，在那里 $df=\infty$（无穷），即为标准正态 z 值。可以看到当样本容量 n 越大时，s 越接近于 σ，并且 t 在分布上越接近于 z。事实上，当 $df=29$ 时，由表中查出的 z 值和 t 值几乎没有差别。因此，研究人员常常人为地用 $n=30(df=29)$ 作为大样本和小样本推断技术的区别。

让我们回到测试新药的例子。假设那 6 个试验病人的血压分别增加 1.7，3.0，0.8，3.4，2.7 和 2.1 个点值。我们怎样利用这个信息去构造关于 μ，即，对于总体中的所有病人服用新药后的平均血压增加量的一个 95%的置信区间？

首先，我们知道由于此样本太小，以至不能根据中心极限定理假设该样本的均值 $\bar{x}$ 是近似正态分布的。也就是说，当样本容量小的时候，我们不能从中心极限定理“自动地”得出服从正态分布。为了使 $\bar{x}$ 成为正态分布，本例中的变量即血压的增加量必须是正态分布。

第二，除非我们幸运地得知总体标准差 σ，在本例中即为所有服用新药后的病人血压增加量的标准差，否则我们不能运用标准正态 z 统计量构造关于 μ 的置信区间。在总体标准差未知时，我们可以利用具有 $n-1$ 自由度的 t 分布进行推断。

在本例中,$n-1=5df$,由表7.3中查出具有5个自由度的t值为$t_{0.025}=2.571$。回顾大样本置信区间为

$$\bar{x}\pm z_{\alpha/2}\sigma_{\bar{x}}=\bar{x}\pm z_{\alpha/2}\frac{\sigma}{\sqrt{n}}=\bar{x}\pm z_{0.025}\frac{\sigma}{\sqrt{n}}$$

这里95%是所需的置信水平。为了形成来自于正态分布的小样本的置信区间,我们在上述公式中简单地用t代替z,用s代替σ,有:

$$\bar{x}\pm t_{\alpha/2}\frac{s}{\sqrt{n}}$$

有关这6个血压增加量的描述统计量的MINITAB输出结果见图7.9中。注意到$\bar{x}=2.283$,且$s=0.950$。将这些数值代入置信区间公式,我们得到

$$2.283\pm(2.571)\left(\frac{0.950}{\sqrt{6}}\right)=2.283\pm0.997$$

即(1.286,3.280),这个区间与图7.9中由MINITAB所得到的置信区间相同(除去四舍五入)。

图7.9　六个血压填加值的MINITAB分析

	N	MEAN	STDEV	SE MEAN	95.0 PERCENT C.I.
BpIncr	6	2.283	0.950	0.388	(1.287, 3.280)

对于这一区间我们解释为:我们能够以95%的置信度确信,与服用这种新药有关的平均血压增加量在1.286和3.28点之间。正如我们在大样本的区间估计时,我们的确信程度是在一个不断重复的估计过程中,而不是在某个具体的区间。我们知道假设我们的样本来自于服从正态分布的血压变化的总体,假如重复使用这个估计过程,则所产生的众多置信区间中将有95%的区间包含真实的均值μ。正态总体的假设对于小样本区间估计来说是必要的。

为了利用小样本进行推断我们要付出什么样的代价呢?首先,我们必须假设总体是正态分布,并且如果这个假设是无效的,则我们构造的区间也可能是无效的[①]。第二,我们只能运用2.571的t值计算这个区间而不是1.96的z值,从而使得在相同的95%的置信水平下得到一个更宽的区间。假如(1.286,3.28)这个区间太宽而不能使用,那么我们知道该怎样弥补这种情况:增加样本容量以减小区间宽度(平均来看)。

关于构造一个小样本置信区间的过程概括在下框中。

> 关于μ的小样本置信区间[②]
>
> $$\bar{x}\pm t_{\alpha/2}\left(\frac{s}{\sqrt{n}}\right)$$
>
> 这里$t_{\alpha/2}$的自由度是$n-1$
>
> 假设:一个随机样本选自于具有近似正态的相对频率分布的总体。

---

① 对于无效性,我们是指将产生的包含μ的区间的概率不等于$(1-\alpha)$。一般地,假如基本的总体是近似正态的,那么这个置信系数将近似于随机选择的区间包含μ的概率。

② 框中所给的这个过程假设总体标准差σ是未知的,实际上差不多都是这种情况。假如σ是已知的,我们用标准正态z值而不是t值构造的小样本置信区间与构造大样本置信区间相同。然而,我们仍必须假定那个总体是近似正态的。

例 7.2

为了测量某些产品的特殊性质，一些质量控制实验需要进行破坏性抽样（例如，为了确定某项目是否有缺陷需要对这个项目进行破坏性实验）。破坏性抽样的费用常常被定为一个小样本。例如，假设一名个人用电脑打印机的制造商希望估计在打印头失灵以前的平均打印字符数。假设打印机制造商随机选择了 $n=15$ 个打印头进行实验，并记录下直到失灵为止的每个打印头打印的字符数。这 15 个观测值（单位百万）列在表 7.4 中，图 7.10 所示为 EXCEL 汇总统计量输出结果。

表 7.4　**$n=15$ 的打印头实验的字符数量（百万）**

1.13	1.55	1.43	0.92	1.25
1.36	1.32	0.85	1.07	1.48
1.20	1.33	1.18	1.22	1.29

a. 建立一个在打印头失灵以前平均打印字符数的 99%的置信区间，并解释这个结果。

b. a 中的区间若是有效的，必须要有什么假设？它合理地满足了吗？

图 7.10　**表 7.4 数据的 EXCEL 汇总统计量输出结果**

	Number
Mean	1.238667
Standard Error	0.049875
Median	1.25
Mode	#N/A
Standard Deviation	0.193164
Sample Variance	0.037312
Kurtosis	0.063636
Skewness	-0.49126
Range	0.7
Minimum	0.85
Maximum	1.55
Sum	18.58
Count	15
Confidence Level(95.000%)	0.097753

解答：

a. 对于这个小样本（$n=15$），我们用 t 统计量来形成置信区间。我们运用 0.99 的置信系数和 $n-1=14$ 的自由度，在表Ⅵ中可查出 $t_{\alpha/2}$：

$$t_{\alpha/2}=t_{0.005}=2.977$$

［注意：为了形成 99%的置信区间，小样本迫使我们在样本均值的两边各扩展（$\bar{x}$）的近 3 倍的标准差。］从图 7.10 的 EXCEL 的输出结果中，我们求出 $\bar{x}=1.239$ 和 $s=0.193$。将这些值代入到置信区间的公式中，我们得到：

$$\bar{x}\pm t_{0.005}\left(\frac{s}{\sqrt{n}}\right)=1.239\pm 2.977\left(\frac{0.193}{\sqrt{15}}\right)$$

$$=1.239\pm 0.148\quad 或者\quad (1.091,1.387)$$

这样，制造商能够以 99%的置信度确信，打印头有一个在 1.091 和 1.387 百万字符之间的平均寿命。假如此制造商制作的广告声称其打印头的平均寿命（至少）是 1 百万个字符的，则这个区间将支持其广告。我们的信心来自于这样的事实，在重复应用此方法所形成的区间中有 99%的区间将包含 μ。

b. 因为 n 比较小，我们必须假定在打印头失灵以前所打印的字符数来自于一个正态分布的随机变量。也就是，这 15 个样本所选自的总体是正态分布的。检验这个假设的方式之一是运用表 7.4 中的数据画出分布图。假如样本数据是近似正态的，那么样本所选自的总体很有可能是正态的。MINITAB 的有关样本数据的茎叶图见图 7.11 中。可以看到，这个分布是峰形的并且近似于对称。因此，正态性的假设看起来是合理地满足的。

图 7.11　表 7.4 的数据的 MINITAB 茎叶图展示

N=15		Leaf Unit=0.010
1	8	5
2	9	2
3	10	7
5	11	38
(4)	12	0259
6	13	236
3	14	38
1	15	5

通过这一节我们强调，当运用 t 统计量进行关于 μ 的小样本推断时，总体为近似正态分布的假设是必要的。尽管许多现象有近似的正态分布，但也有许多随机现象的分布不是正态的或甚至不是峰形的。多年来的经验表明，t 分布对于适度违备正态性是相当不灵敏的。也就是，当从峰形总体抽样时 t 统计量的使用一般会产生可信的结果；然而，对于分布显然是非正态的情形，我们或是抽取一个大样本，或是利用非参数方法（第 16 章的内容）。

当总体相对频率分布大大地违备正态分布时该怎么做？
答案：利用第 16 章的非参数统计方法。

统计实践

7.1　扇贝、抽样与法律

Arnold Bennett，麻省理工学院（MIT）斯隆商学院的一名教授，在《界面》（1995 年 3～4 月）杂志中讲述了他最近作为一名统计学专家为法律提供相关服务的案例。这个案例涉及一艘远离新英格兰海岸捕捞扇贝的渔船。为了保护幼扇贝免遭捕捞，美国渔业和野生动物服务机构规定"每个扇贝肉的平均重量至少应为 1/36 磅"。这艘船被指控违反了这一重量标准。Bennett 描述了这样的情节：

这艘船到达马萨诸塞州的一个港口时装有 11000 袋扇贝，港务官员从那些袋中随机抽选了 18 袋作为样本。他的代理人们从每一个袋中取出一满勺扇贝；然后，他们将一满勺肉的总重量除以所包含的扇贝数量，以此估计此袋中每个扇贝肉的平均重量。港务官员根据这 18 袋数量所计算出的结果估计出这艘船的每一个扇贝的平均含肉量为 1/39 磅（即，他们比最低标准大约轻 7%）。联邦当局把这个结果视为违反了重量标准的有力的证据，立即没收了捕获总量的 95%并将其拍卖。这次捕捞航行成为船主的财务灾难。

Bennett 在这篇文章中提供了这 18 个抽样袋的真实的扇贝重量，其数据见表 7.5 中。为了便于比较，Bennett 将每一袋的平均重量转换为 1/36 磅的倍数，即每个扇贝允许的最小的平均重量。数值小于 1 的表明是不符合标准的。

船主对州联邦当局提起诉讼，声明他的货船完全遵守了重量标准。船主雇佣了波士顿的一个律师公司，代表其行使法律程序，并且请 Bennett 留下来为公司提供此诉讼的统计支持，若有必要，以专家的身份为其作证。

表 7.5　样本中 18 袋扇贝的重量数据　SCALLOPS. DAT

0.93	0.88	0.85	0.91	0.91	0.84	0.90	0.98	0.88
0.89	0.98	0.87	0.91	0.92	0.99	1.14	1.06	0.93

资料来源：Bennett，A. "Misapplications Review：Jail terms. "Interfaces，Vol. 25，No. 2，March－April 1995，p. 20.

讨论焦点：

a. 回顾那个港务官员仅仅抽取了这艘船的 11000 袋扇贝中的 18 袋。律师询问 Bennett 的问题之一是："能够从一个容量为 18 的样本中得到所有扇贝的平均重量的可靠性估计吗？"就此问题给出你的看法。

b. 如这篇文章所述，州政府的决定是如果扇贝样本的平均重量少于 1/36 磅就没收捕捉的扇贝。你认为这一决定有什么缺陷吗？

c. 对于判定一条船是否违犯了最小重量限制的问题提出你自己的建议。把你的原则应用于表 7.5 中的数据，并就这艘船的问题给出结论。

练习 7.18～7.31

技能训练：

7.18 对于下面的假设的 $\bar{x}$ 抽样分布在大样本和小样本下有什么不同。

a. 所关注的变量 x 是正态分布。

b. 不知道变量 x 的分布。

7.19 假设你从一个正态分布中选择了一个含有 $n=5$ 个观测值的随机样本。假若你要形成下面的置信区间，试比较标准正态 z 值与对应的 t 值。

a. 80%的置信区间

b. 90%的置信区间

c. 95%的置信区间

d. 98%的置信区间

e. 99%的置信区间

f. 利用你在 a～e 中所得到的表中值画出 z 和 t 分布的草图。它们有什么相似和不同？

7.20 令 t_0 是某一个特定的 t 值，利用附录 B 中的表Ⅵ求 t_0 值，使下面的各式成立。

a. $P(t\geqslant t_0)=0.025, df=11$；

b. $P(t\geqslant t_0)=0.01, df=9$；

c. $P(t\leqslant t_0)=0.005, df=6$；

d. $P(t\leqslant t_0)=0.05, df=18$。

7.21 令 t_0 是某一个特定的 t 值。利用附录 B 中的表Ⅵ求 t_0 值，使下面的各式成立。

a. $P(-t_0<t<t_0)=0.95, df=10$；

b. $P(t\leqslant -t_0$ 或 $t\geqslant t_0)=0.05, df=10$；

c. $P(t\leqslant t_0)=0.05, df=10$；

d. $P(t\leqslant -t_0$ 或 $t\geqslant t_0)=0.01, df=20$；

e. $P(t\leqslant t_0$ 或 $t\geqslant t_0)=0.01, df=5$.

7.22 下面的随机样本是从一个正态分布中选出的：4，6，3，5，9，3。

a. 构造总体均值 μ 的一个 90%的置信区间。

b. 构造总体均值 μ 的一个 95%的置信区间。

c. 构造总体均值 μ 的一个 99%的置信区间。

d. 假设样本均值 $\bar{x}$ 和样本标准差 s 保持不变，但是它们是基于一个具有 $n=25$ 个观察值的样本而不是 $n=6$ 个观察值。重复 a～c 部分。增加样本容量对于置信区间的宽度有什么影响？

7.23 下面由 16 个观测值所组成的样本是从一个近似正态分布的总体中选取的：

练习 7.23 的表　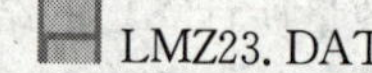

91	80	99	110	95	106	78	121
106	100	97	82	100	83	115	104

a. 构造总体均值的一个 80%的置信区间。

b. 构造总体均值的一个 95%的置信区间，并将其区间宽度与 a 中的宽度进行比较。

c. 仔细解释每一个置信区间，并且说明为什么 80%的置信区间比较窄。

概念运用：

7.24 健康保险公司和联邦政府正在给医院施加压力以缩短病人的平均就医滞留时间(LOS)。在 1996 年，美国男子的平均 LOS 是 5.7 天，对于妇女来说平均是 4.6 天(《美国统计摘要》，1998 年)。在 2000 年某个州的由 20 个医院所组成的随机样本中，妇女有 3.8 天的平均 LOS 和 1.2 天的标准差。

a. 对 2000 年这个州医院的妇女 LOS 的总体均值构造一个 90%的置信区间。

b. 解释这个区间。

c. "90%的置信区间"的含义是什么？

7.25 佛罗里达州 Hillsborough 县的水利部门定期地检验私房屋主的饮用水污染物，如铅和铜。1998 年克丽斯特尔湖区居民村 10 户居民的水标本含铅量和含铜量见下表。

练习 7.25 的表　LEADCOPP. DAT

铅(μg/L)	铜(mg/L)
1.32	0.508
0	0.279
13.1	0.320
0.919	0.904
0.657	0.221
3.0	0.283
1.32	0.475
4.09	0.130
4.45	0.220
0	0.743

资料来源：Hillsborough County Water Department Environmental Labortory, Tampa, Florida.

a. 对于来自于克丽斯特尔湖区水标本中的平均含铅量构造一个 99%的置信区间。

b. 对于来自于克丽斯特尔湖区水标本中的平均含铜量构造一个 99%的置信区间。

c. 就本题而言解释 a 部分和 b 部分的区间。

d. 讨论"99%的置信区间"的含义。

7.26 根据 5 年期间增长百分比，Deloitte 和 Touche 公司名列美国 500 个技术增长最快的公司中，其排名被称为技术快 500。来自于 1999 年技术快 500 的 12 个公司的一个样本及其增长比见下表，其后是数据的 MINITAB 分析。

a. 对于 1999 年技术快 500 的真实的平均 5 年增长比构造一个 95%的置信区间，并解释结果。

b. 为了估计 a 中所描述的均值的小样本置信区间，总体必须要具有什么样的性质？

c. 解释为什么在这个案例中总体可以不具备所需的性质。

练习 7.26 的表　FAST500. DAT

排序	公司	1994—1999 年收入增长比
4	Netscape Communications	64240%
22	Primary Network	10789
89	WebTrends	3378
160	CTX	1864
193	ARIS	1543
268	Iomega	1098
274	Medarex	1075
322	World Access	895
359	Force 3	808
396	Theragenics	704
441	Ascent Solutions	630
485	3 Com	555

资料来源：Forbes ASAP, Nov. 29, 1999, pp. 97—111.

关于练习 7.26 MINITAB 的输出

```
Variable    N Mean StDev   SE   Mean 95.0% CI
grwthrate 12 7298 18157   5241 (-4238,18834)
Stem-and-leaf of grwthrat N = 12
Leaf Unit=1000
   (10)   0   0000011113
      2   1   0
      1   2
      1   3
      1   4
      1   5
      1   6   4
```

7.27 废油的溢出与排泄导致了国家土地的大量污染。在污染土壤中所发现的共同的危险化合物是苯并芘[B(a)p]。为了确定从土壤中去除 B(a)p 所用方法的设计效果，进行了一项实验(《危险物质杂志》Journal of Hazardous Materials，1995 年 6 月)。此方法运用一种抑制微生物生长的毒素处理三个含有已知数量的 B(a)p的被污染土壤标本。培养 95 天以后，测量了从每一个土壤标本中除掉的 B(a)p 的百分比。实验产生了下面的汇总统计量：$\overline{x}=49.3$和 $s=1.5$。

a. 用一个 99%的置信区间估计从一个使用毒素的土壤标本中所除掉的 B(a)p 的平均百分比。

b. 就此问题解释这个区间。

c. 为确保这个置信区间的有效性，必须有什么假设？

7.28 在美国习惯以一年中第 30 个最高的每小时车辆流量为基础进行公路设计。这样，所有的公路设施在一年中除了最高的 29 个小时堵车外均可望处于畅通的水平。然而，佛罗里达交通部门(DOT)却将第 30 个最高的小时流量标准转换为第 100 个高流量的标准作为设计基础。佛罗里达大西洋大学研究员 Reid Ewing 在《STAR 研究杂志》(1994 年 7 月)调查这种变动是否可被接受。下面给出了最近一年的 20 个佛罗里达交通部门随机选择的计算站在第 30 最高小时车流量和第 100 最高小时车流量。以下给出了两个变量的 MINITAB 茎叶图，以及汇总统计量和 95%的置信区间。

a. 描述所选择样本数据的总体。

b. 样本对总体的代表性强吗？请解释。

c. 确定第 30 最高小时平均车流量的 95%的置信区间并解释。

d. 为了确保置信区间的有效性，必须有什么样的假设？它满足吗？请解释。

e. 关于第 100 最高小时车流量重复 c 和 d 部分。

练习 7.28 的表  TRAFFIC. DAT

站	路线类型	第 30 高小时	第 100 高小时
0117	小城市	1890	1736
0087	娱乐的	2217	2069
0166	小城市	1444	1345
0013	农村的	2105	2049
0161	城市的	4905	4815
0096	城市的	2022	1958
0145	农村的	594	548
0149	农村的	252	229
0038	城市的	2162	2048
0118	农村的	1938	1748
0047	农村的	879	811
0066	城市的	1913	1772
0094	农村的	3494	3403
0105	小城市	1424	1309
0113	小城市	4571	4425
0151	城市的	3494	3359
0159	农村的	2222	2137
0160	小城市	1076	989
0164	娱乐的	2167	2039
0165	娱乐的	3350	3123

资料来源：Ewing, R. "Roadway levels of service in an era of qrowth management." Journal of STAR Research, Vol. 3, July 1994, p. 103(Table2).

练习 7.28 的 MINITAB 输出结果

```
Stem-and-Leaf of Hour30 N=20
Leaf Unit=100
   1    0   2
   3    0   58
   6    1   044
   9    1   899
   (6)  2   011122
   5    2
   5    3   344
   2    3
   2    4
   2    4   59
Stem-and-Leaf of Hour100 N=20
Leaf Unit=100
   1    0   2
   4    0   589
   6    1   33
   10   1   7779
   10   2   00001
   5    2
   5    3   134
   2    3
   2    4   4
   1    4   8
      N MEAN STDEV SE MEAN 95.0 PERCENT C. T.
Hour30 202205.951223.81 273.65    (1633.05,2778.85)
Hour100202095.601203.12 269.02    (1532.39,2658.81)
```

7.29 私立与公立学院和大学依靠个体、社团及基金会捐赠的钱来支付工资和经营费用。这笔钱的大部分被投入到一个被称为捐赠的基金中，大学的开支仅仅是这个基金所获得的利息。从《高等教育年历编译史》(1996 年 9 月 2 日)的捐款表中抽取了由 8 所大学组成的一个随机样本，产生了下面的捐款(百万美元)。

练习 7.29 的表　　**ENDOW. DAT**

148.6	66.1	340.8	500.2
212.8	55.4	72.6	83.4

对于学院和大学这个总体估计平均捐款的 95%的置信区间，并说明你所使用的假设

7.30 在 20 世纪 90 年代末，火热的 IPO(股票最初的公开报价)市场给业主、经理和以前私人拥有的公司雇员创造了数亿美元的新财富。不过，仍有数百个大公司和数千个小公司为私人拥有。由 15 个公司所组成的一个随机样本来自于《福布斯》的 500 强私人公司名单中，其经营收入(在利息、税收和折旧前所得)在下表中给出。

练习 7.30　的表　 **BIGCOM. DAT**

公司	经营收入(百万美元)
Pacific Coast Building Products	52
Chef America	72
Brookshire Grocery	45
Penske Truck Leasing	700
E & J Gallo Winery	175
LDI	28
Asplundh Tree Expert	165
Ty	750
American Foods Group	11
Hobby Lobby Creative Centers	73
Weitz	14
Science Applications International	487
Findlay Industries	37
Calson Companies	250
Quality Stores	55

资料来源："Staying Private," Forbes, Dec. 13, 1999, pp. 182—240.

a. 描述所抽取样本的总体。
b. 用一个 98%的置信区间去估计此公司总体的平均经营收入。
c. 结合此问题的背景解释你的置信区间。
d. 为了保证 b 部分中的估计有效，总体必须拥有什么性质?

7.31 下表列出了在佛罗里达 Tampa 及其周边社区的 22 家办公家具供应商处服务的全日制雇员的数量。数据的汇总统计量见 SAS 的输出结果中。

练习 7.31 的表　 **OFFURN. DAT**

50	78	41	32	35	12	12	15	5	3	5
23	16	24	24	15	12	11	30	43	4	4

资料来源：Tampa Bay Business Journal, June 21—27, 1996, p. 27.

a. 对于 Tampa 办公家具供应商的全日制雇员的真实平均数量构造一个 99%的置信区间。
b. 解释 a 的区间。
c. 为了这个区间的有效性，说明需要的假设。
d. 根据 1995 年的销售量，在样本中的 22 个供应商名列 Tampa 地区家具商销售额前列。这个事实对置信区间的有效性产生怎样的影响? 请解释。

练习 7.31 的 SAS 输出

Analysis Variable: NUMEMPLY					
N Obs	N	Minimum	Maximum	Mean	Std Dev
22	22	3.0000000	78.0000000	22.4545455	18.5182722

7.3 总体比率的大样本置信区间

近几年来公共舆论的民意测验以惊人的比率增长。几乎每一天，新闻媒介都报道一些民意测验的结果。民意调查者定期地确定诸如对总统履行职责的赞成率，某一个候选人的支持率，偏好某一特定产品的消费者比率，以及某一电视节目的收视率，等等。在每一种情况中，我们所关注的是估计具有某一特征的一些组或群体的百分比(或者比率)。在这一节中我们考虑当样本较大的时候对总体比率进行推断的方法。

例 7.3

某食品公司通过随机抽样访问了 1000 名消费者进行市场调研，以确定他们喜欢哪一种品牌的谷类早餐食品。假设发现 313 名消费者喜欢该公司的品牌，你将怎样估计所有喜欢该公司谷类食品的消费者的真实比率?

解答:

我们真正要问的是你将怎样估计在一个二项试验中成功的概率 p，这里的 p 是被选择的消费者中喜欢该公司食品的概率。估计这个总体的 p 的逻辑方法之一是使用样本中的成功比率。也就是，我们通过计算下式来估计 p。

$$\hat{p}=\frac{\text{所抽取的样本中偏爱该公司品牌的消费者数量}}{\text{所抽取的消费者数量}}$$

这里 $\hat{p}$ 被读作"p 帽"。这样，在这个案例中，

$$\hat{p}=\frac{313}{1000}=0.313$$

为了确定估计量 $\hat{p}$ 的可靠性，我们需要知道它的抽样分布。也就是，假如我们反复抽取 1000 个消费者的样本，并每一次计算一个新估计的 $\hat{p}$ 值，则所有 $\hat{p}$ 值的频率分布是什么呢? 答案在于，把 $\hat{p}$ 看作在 n 次试验中每次试验成功的平均次数或均值。假设每一次成功赋值为 1，每次失败赋值为 0，则 n 个样本观察值之和为成功的总数 x，$\hat{p}=x/n$ 是 n 次试验中每次试验成功的平均次数，或者均值。中心极限定理告诉我们，当样本充分大时，任何总体样本均值的频率分布是近似正态的。

$\hat{p}$ 的重复抽样分布具有的性质见下框及图 7.12 中。

$\hat{p}$ 的抽样分布

1. $\hat{p}$ 的抽样分布的均值是 p；即 $\hat{p}$ 是 p 的一个无偏估计量。
2. $\hat{p}$ 的抽样分布的标准差是 $\sqrt{pq/n}$；也就是，$\sigma_{\hat{p}}=\sqrt{pq/n}$，这里 $q=1-p$。
3. 对于大样本，$\hat{p}$ 的抽样分布近似正态分布。如果区间 $\hat{p}\pm 3\sigma_{\hat{p}}$ 不包括 0 或者 1，则可认为样本容量是足够大的。(注意：这一要求几乎等同于在 5.5 节所给出的二项分布用一个正态分布来近似，不同的是在 5.5 节中我们假设 p 已知。现在我们试图推断一个未知 p，因此我们用 $\hat{p}$ 估计 p，以检查正态近似的适当性。)

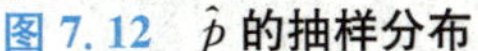

图 7.12　$\hat{p}$ 的抽样分布

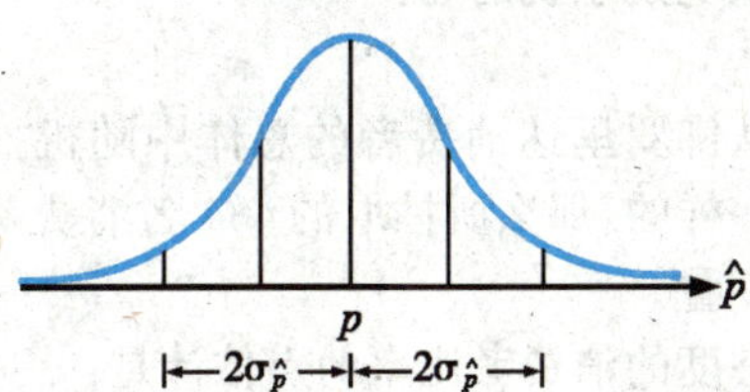

事实上 $\hat{p}$ 是“每次试验成功的样本均值次数”，这就允许我们用与 μ 的大样本估计完全相似的方法形成关于 p 的置信区间。

关于 p 的大样本置信区间

$$\hat{p}\pm z_{\alpha/2}\sigma_{\hat{p}}=\hat{p}\pm z_{\alpha/2}\sqrt{\frac{pq}{n}}\approx\hat{p}\pm z_{\alpha/2}\sqrt{\frac{\hat{p}\hat{q}}{n}}$$

这里 $\hat{p}=\frac{x}{n}$ 并且 $\hat{q}=1-\hat{p}$

注意：当 n 很大时，在 $\sigma_{\hat{p}}$ 的公式中 $\hat{p}$ 能够近似 p 的值。

这样，假设 1000 名消费者中有 313 名喜欢这个公司的谷类食品，则所有消费者中喜欢该公司品牌的比例的一个 95％的置信区间是

$$\hat{p}\pm z_{\alpha/2}\sigma_{\hat{p}}=0.313\pm\sqrt{\frac{pq}{1000}}$$

这里 $q=1-p$。正如我们在计算 μ 的大样本置信区间需要 σ 的近似一样，我们现在需要 p 的近似。如表 7.6 所示，p 的近似并不是特别地精确，因为计算置信区间所需要的 $\sqrt{pq}$ 值对于 p 的变化相对来说不很敏感。因此，能够用 $\hat{p}$ 去近似 p。记住 $\hat{p}=1-\hat{p}$，我们将这些值代入置信区间的公式中：

$$\hat{p}\pm1.96\sqrt{\frac{pq}{1000}}\approx\hat{p}\pm1.96\sqrt{\frac{\hat{p}\hat{q}}{1000}}=0.313\pm1.96\sqrt{\frac{(0.313)(0.687)}{1000}}$$
$$=0.313\pm0.029=(0.284,0.342)$$

这个公司能够以 95％的置信度相信，在 28.4％到 34.2％的区间中包含了所有喜欢其品牌的消费者所占的真实比例。也就是，在置信区间的重复构造中，在所有样本中大约有 95％将产生包含 p 的置信区间。注意我们可以将对于 μ 的置信区间的解释应用于对 p 置信区间的解释，因为 p 是在一个二项试验中“成功的总体比率”。

表 7.6　不同的 p 值下的 pq 值

p	pq	$\sqrt{pq}$
0.5	0.25	0.50
0.6 或 0.4	0.24	0.49
0.7 或 0.3	0.21	0.46
0.8 或 0.2	0.16	0.40
0.9 或 0.1	0.09	0.30

例 7.4

许多公共民意测验机构进行调研，以确定消费者对于目前的经济状况的看法。例如，佛罗里达大学的经济和商务研究所(BEBR)为了确定该州消费者的观点进行了季度调查。假设 BEBR 随机抽取了 484 名消费者并且发现 257 名对经济状况持乐观态度。用一个 90％的置信区间去估计佛罗里达所有对于经济状况持乐观态度的消费者的比率。根据置信区间，BEBR 能够推断佛罗

里达的大多数消费者对于经济状况是乐观的吗？

解答：

如果我们能够假设样本是从佛罗里达消费者的总体中随机抽取的，并且民意测验对于每一个抽样消费者所进行的抽取是一样的，那么所抽取的484名消费者中对于佛罗里达的经济持乐观态度的人数 x 是一个二项随机变量。

对于佛罗里达经济持乐观态度的消费者比率的点估计是：

$$\hat{p}=\frac{x}{n}=\frac{257}{484}=0.531$$

我们首先检查样本容量是否充分大，使得正态分布可以为 $\hat{p}$ 的抽样分布提供一个合理的近似。我们检查 $\hat{p}$ 周围3个标准差的区间：

$$\begin{aligned}\hat{p}\pm 3\sigma_{\hat{p}} &\approx \hat{p}\pm 3\sqrt{\frac{\hat{p}\hat{q}}{n}}\\ &=0.531\pm 3\sqrt{\frac{(0.531)(0.469)}{484}}\\ &=0.531\pm 0.068=(0.463,0.599)\end{aligned}$$

因为这个区间全部包含在区间(0,1)中，则我们可以得出正态近似是合理的。

现在我们继续建立对佛罗里达的经济状况持乐观态度的消费者的真实比率的90%的置信区间：

$$\begin{aligned}\hat{p}\pm z_{\alpha/2}=\hat{p}\pm z_{\alpha/2}\sqrt{\frac{\hat{p}\hat{q}}{n}} &\approx \hat{p}\pm z_{\alpha/2}\sqrt{\frac{\hat{p}\hat{q}}{n}}\\ &=0.531\pm 1.645\sqrt{\frac{(0.531)(0.469)}{484}}\\ &=0.531\pm 0.037=(0.494,0.568)\end{aligned}$$

这样，我们能够以90%的置信度相信，所有对佛罗里达的经济表示信任的消费者的比率在0.494和0.568之间。通常我们的信任基于这样的事实，用同样方法建立的所有区间的90%将包含真实的比率 p，而不是特指这一特定的区间。那么，我们能够根据这个区间得出佛罗里达的大多数消费者对于经济是乐观的结论吗？假如我们希望运用这个区间推断出大多数人是乐观的，这个区间将不得不支持 p 大于0.5的推断——也就是，超过50%的佛罗里达消费者对于经济是乐观的。然而，我们注意到这个区间既包含一些低于0.5的值(最低为0.494)，也包含一些高于0.5的值(最高为0.568)。因此，我们不能根据这个90%的置信区间得出 p 的真实值大于0.5的结论。

警告：除非 n 非常大，否则当 p 接近于0或者1时本节所述的大样本方法会表现得较差。例如，假设你想估计一个死于工伤的管理人员的比率，这个比率很可能接近于0(例如，$p\approx 0.001$)，则基于样本容量 $n=50$ 的 p 的置信区间将很可能产生误导。

为了克服这个潜在的问题，必须有一个非常大的样本容量。由于"非常大"的值难以确定，统计学家(见 Agresti & Coull，1998)根据 Wilson(1927)的点估计 p 提出了一种替代的方法，此方法总结在下框中。研究人员发现，甚至当样本容量 n 非常小时，这个区间对于任意的 p 也会产生好的效果。

总体比率 p 的 $(1-\alpha)100\%$ 置信区间的调整：

$$\tilde{p} \pm z_{\alpha/2}\sqrt{\frac{\tilde{p}(1-\tilde{p})}{n+4}}$$

这里 $\tilde{p}=\frac{x+2}{n+4}$ 是具有我们所关注特征的观察值的调整的样本比率，x 是在样本中成功的数量，n 是样本容量。

例 7.5

根据《真正的机会：危险是怎样影响你的日常生活的》(Walsh，1997)，人们在一场暴力犯罪中牺牲的概率是小于 0.01 的。假设在一个 200 名美国人的随机样本中，一场暴力犯罪中有 3 名牺牲者。运用一个 95%的置信区间估计在一场暴力犯罪中牺牲的美国人的真实比率。

解答：

令 P 代表一场暴力犯罪中牺牲的美国人的真实比率。因为 P 接近于 0，若用通常的大样本方法估计其值，必须有一个“非常大”的样本。然而我们不能保证 200 的样本容量是否足够大，因此我们将应用上框中所概括的调整方法。

在样本中“成功”的数量(例如，暴力犯罪中牺牲的数量)是 $x=3$。因此，调整的样本比率是

$$\tilde{p}=\frac{x+2}{n+4}=\frac{3+2}{200+4}=\frac{5}{204}=0.025$$

注意到这个调整的样本比率是通过在样本数据中增加 4 个观察值——两次“成功”和两次“失败”而得到的。将 $\tilde{p}=0.025$ 代入到 95%的置信区间的方程中，我们得到：

$$\tilde{p} \pm 1.96\sqrt{\frac{\tilde{p}(1-\tilde{p})}{n+4}}=0.025 \pm 1.96\sqrt{\frac{(0.025)(0.975)}{204}}$$
$$=0.025 \pm 0.021$$

即(0.004，0.046)。所以，我们以 95%的置信度确信在一次暴力犯罪中牺牲的美国人的真实比率在 0.004 和 0.046 之间。

练习 7.32～7.46

技能训练：

7.32 描述基于大样本容量 n 的 $\hat{p}$ 的抽样分布。即，当容量为 n 的大样本是从具有成功概率 p 的二项分布中(重复)抽取时，给出 $\hat{p}$ 的均值，标准差和 $\hat{p}$ 分布的(近似)形状。

7.33 解释“$\hat{p}$ 是 p 的无偏估计量”的含义。

7.34 由一个容量为 $n=121$ 的随机样本得到 $\hat{p}=0.88$。

a. 此样本容量是否大得足以使用本节的方法构造出一个关于 p 的置信区间？请解释。

b. 构造一个 90%的 p 的置信区间。

c. 为保证这个区间的有效性，必须有什么样的假设？

7.35 下面各题概括的是二项样本信息，指出其样本容量是否大到足以运用本节的方法构造出一个关于的置信区间。

a. $n=400, \hat{p}=0.10$

b. $n=50, \hat{p}=0.10$

c. $n=20, \hat{p}=0.5$

d. $n=20, \hat{p}=0.3$

7.36 现有一个由 50 名消费者所组成的品尝一种新快餐食品的随机样本。他们的回答被编成代码(0：不喜欢；1：喜欢；2：不感兴趣)并且记录如下：

练习 7.36 的表 

1	0	0	1	2	0	1	1	0	0
0	1	0	2	0	2	2	0	0	1
1	0	0	0	0	1	0	2	0	0
0	1	0	0	1	0	0	1	0	1
0	2	0	0	1	1	0	0	0	1

a. 运用一个 80%的置信区间估计喜欢这种快

餐食品消费者的比率。

b. 对于你在 a 中所构造的置信区间提供一个统计解释。

7.37 由一个容量为 $n=225$ 的随机样本得到 $\hat{p}=0.46$。

a. 样本容量大到足够运用本节的方法构造出一个 p 的置信区间吗？请解释。

b. 构造一个关于 p 的 95％的置信区间。

c. 解释这个 95％的置信区间。

d. 解释“95％的置信区间”的含义。

概念运用：

7.38 盖洛普公司调查了美国的 1252 名借记卡持有者，发现有 180 名已使用借记卡在互联网上购买商品或者服务（《传真卡》Card Fax，1999 年 11 月 12 日）。

a. 描述盖洛普公司所关注的总体。

b. 假设由你负责从这个总体中抽取一个随机样本，你将遇到什么样的困难？假设在本习题的其余部分 1252 名借记卡持有者随机选取的。

c. 样本容量是否大到足以构造一个关于从事网上购物的借记卡持有者比率的有效的置信区间？证明你的答案。

d. 参考 c 部分运用一个 98％的置信区间估计这个比率。结合此问题的背景解释你的结果。

e. 假若你构造了一个 90％的置信区间，其宽度增加还是减少了？

7.39 由于网络使用的激增，引起了个人信息安全和信任问题，包括像社会安全和信用卡数量这样的事情。NCR 公司调查了 1000 名美国成年人，并询问他们在什么样的情况下将会把个人信息交给一个公司。29％的人说他们从不，51％的人说假如有严格的隐私保密制度便会给出（《精确的市场营销》，1999 年 10 月 4 日）。

a. 证明样本容量大到足以构造一个关于所有美国人从不把私人信息交给一个公司的成年人比率 p 的有效置信区间。

b. 构造一个关于 p 的 95％的置信区间，并结合此问题的背景解释你的结果。

c. 除了样本容量以外，为了使 b 的估计过程有效，对于样本必须做出什么样的假设？

7.40 根据法律，所有的新车必须在司机位置和乘客位置装备安全气囊。然而，这里所关心的是这样是否会对坐在乘客位置的孩子造成危险。一个国家公路交通管理部门（NHTSA）通过对由气囊爆炸力致死的 55 人的研究发现，35 人是坐在前面乘客位置的孩子（《华尔街杂志》1997 年 6 月 22 日）。这项研究导致一些有孩子的车主拆除乘客位置的气囊。现考虑那些被认定为气囊是致死元凶的所有致命的汽车事故，让 p 代表其中涉及到坐在前面乘客位置的孩子所发生事故的真实比率。

a. 运用来自于 NHTSA 的研究数据估计 p。

b. 构造一个关于 p 的 99％的置信区间。

c. 就此问题而言解释 b 中的这个区间。

d. NHTSA 调查者确定，35 个因气囊爆炸致死的孩子中有 24 个没有佩戴安全带或者佩戴错误。这条信息对于你对气囊致命风险的评价会产生怎样的影响？

7.41 参考练习 2.10 中《海洋技术》（Marine Technology，1995 年 6 月）对于最近 50 个主要油轮和运输船溢油事件原因的研究，经发现其中的 12 起是由船体故障引起的。

a. 对于由船体故障所引起的石油溢出的比率给出一个点估计。

b. 对于 a 的估计，形成一个 95％的置信区间，并解释其结果。

7.42 参考练习 4.42 中联邦贸易委员会（FTC）对于 1998 年电子结账扫描仪的“价格检查”的研究。FTC 通过在每一个商店扫描一件商品样本来确定被扫描的价格是否准确。他们在零售商店和超级市场检查了 1669 个扫描仪。假若 98％或者更多的商品被准确定价，FTC 便给这个商店授予“通过”等级。在研究的 1669 个商店中有 1185 个通过了检查。

a. 对于通过 FTC 价格检查的具有电子扫描仪的零售商店和超级市场所占的真实比率建立一个 90％的置信区间，并解释其结果。

b. 在 1996 年 FTC 发现 45％的商店通过了检查。利用 a 部分所建立的区间确定 1998 年通过检查的商店比率是否大于 0.45。

7.43 根据《州长理事会关于麻醉药物自由工作间报道》，1995 年春/夏），药物滥用问题在新泽西州的工商业界是普遍存在的。一张关于此问题的调查表寄给了新泽西州工商业的所有州长理事会成员。有 72 个公司回答了这项调查，其中的 50 个公司承认他们有因药物和酒精而影响工作的雇员。

a. 用一个 95％的置信区间估计所有有过药物滥用问题的新泽西州公司所占的比率。

b. 为保证置信区间的有效性，必须有什么样的假设？

c. 结合此问题的背景解释这个区间。

d. 在解释这个置信区间时，说你以“95%的置信度相信”是什么意思？

e. 你能够利用 a 部分的区间估计出美国所有具有药物滥用问题的公司的比率吗？为什么能够或为什么不能够？

7.44 阻碍性睡眠窒息是一种睡眠失调，它使一个人片刻停止呼吸然后很快从睡眠中醒来。这些睡觉中断在一夜中可能发生数百次，会严重地影响睡眠质量并在清醒时产生疲劳感。斯坦福大学的研究员对 159 名商业卡车司机进行了研究，并且发现他们中的 124 名遭受着阻碍性睡眠窒息的痛苦（《胸》*Chest*，1995 年 5 月）。

a. 运用其研究结果以 90%的置信度估计出遭受睡眠失调痛苦的卡车司机的比率。

b. 研究员相信大约总人口的 25%遭受着阻碍性睡眠窒息的痛苦，请评论这个数值是否代表遭受睡眠失调痛苦的卡车司机的真实百分比。

7.45 普华永道的核算公司全年监控着美国邮政服务的完成情况。他们所关注的参数之一是邮件准时投递的百分比。在一个具有 332000 个投递项目的样本中，在 12 月 10 日至 3 月 3 日期间因坏天气和假期使之成为最困难的投递季节，最后普华永道确定有 282000 个项目是准时投递的（《坦帕论坛》，1995 年 3 月 26 日）。利用这条信息以 99%的置信度估计出美国邮政服务准时投递项目的真实百分比，并解释其结果。

7.46 家族企业在从上一代到下一代的权力交接中所遇到的困难是众所周知的，能够看出缺乏一个好的企业战略计划是此问题的一部分。在一项对于年收入超过 1000000 美元的私人家族企业的调查中，Arthur Andersen 国际核算和咨询公司发现，有 1911 家没有企业战略计划（《明尼阿波利斯明星论坛》，1995 年 9 月 4 日）。

a. 描述 Arthur Andersen 所研究的总体。

b. 假设从总体中随机抽取 3900 个企业作为一个样本，用一个 90%的置信区间估计没有企业战略计划的家族公司所占的比率。

c. 你在 b 中所构造的 90%置信区间的宽度是多少？一个 80%的置信区间是变宽了还是变窄了？证实你的答案。

7.4 确定样本容量

回顾（1.5 节），搜集用于总体推断的数据的一种方法是实施设计的（计划）试验。也许分析者面临的最重要的设计决定是确定样本容量。在这一节我们会看到，用于推断总体均值或比率的适当的样本容量取决于所需的可靠性。

估计总体均值

考虑 7.1 节的例子，在那里我们估计了在一个大的信用公司里所有逾期贷款的平均欠款量。运用 100 个逾期贷款账户的样本我们得到了一个 95%的置信区间：$\bar{x}\pm 2\sigma_{\bar{x}}\approx 233.28\pm 18.07$。从而，在 95%的置信水平下，对所有的到期未付欠款，我们估计 $\bar{x}$ 应该在真实值 μ 的 18.07 美元范围以内。也就是说，当 100 个账户被选作样本时，μ 的 95%的置信区间的宽度是 $2\times(18.07)=36.14$美元。这可通过图 7.13a 进行说明。

图 7.13 样本容量和置信区间宽度之间的关系：到期未付债务的例子

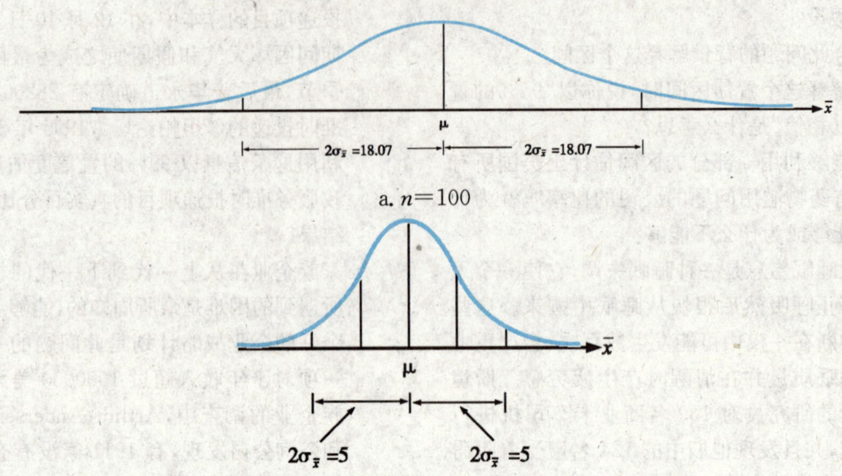

b. $n=1306$

现在假设我们想以 95%的置信度将估计 μ 的误差设定在 5 美元以内。也就是，我们想把置信区间的宽度从 36.14 美元变窄到 5 美元，如图 7.13b 所示。为此，样本容量必须增加到多少呢？如果我们希望估计量 $\bar{x}$ 在 μ 的 5 美元范围以内，我们必须有

$$2\sigma_{\bar{x}}=5\text{，即 }2\left(\frac{\sigma}{\sqrt{n}}\right)=5$$

则所需的样本容量可通过解这个关于 n 的方程得到。为此我们需要 σ 的近似值。据以前的结果我们有一个近似值——即这 100 个逾期贷款账户的样本标准差，$s=90.34$。这样，

$$2\left(\frac{\sigma}{\sqrt{n}}\right)\approx2\left(\frac{s}{\sqrt{n}}\right)=2\left(\frac{90.34}{\sqrt{n}}\right)=5$$

$$\sqrt{n}=\frac{2(90.34)}{5}=36.136$$

$$n=(36.136)^2=1305.81\approx1306$$

因此，为了以 95%的置信度将平均欠款量 μ 的估计确定在 5 美元的误差范围以内，则大约必须随机抽取 1306 个账户的样本。基于这个容量的样本置信区间大约是 10 美元宽（见图 7.13b）。

一般地，我们通过指定误差范围（bound，B）来表示总体均值 μ 的置信区间的可靠性，我们要求以 $100(1-\alpha)\%$的置信度估计 μ，则误差范围 B 等于置信区间的一半，如图 7.14 所示。

图 7.14 指定置信区间的一半作为误差范围 *B*

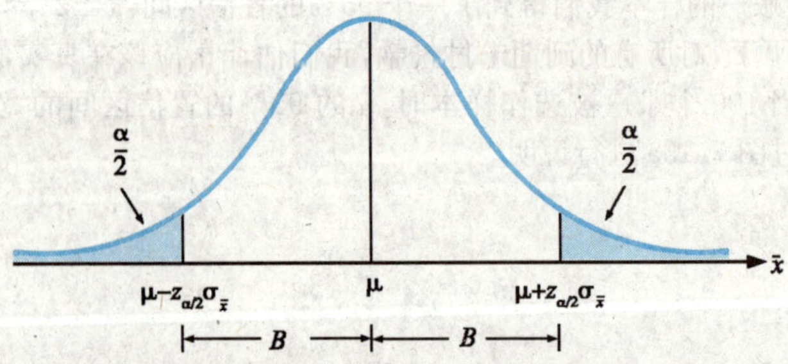

为了在一个给定的误差范围 B 内求出用于估计 μ 所需的样本容量，其方法如下。

确定μ的100(1－α)%的置信区间的样本容量

为了以100(1－α)%的置信度使μ的估计落在范围B以内，则所需的样本容量可如下求得：

$$z_{\alpha/2}\left(\frac{\sigma}{\sqrt{n}}\right)=B$$

解得：

$$n=\frac{(z_{\alpha/2})^2\sigma^2}{B^2}$$

尽管通常σ的值是未知的，但能够通过一个先验样本的标准差s估计出来。替代的方法之一是，我们可以得到总体极差R的近似观察值，并且（保守地）估计$\sigma\approx\frac{R}{4}$。在任何情况下，我们都应该把所得到的n值调高为整数，以便使样本容量足够大，确保达到规定的可靠性。

例7.6

官方NFL足球制造商使用一台机器为其新球充压到13.5磅。当机器调试合格后，平均充压是13.5磅，但是不可控因素使得个别足球的压力随机地在13.3磅到13.7磅之间变化。为了达到质量控制的目的，制造商希望以99%的置信区间，使得平均充压的估计在其真实值的0.025磅的误差范围内，则所需的样本容量将是多少？

解答：

我们希望建立一个99%的置信区间，使得μ的估计落在其真实值的$B=0.025$磅的误差范围以内。对于一个99%的置信区间，我们有$z_{\alpha/2}=z_{0.005}=2.575$。为了估计$\sigma$，我们注意到观察值的极差是$R=13.7-13.3=0.4$，则有$\sigma\approx R/4=0.1$。现在我们运用框中所导出的公式求样本容量$n$：

$$n=\frac{(z_{\alpha/2})^2\sigma^2}{B^2}\approx\frac{(2.575)^2(0.1)^2}{(0.025)^2}=106.09$$

我们把这个数向上调整为$n=107$。由于σ是通过$R/4$近似的，我们甚至可以建议样本容量定为$n=110$，以便更加确保这一99%的置信区间的误差范围为$B=0.025$磅或者更小。

有时候这个公式会产生一个小的样本容量（$n<25$）。遗憾的是，这个问题的解是无效的，因为关于小样本的过程和假设是不同于那些大样本的，如我们在7.2节发现的一样。因此，如果公式产生一个小样本容量，则简单的策略是选择样本容量为$n=30$。

总体比率的估计

上面所概括的方法能够很容易地应用到总体比率p上。例如，在7.3节，一个公司利用含有1000名消费者的样本对于喜欢其谷类食品的消费者比率建立了一个95%的置信区间，得到区间0.313 ± 0.029。假设公司希望更加精确地估计其市场份额，例如将95%的置信区间给定在0.015的范围以内。

为了使估计p的置信区间在$B=0.015$的范围以内，则所需要的样本容量是通过求解下面的关于n的方程得到的：

$z_{\alpha/2}\sigma_{\hat{p}}=B$ 或者 $z_{\alpha/2}\sqrt{\frac{pq}{n}}=0.015$（见图7.15）

图7.15　为总体比率 p 的置信区间指定范围 B

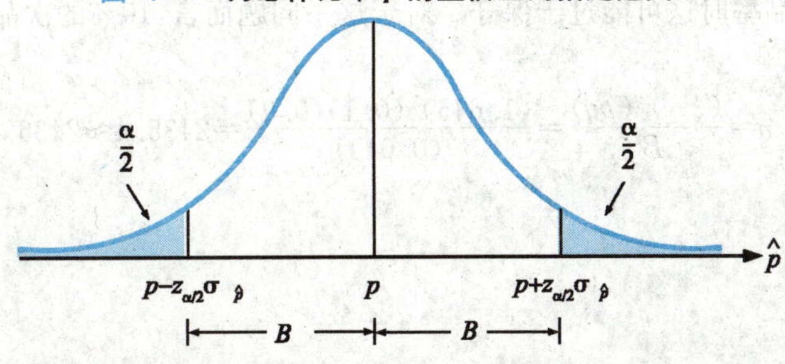

由于我们要得到的是一个 95%的置信区间，则适合的 z 值是 $z_{\alpha/2}=z_{0.025}=1.96\approx2$。在解出关于 n 的方程之前，我们必须要近似 pq 的值。如表 7.6 所示，p 和 q 的值越接近于 0.5，则 pq 的积值越大。因此，为了使我们产生的样本容量能够使置信区间具有指定的可靠性，我们一般保守地选择 p 的近似值接近于 0.5。然而在这一食品生产公司的案例中，我们有最初的样本估计 $\hat{p}=0.313$。因此利用 $p=0.35$ 便可以得到一个保守的 pq 的估计值。将其代入方程并解 n 得：

$$2\sqrt{\frac{(0.35)(0.65)}{n}}=0.015$$

$$n=\frac{(2)^2(0.35)(0.65)}{(0.015)^2}$$

$$=4044.44\approx4045$$

因此，公司必须抽取大约 4045 名消费者，才能以 95%置信区间使喜欢其品牌的比率估计在 0.015 的误差范围以内。

为了使总体比率 p 的估计在一个给定的范围 B 以内，求解必要的样本容量的方法见下框。

关于 p 的 $100(1-\alpha)$%的置信区间的样本容量的确定：

为了使二项概率 p 的估计以 $100(1-\alpha)$%的置信水平在范围 B 内，需要的样本容量由以下关于 n 的方程求出：

$$z_{\alpha/2}\sqrt{\frac{pq}{n}}=B$$

解得

$$n=\frac{(z_{\alpha/2})^2(pq)}{B^2}$$

因为积 pq 的值是未知的，可利用先验样本中成功的样本比率 $\hat{p}$ 进行估计。回忆(表 7.6)当 p 等于 0.5 时 pq 的值最大，所以通过运用 0.5 或者接近于 0.5 的值近似 p，你便能够得到一个保守的较大的 n 值。在任何一种情况下，你都应该把 n 的值上调为整数，以便使样本容量足够大，确保达到指定的可靠性。

例 7.7

对那些进入市场太快的移动电话制造商来说，首先碰到的问题就是消费者的投诉过多和对电话要求修理和更换的次数增加。制造商为了估计它的担保责任，必须了解这个问题的严重性。为了使次品率 p 的估计以 90%的置信水平在 0.01 的误差范围以内，公司将要从它的仓库抽取多少电话进行检查？

解答：

为了使 p 的估计在 0.01 的范围以内，我们令置信区间的一半宽度等于 $B=0.01$，正如图7.16 所示。

为了求解样本容量 n，需要积 pq 的一个估计量。我们可最保守地估计 $pq=0.25$(即，令 $p=0.5$)，但是当估计次品率时这可能过于保守。对于这一问题而言，10%的次品率可能是比较保守的。所以解是，

$$n=\frac{(z_{\alpha/2})^2(pq)}{B^2}=\frac{(1.645)^2(0.1)(0.9)}{(0.01)^2}=2435.4\approx2436$$

图7.16　在例7.7中具体指定可靠性的关于有缺陷比例的估计

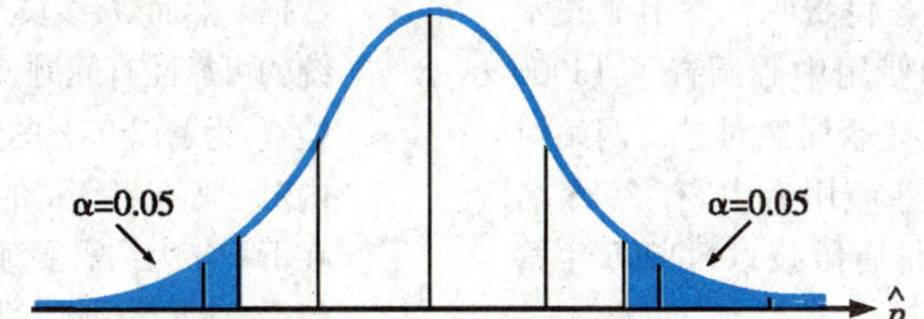

这样，制造商为了使次品率 p 的估计以90%的置信度在0.01以内，应抽取2436台便携式移动电话。回忆一下，这个答案依赖于我们对于 pq 的近似。其中，我们使用了0.09。假设次品率接近于0.05而不是0.10，我们能够用一个1286台移动电话的样本(请核实一下)以90%的置信度在0.01的误差范围以内估计 p。

在最终确定用于估计 μ 或者 p 的样本容量时，抽样费用也起着重要的作用。尽管我们有许多更为复杂的公式能够兼顾可靠性和费用，但我们在解决有关必要的样本容量时要注意到抽样预算可能是一个限制因素。对于这个问题更为完整的处理请参阅参考书目。

练习7.47～7.63

技能训练：

7.47 假如你欲运用一个95%的置信区间使估计的总体均值在 $B=0.3$ 的范围以内，并且由先验抽样可知，σ^2 近似地等于7.2，则你的样本中必须包含有多少个观察值?

7.48 假如我们关于 p 一无所知，在样本容量公式中总体比率 p 可以用0.5来代替。但这样做的结果可能使所得到的样本容量比所需的要大。在什么样的情况下，据样本容量公式利用 $p=0.5$ 所产生的样本容量大于在指定范围内且具有指定的置信水平所必需的样本容量?

7.49 假设你欲估计的总体均值在 $B=0.20$ 的误差范围以内的概率恰好等于0.90。你并不知道 σ^2，但是你知道观察值将在30和34之间。

a. 若你欲保守地估计并保证样本容量足以达到需要的估计精度，求为了满足所需要的估计精度的近似的样本容量。(提示：利用2.6节方差的知识，假设观察值的极差等于 4σ。)

b. 若更保守地假设观察值的极差等于 6σ，试计算近似的样本容量。

7.50 在下列每种情况下，为了在 $B=0.08$ 的范围内构造 p 的一个95%的置信区间，求出所需的近似样本容量。

a. 假设 p 接近于0.2。

b. 假设你没有关于 p 的先验知识，但是你希望你的样本足以达到指定的估计精度。

7.51 这里有一个关于 p 的90%的置信区间(0.26，0.54)，用于构造这个区间的样本有多大?

7.52 对感兴趣指标进行测度，抽取容量为 $n=1$ 的一个样本需花费10美元，已知你有一笔1500美元的预算。

a. 你有充分的资金构造一个关于感兴趣指标总体均值的，宽度为5个单位的95%的置信区间吗? 假设 $\sigma=14$。

b. 假如你利用一个90%的置信水平，则a部分中的答案发生变化吗? 请解释。

7.53 假设你欲运用一个95%的置信区间估计一个正态总体的均值，由先验信息得知，$\sigma^2=1$。

a. 试看样本容量对置信区间宽度的影响，计算 $n=16,25,49,100$ 和400时置信区间的宽度。

b. 将宽度作为样本容量 n 的函数在图纸上标出点，用一条平滑曲线将其连接起来，注意随着 n 的增加宽度是怎样减少的。

概念运用：

7.54 在练习7.14描述的职业的工资调查中，有1142名质量经理作了回答。报告的最低工资是18500美元；最高是167000美元。

a. 为了制定下一年的调查计划。利用以上信息确定需要抽取多大的一个样本，才能以95%的置信度将经理们平均收入的估计限定在5000美元的误差范围以内。

b. 在调查中，经理工资的标准差是17910美元。请利用这个信息重新计算在 a 部分中所要求的样本容量。

c. 比较a和b的答案。你将利用哪一个样本容量去估计下一年的平均工资? 证实你的回答。

7.55 你愿意为某一网络服务付费吗？乔治亚技术制图可视化研究所和使用中心调查了13000名互联网使用者，对其是否愿意对进入网站付费进行了询问。在这些使用者中，有2938名明确表示不愿意(《股份有限技术》，1995年第3卷)。

a. 假设13000名使用者是随机选择的，对于明确表示不愿意付费的使用者的比率构造一个95%的置信区间。

b. 你在a部分中所构造的区间的宽度是多少？对大多数应用来说，这么窄的宽度是不实用的。这对调查的样本容量有什么建议吗？

c. 为了以95%的置信水平在2%的误差范围内估计出所关注的比率，必须要有多大的样本容量？

7.56 EPA为了估计因采矿作业而引起的平均日污染率，随机选择了一个由n个水标本所组成的样本。假如EPA想以一个95%的置信区间进行估计，且将误差范围限定在每升1毫克(mg/L)以内，则样本中需要多少个水标本？假设先验知识表明，在一天内提取的水样本的污染读数近似于标准差为5mg/L的正态分布。

7.57 在佛罗里达州坦帕市的一个巨大的仓库里，存放着大约6000万真空铝箔包装的啤酒和汽水罐。不久前在仓库发生了一场大火，大火中的烟雾污染了许多罐，上面产生了许多黑斑点，变得不可再用。保险公司聘请了南佛罗里达一所大学的统计学家去估计仓库中被大火污染了的罐的真实比率。为了以90%的置信度将估计真实比率的误差范围限定在0.02以内，则需要随机抽取多少铝箔包装罐？

7.58 根据总审计署所作出的估计，美国国税局(IRS)在最近一个税收季度里，总共对1830万次电话询问进行了回复，但其中17%的回答是错误的。这些估计是基于打入IRS办事处的电话样本所搜集的数据。为了对于IRS办事处不能正确回答有关资本转移税问题的比率建立一个区间宽度为0.06的90%置信区间，则需要随机选择多少IRS办事处进行联系？

7.59 一个大的食品生产公司在一年中收到了消费者利用免费号码打来的大约100000个电话呼叫。一台计算机监控并记录了需要多少次铃声接线员才能回答、每个呼叫者“等待”多少时间及其他数据。然而，接线员及其劳动工会却认为监控系统的可靠性有问题。作为对计算机系统的一项检查，为了以95%的置信度在3秒的误差范围以内对于呼叫者等待的真实平均时间进行估计，则在下一年大约需要对多少次呼叫进行人工监测？等待时间(单位秒)的标准差分别为10,20和30。

7.60 ICR调查研究组为《货币》*Money*杂志进行了一项调查，报告显示，在准备升大学的高中生的父母中有26%没有为上大学存钱。民意测验有一个“……幅度为4个百分点的正误差或负误差”(《纽瓦克主要分类账》Newark Star—Ledger，1996年8月16日)。

a. 假设这项调查中采用了随机抽样，并且研究者对其结果想要有95%的置信度，请估计调查中所需的样本容量。

b. 重复a，但是这次研究者想要的是99%的置信度。

7.61 美国高尔夫球协会(USGA)为了保证高尔夫球符合USGA的规格对所有新的品牌进行了试验。所进行的试验之一是，当球被一台称为“Iron Byron”的机器人(以著名高尔夫球员Byron Nelson的名字命名)打出时，测量其平均运行的距离。假定USGA希望对于一个新的品牌以90%的置信度在1码的误差范围以内估计其平均距离，若过去的试验表明，Iron Byron击中高尔夫球的距离的标准差大约是10码，则为了达到所需要的精度，需要有多少高尔夫球被Iron Byron击中？

7.62 生产有缺陷的产品比生产没有缺陷的产品费用更大，因为它们必须被废弃或者重作。这一简单的事实建议制造商，为了确保其产品质量，应通过改善其生产过程而不是通过对完工产品的检查(Deming，1986)。为了对某特殊的金属冲压件过程进行更好的了解，制造商希望估计过去24个小时内所生产产品的平均长度。

a. 为了以90%的置信度使估计总体平均数的误差范围在0.1毫米(mm)以内，则需要抽取多少部件？这台机器的先期研究表明，利用冲压件工序所生产产品的长度的标准差大约是2mm。

b. 若时间只允许使用一个不大于100的样本容量。假如用构造一个关于μ的90%的置信区间，则它比a部分中所得到的区间是宽了还是窄了？请解释。

c. 假设管理部门要求估计μ的变动在0.1mm

以内,并且使用的样本容量不超过100,则符合管理部门规定的置信区间的最大置信水平大约是多少?

7.63 因咖啡、茶和可乐中的咖啡因所引起的瘾与酒精、烟草、海洛因和可卡因所引起的瘾一样吗?为了回答这个问题,Johns Hopkins大学的研究员们检查了27名咖啡因饮用者,发现在戒咖啡因时有25名表现出了一些停止服药症状的特点。(注:27名咖啡因饮用者自愿参加了这项研究。)而且,在11名被诊断为具有咖啡因依赖的咖啡因饮用者中,有8名当他们在一个可控的环境下食用无咖啡因饮食时,表现出显著的停药症状(包括正常功能损伤)。然而,国家咖啡联合会声称,研究组的样本太小不能作出结论(《洛杉矶时报》Los Angeles Times,1994年10月5日)。为了以99%的置信度且在真实值的0.5范围以内对于有咖啡因依赖的咖啡因饮用者的真实比率进行估计,则此样本容量足够大吗?请解释。

7.5 关于简单随机抽样的有限总体修正(选学)

前几节中所讲述的有关总体均值μ和总体比率p的大样本置信区间是基于一个从目标总体中所选择的简单随机样本。尽管我们并没有声明,但整个过程也是假设总体的容量N(即,抽样单位)相对于样本容量n是很大的。

在一些抽样情况下,样本容量n可能是总体中抽样单位总数N的5%或者也许10%。当样本容量相对于总体中的观测值的数目较大时(见下框),在7.1节和7.3节所给出的μ和p的估计量的标准误差,应该分别乘以一个**有限总体修正系数**。

有限总体修正系数的形式依赖于总体方差σ^2的定义。为了简化标准误差公式,通常将σ^2定义为离差平方和除以$N-1$而不是N(类似于我们定义样本方差的方式)。如果我们采取这个惯例,有限总体修正系数则变成$\sqrt{(N-n)/N}$。那么$\bar{x}$(μ的估计量)和$\hat{p}$(p的估计量)的估计标准误差如下框中所列。[①]

有限总体修正因子的经验法则

当$n/N>0.05$时利用有限总体修正系数(见下框中)。

具有容量N的有限总体的简单随机抽样:

总体均值的估计

估计标准误差:

$$\hat{\sigma}_{\bar{x}}=\frac{s}{\sqrt{n}}\sqrt{\frac{N-n}{N}}$$

近似95%的置信区间:$\bar{x}\pm 2\hat{\sigma}_{x}$

总体比率的估计

估计标准误差:

$$\hat{\sigma}_{\hat{p}}=\sqrt{\frac{\hat{p}(1-\hat{p})}{n}}\sqrt{\frac{N-n}{N}}$$

近似95%的置信区间:$\hat{p}\pm 2\hat{\sigma}_{\hat{p}}$

注:置信区间是"近似的",因为我们将$z_{0.025}=1.96$近似为2。

---

① 对于大多数调查和民意测验,有限总体修正系数近似等于1并且假设允许能够被可靠地忽略。然而,假设$n/N>0.05$,则有限总体修正系数应该包含在标准误差的计算中。

例 7.8

一个专业制造商想购买铝箔薄板零料。铝箔薄板中的任何一片都有相同的厚度，共储存了 1462 卷，每一卷包含不同的铝箔量。为了估计所有卷中铝箔的平方英尺总数，制造商随机抽取了 100 卷并且测量每一卷的平方英尺数。得到其样本均值是 47.4，并且样本标准差是 12.4。

a. 关于 1462 卷铝箔的平均平方英尺数，求一个近似的 95%的置信区间。

b. 用 1462 乘以 a 部分中的置信区间，估计出所有卷铝箔的平方英尺总数，并解释结果。

解答：

a. 每一个铝箔卷是一个抽样单位，并且在总体中有 $N=1462$ 个单位，样本容量是 $n=100$。因为 $n/N=100/1462=0.068$ 超过 0.05，我们需要应用有限总体修正。这里 $n=100$，$\bar{x}=47.4$ 和 $s=12.4$，代入这些量，我们得到近似的 95%的置信区间

$$\bar{x}\pm 2\frac{s}{\sqrt{n}}\sqrt{\frac{(N-n)}{N}}=(47.4)\pm 2\frac{12.4}{\sqrt{100}}\sqrt{\frac{(1462-100)}{1462}}$$

$$=47.4\pm 2.39$$

即(45.01,49.79)。

b. 对于容量为 N 的有限总体，总体中所有观测值之和(也称之为总体总数)为：

$$\sum_{i=1}^{N}x_i=N\mu$$

由于 a 部分中估计的是 μ 的置信区间，所以总体总数的估计量可以通过区间的端点乘以 N 得到。对于 $N=1462$ 我们有

下限 $=N(45.01)=1462(45.01)=65804.6$

上限 $=N(49.79)=1462(49.79)=72793.0$

所以，制造商以 95%的置信度估计出铝箔总量在区间 65805 平方英尺到 72793 平方英尺之间。如果制造商想采取一个保守的近似，则铝箔总量将是基于置信下限，65805 平方英尺。

练习 7.64～7.76

技能训练：

7.64 对于下列每一种情况计算总体抽样的百分比和有限总体修正系数。

a. $n=1000$，$N=2500$；

b. $n=1000$，$N=5000$；

c. $n=1000$，$N=10000$；

d. $n=1000$，$N=1000000$.

7.65 假设已知总体标准差是 $\sigma=200$。对于在练习 7.64 中描述的每一种情况计算 $\bar{x}$ 的标准误差。

7.66 假设 $N=5000$，$n=64$，$s=24$。

a. 比较用和不用有限总体修正系数所计算的 $\bar{x}$ 的标准误差。

b. 重复 a，但这次假设 $n=400$。

c. 从理论上讲，当从一个有限总体中抽样时，有限总体修正系数总是被用于计算 $\bar{x}$ 的标准误差。然而，当 n 相对于 N 较小时，有限总体修正系数接近于 1，则可被可靠地省略。解释 a 和 b 是怎样阐明这点的。

7.67 假设 $N=10000$，$n=2000$，$s=50$。

a. 利用有限总体修正系数计算 $\bar{x}$ 的标准误差。

b. 假设 $n=4000$，重复 a。

c. 假设 $n=10000$，重复 a。

d. 比较 a，b 和 c，并且描述当 n 增加时 $\bar{x}$ 的标准误差发生了什么变化。

e. c 的答案是 0，这表明在这种情况下不存在抽样误差，请解释。

7.68 假设你想估计总体均值 μ，并且 $\bar{x}=422$，$s=14$，$N=375$，$n=40$。求一个关于 μ 的近似的 95%的置信区间。

7.69 假设你想估计总体比率 p，并且 $\hat{p}=0.42$，$N=6000$，$n=1600$。对于 p 求出一个近似的 95%的置信区间。

7.70 从容量为 $N=300$ 的总体中抽取一个容量为 $n=30$ 的随机样本,结果如下:

练习 7.70 的数据 LM7-70DAT

21	33	19	29	22	38	58
29	52	36	37	30	53	37
29	18	35	42	36	41	35
36	33	38	29	38	39	54
42	42					

a. 用一个近似 95%的置信区间估计 μ。

b. 用一个近似 95%的置信区间估计总体中观测值大于 30 的比率 p。

概念运用:

7.71 从 20 世纪 50 年代初,审计员就在很大程度上依赖抽样技术来帮助其检验和评价一个委托企业的财务记录,而不是 100%的审计。当利用抽样得到一个账户的合计美元值的估计量——达到账户平衡——这就是著名的实质性测试(Arkin,《关于审计员的抽样方法》,1982 年)。为了评价企业宣称的细账部分总量值的合理性,审计员随机在现有的 500 个合计部分抽取了 100 个,给出每一部分的定价,其报告的结果见下面的表中。这些数据的描述统计量见 SPSS 输出结果中。

a. 给出细账部分的平均值的一个点估计量。

练习 7.71 SPSS 的输出结果

```
Number of Valid Observations(Listwise)=100.00
variable    Mean     Std Dev    Minmum    Maximum     N   Lable
PARTPRIC   156.46    209.10     50.00     1000.00    100
```

练习 7.71 的表 AUDPARTS.DAT

(数)字部分	价格部分(美元)	样本容量
002	108	3
101	55	2
832	500	1
077	73	10
688	300	1
910	54	4
839	92	6
121	833	5
271	50	9
399	125	12
761	1000	2
093	62	8
505	205	7
597	88	11
830	100	19

b. 求 a 中的点估计的估计标准误差。

c. 关于细账部分的平均值构造一个近似的 95%的置信区间。

d. 企业报告了平均 300 美元的细账部分值。你在 c 中的置信区间对于企业报告数字的合理性有什么建议?请解释。

7.72 在任何行业消费者认可的品牌名称都是一个价值很高的商品。为了评价家具行业的品牌知名度,NPD(一个市场研究公司)调查了 1333 名收入为 25000 美元及其以上的上层美国家庭妇女。样本抽自于一个含有 25000 个家庭的符合以上标准的数据库。在评价的 10 个家具品牌中,La-Z-Boy 是最被认可的品牌;70.8%的回答者表明他们对 La-Z-Boy"非常熟悉"。(HFN, 1999 年 10 月 11 日)。

a. 描述由 NPD 调查的总体。

b. 为了估计那些非常熟悉 La-Z-Boy 品牌的家庭的比率,在构造一个置信区间时必须运用有限总体修正系数吗?请解释。

c. 在构造 b 中的置信区间时,应该使用 p 的标准误差的什么估计量?

d. 构造真实的比率一个 90%的置信区间,并结合此问题的背景解释它。

7.73 为了对一项有关公司新的开发票系统中发票误差进行研究,一名审计员随机抽取了 35 张新系统所开的发票,并且记录了实际数值(A),发票数值(I),和差值(或误差)$x=(A-1)$。结果是 $\bar{x}=1$ 美元,$s=124$ 美元。在样本被抽出时,新系统已经产生了 1500 张发票。利用这条信息对新系统的每张发票的真实平均误差求一个近似 95%的置信区间,并解释其结果。

7.74 参考练习 7.14 中《质量进步》*Quality Progress*(1994 年 11 月)对订阅者工资的研究。所抽取的 284 名副总裁的平均工资为 93247 美元,标准差为 33740 美元。假设研究的目的是估计所有订阅《质量进步》的副总裁的真实平均工资。

a. 假设有 2193 名副总裁订阅《质量进步》,用一个近似 95%的置信区间估计其真实工资的平均值,并解释其结果。

b. 将 a 中的区间与在练习 7.14c 所得到的结果进行比较。

7.75 参考练习 7.43 中的新泽西州《州长理事会关于麻醉药物自由工作间报告》Governor′s Council for a Drug Free Workplace Report (春/夏 1995 年)。回顾 72 名理事会成员中有 50 名承认其雇员有药物滥用问题。在调查时，有 251 个新泽西州商行是州长理事会成员。基于这条信息，对于所有存在雇员药物滥用问题的新泽西州州长理事会商行成员的比率求出一个 95%的置信区间，并解释此区间。

7.76 美国环境保护部门(EPA)禁止将致癌的杀虫剂乙烯二溴化物(EDB)作为谷物和面粉磨粉设备的熏蒸剂，EDB 曾被用于防止被称为线虫的极小的蛔虫的侵扰。EPA 对于未加工的谷物、面粉、蛋糕混合物、谷类食品、面包和其他在超市货架以及仓库中的谷物产品设定了 EDB 的最大安全水平。在一个州所销售的 3000 个谷类产品中，经过试验表明，在一个具有 175 件产品的随机样本中有 15 件含有超过安全水平的 EDB 残留物。

a. 结合此问题的背景说明 $\hat{p}=15/175$ 是总体参数 p 的一个点估计。

b. 计算 $\hat{p}$ 的标准误差。

c. 构造一个关于 p 的近似 95%的置信区间。

d. 这个州大于 7%的谷类产品必须从货架和仓库中移走吗？请解释。

7.6 抽样调查设计(选学)

在 7.1—7.4 节阐述的置信区间的方法是基于简单随机抽样(第 3 章)。(简单)随机抽样仅是在抽样调查中所使用的几种不同的抽样设计之一。

抽样调查这一术语与总体的抽样(例如，人、住户、工商企业的收集等等)是共同使用的。对消费者偏好的民意调查就是抽样调查的一个例子，其他诸如对企业存货总水平的估计或者某个电视节目收视率的估计也是抽样调查的例子。

抽样调查要花费时间和金钱，有时候它们几乎不可能得到实施。例如，假设想得到下一年美国计划购买新电视机的家庭比率的一个估计量，并且计划把估计量建立在 3000 个家庭的一个随机样本上；那么与搜集这些数据有关的问题是什么？为了运用随机数字发生器(第 3 章)来选择样本，我们需要美国所有家庭的名录。得到这样一张名录的困难是不可估量的。倘若我们已经得到了一张家庭名录，则需要联系被选作样本的 3000 个住户中的每一个。当调查员到达住户时，他们全部都在家吗？并且都能够回答调查员的问题吗？你会看到搜集一个随机样本说起来容易做起来难。

调查抽样或抽样调查设计的大部分基本知识被用来帮助解决我们提及的一些问题。它包括抽样调查设计以帮助我们减少实施抽样调查所需的费用和时间的，还包括与这些设计相联系的置信区间的问题。因为抽样调查本身就是一门课程，在本选学章节我们将仅提供几个运用最为广泛的抽样调查设计，并且只能涉及到几个你可能遇到的问题。有关此重要论题的进一步知识见书后的参考书。

最普通的抽样设计(除随机抽样之外)之一是分层随机抽样。当与总体相联的抽样单位(例如，被抽取单位)能够被自然地分成两个或更多抽样单位组(称为层)且层内变异小于整个总体内的变异时，则可利用分层随机抽样。例如，假设我们想估计新纽约城一套两居室公寓的平均支付租金。由于在新纽约城支付租金的变异很可能是很大的，则我们可以将城市分成区(层)，在每一区内的租金相对是同类的。然后我们再通过从每一层内选择随机样本，并将层估计值组合起来估计总体均值。

分层随机抽样所产生的估计量的标准误差通常比简单随机抽样的要小些，而且，通过从每一层抽样，我们更可能得到一个代表整个总体的样本。另外，选择分层样本所需的管理和

劳动费用通常也少于简单随机抽样。

有时候选择随机样本比较困难或者代价太高。例如，从一所规模较大的大学的学生名册中系统地选择每第一百个名字以得到一个学生民意测验的样本是容易的。这种抽样设计被称为系统抽样。尽管系统抽样通常比其他抽样类型容易选择，但困难之一是存在一个系统抽样偏差的可能性。例如，在一条装配线中假如每第五个部件被选作质量控制检查，并且由5台不同的机器连续生产这些部件，则被抽取的所有部件可能都是由同一台机器制造的。假如我们使用系统抽样，则必须确定在抽样单位的名录中不存在循环（如每第五个部件由同一台机器制造）。

第三种是随机化回答抽样。当民意调查员的问题可能引出错误的回答时随机化回答抽样是特别有用的。例如，假设在一个工资收入的抽样中，每一个人被问及他或者她是否在收入税的申报上有欺诈行为。没有欺诈者很可能给出一个诚实的回答，而欺诈者则可能说谎，这便使收入税申报的欺诈者比率的估计值产生偏差。

处理由敏感问题所产生的错误回答的方法之一是随机化回答抽样。每个人被提出两个问题，一个问题是调查的目标，另一个是无关紧要的问题，被访问者将给出一个诚实回答。例如，每个人可能被问及这两个问题：

1. 在收入税申报上你欺诈吗？

2. 今早你喝咖啡了吗？

下一步是随机选择两个问题中的一个由该人回答。例如，被访问者可能被要求掷一枚硬币。假如硬币显示正面，则被访问者回答敏感问题1；硬币显示反面，则被访问者回答无关紧要的问题2。由于访问者永远没有机会看到硬币，被访问者会回答问题并且感觉可以确保他的或她的过失（假设有过失）不会暴露。因此，随机回答程序对于敏感问题能够引出一个诚实的回答。非常复杂的方法被用于推导回答敏感问题为“是”的百分比估计量。

如前所述，在任何抽样设计中，成本（不论是在时间，人力还是金钱）可能是一个问题。减少随机抽样的成本有两种方法：一个是电话调查，另一个是邮寄调查。尽管这种抽样类型排除了交通费用并且减少了劳动费用，但它产生了一个严重的困难——不回答的问题。由于这样，包含在样本中的抽样单位并不都能产生样本观察值。例如，当打电话时个别人可能不在家或者可能拒绝完成并寄回调查表。

不回答是一个严重的问题，因为它可能使结果的偏差非常大。一个人是否回答与回答的类型之间存在着高度相关。例如，某社区的大多数公民对于学校的保证金问题可能有看法，但是在一项邮寄调查中回答非常好的是那些在调查结果中具有既得利益者——例如，有学龄儿童的父母、学校教师，或者那些税款受到巨大影响的人。另外一些非既得利益者虽可能对此问题有看法，但是可能不花费时间来回答。对于这个例子，缺乏不回答者的数据会导致支持这个问题的百分比估计值大于真实情况。换言之，不回答者数据的缺乏将导致一个有偏的估计量。

不回答是一个非常重要的抽样问题。假如你的抽样计划需要抽样单位的一个具体汇集，无法从那些单位获得回答可能违背你的抽样计划，并且导致有偏的估计。假如你打算选择一个随机样本，但你不能从一些抽样单位中得到回答，那么你的抽样过程便不再随机，则基于它的一套方法论（例如置信区间）和此方法的结果（例如推断）便是不可信的。

处理不回答情况的方式有几种。运用最多的是追踪并询问全部或者部分不回答者，并利用附加信息调整失去的不回答者数据。然而对于邮寄调查，人们发现在调查表中包含一定的金钱鼓励——即使像25美分那样少——也会大大增加调查的回答率。

抽样调查者可以运用许多的抽样设计，一些是对简单随机抽样和分层随机抽样进行的变化，另一些则是完全不同的。另外，不同的估计方法可以和这些设计一起使用。在本节对抽样调查的简短介绍中，我们的目的仅是展现几个最重要的抽样调查设计及其一些内在的问题。在有关此类课题的课本中给出了不同抽样调查设计的详尽阐述(见本课结尾部分的参考书目)。

统计实践

7.2 抽样误差与非抽样误差

在第 6 章我们学习了在重复抽样中，样本均值 $\bar{x}$ 的特征能够由其抽样分布来描述。我们用估计误差来描述特定估计值 $\bar{x}$ 与总体参数的真实值 μ 之间的差，这个差就是估计误差，也称为抽样误差。这不是个人的错误，也不应该受到责备。它仅仅是由于 $\bar{x}$ 是根据总体的一个子集计算而来的，而不是来自于整个总体。$\bar{x}$ 的抽样分布的标准误差是用来估计 μ 的抽样误差(估计误差)的大小的一个度量。因此，$\bar{x}$ 的标准误差被用来确定与 $\bar{x}$ 有关的抽样误差的一个范围。就像我们在 7.4 节看到的那样，这个误差范围能够简单地通过增加调查的样本容量使之变小。

遗憾的是，其他影响调查的误差——通常称为非抽样误差——就不那么容易测量和控制了。非抽样误差的来源是除了导致估计量和总体参数的真实值之间产生差异的抽样误差之外的其他任何现象。非抽样误差可以分成两类：随机误差，它的影响只要使用大样本就可以抵消；偏差，趋向于在同一方向发生而且不能通过样本消除。

偏差可能来源于调查过程的任何环节。在美国统计学会发行的一本题为《调查误差的主要来源是什么?》的小册子中(1995)，列出了这类偏差的一些主要原因，包括：

1. **抽样操作**在抽取样本时产生错误或者在抽样框中遗漏了总体的一部分。
2. **未进行访问**仅仅获得部分样本的信息。例如，家访时受访者“没在家”或者邮寄调查问卷未回答。因为通常样本的未访问部分和访问部分之间存在着差异。显然，这会引起误差。(见 7.6 节)
3. **回答者的合适性**有时候回答者无法访问到，所以关于他们的信息是从其他人那里得到的。代理回答者常常不总了解实情。
4. **概念的理解**一些受访者并不明白要他干什么。
5. **知识缺乏**回答者并不总是了解所需要的信息或者并不努力得到正确的信息。
6. **隐瞒事实**出于害怕或者怀疑，受访者隐瞒事实。这种隐瞒可能反映了想以一种能被社会所接受的方式回答问题的一种愿望，比如会回答参与了能源保护项目，而实际并没有这样做。
7. **有含意的问题**措辞问题影响受访者以一种明确的(未必正确)方式来回答。
8. **过程中的错误**包括编码错误、数据键入错误、计算机编程错误，等等。
9. **概念的问题**想要的可能和实际调查的不同。例如，信息所来自的总体或时间段未能满足调查者的需求，但是由于时间的限制可能不得不使用它。
10. **访问者错误**调查员误导问题或者用他们自己的话改变了回答者的意思，导致了偏差。

尽管不是每一项调查都会产生所有这些偏差，但一个好的调查统计学家了解这些问题并且尽可能地加以控制。例如，美国人口普查局实施的当前人口调查，用以提供社会和经济健康发展的信息。在美国，每个月大约 1500 名调查员对大约 60000 个家庭进行访问或者电话调查，询问所有 14 岁以上的居民有关收入、雇佣状况等信息。在调查过程中采取了许多预防措施，防止由于调查员的错误而产生偏差：

1. 对调查的 1500 名调查员进行持续培训和再培训。
2. 每月都审核每一个调查员的工作。
3. 质量监管人员定期随同调查员进行调查。
4. 每年大约两次，监管人员对调查员曾做过调查的地址和住户进行核实。调查员无法知道他的工作什么时候将被检查，哪些地址将被重新核实。这些预防措施不仅防止调查员发生差错，而且也为当前人口调查的质量提供了一种度量。

讨论焦点：

下面是两个民意测验，一个是最近的，另一个是 60 年前实施的，它们都受到非抽样误差的影响。确定这个误差的来源并为减少偏差提供一个可供选择的抽样方法。

a. 1936 年，一部流行杂志《文摘》(*Literary Digest*)给美国选民邮寄了 1000 万份调查表。问卷询问哪个总统候选人更受欢迎，是现任的民主党总统 F. D. Roosevslt，还是共和党的堪萨斯州州长 Alfred Landon。从 1916 年以来，《文摘》在每次选举中都提前预测了总统获胜者。在收到调查表的反馈之前，《文摘》夸口说，"当最后的数字加总并核对以后，假设过去预测的经验可以参考的话，这个国家将在 1%以内的误差知晓 4000 万张选票中的实际赞成票"(1936 年 8 月 22 日)。《文摘》收到了 240 万份返回的问卷——样本容量比现在盖洛普民意测验所使用的大了接近 800 倍。《文摘》的调查结果表明 Landon 将以压倒多数票获胜：即 Landon57%，FDR43%。使 Landon 和《文摘》难堪的是，真实的选举结果是 FDR 获得了压倒多数的选票：FDR62%，Landon38%。[注：(1)《文摘》从诸如电话号码簿、俱乐部会员名录、杂志订阅和汽车注册这样的来源抽样得到了其选民名录。(2)1936 年这个国家由于经济路线在政治上发生分裂——共和党一般比民主党富裕。(3)《文摘》的民意测验依靠的是自愿回答。]

b. 对于电视网络来说，通过电话对其观众进行调查已变得很流行。电视网络通常提供两个或多个"900"电话号码(每个对应于一个不同的意见)，拨打电话的观众每次花费 50 美分。在 1995 年，有线新闻网 CNN 几次提供了"900"电话号码让其流行的对话节目"Larry King Live"的观众就前橄榄球明星、电视体育节目播音员、被指控犯谋杀罪的男演员 O. J. Simpson 是有罪还是无罪发表看法。(这个问题的结果表现出了强烈的种族分歧——回答相信 Simpson 是无罪的大多数是非洲裔美国人，而回答相信他是有罪的大多数是白人。)

要 点 回 顾

注：标有星号(＊)的部分来自于这章的选学节。

关键术语：

估计的误差范围 Bound on the error of estimate
有限总体修正系数 Finite population correction factor
层 Strata
置信系数 Confidence coefficient
区间估计量 Interval estimator
分层随机抽样 Stratified random sampling
置信区间 Confidence interval
不回答 Nonresponse
调查抽样 Survey sampling
置信水平 Confidence level
随机化回答抽样 Randomized response sampling
系统抽样 Systematic sampling
自由度 Degrees of freedom
抽样调查设计 Sample survey design
t 统计量 t statistic

关键公式：

$\hat{\theta} \pm (z_{\alpha/2})\sigma_{\hat{\theta}}$　　关于总体参数 θ 的大样本置信区间，$\hat{\theta}$ 和 $\sigma_{\hat{\theta}}$ 是从下表中得到的

参数 θ	估计量 $\hat{\theta}$	标准误差 $\sigma_{\hat{\theta}}$
均值 μ	$\bar{x}$	$\frac{\sigma}{\sqrt{n}}$
比率 p	$\hat{p}$	$\sqrt{\frac{pq}{n}}$

$\bar{x} \pm t_{\alpha/2}\left[\frac{s}{\sqrt{n}}\right]$　　关于总体均值 μ 的小样本置信区间

$\tilde{p}=\frac{x+2}{n+4}$　　p 的调整估计量

$n=\frac{(z_{\alpha/2})^2\sigma^2}{B^2}$　　为估计 μ 确定样本容量 n

$n=\frac{(z_{\alpha/2})^2(pq)}{B^2}$　　为估计 p 确定样本容量 n

$n/N>0.05$　　关于利用有限总体修正系数的经验法则*

$\hat{\sigma}_{\bar{x}}=\frac{s}{\sqrt{n}}\sqrt{\frac{N-n}{n}}$　　为估计 μ 的有限总体修正*

$\hat{\sigma}_{\hat{p}}=\sqrt{\frac{\hat{p}\hat{q}}{n}}\sqrt{\frac{N-n}{n}}$　　为估计 p 的有限总体修正*

语言室：

符号	发音	描述
θ	theta	一般总体参数
μ	mu	总体均值
p		总体比率
B		估计误差的范围
α	alpha	(1−α)代表置信系数
$z_{\alpha/2}$	z of alpha over 2	用在一个 100(1−α)%的大样本置信区间的 z 值
$t_{\alpha/2}$	t of alpha over 2	用在一个 100(1−α)%小样本置信区间的 t 值
$\bar{x}$	x-bar	样本均值，μ 的点估计
$\hat{p}$	p-hat	样本比率，p 的点估计
$\tilde{p}$	p-curl	调整的样本比率
σ	sigma	总体标准差
s		样本标准差，σ 的点估计
$\sigma_{\bar{x}}$	sigma of $\bar{x}$	$\bar{x}$的抽样分布的标准差
$\sigma_{\hat{p}}$	sigma of $\hat{p}$	$\hat{p}$ 的抽样分布的标准差
N		目标总体中观测值总数*

练习 7.77～7.102

注：为了使练习过程中所使用的统计过程有效，列出了必要的假设条件。标有星号(*)的练习参考这章的选学节。

技能训练：

7.77 令 t_0 代表附录 B 中表Ⅵ中的一个特定的 t 值。求出使下面阐述正确的表中值。

a. $P(t \leqslant t_0)=0.05$ 这里 df=20

b. $P(t \geqslant t_0)=0.05$ 这里 df=9

c. $P(t \leqslant -t_0$ 或者 $t \geqslant t_0)$ 这里 df=8

d. $P(t \leqslant -t_0$ *or* $t \geqslant 0) = 0.01$ 这里 df=17

7.78 在下列每种情况下，为了形成一个95%的置信区间，确定你应使用 z 还是 t 统计量（或都不），然后查出合适的 z 或 t 值。

a. 容量 $n=23$ 的随机样本来自于一个具有未知均值 μ 和标准差的 σ 正态分布。

b. 容量 $n=135$ 的随机样本来自于一个具有未知均值 μ 和标准差 σ 的正态分布。

c. 容量 $n=10$ 的随机样本来自于一个具有未知均值 μ 和标准差 $\sigma=5$ 的正态分布。

d. 容量 $n=73$ 的随机样本来自于一个一无所知的分布。

e. 容量 $n=12$ 的随机样本来自于一个一无所知的分布。

7.79 具有225个观测值的一个随机样本是从一个总体中选取的，样本均值和标准差分别是 $\bar{x}=32.5$ 和 $s=30.0$。

a. 用一个99%的置信区间估计总体均值 μ。

b. 需要多大的样本容量才能以99%的置信度使 μ 的估计在0.5以内变动?

b. 用在这个练习中的说法“99%的置信度”意味着什么?

7.80 在一个含有400个观测值的随机样本中，观测值中的227个具有所关注的特征 A。

a. 用一个95%的置信区间估计在总体中具有特征 A 的观测值的真实比率。

b. 需要多大的样本容量才能以95%的置信度使的估计在0.02以内变动?

*7.81 关于下列每种情况计算有限总体修正系数：

a. $n=50, N=2000$

b. $n=20, N=100$

c. $n=300, N=1500$

概念运用：

7.82 新纽约城一个规模较大的银行想要估计(1)那些每周处理超过100000张支票的周的比率(2)每周处理的支票平均数。银行保留着每周处理的支票数的记录 x，假设银行记录了从过去6年中随机抽取的50周的每周处理支票数 x。结合此问题的背景给出下面每一个的定义。

a. $\bar{x}$　b. $\hat{p}$　c. $\mu_{\bar{x}}$　d. n　e. $\sigma_{\bar{x}}$　f. p　g. s_x

7.83 作为研究新泽西州的Cedar·Grove住宅财产价值的一部分，县税务估价员抽取了在1996年期间销售的20套单身家庭住宅并且记录了它们的销售价格（以千美元为单位，见表）。这些数据的茎叶图和描述统计量见下面的MINITAB输出结果中。

练习7.83的数据　　**NJVALUES.DAT**

189.9	235.0	159.0	190.9	239.0
559.0	875.0	635.0	265.0	330.0
669.0	935.0	210.0	179.9	334.9
219.0	1190.0	739.0	427.7	229.0

资料来源：Multiple Listing Service of Suburban Essex County, New Jersey.

练习7.83的MINITAB输出结果

```
Stem-and-leaf of Sale Pric N =20
Leaf Unif =10
   4    1    5789
  10    2    112336
  10    3    33
   8    4    2
   7    5    5
   6    6    36
   4    7    3
   3    8    7
   2    9    3
   1   10
   1   11    9

              N     MEAN     STDEV     SE MEAN    95.0 PERCENT C.I.
SalePric     20    440.4     303.0       67.8     (298.6,582.3)
```

a. 根据MINITAB的输出结果，对于新泽西州Cedar Grove的所有单身家庭住宅的平均销售价格建立一个95%的置信区间。

b. 给出a中的区间一个实际的解释。

c. 就本练习而言,“95%的置信度”意味着什么?

d. 为了正确应用估计方法,请对假设的有效性给予评论。

7.84 在佐治亚州亚特兰大疾病控制和预防中心(CDCP),实施了一项美国人口一般性健康年度调查,以此作为其行为风险因素监督系统的一部分(《纽约时报》*New York Times*,1995 年 3 月 29 日)。利用随机数字拨打电话,CDCP 给 18 岁以上的美国公民打电话并询问其以下 4 个问题:

(1) 你的健康状况总的来说是特别好,非常好、好、尚可、还是差?

(2) 在以前的 30 天中有多少天因为受伤或有病使你的身体不适?

(3) 在以前的 30 天中有多少天因为压力、消沉或感情上的问题使你的精神健康不好?

(4) 在以前的 30 天中有多少天由于你的体力或精神健康妨碍你完成你通常的活动?

请为每一个问题确定目标参数。

7.85 参考练习 7.84。根据 CDCP,在被访问的 102263 名成年人中有 89582 名声称他们的健康是好、非常好、或特别好。

a. 用一个 99%的置信区间估计美国成年人中认为其健康是好到特别好的真实比率,并解释这个区间。

b. 为什么 a 中的估计可能是过于乐观(例如,偏高)?

7.86 一个企业的总经理、副总经理、部门经理和其他人利用企业的核算系统所产生的财务数据帮助他们对某些事情进行决策,诸如定价、预算和扩大工厂等。为了确定该系统提供的是可靠的数据,内部审计员定期对系统作各种不同的检查(Horngren、Foster 和 Datar,《成本核算:一个管理上的重点》Cost Accounting: A Managerial Emphasis,1994 年)。假设一个审计员想要确定在总体为 5000 张的销售发票中“总销售”数字有错误的销售发票所占的比率。他计划根据容量为 100 的随机样本估计存在错误的发票的真实比率。

a. 假设给发票总体从 1 到 5000 编号,每张以 0 结尾的发票存在错误(例如 10%是有错误的)。利用随机数字发生器从 5000 张发票的总体中抽取一个具有 100 张发票的随机样本。例如,随机数 456 表示发票号码。列出样本的发票号码,显示出你抽取的哪些发票存在错误(例如,那些以 0 结尾的)。

b. 利用 a 中的样本结果,对于错误发票的真实比率构造一个 90%的置信区间。

c. 错误发票的真实总体比率等于 0.1。把这个真实的比率与你在 b 中所形成的真实比率的估计值相比较。你的置信区间中包括真实比率吗?

7.87 《职业地理学家》(1992 年 5 月)报道的一项研究旨在调查这样一个假设:在双收入家庭中,妇女不对称的家务劳动责任是居住在靠近妇女上班地的一个重要因素。研究人员研究对于双收入家庭的男女,他们到工作地的距离(以英里为单位)。男女随机样本产生了下面结果:

练习 7.87 的表

	中心城市居民		郊区居民	
	男	女	男	女
样本容量	159	119	138	93
均值	7.4	4.5	9.3	6.6
标准差	6.3	4.2	7.1	5.6

a. 对于中心城市居民,关于双收入家庭的男女到工作地的平均距离计算一个 95%的置信区间,并解释这些区间。

b. 对于郊区居民重复 a 部分。

(注:在第 9 章我们将显示怎样利用统计技术比较两个总体均值。)

7.88 参考练习 7.11。《美国医药联合会杂志》Journal of the Americal Medical Association(1993 年 4 月 21 日)报道了美国成年人中盛行吸烟。在 43732 名调查回答者中有 11239 名表明他们现在吸烟,10539 名表明他们以前吸烟。

a. 构造一个关于美国目前成年吸烟者比例的 90%的置信区间并解释之。

b. 构造一个关于美国从前成年吸烟者比例的 90%的置信区间并解释之。

7.89 一个公司想估计它所有有病雇员请假的平均天数 μ。公司的统计学家随机选择了 100 份个人档案,并且记录每个雇员请病假的天数。其样本统计量计算如下:$\bar{x}=12.2$ 天,$s=10$ 天。

a. 用一个 90%的置信区间估计 μ。

b. 为了以一个 99%的置信区间使 μ 的估计在 2 天以内的范围变动,则统计学家需要选择多少份个人档案?

7.90 在美国,年龄超过 50 岁的人口占 25%,然而他们却控制了 70%的财富。研究表明,退休者最优先的选择是旅游。《旅游研究年报》*Annals of Tourism Research*(1992 年 19 卷)的一项研

究调查了退休状况(未退休和已退休)与旅游业的各种兴趣点之间的关系。作为研究的一部分,选出了一个 323 名退休者的样本,并且确定每人在离家旅行途中一般停留的夜间数。172 人回答他们一般的停留时间是从 4 夜到 7 夜。运用一个 90%的置信区间对一次旅行途中一般停留 4 夜到 7 夜的退休旅行者的真实比率进行估计,并解释这个区间。

7.91 美国雇员得到的休假时间的长短主要取决于其服务期的长度。根据 Hewitt 合作发布的数据(《管理评论》*Management Review*,1995 年 11 月),超过 8/10 的雇主在雇员工作第一年以后提供两周的休假,5 年以后 75%的雇主提供 3 周,15 年以后大部分提供 4 周休假。为了更加准确地估计那些对新雇员仅提供两周休假的美国雇主的比率,联系了一个由美国 24 个主要公司组成的随机样本。休假时间报告如下(以天为单位):

练习 7.91 的表　VACTIMES. DAT

10	12	10	10	10	10
15	10	10	10	10	10
10	10	10	10	10	15
10	10	15	10	10	10

a. 样本容量大到足以确保的抽样分布可以用正态分布合理地近似吗?证明你的答案。

b. 需要多大样本容量才能以 95%的置信度使 p 估计在 0.02 的范围以内变动?

7.92 衡量一个企业业绩的最重要的方式之一是评估其给予股东的待遇。毕竟,为开办和/或扩大企业提供资金的是股东,拥有企业的也是股东。这个可以通过检查股东得到的收益率来完成。为了评估美国公司 1995 年和 1991—1995 年五年期间的业绩情况,从《华尔街日报》*Wall Street Journal* 的股东记录牌上(1996 年 2 月 29 日)所列出的 1000 个美国主要企业中,随机抽取了一个具有 15 个企业的样本:

练习 7.92 的数据　SHARHOLD. DAT

企业	股东的收益率:1995	股东的收益率:1991～1995
Andrew	9.8%	51.2%
Bank One	54.4	19.3
Gannett	18.1	14.2
Hasbro	7.5	25.4
Alco Standard	47.5	25.0
Ceridian	53.5	39.9
Teledyne	32.8	15.2
Snap-On	40.0	10.7
Salomon	−4.0	9.7
New York Times	37.0	9.9
Jostens	34.5	−2.2
Ogden	20.7	8.8
UAL	104.3	17.7
Merck	76.4	20.1
Liz Claiborne	65.4	−0.1

a. 对于在 1995 年和整个 1991—1995 年期间这 1000 个企业的平均收益率求出点估计值。

b. 对于在 a 中所描述的两个参数构造 90%的置信区间,并且列出确保置信区间的可靠性所需的假设。

c. 结合此问题的背景解释这些置信区间。

d. 点估计和区间估计哪一种估计方法比较好?证明你的答案。

e. 由于列在股东记录牌上的主要企业(1000)是有限的,因此,b 中的置信区间应当用有限总体修正系数修正。解释为什么实际上有限总体修正将产生一个完全相同的结果。

7.93《管理会计》*Management Accounting*(1995 年 6 月)报道了管理会计师研究所(IMA)成员的第六个年度工资调查的结果。有 2112 个成员的回答形成了他们的工资分布:第 20 个百分位点为 35100 美元,中位数为 50000 美元,第 80 个百分位点为 73000 美元。

a. 利用这条信息确定能够在下一年度的调查中以 98%的置信度在 2000 美元的范围以内估计出 IMA 的平均工资变动所需的最小样本容量。

b. 为了计算样本容量你将如何估计所需要的标准差,请解释。

c. 列出你作的所有假设。

7.94 据美国劳动统计局的调查,每 80 个美国工人中就有一个(例如 1.3%)被开除或被解雇。患有癌症的雇员被开除或被解雇的比率也是一样的吗?为了回答这个问题,《劳动妇女》杂志和一家减少化疗副作用的制药公司 Amgen 联合对 100 名在工作的同时接受治疗的癌症幸存者实施了一项电话调查(《坦帕先驱论坛报》*Tampa Tribune*,1996 年 9 月 25 日)。在这 100 个癌症病人中,有 7 个人由于疾病被开除或被解雇。

a. 关于所有由于疾病被开除或被解雇的癌症病人的真实的比例构造一个90%的置信区间。

b. 对a中的区间给出一个实际的解释。

c. 患有癌症的雇员被开除或被解雇的比率与所有美国工人一样吗？请解释。

7.95 1989年美国质量控制会开始出版一本称为《质量工程》*Guality Engineering* 的杂志。1994年杂志给其8521名订阅者分发了一份调查表，收到了总计202份的答复。对于"你订阅多长时间了?"这一问题，他们所得到的回答见下表中。

练习7.95的数据 **SUBSCRIB.DAT**

年	1	2	3	4	5	6	7	8	9	10	11	12	不回答
回答数	44	39	27	17	12	38	1	1	0	0	0	1	22

资料来源:Adapted from "Quality Engineering reader Survey. "Quality Engineering, Vol. 7, No. 4, 1995, p. ix.

a. 为了应用本章所述的置信区间方法解决关于这8521名杂志订阅者总体的平均订阅长度的估计问题，需要作什么样的假设?

b. 参考a并运用一个98%的置信区间估计总体均值。

*c. 描述潜在的可能干扰这项调查的非抽样误差。

*7.96 社团、劳动工会以及贸易和医药联合会可以建立被称为政治活动委员会(PACs)的组织，为其所支持的政治候选人筹集资金。为了估计在2000年的总统选举中为支持Al Gore所需要花费的金额，共和党雇佣的一名政治经济学家随机抽取了30个PACs，并询问他们期望花费多少钱用于支持Gore，其结果(以千美元为单位)见下表。此外，也提供了数据的SPSS分析。

a. 估计2000年PACs期望用于支持Gore的花费总数。

b. 运用一个近似95%的置信区间估计出计划支持Gore的PACs的比率。

c. 除了抽样误差外，还有什么可能引起a中的估计不准确?

练习7.96的表 PAC.DAT

10	0	5	18	0	5	22	0	50	60	35	0	0
18	35	0	40	10	50	20	150	15	0	0	30	15
0	20	15	10									

练习7.96的SPSS的输出结果

```
AMOUNT
Valid casses:        30.0      Missing cass:        0.0     Percent  Missing:      0.0
Mean      21.1000    Std Err     5.4299     Min       0.0000     Skewness       3.0392
Median    15.0000    Variance    884.5069   max       150.0000   S E Skew       0.4269
5% Trim 16.7778      Std Dev     29.7407    Range     150.0000   Kurtosis      11.9488
                                            IQR       31.2500    S E Kurt       0.8327
Frequency      Stem    & Leaf
11.00           0 .  00000000055
  8.00          1 .  00055588
  3.00          2 .  002
  3.00          3 .  055
  1.00          4 .  0
  2.00          5 .  00
  1.00          6 .  0
  1.00 Extremes       (150)
Stem width:       10.00
Each leaf:     1 case(s)
```

资料来源:Adapted from "Quality Engineering reader Survey. "Quality Engineering, Vol. 7, No. 4, 1995, p. ix.

*7.97 若一项民意调查报告称，61%的公众支持国家健康保险的一个项目，它通常也报告抽样误差，例如，一项民意调查可能报告估计量的准确度在正负3%以内。在《时代周刊》上的一篇文章("How not to read polls", 1980年4月28日)指出：

读者常常误解这个"警告标记"……[抽样误差警告]从来不会承认：存在由于一个马虎的措辞、或一个有偏见的问题、或一个使人产生复杂感情的问题而引起的误差。

例如:“你对你的工作满意吗?”。在所有这些问题中,最重要的是抽样误差的警告标记也不说明公众是否是冲突的还是对一个主题有共同的意见,这是错误理解民意测验的最重要的原因。

根据上面引证的上下文概括解释抽样误差和非抽样误差之间的不同。

*7.98 一个全国性商业杂志周刊的出版商们认为,佛罗里达的订阅者中投资于股票市场的比率很大。他们想利用这条信息劝说佛罗里达的经纪业公司在其杂志上做广告宣传。出版商们给佛罗里达的每一位订阅者寄去了一份关于股票投资的调查问卷,共收回调查问卷10000份,并且其中有9296名订阅者回答他们正在从事股票市场投资。

a. 利用这条信息运用一个近似95%的置信区间估计出在股票市场投资的佛罗里达订阅者的比率。

b. 佛罗里达的经纪业公司会认为a中的估计是可靠的吗?请解释。

7.99 当公司利用控制图监测其产品质量时,通常通过运用一系列的小样本来确定在每个样本被选期间生产过程是否处在“控制中”。(我们将在第12章讲述质量控制图。)假设某混凝块制造商每小时抽取9块混凝块,并且测试每一块的碎裂强度。在一小时的试验期间,均值和标准差分别是每平方英寸(psi)985.6磅和22.9磅。

a. 对于在这一小时的试验时间内所生产的混凝块的平均碎裂强度构造一个99%的置信区间。

b. 如果平均强度不同于1000psi,则生产过程被认为“失控”。根据在a中所构造的置信区间,你将做出什么样的总结?

c. 用一个90%的置信区间重复a和b。

d. 制造商希望在停止生产并确定出问题之前能够有理由判断生产过程是真正失控的。为了得出结论,99%或90%的置信区间哪一个更为合适?请解释。

e. 为了确保置信区间的可靠性,哪些假设是必须的?

7.100 最近,由一个沙门菌(细菌的)中毒案件追踪到某品牌的冰激凌专柜,而且制造商从市场上撤走了这些专柜。不管这个反应怎样,许多消费者在事件后的一段时期里拒绝购买任何品牌的冰激凌(McClave,私人咨询事务所)。事件爆发后的6个月某制造商实施了一项消费者调查,他联系了一个含有244名冰激凌消费者的样本。有23名回答者表示,因为潜在的食物中毒,他们将不购买冰激凌。

a. 事件爆发6个月后整个市场拒绝购买冰激凌的真实比率的点估计是什么?

b. 样本容量大到足以运用正态分布来近似这一二项概率的估计量的抽样分布吗?证明你的回答。

c. 对于事件发生6个月后仍然拒绝购买冰激凌的真实的市场比率构造一个95%的置信区间。

d. 解释在这个应用项目中的点估计和置信区间。

7.101 参考练习7.100,假设现在是事发后的一年。若制造商希望以一个95%的置信区间使对于仍然拒绝购买冰激凌的比率估计在0.02的误差范围以内,则需要抽取多少消费者?

7.102 参考练习7.40中国家公路交通安全管理(NHTSA)对于因气囊致死的汽车不测事件的研究。回顾NHTSA想估计坐在前面乘客位置的孩子所发生事故的真实比率。为了运用一个99%的置信区间使真实比率值的估计在0.1的误差范围以内,则NHTSA将要抽取多少起致命的不测事件呢?

第 8 章

基于单个样本的推断：假设检验

本章内容

8.1 假设检验的基本原理
8.2 一个总体均值的大样本假设检验
8.3 观察的显著性水平：p 值
8.4 一个总体均值的小样本假设检验
8.5 一个总体比例的大样本假设检验
8.6 计算犯第二类错误的概率：对 β 的进一步认识(选学)
8.7 一个总体方差的假设检验(选学)

统计实践

8.1 统计质量控制
8.2 三月疯狂：决定 NCAA 篮球联赛优劣的条件

我们已经学过的

在第 7 章我们讲述了怎样利用样本信息估计总体参数，在置信区间的内容中我们学习了如何运用一个统计量的抽样分布来评价一个估计值的可靠性。

我们将要学习的

我们将看到如何利用样本信息检验一个总体参数可能的值，这种类型的推断被称为假设检验。我们还将看到怎样进行关于总体均值 μ 和总体比例 p 的假设检验。并且，正像估计量那样，我们强调关于推断的可靠性度量。一个没有可靠性测度的推断更有点像是猜测。

假设你想确定驾车通过一个快餐馆的平均排队等待时间是否少于 5 分钟，或者大多数消费者是否对经济形势持乐观态度。在这两种情况下，你所关注的都是推断如何与某一个具体数值相关的一个参数值。它是小于、等于、还是大于这个指定的数字？这种类型的推断，被称为假设检验，是本章的主题。

在 8.1 节我们将介绍一个假设检验的原理，然后在 8.2 节和 8.3 节中我们阐述怎样对一个总体均值进行一个大样本的假设检验，在 8.4 节我们利用小样本进行均值的检验，关于二项分布概率的大样本检验是 8.5 节的主题，关于确定一个检验可靠性的一些先进方法涵盖在选学 8.6 节。最后，在选学 8.7 节我们阐明怎样对一个总体方差进行检验。

8.1 假设检验的基本原理

假设在某个城市建筑物的工程设计中，要求住宅污水管道的平均碎裂强度每英尺(即纵尺)大于 2400 磅。每个想在此城市销售管道的制造商都必须证明其产品符合这一工程设计要求。注意，我们再次对有关总体均值 μ 的推断感兴趣。然而，在这个例子中我们的兴趣并不在于对 μ 值的估计，而在于对其值的一个假设进行检验，即我们想确定管道的平均碎裂强度是否超过每纵尺 2400 磅。

用于得到结论的方法是基于前面章节所讲述的小概率事件的概念。我们定义两个假设：(1)原假设，它表明进行抽样实验的一方的现状，——除非数据提供了充足的理由证明它是错误的，则该假设将被接受。(2)备择(或研究)假设，只有当数据提供出令人信服的真实证据表明该假设是正确的，它才会被接受。以检验制造商的管道的质量为例，此假设检验的原假设是制造商的管道不符合工程设计要求，除非检验提供出令人信服的相反证据。因此原假设和备择假设是：

原假设(H_0)：$\mu \leqslant 2400$

(即，制造商的管道不符合工程设计要求)

备择(研究)假设(H_a)：$\mu > 2400$

(即，制造商的管道符合工程设计要求)

当存在足够的证据推断出制造商的管道符合工程设计要求时，怎样作出决定？因为假设涉及到总体均值 μ 值，利用样本均值 $\bar{x}$ 作出推断是合理的，正像我们曾在 7.1 节和 7.2 节对 μ 建立置信区间时所做的那样。只有当样本均值 $\bar{x}$ 完全令人信服地表明总体均值大于每纵尺 2400 磅时，才能推断出管道符合工程设计的要求。

当 $\bar{x}$ 值以一个不能轻易地归因于抽样变异性的数量大于 2400 时，支持备择假设的“令人信服的”证据是存在的。为了作出决定，我们计算一个检验统计量 z 值，它是测度 $\bar{x}$ 值与在原假设中所指定的 μ 值之间的距离。当原假设包含多个 μ 值时(如 H_0：$\mu \leqslant 2400$ 这种情况)，我们则利用那个最接近于备择假设中具体指定值的 μ 值。其思路是，如果 μ 等于 2400 的假设能够被拒绝而接受 $\mu > 2400$，那么 μ 小于或等于 2400 一定能够被拒绝。这样，检验统计量是：

$$z=\frac{\bar{x}-2400}{\sigma_{\bar{x}}}=\frac{\bar{x}-2400}{\sigma/\sqrt{n}}$$

注意：若 $z=1$，则意味着 $\bar{x}$ 比 $\mu=2400$ 大 1 个标准差；若 $z=1.5$，则意味着 $\bar{x}$ 比 $\mu=2400$ 大1.5 个标准差，等等。这样，为了能够令人信服地拒绝原假设从而接受备择假设，以此推断出管道符合工程设计要求，则 z 值必须是多少？

图 8.1　$\mu=2400$ 时 $\bar{x}$ 的抽样分布

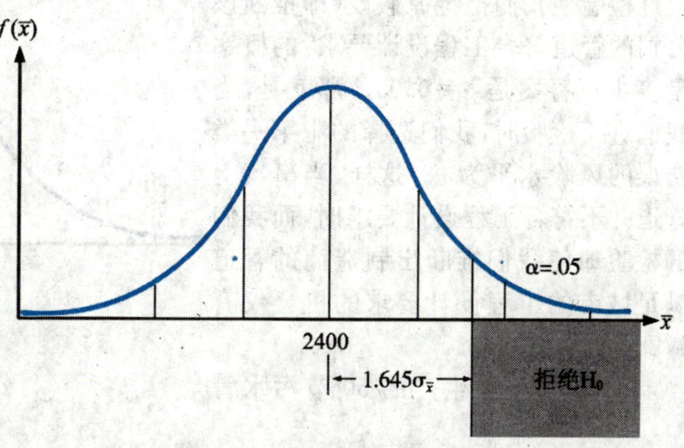

如果你检查图 8.1，你将观察到，如果事实上真实均值 μ 为 2400，$\bar{x}$ 比 2400 大 1.645 个标准差的机会仅仅是 0.05。这样，假如样本均值比 2400 大

1.645 个标准差，则或者 H_0 为真并且发生了小概率事件(概率为 0.05)，或者 H_a 为真并且总体均值大于 2400 。由于我们认为一个小概率事件在一次试验中几乎是不会发生的，则将拒绝原假设($\mu\leqslant 2400$)，而接受备择假设($\mu>2400$)。那么，这个过程将导致我们得出一个错误结论的概率是多少？

当原假设事实上为真却被拒绝的错误称为第一类错误。正如图 8.1 中所示，犯第一类错误的风险由符号 α 表示，即，

$$\alpha = P(\text{第一类错误}) = P(\text{当原假设事实上为真却被拒绝})$$

在本例中

$$\alpha = P(\text{当实际上 } \mu=2400 \text{ 却 } z>1.645)=0.05$$

我们现在将检验原理总结一下：

H_0：$\mu\leqslant 2400$

H_a：$\mu>2400$

检验统计量：$z=\dfrac{\bar{x}-2400}{\sigma_{\bar{x}}}$

拒绝域：对应于 $\alpha=0.05$，$z>1.645$

注意，拒绝域是指我们拒绝原假设的检验统计量的值。

为了说明这一检验的运用，假设我们检验了 50 节污水管道，并且求出这 50 个观测值的均值和标准差是：

$\bar{x}=2460$ 磅每纵尺

$s=200$ 磅每纵尺

正如在估计中的情况，当 s 是从一个大样本的观测值中得到时，我们能够利用 s 去近似 σ。

检验统计量是：

$$z=\frac{\bar{x}-2400}{\sigma_{\bar{x}}}=\frac{\bar{x}-2400}{\sigma/\sqrt{n}}\approx\frac{\bar{x}-2400}{s/\sqrt{n}}$$

将 $\bar{x}=2460$，$n=50$ 和 $s=200$ 代入公式我们有：

$$z\approx\frac{2460-2400}{200/\sqrt{50}}=\frac{60}{28.28}=2.12$$

因此，样本均值位于大于假设 μ 值(2400)的 $2.12\sigma_{\bar{x}}$ 处，如图 8.2 所示。因为这个 z 值超过了 1.645 ，则它落在拒绝域内。因此，我们拒绝 $\mu=2400$ 的原假设，并且推断出 $\mu>2400$。由此看来，公司的管道有一个每纵尺超过 2400 磅的平均强度。

那么，我们有多大的信心能够确定这个结论呢？当事实上原假设为真时，统计检验使我们拒绝原假设(即推断该公司的管道符合工程设计要求)的概率是多少？答案是 $\alpha=0.05$。那就是，当我们进行检验时，我们选择的犯第一类错误的风险水平为 α。这样，当事实上管道并不符合工程设计要求时，而我们的检验却使我们推断出制造商的管道满足城市的工程设计要求的机会仅有 1/20。

图 8.2　确定检验 H_0：$\mu=2400$ 的假设的检验统计量的位置

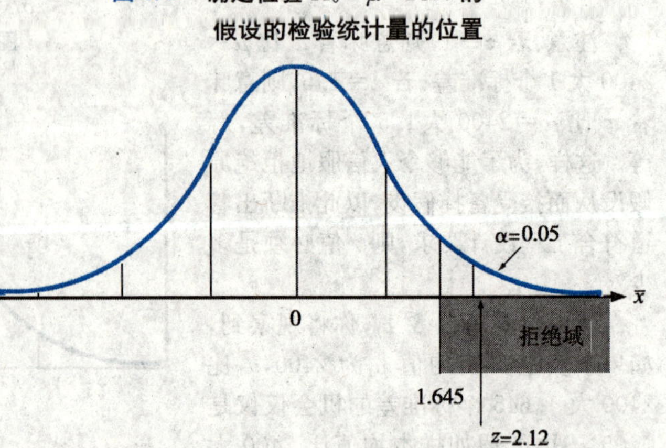

现在，假定所生产的 50 节污水管

道的样本均值的碎裂强度是 $\bar{x}=2430$ 磅/纵尺,假定样本标准差仍然是 $s=200$,则检验统计量为:

$$z=\frac{2430-2400}{200/\sqrt{50}}=\frac{30}{28.28}=1.06$$

因此,样本均值 $\bar{x}=2430$ 仅比 $\mu=2400$ 的原假设值大 1.06 个标准差,正如图 8.3 中所示。此值并没有落进 $z>1.645$ 的拒绝域内,所以我们便不能运用 $\alpha=0.05$ 拒绝 H_0。尽管此样本均值超过城市的工程设计要求有每纵尺 30 磅,但它并没有提供足够的证据表明它符合总体均值大于 2400 的工程设计要求。

图 8.3 当 $\bar{x}=2400$ 时,检验统计量的定位

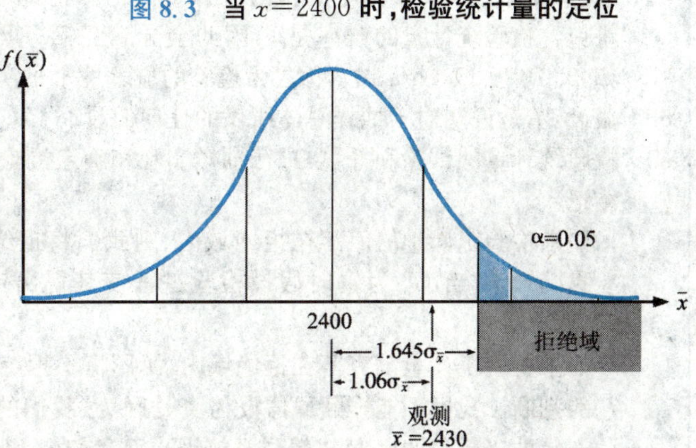

那么,我们便能够接受原假设 $H_0:\mu\leqslant 2400$ 且推断出制造商的管道不符合工程设计要求吗?这样做还面临着犯第二类错误的风险,即当原假设事实上错误却被接受。我们用 β 表示犯第二类错误的概率,在选修 8.6 节我们会说明要准确地确定 β 常常是困难的,当 β 未知时,我们并不做出决策(接受 H_0),而是通过避免得出原假设为真的结论,来回避可能犯第二类错误的风险。我们将简单地声明"在 $\alpha=0.05$ 时,拒绝 H_0 的样本证据是不充分的"。因为原假设是"原有状态"的假设,不拒绝 H_0 的结果就是保持"原有状态"。在我们管道检验的例子中,证据不足以拒绝管道不符合工程设计要求的原假设。其结果是,如果不存在充分的证据说明管道符合工程设计要求,那么就会禁止使用制造商的管道。这就是说,在数据令人信服地表明原假设是错误的之前,我们通常保持"原有状态"真的含意。

表 8.1 概括了一个假设检验的 4 种可能结果。在表 8.1 中的"真实的自然状态"一列,涉及到不论原假设 H_0 是真的,还是备择假设 H_a 是真实情况。注意在研究人员进行假设检验时,真实的自然状态是不知道的。在表 8.1 的"结论"一行是指研究人员的实践,假定他或她基于抽样的结果,得出 H_0 为真或 H_a 为真的结论。注意只有当原假设被拒绝而接受备择假设时才会犯第一类错误,并且只有当原假设被接受时才会犯第二类错误,只有当我们知道犯错误的概率时我们才能够作出一个结论。因为 α 通常是由分析者具体指定的,当有样本证据支持时,我们一般能够拒绝 H_0(接受 H_a)。然而,β 通常不是具体指定的,所以我们一般避免作出接受 H_0 的决策,而是当检验统计量不在拒绝域时宁可声明:样本证据不足以拒绝 H_0。

表 8.1 关于一个假设检验的结论和结果

	真实的自然状态	
结论	H_0 为真	H_a 为真
接受 H_0(假设 H_0 为真)	结论正确	第二类错误(概率 β)
拒绝 H_0(假设 H_a 为真)	第一类错误(概率 α)	结论正确

我们将假设检验的原理概括在下面的框中。注意前 4 条原理是在进行抽样实验之前就全部具体指定的,抽样结果不会用来确定假设——数据的收集是用来检验预先确定的假设,而不是制定假设。

假设检验的要点:

1. 原假设(H_0):关于一个或多个总体参数值的一个推测,这个推测一般代表原状态,直到它被证明是错误时我们才拒绝它。
2. 备择(研究)假设(H_a):否认原假设的一个推测,这个推测一般表示只有当存在充分的理由证实其真实时我们才接受它。
3. 检验统计量:用于决定是否拒绝原假设的一个样本统计量。
4. 拒绝域:原假设将被拒绝的检验统计量的值。拒绝域的选择是使得当原假设为真时,它将包含检验统计量的概率是 α,因此会导致犯第一类错误。通常将 α 值选择得很小(例如,0.01,0.05,或 0.10),称之为检验的显著性水平。
5. 假设:清楚说明对于抽样总体所做的任何假设。
6. 检验统计量的试验和计算:进行抽样实验和确定检验统计量的值。
7. 结论:
   a. 如果检验统计量的值落在拒绝域内,则我们将拒绝原假设并且推断出备择假设为真。我们知道,当 H_0 为真时假设检验过程使其得出错误结论(第一类错误)的概率仅有 $100\alpha\%$。
   b. 如果检验统计量没有落在拒绝域内,我们将不拒绝 H_0,这样我们保留有关原假设为真的判断。我们不能推断原假设为真是因为,我们的检验过程将导致一个因接受 H_0 所产生的犯错误的概率 β(第二类错误),而我们(一般地)并不知道概率 β。[①]

练习 8.1~8.14

技能训练:

8.1 原假设或是备择假设,哪种假设是原假设?哪一个是研究假设?

8.2 一个假设检验的哪条原理被用来决定是否拒绝原假设,即接受备择假设?

8.3 一个假设检验的显著性水平是什么?

8.4 在假设检验中第一类和第二类错误之间的区别是什么?与第一类和第二类错误相连系的 α 和 β 的含义是什么?

8.5 关于一个假设检验,列出结论和真实的自然状态结合的 4 种可能的结果。

8.6 当检验统计量落在拒绝域时我们(一般地)拒绝原假设,但是当检验统计量没有落在拒绝域时,我们却并不接受原假设,为什么?

8.7 如果你检验一个假设,若拒绝原假设接受备择假设,你的检验证明备择假设是正确的吗?试解释。

概念运用:

8.8 在伦敦的一家银行把钱借给另一家的利率称为伦敦同业银行拆借利率,或 *Libor*。根据《华尔街日报》*Wall Street Journal*(1998 年 11 月 11 日),英国银行家协会关于 *Libor* 定期调查国际银行,最近的一份报告得出 3 个月的贷款平均利率在百分之 0.39—— 一个被西方银行认为高的值,试为检验报告的值建立原假设和备择假设。

8.9 全国大学生贷款违约率在过去的十年期间稳定下降。《*USF* 杂志》*USF Magazine*(1999 年春)报道了在 1996 财政年度的违约率(例如,未履行他们的贷款债务的大学学生的比例)为 0.10,假如你想确定 2000 年大学生贷款违约率是否低于 0.10,试建立原假设和备择假设。

8.10 根据《心理和老龄化杂志》*Journal of Psychology and Aging*(1992 年 5 月),老工人(例如,45 岁及其以上年龄)对于工作的满意度在一个 5 分的标度上有一个 4.3 的均值(较高的分数表明较高的满意水平)。

a. 建立 H_0 和 H_a 来检验杂志的结论。

b. 对于这个检验描述其第一类错误。

c. 对于这个检验描述其第二类错误。

① 在假设检验的许多实际商务应用中,不拒绝假设所产生的管理行为与接受假设一样。因此,接受和不接受之间的区别常常在实践中变得模糊。在(选学)8.6 节我们将联系原假设的接受和 β 的计算来更详细地讨论这个问题。

8.11 有时候，一个陪审团审理的结果会违反一般公众期望的“常识”(例如，对于 *O. J. Simpson* 在“世纪的审判”中的判决)，如果我们理解一个被告凶手的陪审团审理与统计假设检验过程是相似的，那么，就可以接受这样一个裁定。在一个陪审团的审理中原假设为：被告是无罪的(在美国的司法体系中原假设是无罪的)；备择假设是有罪，只有在存在充分的证据确认其事实时它才能被接受。假设陪审团的表决一致同意有罪，则无罪的原假设被拒绝并且法庭判定被告凶手是有罪的。对于犯罪来说除了一个一致的表决外任何一种都导致一个“无罪”的裁定，法庭从不接受原假设；也就是，法庭从不宣布被告“无罪”，一个“无罪的”的裁定(像在 O. J. Simpson 的案例中的那样)意味着法庭未能公正无疑地发现被告有罪。

a. 在一个凶杀案审理中定义第一类和第二类错误。

b. 这两类错误中哪一类更加严重？请解释。

c. 一般地，法庭不知道 α 和 β 的值；但是理想的情况是，两者都是小的。假设这些概率之一比其他的一个陪审团所裁定的小，那么，是哪一个，为什么？

d. 在判定有罪以前，法庭体系依靠一个全体一致的表决形成非常小的 α 值，解释为什么是这样。

e. 当审理之初因为一个陪审团产生的偏见而对于一个犯罪的裁定不利，则 α 的值将增加还是减少？请给出解释。

f. 当审理之初因为一个陪审团产生的偏见对于一个犯罪的裁定不利，β 的值将增加还是减少？请给出解释。

8.12 一组医生使用多种波动描记器(或测谎仪)进行同一个仔细的试验，给出其医疗诊断测试。他们发现，假如对 1000 个人进行测谎，则有 500 人告诉实情而 500 人说谎，测谎器将表明在真实的回答者中大约有 185 人撒谎，而在撒谎的人中大约有 120 人是真实的回答者(《探索》*Discover*，1986 年)。

a. 在一个测谎检验的应用中，某人在被“证实”为一个说谎的人(H_a)之前，被假定为一个真实的回答者(H_0)。在此问题中，第一类错误是什么？第二类错误呢？

b. 根据研究，一个测谎检验将导致第一类错误的概率(近似地)是什么？第二类错误呢？

8.13 根据《化学营销报告》*Chemical Marketing Reporter* (1995 年 2 月 20 日)，制药公司每年花费 15 亿美元用于新药的研究和发展上，在收到食品和药物管理部门(FDA)的投放市场许可以前，制药公司必须要对每种新药进行长时间的检验。FDA 的政策是制药公司在接到 FDA 的批准以前必须对其新药提供安全性的充分证据，这样才能确保对潜在消费者的安全。

a. 如果将新药检验置于一个假设检验的框架内，则原假设为药物是安全的还是不安全的？备择假设呢？

b. 在 a 部分中给出原假设和备择假设的选择，描述在这个应用项目中的第一类错误和第二类错误，在这个应用项目中定义 α 和 β。

c. 如果 FDA 在允许投放市场以前想充分确保药物是安全的，则更重要的是 α 还是 β 是小的？给出解释。

8.14 在高技术工业中最紧迫的问题之一是计算机安全。计算机安全通常是利用一个口令来达到的，即在计算机允许使用者进入账户之前，用户必须提供一个符号(通常为字母和数字)。问题是坚持不懈的黑客能够创造程序，以数百万符号的结合进入一个目标系统，直到发现正确的口令为止。解决这个问题的最新系统要求批准使用者利用独一无二的身体特性进行自我识别，例如，由 Palmguard 有限公司研制的一个系统，所检验的假设为：

H_0：建议使用者被批准

H_a：建议使用者不被批准

以那些存储被批准使用者的数据库为标准，此检验建议用使用者手掌的特征(《全部》*Omni*，1984 年)。

a. 对于这个检验定义其第一类错误和第二类错误。哪一个是较严重的错误？为什么？

b. Palmguard 报告其系统的第一类错误率小于 1%，而第二类错误率是 0.00025%。请解释这些错误率。

c. 另一个成功的安全系统，EyeDentifyer，“通过扫描眼睛底部的极小的血管，辨认被批准的计算机使用者”，EyeDentifyer 报告了第一类错误和第二类错误的概率分别是 0.01%和 0.005%，请解释这些比率。

8.2 一个总体均值的大样本假设检验

在 8.1 节我们学习到原假设和备择假设形成了一个假设检验推断的基础，原假设和备择假设可以采取几种形式中的一种。在污水管道的例子中我们检验了原假设：总体管道的平均强度小于或等于 2400 磅每英尺，以及所对应的备择假设：平均强度超过 2400。即，我们检验：

H_0：$\mu \leqslant 2400$

H_a：$\mu > 2400$

这是一个单尾(或单侧)统计检验，因为备择假设具体指定的总体参数(本例为总体均值 μ)是严格大于某个具体指定值(本例为 2400)。如果原假设是 H_0：$\mu \geqslant 2400$ 且备择假设是 H_a：$\mu < 2400$，则检验仍旧是单尾的，因为参数仍旧被指定在原假设值的“一侧”。而还有一些统计调查说明的是，总体参数大于，或者小于某一具体指定的值，这样一个备择假设称为一个双尾(或双侧)假设。

尽管备择假设总是被指定为严格不等式，例如 $\mu < 2400$，$\mu > 2400$，或 $\mu \neq 2400$，而原假设通常被指定为等式，如 $\mu = 2400$，甚至当原假设是一个诸如 $\mu \leqslant 2400$ 的不等式时，我们仍指定 H_0：$\mu = 2400$，因为假如有充分的理由表明备择假设 H_a：$\mu > 2400$ 为真，便拒绝了原假设 H_0：$\mu = 2400$，那么当然也存在充分的理由拒绝 $\mu < 2400$。因此，原假设被指定为最接近于一个单尾备择假设的 μ 值。并且在双尾备择假设中，该值不被指定，关于选择原假设和备择假设的步骤总结如下：

关于选择原假设和备择假设的步骤

1. 备择假设将采取三种形式中的一种：
   a. 单尾，右尾　　例：H_a：$\mu > 2400$
   b. 单尾，左尾　　例：H_a：$\mu < 2400$
   c. 双尾　　　　　例：H_a：$\mu \neq 2400$
2. 原假设将被指定为最接近于在单侧检验中的备择假设的参数值。
   例：H_0：$\mu = 2400$

一个双尾检验的拒绝域不同于一个单尾检验。当我们试图在任何一侧确定是否违反原假设时，我们都必须在检验统计量的抽样分布的两侧建立一个拒绝域，图 8.4a 和 8.4b 分别显示出了关于左右尾检验的单尾拒绝域，双尾拒绝域的图示见图 8.4c，注意对于一个双尾检验，其拒绝域建立在抽样分布的两侧。

图 8.4　对应于单尾和双尾检验的拒绝域

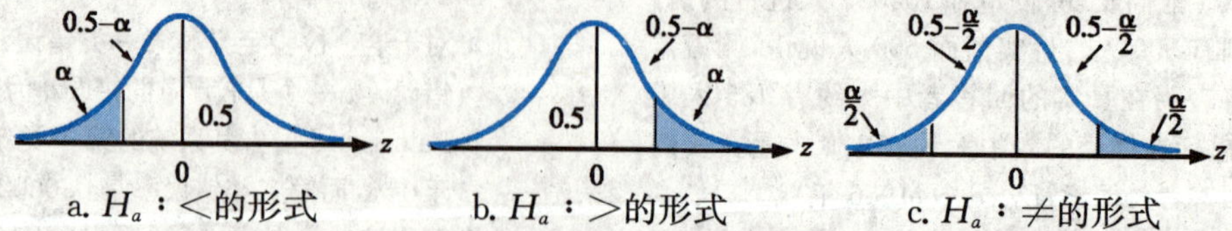

关于单尾和双尾检验在不同的显著性水平 α 下的拒绝域见表 8.2 中。注意到所选择的 α 值越小，则拒绝 H_0 时所需要的证据越多(z 值越大)。

表 8.2　关于常见的 α 值的拒绝域

	备择假设		
	左尾	右尾	双尾
$\alpha=0.10$	$z<-1.28$	$z>1.28$	$z<-1.645$ 或 $z>1.645$
$\alpha=0.05$	$z<-1.645$	$z>1.645$	$z<-1.96$ 或 $z>1.96$
$\alpha=0.01$	$z<-2.33$	$z>2.33$	$z<-2.575$ 或 $z>2.575$

例 8.1

一个谷物制造商想检验一台填充机器的工作情况，此机器的设计能力为每箱平均排出量 $\mu=12$ 盎司，制造商想确定有无违反其设计的情况。为此，他从当天的产品流出中随机抽取 100 箱，以确定平均排出量是否为每箱 12 盎司。利用 $\alpha=0.01$，对于这项研究建立一个假设检验（在第 8 章和第 12 章统计实践中，我们将讲述如何利用控制图来处理这个问题）。

解答：

因为制造商希望确定不论在任何方向（$\mu<12$ 或 $\mu>12$）是否违反 $\mu=12$ 的设计，我们进行一个双尾统计检验。我们确定备择假设为均值不等于 12 盎司，因为研究的目的是查明机器是否违反指定的质量控制标准，原假设是假定填充机器正在正常运行，这样，

H_0：$\mu=12$

H_a：$\mu\neq12$（例如，$\mu<12$ 或 $\mu>12$）

检验统计量度量观察值 $\bar{x}$ 与原假设值 $\mu=12$ 之间的标准差数：

检验统计量：$\dfrac{\bar{x}-12}{\sigma_{\bar{x}}}$

拒绝域必须能够检测偏离 $\mu=12$ 的程度，当 z 值太小（负数）或太大（正数）时，我们都将拒绝 H_0。为了确定构成拒绝域的 z 的精确值，我们首先选定 α，即原假设正确却被错误地拒绝的概率，然后，我们在 z 的分布的左右侧平分 α，如图 8.5 中所示。在这个例子中，$\alpha=0.01$，所以两侧分别为 $\alpha/2=0.005$。两侧的面积分别对应于 $z=-2.575$ 和 $z=2.575$（据表 8.2）：

拒绝域：$z<-2.575$ 或 $z>2.575$，（见图 8.5）

假设：因为试验的样本容量足够大（$n>30$），则可运用中心极限定理，并且不需要对观测值的总体进行假设。不必考虑个别箱的分布情况，这 100 箱样本平均值的抽样分布近似于正态分布。

图 8.5　双尾拒绝域：$\alpha=0.01$

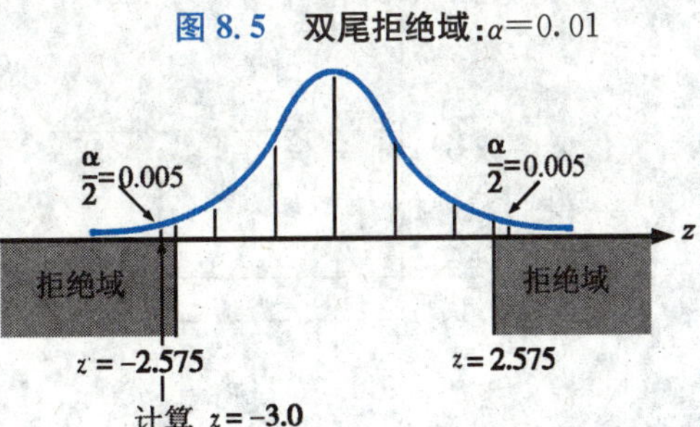

注意在例 8.1 中的检验是在抽样进行前建立的，数据并不是用来形成检验，显然，制造商并不想中断注入过程来调整机器，除非样本数据提供非常令人信服的证据表明它不符合具体的指定要求。因为 α 的值设定为 0.01 的低值，若样本证据导致拒绝 H_0，则制造商能以 99% 的置信度认为机器需要调整。

检验一旦建立，制造商就要设计抽样实验并且进行这一检验，检验将在例 8.2 中完成。

统计实践

8.1 统计质量控制

在练习 6.47 中，我们描述了一个坐标图，通常称作控制图，它可以用于商务活动中，监控产品和所提供服务的质量。1924 年，沃尔特·舒哈特(Walter A. Shewhart)在贝尔电话实验室开发了控制图，从此便成为全世界质量控制工程师和业务经理的一个基础工具。日本作为一个工业超级大国的崛起，在一定程度上是由于它较早采用和提炼了质量控制技术，例如，邓肯(Duncan)的控制图(1986 年)。在这个统计实践中，我们扩展了对控制图的讨论，并且表明控制图只是用于假设检验的简单工具。我们在第 12 章将详细讨论控制图的内容。

假设要监控一个特殊飞机附件上螺纹的螺距直径。当加工过程被控制的时候，螺距直径形成一个均值为 μ_0 和标准差为 σ_0 的正态分布。回忆一下练习 6.47，我们知道这一监控可以这样完成：(1)从生产过程中按固定的时间间隔抽取 n 个产品；(2)测量每个被抽取产品的螺距直径；(3)在控制图上作出每个样本的平均直径 $\bar{x}$ 的散点图，如图 8.6。这样的控制图被称为一个 $\bar{x}$ 图。假设 $\bar{x}$ 的值落在上控制限的上方或下控制限的下方，则表明加工过程失控了，也就是说，正在生产的产品质量不符合确定的标准。如果 $\bar{x}$ 值落在上控制限和下控制限之间，则证明加工过程处于控制之中。

事实上，每次在 $\bar{x}$ 图上作出样本均值的散点图，观察均值点落在控制限的位置，分析员都是在做双尾假设检验。

讨论焦点：

回答下列问题，以假设检验的语言描述分析员的决策过程：

a. 所关注的原假设和备择假设是什么？

b. 检验统计量是什么？

c. 具体指定拒绝域。

d. 犯第一类错误的概率是什么？

图 8.6 $\bar{x}$ 图

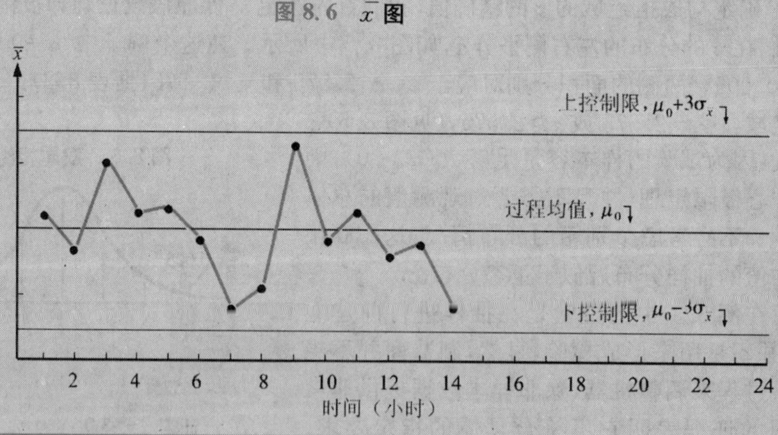

例 8.2

参考在例 8.1 中所建立的质量控制检验，假设样本产生下面的结果：

$n=100$ 个观察值　　$\bar{x}=11.85$ 盎司　　$s=0.5$ 盎司

利用这些数据进行假设检验。

解答：

因为在例 8.1 中检验是完全被具体指定的，我们简单地将样本统计量代入检验统计量：

$$z=\frac{\bar{x}-12}{\sigma_{\bar{x}}}=\frac{\bar{x}-12}{\sigma/\sqrt{n}}=\frac{11.85-12}{\sigma/\sqrt{100}}$$
$$\approx\frac{11.85-12}{s/10}=\frac{-0.15}{0.5/10}=-3.0$$

这表明样本均值是 11.85，它（近似地）落在 $\bar{x}$ 的抽样分布中小于 12.0 的原假设值的 3 个标准差的下方。在图 8.5 中你能看到这个 z 值落在左尾拒绝域，该区域包括所有的 $z<-2.375$ 的值，则这些数据提供了充分的理由拒绝 H_0 并且推断出，在 $\alpha=0.01$ 的显著性水平下，平均注满量不等于具体指定的 $\mu=12$ 盎司。很明显，平均说来机器未充满箱子。

将例 8.2 中关于假设检验的最后两点应用到所有的统计检验中去：

1. 由于 z 小于 -2.575，则在一个小于 $\alpha=0.01$ 显著性水平下，我们的结论是具有诱惑力的，我们抵抗这种诱惑的原因是因为 α 的水平在抽样完成之前就已确定，假如我们倾向于允许一个 1% 的第一类错误率，则抽样的结果将不影响那个结论。一般地，同一数据不能同时用在建立和推断检验两者中。

2. 当我们在 0.01 的显著性水平得出我们的结论时，我们是指检验过程的失败率而不是该次检验的结果。我们知道当事实上 $\mu=12$ 时，检验过程将导致原假设被错误拒绝的机会仅有 1%，因此，当检验统计量落在拒绝域时，我们便推断出备择假设 $\mu\neq12$ 为真，并且以显著性水平 α，或 $100(1-\alpha)\%$ 的置信水平，来表明我们对结论的把握程度。

关于一个总体均值建立一个大样本假设检验的步骤总结如下。

关于 μ 的大样本假设检验

单尾检验	双尾检验
$H_0:\mu=\mu_0$	$H_0:\mu=\mu_0$
$H_a:\mu<\mu_0$	$H_a:\mu\neq\mu_0$
（或 $H_a:\mu>\mu_0$）	
检验统计量：$z=\frac{\bar{x}-\mu_0}{\sigma_{\bar{x}}}$	检验统计量：$z=\frac{\bar{x}-\mu_0}{\sigma_{\bar{x}}}$
拒绝域：$z<-z_\alpha$	拒绝域：$\lvert z\rvert>z_{\alpha/2}$
（或 $z>z_\alpha$ 当 $H_a:\mu>\mu_0$ 时）	
这里的 z_α 选择是使	这里的 $z_{z/2}$ 选择是使
$p(z>z_\alpha)=\alpha$	$p(z>z_{\alpha/2})=\alpha/2$

假设：关于总体的概率分布不需要作假设，因为中心极限定理足以使我们确信，对于大样本，检验统计量将接近于正态分布，而不考虑此总体的基本概率分布的形状。

注意：μ_0 是在原假设下指定给 μ 的数值符号。

检验一旦建立，便完成抽样并且计算出检验统计量。依据抽样试验的结果，下框中列出了假设检验的可能结论。

假设检验的可能结论：

1. 如果计算的检验统计量落在拒绝域内，拒绝 H_0 并且推断出备择假设 H_a 是真实的，说明你在 α 的显著性水平上拒绝 H_0。谨记，置信度来自检验过程，而非单个检验的特定结果。
2. 如果检验统计量没有落在拒绝域内，则推断在显著性水平 α 下，样本没有提供用以拒绝 H_0 的充分证据[一般地，我们不“接受”原假设，除非计算出第二类错误的概率 β(参见选学节 8.6)]。

练习 8.15～8.27

技能训练：

8.15 对于下列每一个拒绝域，作出的 z 抽样分布的草图，并标明拒绝域的位置。

a. $z>1.96$　b. $z>1.645$　c. $z>2.575$

d. $z<-1.28$　e. $z<-1.645$ 或 $z>1.645$

f. $z<-2.575$ 或 $z>2.575$

g. 在 a—f 部分中对于每一个具体指定的拒绝域，犯第一类错误的概率是多少？

8.16 假设你欲进行统计检验 H_0：$\mu=255$ 对 H_a：$\mu>255$，并且你将利用下面的规则进行决策：假设 81 个样本元素的一个随机样本的样本均值大于 270 就拒绝 H_0。假定总体标准差是 63。

a. 利用 z 对决策规则进行描述。

b. 利用这个决策规则，求产生第一类错误的概率 α。

8.17 由一个标准差为 60 的总体得到一个由 100 个观察值组成的一个随机样本，其均值为 110。

a. 利用 $\alpha=0.05$ 检验原假设 $\mu=100$ 相对于备择假设 $\mu>100$，并解释检验结果。

b. 利用 $\alpha=0.05$ 检验原假设 $\mu=100$ 相对于备择假设 $\mu\neq100$，并解释检验结果。

c. 比较你所进行的这两个检验结果，请解释为什么结果是不同的。

8.18 一个含有 64 个观察值的随机样本产生了如下统计量：$\bar{x}=0.323$ 和 $s^2=0.034$。

a. 利用 $\alpha=0.10$ 检验原假设 $\mu=0.36$ 相对于备择假设 $\mu<0.36$。

b. 利用 $\alpha=0.10$ 检验原假设 $\mu=0.36$ 相对于备择假设 $\mu\neq0.36$，并解释结果。

概念运用：

8.19 在全国足球俱乐部联合会(NFL)比赛季节期间，Las Vegas oddsmakers 为了打赌，基于了每场比赛建立了一个点分布。将把一个点(a point)分配到每一场比赛中去。例如，St. Louis Rams 在 2000 年超级比赛中得到了 7 点，超过了最有希望的获胜者 Tennessee Titans。将 NFL 比赛的最终分数与由 oodsmakers 在《机会》*Chance*(1998 年秋)中建立的最终点分布进行比较。比赛结果和点分布(称为一个点分布误差)之间的差异是由 240 场 NFL 比赛计算出的，点分布误差的均值和标准差分别是 $\bar{x}=-1.6$ 和 $s=13.3$。利用这条信息进行假设检验：对于所有的 NFL 比赛来说平均点分布误差为 0，在 $\alpha=0.01$ 的显著性水平下进行检验并解释其结果。

8.20 国家丧葬承办者协会抽取了全国 22000 家殡仪馆，在 1998 年每个提供全面服务的丧礼平均花费 5020 美元，高于 1996 年的 4780 美元(《华尔街日报交互版》*Wall Street Journal Interactive Edition*，2000 年 1 月 7 日)。在 2000 年初，一个具有 36 个殡仪馆的随机样本报告了关于 1999 年的收入数据，在其观测值中，报告了在 1999 年期间每一个提供全面丧礼服务的平均费用，这些数据(以千美元为单位)见下表，四舍五入到百美元。

练习 8.20 的表　　FUNERAL.DAT

6.1	8.1	4.1	7.1	6.2	5.2
4.9	7.0	5.4	10.3	5.3	4.6
5.4	4.5	3.9	5.1	4.7	6.1
5.9	5.3	5.0	4.0	5.3	4.3
7.1	5.9	61.	4.5	5.0	4.8
5.7	5.9	4.8	4.1	6.1	5.3

a. 要检验在 1999 年美国殡仪馆提供全面服务的平均费用是否超过 5020 美元，何为恰当的原假设和备择假设？

b. 利用一个统计软件包在 $\alpha=0.05$ 的显著性水平下进行检验，样本数据是否提供充分的证据推断出在 1999 年的平均费用高于 1998 年的平均费用？

c. 在进行假设检验中，假设提供全面服务的平均费用的总体为正态分布是必要的吗？证明你的回答。

8.21 大多数大型企业的心理学家帮助遭受痛苦压力的雇员，困难之一是诊断创伤后的紧张失调(PTSD)，研究人员常常利用接受管制的前战争罪犯(POWs)研究 PTSD。《心理评价》*Psychological Assessment*(1995 年 3 月)发表了在第二次世界大战中飞行员被击中后被德军俘虏的一项研究结果，确定了一个总量为 239 名的第二次世界大战飞行员 POW 幸存者，研究人员要求每位老兵参加研究，有 33 名回复了邀请信。这 33 名 POW

幸存者中的每一位由明尼苏达多项人格类型测验来负责,测量 PTSD 水平的组成(注意:分数越高,PTSD 的水平越高)。结果产生的 PTSD 分数均值为 $x=9.00$ 分且标准差为$s=9.32$ 分。

a 为了确定是否所有第二次世界大战飞行员 POWs 的平均 PTSD 分数小于 16,建立原假设和备择假设(注意: 16 一值是越南 POWs 的平均 PTSD 分数)。

b 在 a 部分,利用 $\alpha=0.10$ 进行检验,检验真实的含义是什么?

c 讨论用在研究中的样本的代表性。

8.22 在《职业和组织心理杂志》(1992 年 12 月)中的一项研究报告调查了雇佣地位与心理健康之间的关系。他们对一个含有 49 名未被雇佣男子的样本,利用一般的健康调查问卷(GHQ)进行了心理健康调查,GHQ 是一个被广泛认可的心理健康的测度,其值越低表明心理健康越好,GHQ 的均值和标准差分数分别是 $\bar{x}=10.94$ 和$s=5.10$。

a 如果我们希望检验所有未雇男子的平均 GHQ 分数是否超过 10,则合适的原假设和备择假设是什么? 是单尾检验还是双尾检验? 为什么?

b 假如我们指定 $\alpha=0.05$,则对于这个检验合适的拒绝域是什么?

c 进行这项检验,并且就此问题说明你的结论。

8.23 在假设检验质量控制应用中(见 8.1 节的统计实践),原假设和备择假设经常被指定为:

H_0:生产过程令人满意地完成。

H_a:过程以一个令人不满意的方式完成。

因此,α 有时侯被指定作为生产者风险,β 为消费者风险(*Stevenson*,《生产/经营管理》*Production/Operations Management*, 1996 年)。一个注塑生产的高尔夫球座被设计为具有 0.250 盎司的平均重量,为了调查注塑模具运转是否令人满意,从过去数小时的生产中随机抽取了 40 个球座,它们的重量(以盎司为单位)见下表中。关于数据的汇总统计量见下面 SAS 的输出结果中。

a 数据是否提供了充分的理由推断出过程不是令人满意地运行? 运用 $\alpha=0.01$ 进行检验。

b 结合此问题的背景解释,为什么会形成称 α 为生产者的风险和 β 为消费者的风险是有道理的?

练习 8.23 的 SAS 输出结果

Analysis		Variable		WEIGHT	
Nobs	N	Minimum	Maximum	Mean	Sed Dev
40	40	0.2470000	0.2560000	0.2524750	0.0022302

练习 8.23 的表

TEES. DAT

0.247	0.251	0.254	0.253	0.253	0.248	0.253	0.255	0.256	0.252
0.253	0.252	0.253	0.256	0.254	0.256	0.252	0.251	0.253	0.251
0.253	0.253	0.248	0.251	0.253	0.256	0.254	0.250	0.254	0.255
0.249	0.250	0.254	0.251	0.251	0.255	0.251	0.253	0.252	0.253

8.24 在教室里什么因素阻碍学习过程? 为了回答这个问题,默里州立大学的研究人员从市场营销四年级(《市场营销教育评论》,1994 年秋)调查了 40 名学生,给每个学生一份因素表,并要求评价在课程学习过程中每一种因素的阻碍程度,这里是利用一个 7 分的等级标度进行测度的,这里 1="一点没有",7="最大程度"。其中最高等级的因素与教员有关:"教授太多地强调一个单独的正确答案而不是整个的思考过程和创造性想法上"。关于这个因素的学生等级汇总统计量是:$\bar{x}=4.70$,$s=1.62$。

a 利用 $\alpha=0.05$ 进行一项检验,以确定这个与教员有关的因素的真实平均分是否超过 4,并解释检验结果。

b 因为所关注的变量"等级"是以 7 分的标度测量的,总体的分数不可能是正态分布,一般地,一些分析家可能察觉到 a 部分的检验是无效的,并且寻找分析的替代方法,你赞同还是反驳这个观点?

8.25 现代技术利用 X—光和激光在印刷环形板上进行焊接疵点的检查(PCBs)(《质量集中处理》*Quality Congress Transactions*, 1986 年)。检查设备的某制造商声称,当接点间距大于 0.1 英寸距离时他的产品能够平均每秒钟至少检查 10 个焊接点。一个潜在的购买者运用此设备对于 48 个不同的 PCBs 进行了检验，在每种情况下，用此设备准确地操作 1 秒钟，每次运行检查出的焊接点数量如下：

练习 8.25 的表  PCB. DAT

10	9	10	10	11	9	12	8	8	9	6	10
7	10	11	9	9	13	9	10	11	10	12	8
9	9	9	7	12	6	9	10	10	8	7	9
11	12	10	0	10	11	12	9	7	9	9	10

关于练习 8.25 的 SPSS 的输出结果

Variable	Mean	Std Dev	Minimum	Maximum	N	Label
NUMBER	9.29	2.10	0.00	13.00	48	

a. 潜在的买主想知道样本数据是否反驳了制造商的声称，试说明买主将检验的原假设和备择假设。

b. 就此问题而言，第一类错误是什么？第二类错误呢？

c. 利用 $\alpha=0.05$ 进行你在 a 部分所描述的假设检验，并且就此问题解释检验结果。SPSS 的输出结果如下。

8.26 一个公司为其平面纸传真机设计了一个新的喷墨容器，并且相信比现有的产品有更长的寿命（平均来说）。为了调查新容器的寿命，通过计算每个新容器能产生的高质量的印刷页数，检验了 225 个产品，确定出样本均值和标准差分别为 1511.4 页和 35.7 页；而对于现有的旧容器，其历史平均寿命是 1502.5 页，历史标准差是 97.3 页。

a. 为检验新容器的平均寿命是否超过旧容器，合适的原假设和备择假设是什么？

b. 利用 $\alpha=0.005$ 进行 a 部分的检验，新容器明显地比现有的旧容器有一个更长的平均寿命吗？

c. 在实践中，从消费者的角度来讲平均寿命的不同有重要的意义吗？给出解释。

d. 新容器的使用寿命在标准差方面有明显的减少，这会被认为是超过旧容器的一个改进吗？给出解释。

8.27 营养学家强调体重控制一般需要明显地减少脂肪的摄入量，现对于一个具有 64 位中年人的随机样本就体重控制计划方面确定其平均脂肪摄入量是否超过每天推荐的 30 克，其样本均值和标准差分别是 $\bar{x}=37$ 和 $s=32$。

a. 考虑样本均值和标准差，对于脂肪每天摄入量的分布你预测是对称的还是有偏的？给出解释。

b. 样本结果能表明中年人的平均摄入量超过 30 克吗？利用 $\alpha=0.10$ 进行检验。

c. 利用 $\alpha=0.05$，你能得到与 b 部分同样的结论吗？利用 $\alpha=0.01$ 呢？为什么当 α 的值变化时，检验的结论会有变化？

8.3 观察的显著性水平：p 值

根据在 8.2 节所述的统计检验过程，拒绝域和相应的 α 值是在进行检验之前选定的，并且按照拒绝或不拒绝原假设得出结论。给出一个统计检验结果的第二个方法，是给出检验统计量与原假设相差的程度，并且留给读者决定是否拒绝原假设，“不同意”的测度值被称为检验的观察的显著性水平（或 p 值）。

定义 8.1

观察的显著性水平,或 p 值,对于一个具体的统计检验来说即(假设 H_0 是真的)当由样本数据计算实际的检验统计量时,观察到一个检验统计量至少与原假设相互矛盾且支持备择假设的概率。

例如,对于一个容量为 $n=50$ 节污水管道的样本,计算出的检验统计量的值是 $z=2.12$,因为此检验是单尾的,即所关注的备择假设是 $H_a:\mu>2400$,则此检验统计量的值对于 H_0 与对于大于 $z=2.12$的值相比更加矛盾,因此,对这个检验来说观察的显著性水平是:

p 值$=p(z>2.21)$

或,等价地是标准正态曲线下 $z=2.21$ 右面的面积(见图 8.7)。

图 8.7 当 $z=2.12$ 时求出一个右尾检验的 p 值

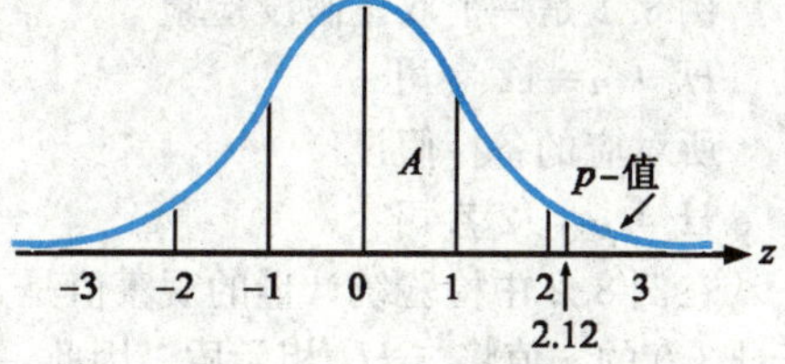

由附录 B 中的表Ⅳ得到,图 8.7 中的面积 A 为 0.4830,所以,对应于 $z=2.12$ 的右侧面积是:

$$p\text{ 值}=0.5-0.4830=0.0170$$

一般地,我们说这些检验结果是"非常显著的",即,它们相当强烈地拒绝原假设 $H_0:\mu=2400$,并接受 $H_a:\mu>2400$。因为,假若事实上 μ 的真实值是 2400,则观察到一个像 2.12 这样大的 z 值的概率仅仅是 0.0170。

对于这个检验来说,如果你选择了 $\alpha=0.05$,则你将拒绝原假设。因为此检验的 p 值为 0.0170,小于 0.05。相反,假如你选择的是 $\alpha=0.01$,则你将不能拒绝原假设,因为此检验的 p 值大于 0.01。这样,除了 α 的选择由你决定以外,观察的显著性水平的使用与在前面章节所述的检验过程是完全相同的。

与一个总体均值的检验统计量相对应的 p 值的计算步骤在下面的框中给出。

计算一个假设检验的 p 值的步骤

1. 确定对应于抽样结果的检验统计量 z 的值。
2. **a.** 如果检验是单尾的,p 值等于与备择假设方向相同的大于 z 值的尾部面积。这样,假如备择假设是">"的形式,则 p 值是观察到的 z 值右面的(或大于这一 z 值)面积;相反地,假如备择假设是"<"的形式,则 p 值是观察到的 z 值左面的(或小于这一 z 值)面积(见图 8.8)。

   b. 如果检验是双尾的,p 值等于在 z 符号的方向上大于观察值 z 的尾部面积的两倍。即如 z 是正的,则 p 值是观察 z 值右尾的(或大于这一 z 值)面积的两倍;相反地,假设 z 是负的,p 值是是观察值 z 左尾的(或小于这一 z 值)面积的两倍(见图 8.9)。

图 8.8 求出一个单尾检验的 p 值

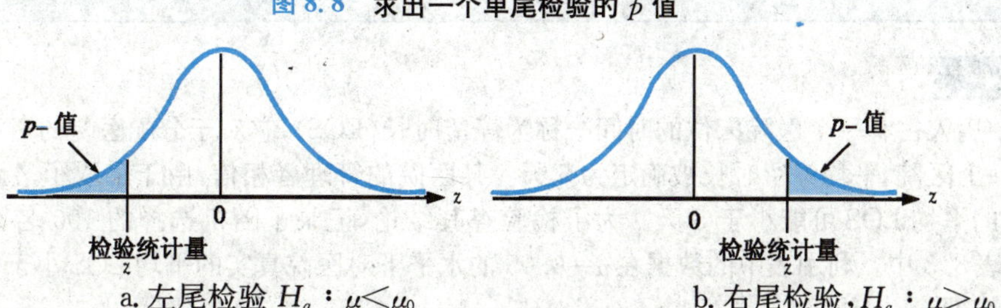

a. 左尾检验 $H_a:\mu<\mu_0$　　b. 右尾检验,$H_a:\mu>\mu_0$

图 8.9　求出一个双尾检验的 p 值：p 值 $=2(p/2)$

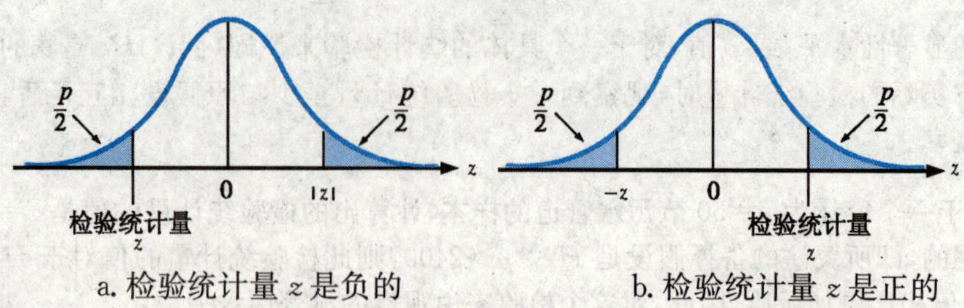

a. 检验统计量 z 是负的　　　　b. 检验统计量 z 是正的

例 8.3

对于在例 8.1 和例 8.2 中的平均注入重量检验，求出其观察的显著性水平。

解答：

例 8.1 是一个双尾假设检验

H_0：$\mu=12$ 盎司

所对应的备择假设

H_a：$\mu\neq12$ 盎司

在例 8.2 中检验统计量的观察值是 $z=-3.0$，因为是一个双尾检验，则任何小于 -3.0 或大于 $+3.0$ 的 z 值将与 H_0 相矛盾。因此，关于这个检验的观察的显著性水平是：

p 值 $=P(z<-3.0$ 或者 $z>+3.0=P(|z|>3.0)$

这样，我们计算观察到的 z 值，$z=-3.0$ 下面的面积，并且乘以 2。查附录 B 中的表Ⅳ，我们求出 $P(z<-3.0)=0.5-0.4987=0.0013$。所以，关于这个双尾检验的 p 值是：

$2P(z<-3.0)=2(0.0013)=0.0026$

我们对此 p 值的解释为，机器没有根据具体的要求注满箱子，因为假如机器符合要求（即，$\mu=12$），观察到这一极端或更极端的检验统计量的值是在 10000 次中将仅有 26 次。

许多研究人员在杂志案例研究、报告上发表一个统计假设检验的结果时，他们采用 p 值。研究人员计算（通常运用一个统计软件包）并且报告合适的检验统计量的值及与其相关的信息 p 值。而不是预先选择 α 并且然后进行检验，如本章所述。结果的显著性判断则留给读者来进行——例如，根据已知的 p 值，读者必须确定是否拒绝原假设，接受备择假设。通常，假如观察的显著水平小于固定的显著性水平 α，读者选择拒绝原假设。以这种方式报告检验结果的内在优点是：(1)允许读者选择他们所认可的最大的 α 值，假如他们利用本章所述的方法进行一个标准的假设检验；(2)给出其结果的显著性的测度（即，p 值）。

将检验结果报告为 p 值：怎样确定是否拒绝 H_0

1. 选择你愿意容许的最大的 α 值；
2. 如果观察的显著性水平（p 值）小于检验所选择的 α 值，则拒绝原假设；否则，不拒绝原假设。

例 8.4

一个病人占有一个医院床位的时间被称为停留时长（LOS），它对于分配医院的资源是很重要的。在一个医院，平均停留时长被确定为 5 天。某医院的管理者相信，由于采取了最新的护理系统，现在的平均 LOS 可能小于 5 天。为了检验查其结论，记录了随机选择的 100 名医院病人的 LOS，见表 8.3 中。利用表中的数据在 $\alpha=0.05$ 的水平下对医院真实的平均 LOS 小于 5 天的假设进行检验，即：

H_0：$\mu=5$

H_a：$\mu<5$

表 8.3 100 名住院病人的停留时间

2	3	8	6	4	4	6	4	2	5
8	10	4	4	4	2	1	3	2	10
1	3	2	3	4	3	5	2	4	1
2	9	1	7	17	9	9	9	4	4
1	1	1	3	1	6	3	3	2	5
1	3	3	14	2	3	9	6	6	3
5	1	4	6	11	22	1	9	6	5
2	2	5	4	3	6	1	5	1	6
17	1	2	4	5	4	4	3	2	3
3	5	2	3	3	2	10	2	4	2

图 8.10 例 8.4 中左尾检验的 MINITAB 输出结果

```
TEST OF MU=5.00 VS MU G.T. 5.000
THE ASSUMED SIGMA=3.68
         N      MEAN     STDEV     SE MEAN     Z      P VALUE
LOS    100     4.530     3.678      0.368    -1.28     0.10
```

解答：

我们将利用一个统计软件包而不是手工来完成计算。我们将数据输入计算机并且利用 MINITAB 来处理分析，对于这一左尾检验的 MINITAB 输出结果见图 8.10 中。检验统计量 $z=-1.28$ 和这一检验的 p 值 $p=0.10$，都已在 MINITAB 的输出结果中显著标示。因为此 p 值大于我们所选择的 α 值，$\alpha=0.05$，则我们不能拒绝原假设。因此，医院真实的平均 LOS 小于 5 天这一结论的理由不充分。

注意：一些统计软件包(例如，SAS 和 SPSS)只能处理双尾假设检验。对于这些软件来说，得到一个单尾检验 p 值的方法如下所示：

从一个输出结果中将一个双尾检验的 p 值转化为一个单尾检验的 p 值

$$p=\frac{\text{指定的 } p \text{ 值}}{2} \quad \text{若}\begin{cases} H_a \text{ 是“}>\text{”的形式且 } z \text{ 是正的} \\ H_a \text{ 是“}>\text{”的形式且 } z \text{ 是负的} \end{cases}$$

$$p=1-\frac{\text{指定的 } p \text{ 值}}{2} \quad \text{若}\begin{cases} H_a \text{ 是“}>\text{”的形式且 } z \text{ 值是负的} \\ H_a \text{ 是“}<\text{”的形式且 } z \text{ 是正的} \end{cases}$$

练习 8.28～8.42

技能训练：

8.28 若利用 $\alpha=0.05$ 进行一项假设检验，关于下面的哪一个 p 值将导致拒绝原假设？

a. 0.06 b. 0.10 c. 0.01 d. 0.001 e. 0.251 f. 0.042

8.29 对于每一对 α 和观察的显著性水平(p 值)，说明是否拒绝原假设。

a. $\alpha=0.05$，p 值$=0.10$； b. $\alpha=0.10$，p 值$=0.05$； c. $\alpha=0.01$， p 值$=0.001$； d. $\alpha=0.025$，p 值$=0.05$ e. $\alpha=0.10$，p 值$=0.45$。

8.30 一个分析员检验原假设 $\mu\geqslant 20$ 相对于备择假设 $\mu<20$，分析员报告了 p 值为 0.06，则原假设被拒绝的最小的 α 值是多少？

8.31 在一个检验 $H_0:\mu=100$ 相对于 $H_a:\mu>100$ 的假设中，样本数据产生的检验统计量为 $z=2.17$，对于这个检验求 p 值。

8.32 在一个检验 $H_0:\mu=100$ 相对于 $H_a:\mu\neq$

100 的假设中，样本数据产生的检验统计量 $z=2.17$，对于这个检验求 p 值。

8.33 在一个假设检验 $H_0:\mu=50$ 与 $H_a:\mu>50$ 中，一个含有 $n=100$ 个观察值的样本拥有均值 $\bar{x}=49.4$ 和标准差 $s=4.1$，求出这个检验的 p 值并解释。

8.34 在一个假设检验 $H_0:\mu=10$ 与 $H_a:\mu\neq 10$ 中，一个含有 $n=50$ 个观察值的样本拥有均值 $\bar{x}=10.7$ 和标准差 $s=3.1$，求出这个检验的 p 值并解释。

8.35 考虑一个检验 $H_0:\mu=75$，利用计算机的 SAS 程序得到了一个 0.1032 的双尾 p 值，对于下列每一种情况给出合适的结论：

a. $H_a:\mu<75, z=-1.63, \alpha=0.05$；

b. $H_a:\mu<75, z=1.63, \alpha=0.10$；

c. $H_a:\mu>75, z=1.63, \alpha=0.10$；

d. $H_a:\mu\neq 75, z=-1.63, \alpha=0.01$。

概念运用：

8.36 根据《今日美国》*USA Today*（1999 年 12 月 30 日），MSNBC 有线电视新闻节目的观众的平均年龄是 50 岁，一个 50 例收看有线电视节目的美国住户的随机样本关于 MSNBC 新闻观众的年龄产生了如下信息：

$\bar{x}=51.3$ 岁　　和　　$s=7.1$ 岁

样本数据提供了充分的理由来推断 MSNBC 的观众的平均年龄大于 50 岁吗？

a. 进行合适的假设检验。

b. 计算检验的观察的显著性水平并且在这个问题中解释它的值。

c. 假如 $\bar{x}$ 有一个较大的值，p 值是大还是小？给出解释。

8.37 电视商业广告最经常雇佣女性，或“女性化的”的男性，为一个公司的产品大做广告。在《自然》Nature（1998 年 8 月 27 日）中发表的研究揭示的事实中，人们更多的被“女性化的”脸所吸引，毫不在意性别。在一个试验中，50 个人在计算机上观看一个日本女性和一个白种人男性的面容，利用特殊的计算机图，每个图形加工程序能够改变脸的形态（通过使其更女性化或更男性化）直到他们得到“最具有吸引力的”面容，测量出女性化水平 x（以百分比测量）。

a. 对于日本女性的面孔，$\bar{x}=10.2\%$ 并且 $s=31.3\%$，研究人员利用这条样本信息检验女性化的一个平均水平的原假设为 0%，证明检验统计量等于 2.3。

b. 参考 a 部分，研究人员报告检验的 p 值为 $p=0.027$，证明并且解释这个结果。

c. 关于白种人男性的面孔，$\bar{x}=15.0\%$ 并且 $s=25.1\%$，研究人员报告的检验统计量（对应于 a 部分陈述的原假设检验）为 4.23 与一个近似于 0 的 p 值相联系，证明并解释这些结果。

8.38 参考《华尔街日报》*Wall Street Journal*/丧葬承办者协会在 1999 年期间关于一个提供全面服务的丧葬的平均费用情况的研究，（练习 8.20），回顾那个检验确定真实的平均支付费用是否超过 5020 美元。关于 36 个殡仪馆的样本数据（以千美元为单位记录）利用 STATISTIX 进行了分析，假设检验结果显示如下。

练习 8.38 的 STATISTIX 输出结果

```
ONE-SAMPLE T TEST FOR REVE-
NUE

NULL HYPOTHESIS:MU=5.02
ALTERNATIVE HYP:MU>5.02

MEAN            5.5194
STD ERROR       0.2108
MEAN-HO         0.4994
LO 95% CI       0.0715
UP 95% CI       0.9274
T                 2.37
DF                  35
P               0.0117

CASES INCLUDED 36  MISSING CASES
0
```

a. 关于这个右尾假设检验确定 p 值的位置。

b. 考虑原假设检验利用 p 值形成一个结论，这个结论与你在练习 8.20 中的结论一致吗？

8.39 在练习 7.13 中，我们检验了在《公共健康报告》*Public Health Reports*（1992 年 5 月－6 月）中报告的关于自行车头盔的研究。测量的变量之一是儿童在骑自行车中的风险感，一个由 797 名 4～6 年级儿童组成的随机样本要求他们回答不戴头盔时骑自行车的风险感觉比，从 1（没有风险）到 4（非常高的风

险)排列，样本的均值和标准差分别是 $\bar{x}=3.39$，$s=80$。

a. 假设一个平均分数，$\mu=2.5$，表示对风险毫不在乎，并且 μ 的值超过 2.5 表明感觉到风险的存在，对于检验这个年龄组的儿童感觉到不戴头盔的风险的研究，合适的原假设和备择假设是什么？

b. 对于在这项研究中搜集的数据计算 p 值。

c. 以这项研究为背景解释 p 值。

8.40 参考练习 8.22，在一个 49 名失业男子的随机样本中进行一般健康调查问卷(GHQ)，样本均值和标准差分别是 10.94 和 5.10。对于失业工人用 μ 表示总体平均 GHQ，我们希望检验原假设 $H_0：\mu=10$ 与相对的单侧备择假设 $H_a：\mu>10$。

a. 数据通过 MINITAB 进行分析，输出结果(部分)如下，检查程序结果的准确度。

b. 根据计算机的分析关于检验你将得出什么样的结果？

8.41 在《美国医药协会杂志》*Journal of the American Medical Association*(1995 年 10 月 16 日)发表的一篇文章称在中国吸烟为"一个公共健康的紧急情况"。研究人员发现在中国的吸烟者平均一天吸 16.5 支香烟。高吸烟率的原因之一在于烟草工业是中央政府的最大的税收来源，在过去的两年中，中国吸烟者每天吸烟的平均支数在增加吗？考虑在 1997 年 200 名中国吸烟者的一个随机样本中，每天吸的香烟支数有一个 17.05 的均值和一个 5.21 的标准差。

a. 为检验是否中国吸烟者在 1997 年平均一天吸的香烟支数大于 1995 年平均每天吸的香烟支数，建立原假设和备择假设(假设 1995 年总体均值是 $\mu=16.5$)。

b. 计算并解释观察的检验的显著性水平。

c. 对于这个问题来说，为什么双侧检验不合适？

8.42 在练习 8.23 中，检验 $H_0：\mu=0.250$，$H_a：\mu\neq0.250$，这里 μ 是塑料高尔夫球座的总体平均重量。关于假设检验的一个 SAS 输出结果显示如下，根据输出结果确定 p 值的位置并解释它的值。

练习 8.40 的 MINITAB 的输出结果

```
TEST OF MU=10.00 VS MU G.T. 10.00
THE ASSUMED SIGMA=5.10
        N     MEAN     STDEV     SE MEAN     Z      P VALUE
CHQ     49    10.94    5.10      0.73        1.29   0.0985
```

练习 8.42 的 SAS 输出结果

```
Analysis Variable: WT_250 (Test Mean Weight=0.250)
N Obs     Mean          Std Dev       T            Prob>|T|
 40       0.0024750     0.0022302     7.0188284    0.0001
```

8.4 一个总体均值的小样本假设检验

某制造过程包含一个机器工具系统，它每小时平均生产 15.5 个变压器部件，在进行一个完整的全面检查以后，对此系统的监控是通过观察其在十七个随机选择的一个小时的时段中所生产的部件数来进行的，对于这 17 个产品来说均值和标准差是：

$\bar{x}=15.42 \qquad s=0.16$

通过全面检查系统，这个样本是否提供了充分的理由来推断，全面检查过的系统，每小时生产出的部件的真实平均数不等于 15.5？

这个推断能够放在一个假设检验的框架内，我们将建立全面检查前的均值作为原假设值，并且利用一个双尾备择假设，即系统全面检查后的真实均值不同于检查前均值：

$H_0：\mu=15.5$

$H_a: \mu \neq 15.5$

回顾 7.3 节当我们利用一个小样本信息对一个总体均值进行推断时，出现了两个问题：

1. 当样本容量小的时候，$\bar{x}$的抽样分布的正态性不遵循中心极限定理。因此，为了保证$\bar{x}$的抽样分布的近似正态性，我们必须假定样本所来自的观测值的分布是近似于正态分布的。

2. 通常总体标准差σ是未知的，那么当样本容量很小时，我们不能假定s对σ提供一个好的近似。因此，我们必须运用t分布而不是标准正态的z分布对总体均值μ进行推断。

因此，当运用一个总体均值小样本检验的检验统计量时，我们使用t统计量：

检验统计量：$t=\dfrac{\bar{x}-\mu_0}{s/\sqrt{n}}=\dfrac{\bar{x}-15.5}{s/\sqrt{n}}$

这里μ_0是总体均值μ的原假设值。在我们的例子中，$\mu_0=15.5$。

为了求出拒绝域，我们必须具体指定α值，它是原假设为真时检验却将其拒绝的概率，然后查t表（附录 B 的表Ⅵ）。利用$\alpha=0.05$，得出双尾拒绝域是：

拒绝域：$t_{\alpha/2}=t_{0.025}=2.120$，其自由度为$n-1=16$

如果$t<-2.120$或者$t>2.120$，则拒绝H_0

拒绝域显示在图 8.11 中。

我们现在准备计算检验统计量并且得出一个结论：

$$t=\frac{\bar{x}-\mu_0}{s/\sqrt{n}}=\frac{15.42-15.50}{0.16/\sqrt{17}}=\frac{-0.08}{0.0388}=-2.06$$

图 8.11 小样本 t-检验的双尾拒绝域

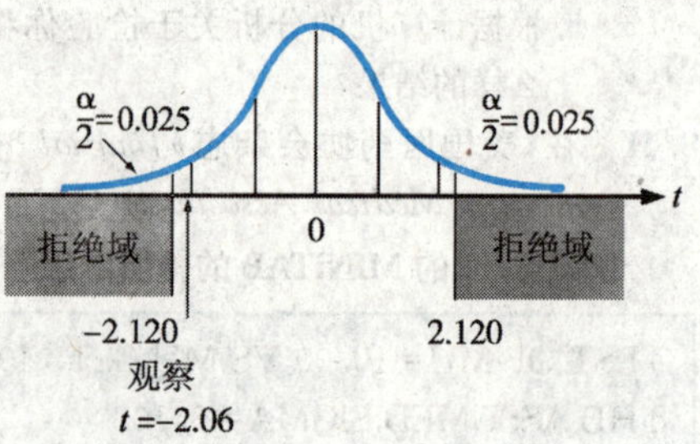

因为计算出的t值没有落在拒绝域内（图 8.11），则在$\alpha=0.05$的显著性水平上我们不能拒绝H_0。根据样本，我们不应该推断出全面检查过的系统每小时所生产的部件数均值不等于 15.5。

注意到计算出的t值为-2.06，小于 0.05 的z值水平-1.96，这意味着如果对于这个检验我们错误地使用了一个z统计量，则在 0.05 的水平下我们将拒绝原假设，推断出系统全面检查后每小时的平均生产量不是 15.5 个部件。所以很重要的一点是，要使所运用的统计步骤经过仔细检查，并且所有的假设经过认可。很多统计失真现象就是错误地使用其它的无效统计步骤的结果。

对一个总体均值进行一个小样本假设检验的方法总结如下：

关于μ的小样本假设检验：

单尾检验	双尾检验
$H_0: \mu=\mu_0$	$H_0: \mu=\mu_0$
$H_a: \mu<\mu_0$	$H_a: \mu\neq\mu_0$
（或 $H_a: \mu>\mu_0$）	
检验统计量：$t=\dfrac{\bar{x}-\mu_0}{s/\sqrt{n}}$	检验统计量：$t=\dfrac{\bar{x}-\mu_0}{s/\sqrt{n}}$
拒绝域：$t<-t_\alpha$	拒绝域：$\lvert t\rvert>t_{\alpha/2}$
（或 $t>t_\alpha$ 当 $H_a: \mu>\mu_0$ 时）	

这里t_α和$t_{\alpha/2}$基于$(n-1)$个自由度

假设：随机样本是从一个具有近似正态的相对频率分布中选择的。

例 8.5

一个大的汽车制造商想检验一台新的发动机，以确定其是否符合新的空气污染标准。所有这种类型的发动机的平均排气量 μ 必须小于 20。为了检验，生产了 10 台发动机并测定每台的排气量，数据(parts per million of carbon)如下：

15.6　16.2　22.5　20.5　16.4　19.4　16.6　17.9　12.9　13.9

是否有充分的理由推断出这种类型的发动机符合污染标准？假设生产过程是稳定的，并且制造商所选择的犯第一类错误的概率为 $\alpha=0.01$。

解答：

制造商欲检验是否所有这类发动机的平均排气量 μ 小于每百万分之二十。这个小样本单尾检验的原理是：

$H_0: \mu=20$

$H_a: \mu<20$

检验统计量：$t=\dfrac{\bar{x}-20}{s/\sqrt{n}}$

假设：所有这类发动机排气量总体的相对频率分布是近似于正态的。

拒绝域：对于 $\alpha=0.01$ 和 $df=n-1=9$，单尾拒绝域(图 8.12)是 $t<-t_{0.01}=-2.821$(见图 8.12)。

图 8.12　关于例 8.5 具有 9 个自由度的一个 t 分布和拒绝域

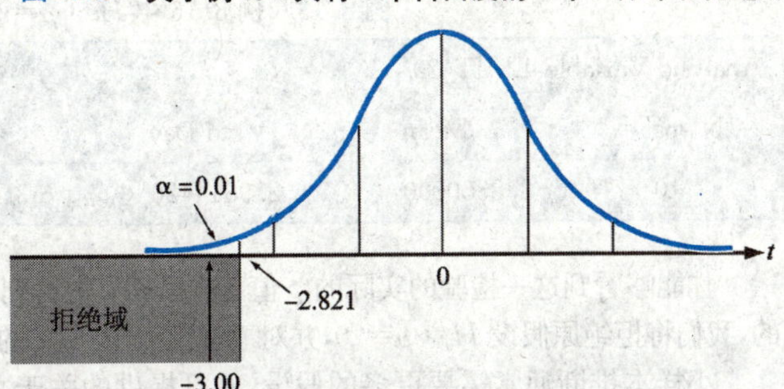

为了计算检验统计量，我们将数据输入计算机并且利用 SAS 软件进行分析，得到的输出结果见图 8.13 中。从输出结果中我们得到，$\bar{x}=17.17$，$s=2.98$，将这些值代入检验统计量公式，得到：

$$t=\frac{\bar{x}-20}{s/\sqrt{n}}=\frac{17.17-20}{2.98/\sqrt{10}}=-3.00$$

图 8.13　SAS 描述的 10 个排气量水平的统计量

Analysis Variable：EMIT

N obs	N	Minimum	Maximum	Mean	Std Dev
10	10	12.7000000	22.5000000	17.1700000	2.9814426

因为计算出的 t 值落在拒绝域内(见图 8.12)，则拒绝原假设，制造商推断出每百万 $\mu<20$ 份，并且新型发动机符合污染标准。你对这个推断的可靠性满意吗？实际上当备择假设错误而我们却支持它的概率 α 仅为 0.01。

例 8.6

对于在例 8.5 中的检验，求出观察到的显著性水平，并解释结果。

解答：

例 8.5 的检验是一个左尾检验，与原假设 $H_0: \mu=20$ 相对的备择假设为 $H_a: \mu<20$。因为从样本数据所计算出的 t 值是 $t=-3.00$，关于此检验的观察的显著性水平(或 p 值)等于当事实上 H_0 为真时 t 值小于或等于 -3.00 的概率，它等于在 t 分布中左尾的面积(在图 8.14 中的阴影部分)。

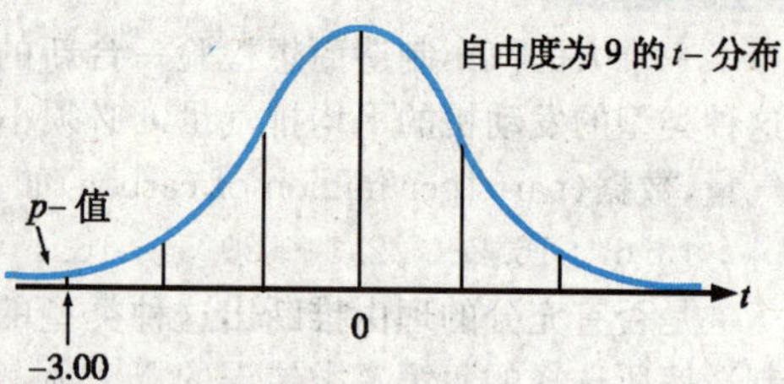

图 8.14 例 8.5 中这一检验的观察到的显著性水平

求这个面积(即这个检验的 p 值)方法之一是查 t 表(在附录 B 中的表 Ⅵ)。与正态分布概率表不同的是,表 Ⅵ 仅给出了对应于面积 0.100,0.050,0.025,0.010,0.005,0.001 和 0.0005 的 t 值,因此,对于这个检验,我们只能近似其 p 值。因为观察到的 t 值是基于自由度 9,在表 Ⅵ 中,我们查 $df=9$ 的一行,并在这行中找到最接近于观察到的 $t=-3.00$ 的 t 值[注意:我们忽略了负号]。对应于 p 值是 0.010 和 0.005 的 t 值,分别是 2.821 和 3.250。因为观察的 t 值落在 $t_{0.010}$ 和 $t_{0.005}$ 之间,则此检验的 p 值位于 0.005 和 0.010 之间,换句话说,$0.005<p$ 值<0.01,这样,对于任何大于 0.01 的 α 值,我们将拒绝 $H_0:\mu=20$ 的原假设。

得到 p 值的第二种方法是更精确的利用统计软件包来处理假设检验。关于检验 $H_0:\mu=20$ 的 SAS 输出结果见图 8.15 中,其中检验统计量(-3.00)和 p 值(0.0149)已被显著标示。回顾 8.3节所提及的 SAS 软件包缺省地进行的是一个双尾检验。这样,在输出结果中报告的 p 值必须调整为我们所需的左尾检验适当的 p 值。因为检验统计量的值是负的,并且 H_a 是"<"的形式,则通过将输出结果的值平分得到的 p 值为:

$$\text{单尾 } p \text{ 值}=\frac{\text{报告的 } p \text{ 值}}{2}=\frac{0.0149}{2}=0.00745$$

图 8.15 例 8.16 中 $H_0:\mu=20$ 的 SAS 检验

Analysis Variable: EMIT_20

N obs	Mean	std Dev	T	prob>|T|
10	-2.8300000	2.9814426	-3.0016495	0.0149

你能够看到这一检验的实际的 p 值落在从表Ⅵ中得到的范围之内,这样,两种方法的结论是一致的,我们将拒绝原假设 $H_0:\mu=20$,并对于任何大于 0.01 的 α 水平接受备择假设 $H_a:\mu<20$。

小样本推断通常需要更多的假设,并且提供的关于总体参数信息比大样本推断少。然而,当只有少数的观察值可利用时,t 检验是对一个正态分布的总体均值进行假设检验的一个方法。但是,假如你确定总体的频率分布为非正态时(如,高度偏斜),你将做什么呢?

假设总体频率分布极大地偏离正态,我们将怎么办?
回答:利用第 16 章的非参数统计的某一种方法。

练习 8.43~8.56

技能训练:

8.43 在什么情况下关于一个总体均值你将利用 t 分布检验一个假设?

8.44 在什么方式下 z 统计量的分布和 t 检验统计量是相似的?它们哪里不同?

8.45 对于下列每一个拒绝域,做出 t 的抽样分布的草图,并且在你的草图上标明拒绝域的位置:

a. $t>1.440, df=6$

b. $t<-1.782, df=12$

c. $t<-2.060$ 或 $t>2.060, df=25$

8.46 关于在练习 8.45 中定义的每一个拒绝域,第一类错误将发生的概率是多少?

8.47 一个 n 个观察值的随机样本选自于一个正态总体,检验原假设 $\mu=10$,对于下列每一个 H_a,α 和 n 的结合具体指定拒绝域:

a. $H_a:\mu\neq10;\alpha=0.05;n=14$

b. $H_a:\mu>10;\alpha=0.01;n=24$

c. $H_a:\mu>10;\alpha=0.10;n=9$

d. $H_a:\mu<10;\alpha=0.01;n=12$

e. $H_a:\mu\neq10;\alpha=0.10;n=20$

f. $H_a:\mu<10;\alpha=0.05;n=4$

8.48 从一个正态分布总体中随机选出 5 个观测

值的一个样本，产生下面的汇总统计量：$\bar{x}$=4.8，s=1.3。

a. 利用 α=0.05 检验总体均值是 6 的原假设相对于备择假设，μ<6。

b. 利用 α=0.05 检验总体均值是 6 的原假设相对于备择假设，$\mu \neq 6$。

c. 关于每个检验求观察的显著性水平。

8.49 对于原假设 H_0：μ=1000 与之相对应的备择假设 H_a：μ>1000 基于 17 个观察值的一个样本用 MINITAB 来进行一个 t 检验，软件的输出结果显示如下。

练习 8.49 的 MINITAB 输出结果

TEST OF MU=1000 VS MU G. T. 1000

	N	MEAN	STDEV	SE MEAN	T	P VALUE
X	17	1020	43.54	10.56	1.894	0.0382

a. 关于这个过程的有效性，什么样的假设是必要的？

b. 解释检验结果。

c. 假设备择假设有双尾 H_a：μ=1000，假如 t 统计量不改变，那么关于这个检验的 p 值将是什么？关于双尾检验解释 p 值。

概念运用：

8.50 芝加哥一个基于研究组织的信息资源的有限公司，跟踪美国 28 个大都市的超级市场的销售，他们对于具体指定的产品转换他们的数据到一个测量与全国平均使用相对比的产品使用的指数，例如，维斯康星的 Green Bay 的定额指数是 143，在全国最高，这意味着 Green Bay 的居民平均消费高于全国平均消费的定额 43%。下表出了列关于七个东南部的城市样本中的每一个服装的销售指数。

练习 8.50 的表  **SALAD. DAT**

销售服装指数(U. S. 平均=100)	
Charlotte, N. C.	124
Birmingham, Al.	99
Raleigh, N. C.	124
Knoxville, Tenn.	99
Memphis, Tenn.	90
Atlanta, Ga.	111
Nashville, Tenn.	89

资源来源： Wall Street Journal Interactive Edition, Jan. 5, 2000.

a. 为检验是否在美国东南部服装的真实的平均消费比不同于全国平均的消费百分比具体指定合适的原假设和备择假设。

b. 为了在进行的假设检验中合理地利用 t 统计量关于样本和总体必须具备什么样的假设？

c. 利用 α=0.05 进行假设检验。

d. 检验观察的显著性水平是大于还是小于 0.05？证明你的回答。

8.51 进行一项研究，评价为美国军队用作面部涂料保护色而设计的一种新的驱蚊剂的效果(《蚊子控制协会杂志》*Journal of the Mosquito Control Association*，1995 年 6 月)。驱蚊剂被用于 5 个志愿者的前臂上，然后暴露前臂到 15 只活动的蚊子中 10 个小时，根据蚊子叮咬的数量和位置，从叮咬中被保护的前臂表面面积的百分比(称为驱蚊百分比)，对于 5 个志愿者中的每一个计算出来。对于一种涂料颜色(暗土色)，得到下面的汇总统计量：

$\bar{x}$=83%　　　s=15%

a. 如果它至少提供一个 95%的驱蚊百分比，新驱蚊剂被认为是有效的，进行一项检验确定是否新驱蚊剂的平均驱蚊百分比小于 95%，利用 α=0.10 检验。

b. 为使 a 部分假设检验有效，需要什么样的假设？

8.52 克利夫兰铸造厂是一个大的、高自动化的生产公司，并为伏特汽车公司进行灰色球状铁的汽车铸造(《质量工程》*Quality Engineering*，1995 年 7 卷)。对于克利夫兰铸造来说所关注的一个过程变量是融化铁水的浇铸温度，由 10 个曲轴组成的一个样本的浇铸温度(以华氏温度为单位)被列在下表。关于浇铸温度的目标设定在 2550 度，假设过程是稳定的，进行一项检验确定是否真实的平均浇铸温度不同于目标设定，检验使用 α=0.01。

练习 8.52 的表  **IRONTEMP. DAT**

2543	2541	2544	2620	2560
2559	2562	2553	2552	2553

资源来源: Price, B., and Barth, B. "A structural model relating process inputs and final product charactertstics." Quality Engineering. Vol. 7, No. 4, 1995, p. 696(Table2).

8.53 依据法律在鱼中有害的有机化合物的水平被连续不断的监控。为从鱼标本中用化学方法取出跟踪的有机化合物,一项独特的称为母体固体阶段分散(MSPD)的技术被发明(《色普法》Chromatographia,1995年3月)。MSPD方法检验如下,未被污染的鱼片被注入一种已知量的毒素,然后MSPD方法被用来取污染物测量提取的有害化合物的百分比。对于5条鱼片提取的百分比被列在下表:

练习 8.53 的表 **RECPCT. DAT**

99	102	94	99	95

使用新的MSPD方法数据提供了充分的理由表明平均提取的有害化合物的百分比超过85%吗?利用$\alpha=0.05$检验。

8.54 为逐渐向顾客灌输忠诚,航空公司、宾馆、出租汽车公司和信用卡公司(其他的公司中)开始进行频繁的市场营销计划以回报他们的固定顾客,单在美国,就有3千万人是航空工业经常性飞行计划中的成员(《财富》*Fortune*,1993年2月22日)。一个大的快餐连锁店希望调查研究这样一个计划的有利性,他们随机从全国范围内的1200个餐馆中选择了12个并且设立了一个经常性的计划,每10次就餐全价消费后酬谢消费者一个5美元的礼品凭证。他们试用该计划三个月,不在样本中的餐馆比以前的三个月期间平均利润增加1047.34美元,然而在样本中的餐馆在利润方面有下列一些变化:

练习 8.54 的表 **PROFIT. DAT**

2232.90美元	545.47美元	3440.70美元
1809.10美元	6552.70美元	4798.70美元
2965.00美元	2610.70美元	3381.30美元
1591.40美元	2376.20美元	−2191.00美元

注意最后的数字是负的,代表一个在利润上的减少。对于给出数据的汇总统计量和图在下面的SPSS的输出结果中。

a. 为确定对于具有经常性计划的餐馆平均利润的变化,是否明显地大于(在一个统计意义上)1047.34美元具体指定合适的原假设和备择假设吗?

b. 利用$\alpha=0.05$进行b部分的检验,看来假设在全国范围内采取经常性计划对于公司来说将是有利的吗?

关于练习 8.54SPSS 的输出结果

```
PROFIT
Valid cases:          12.0   Missing cases:         0.0   Percent missing:       0.0
Mean      2509.431    Std Err   620.4388   Min     -2191.00   skewness      -0.3616
Median    2493.450    Variance  4619332    Max      6552.700  SESkew         0.6373
5% Trim   2545.940    Std Dev   2149.263   Range    8743.700  Kurtosis       1.8750
                                           IQR      1780.025  S E Kurt       1.2322
---------------------------------------------------------------------------------------
Frequency    Stem  &  Leaf
   1.00   Extremes    (-2191)
   1.00       0   .   5
   2.00       1   .   58
   4.00       2   .   2369
   2.00       3   .   34
   1.00       4   .   7
   1.00   Extremes    (6553)
Stem width:   1000.00
Each leaf:       1 case(s)
```

8.55 安全和健康条例(OSHA)允许工程标准保险来保证所有美国人工作场所的安全。在冶炼厂、除草剂生产设施和其他利用砷的场所许可的最大平均砷的水平是每立方米空气

中含 0.004 毫克。假设调查两个工厂的熔炉被确定它们是否符合 OSHA 标准，进行空气分析，结果（以每立方米空气毫克为单位）显示在表中。

练习 8.55 的表

厂 1		厂 2	
观察值	砷水平	观察值	砷水平
1	0.01	1	0.05
2	0.005	2	0.09

a. 如果我们希望检验工厂是否符合现在的 OSHA 标准，合适的原假设和备择假设是什么？

b. 通过 MINITAB 分析这些数据，结果显示在上面，检查 t 统计量和 p 值的计算。

c. 解释两个检验的结果。

8.56 在铺筑公路中定期的评价对于保持公路的安全是重要的。密西西比交通部门最近利用在卡车上安装好的录像技术，在一个专门的两车道公路上搜集有关裂缝（称为裂缝密度）数量的数据（《基础结构系统杂志》*Journal of Infrastructure Systems*，1995 年 3 月），在 8 个 50 米的公路段的一个样本中发现平均裂缝数量是 $\bar{x}=0.210$，方差 $s^2=0.011$。假设美国国家公路协会和交通官员（AASHTO）为了安全目的建议了一个最大的平均裂缝密度 0.100，检验密西西比公路真实的平均裂缝密度超过 AASHTO 建议的最大这个假设，使用 $\alpha=0.01$。

练习 8.55 的 MINITAB 输出结果

```
TEST  OF    MU=0.00400     VS    MU  G.T      0.00400
            N   MEAN             STDEV        SE MEAN      T       D VALVE
Plant 1     2   0.00750          0.00354      0.00250      1.40    0.20
Plant 2     2   0.07000          0.02828      0.02000      1.30    0.094
```

8.5 一个总体比例的大样本假设检验

关于总体比例（或者百分比）的推断在一个二项分布的“成功”概率 p 的情况中经常要做出。我们在 7.3 节已讲述过怎样利用从二项分布形成的大样本建立 p 的置信区间，我们现在考虑关于 p 的假设检验。

例如，考虑股票市场的内部交易问题。内部交易是通过一个公司中掌握内部信息的个人（通常是公司的高层管理人员）进行的股票买卖行为。证券和交易所委员会（SEC）关于内部交易制定了严格的准则，这样所有的投资者能够平等地享有影响股票价格的信息。一个投资者希望检验 SEC 准则的实施效果，他对市场进行了为期一年的监视，并且记录下由内部人进行了一次重大交易以后一种股票价格增加的次数。对于总共 576 笔这样的交易，股票在随后的日子里增值了 327 次，这个样本提供了股票价格受内部交易影响的理由了吗？

我们首先将其看作一个二项分布试验，576 次交易作为试验对象，成功代表交易后股票价格的增加。让 p 代表一大笔内部交易以后股票价格上涨的概率。假设内部交易对于股票价格没有影响（即假设内部人可获得的信息与一般市场是一样的），那么投资者预料股票上涨与下跌的概率是一样的，即 $p=0.5$。在另一方面，假设内部交易影响股票价格（表明市场并没有充分披露内部人所掌握的信息），那么投资者预料在重大内部交易以后股票上涨或下跌的概率都大于 0.5，即 $p\neq 0.5$。

我们现在对此问题进行假设检验：

$$H_0: p=0.5$$
$$H_a: p\neq 0.5$$

回顾样本比例 $\hat{p}$，恰好是二项分布试验结果的样本均值，根据中心极限定理，它近似于正态分

布(对于大样本)。因此,对于大样本我们可以利用标准正态 z 作为检验统计量:

$$\text{检验统计量}: z=\frac{\text{样本比例}-\text{原假设的比例}}{\text{样本比例的标准差}}=\frac{\hat{p}-p_0}{\sigma_{\hat{p}}}$$

这里我们用符号 p_0 代表原假设的 p 值。

拒绝域:我们利用标准正态分布来求出对于具体指定的 α 值的合适的拒绝域。对于 $\alpha=0.05$,双侧拒绝域是:

$$z<-z_{\alpha/2}=-z_{0.025}=-1.96 \quad \text{或} \quad z>z_{\alpha/2}=z_{0.025}=1.96(\text{见图 }8.16)$$

图 8.16　关于内部交易例子的拒绝域

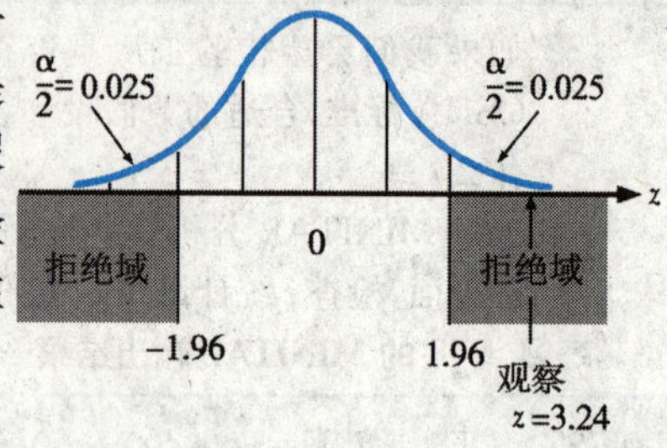

我们现在准备计算检验统计量的值。在此之前,我们希望样本容量一定要大到确保对于 $\hat{p}$ 的抽样分布的正态近似是合理的。为此,假设 p_0 为 p 的真实值,我们计算围绕着原假设值 p_0 的 3 个标准差的区间。回顾 $\sigma_{\hat{p}}=\sqrt{pq/n}$,为了计算检验统计量 z 的一个数值我们需要一个乘积 pq 的估计量。在 z 的计算中我们利用 p_0q_0(这里 $q_0=1-p_0$)估计 pq。这样,

$$\sigma_{\hat{p}}=\sqrt{\frac{pq}{n}}=\sqrt{\frac{p_0q_0}{n}}=\sqrt{\frac{(0.5)(0.5)}{576}}=0.021$$

则围绕 p_0 的 3 个标准差的区间是

$$p_0\pm3\sigma_{\hat{p}}\approx0.5\pm3(0.021)=(0.437,0.563)$$

只要这个区间没有包含 0 或 1(即,它被完全包含在 0 到 1 的区间之内),正如本例,正态分布将对 $\hat{p}$ 的抽样分布提供一个合理的近似。

返回到上述假设检验,导致股票上涨的被抽样交易所占的比例是

$$\hat{p}=\frac{327}{576}=0.568$$

最后,我们计算这一二项分布比例的样本值与假设值之差的标准差数(z 值):

$$z=\frac{\hat{p}-p_0}{\sigma_{\hat{p}}}=\frac{\hat{p}-p_0}{\sqrt{p_0q_0/n}}=\frac{0.568-0.5}{0.021}=\frac{0.068}{0.021}=3.24$$

这表明观察到的样本比例(近似地)大于原假设比例(0.5)3.24 个标准差(图 8.16)。因此,我们拒绝原假设,在 0.05 的显著性水平下推断出,在进行股票的内部交易之后,一种股票价格增加或减少的真实概率不等于 0.5。看起来,内部交易能够显著地增加股票价格上涨的概率,(为了估计增加的概率大小可以建立一个置信区间)。

关于一个总体比例 p 的假设检验被概括在下面的框中,注意其步骤与对一个总体均值进行大样本检验的步骤是完全相似的。

关于 p 的大样本假设检验：

单尾检验	双尾检验
$H_0: p=p_0$（$p_0=p$ 的假设值）	$H_0: p=p_0$
$H_a: p<p_0$ （或 $H_a: p>p_0$）	$H_a: p\neq p_0$
检验统计量：$z=\dfrac{\hat{p}-p_0}{\sigma_{\hat{p}}}$	检验统计量：$z=\dfrac{\hat{p}-p_0}{\sigma_{\hat{p}}}$

这里，根据 H_0，$\sigma_{\hat{p}}=\sqrt{p_0q_0/n}$ 和 $q_0=1-p_0$

拒绝域：$z<-z_\alpha$ （或 $z>z_\alpha$ 当 $H_0: p>p_0$）	拒绝域：$\lvert z\rvert>z_{\alpha/2}$

假设：
试验是二项分布的，并且样本容量足够大，使得区间 $p_0\pm3\sigma_{\hat{p}}$ 不包括 0 或 1。

例 8.7

许多企业的声誉（进而销量）因其产品的次品率高而受到严重的损害。例如，一个碱性电池制造商欲合理地确定其电池的次品比例小于 5%。假设从一个非常大的货运量中随机选取了 300 节电池，对每一节进行检验后发现 10 节有缺陷。利用 $\alpha=0.01$，推断是否有充分的理由表明在整个的货运量中有缺陷的比例小于 0.05？

解答：

进行假设检验之前，我们首先确定样本容量是否足够大，使得 $\hat{p}$ 的抽样分布可以用正态分布近似。利用区间检验其标准为：

$$p_0\pm3\sigma_{\hat{p}}=p_0\pm3\sqrt{\frac{p_0q_0}{n}}=0.05\pm3\sqrt{\frac{(0.05)(0.95)}{300}}$$
$$=0.05\pm0.04\quad 或\quad (0.01,0.09)$$

因为此区间位于区间(0,1)之内，则正态近似将是适当的。

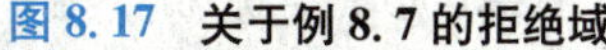
图 8.17 关于例 8.7 的拒绝域

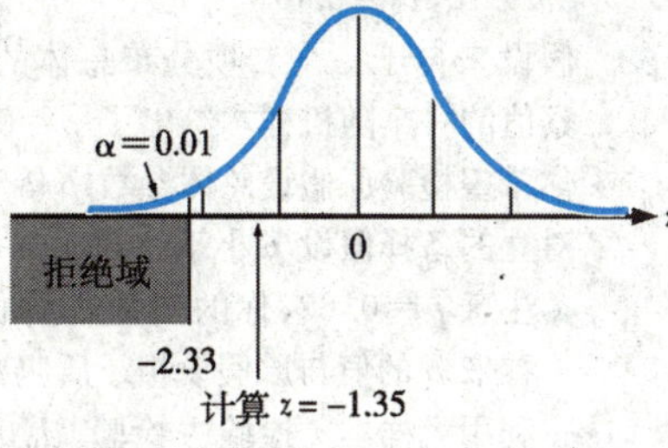

抽样的目的是确定是否存在着充分的理由表明次品率 p 小于 0.05，因此，我们检验的原假设为 $p=0.05$，备择假设为 $p<0.05$。这一检验的组成部分是：

$H_0: p=0.05$

$H_a: p<0.05$

检验统计量：$z=\dfrac{\hat{p}-p_0}{\sigma_{\hat{p}}}$

拒绝域：$z<-z_{0.01}=-2.33$（见图 8.17）

我们现在计算检验统计量：

$$z=\frac{\hat{p}-0.05}{\sigma_{\hat{p}}}=\frac{(10/300)-0.05}{\sqrt{p_0q_0/n}}=\frac{0.033-0.05}{\sqrt{p_0q_0/300}}$$

注意：我们利用 p_0 来计算 $\sigma_{\hat{p}}$，因为与为了求一个置信区间而计算 $\sigma_{\hat{p}}$ 不同，这一检验统计量的计算是基于原假设是真的——即 $p=p_0$ 的假设。因此，将 $\hat{p}$ 和 p_0 的值代入 z 统计量，我们得到：

$$z=\frac{-0.017}{\sqrt{(0.05)(0.95)/300}}=\frac{-0.017}{0.0126}=-1.35$$

如图 8.17 中所示，计算出的 z 值没有落在拒绝域内，所以，在 0.01 的显著性水平上不存在充分的理由表明那批货运量所含的次品电池小于 5%。

例 8.8

在例 8.7 中我们发现，在 $\alpha=0.01$ 的显著性水平上，我们没有充分的理由来表明碱性电池的次品率 p 小于 0.05。那么支持备择假设(H_a：$p<0.05$)的理由有多么充分呢？关于这个检验求观察的显著性水平。

解答：

计算出的检验统计量的值是 $z=-1.35$，因此，对于这个左尾检验，观察的显著性水平是：

观察的显著性水平 $=p(z\leqslant-1.35)$

图 8.18　例 8.8 中观察的显著性水平

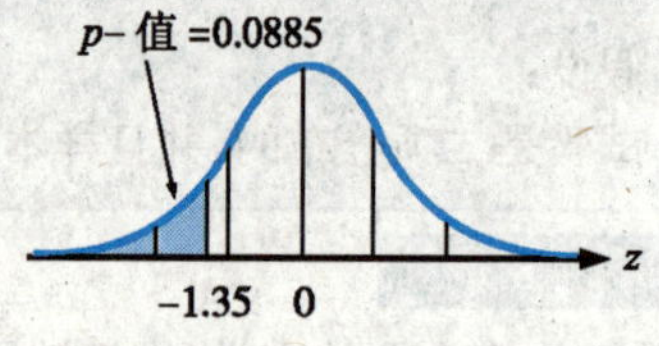

这个左尾面积显示在图 8.18 中，由附录 B 的表Ⅳ中得到，在 $z=0$ 和 $z=1.35$ 之间的面积为 0.4115。所以，观察的显著性水平是 $0.5-0.4115=0.0885$。注意到这个概率是相当小的，尽管在 $\alpha=0.01$ 上面我们没有拒绝 H_0：$p=0.05$，但假如事实上 H_0 为真，观察到一个 z 值的概率等于或者小于 -1.35 的概率仅有 0.0885。因此，当我们选择 $\alpha=0.10$ 时，我们将拒绝 H_0(因为观察的显著性水平小于 0.10)；而当我们选择 $\alpha=0.05$ 或者 $\alpha=0.01$ 时我们将不拒绝 H_0(例 8.7 的结论)。

对于 p 来说，小样本检验过程也是合适的，尽管大多数调查所利用的样本大到足够运用本节所示的大样本检验，我们将在第 16 章讨论一个可应用到小样本的有关比例的检验。

练习 8.57～8.69

技能训练：

8.57 在每一部分中对于二项分布样本容量和 p 值的原假设检验，确定样本容量是否大到足够利用这节的正态近似方法来处理一个原假设 H_0：$p=p_0$。

a. $n=900, p_0=0.975$　b. $n=125, p_0=0.01$

c. $n=40, p_0=0.75$　d. $n=15, p_0=0.75$

e. $n=12, p_0=0.62$

8.58 假设来自于一个二项分布总体的 100 个观察值的一个随机样本给出了 $\hat{p}=0.63$ 的值，你希望检验原假设总体参数 p 等于 0.70 相对立的备择假设 p 小于 0.70。

a. 注意 $\hat{p}=0.63$，你的知觉告诉你什么呢？看来 $\hat{p}$ 的值与原假设相矛盾吗？

b. 利用大样本 z 检验去检验 H_0：$p=0.70$ 相对立的备择假设 H_a：$p<0.70$，利用 $\alpha=0.05$，检验结果与你从 a 部分的结论相比较怎样？

c. 求出并且解释你在 b 部分处理的检验的观察的显著性水平。

8.59 假设在练习 8.58 中产生 $\hat{p}=0.83$，我们希望检验 H_0：$p=0.9$ 相对立的备择假设 H_a：$p<0.9$。

a. 关于这个检验计算 z 统计量值。

b. 注意 z 统计量的计算($\hat{p}-p_0=0.83-0.90=-0.07$)与练习 8.58 计算的是一样的。考虑一下，为什么对于这个练习 z 的绝对值大于在练习 8.58 计算的呢？

c. 利用 $\alpha=0.05$ 完成检验并且解释结果。

d. 为了检验求观察的显著性水平并且解释它的值。

8.60 一个统计专业学生利用一个计算机程序去检验原假设 H_a：$p=0.5$ 相对立的备择假设，H_a：$p>0.5$，500 个观察值的一个样本被输入进 SPSS，输出结果显示如下。

练习 8.60 的 SPSS 的输出

```
－ － － － － － － Bionmial Test
  Cases
                        Test  Prop.  =   0.5000
  220       =1          Obs.  Prop.  =   0.4400
  280       =0
  ——                    Z Approximation
  500    Total          2－Tailed P = 0.3300
```

a 根据 p 值，学生推断出存在一个 33%的概率备择假设是真的，你同意吗？若不，纠正解释。

b 假设备择假设是双尾的，H_a：$p\neq 0.5$，p 值将怎样改变？解释这个 p 值。

8.61 参考练习 7.36，在 50 个消费者品尝检验一种新的快餐食品中，他们的回答（0＝不喜欢；1＝喜欢；2＝不感兴趣）如下：

练习 8.61 的数据  SNACK. DAT

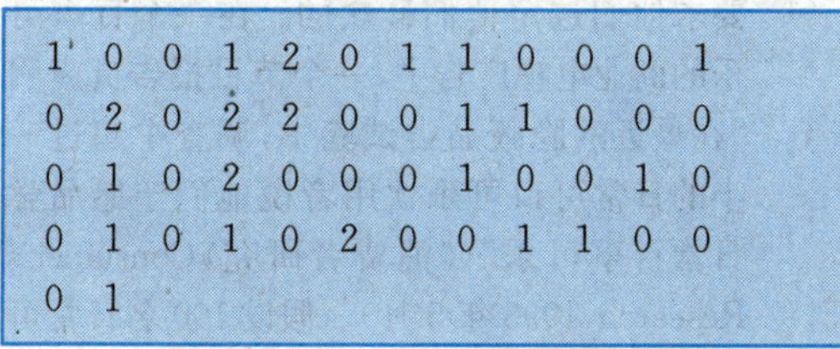

1	0	0	1	2	0	1	1	0	0	0	1
0	2	0	2	2	0	0	1	1	0	0	0
0	1	0	2	0	0	0	1	0	0	1	0
0	1	0	1	0	2	0	0	1	1	0	0
0	1										

a 检验 H_0：$p=0.5$ 相对立 H_a：$p>0.5$，这里 p 是不喜欢快餐食品的消费者的比例，利用 $\alpha=10$。

b 求你检验的观察的显著性水平。

概念运用：

8.62 美国商店货物扒窃每年花费零售商大约 150 亿美元，那些损失转化成高价出售给消费者。尽管问题严重，在纽约耶利哥的商店货物扒手，声称所有扒手中仅有 50%被移交公安（《雅典每日新闻》*Athens Daily News*，1999 年 12 月 12 日）。40 个美国零售商组成的一个随机样本被询问了关于最近他们逮捕的商店货物扒手的处理情况，仅有 24 名被移交公安，这些数据提供了充分的理由否定扒手的二者取一吗？

a 样本容量大到足够利用这章介绍的推断过程来回答问题吗？给出解释。

b 进行一项假设检验来回答所关注的问题，利用 $\alpha=0.05$。

c 求在 b 部分中假设检验的观察的显著性水平。

d 对于 α 的什么样的值观察的显著性水平将充分拒绝你在 b 部分中进行的原假设检验？

8.63 旁氏的向年龄挑战的复合体，是一种梦想的含 a 蛋白羟基酸性物质，广告室称它能够减少皱纹并且改进皮肤。在《皮肤病学档案》*Archives of Dermatology*（1996 年 6 月）发表的一项研究中，33 名年龄超过 40 岁的妇女使用了 22 周一种含 a 蛋白羟基酸性物，在研究期结束时，23 名妇女皮肤有所改进（如通过皮肤病学家证明）。

a 有证据表明该物质将改进年龄超过 40 岁的妇女的皮肤的概率大于 60%吗？利用 $\alpha=0.05$ 进行检验。

b 求出并解释检验的 p 值。

8.64 参考《自然》*Nature*（1998 年 8 月 28 日）研究的被认为具有吸引力的面部特征，练习 8.37，在另一个试验中，67 人观看一个男性白种人的脸部和同样的只有 50%男性化的脸部，每个被问到去选择他们认为更具有吸引力的脸部，67 个人中 58 个人感觉脸形男性化减少男性脸部的吸引力。研究人员利用这条样本信息检验观察者是否更加偏爱不变的男性脸还是变形的男性脸。

a 对于这个检验建立原假设和备择假设。

b 计算检验统计量。

c 关于这个检验研究人员告诉的 p 值≈0，你同意吗？

d 就本题而言形成合适的结论，利用 $\alpha=0.01$。

8.65 "安慰剂效果"描述了在一个病人服用一粒安慰剂外形和味道都像一粒药丸但不含医药活性化学物质的改进现象。在加里佛尼亚 La Jolla 的一个诊所里的医生，他们的想法是把药给 7000 名哮喘、溃疡和疱疹病人服用，尽管后来医生研究那药确实是安慰剂，70%的病人认为他们的情况得到了改进（《克制》Forbes，1995 年 5 月 22 日）。利用这条信息检验（在 $\alpha=0.05$ 时）诊所里安慰剂的效果，假设如果安慰剂是无效的，病人的情况改进的概率是 0.5。

8.66 在 1895 年药剂师 Asa Candler 开始分配手写票证给想得到他的苏打储存器里的瓶装可口可乐的顾客，自此，贴现票证开始形成。1975 年估计有 69%的美国人在购物时习惯使用贴现票证，在 1995 年的一项消费者调查中，71%的消费者说他们习惯自由票证（《纽瓦克星级分类账》*Newark Star－Ledger*，1995 年 10 月 9 日），假设 1995 年的调查由 1000 名购物者组成一个随机样本。

a. 1995 年的调查提供了充分的理由证明购物者使用折价券的百分比超过 69%吗？利用 $\alpha=0.05$ 检验。

b. 样本容量大到足够利用这节推断过程吗？给出解释。

c. 对于你在 a 部分进行的检验求观察的显著性水平，并且解释它的值。

8.67 Greative Good，一家纽约咨询公司，声称 39%的购物者因为网站太复杂而中断了他们在网上购物的计划，他们估计在 1999 年假期期间，对于网上商品将转变成超过 60 亿美元的损失（《福布斯》*Forbes*，1999 年 12 月 13 日），另外对于由 60 个网上购物者组成的一个随机样本，咨询公司要求每人作一个不同的随机选择商业网站的试验，仅有 15 人回答利用他们的网站形成购买令人非常失望，阻碍了购买。

a. 这些数据提供了充分的理由来拒绝 Creative Good 作出的声称吗？利用 $\alpha=0.01$ 检验。

b. 求检验的观察的显著性水平并在问题的上下文中给予解释。

8.68 《消费者报告》*Consumer Reports*（1992 年 9 月）对 46 个牙膏品牌进行了评价定级，在这项研究中检验的属性之一是不管一种牙膏的品牌怎样，要通过一个美国牙齿协会（ADA）批准证明具有有效的防腐保护的手续。46 个品牌的数据（标码 1＝ADA 批准，0＝ADA 没有批准）如下所示。

练习 8.68 的表 **ADA. DAT**

0	0	0	0	0	0	1	1	1	0	0	1
0	1	0	0	0	0	1	1	1	0	1	1
1	1	0	0	0	0	0	1	0	0	1	1
1	0	1	0	1	1	1	0	0	0		

a. 关于这个检验给出原假设和备择假设，是否经 ADA 批准证明具有有效的防腐保护的牙膏品牌的真实的比例小于 0.5。

b. 在 SPSS 中作了数据分析；检验结果显示如下，解释这个结果。

关于练习 8.68 的 SPSS 的输出

```
– – – – – – – Bionmial Test
  Cases
                           Test  Prop.  =   0.5000
   20      =1.00           Obs.  Prop.  =   0.4348
   26      =0.00
   ––                      Z Approximation
   46    Total             2–Tailed P = 0.4610
```

8.69 "赢得百事可乐挑战"是一场由百事可乐公司组织的市场营销活动，可口可乐饮用者参加了一个隐蔽的品尝试验在那里要求他们去品尝未标明的百事可乐和可口可乐，并且要求他们选定他们喜欢的。在一个百事可乐的商业电视广告中，一个节目报告员声明"在最近的隐蔽品尝试验中，调查中超过一半的日常可口可乐饮用者说他们宁愿品尝日常百事可乐"（《消费者研究》Consumer's Research，1993 年 5 月）。假设 100 名日常可口可乐饮用者参加了百事可乐挑战有 56 名偏爱品尝百事可乐，检验所有日常可口可乐饮用者将在隐蔽的品尝检验中选择日常百事可乐的超过一半，这样一个假设利用 $\alpha=0.05$，来自于可口可乐的透视检验结果的后果是什么？

8.6 计算第二类错误的概率：对 β 的进一步认识（选学）

在 8.1 节我们介绍的假设检验中，我们说明了犯第一类错误的概率 α 能够通过选择这一检验的拒绝域

来得到控制，因而当检验统计量落在拒绝域时我们便能够得出拒绝原假设的结论。这样，我们知道关于错误地拒绝 H_0 的概率，而对于接受原假设的情况，由于我们所面临的第二类错误的风险一般是不可控制的，因此，当检验统计量没有落在拒绝域内时，我们采取了一个不拒绝 H_0 的方针，而不是去冒一个不知大小的犯错误风险。

为了说明如何计算出一个假设检验的第二类错误的概率 β，让我们回顾 8.1 节的例子，某城市欲检验一个制造商的管道是否符合平均强度大于每纵尺 2400 磅的要求。对于此检验的建立如下：

$H_0: \mu=2400$

$H_a: \mu>2400$

检验统计量：$z=\dfrac{\bar{x}-2400}{\sigma/\sqrt{n}}$

拒绝域：对于 $\alpha=0.05, z>1.645$

图 8.19a 显示出了关于零分布(Null distribution)的拒绝域——即，检验统计量的分布假定原假设为真的。在拒绝域内的面积是 0.05，并且这个面积用 α 表示，它是当 H_0 为真时检验统计量导致拒绝 H_0 的概率。

第二类错误的概率 β 的计算，是假定原假设是错误的。因为它被定义为当原假设 H_0 为错误却被接受的概率。由于对于任何大于 2400 的 μ 值，H_0 是不真实的。对于每一个可能大于 2400 的 μ 值，存在一个 β 值(一个可能性的无穷数)。图 8.19b－d 显示了三种可能性，对应于备择假设 μ 的值分别等于 2425、2450 和 2475。注意在每一个分布中，β 是非拒绝(或接受)域的面积，并且当 μ 的真值从原假设值 $\mu=2400$ 向远处移动时 β 值是减少的。这是合乎实际的，因为当 μ 值的原假设值和备择假设值之间的距离增加时，错误地接受原假设的概率将减少。

对于在 H_a 中一个具体指定的 μ 值，为了计算 β 值，我们进行如下的做法：

1. 计算对应于接受域和拒绝域之间边界的 $\bar{x}$ 值。对于污水管道的例子来说，这是在 $\bar{x}$ 的抽样分布中大于位于 $\mu=2400$ 的 1.645 个标准差的 $\bar{x}$ 的值，这里用 $\bar{x}_0$ 表示这个值，对应于支持原假设的最大的 $\bar{x}$ 值，我们求出(回顾 $s=200$ 和 $n=50$)：

$$\begin{aligned}\bar{x}_0 &= \mu_0+1.645\sigma_{\bar{x}}=2400+1.645\left(\frac{\sigma}{\sqrt{n}}\right)\\ &\approx 2400+1.645\left(\frac{s}{\sqrt{n}}\right)=2400+1.645\left(\frac{200}{\sqrt{50}}\right)\\ &=2400+1.645(28.28)=2466.5\end{aligned}$$

2. 关于对应于一个 μ 值的具体的备择分布用 μ_a 来表示，我们计算对应于 $\bar{x}_0$，即拒绝域和接受域之间边界的 z 值，然后我们利用这个 z 值和附录 B 中的表Ⅳ来确定在备择分布下接受域的面积，这个面积是对应于某个备择 μ_a 的 β 值。对于这个例子，因为备择 $\mu_a=2425$，我们计算：

$$\begin{aligned}z &= \frac{\bar{x}_0-2425}{\sigma_{\bar{x}}}=\frac{\bar{x}_0-2425}{\sigma/\sqrt{n}}\\ &\approx \frac{\bar{x}_0-2425}{s/\sqrt{n}}=\frac{2446.5-2425}{28.28}=0.76\end{aligned}$$

注意在图 8.19b 中接受域的面积是 $z=0.76$ 左端的面积，这个面积是：

$$\beta=0.5+0.2764=0.7764$$

因此，当事实上 $\mu=2425$ 时，此检验过程将导致一个错误地接受原假设 $\mu=2400$ 的概率大约为 0.78；当管道的平均强度增加到 2450 时，β 值减少到 0.4522(图 8.19c)；当平均强度进一步增加到 2475，β 值进一步减少到 0.1562(图 8.19d)。这样，虽然管道的真实平均强度超过了最小规格每纵尺有 75 磅之多，此检验过程将导致一个错误地接受原假设的概率大约为 16%，结果是如果制造商希望其管道被接受的概率是大的(即，β 是小的)，那么他们制造的管道的平均强度必须超过最小要求。

图 8.19 不同 μ 值的 α 和 β 值

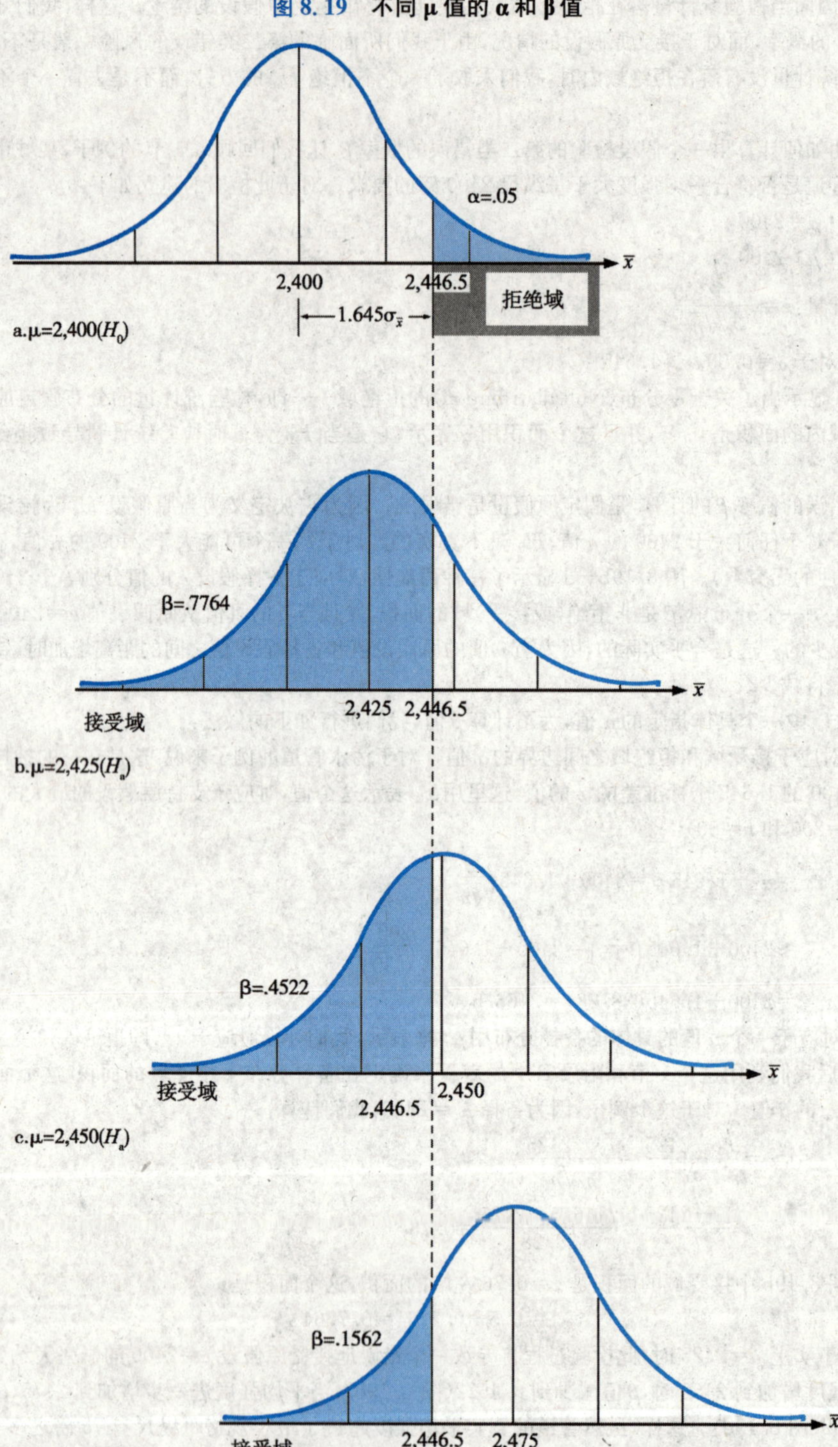

对于大样本来说，关于一个总体的样本均值计算 β 的步骤概括如下：

对于 μ 的一个大样本检验有关 β 的计算步骤：

1. 计算对应于拒绝域边界的 $\bar{x}$ 值。对于一个单尾检验存在一个临界值，而对于一个双尾检验有两个临界值。下面是对应于一个具有显著性水平 α 检验的公式的一部分：

右尾检验：$\bar{x}_0=\mu_0+z_\alpha\sigma_{\bar{x}}\approx\mu_0+z_\alpha\left(\frac{s}{\sqrt{n}}\right)$

左尾检验：$\bar{x}_0=\mu_0-z_\alpha\sigma_{\bar{x}}\approx\mu_0-z_\alpha\left(\frac{s}{\sqrt{n}}\right)$

双尾检验：$\bar{x}_{0,L}=\mu_0-z_{\alpha/2}\sigma_{\bar{x}}\approx\mu_0-z_{\alpha/2}\left(\frac{s}{\sqrt{n}}\right)$

$\bar{x}_{0,U}=\mu_0+z_{\alpha/2}\sigma_{\bar{x}}\approx\mu_0+z_{\alpha/2}\left(\frac{s}{\sqrt{n}}\right)$

2. 在备择假设中具体指定 μ_a 的值是为了计算 β 的值，然后利用均值为 μ_a 的备择分布将 $\bar{x}_0$ 的边界值转换到 z 值。关于 z 值的一般公式是：

$$z=\frac{\bar{x}_0-\mu_a}{\sigma_{\bar{x}}}$$

画出备择分布的草图（以 μ_a 为中心），并将接受（不拒绝）域的面积涂为阴影，利用 z 统计量和附录 B 中的表Ⅳ来求出这一阴影面积，它就是 β。

在计算了某个 μ_a 值的 β 值以后，你应该就假设检验的应用解释其值。对 $1-\beta$ 值的解释常常是有用的，它被称为某个备择值 μ_a 的检验功效。因为 β 是当备择假设 $\mu=\mu_a$ 为真却接受原假设的概率。$1-\beta$ 是互补事件的概率，它是当备择假设 $H_a：\mu=\mu_a$ 为真时，却拒绝原假设的概率。

定义 8.2

检验功效是对于备择假设中的某个 μ 值，检验将正确地拒绝原假设的概率。所考虑的备择假设的功效等于 1-β。

例如，在污水管道的例子中，当 $\mu=2425$ 时，我们求出 $\beta=0.7764$，这是当 $\mu=2425$ 时检验导致（错误地）接受原假设的概率或等价地，检验功效是 $1-0.7764=0.2236$，它意味着当管道超过规格有每纵尺 p25 磅时，检验将仅有 22% 的机会导致（正确地）拒绝原假设。当制造商的管道有一个平均 2475 的强度时（即超过规格每纵尺 75 磅时），检验功效增加到 $1-0.1562=0.8438$，即如果 $\mu=2\times75$，检验将导致接受制造商管道的机会为 84%。

例 8.9

回顾在例 8.1 和例 8.2 中的质量控制研究，在那里我们检验是为了确定是否一个谷物箱充装机器偏离具体指定的平均充装量 $\mu=12$ 盎司，其检验建立如下：

$H_0：\mu=12$

$H_a：\mu\neq12$（例如，$\mu<12$ 或 $\mu>12$）

检验统计量：$z=\frac{\bar{x}-12}{\sigma_{\bar{x}}}$

拒绝域：对于 $\alpha=0.05$，$z<-1.96$ 或 $z>1.96$

对于 $\alpha=0.01$，$z<-2575$ 或 $z>2.575$

注意两个具体指定的拒绝域分别对应于 $\alpha=0.05$ 和 $\alpha=0.01$ 的值，假设 $n=100$ 和 $s=0.5$。

a. 假设机器平均 0.1 盎司未充满箱子，即 $\mu=11.9$，计算两个拒绝域所对应的 β 值，并讨论 α 值和 β 值之间的关系。

b. 当 $\mu=11.9$ 时，计算每一个拒绝域的检验功效。

解答:

a. 我们首先考虑对应于 $\alpha=0.05$ 的拒绝域。第一步是计算对应于双尾拒绝域($z<-1.96$ 或 $z>1.96$)的 $\bar{x}$ 的边界值:

$$\bar{x}_{0,L}=\mu_0-1.96\sigma_{\bar{x}}\approx\mu_0-1.96\left(\frac{s}{\sqrt{n}}\right)=12-1.96\left(\frac{0.5}{10}\right)=11.902$$

$$\bar{x}_{0,U}=\mu_0+1.96\sigma_{\bar{x}}\approx\mu_0+1.96\left(\frac{s}{\sqrt{n}}\right)=12+1.96\left(\frac{0.5}{10}\right)=12.098$$

这些边界值显示在图 8.20 中。

图 8.20 关于填充机器例子中 β 的计算

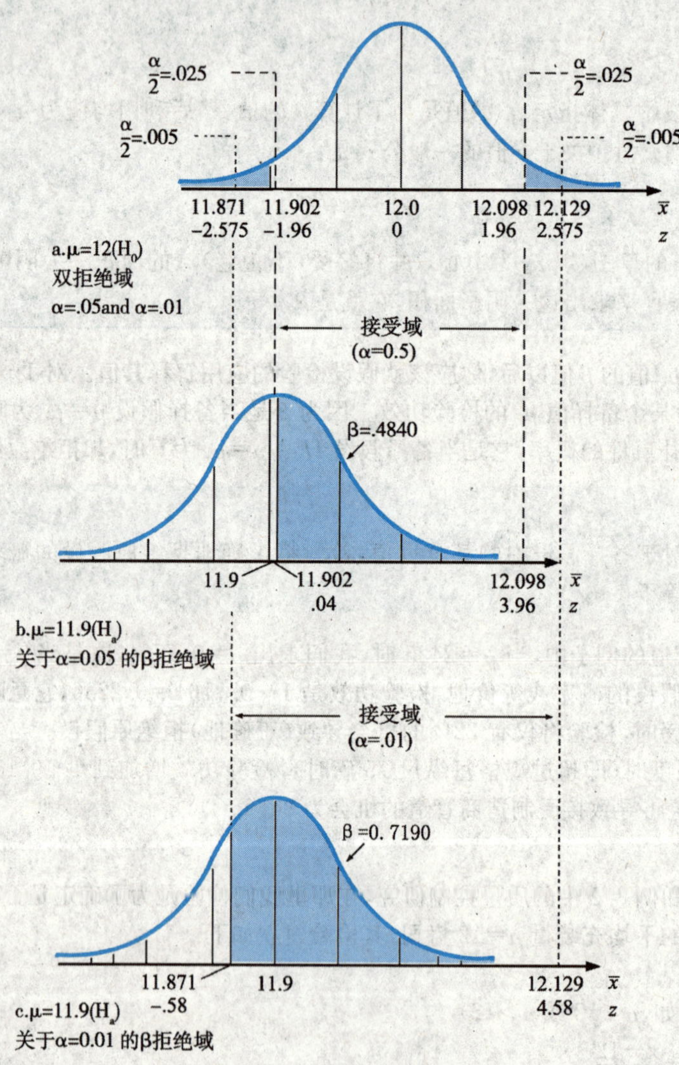

下一步,我们在 $\mu_a=11.9$ 的备择分布中将这些值转换到 z 值:

$$z_L=\frac{\bar{x}_{0,L}-\mu_a}{\sigma_{\bar{x}}}\approx\frac{11.902-11.9}{0.05}=0.04$$

$$z_U=\frac{\bar{x}_{0,U}-\mu_a}{\sigma_{\bar{x}}}\approx\frac{12.098-11.9}{0.05}=3.96$$

这些 z 值显示在图 8.20b 中,你能够看到接受(或非拒绝)域是二者之间的面积。利用附录 B 中的表Ⅳ,我们求出 $z=0$ 和 $z=0.04$ 之间的面积是 0.0160,并且 $z=0$ 和 $z=3.96$ 之间的面积(近

似地）为 0.5（因为 $z=3.96$ 不在表Ⅳ的范围内），那么 $z=0.04$ 和 $z=3.96$ 之间的面积近似是，

$$\beta=0.5-0.0160=0.4840$$

这样，当机器平均有 0.1 盎司未充满箱子时，利用 $\alpha=0.05$ 的检验将导致犯第二类错误的概率大约有 48%。

关于对应于 $\alpha=0.01$ 的拒绝域，$z<-2.575$ 或者 $z>2.575$，我们求出：

$$\bar{x}_{0,L}=12-2.575\left(\frac{0.05}{10}\right)=11.871$$

$$\bar{x}_{0,U}=12-2.575\left(\frac{0.05}{10}\right)=12.129$$

这些拒绝域的边界值显示在图 8.20c 中。

在 $\mu_a=11.9$ 的备择分布中将这些值转换到 z 值，我们求出 $z_L=-0.58$ 和 $z_\mu=4.58$，这些值之间的面积近似地是，

$$\beta=0.2190+0.5=0.7190$$

这样，$\alpha=0.01$ 的检验过程将导致错误地接受 H_0 的概率大约是 72%。

注意当我们将 α 值从 0.05 减少到 0.01 时，β 值从 0.4840 增加到 0.7190，这是 α 和 β 之间关系的一个一般性质：当 α 减少（增加）时，β 增加（减少）。

b. 功效被定义为当备择假设是真实的时候（正确地）拒绝原假设的概率。当 $\mu=11.9$ 且 $\alpha=0.05$ 时，我们求出：

$$\text{功效}=1-\beta=1-0.4840=0.5160$$

当 $\mu=11.9$ 且 $\alpha=0.01$ 时，我们得出：

$$\text{功效}=1-\beta=1-0.7190=0.2810$$

图 8.21　α,β 和 n 之间的关系

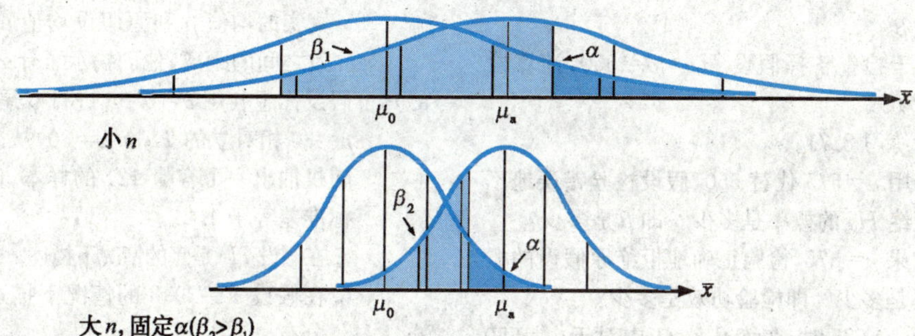

你能够看到，当 α 减少时检验功效也减少，这就意味着当错误地拒绝原假设的概率减少时，对于一个给定的备择假设，正确地接受原假设的概率也是减少的。这样，我们必须要仔细地选择 α 值，因为当 α 值减少时，一个检验不太能够发现对原假设的偏离。

我们已经说明犯一个第二类错误的概率 β 与 α 值之间是相反的关系（例 8.9），并且当 μ_a 值越远离原假设时 β 值越减少（污水管道的例子）。样本容量 n 也影响 β，回忆 $\bar{x}$ 的抽样分布的标准差与样本容量的平方根成反比例关系（$\sigma_{\bar{x}}=\sigma/\sqrt{n}$）。这样，像在图 8.21 中所示，当 n 增中时，原假设和备择假设的抽样分布的变异性都将减少。如果指定 α 值并保持不变，则当 n 增加时，β 的值将减少，如图 8.21 所示。相反地，当样本容量增加时，对于一个给定的备择假设，检验功效也增加。β 和功效的性质概括在下面的框中。

β 和功效的性质

1. 对于固定的 n 和 α，当具体指定的原假设值 μ_0 和具体指定的备择假设值 μ_a 之间的距离增加时，β 值将减少并且功效增加(见图 8.19)。
2. 对于固定的 n 和 μ_0 和 μ_a 值，当 α 值减少时，β 值增加并且功效减少(见图 8.20)。
3. 对于固定的 α 及 μ_0 和 μ_a 值，当样本容量增加时，β 值减少并且功效增加(见图 8.21)。

练习 8.70～8.79

技能训练：

8.70 a. 列出三个增加检验功效的因素。

b. 犯第二类错误的概率 β 和检验功效之间的关系是什么？

8.71 假设你想利用 $\alpha=0.05$ 检验 H_0：$\mu=500$ 相对立的 H_a：$\mu>500$，总体是具有标准差 100 的正态分布，随机样本容量 $n=25$。

a. 假设 H_0 是真实的画出 $\bar{x}$ 的抽样分布的草图。

b. 求的 $\bar{x}_0$ 值，在它之上的 $\bar{x}$ 值将拒绝原假设。在 a 部分的图上标出拒绝域，拒绝域上的阴影面积标为 α。

c. 在 a 部分的图上，假设 $\mu=550$，画出 $\bar{x}$ 的抽样分布的草图，这个分布下的阴影面积对应于 $\bar{x}$ 落在非拒绝域的概率，当 $\mu=550$ 时，标出这个面积 β。

d. 求 β。

e. 对于检查备择假设 H_a：$\mu=550$，计算检验功效。

8.72 参考练习 8.71。

a. 若用 $\mu=575$ 代替 550，假设检验错误地不拒绝 H_0 的概率是多少？即 β 是多少？

b. 如果 $\mu=575$，检验正确地拒绝原假设的概率是多少？即检验功效是多少？

c. 当 $\mu=575$ 时，在练习 8.71 中对于 $\mu=550$ 比较 β 与你得到的值的检验功效，解释不同。

8.73 利用 $\alpha=0.10$ 检验 H_0：$\mu=75$ 相对立的 H_a：$\mu<75$，总体是具有标准差 15 的均匀分布，从这个总体中随机抽取一个容量为 49 的样本。

a. 在假设 H_0 是真实的情况下，描述(近似的)$\bar{x}$ 的抽样分布。

b. 在假设总体均值是 70 的情况下，描述(近似的)$\bar{x}$ 的抽样分布。

c. 假设 μ 真的等于 70，假设检验将导致调查者犯第二类错误的概率是多少？

d. 为查明备择假设 H_a：$\mu=70$ 检验功效是多少？

8.74 参考练习 8.73

a. 对于下列每一个总体均值：74，72，70，68，和 66，求 β。

b. 相联系的总体均值对你在 a 部分得到的每一个与总体均值相联系的 β 值作图，β 表示在竖轴上，μ 表示在横轴上，画一条通过你的图上的 5 个点的曲线。

c. 利用 b 部分的图，求当 $\mu=73$ 时假设检验将导致一个第二类错误的近似的概率。

d. 在具体指定 μ 值时转化你在 a 部分计算的每一个 β 值到检验功效。在功效为竖轴相对的 μ 在横轴上作图，将 b 部分的图与这部分的功效曲线比较。

e. 检查 b 部分和 d 部分的图形。解释关于在真实的均值 μ 和原假设均值 μ_0，β 值和功效之间的距离，他们揭示了什么？

8.75 假设你想利用 $\alpha=0.05$ 进行双尾检验 H_0：$\mu=30$ 相对立的 H_0：$\mu\neq30$，从问题总体中随机抽出一个容量 121 的样本，假设总体的标准差等于 1.2。

a. 在假设 H_0 是真的情况下描述 $\bar{x}$ 的抽样分布。

b. 在假设 $\bar{x}=29.8$ 的情况下描述 $\bar{x}$ 的抽样分布。

c. 如果 μ 真的等于 29.8，求与这个检验相联系的 β 值。

d. 对于备择假设 H_a：$\mu=30.4$，求 β 值。

概念运用：

8.76 当 21 世纪开始的时候，赶上婴儿潮出生的年轻人正在或者接近他们事业的顶峰，并且大多数美国住户正在从华尔街长期的牛市业绩的财富影响中获得利益。结果，建设的新住宅比从前具有更多的卧室，更多的卫生间，更加舒适。1999 年在美国建造的单身家庭住宅平均面积从原定十年期计划的 2000 平方英尺提高到 2230 平方英尺(《华尔街日报交互版》*Wall Street Journal Interactive Edition*，2000 年 6 月 7 日)，在加里福尼亚

1999 年末销售的 100 套新住宅的一个随机样本中产生了下面的信息:$\bar{x}=2347$ 平方英尺和 $s=257$ 平方英尺。

a. 假设确切知道美国住宅的平均面积,样本数据提供了充分的理由来推断出在 1999 年末加里福尼亚住宅的平均面积超过国家平均数吗?用 $\alpha=0.01$ 检验。

b. 假设加里福尼亚新住宅真实的平均面积是 2330 平方英尺,在 a 部分查明这个 100 平方英尺不同的检验功效是什么?

c. 如果加里福尼亚的均值真的是 2280 平方英尺,在 a 部分查明这个 50 平方英尺的不同的检验功效是什么?

8.77 假设一个制造商(买者)从一个特别的卖主那里购买了所有特别类型的物品,这个制造商正在熟悉专有来源(Schonberger 和 Knod,《经营管理》*Operations Management*,1994 年),作为一个专有来源的安排,卖者同意定期地从它的生产过程中提供给它的买主样本信息,买主利用数据调查是否由卖者的生产过程生产的钢竿的平均长度是真实的 5.0 毫米(mm)或更大一些,如卖者声称并且买者所期望的那样。

a. 假设生产过程有一个 0.01 毫米的标准差,卖者提供给买者 $n=100$ 件物品,并且买者利用 $\alpha=0.05$ 检验 $H_0:\mu=5.0$mm 相对立的 $H_a:\mu<5.0$mm,当事实上 $\mu=4.9975$mm 时,买者的检验将不拒绝原假设的概率是多少?给这个错误类型一个什么名字?

b. 参考 a 部分,当事实上 $\mu=5.0$ 时,买者的检验将拒绝原假设的概率是多少?给这个类型的错误一个什么名字?

c. 查明偏离具体指定的 5.0mm 的平均钢竿长度 0.0025mm 的检验功效是什么?

8.78 环境保护部门(EPA)估计 2000 Honda Civic 汽车,得到一个在公路上每加仑汽油 35 英里的均值,然而,汽车制造公司声称 EPA 低估了 Civic 的每加仑英里数,为支持它的断言,公司选取了 36 台 2000 Civic 与 EPA 所利用的相似原型车,并且对于每一辆汽车在驾驶过程记录得到的每加仑英里数,得到如下数据结果:$\bar{x}=37.3$mpg,$s=6.4$mpg。

a. 假如汽车制造商希望说明 2000Civic 汽车平均每加仑英里数超过 35mpg,备择假设将是什么?原假设呢?

b. 数据提供了充分的理由支持制造商的声称吗?利用 $\alpha=0.05$ 检验,列出在进行检验中你形成的任何假设。

c. 对于均值 35.5,36.0,36.5,37.0 和 37.5 计算检验功效,假设 $s=6.4$ 是 σ 的一个好的估计量。

d. 作图检验功效在竖轴上,均值在横轴上,通过这些点画一条曲线。

e. 对于均值 $\mu=36.75$,利用 d 部分的功效曲线估计功效,对于这个 μ 值计算功效,和你的近似值进行比较。

f. 当 $\mu=40$ 时利用功效曲线近似检验功效。假设对于这种原型车真实的平均 mpg 值真的是 40,检验将不拒绝均值是 35 的原假设的概率(近似地)是多少?

8.79 参考练习 8.25,调查一个特殊类型的激光检验设备。假设每个循环检查焊接点数的标准差是 1.2,假如 $\alpha=0.05$,利用并且假设能够被一个由 48 个环行板组成的样本,检查出来的焊接点的真实的平均数量确实等于 9.5,检验将导致第二类错误的概率是多少?

8.7 一个总体方差的假设检验(选学)

尽管许多实际问题涉及到关于一个总体均值(或比例)的推断,有时候对一个总体方差 σ^2 的推断也是值得关注的。用例子说明,在一个罐头食品厂,一个质量控制管理人员知道每罐内装的真实数量将不同,因为存在着某些不可控因素影响充装数量。虽然每罐的充装均值很重要,但是,充装的变异同样重要。假如充装的标准差 σ^2 是大的,则有些罐内装太少而另一些则太多。假设管理部门具体指定充装数量的标准差应当小于 0.1 盎司,为了确定这个过程是否符合这个规定,管理人员随机抽取了 10 罐,称其每罐含量的重量,发现了这些观测值的样本标准差是 0.04,这些数据是否提供了充分的理由说明变异性与所要求的一样小?为回答这个问题,我们需要进行一个关于 σ^2 的假设检验过程。

凭直觉,为了作出关于总体变异性的结论,我们将样本方差 σ^2 与 σ^2 的假设值(或者 s 与 σ)进行比较。

当样本所取自的总体是正态分布时

$$\frac{(n-1)s^2}{\sigma^2}$$

显示出一个被称为卡方(χ^2)分布(Chi-square distribution)的抽样分布,图 8.22 显示了几个卡方分布。

关于这个分布的右尾面积被列成表并在附录 B 的表Ⅶ中给出,表的一部分被复制在表 8.4 中。此表给出了 χ^2 的值,表示为 χ^2_α,在卡方分布的右尾确定出一个 α 的面积,即 $p(\chi^2>\chi^2_\alpha)=\alpha$。在这种情况下,和 t 统计量一样,卡方分布的形状依赖于与 s^2 相连系的自由度,那就是$(n-1)$。这样,对于 $n=10$ 和一个右尾值 $\alpha=0.05$,你将得到 $n-1=9$ 和 $\chi^2_{0.05}=16.9190$(在表 8.4 中已作显著标示)。为了进一步说明表Ⅶ的使用方法,我们返回到充装罐头的例子中。

图 8.22　几个 χ^2 概率分布

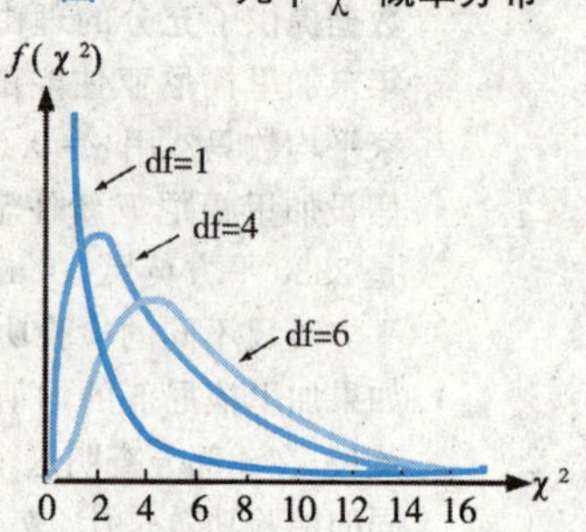

表 8.4　附表 B 中表Ⅶ的复制部分:卡方的临界值自由度

Degrees of Freedom	$\chi^2_{0.100}$	$\chi^2_{0.050}$	$\chi^2_{0.025}$	$\chi^2_{0.010}$	$\chi^2_{0.005}$
1	2.70554	3.84146	5.02389	6.63490	7.87994
2	4.60517	5.99147	7.37776	9.21034	10.5966
3	6.25139	7.81473	9.34840	11.3449	12.8381
4	7.77944	9.48773	11.1433	13.2767	14.8602
5	9.23635	11.0705	12.8325	15.0863	16.7496
6	10.6446	12.5916	14.4494	16.8119	18.5476
7	12.0170	14.0671	16.0128	18.4753	20.2777
8	13.3616	15.5073	17.5346	20.0902	21.9550
9	14.6837	16.9190	19.0228	21.6660	23.5893
10	15.9871	18.3070	20.4831	23.2093	25.1882
11	17.2750	19.6751	21.9200	24.7250	25.7569
12	18.5494	21.0261	23.3367	26.2170	28.2995
13	19.8119	22.3621	24.7356	27.6883	29.8194
14	21.0642	23.6848	26.1190	29.1413	31.3193
15	22.3072	24.9958	27.4884	30.5779	32.8013
16	23.8718	26.2862	28.8454	31.9999	34.2672
17	24.7690	27.5871	30.1910	33.4087	35.7185
18	25.9894	28.8693	31.5264	34.8053	37.1564
19	27.2036	30.1435	32.8523	36.1908	38.5822

例 8.10

根据先前的讨论,质量控制员抽取了 $n=10$ 个罐头并且计算出 $s=0.04$,这个 s 值提供了充分的理由表明充装罐头的观测值的真实标准差小于 0.1 盎司吗?

解答:

因为原假设和备择假设必须对 σ^2(而不是 σ)来说明,我们想检验原假设 $\sigma^2=0.01$,相对立的备择假设为 $\sigma^2<0.01$,因此,这一检验的组成是:

$H_0: \sigma^2 = 0.01$

$H_a: \sigma^2 < 0.01$

检验统计量：$\chi^2 = \frac{(n-1)s^2}{\sigma^2}$

假设：充装量的分布是近似的正态分布。

拒绝域：我们观察到 s^2 值越小，支持 H_a 的理由越有力。这样，因为检验统计量的值"小"，我们拒绝 H_0。对于 $\alpha=0.05$ 和 9 个自由度，在表Ⅶ中求出拒绝的 χ^2 值并且在图 8.24 中画出，如果 $\chi^2 < 3.32511$，我们将拒绝 H_0。

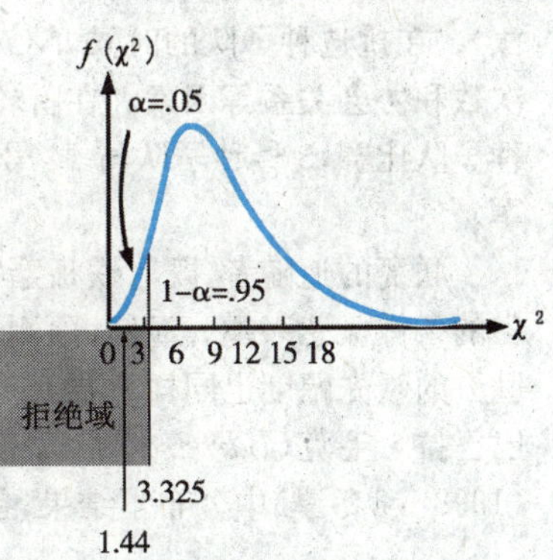

图 8.24　关于例 8.10 的拒绝域

（回忆在表Ⅶ所给出的面积是在表中数字值右端的面积，这样，为确定左尾值，使其左端有 $\alpha=0.05$，我们利用在表Ⅶ中 χ^2_{95} 的一列）

因为

$$\chi^2 = \frac{(n-1)s^2}{\sigma^2} = \frac{9(0.04)^2}{0.01} = 1.44$$

此值小于 3.32511，因而管理者能够推断出所有充装量的总体的方差 σ^2 小于 $0.01(\sigma < 0.1)$，且犯第一类错误的概率等于 $\alpha=0.05$。假设重复运用这个过程，则错误地拒绝 H_0 仅有 5% 的概率。这样，质量控制管理员确信罐头厂是在指定的变异性限度以内运行。

关于 σ^2 的单尾和双尾假设检验在下面的框中给出。①

关于 σ^2 的假设检验：

单尾检验	双尾检验
$H_0: \sigma^2 = \sigma_0^2$	$H_0: \sigma^2 = \sigma_0^2$
$H_a: \sigma^2 < \sigma_0^2$	$H_a: \sigma^2 \neq \sigma_0^2$
（或 $H_a: \sigma^2 > \sigma_0^2$）	
检验统计量：$\chi^2 = \frac{(n-1)s^2}{\sigma_0^2}$	检验统计量：$\chi^2 = \frac{(n-1)s^2}{\sigma_0^2}$
拒绝域：$\chi^2 < \chi^2_{(1-\alpha)}$	拒绝域：$\chi^2 < \chi^2_{(1-\alpha/2)}$
（或 $\chi^2 > \chi^2_\alpha$ 当 $H_0: \sigma^2 > \sigma_0^2$ 时）	或 $x^2 > \chi^2_{(\alpha/2)}$

这里 σ_0^2 是假设的方差，且 χ^2 分布是基于 $(n-1)$ 个自由度。

假设：抽样总体是近似正态的。

警告：在上面的例子中对 σ^2 进行的假设检验过程需要一个假设，即不管样本容量是大还是小的，我们必须假设抽样总体有一个近似的正态分布。因为不像基于 t 统计量的 μ 的小样本检验，轻微偏离正态性将使得卡方检验失效。

① 关于 σ^2 的置信区间也可以利用具有 $(n-1)$ 个自由度的卡方分布形成。一个 $(1-\alpha)100\%$ 的置信区间是：

$$\frac{(n-1)s^2}{\chi^2_{\alpha/2}} < \sigma^2 < \frac{(n-1)s^2}{\chi^2_{(1-\alpha/2)}}$$

统计实践

8.2 三月疯狂:决定 NCAA 篮球联赛优劣的条件

每年的三月份,国家大学体育联合会(National Colleglate Athletic Association, NCAA)都要举行为期三周的年度男篮冠军联赛。全国 64 支最好的大学篮球队进行单循环淘汰赛,共 63 场比赛,最后决出 NCAA 冠军。由于这场联赛的公众性极强(CBS 电视台对 63 场比赛全程直播),所以新闻媒体将其称为"三月疯狂"。

NCAA 将 64 个队分成四个区(东、南、中西、西),每区 16 个队,在每区的篮球队按照他们在常规赛季中的成绩从 1 到 16 排序(挑选种子队与较弱球队比赛,使种子队不至于过早被淘汰)。在挑选种子队的时候,NCAA 通盘考虑诸如总体记录、计划强度、胜方的领先幅度、获胜次数和协会关系等因素。在首轮比赛中,1 号种子队与 16 号种子队比赛,2 号种子队与 15 号种子队比赛,3 号种子队与 14 号种子队比赛,等等(见图 8.23),获胜者继续比赛直到决出冠军。

联赛的追随者,既有铁板赌徒又有偶尔进入赌注登记办公室的球迷,他们对决定比赛优劣的条件极感兴趣。显然,预测最终的冠军是首要的兴趣,然而,了解谁将赢得每场比赛以及胜方的领先幅度也同样重要。为了深入了解这一现象,统计学家豪尔·斯德恩(*Hal Stern*)和巴巴拉·毛克(*Barbara Mock*)分析了 NCAA 过去 13 场比赛的数据,并且在《机会》*Chance*(1998 年,冬季)中公布了结果,首轮比赛的结果汇总在表 8.5 中。

图 8.23 一个由 16 支 NCAA 队组成的赛区联赛设计

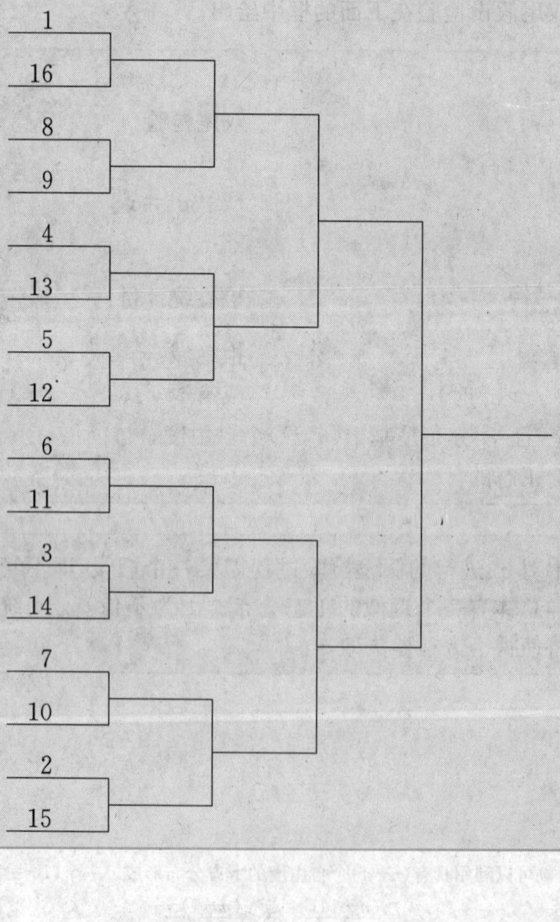

讨论焦点：

a. 在球迷、新闻媒体和赌博者中有一个共同的认知，那就是排位较高的种子队在首轮比赛中有一半以上的获胜机会，有理由支持这一认知吗？对每组比赛进行适当的检验。你观察到了什么趋势？

b. 第 1、2、3 或 4 号种子队在首轮比赛中会平均胜出 10 分以上，有理由支持这一说法吗？对每组比赛进行适当的检验。

c. 第 5、6、7 或 8 号种子队在首轮比赛中会平均胜出 5 分以下，有理由支持这一说法吗？对每组比赛进行适当的检验。

d. (选作)对于每次比赛，检验原假设：胜方领先幅度的标准差是 11 分。

e. 赌城拉斯维加斯的投注赔率计算人员选择近期 NCAA 联赛中的 360 场比赛作样本建立了一个点分布。相关人员也计算了比赛结果(胜方的领先幅度，以分数计)与点分布之间的差额，均值是 0.7，标准差是 11.3。假设真实均值是 0，那么可以将点分布看作比赛结果的不错的预测指标。假设按平均数计算，点分布是 NCAA 联赛中胜方领先幅度的很好的预测指标，用上述样本信息检测这一假设。

表 8.5　1985—1997 首轮 NCAA 联赛赛事概述

对手(种子队对较弱队)	比赛场数	最有希望获胜数(高水平种子队)	胜方领先幅度(分数)	
			均值	标准差
1 对 16	52	62	22.9	12.4
2 对 15	52	49	17.2	11.4
3 对 14	52	41	10.6	12.0
4 对 13	52	42	10.0	12.5
5 对 12	52	37	5.3	10.4
6 对 11	52	36	4.3	10.7
7 对 10	52	35	3.2	10.5
8 对 9	52	22	−2.1	11.0

资源来源：Stern, H. S., and Mock, B. “College Basketball upsets: Will a 16－seed ever beat a 1－seed?” Chance, Vol. 11, No. 1, Winter 1998, p. 29(Table 3).

练习 8.80～8.89

技能训练：

8.80　若让 χ_0^2 是 χ^2 的一个特别值，求如下的 χ_0^2 值：

a. $p(\chi^2>\chi_0^2)=0.10$ 对于 $n=12$

b. $p(\chi^2>\chi_0^2)=0.05$ 对于 $n=9$

c. $p(\chi^2>\chi_0^2)=0.025$ 对于 $n=5$

8.81　一个 n 个观察值的随机样本选自于一个正态总体，检验原假设 $\sigma^2=25$，对于下列 H_a、α 和 n 的每一个结合具体指定拒绝域：

a. $H_a: \sigma^2\neq25; \alpha=0.05; n=16$

b. $H_a: \sigma^2>25; \alpha=0.01; n=23$

c. $H_a: \sigma^2>25; \alpha=0.01; n=15$

d. $H_a: \sigma^2<25; \alpha=0.01; n=13$

e. $H_a: \sigma^2\neq25; \alpha=0.01; n=7$

f. $H_a: \sigma^2<25; \alpha=0.05; n=25$

8.82　对于 7 个观测值的一个随机样本 $\bar{x}=9.4$ 和 $\sigma^2=4.84$。

a. 为了对 σ^2 进行假设检验你所关心的总体必须形成什么样的假设？

b. 假设 a 部分的假设是满足的，检验原假设，$\sigma^2=1$，相对立的备择假设，$\sigma^2>1$，利用 $\alpha=0.05$。

c. 检验原假设 $\sigma^2=1$ 相对立的备择假设 $\sigma^2\neq 1$，利用 $\alpha=0.05$。

8.83 参考练习 8.82，假设 $n=100$，$\bar{x}=9.4$，并且 $s^2=4.84$。

a. 检验原假设 H_0：$\sigma^2=1$，相对立的备择假设，$\sigma^2>1$。

b. 与练习 8.82 比较你的检验结果。

8.84 $n=7$ 个观察值的一个随机样本来自于一个正态总体，产生了下面的观测值：4，0，6，3，3，5，9。数据提供了充分的理由表明 $\sigma^2<1$ 吗？利用 $\alpha=0.05$。

概念运用：

8.85 参考《机会》Chance（秋 1998 年）在 NFL 比赛中点分布误差的研究，练习 8.19。回顾真实的比赛结果和由投注赔率计算人员建立的点分布之间的不同—点分布误差—由 240 场 NFL 比赛计算的。结果概括如下：$\bar{x}=-1.6$，$s=13.3$，假设研究人员想知道点分布误差真实的标准差是否超过 15，

a. 为研究人员建立 H_0 和 H_a。

b. 计算检验统计量的值。

c. 在 $\alpha=0.10$ 进行检验，就本题而言解释结果。

8.86 参考《色普法》Chromatographia（1995 年 3 月）关于取出有毒化合物的一项新技术研究，练习 8.35。回顾未被污染的鱼片由于一种有毒物质受污染并且这种方法被用来取出毒物，为检验新方法的精度，在一条单独由于毒素受污染的鱼片上得到七个测度，提取毒素百分比的统计量如下：$\bar{x}=99$，$s=9$。确定利用新方法提取的百分比的标准差是否不同于 15（用 $\alpha=0.10$）。

8.87 在机械制造中利用符合具体指定标准的部件是非常重要的。在过去，由于某一个制造商生产的球型轴承的直径有一个 0.00156 的方差，为削减成本，制造商实行减少膨胀生产法。随机抽取了由新过程生产的 100 个轴承直径组成的样本方差是 0.00211，数据提供了充分的理由表明新的过程生产的球型轴承的直径比利用由过去的过程生产的那些有较大的变化吗？

8.88 激光喇曼微探针（LRM）分光镜被用来分析岩石中的流体内含物（气体或液体包），由 LRM 分光镜确定（《光谱学应用》Applied Spectroscopy，1986 年 2 月），一片巴西自然石英含有几个二氧化碳（CO_2）液体内含物非自然的物质记录了四天中同一内含物中的 CO_2 量，数据如下，（以百分克分子量为单位）：

练习 8.88 的数据 CO_2.DAT

86.6	84.6	85.5	85.9

a. 利用 LRM 方法数据表明集中在测度中的 CO_2 变量不同于 1 吗？

b. 为检验有效需要什么样的假设？

8.89 为改进在大脑的电子活动中信号噪音比（SNR），神经病学家反复刺激目标并得到普遍回答—假设单独回答是同质信号的一个过程，进行一项研究来检验同质信号理论（IEEE《医药和生物工程杂志》Engineering in Medicine and Biology Magazine，1990 年 3 月）。对于这项研究，SNR 阅读目标的变量在同质信号理论下将等于 0.54，假设 SNR 变量超过 0.54，研究人员将推断出信号是同质的。信号噪音比记录了 41 名正常孩子从 0.03 排到 3.0 的一个样本，利用这条信息在 $\alpha=0.10$ 时检验理论。

要 点 回 顾

关键术语：

（注意：标有星号（＊）的项目来自于这章的选学内容。）

左尾检验 Lower tailed test

右尾检验 Upper tailed test

拒绝域 Rejection region

原假设 Null hypothesis

检验统计量 Test statistic

备择假设 Alternative（research）hypothesis

＊零分布 Null distribution

双尾检验 Two-tailed test

单尾检验 One-tailed test

＊卡方分布 Chi-square distribution

观察的显著性水平（值）Observed significance level（p—value）

第一类错误 Type I error

第二类错误 Type II error

结论 Conclusion

显著性水平 Level of significance

∗检验功效 Power of the test

关键公式：

为检验 $H_0: \theta=\theta_0$，大样本统计量是

$$z=\frac{\hat{\theta}-\theta_0}{\sigma_{\hat{\theta}}}$$

这里 $\hat{\theta}, \theta_0, \sigma_{\hat{\theta}}$ 是从下表中得到的：

参数	假设参数值	估计量	估计量的标准差
μ	μ_0	$\bar{x}$	$\frac{\sigma}{\sqrt{n}}$
p	p_0	$\hat{p}$	$\sqrt{\frac{p_0 q_0}{n}}$

为检验 $H_0: \mu=\mu_0$，小样本检验量是：

$$t=\frac{\bar{x}-\mu_0}{s/\sqrt{n}}$$

∗ $\beta=p(\hat{\theta}$ 落在接受域$/\theta=\theta_a)$

∗ 功效 $=1-\beta$

∗ 为检验 $H_0: \sigma^2=\sigma_0^2$，检验统计量是

$$\chi^2=\frac{(n-1)s^2}{\sigma_0^2}$$

语言室：

符号	发音	描述
H_0	H－oh	原假设
H_a	H－a	备择假设
α	alpha	第一类错误的概率
β	beta	第二类错误的概率
χ^2	卡方	当数据来自于一个正态总体时 s^2 的抽样分布

练习 8.90～8.118

注意：列出在解决所有这些练习中为了使统计过程有效你使用的必要假设，标有星号（∗）的参考这章的选学节。

技能训练：

8.90　具体指出关于一个总体均值 μ 的大样本和小样本假设检验之间的不同，体现在假设和检验统计量上。

8.91　完成下面陈述：与一个假设检验相联系的较小的 p 值，对于__________假设有较强的支持，解释你的回答。

8.92　一个假设检验的哪条原理能够并具体指定提前分析利用进行检验的数据？

8.93　当进行一个假设检验时假设你选择了一个非常小的 α 值，β 倾向于大还是小？给出解释。

8.94　假如拒绝一个特殊检验的原假设将引起你的公司倒闭，你想 α 是小还是大？给出解释。

8.95　由 20 个观察值组成的一个随机样本来自于一个正态总体，且 $\bar{x}=72.6$ 和 $s^2=19.4$。

a. 检验 $H_0: \mu=80$ 对立的 $H_a: \mu<80$。利用 $\alpha=0.05$。

b. 检验 $H_0: \mu=80$ 对立的 $H_a: \mu\neq 80$。利用 $\alpha=0.01$。

8.96　$n=200$ 的一个随机样本来自于一个二项分布总体：

a. 检验 $H_0: p=0.35$ 相对立的 $H_a: p<0.35$。利用 $\alpha=0.05$。

b. 检验 $H_0: p=0.35$ 相对立的 $H_a: p\neq 0.35$。利用 $\alpha=0.05$。

8.97　175 个观测值的一个随机样本其均值 $\bar{x}=82$ 标准差 $s=0.79$。

a. 检验 $H_0: \mu=8.3$ 相对立的 $H_a: \mu\neq 8.3$，利用 $\alpha=0.05$。$z=-1.67$，不拒绝 H_0。

b. 检验 $H_0: \mu=8.4$ 相对立的 $H_a: \mu\neq 8.4$ 利用 $\alpha=0.05$。$z=-3.35$，拒绝 H_0。

8.98　对于 $n=17$ 个观察值的一个随机样本用 t－检验原假设 $H_0: \mu=10$ 与备择假设 $H_a: \mu>10$。利用 MINITAB 分析数据，结果显示在下面。

练习 8.98 的 MINITAB 的输出结果

TEST OF MU＝1000 VS MU G. T. 1000

	N	MEAN	STDEV	SE MEAN	T	P VALUE
X	17	12.50	8.78	2.31	1.174	0.12880382

a. 解释 p 值。

b. 为使这个检验的有效，什么样的假设是必

要的?

c. 假设备择假设用 $H_a: \mu \neq 10$ 来代替,计算并解释 p 值。

8.99 41个观察值的一个随机样本来自于一个正态总体,其均值 $\bar{x}=88$ 标准差 $s=6.9$。

a. 检验 $H_0: \sigma^2=30$ 相对立的 $H_a: \sigma^2>30$。利用 $\alpha=0.05$。

b. 检验 $H_0: \sigma^2=30$ 相对立的 $H_a: \sigma^2\neq 30$。利用 $\alpha=0.05$。

概念运用:

8.100 医学检验已发展到检查许多疾病。设计的一项医学检验将使它产生一个"假的正数"或一个"假的负数"的概率达到最低限度,一个假的正数对于一个没有疾病的个体来说指一个正的检验结果,然而一个假的负数,对于一个有疾病的个体来说是指一个负的检验结果。

a. 假如我们将一种疾病的医学检验看作一个统计假设检验,关于医学检验原假设和备择假设是什么?

b. 关于这个检验第一类错误和第二类错误是什么?联系每一个假的正数和假的负数。

c. 哪一个错误对于结果影响重大?考虑这个错误,更重要的是最小化 α 还是 β?给出解释。

8.101 贸易出版物《潜在的市场》Potential in Markrting(11月/12月,1995年)调查了它的读者关心它们的电子市场营销看法的情况(例如,通过网络,电子邮件,CD-ROMS营销,等等。)在1995年8月和9月一份调查问卷被传真到随机选择的1500名美国读者中,其中返回195份问卷,37份报告了它们的公司已经有一个世界范围内的网站,59份表明他们的公司计划创造一个网站。

a. 这些数据提供了充分的理由来拒绝一个著名的网络浏览器生产者声称的"到1995年中期25%以上的美国企业将有网站"?

b. 就形成关于所有美国企业的推论。联系抽样方法讨论潜在的问题和合适的样本。

8.102 林肯隧道(在哈得孙河下面)连接新泽西州到曼哈顿中心区,在星期一上午8:30,排队等待付林肯隧道通行费的汽车平均数量是1220。因为在繁忙期间大量的等待,纽约和新泽西州港务当局正在考虑提高在上午7:30到上午8:30之间通行费的数量,鼓励更多的司机提前或推后时间使用隧道(《纽瓦克明星分类账》Newark Star-Ledger,1995年8月27日)。假设港务局利用高峰期定价试验了6个月,在繁忙期通行费从4美元增加到7美元,在10个不同的工作日,上午8:30采取隧道排队的空中摄像计算汽车数量,结果如下:

练习8.102的表 **TUNNEL.DAT**

1260	1052	1201	942	1062
999	931	849	867	735

为了确定峰期定价在繁忙的峰期是否成功地减少了企图利用林肯隧道的平均汽车数量,利用EXCEL输出的补充信息。

练习8.102的 **EXCEL 输出结果**

Count	
Mean	989.8
Standard Error	50.81006025
Median	970.5
Mode	#N/A
Standard Deviation	160.6755184
Sample Variance	25816.62222
Kurtosis	-0.339458911
Skewness	0.276807237
Range	525
Minimum	735
Maximum	1260
Sum	9898
Count	10
Comfidence Level(95.000%)	99.58574067

8.103 参考《胸腔》Chest(1995年5月)睡觉停止呼吸阻碍作用的研究,练习7.44。回顾失调引起一个人停止呼吸并且定期的短时间醒来,斯坦福大学的研究人员发现159名商业卡车司机中的124名遭受睡觉停止呼吸阻碍的痛苦。

a. 关于睡眠,研究人员理论推断总的人口中有25%的人遭受睡眠停止呼吸痛苦阻碍,利用一个假设检验($\alpha=0.10$ 时),确

定对于商业卡车司机来说，这个百分比是否有所不同。

b. 求检验的观察的显著性水平并解释它的值。

c. 在练习 7.44 的 b 部分中，你利用一个 90%的置信区间形成 a 部分的推断，解释这两个推断为什么必须是同一的。

8.104 在练习 8.25 中检验 $H_0: \mu \geq 10$ 相对的 $H_a: \mu < 10$，这里 μ 是当点空出 0.1 英寸时，每秒钟检查焊接点的平均数，假设检验的 SPSS 的输出结果显示在下面。

a. 确定显示在输出结果中的检验的双侧 p 值。

b. 对于一个单尾检验（假设必要），调整 p 值并且解释它的值。

8.105 为了有效，用在太空中的某一个机械部件的平均寿命长度必须大于 1100 小时。由于这个部件的成本昂贵，只能对三个在模拟太空的条件下进行检验，部件的寿命时间（小时）被记录下来且统计量 $\bar{x}=1173.6$ 和 $s=36.3$。利用 MINITAB 进行数据分析，结果显示如下。

a. 证明软件正确地计算了 t 统计量并且确定 p 值是否在合适的范围内。

b. 解释 p 值。

c. 对于这个检验，一类误差还是二类误差较大？给出解释。

d. 你认为这个部件符合指定的标准吗？

练习 8.104 的 **SPSS 输出结果**

Variable	Number of Cases	Mean	Standard Deviation	Standard Error
NUMBER	48	9.2917	2.103	0.304
MU	48	10.0000	.	.

(Difference) Mean	Standard Deviation	Standard Error	t Value	Degrees of Freedom	2−Tail Prob.
−0.7083	2.103	0.304	−0.33	47	0.024

练习 8.105 的 **MINITAB 输出结果**

TEST OF MU=1000 VS MU G.T. 1000

	N	MEAN	STDEV	SE MEAN	T	P VALUE
COMP	3	1173.6	36.3	20.96	3.512	0.0362

8.106 一个消费者保护小组关注调味番茄酱制造商正在以小于 20 盎司调味番茄酱，充装它的 20 盎司家庭容量容器。小组购买了 10 瓶家庭容量的这种调味番茄酱，称了每一瓶的含量，发现平均重量等于 19.86 盎司，标准差等于 0.22 盎司。

a. 数据为消费者小组推断每个家庭容量瓶充装均值小于 20 盎司提供了充分的理由吗？利用 $\alpha=0.05$。

b. 假如在 a 部分的检验定期地由公司的质量控制部门进行，消费者小组更加关注公司形成的一个第一类错误还是一个第二类错误？（产生错误类型的概率称为消费者风险。）

c. 调味番茄酱公司也对每瓶调味番茄酱的平均数量感兴趣，它不希望超出指定重量。对于在 a 部分进行的检验，从公司的角度来看哪种类型的错误更加严重——一个第一类错误还是一个二类错误？（产生这类错误的概率称为生产者风险。）

8.107 被制造商用来吸引零售商运输、宣传或推销制造商的产品的销售推销称为贸易促销。由 Cannondale 协会，由一家销售和市场营销咨询公司进行的一项包括 250 名制造商的调查，发现 91%的制造商相信他们为贸易促销花费是无效的（《潜在的市场营销》Potentials in Marketing，1995 年 6 月）。这为拒绝一个先前由美国市场营销协会声称的所有不满意他们的贸易促销花费的制造商不超过一半的言论提供了充分理由吗？

a. 在 $\alpha=0.02$ 时，进行一个合适的假设检验，通过确定样本容量是否大到足够应用这章的检验方法进行你的分析。

b. 报告检验的观察的显著性水平，根据问题的上下文解释它的意思。

*c. 假如所有制造商中55%不满意他们的贸易促销花费，计算第二类错误的概率β。

8.108 评价一个测量仪器的方法之一是重复测量同一个项目，并且把这些测量值的平均数与项目的已知观测值相比较，以此评价仪器的精度（质量过程，1993年6月）。为评价一个特殊的Metlar天平称，一个物件重量已知是16.01盎司，利用同一种操作方式称五次，以盎司为单位的观测值显示如下：

练习8.108的表 METLAR.DAT

15.99	16.00	15.97	16.01	15.96

a. 从统计角度讲，平均观测值不同于16.01吗？进行合适的假设检验。关于仪器的精度，你的分析建议是什么呢？

b. 列出在进行假设检验中你形成的任何假设。

8.109 乙烯基氯化物，一种用来制造塑料、粘合剂和其他塑料制品的无色气体，EPA对其设定了一个百万分之五的空中飞行限制，乙烯基氯化物是致癌物和诱化剂（新泽西州健康部门，《危险的物质事实杂志》Hazardous Substance Fact Sheet，1994年12月）。一个主要塑料制造商企图控制它的工人泄露出的乙烯基氯化物的数量，假如乙烯基氯化物在空气中的数量超过3.0ppm，则给出中止生产的指令。由50个空气标本组成的一个随机样本产生了下面的统计量：$\bar{x}=3.1$ppm，$s=0.5$ppm。

a. 这些统计量提供了充分的数据终止生产该过程吗？利用$\alpha=0.01$。

b. 假如你是该厂的经理，关于在a部分的检验，你想利用一个大的，还是一个小的α值？请解释。

c. 对于这个检验求p值，并且解释它的值。

*8.110 参考练习8.109。

a. 在问题的上下文中，定义第二类错误。

b. 对于在练习8.109a部分中描述的检验计算β，假设真的均值是$\mu=3.1$ppm。

c. 当均值是3.1ppm时，查明一个偏离制造商的3.0ppm的限制的检验功效是什么？

d. 假设真的均值是3.2ppm时，重复b和c部分。当工厂的平均乙烯基氯化物水平偏离限制时，检验功效发生什么变化？

*8.111 参考练习8.109和8.110。

a. 假设用一个0.05的α值进行检验，这改变将偏向终止生产吗？给出解释。

b. 当$\alpha=0.05$，$\mu=3.1$时，对于这个检验确定β值和功效。

c. 当α增加时检验功效发生什么变化？

8.112 目的在于改进一个打赌者在NFL足球比赛中赢得赌注这件事，赌博业务通讯的一项研究（《政治经济学杂志》Journal of Political Economy，1988年2月）表明业务通讯的打赌方案是没有用的。假设用由50场比赛组成的一个随机样本检验一个赌博业务通讯，下面是赌博业务通讯的建议，50场比赛中有30场比赛赢得赌注。

a. 检验是否像业务通讯说的那样显著地增加了随机选择获胜者所期望的那样的获胜机会，利用$\alpha=0.05$。

b. 对于这个检验计算并解释p值。

*8.113 参考练习8.112。

a. 在这个应用项目中描述第二类错误。

b. 假设业务通讯确实在NFL比赛中增加了赢得赌注的概率，对于$p=0.55$关于这个检验计算一个第二类错误的概率β。

c. 假设抽取的比赛场数从50场增加到100场，对于$p=0.55$，将怎样影响一个第二类错误的概率？

8.114 一种股票的"β系数"是关于整个股票市场的易变性（或风险）的一个度量，β系数大于1的股票一般比市场承受更大的风险（更大的易变性），但是β系数小于1的股票比整个市场的风险小（较小的变易）（*Alexander*，*Sharpe*，和 *Bailey*，《投资原理》*Fundamentals of Investments*，1993年）。在1996年末抽取15个高技术股组成的一个随机样本，并且β系数的均值和标准差分别是：$\bar{x}=1.23$，$s=0.37$。

a. 建立合适的原假设和备择假设检验是否平均说来高技术股比整个股票市场有较大的风险。

b. 对于这个检验建立合适的检验统计量和拒绝域，利用$\alpha=0.10$。

c. 为保证检验的有效性什么样的假设是必要的？

d. 计算检验统计量并说明你的结论。

e. 与检验相联系的近似的 p 值是什么？解释它。

8.115 参考练习 8.114。用 SAS 来分析数据，输出结果如下：

练习 8.115 的 SAS 输出结果

```
Analysis Variable : BETA_1
  N Obs              T        Prob>|T|
     15      2.4080000          0.0304
```

a. 关于计算机的输出的 p 值（在 SAS 的输出结果中 $Prob>|T|$ 对应于原假设 $\mu=1$ 的双尾检验）。

b. 假如所关注的备择假设是 $\mu>1$，检验的合适的 p 值是什么？

* **8.116** 眼科医生需要能够为青光眼病人迅速测量两眼之间的压力的一种仪器，已知现在一般使用的装置，产生的压力的读数具有 10.3 的一个方差，利用这个新近发展的仪器，在同一对眼睛上五个压力读数的方差等于 9.8。这个样本方差提供了充分的理由表明新的仪器比现在使用的仪器更可靠吗？（利用 $\alpha=0.05$。）

8.117 根据美国商业部门统计，在 1999 年新住宅的平均价格第一次达到 200000 美元的高峰，在 1999 年 11 月，平均新住宅价格是 209700 美元（《华尔街日报交互版》Wall Streets Journal Interactive Edition，2000 年 1 月 7 日）。由销售的 32 套新住宅组成的一个随机样本的价格在 2000 年 11 月产生了 $\bar{x}=216981$ 美元和 $s=19805$ 美元。

a. 为检验在 2000 年 11 月新住宅的平均价格是否超过 209700 美元，合适的原假设和备择假设是什么？

b. 计算并解释检验的 p 值，数据提供了充分的理由来推断在 2000 年 11 月平均新住宅价格超过了 1999 年 11 月报告的平均价格吗？

8.118 一个不用处方的镇痛剂药制造商声称平均说来它的产品能在 3.5 分钟以内减轻头痛患者的痛苦，为了有可能在它的电视广告中形成这个自夸，制造商需要通过一个特殊的电视网络来显示统计理由以支持这个声称。制造商调查了关于 50 名头痛患者的一个随机样本，减轻痛苦的平均时间是 3.3 分钟，标准差是 1.1 分钟。

a. 这些数据支持制造商的声称吗？利用 $\alpha=0.05$ 检验。

b. 求出检验的 p 值。

c. 一般来说，大的 p 值还是小的 p 值支持制造商的声称？给出解释。

第 9 章

基于两个样本的推断：置信区间与假设检验

本章内容

统计实践

我们已经学过的

在第7章和第8章我们已经探讨了进行统计推断的两种方法:置信区间和假设检验。我们特别研究了关于单个总体均值 μ 和单个总体比率 P 的置信区间和假设检验。我们还学习了怎样选择必要的样本容量来得到某一参数的指定的信息量。(有关总体方差 σ^2 的推断,包含在选学部分)。

我们将要学习的

我们已经学习了对单个总体做出统计推断,下面我们将学习怎样对两个总体进行比较。例如,我们可能希望比较两种车型每英里平均耗油量之间的差异,或者比较在广告宣传前后喜欢某一产品的消费者所占比率之间的差异。本章我们将学习如何判断两个总体在总体均值和总体比率之间是否存在差异以及怎样估计它们的差异。

许多实验都涉及到了两个总体的比较。例如,某消费者组织可能想测试两个主要品牌的冰箱在平均耗电量上是否存在差异;一个收视率调查公司想要估计定期收看某个电视节目的年轻观众和老年观众在比率上的差异;一个高尔夫球供应商可能想要比较两个竞争品牌的高尔夫球在被同一根球杆击出之后两者射程之间的差异。本章我们将研究怎样运用从两个总体中选取的样本来对这两个总体之间的差异进行比较。

9.1 比较两个总体均值：独立抽样

我们可以将许多对单个参数进行估计和假设检验的相同步骤改动一下，运用到对两个参数的统计推断上面。z统计量和t统计量都可以在改动后，用于对两个总体均值之间的差异进行推断。

本节我们将讲述用于比较两个总体均值的大样本和小样本这两种方法。在大样本情况下，我们运用z统计量；在小样本情况下，我们运用t统计量。

大样本：

例 9.1

近年来，美国和日本多次就两国间的贸易限制进行了激烈的谈判。其中美方官员反复抗议的一点是，许多日本制造商将其产品在日本的定价高于在美国的定价，这实际上是以日本的极高价格来补贴在美国的低价格。据美方观点，日本是借此阻止美国的竞争性商品进入日本市场。

某经济学家决定检验"日本汽车在日本的零售价格高于在美国的零售价格"这一假设。她得到了同一时期内同一种车型的50个美国零售额和30个日本零售额的随机样本，并运用现时兑换率将日本的售价由日元换算为美元，从而得到了表9.1中的汇总资料。请对这种车型在两个国家的总体平均零售价格之差建立一个95%的置信区间，并对其结果进行解释。

表 9.1 汽车零售价研究的汇总统计量

	美国售价	日本售价
样本容量	50	30
样本均值	\$16545	\$17243
样本标准差	\$ 1989	\$ 1843

解答：

我们可以回忆到，单个总体均值μ的大样本置信区间的一般形式是$\bar{x}\pm z_{\alpha/2}\sigma_{\bar{x}}$，即样本的估计值$\bar{x}$加减这一估计值的$z_{\alpha/2}$倍标准差。我们将运用同样的方法来建立两个总体均值之差的置信区间。

我们用μ_1代表这种车型在美国市场上零售价格的总体均值，用μ_2代表在日本市场上零售价格的总体均值，并试图建立$(\mu_1-\mu_2)$的一个置信区间。直觉地，我们把样本均值之差$(\bar{x}_1-\bar{x}_2)$作为$(\mu_1-\mu_2)$的估计量。这样，所得到的置信区间为：

$$(\bar{x}_1-\bar{x}_2)\pm z_{\alpha/2}\sigma_{(\bar{x}_1-\bar{x}_2)}$$

假定两个样本是相互独立的，则样本均值之差的标准差为：

$$\sigma_{(\bar{x}_1-\bar{x}_2)}=\sqrt{\frac{\sigma_1^2}{n_1}+\frac{\sigma_2^2}{n_2}}\approx\sqrt{\frac{s_1^2}{n_1}+\frac{s_2^2}{n_2}}$$

注意到$\alpha=0.05$，且$z_{0.025}=1.96$，则运用样本数据，我们求出的95%置信区间约为：

$$(16545-17243)\pm1.96\sqrt{\frac{(1989)^2}{50}+\frac{(1843)^2}{30}}=-698\pm(1.96)(438.57)$$
$$=-698\pm860$$

即$(-1558,162)$。若对不同的样本反复地运用这一估计方法，则我们可以知道，用这种方法所建立的置信区间中约有95%的区间将含有总体均值差$(\mu_1-\mu_2)$。因而我们可以高度地确信，美国和日本的平均零售价之差在$-\$1558$到$\$162$之间。由于0落值在了这一区间内，则这名经济学家不能得出在两个国家的平均零售价格之间存在显著差异的结论。

在例9.1中，我们估计$(\mu_1-\mu_2)$所运用的方法是依据了$(\bar{x}_1-\bar{x}_2)$的抽样分布的性质。这一估计量在重复抽样中的表现见图 9.1，其性质总结如下：

$(\bar{x}_1-\bar{x}_2)$的抽样分布性质

1. $(\bar{x}_1-\bar{x}_2)$抽样分布的均值是$(\mu_1-\mu_2)$。

2. 如果两个样本是相互独立的，则抽样分布的标准差是：

$$\sigma_{(\bar{x}_1-\bar{x}_2)}=\sqrt{\frac{\sigma_1^2}{n_1}+\frac{\sigma_2^2}{n_2}}$$

这里 σ_1^2 和 σ_2^2 分别是两个被抽总体的方差，n_1 和 n_2 分别是各自的样本容量，我们也可以把 $\sigma_{(\bar{x}_1-\bar{x}_2)}$ 称为统计量$(\bar{x}_1-\bar{x}_2)$的标准差。

3. 根据中心极限定理，在大样本情况下，$(\bar{x}_1-\bar{x}_2)$的抽样分布近似于正态分布。

在例 9.1 中，我们可注意到：在大样本情况下，建立单个总体均值的置信区间与建立两个总体均值之差的置信区间，其方法是相似的。当我们进行假设检验时，其方法也同样是相似的。在大样本情况下，对$(\mu_1-\mu_2)$建立置信区间和进行假设检验的一般方法，我们将其总结在以下两个框内：

图 9.1　$(\bar{x}_1-\bar{x}_2)$的抽样分布

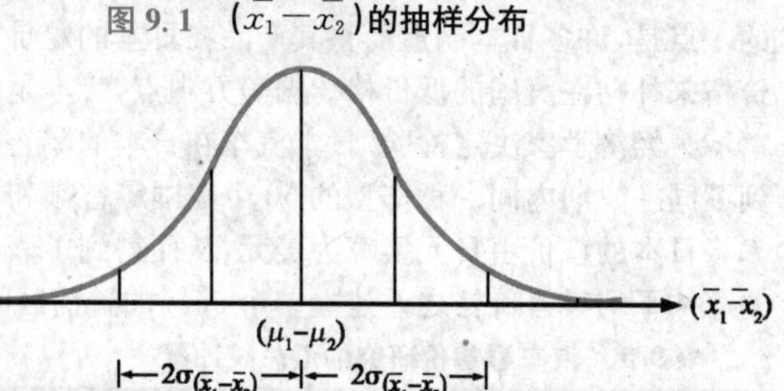

$(\mu_1-\mu_2)$的大样本置信区间

$$(\bar{x}_1-\bar{x}_2)\pm z_{\alpha/2}\sigma_{(\bar{x}_1-\bar{x}_2)}=(\bar{x}_1-\bar{x}_2)\pm z_{\alpha/2}\sqrt{\frac{\sigma_1^2}{n_1}+\frac{\sigma_2^2}{n_2}}$$

假设：两个样本是相互独立地从两个总体中随机抽取。样本容量 n_1 和 n_2 足够大，使得 $\bar{x}_1$ 和 $\bar{x}_2$ 都近似地服从正态的抽样分布，并且使 s_1^2 和 s_2^2 非常近似于 σ_1^2 和 σ_2^2。在 $n_1\geqslant30$ 和 $n_2\geqslant30$ 的情况下，这一假设是能够成立的。

$(\mu_1-\mu_2)$的大样本假设检验

单尾检验	双尾检验
$H_0:(\mu_1-\mu_2)=D_0$	$H_0:(\mu_1-\mu_2)=D_0$
$H_a:(\mu_1-\mu_2)<D_0$	$H_a:(\mu_1-\mu_2)\neq D_0$
[或 $H_a:(\mu_1-\mu_2)>D_0$]	

这里 D_0=假设的均值之差(这个差通常假设为 0)

检验统计量：

$$z=\frac{(\bar{x}_1-\bar{x}_2)-D_0}{\sigma_{(\bar{x}_1-\bar{x}_2)}}$$

这里 $\sigma_{(\bar{x}_1-\bar{x}_2)}=\sqrt{\frac{\sigma_1^2}{n_1}+\frac{\sigma_2^2}{n_2}}$

单尾检验	双尾检验
拒绝域：$z<-z_\alpha$ [或 $z>z_\alpha$，当 $H_a:(\mu_1-\mu_2)>D_0$ 时]	拒绝域：$\lvert z\rvert>z_{\alpha/2}$

假设：与大样本置信区间的假设相同。

例 9.2

参考例 9.1 中对某种汽车在美国和日本的零售价格的研究。另外一种用于比较这两国间平

均零售价格的办法就是进行假设检验。令 $\alpha=0.05$,运用表 9.1 中的汇总数据进行这个检验。

解答:

我们仍然用 μ_1 和 μ_2 分别代表在美国和日本的总体平均零售价格。如果美国政府的观点是正确的,则在日本的平均零售价格将高于在美国的平均零售价格,即 $\mu_1<\mu_2$ 或 $(\mu_1-\mu_2)<0$。这样,这个检验为:

H_0:$(\mu_1-\mu_2)=0$(即 $\mu_1=\mu_2$;注意对于这一假设检验,$D_0=0$)

H_a:$(\mu_1-\mu_2)<0$(即 $\mu_1<\mu_2$)

检验统计量:$z=\dfrac{(\bar{x}_1-\bar{x}_2)-D_0}{\sigma_{(\bar{x}_1-\bar{x}_2)}}=\dfrac{(\bar{x}_1-\bar{x}_2)-0}{\sigma_{(\bar{x}_1-\bar{x}_2)}}$

拒绝域:$z<-z_{0.05}=-1.645$(见图 9.2)

把表 9.1 给出的汇总统计量代入上述的检验统计量中,则有:

$$z=\frac{(\bar{x}_1-\bar{x}_2)-0}{\sigma_{(\bar{x}_1-\bar{x}_2)}}=\frac{(16545-17243)}{\sqrt{\dfrac{\sigma_1^2}{n_1}+\dfrac{\sigma_2^2}{n_2}}}$$

$$\approx\frac{-698}{\sqrt{\dfrac{s_1^2}{n_1}+\dfrac{s_2^2}{n_2}}}=\frac{-698}{\sqrt{\dfrac{(1989)^2}{50}+\dfrac{(1843)^2}{30}}}=\frac{-698}{438.57}=-1.59$$

正如图 9.2 所示,计算出的 z 值没有落在拒绝域中。因而,在 $\alpha=0.05$ 的水平下,样本没有提供充分的理由使这名经济学家得出“在日本的平均零售价格高于在美国的平均零售价格”的结论。

注意到这一结论与例 9.1 中根据 95%的置信区间所得到的推断是一致的。

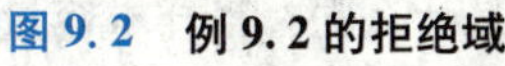

图 9.2　例 9.2 的拒绝域

α=0.05　拒绝域　−1.59　0　z　−1.645

例 9.3

求出例 9.2 中这一检验的观察到的显著性水平,并解释其结果。

解答:

例 9.2 中的备择假设为 H_a:$(\mu_1-\mu_2)<0$,则需要做左尾检验。所运用的检验统计量为:

$$z=\frac{(\bar{x}_1-\bar{x}_2)}{\sigma_{(\bar{x}_1-\bar{x}_2)}}$$

因为由样本数据所计算出的 z 值为 -1.59,则这一左尾检验观察到的显著性水平(p 值)是观察到一个 z 值与零假设($z=-1.59$)相矛盾的概率,即

$$p\text{ 值}=P(z<-1.59)$$

这个概率是在假定 H_0 为真时计算出的,它等于图 9.3 中所示的阴影部分面积。

附录 B 的表Ⅳ中对应于 $z=1.59$ 的表中值是 0.4441。因此,这个检验观察到的显著性水平是:

图 9.3　例 9.2 的观察到的显著性水平

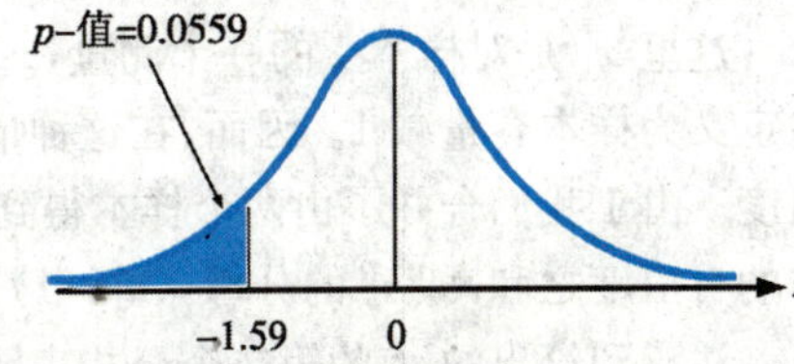

p 值 $=0.5-0.4441=0.0559$

由于我们选择的 α 值为 0.05,小于这一 p 值,因此,我们没有充分的理由拒绝 H_0:$(\mu_1-\mu_2)=0$ 而接受 H_a:$(\mu_1-\mu_2)<0$。

检验的 p 值可以很容易地由统计软件包中得到。MINITAB 对这一假设检验的输出结果见图 9.4。单侧 p 值显著标示在输出结果上,为 0.056。[注意到 MINITAB 也给出了 $(\mu_1-\mu_2)$ 的 95%置信区间,这一区间与例 9.1 中所计算出的区间是一致的。]

图 9.4 例 9.2 的假设检验的 MINITAB 输出结果

```
Two sample T for US vs JAPAN
            N       Mean      StDev      SE Mean
US          50      16545     1989       281.29
JAPAN       30      17243     1843       336.48
95% CI for mu US−mu JAPAN:(−1558,162)
T−Test mu US=mu JAPAN (vs<):T=−1.59 p=0.056 DF=78
```

注意:同软件包 MINITAB 一样,EXCEL 和 STATISTIX 既可以执行单尾检验,也可执行双尾检验。然而,SAS 和 SPSS 仅能执行双侧假设检验。对于这些软件包,要获得单尾检验的 p 值可采用如下方法:

$p=\dfrac{\text{报告的 } p \text{ 值}}{2}$ 如果备择假设 H_a 的形式(例如,<)与检验统计量的符号一致(例如,负的)

$p=1-\dfrac{\text{报告的 } p \text{ 值}}{2}$ 如果备择假设 H_a 的形式(例如,<)与检验统计量的符号不一致(例如,正的)。

小样本

当用小样本对两个总体均值进行比较时(例如,$n_1<30$ 且 $n_2<30$),前面三个例子的方法就失效了。理由是什么呢?当样本容量小的时候,σ_1^2 和 σ_2^2 的估计是不可靠的,中心极限定理(它保证了 z 统计量是正态的)便再也不适用了。但是正如单个均值的情形(8.4 节),我们将运用第七章讲述过的我们所熟悉的学生 t 分布。

为了运用 t 分布,两个抽样总体都必须近似地服从具有相同总体方差的正态分布,且随机样本必须相互独立地抽取。正态性和等方差的假定使得这两个总体的相对频数分布会表现为图 9.5所示的形式。

图 9.5 两样本 t 的假设:
(1)正态总体 (2)等方差

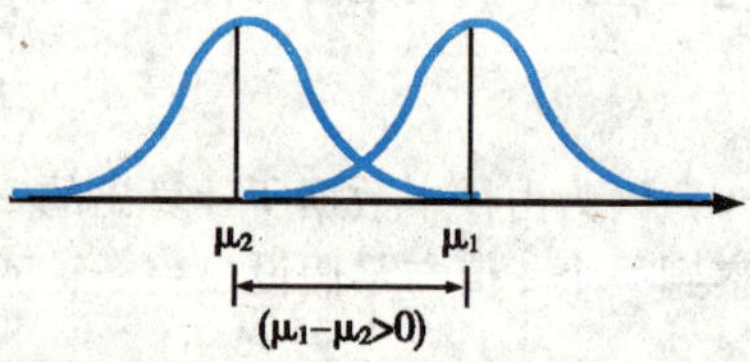

由于我们假定两个总体具有相同的方差($\sigma_1^2=\sigma_2^2=\sigma^2$),我们就可以运用包含在这两个样本中的信息来构造用于置信区间和检验统计量中的 σ^2 的联合样本估计量(*pooled sample estimator of* σ^2)。因而,如果用 s_1^2 和 s_2^2 表示两个样本方差(它们都用于估计两个总体共同的方差 σ^2),则 σ^2 的联合估计量,记作 s_p^2,为

$$s_p^2=\frac{(n_1-1)s_1^2+(n_2-1)s_2^2}{(n_1-1)+(n_2-1)}=\frac{(n_1-1)s_1^2+(n_2-1)s_2^2}{n_1+n_2-2}$$

或

$$s_p^2=\frac{\overbrace{\sum(x_1-\bar{x}_1)^2}^{\text{来自样本 1}}+\overbrace{\sum(x_2-\bar{x}_2)^2}^{\text{来自样本 2}}}{n_1+n_2-2}$$

这里 x_1 是对样本 1 的一个测量,x_2 是对样本 2 的一个测量。回忆在 7.2 节中“自由度”一词被定义为样本容量减 1。因而,在这种情况下,样本 1 有(n_1-1)个自由度,样本 2 有(n_2-1)个自由度。由于我们合并了由两个样本得到的有关 σ^2 的信息,因此联合方差 s_p^2 的自由度等于两个样本的自由度之和,即 s_p^2 的分母,$(n_1-1)+(n_2-1)=n_1+n_2-2$。

注意到给出的 s_p^2 的第二个公式表明联合方差实际上是两个样本方差 s_1^2 和 s_2^2 的一个加权平均。每个方差的权重与它的自由度成比例。如果两个方差具有相同数量的自由度(即,如果两个样本容量是相等的),则联合方差是这两个样本方差的一个简单平均,所得到的结果是一个平均方差或“联合”方差,比起单独运用 s_1^2 或 s_2^2,它是 σ^2 的一个更好的估计。

在小样本情况下，对两个总体均值进行比较的置信区间和假设检验的方法总结在以下两个框内：

$(\mu_1-\mu_2)$的小样本置信区间(独立样本)

$$(\bar{x}_1-\bar{x}_2)\pm t_{\alpha/2}\sqrt{s_p^2\left(\frac{1}{n_1}+\frac{1}{n_2}\right)}$$

这里 $s_p^2=\dfrac{(n_1-1)s_1^2+(n_2-1)s_2^2}{n_1+n_2-2}$

且 $t_{\alpha/2}$是基于(n_1+n_2-2)个自由度。

假设：1. 两个抽样总体具有近似为正态的相对频数分布。

2. 总体方差是相等的。

3. 样本是随机且独立地从总体中抽取。

$(\mu_1-\mu_2)$的小样本假设检验(独立样本)

单尾检验	双尾检验
$H_0:(\mu_1-\mu_2)=D_0$	$H_0:(\mu_1-\mu_2)=D_0$
$H_a:(\mu_1-\mu_2)<D_0$	$H_a:(\mu_1-\mu_2)\neq D_0$
[或：$H_a:(\mu_1-\mu_2)>D_0$]	

检验统计量：

$$t=\frac{(\bar{x}_1-\bar{x}_2)-D_0}{\sqrt{s_p^2\left(\dfrac{1}{n_1}+\dfrac{1}{n_2}\right)}}$$

拒绝域：$t<-t_\alpha$	拒绝域：$\lvert t\rvert>t_{\alpha/2}$
[或 $t>t_\alpha$，当 $H_a:(\mu_1-\mu_2)>D_0$ 时]	

这里 t_α 和 $t_{\alpha/2}$有(n_1+n_2-2)个自由度。

假设：与前面框内$(\mu_1-\mu_2)$的小样本置信区间的假设相同。

例 9.4

行为研究者设计了一个指数，旨在测度管理人员的成就。这一指数(在 100 分的尺度上测度)是基于管理人员在公司中就职时间的长度以及他或她在公司中的级别。指数越高，这一管理人员越成功。假如研究者想要比较某一大型制造厂中两组管理人员的平均成就指数。第一组的管理人员们与其工作单位以外的人们从事着大量的交往(这样的交往包括与顾客和供应商的电话或面对面的交往，外部交往以及公共关系工作)。第二组的管理人员们则很少与其工作单位以外的人们交往。从第一组和第二组中分别选取了 12 和 15 名管理人员的独立随机样本，并记录下各自的成就指数，其研究结果见表 9.2 中。

表 9.2　**两组管理人员的管理成就指数**

组 1	组 2
与外界交往	几乎没有交往
65　78　78　60　68　69	62　53　36　34　56　50
66　70　53　71　63　63	42　57　46　68　48　42
	52　53　43

a. 运用 95%的置信区间,根据表中的数据估计这两组管理人员的成就指数之间的真实平均差异,并解释这一区间。

b. 为了使这一估计有效,需要作出什么假设?这些假设能被合理地满足吗?

解答:

a. 对于这一实验,用 μ_1 和 μ_2 分别代表第 1 组和第 2 组管理人员们的平均成就指数。然后,构造$(\mu_1-\mu_2)$的一个 95%置信区间。

构造置信区间的第一步是获取每组管理人员的成就指数的汇总统计量(例如,$\bar{x}$ 和 s)。将表 9.2 的数据输入到计算机中,并运用 SAS 软件来得到这些描述统计量。SAS 的输出结果见图 9.6 中。可以看到,$\bar{x}_1=65.33$,$s_1=6.61$,$\bar{x}_2=49.47$,$s_2=9.33$。

图 9.6　例 9.4 的 SAS 输出结果

Analysis Variable:SUCCESS

GROUP=1

N Obs	N	Minimum	Maximum	Mean	Std Dev
12	12	53.0000000	78.0000000	65.3333333	6.6103683

GROUP=2

N Obs	N	Minimum	Maximum	Mean	Std Dev
15	15	34.0000000	68.0000000	49.4666667	9.3340136

接着,计算方差的联合估计量:

$$s_p^2=\frac{(n_1-1)s_1^2+(n_2-1)s_2^2}{n_1+n_2-2}$$
$$=\frac{(12-1)(6.61)^2+(15-1)(9.33)^2}{12+15-2}=67.97$$

这里 s_p^2 有$(n_1+n_2-2)=(12+15-2)=25$ 个自由度。此外,从附录 B 的表 VI 中我们可查到,$t_{\alpha/2}=t_{0.025}=2.06$(基于 25 个自由度)。

最后,得出两组管理人员平均成就指数之差$(\mu_1-\mu_2)$的 95%置信区间是:

$$(\bar{x}_1-\bar{x}_2)\pm t_{\alpha/2}\sqrt{s_p^2\left(\frac{1}{n_1}+\frac{1}{n_2}\right)}=65.33-49.47\pm t_{0.025}\sqrt{67.97\left(\frac{1}{12}+\frac{1}{15}\right)}$$
$$=15.86\pm(2.06)(3.19)$$
$$=15.86\pm6.58$$

即(9.28, 22.44)。注意到这个区间仅含有正的差异,因而,我们有 95%的把握确信$(\mu_1-\mu_2)$大于 0。事实上,我们估计出那些与外界有大量交往的管理人员(第 1 组)的平均成就指数 μ_1,与那些和外界有很少交往的管理人员(第 2 组)的平均成就指数 μ_2 相比,其高出的分数在 9.28 至 22.44 分之间。

b. 为了适当地运用小样本置信区间,必须要满足以下假定:

1. 管理人员的样本必须是随机且独立地从第 1 组和第 2 组管理人员的总体中抽取。

2. 这两组管理人员的成就指数服从正态分布。

3. 这两个总体的成就指数的方差是相等的,即 $\sigma_1^2=\sigma_2^2$。

根据提出问题时所提供的有关抽样方法的信息可知,第一个假定是满足的。为了检验其余两个假定的合理性,我们运用图的方法。图 9.7 是 SPSS 结果输出的一部分,它显示了这两个管理人员样本的成就指数的正态概率图(称之为 Q－Q 图)。两个图中都近似于直线的趋势表明,

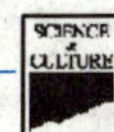

成就指数的分布近似于峰形并且是对称的。由此可见，每一个样本数据组都来自于一个近似正态的总体。

检验假定 3 的一个方法是，检验零假设 $H_0: \sigma_1^2=\sigma_2^2$，这个检验将在选学部分的 9.5 节讲述。另一个方法是考察样本数据的箱线图。图 9.8 的 SPSS 输出结果显示了这两个样本中成就指数的边与边相垂直的箱线图。回忆在 2.9 节，箱线图描绘了一个数据组的“离散”情况。这两个箱线图看起来具有大约相同的离散，由此可见，这两个样本来自于方差近似相同的总体。

因此，在运用小样本置信区间时，上述所有的三个假定看起来都被合理地满足了。

图 9.7　例 9.4 的 SPSS 正态概率图

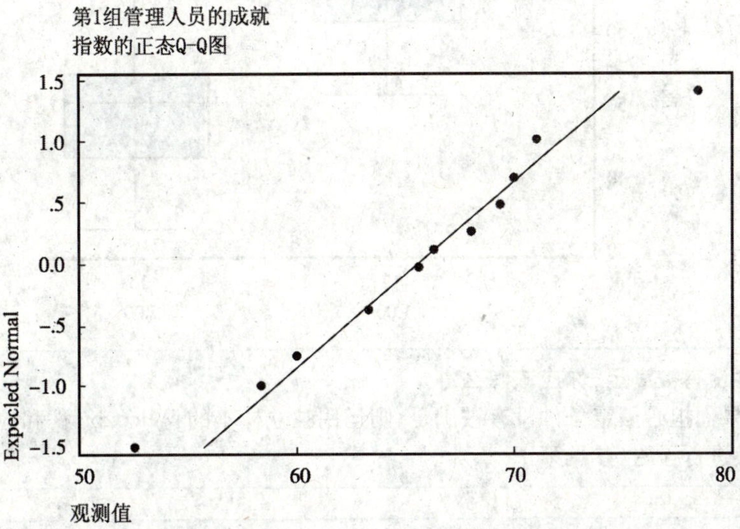
第1组管理人员的成就
指数的正态Q-Q图
1.5
1.0
.5
0.0
-.5
-1.0
-1.5
Expecled Normal
50
60
70
80
观测值

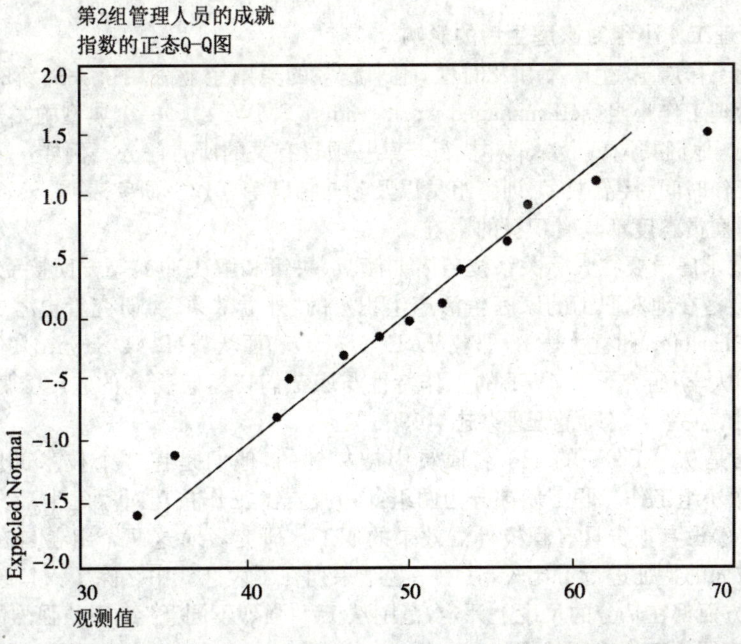
第2组管理人员的成就
指数的正态Q-Q图
2.0
1.5
1.0
.5
0.0
-.5
-1.0
-1.5
-2.0
Expecled Normal
30
40
50
60
70
观测值

当假定条件被满足时，两样本的 t 检验对于总体均值的比较是个很有力的工具。当抽样总体仅是近似地服从正态分布的时候，它仍然保持了有效性。而且，当样本容量相等时，总体方差相等的假定可以被放宽。即，如果 $n_1=n_2$，即使 σ_1^2 和 σ_2^2 可能有很大差异，检验统计量仍然大致地服

从学生 t 分布。当假定条件没有被满足时，可以从总体中选择大样本或运用其他可利用的统计检验（我们将在第 15 章讲述非参数统计检验。）

图 9.8 例 9.4 的 SPSS 箱线图

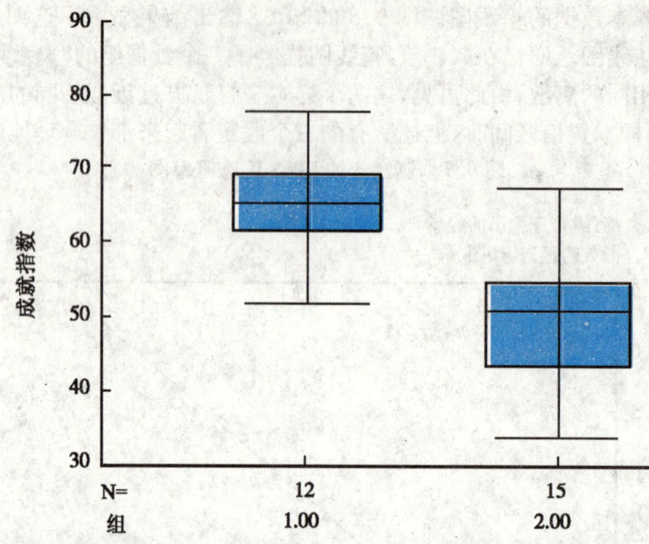

如果假定条件没有被满足，你应该怎么办？

答案：如果你担心假定条件没有被满足，则运用独立样本的 Wilcoxon 秩和检验，以便对总体分布的变换进行检验（参见第 15 章）。

统计实践

9.1 自我管理工作小组对家庭生活的影响

为了提高工作质量、生产率和及时性，越来越多的美国企业采用了一种新的参与管理方式——自我管理工作小组（self-managed work teams, SMWTs）。一个典型的工作小组由 5 至 15 名职工组成，他们共同负责决策并执行与某一项目有关的所有任务。例如，一个 SMWT 可能负责排定工作时间、接洽顾客、训练组员以及参与招聘等工作。研究表明，SMWT 不论对企业业绩还是对雇员态度都具有积极的影响。

SMWT 要求雇员要在人际关系技巧诸如倾听、决策和解决冲突等方面接受训练。因而，SMWT 可能会潜在地对职工的家庭生活产生积极的“外溢效果”。研究者史蒂文斯（L. Stanley—Stevens, Tarleton 州立大学），耶茨（D. E. Yeatts）和西沃德（R. R. Seward）（他们都来自于北得克萨斯州大学）研究了 SMWT 的工作特性与职工们切身感受到的它给家庭生活带来的积极影响之间的关系。（《质量管理杂志》，1995 夏）

调查数据是从 AT&T 的 114 名雇员中搜集到的，他们是在一个技术部门下的 15 个 SMWT 的某个小组工作。职工们被分为两组：(1)报告了工作技巧对家庭生活具有积极外溢效果的职工；(2)没有报告具有积极外溢效果的职工。研究者对这两个组各自在各种工作和人口统计学方面的特征进行了比较，其中一些结果列在了表 9.3 中。除了人口统计学方面的特征，其余各方面都在 7 分的尺度上评定，范围从 1=“强烈不同意”到 7=“强烈同意”。因此，数字越大，所表征的工作特征越多。

焦点：

对于每一个特征，这两组的样本均值都列在了表 9.3 中，表中还列出了用于比较小组均值所进行的检验的观察显著性水平（p 值），请全面地解释这些结果。哪一种与这一工作有关的特性与积极的外溢效果之间最具有高度的关联？

表 9.3　比较两组 SMWT 雇员的检验结果

	特征	均值 没有积极的工作外溢（$n=67$）	均值 有积极的工作外溢（$n=47$）	p 值
信息流（7 分尺度）	创造性思维的运用	4.4	5.3	$p<0.001$
	交流	3.6	4.4	$0.001<p<0.01$
	合作	4.6	5.5	$p<0.001$
	信息的利用	4.7	5.2	$p>0.05$
决策（7 分尺度）	参与人事方面的决策	2.7	3.3	$0.01<p<0.05$
	参与工作状况方面的决策	4.2	5.0	$0.001<p<0.01$
工作（7 分尺度）	技能的良好运用	4.8	5.9	$p<0.001$
	任务的重要性	5.3	6.0	$0.001<p<0.01$
	任务的同一性	4.2	4.8	$0.01p<0.05$
人口统计学	年龄（年）	45.0	46.2	$p>0.05$
	教育（年）	13.1	13.0	$p>0.05$
	性别（女性百分比）	12.0	17.0	$p>0.05$

资料来源：Stanley-stevens, L., Yeatts, D. E., and Seward, R. R. "Positive effects of work on family-life: A case for self-managed work teams." *Quality Management Journal*, Summer 1995, p. 38(Table 1).

练习 9.1～9.24

技能训练：

9.1 本练习的目的是将 $\bar{x}_1$ 和 $\bar{x}_2$ 的变异性与 $(\bar{x}_1-\bar{x}_2)$ 的变异性进行比较。

a 假如第一个样本是从一个均值为 $\mu_1=150$ 且方差为 $\sigma_1^2=900$ 的总体中抽取，在从这个分布中重复抽取 100 个样本观测值时，大约有 95% 的时候样本均值将在什么范围内变化？（即，建立一个区间，使得在 μ_1 的两侧有 2 个 $\bar{x}_1$ 的标准差。）

b 假如第二个样本是从独立于第一个总体且均值为 $\mu_2=150$，方差为 $\sigma_2^2=1600$ 的第二个总体中抽取。在从这一分布中重复抽取 100 个样本观测值时，大约有 95% 的时候样本均值在什么范围内变动？（也就是说，建立一个在 μ_2 的两侧有 2 个 $\bar{x}_2$ 的标准差的区间。）

c 现在考虑两个样本均值之差 $(\bar{x}_1-\bar{x}_2)$，$(\bar{x}_1-\bar{x}_2)$ 的抽样分布的均值和标准差是什么？

d 当从两个总体中各自重复抽取 100 个观测值的独立样本时，样本均值之差大约有 95% 的时候在什么范围内变动？

e 一般地，独立样本均值之差的变异性与单个样本均值的变异性有什么关系？

9.2 从两个正态总体中各自抽取具有 64 个观测值的独立随机样本，这两个总体的均值和标准差为：

练习 9.2 的表

总体 1	总体 2
$\mu_1=12$	$\mu_2=10$
$\sigma_1=4$	$\sigma_2=3$

用 $\bar{x}_1$ 和 $\bar{x}_2$ 表示两个样本均值。

a 给出 $\bar{x}_1$ 的抽样分布的均值和标准差。

b 给出 $\bar{x}_2$ 的抽样分布的均值和标准差。

c 假如你要计算样本均值之差 $(\bar{x}_1-\bar{x}_2)$。求出 $(\bar{x}_1-\bar{x}_2)$ 的抽样分布的均值和标准差。

d 统计量 $(\bar{x}_1-\bar{x}_2)$ 将是正态分布的吗？请解释。

9.3 为了比较两个总体的均值，从每个总体中分别抽取具有 400 个观测值的独立随机样本，其结果如下：

练习 9.3 的表

样本 1	样本 2
$\bar{x}_1=5275$	$\bar{x}_2=5240$
$s_1=150$	$s_2=200$

a. 运用 95%的置信区间估计总体均值之差 $(\mu_1-\mu_2)$，并解释这一置信区间。

b. 检验零假设：$H_0:(\mu_1-\mu_2)=0$ 对备择假设 $H_a:(\mu_1-\mu_2)\neq 0$。给出这一检验观察到的显著性水平，并解释其结果。

c. 假如 b 部分中检验的的备择假设为 $H_a:(\mu_1-\mu_2)>0$。你的 b 部分答案将如何变化？

d. 检验假设 $H_0:(\mu_1-\mu_2)=25$，备择假设 $H_a:(\mu_1-\mu_2)\neq 25$。给出显著性水平，并解释这一结果。将你的答案与 b 部分所进行的检验作一对比。

e. 为了确保 a—d 部分所运用的推断过程的有效性，需要作出哪些假设？

9.4 为了运用统计量检验两总体的均值之差，对两个总体必须作出什么假设？对两个样本呢？

9.5 两个总体被描述为以下各种情形。为了研究总体均值之差，哪些情况适合运用小样本 t 检验？

a. 总体 1：方差为 σ_1^2 的正态分布。
总体 2：右偏，方差为 $\sigma_2^2=\sigma_1^2$。

b. 总体 1：方差为 σ_1^2 的正态分布。
总体 2：右偏，方差为 $\sigma_2^2\neq\sigma_1^2$。

c. 总体 1：左偏，方差为 σ_1^2。
总体 2：左偏，方差为 $\sigma_2^2=\sigma_1^2$。

d. 总体 1：方差为 σ_1^2 的正态分布。
总体 2：方差为 $\sigma_2^2=\sigma_1^2$ 的正态分布。

e. 总体 1：方差为 σ_1^2 的均匀分布。
总体 2：方差为 $\sigma_2^2=\sigma_1^2$ 的均匀分布。

9.6 假定 $\sigma_1^2=\sigma_2^2=\sigma^2$。对下列每种情况计算 σ^2 的联合估计值：

a. $s_1^2=120, s_2^2=100, n_1=n_2=25$

b. $s_1^2=12, s_2^2=20, n_1=20, n_2=10$

c. $s_1^2=0.15, s_2^2=0.20, n_1=6, n_2=10$

d. $s_1^2=3000, s_2^2=2500, n_1=16, n_2=17$

e. 注意到联合估计值是样本方差的一个加权平均。在上述各个情况中，联合估计值与哪个方差较接近？

9.7 从正态总体得到的独立随机样本所产生的结果如下：

练习 9.7 的表 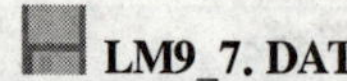 **LM9_7.DAT**

样本 1	样本 2
1.2	4.2
3.1	2.7
1.7	3.6
2.8	3.9
3.0	

a. 计算 σ^2 的联合估计值。

b. 数据是否提供了充足的理由表明 $\mu_2>\mu_1$。在 $\alpha=0.10$ 的水平下进行检验。

c. 求出 $(\mu_1-\mu_2)$ 的 90%置信区间。

d. 在 b 部分的假设检验或 c 部分的置信区间这两个推断方法中，哪个提供的有关 $(\mu_1-\mu_2)$ 的信息更多？

9.8 从总体 1 和总体 2 各自选取了具有 100 个观测值的独立随机样本。已知样本均值 $\bar{x}_1=15.5, \bar{x}_2=26.6$。据这些总体的先验经验可知，方差为 $\sigma_1^2=9, \sigma_2^2=16$。

a. 求出 $\sigma_{(\bar{x}_1-\bar{x}_2)}$。

b. 假定 $(\mu_1-\mu_2)=10$，画出 $(\bar{x}_1-\bar{x}_2)$ 的近似抽样分布的草图。

c. 在 b 部分所绘的图上确定 $(\bar{x}_1-\bar{x}_2)$ 的位置。这一值看起来是否与零假设 $H_0:(\mu_1-\mu_2)=10$ 相矛盾？

d. 运用封面里的 z 表对于检验 $H_0:(\mu_1-\mu_2)=10, H_a:(\mu_1-\mu_2)\neq 10$ 确定其拒绝域。运用 $\alpha=0.05$。

e. 进行 d 部分的假设检验，并解释你的结果。

f. 对 $(\mu_1-\mu_2)$ 建立 95%的置信区间，并解释这一区间。

g. 对于 e 部分的假设检验或 f 部分的置信区间，哪个推断提供了更多有关 $(\mu_1-\mu_2)$ 值的信息？

9.9 独立随机样本从两个总体选出，并用于检验假设 $H_0:(\mu_1-\mu_2)=10$，对备择假设 $H_a:(\mu_1-\mu_2)\neq 0$。对总体 1 选出的 233 个观测值和总体 2 选出的 312 个观测值运用 MINITAB 进行了分析，结果如下所示。

a. 请解释计算机的分析结果。

b. 解释如果备择假设变为 $H_a:(\mu_1-\mu_2)<0$，p 值会怎样变化？对这个单尾检验的 p 值进行解释。

练习 9.9 的 MINITAB 输出结果

```
Two sample z for X1 vs X2
       N     Mean    StDev   SE Mean
X1   233     473      84     15.26
X2   312     485      93     17.66

Z-Test mu X1=mu X2(vs n.e.):
T=-1.576      P=0.1150
```

9.10 从近似正态的总体中所得到的独立随机样本产生的结果如下：

练习 9.10 的表　　**LM9_10.DAT**

样本 1				样本 2			
52	33	42	44	52	43	47	56
41	50	44	51	62	53	61	50
45	38	37	40	56	52	53	60
44	50	43		50	48	60	55

a. 数据是否提供了充足的理由表明 $(\mu_1-\mu_2)>10$。运用 $\alpha=0.01$ 进行检验。

b. 建立 $(\mu_1-\mu_2)$ 的 98%置信区间，并解释你的结果。

9.11 从两个正态总体中选取的独立随机样本得到的样本均值和标准差如下：

练习 9.11 的表

样本 1	样本 2
$n_1=17$	$n_2=12$
$\bar{x}_1=5.4$	$\bar{x}_2=7.9$
$s_1=3.4$	$s_2=4.8$

a. 运用 SAS 软件对 $H_0:(\mu_1-\mu_2)=0$，$H_a:(\mu_1-\mu_2)\neq 0$ 进行检验，得到的结果见打印结果。检验并解释这一结果。

b. 运用 95%的置信区间估计 $(\mu_1-\mu_2)$。

练习 9.11 的 SAS 输出结果

```
Variable: x
SAMPLE    N     Mean    Std Dev    Std Error
  1      17     5.4      3.4        4.123
  2      12     7.9      4.8        3.464

 Variances     T       DF     Prob>|T|
 Equal      -1.646     27      0.1114
```

概念运用：

9.12 许多心理学家相信，了解一名大学生与他或她父母的关系对于预测这名学生在未来工作和个人生活中的人际关系是很有用处的。南阿拉巴马州大学的研究者对男生和女生对他们父亲的态度进行了比较（*Journal of Genetic Psychology*，1998.3）。他们运用一个五分 Likert 类型尺度，让每一组作出如下陈述：我与父亲的关系可以最好地描述为（1）糟透了！（2）不好，（3）一般，（4）好，（5）棒极了！数据（摘自文章）见下表，且 STATISTIX 的分析结果也已给出。

练习 9.12 的表　　**FATHER.DAT**

女生对父亲的评价														
5	2	5	5	3	3	2	5	2	1	5	4	2	5	3
5	4	2	5	5	2	3	4	3	5	4	4	4	2	1
5	3	5	4	4	5	5	5	3	5	5	4	5	4	5
1	5	4	4	5	4	4	4	2	1	1	4	2	3	4
2	4	2	3	5	2	4	5	5	5	5	5	5	1	2
2	5	4	1	2	5	4	3	5	5	3	5	5	5	2
男生对父亲的评价														
4	4	4	3	3	5	4	5	4	5	5	3	4	4	5
2	3	2	5	4	5	3	5	5	4	3	5	4	4	3
5	4	2	4	3	4	4	5	3	4	5	3	2	5	

资料来源： Vitulli，William F.，and Richardson，Deanna K.，"College Student's Attitudes toward Relationships with Parents：A Five—Year Comparative Analysis."*Journal of Genetic Psychology*，Vol. 159. No. 1，Mar. 1998，pp. 45—52.

练习 9.12 的 STATISTIX 输出结果

Two-SAMPLE T TESTS FOR FATHRATE BY GENDER

GENDER	MEAN	SAMPLE SIZE	S.D.	S.E.
F	3.6778	90	1.3560	0.1429
M	3.9091	44	0.9601	0.1447
DIFFERENCE	−0.2313			

NULL HYPOTHESIS: DIFFERENCE = 0
ALTERNATIVE HYP: DIFFERENCE <>0

ASSUMPTION	T	DF	P	95% CI FOR DIFFERENCE
EQUAL VARIANCES	−1.01	132	0.3128	(−0.6829, 0.2203)
UNEQUAL VARIANCES	−1.14	114.9	0.2568	(−0.6343, 0.1716)

	F	NUM DF	DEN DF	P
TESTS FOR EQUALITY OF VARIANCES	1.99	89	43	0.0068

a. 大体上，男大学生与他们父亲的关系比女大学生更融洽吗？在 $\alpha=0.01$ 的水平下进行适当的假设检验。

b. 求出 a 部分中你所进行检验的 p 值。

c. 为确保你所进行的假设检验的有效性，如果有的话，你需要对样本作出哪些假设？

d. 参考 c 部分。如果你作出了假设，检验一下它们是否被合理地满足了。如果不必有任何假设，请说明原因。

9.13 讨好被定义为一种旨在使别人相信被某人的个人品质所吸引的策略行为。在机构环境中，个人使用这样的伎俩影响上司是为了达到其个人目的。一个测度讨好行为的指数被称为机构环境中逢迎行为测度（MIBOS）指数，研究者将其独立地运用于美国东南部四个制造公司所雇佣的管理人员的一个样本和美国西北部一所大学的办事人员的样本中（*Journal of Applied Psychology*, Dec. 1998）。在五分的尺度上，分值越高，则表明逢迎行为越广泛。汇总统计量见下表：

a. 为了检验管理人员和办事人员逢迎行为之间的差异，确定你所要运用的零假设和备择假设。

b. 运用 $\alpha=0.05$ 进行 a 部分的检验，并联系这一问题的背景对你的结果作出解释。

c. 对 $(\mu_1-\mu_2)$ 建立 95% 的置信区间，并解释其结果。你的结论应当与你在 b 部分的答案相一致。

练习 9.13 的表

管理人员	办事人员
$n_1=288$	$n_2=110$
$\bar{x}_1=2.41$	$\bar{x}_2=1.90$
$s_1=0.74$	$s_2=0.59$

资料来源：Harrison, Allison W., Howchwarter, Wayne A., Perrewe, Pamela L, and Ralston, David A., "The Ingratiation Construct: An Assessment of the Validity of the Measure of Ingratiatory Behaviors in Organization Settings (MIBOS)." *Journal of Applied Psychology*, Vol. 86, No. 6, Dec. 1998, pp. 932−943.

9.14 一些大学教授为了提高教学效果，制作了用于课堂上的装订讲义。《营销教育评论》（*Marketing Educational Review*, Fall 1994）的一项研究公布了商学院学生对讲义的看法。他们调查了两组学生——86 名促销策略班的学生被要求购买讲义，而 35 名销售/零售选修课的学生则没有讲义。在这一学期末，学生们被要求回答这样的观点："有讲义对理解资料有益"。他们的回答按语义差别分别在 9 分的尺度上进行度量，其中 1="强烈不同意"，9 ="强烈同意"。这些结果的汇总见下表。

练习 9.14 的表

购买讲义的班级	未购买讲义的班级
$n_1=86$	$n_2=35$
$\bar{x}_1=8.48$	$\bar{x}_2=7.80$
$s_1^2=0.94$	$s_2^2=2.99$

资料来源：Gray, J. I., and Abernathy, A. M. "Pros and cons of lecture notes and handout packages Faculty and student opinions," *Marketing Education Review*, Vol. 4, No. 3, Fall 1984, p. 25(Table 4), American Marketing Association.

a．对被比较的这两个总体进行描述。

b．样本是否提供了充足的理由推断，在两组学生的平均反应上存在差异？运用 $\alpha=0.01$ 进行检验。

c．对$(\mu_1-\mu_2)$建立 99%的置信区间，并解释结果。

d．$(\mu_1-\mu_2)$的 95%置信区间比你在 c 部分所求出的区间将会宽一些还是窄一些？

9.15 营销策划者意欲预测消费者对新产品及其促销方案的反响。因而，测定一个产品购买者和非购买者之间的差异是很有用的。Shuchman 和 Riesz 曾进行过一项经典的研究（*Journal of Marketing Research*, Feb. 1995），旨在反映佳洁士牙膏的购买者和非购买者的特征。研究者论证，购买者的平均家庭容量（人数）和平均家庭收入都显著地大于非购买者。一项类似的研究运用了样本容量为 20 的独立随机样本，其得到的数据表明，表中户主的年龄是购买牙膏的首要原因。数据的一项分析见 SAS 的输出结果中。

练习 9.15 的表　　CREST. DAT

购买者						非购买者					
34	35	23	44	52	46	28	22	44	33	55	63
28	48	28	34	33	52	45	31	60	54	53	58
41	32	34	49	50	45	52	52	66	35	25	48
29	59					59	61				

练习 9.15 的 SAS 输出结果

```
                         TTEST PROCEDURE
Variable: AGE
BUYER           N          Mean            Std Dev          Std Error
NONPURCH       20     47.20000000      13.62119092         3.04579088
PURCHASE       20     39.80000000      10.03992032         2.24499443
Variances          T          DF      Prob>|T|

Unequal       1.9557        34.9       0.0585
Equal         1.9557        38.0       0.0579
For HO: Variances are equal, F' = 1.84   DF = (19,19)   Prob>F' = 0.1927
```

a．数据是否提供了充足的理由推断，在购买者和非购买者的平均年龄上存在差异？在 $\alpha=0.10$ 的水平下进行检验。

b．为了回答 a 部分的问题需要哪些假设？

c．在打印结果上找出这个检验观察到的显著性水平，并解释其值。

d．计算并解释购买者和非购买者平均年龄之差的 90%置信区间。

9.16 瓦尔帕莱索（Valparaiso）大学教授 D. L. Schroeder 和 K. E. Rrichardt 对管理会计师学会（the Institute of Management Accountants, IMA）的成员进行了一次工资调查，并将结果发表在《管理会计学》（*Management Accounting*, June 1995）上。他们将一份工资问卷寄给了由 4800 名 IMA 成员组成的一个随机样本；结果返回了 2287 份，成为研究的数据库。研究者根据管理水平，教育和性别对平均工资进行了比较，其中一些初级管理者的结果见下表。

练习 9.16 的表

	学士学位			
	具有 CPA 职称		没有 CPA 职称	
	男性	女性	男性	女性
平均工资	\$40084	\$35377	\$39268	\$33159
回答者的数量	48	39	205	177

资料来源：Schroeder, D. L., and Reichardt, K. E. "Salaries 1994." *Management Accounting*, Vol. 76, No, 12, June 1995, p. 34(Table 12).

a．如果你想在 95%的置信水平上推断出具有 CPA 职称的男性和女性初级管理人员的工资之差，为什么运用表中的资料是不可能的？

b. 假定具有 CPA 职称的男性和女性初级管理人员的工资标准差分别为 4000 美元和 3000 美元，请作出 a 部分的推断。

c. 重复 b 部分，但是假定男性和女性的工资标准差分别为 16000 美元和 12000 美元。

d. 比较 b 部分和 c 部分的两个推断结果。

e. 假如你想对具有 CPA 职称和没有 CPA 职称的男性初级管理人员的平均工资作一比较，在 $\alpha=0.05$ 的水平下给出能得出两均值之间存在显著差异的样本标准差的值。

f. 你认为 e 部分样本标准差的值对于工资数据是合理的吗？请解释。

9.17 随着一国生活水平的提高，生成的固体垃圾也在增加，随之而来的环境威胁使得固体垃圾的治理成为世界上许多国家的一国大事。《环境健康国际期刊》(*International Journal of Environment Health Reserch*, 1994 年第四期)报道了来自工业化国家和中等收入国家中城市样本的固体垃圾生成率(每天人均公斤数)，数据见下表。

练习 9.17 的表 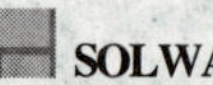 **SOLWASTE. DAT**

工业化国家的城市		中等收入国家的城市	
纽约(美国)	2.27	新加坡(新加坡)	0.87
菲尼克斯(美国)	2.31	香港(中国)	0.85
伦敦(英国)	2.24	麦德林(哥伦比亚)	0.54
汉堡(德国)	2.18	卡诺(尼日利亚)	0.46
罗马(意大利)	2.15	马尼拉(菲律宾)	0.50
		开罗(埃及)	0.50
		突尼斯(突尼斯)	0.56

a. 根据对数据的观察，工业化国家和中等收入国家中城市的平均垃圾生成率看起来是不同的吗？

b. 为了论证你在 a 部分的观察，在 $\alpha=0.05$ 的水平下进行一个假设检验。运用 EXCEL 打印结果得出你的结论。

练习 9.17 的 EXCEL 输出结果

t—Test: Two—Sample Assuming Equal Variances		
	INDUST	MIDDLE
Mean	2.23	0.611428571
Variance	0.00425	0.029880952
Observations	5	7
Pooled Variance	0.019628571	
Hypothesized Mean Difference	0	
df	10	
t Stat	19.73017433	
P(T<=t) one—tail	1.22537E—09	
t Critical one—tail	1.812461505	
P(T<=t) two—tail	2.45073E—09	
t Critical two—tail	2.228139238	

9.18 近来美国参议院的一股退休热促使 Middlebury 学院的研究者 J. E. Trickett 和 P. M. Sommers 对议员的年龄和任期长度进行了研究(*Chance*, 1996 春)。研究者所关注的一个问题是："在 1995—1996 年期间决定退休的 13 名参议员在开始其职业生涯时的平均年龄比参议院其他同僚的平均年龄小吗？"

a. 13 名退休的参议员开始服务的平均年龄是 45.783 岁；其他所有参议员的相应年龄为 47.201 岁。为了回答研究者的问题，这一信息充分吗？请解释。

b. 研究者对两个均值之差进行了一个两样本 t 检验。确定这一检验的零假设和备择假设，并明确地定义所关注的参数。

c. 据报告，b 部分的这个检验观察到的显著性水平为 $p=0.55$，请解释这一结果。

9.19 公司为扩张而筹集资金的一个方法是发行债券，它是在债券的期限内定期地按固定利率偿还购买者一笔规定利息的贷款协议。债券的销售通常由一个保险公司操作。对于公司而言，对保险商逐个地进行对比了解是合算的吗？此问题的原因在于债券发行后债券的价格可升可降。因而，一个公司是

否接受一种债券的市场价格依赖于其保险商的技巧(1994)。在一段12个月的时间内，某一保险商操作的27种债券的平均价格变化以及由另一名保险商操作的23种债券的平均价格变化见下：

练习9.19 的表

	保险商1	保险商2
样本容量	27	23
样本均值	−0.0491	−0.0307
样本方差	0.009800	0.002465

a. 数据是否提供了充足的理由表明在这两名保险商所操作的债券价格的平均变化之间存在着差异。运用 $\alpha=0.05$ 进行检验。

b. 求出这两名保险商的平均差异的95%置信区间，并解释之。

9.20 在美国的许多企业中普遍存在着很高的工作调整率，随之而来的便是高的产品瑕疵率。工作调整率高意味着有更多对公司生产线不熟悉的非熟练工人(Stevenson, *Production/Operations Management*, 1996)。在最近的一项研究中，随机抽取了生产空调的5个日本工厂和5个美国工厂，它们的人员调整率列在了下表中，MINITAB的描述统计量结果也已给出。

练习9.20 的表 **TURNOVER.DAT**

美国工厂	日本工厂
7.11%	3.52%
6.06	2.02
8.00	4.91
6.87	3.22
4.77	1.92

练习9.20 的 **MINITAB** 输出结果

```
TWOSAMPLE T FOR US VS JAPAN
          N    MEAN   STDEV   SE MEAN
US        5    6.56    1.22     0.54
JAPAN     5    3.12    1.23     0.55

95 PCT CI FOR MU US-MU JAPAN:(1.62,5.27)

TTEST MU US=MU JAPAN(VS NE):T=4.46
  P=0.0031   DF=7
```

a. 数据是否提供了充足的理由表明美国工厂的平均年调整比率大于日本工厂相应的平均比率。

b. 在 $\alpha=0.05$ 的水平下进行检验。说出并解释a部分检验的观察到的显著性水平。

c. 列出你在进行a部分假设检验时所作出的所有假设，并对它们的有效性作出评价。

9.21 帮助吸烟者戒烟是当今无烟环境的一件大事情。据《想像，认识和个性杂志》(*Journal of Imagination, Cognition and Personality*, Vol. 12, 1992/1993)的一篇文章介绍，运用较为普遍的其中一个治疗方法是Spiegel三要点：

1. 吸烟对于你的身体是一种毒药。
2. 你需要你的身体活着。
3. 你对你的身体负有这种尊重和保护义务。

为了确定这种治疗的效果，作者对分为两组的52名吸烟者样本进行了一项研究，这两个组为Spiegel治疗组和对照组(非治疗)，每个参与者被要求记录他或她每周的吸烟量。这里列出了起始期和四个后续期的研究结果。

练习9.21 的表

	一周的吸烟量		
	n	$\bar{x}$	s
起始期			
治疗组	35	165.09	71.20
对照组	17	159.00	67.45
第1个后续期(2周)			
治疗组	35	105.00	69.08
对照组	17	157.24	66.80
第2个后续期(2周)			
治疗组	35	111.11	69.08
对照组	17	159.52	65.73
第3个后续期(8周)			
治疗组	35	120.20	67.59
对照组	17	157.88	64.41
第4个后续期(12周)			
治疗组	35	123.63	74.09
对照组	17	162.17	67.01

a. 对这两个组的起始期与每个后续期内的每周平均吸烟量之差建立95%的置信区间，并解释这些结果。

b. 为了使这些置信区间有效，需要作出什么假设?

9.22 假如你管理的一个工厂将自己的液体垃圾净化后排入了当地的河流中。一个EPA检查员已从你的工厂排放物中采集了水样本并采集了来自工厂上游的河水样本，他将每个水样本分为六个部分并读出它们各自的细菌数，且得到了这两个水样本的中位数。这两个地点的六个样本各自的细菌数记录在下表中。

练习 9.22 的表 BACTERIA. DAT

工厂排放			上游		
30.1	36.2	33.4	29.7	30.3	26.4
28.2	29.8	34.9	27.3	31.7	32.3

a. 为什么这里列出的细菌数可能近似趋向于正态分布？

b. 为了检验工厂排放的平均细菌数是否大于上游的细菌数，适当的零假设和备择假设是什么？要求你解释你所运用的任何符号。

c. 将数据输入到 SPSS，一部分输出结果见以下的图中。请认真地解释这一输出结果。

d. 为了确保这一检验的有效性，你需要些什么假设？

练习 9.22 的 SPSS 输出结果

```
Independent samples of LOCATION
Group 1: LOCATION EQ          1.00                    Group 2: LOCATION EQ     2.00
t-test for: BACOUNT
                Number                              Standard        Standard
                of cases        Mean                Deviation       Error
     Group 1       6           32.1000               3.189           1.302
     Group 2       6           29.6167               2.355           0.961
                   Pooled Variance Estimate            Separate Variance Estimate
  F      2-Tail      t      Degrees of    2-Tail       t      Degrees of     2-Tail
Value     Prob     Value     Freedom      Prob.      Value     Freedom       Prob.
1.83     0.522     1.53        10         0.156       1.53      9.20         0.159
```

9.23 尽管明尼苏达电缆电视公司被禁止对一个地区持有专用权，但法律并不强令一个公司面对竞争(*Minneapolis Star－Tribune*, Jan. 10, 1993)。许多用户感到这些实际上的垄断通过每月收取极高的电缆费而剥削了消费者。假如一个国会小组委员会欲对电缆企业进行管理，他们对无竞争地区的电缆率是否比有竞争地区的电缆率高进行了研究。他们分别随机抽取了 6 个无竞争和 6 个有竞争的电缆公司的基本电缆率样本(但后者不从相互竞争的公司之间抽取)。观测到的比率见下表。

练习 9.23 的表 CABLETV. DAT

无竞争	\$18.44	\$26.88	\$22.87	\$25.78	\$23.34	\$27.52
竞争	\$18.95	\$23.74	\$17.25	\$20.14	\$18.98	\$20.14

a. 为了检验小组委员会所研究的假设，合适的零假设和备择假设是什么？

b. 运用 $\alpha=0.05$ 进行 a 部分的检验，说出并解释这个检验近似的显著性水平。

c. 为了确保这一检验的有效性，你需要些什么假设？为什么在样本中的公司彼此间没有竞争是很重要的？

9.24 在《专业地理学家》(*Professional Geographer*, May 1992.5)上发表的一篇文章研究了这样一个假设，即在双收入家庭中妇女不相称的家务负担是决定一个妇女距离工作地点近的一个主要因素。下面给出了在中心城市和郊区住所的随机样本中，双收入家庭的男方和女方的上班距离数据：

练习 9.24 的表

	中心城市住所		郊区住所	
	男	女	男	女
n	159	119	138	93
$\bar{x}$	7.4	4.5	9.3	6.6
s	6.3	4.2	7.1	5.6

a. 对于中心城市住所，计算双收入家庭中男方和女方上班平均距离之差的 99%置信区间，并解释这一区间。

b. 对于郊区住所重复 a 部分。

c. 请解释这些置信区间。它们表明女方比男方距上班处更近吗？

c. 为了确保 a 和 b 部分所建立的置信区间的有效性，你需要作出什么假设？

9.2 比较两个总体均值：配对差实验

假如你要比较位于同一城市中的两个餐馆的平均日销售额。如果你从六个月内随机选取了 12 天，并对每日总销售额进行了记录，可能会得到如表 9.4 所示的结果。这些数据的描述统计量的 SPSS 输出结果见图 9.9，它们是否提供了在这两个餐馆的平均每日销售额之间存在差异的理由？

表 9.4　两个餐馆的日销售额

营业日	餐馆 1	餐馆 2
星期三	$1005	$ 918
星期六	2073	1971
星期二	873	825
星期三	1074	999
星期五	1932	1827
星期四	1338	1281
星期四	1449	1302
星期一	759	678
星期五	1905	1782
星期一	693	639
星期六	2106	2049
星期二	981	933

图 9.9　餐馆日销售额的 SPSS 描述统计量

Number of Valid Observations (Listwise)＝　12.00

Variable	Mean	Std Dev	Minimum	Maximum	N	Label
REST1	1349.00	530.07	693.00	2106.00	12	
REST2	1267.00	516.04	639.00	2049.00	12	

我们想要检验的零假设为，这两个餐馆的平均日销售额 μ_1 和 μ_2 是相等的，所对应的备择假设为它们是不同的，即：

$H_0: (\mu_1-\mu_2)=0$

$H_a: (\mu_1-\mu_2)\neq 0$

如果我们运用独立样本的 t 统计量(见 9.1 节)，我们首先要运用 SPSS 输出结果上标示出的 s_1 和 s_2 的值来计算 s_p^2：

$$s_p^2=\frac{(n_1-1)s_1^2+(n_2-1)s_2^2}{n_1+n_2-2}$$

$$=\frac{(12-1)(530.07)^2+(12-1)(516.04)^2}{12+12-2}=273630.6$$

然后，我们将输出结果上也已标示出的 $\bar{x}_1$ 和 $\bar{x}_2$ 的值代入，得到检验统计量：

$$t=\frac{(\bar{x}_1-\bar{x}_2)-0}{\sqrt{s_p^2\left(\frac{1}{n_1}+\frac{1}{n_2}\right)}}=\frac{(1349.00-1267.00)}{\sqrt{273630.6\left(\frac{1}{12}+\frac{1}{12}\right)}}=\frac{82.0}{213.54}=0.38$$

当与自由度为 $n_1+n_2-2=22$ 的 t 分布进行比较时可知，即使在我们选择的 α 值大于如 0.20 的情况下($t_{\alpha/2}=t_{0.10}=1.321$)，这一很小的 t 值也不能拒绝 H_0。因而，从这个分析中我们可以得出

"这两个餐馆的平均日销售额不同的理由不充分"的结论。

然而,如果你再仔细地分析表 9.4 中的数据,你就会发现这一结论是令人难以接受的。对于随机选取的 12 个营业日的每一天,餐馆 1 的销售额都超过了餐馆 2 的销售额,其本身就是表明 μ_1 不同于 μ_2 的充分理由,我们随后将证明这一事实。那么,为什么 t 检验不能发现这一差异呢?答案是:对于运用这组数据而言,独立样本 t 检验不是一个有效的办法。

因为独立样本的假定不成立,所以 t 检验是不合适的。由于我们已经随机地选取了营业日,因此,一旦我们已选择了餐馆 1 的营业日样本,我们就没有独立地选取餐馆 2 的营业日样本。在这些营业日内观测值之间的相依性可以通过观察一对对的日销售额来看出,它们一天天地趋于同升同降。这一趋势提供了非常直观的理由表明,它们违备了 9.1 节中的两样本 t 检验所需的独立性假定。在这种情况下,你会注意到一方面样本均值之差较小,另一方面样本内的变异性却很大(反映在 s_p^2 的值很大)。由于 s_p^2 是如此之大,以至于 9.1 节中的 t 检验不能够发现 μ_1 和 μ_2 之间可能有的差异。

表 9.5　两个餐馆的日销售额及其差额

营业日	餐馆 1	餐馆 2	差额 (餐馆 1－餐馆 2)
星期三	\$1005	\$ 918	\$ 87
星期六	2073	1971	102
星期二	873	825	48
星期三	1074	999	75
星期五	1932	1827	105
星期四	1338	1281	57
星期四	1449	1302	147
星期一	759	678	81
星期五	1905	1782	123
星期一	693	639	54
星期六	2106	2049	57
星期二	981	933	48

现在我们来考虑一种可以有效地分析表 9.4 中数据的办法。在表 9.5 中,我们增加的一列为两餐馆每日销售额之差。我们可以把这些日销售额之差视为过去和现在的所有日销售额之差的一个随机样本,那么我们就可以运用这个样本对差额的总体均值 μ_D 作出推断,这里 μ_D 等于$(\mu_1-\mu_2)$之差。也就是说,差额的总体(样本)均值等于总体(样本)均值之差。因而,我们所进行的检验变为:

$H_0: \mu_D=0$[即,$(\mu_1-\mu_2)=0$]

$H_a: \mu_D\neq 0$[即,$(\mu_1-\mu_2)\neq 0$]

由于我们现在要分析差额的单个样本是在小 n 的情况下,则这个检验统计量是一个单样本 t 统计量(8.4 节)。

检验统计量:$t=\dfrac{\bar{x}_D-0}{s_D/\sqrt{n_D}}$

这里:$\bar{x}_D$=样本均值差

s_D= 差的样本标准差

n_D= 差的数目=配对的数目

假设:每日销售额之差的总体近似地服从正态分布,且样本差是从总体差中随机地抽取的。[注意:我们不必做出 $\sigma_1^2=\sigma_2^2$ 的假设。]

拒绝域:在 $\alpha=0.05$ 的显著性水平下,如果 $|t|>t_{0.05}$,我们则拒绝 H_0,这里 $t_{0.05}$ 的自由度为(n_D-1)。

查阅附录 B 中的表 IV,我们可以得到,对应于 $\alpha=0.025$ 且 $n_D-1=12-1=11df$ 的 t 值为 $t_{0.025}=2.201$。这样,如果 $|t|>2.201$,我们将拒绝零假设(见图 9.10)。请注意,当我们运用的是配对差实验而不是两个独立的随机样本设计的时候,自由度的个数已经从 $n_1+n_2-2=22$ 减少为 11 个。

图 9.10　餐馆销售额一例的拒绝域

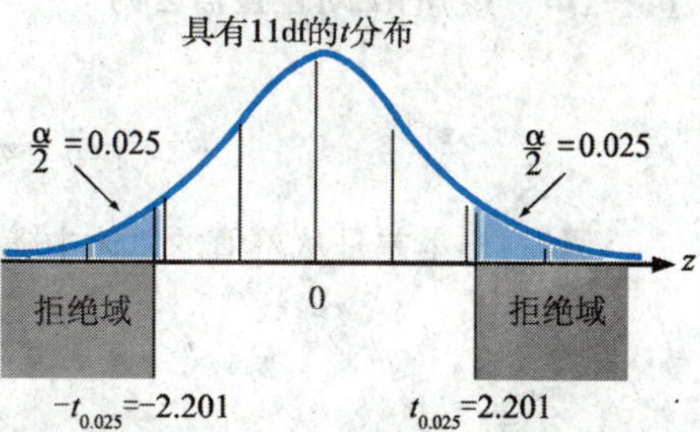

这 $n=12$ 个差额的汇总统计量见图 9.11 中的 MINITAB 输出结果中。注意到 $\bar{x}_D=82.0$,$s_D=32.0$(已四舍五入)。把这些值代入到检验统计量的公式中,得到

$$t=\frac{\bar{x}_D-0}{s_D/\sqrt{n_D}}=\frac{82}{32/\sqrt{12}}=8.88$$

图 9.11　表 9.5 中差的 MINITAB 分析

TEST OF MU=0.000 VS MU N.E. 0.000

	N	MEAN	STDEV	SE MEAN	T	P VALUE
DIFF	12	82.000	31.989	9.234	8.88	0.0000

由于这个 t 值落在了拒绝域中,我们则推断,这两个餐馆的平均日销售额的总体之差不同于 0(在 $\alpha=0.05$ 的水平下)。注意到这个检验的 p 值已标示在图 9.11 中,其值大约为 0,则我们可以得到同样的结论。$(\bar{x}_1-\bar{x}_2)=\bar{x}_D=82.00$ 美元这一事实有力地表明了餐馆 1 的平均日销售额大于餐馆 2 的平均日销售额。

在这类实验中,观测值是成对的,并且我们所分析的是它们的差,因此,我们将这种实验称为**配对差实验**。在许多情况下,与一个独立样本实验相比而言,一个配对差实验可以提供更多有关总体均值之间差异的信息。其思想是通过比较各对实验单元(物体,人等等)之差来比较总体均值,而这些实验单元对在实验之前是非常相似的。这一差化则除去了使 σ^2 变大的变异性来源。例如,在餐馆的例子中,通过分析两个餐馆的日销售额之间的差,便除去了日销售额在各日之间的变异性。在各组相似的实验单元内进行比较称为**区组化**,而配对差实验则是随机区组实验的一个例子。在我们的例子中,营业日就是区组。

以下是其他一些可能适合配对差实验的例子:

1. 假如你要对特级汽油的两个主要品牌估计每加仑汽油的平均价格之差$(\mu_1-\mu_2)$。如果对每个品牌选取加油站的两个独立随机样本,由于地理位置的缘故,价格的变异性可能会很大。为了消除这一变异性来源,你可以在地理位置极接近的地方选择几对大小相似的加油站,每一个加油站使用一个品牌的汽油,并运用这两个品牌价格之差的样本对$(\mu_1-\mu_2)$作出推断。

2. 一个大学就业中心试图对通过此中心求职的男女大学毕业生平均起薪之间的差异$(\mu_1-\mu_2)$进行估计。如果独立地抽取男生和女生,他们的起薪可能会由于专业的不同以及年级平均成绩的不同而产生变化。为了消除这些变异性来源,就业中心可以按照专业和年级平均成绩将男女求职者进行配对,然后运用样本中的每对起薪之差对$(\mu_1-\mu_2)$作出推断。

3. 为了比较两名汽车推销员的业绩,我们可以运用一个关于他们各自的平均月销售额之差$(\mu_1-\mu_2)$的假设进行检验。如果我们随机选取了推销员 1 的 n_1 个月的销售额,并独立地选取推销员 2 的 n_2 个月的销售额,则由于新车销售的季节特性引起的各月之间的变异性可能会使得 s_p^2 变大。这样,即使 μ_1 和 μ_2 之间的差异的确是存在的,则两样本 t 检验也不能发现这种差异。然而,通过求取这两个推销员在 n 个月中各月的月销售额之差,我们便消除了销售额各月之间的变异性(季节变异)。这样,如果 μ_1 和 μ_2 之间存在某种差异的话,我们发现这个差异的概率便会提高。

对于大样本和小样本 n,运用配对差实验对两均值之差进行假设检验和构造置信区间的方法总结如下:

$\mu_D=(\mu_1-\mu_2)$的配对差置信区间

大样本：

$$\bar{x}_D \pm z_{\alpha/2}\frac{\sigma_D}{\sqrt{n_D}} \approx \bar{x}_D \pm z_{\alpha/2}\frac{s_D}{\sqrt{n_D}}$$

假设：样本差是从差值的总体中随机选取的。

小样本：

$$\bar{x}_D \pm t_{\alpha/2}\frac{s_D}{\sqrt{n_D}}$$

这里 $t_{\alpha/2}$ 是基于 (n_D-1) 个自由度。

假定：1. 差值的总体的相对频数分布是正态的。

2. 样本差是随机地从差值的总体中选取。

$\mu_D=(\mu_1-\mu_2)$的配对差假设检验

单尾检验	**双尾检验**
$H_0: \mu_D=D_0$	$H_0: \mu_D=D_0$
$H_\alpha: \mu_D<D_0$	$H_\alpha: \mu_D\neq D_0$
[或 $H_\alpha: \mu_D>D_0$]	

大样本

检验统计量：$z=\dfrac{\bar{x}_D-D_0}{\sigma_D/\sqrt{n_D}} \approx \dfrac{\bar{x}_D-D_0}{s_D/\sqrt{n_D}}$

拒绝域：$z<-z_\alpha$	拒绝域：$\lvert z\rvert>z_{\alpha/2}$
[或 $z>z_\alpha$，当 $H_\alpha: \mu_D>D_0$ 时]	

假设：样本差是随机地从差值的总体中选取的。

小样本

检验统计量：$t=\dfrac{\bar{x}_D-D_0}{s_D/\sqrt{n_D}}$

拒绝域：$t<-t_\alpha$	拒绝域：$\lvert t\rvert>t_{\alpha/2}$
[或 $t>t_\alpha$，当 $H_\alpha: \mu_D>D_0$ 时]	

这里 t_α 和 $t_{\alpha/2}$ 有 (n_D-1) 个自由度。

假定：1. 差值的总体的相对频数分布是正态的。

2. 样本差随机地从差值的总体中选取。

例 9.5

为了将找到工作的男女大学毕业生的起薪作一比较，作了一个实验。通过分别选取具有相同专业和相同年级平均成绩(Grade Point Averages，GPA)的一个男生和一个女生便可得到许多个对。假设用这种方法得到了一个具有 10 对男女生的随机样本，并记录下每个人的起始年薪，其结果见表 9.6 中。运用 95％的置信区间对男性的平均起薪 μ_1 和女生的平均起薪 μ_2 进行比较，并解释其结果。

表 9.6　配对的大学毕业生的年薪数据

对	男生	女生	差（男生－女生）	对	男生	女生	差（男生－女生）
1	\$ 29300	\$ 28800	\$ 500	6	\$ 27800	\$ 28000	\$ －200
2	31500	31600	－100	7	29500	29200	300
3	30400	29800	600	8	31200	30100	1100
4	28500	28500	0	9	28400	28200	200
5	33500	32600	900	10	29200	28500	700

解答：

由于年薪的数据是按照 GPA 和专业将男性和女性匹配成对来搜集的，这样，就进行了一个配对差实验。为了进行分析，我们首先计算年薪之差，如表 9.6 中所示。这 $n=10$ 个差的汇总统计量见图 9.12 的 MINITAB 输出结果中：

图 9.12　表 9.6 中差的 MINITAB 分析

	N	MEAN	STDEV	SE MENA	95.0 PERCENT C. I.
DIFF	10	400.000	434.613	137.437	(89.013，710.987)

对于这个小样本而言，$\mu_D=(\mu_1-\mu_2)$ 的 95％置信区间是：

$$\bar{x}_D \pm t_{\alpha/2}\frac{s_D}{\sqrt{n_D}}$$

这里 $t_{\alpha/2}=t_{0.025}=2.262$（由附录 B，表 VI 得到）是基于 $n-2=8$ 个自由度。

将输出结果中 $\bar{x}_D$ 和 s_D 的值代入，我们得到：

$$\bar{x}_D \pm t_{0.025}\frac{s_D}{\sqrt{n_D}}=400\pm 2.262\left(\frac{434.613}{\sqrt{10}}\right)$$

$$=400\pm 310.88\approx 400\pm 311=(\$89,\$711)$$

[注：这一区间也列在了图 9.12 中的 MINITAB 输出结果上。]我们对其解释为，男性和女性起薪之间的真实均值之差以 95％的置信度落在 89 美元和 711 美元之间。由于这一区间落在大于 0 之处，我们则推断 $\mu_1-\mu_2>0$，即男性的平均工资大于女性的平均工资。

对于例 9.5，为了测度一下运用配对差实验与运用独立样本实验所得到的有关 $(\mu_1-\mu_2)$ 的信息量有何区别，我们可以对这两种方法所得到的置信区间的相对宽度进行比较。由例 9.5 可知，运用配对差实验得到 $(\mu_1-\mu_2)$ 的 95％置信区间是（\$89，\$711）。如果我们把同样的数据视作一个独立样本实验①来进行分析，则我们首先要根据图 9.13 的 MINITAB 输出结果得到描述统计量。

然后，我们运用独立样本将输出结果上的样本均值和标准差代入 $(\mu_1-\mu_2)$ 的 95％置信区间公式中去：

$$(\bar{x}_1-\bar{x}_2)\pm t_{0.025}\sqrt{s_p^2\left(\frac{1}{n_1}+\frac{1}{n_2}\right)}$$

这里

$$s_p^2=\frac{(n_1-1)s_1^2+(n_2-1)s_2^2}{n_1+n_2-2}$$

① 这样做仅仅是为了提供一种测度方法，以此反映配对设计比非配对设计所增加的信息量。事实上，如果一个实验运用了配对设计，则非配对分析将是无效的，这是因为独立样本的假定没有被满足。

图 9.13 表 9.6 中数据的 MINITAB 分析,假定为独立样本

```
TWOSAMPLE T FOR C1 VS C2
            N          MEAN          STDEV      SE MEAN
      C1   10         29930           1735          549
      C2   10         29530           1527          483
95 PCT CI FOR MU C1－MU C2:  (－1136,1936)
TTEST MU C1＝MU C2(VS NE):  T＝0.55   P＝0.59   DF＝18
POOLED STDEV＝1634
```

运用 MINITAB 执行上述计算则得到区间(－＄1136,＄1936),这一区间已显著标示在了图 9.13 上。

注意到独立样本区间包括 0。因而,如果我们运用这一区间对($\mu_1-\mu_2$)进行推断,则我们将会错误地得出男性和女性的平均起薪没有差别的结论!你可以看到,独立抽样实验的置信区间大约比相应的配对差实验的置信区间宽五倍。区组化方法消除了由于专业和年级平均成绩的不同所引起的变异性,因而提供了($\mu_1-\mu_2$)的一个更为精确的估计(对于同样的置信系数,其置信区间更小),从而显著地增加了有关男性和女性平均起薪之间差异的信息。

你可能想知道进行一个配对差实验是否总是比进行一个独立样本实验好。答案是:大多数情况下是,但并不总是这样。当我们运用了一个配对差设计而不是独立样本设计的时候,就牺牲了 t 统计量一半的自由度。这是一种信息的损失,除非这种损失会通过区组化(配对)减少了变异性而得到了更多的补偿,否则配对差实验将导致有关($\mu_1-\mu_2$)信息的净损失。因此,在进行配对差实验之前,我们应当确信这种配对将会显著地减少变异性。在大多数的情况下是这样的。

最后一个提示:观测值的配对在实验进行之前就已经被确定了(即,通过实验设计来确定)。一个配对差实验绝不是在已经取得观测值之后,再对样本观测值进行配对来完成的。

当差值的总体没有满足正态分布的假定时你该怎么做?

答案:运用配对差设计的 Wilcoson 符号秩检验(见第 15 章)。

练习 9.25～9.37

技能训练:

9.25 一个配对差实验产生了 n_D 对观测值。在下列每种情况中,用于检验 $H_0:\mu_D>2$ 的拒绝域是什么?

a $n_D=12,\alpha=0.05$

b $n_D=24,\alpha=0.10$

c $n_D=4,\alpha=0.025$

d $n_D=8,\alpha=0.01$

9.26 一个有 6 对观测值的随机样本,其数据见表中:

练习 9.26 的表  LM9_26.DAT

对	来自于总体 1 的样本(观测 1)	来自于总体 2 的样本(观测 2)
1	7	4
2	3	1
3	9	7
4	6	2
5	4	4
6	8	7

a 将观测值 1 减去观测值 2 计算出每对观测值的差,用这些差计算 $\bar{x}_D$ 和 s_D^2。

b 如果 μ_1 和 μ_2 分别是总体 1 和总体 2 的均值,用 μ_1 和 μ_2 表示 μ_D。

c 建立 μ_D 的 95%置信区间。

d 运用 $\alpha=0.05$ 检验零假设 $H_0:\mu_D=0$,备择假设 $H_a:\mu_D\neq0$

9.27 一个有 10 对观测值的随机样本,其数据见下表:

练习 9.27 的表 LM9_27. DAT

对	来自于总体 1 的样本	来自于总体 2 的样本
1	19	24
2	25	27
3	31	36
4	52	53
5	49	55
6	34	34
7	59	66
8	47	51
9	17	20
10	51	55

a 如果你欲检验这些数据是否足以表明总体 2 的均值比总体 1 的均值大,则适当的零假设和备择假设是什么?解释你所使用的符号的意义。

b 运用 MINITAB 对数据进行了分析,结果见下,请解释这些结果。

c MINITAB 的输出结果中也包括了一个置信区间,请解释这一结果。

d 为了确保这一分析的有效性,你需要作出什么假设?

练习 9.27 的 MINITAB 输出结果

```
TEST OF MU = 0.000 VS MU L.T. 0.000
            N      MEAN     STDEV   SE MEAN          T   P VALUE
DIFF       10    -3.700     2.214     0.700      -5.29    0.0002
            N      MEAN     STDEV   SE MEAN   95.0 PERCENT C.I.
DIFF       10    -3.700     2.214     0.700   (-5.284, -2.116)
```

9.28 一个配对差实验产生了如下数据:

$n_D=18, \bar{x}_1=92, \bar{x}_2=95.5, \bar{x}_D=-3.5, s_D^2=21$

a 确定用于拒绝零假设 $\mu_1-\mu_2=0$ 而接受备择假设 $\mu_1-\mu_2<0$ 的 t 值。运用 $\alpha=0.10$。

b 进行 a 部分的配对差检验,并得出适当的结论。

c 为了使这一配对差检验有效,需要哪些假设?

d 求出均值差 μ_D 的 90%置信区间。

e 对于 d 部分的置信区间或 b 部分的假设检验,这两个推断方法中哪一个提供了更多有关总体均值之差的信息?

9.29 一个配对差实验得到了如表所示的数据:

练习 9.29 的表 LM9_29. DAT

对	观测 1	观测 2	对	观测 1	观测 2
1	55	44	5	75	62
2	68	66	6	52	38
3	40	25	7	49	31
4	55	56			

a 运用 $\alpha=0.05$ 检验 $H_0: \mu_D=10, H_a: \mu_D\neq10$,这里 $\mu_D=(\mu_1-\mu_2)$。

b 说出你在 a 部分所进行的检验的 p 值,并解释这一 p 值。

概念运用:

9.30 当寻找某个项目时(例如,一个路边交通标志,一个错放的文件,或在一张乳房 X 线照片上的肿瘤),常识要求你不会再检查以前曾拒绝过的项目。然而,哈佛医学院的研究者却发现一次视觉上的搜寻是没有记忆的(*Nature*, Aug. 6,1998 年 8 月 6 日)。在他们的实验中,9 个研究对象寻找混在一些"L"字母当中的"T"字母。每个对象在两种状态下进行这一搜寻:随机和静态。在随机的状态下,字母的位置每 111 毫秒变化一次;在静态的状态下,字母的位置保持不变。在每个实验中,反应时间(即研究对象为找到目标字母的位置所花费的时间)按毫秒记录。

a 这项研究的一个目标是,对这两种实验状态下研究对象的平均反应时间进行比较。请说明为什么应该将数据作为一个配对差实验来进行分析。

b 如果一次视觉上的搜寻没有记忆,则在这两种实验状态下主要反应时间将没有差异。请确定出用于检验"无记忆"理论的 H_0 和 H_a。

c. 计算出检验统计量为 $t=1.52$，其 p 值 $=0.15$，请得出适当的结论。

9.31 据国家睡眠基金会称，缺乏睡眠使公司在生产力上一年约损失 180 亿美元。不过，许多公司对这一问题已开始警觉。一些公司甚至安排了安静的房间用于研究或休息。"鼓励小睡"正在成为时尚(《雅典每日新闻》，2000 年 1 月 9 日)。一个较大的航空公司最近开始鼓励预约代理人在其休息期间小睡。表中列出了一个由 10 个预约代理人组成的样本，分别在鼓励小睡政策的前后 6 个月内所收到的投诉数。

练习 9.31 的表 POWERNAP. DAT

工作人员	1999 年投诉数	2000 年投诉数
1	10	5
2	3	0
3	16	7
4	11	4
5	8	6
6	2	4
7	1	2
8	14	3
9	5	5
10	6	1

a. 数据是否提供了充足的理由推断新的小睡政策减少了顾客对预约代理人的平均投诉数量。运用 $\alpha=0.05$ 进行检验。

b. 为了确保检验的有效性，必须要有哪些假设?

9.32 参考练习 9.12《基因心理学杂志》(1998 年 3 月)中关于男女大学生对其父亲态度的比较。在本练习中，摘自同一研究中的数据被用于就男学生对其父亲的态度和对其母亲的态度作一比较。样本中的 13 名男生每人都来自于 44 名男生的原始样本，他们各自被要求完成以下对其父母的陈述：我与我父亲(母亲)的关系可以最好地描述为：(1)糟透了！(2)不好，(3)一般，(4)好，(5)棒极了！所获得的数据见下表：

练习 9.32 的表 FATHMOTH. DAT

学生	对父亲的态度	对母亲的态度
1	2	3
2	5	5
3	4	4
4	4	5
5	3	4
6	5	4
7	4	5
8	2	4
9	4	5
10	5	4
11	4	5
12	5	4
13	3	3

资料来源：Adapted from Vitulli, Willian F., and Richardson, Deanna K., "College Student's Attitudes toward Relationships with Parents: A Five-Year Comparative Analysis," *Journal of Genetic Psychotogy*, Vol. 159, No. 1, Mar. 1998. pp. 45—52.

练习 9.32 的 STATISTIX 输出结果

```
PAIRED T TEST FOR FATHERATT－MOTHERATT

NULL HYPOTHESIS: DIFFERENCE ＝ 0
ALTERNATIVE HYP: DIFFERENCE <>0

MEAN           －0.3077
STD ERROR       0.2861
LO 95% CI      －0.9311
UP 95% CI       0.3157
T              －1.08
DF              12
P               0.3033
```

a. 为了检验在一般情况下男生对其父亲的态度与对其母亲的态度是否有所不同，确定出适当的假设。

b. 运用 STATISTIX 打印结果进行 a 部分的检验(在 $\alpha=0.05$ 的水平下)，并联系这一问题的背景解释其结果。

c. 为了确保假设检验的有效性，你必须要对样本及其总体作出哪些假设?

d. 你对总体的假设是正确的吗？对你的答案说明理由。

9.33 一年两期的《华尔街杂志》(*The Wall Street Journal*)邀请一组经济学家预测利率、通货

膨胀率、国内生产总值增长和其他经济变量。下表中列出了由小组中随机选出的9名成员于1999年6月和2000年1月对通货膨胀所作的预测(用百分数)。

练习9.33的表  INFLATE.DAT

	1999年6月对当年11月所作的预测	2000年1月对当年5月所作的预测
Bruce Steinberg	1.8	2.2
Wayne Angell	2.3	2.3
David Blitzer	2.3	2.3
Michael Cosgrove	2.5	3.0
Gail Fosler	2.3	2.4
John Lonski	2.5	3.0
Donald Ratajczak	2.5	2.5
Thomas Synott	2.3	2.6
Sund Won Sohn	2.5	2.6

资料来源:*Wall street Journal*. January 3. 2000.

a. 总的来说,经济学家们对1999年末低通货膨胀的前景比他们对2000年春所作的预测更乐观吗? 确定所要检验的假设。

b. 运用$\alpha=0.05$进行假设检验,并回答在a部分提出的问题。

9.34 设备布局和原料流程设计在自动化制造系统的生产率分析中是主要的因素。设备布局涉及到机器和工作过程中缓冲区的位置安排。流程设计涉及到制造原料的流动方向(例如,单向或双向)(Lee, Lei, Pinedo, *Annals of Operations Research*, 1997)。一个印刷线路板(PCB)的制造商想要对两种可供选择的现有布局和流程设计进行评价。每一设计的产量在八个连续的工作日内进行了监控。

练习9.34的表 FLOWPATH.DAT

工作日	设计1	设计2
8/16	1220 units	1273 units
8/17	1092 units	1363 units
8/18	1136 units	1342 units
8/19	1205 units	1471 units
8/20	1086 units	1299 units
8/23	1274 units	1457 units
8/24	1145 units	1263 units
8/25	1281 units	1368 units

a. 对这两种设计的平均日产量之差建立一个95%的置信区间。

b. 为了确保这一置信区间的有效性,必须要有什么假设?

c. 设计2似乎比设计1优越,这一点由置信区间证实了吗? 请解释。

9.35 瞳孔仪是一种当眼睛接受不同的视觉刺激时用于观测眼球扩张变化的仪器。由于一个人的眼球扩张量与他或她对刺激物的兴趣有一种直接的相关性,营销单位有时利用瞳孔仪帮助他们对潜在的消费者对于新产品、可供选择的包装设计以及对于其他因素的兴趣进行评价(*Optical Engineering*, 1995年3月)。美国包装物公司(Container Corporation of America)的设计与市场研究实验室利用一个瞳孔仪对消费者对于某客户的不同银器图案所作出的反应进行评价。假如随机选择了15名消费者,让他们每个人看了两个银器图案。他们的瞳孔仪读数见下表中。

练习9.35的表 PUPILL.DAT

消费者	图案1	图案2	消费者	图案1	图案2
1	1.00	0.80	9	0.98	0.91
2	0.97	0.66	10	1.46	1.10
3	1.45	1.22	11	1.85	1.60
4	1.21	1.00	12	0.33	0.21
5	0.77	0.81	13	1.77	1.50
6	1.32	1.11	14	0.85	0.65
7	1.81	1.30	15	0.15	0.05
8	0.91	0.32			

练习 9.35 的 MINITAB 输出结果

```
TEST OF MU = 0.000 VS MU N.E. 0.000
            N      MEAN     STDEV    SE MEAN        T     P VALUE
DIFF       15     0.239     0.161     0.0415      5.76     0.0000
            N      MEAN     STDEV    SE MEAN    95.0  PERCENT  C.I.
DIFF       15     0.239     0.161     0.0415      (0.150,0.328)
```

a 为了检验眼球对于这两种图案的平均扩张量是否不同，适当的零假设和备择假设是什么？解释你所运用的符号的含义。

b 运用 MINITAB 对数据进行了分析，其结果见输出结果，请解释这些结果。

c 这一研究所运用的配对差设计比一个独立样本设计更好吗？对于独立样本，我们可以选择 30 名消费者，将他们分为每组 15 名的两个组，并给每一组观看一种不同的图案。请对你的选择作出解释。

9.36 发表在《心理学杂志》(*Journal of Psychology*，1991 年 3 月)的一项研究对女学生从中学升入大学的自我感觉的变化进行了测度。为进行这一研究选取了 133 名波士顿大学一年级女生的一个样本，她们每个人被要求对她在两个时点上几个方面的表现作出评价：在中学的最高年级期末和大学二年级期间。每个女生被要求在班中最优的 10%(1)到最差的 10%(5)这一范围内，对她认为自己所处的等级进行评价。所评价的其中三个特征的结果见下表中。

练习 9.36 的表

特征	n	中学的高年级 $\bar{x}$	大学的二年级 $\bar{x}$
领导才能	133	2.09	2.33
知名度	133	2.48	2.69
智力上的自信	133	2.29	2.55

a 为了按这三个特征各自来度量女生在中学高年级和大学二年级的平均自我感觉是否下降，你要检验的零假设和备择假设是什么？

b 当运用一个独立样本检验或一个配对差检验时，这些特征是否分析得更为恰当？请解释。

c 注意样本的容量，为确保这个检验的有效性必须要有哪些假设？

d 此文章报告，“领导才能”这一检验得到的 p 值比 0.05 大，而“知名度”和“智力上的自信”检验得到的 p 值比 0.05 小，请解释这些结果。

练习 9.37 的表  **RATPUPS. DAT**

窝	雄性	雌性	窝	雄性	雌性
1	8	5	11	6	5
2	8	4	12	6	3
3	6	7	13	12	5
4	6	3	14	3	8
5	6	5	15	3	4
6	6	3	16	8	12
7	3	8	17	3	6
8	5	10	18	6	4
9	4	4	19	9	5
10	4	4			

9.37 为了评价一种新药的效果，Merck 研究实验室运用一个 T 型游泳迷宫进行了一个实验。他们捕捉了 19 只怀孕的母鼠，给其服用了一剂 12.5 毫克的药。其后他们从每窝产出的小崽中随机地选取了一只雌性和一只雄性小老鼠，以进行游泳迷宫的实验。每个小老鼠被放在水中迷宫的一端，并让它游泳，直到它从相反的一端逃走。如果在某一段时间后它没能逃走，则被放在迷宫的起点并再给其一次机会。这一实验重复进行直到每只幼鼠成功地逃跑三次为止。下表列出了每只幼鼠成功完成三次逃跑所需的游泳次数。有充足的理由表明在雄性和雌性幼鼠所需的平均游泳次数之间存在着差异吗？运用以下的 MINITAB 输出结果进行检验(在$\alpha=0.10$的水平下)，并说明为了使这个检验有效所需要的假设。

练习 9.37 的 MINITAB 输出结果

TEST OF MU = 0.000 VS MU N.E. 0.000

	N	MEAN	STDEV	SE MEAN	T	P VALUE
SwimDiff	19	0.368	3.515	0.806	0.46	0.65

9.3 比较两个总体比率：独立抽样

假设一名野营车制造商想要对其产品在美国东北部和东南部的潜在市场作一比较，这样一种比较会有助于制造商决定将哪个市场作为营销重点而进行努力。运用电话号码簿，这个公司随机地在东北部(NE)和东南部(SE)分别抽取了 1000 户家庭，并敲定每个家庭在今后的五年内是否计划购买一辆野营车。此作法的目的是运用这一样本信息对五年内计划购买一辆野营车的东北部所有家庭的比率 p_1 与东南部所有家庭的比率 p_2 之间的差(p_1-p_2)进行推断。

这两个样本相当于独立二项实验(参见 4.4 节二项实验的特性)，二项随机变量是在每个地区的 1000 户抽样家庭中表明将在五年内购车的家庭数量 x_1 和 x_2。其结果总结如下：

NE	SE
$n_1=1000$	$n_2=1000$
$x_1=42$	$x_2=24$

现在我们可以分别计算出东北部和东南部预期购车家庭的样本比率 $\hat{p}_1$ 和 $\hat{p}_2$：

$$\hat{p}_1=\frac{x_1}{n_1}=\frac{42}{1000}=0.042$$

$$\hat{p}_2=\frac{x_2}{n_2}=\frac{24}{1000}=0.024$$

我们直觉地把样本比率之差$(\hat{p}_1-\hat{p}_2)$作为总体比率之差(p_1-p_2)的点估计量。对于本例，这个估计值为：

$$(\hat{p}_1-\hat{p}_2)=0.042-0.024=0.018$$

为了判断估计量$(\hat{p}_1-\hat{p}_2)$的可靠性，我们必须要从这两个总体的重复抽样中观察其表现。也就是说，我们需要知道$(\hat{p}_1-\hat{p}_2)$的抽样分布。这个抽样分布的性质见下框内。我们记得 $\hat{p}_1$ 和 $\hat{p}_2$ 可以视为各个样本中每次试验成功次数的均值，所以当样本容量大的时候，可运用中心极限定理。

1. $(\hat{p}_1-\hat{p}_2)$的抽样分布性质

1. $(\hat{p}_1-\hat{p}_2)$抽样分布的均值是(p_1-p_2)；即，

$$E(\hat{p}_1-\hat{p}_2)=p_1-p_2$$

因而，$(\hat{p}_1-\hat{p}_2)$是(p_1-p_2)的一个无偏估计量。

2. $(\hat{p}_1-\hat{p}_2)$的抽样分布的标准差是：

$$\sigma_{(\hat{p}_1-\hat{p}_2)}=\sqrt{\frac{p_1q_1}{n_1}+\frac{p_2q_2}{n_2}}$$

3. 如果样本容量 n_1 和 n_2 很大(准则参见 7.3 节)，则$(\hat{p}_1-\hat{p}_2)$的抽样分布近似于正态分布。

由于在重复抽样中$(\hat{p}_1-\hat{p}_2)$的分布近似于正态，则我们可以运用 z 统计量得出(p_1-p_2)的置信区间或对(p_1-p_2)进行假设检验。

对于野营车一例，(p_1-p_2)的95%置信区间是：

$$(\hat{p}_1-\hat{p}_2)\pm 1.96\sigma_{(\hat{p}_1-\hat{p}_2)} \text{或} (\hat{p}_1-\hat{p}_2)\pm 1.96\sqrt{\frac{p_1q_1}{n_1}+\frac{p_2q_2}{n_2}}$$

为了计算出标准差$\sigma_{(\hat{p}_1-\hat{p}_2)}$，进而计算出置信区间，则必须要估计$p_1q_1$和$p_2q_2$的值。在7.3节中我们看到，当所选的值接近于$p$时，$pq$的值是相对不敏感的，因此，$\hat{p}_1\hat{q}_1$和$\hat{p}_2\hat{q}_2$令分别对$p_1q_1$和$p_2q_2$提供令人满意的估计。因而，

$$\sqrt{\frac{p_1q_1}{n_1}+\frac{p_2q_2}{n_2}}\approx\sqrt{\frac{\hat{p}_1\hat{q}_1}{n_1}+\frac{\hat{p}_2\hat{q}_2}{n_2}}$$

则我们近似地估计95%的置信区间为

$$(\hat{p}_1-\hat{p}_2)\pm 1.96\sqrt{\frac{\hat{p}_1\hat{q}_1}{n_1}+\frac{\hat{p}_2\hat{q}_2}{n_2}}$$

代入样本值得到：

$$(0.042-0.024)\pm 1.96\sqrt{\frac{(0.042)(0.958)}{1000}+\frac{(0.024)(0.976)}{1000}}$$

即，0.018±0.016。因而，我们有95%的把握认为在0.002至0.034的区间内包含(p_1-p_2)。我们推断出，在今后的五年内东北部计划购买野营车的家庭比东南部多0.2%至3.4%。

对于总体比率之差(p_1-p_2)的置信区间，其一般形式列在了下面的框内。

在大样本情况下(p_1-p_2)的$100(1-\alpha)\%$的置信区间

$$(\hat{p}_1-\hat{p}_2)\pm z_{\alpha/2}\sigma_{(\hat{p}_1-\hat{p}_2)}=(\hat{p}_1-\hat{p}_2)\pm z_{\alpha/2}\sqrt{\frac{p_1q_1}{n_1}+\frac{p_2q_2}{n_2}}$$

$$\approx(\hat{p}_1-\hat{p}_2)\pm z_{\alpha/2}\sqrt{\frac{\hat{p}_1\hat{q}_1}{n_1}+\frac{\hat{p}_2\hat{q}_2}{n_2}}$$

假定：这两个样本是独立随机样本。两个样本都应当足够大，使得正态分布对$\hat{p}_1$和$\hat{p}_2$的抽样分布提供一个适当的近似。

z统计量：

$$z=\frac{(\hat{p}_1-\hat{p}_2)-(p_1-p_2)}{\sigma_{(\hat{p}_1-\hat{p}_2)}}$$

被用于检验的零假设为(p_1-p_2)等于某些指定的差，比如D_0。在特殊的情况下，$D_0=0$，即我们要检验的零假设为$H_0:(p_1-p_2)=0$（或等价于，$H_0: p_1=p_2$），$p_1=p_2=p$的最好估计是由两个样本的总成功次数(x_1+x_2)除以总的观测值个数(n_1+n_2)来得到的，即：

$$\hat{p}=\frac{x_1+x_2}{n_1+n_2} \quad \text{或} \quad \hat{p}=\frac{n_1\hat{p}_1+n_2\hat{p}_2}{n_1+n_2}$$

第二个等式表明$\hat{p}$是$\hat{p}_1$和$\hat{p}_2$的一个加权平均，样本越大则权重越多。如果样本容量是相等的，则$\hat{p}$是两个样本成功比率的简单平均。

现在我们把p_1和p_2的加权平均$\hat{p}=\dfrac{x_1+x_2}{n_1+n_2}$代入到$(\hat{p}_1-\hat{p}_2)$的标准差公式中，有

$$\sigma_{(\hat{p}_1-\hat{p}_2)}=\sqrt{\frac{p_1q_1}{n_1}+\frac{p_2q_2}{n_2}}\approx\sqrt{\frac{\hat{p}\hat{q}}{n_1}+\frac{\hat{p}\hat{q}}{n_2}}=\sqrt{\hat{p}\hat{q}\left(\frac{1}{n_1}+\frac{1}{n_2}\right)}$$

关于其检验总结在下面的框内：

大样本情况下(p_1-p_2)的假设检验

单尾检验	**双尾检验**
$H_0:(p_1-p_2)=0$ *	$H_0:(p_1-p_2)=0$
$H_a:(p_1-p_2)<0$	$H_a:(p_1-p_2)\neq 0$
[或 $H_a:(p_1-p_2)>0$]	

检验统计量：

$$z=\frac{\hat{p}_1-\hat{p}_2}{\sigma_{(\hat{p}_1-\hat{p}_2)}}$$

拒绝域：$z<-z_\alpha$	拒绝域：$\lvert z\rvert>z_{\alpha/2}$
[或 $z>z_\alpha$，当 $H_a:(p_1-p_2)>0$ 时]	

注意：$\sigma_{(\hat{p}_1-\hat{p}_2)}=\sqrt{\frac{p_1q_1}{n_1}+\frac{p_2q_2}{n_2}}\approx\sqrt{\hat{p}\hat{q}\left(\frac{1}{n_1}+\frac{1}{n_2}\right)}$，这里 $\hat{p}=\frac{x_1+x_2}{n_1+n_2}$

假设：与(p_1-p_2)的大样本置信区间的假设相同。

例 9.6

一个消费者保护组织意欲测定两种主要汽车车型在其两年的购置期内需要大修(超过500美元)的比率是否存在着差异。他们联络了400名车型1的两年车主的一个样本，以及500名车型2的两年车主的一个样本。在头两年中报告其汽车需要大修的车主数量 x_1 和 x_2 分别为53和78。要检验的零假设为，在总体1和总体2中需要大修的比率之间不存在差异，所对应的备择假设为二者存在某种差异(运用 $\alpha=0.10$)。

解答：

如果我们将 p_1 和 p_2 分别定义为在两年内其汽车需要大修的车型1和车型2车主的真实比率，则所要检验的假设为：

$H_0:(p_1-p_2)=0$

$H_a:(p_1-p_2)\neq 0$

检验统计量：$z=\frac{(\hat{p}_1-\hat{p}_2)-0}{\sigma_{(\hat{p}_1-\hat{p}_2)}}$

拒绝域($\alpha=0.10$)：$\lvert z\rvert>z_{\alpha/2}=z_{0.05}=1.645$(见图9.14)

图 9.14　例 9.6 的拒绝域

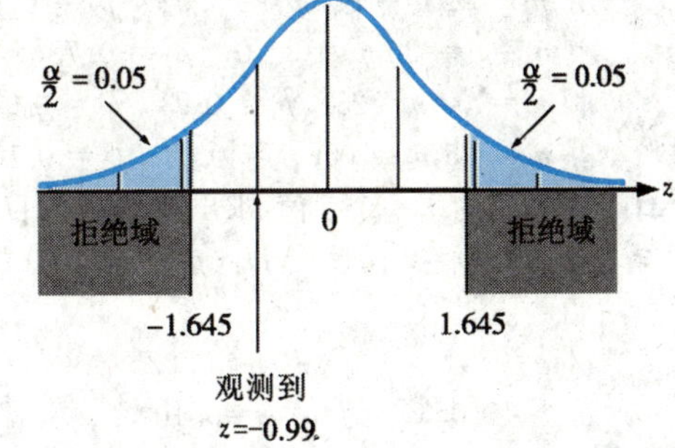

下面我们计算其汽车需要大修的车主的样本比率：

$$\hat{p}_1=\frac{x_1}{n_1}=\frac{53}{400}=0.1325$$

$$\hat{p}_2=\frac{x_2}{n_2}=\frac{78}{500}=0.1560$$

则：$z=\frac{(\hat{p}_1-\hat{p}_2)-0}{\sigma_{(\hat{p}_1-\hat{p}_2)}}\approx\frac{(\hat{p}_1-\hat{p}_2)}{\sqrt{\hat{p}\hat{q}\left(\frac{1}{n_1}+\frac{1}{n_2}\right)}}$

这里：$\hat{p}=\frac{x_1+x_2}{n_1+n_2}=\frac{53+78}{400+500}=0.1456$

注意到 $\hat{p}$ 是 $\hat{p}_1$ 和 $\hat{p}_2$ 的一个加权平均，车型2车主的样本较大，则得到了更多的权重。

* 这个检验经过改变可以用于检验差不为零的情况，即 $D_0\neq 0$。由于大多数的应用是需要对 p_1 和 p_2 进行比较，这意味着 $D_0=0$，因此，我们把注意力仅局限于此种情况。

这样，计算出的检验统计量的值为：

$$z=\frac{0.1325-0.1560}{\sqrt{(0.1456)(0.8544)\left(\frac{1}{400}+\frac{1}{500}\right)}}=\frac{-0.0235}{0.0237}=-0.99$$

因此，在 $\alpha=0.10$ 的水平下，样本提供的理由不足以证实，在两年内需要大修的两个车型的比率之间存在着差异。虽然我们发现车型 2 的样本中需要大修的车主多了 2.35%，但与假设的真实比率之间为 0 的差值相比，这一差值仍然小于 1 个标准差($z=-0.99$)。

例 9.7

求出例 9.6 中这一检验的观察到的显著性水平。

解答：

这个双尾检验观察到的 z 值是 $z=-0.99$。因此，观察到的显著性水平是：

$$p\text{ 值}=P(|z|>0.99)=P(z<-0.99\text{ 或 }z>0.99)$$

这一概率等于图 9.15 中阴影部分的面积。对应于 $z=0.99$的面积给在了附录 B 的表 IV 中，为 0.3389。因此，这个检验观察到的显著性水平，即，在标准正态分布曲线之下的两个阴影尾部面积之和为：

图 9.15　例 9.6 的检验观察到的显著性水平

$$p\text{ 值}=2(0.5-0.3389)=2(0.1611)=0.3222$$

如果实际上 $p_1=p_2$，则观察到一个 z 值大于 0.99 或小于 -0.99 的概率是 0.3222，如此之大的 p 值表明在 p_1 和 p_2 之间存在差异的理由不存在或几乎不存在。

练习 9.38～9.54

技能训练：

9.38 一个二项实验有哪些特征？

9.39 请说明在求($\hat{p}_1-\hat{p}_2$)的一个近似分布时，为什么中心极限定理是很重要的？

9.40 在下列每种情况中，确定样本容量是否大到足以推断($\hat{p}_1-\hat{p}_2$)的抽样分布近似服从正态分布。

a. $n_1=12, n_2=14, \hat{p}_1=0.42, \hat{p}_2=0.57$

b. $n_1=12, n_2=14, \hat{p}_1=0.92, \hat{p}_2=0.86$

c. $n_1=n_2=30, \hat{p}_1=0.70, \hat{p}_2=0.73$

d. $n_1=100, n_2=250, \hat{p}_1=0.93, \hat{p}_2=0.97$

e. $n_1=125, n_2=200, \hat{p}_1=0.08, \hat{p}_2=0.12$

9.41 对下列的每一个 α 值，求出能够拒绝 H_0：$(p_1-p_2)=0$ 而接受 $H_a(p_1-p_2)<0$ 的 z 值。

a. $\alpha=0.01$　　**b**. $\alpha=0.025$

c. $\alpha=0.05$　　**d**. $\alpha=0.10$

9.42 从两个二项总体中各选取了含有 800 个观测值的独立随机样本。来自于总体 1 和总体 2 的样本分别产生了 320 和 400 的成功次数。

a. 检验 H_0：$(p_1-p_2)=0$，对 H_a：$(p_1-p_2)\neq 0$。运用 $\alpha=0.05$。

b. 检验 H_0：$(p_1-p_2)=0$，对 H_a：$(p_1-p_2)\neq 0$。运用 $\alpha=0.01$。

c. 检验 H_0：$(p_1-p_2)=0$，对 H_a：$(p_1-p_2)<0$。运用 $\alpha=0.01$。

d. 建立(p_1-p_2)的 90%置信区间。

9.43 在下列每种情况中，建立(p_1-p_2)的 95%置信区间：

a. $n_1=400, \hat{p}_1=0.65; n_2=400, \hat{p}_2=0.58$

b. $n_1=180, \hat{p}_1=0.31; n_2=250, \hat{p}_2=0.25$

c. $n_1=100, \hat{p}_1=0.46; n_2=120, \hat{p}_2=0.61$

9.44 从两个成功概率分别为 $\hat{p}_1=0.1$ 和$\hat{p}_2=0.5$ 的二项总体中得到 $n_1=100$ 和 $n_2=200$ 个观测值的独立随机样本，根据独立随机样本绘出($\hat{p}_1-\hat{p}_2$)的抽样分布草图。

9.45 从总体 1 和总体 2 中分别得到样本容量为 $n_1=55$ 和 $n_2=65$ 的随机样本。由样本得到 $\hat{p}_1=0.7$ 和 $\hat{p}_2=0.6$。运用 $\alpha=0.05$ 检验 H_0：$(p_1-p_2)=0$，H_a：$(p_1-p_2)>0$。

概念运用：

9.46 在评价一份问卷的有用性和有效性时，研究者通常会对独立选取的回答者的不同样本预先测试这个问卷。对样本及其各自的总体的差异和相似情况的了解对于解释问卷的有效性是很重要的。《教育和心理学测度》(*Educational and Psychological Meas-*

urement,1998 年 2 月)上公布了一份新近设计的旨在测量雇员的职业成就期望的问卷。他们根据表中的两个独立样本对这一问卷进行了测试。

练习 9.46 的表

	经理和专业人员	兼职 MBA 学生
样本容量	162	109
性别(% 男性)	95.0	68.9
婚姻状况(%已婚)	91.2	53.4

资料来源:Stephens, Gregory K., Szajna, Bernadette, and Broome, Kirk M., "The Career Success Expectation Scale: An exploratory and Confirmatory Factor Analysis," *Educational and Psychological Measurement*, Vol. 58, No. 1, Feb. 1998, pp. 129—141.

a. 样本所来自的经理和专业人员的总体比兼职 MBA 的总体更多地是由男性组成的吗?运用进行适当的检验。

b. 阐述为了进行 a 部分的检验你需要作出的所有假设,并说明为什么你要作出这些假设。

c. 经理和专业人员的总体比兼职 MBA 的总体更多地是由已婚人员组成的吗?运用 $\alpha=0.01$ 进行适当的假设检验。

d. 为了使 c 部分的假设有效,必须要有哪些假设?

9.47 十字路军事行动是 1946 年进行的一项军事演习,此次行动是将原子弹在太平洋中的空目标船上空引爆。在原子核爆炸后,海军立刻派遣海员冲洗那些试验船。国家科学院报告:"在十字路军事行动中的海军总死亡率比类似一组海军的总死亡率高 4.6%……然而,这一增长在统计上并不显著。"(*Tampa Tribune*, Oct. 30, 1996)

a. 描述在国家科学院的研究中所关注的参数。

b. 请解释"这一增长在统计上并不显著"这句话。

9.48 为了确定提高二氧化碳水平是否能够将食叶蛾杀死,南佛罗里达大学的一名生物学家进行了一项实验(*USF Magazine*, 1999 冬)。蛾幼虫被置于放满橡树叶的容器里,这些容器中有一半容器含有正常的二氧化碳水平,其余一半容器含有的二氧化碳水平则是正常情况下的双倍。二氧化碳水平高的容器中有 10%的幼虫死亡,而正常水平的容器中有 5%的幼虫死亡。假定在这两种容器中分别随机地放置了 80 只蛾幼虫,实验结果是否证实了增加二氧化碳水平对于杀死较高比率的食叶蛾幼虫是有效的?运用 $\alpha=0.01$进行检验。

9.49 《职业妇女》(*Working Women*, 1999 年 7 月)上公布的一项 1999 年盖洛普民意测验的结果发现,92%的成年美国人会将选票投给一名女总统。而在 1975 年,一项同样的民意测验却发现只有 73%的人会将选票投给一名妇女。

a. 用 p_{1999} 和 p_{1975} 表示这一研究所关注的总体参数。就这一问题而言,给出这些参数的定义。

b. 假设样本容量在 1999 年为 2000,在 1975 年为 1500。为了得出($p_{1999}-p_{1975}$)的抽样分布近似于正态分布的结论,这些样本容量足够大吗?证明你的答案是正确的。

c. 对($p_{1999}-p_{1975}$)建立一个 90%的置信区间。联系这一问题的背景对你的置信区间进行解释。

d. 假设 1999 年和 1975 年的样本容量分别为 20 和 50,重新解答 b 部分的问题。

9.50 为了销售成人产品,商家是否应该利用对儿童具有吸引力的广告?一个有争议的广告宣传是骆驼香烟利用卡通人物"骆驼乔"作为其品牌象征。(联邦商业委员会最终禁止了以骆驼乔为特征的广告,因为它们被认为是鼓励年轻人吸烟。)新汉普郡大学的营销教授 Lucy L. Henke,评估了儿童对于香烟品牌广告象征物的认识能力。她发现在 6 岁以下的 28 名儿童中有 15 名小孩,以及 6 岁及其以上的 55 名儿童中有 46 名小孩认识骆驼香烟的品牌像征物—骆驼乔(*Journal of Advertising*, 1995 年冬)。

a. 运用 95%的置信区间对认识骆驼乔的所有儿童的比率进行估计,并解释这一区间。

b. 数据是否表明了对骆驼乔的认识是随着年龄的增长而增长的?运用 $\alpha=0.05$ 进行检验。

9.51 价格扫描仪被广泛地应用于美国的超级市场中。然而,尽管它们快捷且易于操作,但也会出错。这些年来，许多消费者保护组织抱怨扫描仪通过多收钱从程序上欺骗了消费者。联邦贸易委员会近期的一项研究发现超市扫描仪有3.47%的时间在出错，百货商店的扫描仪有9.15%的时间在出错（"Scan Errors Help Public", *Newark Star-Ledger*, Oct. 23, 1996）

a. 假定以上的错误率是由样本容量分别为800和900的商品样本测定的。为了运用本节的方法估计出错率的差异，这些样本容量足够大吗？说明你所给出的答案的理由。

b. 运用一个98%的置信区间对出错率之差进行估计，并解释这一结果。

c. 为了确保b部分置信区间的有效性，必须要有哪些假设？

9.52 你对巧克力或其他一些食品贪得无厌吗？许多北美人显然是这样的，因此心理学家们正在设计科学的研究方法对这一现象进行考察。据《纽约时报》（*New York Times*，1995年2月22日），对食品欲望的其中一项最大的研究涉及到对加拿大麦克马斯特大学（McMaster University）的1000名学生的调查。这一调查表明，研究中97%的女性承认了某些食品欲望，而男性仅有67%承认。假如回答者中有600名是女性，400名是男性。

a. 有充足的理由推断承认具有食品欲望的女性的真实比率大于相应的男性比率吗？运用$\alpha=0.01$进行检验。

b. 为什么从这一研究中推断女性食品欲望的发生率比男性高是危险的？

9.53 《工业营销管理》（*Industrial Marketing Management*, Vol. 25, 1996）公布的一项研究考察了产品经理的统计状况、决策作用和时间需求。具有$n_1=93$名消费者\商业产品经理和$n_2=212$名工业产品经理的独立样本参加了这项研究。在消费者\商业一组中，40%的产品经理年龄在40岁及其以上；在工业组中，54%的产品经理年龄在40岁及其以上。对年龄至少为40岁的消费者/商业产品经理与工业产品经理的真实比率之差作出一个推断，并对你所选择的方法（置信区间或假设检验）和α水平说明理由。工业产品经理比消费者\商业产品经理的年龄趋于偏大吗？

9.54 许多四年制大学院校的女大学生从自然科学、数学和工程学（SME）专业转向了非理学基础的学科，例如，新闻，营销和社会学。当女大学生转换专业的时候，她们的原因与那些同类男生的原因有差异吗？《科学教育》（*Science Education*，1995年7月）就这一问题进行了探讨。由两所规模庞大的研究大学中的335名三\四年级大学生组成的一个样本（其中有172名女生和163名男生）被确定为"换专业者"，即他们为了一个非SME专业而离开了SME专业。每个学生列举了促使其改变决定的一个或多个因素。

a. 在样本中的172名女生中，有74名把她们对SME缺乏或失去兴趣（即"厌烦"理科）列为一个主要因素；与之相比，在163名男生中有72名。进行一个检验（在$\alpha=0.10$的水平下），以确定主要由于"对SME缺乏兴趣"而转换专业的女生比率与相应的男生比率是否不同。

b. 在样本中的172名女生中有37名承认她们气馁或失去兴趣是由于在早年她们的SME成绩不好；相对而言，在163名男生中有44名。对由于SME成绩不好而失去信心的换专业女生与男生的比率之差建立一个的90%的置信区间。

9.4 确定样本容量

为了以一个指定的可靠度估计一对参数之间的差，我们可以运用7.4节所述的方法来求出适当的样本容量。也就是说，为了以$(1-\alpha)$的概率使一对参数之差的估计在B个单位的限度内是正确的，我们令估计量的抽样分布标准差的$z_{\alpha/2}$倍等于B，然后据此求解出样本容量。为此，你必须要确定n_1和n_2之间的具体比率。在通常情况下，我们希望具有相同的样本容量，即$n_1=n_2=n$。我们将运用两个例子来说明这一方法。

例 9.8

新的混合肥料通常在广告上许诺能够提高农作物产量。假设我们想要对使用新型肥料的小麦平均产量 μ_1 与使用普通肥料的平均产量 μ_2 作一比较，要求平均亩产量之差的估计以 0.95 的置信系数在 0.25 蒲式耳的限度内是正确的。如果样本容量是相等的，求出大小为 1 亩的被指定使用每种肥料的小麦地块数，$n_1=n_2=n$。

解答：

为了解答这一问题，你需要知道亩产蒲式耳数的变异情况。假如由历史记录得知，小麦产量的极差大约为每亩 10 蒲式耳，则你可以令极差等于 4σ，来近似地得到 $\sigma_1=\sigma_2=\sigma$。则有：

$$4\sigma\approx 10 \text{ 蒲式耳}$$

$$\sigma\approx 2.5 \text{ 蒲式耳}$$

下一步则为了求出 n 而求解方程，这里 $n_1=n_2=n$：

$$z_{\alpha/2}\sigma_{(\bar{x}_1-\bar{x}_2)}=B \text{ 或 } z_{\alpha/2}\sqrt{\frac{\sigma_1^2}{n_1}+\frac{\sigma_2^2}{n_2}}=B$$

由于我们希望估计值以 0.95 的置信系数落在$(\mu_1-\mu_2)$的误差界限内($B=0.25$)，则有$z_{\alpha/2}=z_{0.025}=1.96$。然后，令 $\sigma_1=\sigma_2=2.5$ 来解出 n。则有：

$$1.96\sqrt{\frac{(2.5)^2}{n}+\frac{(2.5)^2}{n}}=0.25$$

$$1.96\sqrt{\frac{2(2.5)^2}{n}}=0.25$$

$$n=768.32\approx 769 \text{（四舍五入）}$$

因此，为了在 0.25 蒲式耳的误差界限内估计出小麦平均亩产量之差，你需要对每种肥料抽取 769 亩小麦地样本。由于这将是个庞大且昂贵的实验，为了减少样本容量，你可能会决定允许误差界限更大一些(例如，$B=0.05$ 或 $B=1$)，或者你也可以降低置信系数。我们的目的是通过在实验之前确定大致的样本容量，使我们能够了解在最后的估计中为了达到指定的精确度所需做的实验上的努力。

例 9.9

一个产品监督员怀疑两台不同的机器生产的残次品比率 p_1 和 p_2 存在着差异。经验表明，这两台机器各自的残次品比率在 0.03 附近。如果监督员想运用一个 95%的置信区间在 0.005 的误差界限内估计比率之差，则他需要从每台机器的产品中随机抽取多少件样品(假如这个监督员要使 $n_1=n_2=n$)？

解答：

在这个抽样问题中，$B=0.005$，且对于指定的可靠性水平，$z_{\alpha/2}=z_{0.025}=1.96$。令 $p_1=p_2=0.03$ 且 $n_1=n_2=n$，然后，通过对 n 求解以下方程，我们便可以求出每台机器所需的样本容量：

$$z_{\alpha/2}\sigma_{(\hat{p}_1-\hat{p}_2)}=B$$

或

$$z_{\alpha/2}\sqrt{\frac{p_1q_1}{n_1}+\frac{p_2q_2}{n_2}}=B$$

$$1.96\sqrt{\frac{(0.03)(0.97)}{n}+\frac{(0.03)(0.07)}{n}}=0.005$$

$$1.96\sqrt{\frac{2(0.03)(0.97)}{n}}=0.005$$

$$n=8943.2$$

你可以看到这将是个繁琐的抽样过程。如果监督员坚持以 95%的置信度，在 0.005 的误差界限内估计(p_1-p_2)，则他需要对每台机器检测近 9000 个样本。

由例 9.9 的计算中你可以看到，$\sigma_{(\hat{p}_1-\hat{p}_2)}$（以及进而得到的解，$n_1=n_2=n$）依赖于 p_1 和 p_2 真实的值（但未知）。事实上当 $p_1=p_2=0.5$ 时，所需要的样本容量 $n_1=n_2=n$ 是最大的。因此，如果你没有 p_1 和 p_2 近似值的先验信息，则在 $\sigma_{(\hat{p}_1-\hat{p}_2)}$ 的公式中令 $p_1=p_2=0.5$。如果 p_1 和 p_2 实际上接近 0.5，则你所计算出的 n_1 值和 n_2 值将是正确的；如果 p_1 和 p_2 与 0.5 相差很大，则你得到的 n_1 和 n_2 的解会比所需要的样本容量要大一些。因此运用 $p_1=p_2=0.5$ 求解 n_1 和 n_2 是一个保守的方法，因为这样计算出的样本容量 n_1 和 n_2 将至少和所需要的一样大（可能还会大一些）。

在 $n_1=n_2$ 的情况下，为了确定用于估计 $(\mu_1-\mu_2)$ 或 (p_1-p_2) 所需的样本容量，其方法见下框：

确定用于估计 $\mu_1-\mu_2$ 的样本容量

为了在指定的误差界限 B 内以 $(1-\alpha)$ 的概率估计 $(\mu_1-\mu_2)$，可运用以下的公式来求解出能够达到指定可靠度的相等的样本容量。

$$n_1=n_2=\frac{(z_{\alpha/2})^2(\sigma_1^2+\sigma_2^2)}{B^2}$$

在求解样本容量以前，你需要代入 σ_1^2 和 σ_2^2 的估计值。这些估计值可能是根据先验抽样（例如，一个实验样本）所得到的样本方差 s_1^2 和 s_2^2，或者是基于经验由极差来推测（保守地偏大）——即 $s\approx R/4$。

确定用于估计 P_1-P_2 的样本容量

为了在指定的误差界限 B 内以 $(1-\alpha)$ 的概率估计 (p_1-p_2)，则运用以下的公式来求解出能够达到指定可靠度的相等的样本容量

$$n_1=n_2=\frac{(z_{\alpha/2})^2(p_1q_1+p_2q_2)}{B^2}$$

在求解样本容量以前，你需要代入 p_1 和 p_2 的估计值。这些估计值很可能是基于先验样本，也可以由基于经验的推测来得到，或最为保守的是，指定 $p_1=p_2=0.5$。

统计实践

9.2 未付酬加班和公平劳动标准法案

1938 年，美国国会通过并由罗斯福总统签署了一份关于工资和工作时间的法律，称为公平劳动标准法案（Fair Labor Standards Act，FLSA）。它是罗斯福“新政”的一个组成部分，旨在结束大萧条。这一法律适用于那些在一个以上的州从事工作且年薪超过 500000 美元的公司职员。此法设立了最低工资（当时每小时 0.25 美元，现在每小时 5.15 美元），还设立了每个工人每周工作小时的上限（当时 44 小时，现在 40 小时），并打击了压迫童工的作法。这一法案还要求按照正常小时工资数的一倍或一倍半的比例支付雇员超时加班（每周工作时间超过了规定的 40 小时）的工资。这一法案已被修改过多次。1963 年通过的一次修正，称为同酬法案（Equal Pay Act），它要求雇主对从事同样工作的男性和女性支付相同的报酬，这一法案由美国劳动部实施（Twomey，*Labor and Employment Law*，1994）。

这一法案的实施牵涉到了一家大名鼎鼎的美国快餐连锁店（为了保密的缘故，将餐馆的名字略去），它拥有 10000 名雇员而且其餐馆遍布中西部和西南部的 20 个州。这个连锁店在其餐馆内有三个级别的雇员：服务生、领班和大堂经理。1996 年初，来自亚利桑那州的 10 个

不同餐馆的 75 名服务生级别的雇员控告管理部门频繁地要求他们超时工作却不支付报酬，以此才考虑提升他们为领班。他们根据《公平劳动标准法案》提出诉讼，要求得到返还的工资、律师费用和其他的相关费用。餐馆连锁店的最高管理层坚决地否认了他们的指控。

作为这起索赔案调查的一部分，联邦法官指定一名检查官运用亚利桑那州和伊利诺州服务生的独立随机样本，对这两个州每个雇员每周未付酬加班的平均小时数作一比较。检查官计划运用相同的样本容量，让每个被抽到的雇员就下班后加班一事（在法庭上宣誓）作证。这些数据之后被用于以 95%的置信度在一个半小时的误差范围内对这两个州每个雇员每周未付酬加班的平均小时数之差进行估计。[注意：实验样本表明，伊利诺州雇员的标准差大约为 1.5 小时，亚利桑那州雇员的标准差大约为 3.6 小时。]

焦点

a. 你的目标是为检查官作出一个抽样计划，以便达到联邦法官所拟定的目标。这一计划应针对以下几个方面：

1. 目标总体
2. 有用的参数
3. 要求的置信水平
4. 所需的样本容量
5. 获得样本的方法

b. 由于时间的限制，检查官只能够对总共 60 至 80 名雇员提问。如果这种情况发生，提出一个应急抽样计划。

练习 9.55～9.65

技能训练：

9.55 假如你想运用 95%的置信区间对两个总体均值之差在 1.8 的正确范围内进行估计。如果先验信息表明总体方差近似等于 $\sigma_1^2=\sigma_2^2=14$，且你欲从这两个总体中选取相同大小的独立随机样本，则样本容量 n_1 和 n_2 应该多大？

9.56 为了估计$(\mu_1-\mu_2)$，求出所需的 n_1 和 n_2 适当的值（假定 $n_1=n_2$）：

- **a.** 估计的误差界限以 95%的置信度等于 8.2。由先验经验已知，$\sigma_1\approx 15$ 且 $\sigma_2\approx 17$。
- **b.** 估计的误差界限以 99%的置信度等于 8，且每个总体的极差为 60。
- **c.** 90%的置信区间的宽度为 1.0。假定$\sigma_1^2\approx 5.8$ 且 $\sigma_2^2\approx 7.5$。

9.57 假定 $n_1=n_2$，为了估计(p_1-p_2)，对下列每种情况求出所需的样本容量：

- **a.** 具有 99%置信度的误差界限＝ 0.01。假定 $p_1\approx 0.4$，$p_2\approx 0.7$。
- **b.** 宽度为 0.05 的一个 90%的置信区间。假设没有任何可利用的先验信息来获取 p_1 和 p_2 的近似值。
- **c.** 具有 90%置信度的误差界限＝ 0.03。假设 $p_1\approx 0.2$，$p_2\approx 0.3$。

9.58 为了估计$(\mu_1-\mu_2)$，已经将足够的资金编入预算以便从总体 1 和总体 2 搜集容量为$n_1=n_2=100$ 的独立随机样本。先验信息表明 $\sigma_1=\sigma_2=10$。为了对$(\mu_1-\mu_2)$建立宽度为 5 或更小的 90%置信区间，划拨的资金充足吗？证明你的答案。

概念运用：

9.59 参考练习 9.22 中 EPA 对于两个河位的水样本中平均细菌数的研究。为了得到真实的平均细菌数之差的 95%置信区间，使得到的估计值落在真实差的 1.5 个细菌的误差范围之内，则在每个河位需要抽取多少个水样本？假定在每个河位采集相同的样本容量。

9.60 参考练习 9.49 中《职业妇女》(*Working Women*, June 1999 年 6 月)对于在 1975 年和 1999 年将选票投给女总统的美国成年人比率之间的比较。假如你欲对 2000 年和 2001 年作出同样的比较，为了使估计的比率之差以 90%的置信度落在 3%的误差范围内，每年应该抽取多少成年人？假定将要搜集的样本容量是相等的。

9.61 一个民意测验者欲用宽度为 0.04 的 90%置信区间对支持某一国民候选人的男性与女性的比率之差进行估计。假若这一民意测验者没有任何有关这一比率的先验信息，如果进行民意测验的男性与女性的数量是相等的，则样本容量应该有多大？

9.62 家务活对你的健康有危害吗？《公众健康报告》(*Public Health Reports*, 1992 年 7—8 月)的一项研究对 25 岁的白人职业女性与家庭主妇的预期寿命进行了一个比较。为了以 95%的置信度使得两组平均预期寿命之差的估计值落在其真值的 1 年范围之内，则对每个组将要抽取多大的样本？假定从两组中选取相等的样本容量，且两个组的标准差都近似为 15 年。

9.63 据美国管理协会对 1441 个工厂的一项全国调查得知，减小规模已不再是工作场所的主要主题(*Newark Star－ledger*, 1996 年 10 月 22 日)。但是这一现象存在地区差异吗？工作岗位数在阳光地带(南部和西南部)比生锈地带(东北部和中西部)有更多的增加吗？假设两个地区的样本容量相等，则为了估计两个地区在次年计划增加新职位的工厂的比率之差，所需的样本要有多大？要求 90%的置信区间的宽度不超过 0.10。

9.64 当今，几乎所有的电缆公司都至少拥有一条家庭购物信道。谁在使用这些家庭购物服务呢？购物者主要是男性还是女性呢？假如你想运用一个宽度为 0.06 或更小的置信区为 80%置信区间对那些声明已经使用或打算使用电视家庭购物的男性和女性比率之差进行估计。

a. 在你的样本中大约应该有多少人？

b. 假如你想要得到所关注的这两个比率的单个估计值。为了使每个比率的估计值以 0.90 的概率在 0.02 的范围内是正确的，则 a 部分所求出的样本容量足够大吗？

9.65 尽管日本是个经济超级大国，日本工人在许多方面的状况却不如美国和欧洲工人。例如，就几年前估计出的人均住房空间而言，在美国为 665.2(平方英尺)，在日本却只有 269(平方英尺)。(*Minneapolis Star－Tribune*, *Jan.* 31, 1993)假如来自联合国的一组经济学家和社会学家打算重新估计美国和日本工人的平均住房空间之差，若对每个国家运用相同的样本容量，并且假定日本的标准差为 35 平方英尺，美国为 80 平方英尺。为了以 95%的置信度在 10 平方英尺的范围内估计这个差，则在每个国家应该抽取多少人？

9.5 比较两个总体方差：独立抽样(选学)

在很多实践中，运用本章所讲述的方法对两个总体均值或比率进行比较是很重要的。然而，还有许多重要情况下我们希望比较两个总体的方差。例如，当运用两种仪器进行精密测量的时候(如天平、测径器、温度计等)，在决定购买哪个仪器之前，我们可能想要比较这两种仪器测量的变异性；或者当两份标准化试题用于对求职者进行评价的时候，在决定运用哪份试题之前，应当考虑这两份试题分数的变异性。

对于类似的问题，我们需要建立一种统计方法来比较总体的方差。用于比较总体方差 σ_1^2 和 σ_2^2 的常见的统计方法是对比率 σ_1^2/σ_2^2 做一个推断。在本节，我们将讲述怎样检验比率 σ_1^2/σ_2^2 等于 1(即方差是相等的)的零假设，其对应的备择假设为这一比率不等于 1(即方差是不同的)。

$$H_0: \frac{\sigma_1^2}{\sigma_2^2}=1 \ (\sigma_1^2=\sigma_2^2)$$

$$H_a: \frac{\sigma_1^2}{\sigma_2^2}\neq 1 \ (\sigma_1^2\neq\sigma_2^2)$$

为了对比率 σ_1^2/σ_2^2 做出推断，似乎很合理的做法便是搜集样本数据并运用样本方差的比率，s_1^2/s_1^2。我们将运用检验统计量：

$$F=\frac{s_1^2}{s_2^2}$$

为了建立这一检验统计量的拒绝域，我们需要知道 s_1^2/s_2^2 的抽样分布。正如你将在随后所看到的，s_1^2/s_2^2 的抽样分布是建立在已为 t 检验所需要的其中两个假设的基础之上的：

1. 这两个抽样总体是正态分布的。

2. 样本随机而且独立地从各自的总体中抽出。

当这些假设被满足并且当零假设为真时(即 $\sigma_1^2=\sigma_2^2$)，$F=s_1^2/s_2^2$ 的抽样分布是一个分子自由度为(n_1-1)，分母自由度为(n_2-1)的 F 分布。F 分布的形状依赖于 s_1^2 和 s_2^2 的自由度——即(n_1-1)和(n_2-1)。一个自由度为 7 和 9 的 F 分布见图 9.16。正如你所看到的，由于 s_1^2/s_2^2 不可能小于 0 却可以无限地增大，因此，这一分布是右偏的。

图 9.16　**分子自由度为 7 且分母自由度为 9 的一个 F 分布**

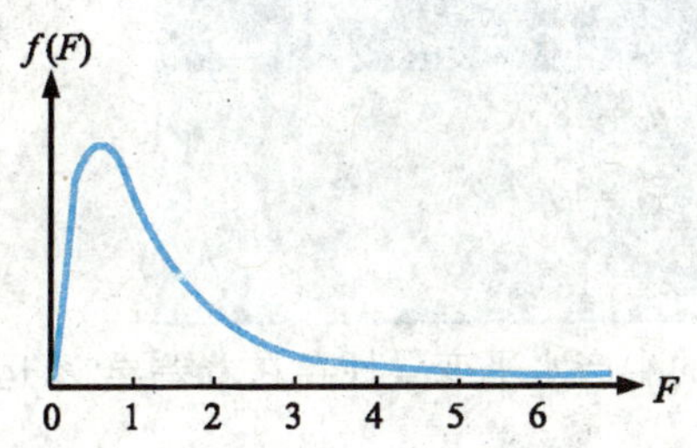

图 9.17　**$v_1=7$df 和 $v_2=9$ df 的 F 分布($\alpha=0.05$)**

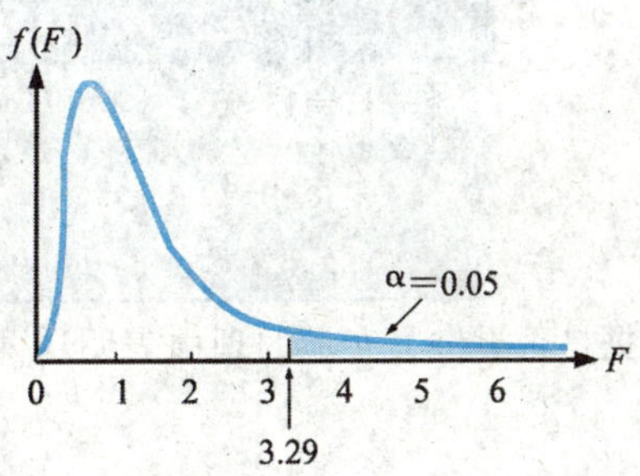

表 9.7　**附录 B 中表Ⅸ的部分复制：F 分布的百分位数($\alpha=0.05$)**

分子自由度 v_1 / 分母自由度 v_2	1	2	3	4	5	6	7	8	9
1	161.4	199.5	215.7	224.6	230.2	234.0	236.8	238.9	240.5
2	18.51	19.00	19.16	19.25	19.30	19.33	19.35	19.37	19.38
3	10.13	9.55	9.28	9.12	9.01	8.94	8.89	8.85	8.81
4	7.71	6.94	6.59	6.39	6.26	6.16	6.09	6.04	6.00
5	6.61	5.79	5.41	5.19	5.05	4.95	4.88	4.82	4.77
6	5.99	5.14	4.76	4.53	4.39	4.28	4.21	4.15	4.10
7	5.59	4.74	4.35	4.12	3.97	3.87	3.79	3.73	3.68
8	5.32	4.46	4.07	3.84	3.69	3.58	3.50	3.44	3.39
9	5.12	4.26	3.86	3.63	3.48	3.37	3.29	3.23	3.18
10	4.96	4.10	3.71	3.48	3.33	3.22	3.14	3.07	3.02
11	4.84	3.98	3.59	3.36	3.20	3.09	3.01	2.95	2.90
12	4.75	3.89	3.49	3.25	3.11	3.00	2.91	2.85	2.80
13	4.67	3.81	3.41	3.18	3.03	2.92	2.83	2.77	2.71
14	4.60	3.74	3.34	3.11	2.96	2.85	2.76	2.70	2.65

当总体方差不等时，我们可预料到样本方差的比率 F 或者很大或者很小，因此，为了对假设检验建立拒绝域，我们需要能够求出对应于这一分布尾部面积的 F 值。当 $\alpha=0.10, 0.05, 0.025$ 和 0.01 时，右尾值可以在附录 B 的表Ⅷ，Ⅸ，Ⅹ和Ⅺ中查到。我们将表Ⅸ的一部分复制在表 9.7

中。它给出了在不同的自由度下对应于右尾面积为 $\alpha=0.05$ 的 F 值，其中 v_1 是分子样本方差 s_1^2 的自由度，而行所对应的 v_2 是分母样本方差 s_2^2 的自由度。这样，如果分子的自由度是 $v_1=7$，分母的自由度是 $v_2=9$，则我们可以在第七列和第九行查到 $F_{0.05}=3.29$。正如图 9.17 所示，$\alpha=0.05$ 是自由度为 7 和 9 的 F 分布在 3.29 这一值以右的尾部面积。也就是说，如果 $\sigma_1^2=\sigma_2^2$，则 F 统计量大于 3.29 的概率是 $\alpha=0.05$。

例 9.10

一个纸产品制造商想要对两个造纸厂每日生产水平的变异情况进行比较。他从每个工厂选取了工作日的独立随机样本，并记录下生产水平（按单位）。以下是所得到的汇总信息。

工厂 1	工厂 2
$n_1=13$ 天	$n_2=18$ 天
$\bar{x}_1=26.3$	$\bar{x}_2=19.7$
$s_1=8.2$	$s_2=4.7$

这些数据是否提供了充足的理由表明这两个造纸厂的生产水平变异性存在着差异？（运用 $\alpha=0.10$）

解答：

令

σ_1^2＝在造纸厂 1 中生产水平的总体方差

σ_2^2＝在造纸厂 2 中生产水平的总体方差

则我们所关注的假设为：

$$H_0: \frac{\sigma_1^2}{\sigma_2^2}=1 \qquad (\sigma_1^2=\sigma_2^2)$$

$$H_a: \frac{\sigma_1^2}{\sigma_2^2}\neq 1 \qquad (\sigma_1^2\neq\sigma_2^2)$$

附录 B 中所给出的 F 表的特征影响着检验统计量的形式。为了对一个双侧 F 检验建立拒绝域，我们必须要确定运用右尾，这是因为在表Ⅷ，Ⅸ，Ⅹ和Ⅺ中只有 F 的右尾值。为此，**我们总是将较大的样本方差放在 F 检验统计量的分子上**。这里有一个把表中的 α 值增加一倍的作用，这是因为我们总是将较大的样本方差在分子上，便使得 F 比率落在右尾的概率增加了一倍。也就是说，我们通过将较大的样本方差放在分子上而建立了一个单侧拒绝域，而不是在双侧建立拒绝域。

因而，对于本例而言，我们有一个自由度为 $df=v_1=n_1-1=12$ 的分子 s_1^2，以及自由度为 $df=v_2=n_2-1=17$ 的分母 s_2^2，则检验统计量为

$$F=\frac{\text{较大的样本方案}}{\text{较小的样本方案}}=\frac{s_1^2}{s_2^2}$$

对于 $\alpha=0.10$，当计算出的 F 值大于表中值 $F_{\alpha/2}=F_{0.05}=2.38$ 时，我们将拒绝 $H_0: \sigma_1^2=\sigma_2^2$（见图 9.18）。

下面我们便可以计算出这个检验统计量的值并完成这一分析：

$$F=\frac{s_1^2}{s_2^2}=\frac{(8.2)^2}{(4.7)^2}=3.04$$

图 9.18　例 9.10 的拒绝域

当我们将这一结果与图 9.18 中所示的拒绝域进行比较时，我们就会看到 $F=3.04$ 落在了拒绝域中。因而，数据提供了充分的理由表明总体方差是不同的。显然，在造纸厂 1 中生产水平的变异高于造纸厂 2 中的变异。

如果由样本所计算出的 F 值没有落在拒绝域中，你会得出什么结论？你能够得出方差相等的零假设为

真的结论吗？不能，这是由于你不知道β值，即，零假设$H_0: \sigma_1^2=\sigma_2^2$实际上错误却被接受了的概率，这样你就会冒着可能犯第Ⅱ类错误（如果H_a为真却接受了H_0）的风险。由于本书将不考虑对具体的备择假设计算β值，因此，当F统计量没有落在拒绝域中时，我们则简单地推断，拒绝零假设$\sigma_1^2=\sigma_2^2$的样本理由不充足。

总体方差相等的F检验总结如下①。

用于总体方差相等的 F 检验

单尾检验	**双尾检验**
$H_0: \sigma_1^2=\sigma_2^2$	$H_0: \sigma_1^2=\sigma_2^2$
$H_a: \sigma_1^2<\sigma_2^2$	$H_a: \sigma_1^2\neq\sigma_2^2$
（或 $H_a: \sigma_1^2>\sigma_2^2$）	
检验统计量：	检验统计量：
$F=\frac{s_2^2}{s_1^2}$	$F=\frac{\text{较大的样本方差}}{\text{较小的样本方案}}$
（或 $F=\frac{s_1^2}{s_2^2}$ 当 $H_a: \sigma_1^2>\sigma_2^2$ 时）	$=\frac{s_1^2}{s_2^2}$ 当 $s_1^2>s_2^2$ 时
	（或$\frac{s_2^2}{s_1^2}$ 当 $s_2^2>s_1^2$ 时）
拒绝域：	拒绝域：
$F>F_\alpha$	$F>F_{\alpha/2}$

这里F_α和$F_{\alpha/2}$是基于v_1＝分子的自由度，v_2＝分母的自由度；v_1和v_2分别是分子和分母样本方差的自由度。

假定：1. 两个抽样总体都服从正态分布。

2. 样本是随机且独立的。

例 9.11

运用附录 B 中的F分布表求出例 9.10 中这一检验的p值。

解答：

在例 9.10 中观察到的 F 统计量的值为 3.04，则这个检验观察到的显著性水平将等于：当H_0实际上为真时，观察到一个F值，$F=3.04$，与零假设$H_0: \sigma_1^2=\sigma_2^2$相矛盾的最小概率。由于附录 B 中的$F$分布表只给出了$\alpha$值为 0.10，0.05，0.025 和 0.01 的F值，因而我们只能近似求出观察到的显著性水平。查表Ⅹ和Ⅺ，我们得到$F_{0.025}=2.82$，$F_{0.01}=3.46$。由于观察到的F值大于$F_{0.025}$但小于$F_{0.01}$，则这个检验观察到的显著性水平小于$2(0.025)=0.05$，但大于$2(0.01)=0.02$，即：

$$0.02 < p\text{值} < 0.05$$

（注意，由于这是一个双尾检验，因此，我们把表Ⅹ和Ⅺ中的α值增加了一倍）。

① 尽管对方差相等的假设进行检验是 F 检验最普遍的应用，它也可以用于检验总体方差之间的比率等于某些指定值的假设，即$H_0: \sigma_1^2/\sigma_2^2=k$。这时除了将检验统计量变为$F=\frac{s_1^2}{s_2^2}\left(\frac{1}{k}\right)$以外，我们可以运用与框中完全相同的方法进行这个检验。

例 9.12

某投资者认为，尽管股票 1 的价格通常高于股票 2 的价格，但股票 1 却是一个更有风险的投资，这里一种特定股票的风险是由每日价格变化的变异来度量的。假如我们分别得到了股票 1 和股票 2 在 25 天中的每日价格变化的一个随机样本，其样本结果总结在下表内。

a. 通过检验"这两只股票的价格变化的方差是相等的"这一零假设，以及"股票 1 的价格方差大于股票 2 的价格方差"的备择假设，对这两只股票的风险进行比较。运用 $\alpha=0.05$。

b. 求出这个检验的 p 值。

股票 1	股票 2
$n_1=25$	$n_2=25$
$\bar{x}_1=0.250$	$\bar{x}_2=0.125$
$s_1=0.76$	$s_1=0.46$

解答：

a. $H_0: \sigma_1^2=\sigma_2^2$

$H_a: \sigma_1^2>\sigma_2^2$

检验统计量：$F=\frac{s_1^2}{s_2^2}$

假设：

1. 每日股票价格的变化具有近似于正态的相对频数分布。
2. 股票样本是随机且独立地从一组股票日报中抽取。

拒绝域：$F>F_\alpha=F_{0.05}=1.98$，这里 $F_{0.05}$ 是基于 $v_1=24$，$v_2=24$ 的自由度。

我们计算

$$F=\frac{s_1^2}{s_2^2}=\frac{(0.76)^2}{(0.46)^2}=2.73$$

由于计算出的 F 值大于 1.98 的拒绝值，因此我们推断，股票 1 每日价格变化的方差大于股票 2 的方差。由此看来，股票 1 较股票 2 是一个风险更大的投资。这一推断有多大的可靠性呢？一般地，当 σ_1^2 与 σ_2^2 实际上相等时，在 20 次当中只有 1 次(因为 $\alpha=0.05$)这个统计检验会使我们错误地得出 σ_1^2 大于 σ_2^2 的结论。

b. 由于这是一个单尾检验，则 p 值等于 F 值大于所计算出的 2.73 这一值的概率，即：

$$p\text{ 值}=P(F>2.73)$$

查表 Ⅹ 和 Ⅺ，我们得到 $F_{0.025}=2.27$ 以及 $F_{0.01}=2.66$。由于 F 统计量计算出的值大于 2.66，则这个检验观察到的显著性水平非常地小：

$$\text{近似的 } p\text{ 值}=0.01$$

作为最后一个应用的例子，我们来考虑两样本 t 检验所必需的总体方差的比较，这一比较即是检验 $\sigma_1^2=\sigma_2^2$ 的假设。若拒绝了 $\sigma_1^2=\sigma_2^2$ 的零假设就表明这一假设是无效的。[注意：没有拒绝零假设并不意味着假设就是有效的。]我们用一个例子来说明这一点。

例 9.13

在例 9.4(9.1 节)中，我们运用两样本 t 检验对两组管理人员的成就指数进行了比较。为了方便起见，我们又将数据列在表 9.8 中。t 统计量的运用是建立在"两组管理人员成就指数的总体方差相等"这一基础之上的。运用计算机在 $\alpha=0.10$ 的水平下对这一假设进行检验。

表 9.8 **两组管理人员的成就指数**

组 1						组 2					
与外界交往						几乎没有交往					
65	58	78	60	68	69	62	53	36	34	56	50
66	70	53	71	63	63	42	57	46	68	48	42
						52	53	43			

解答：

我们要检验的假设是：

$H_0: \sigma_1^2 = \sigma_2^2$

$H_a: \sigma_1^2 \neq \sigma_2^2$

这个 F 检验见图 9.19 的 **SAS** 输出结果上。检验统计量 $F=1.99$，以及双侧 p 值 0.2554 都已显著标示在输出结果上。由于 $\alpha=0.10$ 小于这一 p 值，则我们不能拒绝"成就指数的总体方差相等"的零假设。正是在这里我们最容易误用 F 检验。我们**不能就此推断数据证明了运用 t 统计量是正确的**，这等同于接受了 H_0。我们已经反复警告过：由于存在着犯第Ⅱ类错误的概率 β，这一结论是未知的。α 水平为 0.10 只能使我们在 H_0 为真时不要拒绝它。当我们得到一个能够使我们拒绝 $\sigma_1^2=\sigma_2^2$ 这一假设的 F 值时，F 检验的这一运用可以防止我们滥用 t 检验方法。但是，当 F 统计量没有落在拒绝域时，对于这一假设的有效性，我们几乎不会比进行这个检验之前知道得更多。

图 9.19　**表 9.8 中数据的 SAS *F* 检验**

TTEST PROCEDURE

Variable: SUCCESS

GROUP	N	Mean	Std Dev	Std Error	Minimum	Maximum
1	12	65.33333333	6.61036835	1.90824897	53.00000000	78.00000000
2	15	49.46666667	9.33401358	2.41003194	34.00000000	68.00000000

Variances	T	DF	Prob>|T|
Unequal	5.1615	24.7	0.0001
Equal	4.9675	25.0	0.0000

For HO: Variances are equal,　F' = 1.99　DF = (14,11)　Prob>F' = 0.2554

如果正态的总体分布这一假设没有被满足，你该怎么办？

答案：与用于比较总体均值的 t 检验相比，F 检验远远不如其稳健(后者更为敏感得多)，以至于违背正态性的假设。如果你对总体频数分布的正态性有所怀疑为了比较两个总体方差，则运用一种**非参数方法**。在第 15 章的参考书目中列出的非参数统计课本中可以找到这样一种方法。

练习 9.66～9.78

技能训练：

9.66　运用附录 B 的表Ⅷ，Ⅸ，Ⅹ和Ⅺ，查出下列每种情况的 F 值：

a. $F_{0.05}$，这里 $v_1=9, v_2=6$

b. $F_{0.01}$，这里 $v_1=18, v_2=14$

c. $F_{0.025}$，这里 $v_1=11, v_2=4$

d. $F_{0.10}$，这里 $v_1=20, v_2=5$

9.67　已知 v_1 和 v_2，求出下列的各个概率：

a. $v_1=2, v_2=30, P(F\geqslant 5.39)$

b. $v_1=24, v_2=10, P(F<2.74)$

c. $v_1=7, v_2=1, P(F\leqslant 236.8)$

d. $v_1=40, v_2=40, P(F>2.11)$

9.68　对下列每种情况，确定用于检验 $H_0: \sigma_1^2=\sigma_2^2, H_a: \sigma_1^2>\sigma_2^2$ 的拒绝域。假设 $v_1=30$，$v_2=20$。

a. $\alpha=0.10$　b. $\alpha=0.05$

c. $\alpha=0.025$　d. $\alpha=0.01$

9.69　对下列每种情况，确定用于检验 $H_0: \sigma_1^2=$

σ_2^2，H_a：$\sigma_1^2 \neq \sigma_2^2$ 的拒绝域。假设 $v_1=10$，$v_2=12$。

a. $\alpha=0.20$　　b. $\alpha=0.10$

c. $\alpha=0.05$　　d. $\alpha=0.02$

9.70 对下列每种情况，确定用于检验 H_0：$\sigma_1^2=\sigma_2^2$ 的适当的拒绝域。

a. H_a：$\sigma_1^2>\sigma_2^2$，$\alpha=0.05$，$n_1=25$，$n_2=20$；

b. H_a：$\sigma_1^2<\sigma_2^2$，$\alpha=0.05$，$n_1=10$，$n_2=15$；

c. H_a：$\sigma_1^2\neq\sigma_2^2$，$\alpha=0.10$，$n_1=21$，$n_2=31$；

d. H_a：$\sigma_1^2<\sigma_2^2$，$\alpha=0.01$，$n_1=31$，$n_2=41$；

e. H_a：$\sigma_1^2\neq\sigma_2^2$，$\alpha=0.05$，$n_1=7$，$n_2=16$。

9.71 从两个正态分布总体中抽取独立随机样本，其中从总体 1 中抽取了 $n_1=12$ 个样本，从总体 2 中抽取了 $n_2=27$ 个样本。这两个样本的均值和方差见下表。

练习 9.71 的表

样本 1	样本 2
$n_1=12$	$n_2=27$
$\bar{x}_1=31.7$	$\bar{x}_2=37.4$
$s_1^2=3.87$	$s_2^2=8.75$

a. 运用 $\alpha=0.10$ 检验零假设 H_0：$\sigma_1^2=\sigma_2^2$，备择假设 H_a：$\sigma_1^2\neq\sigma_2^2$。

b. 求出这个检验的近似 p 值。

9.72 从两个正态分布的总体中抽取独立随机样本，其中从总体 1 中抽取了 $n_1=6$ 个样本，从总体 2 中抽取了 $n_2=5$ 个样本。数据见下表，且 SPSS 的描述统计量输出结果也已给出。

练习 9.72 的表 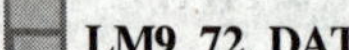 **LM9_72. DAT**

样本 1	样本 2
3.1	2.3
4.4	1.4
1.2	3.7
1.7	8.9
0.7	5.5
3.4	

练习 9.72 的 SPSS 输出结果

```
Summaries of        X
By Levels of        SAMPLE
Variable Value Label          Mean     Std Dev   Cases
For Entire Population        3.3000    2.3656      11
SAMPLE      1.00             2.4167    1.4359       6
SAMPLE      2.00             4.3600    2.9729       5
   Total Cases=    11
```

a. 检验零假设 H_0：$\sigma_1^2=\sigma_2^2$，备择假设 H_a：$\sigma_1^2<\sigma_2^2$。运用 $\alpha=0.01$。

b. 求这个检验的近似 p 值。

概念运用：

9.73 证券分析师除了评价单个公司的业绩以外，还要对行业部门进行评价和比较。在这一分析中，运用的其中一个变量是前一年净收入增长比率的方差。下表摘自《财富》(*Forbes*，2000 年 10 月)，它列出了来自于美国金融和能源部门的公司样本的净收入增长百分比。

练习 9.73 的表

金融		能源	
Bank of NY	46.5%	Ashland	42.9%
Compass	9.7	Coastal	22.8
First Union	35.1	Duke	3.2
PNC Bank	13.6	Exxon Mobil	−29.7
Regions	30.2	MidAmerican	231.7
State Street	13.2	Nicor	−6.5
Summit	−2.4	OGE	−11.0
Synovus	20.3	Royal Dutch	−56.6
		UGE	38.2

资料来源：*Forbes*, Jan. 10, 2000, pp, 84−167.

a. 某一行业部门中公司净收入增长率的变异数量告诉了你有关这一部门的什么情况？

b. 在比较金融和能源部门净收入增长率的变异性时，所要运用的适当零假设和备择假设是什么？

c. 运用 $\alpha=0.05$ 进行 b 部分的检验，并结合这一问题的背景解释你的结果。

d. 为了确保这个检验的有效性，必须要有哪些假设？

9.74 《职业和组织心理学杂志》(*Journal of Occupational and Organizational Psychology*，1992 年 12 月)的一项研究对就业状况和心理健康之间的关系进行了调查。他们选取了在业者和失业者的一个样本，并运用一份已被广为认可的测试心理健康的综合健康问卷对每个人进行了心理健康检查。尽管文章集中于比较平均 GHQ 水平，它也关注了在业和失业的男性和女性的 GHQ 得分变异性的比较。

a. 总的来讲，GHQ 得分的变异数量说明了这一组的什么情况？

b. 在比较在业组和失业组心理健康得分的变

异性时，适当的零假设和备择假设是什么？

c. 142 个在业男性的一个样本的标准差是 3.26，49 个失业男性的标准差是 5.10。运用 $\alpha=0.05$ 的水平进行你在 b 部分所建立的检验，并解释这一结果。

d. 为了确保这个检验的有效性，必须要有哪些假设？

9.75 运用人力检查员进行产品质量检验可能会导致严重的检查误差问题（*Journal of Quality Technology*，1986 年 4 月）。为了对一个新公司中质检员的表现进行评价，一个质量管理人员让 12 名质检员新手的一个样本对 200 件成品进行鉴定。同样的 200 件产品也由 12 名富有经验的质检员进行了鉴定。每一件产品的质量—无论是有瑕疵的，还是无瑕疵的—管理人员都是知道的。表中列出了每个质检员所犯的检查误差（把一件有瑕疵产品归为无瑕疵产品，或反之）数目。这两类质检员的描述统计量的 SAS 结果输出如下。

练习 9.75 的表　　INSPECT. DAT

质检员新手				质检员老手			
30	35	26	40	31	15	25	19
36	20	45	31	28	17	19	18
33	29	21	48	24	10	29	21

练习 9.75 的 SAS 输出结果

Analysis Variable: ERRORS

INSPECT=EXPER

N obs	N	Minimum	Maximum	Mean	Std Dev
12	12	10.0000000	31.0000000	20.5833333	5.7439032

INSPECT=NOVICE

N obs	N	Minimum	Maximum	Mean	Std Dev
12	12	20.0000000	48.0000000	32.8333333	8.6427409

a. 在进行这一实验之前，管理人员相信质检员老手的检查误差方差比质检员新手的低。样本数据支持她的判断吗？运用 $\alpha=0.05$ 的水平进行检验。

b. 你在 a 部分所进行的检验的适当 p 值是什么？

9.76 参考练习 9.17 中《环境健康研究国际期刊》的研究，它对中等收入国家和工业化国家的固体垃圾平均生成率进行了比较。其数据复制见右表。

练习 9.76 的表　　SOLWATE. DAT

工业化国家		中等收入国家	
New York(USA)	2.27	Singapore	0.87
Qhoenix(USA)	2.31	Hong Kong,(China)	0.85
London(UK)	2.24	Medellin(Colombia)	0.54
Hamburg(Germany)	2.18	Kano(Nigeria)	0.46
Rome(Italy)	2.15	Manila(Philippines)	0.50
		Cairo(Egypt)	0.50
		Tunis(Tunisia)	0.56

练习 9.76 的 SAS 输出结果

TTEST PROCEDURE

Variable: WASTE

COUNTRY	N	Mean	Std Dev	Std Error
INDUS	5	2.23000000	0.06519202	0.02915476
MIDDLE	7	0.61142857	0.17286108	0.06533535

Variances	T	DF	Prob>|T|
Unequal	22.6231	8.1	0.0001
Equal	19.7302	10.0	0.0000

For HO: Variances are equal, F′ = 7.03　DF = (6,4)　Prob>F′ = 0.0800

a. 为了进行练习 9.17 中的两样本 t 检验，必须要假定两个总体的方差是相等的。在 $\alpha=0.05$ 的水平下检验这一假定。运用 SAS 输出结果进行这一检验。

b. 对于运用两样本 t 检验的适当性，你的检验表明了什么？

9.77 根据波斯海湾战争，五角大楼改变了其后勤程序，使之更具团结性。散漫的“就事论事(just in case)”的心态被“就时间论事(just in time)”的体制所取代。他们效仿联邦特快专递和联合包裹服务公司，运用了条形码、激光卡、无线电追踪以及数据库等方法，使得供应品由工厂到散兵坑的运送速度得以提升。表中分别列出了 1991 年美国到波斯湾的一个货运样本以及 1995 年到波斯尼亚的一个货运样本的定货—交货时间(按天数)。

练习 9.77 的表 ORDTIMES. DAT

波斯湾	波斯尼亚
28.0	15.1
20.0	6.4
26.5	5.0
10.6	11.4
9.1	6.5
35.2	6.5
29.1	3.0
41.2	7.0
27.5	5.5

资料来源：Adapted from Crock, S. "The Pentagon goes to Bschool." *Business Week*, December 11, 1995, p. 98.

练习 9.77 的 SPSS 输出结果

```
Independent samples of LOCATION
Group 1: LOCATION EQ        1.00              Group 2: LOCATION EQ        2.00
t-test for: TIME
                Number                         Standard       Standard
                of cases        Mean           Deviation      Error
      Group 1      9          25.24444          10.520         3.507
      Group 2      9           7.3778            3.654         1.218
                     Pooled Variance Estimate          Separate Variance Estimate
  F      2-Tail     t      Degrees of    2-Tail      t      Degrees of     2-Tail
Value    Prob.    Value     Freedom      Prob.     Value     Freedom       Prob.
 8.29    0.007    4.81        16         0.000      4.81      9.90          0.001
```

a. 运用 SPSS 输出结果进行检验：对于波斯湾和波斯尼亚货运，其定货—交货时间的方差是否相等。运用 $\alpha=0.05$。

b. 给出你的 a 部分答案后，对定货—交货的平均时间之差建立一个置信区间是合适的吗？请解释。

9.78 《美国教育研究杂志》(*American Educational Research Journal*, 1998 年秋)公布的一项研究对男生和女生的数学考试成绩进行了比较。研究者假设男生考试分数的分布比女生的相应分布更为易变。运用表中的汇总资料在 $\alpha=0.01$ 的水平下检验这一说法。

练习 9.78 的表

	男性	女性
样本容量	1764	1739
均值	48.9	48.4
标准差	12.06	11.85

资料来源：Bielinski, J., and Davison, M. L. "Gender differences by item difficulty interactions in multiple-choice mathematics items." *American Educational Research Journal*. Vol. 35, No. 3, Fall 1998, p. 464(Talbe 1).

要 点 回 顾

关键术语：

（注：标有星号（＊）的条目来自于本章的选学章节）

Blocking　区组化

＊F－distribution　F 分布

＊ Nonparametric　method　非参数方法

Paired difference experiment　配对差实验

Pooled sample estimate of variance　方差的联合样本估计

Randomized block experiment　随机区组实验

Standard error　标准误

关键公式：

θ 的 $(1-\alpha)100\%$ 置信区间：

大样本：$\hat{\theta}\pm z_{\alpha/2}\sigma_{\hat{\theta}}$

小样本：$\hat{\theta}\pm t_{\alpha/2}\sigma_{\hat{\theta}}$

用于检验 $H_0：\theta=D_0$（见下表）

小样本：$t=\dfrac{\hat{\theta}-D_0}{\sigma_{\hat{\theta}}}$

大样本：$z=\dfrac{\hat{\theta}-D_0}{\sigma_{\hat{\theta}}}$

参数，θ	估计量，$\hat{\theta}$	估计量的标准误，$\sigma_{\hat{\theta}}$	估计的标准误
$(\mu_1-\mu_2)$（独立样本）	$(\bar{x}_1-\bar{x}_2)$	$\sqrt{\dfrac{\sigma_1^2}{n_1}+\dfrac{\sigma_2^2}{n_2}}$	大 n：$\sqrt{\dfrac{s_1^2}{n_1}+\dfrac{s_2^2}{n_2}}$ 小 n：$\sqrt{s_p^2\left(\dfrac{1}{n_1}+\dfrac{1}{n_2}\right)}$
μ_D（配对样本）	$\bar{x}_D$	$\dfrac{\sigma_D}{\sqrt{n_D}}$	$\dfrac{s_D}{\sqrt{n_D}}$
(p_1-p_2)（大，独立样本）	$(\hat{p}_1-\hat{p}_2)$	$\sqrt{\dfrac{p_1q_1}{n_1}+\dfrac{p_2q_2}{n_2}}$	假设检验：$\sqrt{\hat{p}\hat{q}\left(\dfrac{1}{n_1}+\dfrac{1}{n_2}\right)}$ 置信区间：$\sqrt{\dfrac{\hat{p}_1\hat{q}_1}{n_1}+\dfrac{\hat{p}_2\hat{q}_2}{n_2}}$

联合样本方差　$s_p^2=\dfrac{(n_1-1)s_1^2+(n_2-1)s_2^2}{n_1+n_2-2}$

联合样本比率　$\hat{p}=\dfrac{x_1+x_2}{n_1+n_2}$，$\hat{q}=1-\hat{p}$

决定用于估计 $(\mu_1-\mu_2)$ 的样本容量　$n_1=n_2=\dfrac{(z_{\alpha/2})^2(\sigma_1^2+\sigma_2^2)}{B^2}$

决定用于估计 (p_1-p_2) 的样本容量　$n_1=n_2=\dfrac{(z_{\alpha/2})^2(p_1q_1+p_2q_2)}{B^2}$

＊用于检验 $H_0：\dfrac{\sigma_1^2}{\sigma_2^2}$ 的检验计量　$F=\dfrac{\text{较大的 } s^2}{\text{较小的 } s^2}$　如果 $H_a：\dfrac{\sigma_1^2}{\sigma_2^2}\neq 1$

$F=\dfrac{s_1^2}{s_2^2}$ 如果 $H_a：\dfrac{\sigma_1^2}{\sigma_2^2}>1$

语言室：

符号	发音	描述
$(\mu_1-\mu_2)$	*mu*－1 减 *mu*－2	总体均值之差

$(\bar{x}_1-\bar{x}_2)$	x－棒－1　减 x－棒－2	样本均值之差
$\sigma_{(\bar{x}_1-\bar{x}_2)}$	x－棒－1 减－棒－2 的 *sigma*	$(\bar{x}_1-\bar{x}_2)$的抽样分布的标准差
s_p^2	s－p 的平方	联合样本方差
D_0	D 零	假设的差值
μ_D	mu－D	配对数据的总体均值之差
$\bar{x}_D$	x－棒－D	样本差的均值
s_D	s－D	样本差的标准误
n_D	n－D	样本中差的个数
(p_1-p_2)	p－1 减 p－2	总体比率之差
$(\hat{p}_1-\hat{p}_2)$	p－1 帽减 p－2 帽	样本比率之差
$\sigma_{(\hat{p}_1-\hat{p}_2)}$	p－1 帽减 p－2 帽的 *sigma*	$(\hat{p}_1-\hat{p}_2)$的抽样分布的标准差
F_α	F－*alpha*	尾部面积为 α 的 F 临界值
v_1	nu－1	F 统计量的分子自由度
v_2	nu－2	F 统计量的分母自由度
$\frac{\sigma_1^2}{\sigma_2^2}$	*sigma*－2 的平方分之 *sigma*－1 的平方	两个总体方差的比率

补充练习 9.79～9.104

（标有星号的练习参考本章的选学章节。）

技能训练：

9.79 从两个均值为 μ_1 和 μ_2 的正态分布总体中分别抽取独立随机样本。样本容量、均值和方差见下表。

练习 9.79 的表

样本 1	样本 2
$n_1=12$	$n_2=14$
$\bar{x}_1=17.8$	$\bar{x}_2=15.3$
$s_1^2=74.2$	$s_2^2=60.5$

a. 运用 $\alpha=0.05$ 检验 H_0：$(\mu_1-\mu_2)=0$，H_a：$(\mu_1-\mu_2)>0$。

b. 建立$(\mu_1-\mu_2)$的 99% 置信区间。

c. 如果你想以 99% 的置信度在 2 个单位的误差范围内估计$(\mu_1-\mu_2)$，则 n_1 和 n_2 必须要有多大？假设 $n_1=n_2$。

9.80 从两个均值和方差分别为(μ_1,σ_1^2)和(μ_2,σ_2^2)的正态分布总体中分别选取两个独立随机样本。样本容量、均值和方差见下表。

练习 9.80 的表

样本 1	样本 2
$n_1=20$	$n_2=15$
$\bar{x}_1=123$	$\bar{x}_2=116$
$s_1^2=31.3$	$s_2^2=120.1$

*a. 检验 H_0：$\sigma_1^2=\sigma_2^2$，H_a：$\sigma_1^2\neq\sigma_2^2$。运用 $\alpha=0.05$。

b. 你会用一个 t 检验来检验零假设 H_0：$(\mu_1-\mu_2)=0$，备择假设 H_a：$(\mu_1-\mu_2)\neq 0$ 吗？为什么？

9.81 从两个总体中选取两个独立随机样本，这些样本的结果总结如下：

练习 9.81 的表

样本 1	样本 2
$n_1=135$	$n_2=148$
$\bar{x}_1=12.2$	$\bar{x}_2=8.3$
$s_1^2=2.1$	$s_2^2=3.0$

a. 建立$(\mu_1-\mu_2)$的 90% 置信区间。

b. 运用 $\alpha=0.01$ 检验 H_0：$(\mu_1-\mu_2)=0$，H_a：$(\mu_1-\mu_2)\neq 0$。

c. 如果你想以 90% 的置信度在 0.2 的误差范围内估计$(\mu_1-\mu_2)$，则所需的样本容量有多大？假设 $n_1=n_2$。

9.82 从两个二项总体中选取独立随机样本，每个样本的容量和观测到的成功次数见下表。

练习 9.82 的表

样本 1	样本 2
$n_1=200$	$n_2=200$
$\bar{x}_1=110$	$\bar{x}_2=130$

a. 检验 H_0：$(p_1-p_2)=0$，H_a：$(p_1-p_2)<0$。运用 $\alpha=0.10$。

b. 建立(p_1-p_2)的 95% 置信区间。

c. 如果我们想运用宽度为 0.01 的 95%置信区估计(p_1-p_2)，则所需的样本容量要多大？

9.83 现选取一个由五对观测值组成的随机样本，每对观测值中的其中一个来自于均值为 μ_1 的总体，另一个来自于均值为 μ_2 的总体，其数据见下表。

练习 9.83 的表　　**LM9_83. DAT**

对	来自于总体 1 的值	来自于总体 2 的值
1	28	22
2	31	27
3	24	20
4	30	27
5	22	20

a. 检验零假设 $H_0: \mu_D=0, H_a: \mu_0\neq 0$，这里 $\mu_D=\mu_1-\mu_2$。运用 $\alpha=0.05$。

b. 建立 μ_D 的 95%置信区间。

c. 你在 a 和 b 部分所运用的方法在什么情况下是有效的？

9.84 对下列每个推断方法列举出所需的假设：

a. 运用一个两样本 z 统计量对总体均值之差$(\mu_1-\mu_2)$作大样本推断。

b. 运用一个独立样本设计和一个两样本 t 统计量对$(\mu_1-\mu_2)$作小样本推断。

c. 运用一个配对差设计和一个单样本 t 统计量对$(\mu_1-\mu_2)$作小样本推断。

d. 运用一个两样本 z 统计量对二项比率之差(p_1-p_2)作大样本推断。

* e. 运用一个 F 检验对两个总体方差的比率 σ_1^2/σ_2^2 作推断。

9.85 假如你运用 SAS 或 SPSS 统计软件包对样本容量分别为 12 和 10 的独立样本检验零假设 $H_0:(\mu_1-\mu_2)=0, H_a:(\mu_1-\mu_2)\neq 0$。若你运用的是 $\alpha=0.05$，则对于下列每个由程序所报告出的观察到的显著性水平，你能够得出什么结论？（回忆到 *SAS* 和 *SPSS* 都报告的是双侧 p 值）

a. p 值＝ 0.0429　b. p 值＝ 0.1984

c. p 值＝ 0.0001　d. p 值＝ 0.0344

e. p 值＝ 0.0545　f. p 值＝ 0.9633

g. 为了确保这个检验的有效性，你需要些什么假设？

9.86 参考练习 2.10 中《海洋技术》(*Marine Technology*，1995 年 1 月）对油轮和航空母舰严重漏油的研究。最近 50 次的漏油量数据保存在 OILSPILL. DAT 中。

a. 对由于撞船事故所引起的平均漏油量与由于失火/爆炸事故所引起的平均漏油量之差建立一个 90% 置信区间，并解释这一结果。

b. 为了对由于搁浅而引起的平均漏油量与由于船体毁坏而引起的平均漏油量进行比较，建立一个假设检验。运用 $\alpha=0.05$。

c. 参考 a 和 b 部分。为了使从分析中得到的结论有效，说明所需的任何假设。这些假设被合理地满足了吗？

* d. 为了比较由于撞船而引起的平均漏油量和由于搁浅而引起的平均漏油量，进行一个假设检验。运用 $\alpha=0.02$。

9.87 一个汽车减震器的制造商想要将他的减震器耐用性与其最大竞争者的减震器耐用性作一比较。为此，随机选取了制造商和竞争者的其中一个减震器，并安装在六辆汽车每一辆的后轮上。当汽车行驶了 20000 英里后，对每个减震器的震动强度进行了测量、编码和记录，其测试的结果见下表，且这些数据的一个 EXCEL 分析结果如下。

练习 9.87 的表　　**SHOCKABS. DAT**

汽车编号	制造商的震动	竞争者的震动
1	8.8	8.4
2	10.5	10.1
3	12.5	12.0
4	9.7	9.3
5	9.6	9.0
6	13.2	13.0

练习 9. 87 的 EXCEL 输出结果

t—Test: Paired Two Sample for Means		
	Mfgshock	ComShock
Mean	10.71666667	10.3
Variance	3.069666667	3.304
Observations	6	6

续表

t－Test:Paired Two Sample for Means		
Pearson Correlation	0.997902853	
Hypothesized Mean Difference	0	
df	5	
t Stat	7.67868896	
P(T<=t) one－tail	0.000298532	
t Critical one－tail	2.015049176	
P(T<=t) two－tail	0.000597064	
t Critical two－tail	2.570577635	

a. 数据是否提出了充足的理由推断:运行了 20000 里后,这两类震动的平均强度存在着差异? 运用 $\alpha=0.05$。

b. 求出这个检验近似的观察到的显著性水平,并解释其值。

c. 为了对数据进行一个配对差分析,需要哪些假设?

d. 建立$(\mu_1-\mu_2)$的一个 95%置信区间,并解释这一置信区间。

9.88 假如练习 9.87 中的数据是基于独立随机样本。

a. 数据是否提出了充足的理由表明两类震动的平均强度之间存在着差异? 运用 $\alpha=0.05$。

b. 建立$(\mu_1-\mu_2)$的 95%置信区间,并解释你的结果。

c. 比较你在练习 9.87 和本练习的 b 部分中所得到的置信区间,这两个区间哪个更宽些? 你将宽度上的差异归因于什么? 假如在每种情况中适当的假设都被满足了,则哪个区间给你提供了更多有关$(\mu_1-\mu_2)$的信息?

d. 如果数据来自一个配对实验,则一个非配对分析的结果有效吗?

9.89 非传统的大学生通常被确定为那些年龄至少在 25 岁的大学生。在大多数大学中,他们在大学生群体中所占的比率越来越大。在《大学生杂志》(*College Student Journal*,1992 年 12 月)上的一项研究对传统和非传统学生就许多因素(包括年级平均成绩,GPA)进行了比较。下表总结了来自样本的信息。

练习 9.89 的表

GPA	传统学生	非传统学生
n	94	73
$\bar{x}$	2.90	3.50
s	0.50	0.50

a. 如果我们想要检验传统和非传统学生的平均 GPA 是否不同,则适当的零假设和备择假设是什么?

b. 运用 $\alpha=0.01$ 进行这个检验,并解释结果。

c. 为了确保这个检验的有效性,需要些什么假设?

9.90 广告公司经常尝试着刻画某客户产品的一般使用者的特征,以便使其广告可以有的放矢。现有一部新电影即将上映,广告公司想确定其广告宣传应当瞄准 25 岁以上的观众还是 25 岁以下的观众。因此,它计划给来自于每一组的观众安排一次预演,然后向每个观众采纳意见。如果广告公司想要以 90%的置信度在 0.05 的误差范围内估计出喜欢这部电影的每个年龄组中的观众在比率上的差异,则每个样本中应该包括多少个观众? 假设每一组的样本容量是相等的,且每一组中大约有一半观众会喜欢这部电影。

9.91 多年来,佛罗里达州的石膏和磷酸盐矿的尾料中含有放射性的氡 222 已为众所周知。在佛罗里达州的波尔克县,石膏和磷酸盐矿尾料堆的幅射水平定期地由东部环境幅射研究室(EERF)和波尔克县健康部(PCHD)进行监控。下表列出了从波尔克县的废料堆中采集到的 15 个土壤样品的散发率(一种对幅射的测量)的观测值。PCHD 和 EERF 都对每一个土壤样本的散发率进行了测量。选择这些配对观测值的目的是确定在 PCHD 和 EERF 之间是否存在偏差—平均读数之差。表中的数据是来自 EERF 的托马斯.霍顿(Thomas R. Horton)所作的报告中的部分数据。

练习 9.91 的表　EXRATES. DAT

木炭罐编号	PCHD	EERF
71	1709.79	1479.0
58	357.17	257.8
84	1150.94	1287.0
91	1572.69	1395.0
44	558.33	416.5
43	4132.28	3993.0
79	1489.86	1351.0
61	3017.48	1813.0
85	393.55	187.7
46	880.84	630.4
4	2996.49	3707.0
20	2367.40	2791.0
36	599.84	706.8
42	538.37	618.5
55	2770.23	2539.0

a. 考虑样本罐与样本罐之间观测值的相对大小，说明为什么进行了一个配对差实验而不是一个独立样本实验。

b. 已知 15 个被抽中的样本罐的均值差（PCHD－EERF）是 84.17，标准差为 408.92，数据是否提出了充足的理由表明 PCHD 和 EERF 之间的平均散发率存在着差异？运用 $\alpha=0.05$ 进行检验。

c. 对 PCHD 和 EERF 之间的平均观测值之差求出一个 95% 置信区间，并解释这一区间。它支持 a 部分的检验结果吗？

9.92 尽管公司政策允许给新爸爸们不支薪的家庭休假，许多男人却惧怕使用这一选择权会被他们的上司责怪（*Minneapolis Star－Tribune*，1993 年 2 月）。在一个由 100 名即将作爸爸的男职工所组成的随机样本中，有 35 人同意"如果我知道没有影响的话，我便愿意在儿子或女儿出生后参加家庭休假计划"这句话。然而，在 96 名已于 16 个月之前做了爸爸的男人中，只有 9 人参加了这一计划。

a. 为了检验样本数据是否提供了充足的理由拒绝"参加家庭休假计划的新爸爸的比率与愿意参加这一计划的新爸爸比率相同"这一假设，确定适当的零假设和备择假设。明确说明你所使用的任何符号的含义。

b. 为了得出 $(\hat{p}_1-\hat{p}_2)$ 的抽样分布近似为正态分布的结论，样本容量足够大吗？

c. 运用 $\alpha=0.05$ 进行假设检验，并报告这一检验观察到的显著性水平。

d. 为了使这个检验有效，必须满足哪些假设？

9.93 关于大学院校教师的流动性的一个说法是，那些发表文章最具学术性的人也是最易于流动的。隐藏在这一说法背后的逻辑是，经常发表文章的优秀研究人员会有更多的跳槽机会，因而更有可能从一所大学跳到另一所大学。《管理学会杂志》（*Academy of Management Journal*, Vol. 25，1982）对在职的企业人员就这一关系进行了研究。研究者运用一个大型国家石油公司全体人员的记录，得到了 529 名公司雇员的早期职业表现记录。其中，174 名留在公司的人被划为"留守者"（stayers），其余的 355 人在 15 年内的不同时点上离开了公司，他们被称为"离开者"（leavers）。关于留守者和离开者的三个变量——初始表现，职业提升率（每年的提拔数量）和最终表现评价——其汇总统计量见下表。运用一个适当的统计方法对停留者和离开者在每个变量上的均值进行比较，并解释其结果。

练习 9.93 的表

	留守者 ($n_1=174$)		离开者 ($n_2=335$)	
变量	$\bar{x}_1$	s_1	$\bar{x}_2$	s_2
初始表现	3.51	0.51	3.24	0.52
职业提升率	0.43	0.20	0.31	0.31
最终表现评价	3.78	0.62	3.15	0.68

9.94 《心理学和营销杂志》（*Journal of Psychology and Marketing*，1992 年 1 月）的一项研究对美国消费者对产品篡改的关心程度进行了调查。随机大样本中的男性和女性消费者被要求就其对产品篡改的关心程度在 1（不关心或几乎不关心）到 9（非常关心）这一尺度上进行评价。

a. 为了确定在男性和女性之间对产品篡改关心的平均水平是否存在差异，适当的零假设和备择假设是什么？说明你所使用的任何符号的含义。

b. 所报告的统计量见下面的 MINITAB 输出结果，请解释这些结果。

c. 为了确保这个检验的有效性，所需的假设有哪些?

练习 9.94 的 MINITAB 输出结果

```
TWOSAMPLE T FOR MSCORE VS FSCORE
          N    MEAN    STDEV   SE MEAN
MSCORE   200   3.209   2.33    0.165
FSCORE   200   3.923   2.94    0.208
TTEST MU MSCORE=MU FSCORE(VS NE):
T=-2.69  P=0.0072  DF=398
```

9.95 建立管理培训计划通常是为了传授管理技巧进而提高生产力。假如一个公司心理学家在这样的一个培训计划开始之前对 10 名管理人各自进行了一组测试,然后在此计划结束时进行了同样的测试。这些测试旨在测量管理技巧,分数高则表明技巧增加。测试的结果见表中。

练习 9.95 的表 SUPEXAM. DAT

管理人	前测试	后测试
1	63	78
2	93	92
3	84	91
4	72	80
5	65	69
6	72	85
7	91	99
8	84	82
9	71	81
10	80	87

练习 9.95 的 MINITAB 输出结果

```
TEST OF MU = 0.000 VS MU N.E. 0.000
            N     MEAN    STDEV   SE MEAN      T    P VALUE
PRE-POST   10   -6.900    5.425    1.716   -4.02    0.0030
```

a. 数据是否提出了充足的理由表明当运用测试分数对管理技巧进行测度时,培训计划对于提高管理技巧是有效的? 运用 $\alpha=0.01$。

b. 在 MINITAB 输出结果上找出并解释这个检验的近似 p 值。

9.96 一些发电厂设立在近河或近海的地方是为了可以利用那里的水冷却冷凝器。作为环境影响研究的一个内容,假如一个电力公司想要对它的发电厂的排水与海水之间的平均水温之差进行估计。为了以 95%的置信度,在 0.2℃的误差范围内估计真实的均值之差,则在每个地点必须要采集多少个样本观测值? 假定在每个地点其读数的极差将大约为 4℃,且在每个地点采集读数的数目是相同的。

9.97 在防治甘蔗地里的鼠害时使用了毒药。美国农业部正在研究应该将鼠药放在地间还是外周。回答这一问题的一个方法是确定鼠害在哪里发生得较多。如果用被老鼠损害的甘蔗茎比率来测度鼠害,为了以 95%的置信度,在 0.02 的误差范围内估计出两个地段受损甘蔗茎比率之间的真实差异,则在每个地段应该抽取多少根甘蔗茎?

9.98 一个人在一天中工作的时间会影响他对工作的满意感吗?《职业心理学杂志》(*Occupational Psychology*, 1991 年 9 月)的一项研究对白班和夜班护士对工作满意感的差异进行了调查。这项研究对护士们就其工作的小时数、下班后的休闲时间和工作期间的休息等方面的满意感进行了度量。下表列出了对于工作满意感的各项度量的平均得分(分数越高表明满意感越大),以及对白班样本和夜班样本进行比较的观察到的显著性水平:

练习 9.98 的表

	平均满意感		
	白班	夜班	P 值
满意于:			
工作的小时数	3.91	3.56	0.813
休闲时间	2.55	1.72	0.047
休息	2.53	3.75	0.0073

a. 如果我们想要检验在日班和夜班护士之间在这三项测度中的各项是否存在工作满意感上的差异,确定适当的零假设和备择假设,并说明你所使用的任何符号的含义。

b. 对每一个检验解释其 p 值(表中的每个 p 值是双侧的)。

c. 假如每一个检验是 F 基于由每一组护士所得到的小样本,则为了使检验有效必须要有哪些假设?

9.99 一名经济学家想要对同一个州中的城市工

业社区和大学社区之间的失业率差异进行研究。她采访了 525 名工业社区和 375 名大学社区的潜在劳动力人员。其中，分别有 47 名和 22 名失业人员。运用一个 95%置信区间对这两个社区失业率的差异进行估计。

9.100 当发明的新仪器用于产品(食品，药品等等)的化学分析时，通常用两个标准对其进行评价：精确性和精确度。精确性(accuracy)是指这一仪器正确鉴定一件产品成分的性质和数量的能力，精确度(precision)是指这个仪器用于对同一物质的成分进行鉴定所具有的前后一致性。因此，在对一批某种产品的鉴定中，其变异性大则表明缺乏精确度。假如一个制药公司正在评价两种用于鉴定某些药物成分的仪器。作为精确度比较的一部分，从一批配制好的某种药中选取了 10 个试管的样品，然后用 A 仪器分析 5 个试管，用 B 仪器分析 5 个试管。下表所示的数据是由这两种仪器给出的药物主要成分比率。这些数据是否提供了在两种仪器的精确度之间存在差异的理由？运用 $\alpha=0.10$。

练习 9.100 的表　**INSTRAB. DAT**

仪器 A	仪器 B
43	46
48	49
37	43
52	41
45	48

9.101 对于加利福尼亚的房主而言，地震的威胁是其生活的一部分。科学家们一直在警告几十年来一遇的一次“大地震”。《美国地理学者年报》(*Annals of the Association of American Geographer*，1992 年 6 月)的一篇文章研究了加利福尼亚房主购买地震保险时所考虑的一些因素，包括距一个大的地震断层的邻近度。调查表邮寄给了加利福尼亚的四个县的居民，下表列出了所采集的数据。

练习 9.101 的表

	康达奇斯达	圣克拉拉	洛杉矶	圣贝纳迪诺
样本容量	521	556	337	372
地震险投保数	117	222	133	109

a. 洛杉矶县是四个县中距一个大地震断层最近的一个县，计算洛杉矶县中投保地震险种的居民比率与其他各县的居民比率之差的 95%置信区间。

b. 这些结果论证了“距大地震断层越近，投保地震险的居民比率越大”这一论点了吗？

9.102 参考练习 9.101，为了以 95%的置信度在 0.03 的误差范围内估计洛杉矶和圣贝纳迪诺县投保地震险的居民比率之差，则从中抽取的样本要有多大？

9.103 性别是怎样影响最具影响力的广告类型的？《广告研究杂志》(*Advertising Research*，1990 年 5－6 月)上的一篇文章通过大量的研究，得出了男性与别人和与他们自己相比更具竞争性的结论。为了将这一结论应用于广告中，作者为一种新品牌的软饮料创意了两个促销广告。

广告 1：画面为四个男人正在比赛短网拍墙球。

广告 2：画面为一个男人正在与他自己比赛短网拍墙球。

作者假设当放映给男性时，第一个广告会更有效。为了检验这一假设，给 43 名男性都放映了这两个广告，并要求对他们对广告的态度(Aad)、对软饮料品牌的态度(Ab)，以及他们购买这种软饮料的意向(Intention)进行测度。每个变量用一个七分的尺度进行度量，分数越高则表明其态度越喜欢，结果见表中。

练习 9.103 的表

	样本均值		
	Aad	Ab	意向
广告 1	4.465	3.311	4.366
广告 2	4.150	2.902	3.813
显著性水平	$p=0.091$	$p=0.032$	$p=0.050$

a. 为了对作者的研究假设进行检验，则适当的零假设和备择假设是什么？说明你所使用的任何符号的含义。

b. 根据这个实验所提供的信息，你认为这是一个独立样本实验还是一个配对差实验？请解释。

c. 解释每个检验的 p 值。

d. 为了使这个检验有效，所需的假设有哪些？

9.104 是什么因素使得企业家有别于荣登《财富 500 强》公司的首席执行官们(CEO)？《华尔街杂志》(*Wall Street Journal*)聘请盖洛

普公司就这一问题进行了研究。在这项研究中,"企业家"被定义为由 Inc. 杂志收录为美国发展最快的 500 个较小公司的首席执行官。盖洛普公司抽取了《财富 500 强》中公司的 207 名首席执行官和 153 名企业家,所得到的结果见下表。

练习 9.104 的表

变量	财富 500CEO	企业家
年龄		
在 45 岁以下	19	96
教育		
完成 4 年大学教育	195	116
雇员记录		
已被从某份工作中解雇或开除	19	47

a. 在年龄,教育和雇用记录这三个方面的每个方面中,为了运用本节的推断方法研究《财富 500 强》的首席执行官与企业家之间的差异,样本容量足够大吗?对你的答案说明理由。

b. 为了在 $\alpha=0.01$ 的显著性水平下确定数据是否表明已被解雇或开除的首席执行官的比率与企业家的比率是不同的,试进行一个检验。

c. 对已被解雇或开除的首席执行官和企业家的比率之差建立一个 99%的置信区间。

d. 对于 b 部分的检验和 c 部分的区间,哪一种推断方法提供了更多有关雇佣记录之差的信息?请解释。

现实案例

肯塔基州牛奶案例——第二部分(一个涵盖第 7 章到第 9 章内容的案例):

在肯塔基牛奶案一部分Ⅰ中,我们运用了图和数量描述统计量的方法对肯塔基学校牛奶市场中的投标串通行为进行了研究。本案例因结合了统计推断方法,从而拓宽了前面的分析。以下将阐述你应关注的三个领域(参见 MILK. DAT 存储数据)。此外,你应当再准备一个专业文件,用以陈述你的分析结果以及关于肯塔基县牛奶市场舞弊一案的所有结论。

1. 覆盖率。回忆第Ⅰ部分,市场分配是在投标舞弊合谋中勾结行为的一种普遍形式(通过这种分配,同一个奶品场年复一年地控制着同一个学区)。市场分配典型地由某一特定学年中一个市场的覆盖率来测量,它定义为前一年中标的同一个牛奶卖主在当年再次中标的学区比率。过去的经验表明,在一个竞争市场中,牛奶投标的"正常"覆盖率大约为 0.7,即 70%的学区将从前一年的同一个牛奶供应商那里购买它们的牛奶。在肯塔基 3 县 13 区的牛奶市场中,13 个卖主的交易每年都在暗中地进行着。在 1985—1988 年期间(在此期间被指控有投标合谋行为)有 52 个潜在的卖主交易。根据每年和 1985—1988 年期间发生的卖主交易的实际数字,请对投标勾结作出一个推断。

2. 投标价格离散。回想到在竞争性的密封投标市场中,其投标价比合谋市场的投标价具有更多的离散或变异性(这是由于勾结的卖主们彼此间交换了他们的投标价信息)。因而,如果勾结存在的话,则在这三县市场中的投标价变异程度应该比其周围市场显著地小。为了比较这两个市场每年的投标价格方差,请对每一种奶制品进行一个分析,并作出适当的推断。

3. 平均中标价格。合谋理论家认为,对于发生合谋行为的每一年而言,"舞弊"市场中的平均中标价格将会大于竞争市场中的平均中标价格。而且,当合谋伎俩连续运用几年时,竞争平均价与"舞弊"平均价之间的差会趋于增加。请对每一奶制品进行一个分析,以便将这三县和周围市场每年的中标价均值进行比较,并作出适当的推断。

第 10 章

简单线性回归

本章内容

10.1 概率模型
10.2 拟合模型：最小二乘法
10.3 模型假设
10.4 σ^2 的一个估计量
10.5 评价模型的效用：对斜率 β_1 进行推断
10.6 相关系数
10.7 决定系数
10.8 运用模型进行估计和预测
10.9 简单线性回归：一个完整的例子

统计实践

10.1 对布朗克斯砖损坏情况的统计评价
10.2 “水脉占卜师”真的能检测出水吗？

我们已经学过的

我们已经学习了怎样基于总体观测值的一个随机样本对总体参数进行估计和检验；我们也学习了怎样将这些方法推广，以便考虑对两个总体的参数进行比较。

我们将要学习的

假如我们想要预测某一社区内一套房子的估价。我们可以从社区的 n 套房子中选取一个随机样本，运用第 7 章的方法来估计平均估价 μ，然后运用此值来预测房子的估价。一个较好的方法是运用那些任何房地产估价师都可以得到的资料，例如：楼层空间的平方英尺数和房屋年代数。如果我们同时测度平方英尺数和年代数并将其用于估价，则我们可以在这些变量之间建立某种关系，这种关系可让我们运用这些变量进行预测。本章所涵盖的内容便是最简单的情形——只涉及到两个变量。有关涉及两个以上变量的较复杂的问题将在第 11 章讲述。

在 7～9 章我们讲述了对总体均值进行推断的方法,这种方法把一个总体的均值看作一个常数,我们还讲述了怎样运用样本数据对这个常数均值进行估计或检验假设。然而,在许多运用中,并不能将一个总体的均值视为一个常数,而应看作为一个变量。例如,我们可以把一个大城市本年售出住宅的平均售价作为一个常数来看待,它可能等于 150000 美元。但是,我们也可以把平均售价视为一个依赖于住宅中可居住面积的平方英尺数的一个变量。例如,其关系可能为

平均售价 ＝ $30000 ＋ $60(平方英尺)

这一公式表示 1000 平方英尺房屋的平均售价为 90000 美元;2000 平方英尺房屋的平均售价为 150000 美元;3000 平方英尺房屋的平均售价为 210000 美元。

把均值看作一个变量而不是常数有什么益处呢? 在许多实际应用中,我们总是会处理一些高度变化的数据,这些数据的标准差是如此之大,以至于一个固定的均值简直"迷失"在了变异性的海洋之中。例如,如果平均住宅售价是 150000 美元,但标准差为 75000 美元,则实际的售价将会有相当大的变动,因而平均售价并不是价格分布的一个很有意义或有用的描述。另一方面,如果平均售价被视为一个依赖于可居住面积平方英尺数的变量,则对于任一给定的房间面积,售价的标准差可能仅仅是 10000 美元。在这种情况下,当平均价格被视为一个变量而不是常数的时候,它将会对售价提供一个更好的描述。

本章我们将讨论的情况便是把总体的均值视为一个依赖于另一个变量值的变量。住宅的售价依赖于可居住面积的平方英尺数就是这样一个实例。其他的例子包括:一个工厂的平均销售收入依赖于广告费用;一个大学毕业生的平均起薪依赖于该学生的年级平均成绩(GPA);汽车的平均月生产量依赖于前一个月的销售总量,等等。

本章我们将讨论所有模型中最简单的一种模型,即涉及到总体均值关于另一个变量的**直线模型**。我们将讲述当一个变量 y 的均值与第二个变量 x 有关时,怎样运用样本数据对它们之间的直线关系进行估计。估计并运用直线关系的方法被称为**简单线性回归分析**。

10.1 概率模型

经销一种产品要考虑的一个重要方面是在广告上的费用支出。假如你欲建立的一个器械商店月销售收入的模型是每月广告支出的函数。要回答的第一个问题是:"你认为在这两个变量之间存在着一种确切的关系吗?"也就是说,如果在广告上的支出是已知的,你认为有可能说出确切的月销售收入吗? 我们料想你将和我们一样认为,出于几个原因这是不可能的。除了广告费用,销售量还依赖于许多变量——例如,年份,总体经济状况,存货和价格结构。即使一个模型中纳入了许多个变量(第 11 章的内容),我们也仍然不可能准确地预测出月销售量。由于确实存在着无法建模或解释的随机现象,月销售额将几乎必然地存有一些变异。

如果我们想建立的一个模型是假设在变量之间存在着一种确切的关系,则称之为**确定性模型**(deterministic model)。例如,如果我们认为月销售收入 y 将恰好是月广告支出 x 的 15 倍,我们写

$$y=15x$$

它表示的是变量 y 和 x 之间的一种**确定性关系**。它意味着当 x 的值已知时,y 总是可以被准确地确定。**在这一预测中不考虑误差。**

另一方面,如果我们相信在月销售额中存在着未被解释的变异——这既可能是因存在着一些重要却未被纳入模型的变量而引起,也可能是由于随机现象而引起,则我们舍弃确定性模型而运用一个可以说明这一**随机误差**的模型。这个概率模型既包括一个确定性部分,也包括一个随机误差部分。例如,如果我们假设销售额 y 与广告支出 x 之间的关系是:

$$y=15x+\text{随机误差}$$

则我们在 y 和 x 之间假设了一种**概率关系**。注意到这个概率模型的确定性部分是 $15x$。

图 10.1 a 显示出当模型是确定性的时候，对于 5 个不同的月份，x 和 y 可能有的值。由于在一个确定性模型中不考虑误差，因此所有的(x,y)数据点一定是准确地落在了直线上。

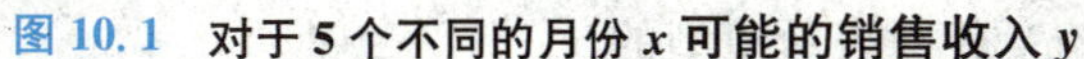
图 10.1 对于 5 个不同的月份 x 可能的销售收入 y

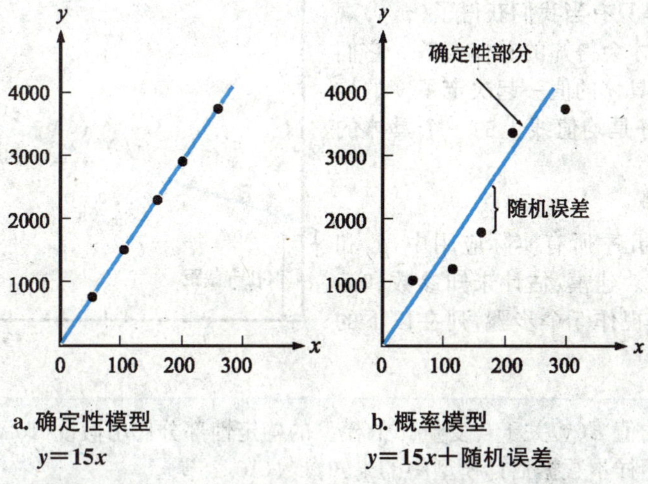

a. 确定性模型 $y=15x$

b. 概率模型 $y=15x+$随机误差

图 10.1b 显示出当我们运用一个概率模型时，对 x 取同样的值时可能有的一组数据点。注意到模型的确定性部分(直线本身)是相同的。然而，当含有一个随机误差部分时，便允许了月销售额围绕这条直线变动。由于我们知道对于一个给定的 x 值，销售收入的确是随机变动的，因此概率模型比确定性模型对 y 提供了一个更为现实的模型。

概率模型的一般形式

$$y = \text{确定性部分} + \text{随机误差}$$

这里 y 是我们所关注的变量。我们总是假定随机误差的均值为 0，这等价于假定 y 的均值 $E(y)$ 等于模型的确定性部分，即：

$$E(y) = \text{确定性部分}$$

本章我们讲述的是最简单的概率模型——直线模型。顾名思义，模型的确定性部分被画为一条直线。对一组数据拟合这一模型是回归分析或回归建模的一个实例。直线模型的组成部分总结在以下的框内。

一阶(直线)概率模型

$$y=\beta_0+\beta_1 x+\varepsilon$$

这里

$y =$ 因变量或响应变量(对其建模的变量)

$x =$ 自变量或预测变量(用于预测 y 的变量)

$E(y)=\beta_0+\beta_1 x =$ 确定性部分

$\varepsilon =$ 随机误差部分

$\beta_0 =$ 直线的 y 截距，即直线相交于或穿过 y 轴的点(见图 10.2)

$\beta_1 =$ 直线的斜率，即当 x 每增加 1 单位时，y 的确定性部分所增加(或减少)的数量。(正如你在图 10.2 所见，当 x 从 2 增至 3 时，$E(y)$按照 β_1 的数量而增加。)

由于 y 的均值 $E(y)$ 等于模型的直线部分，则在概率模型中，确定性部分被称为**均值线**(line

of means)。即：

$$E(y)=\beta_0+\beta_1 x$$

注意希腊字母 β_0 和 β_1 分别表示模型的 y 截距和斜率，它们是只有当我们获得了(x,y)观测值的整个总体时才会得知的总体参数。它们与自变量 x 的一个具体的值一起决定了 y 的均值，而这个均值恰好是均值线上的一个具体的点(图 10.2)。

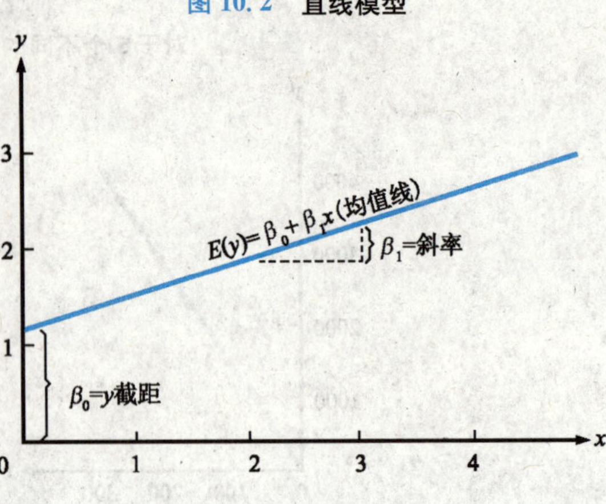

图 10.2　直线模型

在回归分析的几乎所有实际应用中，β_0 和 β_1 的值将是未知数。建模、估计未知参数和运用模型的过程可被视作 5 个步骤，列在以下的框内。

步骤 1　对均值 $E(y)$关于自变量 x 的模型的确定性部分作出假设(10.1 节)。
步骤 2　运用样本数据估计模型中的未知参数(10.2 节)。
步骤 3　确定随机误差项的概率分布，并估计这一分布的标准差(10.3 和 10.4 节)。
步骤 4　从统计上评价模型的有效性(10.5，10.6 和 10.7 节)。
步骤 5　当模型的有效性满足时，将之用于预测、估计以及其他用途(10.8 节)。

练习 10.1～10.9

10.1 在下列每种情况下，画出通过给定点的直线。
a. (1,1)和(5,5)　**b.** (0,3)和(3,0)
c. (−1,1)和(4,2)　**d.** (−6,−3)和(2,6)

10.2 给出练习 10.1 中所画的每条直线的斜率和 y 截距。

10.3 一条直线的方程(确定性模型)为

$$y=\beta_0+\beta_1 x$$

如果直线通过点(−2,4)，则 $x=-2$，$y=4$ 一定满足这一方程；即

$$4=\beta_0+\beta_1(-2)$$

同样地，如果直线通过点(4,6)，则 $x=4$，$y=6$ 一定满足这一方程；即

$$6=\beta_0+\beta_1(4)$$

运用这两个方程解出 β_0 和 β_1；然后求出通过点(−2,4)和(4,6)的直线方程。

10.4 参考练习 10.3。求出通过练习 10.1 中所列出点的直线方程。

10.5 绘出以下直线：
a. $y=4+x$　**b.** $y=5-2x$
c. $y=-4+3x$　**d.** $y=-2x$
e. $y=x$　**f.** $y=0.50+1.5x$

10.6 给出练习 10.5 中所定义的每条直线的斜率和 y 截距。

10.7 为什么我们通常运用一个概率模型胜于运用一个确定性模型？给出可能适于这两种模型的例子。

10.8 什么是均值线？

10.9 如果均值 $E(y)$与一个自变量 x 的关系是一种直线概率关系，是否表明变量 y 的每一个值将总是恰好落在均值线上？为什么是或者为什么不是？

10.2　拟合模型：最小二乘法

当均值 $E(y)$关于自变量 x 的关系被假设为直线模型时，下一步则是搜集数据并估计(未知)总体参数 y 截距 β_0 和斜率 β_1。

我们从一个简单的例子开始。假如一个器械商店为了确定广告对销售收入的影响，进行了一项为期 5 个月的实验，结果见表 10.1。(虽然观测值的个数和观测值本身简单得近乎不现实，但我们这样做只是为了在这一介绍性的例子中避免计算上的繁琐。)这组数据将被用于示范第 10.1 节中所给出的回归建模的 5 个步骤。在本节，我们将假设模型的确定性部分并估计其未知参数(步骤 1 和步骤 2)，有关模型假定条件和随机误差部分(步骤 3)是 10.3 和 10.4 节的内容，在 10.5～10.7 节我们评价模型的效用(步骤 4)。最后，在 10.8 节我们运用此模型进行预测和估计(步骤 5)。

表 10.1　广告—销售额数据

月份	广告支出，x(百美元)	销售收入，y(千美元)
1	1	1
2	2	1
3	3	2
4	4	2
5	5	4

步骤 1　假设概率模型的确定性部分。正如前述，本章我们将只考虑直线模型。因而，平均销售收入 $E(y)$ 关于广告费用 x 的完全模型为：

$$E(y)=\beta_0+\beta_1 x$$

步骤 2　运用样本数据估计模型中的未知参数。这一步骤是本节的内容——即，我们怎样能够最好地利用表 10.1 中所给出的 5 个观测值的样本资料去估计未知的 y 截距 β_0 和斜率 β_1？

为了确定 y 和 x 之间的线性关系是否合理，把样本数据绘在一个散点图上是很有用的。回忆到(2.10 节)一个散点图在一张图中标出了 5 个数据点各自的位置，正如图 10.3 所示。

图 10.3　表 10.1 中数据的散点图

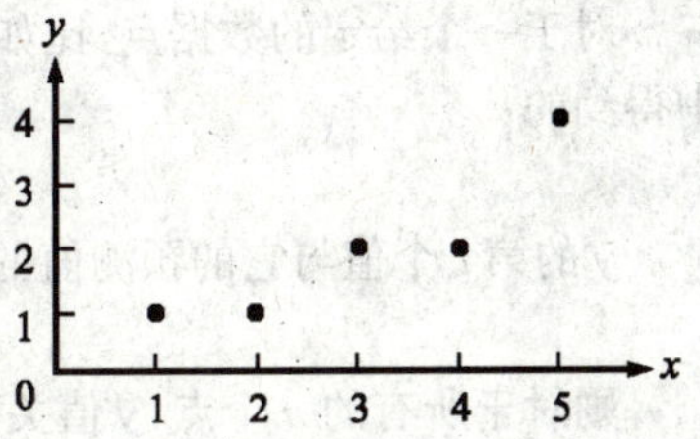

注意到此散点图表明了 y 随着 x 的增加而增加的大致趋势。如果你在散点图上放一把尺子，你就会看到可以画一条通过 5 个点中的 3 个点的直线，正如图 10.4 所示。为了得到这条直观拟合的直线的方程，注意到直线和 y 轴相交于 $y=-1$，则 y 截距为 -1。而且，x 每增加 1 个单位，y 恰好增加 1 个单位，这表明斜率为 $+1$。因此，方程为：

$$\tilde{y}=-1+1(x)=-1+x$$

这里 $\tilde{y}$ 用来表示由这个直观的模型而预测出的 y。

图 10.4　对图 10.3 中数据所拟合的直观直线

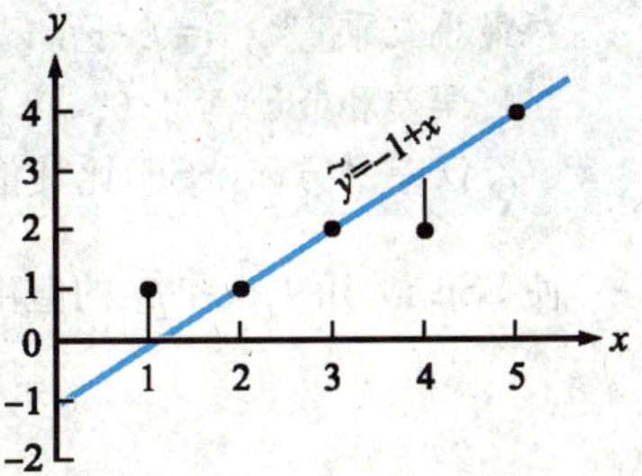

定量地确定一条直线对一组数据拟合得好坏的方法是，注意数据点偏离这条直线的程度。例如，为了评价图 10.4 中的模型，我们计算**残差**的大小，即 y 的观测值与预测值之差。这些残差，或**误差**，是观测值和预测值之间的垂直距离(见图 10.4)。y 的观测值和预测值之差及其差的平方见表 10.2。注意到**误差和**等于 0 且**误差平方和**等于 2，而后者对于点对这条直线的较大残差则给予了更多的强调。

表 10.2 对直观模型比较观测值和预测值

x	y	$\hat{y}=-1+x$	$(y-\hat{y})$	$(y-\hat{y})^2$
1	1	0	$(1-0)=\ 1$	1
2	1	1	$(1-1)=\ 0$	0
3	2	2	$(2-2)=\ 0$	0
4	2	3	$(2-3)=-1$	1
5	4	4	$(4-4)=\ 0$	0
			误差和 =0	误差平方和(SSE)=2

在图的周围移动尺子你可能会发现许多条误差和等于 0 的直线，但是可以看到，SSE 为最小值的直线有(且只有)一条。这条直线称为**最小二乘直线，回归直线**或**最小二乘预测方程**。得到这条直线的方法称为**最小二乘法**。

为了对一组数据求出其最小二乘预测方程，假如我们有一个含有 n 个数据点的样本，它由 n 对 x 值和 y 值组成，假定为 $(x_1,y_1),(x_2,y_2)\cdots,(x_n,y_n)$。例如，表中 10.2 所示的 $n=5$ 的数据点为(1,1)，(2,1)，(3,2)，(4,2)，和(5,4)，我们由这 5 个数据点计算出的拟合直线为：

$$\hat{y}=\hat{\beta}_0+\hat{\beta}_1 x$$

“帽子”表明它们之下的符号是估计值：$\hat{y}$(y—帽)是 y 的均值 $E(y)$ 的一个估计值，而且是 y 的一些将来值的一个预测值，而 $\hat{\beta}_0$ 和 $\hat{\beta}_1$ 则分别是 β_0 和 β_1 的估计值。

对于一个给定的数据点，比如点 (x_i,y_i)，y 的观测值是 y_i，y 的预测值是把 x_i 代入预测方程中得到的：

$$\hat{y}_i=\hat{\beta}_0+\hat{\beta}_1 x_i$$

y 的第 i 个值与它的预测值的残差是

$$(y_i-\hat{y}_i)=[y_i-(\hat{\beta}_0+\hat{\beta}_1 x_i)]$$

则对于所有的 n 个点，y 值关于其预测值的误差平方和是

$$\mathrm{SSE}=\sum[y_i-(\hat{\beta}_0+\hat{\beta}_1 x_i)]^2$$

使 SSE 最小的 $\hat{\beta}_0$ 和 $\hat{\beta}_1$ 的值称为总体参数 β_0 和 β_1 的**最小二乘估计值**，预测方程 $\hat{y}=\hat{\beta}_0+\hat{\beta}_1 x$ 称为**最小二乘直线**。

定义 10.1

最小二乘直线 $\hat{y}=\hat{\beta}_0+\hat{\beta}_1 x$ 具有以下两个性质：

1. 误差和(SE)等于 0。
2. 误差平方和(SSE)比其他任何直线模型的 SSE 都小。

使 SSE 最小的 $\hat{\beta}_0$ 和 $\hat{\beta}_1$ 的值由下面框内的公式给出(证明略)：①

① 熟悉微积分的学生应该注意到，使 $\mathrm{SSE}=\sum(y_i-\hat{y}_i)^2$ 最小的 $\hat{\beta}_0$ 和 $\hat{\beta}_1$ 的值是通过令两个偏导数 $\partial\mathrm{SSE}/\partial\beta_0$ 和 $\partial\mathrm{SSE}/\partial\beta_1$ 等于 0 而得到的。这两个方程的解得出了框内所示的公式。

此外，我们 $\hat{\beta}_0$ 用 $\hat{\beta}_1$ 和表示方程的样本解。这里“帽”表示它们是真实总体截距 β_0 和真实总体斜率 β_1 的样本估计值。

最小二乘估计值的公式

斜率：$\hat{\beta}_1=\dfrac{SS_{xy}}{SS_{xx}}$

y 截距：$\hat{\beta}_0=\bar{y}-\hat{\beta}_1\bar{x}$

这里 $SS_{xy}=\sum(x_i-\bar{x})(y_i-\bar{y})=\sum x_iy_i-\dfrac{(\sum x_i)(\sum y_i)}{n}$

$SS_{xx}=\sum(x_i-\bar{x})^2=\sum x_i^2-\dfrac{(\sum x_i)^2}{n}$

n = 样本容量

表 10.3　广告—销售额一例的预备计算

	x_i	y_i	x_i^2	x_iy_i
	1	1	1	1
	2	1	4	2
	3	2	9	6
	4	2	16	8
	5	4	25	20
总和	$\sum x_i=15$	$\sum y_i=10$	$\sum x_i^2=55$	$\sum x_iy_i=37$

为求出广告－销售额一例中的最小二乘直线所作的预备计算列在了表 10.3。现在我们可以计算出：

$$SS_{xy}=\sum x_iy_i-\frac{(\sum x_i)(\sum y_i)}{5}=37-\frac{15\times10}{5}=37-30=7$$

$$SS_{xx}=\sum x_i^2-\frac{(\sum x_i)^2}{5}=55-\frac{(15)^2}{5}=55-45=10$$

则最小二乘直线的斜率为：

$$\hat{\beta}_1=\frac{SS_{xy}}{SS_{xx}}=\frac{7}{10}=0.7$$

且 y 截距为：

$$\hat{\beta}_0=\bar{y}-\hat{\beta}_1\bar{x}=\frac{\sum y_i}{5}-\hat{\beta}_1\frac{\sum x_i}{5}$$

$$=\frac{10}{5}-(0.7)\left(\frac{15}{5}\right)=2-(0.7)(3)=2-2.1=-0.1$$

则最小二乘直线为：

$$\hat{y}=\hat{\beta}_0+\hat{\beta}_1x=-0.1+0.7x$$

这条直线的图见图 10.5。

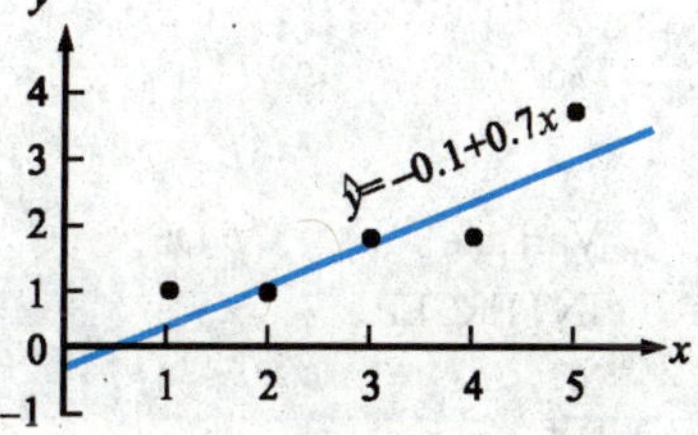

图 10.5　对数据拟合的直线 $\hat{y}=-0.1+0.7x$

对于一个给定的 x 值，y 的预测值可通过将其代入最小二乘直线的公式得到。因而，当 $x=2$ 时，我们预测 y 为：

$$\hat{y}=-0.1+0.7x=-0.1+0.7(2)=1.3$$

我们将在 10.8 节讲述怎样得到 y 的一个预测区间。

y 的观测值和预测值、y 值关于其预测值的残差以及这些残差的平方列在了表 10.4 中。注意到残差平方和 SSE 为 1.10，它比表 10.2 中直观拟合的直线所得到的 SSE = 2.0 一值要小（正如我们所预料的）。

表 10.4　比较最小二乘预测方程的观测值和预测值

x	y	$\hat{y}=-0.1+0.7x$	$(y-\hat{y})$	$(y-\hat{y})^2$
1	1	0.6	(1−0.6)=　0.4	0.16
2	1	1.3	(1−1.3)=−0.3	0.09
3	2	2.0	(2−2.0)=　0	0.00
4	2	2.7	(2−2.7)=−0.7	0.49
5	4	3.4	(4−3.4)=　0.6	0.36
			误差和=0	SSE=1.10

在简单线性回归中，为得到 $\hat{\beta}_0$、$\hat{\beta}_1$ 和 SSE 所需的计算尽管简单明了，却可能会相当繁琐。即便使用袖珍计算器，这一过程也会相当吃力且容易出错，特别是在样本容量很大的时候。所幸的是，统计软件包的运用可以显著地减少回归计算的劳动。对于表 10.1 中的数据，其简单线性回归的 SAS 输出结果见图 10.6。$\hat{\beta}_0$ 和 $\hat{\beta}_1$ 的值已显著标示在 SAS 输出结果中，它们被列在 **Parameter Estimate**（参数估计值）一列中分别标有 **INTERCEP**（截距）和 **X** 的行中。这些值，$\hat{\beta}_0=-0.1$ 和 $\hat{\beta}_1=0.7$，与我们手工所计算出的值完全吻合。SSE = 1.10 一值也已标示在了图 10.6 中，它位于 **Sum of Squares**（平方和）一列下标有 **Error**（误差）的行中。

不论你使用的是掌中计算器还是电脑，重要的是你能够根据拟合模型所运用的数据对截距和斜率进行解释。在广告—销售额一例中，估计出的 y 截距 $\hat{\beta}_0=-0.1$，似乎表示当广告费用 x 等于 0 美元时，估计的平均销售收入等于 −0.1 或 −100 美元。由于负的销售收入是不可能的，这似乎使模型毫无意义。然而，**模型参数应当仅在自变量的抽样范围内进行解释**——在这一案例中，广告费用在 100 美元和 500 美元之间。根据这一限定，当 $x=0$（广告费用为 0 美元）时，它并不在 x 的抽样值范围之内，因而对 y 的截距不能作出有意义的解释。

图 10.6　广告—销售额回归的 SAS 输出结果

```
Dependent Variable:Y
                          Analysis of Variance
                          Sum of          Mean
Source          DF        Squares         Square        F Value     Prob>F
Model            1        4.90000         4.90000       13.364      0.0354
Error            3        1.10000         0.36667
C Total          4        6.00000
      Root MSE            0.60553     R-square        0.8167
      Dep Mean            2.00000     Adj R-sq        0.7556
      C. V.              30.27650
                          Parameter Estimates
                      Parameter        Standard      T for Ho:
Variable       DF     Estimate         Error         Parameter=0    Prob>|T|
INTERCEP        1     -0.100000        0.63508530    -0.157         0.8849
X               1      0.700000        0.19148542     3.656         0.0354
```

最小二乘直线的斜率 $\hat{\beta}_1=0.7$ 表示，x 每增加 1 单位，则估计出 y 的均值增加 0.7 个单位。

在这一例中，在广告费用 100 美元至 500 美元的抽样范围内，广告费用每增加 100 美元，则估计平均销售收入增加 700 美元。因而，此模型并不意味着当广告费用从 500 美元增加到 1000 美元时，会导致平均销售额增加 3500 美元，这是由于样本中 x 的范围并没有扩展至 1000 美元（$x=10$）。要注意只能在 x 的抽样范围内解释估计的参数。

即使对估计出的参数所进行的解释是有意义的，我们也需要记住，它们仅仅是建立在样本基础上的估计值。这样，在重复抽样中，它们的值将会典型地发生变化。那么，我们有多大的把握使估计出的斜率 $\hat{\beta}_1$ 准确地接近真实的斜率 β_1 呢？这需要以置信区间和假设检验的形式进行统计推断，这些内容我们将在 10.5 节讲述。

总结一下，我们把使得误差平方和最小的那条直线确定为最佳拟合直线，并称之为最小二乘直线。我们应当只在自变量的抽样范围之内解释这条最小二乘直线。在随后的几节中，我们将讲述怎样对模型作出统计推断。

练习 10.10～10.21

技能训练

10.10 以下的表与表 10.3 相似，它是为了对给出的几对 x 和 y 值求出最小二乘直线所做的预备计算。

练习 10.10 的表

	x_i	y_i	x_i^2	x_iy_i
	7	2		
	4	4		
	6	2		
	2	5		
	1	7		
	1	6		
	3	5		
总和	$\sum x_i=$	$\sum y_i=$	$\sum x_i^2=$	$\sum x_iy_i=$

a. 完成这一表。　b. 求出 SS_{xy}。
c. 求出 SS_{xx}。　d. 求出 $\hat{\beta}_1$。
e. 求出 $\bar{x}$ 和 $\bar{y}$。　f. 求出 $\hat{\beta}_0$。
g. 求出最小二乘直线。

10.11 参考练习 10.10。当得到最小二乘直线后，下表（它与表 10.4 相似）可用于：(1)比较 y 的观测值和预测值；(2)计算 SSE。

练习 10.11 的表

x	y	$\hat{y}$	$(y-\hat{y})$	$(y-\hat{y})^2$
7	2			
4	4			
6	2			
2	5			
1	7			
1	6			
3	5			
			$\sum(y-\hat{y})=$	$SSE=\sum(y-\hat{y})^2=$

a. 完成这一表。
b. 在数据的散点图上绘出最小二乘直线。在同一张图上绘出以下直线：$\hat{y}=14-2.5x$
c. 说明 b 部分直线的 SSE 比最小二乘直线的 SSE 大。

10.12 对下表中的数据建立一张散点图。

练习 10.12 的表

x	0.5	1	1.5
y	2	1	3

a. 在你的散点图上绘出以下两条直线：$y=3-x$ 和 $y=1+x$
b. 为了描述 x 和 y 之间的关系，这两条直线中你会选择哪一条？
c. 说明这两条直线的误差平方和都等于 0。
d. 这两条直线中哪条直线的 SSE 较小？
e. 对数据求出最小二乘直线，并与 a 部分的两条直线进行比较。

10.13 考虑以下几对观测值：

练习 10.13 的表　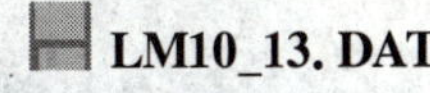**LM10_13.DAT**

x	8	5	4	6	2	5	3
y	1	3	6	3	7	2	5

a. 对这些数据建立一张散点图。
b. 散点图表明了 x 和 y 之间的什么关系？
c. 在下面的 MINITAB 输出结果中找出 β_0 和 β_1 的最小二乘估计值。
d. 在你的散点图上绘出最小二乘直线。这条直线看起来对数据拟合得好吗？请解释。
e. 解释最小二乘直线的 y 截距和斜率。在 x 的什么范围内，这些解释是有意义的？

练习 10.13 的 MINITAB 的输出结果

```
The regression equation is
y=8.54-0.994x
predictor        coef      stdev     t-ratio       p
constant        8.543      1.117       7.65      0.001
x             -0.9939     0.2208      -4.50      0.006
s=1.069     R-sq=80.2%      R-sq(adj)=76.2%
Analysis of Variance
SOURE            DF        SS         MS          F       p
Regression        1      23.144     23.144     20.25   0.006
Error             5       5.713      1.143
Total             6      28.857
```

概念运用

10.14 一个制造商所生产的橙汁质量是经常处于监控之中的。将一些感官成分和化学成分混合在一起,便可制造出口味极佳的橙汁。如果一个制造商设立了一个橙汁"甜度"的定量指数(指数越高,则橙汁越甜),则在甜度指数和橙汁中的水溶性胶质含量(百万分之一)的化学测量之间存在着一种关系吗?由某橙汁制造厂生产出的 24 份产品中所收集到的这两个变量的数据见练习 10.11 的表。假如一个制造商想要运用简单线性回归根据胶质的含量(x)对甜度(y)进行预测。

练习 10.11 的表 OJUICE.DAT

序号	甜度指数	胶质
1	5.2	220
2	5.5	227
3	6.0	259
4	5.9	210
5	5.8	224
6	6.0	215
7	5.8	231
8	5.6	268
9	5.6	239
10	5.9	212
11	5.4	410
12	5.6	256
13	5.8	306
14	5.5	259
15	5.3	284
16	5.3	383
17	5.7	271
18	5.5	264
19	5.7	227

续表

序号	甜度指数	胶质
20	5.3	263
21	5.9	232
22	5.8	220
23	5.8	246
24	5.9	241

a. 对数据求出最小二乘直线。

b. 就这一问题而言解释 $\hat{\beta}_0$ 和 $\hat{\beta}_1$。

c. 如果橙汁中胶质的含量为 300ppm,试预测其甜度指数。[注:对这样一种预测的可靠性测度在第 10.8 节讨论。]

10.15 一个赛季中的主力联赛棒球队所赢得的比赛场数与这个队的击球平均得分数有关吗?表中的数据摘自《体育画报》(*sports Illustrated*)和《体育新闻》(*Sporting News*),它列出了美国联赛 1998 年赛季的 14 个队所赢得的比赛场数与它们的击球平均得分数。

练习 10.15 的表 ALWINS.DAT

队	赢得的场数	击球平均得分数
New York	114	0.288
Toronto	88	0.266
Baltimore	79	0.273
Boston	92	0.280
Tampa Bay	63	0.261
Cleveland	89	0.272
Detroit	65	0.264
Chicago	80	0.271
Kansas City	72	0.263
Minnesota	70	0.266
Anaheim	85	0.272

续表

队	赢得的场数	击球平均得分数
Texas	88	0.289
Seattle	76	0.276
Oakland	74	0.257

a. 如果你想运用一条直线建立一个主力联赛队所赢得的平均(或预期)比赛场数与此队的击球平均得分数之间的模型,你预料这条直线的斜率将是正的还是负的?请解释。

b. 建立一个数据的散点图。散点图所表现出的模式与你在 a 部分的答案一致吗?

c. 这个简单线性回归的一个 SPSS 输出结果如下。在输出结果中找出 β 的估计值并写出最小二乘直线。

d. 在你的散点图上画出最小二乘直线。这条最小二乘直线看起来拟合了散点图上的点了吗?

e. 赢得的平均(或预期)比赛场数看起来与一个队的击球平均得分数强相关吗?请解释。

f. 就这一问题而言解释 $\hat{\beta}_0$ 和 $\hat{\beta}_1$。

练习 10.15 的 SPSS 输出结果

```
Equation Number 1    Dependent variable..       WINS
Block Number 1.    Method: Enter        BATAVE
Variable(s) Entered on Step Number
1..    BATAVE
  Multiple R              0.76684
  R Square                0.58804
  Adjusted R Square       0.55371
  Standard Error          8.78666
Analysis of Variance
                        DF        Sum of squares          Mean Square
  Regression             1          1322.46420           1322.46420
  Residual              12           926.46437             77.20536
            F=17.12918              Signif F=0.0014
---------------------------Variables in the Equation---------------------------
  variable            B            SE B          Beta            T       Sig T
  BATAVE       1057.367150     255.480401     0.766839        4.139     0.0014
  (constant)   -205.777174      69.34795                     -2.967     0.0118
```

10.16 参考练习 2.113 中《福布斯杂志》(*Forbes*,1999 年 1 月 11 日)对全国足球联赛(NFL)中各队的财务状况的报道。在下表中列出了各队的现行价值(未扣除债务,不计体育场债务)和营业收入。

练习 10.16 的表  NFLVALUE.DAT

球队	现行价值(百万美元)	营业收入(百万美元)
Dallas Cowboys	663	56.7
Washington edskins	607	48.8
Tampa Bay Buccaneers	502	41.2

续表

球队	现行价值(百万美元)	营业收入(百万美元)
Carolina Panthers	488	18.8
New England Patriots	460	13.5
Miami Dolphins	446	32.9
Denver Broncos	427	5.0
Jacksonville Jaguare	419	29.3
Baltimore Ravens	408	33.2
Seattle Seahawks	399	6.4
Pittsburgh Steelers	397	15.5
Cincinnati Bengals	394	3.4
St. Louis Rams	390	33.2

续表

球队	现行价值（百万美元	营业收入（百万美元）
New York Giants	376	25.2
San Francisco 49ers	371	12.7
Tennessee Titans	369	4.1
New York Jets	363	12.1
Kansas City Chiefs	353	31.0
Buffalo Bills	326	10.7
San Diego Chargers	323	8.2
Green Bay Packers	320	16.4
Philadelphia Eagles	318	19.1
New Orleans Saints	315	11.3
Chicago Bears	313	19.7
Minnesota Vikings	309	5.1
Atlanta Falcons	306	16.8
Indianapolis Colts	305	15.8
Arizona Cardinals	301	10.6
Oakland Raiders	299	17.3
Detroit Lions	293	16.4

a. 提出 NFL 队的现行价值(y)关于其营业收入(x)的一个直线模型。

b. 运用最小二乘法对数据拟合这一模型。

c. 就这一问题来说解释斜率和 y 截距的最小二乘估计值。

10.17 近年来，美国的银行一直在合并，形成了一些跨州的大银行。下表摘自《金融和财政杂志》(*Journal of Banking and Finance*，1999 年 2 月)，它列出了在 1980 年(第 1 年)至 1993 年(第 14 年)期间各年的美国银行合并数，它们在交易中的转手都在 5 亿或 5 亿美元以上。

练习 10.17 的表 **MERGERS.DAT**

年份	银行合并数
1	4
2	17
3	19
4	45
5	25
6	37
7	44
8	35
9	27
10	31
11	21
12	38
13	45
14	49

Source: Esly, B., Narasimhan. B., and Tufano P., "Interest－rate exposure and Bank Mergers," *Journal of Banking and Finance*, Vol. 23, No. 2—4, Feb. 1999, p. 264.

a. 对这些数据建立一张散点图，这里 y＝银行合并数，x＝年。有直观的理由表明在 x 和 y 之间的关系是一种线性关系吗？请解释。

b. 运用最小二乘法对数据拟合一条直线。

c. 在你的散点图上画出最小二乘直线。

d. 根据最小二乘直线，在 1994 年将会有多少银行合并(第 15 年)？将你的答案与 1994 年的实际银行合并数(即 42 个)作一比较。

10.18 由于原油价格主要是由一个原油供应商的卡特尔——即石油输出国组织(OPEC)进行操纵的，在 20 世纪 70 年代中期至 80 年代中期原油价格急剧上升。因此，驾车者们注意到汽油价格是呈螺旋式上升的。下表所列的数据是 1975～1996 年期间 1 加仑正规含铅汽油的标准价格和 1 桶原油的标准价格(提炼者的获得成本)。

练习 10.18 的表 **GASOIL.DAT**

年份	汽油，y(分/加仑)	原油，x(美元/桶)
1975	57	10.38
1976	59	10.89
1977	62	11.96
1978	63	12.46
1979	86	17.72
1980	119	28.07
1981	131	35.24
1982	122	31.87
1983	116	28.99
1984	113	28.63
1985	112	26.75
1986	86	14.55
1987	90	17.90
1988	90	14.67
1989	100	17.97
1990	115	22.23
1991	72	16.54
1992	71	15.99
1993	75	14.24
1994	67	13.21
1995	63	14.63
1996	72	18.56

练习 10.18 的 **STATISTIX** 输出结果

```
UNWEIGHTED LEAST SQUARES LINEAR REGRESSION OF GASOLINE

PREDICTOR
VARIABLES       COEFFICIENT      STD ERROR      STUDENT'S T        P
---------       -----------      ---------      -----------     ------
CONSTANT          30.1348         5.45403           5.53        0.0000
CRUDEOIL          3.01815         0.26542          11.37        0.0000

R-SQUARED                    0.8660   RESID. MEAN SQUARE(MSE)    80.2262
ADJUSTED R-SQUARED           0.8593   STANDARD DEVIATION         8.95691
SOURCE            DF        SS           MS          F            P
----------       ----     -----       --------    --------    --------
REGRESSION         1      10373.3     10373.3     129.30       0.0000
RESIDUAL          20      1604.52     80.2262
TOTAL             21      11977.9

CASES INCLUDED 22   MISSING CASES 0
```

a. 运用所给出的 STATISTIX 输出结果求出描述这 22 年期间内的 1 加仑汽油价格和 1 桶原油价格之间关系的最小二乘直线。

b. 建立所有数据的一个散点图。

c. 在你的散点图上绘出最小二乘直线。你的最小二乘直线看起来适当地描述了在这 22 年期间 x 和 y 之间的关系了吗？

d. 根据你的模型，如果每桶原油的价格跌至 15 美元，正规含铅汽油的价格将会（大约）跌至什么水平？说明你答案的理由。

10.19 那些将公司或公众机构的违法行为告发的人被称为揭发者(whistle blowers)。两名研究人员设计了一种指数，以此度量对揭发者进行报复的程度(《应用心理学杂志》，*Journal of Applied Psychology*，1986 年)。这一指数是基于实际经受的报复行为的次数、受到的恐吓报复行为的次数、以及在单位内(例如同事或直接上司)对他们施加报复的人数。下表对来自于联邦机构 15 名揭发者的一个样本列出了其报复指数(数字越大表明报复越广泛)和工资。

练习 10.19 的表　　**RETAL. DAT**

报复指数	工资	报复指数	工资
301	$ 62000	535	$ 19800
550	36500	455	44000
755	21600	615	46600
327	24000	700	15100
500	30100	650	70000
377	35000	630	21000
290	47500	360	16900
452	54000		

Source: Data adapted from Near, J. P., and Miceli, M. P. "Retaliation against whistle blowers: Predictors and effects." *Journal of Applied Psychology*, Vol. 71, No. 1, 1986, pp. 137－145.

a. 对这些数据建立一张散点图。由此起来，随着工资的增加，报复的程度是增加、减少抑或是保持不变的？

b. 运用最小二乘法对数据拟合一条直线。

c. 在你的散点图上画出这条最小二乘直线。最小二乘直线支持你在 a 部分问题的答案吗？请解释。

d. 就这一应用来说，解释最小二乘直线的 y 截距 $\hat{\beta}_0$。这一解释有意义吗？

e. 就这一应用来说，解释最小二乘直线的斜率 $\hat{\beta}_1$。在 x 的什么范围内，这一解释是有意义的？

10.20《销售和营销管理》(*Sales and Marketing Management*)对一个州平均每户家庭的"实际购买收入(EBI)"进行了测定，EBI 可以用来对"饮食行业"中商店范畴的每户家庭零售额进行预测吗？

a. 运用表中所给出的 13 个州的数据求出每户家庭的零售额(y)关于平均家庭 EBI(x)的最小二乘直线。

b. 在一张散点图上绘出实际的数据点，以及最小二乘直线。

c. 根据 b 部分的图，给出你对最小二乘直线的预测能力的看法。

练习 10.20 的表 EBI. DAT

州	平均家庭购买收入(美元)	零售额：饮食行业(每个家庭的美元数)
Connecticut	60998	2553.8
NewJersey	63853	2154.8
Michigan	46915	2523.3
Minnesota	44717	2278.6
Florida	42442	2475.8
South Carolina	37848	2358.4
Mississippi	34490	1538.4
Oklahoma	34830	2063.1
Texas	44729	2363.5
Colorado	44571	3214.9
Utah	43421	2653.8
California	50713	2215.0
Oregon	40597	2144.0

10.21 在 20 世纪 90 年代期间美国发生的公司裁员和重组促使被罢免的中层管理人员以及商学院的新毕业生成为企业主，以开创他们自己的事业。假如一个企业起步很好，它会发展得有多快？能够预料它在 3 年后需要 10 个或 50 个或 100 个雇员吗？为了回答这些问题，从 *Inc. Magazine's* 杂志的"1996 年美国发展最快的私人公司排行榜"中得到了一个含有 12 个公司的随机样本。每个公司的年龄 x(从 1995 年以来的年数)，以及雇员数(在 1995 年)记录在下表中。运用 SAS 对模型 $E(y)=\hat{\beta}_0+\hat{\beta}_1x$ 进行了一个简单线性回归分析，其输出结果如下。

练习 10.21 的表 INC12. DAT

公司	年龄 x(年)	雇员数量 y
General Shelters of Texas	5	43
Productivity Point International	5	52
K. C. Oswald	4	9
Multimax	7	40
Pay+Benefits	5	6
Radio Spirits	6	12
KRA	14	200
Consulting Parteners	5	76
Apex Instruments	7	15
Portable Products	6	40
Progressive System Technology	5	65
Viking Components	7	175

a. 在一张散点图上绘出数据。在一个迅速发展的公司中，雇员数量看起来随着公司年龄的增加呈线性地增加吗？

b. 在 SAS 输出结果中找出 $\hat{\beta}_0$ 和 $\hat{\beta}_1$ 的估计值，并解释其值。

练习 10.21 SAS 输出结果

```
Dependent variable: NUMBER
                         Analysis of variance
                        Sum of          Mean
Source        DF       Squares         Square        F value      Prob>F
Model          1    23536.50149    23536.50140      11.451       0.0070
Error         10    20554.41518     2055.44152
C Total       11    44090.91667

       Root MSE      45.33698       R-square       0.5338
       Dep Mean      61.08333       Adj R-sq       0.4872
       C.V.          74.22152

                         Parameter Estimates
                      Parameter       Standard      T for HO:
Variable      DF       Estimate          Error    Parameter=0     Prob>|T|
INTERCEP       1     -51.361607    35.71379104         -1.438       0.1809
AGE            1      17.754464     5.24673562          3.384       0.0070
```

10.3　模型假设

在 10.2 节我们曾假定公司销售收入关于广告费用的概率模型为：

$$y=\beta_0+\beta_1 x+\varepsilon$$

我们还可回忆到模型的确定性部分 $\beta_0+\beta_1 x$ 的最小二乘估计为：

$$\hat{y}=\hat{\beta}_0+\hat{\beta}_1 x=-0.1+0.7x$$

现在我们把注意力转移到概率模型的随机部分 ε，以及在估计 $\hat{\beta}_0$ 和 $\hat{\beta}_1$ 时它与误差的关系上面。我们将运用概率分布来描述 ε 的特征。我们将会看到怎样运用 ε 的概率分布来测定模型对因变量 y 和自变量 x 之间关系的拟合程度的。

在回归分析的步骤 3 需要我们确定随机误差 ε 的概率分布。对于这个概率分布的一般形式我们将作出以下的 4 个基本假设：

假设 1：概率分布的均值为 0。即在一个无限长的实验序列中，对于自变量 x 的每一个取值，ε 值的均值为 0。这一假设表示对于一个给定的 x 值，y 的均值 $E(y)$ 为 $E(y)=\hat{\beta}_0+\hat{\beta}_1 x$。

假设 2： 对于自变量 x 的所有取值，ε 的概率分布的方差为常数。对于直线模型，这一假设意味着，对于 x 的所有取值，ε 的方差等于一个常数，比如 σ^2。

假设 3：ε 的概率分布是正态的。

假设 4：与 y 的任何两个观测值相联的 ε 值是相互独立的。即与一个 y 值相联的 ε 值对于与其他 y 值相联的 ε 值没有任何影响。

图 10.7

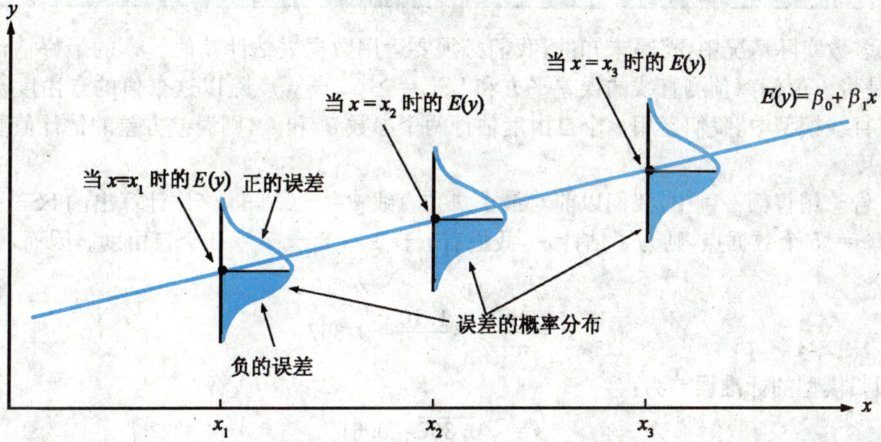

前 3 个假设的含义可以由图 10.7 看出，它显示了 3 个 x 值（即 x_1，x_2 和 x_3）的误差分布。注意到，这些误差的相对频数分布是均值为 0，方差为常数 σ^2 的正态分布（这些分布表现出具有相同大小的离散或变异）。图 10.7 所示的直线是均值线，它表示对于一个给定的 x 值所具有的 y 均值，我们将这一均值表示为 $E(y)$。则均值线由以下方程给出：

$$E(y)=\beta_0+\beta_1 x$$

这些假设使得我们可以对最小二乘估计量的可靠性进行测度，并对最小二乘直线的有效性建立假设检验。至于这些假设的有效性，我们有各种方法对其进行检验，并且在它们看起来无效时运用各种办法进行补救。我们将在第 11 章讲述几种补救方法。所幸的是，为了使最小二乘估计量有效，并不要求这些假设必需完全地保证。在许多实际运用中，这些假设只要适当满足便可。

10.4 σ^2 的一个估计量

我们似乎可以合理地假定，随机误差 ε 的变异性（由它的方差 σ^2 测度）越大，则估计模型参数 β_0 和 β_1 时的误差越大，并且对 x 的某些值预测 y 值时，$\hat{y}$ 的预测误差也越大。因而，当你通览本章发现 σ^2 出现在我们所运用的置信区间和检验统计量的所有公式中时，你不必感到惊讶。

（一阶）直线模型的 σ^2 的估计

$$s^2=\frac{\text{SSE}}{\text{误差的自由度}}=\frac{\text{SSE}}{n-2}$$

这里 $\text{SSE}=\sum(y_i-\hat{y}_i)^2=\text{SS}_{yy}-\hat{\beta}_1\text{SS}_{xy}$

$$\text{SS}_{yy}=\sum(y_i-\bar{y})^2=\sum y_i^2-\frac{(\sum y_i)^2}{n}$$

为了估计 ε 的标准差 σ，我们计算

$$s=\sqrt{s^2}=\sqrt{\frac{\text{SSE}}{n-2}}$$

我们把 s 称为回归模型的估计标准误差（estimated standard error of the regression model）。

警告：当进行这些计算时，你可能不禁想对 SS_{yy}，$\hat{\beta}_1$ 和 SS_{xx} 的计算值进行四舍五入。但是，为了避免计算 SSE 时会产生相当大的误差，对这些数一定要各自保留至少 6 个有效数字。

在大多数实际情况中，σ^2 是未知的，我们必须要运用数据去估计其值。σ^2 的最好估计值用 s^2 表示，它是将 y 值偏离预测直线的误差平方和 $\text{SSE}=\sum(y_i-\hat{y}_i)^2$ 除以这个值的自由度个数而得来的。在直线模型中，我们运用 2 个自由度估计两个参数 β_0 和 β_1，则误差方差的估计值剩下 $(n-2)$ 个自由度。

在广告—销售额一例中，我们以前对最小二乘直线 $\hat{y}=-0.1+0.7x$ 计算出的 SSE = 1.10。回忆到有 $n=5$ 个数据点，则为了估计 σ^2，我们有 $n-2=5-2=3$ 个自由度。因而，估计的方差为：

$$s^2=\frac{\text{SSE}}{n-2}=\frac{1.10}{3}=0.367$$

则回归模型的标准误差为：

$$s=\sqrt{0.367}=0.61$$

s^2 和 s 的值也可以从简单线性回归的输出结果中得到。我们将广告—销售额一例的 *SAS* 输出结果复制在图 10.8 中。在输出结果上 s^2 值标明在 **Mean Square**（均方）一列中标有 **Error**（误差）的行中（在回归中，σ^2 的估计值称为均方误差，Mean Square for Error 或 MSE）。若将 $s^2=0.36667$ 四舍五入到小数点三位数，则与我们手算的结果一致。s 值标明在图 10.8 中题为 **Root MSE**（均方误差的平方根）的旁边，这一值，$s=0.60553$，与我们手算的值是一致的（四舍五入）。

图 10.8　广告费用—销售收入一例的 SAS 输出结果

Dependent Variable: Y

Analysis of Variance

Source	DF	Sum of Squares	Mean Square	F Value	Prob>F
Model	1	4.90000	4.90000	13.364	0.0354
Error	3	1.10000	0.36667		
C Total	4	6.00000			

Root MSE	0.60553	R−square	0.8167
Dep Mean	2.00000	Adj R−sq	0.7556
C.V.	30.27650		

Parameter Estimates

Variable	DF	Parameter Estimate	Standard Error	T for Ho: Parameter=0	Prob>|T|
INTERCEP	1	−0.100000	0.63508530	−0.157	0.8849
X	1	0.700000	0.19148542	3.656	0.0354

若回想起第二章中对标准差的解释，并且记得最小二乘直线是对一个给定的 x 值估计 y 的均值，你就能够直觉地理解 s。由于 s 度量了 y 值的分布关于最小二乘直线的离散程度，因此，当发现大多数观测值落在了最小二乘直线的 $2s$，即 $2(0.61)=1.22$ 的范围之内时，我们不应当感到惊讶。在这个简单的例子中（只有 5 个数据点），所有 5 个销售收入的值都落在了最小二乘直线的 $2s$（或 1220 美元）的范围之内。在 10.8 节，当最小二乘直线用于对一个给定的 x 值预测将要观测到的 y 值时，我们运用 s 来评价预测误差。

对 ε 的估计标准差 s 的解释

我们预料大多数观测到的 y 值（≈95%）会落在它们各自的最小二乘预测值 $\hat{y}$ 的 $2s$ 范围以内。

练习 10.22～10.30

技能训练

10.22 对下列每种情况计算 SSE 和 s^2：

a. $n=20$，$SS_{yy}=95$，$SS_{xy}=50$，$\hat{\beta}_1=0.75$

b. $n=40$，$\sum y^2=860$，$\sum y=50$，$SS_{xy}=2700$，$\hat{\beta}_1=0.2$

c. $n=10$，$\sum(y_i-\bar{y})^2=58$，$SS_{xy}=91$，$SS_{xx}=170$

10.23 假如你对 26 个数据点拟合一条最小二乘直线，计算出的 SSE 值为 8.34。

a. 求出 σ^2（随机误差项 ε 的方差）的估计值 s^2。

b. 你可预料到的 26 个点中的任意一点与最小二乘直线之间的最大残差是多少？

10.24 直观地比较以下的散点图。如果对每个数据集确定一条最小二乘直线，你认为哪条直线会具有最小方差 s^2？请解释。

练习 10.24 的散点图

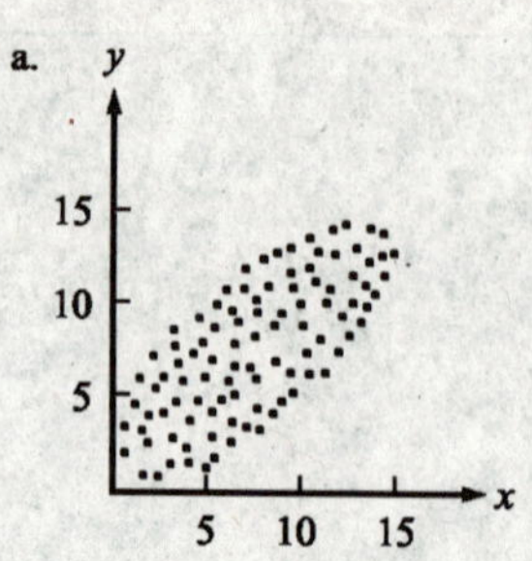

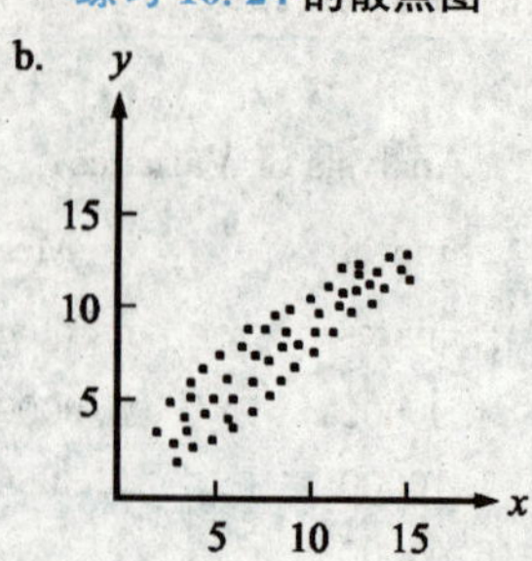

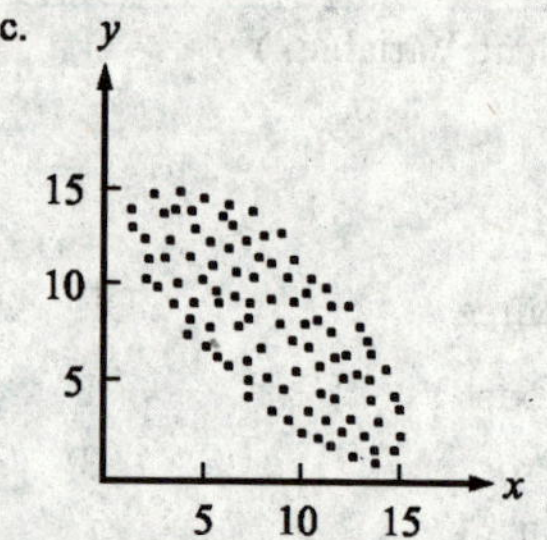

10.25 参考练习 10.10 和 10.13。计算这些练习中所得到的最小二乘直线的 SSE，s^2 和 s，并解释每个回归模型的标准误差 s。

概念运用

10.26《统计公报》(*Statistical Bulletin*，1999 年 10 月—12 月)公布了在 12 个州的一个样本中做了全面前列腺切除术病人的平均医院费用和平均住院时间长度。数据列在附表中。

练习 10.26 的表　HOSPITAL. DAT

州	平均医院费用($)	平均住院时间长度(天)
Massachusetts	11680	3.64
New Jersey	11630	4.20
Pennsylvania	9850	3.84
Minnesota	9950	3.11
Indiana	8490	3.86
Michigan	9020	3.54
Florida	13820	4.08
Georgia	8440	3.57
Tennessee	8790	3.80
Texas	10400	3.52
Arizona	12860	3.77
California	16740	3.78

资料来源：Statistical Bulletin, Vol. 80, No. 4, Oct.—Dec. 1999, p. 13.

a. 在一张散点图上绘出数据。

b. 运用最小二乘法建立平均医院费用(y)和平均住院时间长度(x)之间关系的模型。

c. 求出回归模型的估计标准误差，并联系这一问题的背景解释这一值。

d. 对于住院时间长度 $x=4$ 天，求出 $\hat{y}\pm 2s$。

e. 样本中的哪些州的平均医院费用在最小二乘直线的 $\pm 2s$ 范围之内？

10.27 在 20 世纪 70 年代之前，发展中国家在世界贸易中只扮演了一个小角色，这是由于其自身的经济政策阻碍了它们与世界经济的融合。然而，自此许多国家已改变了它们的政策并极大地提高了它们在全球经济的重要性(*World Economy*，1992 年 7 月)。下表列出了用于研究发展中国家和工业国之间每年进口水平的数据(单位为 10 亿美元)。

练习 10.27 的表　IMPORTS. DAT

	1950	1960	1970	1980	1990
工业国的进口，x	39.8	85.4	226.9	1370.2	2237.9
发展中国家的进口，y	21.1	40.1	75.6	556.4	819.4

a. 对数据拟合一条最小二乘直线。为了核对你的计算，绘出数据点并画出最小二乘直线。

b. 根据你的最小二乘直线，如果工业国的每年进口额为 16000 亿美元，你预计发展中国家的每年进口额大约为多少？

c. 计算 SSE 和 s^2。

d. 联系这一问题的背景解释标准差 s。

10.28 参考练习 10.15 中一个主力联赛棒球队所赢得的比赛场数 y 关于此队的击球平均得分数 x 之间的简单线性回归模型。SPSS 输出结果又复制在下页：

a. 在输出结果中找出 SSE，s^2 和 s。

b. 解释 s 值。

10.29 参考练习 10.21 中对于一个迅速发展的公司，其雇员数 y 与公司年龄 x 之间的简单线性回归模型。SAS 输出结果复制在下页：

a. 在输出结果中找出 SSE，s^2 和 s。

b. 解释 s 值。

10.30 为了提高任何生产过程的产出质量，首先必须要了解生产能力(Gitlow, et al., *Quality Management: Tools and Methods for Improvement*, 1995 年)。在某个制造过程中，切割工具的使用寿命与这一工具的运转速度有关。下表中的数据来源于对生产过程中普遍使用的两个

不同品牌的切割工具使用寿命的测试。

练习 10.30 的表　　CUTTOOLS. DAT

切割速度(每分钟的米数)	使用寿命(小时) 品牌 A	品牌 B
30	4.5	6.0
30	3.5	6.5
30	5.2	5.0
40	5.2	6.0
40	4.0	4.5
40	2.5	5.0
50	4.4	4.5
50	2.8	4.0
50	1.0	3.7
60	4.0	3.8
60	2.0	3.0
60	1.1	2.4
70	1.1	1.5
70	0.5	2.0
70	3.0	1.0

a. 对切割工具的每一品牌建立一个散点图。

b. 将最小二乘法运用于对每个品牌建立使用寿命和切割速度之间的模型。在下页的 EXCEL 输出结果中找到每一品牌的最小二乘直线。

c. 在输出结果上找出每条最小二乘直线的 SSE, s^2 和 s 的位置。

d. 对于每分钟 70 米的切割速度，求出每一条最小二乘直线的 $\hat{y}\pm 2s$。

e. 将最小二乘直线用于预测一个给定的切割速度下的使用寿命，你觉得哪个品牌更有把握一些？请解释。

练习 10.28 的 SPSS 输出结果

```
Equation Number 1   Dependent variable..      WINS
Block Number 1.   Method: Enter       BATAVE
Variable(s) Entered on Step Number
1..   BATAVE

 Multiple R              0.76684
 R Square                0.58804
 Adjusted R Square       0.55371
 Standard Error          8.78666

Analysis of Variance
                       DF            Sum of Squares       Mean Square
 Regression             1                1322.46420        1322.46420
 Residual              12                 926.46437          77.20536

          F=17.12918            Signif F=0.0014
--------------------------- Variables in the Equation ---------------------------

 variable              B            SE B           Beta           T        Sig T
 BATAVE          1057.367150     255.480401     0.766839        4.139      0.0014
 (constant)      -205.777174      69.34795                     -2.967     -0.0118
```

练习 10.29 的 SAS 输出结果

Dependent variable: NUMBER

Analysis of variance

Source	DF	Sum of Squares	Mean Square	F value	Prob>F
Model	1	23536.50149	23536.50149	11.451	0.0070
Error	10	20554.41518	2055.44152		
C Total	11	44090.91667			
Root MSE		45.33698	R−square	0.5338	
Dep Mean		61.08333	Adj R−sq	0.4872	
C. V.		74.22152			

Parameter Estimates

Variable	DF	Parameter Estimate	Standard Error	T for HO: Parameter=0	Prob>|T|
INTERCEP	1	−51.361607	35.71379104	−1.438	0.1809
AGE	1	17.754464	5.24673562	3.384	0.0070

练习 10. 30 的 **EXCEL 输出结果:品牌 A**

SUMMARY OUTPUT						
Regression statistics						
Multiple R	0. 6737515					
R Square	0. 453941084					
Adjusted R Square	0. 411936552					
Standard Error	1. 210721336					
observations	15					
ANOVA						
	df	SS	MS	F	Significance F	
Regression	1	15. 84133333	15. 84133333	10. 80695494	0. 00588884	
Residual	13	19. 056	1. 465846154			
Total	14	34. 89733333				
	Coefficients	Standard Error	t Stat	P—value	Lower 95%	Upper 95%
Intercept	6. 62	1. 14859111	5. 763582829	6. 55988E—05	4. 138620245	9. 101379755
Speed(x)	—0. 072666667	0. 022104646	—3. 287393335	0. 00588884	—0. 120420842	—0. 024912491

练习 10.30 的 **EXCEL 输出结果:品牌 B**

SUMMARY OUTPUT						
Regression statistics						
Multiple R	0.9377007633					
R Square	0.877983304					
Adjusted R Square	0.868597404					
Standard Error	0.609728817					
observations	15					
ANOVA						
	df	SS	MS	F	Significance F	
Regression	1	34.77633333	34.77633333	93.5427961	2.64643E−07	
Residual	13	4.833	0.371769231			
Total	14	39.60933333				
	Coefficients	Standard Error	t Stat	P—value	Lower 95%	Upper 95%
Intercept	9.31	0.578439545	16.09502683	5.7707E−10	8.060357577	10.55964242
Speed(x)	−0.10766667	0.011132074	−9.67175248	2.6464E−07	−0.13171605	−0.08361729

10.5 评价模型的效用:对斜率 β_1 进行推断

既然我们已经明确了 ε 的概率分布,并且得到了方差 σ^2 的一个估计,我们就着手对响应变量 y 的预测模型的有效性进行统计推断。这是回归建模过程的第 4 步。

我们再参考表 10.1 中的数据,并假定器械商店的销售收入与广告费用完全不相关。如果 x 对于 y 的预测不提供任何信息,则在假定的概率模型 $y=\beta_0+\beta_1x+\varepsilon$ 中的 β_0 和 β_1 值会是怎样的呢?这里的含义为,y 的均值——即模型 $E(y)=\beta_0+\beta_1x$ 的确定性部分——不随着 x 的变化而变化。在直线模型中,这意味着真实的斜率 β_1 等于 0(见图 10.9)。因此,为了检验“线性模型对于 y 的预测不提供任何信息”的原假设,和所对应的“线性模型对于预测 y 有用”的备择假设,我们检验:

H_0:$\beta_1=0$

H_a:$\beta_1\neq0$

图 10.9 $\beta_1=0$ 时模型 $y=\beta_0+\varepsilon$ 的绘图

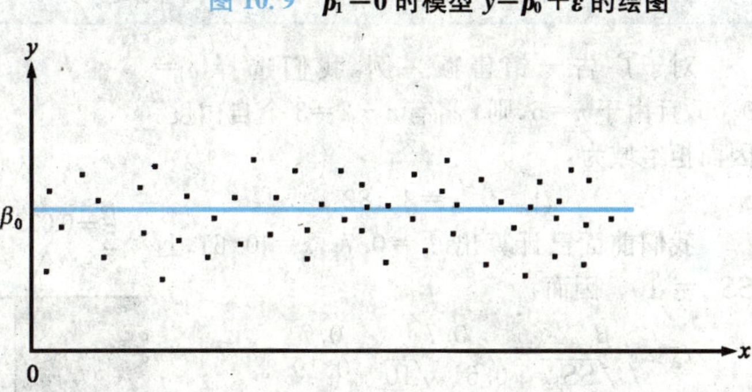

如果数据支持备择假设,我们则推断,运用直线模型使 x 对于 y 的预测确实提供了信息(尽管 $E(y)$ 与 x 之间的真正关系可能比一种直线关系更为复杂)。因而,这实际上是检验一个假设模型的有效性。

合适的检验统计量是通过考虑斜率 β_1 的最小二乘估计 $\hat{\beta}_1$ 的抽样分布而得到的,如下框所示:

> $\hat{\beta}_1$ 的抽样分布
>
> 如果我们对 ε 作出 4 个假设(见 10.3 节),则斜率的最小二乘估计 $\hat{\beta}_1$ 的抽样分布将是均值为 β_1(真实斜率)的正态分布,且其标准差为:
>
> $$\sigma_{\hat{\beta}_1}=\frac{\sigma}{\sqrt{SS_{xx}}}\text{(见图 10.10)}$$
>
> 我们用 $S_{\hat{\beta}_1}=\dfrac{S}{\sqrt{SS_{xx}}}$ 估计 $\sigma_{\hat{\beta}_1}$,并将此值称为最小二乘斜率 $\hat{\beta}_1$ 的估计标准误差。
>
> 图 10.10 $\hat{\beta}_1$ 的抽样分布
>
> 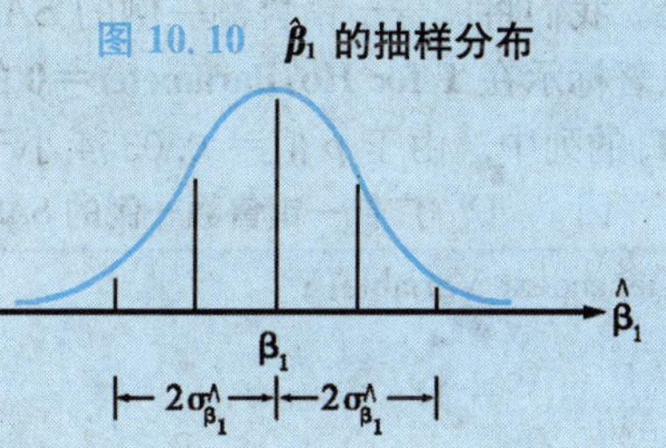
>

由于 σ 通常是未知的,则适当的检验统计量是一个如下所形成的 t 统计量:

$$t=\frac{\hat{\beta}_1-\beta_1\text{ 的假设值}}{S_{\hat{\beta}_1}}\quad\text{这里 } S_{\hat{\beta}_1}=\frac{S}{\sqrt{SS_{xx}}}$$

$$\text{因而,}t=\frac{\hat{\beta}_1-0}{s/\sqrt{SS_{xx}}}$$

注意我们已经用估计量 s 替代了 σ,接着用 s 除以 $\sqrt{SS_{xx}}$ 形成了估计标准误差 $s_{\hat{\beta}_1}$。这个 t 统计量的自由度个数与 s 的自由度个数是一样的。回想当假设模型是一条直线时(见 10.4 节),自由度个数为 $(n-2)df$。我们把建立直线模型有效性的检验总结在以下的框内

模型有效性的一个检验：简单线性回归

单尾检验	双尾检验
$H_0: \beta_1 = 0$	$H_0: \beta_1 = 0$
$H_a: \beta_1 < 0$（或 $H_a: \beta_1 > 0$）	$H_a: \beta_1 \neq 0$

检验统计量：

$$t = \frac{\hat{\beta}_1}{s_{\hat{\beta}_1}} = \frac{\hat{\beta}_1}{s/\sqrt{SS_{xx}}}$$

拒绝域：$t < -t_\alpha$ （或 $t > t_\alpha$，当 $H_a: \beta_1 > 0$ 时）	拒绝域：$\lvert t \rvert > t_{\alpha/2}$

这里 t_α 和 $t_{\alpha/2}$ 是基于 $(n-2)$ 个自由度。

假设：第 10.3 节所列出的有关 ε 的 4 个假设。

对于广告－销售额一例，我们选择 $\alpha=0.05$，且由于 $n=5$，则 t 将有 $n-2=3$ 个自由度，因而拒绝域为：

$$\lvert t \rvert > t_{0.025} = 3.182$$

我们前面已计算出 $\hat{\beta}_1 = 0.7$，$s = 0.61$，且 $SS_{xx} = 10$。因而，

$$t = \frac{\hat{\beta}_1}{s/\sqrt{SS_{xx}}} = \frac{0.7}{0.61\sqrt{10}} = \frac{0.7}{0.19} = 3.7$$

由于计算出的这个 t 值落在了右尾拒绝域中（见图 10.11），我们则拒绝原假设并得出斜率 β_1 非零的结论。因此，样本表明当运用一个线性模型时，广告费用 x 对于销售收入 y 的预测提供了信息。

图 10.11　用于检验 $H_0: \beta_1 = 0$ 对 $H\alpha: \beta_1 \neq 0$ 的拒绝域和计算出的 t 值

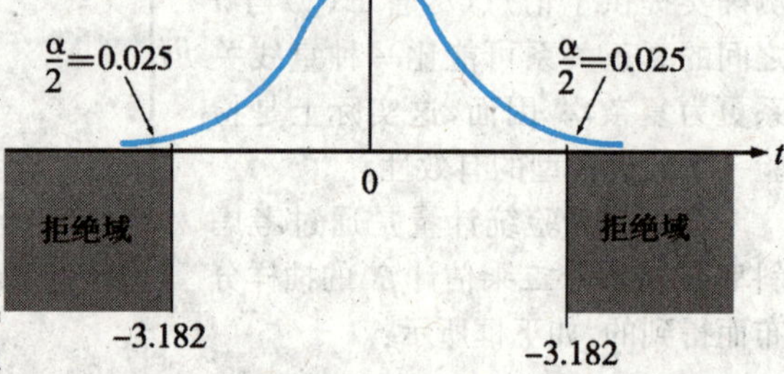

通过运用计算机输出结果上这个检验的观察到的显著性水平（p 值），我们会得到相同的结论。我们将广告－销售额一例的 *SAS* 输出结果复制在图 10.12 中。在输出结果上，检验统计量显著标示在 **T for Ho: Parameter=0** 的一列中对应于 X 的行中，双尾 p 值显著标示在标有 **Prob>|T|** 的列中。由于 p 值$=0.0354$ 小于 $\alpha=0.05$，因而我们拒绝 H_0。

图 10.12　广告—销售额一例的 SAS 输出结果

Dependent Variable: Y

Analysis of Variance

Source	DF	Sum of Squares	Mean Square	F Value	Prob>F
Model	1	4.90000	4.90000	13.364	0.0354
Error	3	1.10000	0.36667		
C Total	4	6.00000			

Root MSE	0.60553	R-square	0.8167
Dep Mean	2.00000	Adj R-sq	0.7556
C. V.	30.27650		

Parameter Estimates

Variable	DF	Parameter Estimate	Standard Error	T for Ho: Parameter=0	Prob>|T|

INTERCEP	1	−0.100000	0.63508530	−0.157	0.8849
X	1	0.700000	0.19148542	3.656	0.0354

如果计算出的 t 值没有落在拒绝域中，或者如果这个检验的观察到的显著性水平大于 α，那么我们可以得出什么结论呢？从前面已阐述过的假设检验的思想可知，这样一个 t 值并**不能**使我们接受原假设。即，我们不能得出 $\beta_1=0$ 的结论。另外的数据可能表明 β_1 不同于 0，或者在 x 和 y 之间可能存在着一种更为复杂的关系，需要拟合除直线模型以外的其他模型。在第 11 章我们将讨论这样的几个模型。

对回归模型中 β 系数的 p 值的解释

几乎所有的统计软件包都会给出回归模型中的每一个 β 参数的双尾 p 值。例如，在简单线性回归中，双尾检验 $H_0:\beta_1=0$ 对 $H_a:\beta_1\neq 0$ 的 p 值已给在了输出结果中。如果你要进行假设的一个单尾检验，则需要对输出结果上所报告的 p 值进行如下的调整：

$$\text{右尾检验}(H_a:\beta_1>0):p\text{ 值}=\begin{cases}p/2 & \text{如果 } t>0\\ 1-p/2 & \text{如果 } t<0\end{cases}$$

$$\text{左尾检验}(H_a:\beta_1<0):p\text{ 值}=\begin{cases}p/2 & \text{如果 } t<0\\ 1-p/2 & \text{如果 } t>0\end{cases}$$

这里 p 是输出结果上所报告的 p 值，t 是检验统计量的值。

对斜率 β_1 作出推断的另一个方法是运用一个置信区间对其进行估计。这一区间的形成如下框所示：

简单线性回归斜率 β_1 的一个 $100(1-\alpha)\%$ 置信区间

$$\hat{\beta}_1\pm t_{\alpha/2}s_{\hat{\beta}_1}$$

这里估计的标准误 $\hat{\beta}_1$ 是由

$$s_{\hat{\beta}_1}=\frac{s}{\sqrt{SS_{xx}}}$$

计算而来的，且 $t_{\alpha/2}$ 基于 $(n-2)$ 个自由度。

假设：关于 ε 的 4 个假设见 10.3 节。

在广告－销售额一例中，$t_{\alpha/2}$ 有 $(n-2)=3$ 个自由度。因此，当广告费用增加 100 美元时，销售收入的预期变化，即，斜率 β_1 的 95%的置信区间为：

$$\hat{\beta}_1\pm t_{0.025}s_{\hat{\beta}_1}=0.7\pm 3.182\left(\frac{s}{\sqrt{SS_{xx}}}\right)=0.7\pm 3.182\left(\frac{0.61}{\sqrt{10}}\right)=0.7\pm 0.61$$

因而，斜率参数 β_1 的区间估计为(0.09，1.31)。在这个例子中，其含义是：每增加 100 美元广告费用，我们可以有 95%的置信度确信真实的平均月度销售收入会增加 90 美元至 1310 美元。这一推论仅在 x 的抽样范围内——即，广告费用在 100 美元至 500 美元之间是有意义的。

由于这一区间中所有的值都是正的，则似乎 β_1 也是正的，并且 y 的均值 $E(y)$ 随着 x 的增加而增加。然而，此置信区间的宽度相当大，反映出了实验中的数据点太少(因而，缺少信息)。特别令人讨厌的是，置信区间的下限较小，它意味着我们甚至不能补偿增加的费用，因为广告费用增加 100 美元，仅可以使平均销售额有 90 美元的增加。如果我们想使这一区间变窄，我们则需要增加样本容量。

练习 10.31～10.43

技能训练

10.31 对下列每种情况建立 β_1 的一个 95%和一个 90%的置信区间：

a. $\hat{\beta}_1=31$，$s=3$，$SS_{xx}=35$，$n=10$

b. $\hat{\beta}_1=64$，$SSE=1960$，$SS_{xx}=30$，$n=14$

c. $\hat{\beta}_1=-8.4$，$SSE=146$，$SS_{xx}=64$，$n=20$

10.32 考虑以下每对观测值：

x	1	4	3	2	5	6	0
y	1	3	3	1	4	7	2

a. 对数据建立一个散点图。

b. 运用最小二乘法对表中的 7 个数据点拟合一条直线。

c. 在 a 部分的散点图上绘出最小二乘直线。

d. 为了检验数据是否提供了充足的理由表明 x 对于 y 的(线性)预测提供了信息，确定你所运用的原假设和备择假设。

e. 为了进行 d 部分的假设检验，应该运用的检验统计量是什么？说明检验统计量的自由度。

f. 运用 $\alpha=0.05$ 进行 d 部分的假设检验。

10.33 参考练习 10.32，对 β_1 分别建立一个 80%和 98%的置信区间。

10.34 下面的数据是否提供了充足的理由推断，一条直线对于描述 x 和 y 之间的关系是有效的？

练习 10.34 的表

x	4	2	4	3	2	4
y	1	6	5	3	2	4

概念运用

10.35 一些大公司的评论者认为，CEO 们的工资过高且他们的报酬与公司的业绩不相关。为了验证这一推测，《董事长》(*Chief Executive*，1999 年 9 月)从许多行业中选取了一个由 17 个 CEO 组成的样本，对样本中的每名 CEO 搜集了其总工资和公司业绩的有关数据，数据见下表。(注：公司业绩是假定股息用于再投资的情况下，在 1996－1998 年的 3 年中付给股东的按年计算的总利润。)

练习 10.35 的表　　CEOIT. DAT

公司	CEO	总工资（千美元）	公司业绩(%)
Cummins Engine	James A. Henderson	4338	0.8
Bank Of New York	Thomas A. Renyi	7121	52.5
Sun Trust Banks	L. Phillip Humann	3882	33.0
Bear Stearns	James E. Cayne	25002	46.1
Charles Schwab	Charles R. Schwab	16506	85.5
Coca-Cola	M. Douglas Ivester	12712	22.9
Time Warner	Gerald M. Levin	25136	49.6
Humana	Gregory H. Wolf	4516	−13.3
Engelhard	Orin R. Smith	6189	−1.8
Chubb	Dean R. O'Hare	4052	12.3
American Home Products	John R. Stafford	8046	35.5
Merck	Raymond V. Gilmartin	7178	33.4
Schering-Plough	Richard J. Kogan	6818	61.8
Home Depot	Arthur M. Blank	2900	58.6
Dell Computer	Michael S. Dell	115797	222.4
BellSouth	F. Duane Ackerman	18134	35.8
Delta Air Lines	Leo F. Mullin	17085	20.8

a. 对这些数据建立一张散点图，看起来 CEO 的工资与公司业绩相关吗？

b. 运用最小二乘法建立 CEO 的工资(y)与公司业绩(x)之间的模型。

c. CEO 的报酬与公司业绩相关吗？运用 $\alpha=0.05$ 进行适当的假设检验。

d. 联系这一问题的背景解释 β_1 的估计值。

e. 建立 β_1 的一个 90%的置信区间，并联系这一问题的背景解释你的结果。

f. 如果 CEO 的一个样本是来自于同一个行业，则 e 部分的结果可能会如何改变？

10.36 金融机构具有服务于全社会的法律和社会责任。银行能够同时满足内城和近郊、贫穷和富有社区的需要吗？在新泽西，银行被指控从少数民族比例高的市区中退出。为了核实这一指控，新泽西的一份地方性报纸《阿斯伯里地方新闻》(*Asbury Park Press*)，逐县搜集了在每个县支行中的各县人数(y)以及各县少数民族的人口比例(x)的数据。新泽西州 21 县中各县的数据列于表中。

练习 10.36 的表　**NJBANKS. DAT**

县	每个支行的人数	少数民族人口的比例
Atlantic	3073	23.3
Bergen	2095	13.0
Burlington	2905	17.8
Camden	3330	23.4
Cape May	1321	7.3
Cumberland	2557	26.5
Essex	3474	48.8
Gloucester	3068	10.7
Hudson	3683	33.2
Hunterdon	1998	3.7
Mercer	2607	24.9
Middlesex	3154	18.1
Monmouth	2609	12.6
Morris	2253	8.2
Ocean	2317	4.7
Passaic	3307	28.1
Salem	2511	16.7
Somerset	2333	12.0
Sussex	2568	2.4
Union	3048	25.6
Warren	2349	2.8

SOURCE: D'Ambrosio, P., and Chambers, S, "No checks and balances." *Asbury Park Press*, September 10, 1995.

a. 在一张散点图上绘出数据。如果有模式的话，此图显示出了什么模式？

b. 考虑线性模型 $E(y)=\beta_0+\beta_1 x$。实际上，如果对新泽西银行的指控是真实的，则少数民族比例(x)的增加会导致一个县中支行个数的减少，并因此导致每个支行中人数的增加。在这种情况下，β_1 的值是正的还是负的？

c. 这些数据支持还是驳斥了对新泽西银行界的指控？$\alpha=0.01$ 运用进行检验。

10.37《网球》杂志(*Tennis*，2000 年 2 月)声言"我们经常看到走进婚姻殿堂里的网球选手们却在赛事上走了下坡路。"下表列出了网球选手的一个样本以及他们在结婚当日和第一个周年纪念日的排名。

练习 10.37 的表 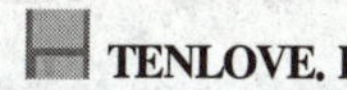

选手	结婚当日的排名	第一个周年的排名
Arthur Ashe	12	130
Jonathan Stark	67	165
Richey Reneberg	28	97
Paul Haarhuis	28	73
Richard Fromberg	40	79
Byron Black	44	77
Sabine Appelmans	16	49
Petr Korda	7	11
Dominique Van Roost	43	46
Ivan Lendl	1	3
John McEnroe	7	9
Stefan Edberg	2	3
Chris Evert	4	4
Mats Wilander	3	3
Sandrine Testud	14	12
Zina Garrison	6	4
Yevgeny Kafelnikov	8	4
Boris Becker	11	3
Michael Stich	15	6
Julie Halard-Decugis	32	15
Todd Woodbridge	71	27
Jason Stoltenberg	82	31

Source: *Tennis*, *Feb.* 2000, *p.* 14.

a. 对这些数据建立一张散点图，此图趋向于赞成还是反驳《网球》杂志的观点？说明你的理由。

b. 运用最小二乘法建立在结婚当日的排名(x)与在第一个周年纪念日的排名(y)之间关系的模型。

c. 你在 b 部分所建立的线性模型对于预测选手在第一个周年纪念日的排名提供信息了吗？在 $\alpha=0.05$ 的水平下进行检验。

d. 如果样本中的选手在结婚后的排名没有任何变化，β_0 和 β_1 的真值将是什么？

10.38 为了预测雪水对土壤的侵蚀，美国农业部建立并采纳了一般土壤损失方程（Universal Soil Loss Equation，USLE）。在雪水很常见的地区，USLE 需要对雪水侵蚀进行一个准确估计。《水土保护杂志》（*Journal of Soil and Water Conservation*，1995 年 3～4 月）的一篇文章运用简单线性回归建立了融雪侵蚀指数。加拿大 54 个气象站的数据被用于建立 McCool 调整过的冬天降雪侵蚀指数 y 的模型，使其作为每 5 年一次的雪水径流 x（按毫米测量）的直线函数。

a. 将数据点绘在了以下所示的散点图中。存在线性趋势的直观理由吗？

b. 由于在研究期间内没有降雪，从分析中剔除了七个站的数据。为什么这一方法是可取的？

c. 对剩余的 $n=47$ 个数据点的简单线性回归得到了以下的结果：

$$\hat{y}=-6.72+1.39x \qquad s_{\hat{\beta}_1}=0.06$$

运用这一信息建立 β_1 的一个 90% 置信区间。

d. 解释 c 部分的区间。

练习 10.38 的散点图

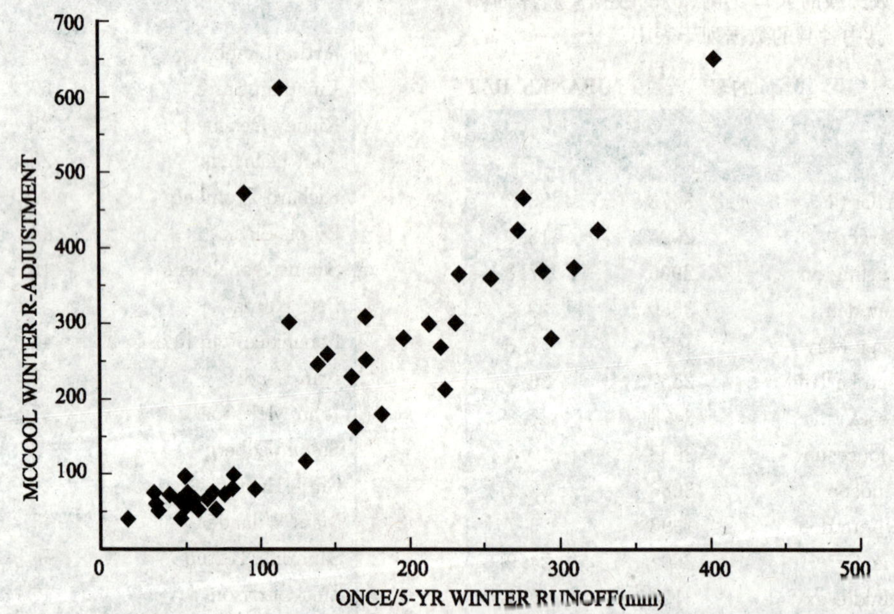

10.39 最普通的“信息检索”方法之一是文献一数据库搜索。为了对影响 Medline 联机医学文献分析和检索系统（Medline database and retrieval system）的搜索性能的变量进行研究，有人进行了一个实验（《信息科学杂志》*Journal of Information Science*，Vol. 21，1995）。他们根据一个含有 $n=124$ 次查询的样本，运用简单线性回归对运用 Medline 所检索到的潜在提供信息的文献率 y 建立了模型，使其作为搜索中所查询的项数 x 的函数。结果总结如下：

$$\hat{y}=0.202+0.135x$$

t（检验 $H_0：\beta_1=0$）$=4.98$

双尾 p 值 $=0.001$

a. 有充分的理由表明 x 和 y 之间是线性相关的吗？运用 $\alpha=0.01$ 进行检验。

b. 如果适当的话，当搜索查询有 $x=3$ 项时，运用这个模型预测文献检索率。

10.40 建立和管理全球证券组合最困难的任务之一是评估潜在的国外地区投资风险。公爵大学研究者亨利（C. R. Henry）与芝加哥第一投资管理公司（First Chicago Investment Management Company）的两名主管合作研究了一种运用国家信用等级对国外地区投资进行评价

的方法(《组合管理杂志》*Journal of Portfolio Management*,1995 年冬)。这样一种方法要想有效,它就应当有助于解释和预测所考虑的外国市场的波动性。这个研究对下表所示的按年计算的风险(y)和平均信用等级(x)的数据进行了分析。对数据进行的一个简单线性回归分析的 SPSS 输出结果也已给在下页上。

练习 10.40 的表　 **GLOBRISK. DAT**

国家或地区	按年计算的风险(%)	平均信用等级
阿根廷	87.0	31.8
澳大利亚	26.9	78.2
奥地利	26.3	83.8
比利时	22.0	78.4
巴西	64.8	36.2
加拿大	19.2	87.1
智利	31.6	38.6
哥伦比亚	31.5	44.4
丹麦	20.6	72.6
芬兰	26.1	76.0
法国	23.8	85.3
德国	23.0	93.4
希腊	39.6	51.9
中国香港	34.3	69.6
印度	30.0	46.6
爱尔兰	23.4	66.4
意大利	28.0	75.5
日本	25.7	94.5
约旦	17.6	33.6
韩国	30.7	62.2
马来西亚	26.7	64.4
墨西哥	46.3	43.3
荷兰	18.5	87.6
新西兰	26.3	68.9
尼日利亚	41.4	30.6
挪威	28.3	83.0
巴基斯坦	24.4	26.4
菲律宾	38.4	29.6
葡萄牙	47.5	56.7
新加坡	26.4	77.6
西班牙	24.8	70.8
瑞典	24.5	79.5
瑞士	19.6	94.7
中国台湾	53.7	72.9
泰国	27.0	55.8
土耳其	74.1	32.6
英国	21.8	87.6
美国	15.4	93.4
委内瑞拉	46.0	45.0
津巴布韦	35.6	24.5

Source: Erb, C. B., Harvey, C. B., and Viskanta, T. E. "Country risk and global equity selection." *Journal of Portfolio Management*, Vol. 21, No. 2, Winter 1995, p. 76. This copyrighted material is reprinted with permission from *The Journal of Portfolio Management*, a publication of Institutional Investor, Inc., 488 Madison Ave., New York, NY 10022.

a. 在输出结果上找到 β_0 和 β_1 的最小二乘估计值的位置。

b. 在一个散点图上绘出数据,然后在这个图上画出最小二乘直线的草图。

c. 数据是否提供了充足的理由推断国家信用风险(x)对于市场变动率(y)的预测提供了信息?

d. 运用 b 部分的图,直观地找出异常的数据点(离群值)。

e. 从数据集中排除 d 部分的离群值,并重新进行简单线性回归分析。请注意结果中的任何显著变化。

练习 10.40 的 SPSS 输出结果

```
Equation Number 1    Dependent variable..        RISK
Variable(s)Entered on Step Number
    1..   RATING
Multiple R                    0.57802
R Square                      0.33411
Adjusted R Square             0.31658
Standard Error               12.67770
Analysis of Variance
                      DF          Sum of squares          Mean Square
Regression             1            3064.40538            3064.40538
Residual              38            6107.51862             160.72417
F=              19.06624          Signif F=    0.0001
-------------------------- Variables in the Equation --------------------------
variable               B               SE B                  Beta          T      Sig T
BATING         -0.399606           0.091516             -0.578020     -4.366     0.0001
(constant)    -57.755060           6.127836                            9.425     0.0000
```

10.41 参考练习 10.21 和 10.29，对于一个迅速发展的公司，其雇员数 y 与其公司年龄 x 之间的简单线性回归的输出结果复制在下页：

练习 10.41 的 SAS 输出结果

```
Dependent variable:NUMBER
                           Analysis of variance
                                Sum of                 Mean
  Source           DF          Squares               Square      F value      Prob>F
  Model             1      23536.50149          23536.50149       11.451      0.0070
  Error            10      20554.41518           2055.44152
  C Total          11      44090.91667
  Root MSE                    45.33698             R-square       0.5338
  Dep Mean                    61.08333             Adj R-sq       0.4872
  C.V.                        74.22152
                           Parameter Estimates
                         Parameter          Standard        T for HO:
  Variable        DF      Estimate             Error      Parameter=0      Prob>|T|
  INTERCEP         1    -51.361607       35.71379104           -1.438        0.1809
  AGE              1     17.754464        5.24673562            3.384        0.0070
```

a. 为了确定 y 与 x 是否正的线性相关，运用 $\alpha=0.01$进行检验。

b. 建立 β_1 的一个 99%置信区间，并结合实际解释你的结果。

10.42 明茨伯格的经典之作《管理工作的本质》(*The Nature of Managerial Work*，1973 年)，对管理工作中的所有职责进行了界定。对某中型制造厂的 19 名管理者所做的一项观察研究通过

调查“成功的”管理者实际从事了哪些活动，从而拓展了明茨伯格的工作(《应用行为科学杂志》,1985 年 8 月)。为了测度成就，研究者根据管理者在公司就职的时间长度和他或她在公司中所处的地位设计了一个指数。这个指数越高，则管理者越成功。下表中的数据(它们是研究者搜集到的有代表性的数据)可用于确定一个管理者的管理成就是否与他在工作单位之外所建立的交际网络的广度相关。这样的交际包括与顾客和供应商的电话联系及会面、出席外界的会议以及公共关系工作。这个简单线性回归的一个 MINITAB 输出结果也已给出。

练习 10.42 的管理者数据

管理者	管理者成就指数, y	与外界的交际次数, x
1	40	12
2	73	71
3	95	70
4	60	81
5	81	43
6	27	50
7	53	42
8	66	18
9	25	35
10	63	82
11	70	20
12	47	81
13	80	40
14	51	33
15	32	45
16	50	10
17	52	65
18	30	20
19	42	21

练习 10.42 的 MINITAB 输出结果

```
The regression equation is
SUCCESS=44.1+0.237   INTERACT
Predictor          coef        stdev      t-ratio        p
Constant         44.130        9.362        4.71     0.000
INTERACT         0.2366       0.1865        1.27     0.222
s=19.40              R-sq=8.6%            R-sq(adj)=3.3%
Analysis of Variance
SOURE          DF        SS          MS          F         p
Regression      1      606.0       606.0       1.61     0.222
Error          17     6400.6       376.5
Total          18     7006.6
```

a. 对这些数据建立一张散点图。

b. 求出管理者成就的预测方程。

c. 求出你的预测方程的标准差 s，并联系这一问题的背景解释 s。

d. 在 a 部分的散点图上绘出最小二乘直线，由此看出，与外界交往的数量对于管理成就的预测提供信息了吗？请解释。

e. 为回答 d 部分所提出的问题，建立一个正规的统计假设检验。运用 $\alpha=0.05$。

f. 建立 β_1 的一个 95% 置信区间，并联系这一问题的背景解释这一区间。

10.43 参考练习 10.19，其中对揭发者进行报复的程度进行了研究。由于工资合理地反映了一个人在一个单位内的权力，因此，练习 10.19 中的数据可用于研究报复的程度是否与揭发者在单位内的权力有关。这个研究没有能够拒绝报复程度与权力无关的假设。你同意吗？在 $\alpha=0.05$ 的水平下进行检验。

10.6 相关系数

回忆到（选学 2.9 节）一个双变量关联（bivariate relationship）描述了两个变量 x 和 y 之间的关系，并运用散点图来描绘一个双变量关联。本节我们将讨论相关（correlation）的概念，并讲述怎样用它来测度两个变量 x 和 y 之间的线性关系。相关的一个数量描述性测度由皮尔逊积矩相关系数 r（Pearson product moment coefficient of correlation）给出。

定义 10.2

皮尔逊积矩相关系数 r 是两个变量 x 和 y 之间的线性（linear）相关程度的一种度量。它按照如下计算（对于由 x 和 y 的 n 个观测值所组成的一个样本）：

$$r=\frac{SS_{xy}}{\sqrt{SS_{xx}SS_{yy}}}$$

注意到由定义 10.2 所给出的相关系数 r 的计算公式涉及到了与计算最小二乘预测方程所用到的同样的值。实际上，由于 $\hat{\beta}_1$ 和 r 的公式的分子是相同的，因而你可以看到，当 $\hat{\beta}_1=0$ 时（即 x 对于 y 的预测不提供任何信息的情况）$r=0$；当斜率为正时 r 为正；当斜率为负时 r 为负。与 $\hat{\beta}_1$ 不同的是，相关系数 r 是无量纲的，不考虑 x 和 y 的单位，其取值在 -1 和 $+1$ 之间。

一个接近或等于 0 的 r 值表示在 y 和 x 之间没有或几乎没有线性关系。相反，r 越接近 1 或 -1，则 y 和 x 之间的线性关系越强。而且，如果 $r=1$ 或 $r=-1$，则所有的样本点会恰好落在最小二乘直线上。正的 r 值表示 y 和 x 之间的一种正的线性关系，即 y 随着 x 的增加而增加；负的 r 值则表示 y 和 x 之间的一种负的线性关系，即 y 随着 x 的增加而减少。上述的每一种情况都显示在图 10.13 中。

图 10.13 r 值及其含义

a. 正的 r：y 随着 x 的增加而增加

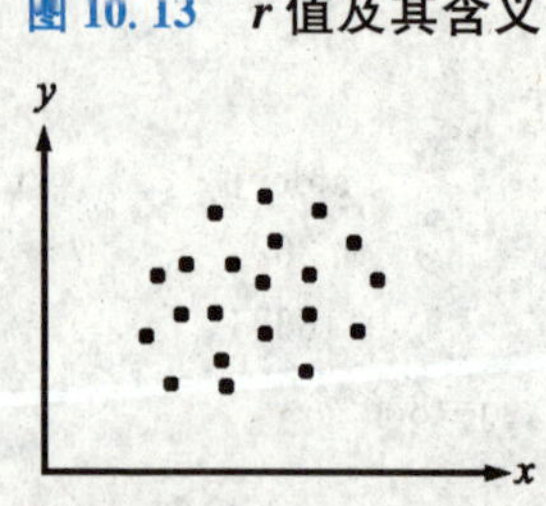

b. r 接近于 0：在 y 和 x 之间没有或几乎没有关系

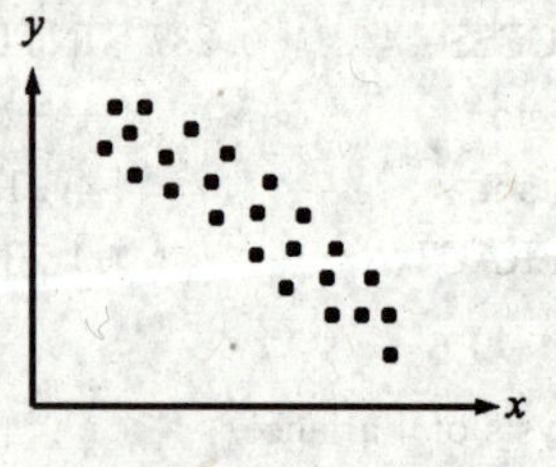

c. 负的 r：y 随着 x 的增加而减少

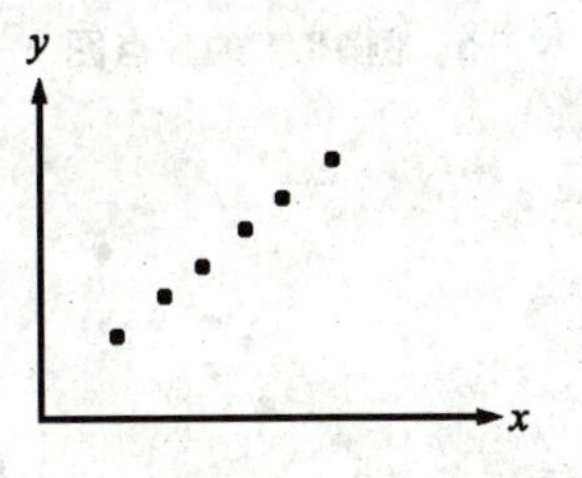

d. $r=1$：y 和 x 之间的一种完全的正关系

e. $r=-1$：y 和 x 之间的一种完全的负关系

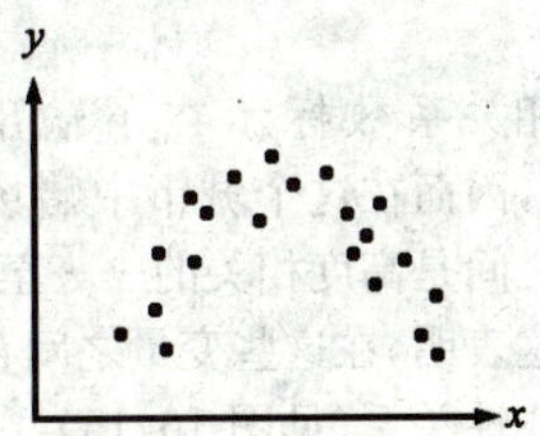

f. r 接近于 0,在 y 和 x 之间没有或几乎没有线性关系

我们运用广告－销售额一例中表 10.1 的数据讲述怎样计算相关系数 r。计算 r 所需的值有 SS_{xy}，S_{xx} 和 SS_{yy}。前两个值以前已经计算过了，但为了方便起见我们再重复一下：

$$SS_{xy}=7 \qquad SS_{xx}=10 \qquad SS_{yy}=\sum y^2-\frac{(\sum y)^2}{n}=26-\frac{(10)^2}{5}=26-20=6$$

现在我们来求出相关系数：

$$r=\frac{SS_{xy}}{\sqrt{SS_{xx}SS_{yy}}}=\frac{7}{\sqrt{(10)(6)}}=\frac{7}{\sqrt{60}}=0.904$$

γ 值为正且接近于 1 的事实表明：对于这一 5 个月的样本而言，随着广告支出 x 的增加，销售收入 y 则趋于增加，这与我们在求得最小二乘斜率的值为正时所得到的结论是相同的。

例 10.1

在密西西比河上某城市的一些河船赌场上，合法赌博是允许的。这一城市的市长想知道赌场雇员数与年犯罪率之间的相关性，因此，对过去十年的记录进行了研究，并得到了表 10.5 中所列的结果。计算这些数据的相关系数 r。

表 10.5　例 10.1 中赌场雇员和犯罪率的数据

年份	赌场雇员数，x(千)	犯罪率，y(每 1000 个人的犯罪数)
1991	15	1.35
1992	18	1.63
1993	24	2.33
1994	22	2.41
1995	25	2.63
1996	29	2.93
1997	30	3.41
1998	32	3.26
1999	35	3.63
2000	38	4.15

解答：

这里我们将运用统计软件包，而不是运用定义 10.2 中所给出的计算公式。我们将表 10.5 的数据输入到计算机，并利用 MINITAB 来计算 r。MINITAB 的输出结果见图 10.14。

图 10.14　例 10.1 的 MINITAB 输出结果

```
Correlation of NOEMPLOY and CRIMERAT=0.987
```

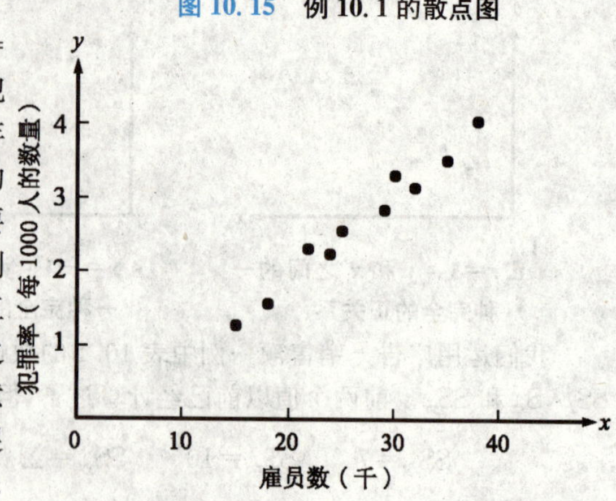

图 10.15　例 10.1 的散点图

相关系数标示在了输出结果上，为 $r=0.987$，因而在这个城市中赌场工人的规模与犯罪率之间是高度相关的——至少在过去的 10 年里。这表明，在这些变量之间存在着一种很强的正的线性关系（见图 10.15）。然而，我们一定要谨慎，不要急于做出任何没有根据的结论。例如，市长可能会不禁得出明年雇佣更多的赌场工人将会提高犯罪率的结论——即，在两个变量之间存在着一种因果关系。但是，高度相关并不意味着因果关系。事实上，有许多的事情可能既促进了赌场工人的增加，也促进了犯罪率的增加。由于河船赌博的合法化，这个城市的旅游业已不容置疑地得到了发展，因此，赌场很可能在提供的服务和数量上都得到了扩大。**在样本高度相关的基础上，我们并不能以此推断存在着因果关系。当在样本数据中观测到一种高度相关性时，惟一安全的结论仅是在 x 和 y 之间可能存在着一种线性趋势。**另外一个变量，例如旅游业的发展，才可能是 x 和 y 之间高度相关的根本原因。

要记住相关系数 r 度量的是样本中 x 值和 y 值之间的线性关系，而且这些数据点所选自的总体之间存在着一种同样的线性相关系数。总体相关系数（population correlation coefficient）用符号 ρ 表示。正如你可能预料到的，ρ 由相应的样本统计量 r 来估计。或者，我们可能不是估计 ρ，而是想要检验原假设 $H_0:\rho=0$ 对 $H_a:\rho\neq0$——即我们要检验的假设为，当运用这个直线模型时，x 对于 y 的预测不提供任何信息；对应的备择假设为：这两个变量至少线性相关。

不过，在 10.5 节检验 $H_0:\beta_1=0$ 对 $H_a:\beta_1\neq0$ 时，我们已经进行了与它同一的检验。即，原假设 $H_0:\rho=0$ 等价于假设 $H_0:\beta_1=0$。① 当我们对广告－销售额一例中的原假设 $H_0:\beta_1=0$ 进行检验时，在 $\alpha=0.05$ 的水平下，数据得出了拒绝原假设的结论。这一拒绝意味着，“在这两个变量（销售收入和广告支出）之间不存在线性相关”的原假设在 $\alpha=0.05$ 的水平下也可能被拒绝。在最小二乘斜率 $\hat{\beta}_1$ 和相关系数 r 之间的真正差异仅在于测度量纲的不同。因此，它们所提供的有关最小二乘模型有效性的信息从某种程度上讲是冗余的。出于这一原因，我们将用斜率来推断两个变量之间存在着一种正的或负的线性关系。

10.7 决定系数

度量模型有效性的另一个方法是测量 x 对于预测 y 的贡献。为此，我们来计算通过运用 x 所提供的信息，可使 y 的预测误差减少多少。为了举例说明，考虑图 10.16a 的散点图中所示的样本。如果我们假定 x 对于 y 的预测不提供任何信息，则 y 值的一个最佳预测是样本均值 $\bar{y}$，在图 10.16b 中它显示为一条水平线。在图 10.16b 中的垂直线部分是点关于均值 $\bar{y}$ 的离差。注意预测方程 $\hat{y}=\bar{y}$ 的离差平方和为：

$$SS_{yy}=\sum(y_i-\bar{y})^2$$

① 与 $t=\hat{\beta}_1/s_{\hat{\beta}_1}$ 等价的相关检验统计量是 $t=\dfrac{r}{\sqrt{(1-r^2)/(n-2)}}$

图 10.16　两个模型的离差平方和的比较

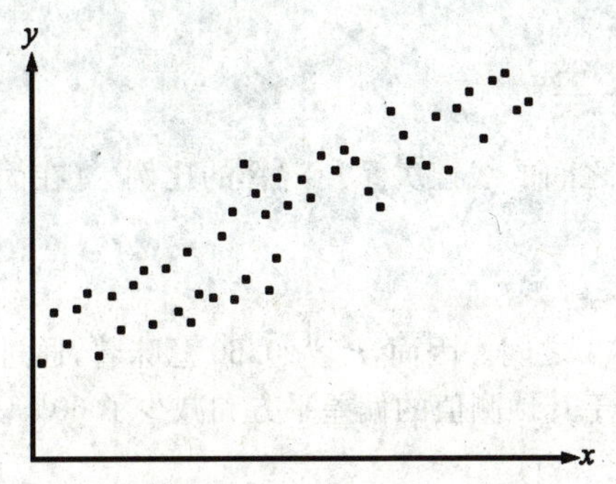

a. 数据的散点图

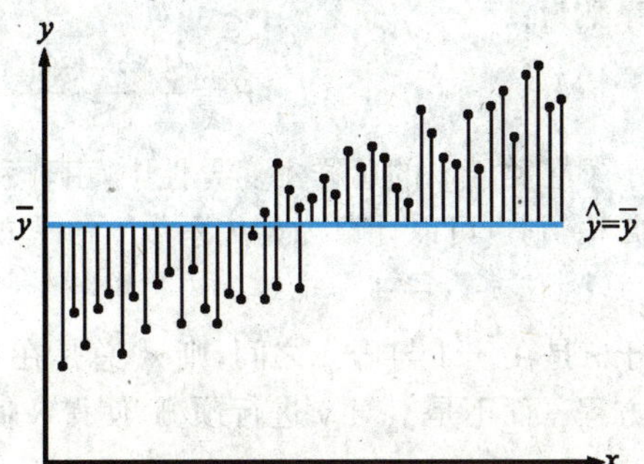

b. 假设：x 对于 y 的预测不提供任何信息，$\hat{y}=\bar{y}$

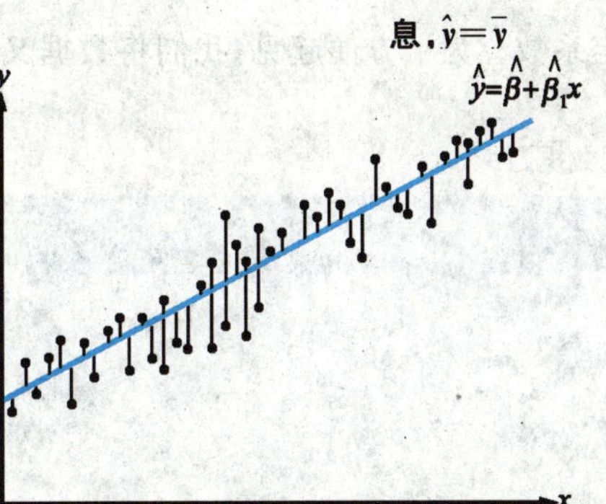

c. 假设：x 对于 y 的预测提供信息，$\hat{y}=\hat{\beta}_0+\hat{\beta}_1 x$

现在假设你对同样的一组数据拟合一条最小二乘直线，并按图 10.16c 所示确定出点关于直线的残差。比较图 10.16b 和 10.16c 中关于预测直线的偏差，你可以看到：

1. 如果 x 对于 y 的预测没有或几乎没有提供信息，则两条直线的偏差平方和为：

$$SS_{yy}=\sum(y_i-\bar{y})^2 \text{ 和 } SSE=\sum(y_i-\hat{y}_i)^2$$

将几乎是相等的。

2. 如果 x 的确对 y 的预测提供了信息，则 SSE 将比 SS_{yy} 小。实际上，如果所有的点都落在了最小二乘直线上，则 SSE=0。

这样，偏差平方和的减少可归因于 x，将其表示为 SS_{yy} 的一个比例，则为

$$\frac{SS_{yy}-SSE}{SS_{yy}}$$

注意到 SS_{yy} 是观测值关于均值 $\bar{y}$ 的"总的样本变异"，而 SSE 是拟合了直线 $\hat{y}$ 以后所剩余的"未被解释的样本变异性"。因而，(SS_{yy} －SSE)之差是归因于与 x 之间的线性关系的"被解释的样本变异性 "。则这一比例的一个文字上的描述为：

$$\frac{SS_{yy}-SSE}{SS_{yy}}=\frac{\text{被解释的样本变异性}}{\text{总的样本变异性}}$$

$$=\text{被线性关系所解释的总的样本变异性的比例}$$

这个比例被称为**决定系数**(coefficient of determination)。在简单线性回归中，你可以看到它等于简单线性相关系数 r(皮尔逊积矩相关系数)的平方。

定义 10.3

决定系数为：

$$r^2=\frac{SS_{yy}-SSE}{SS_{yy}}=1-\frac{SSE}{SS_{yy}}$$

它表示了在关于 $\bar{y}$ 的总样本变异性中，由 y 和 x 之间的线性关系所解释的比例。（在简单线性回归中，它也可以计算为相关系数 r 的平方。）

注意由于 r 是在 -1 与 $+1$ 之间，则 r^2 总是在 0 和 1 之间。因而，r^2 为 0.60 意味着，通过运用最小二乘方程 $\hat{y}$ 而不是 $\bar{y}$ 对 y 进行预测，使得 y 值关于其预测值的偏差平方和减少了 60%。

例 10.2

计算广告一销售额一例的决定系数。为了方便起见，我们将数据又列在表 10.6 中。请解释其结果。

练习 10.6　广告费用一销售收入数据

广告费用，x(百美元)	销售收入，y(千美元)
1	1
2	1
3	2
4	2
5	4

解答：

根据以前的计算：

$$SS_{yy}=6 \text{ 且 } SSE=\sum(y-\hat{y})^2=1.10$$

则由定义 10.3，决定系数为：

$$r^2=\frac{SS_{yy}-SSE}{SS_{yy}}=\frac{6.0-1.1}{6.0}=\frac{4.9}{6.0}=0.82$$

另一个计算 r^2 的方法是，回想到（第 10.6 节）$r=0.904$，则有 $r^2=(0.904)^2=0.82$。第三个方法是由计算机输出结果来得到 r^2。这个值已被显著地标示在图 10.17 中所复制的 SAS 输出结果上，它位于题为 **R－square** 的旁边。我们对其解释如下：运用广告支出 x 以最小二乘直线

$$\hat{y}=-0.1+0.7x$$

对 y 进行预测，则解释了这 5 个样本 y 值关于其均值的总离差平方和的 82%。或者，用另一种方法表述为，销售收入(y)的 82% 的样本变异可由直线模型中的广告支出(x)来"解释"。

图 10.17　广告一销售额一例的 SAS 输出结果

Dependent Variable: Y

Analysis of Variance

Source	DF	Sum of Squares	Mean Square	F Value	Prob>F
Model	1	4.90000	4.90000	13.364	0.0354
Error	3	1.10000	0.36667		
C Total	4	6.00000			
Root MSE		0.60553	R－square	0.8167	
Dep Mean		2.00000	Adj R－sq	0.7556	

C. V.	30.27650				
		Parameter Estimates			
		Parameter	Standard	T for Ho:	
Variable	DF	Estimate	Error	Parameter=0	Prob>|T|
INTERCEP	1	−0.100000	0.63508530	−0.157	0.8849
X	1	0.700000	0.19148542	3.656	0.0354

决定系数 r^2 的实际解释

y 大约有 $100(r^2)\%$的样本变异(它由样本 y 值关于其均 $\bar{y}$ 值的总离差平方和进行度量)可通过(或归因于)直线模型中运用 x 对 y 的预测来进行解释。

练习 10.44～10.56

技能训练

10.44 说明下列的每个样本相关系数告诉了你有关样本中 x 和 y 值之间的什么关系:

a. $r=1$ **b.** $r=-1$

c. $r=0$ **d.** $r=0.90$

e. $r=0.10$ **f.** $r=-0.88$

10.45 描述最小二乘直线的斜率,如果

a. $r=0.7$ **b.** $r=-0.7$

c. $r=0$ **d.** $r^2=0.64$

10.46 对下列每个数据组建立一个散点图。然后,对每个数据组计算 r 和 r^2,并解释其值。

a.

x	−2	−1	0	1	2
y	−2	1	2	5	6

b.

x	−2	−1	0	1	2
y	6	5	3	2	0

c.

x	1	2	2	3	3	3	4
y	2	1	3	1	2	3	2

d.

x	0	1	3	5	6
y	0	1	2	1	0

10.47 计算下列每个练习中最小二乘直线的 r^2,并解释其值。

a. 练习 10.10 **b.** 练习 10.13

概念运用

10.48 如果世界经济是紧密相联的,则不同国家的股票市场会一起波动。如果是这样的话,投资者便没有理由用不同国家的股票使其投资组合多样化(Sharpe,Alexander 和 Bailey,《投资》,1999 年)。下表列出了六个国家各自的股票收益与美国股票收益之间的相关系数。

练习 10.48 的表

国家	外国和美国股票之间的相关系数
澳大利亚	0.48
加拿大	0.74
法国	0.50
德国	0.43
日本	0.41
英国	0.58

Source: Sharpe, W. F., Alexander, G. J., and Bailcy. Jeffery V., *Investments*. Upper Saddle River, N. J.; Prentice Hall, 1999, p. 887.

a. 解释澳大利亚与美国的相关系数。它表明了这两个国家股票之间的什么线性关系?

b. 绘出一个大致与法国与美国的相关系数大小相一致的散点图。

c. 为什么我们必须谨慎地不要仅根据表中的资料便推断与美国结合最紧密的国家是加拿大?

10.49 许多中学生体验了"数学恐慌症",这已经对他们的学习成绩造成了负面影响。这样一种心态会影响到计算机技能的学习上吗?迪凯纳(Duquesne)大学的一名数学和计算机科学方面的研究者对这一问题进行了研究,并在《教育技术》(*Educational Technology*,1995 年 5～6 月)上发表了她的结果。来自于宾夕法尼亚的匹兹堡(Pittsburgh, Pennsylvania)公立中学的 1730 名中学生的一个样本(902 名男生和 828 名女生)参加了这一研究。研究者运用 5 分 Likert 尺度(five-point Likert scale),即,1 ="强烈不同意",5 ="强烈同

意”，度量了学生在数学和计算机两方面的兴趣和信心。

a. 对于男生，数学信心和计算机的相关系数为 $r=0.14$，请全面解释这一结果。

b. 对于女生，数学信心和计算机的相关系数为 $r=0.33$，请全面解释这一结果。

10.50 通过对20世纪70年代和80年代亚洲（特别是日本）和美国管理者的研究发现，两者在质量管理方面的看法和态度上存在着极大的差异。这种差异还继续存在吗？为此，加利福尼亚州立大学的研究者（B. F. Yavas 和 T. M. Burrows）对电子制造企业中的100名美国管理者和96名亚洲管理者进行了调查（《质量管理杂志》1994年秋）。附表给出了对于随机选取的有关质量方面的13句话中的每一句话；（例如，有一句话为“质量在我的公司中是个问题”；另一句话为“提高质量是昂贵的”）；表示赞同的美国和亚洲管理者的比例。

练习 10.50 的表　　QLAGREE. DAT

语句	同意的管理者比例	
	美国	亚洲
1	36	38
2	31	42
3	28	43
4	27	48
5	78	58
6	74	49
7	43	46
8	50	56
9	31	65
10	66	58
11	18	21
12	61	69
13	50	45

Source: Yavas, B. F., and Burrows, T. M. “A comparative study of attitudes of U. S. and Asian managers toward product quality.” *Quality Management Journal*, Fall 1994, p. 49 (Table 5).

a. 在以下的 MINITAB 输出结果中得到这些数据的相关系数 r。

```
Correlation of USA and ASIAN = 0.570
```

b. 联系这一问题的背景解释 r。

c. 参考 b 部分。运用相关系数 r 推断美国和亚洲管理者在关于质量的态度之间的差异，可能会使人误解。r 值度量的是两个变量之间的线性相关程度，它并不说明变量均值之间的差异。为了说明这一点，考查下表中假设的数据。经证实 $r\approx1$，但是对于每一句有关质量的话，亚洲的比例都大约高出30点，你还会推断美国和亚洲管理者的态度是相似的吗？

QLAGREE2. DAT

质量语句	假设的表示赞同的管理者比例	
	美国	亚洲
1	20	50
2	30	65
3	40	70
4	50	80
5	55	90

10.51 20世纪90年代的经济繁荣造就了许多新的亿万富翁。1999年《财富》（*Forbes*）评选出了400名最富有的美国人。这一名单中的前15位亿万富翁见表中所列。

练习 10.51 的表　　FORBES400. DAT

姓名	年龄	净资产（百万美元）
Gates, William H. HIII	43	85000
Allen, Paul Gardner	40	40000
Buffett, Warren Edward	69	31000
Ballmer, Steven Anthony	43	23000
Dell, Michael	34	20000
Walton, Jim C.	51	17300
Walton, Helen R.	80	17000
Walton, Alice L.	50	16900
Walton, John T.	53	16800
Walton, S. Robson	55	16600
Moore, Gordon Earl	70	15000
Ellison, Lawrence Joseph	55	13000
Anschutz, Philip F.	59	11000
Kluge, John Werner	85	11000
Anthony, Barbara Cox	76	9700

Source: Forbes. Oct. 11, 1999, p. 414.

a. 对这些数据建立一张散点图。此图表明了亿万富翁的年龄和净资产之间的什么关系？

b. 求出相关系数，并说明它告诉了你关于年龄和净资产之间的什么关系？

c. 如果 b 部分的相关系数是正的，它会怎样改变你对年龄和净资产之间关系的解释？

d. 求出净资产（y）关于年龄（x）的直线模型的

决定系数，并就这一问题解释其结果。

10.52 一个国家的生育率被定义为平均每个女性公民在其一生中所生育的孩子个数。据《科学的美国人》(*Scientific American*, Dec. 1993)报道，发展中国家的生育率在降低。研究者发现家庭计划可对生育率具有很大影响。以下的表中给出了27个发展中国家各自的生育率 y 和避孕品的普及率 x（按采取避孕的已婚妇女的比例来测度）。SAS的一个简单线性回归分析结果也已给出。

a. 研究者认为，“数据表明了在避孕品普及方面的差异解释了约90%的生育率上的变异。”你同意吗？

b. 研究者还推断，“如果避孕品的使用按15%增加，则平均每个妇女少生一个孩子。”这些数据支持这句话吗？请解释。

练习10.52的表　　**FERTRATE.DAT**

国家	避孕品的普及率，x	生育率，y	国家	避孕品的普及率，x	生育率，y
毛里求斯	76	2.2	埃及	40	4.5
泰国	69	2.3	孟加拉国	40	5.5
哥伦比亚	66	2.9	博茨瓦纳	35	4.8
哥斯达黎加	71	3.5	约旦	35	5.5
斯里兰卡	63	2.7	肯尼亚	28	6.5
土耳其	62	3.4	危地马拉	24	5.5
秘鲁	60	3.5	喀麦隆	16	5.8
墨西哥	55	4.0	加纳	14	6.0
牙买加	55	2.9	巴基斯坦	13	5.0
印度尼西亚	50	3.1	塞内加尔	13	6.5
突尼斯	51	4.3	苏丹	10	4.8
萨尔瓦多	48	4.5	也门	9	7.0
摩洛哥	42	4.0	尼日利亚	7	5.7
津巴布韦	46	5.4			

source: Robey. B., *et al*. “The fertility decline in developing countries.” *Scientific American*, December 1993, p. 62. [Note: The data values are estimated from a scatterplot.]

练习10.52的SAS输出结果

Dependent Variable: FERTRATE

Analysis of Variance

Source	DF	Sum of Squares	Mean Square	F Value	Prob>F
Model	1	35.96633	35.96633	74.309	0.0001
Error	25	12.10033	0.48401		
C Total	26	48.06667			

Root MSE	0.69571	R-square	0.7483
Dep Mean	4.51111	Adj R-sq	0.7382
C.V.	15.42216		

Parameter Estimates

Variable	DF	Parameter Estimate	Standard Error	T for Ho: Parameter=0	Prob>|T|
INTERCEP	1	6.731929	0.29034252	23.186	0.0001
CONTPREV	1	−0.054610	0.00633512	−8.620	0.0001

10.53 一份可通兑存单是资金在一段指定时间内按指定的利率存放于银行的一种可销售的收据(Lee, Finnerty 和 Norton, 1997)。下表列出了在1982年1月至1999年6月期间的3月

期存单的季末利率与同期的标准普尔 500 股票综合平均数(Standard & Poor's 500 Stock Composite Average,它是反映股票市场活动的一个指标)的季末值。对这些数据求出决定系数和相关系数,并解释这些值。运用下页上的 STATISTIX 输出结果得到你的答案。

练习 10.53 的数据 **SP500.DAT**

年度	季度	利率,x	标准普尔 500,y	年度	季度	利率,x	标准普尔 500,y
1982	Ⅰ	14.21	111.96	1991	Ⅰ	6.71	375.22
	Ⅱ	14.46	109.61		Ⅱ	6.01	371.16
	Ⅲ	10.66	120.42		Ⅲ	5.70	387.86
	Ⅳ	8.66	135.28		Ⅳ	4.91	417.09
1983	Ⅰ	8.69	152.96	1992	Ⅰ	4.25	403.69
	Ⅱ	9.20	168.11		Ⅱ	3.86	408.14
	Ⅲ	9.39	166.07		Ⅲ	3.13	417.80
	Ⅳ	9.69	164.93		Ⅳ	3.48	435.71
1984	Ⅰ	10.08	159.18	1993	Ⅰ	3.11	451.67
	Ⅱ	11.34	153.18		Ⅱ	3.21	450.53
	Ⅲ	11.29	166.10		Ⅲ	3.12	458.93
	Ⅳ	8.60	167.24		Ⅳ	3.17	466.45
1985	Ⅰ	9.02	180.66	1994	Ⅰ	3.77	445.77
	Ⅱ	7.44	191.85		Ⅱ	4.52	444.27
	Ⅲ	7.93	182.08		Ⅲ	5.03	462.69
	Ⅳ	7.80	211.28		Ⅳ	6.29	459.27
1986	Ⅰ	7.24	238.90	1995	Ⅰ	6.15	500.71
	Ⅱ	6.73	250.84		Ⅱ	5.90	544.75
	Ⅲ	5.71	231.32		Ⅲ	5.73	584.41
	Ⅳ	6.04	242.17		Ⅳ	5.62	615.93
1987	Ⅰ	6.17	291.70	1996	Ⅰ	5.29	645.50
	Ⅱ	6.94	304.00		Ⅱ	5.46	670.63
	Ⅲ	7.37	321.83		Ⅲ	5.51	687.31
	Ⅳ	7.66	247.08		Ⅳ	5.44	740.74
1988	Ⅰ	6.63	258.89	1997	Ⅰ	5.53	757.12
	Ⅱ	7.51	273.50		Ⅱ	5.66	885.14
	Ⅲ	8.23	271.91		Ⅲ	5.60	947.28
	Ⅳ	9.25	277.72		Ⅳ	5.80	970.43
1989	Ⅰ	10.09	294.87	1998	Ⅰ	5.58	1101.75
	Ⅱ	9.20	317.98		Ⅱ	5.60	1133.84
	Ⅲ	8.78	349.15		Ⅲ	5.41	1017.01
	Ⅳ	8.32	353.40		Ⅳ	5.14	1229.23
1990	Ⅰ	8.27	339.94	1999	Ⅰ	4.91	1286.37
	Ⅱ	8.33	358.02		Ⅱ	5.13	1372.71
	Ⅲ	8.08	306.05				
	Ⅳ	7.69	330.22				

Source: *Standard & Poor's Statistical service*, *Current Statistics*. Standard & Poor's Corporation, 1992, 1996, 1999.

练习 10.53 的 STATISTIX 输出结果

```
CORRELATIONS(PEARSON)
                SP500
  INTRATE      -0.5418
---------------------------------------------------------------------

UNWEIGHTED LEAST SQUARES LINEAR REGRESSION OF SP500

PREDICTOR
VARIABLES      COEFFICIENT     STD ERROR     STUDENT'S T      P
-----------    ------------    ----------    ------------    ------
CONSTANT         909.430        93.1408         9.76         0.0000
INTRATE          -67.7700       12.7498        -5.32         0.0000

R-SQUARED               0.2935     RESID. MEAN SQUARE (MSE)    66183.7
ADJUSTED R-SQUARED      0.2831     STANDARD DEVIATION          257.262

SOURCE           DF       SS          MS          F        P
-----------     ----   ---------   ---------   ------   ------
REGRESSION        1     1869911     1869911     28.25    0.0000
RESIDUAL         68     4500489     66183.7
TOTAL            69     6370401

CASES INCLUDED 70 MISSING CASES 0
```

10.54 参考练习 10.39 中《信息科学杂志》对于运用 Medline 进行检索的文献率 y 与搜索查询的项数 x 之间关系的研究。

a. 文中给出的 r 值为 $r = 0.679$。请解释这一值。

b. 计算决定系数 r^2，并解释其值。

10.55 大学足球排名与体育部的预算大小相关吗？下表中列出了体育部预算的一个样本和美联社(AP)对一个大学样本的前 25 个排名（于 1999 年 11 月 21 日）。

练习 10.55 的表　　ADBUDGET.DAT

大学	体育部预算（百万美元）	在美联社的排名
Michigan	$47.6	10
Virginia tech	20.1	2
Arkansas	24.2	17
Georgia	26.5	16
Texas A&M	27.6	24
Florida State	31.0	1
Alabama	33.4	8
Florida	39.4	5

续表

大学	体育部预算（百万美元）	在美联社的排名
Tennessee	45.0	6
Wisconsin	41.4	4
Texsa	41.2	7
Georgia Tech	21.6	20
Nebraska	36.0	3

Source: *Fortune*, Dec. 20, 1999, p. 172.

a. 对这些数据建立一张散点图。由此看出，足球排名与体育部的预算线性相关吗？对这一关系的强度用语言进行描述。

b. 通过求出并解释这些数据的相关系数，回答在本练习开始时所提出的问题。

10.56 为了研究一种商业上出售的宠物食品能否用作小雪鹅的替代食品，多伦多大学的研究人员进行了一系列实验（*Journal of Applied Ecology*, Vol. 32, 1995)。小雪鹅被停止进食，直到它们的肚子清空为止。然后，允许它们 6 个小时吃一种植物食物或 Purina 牌鸭食。对于每一个喂养实验，小雪鹅在 2.5 小时后的体重变化被记录为初始体重的百分比。记录的其他两个变量为消化效率(按比例测度)和在消化道中的酸性净化纤维量(也按比例测度)。42 个喂养实验的数据列在下页的表中。

a. 研究者对体重变化(y)和消化效率(x)之间的相关关系很感兴趣。在一张散点图上绘出这两个变量的数据。你观察到了某种趋势了吗?

b. 在下面的 **SPSS** 输出结果上,找出体重变化 y 与消化效率 x 之间的相关系数的位置,并解释此值。

c. 在 $\alpha=0.01$ 的水平下进行一个检验,以确定体重变化 y 是否与消化效率 x 相关。(注意:SPSS 的输出结果给出了对于零相关的原假设进行检验的 p 值)。

d. 重复 b 和 c 部分,但是将食用了鸭食的实验数据从分析中剔除。你将得出什么结论?

e. 研究者也对消化效率(y)与酸性净化纤维(x)之间的相关关系感兴趣。对这两个变量重复 a~d 部分的步骤。

练习 10.56 的 SPSS 输出结果

Correlations				
		WTCHNG	DIGESTEF	ACIDFIB
WTCHNG	Pearson Correlation	1.000	0.612**	−0.725**
	Sig. (2−tailed)	.	0.000	0.000
	N	42	42	42
DIGESTEF	Pearson Correlation	0.612**	1.000	−0.880**
	Sig. (2−tailed)	0.000	0.0	0.000
	N	42	42	42
ACIDFIB	Pearson Correlation	−0.725**	−0.880**	1.000
	Sig. (2−tailed)	0.000	0.000	.
	N	42	42	42

练习 10.56 的数据

SNOWGEES. DAT

喂养实验	食物	体重变化(%)	消化效率(%)	酸性净化纤维(%)
1	植物	−6	0	28.5
2	植物	−5	2.5	27.5
3	植物	−4.5	5	27.5
4	植物	0	0	32.5
5	植物	2	0	32
6	植物	3.5	1	30
7	植物	−2	2.5	34
8	植物	−2.5	10	36.5
9	植物	−3.5	20	28.5
10	植物	−2.5	12.5	29
11	植物	−3	28	28
12	植物	−8.5	30	28
13	植物	−3.5	18	30
14	植物	−3	15	31
15	植物	−2.5	17.5	30
16	植物	−0.5	18	22
17	植物	0	23	22.5
18	植物	1	20	24

续表

喂养实验	食物	体重变化(%)	消化效率(%)	酸性净化纤维(%)
19	植物	2	15	23
20	植物	6	31	21
21	植物	2	15	24
22	植物	2	21	23
23	植物	2.5	30	22.5
24	植物	2.5	33	23
25	植物	0	27.5	30.5
26	植物	0.5	29	31
27	植物	−1	32.5	30
28	植物	−3	42	24
29	植物	−2.5	39	25
30	植物	−2	35.5	25
31	植物	0.5	39	20
32	植物	5.5	39	18.5
33	植物	7.5	50	15
34	鸭食	0	62.5	8
35	鸭食	0	63	8
36	鸭食	2	69	7
37	鸭食	8	42.5	7.5
38	鸭食	9	59	8.5
39	鸭食	12	52.5	8
40	鸭食	8.5	75	6
41	鸭食	10.5	72.5	6.5
42	鸭食	14	69	7

Source: Gadallah, F. L., "Forage quality in brood rearing areas of the lesser snow goose and the growth of captive goslins." Journal of Applied Biology, Vol. 32, No. 2, 1995, pp. 281−282(adapted from figures 2 and 3).

10.8 运用模型进行估计和预测

如果我们已经找到了一个用于描述 x 和 y 之间关系的有效模型，我们就着手进行回归建模过程的第 5 步：运用模型进行估计和预测。

对于一个用于推断的概率模型，其最普遍的运用可以分为两类：

第一类运用是将模型用于对一个具体的 x 值，估计出 y 的均值 $E(y)$。在广告－销售额的例子中，我们想要对广告支出为 400 美元($x=4$)的所有月份估计出平均销售收入。

模型的第二类运用是需要对一个给定的 x 值预测出一个新的 y 值。也就是说，如果我们决定下个月在广告上花费 400 美元，则我们可能想要预测那个月的销售收入。

在第一种情况中，我们试图在给定 x 值时，估计出大量实验的 y 均值；在第二种情况中，我们试图在给定 x 值时，预测出一次实验的结果。模型的这些运用——(对同样的 x 值)估计 y 均值或预测一个新 y 值——哪一个可以更大的准确性得以实现？

在回答这一问题之前，我们首先考虑的问题是，选择 y 均值(或一个新 y 值)的一个估计(或预测)。我们将最小二乘预测方程

$$\hat{y}=\hat{\beta}_0+\hat{\beta}_1 x$$

既用于估计 y 的均值，也用于对一个给定的 x 值预测一个具体的新 y 值。就本例而言，我们得到：

$$\hat{y}=0.1+0.7x$$

这样当 $x=4$(广告费用为 400 美元)时，对于所有月份所估计出的平均销售收入为：

$$\hat{y}=-0.1+0.7(4)=2.7$$

或 2700 美元(回想 y 的单位为千美元)。同一个值也用于预测当 $x=4$ 时的一个新 y 值。即，当 $x=4$ 时，估计的 y 均值和预测值均为 $\hat{y}=2.7$，如图 10.18 所示。

图 10.18　当 $x=4$ 时销售收入的估计均值和预测值

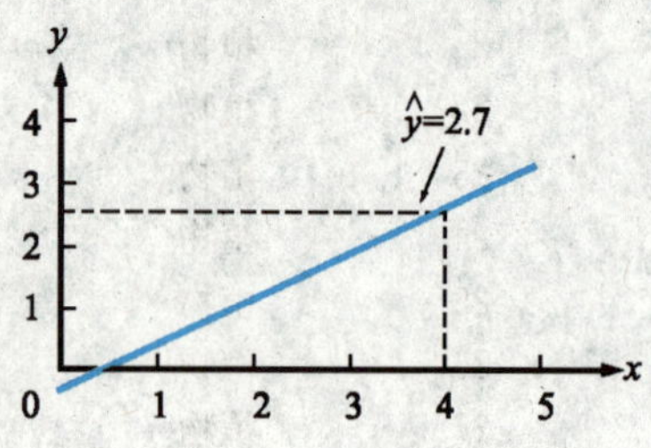

模型的这两种运用的不同之处在于估计和预测的相对准确性。这些准确性的最好测度是，当最小二乘直线分别用于估计和预测时的抽样误差。这两种误差反映在下框所给出的标准差上。

> **估计 y 均值和预测一个新 y 值的抽样误差**
>
> 1. 对于一个具体的 x 值，比如 x_p，y 均值的估计 $\hat{y}$ 的抽样分布的标准差为
>
> $$\sigma_{\hat{y}}=\sigma\sqrt{\frac{1}{n}+\frac{(x_p-\bar{x})^2}{SS_{xx}}}$$
>
> 这里 σ 是随机误差 ε 的标准差。我们称 $\sigma_{\hat{y}}$ 为 $\hat{y}$ 的标准误差。
>
> 2. 对于一个具体的 x 值，一个新 y 值的预测值 $\hat{y}$ 的预测误差的标准差为：
>
> $$\sigma_{(y-\hat{y})}=\sigma\sqrt{1+\frac{1}{n}+\frac{(x_p-\bar{x})^2}{SS_{xx}}}$$
>
> 这里 σ 为随机误差 ε 的标准差。我们称 $\sigma_{(y-\hat{y})}$ 为预测的标准误。

σ 的真值很少被得知，所以我们用 s 估计 σ，并用以下两框所示的方法计算估计区间和预测区间。

> **当 $x=x_p$ 时，y 均值的一个 $100(1-\alpha)\%$ 置信区间**
>
> $$\hat{y}\pm t_{\alpha/2}(\hat{y}\text{ 的估计标准误})$$
>
> 或
>
> $$\hat{y}\pm t_{\alpha/2}s\sqrt{\frac{1}{n}+\frac{(x_p-\bar{x})^2}{SS_{xx}}}$$
>
> 这里 $t_{\alpha/2}$ 是基于 $(n-2)$ 个自由度。

> **当 $x=x_p$ 时，一个新 y 值的 $100(1-\alpha)\%$ 预测区间①**
>
> $$\hat{y}\pm t_{\alpha/2}(\text{估计的预测标准误})$$
>
> 或
>
> $$\hat{y}\pm t_{\alpha/2}s\sqrt{1+\frac{1}{n}+\frac{(x_p-\bar{x})^2}{SS_{xx}}}$$
>
> 这里 $t_{\alpha/2}$ 是基于 $(n-2)$ 个自由度。

---

① 预测区间(prediction interval)一词在所形成的区间旨在包含一个随机变量的值的时候使用；置信区间(confidence interval)一词则用于总体参数的估计(例如均值)。

例 10.3

当器械商店在广告上花费 400 美元时,求出平均月销售额的 95%置信区间。

解答:

对于一项 400 美元的广告支出,$x=4$,则 y 的均值的置信区间为:

$$\hat{y}\pm t_{\alpha/2}s\sqrt{\frac{1}{n}+\frac{(x_p-\bar{x})^2}{SS_{xx}}}=\hat{y}\pm t_{0.025}s\sqrt{\frac{1}{5}+\frac{(4-\bar{x})^2}{SS_{xx}}}$$

这里 $t_{0.025}$ 的自由度为 $n-2=5-2=3$。回想到 $\hat{y}=2.7$, $s=0.61$, $\bar{x}=3$ 且 $SS_{xx}=10$。又根据附录 B 中的表 VI 得到, $t_{0.025}=3.182$。因而,我们有:

$$\begin{aligned}2.7\pm(3.182)(0.61)\sqrt{\frac{1}{5}+\frac{(4-3)^2}{10}}&=2.7\pm(3.182)(0.61)(0.55)\\&=2.7\pm(3.182)(0.34)\\&=2.7\pm1.1=(1.6,3.8)\end{aligned}$$

因此,当这个商店一个月在广告上的支出为 400 美元时,我们有 95%的把握确信平均销售收入在 1600 美元和 3800 美元之间。注意,为了举例说明最小二乘直线的拟合,我们只运用了少量的数据(样本容量小)。如果从一个较大的样本中得到了更多的信息,区间就很可能会更窄一些。

例 10.4

如果在广告上花费 400 美元,用一个 95%的预测区间预测下个月的月销售额。

解答:

为了对 $x_p=4$ 的某个月预测其销售额,我们计算的 95%预测区间为:

$$\begin{aligned}\hat{y}\pm t_{\alpha/2}s\sqrt{1+\frac{1}{n}+\frac{(x_p-\bar{x})^2}{SS_{xx}}}&=2.7\pm(3.182)(0.61)\sqrt{1+\frac{1}{5}+\frac{(4-3)^2}{10}}\\&=2.7\pm(3.182)(0.61)(1.14)\\&=2.7\pm(3.182)(0.70)\\&=2.7\pm2.2=(0.5,4.9)\end{aligned}$$

因而,我们以 95%的把握预测到,下个月(在广告上花费 400 美元的那个月)的销售收入将落在 500 美元至 4900 美元的区间上。与 y 均值的置信区间一样, y 的预测区间也很大,这是由于我们选择了一个简单的例子(只有 5 个数据点)来拟合最小二乘直线。若运用较多的数据点,则预测区间的宽度便可以减少。

$E(y)$的置信区间和 y 的预测区间都可以运用一个统计软件包来获得。图 10.19 和图 10.20 所示的 SAS 输出结果对广告—销售额一例中的数据分别列出了置信区间和预测区间。

图 10.19 SAS 输出结果给出的 E(y)的 95%置信区间

obs	x	Dep var y	predict Value	std Err Predict	Lower95% Mean	Upper95% Mean	Residual
1	1	1.0000	0.6000	0.469	−0.8927	2.0927	0.4000
2	2	1.0000	1.3000	0.332	0.2445	2.3555	−0.3000
3	3	2.0000	2.0000	0.271	1.1382	2.8618	0
4	4	2.0000	2.7000	0.332	1.6445	3.7555	−0.7000
5	5	4.0000	3.4000	0.469	1.9073	4.8927	0.6000

图 10.20　SAS 输出结果给出的 y 的 95%预测区间

obs	x	Dep var y	predict Value	std Err Predict	Lower95% Mean	Upper95% Mean	Residual
1	1	1.0000	0.6000	0.469	−1.8376	3.0376	0.4000
2	2	1.0000	1.3000	0.332	−0.8972	3.4972	−0.3000
3	3	2.0000	2.0000	0.271	−0.1110	4.1110	0
4	4	2.0000	2.7000	0.332	0.5028	4.8972	−0.7000
5	5	4.0000	3.4000	0.469	0.9624	5.8376	0.6000

当 $x=4$ 时，E(y)的 95%置信区间显著地标示在图 10.19 中，它位于标有 **Lower95%Mean**(95%均值下限)和 **Upper95%Mean**(95%均值上限)的列下对应于 4 的行中。输出结果上所示的区间(1.6445,3.7555)与例 10.3 中所计算出的区间是一致的(四舍五入)。当 $x=4$ 时，y 的 95%预测区间标示在图 10.20 中标有 **Lower95%Predict**(95%预测下限)和 **Upper95%Predict**(95%预测上限)的预测区间的列下。同样地，对其四舍五入后，SAS 所得到的区间(0.5028,4.8972)与例 10.4 中的计算结果也是一致的。

图 10.21 中对 $x=4$ 时 y 均值的置信区间和一个新 y 值的预测区间进行了比较。注意到一个新 y 值的预测区间总是比相应的 y 均值的置信区间要宽一些。通过对这两个区间的公式和图 10.21 进行研究，你便可以明了这一点。

图 10.21　当 $x=4$ 时，平均销售额的 95%置信区间和销售额的预测区间

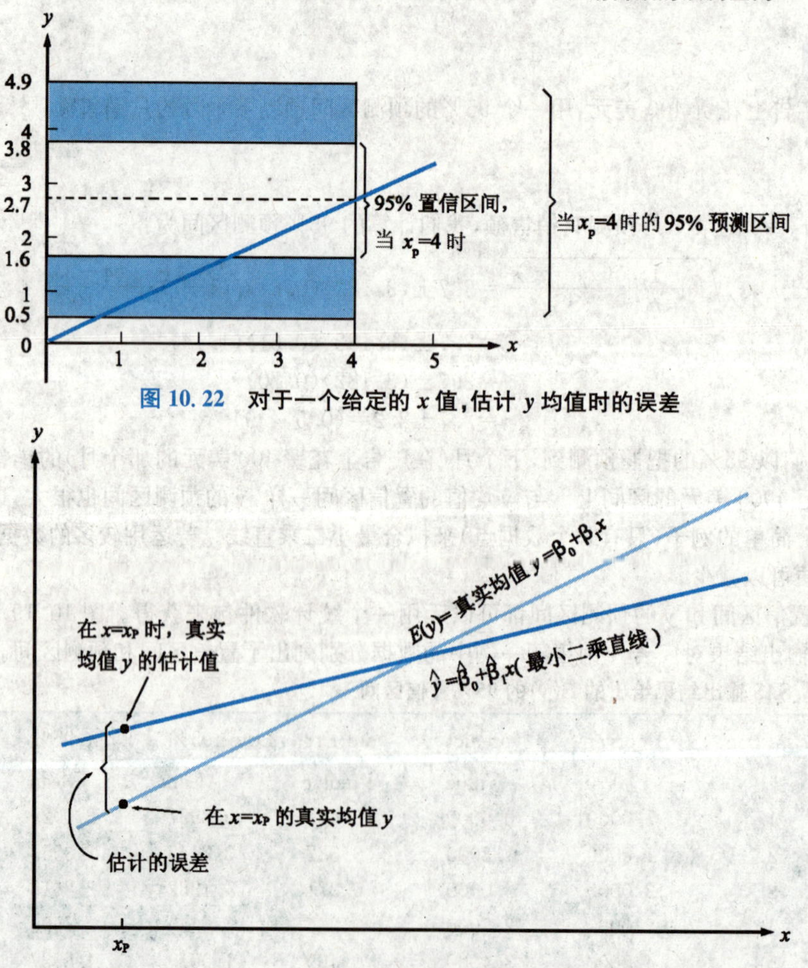

对于一个给定的 x 值，比如 x_P，估计的 y 均值 $E(y)$ 的误差是最小二乘直线与真实的均值 $E(y)=\beta_0+\beta_1 x$ 线之间的距离。这一误差，$[\hat{y}-E(y)]$，显示在图 10.22 中。相比而言，预测 y 的一些将来值所产生的误差 $(y_p-\hat{y})$ 则是两个误差之和——估计 y 均值 $E(y)$ 的误差（见图10.22），加上随机误差，后者是所要预测的 y 值的一个组成部分（见图 10.23）。因此，预测某个 y 值的误差将要比估计的某个 x 值 y 均值所产生的误差大一些。从它们的公式注意到，当 $x_p=\bar{x}$ 时估计误差和预测误差都为其最小值，x_P 离 $\bar{x}$ 越远，则估计误差和预测误差越大。若留意图10.23中对于不同的 x_P 值，均值线 $E(y)=\beta_0+\beta_1 x$ 与预测的均值线 $\hat{y}=\hat{\beta}_0+\hat{\beta}_1 x$ 两者之间的偏差，你就可以明白为什么这是正确的。在区间的两端，即数据组中 x 的最大值和最小值所在的地方，偏差更大一些。

在回归直线的整个范围内，均值的置信区间和新值的预测区间都已描绘在图 10.24 中。你可以看到，置信区间总是比预测区间窄，而且在均值 $\bar{x}$ 之处它们都是最窄的，并随着 $|x-\bar{x}|$ 这一距离的增加而不断地变宽。实际上，当 x 是从距离 $\bar{x}$ 足够远的地方选取以至于落在了样本数据范围之外时，我们对 $E(y)$ 或 y 作任何推断都是危险的。

图 10.23　对于一个给定的 x 值，预测一个将来的 y 值时的误差

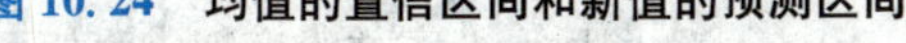

图 10.24　均值的置信区间和新值的预测区间

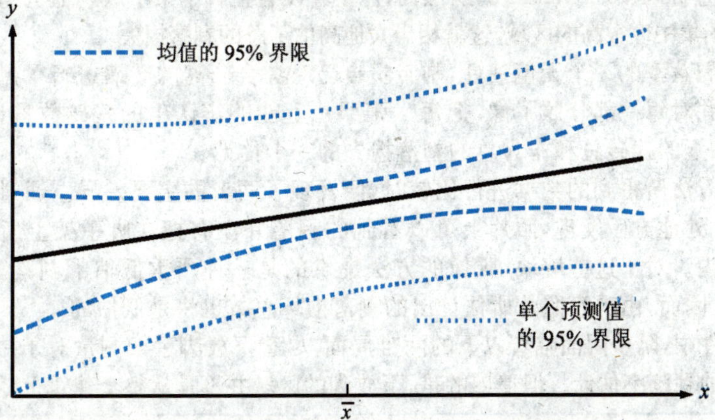

注意

对于落在你的样本数据所包含的范围之外的 x 值，运用最小二乘预测方程估计 y 均值或预测某个 y 值可能会产生比我们所预料到的更大的估计误差或预测误差。尽管最小二乘模型对于包括在样本中 x 值范围之内的数据可以提供一个好的拟合，但对于超越这一范围的 x 值，却可能只给出真实模型的一个很差的描述。

随着 n 的增加，置信区间的宽度会变小。因而，在理论上，通过选取一个足够大的样本，你尽可以得到一个如你所愿一样精确的 y 均值的估计（对于任何给定的 x）。一个新 y 值的预测区间也会随着 n 的增加而变小，但其宽度有一个下限。如果你对预测区间的公式加以研究，你就会看到这一区间不可能比 $\hat{y}\pm z_{\alpha/2}$ 更小。① 因此，要想得到新 y 值的更准确的预测，其惟一途径便是减少回归模型的标准差 σ，但这一点只有通过改进模型才可以做到。为此，你或者运用一种与 x 的曲线（而不是直线）关系，或者对模型加入新的自变量，或者两者兼而有之。改进模型的方法将在第 11 章讲述。

统计实践

10.1 对布朗克斯(Bronx)砖损坏情况的统计评价

这一案例涉及《机遇》(*Chance*，1994 年夏)杂志上讲述的一件真实的民事诉讼案。在这一诉讼中，统计在陪审团的决策上起到了关键作用。此讼案围绕一座坐落于纽约布朗克斯(Bronx, New York)的由 5 个建筑物所组成的综合性公寓。这些建筑物建于 20 世纪 70 年代末，采用了民俗设计风格的特大砖块(35 磅)，在建造中用去了将近 75 万块砖。

时光流逝，砖块开始剥落，即，部分砖面从砖体上分离下来。专家们一致认为剥落的原因是冬季的冰冻——融化循环，在这一循环中被砖面所吸收的水分在冰冻与融化之间来回变换。综合公寓的业主断言这些砖是有缺陷的。而制砖主还击道，是糟糕的设计和低劣的排水管理使得水份滞留并被这些砖体吸收，才导致了损坏。最终，这一讼案需要一个剥落率的估计——即每 1000 块砖的损坏率。

综合公寓业主运用“下放脚手架”(scaffold－drop)的测量方法估计剥落率。其方法是，一名工程师把脚手架下放到建筑物墙上所选定的位置，并清点观测区域中每 1000 块砖中可见的残砖数量。将估计出的剥落率再乘以整个综合公寓的砖总数(以千为单位)，便确定出总的受损砖数。尽管下放脚手架的测量方法在执行起来非常耗时且相当繁琐，但如果设计合适的话，它被认为是测量剥落损坏的“黄金标准(gold standard)”。然而，业主并没有把脚手架下放到随机选定的墙域，而是主要下放到残损集中度很高的区域，这就相当大地高估了总的剥落损失。

为了得到剥落率的一个无偏估计，制砖主自己对综合公寓的砖墙进行了勘查。他将墙分为 83 个部分，并对每一部分照了像，把每一张照片上能够辨认出的残砖数量记录下来，然后将所有 83 块墙上的残砖总和作为总的剥落损失的一个估计。

将这两种方法所得到的数据进行比较时，便发现了两者的主要差异。通过在脚手架上辛苦地勘察过 11 处地方后发现，照片上可以看到的剥落并没有把在脚手架上所发现的所有剥落之处包括在内。对于这些墙块，照像的方法提供的是一种严重低估了剥落率的方法，正如表 10.7 所示。因而，由观察照片所估计出的剥落损坏总数也将是低估的。

在这一案件中，陪审团面临着以下的两难局面：尽管下放脚手架测量对于一块给定的墙块给出了最精确的剥落率估计。但遗憾的是，下放到的区域并不是从整个建筑上随机选取的；相

① 这个结果是由于当 n 很大时，$t_{\alpha/2}\approx Z_{\alpha/2}$，$s\approx\sigma$ 则在预测值的标准误中，其根号下的后两项约为 0。

反，它是把脚手架下放到了剥落率高的地方，导致了对总残损情况的过高估计。另一方面，由于照片勘测对综合公寓所有 83 块墙的残损情况都进行了检查，因而，这一方法是完全的。但是，由于剥落率是用照片估计的，则至少在剥落高度集中的区域其估计是偏低的，从而导致了对总的剥落情况的一个低估。

焦点

运用表 10.6 中的数据，请你像在此案中作证的统计专家们那样，帮助陪审团估计出一块给定墙块的真实剥落率。然后说明怎样运用这一信息以及所有 83 墙块的数据（这里未给出），对总的剥落损坏（即受损砖块的总数）提供一个的合理估计。

表 10.6 对运用两种方法所估计出的剥落率的比较

BRICKS. DAT

下放的位置	下放方法的剥落率（每 1000 块砖）	照片方法的剥落率（每 1000 块砖）
1	0	0
2	5.1	0
3	6.6	0
4	1.1	0.8
5	1.8	1.0
6	3.9	1.0
7	11.5	1.9
8	22.1	7.7
9	39.3	14.9
10	39.9	13.9
11	43.0	11.8

Source: Fairley. W. B., *et al*. "Bricks, buildings, and the Bronx: Estimating masonry deterioration." *Chance*, Vol. 7, No. 3. Summer 1994, p. 36 (Figure 3). [*Note*: The data points are estimated from the points shown on a scatterplot.]

练习 10.57～10.66

技能训练

10.57 考虑以下各对观测值：

练习 10.57 的表 LM10_57. DAT

x	−2	0	2	4	6	8	10
y	0	3	2	3	8	10	11

a. 对这些数据建立一个散点图。

b. 求出最小二乘直线，并将它绘在你的散点图上。

c. 求 s^2。

d. 当 $x=3$ 时，求出 y 均值的 90% 置信区间，并在你的散点图上标出置信区间的上限和下限。

e. 当 $x=3$ 时，求出一个新 y 值的 90% 预测区间，并在你的散点图上标出预测区间的上限和下限。

f. 比较你在 d 和 e 部分所建立区间的宽度，哪一个更宽些，为什么？

10.58 考虑下表所示的每对观测值：

练习 10.58 的表 LM10_58. DAT

x	4	6	0	5	2	3	2	6	2	1
y	3	5	−1	4	3	2	0	4	1	1

对于这些数据，$SS_{xx}=38.9000$，$SS_{yy}=33.600$，$SS_{xy}=32.8$，且 $\hat{y}=-0.414+0.843x$。

a. 对这些数据建立一个散点图。

b. 在你的散点图上绘出最小二乘直线。

c. 当 $x_p=6$ 时，运用一个 95% 的置信区间估计 y 的均值，并在你的散点图上标出区间的上限和下限。

d. 对于 $x_p=3.2$ 和 $x_p=0$ 重复 c 部分。

e. 比较你在 c 和 d 部分所建立的 3 个置信区间的宽度，并说明它们为什么是不同的。

10.59 参考练习 10.58。

a. 不用 x 的任何信息，估计和计算出 y 均值的一个 95% 置信区间。[提示：运用 7.3 节的单样本 t 方法。]

b. 在你的散点图上把估计出的均值和置信区间绘为水平线。

c. 将你在练习 10.58 的 c 和 d 部分中所计算出的置信区间与你在本练习的 a 部分中所计算出的置信区间作一比较。由此看来，x 对 y 的均值提供信息了吗？

d. 用一个原假设为 $H_0: \beta_1=0$ 以及 $H_a: \beta_1 \neq 0$ 的统计检验，对你在 c 部分所给出的答案进行检验。运用 $\alpha=0.05$。

10.60 在对 $n=10$ 个数据点拟合一条最小二乘直线时，计算出了以下的值：

$SS_{xx}=32, \bar{x}=3, SS_{yy}=26, \bar{y}=4, SS_{xy}=28$

a. 求出最小二乘直线。

b. 画出最小二乘直线。

c. 计算 SSE。

d. 计算 s^2。

e. 当 $x_p=2.5$ 时，求出 y 均值的一个 95% 置信区间。

f. 当 $x_p=4$ 时，求出 y 的一个 95% 预测区间。

概念运用

10.61 许多变量影响着现存的单身家庭住房的销售情况，其中一个变量是支付抵押贷款的利率。在下表中给出了 1982～1977 年期间每年售出的单身家庭住房总数 y，以及平均每年的协定抵押利率。简单线性回归的 STATISTIX 输出结果也已给出。

练习 10.61 的表 **MORTRATE.DAT**

年份	售出的房屋数 y(千)	利率 x(%)	年份	售出的房屋数 y(千)	利率 x(%)
1982	1990	15.82	1991	3220	9.20
1983	2719	13.44	1992	3520	8.43
1984	2868	13.81	1993	3802	7.36
1985	3214	12.29	1994	3946	8.59
1986	3565	10.09	1995	3812	8.05
1987	3526	10.17	1996	4087	8.03
1988	3594	10.31	1997	4215	7.76
1989	3346	10.22			
1990	3211				

Source: U. S. Bureau of the Census. *Statistical Abstract of the United States*; 1998. pp. 526. 720.

练习 10.61 的 STATISTIX 输出结果

```
UNWEIGHTED LEAST SQUARES LINEAR REGRESSION OF HOMES

PREDICTOR
VARIABLES     COEFFICIENT    STD ERROR    STUDENT'S T     P
-----------   -----------    ---------    -----------   ------
CONSTANT       5566.13       253.996       21.95        0.0000
 INTRATE       -210.346       24.1940      -8.69        0.0000

R-SQUARED                  0.8437   RESID. MEAN SQUARE (MSE)   52438.8
ADJUSTED    R-SQUARED      0.8326   STANDARD DEVIATION         228.995

SOURCE        DF      SS          MS          F         P
----------   ----   ---------   ---------   -------   ------
REGRESSION     1    3963719     3963719     75.59     0.0000
RESIDUAL      14    734143      52438.8
TOTAL         15    4697861
```

```
PREDICTED/FITTED VALUES OF HOMES

LOWER PREDICTED BOUND     3364.1     LOWER FITTED BOUND  3714.7
PREDICTED VALUE           3883.4           FITTED VALUE  3883.4
UPPER PREDICTED BOUND     4402.7     UPPER FITTED BOUND  4052.0
SE (PREDICTED VALUE)      242.12      SE(FITTED VALUE)   78.635


UNUSUALNESS(LEVERAGE)     0.1179
PERCENT COVERAGE            95.0
CORRESPONDING T             2.14


PREDICTOR VALUES:INTRATE=8.0000
```

a. 在图纸上绘出数据点。

b. 在输出结果中找出 y 关于 x 的最小二乘直线。在 a 部分的图上绘出这条直线，它看起来是否模拟了 y 和 x 之间的关系。

c. 数据是否提供了充足的理由表明抵押利率对于现存单身家庭住房年销售量的预测提供了信息?

d. 找到 r^2 的位置，并解释其值。

e. 当平均年抵押利率为 8.0%时，现存单身家庭住房的平均每年售出量的 95%置信区间见输出结果上"Lower/Upper Fitted Bound"的旁边，请解释这一区间。

f. 当平均年抵押利率为 8.0%时，现存单身家庭住房每年售出量的 95%预测区间见输出结果上"Lower/Upper Predicted Bound"的旁边，请解释这一区间。

g. 说明为什么在 e 和 f 部分所求出的区间宽度是不同的。

10.62 参考练习 10.14 中对于 $n=24$ 个橙汁样本的甜度指数 y 和胶质数量 x 的简单线性回归。对于每一个 x 值，平均甜度指数 $E(y)$ 的一个 90%置信区间见 SPSS 电子数据表。选择一个观测值，并解释这一区间。

练习 10.62 的 SPSS 电子数据表

	序号	甜度	胶质	置信下限	置信上限
1	1.00	5.20	220.00	5.64898	5.83848
2	2.00	5.50	227.00	5.63898	5.81613
3	3.00	6.00	259.00	5.57819	5.72904
4	4.00	5.90	210.00	5.66194	5.87173
5	5.00	5.80	224.00	5.64337	5.82560
6	6.00	6.00	215.00	5.65564	5.85493
7	7.00	5.80	231.00	5.63284	5.80379
8	8.00	5.60	268.00	5.55553	5.71011
9	9.00	5.60	239.00	5.61947	5.78019
10	10.00	5.90	212.00	5.65946	5.86497
11	11.00	5.40	410.00	5.05526	5.55416
12	12.00	5.60	256.00	5.58517	5.73592
13	13.00	5.80	306.00	5.43785	5.65219
14	14.00	5.50	259.00	5.57819	5.72904
15	15.00	5.30	284.00	5.50957	5.68213
16	16.00	5.30	383.00	5.15725	5.57694
17	17.00	5.70	271.00	5.54743	5.70434
18	18.00	5.50	264.00	5.65691	5.71821
19	19.00	5.70	227.00	5.63898	5.81613
20	20.00	5.30	263.00	5.56843	5.72031
21	21.00	5.90	232.00	5.63125	5.80075
22	22.00	5.80	220.00	5.64898	5.83848
23	23.00	5.80	246.00	5.60640	5.76091
24	24.00	5.90	241.00	5.61587	5.77454

10.63 参考练习 10.21，10.29 和 10.41 中，对于迅速发展的公司，其雇员数 y 和公司年龄 x 之间的简单线性回归。这一分析的 SAS 输出结果见下页。

练习 10.63 的 SAS 输出结果

Dependent variable: NUMBER

Analysis of Variance

source	DF	Sum of Squares	Mean Square	F Value	prob>F
Model	1	23536.50149	23536.50149	11.451	0.0070
Error	10	20554.41518	2055.44152		
C Total	11	44090.91667			

Root MSE	45.33698	R-square	0.5338
Dep Mean	61.08333	Adj R-sq	0.4872
C. V.	74.22152		

Variable	DF	parameter Estimate	Standard Error	T for HO: parameter=0	Prob>|T|
INTERCEP	1	−51.361607	35.71379104	−1.438	0.1809
AGE	1	17.754464	5.24673562	3.384	0.0070

Obs	AGE	Dep Var NUMBER	Predict Value	Std Err Predict	Lower 95% Predict	Upper 95% Predict	Residual
1	5	43.0000	37.4107	14.840	−68.8810	143.7	5.5893
2	5	52.0000	37.4107	14.840	−68.8810	143.7	14.5893
3	4	9.000	19.6563	17.921	−88.9672	128.3	−10.6562
4	7	40.000	72.9196	13.547	−32.5114	178.4	−32.9196
5	5	6.0000	37.4107	14.840	−68.8810	143.7	−31.4107
6	6	12.0000	55.1652	13.204	−50.0496	160.4	−43.1652
7	14	200.0	197.2	42.301	59.0415	335.4	2.7991
8	5	76.0000	37.4107	14.840	−68.8810	143.7	38.5893
9	7	15.0000	72.9196	13.547	−32.5114	178.4	−57.9196
10	6	40.0000	55.1652	13.204	−50.0496	160.4	−15.1652
11	5	65.0000	37.4107	14.840	−68.8810	143.7	27.5893
12	7	175.0	72.9196	13.547	−32.5114	178.4	102.1
13	10		126.2	23.268	12.6384	239.7	

a. 当 $x=10$ 时，y 的 95%预测区间见输出结果的底部。请解释这一区间。

b. 当 $x=10$ 时，与 a 部分的区间相比，$E(y)$ 的 95%置信区间的宽度是怎样的？

c. 为了对一个已开张了两年的公司预测其雇员数，你会推荐运用这一模型吗？请解释。

10.64 对于任何单位的资源库来讲，管理人员都是一个重要的组成部分。因而，单位对于未来管理人员需求的预测与对于诸如生产过程中所运用的自然资源之类的需求预测，其关心程度应该是一样的。（Northcraft 和 Neale 的《机构行为：管理的挑战》，1994 年）。一个普遍的预测方法是建立销售量和所需的管理人员数量之间的模型，因为对管理人员的需求是顾客对公司所提供的产品和服务的需求增加和减少的结果。为了建立这一关系，从一个公司的记录中搜集了下表中的数据。同时，简单线性回归的一个 SPSS 输出结果也已给出。

练习 10.64 的表　　MANAGERSZ. DAT

月份	销售的单位数,x	管理者,y	月份	销售的单位数,x	管理者,y
3/95	5	10	9/97	30	22
6/95	4	11	12/97	31	25
9/95	8	10	3/98	36	30
12/95	7	10	6/98	38	30
3/96	9	9	9/98	40	31
6/96	15	10	12/98	41	31
9/96	20	11	3/99	51	32
12/96	21	17	6/99	40	30
3/97	25	19	9/99	48	32
6/97	24	21	12/99	47	32

练习 10.64 的 SPSS 输出结果

```
Equation Number 1      Dependent Variable..      MANAGERS
Variable(s) Entered on Step Number
   1..     UNITS

Multiple R             0.96386
R Square               0.92903
Adjusted R S quare     0.92509
Standard Error         2.56642

Analysis of variance
                  DF       Sum of Squares        Mean Square
Regression         1           1551.99292         1551.99292
Residual          18            118.55708            6.58650
F=       235.63225      Signif F=   0.0000
------------------------- Variables in the Equation -------------------------
Variable                 B          SE B          Beta            T        Sig T
UNITS             0.586100      0.038182      0.963863       15.350       0.0000
(Constant)        5.325299      1.179868                      4.513       0.0003
```

a. 运用 $\alpha=0.05$ 检验模型的有效性,并联系这一问题的背景说出你的结论。

b. 公司计划在 2000 年 5 月销售 39 个单位,运用最小二乘模型建立一个于 2000 年 5 月所需要的管理人员数量的 90%预测区间。

c. 解释 b 部分的区间,并运用这一区间确定公司计划的可靠性。

10.65 工人们辞职的原因一般有两类:(1)他们辞职是为了寻找或接受另外一份工作;(2)他们辞职是为了退出劳动力大军。经济理论表明工资和辞职率是相关的。表中列出了在由 15 个制造企业组成的一个样本中的辞职率(每 100 名雇员的辞职数)和平均小时工资。辞职率 y 关于平均工资 x 的简单线性回归的 MINITAB 输出结果也已给出。

练习 10.65 的表　　QUJTTERS. DAT

企业	辞职率 y	平均工资 x
1	1.4	$8.20
2	0.7	10.35
3	2.6	6.18
4	3.4	5.37
5	1.7	9.94
6	1.7	9.11
7	1.0	10.59
8	0.5	13.29
9	2.0	7.99
10	3.8	5.54
11	2.3	7.50
12	1.9	6.43
13	1.4	8.83
14	1.8	10.93
15	2.0	8.80

a. 数据是否提供了充足的理由推断平均小时工资对于辞职率的预测提供了信息？你的模型表明了辞职率和工资之间的什么关系？

b. 对于一个平均小时工资为 9.00 美元的企业，其辞职率的 95% 预测区间给在了 MINITAB 输出结果的底部，请解释这一结果。

c. 对于一个平均小时工资为 9.00 美元的企业，其平均辞职率的 95% 置信区间也给在了输出结果上，请解释这一结果。

10.65 的 MINITAB 输出结果

```
The regression equation is
Quit Rate=4.86-0.347 Avewage

Predictor          Coef        Stdev      t-ratio        p
Constant         4.8615       0.5201         9.35    0.000
AveWage        -0.34655      0.05866        -5.91    0.000

s=0.4862     R-sq=72.9%     R-sq(adj)=70.8%
Analysis of Variance

SOURCE         DF        SS          MS          F         P
Regression      1      8.2507      8.2507      34.90     0.000
Error          13      3.0733      0.2364
Total          14     11.3240

        Fit    stdev. Fit       95% C. I.            95% P. I.
      1.743       0.128      (1.467,2.018)        (0.656,2.829)
```

10.66 练习 10.30 的数据复制如下。

练习 10.66 的表　　**CUTTOOL. DAT**

切割速度(米/分钟)	使用寿命(小时)	
	品牌 A	品牌 B
30	4.5	6.0
30	3.5	6.5
30	5.2	5.0
40	5.2	6.0
40	4.0	4.5
40	2.5	5.0
50	4.4	4.5
50	2.8	4.0
50	1.0	3.7
60	4.0	3.8
60	2.0	3.0
60	1.1	2.4
70	1.1	1.5
70	0.5	2.0
70	3.0	1.0

a. 当品牌 A 切割工具的切割速度为每分钟 45 米时，运用一个 90%置信区间估计其平均使用寿命。对品牌 B 重复这一步骤。比较这两个区间的宽度，并对它们之间的任何差异解释其原因。

b. 当品牌 A 切割工具的切割速度为每分钟 45 米时，运用一个 90%预测区间预测其使用寿命。对品牌 B 重复这一步骤。对这两个区间的宽度相互间进行比较，并与你在 a 部分所计算出的两个区间进行比较，且对它们之间的任何差异解释其原因。

c. 注意到你在 a 和 b 部分所进行的估计和预测都是对于一个没有包括在原来样本中的 x 值而言的，即 $x=45$ 不是样本的组成部分。然而，由于这一值是在样本中 x 值的范围之内，则这个回归模型包括了对其进行估计和预测的 x 值。在这种情况下所进行的估计和预测称为“内插”(interpolation)。假如要求你预测当每分钟的切割速度为 $x=100$ 米时的品牌 A 的使用寿命，由于所给的 x 值是在样本 x 值的范围之外，则这个预测是一个“外推”(extrapolation)的范例。当品牌 A 切割工具以每分钟 100 米的速度运转时，请你预测其使用寿命，并对这一工具的实际使用寿命建立一个 95%的置信区间。为了确保外推法的有效性，你需要作出什么额外的假设？

10.9 简单线性回归:一个完整的例子

在前面几节中我们已经讲述了拟合和运用直线回归模型时所必需的基本原理。本节我们将借助计算机，通过运用一个实例，从而将这些知识贯穿起来。

假如一个火灾保险公司意欲建立较大居民火灾的损失数额与失火处距最近的消防站的距离这两者之间的关系。这一研究是在某主要城市的一个大郊区进行的，并选取了这一郊区最近发生的 15 起火灾的一个样本。每一起火灾的损失数额 y 以及火灾处与最近的消防站之间的距离被记录下来，其结果给在表 10.8 中。

表 10.8　火灾损失数据

与消防站的距离，x（英里）	火灾损失，y（千美元）
3.4	26.2
1.8	17.8
4.6	31.3
2.3	23.1
3.1	27.5
5.5	36.0
0.7	14.1
3.0	22.3
2.6	19.6
4.3	31.3
2.1	24.0
1.1	17.3
6.1	43.2
4.8	36.4
3.8	26.1

第 1 步　首先，我们假设一个火灾损失额 y 关于距最近的消防站的距离 x 的模型。我们假设一个直线概率模型。

$$y=\beta_0+\beta_1 x+\varepsilon$$

第 2 步　接着，我们把表 10.8 的数据输入计算机，并运用统计软件包对假设模型的确定性部分中的未知参数进行估计。这一简单线性回归分析的 SAS 输出结果见图 10.25。斜率 β_1 和截距 β_0 的最小二乘估计已标示在了输出结果中，为：

$$\hat{\beta}_1=4.919331$$
$$\hat{\beta}_0=10.277929$$

图 10.25　**火灾损失回归分析的 SAS 输出结果**

Dep variable: y

Analysis of Variance

Source	DF	Sum of Squares	Mean Square	F Value	Prob>F
Model	1	841.76636	841.76636	156.886	0.0001
Error	13	69.75098	5.36546		
C Total	14	911.51733			

Root MSE	2.31635	R−Square	0.9235
Dep Mean	26.41333	Adj R−Sq	0.9176
C. V.	8.76961		

Parameter Estimates

Variable	DF	Parameter	Standard	T for Ho:	Prob>|T|
INTERCEP	1	Estimate	Error	Parameter=0	0.0001
x	1	10.277929	1.42027781	7.237	0.0001
		4.919331	0.39274775	12.525	

Obs	x	y	Predict Value	Residual	Lower 95% Predict	Upper 95% Predict
1	3.4	26.2000	27.0037	−0.8037	21.8344	32.1729
2	1.8	17.8000	19.1327	−1.3327	13.8141	24.4514
3	4.6	31.3000	32.9069	−1.6068	27.6186	38.1951
4	2.3	23.1000	21.5924	1.5076	16.3577	26.8271
5	3.1	27.5000	25.5279	1.9721	20.3573	30.6984
6	5.5	36.0000	37.3342	−1.3342	31.8334	42.8351
7	0.7	14.1000	13.7215	0.3785	8.1087	19.3342
8	3.0	22.3000	25.0359	−2.7359	19.8622	30.2097
9	2.6	19.6000	23.0682	−3.4682	17.8678	28.2686
10	4.3	31.3000	31.4311	−0.1311	26.1908	36.6713
11	2.1	24.0000	20.6085	3.3915	15.3442	25.8729
12	1.1	17.3000	15.6892	1.6108	10.1999	21.1785
13	6.1	43.2000	40.2858	2.9142	34.5906	45.9811
14	4.8	36.4000	33.8907	2.5093	28.5640	39.2175
15	3.8	26.1000	28.9714	−2.8714	23.7843	34.1585
16	3.5		27.4956		22.3239	32.6672

Sum of Residuals	−3.73035E−14
Sum of Squared Residuals	69.7510
Predicted Resid SS(Press)	93.2117

则最小二乘方程为(已四舍五入)：

$$\hat{y}=10.278+4.919x$$

我们将预测方程以及数据点绘在了图 10.26 中。

图 10.26 火灾损失数据的最小二乘模型

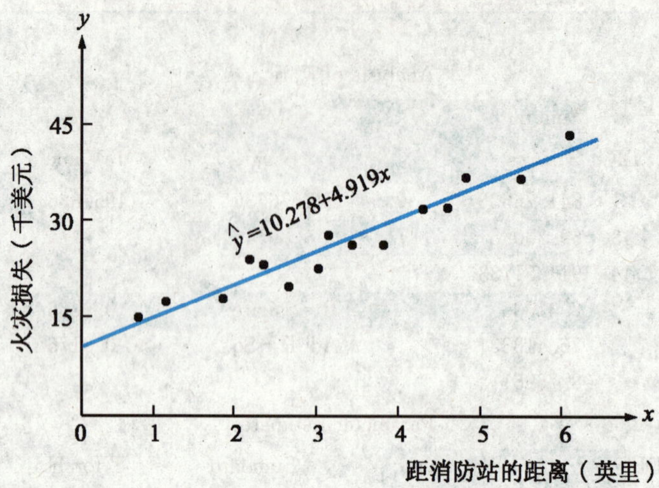

斜率的最小二乘估计值 $\hat{\beta}_1=4.919$ 表示：距消防站每增加 1 英里，则估计的平均损失增加 4919 美元。这一解释在 x 的范围(即，距消防站 0.7 至 6.1 英里)之内是有效的。所估计出的 y 截距 $\hat{\beta}_0=10.278$ 的解释为：距消防站 0 英里的一起火灾的估计平均损失为 10278 美元。尽管它似乎适用于消防站本身，但我们要切记，只有当 $x=0$ 在自变量的抽样范围之内时 y 截距的解释才是有意义的。由于 $x=0$ 在本例的范围之外，则 $\hat{\beta}_0$ 没有任何实际的解释。

第 3 步 现在我们确定随机误差部分 ε 的概率分布。关于这一分布的假设与 10.3 节中所列举的假设是相同的。尽管我们知道这些假设并没有完全被满足(在实际问题中它们很少被完全满足)，在本例中我们愿意假定它们是大致满足的。ε 的标准差 σ 的估计值，已标示在了输出结果中，为：

$$s=2.31635$$

它表示当运用这条最小二乘直线时，大多数观测到的火灾损失值(y)将落在它们各自预测值的约 $2s=4.64$ 千美元的范围之内。

第 4 步 现在我们可以来检验假设模型的有效性——即当运用这个直线模型时，x 是否确实对 y 的预测提供了信息。首先，检验“斜率 β_1 为 0”的这一原假设，即，在火灾损失额与距最近的消防站的距离这两者之间没有线性关系；所对应的备择假设为，火灾损失随着距离的增加而增加。我们检验

$$H_0:\beta_1=0$$
$$H_a:\beta_1>0$$

对于 $H_a:\beta_1\neq 0$ 这一检验的观察到的显著性水平已显著标示在输出结果上，为 0.0001。则对于此例的单尾检验，其 p 值为 $p=0.0001/2=0.00005$，这么小的 p 值几乎不容置疑地说明：平均火灾损失和火灾与消防站之间的距离这两者之间至少是线性相关的，平均火灾损失随着距离的增加而增加。

通过建立斜率 β_1 的置信区间，我们得到了关于这一关系的另外的信息。β_1 的 95%置信区间为：

$$\hat{\beta}_1\pm t_{0.025}s_{\hat{\beta}_1}$$

这里的 $\hat{\beta}_1=4.919$ 及其标准误 $s_{\hat{\beta}_1}=0.393$，都是从输出结果中得到的。$t_{0.025}$ 的值是基于 $n-2=13$ 个自由度，为 2.160。因此，95%的置信区间为：

$$\hat{\beta}_1\pm t_{0.025}s_{\hat{\beta}_1}=4.919\pm(2.160)(0.393)=4.919\pm0.849=(4.070,5.768)$$

则我们估计到：从消防站的距离每增加 1 英里，则火灾损失的平均增加(β_1)将包含在 4070 美元至 5768 美元的区间内。

模型效用的另一个测度是决定系数 r^2。这一值(已显著标示在输出结果上)为 $r^2=0.9235$，它表示火灾损失(y)大约92%的样本变异是由火灾与消防站之间的距离(x)来解释的。

度量 y 和 x 之间线性相关强度的相关系数 r 在SAS的输出结果中没有给出，必须对其进行计算。运用简单线性回归中的 $r=\sqrt{r^2}$ 以及 r 和 β_1 的符号相同这些根据，我们得到：

$$r=+\sqrt{r^2}=\sqrt{0.9235}=0.96$$

高度的相关性证实了我们的结论，即 β_1 比0大；显然火灾损失与它距消防站的距离之间是正相关的，所有的迹象都表明 y 和 x 之间具有很强的线性关系。

第5步 下面我们着手运用这一最小二乘模型。现假如保险公司想要对距最近的消防站有3.5英里的一起较大居民火灾预测其损失数。其预测值(已显著标示在输出结果底部)为 $\hat{y}=27.4956$，95%的预测区间(也已标示出)为(22.3239，32.6672)。因此，我们以95%的把握预测，对于距最近的消防站3.5英里之处发生的一场较大居民火灾，其损失数额会在22.324美元至32.667美元之间。

结束之前的一个忠告：对于那些距最近的消防站小于0.7英里或大于6.1英里的住宅，我们不能将这一预测模型用于预测。浏览表10.8的数据我们可以看到，所有的 x 值都落在0.7和6.1的范围之间。运用这一模型对样本数据所在的区域之外作预测是危险的。当超过 x 值的一个较大范围时，一条直线可能并不是反映 y 均值与 x 值之间关系的一个好的模型。

统计实践

10.2 "水脉占卜师"真的能检测出水吗?

用一根魔棒寻找和发现地下水源的做法通常被称为"水脉占卜"(dowsing)。尽管科学家们普遍地认为这不过是从中世纪遗留下来的一种迷信，然而，在民间风俗中水脉占卜却依然盛行。甚至在当今，竟有许多人声称他们拥有这份神奇的技能并居然出售他们的"服务"。

许多德国的水脉占卜师声称他们是根据水源发出的"地球射线"来作出反应的，他们声称这些地球射线是对人类健康具有潜在危险的一种微弱辐射。为此，20世纪80年代中期的德国政府进行了一项为期两年的实验，旨在调查占卜术作为一种真正技能的可能性。政府官员们推想，如果这一技能能够得以论证，则在德国国内的辐射危险水平便能够被发现、规避并处理。

为了进行这一研究，德国慕尼黑的一批大学物理学家得到了一笔40万马克(≈25万美元)的资助。大约500名候选占卜师应征参加了对其技能进行的初步测试。为了避免欺诈行为，43名在初试中表现得最为出色的水脉占卜师被选拔参加最后的、严格控制的实验。

研究人员在一个空谷仓的地板上设置了一条10米长的线，一辆货车可以沿着这条线来回移动。连着货车的是一节与测试线垂直的短管，用软水管将它与流水的泵连接起来。短管在每次试验中沿着那条线所在的位置是由计算机产生的随机数字指定的。在这条实验线正上方的谷仓顶楼上，画了一条10米长的测试线。在每次试验中，占卜师被准许到这一楼层上，并要求运用他或她的魔棒、魔棍或其他所选的工具找到地面上流水管所在的位置。

每名占卜师至少参加了一个试验序列，每个序列由5至15次试验组成(典型的是10次)，每次试验以后便将管子随机地重新放置。(一些占卜师仅仅参加了一次试验序列，另外一些被选中的占卜师则参加了10次以上的试验序列。)在两年的实验期间里，43名占卜师共参加了843次试验。这一实验是在"双重封闭"的情况下进行的，因为在顶楼的观测者(研究人员)和占卜师他们两者都不知道管子的位置，即使是在占卜师作出猜测以后。(注意：在实验开始以前，一名职业魔术师对全部的布置进行了检查，以防止占卜师可能有的骗术或欺诈。)

对于每次试验，有两个变量被记录下来：短管的实际位置（从线的起始处算起的分米数）以及占卜师的猜测（也用分米测度）。通过对这些数据的研究，这批德国物理学家们在其最终的报告中推断，"尽管大多数占卜师在实验中表现得并不出色，但极个别的占卜师却在某些试验中表现出了一种异常高的成功率，这绝不可能是靠运气所能解释的……可以认为占卜师现象的真正本质已从经验上得到了证实……"（Wagnet，Betz，konig，1990）。

这一结论遭到了加利福尼亚圣迭哥大学的行为心理学教授 J. T. Enright 的批判。（《怀疑的质询者》，*Skeptical Inquirer*，Jan. /Feb. 1999）。运用散点图和相关性的思路，他得出了与德国物理学家截然不同的结论。Enright 称，"慕尼黑实验竟然推测出占卜师能做到他们所吹嘘的事情，无疑并完全是一个失败。"

焦点

a. 假定有各种任意的占卜技能，Enright 运用散点图，给出了从占卜实验中可能得到的几个结果的假设图例。令 $x=$ 占卜师的猜测，$y=$管的位置，建立一个假设数据的散点图，使之能够反映占卜师作出的精确的预测。

b. 对有着良好（但不精确）技能的占卜师重复部分 a。

c. 对没有这一技能（即，作随机猜测）的占卜师重复部分 a。

d. Enright 提供了在慕尼黑粮仓所进行的所有 843 个试验的数据散点图。这个图复制在了图 10.27 中。根据此图，你能对水脉占卜师总的能力作出什么推断？请解释。[注意：为了使这个图与你在 a－c 部分所绘制的散点图具有可比性，在这个图中将占卜师的猜测列在了纵轴上]。

e. 回想到德国物理学家发现"极个别的占卜师…表现出了一种异常高的成功率"。因而，他们可能认为在图 10.27 中的散点图掩盖了这些出众的表现，因为此图把所有 43 名占卜师混在了一起（他们中的大多数是无技能的）。在研究人员的最终报告中，他们发现了 3 名水脉占卜师有着特别令人难忘的成绩（他们的号码为 99，18 和 108）。所有这 3 名"最好的"占卜师都参加过多次试验，并对其各自的最好测试序列（试验的序列）进行了验明，这些数据列在表 10.9中，并储存在 DOWSING. DAT 文件中。对数据进行一个完全简单线性回归分析，以便对这三名最好的水脉占卜师各自的全面表现进行推断。

f. 表 10.9 中的数据列出了水脉占卜试验中最有利的一面，在类似的试验中这些最好的占卜师们还能够再产生这些结果吗？请记住，这 3 名占卜师各自还参加了其他的试验序列。Enright 绘出了他们在这些其他的试验序列中得到的数据，此散点图复制在了图 10.28 中。请对这 3 名最好的占卜师在这些"最好的试验以外的其他试验"中的表现作出评论。

g. 据 Enright 称，"还有另外一种办法来评价那些产生了最佳试验序列的占卜师的占卜结果……假如他们总是把他们的占卜工具放在家里的壁橱里，而在所有的每一次试验中仅仅简单地猜测管子恰好放在试验线的中间。"把表 10.9 中占卜师的猜测结果替换为测试线的中点，即 50 分米处，并重复 e 部分的分析，则你可从分析中得到什么结论？

h. 对慕尼黑水脉占卜试验作出评价。你倾向于同意谁的观点，德国物理学家的还是 J. T. Enright 的？

DOWSING. DAT

表 10.9 水脉占卜试验结果:3 名最好的占卜师的最佳实验序列

试验	占卜师号码	短管的位置	占卜师的猜测
1	99	4	4
2	99	5	87
3	99	30	95
4	99	35	74
5	99	36	78
6	99	58	65
7	99	40	39
8	99	70	75
9	99	74	32
10	99	98	100
11	18	7	10
12	18	38	40
13	18	40	30
14	18	49	47
15	18	75	9
16	18	82	95
17	108	5	52
18	108	18	16
19	108	33	37
20	108	45	40
21	108	38	66

续表

试验	占卜师号码	短管的位置	占卜师的猜测
22	108	50	58
23	108	52	74
24	108	63	65
25	108	72	60
26	108	95	49

Source: Enright. J. T. "Testing dowsing: The failure of the Munich experiments" Skeptical Inquirer, Jan. /Feb. 1999. p. 45(figure 6a).

图 10.27　所有 843 个占卜试验的结果

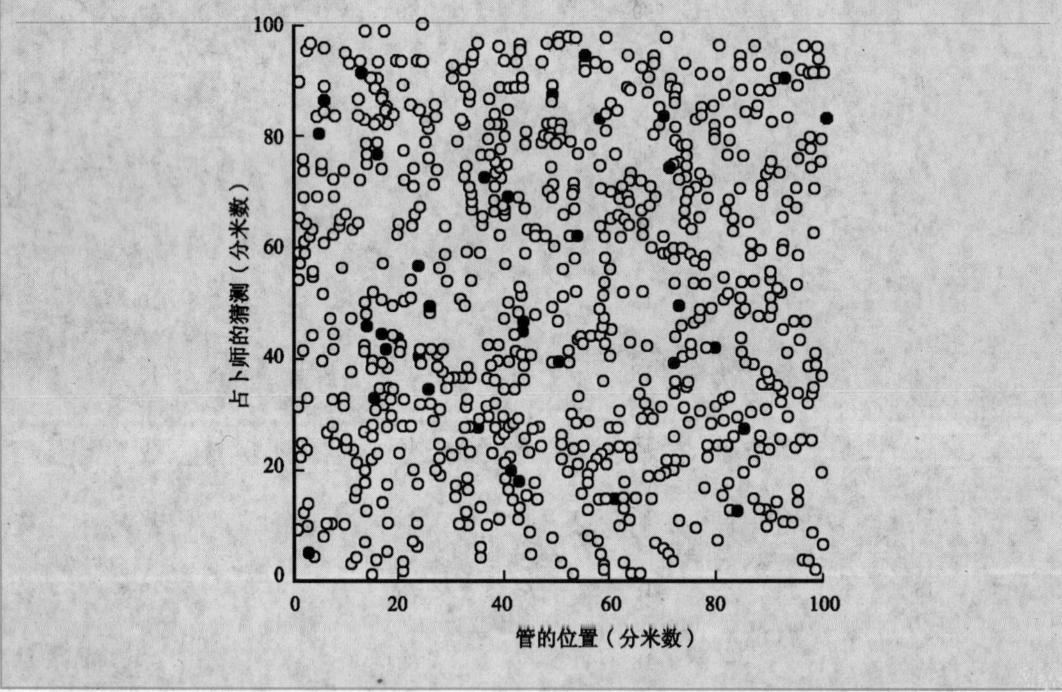

图 10.27　3 名最佳占卜师参与的其他试验序列的结果

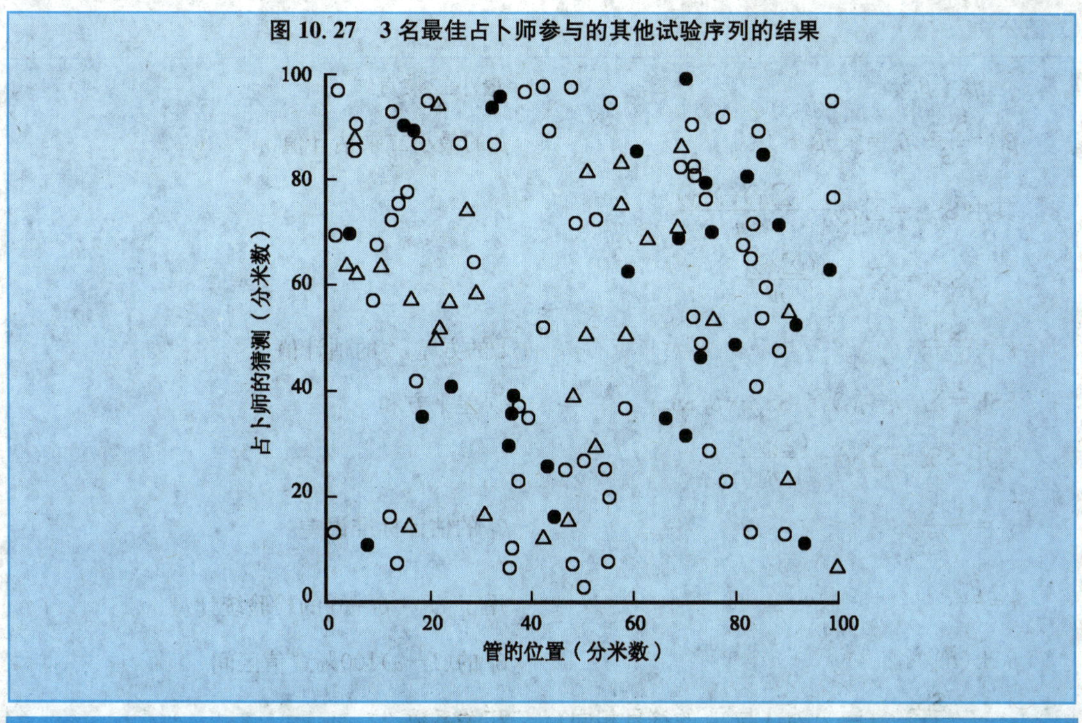

要 点 回 顾

关键术语：

Bivariate relationship　双变量关联

Coefficient of correlation　相关系数

Coefficient of determination　决定系数

Confidence interval for mean of y　y 均值的置信区间

Dependent variable　因变量

Deterministic model　确定性模型

Errors of prediction　预测误差

Independent variable　自变量

Least squares line　最小二乘直线

Least squares estimates　最小二乘估计

Line of means　均值线

Method of least squares　最小二乘法

Pearson product moment coefficient of correlation　皮尔逊积矩相关系数

Population correlation coefficient　总体相关系数

Prediction interval for y　y 的预测区间

Predictor variable　预测变量

Probabilistic model　概率模型

Random error　随机误差

Regression analysis　回归分析

Response variable　响应变量

Scattergram　散点图

Slope　斜率

Standard error of regression model　回归模型的标准误

Straight－line（first－order）model　直线(一阶)模型

y－intercept　y 截距

关键公式

$\hat{y}=\hat{\beta}_0+\hat{\beta}_1 x$	最小二乘直线
$\hat{\beta}_1=\frac{SS_{xy}}{SS_{xx}},\hat{\beta}_0=\bar{y}-\hat{\beta}_0\bar{x}$	β 的最小二乘估计值
其中 $SS_{xy}=\sum xy-\frac{(\sum x)(\sum y)}{n}$	
$SS_{xx}=\sum x^2-\frac{(\sum x)^2}{n}$	
$s^2=\frac{SSE}{n-2}$	ε 的方差 σ^2 的估计值
$SSE=\sum(y_i-\hat{y}_i)^2=SS_{yy}-\hat{\beta}_1 SS_{xy}$	误差平方和
其中 $SS_{yy}=\sum y^2-\frac{(\sum y)^2}{n}$	
$s_{\hat{\beta}_1}=\frac{s}{\sqrt{SS_{xx}}}$	$\hat{\beta}_1$ 的估计标准误差
$t=\frac{\hat{\beta}_1}{s_{\hat{\beta}_1}}$	用于 $H_0:\beta_1=0$ 的检验统计量
$\hat{\beta}_1\pm(t_{\alpha/2})s_{\hat{\beta}_1}$	β_1 的$(1-\alpha)100\%$置信区间
$r=\frac{SS_{xy}}{\sqrt{SS_{xx}SS_{yy}}}=\pm\sqrt{r^2}$(与 $\hat{\beta}_1$ 的符号相同)	相关系数
$r^2=\frac{SS_{yy}-SSE}{SS_{yy}}$	决定系数
$\hat{y}\pm(t_{\alpha/2})s\sqrt{\frac{1}{n}+\frac{(x_p-\bar{x})^2}{SS_{xx}}}$	当 $x=x_p$ 时,$E(y)$的$(1-\alpha)100\%$置信区间
$\hat{y}\pm(t_{\alpha/2})s\sqrt{1+\frac{1}{n}+\frac{(x_p-\bar{x})^2}{SS_{xx}}}$	当 $x=x_p$ 时,y 的$(1-\alpha)100\%$预测区间

语言室

符号	发音	说明
y		因变量(所要预测或建模的变量)
x		自变量(预测变量)
$E(y)$		y 的期望值均值
β_0	beta 0	真实直线的 y 截距
β_1	beta 1	真实直线的斜率
$\hat{\beta}_0$	beta 0 帽	y 截距的最小二乘估计
$\hat{\beta}_1$	beta 1 帽	斜率的最小二乘估计
ε	epsilon	随机误差
$\hat{y}$	y 帽	y 的预测值
$(y-\hat{y})$		预测误差
SE		误差和(最小二乘直线的 SE 将等于 0)
SSE		误差平方和(最小二乘直线的 SSE 是最小的)
SS_{xx}		x 值的离差平方和
SS_{yy}		y 值的离差平方和
SS_{xy}		xy 的离差叉积平方和
r		相关系数
r^2	R 平方	决定系数
x_p		用于预测 y 的 x 值

补充练习 10.67～10.81

技能训练

10.67 在对 $n=15$ 个数据点拟合一条最小二乘直线时,计算出以下值:

$SS_{xx}=55$, $SS_{yy}=198$, $SS_{xy}=-88$, $\bar{x}=1.3$, $\bar{y}=35$

a. 求出最小二乘直线。
b. 画出最小二乘直线。
c. 计算 SSE。
d. 计算 s^2。
e. 求出 β_1 的 90%置信区间,并解释这一估计。
f. 当 $x=15$ 时,求出 y 均值的 90%置信区间。
g. 当 $x=15$ 时,求出 y 的 90%预测区间。

10.68 考虑以下样本点:

y	5	1	3
x	5	1	3

a. 对数据建立一个散点图。
b. 我们有可能找到许多条 $\sum(y-\hat{y})=0$ 的直线。为此,$\sum(y-\hat{y})=0$ 的准则不能用于确定"拟合最好"的直线。请找出两条满足 $\sum(y-\hat{y})=0$ 的直线。
c. 求出最小二乘直线。
d. 将最小二乘直线的 SSE 值与你在 b 部分所得到的两条直线的 SSE 值进行比较。通过这一比较说明了最小二乘的什么原则?

10.69 考虑以下 10 个数据点:

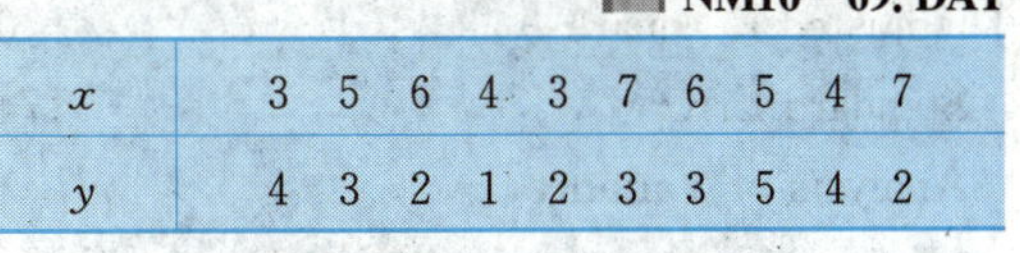
NM10－69.DAT

x	3	5	6	4	3	7	6	5	4	7
y	4	3	2	1	2	3	3	5	4	2

a. 在一个散点图上绘出这些数据。
b. 计算 r 和 r^2 值。
c. 有充足的理由表明 x 和 y 之间线性相关吗?在 $\alpha=0.10$ 的显著水平下进行检验。

10.70 感情耗竭是从事护理工作的人们所面临的一个显著问题。在研究感情消耗与护理专业人员的工作,及其与那些和工作相关的行为之间的关系上运用了回归分析(Journal of Applied Behavioral Science, Vol. 22, 1986)。感情消耗是用一份问卷,即 Maslach 消耗目录

(Maslach Burnout Inventory)来测度的。所考虑的其中一个自变量称为“集中度”，它是一个人与其工作群体之内的人们所进行的社会交往的比例。下表列出了在某一大公立医院工作的 25 名护理专业人员所组成的一个样本的感情消耗指数(此值越大，则表明消耗越多)和集中度的值。简单线性回归的一个 SPSS 输出结果也已给出。

练习 10.70 的表 **BURNOUT. DAT**

消耗指数,y	集中度,x	消耗指数,y	消耗指数,y
100	20%	493	86%
525	60	892	83
300	38	527	79
980	88	600	75
310	79	855	81
900	87	709	75
410	68	791	77
296	12	718	77
120	35	684	77
501	70	141	17
920	80	400	85
810	92	970	96
506	77		

练习 10.70 的 SPSS 输出结果

```
Correlations: CONCEN
EXHAUST        0.7825**

N of cases:    25        1-tailed Signif:  *  0.01   ** -0.001
---------------------------------------------------------------------

          * * * *  M U L T I P L E   R E G R E S S I O N  * * * *
Equation Number 1   Dependent Variable..   EXHAUST
Variable(s) Entered on step Number
  1.. CONCEN
Multiple R                          0.78250
R Square                            0.61231
Adjusted R Square                   0.59545
Standard Error                    174.20742
Analysis of Variance
                     DF    Sum of Squares      Mean Square
Regression            1    1102408.24475    1102408.24475
Residual             23     698009.19525      30348.22588
F =        36.32529       Signif F = 0.0000
------------------------------Variables in the Equation------------------------------
Variable            B          SE B      95% Confdnce     Intrvl B        T      Sig T
CONCEN         8.865471    1.470948       5.822584     11.908359     6.027    0.0000
(Constant)   -29.496718  106.697163    -250.216617    191.223182    -0.276    0.7847
```

a. 对数据建立一个散点图。变量 x 和 y 看起来相关吗?

b. 求出数据的相关系数并解释其值。你的结论表明集中度引起了感情消耗吗?请解释。

c. 对以集中度来预测感情消耗的直线关系进行有效性的检验。运用 $\alpha=0.05$。

d. 求出模型的决定系数,并解释它。

e. 求出斜率 β_1 的 95%置信区间,并解释结果。

f. 对于在其工作群体之内拥有其 80%的社会交往的所有专业人员,运用 95%的置信区间估计他们的平均消耗水平。

10.71 "工作标准"对于工作任务的执行确定出时间、成本和效率的定额,它们典型地用于监督工作的执行情况。在 McCormick 有限公司的配给中心,为了对装配或完成顾客订单所需的时间建立工作标准而搜集到了一些数据(Production and Inventory Management Journal,1991)。下表包括了由 9 份订单所组成的一个随机样本的数据。

练习 10.71 的表  WORKSTD. DAT

时间(分)	定单大小(箱)
27	36
15	34
71	255
35	103
8	4
60	555
3	6
10	60
10	96

a. 对这些数据建立一个散点图并解释它。

b. 把时间作为因变量,对这些数据拟合一条最小二乘直线。

c. 我们一般地想像,完成一份订单的平均时间会随着订单的大小而增加。数据支持这一推测吗?运用 $\alpha=0.05$ 进行检验。

d. 对于完成一份 150 箱的订单所需的平均时间,求出一个 95%的置信区间。

10.72 普通玉米锈是甜玉米的一种严重疾病。纽约州的研究人员根据玉米锈的发生率关于疾病严重性的一个回归方程,对杀真菌剂的应用建立了一个生效阈值(phytopathology, Vol. 80,1990)。在某一块地里,他们对 100 多株杂交甜玉米采集了数据。对于每一株玉米,其玉米锈发生率用被感染的叶子比例(x)来测度,而严重性则计算为每片叶子的平均感染数的对数(y,其底数为 10)。这些数据的一个简单线性回归分析得到了以下的结果:

$\hat{y}=-0.939+0.020x$

$r^2=0.816$

$s=0.288$

a. 解释 $\hat{\beta}_1$ 值。

b. 解释 r^2 值。

c. 解释 s 值。

d. 计算 r 值并解释它。

e. 运用 d 部分的结果检验模型的效用。运用 $\alpha=0.05$。(假定 $n=100$)

f. 当一株玉米的玉米锈发生率为 80%时,预测其疾病的严重性。[注:运用 $\hat{y}$ 的反对数(底数为 10)来得到预测出的每片叶子平均感染数。]

10.73 参考练习 2.105,《童帽世界杂志》(Beanie World Magazine)所公布的收集者的 50 个童帽娃娃藏品的价值数据又复制如下。一个童帽娃娃的年龄(到 1998 年 9 月为止的月份数)可以用来准确地预测其市场价值吗?为了回答这一问题,运用后面的 SAS 输出结果对数据进行一个完全简单线性回归分析。

练习 10.73 的表 BEANIE. DAT

名称	至 1998 年 9 月为止的年限	落伍(R)/流行(C)	价值($)
1. Ally the Alligator	52	R	55.00
2. Batty the Bat	12	C	12.00
3. Bongo the Brown Monkey	28	R	40.00
4. Blackie the Bear	52	C	10.00
5. Bucky the Beaver	40	R	45.00
6. Bumble the Bee	28	R	600.00
7. Crunch the Shark	21	C	10.00

续表

名称	至 1998 年 9 月为止的年限	落伍(R)/流行(C)	价值($)
8. Congo the Gorilla	28	C	10.00
9. Derby the Coarse Mained Horse	28	R	30.00
10. Digger the Red Crab	40	R	150.00
11. Echo the Dolphin	17	R	20.00
12. Fetch the Golden Retriever	5	C	15.00
13. Early the Robin	5	C	20.00
14. Flip the White Cat	28	R	40.00
15. Garcia the Teddy	28	R	200.00
16. Happy the Hippo	52	R	20.00
17. Grunt the Razorback	28	R	175.00
18. Gigi the Poodle	5	C	15.00
19. Goldie the Goldfish	52	R	45.00
20. lggy the Iguana	10	C	10.00
21. Inch the Inchworm	28	R	20.00
22. Jake the Mallard Duck	5	C	20.00
23. Kiwi the Toucan	40	R	165.00
24. Kuku to Cockatoo	5	C	20.00
25. Mistic the Unicorn	11	R	45.00
26. Mel the Koala Bear	21	C	10.00
27. Nanook the Husky	17	C	15.00
28. Nuts the Squirrel	21	C	10.00
29. Peace the Tie Died Teddy	17	C	25.00
30. Patty the Platypus	64	R	800.00
31. Quacker the Duck	40	R	15.00
32. Puffer the Penguin	10	C	15.00
33. Princess the Bear	12	C	65.00
34. Scottie the Scottie	28	R	28.00
35. Rover the Dog	28	R	15.00
36. Rex the Tyrannosaurus	40	R	825.00
37. Sly the Fox	28	C	10.00
38. Slither the Snake	52	R	1900.00
39. Skip the Siamese Cat	21	C	10.00
40. Splash the Orca Whale	52	R	150.00
41. Spooky the Ghost	28	R	40.00
42. Snowball the Snowman	12	R	40.00
43. Stinger the Scorpion	5	C	15.00
44. Spot the Dog	52	R	65.00
45. Tank the Armadillo	28	R	85.00
46. Stripes the Tiger (Gold/Black)	40	R	400.00
47. Teddy the 1997 Holiday Bear	12	R	50.00
48. Tuffy the Terrier	17	C	10.00
49. Tracker the Basset Hound	5	C	15.00
50. Zip the Black Cat	28	R	40.00

练习 10.73 的 SAS 输出结果

Dependent Variable: VALUE

Analysis of Variance

Source	DF	Sum of squares	Mean Square	F Value	Probe>f
Model	1	865745.59381	865745.59381	10.548	0.0021
Error	48	3939796.9062	82079.10221		
C Total	49	4805542.5000			

Root MSE	286.49451	R−square	0.1802
Dep Mean	128.90000	Adj R−sq	0.1631
C. V.	222.26106		

Parameter Estimates

Variable	DF	Parameter Estimate	standard Error	T for H0: Parameter=0	Prob >|T|
INTERCEP	1	−92.457684	79.29105784	−1.166	0.2494
AGE	1	8.346821	2.57005393	3.248	0.0021

Obs	AGE	Dep Var VALUE	Predict Value	Std Err Predict	Lower95% Predict	Upper95% Predict	Residual
1	52	55.0000	341.6	77.006	−254.9	938.1	−286.6
2	12	12.0000	7.7042	55.083	−578.9	594.3	4.2958
3	28	40.0000	141.3	40.695	−440.6	723.1	−101.3
4	52	10.0000	341.6	77.006	−254.9	938.1	−331.6
5	40	45.0000	241.4	53.309	−344.5	827.3	−196.4
6	28	600.0	141.3	40.695	−440.6	723.1	458.7
7	21	10.0000	82.8255	42.928	−499.6	665.3	−72.8255
8	28	10.0000	141.3	40.695	−440.6	723.1	−131.3
9	28	30.0000	141.3	40.695	−440.6	723.1	−111.3
10	40	150.0	241.4	53.309	−344.5	827.3	−91.4151
11	17	20.0000	49.4383	47.331	−534.4	633.3	−29.4383
12	5	15.0000	−50.7236	68.560	−643.0	541.6	65.7236
13	5	20.0000	−50.7236	68.560	−643.0	541.6	70.7236
14	28	40.0000	141.3	40.695	−440.6	723.1	−101.3
15	28	200.0	141.3	40.695	−440.6	723.1	58.7467
16	52	20.0000	341.6	77.006	−254.9	938.1	−321.6
17	28	175.0	141.3	40.695	−440.6	723.1	33.7467
18	5	15.0000	−50.7236	68.560	−643.0	541.6	65.7236
19	52	45.0000	341.6	77.006	−254.6	938.1	−296.6

续表

Obs	AGE	Dep Var VALUE	Predict Value	Std Err Predict	Lower95% Predict	Upper95% Predict	Residual
20	10	10.0000	−8.9895	58.687	−597.0	579.0	18.9895
21	28	20.0000	141.3	40.695	−440.6	723.1	−121.3
22	5	20.0000	−50.7236	68.560	−643.0	541.6	70.7236
23	40	165.0	241.4	53.309	−344.5	827.3	−76.4151
24	5	20.0000	−50.7236	68.560	−643.0	541.6	70.7236
25	11	45.0000	−0.6427	56.856	−587.9	586.6	45.6427
26	21	10.0000	82.8255	42.928	−499.6	665.3	−72.8255
27	17	15.0000	49.4383	47.331	−534.4	633.3	−34.4383
28	21	10.0000	82.8255	42.928	499.6	665.3	−72.8255
29	17	25.0000	49.4383	47.331	−534.4	633.3	−24.4383
30	64	800.0	441.7	104.500	−171.4	1054.9	358.3
31	40	15.0000	241.4	53.309	−344.5	827.3	−226.4
32	10	15.0000	−8.9895	58.687	−597.0	579.0	23.9895
33	12	65.0000	7.7042	55.083	−578.9	594.3	57.2958
34	28	28.0000	141.3	40.695	−440.6	723.1	−113.3
35	28	15.0000	141.3	40.695	−440.6	723.1	−126.3
36	40	825.0	241.4	53.309	−344.5	827.3	583.6
37	28	10.0000	141.3	40.695	−440.6	723.1	−131.3
38	52	1900.0	341.6	77.006	−254.9	938.1	1558.4
39	21	10.0000	82.8255	42.928	−499.6	665.3	−72.8255
40	52	150.0	341.6	77.006	−254.9	938.1	−191.6
41	28	40.0000	141.3	40.695	−440.6	723.1	−101.3
42	12	40.0000	7.7042	55.083	−578.9	594.3	32.2958
43	5	15.0000	−50.7236	68.560	−643.0	541.6	65.7236
44	52	65.0000	341.6	77.006	−254.9	938.1	−276.6
45	28	85.0000	141.3	40.695	−440.6	723.1	−56.2533
46	40	400.0	241.4	53.309	−344.5	827.3	158.6
47	12	50.0000	7.7042	55.083	−578.9	594.3	42.2958
48	17	10.0000	49.4383	47.331	−534.4	633.3	−39.4383
49	5	15.0000	−50.7236	68.560	−643.0	541.6	65.7236
50	28	40.0000	141.3	40.695	−440.6	723.1	−101.3

10.74 $\hat{\beta}_1$ 作为 β_1 的估计值，其精确度通常由它的标准差 $\sigma_{\hat{\beta}_1}$ 来测度。通常 $\sigma_{\hat{\beta}_1}$ 的值越大，$\hat{\beta}_1$ 的置信区间越宽（则越不精确）；$\sigma_{\hat{\beta}_1}$ 的值越小，$\hat{\beta}_1$ 的置信区间越窄（则越精确）。

a. 研究 $\sigma_{\hat{\beta}_1}$ 的公式，并说明观测到的自变量的值怎样影响着 $\sigma_{\hat{\beta}_1}$ 的大小。

b. 为了获取用于一个回归研究的数据，有时我们可以令自变量 x 取不同水平上的值并观察因变量 y 得到的值，例如，假如一个超市连锁店正在研究一种产品的销售量与给定的展示空间平方英尺数之间的关系。对于这样一个研究，其数据的生成可利用不同商店中的不同大小的展示区域，并观察据此得到的销售额。

如果你正在设计这样一个研究，你的答案将怎样区分展示区域大小的选择所产生的影响？

10.75 美国很大一部分青少年在上中学的同时从事着工作。这些繁重的工作负担经常导致学习成绩不良和较低的分数。对加利福尼亚和威斯康星州的中学生所进行的一项研究表明，那些每周仅工作几个小时的学生得到了最高的年级平均成绩（*Newsweek*, *Nov.* 16,1992）。下表列出了 5 个学生的一个样本的年级平均成绩（GPA）和每周工作的小时数。考虑一个 GPA（y）关于工作小时数（x）的简单线性回归模型。

练习 10.75 的表

年级平均成绩，y	2.93	3.00	2.86	3.04	2.66
每周工作的小时数，x	12	0	17	5	21

a. 求出最小二乘直线的方程。

b. 绘出数据并画出最小二乘直线。

c. 运用 $\alpha=0.10$ 检验这个模型是否对于预测年级平均成绩有效。

d. 运用一个 90%的预测区间，对每周工作 10 小时的一个中学生预测其年级平均成绩。

10.76 明尼苏达州运输部在明尼苏达州布卢明顿市（Bloomington, Minnesota）东去的 494 州际通道的混凝土路面上安装了一台尖端科技水平的运动称重台秤。安装以后，为了确定台秤的读数是否与被监控车辆的静态重量一致，进行了一项研究（此类研究被称为"刻度研究"）。他们运用一辆两轮轴、六轮胎的卡车装载了不同的负荷，经过一些初步的比较后（见下表），在运动称重系统软件中对刻度作出校准，然后对刻度进行了再评估。

练习 10.76 的表

试验序号	卡车的静态重量，x（千磅）	刻度校准之前的运动称重读数，y（千磅）	刻度校准的运动称重读数，y 千磅
1	27.9	26.0	27.8
2	29.1	29.9	29.1
3	38.0	39.5	37.8
4	27.0	25.1	27.1
5	30.0	31.6	30.6
6	34.5	36.2	34.3
7	27.8	25.1	26.9
8	29.6	31.0	29.6
9	33.1	35.6	33.0
10	35.5	40.2	35.0

a. 建立两个散点图，其中一个图为 y_1 关于 x，另一个图为 y_2 关于 x。

b. 运用 a 部分的散点图对运动称重台秤在刻度校准之前和之后的表现进行评价。

c. 对这两组数据都计算出相关系数，并解释它们的值。说明怎样运用这两个相关系数来评估这个运动称重台秤。

d. 假如 y_2 和 x 的样本相关系数为 1，如果静态重量与运动称重的读数不一致，则这种情况有可能发生吗？请解释。

10.77 参考练习 10.42，其中所建立的管理成就 y 的模型是一段特定时间内一个管理者与其工作单位之外的人们进行交往的数量 x 的函数。下表中又列出了这些数据。MINITAB 的简单线性回归输出结果也已给出。

练习 10.77 的表

管理者	管理者成就指数，y	与个界交往的数量，x
1	40	12
2	73	71

续表

管理者	管理者成就指数,y	与个界交往的数量,x
60	81	704
5	81	43
6	27	50
7	53	42
8	66	18
9	25	35
10	63	82
11	70	20

续表

管理者	管理者成就指数,y	与个界交往的数量,x
12	47	81
13	80	40
14	51	33
15	32	45
16	50	10
17	52	65
18	30	20
19	42	21

练习 10.77 的 MINITAB 输出结果

The regression equation is

SUCCESS=44.1+0.237 INTERACT

Predictor	Coef	Stdev	T−ratio	P
Constant	44.130	9.362	4.71	0.000
INTERACT	0.2366	0.1865	1.27	0.222

s=19.40 R−sq=8.6% R−sq(adj)=3.3%

Analysis of Variance

SOURCE	DF	SS	MS	F	D
Regression	1	606.0	606.0	1.61	0.222
Error	17	6400.6	376.5		
Total	18	7006.6			

a. 在《应用行为科学杂志》的研究中,某一管理者被观察了两个星期,她与其工作单位之外的人进行了 55 次交往。运用一个 90%的预测区间,对这个管理者的成就指数的值进行预测。

b. 第二个管理者也被观察了两个星期,这一管理者与工作单位之外的 110 个人进行了交往。在运用由给定的数据组所建立的最小二乘模型对这名管理者的成就指数构建一个预测区间时,说明应该谨慎从事的两个原因。

c. 联系这一问题的背景确定出一个 x 值,使得对于该值而言,与之有关的 y 的预测区间是最窄的。

10.78 对于一些计划建立新工厂或补充现有设备的公司,它们已经开始意识到计划中的新建筑的能源效率问题,并意欲研究每年能源消耗与建筑外观的平方英尺数之间的关系。下表给出了在同样的气候条件下,22 个建筑物所消耗能源的英国热单位(British thermal units, BTU)数(一个 BTU 等于 1 磅水升高 1°F所需的热量)。运用 SAS 拟合了 BTU 消耗关于建筑外观面积的直线模型,其输出结果见下页。

练习 10.78的数据

BTU/年(千)	外观面积(平方英尺)
3870000	30001
1371000	13530
2422000	26060
672200	6355
233100	4576
218900	24680
354000	2621
3135000	23350
1470000	18770
1408000	12220
2201000	25490
2680000	23680
337500	5650
567500	8001
555300	6147
239400	2660
2629000	19240
1102000	10700

续表

BTU/年(千)	外观面积(平方英尺)
423500	9125
423500	6510
1691000	13530
1870000	18860

a. 求出截距 β_0 和斜率 β_1 的最小二乘估计值。

b. 对你在 a 部分所建立的模型的有效性进行研究。每年的能源消耗与建筑物的外观面积之间是正的线性相关吗？运用 $\alpha=0.01$ 进行检验。

c. 运用输出结果对 b 部分的检验计算观察到的显著性水平，并解释其值。

d. 求出决定系数 r^2，并解释其值。

e. 一个公司想要建立一个外观面积为 8000 平方英尺的新仓库。在输出结果中找出它的能源消耗预测值和一个 95%的预测区间，并对这一区间的有效性作出评价。

f. 只有当对新仓库可以作出某些假设时，将你在 a 部分所建立的模型应用于 e 部分的仓库问题中才是适当的。这些假设是什么？

练习 10.78的 SAS 输出结果

```
Dep Variable:BTU
                              Analysis of Variance
                           Sum of            Mean
Source          DF        Squares          Square        F Value        Prob>F
Model            1    1.658498E+13    1.658498E+13       42.028         0.0001
Error           20    7.89232E+12     394616010047
C Total         21    2.44773E+13
       Root MSE 628184.69422      R-Square              0.6776
       Dep Mean 1357904.54545     Adj R-Sq              0.6614
         C.V.          46.26133
                              Parameter Estimates
                         Parameter        Standard      T for HO:
Variable        DF        Estimate           Error    Parameter=0      Prob > |T|
INTERCEP         1          -99045    261617.65980         -0.379          0.7090
AREA             1      102.814048     15.85924082          6.483          0.0001
                                       Predict                   Lower95%   Upper95%
       Obs      AREA         BTU         Value      Residual      Predict    Predict
         1     30001     3870000       2985479        884521      1546958    4424000
         2     13530     1371000       1292029       78971.2     -47949.3    2632007
```

续表

Obs	AREA	BTU	Predict Value	Residual	Lower95% Predict	Upper95% Predict
3	26060	2422000	2580289	−158289	1183940	3976637
4	6355	672200	554338	117862	−810192	1918868
5	4576	233100	371432	−138332	−1005463	1748327
6	24680	218900	2438405	−2219505	1054223	3822588
7	2621	354000	170430	183570	−1222796	1563657
8	23350	3135000	2301663	833337	927871	365455
9	18770	1470000	1830774	−360774	482352	3179196
10	12220	1408000	1157342	250658	−184021	2498706
11	25490	2201000	2521685	−320685	1130530	3912840
12	23680	2680000	2335591	344409	959345	3711838
13	5650	337500	481854	−144354	−887287	1850995
14	8001	567500	723570	−156070	−631698	2078838
15	6147	555300	532953	22347.3	−832898	1898804
16	2660	239400	174440	64959.9	−1218433	1567313
17	19240	2629000	1879097	749903	528832	3229362
18	10700	1102000	1001065	100935	−343656	2345786
19	9125	423500	839133	−415633	−511035	2189301
20	6510	423500	570274	−146774	−793294	1933842
21	13530	1691000	1292029	398971	−47949.3	2632007
22	18860	1870000	1840028	29972.3	491266	3188789
23	8000	.	723467	.	−631806	2078740

Sum of Residuals	1.6298145E−9
Sum of Squared Residuals	7.89232E+12
Predicted Resid SS (Press)	1.012747E+13

10.79 有时从理论上的考虑得知，两个变量 x 和 y 之间的直线关系通过 xy 平面的原点。考虑一下 50 磅重的袋装面粉的货运总重量 y 与货运的袋数 x 之间的关系。因为当货运为 $x=0$ 袋(即根本没有运货)时，其总重量为 $y=0$，则 x 和 y 之间的一个直线模型应该通过点 $x=0, y=0$。在这种情况下，你可以假定 $\beta_0=0$，并且用下面的模型反映 x 和 y 之间的关系：

$$y=\beta_1 x+\varepsilon$$

对于这一模型，β_1 的最小二乘估计为：

$$\hat{\beta}_1=\frac{\sum x_i y_i}{\sum x_i^2}$$

从过去的面粉货运记录中随机选取了 15 次货运，并记录了下表所示的数据。

练习 10.79 的表

货运重量	货运中，50 磅重的袋数
5050	100
10249	205
20000	450
7420	150
24685	500
10206	200
7325	150
4958	100
7162	150
24000	500
4900	100
14501	300
28000	600
17002	400
16100	400

a. 在假设 $\beta_0=0$ 的情况下，对所给的数据求出最小二乘直线。在数据的散点图上绘出这条最小二乘直线。

b. 运用模型 $y=\beta_0+\beta_1 x+\varepsilon$，对于给出的数据求出最小二乘直线(即，不限制 β_0 等于 0)。在 a 部分所建立的同一张散点图上绘出这条直线。

c. 参考 b 部分。即使已知 β_0 的真值为 0，为什么 $\hat{\beta}_0$ 可能不为 0?

d. $\hat{\beta}_0$ 的估计标准误等于 $s\sqrt{\frac{1}{n}+\frac{\bar{x}^2}{SS_{xx}}}$

运用 t 统计量：

$$t=\frac{\hat{\beta}_0-0}{s\sqrt{(1/n)+(\bar{x}^2/SS_{xx})}}$$

在 $\alpha=0.10$ 的显著性水平下检验原假设 $H_0: \beta_0=0$，备择假设 $H_a: \beta_0\neq 0$。在你的模型中应该包括 β_0 吗?

10.80 为了建立一个旨在消除工资不公平的补偿计划，对基准工作的一个样本进行了评估并根据诸如职责、技能、成果和工作状况等因素对其指定了分数。为了确定基准工作的市场价格(或工资) y，进行了一次市场调查(*Public Personnel Management*，Vol. 20，1991)。表中给出了 21 个基准工作的工作评价分数和工资。

a. 对这些数据建立一个散点图。它表明了工资和工作评价分数之间的什么关系?

b. 以下的 SAS 输出结果列出了对这些数据所拟合的直线模型的结果。确定并解释最小二乘方程。

c. 对这一最小二乘方程解释 r^2 值。

d. 有充足的理由推断直线模型对所讨论的这一关系提供了有用的信息吗? 对这个检验的 p 值作出解释。

e. 有一个工作在这组基准工作之外，对其进行评价后得到了 800 分。在类似的价值计划中，这一工作的公平工资的合理范围应该是什么?

练习 10.80 的表

工作评价分数，x	工资，y	
970	Q$15704	Electrician
500	13984	Semickilled laborer
370	14196	Motor equipment operator
220	13m380	Janitor
250	13153	Laborer
1350	18472	Senior engineering technician
470	14193	Senior Janitor
2040	20642	Revenue agent
370	13614	Engineering aide
1200	16869	Electrician supervisor
820	15184	Senior maintenance technician
1865	17341	Registered nurse
1065	15194	Licensed practical nurse
880	13614	Principal clerk tvpist
340	12594	Clerk typist
540	13126	Senior clerk stenographer
490	12958	Senior clerk typist
940	13894	Principal clerk stenographer
600	13380	Institutional attendant
805	15559	Eligibility technician
220	13844	Cook's helper

10.81 为了对未来的成本作出更准确的预测，管理者意欲对过去的成本行为建立模型。过去成本行为的模型称为“成本函数”(cost functions)，影响成本的因素称为成本推动因素(cost drivers)。(Horngren，Fostert 和 Datar，《成本会计学》，1994)。表中所示的成本数据来自于地毯制造商。其中，间接制造劳动成本由机器维护费用和安装劳动费用组成，机器小时数和直接制造劳动小时数是成本推动因素。

你的任务是对间接制造劳动成本的两个可供选择的成本函数进行估计和比较。在第一个模型中，自变量是机器小时数；在第二个模型中，自变量是直接制造劳动小时数。准备一个报告，比较这两个成本函数并推荐应该运用哪个模型解释和预测间接制造劳动成本。请对你的选择作出证明。

练习 10.81 的表

周	间接制造劳动成本	机器小时数	直接制造劳动小时数
1	$1190	68	30
2	1211	88	35
3	1004	62	36
4	197	72	20
5	770	60	47
6	1456	96	45
7	1180	78	44
8	710	46	38
9	1316	82	70
10	1032	94	30
11	752	68	29
12	963	48	38

练习 10.80 **的 SAS 输出结果**

Dependent Variable: y

Analysis of Variance

Source	DF	Sum of Squares	Mean Square	F Value	Prob>F
Model	1	66801750. 334	66801750. 334	74. 670	0. 0001
Error	19	16997968. 904	984629. 94232		
C Total	20	83799719. 238			

Root MSE	945. 848779	R−Square	0. 7972
Dep Mean	14804. 52381	Adj R−Sq	0. 7865
C. V.	6. 38892		

Parameter Estimates

Variable	DF	Parameter Estimate	Standard Error	T for HO: Parameter=0	Prob > |T|
INTERCEP	1	12024	382. 31829064	31. 449	0. 0001
x	1	3. 581616	0. 41448305	6. 641	0. 0001

Obs	x	y	Dep Var Value	Predict Predict	Std Err Predict	Lower95% Predict	Upper95% Residual
1	970	15704. 0	15497. 8	221. 447	13464. 6	17531. 0	206. 2
2	500	13984. 0	13814. 5	236. 070	11774. 1	15854. 9	169. 5
3	370	14196. 0	13348. 9	266. 420	11292. 1	15405. 6	847. 1
4	220	13380. 0	12811. 6	309. 502	10728. 6	14894. 6	568. 4
5	250	12353. 0	12919. 1	300. 351	10842. 0	14996. 2	233. 9
6	1350	18472. 0	16858. 8	314. 833	14772. 4	18945. 3	1613. 2
7	470	14193. 0	13707. 0	242. 349	11663. 4	15750. 6	486. 0
8	2040	20642. 0	19330. 0	562. 933	17026. 4	21633. 9	1311. 8
9	370	13614. 0	13348. 9	266. 420	11292. 1	15405. 6	265. 1
10	1200	16869. 0	16321. 6	270. 968	14262. 3	18380. 9	547. 4
11	820	15184. 0	14960. 6	207. 190	12934. 0	16987. 2	223. 4
12	1865	17341. 0	18703. 4	496. 193	16467. 8	20938. 9	−1362. 4
13	1065	15194. 0	15838. 1	238. 553	13796. 4	17879. 8	−644. 1
14	880	13614. 0	15175. 5	210. 818	13147. 2	17203. 7	−1561. 5
15	340	12594. 0	13241. 4	274. 451	11180. 1	15302. 7	−647. 4
16	540	13126. 0	13957. 7	228. 483	11921. 1	15994. 4	−831. 7
17	490	12958. 0	13778. 6	238. 109	11737. 2	15820. 1	−820. 6
18	940	13894. 0	15390. 4	217. 251	13359. 1	17421. 6	−1496. 4
19	600	13380. 0	14172. 6	218. 972	12140. 6	16204. 7	−792. 6
20	805	15559. 0	14906. 9	206. 741	12880. 4	16933. 3	652. 1
21	220	13844. 0	12811. 6	309. 502	10728. 6	14894. 6	1032. 4
22	800		14888. 9	206. 632	12862. 6	16915. 3	

第 11 章

多元回归与建模

本章内容

统计实践

我们已经学过的

在第 10 章我们论述了怎样运用一条直线对一个因变量 y 和一个自变量 x 建立模型。我们对数据点拟合了直线，用 r 和 r^2 度量 x 和 y 之间的相关程度，并运用所得到的预测方程估计 y 的均值或对一个给定的 x 值预测 y 的一些将来值。

我们将要学习的

本章扩展了第 10 章的基本内容，通过将 y 均值作为两个或更多个自变量的函数来建立模型，使之成为一个有效的估计和预测手段。这一方法的建立，使得对因变量 y 所建立的模型成为既有定量变量又有定性变量的一个函数。正如简单线性回归的情形，一个多元回归分析涉及到对一个数据集拟合模型、检验此模型的效用，并将之运用于估计和预测。此外，我们还将讲述怎样选择一个合适的模型，并运用数据对其进行修改和完善。

11.1　多元回归模型

在实践中，大多数回归分析所运用的模型比简单线性模型更为复杂。例如，视觉刺激物反应时间的一个实际概率模型将不只包括血流中的某种药物量，其他诸如年龄、视觉的一种测度以及对象的性别等因素仅是其中的几个可能与反应时间有关的变量。因此，为了作出准确的预测，我们要把这些变量和其他可能的重要自变量一起放到模型中去。

含有多于一个自变量的概率模型称为多元回归模型(multiple regression models)，其模型的一般形式是

$$y=\beta_0+\beta_1x_1+\beta_2x_2+\cdots+\beta_kx_k+\varepsilon$$

这里因变量 y 被写为 k 个自变量 $x_1,x_2,\cdots,x_k$ 的函数，随机误差项的加入使这一模型成为一个概率模型而不是确定性模型。系数 β_i 的值决定了自变量 x_i 所起的作用，β_0 是 y 的截距。系数 $\beta_0,\beta_1,\cdots,\beta_k$ 通常是未知的，因为它们代表的是总体参数。

乍一看似乎上面的回归模型除了考虑 y 和自变量之间的直线关系外不考虑任何其他的关系，但这是不正确的。实际上，$x_1,x_2,\cdots,x_k$ 还可以是变量的函数，只要函数中不含有未知参数。例如，某一对象对于一个视觉刺激物的反应时间 y 可以是以下自变量的一个函数：

$x_1=$ 对象的年龄

$x_2=(\text{年龄})^2=x_1^2$

$x_3=1$ 如果对象为男性，0 如果对象为女性

x_2 项称为一个高阶项(higher－order term)，因为它是一个定量变量(x_1)值的平方(即，自乘为二次幂)。x_3 项是代表了一个定性变量(性别)的编码变量(coded variable)。多元回归模型是很通用的，它可以对许多不同类型的因变量建立模型。

一般多元回归模型

$$y=\beta_0+\beta_1x_1+\beta_2x_2+\cdots+\beta_kx_k+\varepsilon$$

这里

y 为因变量

$x_1,x_2,\cdots,x_k$ 为自变量

$E(y)=\beta_0+\beta_1x_1+\beta_2x_2+\cdots+\beta_kx_k$ 是模型的确定性部分

β_i 决定了自变量 x_i 所起的作用

注意：符号 $x_1,x_2,\cdots,x_k$ 可以表示定量预测变量的高阶项，或者定性预测变量的项。

正如下框所示，建立多元回归模型的步骤与建立简单线性回归模型的步骤是相似的。

分析一个多元回归模型

步骤 1 假设模型的确定性部分。这一部分建立均值 $E(y)$ 与自变量 $x_1, x_2, \cdots, x_k$ 之间的关系，这涉及到对纳入模型中的自变量的选择（11.2，11.7—11.12 节）

步骤 2 运用样本数据估计模型中的未知参数 $\beta_0, \beta_1, \beta_2, \cdots, \beta_k$（11.2 节）

步骤 3 确定随机误差项 ε 的概率分布，并估计这一分布的标准差 σ。（11.3 节）

步骤 4 检验有关 ε 的假设是否被满足，如果需要的话，对模型进行修改。（11.3 节）。

步骤 5 在统计上评价模型的有效性。（11.4 和 11.5 节）

步骤 6 当模型的有效性被满足时，将之运用于预测、估计和其他用途。（11.6 节）

通过本章我们将介绍几种构成建模（或有效模型的建立）基础的不同类型的模型。在以下的几节里，我们考虑最基本的多元回归模型，称为一阶模型。

11.2 一阶模型：估计和解释 β 参数

若一个模型只包括了几个定量自变量的项，则称之为一阶模型（*first-order model*），我们将之描述在下面的框内。注意，一阶模型不包括任何高阶项（例如 x_1^2）。

含有五个定量自变量的一阶模型①

$$E(y)=\beta_0+\beta_1 x_1+\beta_2 x_2+\beta_3 x_3+\beta_4 x_4+\beta_5 x_5$$

这里 $x_1, x_2, \cdots, x_5$ 都是定量变量，它们都**不是**其他自变量的函数。

注意：β_i 表示当其他所有的 x 保持不变时，y 关于 x_i 的直线的斜率。

一阶模型和一般的多元回归模型的拟合方法与简单直线模型的拟合方法是相同的：即，最小二乘法。也就是说，我们选择使 $SSE=\sum(y-\hat{y})^2$ 最小的估计模型：

$$\hat{y}=\hat{\beta}_0+\hat{\beta}_1 x_1+\cdots+\hat{\beta}_k x_k$$

如同简单线性模型的情形，样本估计值 $\hat{\beta}_0, \hat{\beta}_1, \cdots, \hat{\beta}_k$ 是一个联立线性方程组的解。②

拟合简单和多元回归模型的主要差别在于计算上的困难。为了求出 $(k+1)$ 个估计的系数 $\hat{\beta}_0, \hat{\beta}_1, \cdots, \hat{\beta}_k$，运用计算器去求解必须要解出的 $(k+1)$ 个联立线性方程是很困难的（有时几乎是不可能的）。因而，我们求诸于计算机。我们从各种统计软件包中得到输出结果，从而替代了拟合模型所必需的繁琐手工计算。

例 11.1

假如一个房地产评估师想要建立一个中等城市的住宅房地产售价关于以下三个自变量的模型：(1) 评估出的房地产土地价值，(2) 评估出的房地产改建价值（即房屋的价值），(3) 房地产的居住面积（即房屋面积）。考虑一阶模型

$$y=\beta_0+\beta_1 x_1+\beta_2 x_2+\beta_3 x_3+\varepsilon$$

这里

y = 售价（美元）

---

① “一阶”这个术语源自于模型中的每个 x 都是一次幂这一事实。

② 熟悉微积分的同学会注意到，$\hat{\beta}_0, \hat{\beta}_1, \cdots, \hat{\beta}_k$ 是方程组 $\partial SSE/\partial\hat{\beta}_0=0, \partial SSE/\partial\hat{\beta}_1=0, \cdots, \partial SSE/\partial\hat{\beta}_k=0$ 的解。这个解通常以矩阵形式给出，但我们不在这里赘述了，具体请参见参考书目。

x_1 = 评估的土地价值(美元)

x_2 = 评估的改建价值(美元)

x_3 = 面积(平方英尺)

为了拟合模型,评估师从某年售出的几千例房地产中选取了一个 $n = 20$ 的房地产随机样本,得到的数据给在了表 11.1 中。

表 11.1　20 项房地产的房地产评估数据

房地产编号 #	售价 y	土地价值 x_1	改建价值 x_2	面积 x_3
1	68900	5960	44967	1873
2	48500	9000	27860	928
3	55500	9500	31439	1126
4	62000	10000	39592	1265
5	116500	18000	72827	2214
6	45000	8500	27317	912
7	38000	8000	29856	899
8	83000	23000	47752	1803
9	59000	8100	39117	1204
10	47500	9000	29349	1725
11	40500	7300	40166	1080
12	40000	8000	31679	1529
13	97000	20000	58510	2455
14	45500	8000	23454	1151
15	40900	8000	20897	1173
16	80000	10500	56248	1960
17	56000	4000	20859	1344
18	37000	4500	22610	988
19	50000	3400	35948	1076
20	22400	1500	5779	962

a. 运用散点图绘出样本数据,并解释这个散点图。

b. 运用最小二乘法估计模型中的未知参数 β_0,β_1,β_2 和 β_3。

c. 运用最小二乘法求出使 SSE 最小化的值。

解答

a. 用于研究 y 和 x_1,y 和 x_2 以及 y 和 x_3 之间二元关系的 $SPSS$ 散点图显示在了图 11.1$a-c$ 中。在这三个变量中,评估的改建价值(x_2)与售价(y)之间的线性关系看起来最强(见图 11.1b)。

图 11.1 *a*　表 11.1 中数据的 SPSS 散点图

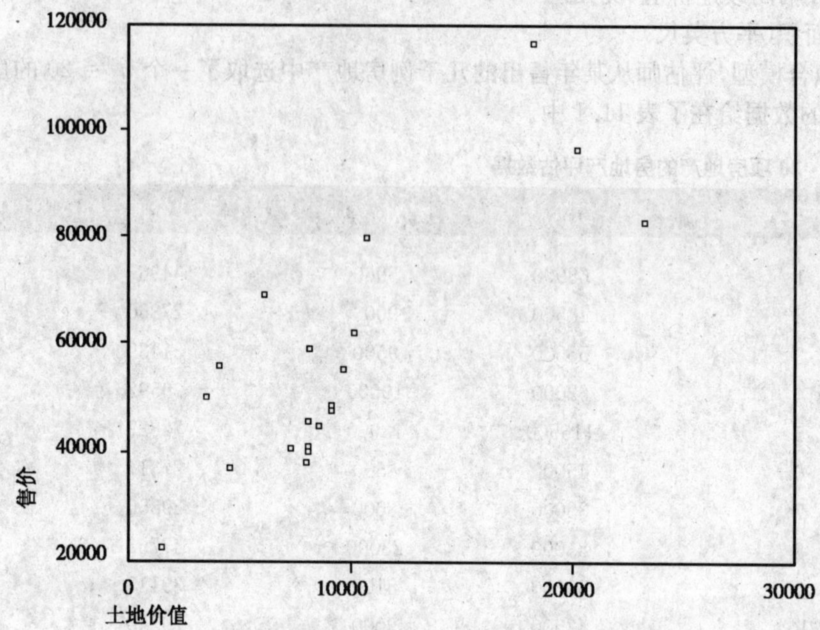

图 11.1 *b*

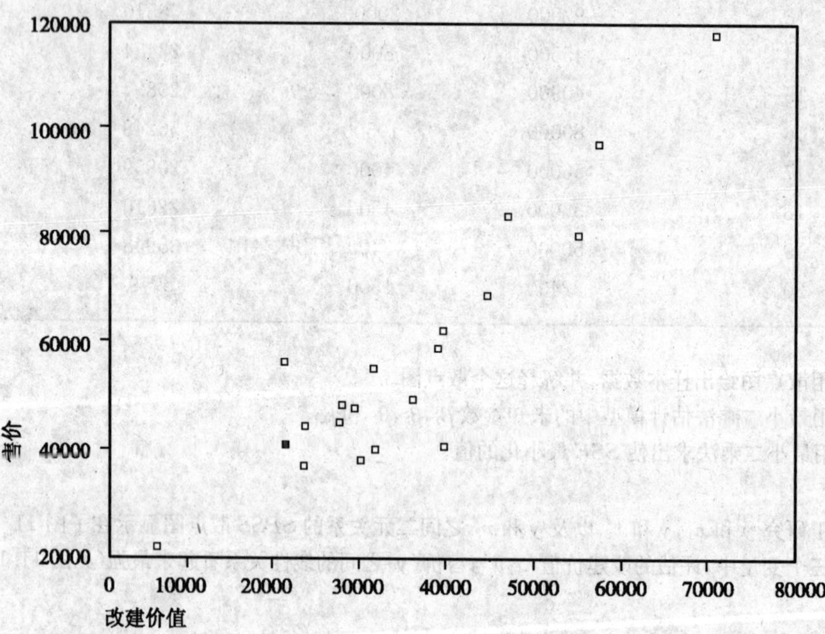

图 11.1 *c*

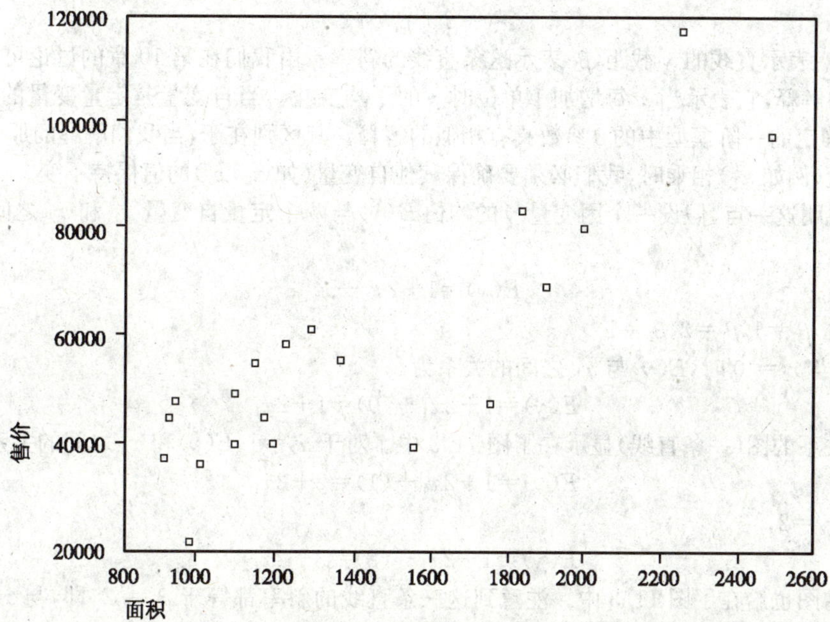

b. 运用 SAS 软件对表 11.1 的数据拟合上述假设的模型。SAS 的部分输出结果复制在了图 11.2 中。β 参数的最小二乘估计值列在标有 **Parameter Estimate** 的一列中。(已作显著标示)你可以看到,$\hat{\beta}_0 = 1470.275919$,$\hat{\beta}_1 = 0.814490$,$\hat{\beta}_2 = 0.820445$,$\hat{\beta}_3 = 13.528650$。因而,对于这一数据组,使 SSE 最小化的方程(即,最小二乘预测方程 least squares prediction equation)为

$$\hat{y}=1470.28+0.8145x_1+0.8204x_2+13.53x_3$$

c. SSE 的最小值显著标在了图 11.2 中对应于 **Sum of Squares** 一列和 **Error** 的行中。这一值为 $SSE=1003491259.4$。

图 11.2　**例 11.1 售价模型的 SAS 输出结果**

Analysis of Variance

Source	DF	Sum of Squares	Mean Square	F Value	Prob>F
Model	3	8779676740.6	2926558913.5	46.662	0.0001
Error	16	1003491259.4	62718203.714		
C Total	19	9783168000.0			

Root MSE	7919.48254	R−Square	0.8974
Dep Mean	56660.00000	Adj R−Sq	0.8782
C.V.	13.97720		

Parameter Estimates

Variable	DF	Parameter Estimate	Standard Error	T for H0: Parameter=0	Prob>|T|
INTERCEP	1	1470.275919	5746.3245832	0.256	0.8013
x1	1	0.814490	0.51221871	1.590	0.1314
x2	1	0.820445	0.21118494	3.855	0.0013
x3	1	13.528650	6.58568006	2.054	0.0567

在得到了最小二乘预测方程以后，分析者通常想对 β 估计值做出有意义的解释。回忆到直线模型(第 10 章)

$$y=\beta_0+\beta_1 x+\varepsilon$$

其中，β_0 表示直线的 y 截距，β_1 表示这条直线的斜率。由我们在第 10 章的讨论可知，β_1 有着一个实际的解释，它表示当 x 每增加 1 单位时 y 的平均变化。当自变量是定量变量的时候，在例 11.1 中所确定的一阶模型中的 β 参数具有相似的解释。其区别在于，当我们解释的那个 β 是与其中一个变量(例如 x_1)相乘时，我们必须要确保其他自变量(如 x_2，x_3)的值保持不变。

为了说明这一点，假设一个因变量 y 的均值 $E(y)$ 与两个定量自变量 x_1 和 x_2 之间的关系为一阶模型

$$E(y)=1+2x_1+x_2$$

换言之，$\beta_0=1$，$\beta_1=2$，$\beta_2=1$

现在，当 $x_2=0$ 时，$E(y)$ 与 x_1 之间的关系为

$$E(y)=1+2x_1+(0)=1+2x_1$$

这一关系的图(一条直线)显示在了图 11.3 中。对于 $x_2=1$，$E(y)$ 和 x_1 之间的关系为

$$E(y)=1+2x_1+(1)=2+2x_1$$

对于 $x_2=2$，

$$E(y)=1+2x_1+(2)=3+2x_1$$

类似的图也给在了图 11.3 中。注意到这三条直线的斜率都等于 $\beta_1=2$，即，与 x_1 相乘的那个系数。

图 11.3 表现出了所有一阶模型的特征：如果你画出 $E(y)$ 关于任何一个变量(比如，x_1)的图，若其他的变量保持不变，则其结果将总是一条斜率等于 β_1 的直线。如果你对这个自变量的其他值重复这一作法，你就会得到一组平行的直线。这表明了自变量 x_i 对 $E(y)$ 的影响是独立于模型中所有其他自变量的，且这一影响是由斜率 β_i 来度量的(见下页框中)。

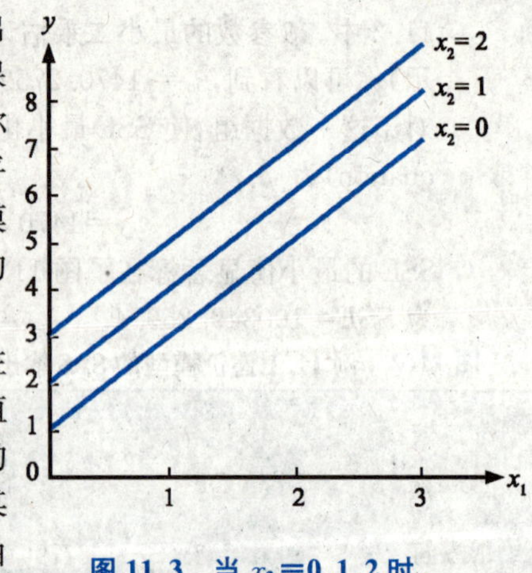

图 11.3 当 $x_2=0,1,2$ 时，$E(y)=1+2x_1+x_2$ 的图

模型 $E(y)=1+2x_1+x_2$ 的一个三维图见图 11.4，注意到这个模型被画为一个平面。如果你以 x_2 的某个值(如，$x_2=0$)对平面切片，你就会得到一条 $E(y)$ 关于 x_1 的直线(例如，$E(y)=1+2x_1$)。同样地，如果你以 x_1 的某个值对平面切片，你会得到一条 $E(y)$ 关于 x_2 的直线。由于将三维曲面以及通常意义上的 k 维曲面形象化是很困难的，我们将把本章介绍的所有模型都画为二维。得到这些图的关键是除了其中的一个自变量以外，模型中的其他自变量都保持不变。

例 11.2

参考例 11.1 中所考虑的售价 y 的一阶模型，解释模型中 β 参数的估计值。

解答

例 11.1 中给出的最小二乘预测方程是 $\hat{y}=1470.28+0.8145x_1+0.8204x_2+13.53x_3$。我们知道一阶模型中的 β_1 表示在 x_2 和 x_3 固定时的 $y-x_1$ 直线的斜率。也就是说，β_1 度量了当模型中其他所有的自变量保持不变时，x_1 每增加 1 个单位时的 $E(y)$ 的变化。对 β_2 和 β_3 可以得到同样的结论。例如 β_2 度量了当模型中其他所有的 x 保持不变的时候，对于 x_2 每增加 1 个单位时 $E(y)$ 的变化。因而，我们得到以下解释：

图 11.4　平面 $(E)\ y=1+2x_1+x_2$

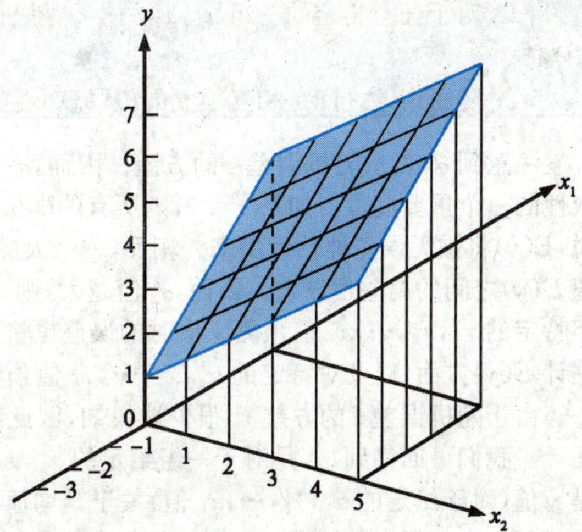

$\hat{\beta}_1=0.8145$：当评估的改建价值(x_2)和面积(x_3)都保持不变时，评估的地价(x_1)每增加 1 美元，我们估计到一项房地产的平均售价 $E(y)$ 增加 0.8145 美元。

$\hat{\beta}_2=0.8204$ 当评估的地价(x_1)和面积(x_3)都保持不变时，评估的改建价值(x_2)每增加 1 美元，我们估计到一项房地产的平均售价 $E(y)$ 增加 0.8204 美元。

$\hat{\beta}_3=13.53$：当评估的地价(x_1)和评估的改建价值(x_2)都保持不变时，居住面积(x_3)每增加 1 平方英尺，我们估计到一项房地产的平均售价 $E(y)$ 增加 13.53 美元。

在本例中，$\hat{\beta}_0=1470.28$ 没有一个有意义的解释。为了理解这一点，注意当 $x_1=x_2=x_3=0$ 时，$\hat{y}=\hat{\beta}_0$。因而，$\hat{\beta}_0=1470.28$ 表示当所有自变量取值为 0 美元时估计出的平均售价。由于当评估的地价为 0 美元，评估的改建价值为 0 美元且居住面积为 0 平方英尺时——具有这些特征的住宅房地产是不实际的，因而对 $\hat{\beta}_0$ 这个值的解释没有任何意义。一般地，除非将 x 的值同时取为 0 是有意义的，否则 $\hat{\beta}_0$ 没有一个实际的解释。

注意

对一个多元回归模型中 β 参数的解释将依赖于此模型中所确定的项。上述的解释仅用于一阶线性模型。实践中，在对这些 β 做出解释之前，你应当确信一阶模型是 $E(y)$ 的正确模型。(我们将在 11.7—11.10 节讨论 $E(y)$ 的其他可供选择的模型)。

11.3　模型的假设

在 11.1 节我们注意到一般多元回归模型的形式为

$$y=\beta_0+\beta_1x_1+\beta_2x_2+\cdots+\beta_kx_k+\varepsilon$$

这里 y 是我们想要预测的响应变量；$\beta_0,\beta_1\cdots,\beta_k$ 是未知参数；$x_1,x_2,\cdots,x_k$ 是提供信息的变量，对它们的测量是无误差的；ε 是随机误差分量。由于 $\beta_0,\beta_1,\cdots,\beta_k$ 和 $x_1,x_2,\cdots,x_k$ 是非随机的，则 $\beta_0+\beta_1x_1+\beta_2x_2+\cdots+\beta_kx_k$ 代表了模型的确定性部分。因而，y 由两部分组成一部分为固定的，一部分为随机的。所以，y 是一个随机变量。

$$y=\overbrace{\beta_0+\beta_1x_1+\cdots+\beta_kx_k}^{\text{模型的确定性部分}}+\overbrace{\varepsilon}^{\text{随机误差}}$$

我们将假设(同第 10 章)随机误差可正可负，并且对于 x 的任何取值 $x_1,x_2,\cdots,x_k$，随机误差 ε 有一个均值为 0，方差为 σ^2 的正态概率分布。此外，我们还假设与任何一对(且每一对)y 值相联系的随机误差都是概率性地相互独立的。即，任何一个 y 值的误差 ε 独立于其他任何 y 值的误差。这些假设总结在下面的框内。

随机误差 ε 的假设

1. 对于任意给定的一组 $x_1, x_2, \cdots, x_k$，随机误差 ε 有一个均值为 0，方差为 σ^2 的正态概率分布。

2. 随机误差之间是相互独立的（从概率性的意义上）。

注意到 σ^2 表示随机误差 ε 的方差。因而，σ^2 是此模型用于估计均值和预测 y 的实际值时有效性的一个重要度量。如果 $\sigma^2=0$，则所有的随机误差将等于 0，且预测值 $\hat{y}$ 等同于 $E(y)$；也就是说，$E(y)$ 将被无误差地估计出来。相反，一个大的 σ^2 值意味着 ε 值（绝对值）大，且预测值 $\hat{y}$ 和均值 $E(y)$ 之间的离差也较大。因而，σ^2 值越大，则对模型参数 $\beta_0, \beta_1, \cdots, \beta_k$ 估计时的误差以及对一组特定的 $x_1, x_2, \cdots, x_k$ 值预测 y 值时的误差也将越大。因此，在对 $\beta_0, \beta_1, \cdots, \beta_k$ 进行推断方面，在估计 $E(y)$ 方面，以及对特定的 $x_1, x_2, \cdots, x_k$ 值预测其 y 值方面，σ^2 起着主要的作用。

由于随机误差 ε 的方差 σ^2 很少被得知，因此我们必须要运用回归分析的结果对它的值进行估计。我们可回忆到，σ^2 是对于一组给定的 $x_1, x_2, \cdots, x_k$ 值，随机误差 ε 的概率分布的方差，则它是 y 值（对于给定的 $x_1, x_2, \cdots, x_k$ 值）关于其均值 $E(y)$ 之间离差的平方的均值。① 由于预测值 $\hat{y}$ 是对每一个数据点估计 $E(y)$，则似乎很自然地用

$$SSE=\sum(y_i-\hat{y}_i)^2$$

来建立 σ^2 的一个估计量。

例如，在例 11.2 的一阶模型中，我们得到 $SSE = 1003491259.4$。现在我们想运用这个值来估计 ε 的方差。回忆到对于线性模型，其估计量为 $s^2=SSE/(n-2)$，且注意到分母为（$n-$估计的 β 参数的个数），即，在直线模型中为 $(n-2)$。由于对这个一阶模型我们必须要估计四个参数 β_0，β_1，β_2 和 β_3，则 σ^2 的估计量是

$$s^2=\frac{SSE}{n-4}$$

对于本例，其估计值为

$$s^2=\frac{SSE}{20-4}=\frac{1003491259.4}{16}=62718203.7$$

在许多计算机输出结果和课本中，s^2 被称为均方差（mean square for error，MSE）。在图 11.2 中的 SAS 输出结果上，σ^2 的这个估计值位于题为 **Mean Square** 的列中。

被估计出的方差的单位是因变量 y 的单位平方。由于在这个例子中因变量 y 是美元计的售价，则 s^2 的单位是（美元）^{2}，而这不便于对 s^2 做出有意义的解释，因此我们运用标准差 s 来对变异性提供一个更有意义的测度。在这一例子中，

$$s=\sqrt{62718203.7}=7919.5$$

在图 11.2 的 SAS 输出结果上它位于 **Root MSE** 的旁边。这个估计的标准差 s 的一个有用的解释是，为了对给定的 x 值预测 y 的将来值，模型将以区间 $\pm 2s$ 对其准确性提供一个大致的近似。因而，在例 11.2 中，我们预计这一模型在大约 $\pm 2s=\pm 2(7919.5)= \pm 15839$ 美元的范围内对售价提供预测②。

对于一般多元回归模型

$$y=\beta_0+\beta_1x_1+\beta_2x_2+\cdots+\beta_kx_k+\varepsilon$$

我们必须估计 $(k+1)$ 个参数 $\beta_0, \beta_1, \cdots, \beta_k$。因而，$\sigma^2$ 的估计量是 SSE 除以（$n-$估计的 β 参数个数）的值。

---

① 由于 $y=E(y)+\varepsilon$，ε 等于残差 $y-E(y)$。而且，由定义知，一个随机变量的方差是随机变量与其均值的离差平方的期望值。根据我们的模型，$E(\varepsilon)=0$，因此，$\sigma^2=E(\varepsilon)^2$。

② 当样本容量增加时，$\pm 2s$ 这一近似将会提高。在 11.6 节我们将对预测区间的构造提供更加精确的方法。

我们不但将 σ^2 的估计量运用于模型效用的检验(11.4 和 11.5 节),而且当模型用于预测和估计时,还对其可靠性提供一种测度(11.6 节)。因此,你可以看到 σ^2 的估计对于一个回归模型的建立起着重要的作用。

具有 k 个自变量的多元回归模型的 σ^2 估计量

$$s^2=\frac{SSE}{n-\text{估计的 }\beta\text{ 参数个数}}=\frac{SSE}{n-(k+1)}$$

11.4　关于 β 参数的推断

一个模型中单个 β 参数的推断既可以由置信区间获得,也可以由假设检验获得。我们将其列在以下两个框内。①

多元回归模型中单个参数系数的检验

单尾检验	**双尾检验**
$H_0:\beta_i=0$	$H_0:\beta_i=0$
$H_a:\beta_i<0$[或:$H_a:\beta_i>0$]	$H_a:\beta_i\neq 0$

检验统计量:$t=\dfrac{\hat{\beta}_i}{s_{\hat{\beta}_i}}$

拒绝域:$t<-t_\alpha$ [或 $t>t_\alpha$,当 $H_a:\beta_i>0$ 时]	拒绝域:$\lvert t\rvert>t_{\alpha/2}$

这里 t_α 和 $t_{\alpha/2}$ 的自由度为 $n-(k+1)$,且

n = 观测值的个数

$k+1$ = 模型中 β 参数的个数

假设:参见 11.3 节有关随机误差部分 ε 的概率分布的假设。

β 参数的一个 $100(1-\alpha)\%$ 的置信区间

$$\hat{\beta}_i\pm t_{\alpha/2}s_{\hat{\beta}_i}$$

这里 $t_{\alpha/2}$ 的自由度为 $n-(k+1)$,且

n=观测值的个数

$k+1$= 模型中 β 参数的个数

我们将运用另一个例子来说明这两种方法。

例 11.3

一个落地大座钟古董的收藏家认为,钟表的公认价格随着钟表的年代呈线性增加。而且,收藏家假设钟表的拍卖价格会随着竞价者数量的增加而线性地增加。因此,他假设了以下的一阶模型

$$y=\beta_0+\beta_1x_1+\beta_2x_2+\varepsilon$$

---

① 计算 $\hat{\beta}_i$ 及其标准误差的公式是非常复杂的,表述它们的惟一合理方法是运用矩阵代数。对于本书而言,我们并不把矩阵代数作为先决条件,无论如何我们认为,在一门入门性的课程中可以将这些公式忽略而不至于有严重的损失。在几乎所有具有多元回归程序的统计软件包中都编有它们的程序,且在参考书目中所列的一些课本中也有对它们的讲述。

这里

y = 拍卖价格

x_1 = 钟表的年代(年)

x_2 = 竞价者的数量

表 11.2 **拍卖价格数据**

年代 x_1	竞价者的数量 x_2	拍卖价格 y	年代 x_1	竞价者的数量 x_2	拍卖价格 y
127	13	$1235	170	14	$2131
115	12	1080	182	8	1550
127	7	845	162	11	1884
150	9	1522	184	10	2041
156	6	1047	143	6	845
182	11	1979	159	9	1483
156	12	1822	108	14	1055
132	10	1253	175	8	1545
137	9	1297	108	6	729
113	9	946	179	9	1792
137	15	1713	111	15	1175
117	11	1024	187	8	1593
137	8	1147	111	7	785
153	6	1092	115	7	744
117	13	1152	194	5	1356
126	10	1336	168	7	1262

一个样本含有 32 个落地大座钟的拍卖价格及其年代和竞价者数量，其数据给在表 11.2 中。对这些数据拟合了模型 $y=\beta_0+\beta_1x_1+\beta_2x_2+\varepsilon$，MINITAB 软件的部分输出结果见图 11.5。

图 11.5 **例 11.3 的 MINITAB 输出结果**

The regression equation is

Y=−1339+12.7×1+86.0×2

Predictor	*Coef*	*StDev*	*t−ratio*	*p*
Constant	−1339.0	173.8	−7.70	0.000
X1	12.7406	0.9047	14.08	0.000
X2	85.953	8.729	9.85	0.000

s=133.5　*R−Sq*=89.2%　*R−Sq(adj)*=88.5%

Analysis of Variance

SOURCE	*DF*	*SS*	*MS*	*F*	*P*
Rrgression	2	4283063	2141532	120.19	0.000
Error	29	516727	17818		
Total	31	4799789			

a. 运用 $\alpha=0.05$ 检验"当年代保持不变的时候，一个钟表的平均拍卖价格随着竞价者数量的增加而上涨"这一假设，即，检验 $\beta_2>0$。

b. 建立 β_1 的一个 90%置信区间，并解释这一结果。

解答

a. 我们所关心的假设涉及到参数 β_2。具体为：

$$H_0: \beta_2=0$$
$$H_a: \beta_2>0$$

检验统计量是一个 t 统计量，它由参数 β_2 的样本估计值 $\hat{\beta}_2$ 除以 $\hat{\beta}_2$ 的估计标准误（记为 $s_{\hat{\beta}_2}$）来得到。这些估计值以及计算出的 t 值分别列在 MINITAB 输出结果上的 **Coef**, **Stdev** 和 **t－ratio** 几列中。

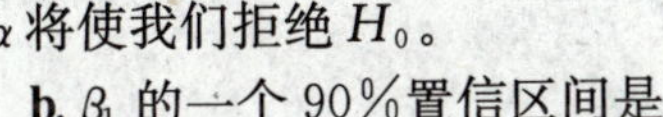

检验统计量：$t=\frac{\hat{\beta}_2}{s_{\hat{\beta}_2}}=\frac{85.953}{8.729}=9.85$

这个检验的拒绝域的求法与前面几章 t 检验拒绝域的求法是完全一样的。即，查阅附录 B 中的表Ⅵ我们可以得到 t 的一个右尾值，它是符合 $P(t>t_\alpha)=\alpha$ 的一个 t_α 值，然后便可以利用此值对单尾检验或者双尾检验建立拒绝域。

当 $\alpha=0.05$ 且自由度为 $n-(k+1)=32-(2+1)=29$ 时，从表Ⅵ得到的 t 临界值为 $t_{0.05}=1.699$。因此，

拒绝域：$t>1.699$（见图 11.6）

由于检验统计量的值 $t=9.85$ 落在了拒绝域中，则我们有充足的理由拒绝 H_0。因此，收藏家可以推断，当年代保持不变时，一个钟表的平均拍卖价格随着竞价者数量的增加而上涨。注意到这个检验观察到的显著性水平也已给在输出结果中。由于 p 值=0，则任何非零的 α 将使我们拒绝 H_0。

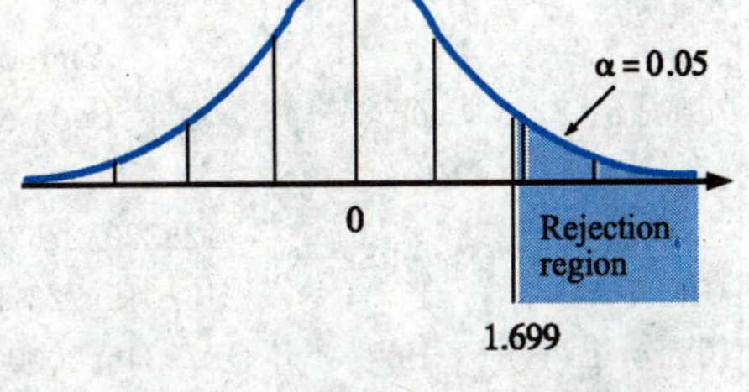

图 11.6 $H_0:\beta_2=0$ 对 $H_a:\beta_2>0$ 的拒绝域

b. β_1 的一个 90%置信区间是

$$\hat{\beta}_1 \pm t_{\alpha/2} s_{\hat{\beta}_1}=\hat{\beta}_1 \pm t_{0.05} s_{\hat{\beta}_1}$$

将 $\hat{\beta}_1=12.74$，$s_{\hat{\beta}_1}=0.905$（它们都由图 11.5 中的 MINITAB 输出结果得到）以及 $t_{0.05}=1.699$（从 a 部分得到）代入公式中得到

$$12.74 \pm 1.699(0.905)=12.74 \pm 1.53$$

即(11.21, 14.27)。因此，我们有 90%的把握确信 β_1 落在 11.21 至 14.27 之间。由于 β_1 是拍卖价格(y)关于钟表年代(x_1)的直线斜率，我们就此推断，当竞价者的数量(x_2)保持不变时，年代每增加 1 年，则价格的上涨范围将在 \$11.21 至 \$14.27 之间。

我们对模型中单个 β 参数的 t 检验所得出的这部分结论是谨慎的。

注意

在一个**一阶线性模型**中，为了确定哪些自变量对于 y 的预测有用以及哪些自变量没有用，对单个 β 参数进行 t 检验是很危险的。如果你没能拒绝 $H_0: \beta_i=0$，则可能会有以下几个结论：

1. 在 y 和 x_i 之间没有关系。
2. 在 y 和 x_i 之间存在着线性关系（模型中的其他 x 保持不变），却发生了第Ⅱ类错误。
3. 在 y 和 x_i 之间存在一种关系（模型中的其他 x 保持不变），但这种关系比线性关系更为复杂（例如，一种曲线关系可能是适当的）。对于一个 β 参数检验，你最有把握说的是，y 和 x_i 之间呈线性（直线）关系的理由或者是充分的（如果你拒绝 $H_0: \beta_i=0$），或者是不充分的（如果你没有拒绝 $H_0: \beta_i=0$）。

练习 11.1～11.15

技能训练

11.1 写出 $E(y)$ 关于以下情况的一阶模型：
a. 两个定量自变量
b. 四个定量自变量
c. 五个定量自变量

11.2 运用 SAS 软件对 $n=20$ 个数据点拟合模型 $E(y)=\beta_0+\beta_1x_1+\beta_2x_2$，得到以下的输出结果。

练习 11.2 的 SAS 输出结果

Dep Varibale: Y

Analysis of Variance

Source	DF	Sum of Squares	Mean Square	F Value	Prob>F
Model	2	128329.27624	64164.63812	7.223	0.0054
Error	17	151015.72376	8883.27787		
C Total	19	279345.00000			

Root MSE	94.25114	R−Square	0.4594
Dep Mean	360.50000	Adj R−Sq	0.3958
C.V.	26.14456		

Parameter Estimates

Variable	DF	Parameter Estimate	Standard Error	T for H0: Parameter=0	Prob>|T|
INTERCEP	1	506.346067	45.16942487	11.210	0.0001
X1	1	−941.9000226	275.08555975	−3.424	0.0032
X2	1	−429.060418	379.82566485	−1.130	0.2743

a. β_0，β_1 和 β_2 的样本估计值是什么？
b. 最小二乘预测方程是什么？
c. 求出 SSE，MSE 和 s，并联系问题的背景解释标准差。
d. 运用 $\alpha=0.05$ 检验 $H_0: \beta_1=0, H_a: \beta_1\neq0$。
e. 运用一个 95% 的置信区间估计 β_2。

11.3 假如你对 $n=30$ 个数据点拟合多元回归模型
$y=\beta_0+\beta_1x_1+\beta_2x_2+\beta_3x_3+\varepsilon$
并得到如下结果：
$\hat{y}=3.4-4.6x_1+2.7x_2+0.93x_3$
$\hat{\beta}_2$ 和 $\hat{\beta}_3$ 的估计标准误差分别为 1.86 和 0.29。
a. 检验原假设 $H_0: \beta_2=0$，备择假设 H_a：

$\beta_2 \neq 0$。运用 $\alpha=0.05$。

b. 检验原假设 $H_0:\beta_3=0$，备择假设 $H_a:\beta_3\neq 0$。运用 $\alpha=0.05$。

c. 原假设 $H_0:\beta_2=0$ 没有被拒绝。相反，原假设 $H_0:\beta_3=0$ 被拒绝了。请解释这种情况如何可能发生，即使是在 $\hat{\beta}_2>\hat{\beta}_3$ 的时候。

11.4 假如你对 $n=25$ 个数据点拟合一阶多元回归模型 $y=\beta_0+\beta_1x_1+\beta_2x_2+\varepsilon$

并得到如下预测方程：

$\hat{y}=6.4+3.1x_1+0.92x_2$

$\hat{\beta}_1$ 和 $\hat{\beta}_2$ 的抽样分布的估计标准差分别为 2.3 和 0.27。

a. 检验原假设 $H_0:\beta_1=0$，对 $H_a:\beta_1>0$。运用 $\alpha=0.05$。

b. 检验原假设 $H_0:\beta_2=0$，对 $H_a:\beta_2\neq 0$。运用 $\alpha=0.05$。

c. 求出 β_1 的 90%置信区间，并解释这一区间。

d. 求出 β_2 的 99%置信区间，并解释这一区间。

11.5 估计 σ^2（ε 的方差）时可用的自由度个数与一个回归模型中自变量个数之间的关系是怎样的？

11.6 考虑具有三个定量自变量的一阶模型方程

$E(y)=1+2x_1+x_2-3x_3$

a. 画出在 $x_2=1$ 且 $x_3=3$ 时，y 和 x_1 之间的关系图。

b. 当 $x_2=-1$ 且 $x_3=1$ 时，重复 a 部分。

c. 在 a 部分和 b 部分所绘出直线的相互关系是怎样的？每条直线的斜率是什么？

d. 如果一个线性模型是含有三个自变量的一阶模型，且其中一个自变量是其余两个自变量值的不同组合，当把 $E(y)$ 画为这个自变量的函数时会得到什么类型的几何关系？

概念运用

11.7 为了对影响卖主收入的因素进行研究，研究者对墨西哥柏布拉城（Puebla，Mexico）的 1000 个街头卖主进行了详细的采访。卖主被定义为在街道上从事工作的个体，包括拥有二轮货车和有轮货架的卖主，但不包括乞讨者、药商和娼妓。研究者搜集了性别、年龄、每天工作小时数、年收入和教育水平等数据，其中的部分数据见表中。

STREETVN. DAT

卖主号码	每年收入 y	年龄 x_1	每天工作的小时数 x_2
21	$2841	29	12
53	1876	21	8
60	2934	62	10
184	1552	18	10
263	3065	40	11
281	3670	50	11
354	2005	65	5
401	3215	44	8
515	1930	17	8
633	2010	70	6
677	3111	20	9
710	2882	29	9
800	1683	15	5
914	1817	14	7
997	4066	33	12

a. 写出平均年收入 $E(y)$ 的一阶模型，使其作为年龄（x_1）和工作小时数（x_2）的函数。

b. 运用 STATISTIX 对数据拟合模型，在所示的输出结果上找出最小二乘预测方程。

c. 解释模型中估计的 β 参数。

d. 年龄 x_1 是年收入的一个在统计上有效的预测变量吗？运用 $\alpha=0.01$ 进行检验。

e. 建立 β_2 的 99%置信区间，并就此问题解释这一区间。

练习 11.7 的 STATISTIX 输出结果

UNWEIGHTED LEAST SQUARES LINEAR REGRESSION OF EARNINGS

PREDICTOR VARIABLES	COEEFICIENT	STD ERROR	STUDENTS T	P
CONSTANT	−20.3520	652.745	−0.03	0.9756
AGE	13..3504	7.67168	1.74	0.1074
HOURS	243.714	63.5117	3.84	0.0024

R−SQUARED	0.5823	RESID. MEAN SQUARE (MSE)	300016
ADJUSTED R−SQUARED	0.5126	STANDARD DEVIATION	547.737

续表

SOURCE	DF	SS	MS	F	P
REGRESSION	2	5018232	2509116	8.36	0.0053
RESIDUAL	12	3600196	300016		
TOTAL	14	8618428			

CASES INCLUDED 15　MISSING CASES 0

11.8 参考练习 10.35 中《董事长》(*Chief Executive*,1999 年 9 月)对各种行业的首席执行官的研究。回忆到对一名 CEO 的工资所建立的模型是使其作为公司业绩(x_1)的一个函数,这里业绩是在假定股息用于再投资的条件下,用返还给股东的按年计算的三年总利润来进行测度的。现对这一练习考虑第二个自变量,即公司销售额(x_2)。三个变量的数据列于下表。

CEO17. DAT

公司	CEO	总工资,y(千美元)	公司业绩,x_1	公司销售额 x_2,(百万美元)
Cummins Engine	James A. Henderson	4338	0.8	6266
Bank of New York	Thomas A. Renyi	7121	52.5	63579
Sun Trust Banks	L. Phillip Humann	3882	33.0	93170
Bear Stearns	James E. Cayne	25002	46.1	7980
Charles Schwab	Charles R. Schwab	16506	85.5	3388
Coca－Cola	M. Douglas Ivester	12712	22.9	18813
Time Warner	Gerald M. Levin	25136	49.6	14582
Humana	Gregory H. Wolf	4516	－13.3	9781
Engelhard	Orin R. Smith6	189	－1.8	4172
Chubb	Deam R. O'Hare	4052	12.3	6337
American Home Products	John R. Stafford	8046	35.5	13463
Merck	Raymond V. Gilmartin	7178	33.4	26898
Schering－Plough	richard J. Kogan	6818	61.8	8077
Home Depot	Arthur M. Blank	2900	58.6	30219
Dell Computer	Michael S. dell	115797	222.4	13663
BellSouth	F. Duane Ackerman	18134	35.8	23.123
Delta Air Lines	leo F. Mullin	17085	20.0	14138

a. 建立总工资关于公司销售额的散点图。你的散点图是否表明公司销售额有助于解释 CEO 工资的变异?请解释。

b. 运用 *EXCEL* 对数据拟合一阶模型 $E(y)=\beta_0+\beta_1x_1+\beta_2x_2$。在下页上的输出结果中找到最小二乘估计值的位置,并解释它们的值。

c. 运用 $\alpha=0.05$ 检验 $H_0: \beta_2=0$ 对 $H_a: \beta_2<0$,并就此问题报告你的结果。

d. 在输出结果上找到 β_1 的 95%置信区间的位置,并就此问题解释其结果。

11.9 影响一个公司普通股的变量很多,包括公司特有的内部变量,如产品质量和财务业绩,以及外部市场变量,如利率和股票市场业绩。本练习的表中包含了三个这样的外部变量(x_1,x_2,x_3)以及福特汽车公司普通股价格(y)(对股票分割进行了调整)的季度数据。日元兑换率(美元的价值用日元表示)x_1,度量了日元对美元的实力。这一比率越高,日本的进口货越便宜——例如售给美国消费者的丰田、尼桑、本田等汽车。同样地,德国马克兑换率 x_2 越高,宝马和奔驰汽车对于美国消费者就越便宜。

S&P500 指数是 x_3 美国公司在股票市场业绩的一个综合度量。

练习 11.8 的 **EXCEL** 输出结果

SUMMARY OUTPUT						
Regression Statistics						
Multiple R	0.9037971					
R Square	0.8168492					
Adjusted R Square	0.7906848					
Standard Error	12136.8165					
Observations	17					
ANOVA						
	df	SS	MS	F	Significance F	
Regression	2	9197518606	4598759303	31.21987138	6.91292E−06	
Residual	14	2062232399	147302314.2			
Total	16	11259751005				
	Coefficients	Standard Error	t Stat	P−value	Lower 95%	Upper 95%
Intercept	397.819904	4758.206523	0.083607112	0.934552536	−9807.527182	10603.167
X Variable1	451.741037	57.9979736	7.788910701	1.86693E−06	327.3476448	576.13443
X Variable 2	−0.17565263	0.129106576	−1.360524294	0.19516709	−0.452558944	0.10125368

练习 11.9 的数据

FORDSTOCK.DAT

日期		福特汽车公司普通股 y	日元兑换率 x_1	德国马克兑换率 x_2	S&P 500 x_3
1992	Ⅰ	38.38	133.2	1.64	407.36
	Ⅱ	45.88	125.5	1.53	408.21
	Ⅲ	39.5	119.2	1.41	418.48
	Ⅳ	42.88	124.7	1.61	435.64
1993	Ⅰ	52	121.0	1.61	450.16
	Ⅱ	52.25	110.1	1.69	447.29
	Ⅲ	55.25	105.2	1.62	459.24
	Ⅳ	64.5	111.9	1.73	465.95
1994	Ⅰ	58.75	130.2	1.67	463.81
	Ⅱ	59	99.1	1.60	454.83
	Ⅲ	27.75	98.5	1.55	466.96
	Ⅳ	27.88	99.7	1.55	455.19
1995	Ⅰ	26.88	89.4	1.38	493.15
	Ⅱ	29.75	84.6	1.38	539.35
	Ⅲ	31.12	98.3	1.42	578.77
	Ⅳ	28.88	102.8	1.43	614.57
1996	Ⅰ	34.38	106.3	1.48	647.07
	Ⅱ	32.38	109.4	1.52	668.50

续表

日期		福特汽车公司普通股 y	日元兑换率 x_1	德国马克兑换率 x_2	S&P 500 x_3
1996	Ⅲ	20.70	111.0	1.53	687.33
	Ⅳ	21.28	116.0	1.55	740.74
1997	Ⅰ	23.02	124.1	1.68	757.12
	Ⅱ	27.07	114.4	1.74	885.14
	Ⅲ	28.94	121.0	1.77	947.28
	Ⅳ	33.78	130.0	1.79	970.43
1998	Ⅰ	45.81	132.1	1.85	1101.75
	Ⅱ	57.00	140.9	1.81	1138.84
	Ⅲ	54.25	135.3	1.68	1017.01
	Ⅳ	61.44	115.6	1.67	1229.23
1999	Ⅰ	63.94	120.4	0.93	1286.37
	Ⅱ	48.50	121.1	0.97	1372.71
	Ⅲ	54.88	106.9	0.94	1282.71

a. 对数据拟合一阶模型 $y=\beta_0+\beta_1x_1+\beta_2x_2+\beta_3x_3+\varepsilon$，并阐明最小二乘预测方程。

b. 求出回归模型的标准差，并就此问题解释其值。

c. 数据提供了充足的理由推断福特股票的价格随着日元兑换率的增高而下降吗？说出观察到的显著性水平，并运用 $\alpha=0.05$ 得出一个结论。

d. 根据这些数据解释 $\hat{\beta}_2$ 的值。记住你的解释必须要认可模型中其他变量的存在。

11.10 一个残疾人对残疾的接受是复原过程的关键。《康复杂志》(*Journal of Rehabilitation*, 1989 年 9 月)上发表的一篇文章对 160 个残疾成年人的固执行为水平及其对残疾的接受之间的关系进行了研究。因变量，“固执”(y)，是运用成年人自我表现等级表(Adult Self Expression Scale, ASES)来度量的。ASES 分值的范围是 0(不过分自信)至 192(极端过分自信)。分析的模型为 $E(y)=\beta_0+\beta_1x_1+\beta_2x_2+\beta_3x_3$，这里

$x_1=$ 对残疾的接受(AD)分数

$x_2=$ 年龄(年)

$x_3=$ 残疾时长(年)

回归结果见表中：

自变量	t	双尾 p 值
AD 分数(x_1)	5.96	0.0001
年龄(x_2)	0.01	0.9620
时长(x_3)	1.91	0.0576

a. 如果运用年龄和残疾时间进行说明，则有充足的理由表明 AD 得分与固执水平正线性相关吗？运用 $\alpha=0.05$ 进行检验。

b. 运用 $\alpha=0.05$ 检验 $H_0:\beta_2=0, H_a:\beta_2\neq0$。就此问题给出你的结论。

c. 运用 $\alpha=0.05$ 检验 $H_0:\beta_3=0, H_a:\beta_3>0$。就此问题给出你的结论。

11.11 参考练习 10.56 中《应用生态学杂志》(*Journal of Applied Ecology* Vol. 32, 1995)对小雪鹅喂养习惯的研究。在 42 个喂养试验中的有关小鹅体重变化、消化效率、酸性净化纤维(它们都用百分比度量)以及食物(植物或鸭食)的数据复制在了下表中。植物学家欲将体重变化(y)作为其他变量的一个函数对其预测。他们用一阶模型 $E(y)=\beta_0+\beta_1x_1+\beta_2x_2$ 对数据进行了拟合，其中 x_1 为消化效率，x_2 为酸性净化纤维。其 MINITAB 输出结果见下页。

SNOWGEES. DAT

喂养试验	食物	体重变化(%)	消化效率(%)	酸性净化纤维(%)
1	植物	−6	0	28.5
2	植物	−5	2.5	27.5
3	植物	−4.5	5	27.5
4	植物	0	0	32.5
5	植物	2	0	32
6	植物	3.5	1	30
7	植物	−2	2.5	34
8	植物	−2.5	10	36.5
9	植物	−3.5	20	28.5
10	植物	−2.5	12.5	29
11	植物	−3	28	28
12	植物	−8.5	30	28
13	植物	−3.5	18	30
14	植物	−3	15	31
15	植物	−2.5	17.5	30
16	植物	−5	18	22
17	植物	0	23	22.5
18	植物	1	20	24
19	植物	2	15	23
20	植物	6	31	21
21	植物	2	15	24
22	植物	2	21	23
23	植物	−2.5	30	22.5
24	植物	−2.5	33	23
25	植物	0	27.5	30.5
26	植物	0.5	29	31
27	植物	−1	32.5	30
28	植物	−3	42	24
29	植物	−2.5	39	25
30	植物	−2	35.5	25
31	植物	0.5	39	20
32	植物	−5.5	39	18.5
33	植物	−7.5	50	15
34	鸭食	0	62.5	8
35	鸭食	0	63	8
36	鸭食	2	69	7
37	鸭食	8	42.5	7.5
38	鸭食	9	59	8.5
39	鸭食	12	52.5	8
40	鸭食	8.5	75	6
41	鸭食	10.5	72.5	6.5
42	鸭食	14	69	7

a. 求出体重变化 y 的最小二乘预测方程。

b. 解释 a 部分方程中的 β 估计值。

c. 运用 $\alpha=0.01$ 进行一个检验，以确定消化效率 x_1 是否为体重变化的一个有效的线性预测量。

d. 建立 β_2 的一个 99% 置信区间，并解释它。

练习 11.11 的 MINITAB 输出结果

The regression equation is
wtchnge=12.2−0.0265 digest−0.458 acid

Predictor	Coef	StDev	T	P
Constant	12.180	4.402	2.77	0.009
digest	−0.02654	0.05349	−0.50	0.626
acid	−0.4578	0.1283	−3.57	0.001

S=3.519　　R−Sq=52.9%　　R−Sq(adj)=50.5%

Analysis of Variance

Source	DF	SS	MS	F	P
Regression	2	542.03	271.02	21.88	0.000
Error	39	483.08	12.3		
Total	41	1025.12			

11.12 为了研究影响国际市场上制造公司的规模分布的变量，进行了一项实验研究（*World Development*，Vol. 20，1992）。从 $n=54$ 个国家搜集到的数据被用于建立这个国家的规模分布 y 的模型，这里 y 由一个国家中工人数在 100 人及以上的制造公司所占的份额来度量。所研究的模型为：

$$E(y)=\beta_0+\beta_1x_1+\beta_2x_2+\beta_3x_3+\beta_4x_4+\beta_5x_5$$

这里 $x_1=$ 国民生产总值的自然对数（LGNP）

$x_2=$ 人均地理面积（千平方米）（AREAC）

$x_3=$ 在制造增加值中重工业所占的份额。（SVA）

$x_4=$ 对私人部门的信用索赔与国内生产总值的比率（CREDIT）

$x_5=$ 股票与国内生产总值的比率（STOCK）

a. 研究者假设一个国家的信用比率越高，制造公司的规模分布越小。请解释怎样检验这一假设。

b. 研究者假设一个国家的股票比率越高，制造公司的规模分布越大。请解释怎样检验这一假设。

11.13 地理位置是连锁旅馆和寄宿公司最重要的决策之一。一个连锁旅馆若能够比其竞争对手更准确、更快捷地选择优越的地理位置，则会具有明显的竞争优势。研究者 S. E. Kimes（康奈尔大学）和 J. A. Fitzsimmons（得克萨斯大学）研究了一个中等价位的连锁旅馆 La Quinta Motor Inns 的位置选择过程（《界面》，*Interface*，1990 年 3～4 月）。他们运用从 La Quint 旗下的 57 个旅馆搜集到的数据建立了一个回归模型，旨在预测处于在建中的旅馆的盈利性。最小二乘模型为：

$$\hat{y}=39.05-5.41x_1+5.86x_2-3.09x_3+1.75x_4$$

这里

$y=$ 营业毛利（按百分比测量）

$$=\frac{(\text{利润}+\text{利息支出}+\text{折旧})}{\text{总收入}}$$

$x_1=$ 州人口数（以千为单位）除以州内的旅馆总数

$x_2=$ 旅馆的房间等级（$）

$x_3=$ 这一地区的收入中位数（千美元）的平方根

$x_4=$ 在旅馆 4 英里以内的大学生数量

所有变量均被“标准化”为均值为 0，标准差为 1。请解释模型的 β 估计值，并对每个自变量对营业毛利 y 的影响做出评价（注意：一个盈利的旅馆被定义为其营业毛利超过 50% 的旅馆）。

11.14 在石油业中，在生产和运输期间必须要除去混杂在原油中的水份。化学家发现用电可以将油从油\水混合物中提取出来。为了研究

从油中分离水份所需电压(y)的影响因素，卑尔根大学(挪威)的研究者进行了一系列实验(《胶体和界面科学》,*Journal of Colloid and Interface Science*, Aug. 1995)。在下页的表中列出了在研究中所调查的七个自变量(每个变量在两个水平上测度，即一个"低"水平和一个"高"水平)。运用自变量的不同组合，他们准备了 16 份水/油混合物；然后将每份混浊液置于一个高电场。此外，在所有自变量设定为 0 时，还检测了三份混合物。所有 19 次实验的数据也给在了表中。

a. 提出一个 y 作为所有七个自变量的函数的一阶模型。

b. 运用一个统计软件包对表中的数据拟合模型。

c. 全面解释 β 参数。

练习 11.14 的数据

WATEROIL. DAT

实验编号	电压 y (kw/cm)	分散质容积率 x_1 (%)	盐度 x_2 (%)	温度 x_3 (℃)	搁置时间 x_4 (hours)	表面活性剂浓度 x_5 (%)	范围:氚核 x_6	固体微粒 x_7 (%)
1	0.64	40	1	4	0.25	2	0.25	0.5
2	0.80	80	1	4	0.25	4	0.25	2
3	3.20	40	4	4	0.25	4	0.75	0.5
4	0.48	80	4	4	0.25	2	0.75	2
5	1.72	40	1	23	0.25	4	0.75	2
6	0.32	80	1	23	0.25	2	0.75	0.5
7	0.64	40	4	23	0.25	2	0.25	2
8	0.68	80	4	23	0.25	4	0.25	0.5
9	0.12	40	1	4	24	2	0.75	2
10	0.88	80	1	4	24	4	0.75	0.5
11	2.32	40	4	4	24	4	0.25	2
12	0.40	80	4	4	24	2	0.25	0.5
13	1.04	40	1	23	24	4	0.25	0.5
14	0.12	80	1	23	24	2	0.25	2
15	1.28	40	4	23	24	2	0.75	0.5
16	0.72	80	4	23	24	4	0.75	2
17	1.08	0	0	0	0	0	0	0
18	1.08	0	0	0	0	0	0	0
19	1.04	0	0	0	0	0	0	0

11.15 明尼阿波利斯一套公寓的房主认为，由于城市估税员高估了房产价值而使她的房产税太高。这一房主雇佣了一名不动产评估师对此城市评估的适当性进行了调查。评估师运用回归分析研究了明尼阿波利斯公寓建筑物的售价与房产的不同特性之间的关系。他从最近一年内售出的所有公寓建筑中随机抽取了 25 套公寓，在以下的表中列出了评估师所搜集到的数据。这名不动产评估师假设一套公寓的售价(即，市场价)与表中其他变量之间关系的模型为

$$y=\beta_0+\beta_1 x_1+\beta_2 x_2+\beta_3 x_3+\beta_4 x_4+\beta_5 x_5+\varepsilon$$

练习 11.15 的数据 MNSALES. DAT

代码	售价 y (\$)	公寓的号码 x_1	建筑物的使用年数 x_2（年）	土地面积 x_3（平方英尺）	现场停车位的数量 x_4	总的建筑面积 x_5（平方英尺）
0229	90300	4	82	4635	0	4.266
0094	384000	20	13	17798	0	14391
0043	157500	5	66	5913	0	6615
0079	676200	26	64	7750	6	34144
0134	165000	5	55	5150	0	6120
0179	300000	10	65	12506	0	14552
0087	108750	4	82	7160	0	3040
0120	276538	11	23	5120	0	7881
0246	420000	20	18	11745	20	12600
0025	950000	62	71	21000	3	39448
0015	560000	26	74	11221	0	30000
0131	268000	13	56	7818	13	8088
0172	290000	9	76	4900	0	11315
0095	173200	6	21	5424	6	4.461
0121	323650	11	24	11834	8	9000
0077	162500	5	19	5246	5P	3828
0060	353500	20	62	11223	2	13680
0174	134400	4	70	5834	0	4680
0084	187000	8	19	9075	0	7392
0031	155700	4	57	5280	0	6030
0019	93600	4	82	6864	0	3840
0074	110000	4	50	4510	0	3092
0057	573200	14	10	11192	0	23704
0104	79300	4	82	7425	0	3876
0024	272000	5	82	7500	0	9542

a. 对表中的数据拟合不动产评估师的模型，并给出最小二乘预测方程。

b. 求出回归模型的标准差，并联系这个问题的背景解释其值。

c. 数据是否提供了充足的理由推断一套公寓的价值随着公寓中单元个数的增加而增加？给出观察到的显著性水平并运用 $\alpha=0.05$ 得出结论。

d. 根据这些数据解释 $\hat{\beta}_1$ 值，要记住你的解释必须认可模型中其他变量的存在。

e. 建立一个销售价格关于使用年数的散点图。你的散点图说明了这些变量之间的什么关系？

f. 运用 $\alpha=0.01$ 检验 $H_0: \beta_2=0, H_a: \beta_2<0$。结合这一问题的背景说明你的结果。这一结果与你在 e 部分的观察一致吗？为什么对这个原假设进行一个单尾检验比进行一个双尾检验合理？

g. f 部分的假设检验观察到的显著性水平是什么？

11.5　检验模型的总体效用

为了确定总体模型对于 y 的预测是否提供了信息，对此模型中的每个 β 参数进行 t 检验并**不是**最好的方法。如果我们进行的一系列 t 检验是为了确定自变量是否对预测性的关系起作用，我们就很可能会在决定模型中保留哪些项以及剔除哪些项方面犯下一个或更多的错误。

例如，假如你拟合了一个具有 10 个定量变量 x 的一阶模型，并决定在 $\alpha=0.05$ 的水平下对模型中的所有 10 个单独的 β 参数各自进行 t 检验。即使所有的 β 参数都等于 0(β_0 除外)，则大约有 40% 的时间你仍然会至少有一次错误地拒绝原假设，并得出一些 β 参数不为 0 的结论。① 因此，在那些考虑了许多自变量的多元回归模型中，进行一系列 t 检验可能会纳入许多并不显著的变量而排除掉一些有用的变量。为了检验一个多元回归模型的效用，我们需要进行一个总体检验(global test，这个检验包括了所有的 β 参数)。我们也希望找到一些统计量来度量模型对数据的拟合程度。

我们从比较简单的问题着手——找一个度量线性模型对一组数据的拟合程度的方法。为此，我们运用多元回归的决定系数，它等同于直线模型的决定系数 r^2(第 10 章)。我们将其列在以下的框内。

定义 11.1

多元决定系数 R^2 定义为

$$R^2=1-\frac{SSE}{SS_{yy}}=\frac{SS_{yy}-SSE}{SS_{yy}}=\frac{\text{解释的变异性}}{\text{总变异性}}$$

正如简单线性模型的情形，R^2 代表了 y 值的样本变异(由 SS_{yy} 测度)中被最小二乘预测方程所解释的比率。因而，$R^2=0$ 表示模型对数据完全没有拟合；$R^2=1$ 则表示模型经过了每个数据点，达到了完全拟合。一般地，R^2 值越大，则模型对数据拟合得越好。

为了举例说明，例 11.1 中售价模型的 $R^2=0.8974$ 一值标示在了图 11.7 中。这个大的 R^2 值表示运用一阶模型的自变量(即土地价值、评估的改建价值和房屋面积)解释了售价 y 的 89.7%的总样本变异(由 SS_{yy} 测度)。因此，R^2 是一个反映模型对数据拟合程度的样本统计量，因而它是整个模型有效性的一个度量。

图 11.7 售价模型的 SAS 输出结果

Analysis of Variance

Source	DF	Sum of Squares	Mean Square	F Value	Prob>F
model	3	8779676740.6	2926558913.5	46.662	0.0001
Error	16	1003491259.4	62718203.714		
C Total	19	9783168000.0			

① 这一结果的证明过程如下：

P(至少一次拒绝 $H_0|\beta_1=\beta_2=\cdots=\beta_{10}=0$)$=1-$P(从不拒绝 $H_0|\beta_1=\beta_2=\cdots=\beta_{10}=0$)$\leqslant 1-$[P(接受 $H_0:\beta_1=0|\beta_1=0$)$\cdot$P 接受 $H_0:\beta_2=0|\beta_2=0$)…P(接受 $H_0:\beta_{10}=0|\beta_{10}=0$)]$=1-[(1-\alpha)^{10}]=1-(0.05)^{10}=0.401$

续表

		Root MSE	7919.48254	R－Square	0.8974
		Dep Mean	56660.0000	Adj R－Sq	0.8782
		C.V.	13.97720		

Parameter Estimates

Variable	DF	Parameter Estimate	Standard Error	T for H0: Parameter=0	Prob>|T|
INTERCEP	1	1470.275919	5746.3245832	0.256	0.8013
X1	1	0.814490	0.51221871	1.590	0.1314
X2	1	0.820445	0.21118494	3.885	0.0013
X3	1	13.528650	6.58568006	2.054	0.0567

由**样本**数据计算出的一个大的 R^2 值并不一定意味着模型对**总体**中的所有数据点提供了一个很好的拟合。例如，一个含有三个参数的一阶线性模型将会对一个含有三个数据点的样本提供一个完全的拟合，则 R^2 值将等于 1。同样地，如果对 n 个数据点拟合一个恰好含有 n 个参数的模型，你也总会得到一个完全的拟合（$R^2=1$）。因此，如果你想把 R^2 值作为这一模型对于预测 y 值的有效程度的一个度量，则应当使样本中所包含的数据点比模型中参数的个数多很多。

注意

在一个多元回归分析中，只有当样本中所包含的数据点比模型中 β 参数的个数充分多的情况下，R^2 值才可用于度量此线性模型对于预测 y 值的有效程度。

作为将 R^2 用作模型适当性度量的一个变通办法，通常是给出**调整的多元决定系数**，表示为 R_a^2。R_a^2 的公式如下：

定义 11.2

调整的多元决定系数由以下公式给出

$$R_a^2=1-\left[\frac{(n-1)}{n-(k+1)}\right]\left(\frac{SSE}{SS_{yy}}\right)$$

$$=1-\left[\frac{(n-1)}{n-(k+1)}\right](1-R^2)$$

注意：$R_a^2 \leqslant R^2$

R_a^2 和 R^2 有着相同的解释。然而，不同于 R^2，R_a^2 同时考虑了样本容量 n 和模型中 β 参数的个数（用二者进行了"调整"）。R_a^2 总是会小于 R^2，更重要的是，它不会仅简单地通过对模型加入更多的自变量而"迫使"其趋于 1。因此，在选择模型适当性的一个度量时，分析者宁愿运用更加稳妥的 R_a^2。在图 11.7 中，R_a^2 直接给在了 R^2 值的下面。注意到 $R_a^2=0.8782$，只比 R^2 值略小一些。

R_a^2 和 R^2 尽管很实用，但它们也只是样本统计量。因此，仅仅根据这些值去判断模型的总体有效性是很危险的。一个较好的方法是进行一个包括了模型中所有 β 参数（β_0 除外）的假设检验。具体地，对于售价模型（例 11.1）而言，我们可以检验

$H_0: \beta_1=\beta_2=\beta_3=0$

H_a：至少其中一个系数不为零。

用于检验这一假设的检验统计量是一个 F 统计量，这一公式还有几个等价形式可供运用（不过我们通常会借助计算机来计算 F 统计量）。

检验统计量：$F=\frac{(SS_{yy}-SSE)/k}{SSE/[n-(k+1)]}=\frac{R^2/k}{(1-R^2)/[n-(k+1)]}$

这两个公式都表明了 F 统计量是被解释(explained)的变异除以模型的自由度与未被解释(unexplained)的变异除以误差自由度之间的比率。因而，由这一模型所解释的总变异的比例越大，则 F 统计量越大。

为了确定在什么情况下这一比例大到足以使我们确信可以拒绝原假设，并由此推断运用这一模型来预测 y 值比完全不用模型更为有效，我们把计算出的 F 统计量与表中的分子自由度为 k、分母自由度为 $[n-(k+1)]$ 的 F 值进行比较。回想对于不同的 α 值，其 F 分布表给在了附录 B 的表Ⅷ、Ⅸ、Ⅹ和Ⅺ中。

拒绝域：$F>F_\alpha$，这里的分子自由度为 k，分母自由度为 $n-(k+1)$。

对于售价这一例$[n=20,k=3,n-(k+1)=16$，且 $\alpha=0.05]$，如果

$$F>F_{0.05}=3.24$$

则我们将拒绝 $H_0:\beta_1=\beta_2=\beta_3=0$。

由 SAS 的输出结果(图 11.7)，我们得到计算出的 F 值是 46.66。由于这一值远远地大于表中值 3.24，我们由此推断在模型系数 β_1,β_2,β_3 中至少有一个系数非零。因此，这个总体 F 检验(global F－test)表明了一阶模型 $y=\beta_0+\beta_1x_1+\beta_2x_2+\beta_3x_3+\varepsilon$ 对于售价的预测是有效的。

如同 SAS 一样，其他大多数回归软件包也都在其输出结果中的“Analysis of Variance”(方差分析)部分中给出了 F 值。“方差分析”是一个合适的描述词，因为 F 统计值与 y 的总方差中被解释的部分和未被解释的部分有关。例如，根据图 11.7 的 SAS 输出结果计算出 F 值为：

$$F=\frac{\text{平方和(模型)}/\text{自由度(模型)}}{\text{平方和(误差)}/\text{自由度(误差)}}=\frac{\text{均方(模型)}}{\text{均方(误差)}}$$

$$=\frac{8,779,676,740.6/3}{1,003,491,259.4/16}=\frac{2,926,558,913.5}{62,718,203.7}=46.66$$

注意，F 统计量观察到的显著性水平也给在了题为 **Prob>F** 的下面，为 0.0001，它意味着在任何大于 0.0001 的 α 值下，我们将拒绝原假设 $H_0:\beta_1=\beta_2=\beta_3=0$。

用于检验模型有效性的 F 检验的方差分析总结如下：

检验模型的总体有效性：F 检验的方差分析

$H_0:\beta_1=\beta_2=\cdots\beta_k=0$　　(模型中所有的项对于预测 y 值都是不重要的)

H_a：至少有一个 $\beta_i\neq0$　　(模型中至少有一个项对于预测 y 值是有效的)

检验统计量：$F=\frac{(SS_{yy}-SSE)/k}{SSE/[n-(k+1)]}=\frac{R^2/k}{(1-R^2)/[n-(k+1)]}$

$=\frac{\text{均方(模型)}}{\text{均方(误差)}}$

这里 n 为样本容量，k 为模型中的项数。

拒绝域：$F>F_\alpha$，这里 F 的分子自由度为 k，分母自由度为 $n-(k+1)$。

假设：见有关随机误差部分的标准回归假设(11.3 节)。

注意

在总体 F 检验中拒绝原假设 $H_0:\beta_1=\beta_2=\cdots\beta_k=0$ 会[以 $100(1-\alpha)\%$ 的置信度]得出模型在统计上有效的结论。然而，统计上“有效”并不一定意味着“最好”。在提供更可靠的估计和预测方面，其他的模型可能经证实会更加有效。这个总体 F 检验通常被认作是值得对这一模型作进一步考虑的所**必须**要通过的检验。

例 11.4

参考例 11.3，在此例中一名古董收藏家建立了落地大座钟的拍卖价格 y 的模型，使其作为钟表年代 x_1 和竞价者数量 x_2 的一个函数。假设的一阶模型是

$$y=\beta_0+\beta_1x_1+\beta_2x_2+\varepsilon$$

他得到了一个含有 32 个观测值的样本，我们将 MINITAB 输出结果又列在了图 11.8 中。

图 11.8 例 11.4 的 MINITAB 输出结果

```
The regression equation is
Y=-1339+12.7 X1+86.0 X2

Predictor          coef        StDev      t-ratio        P
Constant        -1339.0        173.8        -7.70    0.000
   X1            12.7406       0.9047       14.08    0.000
   X2            85.953        8.729         9.85    0.000

s=133.5          R-Sq=89.2%              R-Sq(adj)=88.5%

Analysis of Variance
SOURCE          DF          SS          MS          F        P
Regression       2     4283063     2141532     120.19    0.000
Error           29      516727       17818
Total           31     4799789
```

a. 找到并解释本例的调整的决定系数 R_a^2。

b. 在 $\alpha=0.05$ 的显著性水平上，对模型的有效性进行总体 F 检验。

解答

a. R_a^2 值为 0.885(显著标示在图 11.8 中)，它表示用样本容量和模型中的自变量个数调整以后，这个最小二乘模型大约解释了 y 值(拍卖价格)总样本变异的 88.5%。

b. 模型的总体检验为：

H_0：$\beta_1=\beta_2=0$(注意：$k=2$)

H_a：两个模型系数中至少有一个非零。

检验统计量：$F=120.19$ (已在图 11.8 中标示)

p 值：0.000

结论：由于 $\alpha=0.05$ 大于观察到的显著性水平 $p=0.000$，则数据提供了有力的证据说明至少有一个模型系数是非零的。由此看来，总体模型对于拍卖价格的预测在统计上是有效的。

如果总体 F 检验表明一个模型是有效的，则我们是否能够确信已经找到了最好的预测模型？遗憾的是，不能。模型中增加其他的自变量可能会提高模型的有效性。在第 11.7—11.10 节，我们将考虑更加复杂的多元回归模型。

将本节的内容总结一下。R^2 和 R_a^2 都表明了预测方程对数据的拟合优度，但在根据 R^2 对模型的作用进行直觉的评价时，必须要谨慎从事。因为不同于 R_a^2，当模型中加入越来越多的自变量时，R^2 值也随之增大。因此，你可以人为地迫使 R^2 得到一个非常接近于 1 的值，即使这一模型对于 y 的预测不能提供任何信息。实际上，当模型中的项数(包括 β_0)等于数据点的个数时，R^2 值就等于 1。因此，你不应该单纯地依靠 R^2 值(或甚至 R_a^2)来判断模型对于预测 y 值是否有效。为了检验模型的总体效用，你需要运用 F 检验。

当我们已经运用 F 检验判断出总体模型对于预测 y 值有效以后，我们就可以有选择地对单个 β 参数进行一个或多个 t 检验(见 11.4 节)。不过，要进行的这个检验(或多个检验)应该决定

一个优先者(priori)，即优先拟合模型。而且，我们应当限制所进行的 t 检验次数，以避免可能犯下太多的第Ⅰ类错误。通常，回归分析者仅对“最重要”的 β 参数进行 t 检验。在第 11.7—11.10 节中我们将介绍识别一个线性模型中最重要的 β 参数的方法。

有关检验一个多元回归模型有效性的忠告

1. 首先，运用 F 检验对模型的总体有效性进行一个检验，即检验

$$H_0: \beta_1=\beta_2=\cdots\beta_k=0$$

如果模型被认为是合适的(即，如果你拒绝 H_0)，则进行第 2 步。否则，你应当假设和拟合另外一个模型，新的模型可以纳入更多的自变量或高阶项。

2. 对那些你特别关注的 β 参数(即那些“最重要”的 β)进行 t 检验，这些检验通常只涉及到与高阶项(x_2^2，x_1x_2，等等)有关的 β。不过，一个稳妥的作法是限制所检验的 β 参数的个数，进行一系列的 t 检验会导致总的第Ⅰ类错误比率 α 较高。

统计实践

11.1　预测波尔多红葡萄酒的价格

法国波尔多地区的葡萄园以生产优质的红葡萄酒而闻名遐尔。葡萄酒专家们一致认为，在葡萄生长季节期间的气候是酿造好酒的关键。欧洲最好的葡萄园通常莅临一大片水域(以防止春季结霜，延长秋季成熟，以及减少温度波动)，并且位于向南朝阳的斜坡上(以促进春季成熟)以及土壤具有良好排水性的地方(防止秋季降雨使葡萄颜色变淡)。海港城市波尔多，位于加伦河岸，满足所有这些所需的条件。因而，波尔多红葡萄酒是世界上最昂贵的葡萄酒之一。

通常，葡萄酒的年代越久则越昂贵。这是由于新酿出的酒——即使它们产自最好的波尔多葡萄园——也是发涩的，许多饮酒者认为这种发涩的口感不可口。而当这些酒变陈的时候，便没有了涩感。由于陈酒比新酒口味佳，因而被认为更具价值。因此，葡萄酒商和饮酒者对于藏酒都乐此不疲，直到酒变陈为止。

葡萄生长季节气候的不确定性、葡萄酒年代愈久口味愈佳以及一些葡萄园酿制的酒优于其他葡萄园的事实——诸多因素交合在一起，促使人们推测产自某年某葡萄园的一箱葡萄酒的价值。因此，许多葡萄酒专家尝试着预测一箱葡萄酒(在伦敦市场上)的拍卖价格。一些商业杂志如《葡萄酒》和《葡萄酒爱好者》基于对气候的主观评价和对葡萄园声誉的普遍了解，定期提供对这些方面的一些见解。

近来，一篇时事通讯上题为“液体资产：葡萄酒佳酿的国际指南”(*Liquid Asset: The International Guide to Fine Wines*)的文章介绍了一个预测葡萄酒的定量方法，这一方法运用统计学和多元回归分析方法对葡萄酒的价格进行了分析，不料却在葡萄酒业引起了一场轩然大波。《纽约时报》(*New York Times*，Mar. 4，1995)的头版刊登了一篇题为“葡萄酒方程使一些人失宠”(“Wine Equation Puts Some Noses Out of Joint”)的文章。在这篇文章中，美国最具影响力的葡萄酒评论家将这一方法称为“穴居人的看酒方法”。英国的《葡萄酒》杂志称，“这个公式不言而喻的愚蠢招致了对它的不敬”。为什么运用多元回归方法预测葡萄酒的价格会造成如此之大的争议呢？其原因仅仅是由于这一方法背后的理论被曲解了。例如，《葡萄酒爱好者》指责道，“即使将这一公式专门用于拟合已经存在的价格数据，在 1961 年以来的 27 个葡萄收获期中，它所计算出的预测也仅有 3 次恰好实现，预测出的价格中既有低于又有高于实际的价格。”显然，《葡萄酒爱好者》没有明白最小二乘回归所提出的是一个使 SSE 最小且平均预测误差为 0 的概率模型(而不是确定性模型)。

"液体资产"的发表者们在《机遇》(*Chance*，Fall 1995)上阐述了用于预测波尔多红葡萄酒伦敦拍卖价格的多元回归方法。他们运用搜集到的1952—1980年的葡萄酒数据①，对一箱装有一打红葡萄酒的价格 y②(美元)的自然对数建立了模型，使其作为生长季节期间的气候和葡萄酒的酿造年份的函数。价格的自然对数，表示为 $\ln(y)$，它使得分析者可以运用百分比来度量价格的增加(或减少)。他们提出了三个模型：

模型 1

$$\ln(y)=\beta_0+\beta_1 x_1+\varepsilon$$

这里 x_1 =酒的酿造年份(年)

模型 2

$$\ln(y)=\beta_0+\beta_1 x_1+\beta_2 x_2+\beta_3 x_3+\beta_4 x_4+\varepsilon$$

这里

x_1 = 酒的酿造年份(年)

x_2 = 在生长季节里(4月—9月)的平均温度(℃)

x_3 = 在9月和8月的降雨量(cm)

x_4 = 在葡萄收获期以前(10月—3月)的降雨量(cm)

模型 3

$$\ln(y)=\beta_0+\beta_1 x_1+\beta_2 x_2+\beta_3 x_3+\beta_4 x_4+\beta_5 x_5+\varepsilon$$

这里

x_1 = 酒的酿造年份(年)

x_2 = 在生长季节里(4月—9月)的平均温度(℃)

x_3 = 在9月和8月的降雨量(cm)

x_4 = 在葡萄收获期以前(10月—3月)的降雨量(cm)

x_5 = 9月份的平均温度(℃)

回归结果总结在表11.3中

表 11.3　波尔多红葡萄酒的价格回归

模型中的自变量	Beta 估计值(标准误)		
	模型1	模型2	模型3
酒的酿造平份(x_1)	0.0354(0.0137)	0.0238(0.00717)	0.0240(0.00747)
生长季节的温度(x_2)	—	0.616(0.0952)	0.608(0.116)
9月/8月的降雨量(x_3)	—	−0.00386(0.00081)	−0.00380(0.00095)
收获前的降雨量(x_4)	—	0.0001173(0.000482)	0.00115(0.000505)
9月份的温度(x_5)	—	—	0.00765(0.0565)
R^2	0.212	0.828	0.828
s	0.575	0.287	0.293

① 其中1954年和1956年的酒已被剔除，因它们现在已经很少有售。

② 一箱酒的价格是基于几个波尔多葡萄园的葡萄酒的一个指数。箱中的酒是经过慎重选择的，既代表了最昂贵的酒，也代表了不太贵的酒。

焦点

a. 在这三个模型中，你将选用哪一个模型来预测波尔多红葡萄酒的价格？请解释。

b. 解释你在 a 部分所选模型的 R^2 和 s 值。

c. 对你在 a 部分所选模型的每个 β 参数进行一个 t 检验，并解释其结果。

d. 当 ln(y)用作因变量时，一个 β 系数的反对数减 1，即 $e^{\beta}-1$ 表示与之有关的 x 每增加 1 单位时 y 的百分比变化。① 运用这一信息解释你在 a 部分所选模型的 β 估计值。

练习 11.16～11.30

技能训练

11.16 假如你对 $n=30$ 个数据点拟合一阶模型

$$y=\beta_0+\beta_1x_1+\beta_2x_2+\beta_3x_3+\beta_4x_4+\beta_5x_5+\varepsilon$$

并得到

SSE = 0.33　　　$R^2=0.92$

a. SSE 和 R^2 的值是否表明模型对数据提供了一个很好的拟合？请解释。

b. 模型对于预测 y 有用吗？运用 $\alpha=0.05$ 检验原假设 $H_0: \beta_1=\beta_2=\beta_3=\beta_4=\beta_5=0$，备择假设：$H_a: \beta_1,\beta_2,\cdots,\beta_5$ 中至少有一个参数不为零。

11.17 对 $n=19$ 个数据点拟合一阶模型 $y=\beta_0+\beta_1x_1+\beta_2x_2+\varepsilon$，结果以下 SAS 输出结果。

练习 11.17 的 SAS 输出结果

Dep Varibale: Y

Analysis of Variance

Source	DF	Sum of Squares	Mean Square	F Value	Prob>F
Model	2	24.22335	12.11167	65.478	0.0001
Error	16	2.95955	0.18497		
C Total	18	27.18289			

Root MSE	0.43008	R−Square	0.8911
Dep Mean	3.56053	Adj R−Sq	0.8775
C. V.	12.07921		

Parameter Estimates

Variable	DF	Parameter Estimate	Standard Error	T for H0: Parameter=0	Prob>|T|
INTERCEP	1	0.734606	0.29313351	2.506	0.0234
X1	1	0.765179	0.08754136	8.741	0.0001
X2	1	−0.030810	0.00452890	−6.803	0.0001

a. 找出 R^2 并解释其值。

b. 找出 R_a^2 并解释其值。

c. 检验原假设 $H_0: \beta_1=\beta_2=0$，备择假设 $H_a: \beta_1$ 和 β_2 中至少有一个不为零。运用本节给出的两个公式计算检验统计量并进行比较，且与输出结果上给出的结果相比较。运用$\alpha=0.05$，并解释你的检验结果。

d. 在输出结果中找出观察到的显著性水平并解释之。

---

① 这一结果是把价格 y 的百分比变化表示为$(y_1-y_0)/y_0$ 而得到的，这里 y_1 等于当 x=1 时 y 的值，y_0 等于当 x=0 时 y 的值。现在令 $y^*=ln(y)$，并假定模型为 $y^*=\beta_0+\beta_1x$。则

$$y=e^{y^*}=e^{\beta_0}e^{\beta_1x}=\begin{cases}e^{\beta_1}, 当\ x=0\ 时\\ e^{\beta_0\beta_1}\ 当\ x=1\ 时\end{cases}$$

代入得

$$\frac{y_1-y_0}{y_0}=\frac{e^{\beta_0}e^{\beta_1}-e^{\beta_0}}{e^{\beta_0}}=e^{\beta_1}-1$$

11.18 如果方差分析 F 检验得出了模型参数中至少有一个非零的结论，你能够推断这个模型是因变量 y 的最好预测量吗？你能推断模型中的所有项对于预测 y 都是重要的吗？适当的结论是什么？

11.19 假如你对 $n=20$ 个数据点拟合一阶模型 $y=\beta_0+\beta_1x_1+\beta_2x_2+\varepsilon$

并得到 $\sum(y_i-\hat{y}_i)^2=12.35$，$\sum(y_i-\bar{y})^2=24.44$

a. 运用与练习 11.17 的输出结果相同的样式，对这一回归分析建立一个方差分析表。一定要包括变异性来源、自由度、平方和、均方和 F 统计量，并计算这一回归分析的 R^2 和 R_a^2。

b. 检验原假设 $H_0: \beta_1=\beta_2=0$，备择假设 H_a：至少其中一个参数不为零。用两种不同的方法计算检验统计量并比较它们的结果。运用 $\alpha=0.05$ 推断这个模型是否对 y 的预测提供信息。

概念运用

11.20 参考练习 11.7 中《世界发展》(*World Development*, Feb. 1998)对墨西哥柏布拉城(Puebla, Mexico)街头卖主的研究。回想卖主平均年收入 $E(y)$ 的模型是年龄 x_1 和工作小时数 x_2 的一阶函数。参考练习 11.7 的 STATISTIX 输出结果，回答以下问题：

a. 解释 R^2 值。

b. 解释 R_a^2 值，并说明 R^2 和 R_a^2 之间的关系。

c. 在 $\alpha=0.01$ 的水平下对模型的总体效用进行检验，并解释这一结果。

11.21 参考练习 11.8 中《董事长》(*Chief Executive* Sept. 1999)对 CEO 的研究。回想建立的 CEO 的工资 y 的一阶模型是作为公司业绩 x_1 和公司销售额 x_2 的函数。参考 11.8 的 *EXCEL* 的输出结果回答以下问题：

a. 找出并解释多元决定系数的值。

b. 为了检验总体模型对于一名 CEO 工资的预测在统计上是否有效，给出原假设和备择假设。

c. 给出检验统计量的值和 b 部分检验的相应 p 值。

d. 运用 $\alpha=0.05$ 进行 b 部分的检验，你的结论是什么？

11.22《定量刑事学杂志》(*Journal of Quantitative Criminology*, Vol. 8, 1992)上发表了一篇关于英国区域财产犯罪水平的决定因素的论文。文中对几个有关财产犯罪猖獗性 y 的多元回归模型进行了研究，这里 y 用某一地理区域中至少遭受过一次财产犯罪的居民比例来测度。其中一个模型的结果是根据英国犯罪调查(British Crime Survey)所搜集到的 $n=313$的一个样本而得到的，其结果下表中。[注意：除了密度，所有变量都表示为基区的一个比例。]

练习 11.22 的结果

变量	$\hat{\beta}$	t	p 值
x_1=密度(每公顷的人口数)	0.331	3.88	$p<0.01$
x_2=失业的男性人口数	−0.121	−1.17	$p>0.10$
x_3=职业人口	−0.187	−1.90	$0.01<p<0.10$
x_4=5 岁以下的人口	−0.151	−1.51	$p>0.10$
x_5=5 岁至 15 岁的人口	0.353	3.42	$p<0.01$
x_6=女性人口数	0.095	1.31	$p>0.10$
x_7=人口的 10 年变化	0.130	1.40	$p>0.10$
x_8=少数民族人口	−0.122	−1.51	$p>0.10$
x_9=年轻成人人口	0.163	5.62	$p<0.01$
x_{10}=北部地区为 1，否则为 0	0.369	1.72	$0.01<p<0.10$
x_{11}=约克郡地区为 1，否则为 0	−0.210	−1.39	$p>0.10$
x_{12}=中东部地区为 1，否则为 0	−0.192	−0.78	$p>0.10$
x_{13}=东英吉利地区为 1，否则为 0	−0.548	−2.22	$0.01<p<0.10$

续表

变量	$\hat{\beta}$	t	p 值
x_{14}＝东南部地区为 1，否则为 0	0.152	1.37	$p>0.10$
x_{15}＝西南部地区为 1，否则为 0	−0.151	−0.88	$p>0.10$
x_{16}＝中西部地区为 1，否则为 0	−0.308	−1.93	$0.01<p<0.10$
x_{17}＝西北部地区为 1，否则为 0	0.311	2.13	$0.01<p<0.10$
x_{18}＝威尔士地区为 1，否则为 0	−0.019	−0.08	$p>0.10$

a. 检验"当其他自变量保持不变时，一个地区的密度(x_1)与犯罪猖獗性(y)呈正的线性相关"这一假设。

b. 为了确定哪些变量是犯罪猖獗性的重要预测变量，你是否建议对模型中的 18 个自变量各自进行 t 检验？请解释。

c. 模型得到的 $R^2=0.411$，运用这一信息对模型的总体效用进行检验。运用 $\alpha=0.05$。

11.23 某单位雇佣外聘审计员对本单位的财务和其他记录进行检查和分析，以证明其财务报告书是真实的。近年来，审计员所收取的费用受到越来越多的审查。墨尔本大学（澳大利亚）的两名研究者 S. Butterworth 和 K. A. Houghton 研究了几个变量对审计员所收费用的影响。这些变量如下所示：

y = 受审计单位支付的审计费的对数(FEE)

$x_1=\begin{cases}1 \text{ 如果受审计单位在一年后调换了审计员(CHANGE)} \\ 0 \text{ 如果没有}\end{cases}$

x_2 = 受审计单位的总资产的对数(SIZE)

x_3 = 受审计单位的子公司数量(COMPLEX)

$x_4=\begin{cases}1 \text{ 如果受审计单位得到了合格证明(RISK)} \\ 0 \text{ 如果没有}\end{cases}$

$x_5=\begin{cases}1 \text{ 如果受审计单位是采矿企业(INDUSTRY)} \\ 0 \text{ 如果不是}\end{cases}$

$x_6=\begin{cases}1 \text{ 如果受审计单位是“}Big8\text{”的成员(}BIG8\text{)} \\ 0 \text{ 如果不是}\end{cases}$

x_7 = 审计员所提供的非审计服务的美元值的对数(NAS)

对搜集到的 $n=268$ 个公司的数据拟合多元回归模型

$E(y)=\beta_0+\beta_1x_1+\beta_2x_2+\beta_3x_3+\cdots+\beta_7x_7$

其总结在下表中。

练习 11.23　的输出结果

自变量	预料的 β 符号	β 估计值	t 值	显著性水平(p 值)
Constant	−	−4.30	−3.45	0.001(双尾)
CHANGE	+	−0.002	−0.049	0.961(单尾)
SIZE	+	0.336	9.94	0.000(单尾)
COMPLEX	+	0.384	7.63	0.000(单尾)
RISK	+	0.067	1.76	0.079(单尾)
INDUSTRY	−	−0.143	−4.05	0.000(单尾)
BIG8	+	0.081	2.18	0.030(单尾)
NAS	+/−	0.134	4.54	0.000(双尾)
$R^2=0.712$	$F=111.1$			

a. 写出最小二乘预测方程。

b. 评价模型的总体拟合。

c. 解释 β_3 的估计值。

d. 研究者对每个自变量对审计费用的影响趋势作了假设，这些假设给在了上页表中的"预料的 β 的符号"一列中(例如，如果预料的符号是负的，则备择假设为 $H_a：\beta_i<0$)，解释 β_4 的假设检验结果。运用 $\alpha=0.05$。

e. 这个分析的主要目的是确定在特定的一年中，新审计员所收取的费用是否比现任审计员的费用少。如果这一假设是真的，则 β_1 的真值是负的。有支持这一假设的理由吗？请解释。

11.24 职业安全的一个重要目标是“主动关心”(active caring，AC)。雇员们阐述了当他们发现环境危险和操作不安全而对这些不安全的状况或行为采取适当的补救行为时，主动地关心他们同事的安全所具有的益处。能够提高一个雇员主动关心安全这一意识的三个假设因素是：(1)高度的自尊心，(2)乐观主义，(3)团队凝聚力。《应用和预防心理学》(*Applied & Preventive Psychology*，1995 年冬)通过拟合模型 $E(y)=\beta_0+\beta_1x_1+\beta_2x_2+\beta_3x_3$，试图从经验上论证这个 AC 假设。这里

y= AC 得分(在 15 分的等级上测评“主动关心”)

x_1= 自尊得分

x_2= 乐观得分

x_3= 团队凝聚力得分

根据在某大型纤维制造厂搜集到的 $n=31$ 个计时工人的数据所进行的回归分析，得到多元决定系数为 $R^2=0.362$

a. 解释 R^2 值.

b. 运用 R^2 值检验这个模型的总体效用。运用 $\alpha=0.05$。

11.25 参考练习 11.13 中《界面》(*Interface*，1990 年 3～4 月)对 La Quinta 汽车旅馆的研究。研究者运用每个旅馆的州人口数(x_1)、旅馆房间等级(x_2)、这个地区的收入中位数(x_3)和大学注册人数(x_4)建立了 La Quinta 旅馆营业毛利的一阶模型。根据 $n=57$ 个旅馆的一个样本，模型得到 $R^2=0.51$

a. 给出模型适当性的一个描述性测度。

b. 通过进行合适的检验，对模型的有效性做出推断。运用 $\alpha=0.05$。

11.26 在研究非营利医院生存规模的决定因素时运用了回归分析(*Applied Economics*，Vol. 18，1986)。对于一个给定的医院样本，生存规模 y 被定义为在一个特定的时间间隔内医院在市场占有率中表现为增长的最大规模(根据床位数)。假如随机选取了 10 个州，每个州中所有非营利医院的生存规模按相隔 5 年的两个时期测定，则每个州得到了两个观测值。表中列出了 20 个生存规模，并且列出了每个州在每个时间间隔内第 2 年的以下数据：

x_1= 营利医院的床位所占的比例

x_2= 加入健康维护组织(HMO)的人数与医疗保险所负担的人数之间的比率。

x_3= 州人口数(千)

x_4= 属城市的州所占的比例

练习 11.26 的数据 SURVIVAL. DAT

州	时段	生存规模 y	x_1	x_2	x_3	x_4
1	1	370	0.13	0.09	5800	89
1	2	390	0.15	0.09	5955	87
2	1	455	0.08	0.11	17648	87
2	2	450	0.10	0.16	17895	85
3	1	500	0.03	0.04	7332	79
3	2	480	0.07	0.05	7610	78
4	1	550	0.06	0.005	11731	80
4	2	600	0.10	0.005	11790	81
5	1	205	0.30	0.12	2932	44
5	2	230	0.25	0.13	3100	45
6	1	425	0.04	0.01	4148	36
6	2	445	0.07	0.02	4205	38
7	1	245	0.20	0.01	1574	25
7	2	200	0.30	0.01	1560	28
8	1	250	0.07	0.08	2471	38
8	2	275	0.08	0.10	2511	38
9	1	300	0.09	0.12	4060	52
9	2	290	0.12	0.20	4175	54
10	1	280	0.10	0.02	2902	37
10	2	270	0.11	0.05	2925	38

文章假设以下的模型描述了生存规模与以上所列出的四个变量之间的关系：

$$y=\beta_0+\beta_1x_1+\beta_2x_2+\beta_3x_3+\beta_4x_4+\varepsilon$$

a. 运用 SAS 软件对表中的数据拟合了这一模型，其结果给在以下的表中。给出最小二乘预测方程。

b. 求出回归标准差 s，并结合这一问题的背景解释其值。

c. 运用一个 F 检验对这个假设模型的有效性进行研究。给出观察到的显著性水平，并运用 $\alpha=0.025$ 得出你的结论。

d. 在搜集数据之前曾假设营利医院床位数的增加会降低非营利医院的生存规模，数据支持这一假设吗？运用 $\alpha=0.05$ 进行检验。

练习 11.26 的 SAS 输出结果

Dep Varibale: Y

Analysis of Variance

Source	DF	Sum of Squares	Mean Square	F Value	Prob>F
Model	4	246537.05939	61634.26485	28.180	0.0001
Error	15	32807.94061	2187.19604		
C Total	19	279345.00000			

Root MSE	46.76747	R−Square	0.8826
Dep Mean	360.50000	Adj R−Sq	0.8512
C. V.	12.97295		

Parameter Estimates

Variable	DF	Parameter Estimate	Standard Error	T for H0: Parameter=0	Prob>|T|
INTERCEP	1	295.327091	40.17888737	7.350	0.0001
X1	1	−480.837576	150.39050364	−3.197	0.0060
X2	1	−829.464955	196.47303539	−4.222	0.0007
X3	1	0.007934	0.00355335	2.233	0.0412
X4	1	2.360769	0.76150774	3.100	0.0073

11.27 当一个新的变量加入到模型中时决定系数 R^2 总是增加的，因此，这会诱使人们在一个模型中纳入许多变量以便使 R^2 接近于 1。然而，这样做会减少估计 σ^2 时可利用的自由度，使之反过来影响我们作出可靠推断的能力。假如你想运用 18 个经济指标预测明年的国内生产总值(GDP)。你所拟合的模型是

$$y=\beta_0+\beta_1x_1+\beta_2x_2+\cdots+\beta_{17}x_{17}+\beta_{18}x_{18}+\varepsilon$$

这里 $y=$ GDP，且 $x_1,x_2,\cdots,x_{18}$ 为经济指标。现只有 20 年的数据($n=20$)用于拟合模型，并得到 $R^2=0.95$。进行检验，以判断这一貌似突出的 R^2 是否大到足以推断模型是有效的，即模型中至少有一项对于预测 *GDP* 是重要的。运用 $\alpha=0.05$。

11.28 许多研究和许多诉讼是针对男性和女性工资水平的悬殊而进行的。发表于《工作和职业》(*Work and Occupations*, Nov. 1992)的一项研究运用具有以下自变量的一个回归分析，对 191 名伊利诺斯(*Illinois*)管理者的一个样本就其工资方面进行了分析：

$$x_1=\text{管理者的性别}=\begin{cases}1 & \text{如果为男性}\\0 & \text{如果不是}\end{cases}$$

$$x_2=\text{管理者的种族}=\begin{cases}1 & \text{如果是白人}\\0 & \text{如果不是}\end{cases}$$

$x_3=$ 教育水平(年)

$x_4=$ 在公司的任期(年)

$x_5=$ 每周工作的小时数

表中所示的回归结果与文章中发表的结果是一样的。

练习 11.28 结果

变量	$\hat{\beta}$	p 值
x_1	12.774	<0.05
x_2	0.713	>0.10
x_3	1.519	<0.05
x_4	0.320	<0.05
x_5	0.205	<0.05
常数	15.491	—

$R^2=0.240$　　$n=191$

a. 写出所运用的假设模型，并解释模型中的每一个 β 参数。

b. 写出估计出 a 部分模型的最小二乘预测方程，并解释每一个 β 估计值。

c. 解释 R^2 值，并运用 $\alpha=0.05$ 进行检验，以确定模型对于年工资的预测是否有效。

d. 运用 $\alpha=0.05$ 进行检验，以确定"性别"变量是否表明男性管理者比女性管理者得到更高的报酬，即使在对模型中其他四个因素作了调整并保持不变之后。

e. 在进行工资歧视的检验之前，为什么人们想要对这些其他的因素进行调整？

11.29 参考练习 11.11 中《应用生态学杂志》(*Journal of Applied Ecology*)对小雪鹅喂养习惯的研究。体重变化(y)关于消化效率(x_1)和酸性净化纤维(x_2)的模型的 MINITAB 输出结果复制如下：

练习 11.29 的 MINITAB 输出结果

```
The regression equation is
wtchnge=12.2-0.0265 digest-0.458 acid

Predictor            Coef        StDev          T          P
Constant           12.180        4.402       2.77      0.009
digest           -0.02654      0.05349      -0.50      0.623
acid              -0.4578       0.1283      -3.57      0.001

s=3.519      R-Sq=52.9%      R-Sq(adj)=50.5%

Analysis of Variance
SOURCE        DF        SS         MS          F          P
Rrgression     2    542.03     271.02      21.88      0.000
Error         39    483.08      12.39
Total         41   1025.12
```

a. 在 *MINITAB* 输出结果中找到 R^2 和 R_a^2 的位置，并解释这些值。哪一个统计量是模型拟合程度的一个首选的测度？请解释。

b. 在 *MINITAB* 输出结果中找出检验整体模型的总体 F 值的位置。运用这一统计量检验原假设 H_0：$\beta_1=\beta_2=0$。

11.30 在成本分析中，会计师运用多元回归模型清晰地反映出引起成本发生的因素及其影响的大小。这样一个回归模型的自变量被认为是与"成本"这一因变量相关的因素。然而，在一些情况中，运用物理单位而不是成本作为因变量是可取的，这种情况发生于所关注行为的大多数成本是一些物理单位(如劳动小时数)的函数。这一方法的优点是回归模型将对不同情况下所需的劳动小时数提供估计，这样便可按当前的劳动率来估计这些小时数的成本(Horngren，Foster 和 Datar，1994)。表中所示的样本数据是从一个公司的账目和生产记录中搜集到的，以此提供公司船运部的成本信息。所拟合的模型 $y=\beta_0+\beta_1x_1+\beta_2x_2+\beta_3x_3+\varepsilon$ 的 *EXCEL* 输出结果见下页。

练习 11.30EXCEL 输出结果

SUMMARY OUTPUT						
Regression Statistics						
Multiple R	0.87755597					
R Square	0.77010448					
Adjusted R Square	0.72699907					
Standard Error	9.810345853					
Observations	20					
ANOVA						
	df	ss	MS	F	Significance F	
Regression	3	5158.313828	1719.437943	17.86561083	2.32332E−05	
Residual	16	1539.886172	96.24288576			
Total	19	6698.2				
	Coefficients	Standard Error	t Stat	P−value	Lower 95%	Upper 95%
Intercept	131.9242521	25.69321439	5.134595076	9.98597E−05	77.45708304	186.3914211
Ship(xl)	2.72608977	2.275004884	1.198278645	0.24825743	−2.096704051	7.548883591
Truck(x2)	0.047218412	0.093348559	0.505829045	0.6198742	−0.150671647	0.245108472
Weight(x3)	−2.587443905	0.642818185	−4.025156669	0.000978875	−3.950157275	−1.224730536

a. 求出最小二乘预测方程。

b. 用一个 F 检验对 a 部分所确定的模型的有效性进行研究。运用 $\alpha=0.05$，并结合这一问题的背景阐明你的结论。

c. 运用 $\alpha=0.05$ 检验 $H_0: \beta_2=0$ 对 $H_a: \beta_2\neq 0$。你的检验结果表明 x_2 对劳动成本的影响有多大?

d. 求出 R^2，并结合这一问题的背景解释这一值。

e. 若船运部雇员的报酬为每小时 7.50 美元，如果每次船运平均从 20 磅增至 21 磅，则公司平均每周少花费多少钱? 假定 x_1 和 x_2 保持不变。你的答案即是对于 x_3 增加一磅时，在经济学中所谓的"期望边际成本"(expected marginal cost)的一个估计。

f. 这一模型大约能以多大的精确度用于劳动小时数的预测? [注:多元回归预测的精确度在第 11.6 节论述。]

g. 仅单独用回归分析能够表明哪些因素"引起"了成本的增加吗? 请解释。

主效应 产品费用　主效应 媒体类型　交互效应

$$E(y)=\beta_0+\beta_1x_1+\beta_2x_2+\beta_3x_3+\beta_4x_1x_2+\beta_5x_1x_3$$

练习 11.30 的数据

SHIPDEPL.DAT

周	劳动，y（小时）	装运的磅数，x_1（千）	由卡车装运的单位数比例，x_2	平均货运重量，x_3（磅）
1	100	5.1	90	20
2	85	3.8	99	22
3	108	5.3	58	19
4	116	7.5	16	15
5	92	4.5	54	20

续表

周	劳动，y（小时）	装运的磅数，x_1（千）	由卡车装运的单位数比例，x_2	平均货运重量，x_3（磅）
6	63	3.3	42	26
7	79	5.3	12	25
8	101	5.9	32	21
9	88	4.0	56	24
10	71	4.2	64	29
11	122	6.8	78	10
12	85	3.9	90	30
13	50	3.8	74	28
14	114	7.5	89	14
15	104	4.5	90	21
16	111	6.0	40	20
17	110	8.1	55	16
18	100	2.9	64	19
19	82	4.0	35	23
20	85	4.8	58	25

11.6 运用模型进行估计和预测

在第 10.8 节，我们讨论了运用最小二乘直线对 x 的某些值（例如 $x=x_p$）估计 y 的均值 $E(y)$。我们还讲述了怎样将拟合出的同一个模型用于预测在 $x=x_p$ 时的将来可观测到的一些新 y 值。回忆到对于 $E(y)$ 的估计和 y 的一些将来值的预测，最小二乘直线都得到相同的值。换言之，它们都是把 x_p 代入预测方程 $\hat{y}=\hat{\beta}_0+\hat{\beta}_1x$ 并计算 $\hat{y}_p$ 的结果，其结果是相同的。均值 $E(y)$ 的置信区间比 y 的预测区间窄，这是由于在预测一些未来的 y 值时由随机误差所引起的不确定性增加了。

同样的思想可照搬到多元回归模型中。我们再次考虑住宅房地产的售价关于土地价值（x_1）、改建价值（x_2）和房屋面积（x_3）的一阶模型。假如我们想要估计一项给定的房地产的平均售价，这里 $x_1=\$15000$，$x_2=\$50000$，$x_3=1800$ 平方英尺。假定一阶模型反映了售价和这三个自变量之间的真实关系，我们想要估计

$$E(y)=\beta_0+\beta_1x_1+\beta_2x_2+\beta_3x_3=\beta_0+\beta_1(15000)+\beta_2(50000)+\beta_3(1800)$$

通过代入最小二乘预测方程，我们求出 $E(y)$ 的估计值为

$$\hat{y}=\hat{\beta}_0+\hat{\beta}_1(15000)+\hat{\beta}_2(50000)+\hat{\beta}_3(1800)$$

$$=1470.27+0.814(50000)+0.820(50000)+13.529(1800)=79061.4$$

为了建立均值的一个置信区间，我们需要知道估计量 $\hat{y}$ 的抽样分布的标准差。对于多元回归模型，这一标准差的形式是相当复杂的。然而，统计软件包的回归程序使得我们可以对给定的任何一组自变量值，得到其 y 均值的置信区间。在售价一例中的 SAS 部分输出结果见图 11.9a。

图 11.9a　对于估计的平均售价及其置信区间的 SAS 输出结果

Obs	X1	X2	X3	Y	Predict Value	Residual	Lower 95% Mean	Upper 95% Mean
21	15000	50000	1800	•	79061.4	•	73380.7	84742.1

对于选定的 x 值，其估计出的均值和相应的 95%置信区间分别列在标有 **Predict Value**，**Low-**

er95% Mean 和 **Upper95% Mean** 的列中。我们看到 $\hat{y}$= 79061.4，这与我们的计算结果是一致的。y 的真实均值相应的 95%置信区间也已给在输出结果上，为(73380.7，84742.1)。因此，我们有 95%的把握得出，对于所有具有 x_1＝ $15000，$x_2$＝ $50000，$x_3$＝ 1800 平方英尺的房地产，其平均售价将在 $73380.70 和 $84742.10 之间。

如果我们意欲预测某一(单项的)房地产(x_1＝ $15000，$x_2$＝ $50000，$x_3$＝ 1800 平方英尺)的售价，则我们把 $\hat{y}$= $79061.41 作为预测值。不过，一个新 y 值的预测区间会比均值的置信区间宽一些。图 11.9b 的 SAS 输出结果便可以反映出这一点，它分别将 y 的预测值和相应的 95%置信区间给在标有 **Predict Value, Lower95% Predict** 和 **Upper95% Predict** 的列中。注意到预测区间为(61337.9，96785)，因此，我们有 95%的把握推断，对于 x_1＝$15000，$x_2$＝ $50000 且 x_3＝ 1800 平方英尺的一项房地产，其售价将在 $61337.90 至 $96785 之间。

图 11.9*b* 对于预测的售价及其预测区间的 **SAS** 输出结果

Obs	*X1*	*X2*	*X3*	*Y*	*Predict Value*	*Residual*	*Lower 95% Predict*	*Upper 95% Predict*
21	25000	50000	1800	.	79061.4	.	61337.9	96785

练习 11.31～11.35

概念运用

11.31 参考练习 11.7 和 11.20 中《世界发展》(World Development, *Feb.* 1998)对街头卖主收入的研究。下面的 *STATISTIX* 输出结果对一名每天工作 10 小时的 45 岁卖主(即 x_1＝ 45，x_2＝ 10)既列出了 y 的 95%预测区间(左面)，也列出了 E(y)的 95%置信区间(右面)。

练习 11.31 的 **STATISTIX** 输出结果

```
PREDICTED/FITTED VALUES OF EARNINGS
LOWER PREDICTED BOUND        1759.7    LOWER FITTED BOUND     2620.3
PREDICTED VALUE              3017.6    FITTED VALUE           3017.6
UPPER PREDICTED BOUND        4275.4    UPPER FITTED BOUND     3414.9
SE (PREDICTED VALUE)         577.29    SE (FITTED VALUE)      182.35

UNUSUALNESS (LEVERAGE)       0.1108
PERCENT COVERAGE               95.0
CORRESPONDING T                2.18

PREDICTOR VALUES: AGE=45.000, HOURS=10.000
```

a. 就此问题，解释 y 的 95%预测区间。

b. 就此问题，解释 $E(y)$的 95%置信区间。

c. 注意到 a 部分的区间比 b 部分的区间宽，总是这样的吗？请解释。

11.32 参考练习 11.11 和 11.29 中《应用生态学杂志》(*Journal of Applied Ecology*)对小雪鹅喂养习惯的研究。幼鹅的体重变化关于消化效率 x_1 和酸性清洁纤维 x_2 的一阶模型的 MINITAB 输出结果复制如下。当 x_1＝ 5%且 x_2＝ 30%时，$E(y)$的置信区间 y 的预测区间都列在了输出结果的底部。

a. 解释 $E(y)$的置信区间。

b. 解释 y 的预测区间。

练习 11.32 的 MINITAB 的输出结果

The regression equation is

Wtchnge=12.2−0.0265 digest−0.458 acid

Predictor	Coef	StDev	T	P
Constant	12.180	4.402	2.77	0.009
digest	−0.02654	0.05349	−0.50	0.623
acid	−0.4578	0.1283	−3.57	0.001

s=3.519　　R−Sq=52.9%　　R−Sq(adj)=50.5%

Analysis of Variance

SOURCE	DF	SS	MS	F	P
Rrgression	2	542.03	271.02	21.88	0.000
Error	39	483.08	12.39		
Total	41	1025.12			

Fit	StDev Fit	95.0% CI	95.0% PI
−1.687	0.866	(−3.440, 0.065)	(−9.020, 5.646

11.33 参考练习 11.14,研究者得出了"为了以最可能低的电压分离油水混合物,分散质的容积率 x_1 应当高,且盐度 x_2 和表面活性剂的剂量 x_5 应当低"的结论。运用这一信息和练习 11.14 中的一阶模型求出这一"低"电压 y 的 95% 预测区间,并对其进行解释。

11.34 发表在《地理学》(*Geography*, July 1980)杂志的一篇文章运用多元回归对加利福尼亚的年降雨量水平进行了预测。遍布于加利福尼亚州中 30 个气象站的有关平均年降雨量(y),高度(x_1),纬度(x_2)和距太平洋海岸的距离(x_3)的数据列在了练习 11.34 的表中。起初,对数据拟合了一阶模型 $y=\beta_0+\beta_1x_1+\beta_2x_2+\beta_{x3}+\varepsilon$,SAS 的分析结果见练习 11.34。

a. 是否存在一阶模型对于预测年降雨量 y 有效的理由? 运用 $\alpha=0.05$ 进行检验。

b. y 的 95% 预测区间见输出结果的底部,找出 Giant Forest(大森林)气象站的预测区间(第 #9 站)的位置并解释之。

练习 11.34 的 SAS 输出结果

Model: MODEL1

Dependent Variable: PRECIP

Analysis of Variance

Source	DF	Sum of Squares	Mean Square	F Value	Prob>F
Model	3	4809.35596	1603.11865	13.016	0.0001
Error	26	3202.29762	123.16529		
C Total	29	8011.65359			

Root MSE	11.09799	R−Square	0.6003
Dep Mean	19.80733	Adj R−Sq	0.5542
C.V.	56.02968		

Parameter Estimates

Variable	DF	Parameter Estimate	Standard Error	T for H0: Parameter=0	Prob>|T|
INTERCEP	1	−102.357429	29.20548173	−3.505	0.0017
ALTITUDE	1	0.004091	0.00121831	3.358	0.0024
LONGTUDE	1	3.451080	0.79486312	4.342	0.0002
COAST	1	−0.142858	0.03634006	−3.931	0.0006

Obs	STATION	Dep Var PRECIP	Predict Value	Std Err Predict	lower 95% Predict	Upper 95% Predict	Residual
1	Eureka	39.5700	38.4797	4.568	13.8110	63.1483	1.0903
2	RedBluff	23.2700	23.9136	3.795	−0.1953	48.0226	−0.6436
3	Thermal	18.2000	21.2729	5.132	−3.8600	46.4057	−3.0729
4	FortBrag	37.4800	33.7750	3.815	9.6526	57.8973	3.7050
5	SodaSpri	49.2600	39.4605	5.799	13.7221	65.1990	9.7995
6	SanFranc	21.8200	27.5918	3.144	3.8818	51.3018	−5.7718
7	Sacramen	18.0700	19.1828	2.988	−4.4416	42.8072	−1.1128
8	SanJose	14.1700	23.1015	2.647	−0.3504	46.5535	−8.9315
9	GiantFor	42.6300	29.2534	5.596	3.7056	54.8012	13.3766
10	Salinas	13.8500	22.8856	2.842	−0.6628	46.4340	−9.0356
11	Fresno	9.4400	9.3654	3.029	−14.2809	33.0116	0.0746
12	PtPiedra	19.3300	20.9364	3.147	−2.7752	44.6480	−1.6064
13	PasaRobl	15.6700	19.4445	2.629	−3.9987	42.8877	−3.7745
14	Bakersfi	6.0000	11.0967	2.512	−12.2922	34.4857	−5.0967
15	Bishop	5.7300	14.8859	4.193	−9.5000	39.2717	−9.1559
16	Mineral	47.8200	36.6194	4.392	12.0861	61.1527	11.2006
17	SantaBar	17.9500	16.7077	3.526	−7.2277	40.6432	1.2423
18	Susanvil	18.2000	25.4191	4.571	0.7482	50.0899	−7.2191
19	TuleLake	10.0300	38.7521	4.646	14.0218	63.4823	−28.7221
20	Needles	4.6300	−5.9539	5.224	−31.1665	19.2587	10.5839
21	Burband	14.7400	11.8145	3.046	−11.8412	35.4701	2.9255
22	LosAngel	15.0200	14.3149	3.416	−9.5536	38.1834	0.7051
23	LongBeac	12.3600	12.7793	3.595	−11.1997	36.7583	−0.4193
24	LosBanos	8.2600	18.0332	2.621	−5.4064	41.4729	−9.7732
25	Blythe	4.0500	−7.4478	4.950	−32.4260	17.5303	11.4978
26	SanDiego	9.9400	9.8563	4.275	−14.5899	34.3025	0.0837
27	Daggett	4.2500	11.7920	3.298	−12.0062	35.5902	−7.5420
28	DeathVal	1.6600	−4.8355	5.843	−30.6159	20.9448	6.4955
29	Crescent	74.8700	41.5529	5.121	16.4295	66.6764	33.3171
30	Colusa	15.9500	20.1703	3.399	−3.6875	44.0280	−4.2203

练习 11.34 的数据  CALIRAIN.DAT

气象站	平均年降雨量 y(英寸)	高度 x_1(英尺)	纬度 x_2(度)	距海岸的距离 x_3(英里)
1. Eureka	39.57	43	40.8	1
2. Red Bluff	23.27	341	40.2	97
3. Thermal	18.20	4152	33.8	70
4. Fort Bragg	37.48	74	39.4	1
5. Soda Springs	49.26	6752	39.3	150
6. San Francisco	21.82	52	37.8	5
7. Sacrament	18.07	25	38.5	80
8. San Jose	14.17	95	37.4	28
9. Giant Forest	42.63	6360	36.6	145
10. Salinas	13.85	74	36.7	12
11. Fresno	9.44	331	36.7	114
12. Pt Piedras	19.33	57	35.7	1
13. Pasa Robles	15.67	740	35.7	31
14. Bakersfield	6.00	489	35.4	75
15. Bishop	5.73	4108	37.3	198
16. Mineral	47.82	4850	40.4	142
17. Santa Barbara	17.95	120	34.4	1
18. Susanville	18.20	4152	40.3	198
19. Tule Lake	10.03	4036	41.9	140
20. Needles	4.63	913	34.8	192
21. Burbank	14.74	699	34.2	47
22. Los Angeles	15.02	312	34.1	16
23. Long Beach	12.36	50	33.8	12
24. Los Banos	8.26	125	37.8	74
25. Blythe	4.05	268	33.6	155
26. San Diego	9.94	19	32.7	5
27. Daggett	4.25	2105	34.1	85
28. Death Valley	1.66	−178	36.5	194
29. Crescent City	74.87	35	41.7	1
30. Colusa	15.95	60	39.2	91

11.35 在一个生产厂中，对于完成一项任务所需人时数的准确估计是做出诸如要雇用的合适工人数、给客户报价的准确截止日期或有关预算的成本分析等决策管理的关键。一个锅炉圆桶制造商想运用回归方法对未来项目中建造圆桶所需的人时数进行预测。为此，他搜集到了 35 个锅炉的数据。除了人时数(y)，测量的变量还有锅炉容量(x_1 = lb/hr)，锅炉设计压力(x_2 = 每平方英寸的磅数，psi)，锅炉类型(x_3 = 1 如果是工厂领域安装，0 如果是公用事业领域安装)以及圆桶类型(x_4 = 1 如果是汽锅，0 如果是泥锅)。数据见练习 11.35 的表中，模型 $E(y)=\beta_0+\beta_1x_1+\beta_2x_2+\beta_3x_3+\beta_4x_4$ 的一个 MINITAB 输出结果见下页。

a. 对模型的总体效用进行检验。运用 $\alpha=0.05$。

b. 当 x_1 = 150000，x_2 = 500，x_3 = 1 和 x_4 = 0 时，$E(y)$的 95% 的置信区间和 y 的 95% 预测区间都列在了 MINITAB 输出结果的底部，请对这两个区间做出解释。

练习 11.35 的数据　　BOILERS. DAT

人时数 y	锅炉容量 x_1	设计压力 x_2	锅炉类型 x_3	圆桶类型 x_4
3137	120000	375	1	1
3590	65000	750	1	1
4526	150000	500	1	1
10825	1073877	2170	0	1
4023	150000	325	1	1
7606	610000	1500	0	1
3748	88200	399	1	1
2972	88200	399	1	1
3163	88200	399	1	1
4065	90000	1140	1	1
2048	30000	325	1	1
6500	441000	410	1	1
5651	441000	410	1	1
6565	441000	410	1	1
6387	441000	410	1	1
6454	627000	1525	0	1
6928	610000	1500	0	1
4268	150000	1500	1	1
14791	1089490	2170	0	1
2680	125000	750	1	1
2974	120000	375	1	0
1965	65000	750	1	0
2566	150000	500	1	0
1515	150000	250	1	0
2000	150000	500	1	0
2735	150000	325	1	0
3698	610000	1500	0	0
2635	90000	1140	1	0
1206	30000	325	1	0
3775	441000	410	1	0
3120	441000	410	1	0
4206	441000	410	1	0
4006	441000	410	1	0
3728	627000	1525	0	0
3211	610000	1500	0	0
1200	30000	325	1	0

练习 11.35 的 MINITAB 的输出结果

The regression equation is

$Y = -3783 + 0.00875x_1 + 1.93x_2 + 3444x_3 + 290x_4$

Predictor	Coef	StDev	t－ratio	P
Constant	－3783	1205	－3.14	0.004

续表

X1	0.0087490	0.0009035	9.68	0.000
X2	1.9265	0.6489	2.97	0.006
X3	3444.3	911.7	3.78	0.001
X4	2093.4	305.6	6.85	0.000

s=894.6　　R−Sq=90.3%　　R−Sq(adj)=89.0%

Analysis of Variance

SOURCE	DF	SS	MS	F	P
Regression	4	230854848	57713712	72.11	0.000
Error	31	24809760	800315		
Total	35	255664608			

SOURCE	DF	SEQ SS
X1	1	175007136
X2	1	490357
X3	1	17813090
X4	1	37544264

Unusual Observations

Obs.	X1	Y	Fit	Stdev. Fit	Residual	St. Resid
19	1089490	14791	12022	523	2769	3.81R

R denotes an obs. with a large st. resid.

Fit	StDev. Fit	95% C. I.	95% P. I.
1936	239	(1449, 2424)	(47, 3825)

11.7 建模：交互模型

在 11.2 节，我们用图说明了在一阶模型中 $E(y)$ 与自变量之间的关系。当其他变量的值固定时，$E(y)$ 关于任何一个变量（比如，x_1）的图是一组平行的直线（见图 11.3）。在这种情况下，我们说 $E(y)$ 与任何一个自变量之间的关系不依赖于模型中其他自变量的值（对于一个一阶模型总是这样的）。

然而，如果 $E(y)$ 和 x_1 之间的关系实际上依赖于其余保持不变的 x 值，则一阶模型对于 y 的预测便不合适了。在这种情况下，我们需要其他的考虑了这种相依性的模型，这样的模型包含了两个或更多个 x 的叉积（*cross product*）。

例如，假如一个因变量 y 的均值 $E(y)$ 与两个定量自变量 x_1 和 x_2 有关，其模型为

$$E(y)=1+2x_1-x_2+x_1x_2$$

对于 $x_2=0,1,2$，$E(y)$ 与 x_1 之间的关系见图 11.10。

注意到此图显示出了三条不平行的直线。你可以通过把 $x_2=0,1$ 和 2 分别代入方程中来证明这三条直线的斜率是不同的。

对于 $x_2=0$：

$$E(y)=1+2x_1-(0)+x_1(0)=1+2x_1 \quad (斜率=2)$$

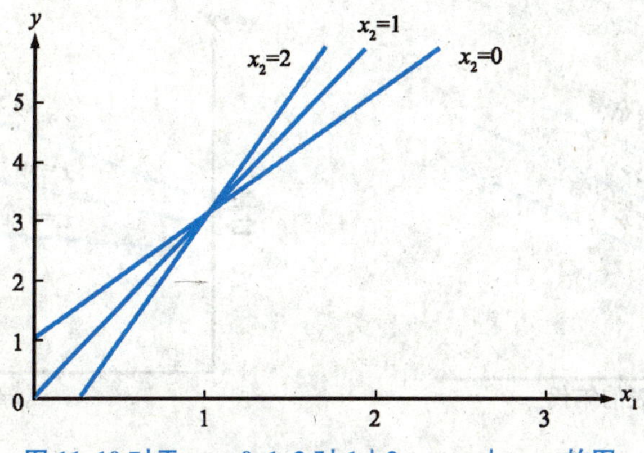

图 11.10 对于 $x_2=0,1,2$ 时 $1+2x_1-x_2+x_1x_2$ 的图

对于 $x_2=1$，

$$E(y)=1+2x_1-(1)+x_1(1)=3x_1 \text{(斜率 = 3)}$$

对于 $x_2=2$：

$$E(y)=1+2x_1-(2)+x_1(2)=-1+4x_1 \text{(斜率 = 4)}$$

注意到每条直线的斜率由 $\beta_1+\beta_3x_2=2+x_2$ 来表示。因此，x_1 的每一个变化对 $E(y)$ 的影响（即，斜率）依赖于 x_2 的值。当这种情况发生时，我们则说 x_1 和 x_2 是交互（*interact*）的。叉积项称为交互项（*interaction term*），模型 $E(y)=\beta_0+\beta_1x_1+\beta_2x_2+\beta_3x_1x_2$ 称为具有两个定量变量的交互模型（*interaction model*）。

$E(y)$ 关于两个定量自变量的交互模型

$$E(y)=\beta_0+\beta_1x_1+\beta_2x_2+\beta_3x_1x_2$$

这里 $(\beta_1+\beta_3x_2)$ 表示在 x_2 保持不变的情况下，x_1 每增加 **1** 个单位时 $E(y)$ 的变化。

$(\beta_2+\beta_3x_1)$ 表示在 x_1 保持不变的情况下，x_2 每增加 **1** 个单位时 $E(y)$ 的变化。

在图 **11.11** 中显示出了一个具有两个定量自变量 x 的交互模型的三维图（由计算机绘出）。与图 **11.4** 中平坦的平面图所不同的是，在三维空间上交互模型的轨迹是一个有规则的曲面（扭曲的平面）。如果我们把这个扭曲的平面按一个固定的 x_2 值切片，则会得到一条 $E(y)$ 关于 x_1 的直线；不过，当我们改变 x_2 的值时，直线的斜率将会发生变化。

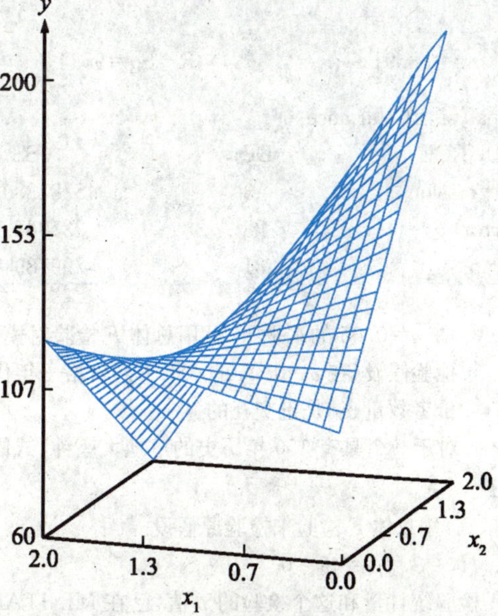

图 11.11　一个交互模型的计算机生成图

例 11.5

参考例 **11.3** 和 **11.4**，假如落地大座钟收藏家已观察过多次拍卖活动，他相信，随着年代的增加，大座钟拍卖价格的**增长率**会被大量的竞价者向上推动。因而，不同于图 **11.12a** 中所示的关系，其中随着年代的增加，价格增长率对于任何竞价者的数量都是一样的，收藏家更相信它们之间的关系是如图 **11.12b** 所示的那样。注意到当竞价者的数量从 **5** 增加到 **15** 时，价格关于年代的直线斜率也增加了。

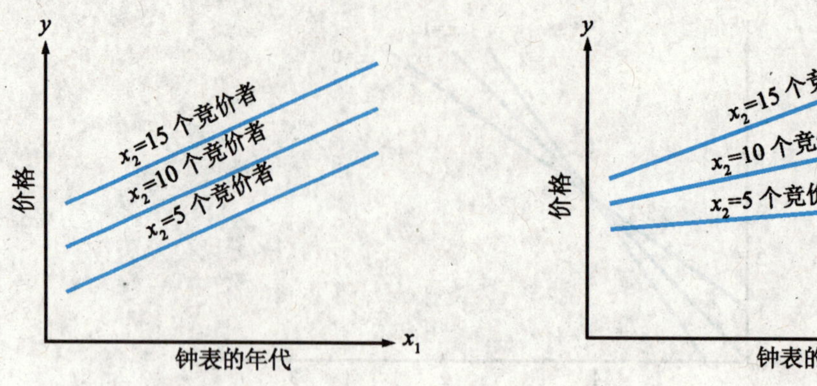

在 x_1 和 x_2 之间没有交互　　　　在 x_1 和 x_2 之间共有交互

图 11.12　无交互模型和交互模型的图例

因而，所提出的交互模型为：

$$y=\beta_0+\beta_1 x_1+\beta_2 x_2+\beta_3 x_1 x_2+\varepsilon$$

用图 11.2 中的 32 个数据点拟合这个交互模型，*MINITAB* 的部分输出结果见图 11.13。

图 11.13　交互模型的 MINITAB 输出结果

The regression equation is

Y=320+0.88 X1−93.3 X2+1.30X1X2

Predictor	coef	Stdev	t−ratio	P
Constant	320.5	295.1	1.09	0.287
X1	0.878	2.032	0.43	0.669
X2	−93.26	29.89	−3.12	0.004
X1X2	1.2978	0.2123	6.11	0.000

s=88.91　　　R−Sq=95.4%　　　R−Sq(adj)=94.9%

Analysis of Variance

SOURCE	DF	SS	MS	F	P
Regression	3	4578428	1526142	193.04	0.000
Error	28	221362	7906		
Total	31	4799789			

a. 在 $\alpha=0.05$ 的水平下，运用总体 F 检验对模型的总体效用进行检验。

b. 检验假设(在 $\alpha=0.05$ 的水平下)：价格—年代的斜率随着竞价者数量的增加而增加——即，年代和竞价者数量 x_2 是正交互的。

c. 对于一个具有 150 年历史的落地大座钟，试估计每增加一个竞价者时其拍卖价格的变化 y。

解答

a. 用总体 F 检验来检验原假设

H_0：$\beta_1=\beta_2=\beta_3=0$

检验统计量和这个检验的 p 值(已在 MINITAB 输出结果上做出标示)分别是 $F=193.04$ 和 $p=0$。由于 $\alpha=0.05$ 大于 p 值，所以有充分的理由推断这个拟合的模型对于拍卖价格 y 的预测在统计上是有效的。

b. . 收藏家所关注的假设涉及到交互参数 β_3。具体为：

$$H_0: \beta_3 = 0$$
$$H_a: \beta_3 > 0$$

由于我们检验的是单个的β参数，所以需进行t检验。检验统计量和双尾p值(标示在输出结果上)分别是t= 6.11和p= 0。右尾p值是将双尾p值分为两半，为0/2 = 0。由于α=0.05大于这个p值，则收藏家可以拒绝H_0并推断出，具有年代的钟表的平均售价变化率将随着竞价者数量的增加而增加，亦即，x_1和x_2呈正的交互。由此看来，应当将交互项纳入到模型中。

c. 为了估计当竞价者数量x_2每增加1个单位时拍卖价格y的变化，我们需要估计当钟表年代x_1为150年时，y关于x_2的直线斜率。一个不太细心的分析者可能会估计出这一斜率为$\hat{\beta}_2 = -93.26$。尽管x_2的系数是负的，但这并**不**意味着拍卖价格会随着竞价者数量的增加而降低。由于存在交互作用，对于某一竞价者数量，其平均拍卖价格变化率(斜率)将依赖于钟表的年代x_1。因而，对于一个有着150年历史的钟表，当x_2每增加1个单位(一个新的竞价者)时，估计出的y的变化率为：

估计出的y关于x_2的直线斜率$=\hat{\beta}_2 + \hat{\beta}_3 x_1$

$$= -93.26 + 1.30(150) = 101.74$$

换言之，我们估计到对于一个150年的钟表，每增加一个竞价者则拍卖价格将大约增长$101.74。尽管增长率将随着$x_1$的变化而变化，但在样本所涵盖的$x_1$值的范围内它将保持为正。在一个多元回归模型中，在解释系数的符号和大小时必须要特别小心。

例11.5说明了对交互模型中的β参数进行t检验的一个重要方面。在这一模型中"最重要"的β参数是交互项β，即β_3。[注意：这一个β也是与模型中的最高阶项x_1x_2相联的一个β。①因而，当我们已经判断出总体模型对于预测y有效后，我们就将检验$H_0: \beta_3 = 0$。不过，一旦检验出存在交互作用(如同例11.5中)，则对一阶项x_1和x_2的检验就**不必**进行了，因为它们是无意义的检验，交互作用的存在就意味着这两个x都是重要的。

注意

在模型$E(y)=\beta_0+\beta_1x_1+\beta_2x_2+\beta_3x_1x_2$中，一旦交互作用被认为是重要的，则不用对一阶项$x_1$和$x_2$的$\beta$参数再进行$t$检验。这些项应该被保留在模型中，而不必考虑输出结果上它们的p值的大小。

练习11.36～11.45

技能训练

11.36 如果两个变量x_1和x_2不交互，你如何描述它们对平均响应$E(y)$的影响？

11.37 写出y的均值$E(y)$关于以下自变量的交互模型：

a. 两个定性自变量

b. 三个定量自变量[提示：包括所有的两因素叉积项]。

11.38 假如你对n= 32个数据点拟合交互模型

$y=\beta_0+\beta_1x_1+\beta_2x_2+\beta_3x_1x_2+\varepsilon$

得到以下结果：

$SS_{yy} = 479 \quad SSE = 21 \quad \hat{\beta}_3 = 10 \quad S_{\hat{\beta}_3} = 4$

a. 求出R^2并解释其值。

b. 模型对于预测y有效吗？在$\alpha=0.05$的水平下进行检验。

c. 运用一个图说明x_1x_2项对模型所起的作用。

d. 存在x_1和x_2交互的理由吗？在$\alpha=0.05$的水平下进行检验。

11.39 假如$E(y)$和定量自变量x_1和x_2的真实关系为

$E(y)=3+x_1+2x_2-x_1x_2$

a. 描绘相应的三维响应曲面。

b. 绘出当x_2= 0,1,2时y和x_2之间线性关系的图，这里$0 \leqslant x_2 \leqslant 5$。

c. 解释为什么你在b部分所绘出的直线是不平行的。

d. 运用你在b部分绘出的直线说明x_1和x_2取值的变化会怎样影响着$E(y)$。

---

① 一个项的阶等于这一项中含有的定量变量的指数之和。因而，当x_1和x_2都是定量变量的时候，叉积x_1x_2是一个二阶项。

e. 运用你在 b 部分所绘的图确定当 x_1 从 2 变为 0 且 x_2 同时从 4 变为 5 时，$E(y)$ 会变化多少？

11.40 对 $n=15$ 个数据点拟合模型 $y=\beta_0+\beta_1 x_1+\beta_2 x_2+\beta_3 x_1 x_2+\varepsilon$，得到的 MINITAB 输出结果如下：

练习 11.40 的 MINITAB 输出结果

The regression equation is
Y=−2.55+3.82 X1+2.63 X2−1.29X1X2

Predictor	coef	Stdev	t−ratio	P
Constant	−2.550	1.142	−2.23	0.043
X1	3.815	0.529	7.22	0.000
X2	2.630	0.344	7.64	0.000
X_1X_2	−1.285	0.159	−8.06	0.000

s=0.713　　R−Sq=85.6%　　R−Sq(adj)=81.6%

Analysis of Variance

SOURCE	DF	SS	MS	F	P
Regression	3	33.149	11.050	21.75	0.000
Error	11	5.587	0.508		
Total	14	38.736			

a. 响应曲面的预测方程是什么？

b. 画出 a 部分响应曲面的几何图形。

c. 绘出当 $x_1=1$ 时的预测方程。再绘出当 $x_2=3$ 和 $x_2=5$ 时的两个同样的图。

d. 说明 x_1 和 x_2 交互意味着什么？并说明为什么你在 c 部分的图表明 x_1 和 x_2 是交互的？

e. 若你欲检验 x_1 和 x_2 是否交互，确定要运用的原假设和备择假设。

f. 运用 $\alpha=0.01$ 进行 e 部分的假设检验。

概念运用

11.41 由一个公司首席执行官(CEO)的资料可以预测出此公司的年利润吗？《财富》(*Forbes*, May, 1999)发布了有关公司利润(百万美元)、CEO 的年收入(千美元)和 CEO 拥有的公司股份的数据。考虑一个公司利润(y)关于 CEO 收入(x_1)和股份(x_2)的模型。

练习 11.41 的数据　　COMPKING. DAT

公司	利润, y	CEO	收入, x_1	股份, x_2
Gap	824.5	Drexler	3743	1.71%
Intel	6068.0	Grove	52598	0.13
Gateway 2000	346.4	Waitt	855	43.93
HJ Heinz	746.9	O'Reilly	2916	1.63
Conseco	630.7	Hilbert	124579	3.64
Citicorp	5807.0	Reed	6200	0.22
Cisco Systems	1362.3	Chambers	560	0.06
General Electric	9296.0	Welch	40626	0.03
America Online	254.0	Case	26917	0.54
Computer Associates	570.0	Wang	10614	3.79
Lockheed Martin	1001.0	Augustine	2533	0.01
Bear Stearns	538.6	Cayne	23215	3.44

a. 解释“CEO 收入 x_1 和股份 x_2 交互地影响着公司利润 y”的含义。

b. 运用数据和统计软件包拟合交互模型 $E(y)=\beta_0+\beta_1x_1+\beta_2x_2+\beta_3x_1x_2$。给出最小二乘预测方程，并 $\alpha=0.10$ 在的水平下确定总体模型对于公司利润的预测在统计上是否有效。

c. 有理由表明 CEO 收入 x_1 和股份 x_2 是交互的吗？运用 $\alpha=0.10$ 进行检验。

d. 根据 β 参数的最小二乘估计值，给出当一名 CEO 拥有公司 2% 的股票时，此 CEO 的收入每增加 1000 美元时公司利润变化的估计值。

11.42 有行医执照的治疗医师被依法要求报告其顾客虐待小孩的情况，这需要他违反保密性并很可能由此失去顾客的信任。为了研究顾客对依法报告虐待小孩的反应，对持有行医执照的精神治疗医师进行了一个全国调查(*American Journal of Orthopsychiatry*, Jan. 1997)。样本由 303 名治疗医师组成，他们已经提交过对他们其中一个顾客虐待小孩的报告。研究者欲找到一个能够反映一名顾客对报告所持的反应(y)的最佳预测模型，这里 y 是在 30 分的等级上测量的(这个值越高，则顾客对报告越赞许)、所找到的最具预测力的自变量列举如下：

x_1：治疗医师的年龄(年)

x_2：治疗医师的性别(1 如果为男性，0 如果为女性)

x_3：治疗医师的职权滥用程度(25 分等级)

x_4：顾客—治疗医师的关系强度(40 分等级)

x_5：场合类型(1 如果是家庭，0 如果不是)

x_1x_2：年龄×性别交互

a. 假设一个 y 关于五个自变量的一阶模型。

b. 为了检验顾客—治疗医师关系的强度 x_4 对模型所起的作用，给出原假设。

c. b 部分检验的检验统计量为 $t=4.408$，其 p 值为 0.001，请解释这一结果。

d. 对于交互项 x_1x_2 所估计出的 β 系数是正的且高度显著($p<0.001$)，研究者认为，“这个交互表明，…随着治疗医师年龄的增加，男医师比女医师可能更少得到顾客的负面反应。”你同意吗？

e. 对于这一模型，$R^2=0.2946$，请解释这一值。

11.43 有一种寄生虫，每年影响着几百万的学龄儿童，特别是发展中国家的儿童。为了测定在牙买加 407 名感染了这种疾病的学龄儿童中，寄生虫的治疗对其学习成绩的影响，制药公司进行了一项研究(*Journal of Nutrition*, July 1995)。样本中大约有一半的儿童接受了治疗，另一半接受了安慰剂。多元回归模型被用来建立拼写测验成绩 y 的模型，它由正确数来测度，使其作为以下自变量的一个函数：

$$治疗(T)：x_1=\begin{cases}1 & 如果接受治疗\\0 & 如果接受安慰剂\end{cases}$$

疾病强度(I)：

$$x_2=\begin{cases}1\ 如果每克大便中超过了 7000 个卵\\0\ 如果没有\end{cases}$$

a. 对 $E(y)$ 提出一个含有治疗和疾病强度之间的交互效用的模型。

b. 在 a 部分模型中，β 的估计值以及对 β 进行 t 检验的各个 p 值给在了表中，有充足的理由表明治疗对拼写成绩的影响依赖于疾病强度吗？运用 $\alpha=0.05$ 进行检验。

练习 11.43 的结果

变量	β 估计值	p 值
治疗(x_1)	−0.1	0.62
强度(x_2)	−0.3	0.57
T×I(x_1x_2)	1.6	0.02

c. 根据 b 部分的结果，说明分析者为什么对治疗(x_1)和疾病强度(x_2)的 β 系数不进行 t 检验或不单独地对这些 β 进行解释。

11.44 对一起军事危机广泛地进行媒体报导会影响公众对这一危机的看法吗？UCLA 的政治科学家们对这一问题进行了研究，并在《通讯研究》(*Communication Research*, June 1993)上公布了其研究结果。他们所关注的军事危机是 1990 年的海湾战争，它是由伊拉克领袖萨达姆·侯赛因对科威特贸然发动的入侵。研究者运用多元回归分析，建立了美国人对这一危机的军事反应(而不是外交反应)的支持水平 y 的模型。y 值的范围是从 0(偏爱外交反应)到 4(偏爱军事反应)。模型中运用了以下自变量：

x_1＝在某一周内电视新闻曝光的水平(天数)

x_2＝对七名政治人物的了解(每一个正确答案为 1 分)

x_3＝性别(1 如果是男性，0 如果是女性)

x_4＝种族(1 如果是非白种人，0 如果是白种人)

x_5＝党派偏向(0－6 等级,这里 0 ＝ 坚决忠于民主党,6 ＝ 坚决忠于共和党)

x_6＝对防御开支的态度(1－7 个等级,这里 1 ＝ 大力削减开支,7 ＝ 大力地开支)

x_7＝教育水平(1－7 个等级,这里 1 ＝ 低于八年级,7 ＝ 大学)

运用他们对 1763 名美国公民调查得到的数据来拟合如下的模型:

$$E(y)=\beta_0+\beta_1x_1+\beta_2x_2+\beta_3x_3+\beta_4x_4+\beta_5x_5+\beta_6x_6+\beta_7x_7+\beta_8x_2x_3+\beta_{9x2}x_4$$

回归结果见下表。

变量	β 估计值	标准误	双尾 p 值
电视新闻曝光(x_1)	0.02	0.01	0.03
政治知识(x_2)	0.07	0.03	0.03
性别(x_3)	0.67	0.11	<0.001
种族(x_4)	−0.76	0.13	<0.001
党派偏向(x_5)	0.07	0.01	<0.001
防御开支(x_6)	0.20	0.02	<0.001
教育(x_7)	0.07	0.02	<0.001
了解×性别(x_2x_3)	−0.09	0.04	0.02
了解×种族(x_2x_4)	0.10	0.06	0.08

a. 解释这一电视新闻曝光 x_1 变量的 β 估计值。

b. 进行一个检验,以确定电视新闻曝光的增加是否与对军事解决危机的支持的增加有关。运用 $\alpha=0.05$。

c. 有充足的理由表明对军事解决的支持(y)和性别(x_3)之间的关系依赖于政治知识(x_2)吗?运用 $\alpha=0.05$ 进行检验。

d. 有充足的理由表明对军事解决的支持(y)和种族(x_4)之间的关系依赖于政治知识(x_2)吗?运用 $\alpha=0.05$ 进行检验。

e. 模型的决定系数是 $R^2=0.194$,请解释这一值。

f. 运用 e 部分的 R^2 值对模型的效用进行一个总体检验。运用 $\alpha=0.05$。

11.45 参考练习 11.14 和 11.33 中《胶体和界面研究》(*Journal of Colloid and Interface Science*)对油/水混合物的研究。回想在七个变量中用来预测电压数(y)的三个变量为:容积(x_1),盐度(x_2)和表面活性剂浓度(x_3)。研究者拟合的模型为:

$$E(y)=\beta_0+\beta_1x_1+\beta_2x_2+\beta_3x_3+\beta_4x_1x_2+\beta_5x_1x_5$$

a. 注意到模型中包含了分散质容积(x_1)和盐度(x_2)之间的交互以及分散质容积(x_1)和表面活性剂浓度(x_5)之间的交互。试阐述这些交互项怎样影响 y 和 x_1 之间的假设关系。画出一个草图来支持你的答案。

b. 对数据拟合交互模型。这一模型看起来比练习 11.14 中的一阶模型拟合得更好吗?请解释。

c. 解释交互模型的 β 估计值。

11.8 建模:二次和其他高阶模型

在前几节讨论过的所有模型中,我们都提出运用 $E(y)$ 关于模型中每个自变量之间的直线关系。在本节,我们在模型的关系中考虑了曲率。由于包含了一个 x_2 项,每一个这样的模型都是一个**二阶模型**(second－order model)。

首先,我们考虑仅包括一个自变量的模型,此模型称为**二次模型**(quadratic model),其形式为

$$y=\beta_0+\beta_1x+\beta_2x^2+\varepsilon$$

涉及 x^2 的项称为二次项(qradratic term)(或二阶项,second－order),它使我们能够对 y 关于 x 的响应模型图中的弯曲部分进行假设。对于两个不同的 β_2 值,其二次模型的图显示在图 11.14 中(见图 11.14a)。当曲线向上开口时,β_2 的符号为正;当曲线向下开口时,β_2 的符号为负(见图

11.14b)。

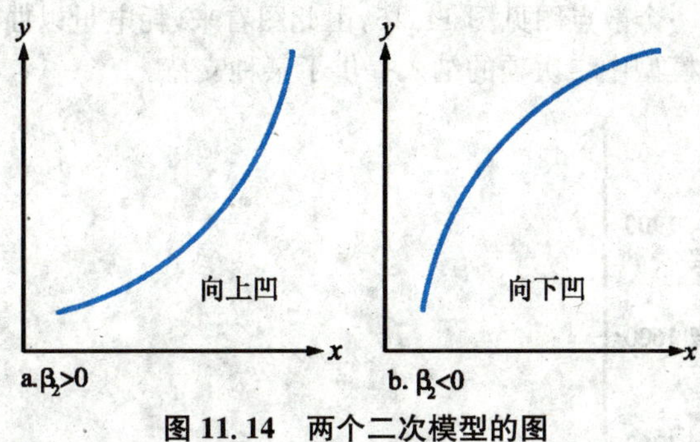

图 11.14　两个二次模型的图

单个定量自变量的一个二次模型(二阶模型)

$$E(y)=\beta_0+\beta_1 x+\beta_2 x^2$$

这里 β_0 是曲线的 y 截距

β_1 是一个变换参数

β_2 是曲率

例 11.6

在电气化的家庭,耗电量为消费者、建筑商和能源保护组织所关注。假设我们想要调查电气化家庭每月耗电量 y 与其房屋面积 x 之间的关系。而且,假定我们认为电气化家庭的每月耗电量与房屋面积之间的关系是二次模型

$$y=\beta_0+\beta_1 x+\beta_2 x^2+\varepsilon$$

为了拟合这一模型,搜集到了 10 户家庭某月的 x 和 y 值,其数据列在了表 11.4 中。

表 11.4　房屋面积—耗电量数据

房屋面积,x(平方英尺)	月度耗电量,y(千瓦一小时)
1290	1182
1350	1172
1470	1264
1600	1493
1710	1571
1840	1711
1980	1804
2230	1840
2400	1956
2930	1954

a. 对数据绘出一个散点图。有支持运用一个二次模型的理由吗?

b. 运用最小二乘法估计二次模型中的未知参数 β_0,β_1,β_2。

c. 绘出预测方程的图,并同时运用直观和数量的方法评价模型对数据的拟合优度。

d. 解释 β 估计值。

e. 模型整体上对于预测耗电量 y 是有效的吗?(在 $\alpha=0.01$ 的水平下)

f. 是否存在充分的理由表明在耗电量—房屋面积之间是向下的曲线关系?运用 $\alpha=0.01$ 进行检验。

解答

a. 表 11.4 中数据的一个散点图见图 11.15，由此图看来，耗电量以曲线方式随着房屋面积的增加而增加，这对模型中二次项的纳入提供了某种支持。

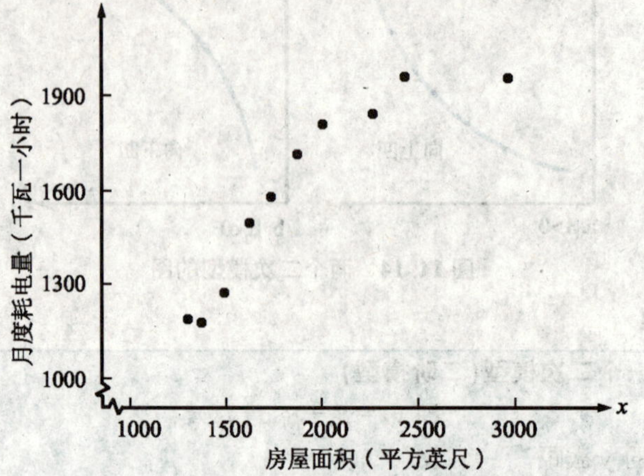

图 11.15 房屋面积—耗电量数据的散点图

b. 我们运用 SAS 软件对表 11.4 中的数据拟合这一模型，其部分回归结果见图 11.6 中。β 参数的最小二乘估计值(已作显著标示)为 $\hat{\beta}_0=-1216.1$，$\hat{\beta}_1=2.3989$，$\hat{\beta}_2=-0.00045$。因此，对于这些数据而言，使 SSE 最小化的方程是

$$\hat{y}=1216.1+2.3989x-0.00045x^2$$

图 11.16 房屋面积—耗电量数据的 SAS 输出结果

Dep Varibale: Y

Analysis of Variance

Source	DF	Sum of Squares	Mean Square	F Value	Prob>F
Model	2	831069.54637	415534.77319	189.710	0.0001
Error	7	15332.55363	2190.36480		
C Total	9	846402.10000			

Root MSE	46.80133	R-Square	0.9819
Dep Mean	1594.70000	Adj R-Sq	0.9767
C. V.	2.93480		

Parameter Estimates

Variable	DF	Parameter Estimate	Standard Error	T for H0: Parameter=0	Prob>|T|
INTERCEP	1	−1216.143887	242.80636850	−5.009	0.0016
X	1	2.398930	0.24583560	9.758	0.0001
XSQ	1	−0.000450	0.00005908	−7.618	0.0001

c. 图 11.17 是最小二乘预测方程的一个图，注意到此图对表 11.4 的数据提供了一个很好的

拟合。这一拟合的一个数量测度由调整的决定系数 R_a^2 来获得。从 SAS 的输出结果中看到，$R_a^2 = 0.9767$（已作显著标示），这表明几乎 98% 的耗电量（y）的样本变异可以由二次模型来解释（用样本容量和自由度调整以后）。

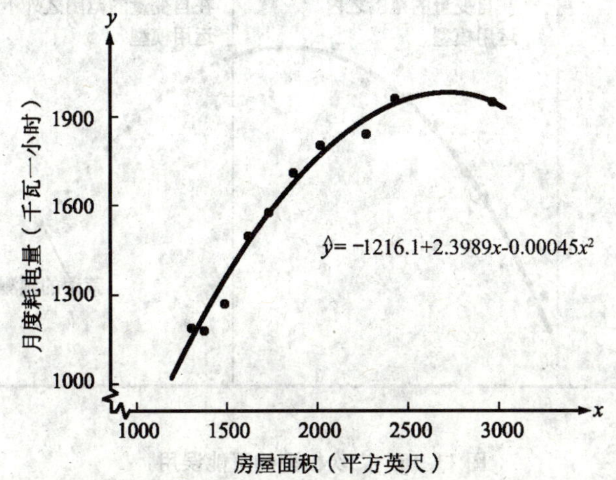

图 11.17　房屋面积—耗电量数据的最小二乘模型

d. 在对二次模型中估计出的系数进行解释时一定要谨慎。首先，只有当自变量的范围内包括 0——即，$x=0$ 包括在 x 的抽样范围内时，才可以对估计出的 y 截距 $\hat{\beta}_0$ 做出有意义的解释。虽然 $\hat{\beta}_0 = -1216.1$ 似乎意味着当 $x=0$ 时所估计出的耗电量是负的，但这个零点并不在样本的范围内（x 的最小值是 1290 平方英尺），并且这一值是荒谬的（一个 0 平方英尺的房屋），因而，$\hat{\beta}_0$ 的解释是没有意义的。

估计出的 x 的系数为 $\hat{\beta}_1 = 2.3989$，但是二次项 x^2 的存在使它不再表示一个斜率。① 一般而言，在二次模型中所估计出的一阶项 x 的系数将没有一个有意义的解释。

二次项 x^2 的系数 $\hat{\beta}_2 = -0.00045$ 的符号表明了曲线是向下凹的（峰形）还是向上凹的（碗形）。一个负的 $\hat{\beta}_2$ 表示向下的凹状，正如此例（图 11.17）；一个正的 $\hat{\beta}_2$ 则意味着向上的凹状。我们将运用这个模型的一个图示来描述此模型，如图 11.17 所示，而不是就 $\hat{\beta}_2$ 的数值本身进行解释。

注意到图 11.17 表明当房屋面积的增加超过 2500 英尺时，所估计出的耗电量是持平的。实际上，当达到或超过 4000 英尺时，我们就会看到模型的凸度会导致耗电量估计值的减小（见图 11.18）。然而，在自变量的范围之外对模型进行解释是没有意义的。在本例中最大值为 2930 英尺，因此，尽管模型似乎支持这样一种假设，即对于接近抽样值上限的房屋面积，每平方英尺的耗电量增长率会降低，但对于非常大的房屋其耗电量竟然开始降低的结论却无疑是对模型的误用，因为在样本中没有包括 3000 英尺或更大的房屋。

① 具有微积分知识的学生注意到，二次模型的斜率是一阶导数 $\partial y/\partial x = \beta_1 + 2\beta_2 x$。因而，斜率变为 x 的一个函数，而不是直线模型的固定斜率。

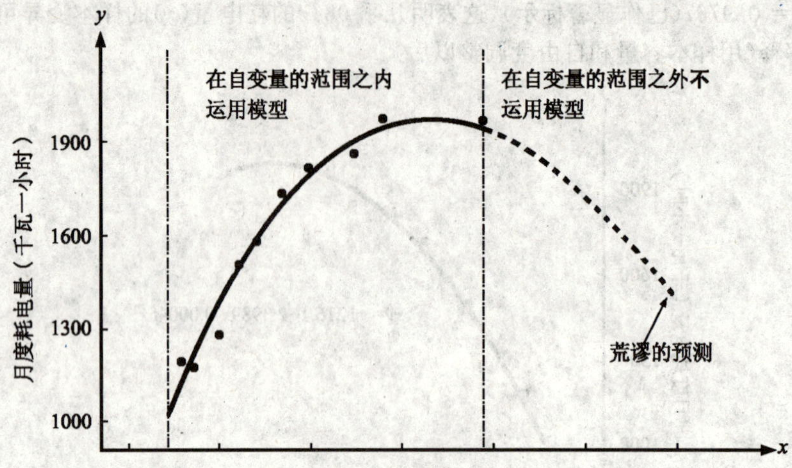

图 11.18　二次模型的可能误用

e. 为了检验这个二次模型是否在统计上有效，我们进行总体 F 检验：

$H_0: \beta_1=\beta_2=0$

H_a：上述系数中至少有一个不为零。

由图 11.16 中的 SAS 输出结果看到，检验统计量(已作显著标示)为 $F=189.710$，其 p 值为 0.0001。则对任何大于 0.0001 的 α 值，我们将拒绝 H_0，并得出总体上模型对于耗电量 y 的预测有效的结论。

f. 图 11.17 表明在这个含有 10 个数据点的样本中，房屋面积与耗电量之间是向下凹的曲线关系。为了确定在总体中这种曲率是否存在，我们则检验

$H_0: \beta_2=0$(响应曲线没有曲率)

$H_a: \beta_2<0$(响应曲线存在向下的凹度)

检验 β_2 的检验统计量标示在了输出结果中，为 $t=-7.618$，其双尾 p 值为 0.0001。由于这是一个单尾检验，则合适的 p 值为 $0.0001/2=0.00005$。由于 $\alpha=0.01$ 大于这一 p 值，因此有非常充足的理由说明在总体中存在向下的曲线，也就是说，大房子每平方英尺的耗电量比小房子增长得慢。

注意到图 11.16 中的 SAS 输出结果也提供了检验 $H_0: \beta_0=0$ 和 $H_a: \beta_1=0$ 的 t 检验统计量及其双尾 p 值。由于对于这一模型而言，这些参数的解释是没有意义的，因此这些检验并不为我们所关注。

当一个二阶模型纳入两个或更多个定量自变量时，我们可以将每个 x 的平方项以及两个自变量之间的交互项加入到模型中。一个包括了两个自变量所有可能的二阶项的模型称为完全二阶(complete second—order)模型(见下框)。

具有两个定量自变量的完全二阶模型

$$E(y)=\beta_0+\beta_1x_1+\beta_2x_2+\beta_3x_1x_2+\beta_4x_1^2+\beta_5x_2^2$$

对参数的注释

β_0：y 截距，当 $x_1=x_2=0$ 时 $E(y)$ 的值。

β_1,β_2：β_1 和 β_2 的变动引起曲面沿着 x_1 和 x_2 轴移动

β_3：控制着曲面的旋转

β_4,β_5：这两个参数的符号和值控制着曲面的类型和曲率

一个二阶模型产生三种类型的曲面：[①]向上开口的**抛物面**(paraboloid)(图 11.19a)，向下开口的抛物面(图 11.19b)和**鞍面**(saddle－shaped surface)(图 11.19c)。

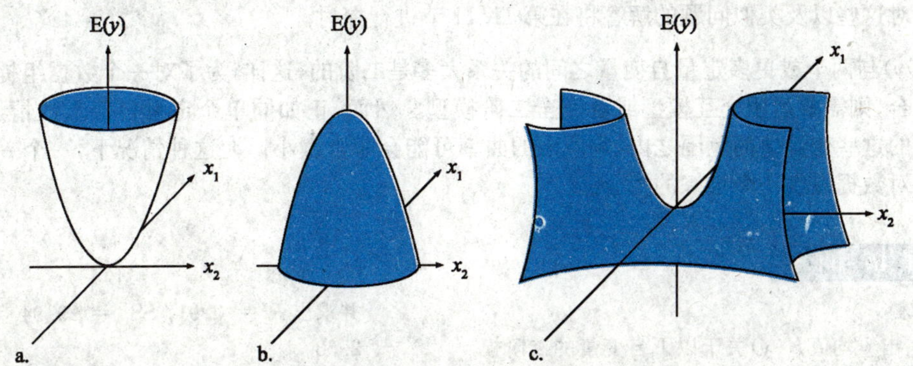

图 11.19　三个二阶曲面的图

一个完全二阶模型在三维上等价于一个含有单个定量变量的二次模型，其轨迹是抛物面和鞍面，而不是抛物线。由于仅有完全曲面的一部分用于拟合数据，因此这一模型提供了许多种渐渐弯曲的曲面可以用来拟合数据。如果你认为 $E(y)$ 关于 x_1 和 x_2 的响应面是弯曲的，则它是模型的一个很好的选择。

例 11.7

一个社会科学家想要建立的模型欲反映一个已婚妇女每周工作小时数(在家庭外)与她所接受的正规教育的年数和她的家庭中孩子的个数之间的关系。

a. 确定因变量和自变量。

b. 写出本例的一阶模型。

c. 修改 b 部分的模型，以便引入一个交互项。

d. 写出 $E(y)$ 的一个完全二阶模型。

解答

a. 因变量为

y = 一个已婚妇女每周工作的小时数

两个自变量在性质上都是定量的，它们为：

x_1 = 此妇女所完成的正规教育年数

x_2 = 家庭中孩子的个数

b. 一阶模型为

$$E(y)=\beta_0+\beta_1x_1+\beta_2x_2$$

在这种情况下，这个模型很可能是不合适的，因为 x_1 和 x_2 可能交互，而且(或者)为了得到 $E(y)$ 的一个好的模型，很可能需要 x_1^2 和 x_2^2 的曲线项。

c. 加入交互项，我们得到

$$E(y)=\beta_0+\beta_1x_1+\beta_2x_2+\beta_3x_1x_2$$

这一模型应该比 b 部分的模型好，因为我们现在考虑了 x_1 和 x_2 之间的交互效应。

d. 完全二阶模型是

$$E(y)=\beta_0+\beta_1x_1+\beta_2x_2+\beta_3x_1x_2+\beta_4x_1^2+\beta_5x_2^2$$

---

① 当 $\beta_3^2>4\beta_4\beta_5$ 时产生鞍面(图 11.19*c*)；当 $\beta_4+\beta_5>0$ 时，抛物面向上开口(图 11.19*a*)；当 $\beta_4+\beta_5<0$ 时，抛物面向下开口(图 11.19*b*)。

在响应面上发现弯曲部分并不足为奇，因此完全二阶模型可能会比 b 和 c 部分的模型更为理想。但我们如何能够说明完全二阶模型的确会比 b 和 c 部分的模型对工作小时数提供更好的预测呢？对这些以及类似问题的解答将在第 11.11 节进行探讨。

$E(y)$与两个或更多定量自变量之间的关系大多是二阶的，这样，为了对一个数据组提供一个好的拟合，则需要运用交互模型或者完全二阶模型。然而，正如同单个定量自变量的情形，在数据组中的这些变量值的范围之内，响应面的曲率可能会非常微小。在这种情况下，一个一阶模型便可以对数据提供一个很好的拟合。

练习 11.46～11.59

技能训练

11.46 写出 y 均值 $E(y)$ 关于以下自变量的二阶模型：

a. 一个定量自变量。

b. 两个定量自变量。

c. 三个定量自变量（提示：包括所有可能的两因素叉积项以及平方项。）

11.47 假如你对 $n=25$ 个数据点拟合二阶模型：

$y=\beta_0+\beta_1 x+\beta_2 x^2+\varepsilon$

你的 β_2 估计值为 $\hat{\beta}_2=0.47$，且这一估计值的估计标准误为 0.15。

a. 运用 $\alpha=0.05$ 检验 $H_0：\beta_2=0, H_a：\beta_2\neq 0$。

b. 假若你只想确定二次曲线是否向上开口，即随着 x 的增加，曲线的斜率是否增加。对于 $\alpha=0.05$，给出这一检验的检验统计量和拒绝域。数据是否支持“曲线的斜率随着 x 的增加而增加”的推测？请解释。

11.48 假如你对 $n=20$ 的一组数据点拟合二次模型：

$E(y)=\beta_0+\beta_1 x+\beta_2 x^2$

并求出 $R^2=0.91$，$SS_{yy}=29.94$ 且 $SSE=2.63$

a. 有充足的理由表明模型对预测 y 提供信息吗？运用 $\alpha=0.05$ 进行检验。

b. 为确定向上的曲线是否存在，你要检验的原假设和备择假设是什么？

c. 为确定向下的曲线是否存在，你要检验的原假设和备择假设是什么？

11.49 考虑以下二阶模型：

(1) $y=1-2x+x^2$　(2) $y=1+2x+x^2$

(3) $y=1+x^2$　(4) $y=1-x$

(5) $y=1+3x^2$

a. 在同一张图纸上依次画出各个二次模型。

b. 在曲线图上一阶项($2x$)的效果是什么？

c. 在曲线图上二阶项(x^2)的效果是什么？

11.50 运用 MINITAB 对 $n=39$ 个数据点拟合完全二阶模型：

$E(y)=\beta_0+\beta_1 x_1+\beta_2 x_2+\beta_3 x_1 x_2+\beta_4 x_1^2+\beta_5 x_2^2$

其输出结果如下：

练习 11.50 的 MINITAB 输出结果

The regression equation is

Y=−24.563+1.198 X1+27.988 X2−0.540X1X2−0.004X1sq+X2sq

Predictor	coef	StDev	T	P
Constant	−24.563	6.531	−3.76	0.001
X1	1.19848	0.1103	10.86	0.000
X2	27.988	79.489	0.35	0.727
X1X2	−0.5397	1.0338	−0.52	0.605
X1sq	−0.0043	0.0004	−10.47	0.000
X2sq	0.0020	0.0033	0.60	0.550

续表

s=2.762		R−Sq=79.7%		R−Sq(adj)=76.6%	
Analysis of Variance					
SOURCE	DF	SS	MS	F	P
Regression	5	989.30	197.86	25.93	0.000
Error	33	251.81	7.63		
Total	38	1241.11			

a. 有充足的理由表明参数 $\beta_1, \beta_2, \beta_3, \beta_4$ 和 β_5 中至少有一个非零吗？运用 $\alpha=0.05$ 进行检验。

b. 检验 $H_0: \beta_4=0, H_a: \beta_4\neq 0$。运用 $\alpha=0.01$。

c. 检验 $H_0: \beta_5=0, \beta_5\neq 0$。运用 $\alpha=0.01$。

d. 运用图说明 b 和 c 部分的检验结果。

概念应用

11.51《EW 杂志》(*EW Magazine*)定期地刊登主要影院的总收入。MOVIES97. DAT 表中同时给出了在1997年放映的15部电影的一个样本在国内和国外总收入。

练习 11.51 的数据  **MOVIES97. DAT**

电影名称	国内总收入(百万美元)	国外总收入(百万美元)
Men in Black	250.2	326.2
Titanic	242.7	98.2
The Lost World	229.1	382.5
Air Force One	172.4	133.9
Tomorrow Never Dies	111.8	139.5
George of the Jungle	105.3	24.8
Flubber	87.2	18.4
The Empire Stikes back	67.6	55.9
Anastasia	54.4	11.4
Austin Powers	53.9	21.6
Absolute Power	50.1	13.2
G. I. Jane	48.2	34.9
Volcano	47.5	73.7
Selena	35.4	6.1
Home Alone 3	26.5	20.4

a. 写出国外总收入(y)的一个一阶模型，使其作为国内总收入(x)的函数。

b. 写出国外总收入(y)的一个二阶模型，使其作为国内总收入(x)的函数。

c. 对这些数据建立一个散点图。a 和 b 部分的模型看起来哪一个是解释国外总收入变异的更好选择？

d. 对数据拟合 b 部分的模型并研究其有效性。有充足的理由表明在国外和国内总收入之间存在一种曲线关系吗？运用 $\alpha=0.05$ 进行检验。

e. 根据你在 d 部分的分析，a 和 b 部分的模型哪一个更好地解释了国外总收入的变异？将此答案与你在 c 部分得到的初步结论作一比较。

11.52 为了给用于商业用途的鱼提供足够的能量，必须要给它们喂一种营养适当平衡的食物，以便使其能够有效地生长。从鱼鳃排泄的含氮量是测量鱼的能量代谢的一种方法。《渔业科学》(*Fisheries Science*, Feb. 1995)上发表的一篇文章对影响日本鲤鱼内生氮排泄(endogenous nitrogen excretion, ENE)的变量进行了研究。根据鲤鱼各自的体重将它们分为由2至15条鱼组成的小组，并把每一组放在一个隔离的池内。然后，在20天的一段时间内每天给鲤鱼喂3次一种不含蛋白质的食物。在终止喂养实验的那一天，测量出每一池中ENE的含量。下表给出了每一个鲤鱼小组的平均体重(克)和ENE含量(每天每100克体重的毫克数)。

a. 绘出数据的散点图。你发现了某种模式了吗？

b. 运用 MINITAB 对数据拟合二次模型 $E(y)=\beta_0+\beta_1 x+\beta_2 x^2$。MINITAB 的输出结果如下所示。运用输出结果信息在 $\alpha=0.05$ 的水平下，检验 $H_0: \beta_2=0, H_a: \beta_2\neq 0$，并就此问题给出你的结论。

练习 11.52 的数据　CARP. DAT

水池	体重, x	ENC, y
1	11.7	15.3
2	25.3	9.3
3	90.2	6.5
4	213.0	6.0
5	10.2	15.7
6	17.6	10.0
7	32.6	8.6
8	81.3	6.4
9	141.5	5.6
10	285.7	6.0

练习 11.52 的 MINITAB 输出结果

```
The regression equation is
ENE=13.7-0.102 WEIGHT+0.000273 WGHTSQ

    Predictor          coef          StDev       t-ratio        P
    Constant         13.713          1.306        10.50     0.000
    WEIGHT         -0.10184        0.02881        -3.53     0.010
    WGHTSQ        0.0002735      0.0001016         2.69     0.031

    s=2.194          R-Sq=73.7%           R-Sq(adj)=66.2%

Analysis of Variance
SOURCE        DF          SS          MS          F          P
Regression     2      94.659      47.329       9.83      0.009
Error          7      33.705       4.815
Total          9     128.364
```

11.53 油泄漏以后，轻原油和提炼油 75%的体积会被蒸发掉。因此，了解蒸发过程对于清除溢出的油是很重要的。《危害物质杂志》(*Journal of Hazardous Materials*, July 1995)对用于预测漏油蒸发的模型进行了文献回顾。文章中讨论的一个模型运用了喷出量(x_1)和 API 的具体重量(x_2)来预测溢出油的分子重量(y)。他们提出了 y 的一个完全二阶模型。

a. 写出这个模型的方程。

b. 找到模型中考虑了曲线关系的那些项。

11.54 要想高效地进行一项制造操作，则需要了解雇员制造这个产品所需的时间，否则将无法确定制造这一产品的成本。而且，由于无从建立工作标准也使得管理者无法为雇员建立一个有效的激励计划(Chase 和 Aquilano, *Production and Operations Management*, 1992)。生产时间的估计通常由工时定额研究来获得。ASSEMBLY. BAT 表中的数据来自于对一条汽车装配线上执行某项工作的 15 名员工的一个样本的近期测时研究。

练习 11.54 的数据　ASSEMBLY. DAT

装配时间, y(分)	工作经验的月份数, x
10	24
20	1
15	10
11	15
11	17
19	3
11	20
13	9
17	3
18	1
16	7
16	9
17	7
18	5
10	20

a. 拟合模型 $y=\beta_0+\beta_1 x+\beta_2 x^2+\in$ 的 SAS 输出结果见下，试找到最小二乘预测方程。

b. 在数据的一个散点图上画出所拟合的方程，存在支持模型中包含二次项的充分理由吗？请解释。

c. 运用 $\alpha=0.01$ 检验原假设 $H_0: \beta_2=0$，备择假设 $H_a: \beta_2\neq 0$。二次项对模型起到重要作用了吗？

d. 你在 c 部分得到的结论应该是从模型中去掉二次项，这样做一下并对数据拟合“简化模型”$y=\beta_0+\beta_1 x+\varepsilon$。

e. 联系这一练习的背景解释 β_1 的意义，并求出 d 部分简化模型中 β_1 的 90%置信区间。

练习 11.54 的 SAS 的输出结果

Dep Varibale: TIME

Analysis of Variance

Source	DF	Sum of Squares	Mean Square	F Value	Prob>F
Model	2	156.11948	78.05974	65.594	0.0001
Error	12	14.28052	1.19004		
C Total	14	170.40000			

Root MSE	1.09089	R−Square	0.9162
Dep Mean	14.80000	Adj R−Sq	0.9022
C. V.	7.37089		

Parameter Estimates

Variable	DF	Parameter Estimate	Standard Error	T for H0: Parameter=0	Prob>|T|
INTERCEP	1	20.091108	0.72470507	27.723	0.0001
EXP	1	−0.670522	0.15470634	−4.334	0.0010
EXPSQ	1	0.009535	0.00632580	1.507	0.1576

11.55 充气不足或过分充气都会增加轮胎的磨损。在不同的压力下测试一条新轮胎的磨损情况所得到的结果如下：

练习 11.55 的数据　**TIRES. DAT**

压力，x（每平方英寸的磅数）	时程，y（千）
30	29
31	32
32	36
33	38
34	37
35	33
36	26

a. 在散点图上绘出数据。

b. 如果你只得到了 $x=30,31,32,33$ 的资料，你建议运用哪一种模型？对 $x=33,34,35,36$ 呢？对所有的数据呢？

11.56 在雨水流动过程中，土壤肥料中的磷会污染淡水水源。因此，对水中所溶解的磷的含量进行估计对于水质工程师是很重要的。《地表》(*Geoderma*, June 1995)杂志发表的一篇文章对土壤流失与水样本中所溶解的磷的比例之间的关系进行了研究。水样本是在俄克拉荷马(Oklahoma)州的 20 个施过肥料的流域中采集的，其数据见下表中。

练习 11.56 的数据　**PHOSPHOR. DAT**

流域	土壤流失（每半亩的公里数）	溶解的磷的比例，y
1	18	42.3
2	17	50.2
3	35	52.7
4	16	77.1
5	14	36.8
6	54	17.5
7	153	66.4
8	81	67.5
9	183	28.9
10	284	15.1
11	767	20.1
12	148	38.3
13	649	5.6
14	479	8.6
15	1371	5.5
16	9150	4.6
17	15022	2.2
18	69	77.9
19	4392	7.8
20	312	42.9

a. 在散点图上绘出数据,你发现了线性或曲线趋势了吗?

b. 对数据拟合二次模型 $E(y)=\beta_0+\beta_1 x+\beta_2 x^2$。

c. 为了确定在溶解的磷的比例(y)和土壤流失(x)之间是否存在一种曲线关系,运用 $\alpha=0.05$ 进行检验。

11.57 生产某种塑料所使用的压力量被认为与塑料的强度有关。研究者假设,在某一水平之下,增加压力会增加塑料的强度;然而,在某些点之上,压力的额外增加将会损害塑料的强度。写出一个模型,使塑料强度 y 与压力 x 之间的关系反映出这一假设,并绘出这一模型的略图。

11.58 纽约一家经营冷藏橙汁的公司经常面临 96 盎司的容器缺货的情况。为了更好地了解对于这一产品在当前和未来的需求,公司研究了过去 40 天的销售额,见下表中。公司的目的之一是建立一个模型,使需求量 y 作为销售日 x(这里 $x=1,2,3,\cdots,40$)的函数。

练习 11.58 的数据 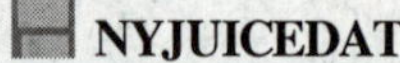 **NYJUICEDAT**

销售日,x	对 96 盎司容器的需求,y(盒)
1	4581
2	4239
3	2754
4	4501
5	4016
6	4680
7	4950
8	3303
9	2367
10	3055
11	4248
12	5067
13	5201
14	5133
15	4211
16	3195
17	5760
18	5661
19	6102
20	6099
21	5902
22	2295
23	2682
24	5787
25	3339
26	3798
27	2007
28	6282
29	3267
30	4779
31	9000
32	9531
33	3915
34	8964
35	6984
36	6660
37	6921
38	10005
39	10153
40	11520

a. 对这些数据建立一个散点图。

b. 一个二阶模型看起来比一阶模型可以更好地解释需求的变异吗?

c. 对这些数据拟合一个一阶模型。

d. 对这些数据拟合一个二阶模型。

e. 对比 c 和 d 部分的结果,确定出哪个模型更好地解释了需求的变异。说明你选择的理由。

11.59 为了在美国确立中央银行,1913 年建立了联邦准备金制度(Federal Reserve System, FRS),通常称之为"银行的银行"。其主要职责之一是控制国家的货币供应量,以促进经济有序地增长。为了实现这一职责,它的一个做法是通过买入和卖出政府公债。公债售给公众就从商业银行体系中得到了货币;FRS 向公众购买公债就使货币流向商业银行体系。货币供应量的减少和增加在经济中影响着利率水平(借入货币的价格)(Lee, et al., *Foundations of Financial Management*, 1997)。货币供应量和基础利率的数据见下表。货币供应量 M_1,是所有通货、活期存款、旅行支票和其他可支付储蓄的总和。

练习 11.59 的数据　MONEYSUP.DAT

月份	基础利率(%)	M1(十亿美元)
1/97	8.25	1080.8
2/97	8.25	1078.8
3/97	8.50	1075.0
4/97	8.50	1068.3
5/97	8.50	1064.3
6/97	8.50	1065.4
7/97	8.50	1065.6
8/97	8.50	1071.1
9/97	8.50	1063.5
10/97	8.50	1061.9
11/97	8.50	1069.2
12/97	8.50	1076.0
1/98	5.00	1073.7
2/98	5.00	1076.5
3/98	5.00	1081.1
4/98	5.00	1080.7
5/98	5.00	1077.7
6/98	5.00	1074.5
7/98	5.00	1071.9

续表

月份	基础利率(%)	M1(十亿美元)
8/98	5.00	1069.0
9/98	5.00	1072.3
10/98	5.00	1078.8
11/98	4.75	1087.8
12/98	4.75	1092.3

a. 对这些数据建立散点图。

b. 根据你在 a 部分的观察，假设一个基础利率 y 关于货币供应量 $\bar{x}$ 的概率模型。

c. 对数据拟合这个模型的 *STATISTIX* 输出结果。有充足的理由表明模型对于 y 的预测提供了信息吗？运用 $\alpha=0.05$ 进行检验。

d. 对 *c* 部分的检验给出其观察到的显著性水平，并解释它。

e. 二阶模型对于 y 的预测提供了信息吗？运用 $\alpha=0.05$ 进行检验。

f. 对 *e* 部分的检验给出观察到的显著性水平，并解释它。

练习 11.59 的 STATISTIX 输出结果

```
UNWEIGHTED LEAST SQUARES LINEAR REGRESSION OF PRIMRATE
PREDICTOR
VARIABLES        COEEFICIENT     STD ERROR     STUDENT'S T        P
---------        -----------     ---------     -----------     ------
CONSTANT           3946.18        4998.22          0.79        0.4386
M1                 -7.19028       9.29326         -0.77        0.4477
M1SQ                0.00328       0.00432          0.76        0.4562

R-SQUARED              0.3471     RESID. MEAN SQUARE (MSE)      2.29169
ADJUSTED R-SQUARED     0.2849     STANDARD DEVIATION            1.51383

SOURCE          DF        SS            MS           F          P
----------      --     -------       -------       ----      ------
REGRESSION       2     25.5829       12.7914       5.58      0.0114
RESIDUAL        21     48.1255        2.29169
TOTAL           23     73.7083

CASES INCLUDED 24    MISSING CASES 0
```

11.9　建模：定性（虚拟）变量模型

在多元回归模型中也可以纳入定性(*qualitative*)(或称为属性，*categorical*)自变量。定性变量 不同于定量变量，不能对其在数字范围内进行测度。因此，我们在拟合模型之前必须要把定性变量的值(称为水平，*level*)编码为数字。由于对不同水平所指定的数字是任意选取的，因此这些编了码的定性变量称为虚拟变量①(*dummy variable*)(或称为示性变量,*indicator variable*)。

为了举例说明,假定某一公司的一名女性主管声称,通常男性主管会比那些具有相同教育、经历和职责的女性主管得到更高的薪水。为了证实她的观点,她意欲运用一个代表主管性别(男性或女性)的定性自变量对主管的薪水 y 建立模型。

对一个具有两个水平的定性变量取值的一个便捷方法是将其中的一个水平指定为1,另一个水平指定为0。例如,用于描述性别的虚拟变量可以如下取值:

$$x=\begin{cases}1 & \text{如果为男性}\\ 0 & \text{如果为女性}\end{cases}$$

将哪个水平指定为1,哪个水平指定为0的选择是任意的。模型可采取如下形式:

$$E(y)=\beta_0+\beta_1 x$$

运用0—1编码方案的优点是易于解释 β 系数。以上的模型使我们可以将男性主管的平均工资 $E(y)$ 与女性主管相应的均值进行比较。

男性($x=1$):$E(y)=\beta_0+\beta_1(1)=\beta_0+\beta_1$

女性($x=0$):$E(y)=\beta_0+\beta_1(0)=\beta_0$

这两个均值的条形图见图11.20。

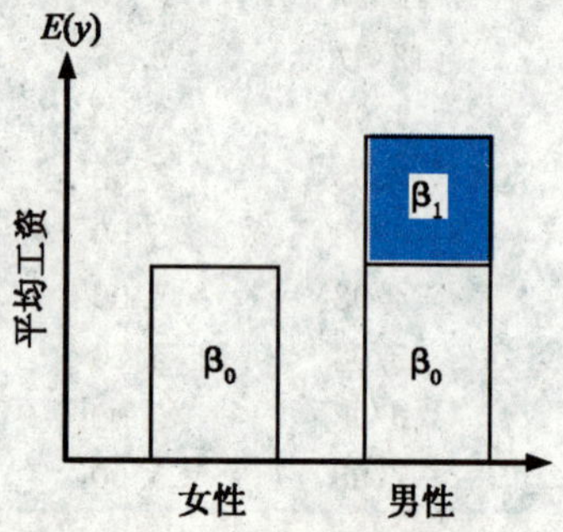

图 11.20 用于比较男性和女性 $E(y)$ 的条形图

首先注意到 β_0 表示女性的平均工资(假定为,μ_F)。当运用0—1编码方案时,β_0 总是表示将定性变量的水平取值为0时(称为基础水平,base level)的平均响应。男性与女性的平均工资之差 $\mu_M-\mu_F$ 用 β_1 表示——即,

$$\mu_M-\mu_F=(\beta_0+\beta_1)-(\beta_0)=\beta_1$$

这个差显示在了图11.20中。② 按照0—1的编码方法,β_1 总是表示水平取值为1时的平均响应与基础水平的均值之间的差。因此,对于主管人员工资模型,有

$$\beta_0=\mu_F$$
$$\beta_1=\mu_M-\mu_F$$

以下我们对具有两个水平的单个定性自变量的模型加以仔细的研究,因为我们将对任何的水平数使用完全相同的模式,而且对于参数的解释也总是相同的。

一个水平(比如,A水平)被选为基础水平。则对于取值为0—1的虚拟变量,③

$$\mu_A=\beta_0$$

所有虚拟变量的取值如下:为了表示某一水平下的 y 均值,令那个虚拟变量等于1;否则,虚拟变量取值为0。运用这样的取值方法,则有

$$\mu_B=\beta_0+\beta_1$$
$$\mu_C=\beta_0+\beta_2$$

等等。由于 $\mu_A=\beta_0$,则其他任何的模型参数将表示那一水平与基础水平的均值之差:

$$\beta_1=\mu_B-\mu_A$$
$$\beta_2=\mu_C-\mu_A$$

等等。

---

① 译者注:也可译为"哑变量"。

② 注意到 β_1 可以是负的。如果 β_1 为负,则男性相应的条形高度将会从女性的条形高度减少(而不是增加)β_1 的数量。图11.20是建立在 β_1 为正数的假定之上的。

③ 你并不是必须要对虚拟变量运用0—1的取值方法。取任何两个值的方法都是可行的,但是对于模型参数的解释将依赖于取值,而0—1方法会使模型的参数易于解释。

写出一个具有 k 一个水平的定性自变量的模型

我们所运用的虚拟变量的个数总是比定性变量的水平数少 1 个。因而，对于一个具有 k 个水平的定性变量，则运用 $k-1$ 个虚拟变量：

$$y=\beta_0+\beta_1x_1+\beta_2x_2+\cdots+\beta_{k-1}x_{k-1}+\varepsilon$$

这里 x_i 是在 $i+1$ 水平上的虚拟变量，且

$$x_i=\begin{cases}1 & \text{如果 } y \text{ 在第 } i+1 \text{ 的水平上观测}\\ 0 & \text{否则}\end{cases}$$

则对于这个取值方法，有

$$\begin{aligned}&\mu_A=\beta_0 && \text{且} && \beta_1=\mu_B-\mu_A\\ &\mu_B=\beta_0+\beta_1 && && \beta_2=\mu_C-\mu_A\\ &\mu_C=\beta_0+\beta_2 && && \beta_3=\mu_D-\mu_A\\ &\mu_D=\beta_0+\beta_3 && && \\ &\vdots && && \vdots\end{aligned}$$

例 11.8

假定一个经济学家想要在三个不同的社会经济阶层中：(1)低层，(2)中层，(3)上层，对拖欠信用卡的顾客所拖欠的平均美元数进行比较。他从每一阶层中抽取了一个由 10 名赊账顾客所组成的样本，并记录下每人拖欠的金额，见表 11.5。这些数据是否提供了充分的理由表明这三个社会经济阶层的顾客所拖欠的平均美元数是不同的？运用 $\alpha=0.05$ 进行计算。

表 11.5　拖欠的美元

阶层 1(低层)	阶层 2(中层)	阶层 3(上层)
$ 148	$ 513	$ 335
76	264	643
393	433	216
520	94	536
236	535	128
134	327	723
55	214	258
166	135	380
415	280	594
153	304	465

解答

注意到社会经济地位(低层，中层，上层)是一个(在顺序尺度上度量的)定性变量。对于一个具有 3 个水平的定性变量，在回归模型中我们需要运用两个虚拟变量。则 $E(y)$关于社会经济阶层这个定性变量的模型是，

$$E(y)=\beta_0+\beta_1x_1+\beta_2x_2$$

这里(任意地)

$$x_1=\begin{cases}1 & \text{如果为第 2 组}\\ 0 & \text{如果不是}\end{cases}\qquad x_2=\begin{cases}1 & \text{如果为第 3 组}\\ 0 & \text{如果不是}\end{cases}$$

对于这一模型

$$\beta_1=\mu_2-\mu_1$$
$$\beta_2=\mu_3-\mu_1$$

这里 μ_1、μ_2 和 μ_3 分别是社会经济群体 1、2 和 3 的平均响应。检验“三个群体的均值相等”(即 $\mu_1=\mu_2=\mu_3$) 的原假设等价于检验

$$H_0: \beta_1 = \beta_2 = 0$$

这是因为，如果 $\beta_1 = \mu_2 - \mu_1 = 0$ 且 $\beta_2 = \mu_3 - \mu_1 = 0$，则 μ_1，μ_2 和 μ_3 必定相等。备择假设为：

H_a：参数 β_1 和 β_2 中至少有一个不为零，这意味着这三个均值中（μ_1，μ_2 和 μ_3）至少有两个是不同的。

为了检验这一假设，我们对模型进行总体 F 检验。运用 SAS 软件拟合模型 $E(y) = \beta_0 + \beta_1 x_1 + \beta_2 x_2$ 所得到的输出结果见图 11.21。我们对用于检验模型有效性的 F 统计量的值，F= 3.482，以及这个检验观察到的显著性水平，p= 0.0452，都已作了显著标示。由于 $\alpha=0.05$ 大于 p 值，我们则拒绝 H_0，并推断参数 β_1 和 β_2 中至少有一个不为零。或者，等价地，我们推断数据提供了充足的理由表明，各个社会经济群体之间的平均负债的确是不同的。

图 11.21　例 11.8 的 SAS 输出结果

Eep Varibale：Y

Analysis of Variance

Source	DF	Sum of Squares	Mean Square	F Value	Prob>F
Model	2	198772.46667	99386.23333	3.482	0.0452
Error	27	770670.90000	28543.36667		
C Total	29	969443.36667			

Root MSE	168.94782	R—Square	0.2050
Dep Mean	312.43333	Adj R—Sq	0.1462
C. V.	54.07484		

Parameter Estimates

Variable	DF	Parameter Estimate	Standard Error	T for H0: Parameter=0	Prob>|T|
INTERCEP	1	229.600000	53.42599243	4.30	0.0002
X1	1	80.300000	75.55576307	1.06	0.2973
X2	1	198.200000	75.55576307	2.62	0.0141

练习 11.60～11.72

技能训练

11.60 写出 y 均值关于假定具有两个水平的一个定性自变量的回归模型，并解释模型中所有的项。

11.61 写出 y 均值关于假定具有三个水平的一个定性自变量的回归模型，并解释模型中所有的项。

11.62 以下模型被用来建立 y 均值关于假定有四个水平的一个定性自变量之间的关系：

$$E(y) = \beta_0 + \beta_1 x_1 + \beta_2 x_2 + \beta_3 x_3$$

这里

$$x_1 = \begin{cases} 1 & \text{如果为水平 2} \\ 0 & \text{如果不是} \end{cases}$$

$$x_2 = \begin{cases} 1 & \text{如果为水平 3} \\ 0 & \text{如果不是} \end{cases}$$

$$x_3 = \begin{cases} 1 & \text{如果为水平 4} \\ 0 & \text{如果不是} \end{cases}$$

对 $n=30$ 个数据点拟合这一模型，得到以下结果：

$$\hat{y} = 10.2 - 4x_1 + 12x_2 + 2x_3$$

a. 运用最小二乘预测方程求出对于定性自变量的每个水平的 $E(y)$ 估计值。

b. 为了检验 $E(y)$ 对于自变量的四个水平是否相同，确定你所运用的原假设和备择假设。

11.63 用以下的输出结果对 $n=15$ 个数据点拟合以下模型：

$$y = \beta_0 + \beta_1 x_1 + \beta_2 x_2 + \varepsilon$$

这里

$$x_1 = \begin{cases} 1 & \text{如果为水平 2} \\ 0 & \text{如果不是} \end{cases}$$

$$x_2 = \begin{cases} 1 & \text{如果为水平 3} \\ 0 & \text{如果不是} \end{cases}$$

练习 11.63 的 MINITAB 输出结果

```
The regression equation is
Y=-80.0+16.8 X1+40.4 X2

Predictor        Coef      StDev     t-ratio      P
Constant       80.000      4.082       19.60  0.000
X1             16.800      5.774        2.91  0.013
X2             40.400      5.774        7.00  0.000

s=9.129     R-Sq=80.5%     R-Sq(adj)=77.2%

Analysis of Variance

SOURCE       DF       SS        MS        F       P
Rrgression    2   4118.9    2059.5    24.72   0.000
Error        12   1000.0      83.3
Total        14   5118.9
```

a. 给出最小二乘预测方程。

b. 解释 β_1 和 β_2 的值。

c. 用 μ_1,μ_2 和 μ_3 解释以下假设：

H_0：$\beta_1=\beta_2=0$

H_a：β_1 和 β_2 至少有一个参数不为零。

d. 进行 c 部分的假设检验。

概念应用

11.64 据《高等教育年鉴编年史》(*Chronicle of Higher Education Almanac*, *Sept.* 2, 1996)，四年制私立大学每年收取的学费和费用平均为 \$12432；四年制公立大学的收费为 \$2860。为了估计在 2000—2001 学年的真实平均收费差异，把 40 个私立大学和 40 个公立大学的随机样本联系起来，并对它们的学费结构提出了质疑。

a. 在第 9 章讲述的哪种方法可以用来估计私立和公立大学之间平均收费的差异？

b. 提出一个可以用来研究均值之差的回归模型，这个回归模型涉及大学类型这个定性自变量。一定要具体说明模型中虚拟变量的取值方案。

c. 说明怎样运用你在 b 部分所建立的回归模型估计总体的均值之差。

11.65《利益季刊》(*Benefit Quarterly*, First Quarter, 1995)公布了一项对初级工作偏好的研究。几个自变量被用于对 164 所商学院的毕业生的工作偏好(在 10 分的等级上测量)建立模型，模型包括以下定性自变量：

a. 所申请职位的弹性工作时间(有，无)。

b. 所必需的日间照料水平(没有，转介，在单位内)。

c. 所需的配偶调动支持(无，咨询服务，主动寻找)。

d. 申请人的婚姻状况。(已婚，未婚)。

e. 申请人的性别(男，女)。

对于上述每一个定性自变量，假设一个工作偏好(y)作为这个自变量的函数的模型，并解释每一个模型中的 β。

11.66 罗伯特·约翰逊(投资管理和研究学会)和杰拉尔德·杰森(北伊利诺斯大学)研究了联邦准备金货币政策对不同类型的不动产利润率的影响(*Real Estate Finance*, Spring 1999)。对于资产的月利润率他们运用了以下模型：

$$E(y)=\beta_0+\beta_1 x$$

这里 $x=\begin{cases}1 & \text{如果联邦货币政策是紧缩的}\\0 & \text{如果联邦货币政策是扩张的}\end{cases}$

在一部分研究中，他们运用 1972—1997 年的月度利润率数据对证券 REIT(real estate investment trust，不动产投资信托)指数建立了模型。此外，为了比较，他们对国库券(*T-Bill*)指数也建立了模型，得到的结果见下表(括号中为 t 统计量)。

练习 11.66 的结果

指数	β_0 的估计值	β_1 的估计值	F 值	R^2
国库券	0.04742	0.001948	66.24	0.1819
	(30.94)	(8.14)		
证券 REIT	0.01863	−0.01582	11.98	0.0387
	(6.19)	(−3.46)		

a. 评价每个模型拟合的有效性，并联系这一问题的背景得出结论。

b. 解释每一个模型中 β_1 的估计值。

c. 当联邦准备金货币政策是紧缩性的时候，预测证券 *REIT* 指数的平均月利润率。对扩张性的政策重复这一问题。

11.67 每一年公众都大声疾呼 CEO 的工资越来越高，甚至《华尔街日报》最近称之为"贪婪变得疯狂"。但也有人认为，*CEO* 工资背后的高风险/高回报策略促进了美国经济的快速发展。这些极其高的报酬在各行业中同样地盛行吗？或者说，在众行业之中 *CEO* 的平均工资有显著差异吗？下表摘自《董事长》(Chief Executive, *Sept.* 1999)，它列举了从四个不同的行业中各自随机选取的五个 *CEO* 的总工资(千美元)。

练习 11.67 的数据 **CEOPAY. DAT**

行业	CEO 工资(千美元)				
汽车业	4345	5359	7848	4299	844
制药业	4858	13368	12603	4900	21116
通讯业	4833	9930	18134	22441	8109
公用事业	943	1755	3214	1414	1575

a. 确定 *CEO* 平均工资关于企业类型的回归模型。

b. 解释模型中的所有系数。

c. 对 a 部分的模型求出最小二乘预测方程。

d. 对这一模型进行总体 F 检验，并得出适当的结论。

e. 求出通信企业 *CEO* 的平均工资的一个点估计。

f. 求出制药企业和公用事业企业 *CEO* 的平均工资之差的 95%置信区间，并联系些问题的背景解释这一置信区间。

11.68《新科学家》(*New Scientist*, Apr. 3, 1993)上发表的一篇文章对挫败暗杀政治家企图的策略进行了研究。这些策略是基于米德尔赛克斯大学(Middlesex University)研究者的发现，他们运用一个多元回归模型来预测暗杀风险的水平 y。模型中所运用的其中一个变量是一个国家的政治状况(共产主义、民主主义或独裁政治)。

a. 提出 $E(y)$ 作为政治状况的一个函数的模型。

b. 解释 a 部分模型中的 β。

11.69 为了评估有机物的丰富性对蚊子幼虫的影响，进行了一项田地实验(《美国蚊子控制学会杂志》，*Journal of the American Mosquito Control Association*, June 1995)。研究者从一个于三天前放满渠水的池塘中选取了幼虫样品。此外，在将池塘水放满并加入兔屎粒的三星期后又选取了幼虫的第二个样本。所有的样本被送入实验室，并对每个样本中的蚊子幼虫个数进行了清点。

a. 写出一个模型，使你能够对加入肥料后的池塘与天然池塘中的蚊子幼虫的相应平均个数作出比较。

b. 解释 a 部分模型中的 β 系数。

c. 建立原假设和备择假设，用以检验加料后的池塘中的平均幼虫密度是否大于天然池塘中的平均密度。

d. a 部分模型的总体 F 检验的 p 值为0.004，请解释这一结果。

11.70 为了确定哪种豌豆适于生产，一个大型农业综合合作社最近对五种不同的豌豆(A, B, C, D 和 E)进行了检测。他们将一块田地划分成 20 小块，并将每种豌豆种在四块土地上，每块田地的产出量(蒲式耳)见右表。

练习 11.70 的数据 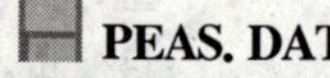 **PEAS. DAT**

A	B	C	D	E
20.2	29.2	29.1	21.3	20.1
24.3	28.1	30.8	22.4	19.3
21.8	27.3	33.9	24.3	19.9
28.1	31.2	32.8	21.8	22.1

运用 SAS 对这些数据拟合模型

$$y=\beta_0+\beta_1x_1+\beta_2x_2+\beta_3x_3+\beta_4x_4+\varepsilon$$

对品种 A 取值为 $x_1=1$，品种 B 取值为 $x_2=1$，品种 C 取值为 $x_3=1$，品种 D 取值为 $x_4=1$，得到的输出结果如下：

练习 11.70 的 SAS 输出结果

Dep Varibale: Y

Analysis of Variance

Source	DF	Sum of Squares	Mean Square	F Value	Prob>F
Model	4	342.0400	85.51000	23.966	0.0001
Error	15	53.52000	3.56800		
C Total	19	395.56000			

Root MSE	1.88892	R－Square	0.8647
Dep Mean	25.70000	Adj R－Sq	0.8286
C. V.	7.34986		

Parameter Estimates

Variable	DF	Parameter Estimate	Standard Error	T for H0: Parameter=0	Prob>|T|
INTERCEP	1	20.350000	0.94445752	21.547	0.0001
X1	1	4.750000	1.33566463	3.556	0.0029
X2	1	8.600000	1.33566463	6.439	0.0001
X3	1	11.300000	1.33566463	8.460	0.0001
X4	1	2.100000	1.33566463	1.572	0.1367

a. 写出平均产出关于豌豆品种的模型，并解释模型中的所有参数。

b. 根据 *SAS* 输出结果给出最小二乘方程。

c. 这一模型的总体 F 检验所要检验的原假设和备择假设是什么？根据 β 参数和 5 个豌豆品种的平均产出解释这些假设。

d. 运用 $\alpha=0.05$ 对 c 部分的假设进行检验。

e. 对品种 D 和 E 的平均产出之差建立一个 95% 的置信区间。

11.71 一个商用机器销售公司的销售主管欲建立一个模型，使每一个销售员的平均月销售额（千美元）$E(y)$ 作为正在实行的销售激励计划类型的一个函数。这个激励计划包括：只有佣金、直接工资，或对每一笔售出实行工资加佣金。主管提出了以下模型：

$$E(y)=\beta_0+\beta_1x_1+\beta_2x_2$$

这里，

$$x_1=\begin{cases}1 & \text{如果销售人员得到的是直接工资}\\0 & \text{如果不是}\end{cases}$$

$$x_2=\begin{cases}1 & \text{如果销售人员得到的是工资加佣金}\\0 & \text{如果不是}\end{cases}$$

从 15 名销售员的一个样本中搜集到了销售额数据（从每个激励计划中选取 5 名销售员），对其运用 MINITAB 拟合这一模型所得到的输出结果如下：

练习 11.71 的 MINITAB 输出结果

The regression equation is

Y=20.0－8.60 X1+3.80 X2

Predictor	Coef	StDev	t－ratio	p
Constant	20.00	2.898	6.90	0.000
X1	－8.60	4.100	－2.10	0.055
X2	3.80	4.100	0.93	0.386

s=6.481　　R－Sq=44.5%　　R－Sq(adj)=35.2%

Analysis of Variance

SOURCE	DF	SS	MS	F	P
Rrgression	2	403.6	201.80	4.80	0.033
Error	12	504.0	42.00		
Total	14	907.6			

a. 有充足的理由推断在这三个激励计划中的平均月销售额之间存在差异吗？运用 $\alpha=0.05$ 进行检验。

b. 运用最小二乘预测方程对直接工资制度下的销售员平均销售额进行估计。

c. 运用最小二乘预测方程对仅有佣金制度下的销售员平均销售额进行估计。

[注意:对于b和c部分的估计,我们很愿意运用置信区间,但对于它们的计算不在本教材的范围之内,这一方法可以在书末的参考书目中找到。]

11.72 在20世纪早期和中期的美国,由于很多大公司废除了它们的管理等级制度,许多被解雇的中层管理人员对"公司生活"不再报以希望,开始经营他们自己的公司或购买特许经营权。与人才迁移伴随的现象是美国的大多数新工作是由小企业创造的,这使得创业者主义在20世纪90年代倍受瞩目。下表中所列出的企业都名列于发展最快的特许权企业之中。

练习11.72的数据

FRANCHIS. DAT

特许权	类型	新特许权的数量(1994—1995)
Blimpie	食品	330
Tower Cleaning	清洁	55
CleanNet USA	清洁	430
KFC	食品	169
Comprehensive Business Services	会计/咨询	58
Jani—King	清洁	451
Coverall Cleaning Concepts	清洁	435
McDonald's	食品	744
Applebee's	食品	124
Padgett Business Services	会计/咨询	47
Super 8 Motels	旅馆	181
General Business Services	会计/咨询	44
LedgerPlus	会计/咨询	79
Sonic Drive In	食品	73
Pizza Inn	食品	39
Holiday Inn Worldwide	旅馆	150
Choice Hotels Int'l	旅馆	93
Merry Maids	清洁	102
Checkers Drive—In	食品	45

a. 提出一个模型,使你能够比较四类特许权(食品、清洁、会计/咨询、旅馆)的新经销权的平均数量。

b. 不借助计算机,求出模型中β的估计值。

c. 运用统计软件包对数据拟合a部分的模型,并解释其回归结果。并且明确说明,对于四种特许权类型而言,在特许权的平均数量上存在差异吗?

11.10 建模:兼有定量和定性变量的模型(选学)

假如你想要在一个公司的平均月销售额$E(y)$与花费在三种不同广告媒体(比如报纸、广播和电视)上的月度广告费用x之间建立关系,并且你想运用三个一阶(直线)模型分别对这三种媒体的响应变量建立模型。这三个关系可能会像图11.22中所示的那样。

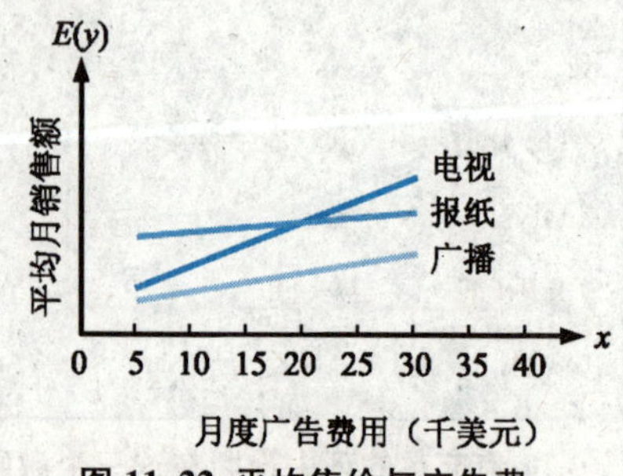

图11.22 平均售价与广告费用x之间的关系图

由于图11.22中的直线是假设的,便产生了许多实际的问题。某种广告媒体与其他任何一种媒体是一样有效的吗?换言之,对于这三种广告媒体而言,三条平均销售直线是不同的吗?投入到广告中的每一美元所增加的平均销售额对

于这三种广告媒体是有差异的吗？即，这三条直线的斜率有差异吗？注意到对于这两个实际问题我们已经改变了说法，换成了有关确定图 11.22 中三条直线的参数的问题。为了对它们做出回答，我们必须要写出一个能够描述图 11.22 中三条直线的特征的模型，并通过检验有关这三条直线的假设来回答这些问题。

前面描述的响应变量(月销售额)是两个自变量的函数：一个是定量自变量(广告费用 x_1)，一个是定性自变量(媒体的类型)。我们将分阶段地建立 $E(y)$关于这些变量的模型，并在每一阶段用图给出模型的解释，这会有助于理解模型中不同的项所起的作用。

1. 平均销售额 $E(y)$与广告费用之间的直线关系对于所有三种媒体是相同的——也就是说，一条直线将描述所有媒体的 $E(y)$与广告费用 x_1 之间的关系见图 11.23。

$E(y)=\beta_0+\beta_1 x$　　这里 x_1＝广告费用

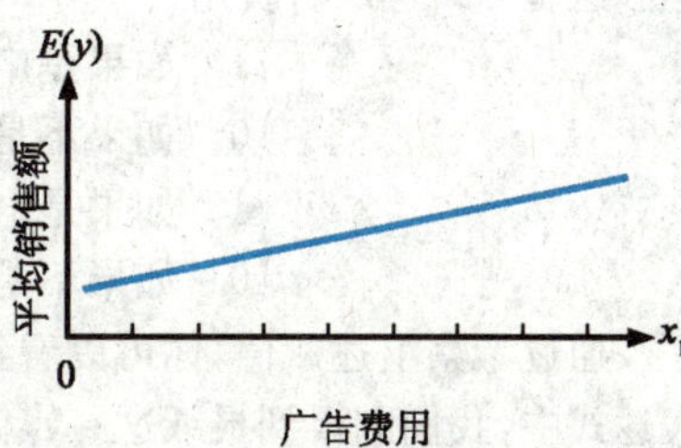

图 11.23　$E(y)$与 x_1 之间的关系对于所有媒体都是相同的

2. 平均销售 $E(y)$额关于广告费用 x_1 的直线对于不同的媒体是不同的，但是每增加一美元广告费用 x_1 所对应的平均销售额增长率对于所有媒体却是相同的——也就是说，直线是平行的，但有着不同的 y 截距(见图 11.24)。

$$E(y)=\beta_0+\beta_1 x_1+\beta_2 x_2+\beta_3 x_3$$

这里

x_1＝广告费用

$$x_2=\begin{cases}1 & \text{如果是广播媒体}\\0 & \text{如果不是}\end{cases}$$

$$x_3=\begin{cases}1 & \text{如果是电视媒体}\\0 & \text{如果不是}\end{cases}$$

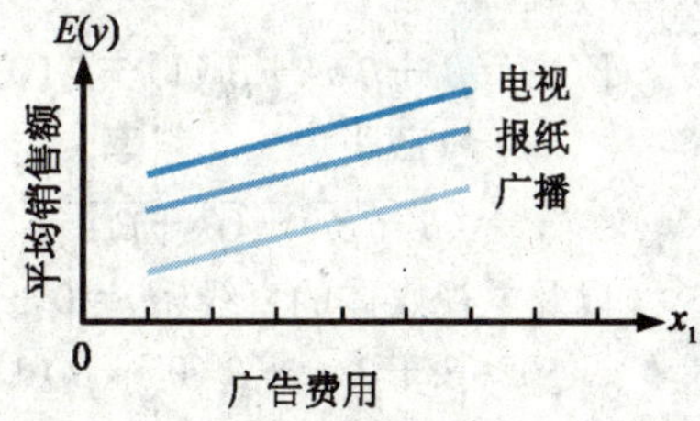

图 11.24　三种媒体的平行响应直线

注意到这个模型本质上是一个具有单个定量变量的一阶模型和一个具有单个定性变量的模型的组合：

具有单个定量变量的一阶模型为：$E(y)=\beta_0+\beta_1 x_1$

具有三个水平的单个定性变量的模型为：$E(y)=\beta_0+\beta_2 x_2+\beta_3 x_3$

其中 x_1，x_2 和 x_3 与刚才所定义的一致。这里描述的模型表示：在广告费用 x_1 和定性变量(广告媒体的类型)这两个自变量之间没有交互作用。x_1 每增加 1 单位时 $E(y)$的变化对于所有这三种广告媒体是相同的(直线的斜率是相同的)。对应于每个自变量的项称为**主效应项**(main effect terms)，因为它们表示没有交互作用。

3. 对于这三种广告媒体而言，平均销售额 $E(y)$关于广告费用 x_1 的直线是不同的——也就是说，直线的截距和斜率都是不同的(见图 11.25)。

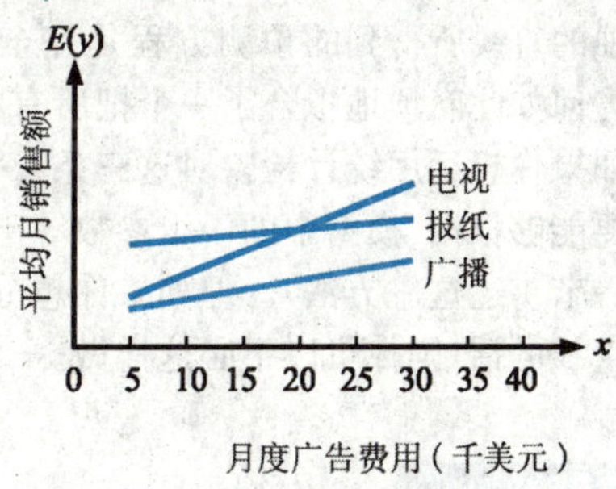

图 11.25　三种媒体的不同响应直线

正如你将会看到的，交互效应模型是通过加入自变量两两之间的叉积项而得到的：

$$E(y)=\beta_0+\overbrace{\beta_1 x_1}^{\text{主效应 广告费用}}+\overbrace{\beta_2 x_2+\beta_3 x_3}^{\text{主效应 媒体类型}}+\overbrace{\beta_4 x_1 x_2+\beta_5 x_1 x_3}^{\text{交互 效应}}$$

注意到，前面的每一个模型是通过对模型 1 加入几个项而得到的，这里模型 1 是对所有三种媒体的响应所建立的一个一阶模型；模型 2 是通过加入“媒体类型”这个定性变量的主效应项而得到的；模型 3 是通过对模型 2 加入交互项而得到的。

例 11.9

为了得到图 11.25 中三条响应直线的方程，把虚拟变量的适当值代入模型 3。

解答

描述了图 11.25 中的三条直线的完全模型为

$$E(y)=\beta_0+\beta_1x_1+\beta_2x_2+\beta_3x_3+\beta_4x_1x_2+\beta_5x_1x_3$$

这里　x_1 = 广告费用

$$x_2=\begin{cases}1 & \text{如果是广播媒体}\\ 0 & \text{如果不是}\end{cases}$$

$$x_3=\begin{cases}1 & \text{如果是电视媒体}\\ 0 & \text{如果不是}\end{cases}$$

通过考察上述赋值，你可以看到当广告媒体是报纸时，有 $x_2=x_3=0$。把这些值代入 $E(y)$ 的表达式中，我们则得到报纸这一媒体的直线：

$$E(y)=\beta_0+\beta_1x_1+\beta_2(0)+\beta_3(0)+\beta_4x_1(0)+\beta_5x_1(0)=\beta_0+\beta_1x_1$$

同样地，我们把 x_2 和 x_3 的适当值代入到 $E(y)$ 的表达式中，便得到广播媒体的直线（$x_2=1$，$x_3=0$）：

$$E(y)=\beta_0+\beta_1x_1+\beta_2(1)+\beta_3(0)+\beta_4x_1(1)+\beta_5x_1(0)$$

$$=\overbrace{(\beta_0+\beta_2)}^{y\text{截距}}+\overbrace{(\beta_1+\beta_4)}^{\text{斜率}}x_1$$

以及电视媒体的直线（$x_2=0, x_3=1$）：

$$E(y)=\beta_0+\beta_1x_1+\beta_2(0)+\beta_3(1)+\beta_4x_1(0)+\beta_5x_1(1)$$

$$=\overbrace{(\beta_0+\beta_3)}^{y\text{截距}}+\overbrace{(\beta_1+\beta_5)}^{\text{斜率}}x_1$$

如果你拟合了一般的方程（模型 3），并得到 $\beta_0, \beta_1, \beta_2\cdots, \beta_5$ 的估计值，将其代入由例 11.9 所得到的这三条媒体直线的方程中，则你所得到的预测方程与你对这三组媒体数据分别拟合三条单独的直线所得到的预测方程是完全相同的。你可能会问，为什么我们不分别拟合这三条直线？为何如此麻烦地拟合了一个把所有的三条直线都合并到同一个方程中的模型（模型 3）？答案是，如果你想运用统计检验对这三条媒体直线进行比较的话，则你便需要运用这样的方法。我们需要能够根据"模型中的一组参数等于 0"的假设，来表述出有关这些直线的实际问题（我们将在下一节讲述这一方法）。但如果你想分别进行三个单独的回归分析并对每一组媒体数据拟合一条直线的话，则你可以不必这样做。

例 11.10

为了研究两个制造厂工人生产率与工资激励措施之间的关系，一个工业心理学家进行了一个实验。其中的一个工厂有工会代表，而另一个则没有。每个工人的生产率 y 是通过记录一个工人在每周工作 40 小时的 4 周时间内可以生产的机器铸件数来度量的。奖励是支付给每个工人在这 4 周时间内生产的超过 1000 的所有铸件数的奖金额 x_1（每一铸件用美分计量）。心理学家从每个工厂选取了 9 个工人，并且指定每组的这 9 个人中有 3 人每一铸件得到 20 美分，有 3 人得到 20 美分，有 3 人得到 40 美分。18 个工人的生产率数据以及每个工厂的类型与奖励的 3 种组合见表 11.6 中。

表 11.6　例 11.10 的生产率数据

工厂的类型	奖励 20 美分/铸件			奖励 30 美分/铸件			奖励 40 美分/铸件		
有工会	1435	1512	1491	1583	1529	1610	1601	1574	1636
无工会	1575	1512	1488	1635	1589	1661	1645	1616	1689

a. 写出一个平均生产率 $E(y)$ 的模型，假定 $E(y)$ 和奖励 x_1 之间的关系是一阶的。

b. 拟合并画出有工会工厂和无工会工厂的预测方程。

c. 数据是否提供了充足的理由表明有工会工厂和无工会工厂的工人生产增长率是不同的？在 $\alpha=0.10$ 的水平下进行检验。

解答

a. 如果我们假定一个一阶模型①适当地反映出平均生产率的变化是奖励 x_1 的一个函数，则这个模型产生了两条直线（每个工厂对应一条直线），此模型为

$$E(y)=\beta_0+\beta_1x_1+\beta_2x_2+\beta_3x_1x_2$$

这里 $x_1=$奖励　$x_2=\begin{cases}1 & \text{如果是无工会工厂}\\0 & \text{如果是有工会工厂}\end{cases}$

b. 这个回归分析的 *MINITAB* 输出结果见图 11.26。从输出结果中得到了参数估计值，则有：

$\hat{y}=1365.33+6.217x_1+47.778x_2+0.033x_1x_2$

图 11.26　例 11.10 完全模型的 MINITAB 输出结果

```
The regression equation is
Y=1365+6.22 X1+47.8 X2+0.03X1X2

Predictor        Coef       StDev      t-ratio      p
Constant     1365.833      51.836       26.35   0.000
X1              6.217       1.667        3.73   0.002
X2             47.778      73.308        0.65   0.525
X1X2           0.0333       2.358        0.01   0.989

s=40.839     R-sq=71.1%        R-sq(adj)=64.8%

Analysis of Variance

SOURCE       DF        SS          MS          F        P
Rrgression    3    57332.38    19110.80    11.46    0.001
Error        14    23349.23     1667.80
Total        17    80681.61
```

通过把 $x_2=0$（见编码）代入这个一般预测方程，则可以得到有工会工厂的预测方程为：

$$\begin{aligned}\hat{y}&=\hat{\beta}_0+\hat{\beta}_1x_1+\hat{\beta}_2(0)+\hat{\beta}_3x_1(0)=\hat{\beta}_0+\hat{\beta}_1x_1\\&=1365.833+6.217x_1\end{aligned}$$

同样地，通过把 $x_2=1$ 代入一般预测方程，则可得到无工会工厂的预测方程为：

$$\begin{aligned}\hat{y}&=\hat{\beta}_0+\hat{\beta}_1x_1+\hat{\beta}_2x_2+\hat{\beta}_3x_1x_2\\&=\hat{\beta}_0+\hat{\beta}_1x_1+\hat{\beta}_2(1)+\hat{\beta}_3x_1(1)\\&=\overbrace{(\hat{\beta}_0+\hat{\beta}_2)}^{y\text{截距}}+\overbrace{(\hat{\beta}_1+\hat{\beta}_3)}^{\text{斜率}}x_1\end{aligned}$$

① 尽管模型中含有一个 x_1x_2 项，但它是定量变量 x_1 的一阶项（它的图画为一条直线）。这里变量 x_2 是一个引入或剔除了模型中一些项的虚拟变量，而一个模型的阶仅仅是由模型中的定量变量来决定的。

$$=(1365.833+47.778)+(6.217+0.033)x_1$$
$$=1413.611+6.250x_1$$

这些预测方程的图显示在图 11.27 中。注意到这两条直线的斜率几乎是相同的(有工会为 6.217,无工会为 6.250)。

c. 如果无工会工厂有奖励的生产增长率(即斜率)与有工会工厂相应的斜率是不同的,则交互效应系数 β(即 β_3)将不等于 0。因而,我们要检验:

$$H_0: \beta_3=0$$
$$H_a: \beta_3 \neq 0$$

这个检验是运用 11.4 节中的 t 检验来进行的。从 MINITAB 的输出结果中看到,检验统计量和相应的 p 值为:

$$t=0.01 \qquad p=0.98$$

由于 $\alpha=0.10$ 小于这一 p 值,则我们不能拒绝 H_0,即有工会和无工会工厂的斜率不同的理由是不充足的。因而,这一检验支持了我们在 b 部分所观察到的两个斜率几乎相同的情形。

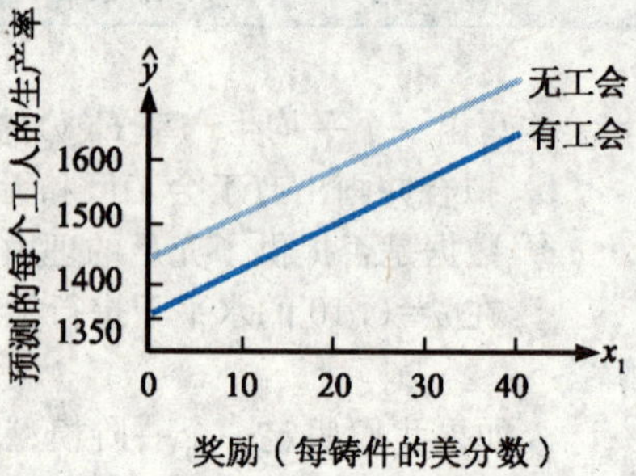

图 11.27　两条生产率直线的预测方程图

兼有定量和定性变量 x 的模型可以纳入高阶项(例如,二阶项)。在一个公司的平均月销售额 $E(y)$ 关于月度广告费用 x_1 和媒体类型的关系这一问题中,现假如我们认为 $E(y)$ 与 x_1 之间的关系是曲线的。我们将逐个阶段地建立模型,以便能够将之与本节开始部分的一阶模型的逐阶段建立方法作一比较。图示法会有助于我们理解模型中各项的作用。

1. 平均销售曲线对于所有三种广告媒体是相同的,也就是说,一条二阶曲线将足以描述所有媒体的 $E(y)$ 与 x_1 之间的关系。

$$E(y)=\beta_0+\beta_1x_1+\beta_2x_1^2$$

这里 x_1 = 广告费用

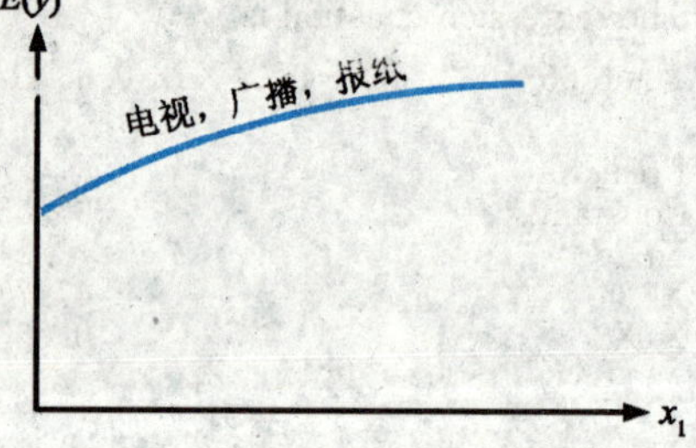

图 11.28　E(y)与 x_1 之间的关系对于所有媒体是相同的

2. 响应曲线拥有相同的形状但不同的 y 截距(见图 11.29):

$$E(y)=\beta_0+\beta_1x_1+\beta_2x_1^2+\beta_3x_2+\beta_4x_3$$

这里 x_1 = 广告费用

$$x_2=\begin{cases}1 & \text{如果是广播媒体}\\ 0 & \text{如果不是}\end{cases}$$

$$x_3=\begin{cases}1 & \text{如果是电视媒体}\\ 0 & \text{如果不是}\end{cases}$$

3. 响应曲线对于这三种广告媒体是不同的(即广告费用和媒体类型是交互的),正如图 11.30 中所示。

$$E(y)=\beta_0+\beta_1x_1+\beta_2x_1^2+\beta_3x_2+\beta_4x_3+\beta_5x_1x_2+\beta_6x_1x_3+\beta_7x_1^2x_2+\beta_8x_1^2x_3$$

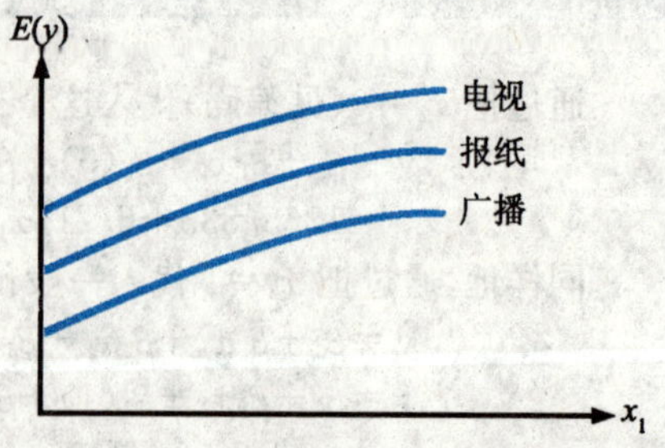

图 11.29　响应曲线有着相同的形状却不同的 y 截距

既然你已知道了怎样写出一个具有两个自变量(一个定性自变量和一个定量自变量)的模型,我们便提出一个问题:为什么要这么做?为什么不对每种媒体写出一个单独的二阶模型,使 $E(y)$ 仅仅是广告费用的一个函数?正如前面所述,其原因之一是,我们运用一个模型来表示所有的三条响应曲线是为了能够进行检验,以便确定这些曲线是否不同。我们将在第 11.11 节举例说明这一方法。第二个原因是,写出单一的模型使我们能够得到随机误差部分 ε 的方差 σ^2 的一个联合估计。如果 ε 的方差对于每种媒体类型的确是相同的,则这个联合估计值比通过对各个媒体分别拟合单独的模型而计算出的三个单独的估计值要好。

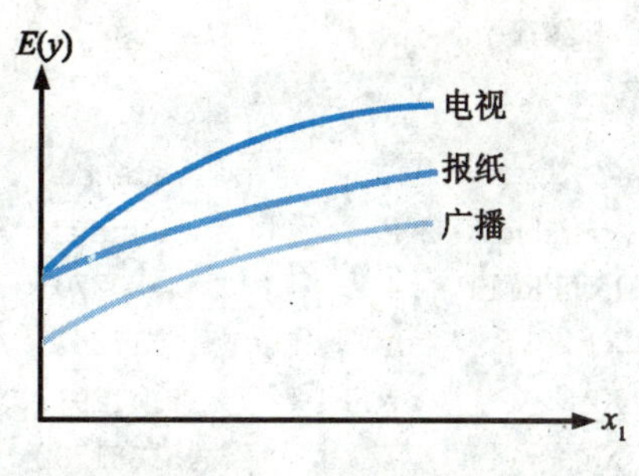

图 11.30　三种媒体的响应曲线不同

练习 11.73～11.84

技能训练

11.73 考虑一个响应 y 的多元回归模型,它具有一个定量自变量 x_1,和一个具有三个水平的定性自变量。

a. 写出平均响应 $E(y)$ 关于定量自变量的一个一阶模型。

b. 对 a 部分的模型加入定性自变量的主效应项。具体说明你所运用的取值方案。

c. 对 b 部分的模型加入定性自变量和定量自变量的交互项。

d. 在什么情况下,c 部分模型的响应直线是平行的?

e. 在什么情况下,c 部分的模型只有一条响应直线?

11.74 参考 11.73。

a. 写出 $E(y)$ 关于定量自变量的一个完全二阶模型。

b. 对 a 部分的模型加入定性自变量的主效应项(在三个水平上)。

c. 对 b 部分的模型加入定性自变量和定量自变量的交互项。

d. 在什么情况下,模型的响应曲线有着相同的形状却不同的截距?

e. 在什么情况下,模型的响应曲线是平行线?

f. 在什么情况下,模型的响应曲线是相同的?

11.75 运用 SAS(见以下的输出结果)对 $n=15$ 个数据点拟合了以下模型:

$$y=\beta_0+\beta_1x_1+\beta_2x_2+\beta_3x_3+\varepsilon$$

这里 x_1 是一个定量自变量,x_2 和 x_3 是描述了具有三个水平的定性自变量的虚拟变量,其取值为:

$$x_2=\begin{cases}1 & \text{如果是水平 2}\\ 0 & \text{如果不是}\end{cases}$$

$$x_3=\begin{cases}1 & \text{如果是水平 3}\\ 0 & \text{如果不是}\end{cases}$$

练习 11.75 的 SAS 输出结果

Dep Varibale:Y

Analysis of Variance

Source	DF	Sum of Squares	Mean Square	F Value	Prob>F
Model	3	4747.70480	1582.56827	46.894	0.0001
Error	11	371.22853	33.74805		
C Total	14	5118.93333			

Root MSE	5.80931	R−Square	0.9275
Dep Mean	99.06667	Adj R−Sq	0.9077
C. V.	5.86404		

续表

Parameter Estimates					
Variable	DF	Parameter Estimate	Standard Error	T for H0: Parameter=0	Prob>|T|
INTERCEP	1	44.802703	8.55817652	5.235	0.0003
X1	1	2.172673	0.50335248	4.316	0.0012
X2	1	9.412913	4.05315974	2.322	0.0404
X3	1	15.631532	6.81368981	2.294	0.0425

a. 当 $x_2=x_3=0$ 时，$E(y)$ 的响应直线（方程）是什么？当 $x_1=1$ 且 $x_3=0$ 呢？当 $x_2=0$ 且 $x_3=1$ 呢？

b. 上述模型的最小二乘预测方程是什么？

c. 与水平 1 有关的最小二乘预测方程是什么？水平 2 的呢？水平 3 的呢？在同一张图上绘出它们。

11.76 运用 MINITAB（见以下的输出结果）对 $n=25$ 个数据点拟合以下模型：

$$y=\beta_0+\beta_1x_1+\beta_2x_1^2+\beta_3x_2+\beta_4x_3+\beta_5x_1x_2+\beta_6x_1x_3+\beta_7x_1^2x_2+\beta_8x_1^2x_3+\varepsilon$$

这里 x_1 是个定量自变量，且

$$x_2=\begin{cases}1 & \text{如果是水平 2}\\0 & \text{如果不是}\end{cases}$$

$$x_3=\begin{cases}1 & \text{如果是水平 3}\\0 & \text{如果不是}\end{cases}$$

练习 11.76 的 MINITAB 输出结果

The regression equation is

Y=48.8−3.36X1+0.075 X1SQ−2.36X2−7.60X3+3.71X1X2+2.66X1X3−0.018 X1SQX2−0.037X1SQX3

Predictor	coef	Stdev	t−ratio	P
Constant	48.784	4.186	11.65	0.000
X1	−3.362	0.471	−7.14	0.000
X1SQ	0.075	0.011	6.89	0.000
X2	−2.364	6.922	−0.34	0.779
X3	−7.595	6.102	−1.24	0.226
X1X2	3.714	0.830	4.48	0.001
X1X3	2.659	0.647	4.11	0.002
X1SQX2	−0.018	0.022	−0.84	0.455
X2SQX3	−0.037	0.015	−2.56	0.022

s=3.190　　R−sq=98.9%　　R−sq(adj)=98.4%

Analysis of Variance

SOURCE	DF	SS	MS	F	P
Regression	8	15256.9	1907.1	186.97	0.000
Error	16	162.91	10.2		
Total	24	15419.8			

a. 完全模型的一般最小二乘预测方程是什么？

b. 当 $x_2=0$ 且 $x_3=0$ 时，$E(y)$ 的响应曲线的方程是什么？当 $x_2=1$ 且 $x_3=0$ 呢？当 $x_2=0$ 且 $x_3=1$ 呢？

c. 在同一张图上，绘出与水平 1、水平 2 和水平 3 有关的最小二乘预测方程。

11.77 写出一个 $E(y)$ 关于两个自变量（一个定量自变量和一个四水平的定性自变量）的模型。建立一个响应曲线为二阶但不考虑两个自变量之间的交互作用的模型。

概念应用

11.78 我们将练习 11.11 中《应用生态学杂志》研究小雪鹅喂养习惯的数据又复制如下：

练习 11.78 的数据　　SNOWGEES.DAT

喂养试验	实物	体重变化(%)	消化效率(%)	酸性净化纤维
1	植物	−6	0	28.5
2	植物	−5	2.5	27.5
3	植物	−4.5	5	27.5
4	植物	0	0	32.5
5	植物	2	0	32
6	植物	3.5	1	30
7	植物	−2	2.5	34
8	植物	−2.5	10	36.5
9	植物	−3.5	20	28.5
10	植物	−2.5	12.5	29
11	植物	−3	28	28
12	植物	−8.5	30	28
13	植物	−3.5	18	30
14	植物	−3	15	31
15	植物	−2.5	17.5	30
16	植物	−0.5	18	22
17	植物	0	23	22.5
18	植物	1	20	24
19	植物	2	15	23
20	植物	6	31	21
21	植物	2	15	24
22	植物	2	21	23
23	植物	2.5	30	22.5
24	植物	2.5	33	23
25	植物	0	27.5	30.5
26	植物	0.5	29	31
27	植物	−1	32.5	30
28	植物	−3	42	24
29	植物	−2.5	39	25
30	植物	−2	35.5	25
31	植物	0.5	39	20
32	植物	5.5	39	18.5
33	植物	7.5	50	15
34	鸭食	0	62.5	8
35	鸭食	0	63	8
36	鸭食	2	69	7
37	鸭食	8	42.5	7.5
38	鸭食	9	59	8.5
39	鸭食	12	52.5	8
40	鸭食	8.5	75	6
41	鸭食	10.5	72.5	6.5
42	鸭食	14	69	7

a. 写出幼鹅体重变化(y)关于消化效率(x_1)和食物(植物或鸭食)的一阶模型，其中对不同的食物考虑不同的斜率。

b. 对数据拟合 a 部分的模型，并给出最小二乘预测方程。

c. 对于吃植物食物的小雪鹅求出其直线的估计斜率，并解释这个值。

d. 对于吃鸭食的小雪鹅求出其直线的估计斜率，并解释这个值。

e. 为了确定与这两种食物有关的斜率是否显著地不同，运用 $\alpha=0.05$ 进行一个检验。

11.79 有人研究了吸烟对正常体重和肥胖吸烟者的静止能量消耗(REE)的影响(*Health Psychology*，Mar. 1995)。研究者假设吸烟者的 REE 与吸烟史的时长之间的关系对于正常体重和肥胖吸烟者是不同的。因而，交互效应模型设定为：

$E(y)=\beta_0+\beta_1x_1+\beta_2x_2+\beta_3x_1x_2$

这里 $y=REE$，按每天的千卡路里进行测定

$x_1=$时间，吸烟后读取代谢能量时的分钟数（水平＝10、20 和 30 分钟）

$x_2=\begin{cases}1 & 如果是正常体重 3 \\ 0 & 如果肥胖\end{cases}$

a. 给出肥胖吸烟者的平均 REE 关于吸烟史时长的假设直线方程。直线的斜率是什么？

b. 对正常体重的吸烟者，重复 a 部分。

c. 对于交互效应的检验，其观察到的显著性水平为 0.044，解释这一值。

11.80 尽管防止过度遭受太阳辐射的"防晒"产品大量地充斥着市场，但许多人并不进行"防晒"或没有认识到这些产品的有效性。亚利桑那州大学(University of Arizona)的一群研究者对学前儿童(4－5 岁)的防晒教育的可行性进行了研究(*American Journal of Public Health*, July 1995)。由 122 名学前儿童组成的一个样本被分为两组—对照组和干预组。干预组的孩子在幼儿园接受防晒课程，而对照组则没有。所有的孩子在两个时点上就他们对防晒的认识、理解和应用方面接受了测验：防晒课程之前(前测验，x_1)和上课后的七周(后测验，y)。

a. 写出一个一阶模型，使后测验平均分数 $E(y)$ 作为前测验分数 x_1 和小组的一个函数。假定在前测验分数 x_1 和小组之间没有交互作用。

b. 对于 a 部分的模型，说明后测验分数关于前测验分数的直线斜率对于这两组孩子是相同的。

c. 重复 a 部分，但是假定前测验分数和小组是交互的。

d. 对于 c 部分的模型，说明后测验分数关于前测验分数的直线斜率对于这两组孩子是不同的。

11.81 全国房地产经纪人协会拥有美国售房资料的数据库。表中列出了由 1998 年售出的 28 套单身家庭住房组成的一个样本的销售价格。表中也列出了房屋在国家中的所属地区以及在这一房屋售出的当月这一地区所售出的房屋总数。

练习 11.81 的数据 NAR. DAT

房屋价格	地区	销售额
$ 168200	东北	55156
185900	东北	61025
142888	东北	48991
150990	东北	55156
295300	东北	60324
128999	东北	51446
190885	西北	61025
133200	西北	94166
115225	西北	92063
110633	西北	89485
123900	西北	91772
191000	西北	99025
138950	西北	94166
142880	西北	95688
143000	南	155666
161980	南	160000
129500	南	153540
135650	南	148668
200900	南	163210
140990	南	141822
192790	南	163611
208900	西	109083
152420	西	101111
315900	西	116983
169900	西	108773
178250	西	105106
185300	西	107839
219800	西	109026

a. 提出关于一套单身家庭住房售价的一个完全二阶模型，使它作为地区和销售量的函数。

b. 给出在西部售出房屋的销售价格关于销售量的曲线方程。

c. 对在西北部售出的房屋重复 b 部分。

d. 在 a 部分模型中，哪些 β 考虑了四个地区平均销售价格之间的差异？

e. 运用一个可利用的统计软件包对数据拟合 a 部分的模型。这一模型对于预测销售价格在统计上是有效的吗？运用 $\alpha=0.01$ 进行检验。

11.82 位于长滩(Long Beach)的加利福尼亚大学的研究者 E. L. Hansen 运用多元回归分析研究了创业者网络与新公司发展之间的联系

(*Entrepreneurship Theory and Practice*, Summer1995)。因变量为最初的新公司发展(y),它被定义为公司开业的第一年末的每月工资总额。模型中所考虑的一个自变量(发现它在统计上是显著的)是创业者作用集的容量,它被定义为在企业家的社会网络中直接或间接地涉及到创建这一个新公司的人数。研究中所考虑的第二个自变量是表示新公司科技水平的虚拟变量,这里

$$x_2=\begin{cases}1 & \text{如果是高科技公司}\\ 0 & \text{如果是低科技公司}\end{cases}$$

a. 写出一个新公司发展(y)的一阶模型,使其作为创业者作用集的容量(x_1)和科技水平(x_2)的函数。假定作用集的容量对新公司发展的影响独立于科技水平。

b. 根据 a 部分模型中的 β,给出高科技公司的新公司发展 y 关于作用集的容量 x_1 的直线斜率。

c. 重复 a 部分,但是假定容量为 x_1 的新公司发展 y 的变化率依赖于科技水平 x_2。

d. 根据 c 部分模型中的 β,给出有关高科技公司的新公司发展 y 关于作用集的容量 x_1 的直线斜率。

11.83《投资组合管理杂志》(*Journal of Portfolio Management*, Spring 1996)对国家信用等级和国家股票市场波动性之间的关系进行了研究。研究者指出这一波动性可以由两个因素解释:国家信用等级以及所讨论的国家是否有发达的或新兴的市场。下表中的一个样本给出了 30 个不同国家的波动性(由股票收益的标准差测度)、信用等级(在百分比上测度)和市场类型(发达的或新兴的)的数据。

VOLATILE. DAT

国家(或地区)	波动性(收益的标准差), y	信用等级, x_1	发达(D)或新兴(E), x_2
阿富汗	55.7	8.3	E
澳大利亚	23.9	71.2	D
中国	27.2	57.0	E
古巴	55.0	8.7	E
德国	20.3	90.0	D
法国	20.6	89.1	D
印度	30.3	46.1	E
比利时	22.3	79.2	D
加拿大	22.1	80.3	D
埃塞俄比亚	47.9	14.1	E

续表

国家(或地区)	波动性(收益的标准差), y	信用等级, x_1	发达(D)或新兴(E), x_2
海地	54.9	8.8	E
日本	20.2	91.6	D
利比亚	36.7	30.0	E
马来西亚	24.3	69.1	E
墨西哥	31.8	41.8	E
新西兰	24.3	69.4	D
尼日利亚	46.2	15.8	E
阿曼	28.6	51.8	D
巴拿马	38.6	26.4	E
西班牙	23.4	73.7	D
苏丹	60.5	6.0	E
台湾	22.2	79.9	D
挪威	21.4	84.6	D
瑞典	23.3	74.1	D
多哥	45.1	17.0	E
乌克兰	46.3	15.7	E
英国	20.8	87.8	D
美国	20.3	90.7	D
越南	36.9	29.5	E
津巴布韦	36.2	31.0	E

a. 写出一个模型,使其所描述的波动性(y)与信用等级(x_1)之间的关系为两条不平行的直线,每一条直线对应一种市场类型。具体说明你所使用的虚拟变量的编码方案。

b. 对样本中所有的发达市场绘出波动性 y 关于信用等级 x_1 的图。在同一张图上,对样本中所有的新兴市场绘出 y 关于信用等级 x_1 的图。由此看来在 a 部分所指定的模型合适吗?

c. 对数据运用统计软件包拟合 a 部分的模型,并给出两种市场各自的最小二乘预测方程。

d. 在数据的一个散点图上绘出 c 部分的两个预测方程。

e. 有充足的理由推断变动率 y 和信用等级 x_1 之间线性关系的斜率依赖于市场类型吗?运用 $\alpha=0.01$ 进行检验。

11.84 某狗食公司的研究者发明了一种新狗食,试图以此与主要品牌竞争。对它进行的一个上市前测试涉及到了这一新狗食与两个竞争品牌在增加体重方面的比较。分别来自不同的窝的 15 只年龄为 8 周的德国牧羊犬,它们被分为三个小组,每组有 5 只小狗,分别给每组

喂三个品牌中的其中一种狗食。

a. 建立一个模型，假定最终体重 y 与初始体重 x 线性相关，但不考虑这三个品牌之间的差异。亦即，假定响应曲线对于狗食的这三种品牌是相同的。画出响应曲线可能呈现的略图。

b. 建立一个模型，假定最终体重 y 与初始体重 x 线性相关，但对于这三个品牌的直线的截距不同。换言之，假定初始体重和品牌都影响着最终体重，但这两个变量不存在交互作用。粗略地画出响应曲线的图。

c. 写出具有交互效应的主效应模型。对于这一模型，假定最终体重 y 与初始体重线性相关，但直线的斜率和截距都依赖于品牌。画出响应曲线的略图。

11.11 建模：对比嵌套模型（选学）

要想成功地建模，则需要一种统计方法，使我们能够在一组候选模型中（以很高的把握）确定出哪个模型最好地拟合了数据。在本节，我们便讲述这样一种方法——嵌套模型（nested modelo）。

定义 11.3

如果一个模型包括了第二个模型的所有的项，并且至少还有一个额外的项，则这两个模型是嵌套（nested）的。这两个模型中较为复杂的那个模型称为完全模型（complete model）或全模型（fullmodel），较为简单的模型则称为简化模型（reduced model）。

为了说明嵌套模型这一概念，考虑一个直线交互效应模型，将落地大座钟的平均拍卖价格 $E(y)$ 作为钟表年代（x_1）和竞价者数量（x_2）这两个定量变量的一个函数。在例 11.5 中所拟合的交互效应模型为：

$$E(y)=\beta_0+\beta_1x_1+\beta_2x_2+\beta_3x_1x_2$$

如果我们假定拍卖价格（y），年代（x_1）和竞价者（x_2）之间的关系是曲线的，则完全二阶模型更为合适：

$$E(y)=\overbrace{\beta_0+\beta_1x_1+\beta_2x_2+\beta_3x_1x_2}^{\text{在交互模型中的项}}+\overbrace{\beta_4x_1^2+\beta_5x_2^2}^{\text{二次项}}$$

注意到这一曲线模型中包含了 x_1 和 x_2 的二次项，以及在交互效应模型中的项。因此，这两个模型是嵌套模型。在这一例中，交互效应模型被嵌套在更为复杂的曲线模型中。因而，曲线模型是完全模型，交互效应模型则是简化模型。

假如我们想要知道对于 y 的预测，更复杂的曲线模型是否比直线交互效应模型提供了更多的信息。这等价于确定二次项 β_4 和 β_5 是否应该保留在模型中。为了检验这些项是否应当保留，我们检验原假设

H_0：$\beta_4=\beta_5=0$（即二次项对于 y 的预测不重要），

所对应的备择假设为：

H_a：参数 β_4 和 β_5 中至少有一个非零（即，至少其中有一个二次项对于预测 y 是有效的）

注意到被检验的项是那些在完全模型（曲线模型）中没有包括在简化模型（直线交互模型）中的附加的项。

在 11.4 节，我们讲述了对单个 β 系数进行的 t 检验；在 11.5 节中，我们给出了对模型中的所有 β 参数（β_0 除外）进行的总体 F 检验。现在我们需要对完全模型中的 β 参数的一个子集（subset）进行一个检验。这一检验方法是由直觉得到的。首先，我们运用最小二乘法拟合简化模型并计算相应的误差平方和 SSE_R（y 的观测值与预测值之间的偏差平方和）。接着，我们拟合完全模

型并计算它的误差平方和 SSE_C。然后，我们通过计算 SSE_R-SSE_C 之差来对 SSE_R 和 SSE_C 进行比较。如果完全模型中的附加项是显著的，则 SSE_C 应该比 SSE_R 小很多，则 SSE_R-SSE_C 之差会很大。

由于把新的项加入到模型中时 SSE 将总是会减少的，那么，我们的问题便是，SSE_R-SSE_C 之差是否大到足以推断它不只是由于模型中项数的增加以及偶然性而引起的。正规的统计检验是运用 F 统计量，如下框所示。

比较嵌套模型的 F 检验

简化模型：$E(y)=\beta_0+\beta_1x_1+\cdots+\beta_gx_g$

完全模型：$E(y)=\beta_0+\beta_1x_1+\cdots+\beta_gx_g+\beta_{g+1}x_{g+1}+\cdots+\beta_kx_k$

H_0：$\beta_{g+1}=\beta_{g+2}=\cdots=\beta_k=0$

H_a：经检验至少其中一个 β 参数非零

检验统计量：$F=\dfrac{(SSE_R-SSE_C)/(k-g)}{SSE_C/[n-(k+1)]}$

$$=\frac{(SSE_R-SSE_C)/H_0\text{ 中被检验的 }\beta\text{ 个数}}{MSE_C}$$

这里

SSE_R＝简化模型的误差平方和

SSE_C＝完全模型的误差平方和

MSE_C＝完全模型的均方误（s^2）

$k-g$＝在 H_0 中指定的 β 参数的个数（即被检验的 β 参数的个数）

$k+1$＝在完全模型中的 β 参数的个数（包括 β_0）

n＝总的样本容量

拒绝域：$F>F_\alpha$

这里 F 统计量的分子有 $v_1=k-g$ 个自由度，分母有 $v_2=n-(k+1)$ 个自由度。

当 11.3 节中所列举的有关随机误差项的假设被满足时，这个 F 统计量具有一个自由度为 v_1 和 v_2 的 F 分布。注意 v_1 是被检验的 β 参数的个数，v_2 是与完全模型中的 s^2 相联的自由度的个数。

例 11.11

许多公司生产的产品（例如钢、油漆、汽油）至少部分地是化学制造的。在许多情况下，成品的质量是发生化学反应时的温度和压力的一个函数。现假如你想要把产品质量 y 作为生产时的温度 x_1 和压力 x_2 的一个函数来建立模型。四个检查员独立地对每个产品给出一个 0 至 100 之间的质量分数，然后通过对这 4 个分数取均值来计算其质量 y。一个实验是通过将温度在 80℉～100℉之间变换以及压力在每平方英尺 50～60 磅（psi）之间变换而进行的，所得到的数据给在了表 11.7 中。

表 11.7 温度(x_1),压力(x_2)和成品的质量(y)

x_1(℉)	x_2(psi)	y	x_1(℉)	x_2(psi)	y	x_1(℉)	x_2(psi)	y
80	50	50.8	90	50	63.4	100	50	46.6
80	50	50.7	90	50	61.6	100	50	49.1
80	50	49.4	90	50	63.4	100	50	46.4
80	55	93.7	90	55	93.8	100	55	69.8
80	55	90.9	90	55	92.1	100	55	72.5
80	55	90.9	90	55	97.4	100	55	73.2
80	60	74.5	90	60	70.9	100	60	38.7
80	60	73.0	90	60	68.8	100	60	42.5
80	60	71.2	90	60	71.3	100	60	41.4

a. 对数据拟合一个完全二阶模型。

b. 在三维空间中画出所拟合模型的草图。

c. 数据是否提供了充分的理由表明二阶项 β_3、β_4 和 β_5 对于 y 的预测提供了信息?

解答

a. 完全二阶模型是

$$E(y)=\beta_0+\beta_1x_1+\beta_2x_2+\beta_3x_1x_2+\beta_4x_1^2+\beta_5x_2^2$$

用表 11.7 中的数据拟合这一模型,得到的一部分 *SAS* 输出结果见图 11.31。

则最小二乘预测方程为

$$\hat{y}=-5127.90+31.10x_1+139.75x_2-0.146x_1x_2-0.133x_1^2-1.14x_2^2$$

b. 这个预测模型的一个三维图称为响应曲面(response surface),见图 11.32 中。注意到在大约 85℉~90℉的温度和每平方英尺 55~57 磅的压力下,其质量似乎是最好的。① 在这些范围内的进一步实验可以得到最佳温度—压力组合的更为精确的测定。

图 11.31 例 11.11 的 SAS 输出结果

```
Dependent Varibale: Y

                              Analysis of Variance

                              Sum of              Mean
Source          DF           Squares            Square       F Value       Prob>F

Model            5        8402.26454        1680.45291       596.324       0.0001
Error           21          59.17843           2.81802
C Total         26        8461.44296

             Root MSE          1.67870          R-Square       0.9930
             Dep Mean         66.96296          Adj R-Sq       0.9913
             C.V.              2.50690

                              Parameter Estimates

                       Parameter            Standard        T for H0:
Variable    DF          Estimate               Error      Parameter=0       Prob>|T|
INTERCEP     1      -5127.899074        110.29601493          -46.492         0.0001
```

① 具有微积分知识的同学应该注意到,我们可以通过对最小二乘模型中的 x_1 和 x_2 求解 $\partial\hat{y}/\partial x_1=0$ 和 $\partial\hat{y}/\partial x_2=0$,来解出使质量最佳化的精确温度和压力。这些估计出的最佳样本估计值是 $x_1=86.25$℉,$x_2=55.58$psi

Variable	DF	Parameter Estimate	Standard Error	T for H0 Parameter=0	Prob>|T|
X1	1	31.096389	1.34441322	23.130	0.0001
X2	1	139.747222	3.14005412	44.505	0.0001
X1X2	1	−0.145500	0.00969196	−15.012	0.0001
X1SQ	1	−0.133389	0.00685325	−19.464	0.0001
X2SQ	1	−1.144222	0.02741299	−41.740	0.0001

c. 为了确定数据是否提供了充足的理由表明二阶项对于 y 的预测提供了信息，我们要检验

H_0：$\beta_3=\beta_4=\beta_5=0$

所对应的备择假设为

H_a：参数 β_3，β_4 和 β_5 中至少有一个不等于零

进行这个检验的第一步是从完全(二阶)模型中去掉二阶项并对数据拟合简化模型

$$E(y)=\beta_0+\beta_1 x_1+\beta_2 x_2$$

这一模型的 SAS 输出结果见图 11.33 中。

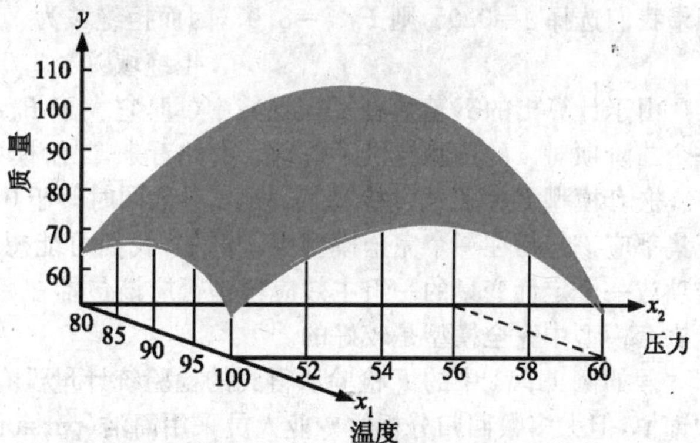

图 11.32 例 11.11 的二阶最小二乘模型图

图 11.33 例 11.11 简化(一阶)模型的 SAS 输出结果

Eependent Varibale：Y

Analysis of Variance

Source	DF	Sum of Squares	Mean Square	F Value	Prob>F
Model	2	1789.93444	894.96722	3.22	0.0577
Error	24	6671.50852	277.97952		
C Total	26	8461.44296			

Root MSE	16.67272	R−Square	0.2115
Dep Mean	66.96296	Adj R−Sq	0.1458
C. V.	24.89840		

Parameter Estimates

Variable	DF	Parameter Estimate	Standard Error	T for H0: Parameter=0	Prob>|T|
INTERCEP	1	106.085185	55.94500427	1.90	0.0700
X1	1	−0.916111	0.39297973	−2.33	0.0285
X2	1	0.787778	0.78595946	1.00	0.3262

你可以看到完全模型和简化模型的误差平方和分别给在了图11.31和图11.33中，为

$$SSE_C = 59.17843 \qquad SSE_R = 6671.50852$$

完全模型的 s^2 为

$$s^2 = MSE_C = 2.81802$$

回想 $n=27$，$k=5$ 且 $g=2$。因而，基于 $v_1=(k-g)=3$ 的分子自由度和 $v_2=[n-(k+1)]=21$ 的分母自由度，F 统计量的计算值为

$$F=\frac{(SSE_R-SSE_C)/(k-g)}{SSE_C/[n-(k+1)]}=\frac{(SSE_R-SSE_C)/(k-g)}{MSE_C}$$

这里 $v_1=(k-g)$ 等于 H_0 中所涉及到的参数个数。因而，

$$\text{检验统计量}: F=\frac{(6671.50852-59.17843)/3}{2.81802}=782.1$$

检验的最后一步是将这个计算出的 F 值与对应于 $v_1=3df$ 且 $v_2=21df$ 的表中值相比较。如果我们选择 $\alpha=0.05$，则 $F_{0.05}=3.07$，因而拒绝域为

$$\text{拒绝域}: F>3.07$$

由于计算出的 F 值落在了拒绝域中(即，它大于 $F_{0.05}=3.07$)，则我们拒绝 H_0 并推断至少有一个二阶项对 y 的预测提供了信息。由此看来，二阶模型比一阶模型对 y 提供了更好的预测。

嵌套模型 F 检验通过检验某一组 β 参数同时等于0的原假设，可以确定出是否这些项的任何子集都应该包括在一个完全模型中。例如，我们可能想通过检验来确定定量变量的一组交互效应项或一个定性变量的一组主效应项是否应该包括在一个模型中。如果我们拒绝 H_0，则在这两个嵌套模型中完全模型是较好的。

假如例11.11中的 F 检验所得到的检验统计量没有落在拒绝域中，尽管对于接受 H_0 我们必须谨慎，但大多数回归分析的专业人员采用简洁(parsimony)原则。也就是说，在两个备选的模型从本质上具有相同的预测能力的情况下(如本例)，我们将选择那个 β 的个数较少的模型(即，更简洁的模型)。根据这一原则，我们将在二阶(完全)模型中舍去这3个二阶项，从而选择直线(简化)模型而不是二阶(完全)模型。

定义11.4

一个简洁模型(parsimonious model)是一个有着很少参数的一般线性模型。在两个备选的模型从本质上具有相同预测能力的情况下(通过一个 F 检验来判断)，则选择这两个模型中最简洁的那个模型。

在建模过程中，当候选的模型是嵌套模型时，本节所讲述的 F 检验是用于比较模型的一个合适的方法。然而，如果模型不是嵌套的，则这一 F 检验是不可以运用的。在这种情况下，分析者必须要根据诸如 R_a^2 和 s 等统计量来选择最好的模型。值得牢记的是，根据这些统计量以及模型有效性的其他数量描述性测度所做出的判定，不能用可靠性的测度来支撑，并且这些判定在本质上通常是很主观的。

练习11.85~11.95

技能训练

11.85 确定下面模型中哪几对模型是嵌套模型。对于每一对嵌套模型，指出完全模型和简化模型。

a. $E(y)=\beta_0+\beta_1x_1+\beta_2x_2$

b. $E(y)=\beta_0+\beta_1x_1$

c. $E(y)=\beta_0+\beta_1x_1+\beta_2x_1^2$

d. $E(y)=\beta_0+\beta_1x_1+\beta_2x_2+\beta_3x_1x_2$

e. $E(y)=\beta_0+\beta_1x_1+\beta_2x_2+\beta_3x_1x_2+\beta_4x_1^2+\beta_5x_2^2$

11.86 假若你对 $n=30$ 个数据点拟合回归模型：

$$y=\beta_0+\beta_1x_1+\beta_2x_2+\beta_3x_1x_2+\beta_4x_1^2+\beta_5x_2^2+\varepsilon$$

并欲检验

$$H_0: \beta_3=\beta_4=\beta_5=0$$

a. 给出备择假设 H_a。

b. 给出适于进行这一检验的简化模型。

c. F 统计量的分子自由度和分母自由度是什么？

d. 假若简化模型和完全模型的SSE是 $SSE_R=$

1250.2 和 $SSE_C=1125.2$，运用 $\alpha=0.05$ 进行这个假设检验并解释你的检验。

11.87 运用下页的 MINITAB 输出结果对 $n=20$ 个数据点拟合模型

$y=\beta_0+\beta_1x_1+\beta_2x_2+\beta_3x_3+\beta_4x_4+\varepsilon$

将自变量 x_3 和 x_4 从前面的模型中去掉，并运用 MINITAB 拟合出下页上所示的简化模型。

a. 给出完全模型和简化模型的最小二乘预测方程。

b. 求出 SSE_R 和 SSE_C，并解释每一个值。

c. 在完全模型中有几个 β 参数？在简化模型中呢？

d. 为了研究完全模型对于 y 的预测是否比简化模型提供了更多的信息，确定你所要运用的原假设和备择假设。

e. 运用 $\alpha=0.05$ 进行 d 部分的假设检验。

f. e 部分这个检验的近似 p 值是什么？

练习 11.87 的完全模型的 MINITAB 输出结果

The regression equation is
Y＝14.6－0.611 X1＋0.439 X2－0.080 X3－0.064 X4

Predictor	Coef	StDev	t－ratio	P
Constant	14.575	4.887	2.98	0.010
X1	－0.6113	0.1775	－3.44	0.005
X2	0.4388	0.2199	2.00	0.062
X3	－0.0796	0.1083	－0.74	0.866
X4	－0.0636	0.1247	－0.51	0.921

s＝3.190　　R－Sq＝84.5%　　R－Sq(adj)＝80.3%

Analysis of Variance

SOURCE	DF	SS	MS	F	P
Regression	4	831.09	207.77	20.41	0.002
Error	15	152.66	10.18		
Total	19	983.75			

练习 11.87 的简化模型的 MINITAB 输出结果

The regression equation is
Y＝14.0－0.642 X1＋0.396 X2

Predictor	Coef	Stdev	t－ratio	P
Constant	13.968	4.626	3.02	0.006
X1	－0.6422	0.1675	－3.84	0.001
X2	0.3959	0.2061	1.92	0.072

s＝3.072　　R－sq＝83.7%　　R－sq(adj)＝81.8%

Analysis of Variance

SOURCE	DF	SS	MS	F	P
Regression	2	823.31	411.66	43.61	0.000
Error	17	160.44	9.44		
Total	19	983.75			

11.88 说明为什么用于比较完全模型和简化模型的 F 检验是一个单侧右尾检验。

概念应用

11.89 一个中型汽车保险公司欲建立一个用于预测其投保人每月撞车索赔的回归模型。公司的一名分析者已提出建立中部大西洋州的每月撞车索赔(y)的模型,使其作为 30 岁以下的司机提出的索赔比例(x_1)和当月的日平均气温(x_2)的一个函数。她相信随着 30 岁以下的司机提出的索赔比例的增加,索赔将会增加,这是由于年轻司机通常会比年老司机易卷入更严重的事故。她也相信随着平均每日气温的降低,由于较低的气温伴随着冰冻、危险的驾驶状况,索赔也将会增加。为了建立一个预备模型,她搜集了新泽西州的一个三年期的数据,数据如下所示。

练习 11.89 的表 **NJCLAIMS. DAT**

月份	每月撞车索赔,y(\$)	30 岁以下索赔者的比例 x_1	新泽西州纽华克市在此月中的平均日气温,x_2(℉)
1	116250	50.0	31.5
2	217180	60.8	33.0
3	43436	45.1	45.0
4	159265	56.4	53.9
5	130308	53.3	63.9
6	72393	46.9	74.5
7	174740	57.8	79.4
8	101351	50.6	75.3
9	144787	55.0	68.7
10	28957	35.8	53.7
11	173744	57.9	47.6
12	86872	49.9	38.4
13	108420	51.0	28.7
14	203288	62.9	34.4
15	40658	45.1	43.9
16	149078	55.2	51.1
17	121973	53.7	63.4
18	67763	47.2	73.0
19	163130	56.1	80.5
20	94858	48.3	79.8
21	135525	54.7	68.0
22	27105	45.4	52.6
23	162631	56.5	48.9
24	81315	47.7	35.5
25	114890	51.3	37.0
26	217726	61.6	34.2
27	43084	45.9	42.4

续表

月份	每月撞车索赔,y(\$)	30 岁以下索赔者的比例 x_1	新泽西州纽华克市在此月中的平均日气温,x_2(℉)
28	157973	55.2	52.5
29	129910	53.6	63.2
30	71808	46.9	74.3
31	172005	58.2	77.2
32	103166	51.1	76.3
33	143612	55.4	69.9
34	28722	28.2	59.1
35	175335	57.5	45.0
36	87157	48.2	25.6
37	154886	56.9	40.4
38	290411	66.5	39.8
39	58082	45.9	44.9
40	212966	61.4	53.3
41	174247	57.7	61.1
42	96804	48.9	73.4
43	230329	64.3	77.8
44	136528	53.1	76.6
45	193608	59.8	68.6
46	38722	45.6	62.4
47	212309	63.9	50.0
48	118796	52.3	42.3

a. 运用一个统计软件包拟合完全二阶模型 $E(y)=\beta_0+\beta_1x_1+\beta_2x_2+\beta_3x_1x_2+\beta_4x_1^2+\beta_5x_2^2$

b. 运用 $\alpha=0.05$ 检验假设:$H_0:\beta_4=\beta_5=0$,并结合实际解释其意义。

c. 这个结果支持分析者的判断吗?请解释。(为了回答这一问题你可能需要进行进一步的假设检验。)

11.90 参考练习 10.73。发表在《童帽世界杂志》(*Beanie World Magazine*)的 50 个童帽娃娃收藏品价值的数据又复制如下。假若我们想要运用年限(到 1998 年 9 月为止的月份数)以及童帽是否落伍或正在流行(即,还在生产)来预测一个童帽娃娃的市场价值。

练习 11.90　的数据　　　　BEANIE. DAT

名称	年限(到 1998 年 9 月为止的月份数)	落伍(R)/流行(	价值($)
1. Ally the Alligator	52	R	55.00
2. Batty the Bat	12	C	12.00
3. Bongo the Brown Monkeyc	28	R	40.00
4. Blackie the Bear	52	C	10.00
5. Bucky the Beaver	40	R	45.00
6. Bumble the Bee	28	R	600.00
7. Crunch the Shark	21	C	10.00
8. Congo the Gorilla	28	C	10.00
9. Derby the Coarse Mained Horse	28	R	30.00
10. Digger the red Crab	40	R	150.00
11. Echo the Dolphin	17	R	20.00
12. Fetch the Golden Retriever	5	C	15.00
13. Early the Robin	5	C	20.00
14. Flip the White Cat	28	R	40.00
15. Garcia the Teddy	28	R	200.00
16. Happy the Hippo	52	R	20.00
17. Grunt the Razorback	28	R	175.00
18. Gigi the Poodle	5	C	15.00
19. Goldie the Goldfish	52	R	45.00
20. Iggy the Iguana	10	C	10.00
21. Inch the Inchworm	28	R	20.00
22. Jake the Mallard Duck	5	C	20.00
23. Kiwi the Toucan	40	R	165.00
24. Kuku the Cockatoo	5	C	20.00
25. Mistic the unicorn	11	R	45.00
26. Mel the Koala Bear	21	C	10.00
27. Nanook the Husky	17	C	15.00
28. Nuts the Squirrel	21	C	10.00
29. Peace the Tie Died Teddy	17	C	25.00
30. Patty the Platypus	64	R	800.00
31. Quacker the Duck	40	R	15.00
32. Puffer the Penguin	10	C	15.00
33. Princess the bear	12	C	65.00
34. Scottie the Scottie	28	R	28.00
35. Rover the Dog	28	R	15.00
36. Rex the Tyrannosaurus	40	R	825.00
37. Sly the Fox	28	C	10.00
38. Slither the Snake	52	R	1900.00
39. Skip the Siamese Cat	21	C	10.00
40. Splash the Orca Whale	52	R	150.00
41. Spooky the Ghost	28	R	40.00
42. Snowball the Snowman	12	R	40.00
43. Stinger the Scorpion	5	C	15.00
44. Spot the Dog	52	R	65.00
45. Tank the Armadillo	28	R	85.00
46. Stripes the Tiger(Gold/Black)	40	R	400.00
47. Teddy the 1997 Holiday Bear	12	R	50.00
48. Tuffy the terrier	17	C	10.00
49. Tracker the Basset Hound	5	C	15.00
50. Zip the Black Cat	28	R	40.00

a. 写出市场价值作为年限和流行/落伍状况的函数的一个完全二阶模型。

b. 确定原假设，以检验 a 部分模型中的二次项对于预测市场价值是否重要。

c. 确定原假设，以检验 a 部分模型中的交互项对于预测市场价值是否重要。

d. 运用 *SPSS* 对数据拟合了三个模型，其输出结果如下。运用这一信息对 *b* 和 *c* 部分所确定的原假设进行检验，并解释这一结果。

练习 11.90 的 SPSS 输出结果

Equation Number 1. Dependent Variable.. VALUE

Block Number 1. Method: enter AGE AGESQ RCSTATUS AGESTAT AGESQST

Multiple R	0.49690	Analysis of Variance			
R Square	0.24691		DF	Sum of Squares	Mean Square
Adjusted R Square	0.16133	Regression	5	1186548.56292	237309.71258
Standard Error	286.79237	Residual	44	3618993.93708	82249.86221
		F=2.88523	Signif F=0.0245		

Variables in the Equation

Variable	B	SE B	Beta	T	Sig T
AGE	−0.378988	16.329351	−0.019272	−0.023	0.9816
AGESQ	0.002340	0.318507	0.007383	0.007	0.9942
RCSTATUS	62.100572	354.771196	0.098866	0.175	0.8618
AGESTAT	−5.361040	24.810892	−0.344691	−0.216	0.8299
AGESQST	0.233725	0.407965	0.746990	0.573	0.5696
(Constant)	21.253918	160.589267		0.132	0.8953

Equation Number 2. Dependent Variable.. VALUE

Block Number 1. Method: Enter AGE RCSTATUS AGESTAT

Multiple R	0.48191	Analysis of Variance			
R Square	0.23224		DF	Sum of Squares	Mean Square
Adjusted R Square	0.18216	Regression	3	1116016.77109	372005.59036
Standard Error	283.20055	Residual	46	3689525.72891	80207.08106
		F=4.63806	Signif F=0.0065		

Variables in the Equation

Variable	B	SE B	Beta	T	Sig T
AGE	−0.266295	5.523808	−0.013541	−0.048	0.9618
RCSTATUS	−196.492183	178.918968	−0.312822	−1.098	0.2778
AGESTAT	11.432206	6.763223	0.735039	1.690	0.0977
(Constant)	20.368900	104.848475		0.194	0.8468

续表

Equation Number 3. Dependent Variable.. VALUE					
Block Number 1. Method: Enter		AGE	AGESQ	RCSTATUS	
Multiple R	0.47455	Analysis of Variance			
R Square	0.22520		DF	Sum of Squares	Mean Square
Adjusted R Square	0.17467	Regression	3	1082210.28382	360736.76127
Standard Error	284.50308	Residual	46	3723332.21618	80942.00470
		F=4.45673		Signif F=0.0079	

Variables in the Equation

Variable	B	SE B	Beta	T	Sig T
AGE	−8.814713	10.892190	−0.448240	−0.809	0.4225
AGESQ	0.253483	0.163159	0.799934	1.554	0.1271
RCSTATUS	105.642119	107.897488	0.168186	0.979	0.3327
(Constant)	60.118248	128.201376		0.469	0.6413

11.91 一个大型研究开发公司对其技术人员在 0—100 的等级上评定每人的业绩，这一业绩评定将用于决定来年此人工资提升的幅度。公司人事部欲建立一个回归模型，以帮助他们预测某个技术职位申请者在其工作三年以后将得到的业绩等级。公司计划运用以下的二阶模型来对刚刚完成研究生学业且以前没有相关工作经验的应征者预测其业绩等级：

$E(y)=\beta_0+\beta_1x_1+\beta_2x_2+\beta_3x_1x_2+\beta_4x_1^2+\beta_5x_2^2$

这里$y=$ 应征者 3 年后的业绩等级

$x_1=$ 应征者在研究生院的 GPA（年级分数平均）

$x_2=$ 应征者在美国研究生入学考试(GRE)中的总分数（语文加数学）

对搜集到的 $n=40$ 个雇员的一个随机样本数据拟合这个模型，所得到的一部分计算机输出结果如下：

SOURCE	DF	SUM OF SQUARES	MEAN SQUARE
MODEL	5	4911.56	982.31
ERROR	34	1830.44	53.84
TOTAL	39	6742.00	R-SQUARE
			0.73

对同样的数据也拟合了简化模型 $E(y)=\beta_0+\beta_1x_1+\beta_2x_2$，部分输出结果复制如下：

SOURCE	DF	SUM OF SQUARES	MEAN SQUARE
MODEL	2	3544.84	1772.42
ERROR	37	3197.16	86.41
TOTAL	39	6742.00	R-SQUARE
			0.53

a. 确定适当的原假设和备择假设，以检验完全（二阶）模型是否对于 y 的预测提供信息。

b. 运用 $\alpha=0.05$ 对 a 部分的假设进行检验，并联系这一问题的背景解释其结果。

c. 确定适当的原假设和备择假设，以检验完全模型对于 y 的预测是否比简化（一阶）模型提供更多的信息。

d. 运用 $\alpha=0.05$ 进行 c 部分的假设检验，并联系这一问题的背景解释其结果。

e. 如果两个模型中选一个，你将运用哪一个模型预测 y？请解释。

11.92 参考练习 11.80《美国大众健康杂志》(*American Journal of Public*)对学前儿童防晒知识的研究。考虑一阶交互效应模型

$E(y)=\beta_0+\beta_1x_1+\beta_2x_2+\beta_3x_1x_2$

这里$y=$ 防晒的后测验分数

$x_1=$ 防晒的前测验分数

$x_2=\begin{cases}1 & \text{如果在防晒干预组}\\0 & \text{如果在对照组}\end{cases}$

a. 假若存在交互，给出简化模型，以检验干预组和对照组的后测验平均分数是否不同。

b. 当防晒认识作为因变量时，a 部分检验得

到的 p 值为 0.03，请解释这一结果。

c. 当防晒理解作为因变量时，a 部分检验得到的 p 值为 0.033，请解释这一结果。

d. 当防晒应用作为因变量时，a 部分检验得到的 p 值为 0.322，请解释这一结果。

11.93 一个同权组织控告在一个州立大学系统中妇女在工资结构方面受到歧视。据认为一个完全二阶模型对于描述男性和女性的工资与工作年限之间的关系都是恰当的。现从这一系统内的大学教员记录中得到了一个 100 人的样本（都属相同的级别），并拟合如下的模型：

$$E(y)=\beta_0+\beta_1x_1+\beta_2x_1^2+\beta_3x_2+\beta_4x_1x_2+\beta_5x_1^2x_2$$

这里 $y=$ 年收入（千美元）

$x_1=$ 经验（年）

$$x_2=\begin{cases}1 \text{ 如果是女性}\\0 \text{ 如果是男性}\end{cases}$$

对这一模型的部分输出结果如下：

SOURCE	DF	SUM OF SQUARES	MEAN SQUARE
MODEL	5	1939.1	387.82
ERROR	94	358.4	3.81
TOTAL	99	2297.5	R-SQUARE
			0.844

a. 为了确定平均工资是否随着经验有一个固定的或不固定的增长率，你将检验什么假设？

b. 为了确定平均工资是否由于性别而存在差异，你将检验什么假设？

c. 对同样的数据也拟合了简化模型 $E(y)=\beta_0+\beta_1x_1+\beta_3x_2+\beta_4x_1x_2$，其部分输出结果复制如下。数据提供了充足的理由支持“平均工资随经验的增长率是不固定的”这一说法吗？运用 $\alpha=0.05$ 进行检验。

SOURCE	DF	SUM OF SQUARES	MEAN SQUARE
MODEL	3	1849.5	616.5
ERROR	96	448.0	4.67
TOTAL	99	2297.5	R-SQUARE
			0.805

11.94 由于玻璃不易遭受辐射的损害，因而将废物密封在玻璃中据认为是处理环境中低水平原子废物的一种最有前途的解决办法。然而，化学反应却可以损坏玻璃。出于这一考虑，佛罗里达大学的材料科学和工程系与美国能源部共同承担了一项研究，以评价玻璃作为废物封装物的效用。他们准备了腐蚀性的化学溶液（称为腐蚀溶液），并直接用玻璃样本盛装三种废物（TDS−3A，FE 和 AL）的其中一种；观察了一段时间的化学反应后，几个关键的变量测量如下：

$y=$ 实验结束时溶液中硅的数量（以百万分之一为单位）。（这既测量了玻璃的损伤程度，也测量了释放到空气中的放射性物质的数量。）

$x_1=$ 腐蚀溶液的温度（℃）

$x_2=1$ 如果废物类型为 TDS−3A，0 如果不是

$x_3=1$ 如果废物类型为 FE，0 如果不是

（废物类型 AL 为基础水平）。假定我们想建立的模型中硅的数量 y 是作为温度（x_1）和废物类型（x_2，x_3）的一个函数。

a. 写出一个模型，使得硅的数量和温度之间的关系是平行的直线，每条直线各自对应三种废物类型的其中一种。

b. 对 a 部分的模型添加温度和废物类型之间的交互项。

c. 参考 b 部分的模型。对于每种废物类型，给出硅的数量关于温度的直线斜率。

d. 说明你将怎样检验温度—废物类型之间交互作用的存在。

11.95《人类压力杂志》（*Journal of Human Stress*，Summer 1987）发表了一项“消防员对化学失火的心理反应”的研究。据认为以下的完全二阶模型对于描述两组消防员（接触过和没有接触过化学失火）的感情压力和经验年限之间的关系是恰当的：

$$E(y)=\beta_0+\beta_1x_1+\beta_2x_1^2+\beta_3x_2+\beta_4x_1x_2+\beta_5x_1^2x_2$$

这里 $y=$ 感情压力

$x_1=$ 经验（年）

$x_2=1$ 如果接触过化学失火，0 如果没有

a. 为了确定对于两组消防员而言，感情压力增长率是否随着经验而不同，你将检验什么假设？

b. 为了确定归属于接触组的平均感情压力水平是否存在差异，你将检验什么假设？

c. 对 200 名消防员的一个样本所拟合的二阶模型所得到的部分输出结果如下所示。对同样的数据也拟合了简化模型 $E(y)=\beta_0+\beta_1x_1+\beta_2x_1^2$，得到的输出结果也已给出。有充足的理由支持“两组消防员的平均感情压力水平是不同的”这一说法吗？运用 $\alpha=0.05$。

练习 11.95 的 SAS 输出结果(完全模型)(complete Model)

Analysis of Variance

Source	DF	Sum of Squares	Mean Square	F Value	Prob>F
Model	5	2351.70	470.34	116.42	0.0001
Error	194	783.90	4.04		
C Total	199	3135.60			

Root MSE	2.0102	R－square	0.7500
Dep Mean	24.221	Adj R－sq	0.7436
C.V.	8.299		

练习 11.95 的 SAS 输出结果(简化模型)

Analysis of Variance

Source	DF	Sum of Squares	Mean Square	F Value	Prob>F
Model	2	2340.37	1170.185	289.87	0.0001
Error	197	795.23	4.037		
C Total	199	3135.60			

Root MSE	2.0092	R－square	0.7464
Dep Mean	24.221	Adj R－sq	0.7438
C.V.	8.295		

11.12 建模:逐步回归(选学)

考虑一下预测一个主管人员的薪水 y 这个问题。或许在建立主管人员薪水模型这一过程中,最大的问题在于选择要纳入模型中的重要自变量。潜在的重要自变量是极其多的(例如,年龄、经历、任期、教育水平,等等),因此,我们需要一些客观的方法排除那些不重要的变量。

在一大组自变量中决定把其中哪些自变量纳入到模型中是一个常见的问题。试图确定哪些变量影响一个工厂的利益、影响人的血压,或与一个大学生的在校表现有关,仅仅是少数的几个例子。

由于对多变量的交互效应项和高阶项的解释是很繁琐的,因此要想找到一个用许多自变量建立一个模型的系统性方法是很困难的。因而,我们求助于一种筛选方法,称为**逐步回归**(stepwise regression),它在大多数统计软件包中都可利用。

运用最为普遍的逐步回归方法是如下进行的:运用者首先确定响应变量 y,和一组可能重要的自变量 $x_1,x_2,\cdots,x_k$,这里 k 通常很大。[注:这组变量可能既包括一阶项又包括高阶项。然而,通常我们会仅纳入定量变量的主效应项(一阶项)和定性变量的主效应项(虚拟变量),因为二阶项的引入极大地增加了自变量的个数。]然后,将因变量和自变量输入到计算机软件,这样,便可以进行逐步回归步骤了。

步骤 1 运用计算机程序对数据拟合形如

$$E(y)=\beta_0+\beta_1 x_i$$

的所有可能的单变量模型,这里 x_i 是第 i 个自变量,$i=1,2,\cdots,k$。对于每个模型,运用单个 β 参数的 t 检验(或等价的 F 检验)进行检验的原假设为

$H_0:\beta_1=0$

对应的备择假设为:

$H_a:\beta_1\neq 0$

我们把那个得到了最大 t 值(绝对值)的自变量判定为 y 的最好的单变量预测量,①并把这一自变量称为 x_1。

步骤 2 逐步方法现在开始在其余的$(k-1)$个自变量中寻找形如

$$E(y)=\beta_0+\beta_1 x_1+\beta_2 x_i$$

① 注意到有着最大 t 值的变量也是与 y 有着最大的皮尔逊积矩相关系数(绝对值)的变量。

的最好的两变量模型。为此，为了选择第二个变量 x_i，我们要分别拟合所有的包含了 x_1 和其余 $(k-1)$ 个变量之一的两变量模型。对 $(k-1)$ 这个模型（对应于其余的自变量 $x_i, i=2,3\cdots,k$）各自计算出用于检验 $H_0: \beta_2=0$ 的 t 值，那个 t 值最大的变量得以保留下来，我们将其称为 x_2。

在这一点上，一些软件包在方法上存在着分歧。在把 $\hat{\beta}_2 x_2$ 引入到模型中后，较好的软件包现在会返回并检验 $\hat{\beta}_1$ 的 t 值。如果在某些指定的 α 水平（比如 $\alpha=0.10$）下这一 t 值已变得不显著了，则变量 x_1 将被剔除。然后在 $\hat{\beta}_2 x_2$ 存在的情况下，再寻找得到最显著 t 值的 β 参数所对应的那个自变量。而其他的一些软件包则不再重新检验 $\hat{\beta}_1$ 的显著性，而是直接进行步骤 3。

从步骤 1 到步骤 2，x_1 的 t 值可能发生变化的原因在于，系数 $\hat{\beta}_1$ 的意义改变了。在步骤 2 中，我们用一个平面去近似一个具有两个变量的复杂的响应曲面，这个最佳拟合的平面得到的 $\hat{\beta}_1$ 值可能会不同于步骤 1 所得到的 $\hat{\beta}_1$ 值。因而，从步骤 1 到步骤 2，$\hat{\beta}_1$ 值及其显著性通常都会改变。出于这一原因，在每一步重新检验 t 值的软件包则更为理想。

步骤 3 现在逐步方法为了将第三个自变量纳入到已含有 x_1 和 x_2 的模型中而进行检验。也就是说，我们寻找形如

$$E(y)=\beta_0+\beta_1 x_1+\beta_2 x_2+\beta_3 x_i$$

的最好模型。为此，我们将其余 $(k-2)$ 个变量的每一个变量 x_i 作为可能的 x_3，并和 x_1、x_2 一起拟合所有的 $(k-2)$ 个模型。其准则还是引入那个具有最大 t 值的自变量。我们把这个最好的第三个自变量称为 x_3。

较好的程序现在再重新检验 x_1 和 x_2 系数的相应 t 值，并剔除那些其 t 值已变为不显著的变量。这一过程继续进行，直到在模型中已有的变量存在的条件下再也找不到能够得到显著 t 值（在指定的 α 水平下）的自变量为止。

这一逐步方法所得到的模型在指定的 α 水平下仅含有那些具有显著 t 值的各个项。因而，在大多数实际情况下，在众多的自变量中仅有几个自变量得以保留。不过，切记**不要**匆忙下这样的结论，即，用于预测 y 的所有重要自变量都已经被确定或不重要的自变量都已被剔除。记住，逐步方法仅仅是用真实模型系数 (β) 的**样本估计值**来选择重要的变量。当进行了非常多的单个 β 参数 t 检验时，在引入和剔除变量时犯一个或更多错误的概率是很大的。换言之，我们很可能在模型中纳入了一些并不重要的变量（第Ⅰ类错误），却排除了一些重要的变量（第Ⅱ类错误）。

还有第二个原因使得我们可能并没有得到一个好的模型。当我们在逐步回归中选择所要引入的变量时，我们可能经常忽略高阶项（为了使变量的个数易于处理）。因而，我们可能从一开始就已经从模型中排除了几个重要的项。这样，我们应该已认识到了逐步回归到底是什么：一个客观的筛选过程。

成功的建模者现在将会考虑二阶项（对于定量变量）以及由逐步方法所筛选出的变量之间的其他交互项。最好是运用与筛选过程所用过的数据无关的第二套数据建立这个响应曲面模型，这样由逐步方法所得到的结果可以用新数据部分地得以证实。然而，这并不总是可行的，因为在许多建模情况中仅有很少的数据可供利用。

不要被那些由逐步方法所得到的看似很大的 t 值所欺骗——此方法仅保留那些具有最大 t 值的自变量。而且，在有步骤地建立预测模型时一定要考虑二阶项。最后，如果你在逐步方法过程中已经运用了一阶模型，记住，它可能会通过添加一些高阶项而得到很大的改进。

注意

当你运用逐步回归的结果对所得到的一阶模型中的 E(y) 与自变量之间的关系进行推断时，一定要当心。首先，当进行了非常多的 t 检验时，会导致犯一个或更多第Ⅰ类和第Ⅱ类错误的概率很大。其次，这一逐步模型不引入任何高阶项或交互项。逐步回归应当仅在需要时运用，即，当你想要在许多可能重要的自变量中确定应该将其中的哪些变量用于建模过程中的时候。

例 11.12

一个国际管理顾问公司对其客户公司主管人员的工资建立了多元回归模型。顾问公司发现，用工资的自然对数作为因变量的模型比那些用工资作为因变量的模型有着更好的预测能力。① 建立这些模型的一个预备步骤是决定最重要的自变量。在由某公司的 100 名主管人员所组成的一个样本中（如表 11.8 所示），对 10 个潜在的自变量（7 个定量的，3 个定性的）进行了测量。由于用所有这 10 个自变量建立一个完全二阶模型是很困难的，因此用逐步回归来确定应当将其中的哪些变量纳入到最终所建立的主管人员工资的对数模型中。

表 11.8　**在主管人员工资一例中的自变量**

因变量	说明	类型
x_1	经历（年）	定量
x_2	教育（年）	定量
x_3	红利资格（1 如果有，0 如果无）	定性
x_4	管理的雇员数	定量
x_5	公司资产（百万美元）	定量
x_6	董事会成员（1 如果是，0 如果不是）	定性
x_7	年龄（年）	定量
x_8	公司利润（过去 12 个月，百万美元）	定量
x_9	有国际偿付能力（如果有，0 如果无）	定性
x_{10}	公司的总销售额（过去的 12 个月，百万美元）	定量

解答

我们将对这 10 个自变量的主效应运用逐步回归方法来确定出那些最重要的变量。因变量 y 是主管人员工资的自然对数。逐步回归的 SAS 输出结果见图 11.34。②

图 11.34　**例 11.12 的逐步回归输出结果**

```
STEP 1
  Variable x4 Entered          R-Square = 0.42071677          C(P) = 1274.7576
                    DF     Sum of Squares     Mean Square        F     Prob > F
  Regression         1        11.46854285     11.46854285    71.17       0.0001
  Error             98        15.79113802      0.16113696
  Total             99        27.25977087
                              B Value          Std Error         F     Prob > F
  Intercept                  10.20077500
  X4                          0.00057384      0.00006790     71.17       0.0001

STEP 2
Variable X5 Entered            R-Square=0.78299675            C(P)=419.4947
```

---

① 这可能是由于工资往往是按**比率**而不是按美元值增长的。当一个响应变量随着自变量的变动而发生比率变化时，响应变量的对数将更适合作为因变量。

② 注意在 SAS 软件的逐步回归方法输出结果的标注中有几个微小的变化。例如，$\hat{\beta}$ 值，在多元回归方法中标注为 **ESTIMATE**，而在逐步方法中却标为 **B VALUE**。

续表

	DF	Sum of Squares	Mean Square	F	Prob > F
Segression	2	21.34431198	10.67215599	175.00	0.0001
Error	97	5.91545889	0.06098411		
Total	99	27.25977087			
		B Value	Std Error	F	Prob > F
Intercept		9.87702903			
X4		0.00058353	0.00004178	195.06	0.0001
X5		0.00183730	0.00014438	161.94	0.0001

STEP 3

Variable x1 Entered　　R−Square = 0.89667614　　C(P) = 152.4952

	DF	Sum of Squares	Mean Square	F	Prob > F
Regression	3	24.44318616	8.14772872	271.71	0.0001
Error	96	2.81658471	0.02933942		
Total	99	27.25977087			
		B Value	Std Error	F	Prob > F
Intercept		9.66449288			
X4		0.00055251	0.00002914	359.59	0.0001
X5		0.00191195	0.00010041	362.60	0.0001
X1		0.01870784	0.00182032	105.62	0.0001

STEP 4

Variable x3 Entered　　R−Square = 0.94815717　　C(P) = 32.6757

	DF	Sum of Squares	Mean Square	F	Prob > F
Regression	4	25.84654710	8.46163678	434.37	0.0001
Error	95	1.41322377	0.01487604		
Total	99	27.25977087			
		B Value	Std Error	F	Prob > F
Intercept		9.40077349			
X4		0.00055288	0.00002075	710.15	0.0001
X5		0.00190876	0.00007150	712.74	0.0001
X1		0.02074868	0.00131310	249.68	0.0001
X3		0.30011726	0.03089939	94.34	0.0001

STEP 5

Variable x2 Entered　　R−Square = 0.96039323　　C(P) = 5.7215

	DF	Sum of Squares	Mean Square	F	Prob > F
Regression	5	26.18009940	5.23601988	455.87	0.0001
Error	94	1.07967147	0.01148587		
Total	99	27.25977087			
		B Value	Std Error	F	Prob > F
Intercept		8.85387930			
X4		0.00056061	0.00001829	939.84	0.0001
X5		0.00193684	0.00006304	943.98	0.0001
X1		0.02141724	0.00116047	340.61	0.0001
X3		0.31927842	0.02738298	135.95	0.0001
X2		0.03315807	0.00615303	29.04	0.0001

续表

STEP 6

Variable x6 Entered		R－Square ＝ 0.96100666		C(P) ＝ 6.2699	
	DF	Sum of Squares	Mean Square	F	Prob ＞ F
Regression	6	26.19682148	4.36613691	382.00	0.0001
Error	93	1.06294939	0.01142959		
Total	99	27.25977087			
		B Value	Std Error	F	Prob ＞ F
Intercept		8.87509152			
X4		0.00055820	0.00001835	925.32	0.0001
X5		0.00193764	0.00006289	949.31	0.0001
X1		0.02133460	0.00115963	338.48	0.0001
X3		0.31093801	0.02817264	121.81	0.0001
X2		0.03272195	0.00614851	28.32	0.0001
X6		0.03866226	0.03196369	1.46	0.2295

STEP 7

Variable X6 Removed		R－Square ＝ 0.96039323		C(P) ＝ 5.7215	
	DF	Sum of Squares	Mean Square	F	Prob ＞ F
Regression	5	26.18009940	5.23601988	455.87	0.0001
Error	94	1.07967147	0.01148587		
Total	99	27.25977087			
		B Value	Std Error	F	Prob ＞ F
Intercept		8.85387930			
X4		0.00056061	0.00001829	939.84	0.0001
X5		0.00193684	0.00006304	943.98	0.0001
X1		0.02141724	0.00116047	340.61	0.0001
X3		0.31927842	0.02738298	135.95	0.0001
X2		0.03315807	0.00615303	29.04	0.0001

注意到纳入到模型中的第 1 个变量是 x_4，即，主管人员所管理的雇员数量。在第 2 步，公司资产 x_5 被纳入了模型中。在第 6 步，将定性变量“是否为董事会成员”的虚拟变量 x_6 纳入到了模型中。然而，由于 x_6 的 F 统计量(在逐步程序中，SAS 运用 $F=t^2$ 统计量而不是 t 统计量)的显著性(0.2295)大于预先指定的 $\alpha=0.10$，则将 x_6 从模型中剔除。因而，在第 7 步，这一程序表明，纳入了 x_1、x_2、x_3、x_4 和 x_5 的五变量模型是最好的。即，其他自变量中没有一个可以满足允许进入模型的 $\alpha=0.10$ 的标准。

因而，我们建模的最终努力应该集中在这五个自变量上。为了确定用于预测主管人员工资的最佳模型，还应该提出一些含有二阶项和交互项的模型，并对其进行评价。

练习 11.96～11.99

技能训练

11.96 有六个可能对预测响应变量 y 有用的自变量：x_1，x_2，x_3，x_4，x_5 和 x_6。这里得到 $n=50$ 个观测值，现决定运用逐步回归帮助选择有用的自变量。计算机拟合了形如

$$E(y)=\beta_0+\beta_1 x_i$$

的所有可能的单变量模型。这里 x_i 是第 i 个自变量，$i=1,2,\cdots 6$。下表中的资料是由计算机输出结果中得到的。

自变量	$\hat{\beta}_i$	$S_{\hat{\beta}_i}$
x_1	1.6	0.42
x_2	−0.9	0.01
x_3	3.4	1.14
x_4	2.5	2.06
x_5	−4.4	0.73
x_6	0.3	0.35

a. 哪个自变量被断定为 y 的最好的单变量预测变量？请解释。

b. 在这一步骤中这一变量会被纳入到模型中吗？

c. 说明逐步回归方法将要进行的下一个步骤。

概念应用

11.97《利益季刊》(*Benifits Quarterly*, First Quarter, 1995)公布了一项对于初级工作偏好的研究。许多个自变量被用于建立164个商学院毕业生的工作偏好(在10分的等级上度量)模型。假如运用逐步回归所建立的工作偏好得分(y)的模型是以下自变量的函数：

$$x_1=\begin{cases}1 & \text{如果是弹性时间职位}\\0 & \text{如果不是}\end{cases}$$

$$x_2=\begin{cases}1 & \text{如果有必需的日间照料}\\0 & \text{如果没有}\end{cases}$$

$$x_3=\begin{cases}1 & \text{如果有必需的配偶调动支持}\\0 & \text{如果没有}\end{cases}$$

x_4＝允许病休的天数

$$x_5=\begin{cases}1 & \text{如果求职者已婚}\\0 & \text{如果没有}\end{cases}$$

x_6＝求职者的孩子个数

$$x_7=\begin{cases}1 & \text{如果是男性求职者}\\0 & \text{如果是女性求职者}\end{cases}$$

a. 在第1步对这些数据拟合多少个模型？给出这些模型的一般形式。

b. 在第2步对这些数据拟合多少个模型？给出这些模型的一般形式。

c. 在第3步对这些数据拟合多少个模型？给出这些模型的一般形式。

d. 说明这一方法是怎样确定何时停止对模型纳入自变量的。

e. 阐述将最终的逐步回归模型作为工作偏好得分 y 的"最好"模型的两个缺陷。

11.98 为了测定位于一个大海湾附近的某一电厂的热水排出物是否对这一地区的海洋生物造成负面影响，EPA 聘用了一名海洋生物学家。生物学家的目的是建立海湾某一指定区域中的海洋动物数量的一个预测方程。基于过去的经验，EPA 考虑把以下的环境因素作为某一区域海洋动物数量的预测变量：

x_1＝水温(TEMP)

x_2＝水的盐度(SAL)

x_3＝水中溶解的氧含量(25分等级)

x_4＝浊度指数，对水的浊度的一种测量(TI)

x_5＝这一位置的水深(ST－DEPTH)

x_6＝抽样区域中海草的总重量(TGRSWT)

作为建立这一模型的预备步骤，生物学家运用了逐步回归方法来确定这六个变量中的最重要的变量。他在海湾的不同位置共采集了716个样本，得到以下的SAS输出结果。(测量的响应变量为 y，它是在抽样区域中发现的海洋动物数量的对数)。

练习 11.98 的 SAS 输出结果

```
STEP 1
  Variable ST_DEPTH Entered          R-Square = 0.1223
                  DF    Sum of Squares   Mean Square      F      Prob > F
  Regression       1        57.44           57.44       99.47     0.0001
  Error          714       412.33            0.58
  Total          715       469.77
                            B Value       Std Error       F      Prob > F
  Intercept                 8.38559
  ST_DEPTH                 -0.43678        0.04379      99.47     0.0001
STEP 2
  Variable TGRSWT Entered           R-Square = 0.1821
                  DF    Sum of Squares   Mean Square      F      Prob > F
```

续表

	DF	Sum of Squares	Mean Square	F	Prob > F
Regression	2	85.55	42.78	79.38	0.0001
Error	713	384.22	0.54		
Total	715	469.77			
		B Value	Std Error	F	Prob > F
Intercept		8.07682			
ST _DEPTH		−0.35355	0.04385	65.02	0.0001
TGRSWT		0.00271	0.00038	52.16	0.0001
STEP 3					
Variable TI Entered		R−Square = 0.1870			
	DF	Sum of Squares	Mean Square	F	Prob > F
Regression	3	87.85	29.28	54.59	0.0001
Error	712	381.92	0.54		
Total	715	469.77			
		B Value	Std Error	F	Prob > F
Intercept		7.38864			
TI		0.65774	0.31783	4.28	0.0389
ST _DEPTH		−0.31451	0.47641	43.58	0.0001
TGRSWT		0.00261	0.00038	47.73	0.0001
STEP 4					
Variable DO Entered		R−Square = 0.1889			
	DF	Sum of Squares	Mean Square	F	Prob > F
Regression	4	88.75	22.19	41.40	0.0001
Error	711	381.02	0.54		
Total	715	469.77			
		B Value	Std Error	F	Prob > F
Intercept		7.22576			
DO		0.01769	0.01363	1.69	0.1946
TI		0.67347	0.31791	4.49	0.0345
ST _DEPTH		−0.30417	0.04828	39.69	0.0001
TGRSWT		0.00267	0.00038	49.23	0.0001
STEP 5					
Variable DO Removed		R−Square = 0.1870			
	DF	Sum of Squares	Mean Square	F	Prob > F
Regression	3	87.85	29.28	54.59	0.0001
Error	712	381.92	0.54		
Total	715	469.77			
		B Value	Std Error	F	Prob > F
Intercept		7.38864			
TI		0.65774	0.31783	4.28	0.0389
ST _DEPTH		−0.31451	0.04764	43.58	0.0001
TGRSWT		0.00261	0.00038	47.73	0.0001

a. 根据 SAS 输出结果，在这六个自变量中应该把哪些变量运用到模型中？（运用 $\alpha=0.10$。）

b. 我们能够设想海洋生物学家已经发现了用于预测 y 的所有的重要自变量了吗？为什么？

c. 运用在 a 部分所确定的变量，写出可用于预测 y 的具有交互项的一阶模型。

d. 海洋生物学家如何能够确定在 c 部分确定的模型是否比一阶模型好？

e. 注意到 R^2 值较小。为了改进模型，生物学家可能会采取什么做法？

11.99 佛罗里达州的马路建设合同是在竞争、密封的基础上决标的，凡提交了最低投标价的承包商将会赢得合同。在 20 世纪 80 年代，佛罗里达州司法部长办公室(FLAG)怀疑很多承包商参与了投标勾结，即为了提高其利润率，在公平或竞争价格之上订立决标价。通过将策划好的(或舞弊)合同与竞争性投标合同的投标价(以及其他重要的投标变量)进行比较，FLAG 得以建立了非常宝贵的基准值，用以识别未来的投标舞弊。FLAG 搜集了 279 个马路建设合同，这些数据可以在 FLAG. DAT 文件中得到。对于每一合同，测量了以下的变量：

1. 最低投标者的合同价格(千美元)
2. 运输部(DOT)工程师对公平合同价格的估计(千美元)
3. 低投标价(中标价格)与 DOT 工程师估计的公平合同价格的比率。
4. 合同状况(固定的或竞争性的)
5. 建设项目位于的街区(1,2,3,4 或 5)
6. 合同投标者的数目
7. 估计的完工天数
8. 马路项目的长度(里)
9. 划拨于液体沥青的费用比例
10. 划拨于地基材料的费用比例
11. 划拨于挖掘的费用比例
12. 划拨于调动的费用比例
13. 划拨于构件的费用比例
14. 划拨于交通管理的费用比例
15. 利用转包商(是或否)

a. 考虑建立一个低投标价格(y)的模型。对这些数据运用逐步回归，来找到最适于建立 y 的模型的自变量。

b. 解释所得到的逐步回归模型中的 β 估计值。

c. 由逐步回归模型得到推断时会有哪些危险？

11.13 残差分析：检验回归假设

当我们对一组数据进行回归分析时，我们从来没有确切地知道第 11.3 节中的假设是否被满足了。我们可以在什么程度上违背这些假设却仍能使回归分析所得到的结果具有本章所要求的可靠性呢？我们如何能够识别出违背了假设(如果违背存在的话)，并如何处理它们？在本节我们将对这些问题提供一些答案。

回忆第 11.3 节，对于任何给定的一组 $x_1, x_2, \cdots, x_k$ 的值，我们假定随机误差项 ε 有一个均值为 0，方差为 σ^2 的正态概率分布。而且，我们还假定随机误差是概率性地相互独立的。在回归分析的实际应用中，这些假设并不可能总是恰好地满足。好在经验已经表明，只要与这些假设违背得并不是太多，则最小二乘回归分析还是会得到可靠的统计检验、置信区间和预测区间。本节我们所讲述的一些方法便是用于判断是否数据表明显著地违背了这些假设。

由于这些假设都涉及到了模型的随机误差部分 ε，则第一步便是估计随机误差。由于某个 y 值的实际误差是这个实际的 y 值与其未知的均值之差，则我们用实际的 y 值与**估计的**(estimated)均值之差来估计误差。这一估计的误差称为**回归残差**(regression residual)，或简称为**残差**(residual)，并用 $\hat{\varepsilon}$ 表示。实际误差 ε 和残差 $\hat{\varepsilon}$ 显示在图 11.35 中。

定义 11.5

回归**残差** $\hat{\varepsilon}$ 被定义为一个观测到的 y 值与其相应的预测值之差：

$$\hat{\varepsilon}=(y-\hat{y})=y-(\hat{\beta}_0+\hat{\beta}_1 x_1+\hat{\beta}_2 x_2+\cdots+\hat{\beta}_k x_k)$$

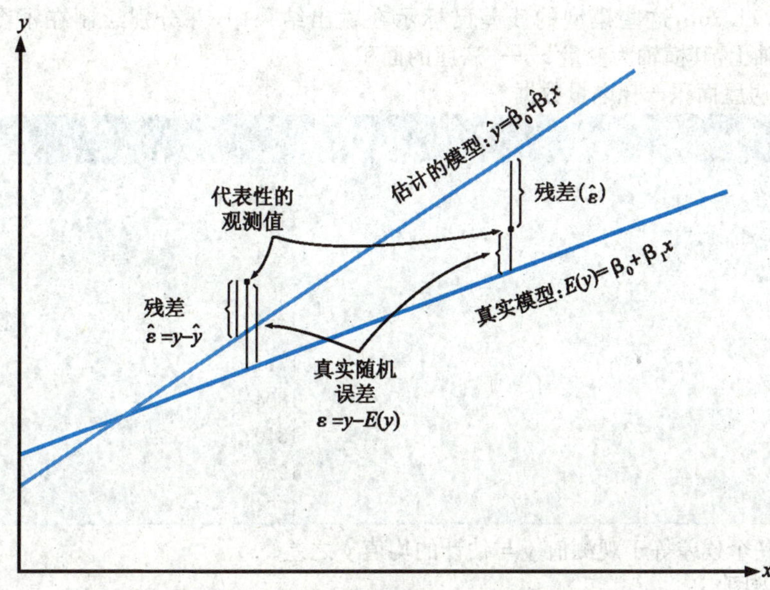

图 11.35　实际的随机误差 ε 和回归残差 $\hat{\varepsilon}$

由于 y 的真实均值(即，真实的回归模型)是未知的，则实际的随机误差不能被计算出来。然而，由于残差是建立在估计的均值(最小二乘回归模型)基础之上的，则可以将它计算出来，并用于估计随机误差以及检验回归假设。这些检验一般被称为**残差分析**(residual analyses)。残差的两个有用的性质列在下面的框内。

回归残差的性质

1. 残差的均值等于 0。这一性质是根据这样一个事实，即，y 的观测值与它们的最小二乘预测值 $\hat{y}$ 之差的总和等于 0。

$$\sum(\text{残差})=\sum(y-\hat{y})=0$$

2. 残差的标准差等于所拟合的回归模型的标准差。这一性质的根据是，残差平方和等于 SSE，而 SSE 除以误差自由度时则等于所拟合的回归模型的方差 s^2。这个方差的平方根既是残差的标准差，也是回归模型的标准差。

$$\sum(\text{残差})^2=\sum(y-\hat{y})^2=SSE$$

$$s=\sqrt{\frac{\sum(\text{残差})^2}{n-(k+1)}}=\sqrt{\frac{SSE}{n-(k+1)}}$$

我们用以下的例子说明怎样通过回归残差分析来证明与这一模型有关的假设，并且当这些假设没有被满足时用于支持对模型的改进。尽管可以将残差计算并手绘出来，但在例题和练习中我们将运用统计软件来完成这些任务。

首先，我们举例说明怎样通过一个残差图来发现在一个模型中 $E(y)$ 与一个自变量 x 之间的假设关系是被误定的。在这些类型的模型中，平均误差为 0 的假设被违背了。①

例 11.13

参考例 11.6 中房屋面积(x)和耗电量(y)之间关系的建模问题。我们又将这 $n=10$ 个房屋的数据列在了表 11.9 中。对这些数据所拟合的一个直线模型和二次模型的 SAS 输出结果分别

---

①　对于一个被误定的模型，将假设的 y 均值表示为 $E_h(y)$，它将不等于 y 的真实均值 $E(y)$。这是因为，$y=E_h(y)+\varepsilon$，则 $\varepsilon=y-E_h(y)$，且有 $E(\varepsilon)=E[y-E_h(y)]=E(y)-E_h(y)\neq0$。

见图 11.36a 和 11.36b，这些模型的残差已标示在输出结果中，并分别绘制在了图 11.37a 和 11.37b中的纵轴上，其横轴为变量 x——房屋的面积。

表 11.9 房屋面积—耗电量数据

房屋面积 x（平方英尺）	月度耗电量 y（千瓦—小时）
1290	1182
1350	1172
1470	1264
1600	1493
1710	1571
1840	1711
1980	1804
2230	1840
2400	1956
2930	1954

a. 证实每一个残差等于观测值 y 与估计的均值 $\hat{y}$ 之差。

b. 分析残差图。

图 11.36a 耗电量一例的 SAS 输出结果：直线模型

```
Dep Variable: Y
                              Analysis of Variance
                          Sum of              Mean
    Source        DF      Squares             Square          F Value      Prob>F
    Model          1      703957.18342        703957.18342     39.536      0.0002
    Error          8      142444.91658        17805.61457
    C Total        9      846402.10000

              Root MSE        133.43766       R-Square        0.8317
              Dep Mean       1594.70000       Adj R-Sq        0.8107
              C. V.             8.36767
                              Parameter Estimates
                  Parameter          Standard          T for H0:
Variable    DF    Estimate           Error             Parameter=0       Prob > |T|
INTERCEP     1    578.927752         166.96805715        3.467            0.0085
X            1      0.540304           0.08592981        6.288            0.0002

                   Obs        Y       Predict Value      Residual
                     1     1182.0        1275.9          -93.9204
                     2     1172.0        1308.3          -136.3
                     3     1264.0        1373.2          -109.2
                     4     1493.0        1443.4           49.5852
                     5     1571.0        1502.8           68.1517
                     6     1711.0        1573.1          137.9
                     7     1804.0        1648.7          155.3
                     8     1840.0        1783.8           56.1935
                     9     1956.0        1875.7           80.3417
                    10     1954.0        2162.0         -208.0
Sum of Residuals                                0
Sum of Squared Residuals              142444.9166
```

图 11.36b　耗电量一例的 SAS 输出结果：二次模型

Dep Variable：Y

Analysis of Variance

Source	DF	Sum of Squares	Mean Square	F Value	Prob>F
Model	2	831069.54637	415534.77319	189.710	0.0001
Error	7	15332.55363	2190.36480		
C Total	9	846402.10000			

Root MSE	46.80133	R－Square	0.9819
Dep Mean	1594.70000	Adj R－Sq	0.9767
C. V.	2.93480		

Parameter Estimates

Variable	DF	Parameter Estimate	Standard Error	T for H0: Parameter=0	Prob > |T|
INTERCEP	1	−1216.143887	242.80636850	−5.009	0.0016
X	1	2.398930	0.24583560	9.758	0.0001
XSQ	1	−0.000450	0.00005908	−7.618	0.0001

Obs	Predict Y	Predict Value	Residual
1	1182.0	1129.6	52.4359
2	1172.0	1202.2	−30.2136
3	1264.0	1337.8	−73.7916
4	1493.0	1470.0	22.9586
5	1571.0	1570.1	0.9359
6	1711.0	1674.2	36.7685
7	1804.0	1769.4	34.5998
8	1840.0	1895.5	−55.4654
9	1956.0	1949.1	6.9431
10	1954.0	1949.2	4.8287

Sum of Residuals　　−2.27374E−12

Sum of Squared Residuals　　15332.5536

解答

a. 对于直线模型，对第一个值计算出的残差为

$$\hat{\varepsilon}=(y-\hat{y})=1182-1275.9=-93.9$$

这里 $\hat{y}$ 是图 11.36a 的 *SAS* 输出结果中题为 **Predict value** 一列中的第一个数。同样地，运用二次模型(图 11. 36b)所得到的第一个 y 值的残差为：

$$\hat{\varepsilon}=1182-1129.6=52.4$$

这两个残差(四舍五入以后)都分别与图 11. 36a 和图 11. 36b 中标有 **Residual** 一列中的第一个值相一致。虽然这两个残差都对应于同一个 y 的观测值，1182，但由于预测的平均值会根据所运用的模型是直线模型还是二次模型而变化，因而它们是不同的。用同样的计算得到了其余的残差。

b. 直线模型的残差图(图 11. 37a)显示出了一种非随机的模式。残差表现出一种曲线形状：对于小的 x 值，其残差在水平的 0 线(残差的均值)以下；对于中间的 x 值，其残差在 0 线以上；而对于最大的 x 值，其残差又落在了 0 线以下。这表明在 x 的这些范围内(小，中，大)，随机误差 ε 的平均值不可能等于 0。这样一种模式通常表明需要对模型加入曲线关系。

图 11.37a 耗电量一例的残差图:直线模型

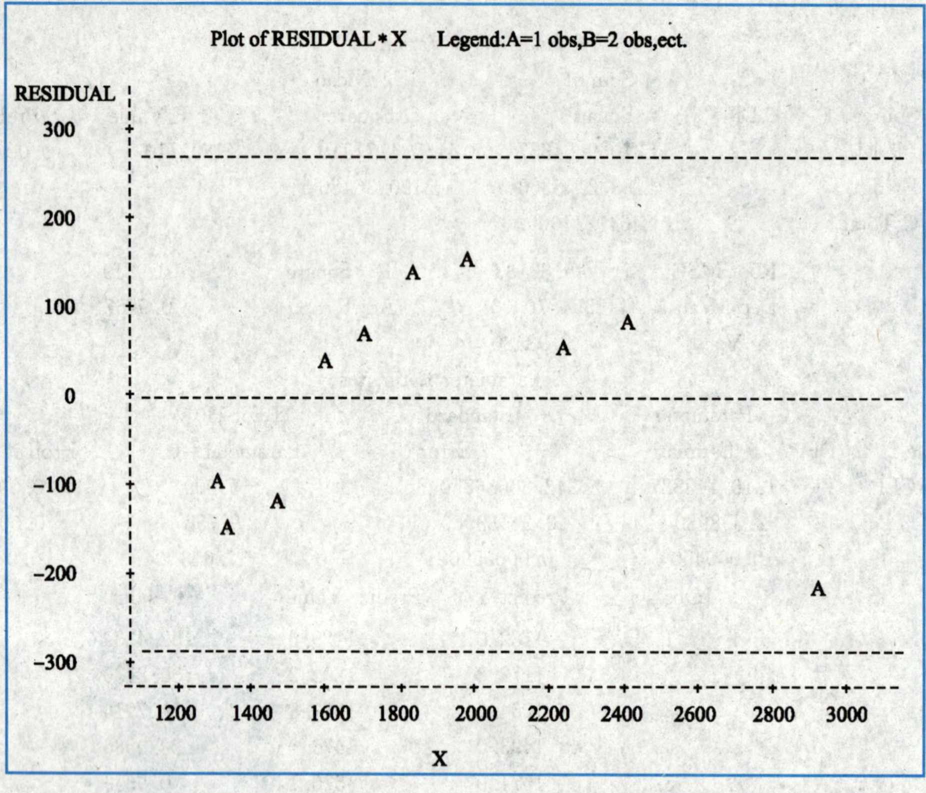

图 11.37b 耗用量一例的残差图:二次模型

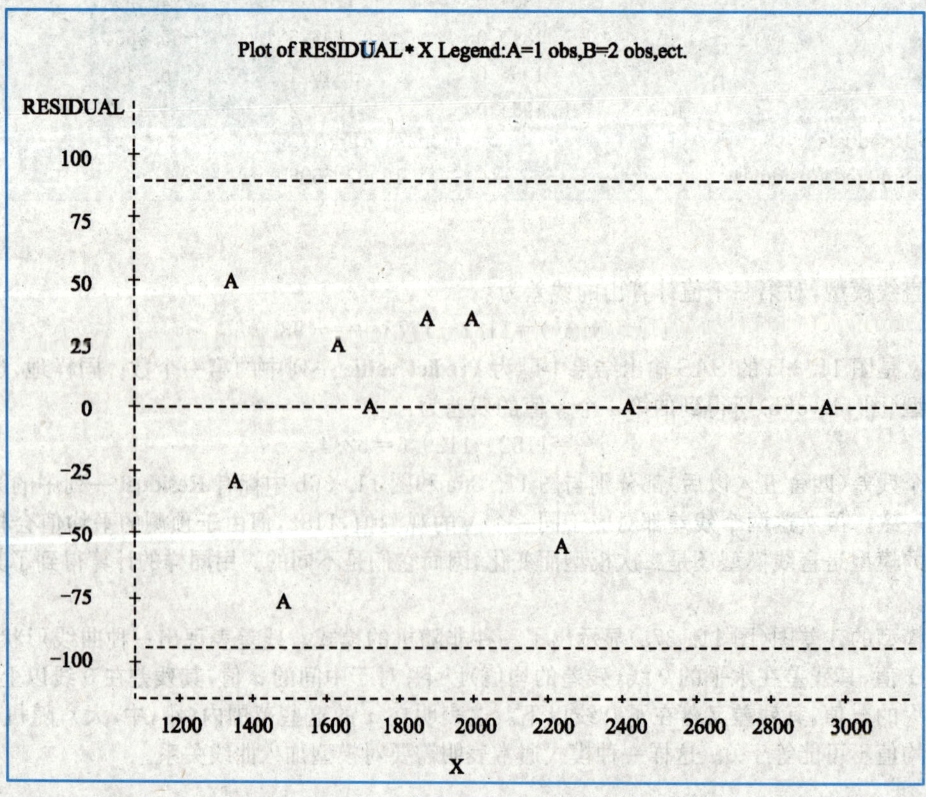

当模型中加入二阶项以后，非随机的模式便消失了。正如所料，图 11. 37*b* 中的残差看起来是随机地分布在 0 线周围的。我们还应注意到，在二次残差图中，其±2. 5 标准差线大约在±95 之处；而在直线图中，却（大约）在±275 处。这表明这个二次模型对于耗电量的预测是一个更好的模型，从而证实了我们在例 11. 6 所得到的结论。

残差分析对于发现一个或更多个显著偏离回归模型的观测值也是有用的。我们预料到大约 95%的残差会落在 0 线周围的 2 个标准差的范围以内，并且所有或几乎所有的残差都落在 0 均值线的 3 个标准差的范围以内。特别偏离 0 线并且与其他大多数的残差相脱离的残差被称为**离群值**（*outlier*），它们应当受到回归分析者的特别关注。

定义 11. 6

一个比 3*s* 大（在绝对值上）的残差被认为是一个**离群值**。

例 11. 14

参考例 11. 5，在此例中我们建立的一个落地大座钟拍卖价 y 的模型是年代 x_1 和竞价者数量 x_2 的函数。此例的数据又被列在了表 11. 10 中，但这里有一个重要的差别：在第二栏顶部的钟表拍卖价已经从＄2131 变为＄1131（在表 11. 10 中已作标示）。对这些（修改过的）数据我们又拟合了交互效应模型：

$$E(y)=\beta_0+\beta_1 x_1+\beta_2 x_2+\beta_3 x_1 x_2$$

表 11. 10　改动的拍卖价格数据

年代 x_1	竞价者数量 x_2	拍卖价格 y	年代 x_1	竞价者数量 x_2	拍卖价格 y
127	13	＄1235	170	14	＄1131
115	12	1080	182	8	1550
127	7	845	162	11	1884
150	9	1522	184	10	2041
156	6	1047	143	6	845
182	11	1979	159	9	1483
156	12	1822	108	14	1055
132	10	1253	175	8	1545
137	9	1297	108	6	729
113	9	946	179	9	1792
137	15	1713	111	15	1175
117	11	1024	187	8	1593
137	8	1147	111	7	785
153	6	1092	115	7	744
117	13	1152	194	5	1356
126	10	1336	168	7	1262

MINITAB 的输出结果见图 11. 38 中，残差已被标明在输出结果中，并在图 11. 39 中绘出了关于竞价者数量 x_2 的残差图。试分析这个残差图。

图 11.38 落地大座钟一例数据改变后的 MINITAB 输出结果

The regression equation is

PRICE = −513+8.17 AGE = 19.9 BIDDERS + 0.320 AGE−BID

Predictor	Coef	Stdev	t−ratio	p
Constant	−512.8	665.9	−0.77	0.448
AGE	8.165	4.585	1.78	0.086
BIDDERS	19.89	67.44	0.29	0.770
AGE−BID	0.3196	0.4790	0.67	0.510

s=200.6 R−sq=72.9% R−sq(adj)=70.0%

Analysis of Variance

SOURCE	DF	SS	MS	F	P
Regression	3	3033587	1011196	25.13	0.000
Error	28	1126703	40239		
Total	31	4160289			

obs.	AGE	PRICE	Fit	Stdev. Fit	Residual	St. Resid
1	127	1235.0	1310.4	59.3	−75.4	−0.39
2	115	1080.0	1105.9	62.1	−25.9	−0.14
3	127	845.0	947.5	61.1	−102.5	−0.54
4	150	1522.0	1322.5	37.1	199.5	1.01
5	156	1047.0	1179.5	60.3	−132.5	−0.69
6	182	1979.0	1831.9	82.9	147.1	0.81
7	156	1822.0	1598.0	61.9	224.0	1.17
8	132	1253.0	1185.8	39.7	67.2	0.34
9	137	1297.0	1178.9	39.0	118.1	0.60
10	113	946.0	913.9	58.6	32.1	0.17
11	137	1713.0	1561.0	78.4	152.0	0.82
12	117	1024.0	1072.6	53.1	−48.6	−0.25
13	137	1147.0	1115.2	44.3	31.8	0.16
14	153	1092.0	1149.2	59.0	−57.2	−0.30
15	117	1152.0	1187.2	69.7	−35.2	−0.19
16	126	1336.0	1117.6	43.4	218.4	1.12
17	170	1131.0	1914.4	116.7	−783.4	−4.80R
18	182	1550.0	1597.7	62.8	−47.7	−0.25
19	162	1884.0	1598.3	57.0	285.7	1.49
20	184	2041.0	1776.6	70.7	264.4	1.41
21	143	845.0	1048.4	58.9	−203.4	−1.06
22	159	1483.0	1421.8	40.6	61.2	0.31
23	108	1055.0	1130.7	97.9	−75.7	−0.43
24	175	1545.0	1522.7	55.4	22.3	0.12
25	108	729.0	695.5	99.6	33.5	0.19
26	179	1792.0	1642.7	57.6	149.3	0.78
27	111	1175.0	1224.0	107.2	−49.0	−0.29
28	187	1593.0	1651.3	68.6	−58.3	−0.31
29	111	785.0	781.1	80.9	3.9	0.02
30	115	744.0	822.7	75.5	−78.7	−0.42
31	194	1356.0	1480.7	133.6	−124.7	−0.83X
32	168	1262.0	1374.0	57.7	−112.0	−0.58

R denotes an obs. with a large st. resid.

X denotes an obs. whose X value gives it large influence.

解答

残差图明显地显示出了那个被改动的观测值。注意到在竞价者 $x_2=14$ 的两个残差中有一个落在了 0 线以下大于 3 个标准差之处，而且注意到没有其他的残差落在 0 线的 2 个标准差以外。

一旦我们发现了离群值该做什么？首先，我们应尝试着确定原因。输入到计算机中的数据有错误吗？搜集数据时这个观测值的记录有误吗？如果是这样的话，我们则改正这个观测值并重新进行分析。另外一个可能性是，这个观测值并非体现了我们想要建模的条件。例如，在本例中，价格偏低既可能是由于这个钟表的极度损坏造成的，也可能是由于与其他钟表相比此钟表的质量低劣造成的。在这些情况下，我们可能希望从分析中剔除这个观测值。然而，在许多情况下你并不能够确定离群值的原因。即使这样，你也可能想排除这个离群值并重新进行回归分析，以便评价这个观测值对分析结果的影响。

图 11.39 关于竞价者数目的 MINITAB 残差图

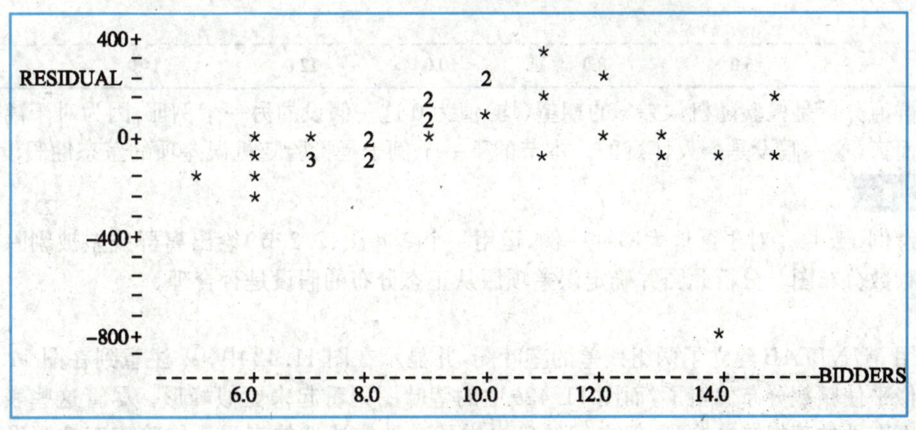

图 11.40 显示了从落地大座钟的分析中剔除这个离群观测值后所得到的输出结果，图 11.41则显示了残差关于竞价者数量的一个新的残差图。现在只有其中一个残差落在了 0 线的 2 个标准差范围之外，且它们之中没有一个残差落在 3 个标准差以外。而且，模型的统计量表明，没有离群值的模型是一个更好的模型。最为显著的是，标准差(s)已经从 200.6 降为 85.83，这表明对于那些与这个剔除离群值后的样本中的钟表相类似的钟表，此模型将提供更精确的估计和预测(更窄的置信区间和预测区间)。但是要记住，当从分析中剔除掉的这个离群值实际上与其他的样本一样属于同一个总体时，则所得到的模型可能会提供误导的估计和预测。

图 11.40 例 11.14 的 MINITAB 输出结果：剔除了离群值

The regression equation is

PRICE = 474 − 0.46 *AGE* − 114 *BIDDERS* + 1.48 *AGE−BID*

Predictor	*Coef*	*Stdev*	*t−ratio*	*p*
Constant	474.0	298.2	1.59	0.124
AGE	−0.465	2.107	−0.22	0.827
BIDDERS	−114.12	31.23	−3.65	0.001
AGE−BID	1.4781	0.2295	6.44	0.000

s = 85.83　　*R−sq*=95.2%　　*R−sq(adj)* = 94.7%

Analysis of Variance

SOURCE	*DF*	*SS*	*MS*	*F*	*p*
Regression	3	3933417	1311139	177.99	0.000
Error	27	198897	7367		
Total	30	4132314			

图 11.41　例 11.14 的 MINITAB 残差图:剔除了离群值

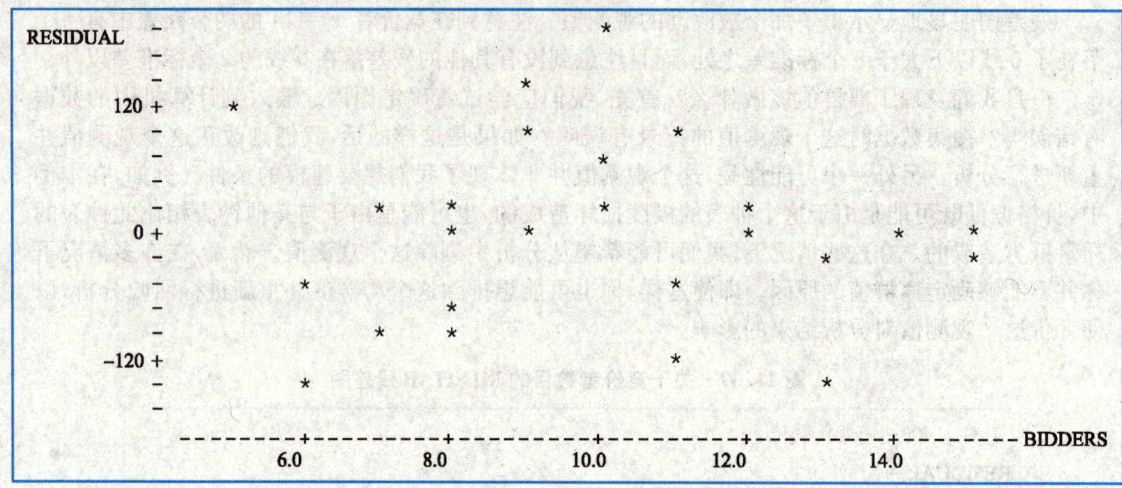

离群值分析是检验随机误差 ε 的期望(均)值为 0 这一假设的另一个例证,因为对于离群值的误差项而言,这一假设是令人怀疑的。本节的下一个例子是检验随机误差项的正态性假设。

例 11.15

参考例 11.14。对于落地大座钟一例,运用一个茎叶图(2.2 节)绘出离群残差被剔除前后的残差的频数分布图。分析此图并确定误差项服从正态分布的假设是否合理。

解答

运用 *MINITAB* 建立了两组残差的茎叶图,并显示在图 11.42 中。① 注意到在图 11.42*a* 中离群值似乎使频数分布偏斜了,而图 11.42*b* 中的茎叶图则看起来更似峰形。尽管这些表现并不能提供正态性的正规统计检验,但它们的确提供了一种描述性的表示。检验正态性假设也可以运用直方图和正态概率图(5.4 节)。在本例中当离群值被剔除以后,正态性的假设似乎更为合理。有关运用残差进行正态性统计检验的方法请参阅参考书目。

图 11.42a　落地大座钟一例的茎叶图:包括离群值

STEM—AND—LEAF DISPLAY OF RESIDUAL
LEAF DIGIT UNIT = 10.0000
1 2 REPRESENTS 120.

	STEM	LEAF
1	−7	8
1	−6	
1	−5	
1	−4	
1	−3	
1	−2	
6	−1	93210
16	−0	7775544432
16	0	0233366
9	1	14459
4	2	1268

① 回忆到 MINITAB 输出结果的左列显示了至少以茎为极端值的观测值数目。例如在图 11.42a 中,对应于 STEM=−1 的 6 表示六个观测值小于或等于−100。如果左列的其中一个数字括在了括号中,则括号中的数字是那一行观测值的数目,且在那一行中包含着中位数。

图 11.42b　落地大座钟一例的茎叶图：剔除了离群值

STEM－AND－LEAF DISPLAY OF RESIDUAL

LEAF DIGIT UNIT ＝ 10.0000

1	2	REPRESENTS 120.
3	－1＊ 331	
9	－0. 987765	
(7)	－0＊ 4321000	
15	＋0＊ 011223344	
6	＋0. 79	
4	1＊ 004	
1	1. 9	

当我们在实践中运用回归分析的时候，在 11.3 节中的所有假设中，随机误差服从正态分布的假设是最不具有限制性的。换言之，适度地违背正态分布的假设对于本章所讲述的统计检验的有效性、置信区间和预测区间几乎没有什么影响。在这种情况下，我们说回归分析对于非正态误差是**稳健**(robust)的。然而，违背正态性太大却会使得从回归分析中所得到的任何推断都令人生疑。

残差图也可以用于识别误差方差为常数的假设被违背的情况。例如，残差关于预测值 $\hat{y}$ 的残差图可以显示出如图 11.43 所示的模式。在这一个图中，残差值的极差随着 $\hat{y}$ 的增大而增大，因而表明，随机误差 ε 的方差随着 $E(y)$ 的估计值的增大而变大。由于 $E(y)$ 依赖于模型中的 x 值，则意味着 ε 的方差对于 x 的所有取值并不是常数。

图 11.43　残差图显示出 ε 的方差变动

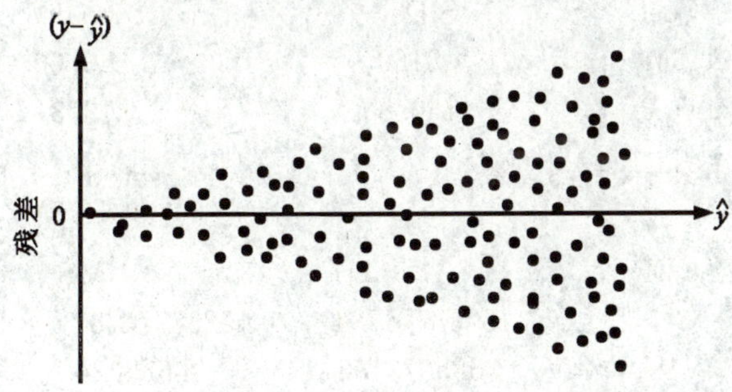

在本节的最后的一个例子中，我们将举例说明怎样运用残差图来发现异方差并提出一个有用的补救办法。

例 11.16

对于一个由 50 个社工所组成的样本，其工资 y 和工作经验的年数 x 的数据见表 11.11 中。运用 *MINITAB* 对数据拟合了一阶模型 $E(y)=\beta_0+\beta_1 x$，其输出结果见图 11.44，残差关于 $\hat{y}$ 的残差图见图 11.45，请对这些结果进行解释。如果需要的话，对模型做出修改。

表 11.11 例 11.16 的工资数据

经验的年数 x	工资 y	经验的年数 x	工资 y	经验的年数 x	工资 y
7	$26075	21	$43628	28	$99139
28	79370	4	16105	23	52624
23	65726	24	65644	17	50594
18	41983	20	63022	25	53272
19	62308	20	47780	26	65343
15	41154	15	38853	19	46216
24	53610	25	66537	16	54288
13	33697	25	67447	3	20844
2	22444	28	64785	12	32586
8	32562	26	61581	23	71235
20	43076	27	70678	20	36530
21	56000	20	51301	19	52745
18	58667	18	39346	27	67282
7	22210	1	24833	25	80931
2	20521	26	65929	12	32303
18	49727	20	41721	11	38371
11	33233	26	82641		

图 11.44 例 11.16 中一阶模型的 MINITAB 分析

```
The regression equation is
Y = 11369+2141 X

Predictor        Coef        StDev        t-ratio        P
Constant        11369         3160           3.60     0.001
X              2141.3        160.8          13.31     0.000

s=8642          R-sq=78.7%          R-sq(adj) - 78.2%
Analysis of Variance
SOURCE          DF          SS               MS          F          P
Regression       1     13238774784     13238774784    177.25     0.000
Error           48      3585073152        74689024
Total           49     16823847936

Unusual Observations
Obs.      X        Y       Fit     Stdev. Fit    Residual    St. Resid
  31     1.0    24833    13511       3013         11322       1.40 X
  35    28.0    99139    71326       2005         27813       3.31 R
  45    20.0    36530    54196       1259        -17666      -2.07 R
R denotes an obs. with a large st. resid.
X denotes an obs. whose X value gives it large influence.
```

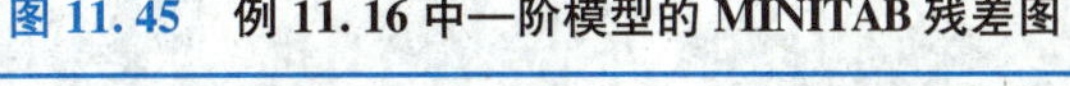

图 11.45　例 11.16 中一阶模型的 MINITAB 残差图

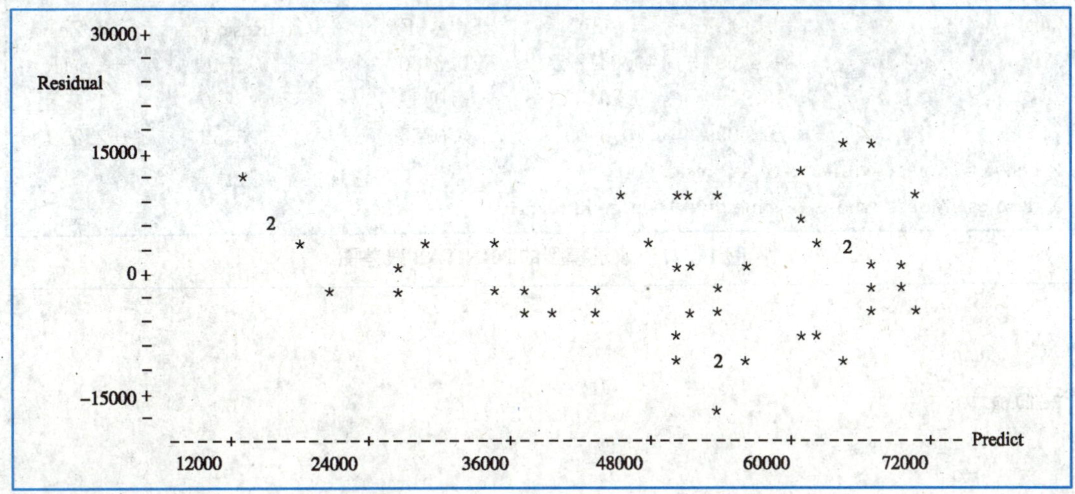

解答

图 11. 44 的 MINITAB 输出结果表明一阶模型对数据提供了一个适当的拟合。R^2 值表示这个模型解释了 78.7%的工资样本变异。检验 β_1 的 t 值是 13. 31，为高度显著(p 值≈0)，说明模型对 y 值的预测提供了信息。然而，检查残差关于 $\hat{y}$ 的残差图(图 11. 45)却发现了潜在的问题。注意到残差变异性的形状为"锥形"，残差的大小随着所估计的平均工资的增加而增加，这说明方差为常数的假设被违背了。

使 ε 的方差稳定的一个方法是运用因变量 y 的一个变换对这一模型重新进行拟合。对于经济数据(例如，工资)而言，一个有用的**方差稳定化变换**(variance－stabilizing transformation)是取 y 的自然对数。① 我们对表 11. 1 的数据拟合模型

$$\log(y)=\beta_0+\beta_1 x+\varepsilon$$

图 11. 46 显示了对这 n = 50 个观测值的回归分析输出结果，图 11. 47 则显示了由对数模型得到的残差图。

你可以看到对数变换已经使误差的方差得以稳定。注意到，锥形已经没有了；并且随着平均工资的增加，残差方差没有明显的增大趋势。因此，我们确信运用对数模型所得到的推断比运用那些非变换模型所得到的推断更为可靠。

图 11.46　例 11.16 改进模型的 MINITAB 输出结果

The regression equation is
LOGY = 9.84 + 0.0500 X

Predictor	Coef	StDev	t−ratio	P
Constant	9.84133	0.05636	174.63	0.000
X	0.049978	0.002868	17.43	0.000

s=1541　　R−sq=86.3%　　R−sq(adj) − 86.1%

Analysis of Variance

SOURCE	DF	SS	MS	F	P
Regression	1	7.2118	7.2118	303.65	0.000
Error	48	1.1400	0.0238		
Total	49	8.3519			

① 在实践中运用成功的其他的方差稳定化变换是 $\sqrt{y}$ 和 $\sin^{-1}\sqrt{y}$，有关这些变换的具体情况请参阅参考文献。

Unusual Observations						
Obs.	X	LOGY	Fit	Stdev. Fit	Residual	St. Resid
19	4.0	9.6869	10.0412	0.0460	−0.3544	−2.41R
31	1.0	10.1199	9.8913	0.0537	0.2286	1.58X
45	20.0	10.5059	10.8409	0.0225	−0.3350	−2.20R

R denotes an obs. with a large st. resid.

X denotes an obs. whose X value gives it large influence.

图 11.47 改进模型的 MINITAB 残差图

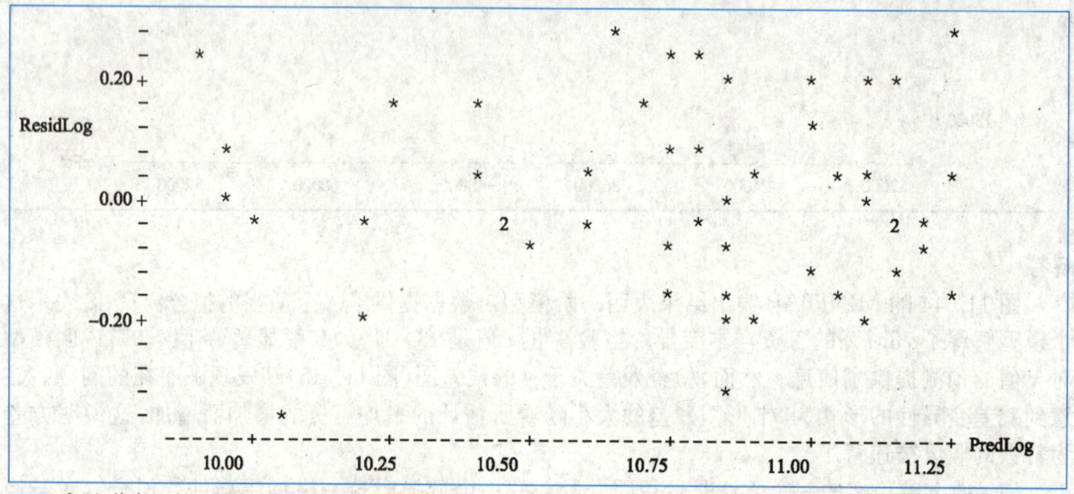

残差分析对于回归分析者是一个很有用的工具，它不仅可以用于检验假设，而且还能够对怎样改进模型提供信息。以下对本节所讲述的残差分析进行了一个总结，它可用于检验随机误差 ε 是否服从均值为 0 且方差为常数的正态分布假设。

残差分析的步骤

1. 通过绘出残差关于每一个定量自变量的残差图，来检查模型是否被误定。分析每一个残差图，寻找一种曲线趋势，这种形状表明模型中需要纳入一个二次项，则我们应尝试纳入残差图所对应的那个变量的二阶项。
2. 检查残差图有无离群值。在残差图的 0 线上下的 2 个和 3 个标准差之处画出直线，将 3 个标准差线以外的残差作为可能的离群值对其进行检查，并检查是否大约 5%的残差超出了 2 个标准差线以外。判断每一个离群值是否可以被解释为数据搜集或抄录过程中的错误，或者它所对应的总体不同于其余样本所属的总体，抑或仅仅表示了一个异常的观测值。如果确定出观测值是错误的，则修改或剔除它。即使你不能确定原因，你也可重新进行一个没有这个观测值的回归分析，以此确定它对于我们所作分析的影响。
3. 通过绘出残差的一个频数分布图来检查是否存在非正态错误。运用茎叶图和直方图，检查是否存在明显违背正态性的情况。频数分布的极端偏斜可能是由于离群值，或者可能表明需要对因变量作一个变换(正态变换不在本书的范围之内，但你可以在参考书目中找到有关资料)。
4. 通过绘出残差关于预测值 $\hat{y}$ 的残差图检查是否存在异方差。如果你发现了锥形图形或其他一些表明 ε 的方差不是常数的图形，则对 y 运用一个适当的方差稳定化变换，例如 $\log(y)$，然后重新拟合模型(对于其他一些有用的方差稳定化变换请参阅参考书目)。

11.14 要注意的问题：可估性、多重共线性和外推

当对一些响应变量 y 建立预测模型时，你应当知晓一些可能出现的问题。在最后的这一节里，我们将讨论其中几个最重要的问题。

问题 1　参数的可估性

假如你想拟合每年粮食产量 y 关于化肥总支出 x 的模型。我们提出一阶模型

$$E(y)=\beta_0+\beta_1 x$$

现假如我们有三年的数据并且每年在化肥上的支出为 1000 美元，其数据见图 11.48。你可能看出了问题：当所有的数据只集中在一个 x 值时，模型的参数是无法估计出来的。回忆到两点（x 值）才能拟合一条直线，因此，当只有一个 x 的观测值时，参数是不可估的。

在只观测到了一个或两个不同值的情况下，如果我们试着对这样的一组数据拟合二次模型

$$E(y)=\beta_0+\beta_1 x+\beta_2 x^2$$

则会发生同样的问题（见图 11.49）。在对一组数据拟合一个二次模型以前（即，在所有的三个参数可估之前），至少必须有三个不同的 x 值被观测。

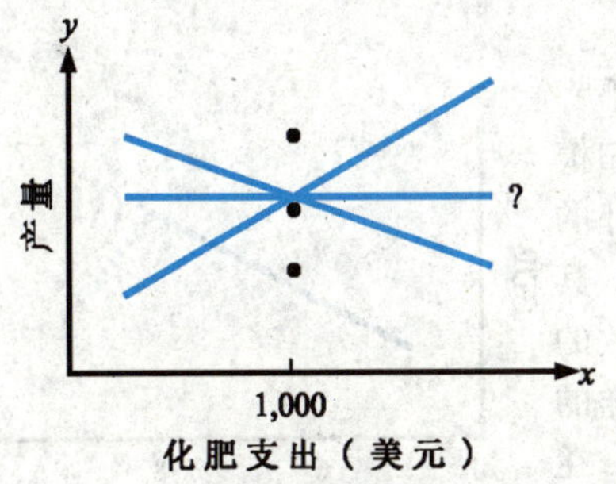

图 11.48　产量和化肥支出数据：三年

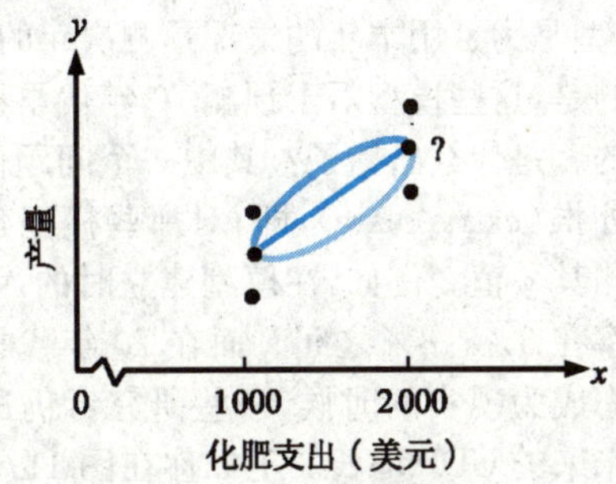

图 11.49　只有两个 x 的观测值：二次模型是不可估的

一般地，观测到的 x 值的水平数必须要至少比你想要拟合的 x 的多项式的阶数多 1 个。

对于控制实验，研究者可以选择能够估计出模型参数的实验设计。（实验设计是第 14 章的主要内容）。即使当自变量的值不能为研究者所控制，对于自变量的观测也几乎总是在一个能够估计出模型参数的足够的水平数下进行的。当你所使用的统计软件突然拒绝拟合一个模型时，无论如何，问题可能就在于不可估的参数。

问题 2　多重共线性

在 $E(y)$ 的模型中所运用的两个或更多个自变量经常提供了多余的信息。即，自变量相互之间是相关的。例如，假如我们想建立的一个模型是为了预测一辆卡车的汽油里程定额，使之作为装载量 x_1 和发动机的马力 x_2 的函数。一般情况下，我们会认为重的装载量需要较大的马力，且得到较低的里程定额。因此，虽然 x_1 和 x_2 都对里程定额的预测提供了信息，但由于 x_1 和 x_2 是相关的，则其中的一些信息是重叠的。

如果对一组数据拟合模型

$$E(y)=\beta_0+\beta_1 x_1+\beta_2 x_2$$

我们可能发现 $\hat{\beta}_1$ 和 $\hat{\beta}_2$（最小二乘估价值）的 t 值都不显著。然而，对于 H_0：$\beta_1=\beta_2=0$ 的 F 检验却可能是高度显著的。这些检验似乎得出了相互矛盾的结论，但事实上它们并非如此。这两个 t 检验表明，当考虑了“x_2＝马力”的影响以后（因为 x_2 也在模型中），一个变量（比如，x_1＝装载量）的贡献是不显著的。另一方面，显著的 F 检验告诉我们，这两个变量中至少有一个变量对 y 的预测起到了作用（即，β_1 或 β_2，或二者兼有，是不等于 0 的）。事实上，二者都可能有作用，但其

中一个变量的作用与另外一个变量的作用是重叠的。

当一个回归模型纳入了高度相关的自变量时，所得到的结果是令人混淆的。研究者可能只想在最终的模型中纳入其中的一个变量，决定纳入哪个变量的一个方法是运用逐步回归（第11.12节）。一般地，在一组多重共线的自变量中只有其中一个变量被纳入到逐步回归模型中，这是因为在每一个步骤中，每个变量是在模型中已有的所有变量存在的情况下被检验的。例如，如果在某一步骤中变量“装载量”作为一个显著的变量被纳入到里程定额的预测模型中，则变量“马力”将可能永远不会加入到以后的步骤中。因此，如果一组自变量被认为是多重共线的，则通过逐步回归所进行的一些筛选可能会是有用的。

要注意，如果仅仅由于一个自变量 x_1 没有被一个逐步回归过程选中便推断它对于预测 y 不重要，那将是错误的。自变量 x_1 可能与逐步回归过程所选择的另一个自变量 x_2 相关。这意味着对于预测 y 而言，x_2 的贡献更多一些（在所分析的样本中），但是 x_1 单独也仍然可能对 y 的预测提供信息。

问题 3　实验范围之外的预测

到 20 世纪 60 年代末为止，许多经济研究学家已利用高技术模型把经济状况与多种经济指数和其他自变量联系起来。这些模型中的许多是多元回归模型，例如，因变量 y 可以是次年的国内生产总值（GDP），自变量可以包括本年的通货膨胀率、本年的消费价格指数（CPI），等等。换而言之，建立模型是为了用本年的情况预测次年的经济。

遗憾的是，这些模型对于预测 70 年代早期的衰退几乎都是不成功的。是什么出错了？其中一个问题便是许多回归模型被用于**外推**（extrapolate），即，对那些模型建立范围以外的自变量预测其 y 值。例如，在模型建立时的六十年代末期，其通货膨胀率在 6%～8%之间。而在 70 年代早期当两位数的通货膨胀率成为现实的时候，一些研究者仍试图运用同样的模型预测未来的 GDP 增长。正如你在图 11.50 所见，当 x 在实验范围之内时，模型可以是非常准确的，但是当模型的运用超越了那一范围时，便是一个危险的实践。

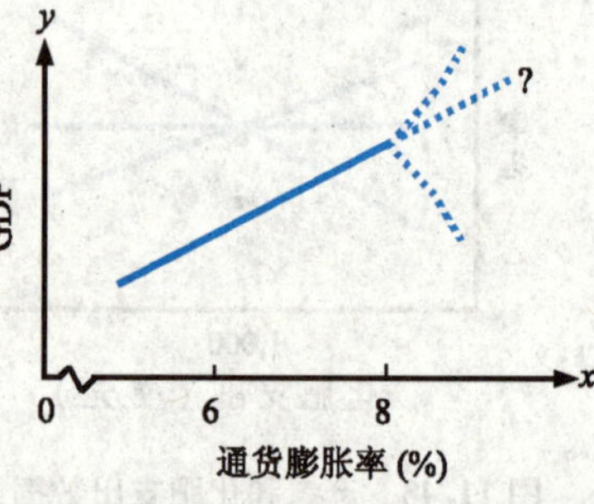

图 11.50　运用实验范围之外的模型

问题 4　相关的误差

在运用回归模型根据自变量 $x_1, x_2, \cdots, x_k$ 对变量 y 进行预测时，与之相联的另外一个问题是由数据经常为**时间序列**（time series）这一事实而引起的。即，因变量和自变量的值都是在一段时期内连续观测到的，而在这段时期内观测值趋于相关，这常常反过来造成了回归模型的预测误差之间的相关。因而，误差之间相互独立的假设被违背了，模型检验和预测区间也就不再有效。对这一问题的一个解决办法是建立一个**时间序列模型**（time series model）。时间序列分析是第 13 章的内容。

统计实践

11.2　“曲解”钟型曲线

在“统计实践”5.1，我们介绍了由 Richard Herrnstein 和 Charle Murray 所著的有关种族、基因、IQ 和经济流动性的一本有争议的书——《钟型曲线》（*The Bell Curve*，*Free Press*，1994）。为了论证作者在这些变量及其社会后果之间关系上的立场，此书大量地运用了统计学和统计方法。《钟形曲线》的主题可总结如下：

1. 智商(IQ)很大部分是遗传而来的。

2. IQ与许多因素诸如优越的工作、高年薪和高学历等社会经济地位成就的测度是正相关的。

3. 从1和2得出，社会经济成就很大程度是由遗传促成的，因而不受教育和环境的干预(例如正面行为)。

在一个声势浩大的营销运动的促进下，此书在1994年10月出版后很快就成为了最畅销书。此书的根本主题——"智力是遗传的，并与种族和阶层紧密相联"显然吸引了许多读者。然而，大众杂志和报纸对《钟形曲线》的评论却大多是否定的。社会评论家把作者说成是"非美国的"而且是"伪科学的种族主义者"，他们的书被认为是"异类和令人生厌的"(另一方面，也有拥戴者把此书标榜为"力作"并且"有巨大的说服力")。本节"统计实践"的基础便是针对《钟形曲线》作者所运用的统计方法及其统计推断所作的两篇评论。这两篇评论，一篇发表在《机遇》(*Chance*，Summer 1995)上，另一篇发表在《美国统计协会杂志》(*The Journal of the American Statistical Association*，Dec. 1995)上，它们是由卡耐基・梅隆大学(Carnegie Mellon)大学的教授Bernie Devlin，Stephen Fienterg，Daniel Resnick和Kathryn Koeder撰写的(其中Devlin，Fienberg和Roeder都是统计学家；Rosnick是一名历史学家)。

这里我们所关注的焦点是被Herrnstein和Murray(H&M)反复运用的用于论证《钟形曲线》结论的统计方法：回归分析。以下仅是其中的几个由卡耐基・梅隆大学教授发现的H&M在运用回归时所出现的问题：

问题1　为了预测诸如收入和失业等社会后果因变量，在一系列的一阶模型中H&M始终运用由三个变量组成的一组自变量—IQ、社会经济地位和年龄(仅有一次加入了交互项)。例如，考虑模型：

$$E(y)=\beta_0+\beta_1x_1+\beta_2x_2+\beta_3x_3$$

这里y=收入，x_1=IQ，x_2=社会经济地位，x_3=年龄。H&M对单个β参数运用了t检验以评价自变量的重要性。正如《钟形曲线》中所考虑的大多数模型，在收入模型中β_1的估计值是正的，且在$\alpha=0.05$的水平下在统计上显著，而且其t值比其他自变量的t值大(在绝对值上)。因此，H&M声称与其他两个自变量相比，*IQ*是收入的一个更好的预测变量。他们没有做任何尝试，以测定模型是否确定得当以及模型对数据是否提供了有效的拟合。

问题2　在一个附录中，作者们把多元回归描述为"对每个[自变量]得出系数的数学方法，它表明在所有其他的自变量保持不变的情况下，对于任何一个[自变量]的一个给定变化，可预料出[因变量]的变化有多大。"有了这一认识以及上述模型中β_1的估计值为正的事实，*H&M*推断高智商(*IQ*)必然意味着(或引起)高收入，低*IQ*不可避免地导致低收入。(像这样的因果推论在整个书中反复出现)。

问题3　此书的书名涉及到了正态分布及其众所周知的"钟形"曲线。在一般的公众中存在着这样一个误解，即智商(IQ)的得分是正态分布的。事实上，大多数IQ得分有着明显偏斜的分布。传统地，心理学家和心理测定学家已将这些得分做了变换，以便使得到的数字服从严格的正态分布。H&M特别坚持做到了这一点。因而，运用在所有回归模型中的IQ测量是正态化的(即，通过变换使所得到的分布是正态的)，尽管事实上回归方法并不需要预测变量(自变量)服从正态分布。

问题4　有一个变量在《钟形曲线》中的任何模型中都没有用作社会后果的预测变量，即，教育水平。H&M有意从模型中略去了教育，他们认为IQ引起了教育，而不是反之。其他已研究过H&M的数据的研究者声明，当把教育作为一个自变量而纳入到一个模型中时，IQ对因变量(例如，收入)的影响是减少的。

续表

焦点

a. 对卡耐基·梅隆大学的教授们在其对《钟形曲线》的评论中所发现的每一问题作出你的评论。

b. 运用上述模型中所确定的变量，说明你会怎样进行多元回归分析。（提出一个更复杂的模型，并叙述适当的模型检验，包括一个残差分析）。

练习 11.100～11.107

技能训练

11.100 找出以下每个残差图中的问题。

练习 11.100　的残差图

a.

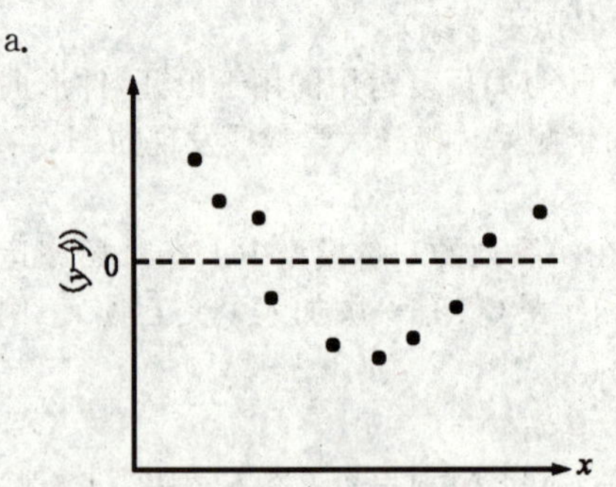

b.

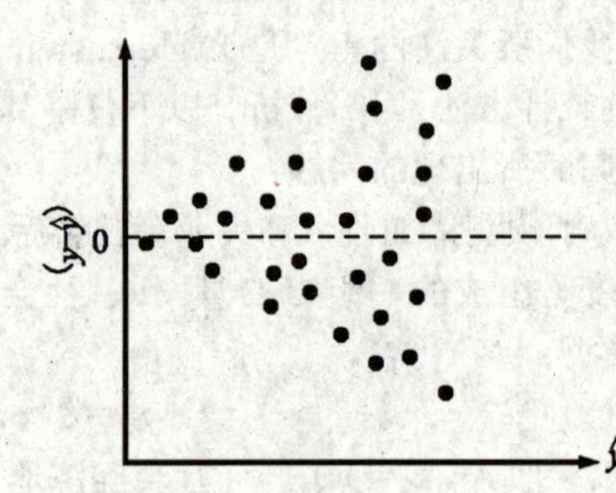

c.

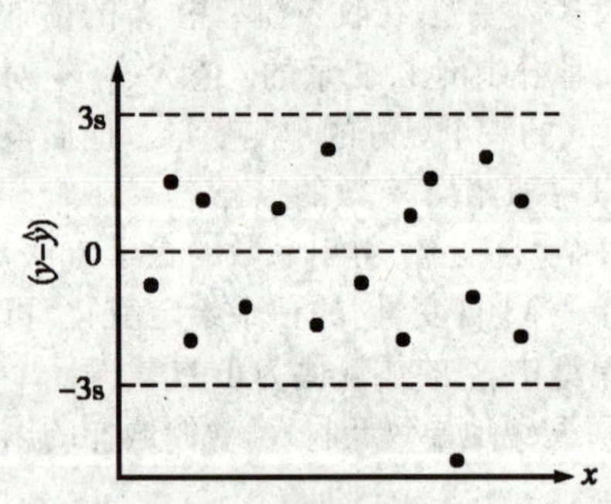

d.

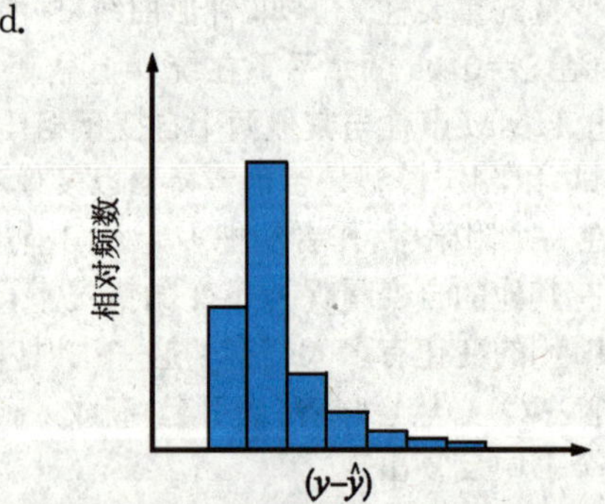

11.101 **考虑拟合多元回归模型**

$$E(y)=\beta_0+\beta_1x_1+\beta_2x_2+\beta_3x_3+\beta_4x_4+\beta_5x_5$$

所有自变量之间的相关矩阵如下。你发现存在多重共线性的问题吗？请解释。

练习 11.101 的相关矩阵

	x_1	x_2	x_3	x_4	x_5
x_1	—	0.17	0.02	−0.23	0.19
x_2		—	0.45	0.93	0.02
x_3			—	0.22	−0.01
x_4				—	0.86
x_5					—

概念运用

11.102 东京首都大学的化学工程师对城市空气样本中的低分子量二羧酸（low－molecular－weight dicarboxylic acid）进行了分析（*Environmental Science & Engineering*，Oct. 1993）。从东京搜集到的 19 个空气样本的二羧酸（作为总碳量的比例）和氧化剂浓度列在了表中。对于二羧酸比例（y）关于氧化剂浓度（x）的直线模型，其 SAS 输出结果也已给出。请进行一个完全的残差分析。

练习 11.102 的数据　URBANAIR. DAT

二羧酸(%)	氧化剂(ppm)	二羧酸(%)	氧化剂(ppm)
0.85	78	0.50	32
1.45	80	0.38	28
1.80	74	0.30	25
1.80	78	0.70	45
1.60	60	0.80	40
1.20	62	0.90	45
1.30	57	1.22	41
0.20	49	1.00	34
0.22	34	1.00	25
0.40	36		

Source: Kawamura, K., and Ikushima, K. "Seasonal changes in the distribution of dicarboxylic acids in the urban atmosphere." *Environmental Science & Technology*, Vol. 27. No. 10, Oct. 1993, p. 2232 (data extracted from Figure 4).

练习 11.102 的 SAS 输出结果

Dependent Variable: DICARBOX

Analysis of Variance

Source	DF	Sum of Squares	mean Square	F Value	Prob>F
Model	1	2.41362	2.41362	17.080	0.0007
Error	17	2.40234	0.14131		
C Total	18	4.81597			

Root MSE	0.37592	R-square	0.5012
Dep Mean	0.92737	Adj R-sq	0.4718
C. V.	40.53600		

Parameter Estimates

Variable	DF	Parameter Estimate	Standard Error	T for H0: Parameter=0	Prob>|T|
INTERCEP	1	−0.023737	0.24576577	−0.097	0.9242
OXIDANT	1	0.019579	0.00473739	4.133	0.0007

obs	OXIDANT	Dep Var DICARBOX	Predict Value	Std Err Predict	Residual	Std Err Residual
1	78	0.8500	1.5034	0.164	−0.6534	0.338
2	80	1.4500	1.5425	0.172	−0.0925	0.334
3	74	1.8000	1.4251	0.148	0.3749	0.346
4	78	1.8000	1.5034	0.164	0.2966	0.338
5	60	1.6000	1.1510	0.102	0.4490	0.362
6	62	1.2000	1.1901	0.107	0.0099	0.360
7	57	1.3000	1.0922	0.095	0.2078	0.364
8	49	0.2000	0.9356	0.086	−0.7356	0.366
9	34	0.2200	0.6419	0.110	−0.4219	0.359
10	36	0.4000	0.6811	0.105	−0.2811	0.361
11	32	0.5000	0.6028	0.117	−0.1028	0.357
12	28	0.3800	0.5245	0.130	−0.1445	0.353
13	25	0.3000	0.4657	0.141	−0.1657	0.348
14	45	0.7000	0.8573	0.088	−0.1573	0.365
15	40	0.8000	0.7594	0.095	0.0406	0.364
16	45	0.9000	0.8573	0.088	0.0427	0.365
17	41	1.2200	0.7790	0.093	0.4410	0.364
18	34	1.0000	0.6419	0.110	0.3581	0.359
19	25	1.0000	0.4657	0.141	0.5343	0.348

练习 11.102 的 SAS 输出结果(续)

```
                         UNIVARIATE PROCEDURE
Variable=RESID        Residual
                                   Moments

    N                           19       Sum Wgts              19
    Mean                         0       Sum                    0
    Std Dev               0.365327       Variance        0.133464
    Skewness              -0.41391       Kurtosis        -0.43294
    USS                   2.402345       CSS             2.402345
    CV                           .       Std Mean        0.083812
    T:Mean=0                     0       Prob>|T|          1.0000
    Sgn Rank                     4       Prob>|S|          0.8906
    Num  ^=0                    19
    W:Normal              0.951334       Prob<W            0.4220
                            Quantiles(Def=5)
    100%   Max            0.534273              99%      0.534273
    75%    Q3             0.358066              95%      0.534273
    50%    Med            0.009867              90%      0.449024
    25%    Q1             -0.16573              10%      -0.65339
    0%     Min            -0.73561               5%      -0.73561
                                                 1%      -0.73561
    Range                 1.269885
    Q3-Q1                 0.523793
    Mode                  -0.73561
                                Extremes

    Lowest                 Obs      Highest           Obs
    -0.73561(                8)     0.358066(          18)
    -0.65339(                1)     0.374924(           3)
    -0.42193(                9)     0.441016(          17)
    -0.28109(               10)     0.449024(           5)
    -0.16573(               13)     0.534273(          19)


     Stem  Leaf                                     #
        4  453                                      3          Boxplot
        2  1067                                     4             |
        0  144                                      3         +-------+
       -0  76409                                    5         *---+---*
       -2  8                                        1         +-------+
       -4  2                                        1             |
       -6  45                                       2             |

        ----+----+----+----+
     Multiply Stem.Leaf by 10**-1
```

练习 11.102　的 SAS 输出结果(续)

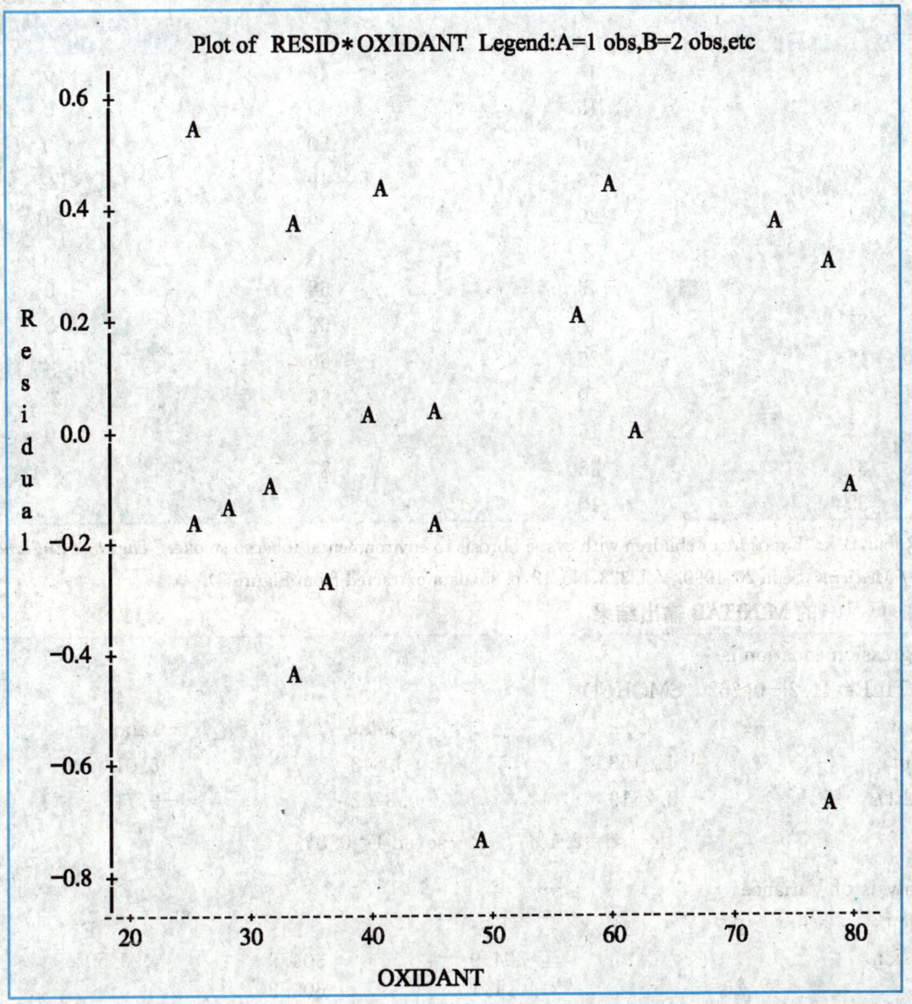

```
                 Plot of  RESID*OXIDANT  Legend:A=1 obs,B=2 obs,etc

  0.6 +
      |     A
      |
      |                     A                  A
      |             A                                       A
      |
      |                                                          A
      |
R 0.2 +                                      A
e     |
s     |
i     |                    A    A
d 0.0 +                                           A
u     |
a     |            A                                               A
l     |      A A                A
 -0.2 +
      |                A
      |
      |
 -0.4 +
      |              A
      |
      |
 -0.6 +
      |                                                          A
      |
      |                              A
 -0.8 +
      -+---------+---------+---------+---------+---------+---------+--
      20        30        40        50        60        70        80

                                  OXIDANT
```

11.103《世界发展》(*World Development*, Vol. 20, 1992)对影响国际市场中制造公司的规模分布的变量进行了研究。研究者运用五个自变量——国内生产总值(GDP)、人均面积(AREAC)、增加值中重工业的份额(SVA),信用索赔与 GDP 的比率(CREDIT),股票资产净值与 GDP 的比率(STOCK)——建立了拥有员工数在 100 及其以上的公司所占份额的模型。他们发现在以下几对自变量之间具有高度的相关性:GDP 和 SVA,GDP 和 STOCK,以及 CREDIT 和 STOCK。请说明在多元回归模型的分析中,如果忽略这些高度相关性则可能会引起的问题。

11.104 被动吸烟与正常小孩的生长抑制和呼吸道感染频率增加有关。这种关联比它与囊肿性纤维化之间的关联更为显著吗?为了回答这一问题,43 个孩子(18 个女孩和 25 个男孩)参加了为囊肿性纤维化患者举办的为期两周的夏令营(《新英格兰医学杂志》,*The New England Journal of Medicine*, Sept. 20,1990)。研究人员对小孩体重的百分位数(y)和在小孩家里每天的吸烟数量(x)之间的相关性进行了研究。下页的表中列举了 25 个男孩的数据,且 y 关于 x 的直线模型的 MINITAB 回归输出结果(包括残差)也已给出。请对残差进行检查,你发现离群值了吗?

练习 11.104 的数据

CFSMOKE.DAT

体重百分位数 y	每天的吸烟量 x	体重百分位数 y	每天的吸烟量 x
6	0	43	0
6	15	49	0
2	40	50	0
8	23	49	22
11	20	46	30
17	7	54	0
24	3	58	0
25	0	62	0
17	25	66	0
25	20	66	23
25	15	83	0
31	23	87	44
35	10		

Sottrce:Rubin,B. k. "Exposure of children with cystic fibrosis to environmental tobacco smoke." *The New England Journal of Medicine*, Sept. 20,1990. Vol. 323,No. 12,p. 85(data extracted from Figure 3).

练习 11.104 的 MINITAB 输出结果

The regression equation is

WTPCTILE=41.2−0.262 SMOKED

Predictor	Coef	Stdev	t−ratio	P
Constant	41.153	6.843	6.01	0.000
SMOKED	−0.2619	0.3702	−0.71	0.486

s=24.68 R−sq=2.1% R−sq(adj)=0.0%

Analysis of Variance

SOURCE	DF	SS	MS	F	p
Regression	1	304.9	304.9	0.50	0.486
Error	23	14011.1	609.2		
Total	24	14316.0			

obs	SMOKED	WTPCTILE	Fit	Stdev. fit	Residual	St. Resid
1	0.0	6.00	41.15	6.84	−35.15	−1.48
2	15.0	6.00	37.22	5.00	−31.22	−1.29
3	40.0	2.00	30.68	11.22	−28.68	−1.30
4	23.0	8.00	35.13	6.22	−27.13	−1.14
5	20.0	11.00	35.91	5.61	−24.91	−1.04
6	7.0	17.00	39.32	5.38	−22.32	−0.93
7	3.0	24.00	40.37	6.13	−16.37	−0.68
8	0.0	25.00	41.15	6.84	−16.15	−0.68
9	25.0	17.00	34.60	6.69	−17.60	−0.74
10	20.0	25.00	35.91	5.61	−10.91	−0.45
11	15.0	25.00	37.22	5.00	−12.22	−0.51
12	23.0	31.00	35.13	6.22	−4.13	−0.17
13	10.0	35.00	38.53	5.04	−3.53	−0.15
14	0.0	43.00	41.15	6.84	1.85	0.08
15	0.0	49.00	41.15	6.84	7.85	0.33

续表

16	0.0	50.00	41.15	6.84	8.85	0.37
17	22.0	49.00	35.39	6.00	13.61	0.57
18	30.0	46.00	33.29	8.06	12.71	0.54
19	0.0	54.00	41.15	6.84	12.85	0.54
20	0.0	58.00	41.15	6.84	16.85	0.71
21	0.0	62.00	41.15	6.84	20.85	0.88
22	0.0	66.00	41.15	6.84	24.85	1.05
23	23.0	66.00	35.13	6.22	30.87	1.29
24	0.0	83.00	41.15	6.84	41.85	1.76
25	44.0	87.00	29.63	12.56	57.37	2.70

11.105 参考练习 11.99 佛罗里达司法部长办公室(FLAG)对公路建设业中存在的投标舞弊行为所进行的调查。回想到 FLAG 为了防止将来的价格操纵，欲对出价最低的投标者的合同投标价(y)建立模型。

a. 考虑练习 11.99 中由逐步回归所选取的自变量。在这些变量中你发现多重共线性了吗？如果已发现，则你推荐运用所有这些变量来预测低投标价 y 吗？如果没有发现，你会推荐运用哪些变量？

b. 运用 a 部分所选的变量，对保存在文件中的数据拟合一个 $E(y)$ 的完全交互效应模型。[注意：在模型中不包括平方项，但一定要包括所有可能的两变量交互项。]

c. 对 b 部分拟合的模型进行一个完全的残差分析。你发现离群值了吗？标准的回归假设被合理地满足了吗？

11.106《教学社会学》(*Teaching Sociology*, July 1995)建立了一个研究生攻读博士学位的专业社会化模型。建模的其中一个因变量是专业信心 y，它是在 5 分的尺度上测度的。模型包括 20 多个自变量，并对搜集到的 309 个研究生的一个样本数据进行了拟合。有一个考虑是数据中是否存在多重共线性，其中的 10 个自变量的皮尔逊积矩相关矩阵如下表所示。[注意：表中每一项是相应的行和列之间的相关系数 r。]

练习 11.106　的相关矩阵

因变量	(1)	(2)	(3)	(4)	(5)	(6)	(7)	(8)	(9)	(10)
(1)父亲的职业	1.000	0.363	0.099	−0.110	−0.047	−0.053	−0.111	0.178	0.078	0.049
(2)母亲的教育	0.363	1.000	0.228	−0.139	−0.216	0.084	−0.118	0.192	0.125	0.068
(3)种族	0.099	0.228	1.000	0.036	−0.515	0.014	−0.120	0.112	0.117	0.337
(4)性别	−0.110	−0.139	0.036	1.000	0.165	−0.256	0.173	−0.106	−0.117	0.073
(5)Foreign status	−0.047	−0.216	−0.515	0.165	1.000	−0.041	0.159	−0.130	−0.165	−0.171
(6)本科的 GPA	−0.053	0.084	0.014	−0.256	−0.041	1.000	0.032	0.028	−0.034	0.092
(7)参加 GRE 的年份	−0.111	−0.118	−0.120	0.173	0.159	0.032	1.000	−0.086	−0.602	0.016
(8)GRE 语文成绩	0.178	0.192	0.112	−0.106	−0.130	0.028	−0.086	1.000	0.132	0.087
(9)研究生计划的年数	0.078	0.125	0.117	−0.117	−0.165	−0.034	−0.602	0.132	1.000	−0.071
(10)研究生第一年的 GPA	0.049	0.068	0.337	0.073	−0.171	0.092	0.016	0.087	−0.071	1.000

a. 检查相关矩阵，并找出中度或高度相关的自变量。

b. 如果 a 部分的变量保留在模型中，会发生什么建模问题？请解释。

11.107 下表搜集到的数据是在 2000 年期间华盛顿的 26 个家庭的一个随机样本。一名经济学家想运用一阶模型建立家庭食品消费 y 关于家庭收入 x_1 和家庭容量 x_2 之间的关系：

$$E(y)=\beta_0+\beta_1x_1+\beta_2x_2$$

在模型的 SPSS 输出结果之后给出了几个残差图。

a. 在数据中你发现多重共线性的征兆了吗？请解释。

b. 是否存在明显的理由表明一个二阶模型可能对于家庭食品消费的预测更为合适？请说明。

c. 对误差方差为常数的假设进行解释，这一假设看起来被满足了吗？

d. 数据中有离群值吗？如果有的话，请找出它们。

e. 误差为正态分布的假设看起来合理地满足了吗？请解释。

练习 11.107 的数据

DCFOOD,DAT

家庭	食品消费 千美元	收入 千美元	家庭容量	家庭	食品消费 千美元	收入 千美元	家庭容量
1	4.2	41.1	4	14	4.1	95.2	2
2	3.4	30.5	2	15	5.5	45.6	9
3	4.8	52.3	4	16	4.5	78.5	3
4	2.9	28.9	1	17	5.0	20.5	5
5	3.5	36.5	2	18	4.5	31.6	4
6	4.0	29.8	4	19	2.8	39.9	1
7	3.6	44.3	3	20	3.9	38.6	3
8	4.2	38.1	4	21	3.6	30.2	2
9	5.1	92.0	5	22	4.6	48.7	5
10	2.7	36.0	1	23	3.8	21.2	3
11	4.0	76.9	3	24	4.5	24.3	7
12	2.7	69.9	1	25	4.0	26.9	5
13	5.5	43.1	7	26	7.5	7.3	5

练习 11.107 的 SPSS 输出结果

```
Equation Number 1.     Dependent Variable.. FOOD
Block Number 1. Method: enter            INCOME      HOMESIZE

Multiple R            0.74699      Analysis of Variance
R Square              0.55800                          DF          Sum of Squares
Adjusted R Square     0.51956      Regression           2               15.00268
Standard Error        0.71881      Residual            23               11.88386
                                   F=14.51808     Signif F=0.0001

---------------------------- Variables in the Equation ----------------------------

Variable                  B           SE B          Beta          T         Sig T
INCOME          -1.63937E-04      0.006564     -0.003495     -0.025        0.9803
HOMESIZE            0.383485      0.071887      0.716508      5.335        0.0000
(Constant)          2.794380      0.436335                    6.404        0.0000

Residuals Statistics:
                 Min        Max       Mean     Std Dev     N
*PRED         3.1664     6.2383     4.1885      0.7747    26
*RESID       -0.9748     2.7894     0.0000      0.6895    26
*ZPRED       -1.3194     2.6460     0.0000      1.0000    26
*ZRESID      -1.3561     3.8806     0.0000      0.9592    26
Total   Cases=    26
```

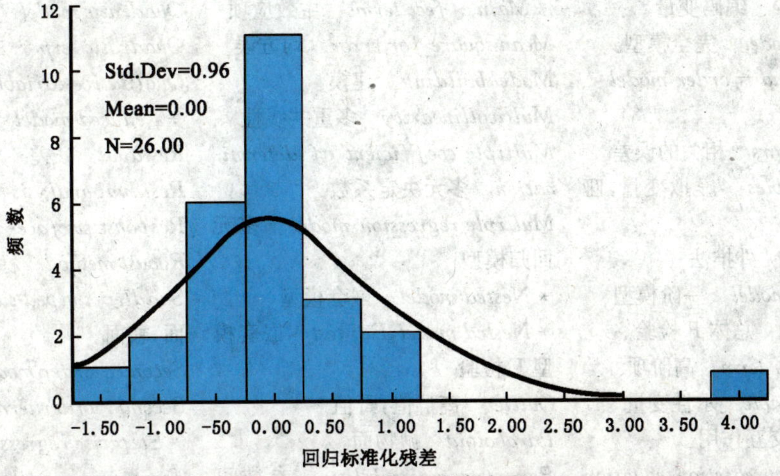

练习 11.107 的 SPSS 直方图

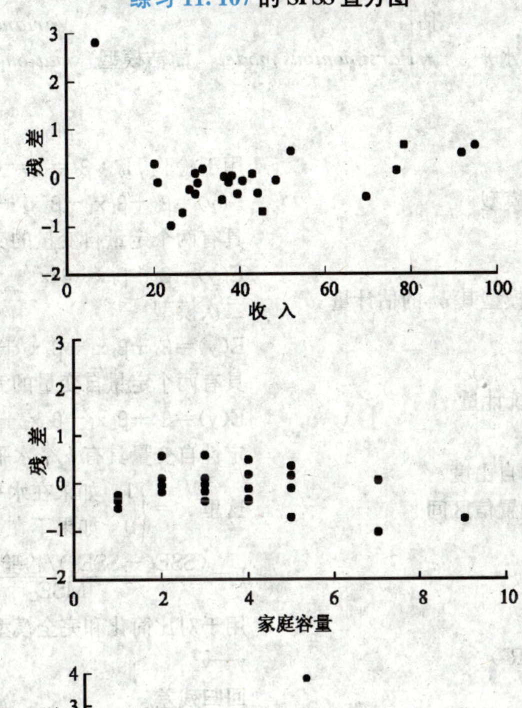

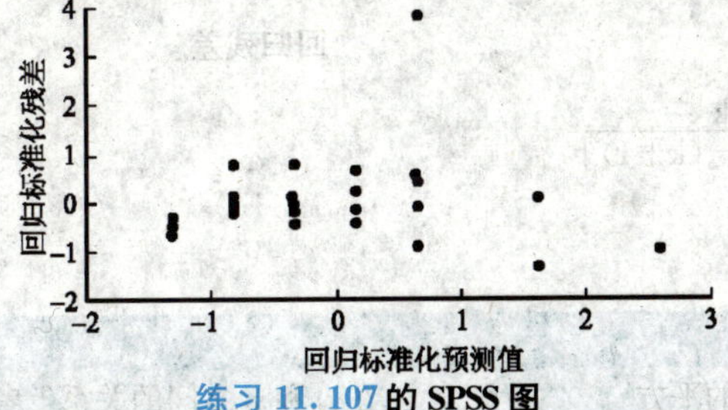

练习 11.107 的 SPSS 图

要点回顾

注：标有星号（＊）的条目来自于本章的选修章节。

关键术语：

Adjusted multiple coefficient of determination　调整的多元决定系数

Base level　基础水平

Categorical variable　属性变量

Coded variable 编码变量
* *Complete model* 完全模型
Complete second－order model 完全二阶模型
Correlated errors 相关的误差
Dummy variables 虚拟变量，哑变量
Extrapolation 外推法
First－order model 一阶模型
Global F－test 总体 F 检验
Higher－order term 高阶项
Indicator variable 示性变量
Interaction 交互作用
Least squares prediction equation 最小二乘预测方程
Level of a variable 变量的水平
* *Main effect terms* 主效应项
Mean square for error 均方误
Model building 建模
Multicollinearity 多重共线性
Multiple coefficient of determination 多元决定系数
Multiple regression model 多元回归模型
* *Nested model* 嵌套模型
* *Nested model F－test* 嵌套模型 F 检验
Outlier 离群值，野值
Paraboloid 抛物面
Parameter estimability 参数可估性
* *Parsimonious model* 简洁模型
Quadratic model 二次模型
Quadratic term 二次项
Qualitative variable 定性变量
* *Reduced model* 简化模型
Residual 残差
Residual analysis 残差分析
Response surface 响应曲面
Robust method 稳健方法
Saddle－shaped surface 鞍形曲面，鞍面
Second－order model 二阶模型
Second－order term 二阶项
* *Stepwise regression* 逐步回归
Time series model 时间序列模型
Variance－stabilizing transformation 方差稳定化变换

关键公式

$E(y)=\beta_0+\beta_1x_1+\beta_2x_2$
具有两个定量自变量的一阶模型

$s^2=MSE=\frac{SSE}{n-(k+1)}$
对于一个具有 k 个自变量的模型其 σ^2 的估计量

$t=\frac{\hat{\beta}_i}{s_{\hat{\beta}_i}}$
用于检验 $H_0:\beta_i=0$ 的检验统计量

$\hat{\beta}_i\pm(t_{\alpha/2})s_{\hat{\beta}_i}$
这里 $t_{\alpha/2}$ 依赖于 $n-(k+1)$ 的自由度
对于 $\beta_i=0$ 的 $100(1-\alpha)\%$ 的置信区间

$R^2=\frac{SS_{yy}-SSE}{SS_{yy}}$
多元决定系数

$R_a^2=1-\left[\frac{(n-1)}{n-(k+1))}\right](1-R^2)$
调整的多元决定系数

$F=\frac{MS(模型)}{MSE}=\frac{R^2/k}{(1-R^2)/[n-(k+1)]}$
用于检验 $H_0:\beta_0=\beta_1=\cdots=\beta_k=0$ 的检验统计量

$E(y)=\beta_0+\beta_1x_1+\beta_2x_2+\beta_3x_1x_2$
具有两个定量自变量的交互效应模型

$E(y)=\beta_0+\beta_1x+\beta_2x^2$
二次模型

$E(y)=\beta_0+\beta_1x_1+\beta_2x_2+\beta_3x_1x_2+\beta_4x_1^2+\beta_5x_2^2$
具有两个定量自变量的完全二阶模型

$E(y)=\beta_0+\beta_1x_1+\beta_2x_2+\cdots+\beta_{k-1}x_{k-1}$
定性自变量具有 *k* 个水平的模型

这里 $x_i=\begin{cases}1 & 如果在水平\ i+1\ 上\\ 0 & 如果不在\end{cases}$

$F=\frac{(SSE_R-SSE_C)/检验的\ \beta\ 个数}{MSE_C}$
用于对比简化和完全模型的检验统计量 *

$y-\hat{y}$
回归残差

语言室

符号	发音	说明
x_1^2	*x*－**1** 的平方	在 *y* 和 *x* 之间的关系上考虑了曲线关系的二次项
x_1x_2	*x*－**1** 乘以 *x*－**2**	交互项
MSE	*M*－*S*－*E*	误差平方的均值(估计 σ^2)
β_i	*beta*－*i*	模型中 x_i 的系数
$\hat{\beta}$	*beta*－*i* 帽	β_i 的最小二乘估计值
$S_{\hat{\beta}_i}$	*beta*－*i* 帽的 *s*	估计的 $\hat{\beta}$ 的标准误
R^2	*R* 的平方	多元决定系数

R_a^2	调整的 R 的平方	调整的多元决定系数
F		用于检验模型的总体有效性的检验统计量
$\hat{\varepsilon}$	*epsilon*—帽	估计的随机误差或残差
SSE_R		简化模型的误差平方和
SSE_C		完全模型的误差平方和
MSE_C		完全模型的均方误
$log(y)$	y 的 Log	因变量的自然对数

补充练习 11.108～11.136

注意：标有星号（＊）的练习参考本章的选修章节。

技能训练：

11.108 假如你对 n＝25 个数据点拟合模型

$$y=\beta_0+\beta_1x_1+\beta_2x_1^2+\beta_3x_2+\beta_4x_1x_2+\varepsilon$$

得到的结果为：

$\hat{\beta}_0=1.26$　$\hat{\beta}_1=-2.43$　$\hat{\beta}_2=0.05$　$\hat{\beta}_3=0.62$　$\hat{\beta}_4=1.81$

$s_{\hat{\beta}_1}=1.21$　$s_{\hat{\beta}_2}=0.16$　$s_{\hat{\beta}_3}=0.26$　$s_{\hat{\beta}_4}=1.49$

$SSE=0.41$　$R^2=0.83$

a. 有充足的理由得出参数 β_1,β_2,β_3 或 β_4 中至少有一个非零的结论吗？运用 $\alpha=0.05$ 进行检验。

b. 检验 $H_0:\beta_1=0$ 对 $H_a:\beta_1<0$。运用 $\alpha=0.05$。

c. 检验 $H_0:\beta_2=0$ 对 $H_a:\beta_2>0$。运用 $\alpha=0.05$。

d. 检验 $H_0:\beta_3=0$ 对 $H_a:\beta_3\neq0$。运用 $\alpha=0.05$。

11.109 当一个多元回归模型用于估计因变量的均值和预测 y 的一个新值时，对于均值的置信区间或这个新 y 值的预测区间而言，哪一个更窄些？为什么？

11.110 为了解释 y 与 x_1，x_2 和 x_3 之间的关系，假如你已经建立了一个回归模型。你所观测的变量的范围为：$10\leqslant y\leqslant100$，$5\leqslant x_1\leqslant55$，$0.5\leqslant x_2\leqslant1$ 和 $1000\leqslant x_3\leqslant2000$。当 $x_1=30$，$x_2=0.6$ 且 $x_3=1300$ 或 $x_1=60$，$x_2=0.4$ 且 $x_3=900$ 时，你运用最小二乘方程预测 y 时，其预测误差哪个更小？为什么？

11.111 假如你对 $n=15$ 个数据点运用 MINITAB 拟合模型

$$y=\beta_0+\beta_1x_1+\beta_2x_2+\varepsilon$$

得到了如下的输出结果

练习 11.111 的 MINITAB 输出结果

```
The regression equation is
Y=90.1-1.84 X1+0.285 X2
Predictor        Coef        StDev      t-ratio        P
Constant        90.10        23.10        3.90       0.002
X1             -1.836        0.367       -5.01       0.001
X2              0.285        0.231        1.24       0.465

S=10.68       R-Sq=91.6%          R-Sq(adj)=90.2%

Analysis of Variance

SOURCE        DF          SS          MS          F          P
Regression     2       14801        7400      64.91      0.001
Error         12        1364         114
Total         14       16165
```

a. 最小二乘预测方程是什么。

b. 找出 R^2，并解释它。

c. 有充足的理由表明模型对于 y 的预测有用吗？运用 $\alpha=0.05$ 进行 F 检验。

d. 运用 $\alpha=0.05$ 检验原假设 $H_0:\beta_1=0$ 对备择假设 $H_a:\beta_1\neq0$，并得出适当的结论。

e. 找出回归模型的标准差，并解释其值。

11.112 对 $n=19$ 个数据点拟合一阶模型 $E(y)=\beta_0+\beta_1 x_1$，模型的残差图已经给出。从残差图来看，模型中有加入一个二次项的必要吗？请解释。

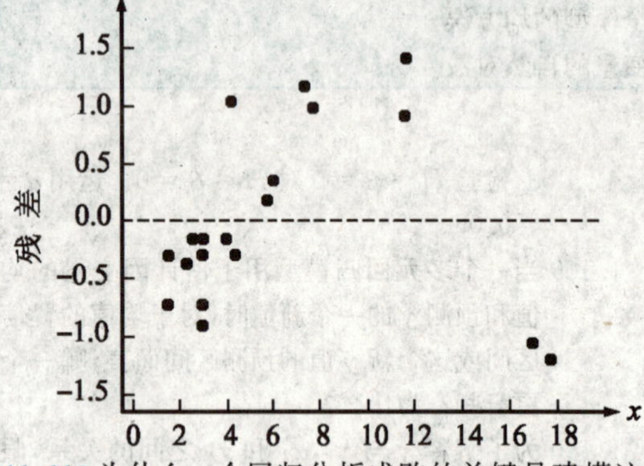

11.113 为什么一个回归分析成败的关键是建模这一步？

11.114 假如你对 $n=35$ 个数据点拟合回归模型。

$$E(y)=\beta_0+\beta_1 x_1+\beta_2 x_2+\beta_3 x_2^2+\beta_4 x_1 x_2+\beta_5 x_1 x_2^2$$

并欲检验原假设 $H_0: \beta_4=\beta_5=0$。

a. 说明备择假设。

b. 详细说明怎样计算出检验原假设所需的 F 统计量。

c. b 部分统计量的分子和分母的自由度各是什么？

d. 如果 $\alpha=0.05$，给出检验的拒绝域。

11.115 写出 $E(y)$ 关于一个具有 4 个水平的定性自变量的模型，并解释你的模型中所有各项的意义。

11.116 现想要建立 $E(y)$ 关于一个定量变量 x_1 和一个具有三个水平的定性变量的关系。

a. 写出一个一阶模型。

b. 写出一个模型，使其能画为三条不同的二阶曲线（每条曲线对应于这个定量变量的一个水平）。

11.117 说明为什么要运用逐步回归？在建模过程中其作用是什么？

11.118 a. 写出一个 $E(y)$ 关于两个定量自变量 x_1 和 x_2 的一阶模型。

b. 写出一个完全二阶模型。

11.119 为了建立因变量 y 和一个自变量 x 之间的模型，研究者在 3 个不同的 x 值上分别对 y 进行了观测。研究者根据他的数学专长，认识到他可以拟合二阶模型

$$E(y)=\beta_0+\beta_1 x+\beta_2 x^2$$

它将恰好通过所有的 3 个点，得到 SSE $=0$。研究者对这一“极好”的拟合非常满意，迫不及待地着手用它作出推断。在试图进行推断时他将会遇到什么问题？

概念运用

11.120《最佳者评论》(*Best's Review*, June 1999)的一篇文章对一个含有 25 个人寿/健康保险公司的样本就其抵押贷款组合进行了比较。下页表中的资料是从这篇文章中摘录的。假如你欲建立的公司不良抵押比例(y)的模型是总抵押贷款(x_1)，投资资产比例(x_2)，商业抵押比例(x_3)，住宅抵押比例(x_4)的一个函数。

练习 11.120 的数据

BESINS. DAT

公司	总抵押贷款 x_1	投资资产 x_2(%)	商业抵押 x_3(%)	住宅抵押 x_4(%)	不良抵押 y(%)
TIAA Group	\$18803163	20.7	100.0	0.0	11.4
Metropolitan Insurance	18171162	13.9	77.8	1.6	3.8
Prudential of Am Group	16213150	12.9	87.4	2.3	4.1
Principal Mutual IA	11940345	30.3	98.8	1.2	32.6
Northwestern Mutual	10834616	17.8	99.5	0.0	2.2
Cigna Group	10181124	25.1	99.8	0.2	11.1
John Hancock Group	8229523	20.4	82.0	0.1	12.2
Aegon USA Inc.	7695198	17.7	73.0	24.7	6.4
New York Life	7088003	9.4	92.2	7.8	2.4
Nationwide	5328142	26.3	100.0	0.0	7.5
Massachusetts Mutual	4965287	12.2	78.6	21.4	6.3

续表

公司	总抵押贷款 x_1	投资资产 x_2(%)	商业抵押 x_3(%)	住宅抵押 x_4(%)	不良抵押 y(%)
Equitable Group	4905123	12.7	63.6	0.0	27.0
Aetna US Healthcare Group	3974881	10.5	94.1	5.4	8.7
American Express Financial	3655292	13.9	100.0	0.0	2.1
ING Group	3505206	16.2	99.8	0.2	0.7
American General	3359650	6.4	99.8	0.2	2.1
Lincoln National	3264860	11.5	99.9	0.1	2.2
Sun America Inc.	3909177	15.7	100.0	0.0	2.6
Allstate	2987144	10.9	100.0	0.0	2.1
Travelers Insurance Group	2978628	10.3	74.9	0.1	3.2
GE Capital Corp. Group	2733981	7.5	99.7	0.3	0.7
Relia Star Financial Corp.	2342992	16.2	69.9	30.0	6.4
General American Life	2107592	15.2	99.8	0.2	1.3
State Farm Group	2027648	8.6	97.6	2.4	0.1
Pacific Mutual Life	1945392	9.7	96.4	3.6	6.1

a. 写出一个 $E(y)$ 的一阶模型。

b. 对数据拟合 a 部分的模型，并评价其总的有效性。运用 $\alpha=0.05$。

c. 解释拟合模型中的 β 估计值。

d. 建立 y 关于模型中的 4 个自变量各自的散点图，哪些变量有充足的理由作为二阶（即平方）项被纳入到模型中？

e. 根据你在 d 部分得到的初步分析，对数据拟合这个模型，并运用 $\alpha=0.05$ 评价其总的有效性。

f. 在你的 e 部分模型中，一个或更多的二阶项对于不良抵押比例的预测提供信息了吗？运用 $\alpha=0.05$ 进行检验。

11.121 佛罗里达柑桔委员会意欲评价两个榨桔汁器品牌 A 和 B 的表现。据认为用于测试中的水果大小可能会影响榨汁器榨出的桔汁量（每磅桔子的含汁量）。委员会欲建立平均产汁量 $E(y)$ 关于榨桔汁器的类型（品牌 A 或 B）和桔子大小（直径）x_1 的模型。

a. 确定自变量是定性的还是定量的。

b. 写出一个模型，使其将 $E(y)$ 和桔子大小之间的关系描述为两条平行线，每一条直线对应于榨汁器的一个品牌。

c. 修改 b 部分的模型，使其允许两条线的斜率不同。

d. 画出 b 部分模型的响应直线的草图，并同样地画出 c 部分模型的草图。对这两个图仔细地做出标记。

e. 为了确定对于产汁量的预测，c 部分的模型是否比 b 部分的模型提供了更多的信息，说明你要运用的原假设和备择假设。

f. 为了检验你在 e 部分所述的假设，说明你将怎样得到计算 F 统计量所需的值。

11.122 一名教育测试服务（Educational Testing Service，ETS）科学家运用多元回归分析建立了工商管理博士生的期末年级平均成绩（GPA）y 的模型（《教育统计学杂志》，*Journal of Educational Statistics*，Spring 1993）。在研究中对每个博士生测量的潜在自变量如下：

1. 定量分级管理智能测试成绩
2. GMAT 语文成绩
3. 本科的 GPA
4. 第一年研究生的 GPA
5. 学生组别（即，学生进入博士生计划所在的年：1988，1990 或 1992）

a. 确定变量为定量变量还是定性变量。

b. 对于每一个定量变量，就这个变量与期末 GPA 之间属于正相关还是负相关给出你的见解。

c. 对于每一个定性变量，建立适当的虚拟变量。

d. 写出期末 GPA 关于五个自变量的一阶主效应模型。

e. 解释 d 部分模型中的 β。

f. 写出期末 GPA 的一阶模型，要求它对每个学生分组考虑不同的斜率。

g. 对 f 部分模型中的每个定量自变量，给出 1988 这一组的直线斜率(根据 β)。

11.123 急诊服务(EMS)人员经常要处理外伤。然而，很少有人研究过 EMS 人员可能经受的心理压力。《咨询和临床心理学杂志》(*Journal of Consulting and Clinical Psychology*, 1995.6)对 1989 年旧金山地震期间在 I－880 高速公路塌方时参与救护的 EMS 人员进行了研究。这一研究的目标是确定 EMS 人员的症状性压力的预测变量。所研究的其中一个压力变量是总症状指数(Global Symptom Index, GSI)。所考虑的几个 GSI 模型是基于以下的自变量：

x_1＝危急事故接触等级(CIE)

x_2＝霍根性格目录－适应等级(HPI－A)

x_3＝工作经验的年数(EXP)

x_4＝控制的病灶等级(LOC)

x_5＝社会支持的等级(SS)

x_6＝分离经验的等级(DES)

x_7＝外伤周围的分离经验问卷，自我报告(PDEQ－SR)

a. 写出 $E(y)$作为前 5 个自变量 $x_1 \sim x_5$ 的函数的一阶模型。

b. 对 $n=147$ 名 EMS 人员所搜集的数据拟合了 a 部分的模型，得到以下的结果：$R^2=0.469, F=34.47, p$ 值<0.001，解释这些结果。

c. 写出一个 $E(y)$作为所有 7 个自变量 $x_1 \sim x_7$ 的函数的一阶模型。

d. c 部分的模型得到的 $R^2=0.603$，解释这一结果。

e. 用于检验变量 DES 和 PDEQ－SR 的 t 检验都得到了 0.001 的 p 值，解释这些结果。

11.124 自 20 世纪 30 年代的大萧条以来，自杀率和经济状况之间的联系成为许多研究的主题。为了探讨这一联系，在《社会经济学杂志》(*Journal of SocioEconomics*, 1992 春)发表的一篇文章运用回归分析进行了研究。研究者搜集了以下变量的 45 年期间的数据：

y＝自杀率

x_1＝失业率

x_2＝女性在劳动力中的比例

x_3＝离婚率

x_4＝国民生产总值(GNP)的对数

x_5＝GNP 的每年百分比变动

研究者探讨的其中一个模型是 y 关于 x_1 至 x_5 的线性项的多元回归模型，得到的最小二乘模型如下(β 估计值的观察到的显著性水平见估计值下面的括号中)：

$$\hat{y}=0.002+\underset{(0.002)}{0.0204}x_1-\underset{(0.02)}{0.0231}x_2+\underset{(>0.10)}{0.0765}x_3+\underset{(>0.10)}{0.2760}x_4+\underset{(>0.10)}{0.0018}x_5$$

$R^2=0.45$

a. 解释 R^2 值，有充足的理由表明模型对自杀率的预测有效吗？运用 $\alpha=0.05$。

b. 解释模型中的每一个系数和各自相应的显著性水平。

c. 有充足的理由表明失业率是自杀率的一个有效的预测变量吗？运用 $\alpha=0.05$。

d. 讨论上述模型在以下各方面可能存在的问题：曲率(二阶项)，交互和多重共线性。

11.125 为了满足对新软件产品日益增长的需求，许多系统开发专家采纳了原型开发方法。《计算机信息系统杂志》(*Journal of Computer Information Systems*, Spring 1993)就原型开发对系统开发生命周期(System Development Life Cycle,SDLC)的影响进行了研究，500 名随机选取的公司级 MIS 管理人员被作了调查。三个可能的自变量是：(1)原型开发对 SDLC 各阶段的**重要性**；(2)原型开发提供给 SDLC 的**支持**程度；(3)原型开发对 SDLC 各阶段的**替换**程度。下表给出了在 SDLC 某一阶段的调查数据中三个变量两两之间的相关系数。运用这一信息评价调查数据中的多重共线性程度。在一个回归分析中你会推荐运用所有这三个自变量吗？请解释。

变量对	相关系数，r
重要性—替换	0.2682
重要性—支持	0.6991
替换—支持	－0.0531

11.126 一个超市连锁店欲探讨以本店冠名的罐装蔬菜的销售额(y)，与这种蔬菜在本地报纸上的促销费用(x_1)以及分配给这一品牌的货架空间大小(x_2)之间的关系。连锁店的其中一个超市被随机选中，在为期 20 周的一段时间内，x_1 和 x_2 的变化如下：

练习 11.126 的数据  CANVEG. DAT

周	销售额(\$)	广告费用(\$)	货架空间（平方英尺）
1	2010	201	75
2	1850	205	50
3	2400	355	75
4	1575	208	30
5	3550	590	75
6	2015	397	50
7	3908	820	75
8	1870	400	30
9	4877	997	75
10	2190	515	30
11	5005	996	75
12	2500	625	50
13	3005	860	50
14	3480	1012	50
15	5500	1135	75
16	1995	635	30
17	2390	837	30
18	4390	1200	50
19	2785	990	30
20	2989	1205	30

a. 对数据拟合以下模型：

$$y=\beta_0+\beta_1x_1+\beta_2x_2+\beta_3x_1x_2+\varepsilon$$

b. 为研究这一模型总的有效性，运用 $\alpha=0.05$ 进行一个 F 检验。

c. 运用 $\alpha=0.05$ 对广告支出和货架空间之间交互的存在进行检验。

d. 说明广告支出和货架空间之间存在交互意味着什么？

e. 为了解释广告支出和货架空间怎样影响销售额，说明当你运用一个一阶模型而不是交互效应模型时会被怎样误导？

11.127 明尼苏达运输部(MDOT)的交通预报员运用回归分析对现有和计划中的车行道在平日高峰时间的交通容量进行了估计。特别地，他们建立了高峰时间的容量 y 的模型（具有代表性地，在上午 7 点和 8 点之间的容量），使其作为全天道路总容量 x_1 的函数。对于州际 494 道的一段重新设计的工程，预报员运用清点车辆的电子传感器搜集了高峰时间交通容量和 24 小时平日交通容量的 $n=72$ 个观测值。数据见以下的表中。

a. 对数据绘出一个高峰时间容量 y 关于 24 小时的容量 x_1 的散点图。注意在散点图上部孤立的一群观测值，（它们是表中 55－72的观测值。）调查人员发现所有这些数据点是在州际 35W 道和第 46 街的交叉处搜集的。这一位置是独特的，因为样本中所有其他的位置是在三车道的公路上，而正好在电子传感器的北部拓宽为四车道。因此，预报员决定引入一个虚拟变量用以说明 I－35W 这一位置与所有其他位置的区别。

b. 获悉高峰时间交通容量有一个理论上的上限，预报员假设应该运用一个二阶模型解释 y 的变异。请提出一个 $E(y)$ 的完全二阶模型，使其作为 24 小时容量 x_1 和位置的虚拟变量的函数。

c. 运用一个可得到的统计软件包对数据拟合 b 部分的模型。解释其结果，并特别说明在这两个位置上，高峰时间的容量和 24 小时容量之间的曲线关系是不同的吗？

d. 对 b 部分的模型进行一个残差分析。对正态性和误差方差为常数的假设进行评价，并确定是否存在离群值。

练习 11.127 的数据 MINNDOT. DAT

观测号码	高峰时间容量	24 小时容量	I－35	观测号码	高峰时间容量	24 小时容量	I－35	观测号码	高峰时间容量	24 小时容量	I－35
1	1990.94	20070	0	25	1923.87	18184	0	49	1978.72	24249	0
2	1989.63	21234	0	26	1922.79	16926	0	50	1975.29	23321	0
3	1986.96	20633	0	27	1917.64	19062	0	51	1973.55	22842	0
4	1986.96	20676	0	28	1916.17	18043	0	52	1973.91	20626	0
5	1983.78	19818	0	29	1916.17	18043	0	53	1972.92	26166	0
6	1983.13	19931	0	30	1916.13	16691	0	54	1966.65	21755	0
7	1982.47	19266	0	31	1912.49	17339	0	55	2120.00	20250	1
8	1981.53	19658	0	32	1912.49	17339	0	56	2140.00	20251	1

续表

观测号码	高峰时间容量	24小时容量	1—35	观测号码	高峰时间容量	24小时容量	1—35	观测号码	高峰时间容量	24小时容量	1—35
9	1979.83	19203	0	33	1909.98	17867	0	57	2160.00	21852	1
10	1979.83	19958	0	34	1907.04	17773	0	58	2186.52	23511	1
11	1978.40	19152	0	35	1907.46	17678	0	59	2180.29	22431	1
12	1978.90	21651	0	36	1905.14	18024	0	60	2174.03	23734	1
13	1977.38	20198	0	37	1902.37	17405	0	61	2174.03	23734	1
14	1972.87	20508	0	38	2017.76	23517	0	62	2167.97	23387	1
15	1964.45	19783	0	39	2009.38	23017	0	63	2160.02	24885	1
16	1962.85	20815	0	40	2007.10	22808	0	64	2160.54	23332	1
17	1964.26	20105	0	41	2007.28	23152	0	65	2159.72	23838	1
18	1961.85	20500	0	42	2004.17	24352	0	66	2155.61	23662	1
19	1961.26	19593	0	43	1997.58	20939	0	67	2147.93	22948	1
20	1958.97	20818	0	44	1994.53	21822	0	68	2147.93	22948	1
21	1943.78	17480	0	45	1984.70	22918	0	69	2147.85	23551	1
22	1927.83	17768	0	46	1984.01	21129	0	70	2,144.23	21637	1
23	1928.36	17659	0	47	1983.17	21674	0	71	2142.41	23543	1
24	1925.65	18357	0	48	1982.02	26148	0	72	2137.39	22594	1

11.128 某生产经理欲建立一台机器每月因修理而关停的期望时间长度(小时)的模型,使其作为机器类型(001 和 002)和机器年龄(年)的一个函数。此经理提出以下模型:

$E(y)=\beta_0+\beta_1x_1+\beta_2x_1^2+\beta_3x_2$

这里 x_1=机器的年龄

$x_2=1$ 如果机器类型为 001,0 如果机器类型为 002

a. 运用以下的 $n=20$ 台机器的故障数据,估计这一模型的参数。

b. 这些数据提供了充足的理由推断生产经理所提出模型中的二阶项(x_1^2)是必需的吗?运用 $\alpha=0.05$ 进行检验。

c. 运用 $\alpha=0.10$ 检验原假设 $H_0:\beta_1=\beta_2=0$,并联系此问题的背景解释这个检验结果。

练习 11.128 的数据 SHUTDOWN.DAT

停工期(每月小时数)	机器年龄 x_1(年)	机器类型	x_2
10	1.0	001	1
20	2.0	001	1
30	2.7	001	1
40	4.1	001	1
9	1.2	001	1
25	2.5	001	1
19	1.9	001	1
41	5.0	001	1
22	2.1	001	1
12	1.1	001	1
10	2.0	002	0
20	4.0	002	0
30	5.0	002	0
44	8.0	002	0
9	2.4	002	0
25	5.1	002	0
20	3.5	002	0
42	7.0	002	0
20	4.0	002	0
13	2.1	002	0

11.129 一种产品广告的观众按照受广告影响的程度可分为四个群体，这些群体分别为受广告影响程度很高(VH)、高(H)、中等(M)或低(L)的消费群。某公司欲探究其广告努力是否影响其产品的市场份额。因此，这个公司确定了受其广告影响的 24 个样本消费群，在每个影响水平上有 6 个消费群。然后，公司在每个群内测定其产品的市场份额。

a. 写出一个回归模型，使之将公司的市场份额表示为广告影响水平的函数。说明你的模型中所有各项的含义，并列举出你对它们作出的任何假设。

b. 在你的模型中包括交互项吗？为什么包括或为什么不包括？

c. 表中的数据是由公司得到的，对数据拟合你在 a 部分所建立的模型。

d. 是否有充足的理由表明对于广告影响的不同水平，这个公司的期望市场份额是有差异的？运用 $\alpha=0.05$ 进行检验。

练习 11.129 的表 

消费群内的市场份额	影响水平
10.1	L
10.3	L
10.0	L
10.3	L
10.2	L
10.5	L
10.6	M
11.0	M
11.2	M
10.9	M
10.8	M
11.0	M
12.2	H
12.1	H
11.8	H
12.6	H
11.9	H
12.9	H
10.7	VH
10.8	VH
11.0	VH
10.5	VH
10.8	VH
10.6	VH

11.130 一名研究医生希望找到一个模型能够预测服用某一种药后的症状缓解平均时间。病人的年龄和服药方法这两个重要的自变量被认为可很好地预测缓解时间。医生用三种不同的方法给病人服用了一个标准剂量的某种药：以液状口服(方法 1)，以丸状口服(方法 2)和静脉注射(方法 3)。考虑交互效应模型：

$$E(y)=\beta_0+\beta_1x_1+\beta_2x_2+\beta_3x_3+\beta_4x_1x_2+\beta_5x_1x_3$$

这里

y=缓解症状的时间(分钟)

x_1=病人的年龄(年)

x_2=1 如果药是以丸状口服，0 如果不是

x_3=1 如果药是静脉注射，0 如果不是

a. 下表的数据是由 12 个病人得到的，运用一个统计软件包对数据拟合这一模型。

b. 运用 $\alpha=0.05$ 检验模型是否对于预测缓解的平均时间是有用的。

c. 为了检验年龄—服药方法的交互项是否对预测缓解的平均时间有用，你会运用什么假设？

d. 给出适于进行 c 部分检验的简化模型。

e. 对数据拟合这个简化模型，并运用其结果进行 c 部分的检验。

练习 11.130 的表 RELIEF. DAT

方法 1		方法 2		方法 3	
年龄	缓解的时间	年龄	缓解的时间	年龄	缓解的时间
51	22	46	28	37	19
36	25	40	24	60	17
31	20	26	23	25	21
20	25	32	25	38	20

11.131 为了确定在营业日是否需要额外的工作人员，一个水上冒险乐园的业主们想找到一个模型，使他们能够根据本周的日子和天气状况，在每天早晨开园之前预测当天的来园人数。模型有如下形式：

$$E(y)=\beta_0+\beta_1x_1+\beta_2x_2+\beta_3x_3$$

这里

y= 每日人园数

$$x_1=\begin{cases}1 & \text{如果是周末}\\ 0 & \text{如果不是}\end{cases}\text{(虚拟变量)}$$

$$x_2=\begin{cases}1 & \text{如果是晴天}\\ 0 & \text{如果多云}\end{cases}\text{(虚拟变量)}$$

x_3=预测的每日高温(℉)

这些数据是针对30天的一个随机样本而记录的,对它们拟合了一个回归模型而得到的最小二乘分析结果为:

$\hat{y}=-105+25x_1+100x_2+10x_3$

且有

$s_{\hat{\beta}_1}=10 \quad s_{\hat{\beta}_2}=30 \quad s_{\hat{\beta}_3}=4 \quad R^2=0.65$

a. 解释估计出的模型系数。

b. 有充足的理由推断这一模型对于预测每日来园人数有用吗?运用 $\alpha=0.05$。

c 有充足的理由推断平均来园人数在周末会增加吗?运用 $\alpha=0.10$。

d. 运用模型对预报高温为95℉的晴朗周日的来园人数进行预测。

e. 假如d部分的90%预测区间为(645,1245),请对这一区间进行解释。

11.132 参考练习11.131。水上冒险乐园的股东们被建议如果在预测模型中加入交互项,则此模型可能会有所改进。特别是,据认为随着预报高温的增加,平均来园人数的增长率在周末会比平日大。因而,他们提出了以下模型:

$E(y)=\beta_0+\beta_1x_1+\beta_2x_2+\beta_3x_3+\beta_4x_1x_3$

在练习11.131中用过的30天数据再一次被用于得到最小二乘模型:

$\hat{y}=250-700x_1+100x_2+5x_3+15x_1x_3$

且有 $s_{\hat{\beta}_4}=3.0 \quad R^2=0.96$

a. 画出在晴朗的周日和晴朗的周末所预测的当日来园人数 y 关于当日的预报高温 x_3 的图。同时在同一张纸上绘出 x_3 在70℉~100℉之间的图。注意在周末斜率的增加,并解释它。

b. 数据表明了模型中加入交互项是有效的吗?运用 $\alpha=0.05$。

c. 运用这一模型预测在一个预报高温为95℉的晴朗周日的来园人数。

d. 假如c部分的90%预测区间为(800,850),将这一结果与练习11.131中的无交互项模型所得到的预测区间作一比较。置信区间的相对宽度支持还是反驳了你对交互项效应(b部分)所作的结论?

e. 当股东们注意到系数为 $\hat{\beta}_1=-700$ 时便推断模型是荒谬的,因为它似乎意味着周末的平均来园人数将比周日少700人。说明为什么情况不是这样的。

11.133 许多大学院校建立了用于预测一年级新生GPA的模型,然后可将这个预测出的GPA用于作出获准入学的决定。尽管大多数模型运用了许多自变量来预测GPA,但我们将只选用两个自变量举例说明。

x_1=大学入学考试语文成绩(百分值)

x_2=大学入学考试数学成绩(百分值)

下表中的数据是由某大学的40名一年级新生的一个随机样本得到的。模型 $y=\beta_0+\beta_1x_1+\beta_2x_2+\varepsilon$ 的SPSS输出结果也已给出。

练习11.133的数据 COLLGPA.DAT

语文,x_1	数学,x_2	GPA,y	语文,x_1	数学,x_2	GPA,y	语文,x_1	数学,x_2	GPA,y
81	87	3.49	83	76	3.75	97	80	3.27
68	99	2.89	64	66	2.70	77	90	3.47
57	86	2.73	83	72	3.15	49	54	1.30
100	49	1.54	93	54	2.28	39	81	1.22
54	83	2.56	74	59	2.92	87	69	3.23
82	86	3.43	51	75	2.48	70	95	3.82
75	74	3.59	79	75	3.45	57	89	2.93
58	98	2.86	81	62	2.76	74	67	2.83
55	54	1.46	50	69	1.90	87	93	3.84
49	81	2.11	72	70	3.01	90	65	3.01
64	76	2.69	54	52	1.48	81	76	3.33
66	59	2.16	65	79	2.98	84	69	3.06
80	61	2.60	56	78	2.58			
100	85	3.30	98	67	2.73			

练习 11.133 的 SPSS 输出结果

Multiple R	0.82527				
R Square	0.68106				
Adjusted R Square	0.66382				
Standard Error	0.40228				

Analysis of Variance

	DF	Sum of Squares	Mean Square
Regression	2	12.78595	6.39297
Residual	37	5.98755	0.16183

F= 39.50530　Signif F=0.0000

------- Variables in the Equation -------

Variable	B	SE B	Beta	T	Sig T
X1	0.02573	4.02357E−03	0.59719	6.395	0.0000
X2	0.03361	4.92751E−03	0.63702	6.822	0.0000
(Constant)	−1.57054	0.49375		−3.181	0.0030

a. 联系这一应用的背景解释最小二乘估计值 β_1 和 β_2。

b. 联系这一应用的背景解释回归模型的标准差和调整的决定系数。

c. 这一模型对于预测 GPA 有效吗？为了证明你的答案进行一个统计检验。

d. 对以下的数学成绩：$x_2=60,75$ 和 90，绘出预测的 GPA($\hat{y}$) 和语文成绩(x_1)之间关系的略图。

e. 对这个一阶模型绘制了关于 x_1 和 x_2 的残差图。分析这两个图，并确定是否存在直观的理由表明应该将 x_1 或 x_2 的曲线（二次项）加入到模型中。

练习 11.133 的 SPSS 图

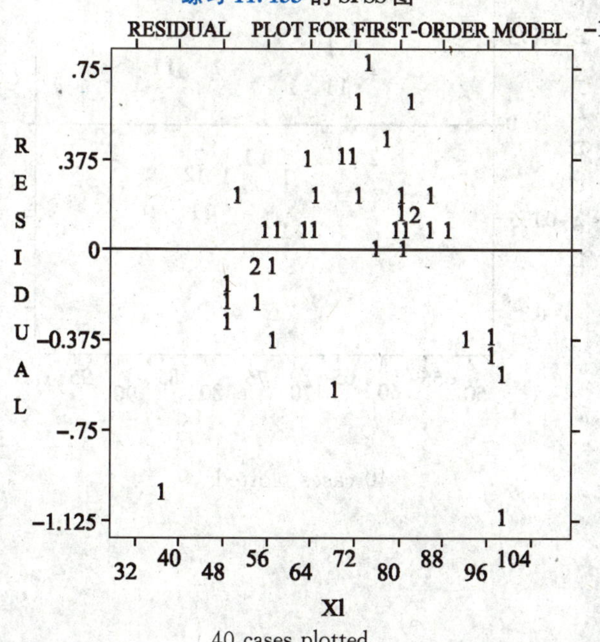

40 cases plotted.

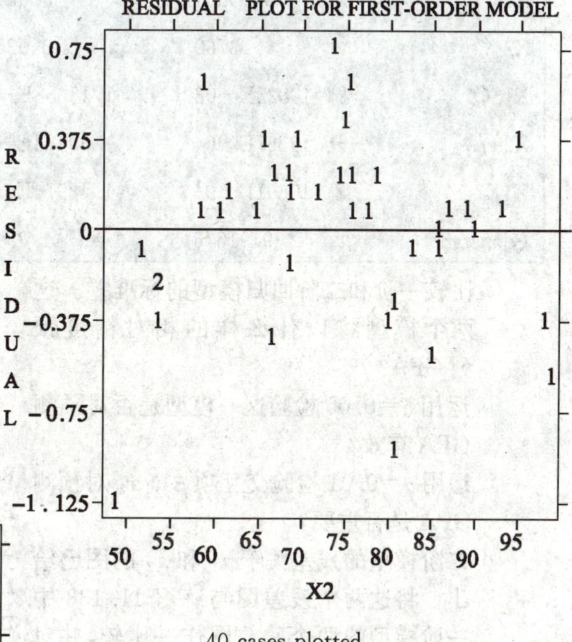

40 cases plotted.

11.134 参考练习 11.133。对它所给出的数据拟合如下的完全二阶模型：

$$y=\beta_0+\beta_1x_1+\beta_2x_2+\beta_3x_1^2+\beta_4x_2^2+\beta_5x_1x_2+\varepsilon$$

所得到的 SPSS 输出结果如下页所示。

练习 11.134 的 SPSS 输出结果

Multiple R	0.96777
R Square	0.93657
Adjusted R Square	0.92724
Standard Error	0.18714

Analysis of Variance

	DF	Sum of Squares	Mean Square
Regression	5	17.58274	3.51655
Residual	34	1.19076	0.03502

F= 100.40901 Signif F=0.0000

Variables in the Equation

Variable	B	SE B	Beta	T	Sig T
X1	0.16681	0.02124	3.87132	7.852	0.0000
X2	0.13760	0.02673	2.60754	5.147	0.0000
X1SQ	−1.10825E−03	1.17288E−04	−3.71359	−9.449	0.0000
X2sq	−8.43267E−04	1.59423E−04	−2.37284	−5.290	0.0000
X1X2	2.410891E−04	1.43974E−04	0.49600	1.675	0.1032
(Constant)	−9.91676	1.35441		−7.322	0.0000

a. 比较一阶和二阶回归模型的标准差。这两个模型将以什么样的相对精度预测 GPA?

b. 运用 $\alpha=0.05$ 检验这一模型是否对预测 GPA 有效?

c. 运用 $\alpha=0.01$ 检验交互项 $\beta_5 x_1 x_2$ 对预测 GPA 是否重要?

d. 二阶模型的残差关于 x_1 和 x_2 的图已给出。将这两个残差图与练习 11.133 中一阶模型的两个残差图作一比较,并对你所作的比较进行说明。作为对 GPA 的一个预测,在这两个模型中你认为哪一个更为可取:一阶模型还是二阶模型?

e. 进行一个检验,对一阶模型和二阶模型直接地进行比较。

练习 11.134 的 SPSS 图

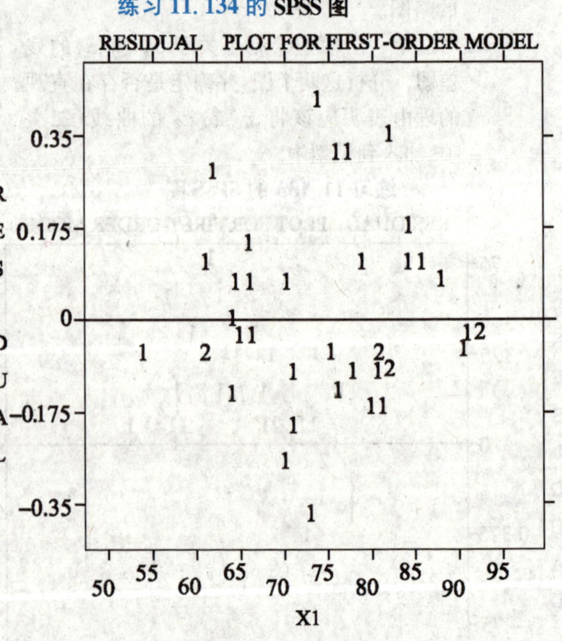

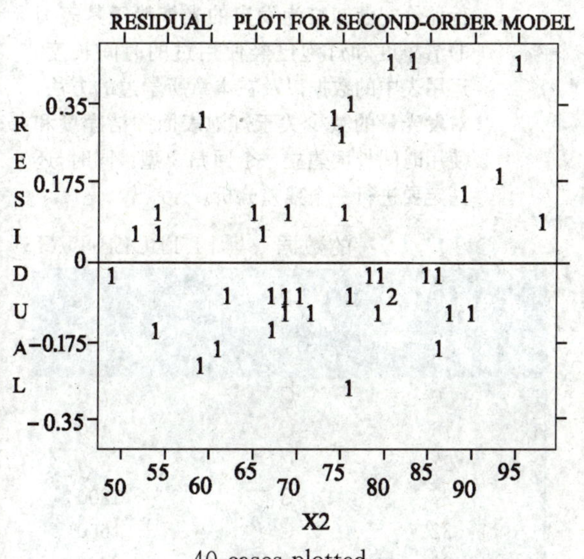

11.135 在练习 11.15 中，一名房地产评估师运用回归分析，对公寓建筑物的售价和建筑物的不同特点之间的关系进行了探讨。练习 11.15 中的数据又复制在了表中，它还包括了每个公寓建筑物自身状况的数据。(E：优秀；G：良好；F：一般)

练习 11.135 的数据　　MNSALES. DAT

代码号码	售价 y($)	公寓的号码 x_1	建筑物的使用年数，x_2(年)	土地面积 x_3(平方英尺)	现场停车位的数量 x_4	总的建筑面积 x_5(平方英尺)	公寓建筑物的状况
0229	90300	4	82	4635	0	4266	F
0094	384000	20	13	17798	0	14391	G
0043	157500	5	66	5913	0	6615	G
0079	676200	26	64	7750	6	34144	E
0134	165000	5	55	5150	0	6120	G
0179	300000	10	65	12506	0	14552	G
0087	108750	4	82	7160	0	3040	G
0120	276538	11	23	5120	0	7881	G
0246	420000	20	18	11745	20	12600	G
0025	950000	62	71	21000	3	39448	G
0015	560000	26	74	11221	0	30000	G
0131	268000	13	56	7818	13	8088	F
0172	290000	9	76	4900	0	11315	E
0095	173200	6	21	5424	6	4461	G
0121	323650	11	24	11834	8	9000	G
0077	162500	5	19	5246	5	3828	G
0060	353500	20	62	11223	2	13680	F
0174	134400	4	70	5834	0	4680	E
0084	187000	8	19	9075	0	7392	G
0031	155700	4	57	8280	0	6030	E
0019	93600	4	82	6864	0	3840	F
0074	110000	4	50	4510	0	3092	G
0057	573200	14	10	11192	0	23704	E
0104	79300	4	82	7425	0	3876	F
0024	272000	5	82	7500	0	9542	E

a. 写出一个将售价和公寓单元数之间的关系描绘为三条平行线的模型，每一条直线对应于公寓状况的一个水平。一定要说明你所运用的虚拟变量的取值方案。

b. 对那些状况为优秀的所有建筑物绘出 y 关于 x_1（公寓的单元数）的图。在同一张图上，对那些状况为良好的所有建筑物也绘出 y 关于 x_1 的图。对状况为一般的所有建筑物仍绘出同样的图。由此而来，你在 a 部分所确定的模型合适吗？请解释。

c. 对数据拟合 a 部分的模型。对这三个建筑状况的各个水平给出最小二乘预测方程。

d. 在数据的一张散点图上绘出这三个预测方程。

e. 数据提供了充足的理由推断售价和单元数之间的关系依公寓的自身状况而不同吗？运用 $\alpha=0.05$ 进行检验。

f. 检查数据组的多重共线性。在一个售价模型中它怎样影响着你对将要运用的自变量的选择？

g. 考虑练习 11.15 中分析的一阶模型 $E(y)=\beta_0+\beta_1x_1+\cdots+\beta_5x_5$。为了检查有关 ε 的假设，对这一模型进行一个完全残差分析。

11.136 一个公司研制出一种新型照明灯泡，为了决定是否对其进行推销，公司意欲对其性能进行评价。已知灯泡发出的光依赖于其表面的洁净度和灯泡已经使用过的时间长度。运用表中的数据以及在本章所学过的方法，对发光量的减少关于灯泡表面的洁净度和使用时间长度建立一个回归模型。同时，还一定要进行一个残差分析。

练习 11.136 的数据 LTBULB. DAT

发光量的减少（%最初发光量）	灯泡表面（C=干净）（D=脏）	使用的长度（小时）
0	C	0
16	C	400
22	C	800
27	C	1200
32	C	1600
36	C	2000
38	C	2400
0	D	0
4	D	400
6	D	800
8	D	1200
9	D	1600
11	D	2000
12	D	2400

现实案例

分户出售的公寓大厦销售案例（一个涵盖了第 10 和 11 章的案例）

这一案例研究影响海边分套出售的公寓单元售价的因素。它是对 Herman Kelting(1979) 所分析的同样数据的一个拓展。尽管在过去的 20 年期间，分户出售的公寓大厦的售价已经显著地提高了，但这些因素与售价之间的关系大致还是一样的。因此，这些资料对于当今公寓大厦的销售市场仍提供了颇有价值的见解。

销售数据是由一座位于海边的新公寓综合大厦得到的，它由两个毗邻并连接的 8 层建筑物组成。这一综合建筑包括大小相同的 200 个单元（每个单元约 500 平方英尺）。建筑物相对于海、游泳池、停车场等的位置见附图中。综合建筑物有几个特征是应该注意的：

1. 朝南的单元称为“海景”，它们面临海滨和海。而且，建筑 1 中的单元享有游泳池的好景观。位于建筑物后部的单元称为“湾景”，它们面临停车场和一片空地，这片空地的尽头与一个海湾接壤。从这些单元的高层所观赏到的景观主要是树木茂盛的沙质地带。海湾很遥远，几乎看不见。
2. 综合建筑仅有的电梯与办公室和游戏室一起都位于建筑 1 的东端。在建筑 2 中来往于高层单元的人们很愿意乘坐电梯，并经由过道去往他们的单元。因此，住在高层和离电梯较远的人们会不太方便，他们在移动行李和杂货时需要多费些周折。而且，他们距游戏室、办公室和游泳池也会远一些。这些单元还有一个优点：在这一区域的过道上来往的行人最少，因而它们是最僻静的。

现实案例(续)

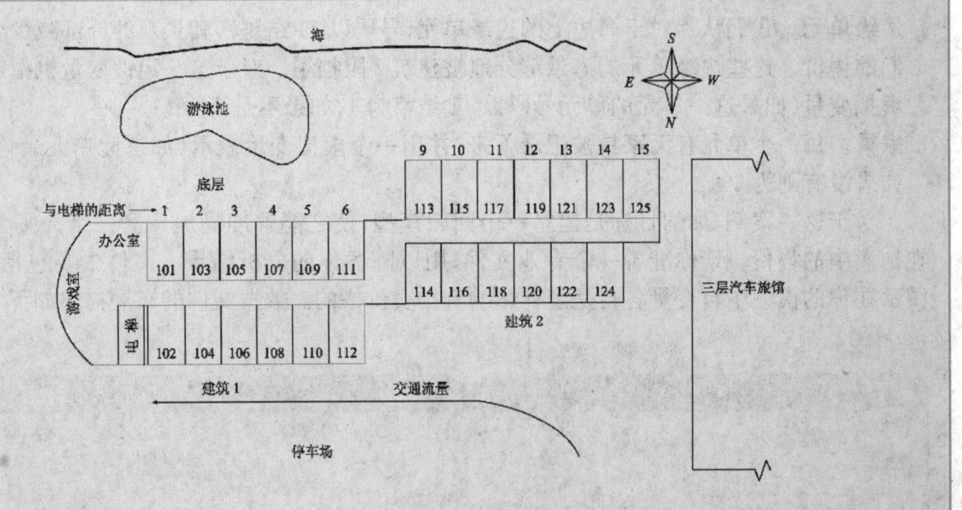

图 C4.1　公寓综合大厦的布局

3. 较低层的近海单元最适于活跃的人们，它们面临海滨、海和游泳池。而且，它们距游戏室很近，去停车场也很方便。
4. 细察公寓综合大厦的布局，你会发现在综合大厦中部以数字 11 和 14 结尾的一些单元，有部分视野被阻挡了。
5. 公寓综合大厦建成于 1975 的经济衰退时期，销售很缓慢，开发商在开张后 18 个月被迫拍卖掉大多数单元。因此，拍卖数据完全由买方确定，它们是以消费者为定向的，这不同于其他大多数不动产数据，它们在很大程度上是由销售商和经纪人确定的。
6. 综合大厦中许多未售出的单元被开发商装修过并在拍卖之前出租。因此，一些在拍卖中投标和售出的单元配有家具，另外一些则没有。

显然，这一综合大厦是独特的。例如，惟一的电梯设于大厦的一端，这对于居住在建筑 2 中高层单元的人们既造成了相当大的不便，却也创造了格外清静的氛围。因此，开发商不能确信单元的高度(层数)、单元距电梯的距离、有无海景等因素怎样影响着这些单元的价格。为了研究这些关系，他们对拍卖中售出的 106 个单元各自记录了以下几个方面的数据。

1. **售价**。用百美元计量(调整了通货膨胀因素)。
2. **层高**。楼层在单元中的位置；变量水平为 1,2,…,8。
3. **离电梯的距离**。这一距离是沿着公寓大厦的长度测量的，并将其表示为公寓大厦的单元数。对建筑 2 的单元额外地加入了两个单元的距离，以此反映在两个建筑物的连接区域所走的距离。因而，由电梯到 105 单元的距离为 3，而 113 单元和电梯之间的距离为 9。变量水平为 1,2,…,15。
4. **海景**。每一个单元有无海景被记录下来，并对其指定一个虚拟变量(如果单元享有海景为 1，如果没有为 0)。注意到没有海景的单元面对着停车场。

现实案例(续)

5. **边缘单元**。我们认为对于海边上的边缘单元(号码以 11 结尾),其景观的局部减少会降低它们的售价。这些边缘单元的海景部分地被建筑 2 阻挡了。对于这一定性变量也指定了一个虚拟变量(如果这一单元的单元号码以 11 结束为 1,如果不是为 0)。
6. **家具**。每一个单元有无家具被记录下来,并用一个虚拟变量表示(如果此单元装修过为 1,如果没有则为 0)。

对于这一案例,你的目标是建立一个回归模型,使之能够准确地预测一个公寓大厦单元在拍卖中的售价。请你准备一个专业文件,用以陈述你的分析结果。文件中要包括图,以便图示在你的模型中自变量各自是怎样影响着拍卖价格的。数据文件的布局描述如下:

CONDO. DAT(观察值的数量:106)

变量	列数	类型
价格	1—3	QN
楼层	5	QN
距离	7—8	QN
景观	10	QL
边缘单元	12	QL
家具	14	QL

第 12 章

质量改进方法

本章内容

统计实践

我们已学过的

在第 7～9 章,我们已经学习了用样本数据推断总体的方法;在第 10～11 章,我们着重介绍了用回归模型来分析变量之间关系的方法。

我们将要学的

在本章和下一章里,我们将讨论过程。读者是否记得,在第一章里,我们已经认识到,过程是指一系列的行为或操作,这些行为或操作可以使投入转换成产出。下面,我们来介绍改进过程和过程产出质量的方法。下一章讨论的内容是过程产出的建模与预测。

在过去 20 多年里,由于海外优质产品的涌入,特别是来自日本的产品(汽车销售占美国汽车市场的 25%),美国各公司面临严峻的挑战。在 1989 年汽车销售排行榜上,来自日本的一款汽车——本田雅阁(Honda Accord),首次高居榜首。录像机(VCR)尽管是美国的发明,但所有的产品都来自日本。另外,现在只有一家美国厂家生产电视机,其他均是日本制造(MADE IN JAPAN)。

为了迎接挑战，越来越多的美国公司，包括生产厂家和服务公司，已经开始强调质量的改进，特别是全面质量管理（Total Quality Management），也就是从产品的设计、生产、分配、销售到产品的服务，厂家进行的多阶段全方面的质量管理。

一般来说，TQM包括以下方面：(1)探明市场需求；(2)设计与需求相适应的产品或服务；(3)生产出符合或超出设计水平的产品或服务。本章重点讲解第三点，以及相关的主要问题——产品和服务的变异性。

变异性普遍存在于所有产品和服务的产出过程中。没有两个零件是相同的，即使它们由同一台机器制造。同一家银行做不出两项完全相同的交易。为什么？这是因为产出过程的变异性，从而导致产品和服务质量上的变异性。如果这种变异性不能为顾客所接受，将导致销售受损，利润下降，公司面临破产。

对工业部门来说，由于变异性的存在，使得统计方法与统计培训极为重要。在本章，我们介绍一些在当今世界上广泛应用的，用来监控，减少产品和服务变异性的方法及工具。

12.1 质量、过程和系统

质量

在介绍各种用来监控、提高产品和服务质量的方法及工具之前，很有必要对质量这个术语做一些解释。我们可以从不同的角度来定义它。对设计产品的工程师和科学家来说，质量主要指产品的成分和属性。例如，高质量的冰淇淋含有大量的脂肪；高质量的地毯在每平方英寸内有大量的结节；高质量的上衣或衬衣每英寸内有22～26个针脚。

对于参与生产（包括服务和产品）过程的工人、工程师以及管理者来说，质量意味着与要求吻合，以及与产品和服务必须达到的设计水准相吻合。例如，为正好配套，某种浇铸的塑胶瓶盖帽的直径必须在1.0000～1.0015英寸之间，没达到这种要求的瓶帽被划为次品。又如在服务业中，餐馆为顾客提供快餐服务，餐馆承诺，在顾客点菜定单后两分钟之内服务一定到位，如果超过了两分钟，就认为此服务不符合预定设计，被认为是次品。如果从生产的角度来看质量，精细加工的产品是优质品，粗略加工的产品是劣质品。因此，制作精细的劳斯莱斯（Rolls Royce）和雪佛兰牌汽车则（Chevrolet Nova）都是优质汽车。

尽管质量可以从产品的设计者和生产者的不同角度来定义。但是，产品优劣的最终定义都必须基于产品的消费者——他们的需求和偏好。产品滞销的厂家在市场上是站不住脚的。因此，我们有下面相应的定义。

定义 12.1

产品和服务质量的好坏是以消费者的需求和偏好程度为标准的。

顾客的需求刻画了他们对质量的理解。因此，为生产高质量的产品，必须先研究消费者的需求。这是公司市场部的主要职责。一旦进行了市场调查，就必须把消费者的愿望在产品的设计中体现出来，然后将设计转变为生产计划和生产规格。如果生产计划和生产规格执行得很好，生产出来的产品就会令顾客满意。在公司生产的各阶段和各个环节，顾客对质量的要求都起着重要的作用。

然而，什么样的产品特性是顾客所渴求的呢？是什么影响着顾客对质量的理解呢？这些都是公司必备的知识，以便生产和提供高质量的产品和服务。以下列出了衡量质量好坏的八个方面。

衡量质量好坏的八个方面[①]：

1. 性能。产品的首要特性。对汽车来说，包括加速、操纵、平稳性、一升汽油能行驶的路程等方面。

2. 特征。产品的附加功能。包括汽车上是否有 CD 播放器、数字钟表、安全带和警报器等。飞机上是否有总航行里程表以及是否提供免费饮料。

3. 可靠性。反映产品在给定时期内理想操作的可能性。

4. 吻合度。反映产品与预期标准的吻合程度。例如，为制药厂生产的药瓶盖帽的直径是否符合预定的特性，直径是否在 1.0000～1.0015 英寸之间？

5. 耐久性。指产品的使用寿命。如果产品可以维修，则耐久性是指在产品被更换前能通过修理正常使用的时间长度。

6. 售后服务。指维修的难易程度、及时程度，以及维修人员的态度、水平等。

7. 美观。指产品的外观、质感、声音、气味和口味等。

8. 其他。包括利用广告建立的公司及其产品的形象和声誉等。

为了设计和生产高质量的产品，厂家很有必要把上述特性转化到生产产品的属性中去。当然，这些产品特性的转换必须都是可能的。也就是说，消费者的偏好必须通过厂家可以控制的生产变量来加以解释。例如，在考虑某种品牌的木质铅笔的性能时，消费者所关心的是前后两次削尖之间的使用时间。因此，厂家就可以通过某些可测量的物理特性，如木质的硬度、铅的硬度以及铅的合成等来反映消费者的上述偏好。这些变量除了用于高质量产品的设计以外，还用于生产过程中产品质量的监控与提高。

过程

这本书的大部分篇幅着重介绍用样本数据来推断总体的方法。然而，在本章和下一章，我们的重点不在于总体，而是在过程及其产出中，如加工过程等。一般来说，过程可以定义如下。

定义 12.2

过程是一系列将投入转变为产出的行为和操作，一个过程的终点是某种产出。

就性质而言，过程可以是个人的或者是组织的。有组织的过程总是与商业和政府相联系。也许，加工过程是最好的实例了，它包括一系列人和机器的操作，在此过程中，原材料和零件等投入转变为产出成品。这样的例子还有汽车组装线、炼油厂和炼钢厂等。个人的过程与个人的私人生活有关，早晨一系列的准备上学或工作的步骤可以看成是一过程，包括关掉闹铃、洗漱、穿戴、吃早饭、打开车库等，此过程将一个睡眼惺松的你转变成一个随时应变世事的人。图 12.1 是对一个过程及产出的一般描述。

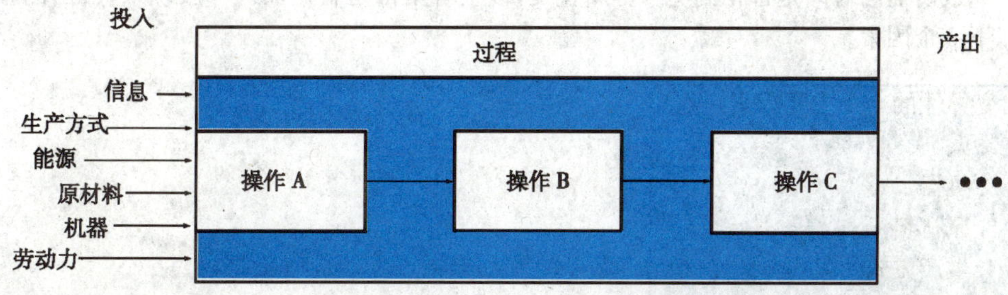

图 12.1　系统过程及其投入的图示

① Garvin, D. Managing Quality. New York: Free Press/Macmillan, 1988.

把过程理解为一系列对投入添加价值的行为和操作是很有用的。例如，加工过程的设计应达到这样的效果，即面向潜在用户的产出的价值应高于投入的价值，否则，公司将由于缺乏市场需求，而濒临破产。

系统

为了弄清过程产出变异性的原因，以及找到改进过程和产出质量的方法，我们必须理解过程在系统中所扮演的角色。

定义 12.3

系统是一系列相互影响的且有共同目的的过程的集合或排列。系统在外部环境里接受投入，然后将投入转化为产出，最后将产出提供给外部环境。为求生存，系统必须利用外部环境反馈来的信息，调整自身以适应外部环境的变化。

图 12.2 提供了一个基本系统的模型。为研究系统，我们以一个加工公司为例。它包括一系列交互的过程。如市场调研、工程分析、购买、进货、生产、销售、分配和列账户等等。此系统的目的是为公司老板赚钱，为员工提供优质的工作条件，为公司赢得市场等。公司接受来自卖主的原材料或投入后，通过加工过程，将投入转化为产出，然后将产出分配给消费者。为了进一步改进和调整过程，以求更好地满足市场需求和顾客偏好，厂家必须通过市场调研，获得和利用来自消费者以及潜在消费者的反馈信息。

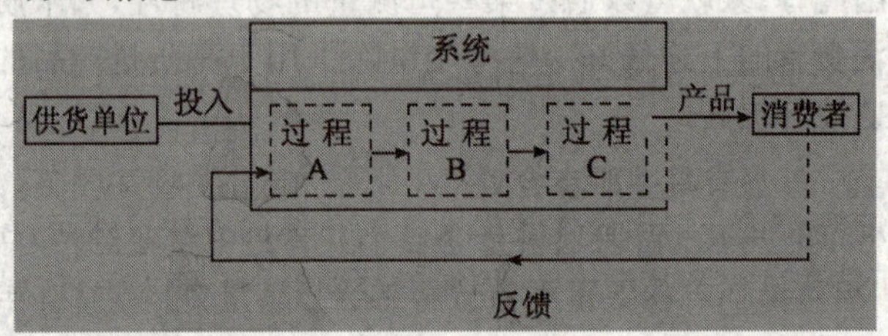

图 12.2　一个基本系统的模型

因为系统是过程的集合，所以各种系统的投入都一样（见图 12.1）。系统的产出都是产品和服务。这些产出或是物理实体，由系统制造、组装、维修、运输等；或是象征性的产品，如信息、思想、知识等。例如，证券经纪公司为它的消费者提供股票、证券、市场的最新信息。

对于系统和它的产出来说，以下两点非常重要：一、过程的产出没有两个是相同的；二、变异性是所有过程产出的本质特性。这在图 12.3 中作了简洁的描述。没有两台在同一生产线上生产的汽车是相同的：它们的挡风玻璃不同，车轮不同，轮胎不同，车轮罩也各异。对顾客提供的服务也具有同样的特性：例如银行提供的服务，在收银窗口前排了两队顾客，在此服务中，每位顾客排队等候的时间相等吗？收银员都具有相同的技术水平和个性吗？假设顾客都处理同样的事务，那他们完成所需的时间是否相同呢？毋庸置疑，以上答案都是否定的。一般说来，产出的不同是缘于以下 6 个因素。

产出变异性的 6 个主要因素

1. 人
2. 机器
3. 原材料
4. 生产方式
5. 检测方法
6. 环境

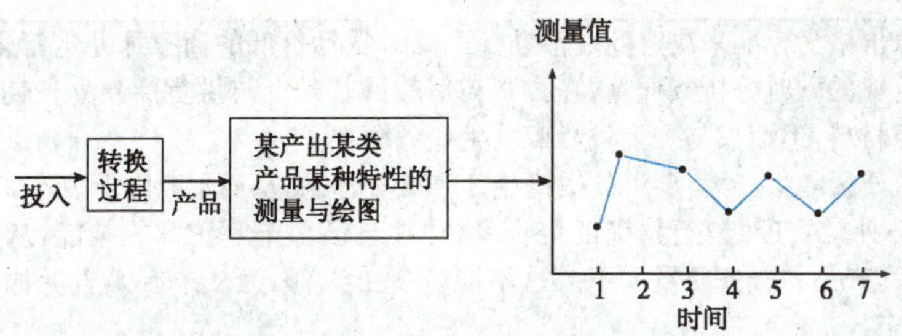

图 12.3　产出的多样性

在工业中，由于过程变异性的存在，使得统计思维和统计方法的训练非常重要。通过统计思维训练，我们可以获得识别变异性诀窍，并利用它来解决问题和进行抉择。本章接下来的重点是讨论监控过程变异性的统计工具。

统计实践

12.1　戴明(Deming)的 14 要点

日本人是怎样在质量上成为领头羊的？是什么促使他们对质量如此重视？有两方面的原因。一方面，二战以来，在统计和管理方面，日本从美国引进了大量的技能专家。战争结束后，日本面临重振经济的艰巨任务。之后，美国联合委员会派遣了一批工程师到日本，以协助日本提高信息交流系统的质量，他们把统计质量控制方法（20 世纪 20～30 年代，在贝尔实验室的瓦特・休哈特（*Walter Shewhart*）的指导下创建的方法）传授给了日本人。另一方面，在 1950 年，日本科学家和工程师联合会邀请了曾与休哈特并肩从事研究的美国统计学家爱德华・戴明（*W. Edwards Deming*）给日本数百名研究员、工厂管理员和工程师就统计质量改进的方法作了一系列讲座。在日期间，他还会见了许多日本大公司高层管理人员。那时，日本因产品质量低下而名声极差。戴明告诉他们的执行总裁，只有多听消费者的意见，以及在产品生产过程中运用统计法，才能提高产品的质量，从而在世界上赢得广泛的市场。

在 1951 年，日本成立了戴明奖励基金，以鼓励每年在质量领域里取得突出成绩的公司。在 1989 年，美国佛罗里达电力与电灯公司（*Florida Power and Light company*）有幸获得第一届戴明奖。

对这次在工业化国家中广泛开展的质量改进运动，戴明的主要贡献之一是他认识到了：没有良好的组织环境和文化，就不可能有统计过程的改善。因此，他提出 14 点建议。如果能合理实施，组织环境将朝好的方向发展，过程管理行为也会健康且具有实效。事实上，戴明 14 点是一种管理哲学。他极力主张，14 点必须全部贯彻，而不是择其部分。以下是他的 14 点主张，并附有必要的解说，要想知道有关详细的知识，请参阅 *Deming*（1986），*Gitlow et al*（1995），*Walton*（1986），*Joiner* 和 *Goudard*（1990）。

1. 树立坚定的提高产品和服务质量的目标，使之具有强大的竞争能力和广阔市场，同时创造大量的就业机会。组织必须有明确的目的和目标，并激励组织里的任何人一如既往的为目标而奋斗。

2. 采用新的管理哲学。改变传统的事后检验的管理模式，建立一种以消费者为中心的、预防性的管理模式，将不断改进质量当作新管理模式的动力。

3. 为改进质量，不再依赖成品检验。由于产品设计粗糙，使得生产过程中质量差异很大，这样就不得不进行事后的检验。如果质量在产品设计时就加以考虑，生产过程中就进行严格的管理，那么大规模的成品检验就变得多余。

续表

4. 不单以价格为标准来决定商业活动。不要只从标价低的商家那儿进行采购，要在考虑供货商产品价廉的同时分析其质量，在真诚与信赖的基础上与供货商建立长期业务关系。对每种必需的原材料，逐渐只与一个供货商发生业务联系。

5. 为改进质量和生产力，要不断提高生产和服务体系，从而不断降低成本。

6. 加强培训。对工人进行培训的培训者，往往自己都未真正掌握技能，从而导致过程的质量变异加大，产品和服务质量低下。这不能责备工人，因为从未有人告诉他们怎样才能做好。

7. 提高领导能力。监管人必须帮助工人做好工作，其任务是引导，而不是对工人发号施令或惩罚。

8. 排除员工的恐惧心理，使每个人都能为公司高效工作。许多工人害怕提问或给管理带来麻烦。这种氛围是不利于生产高质量的产品和服务的。只有当工人觉得心里踏实时才会高效工作。

9. 消除部门障碍。组织里的任何人工作时都必须拧成一股绳，不同部门领域的目标必须是互补的，而不是冲突的。任何人都应认识到，自己是组织的一部分，应利用集体的力量解决问题，而不是相互争高下。

10. 废除针对工人的，促使他们提高生产力和质量的口号、训词，以及武断的目标、战略等。仅仅要求他们提高工作质量是不够的，还必须告诉他们怎么提高。管理者必须认识到，只有自己对质量负起责来，同时对工人的操作系统设计作必要的修改，才可能在质量改进上获得大的突破。

11. 废除数量定额。定额只考虑了数量要求，而忽视了质量。有了定额，工人为完成任务而不惜一切代价，甚至损害到组织的利益。

12. 要使工人以成为该组织的成员而自豪。人毕竟需要以人的方式被别人所接受，而不是以物的方式。所以必须改善工人的工作条件，抛弃落后的监管方式、劣质的产品设计、不合格的原料、机器等，因为这些都是有碍工人正常发挥能力的因素。

13. 设计一个有活力的教育和自我提高的计划。要不断提高质量，就必须不断地学习。

组织里的任何员工都必须接受现代质量改进方法的培训，包括统计概念、部门之间工作的协调等。高层管理员要先接受培训。

14. 以实际行动来成功完成这种转变。聘请有经验的管理人员贯彻 14 点，确定一批愿意为转变组织职能而奉献的工作人员，组建高层次领导小组，设计一个能够实施的计划和组织结构。

讨论焦点：

与在你学校附近的一家公司建立联系，分析在该公司里戴明 14 点中有哪几条得以贯彻了。综合你班上所有同学的调查结果，然后在此地区发起一次质量改进运动，并总结这些结果。

12.2 统计控制

在本章其他部分，我们将重点转向控制图，它是用来监控过程变异的图。通过它，可以识别在什么时候应对过程采取改进措施，同时它可以辅助诊断过程变异的原因。控制图是在 20 世纪 20 年代中期由贝尔实验室的瓦特・休哈特提出的，它是过程连续监控的工具。不过，在对控制图的结构和用法作深入了解以前，有必要先对过程变异作全面的理解。然后我们将讨论变异的模式。

如第 2 章所说，描述过程产出变异的合理图示方法是时间序列图(time series plot)，有时也叫行程图(run chart)。是否记得，在时间序列图里，我们给目标测量值按时间顺序描点，或者说按测量值的获得的顺序描点。如图 12.4 所示，当对与时间有关的数据进行分析时，首先考虑的是将数据图示化。眼睛是敏感的统计工具之一，只有将数据图示化后，才能利用敏感性优势来发现变异模式。

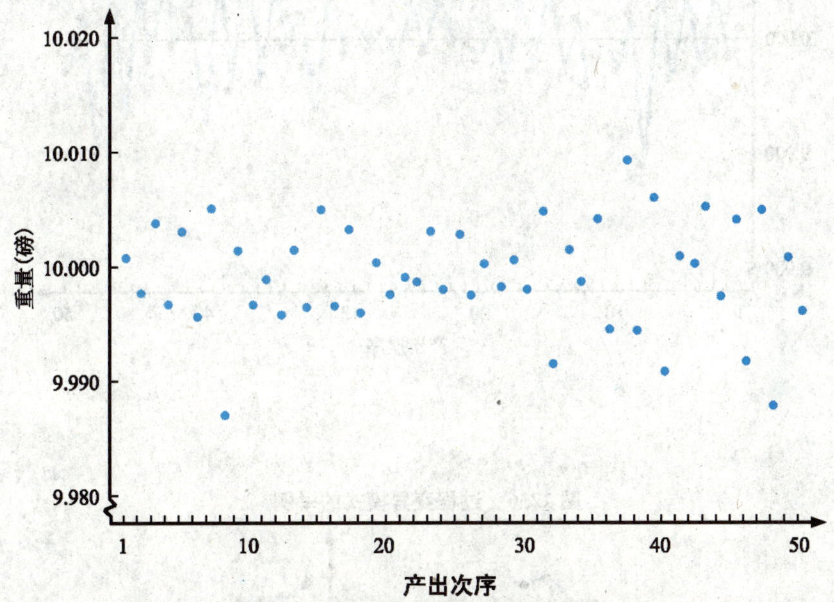

图 12.4 连续产出的 50 桶油漆重量的时间序列图

通过图 12.4，我们可以更清楚地分析过程的变异。这些测量值来自一个油漆加工过程，是连续 50 个由同一喷嘴灌满的容量为一加仑的油桶的重量，测量值的点按产出的次序排列。能否在此图上找出系统的、持久稳固的模式？例如，重量是否有某种随时间上下波动的稳定趋势？它们是否时高时低地振荡？等等。

为了有助于对这个或者其他时间序列图的研究，Roberts(1991)提出了两种改进图示的方法。首先估计或计算出这 50 个油桶重量的均值，然后在图上用均值画一条水平线——中线(center line)，这条中线将成为你寻找数据模式的参考。接下来，用折线将数据按生产次序连起来，以便充分展示测量值序列。在图 12.5 中，我们可以看到这些结果。

现在你是否发现，数据点随产出次序一上一下振荡，形成振荡序列(oscillating sequence)。在此例中，数据绕均值线上下振荡，这种模式是由油漆注入装置的阀门引起的，每隔一次阀门就倾向于粘在一个靠近桶口的边缘位置。

显示了另一个过程变异模式，放到后面再讨论。

图 12.5　连续生产的 50 桶油漆重量的时间序列改进图

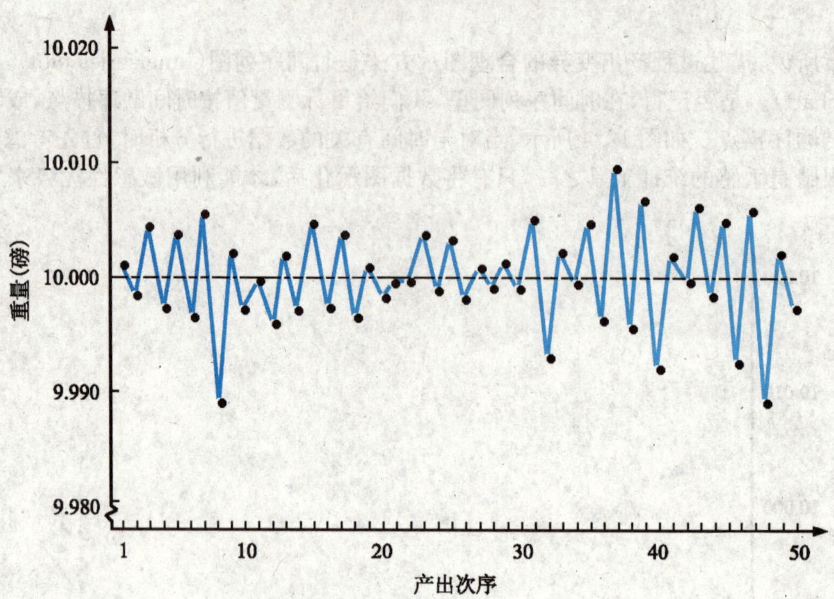

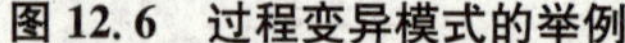

图 12.6　过程变异模式的举例

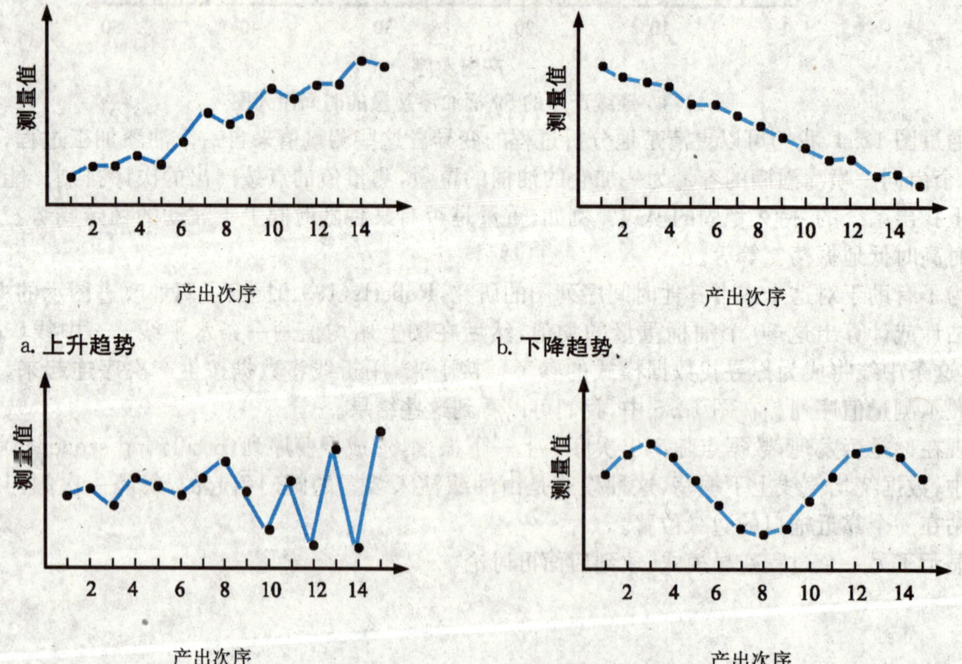

a. 上升趋势

b. 下降趋势

c. 方差逐渐增大

d. 呈周期状态

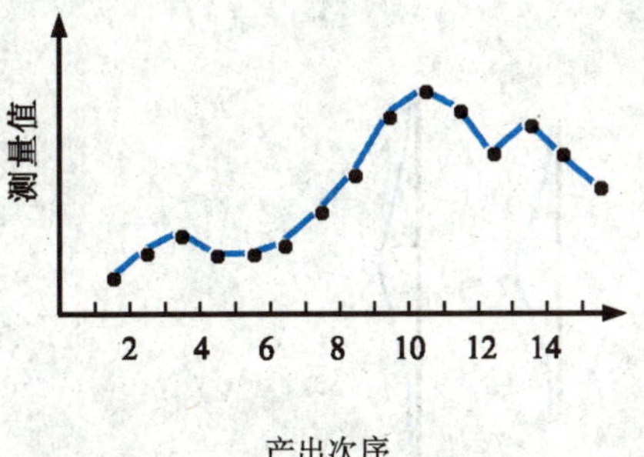

e. 蜿蜒前行

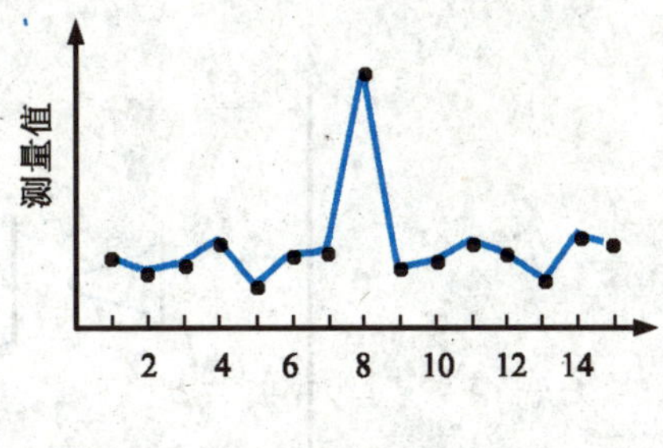

f. 冲出或奇异点出现

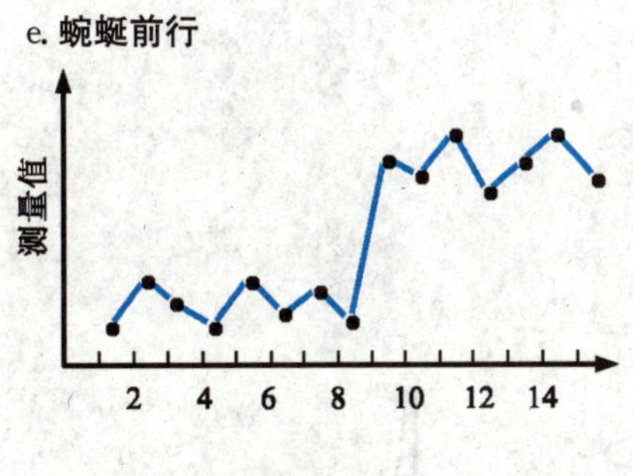

g. 均值(水平)改变

在描述过程变异和诊断其成因时，把产出变量测量值的序列，如重量、长度、瑕疵数目等看成是由以下方式产生的，这对问题的研究非常有益。

1. 在任何时间点上，目标产出变量的值可以用概率分布或相对频数分布(频率分布)来描述。这些分布是来描述变量可能的取值或发生的可能性大小，图 12.7 是三种这样分布的描述。
2. 产出变量的特定值(某给定时间点上的一个实现)可以认为是根据上述分布(或相对频数分布)所产生的。例如在时间点 1 上的值，可以看成是从某个总体里随机抽取的一个样本(样本大小 $n=1$)，而这个总体服从点 1 上的相对频率分布。
3. 在产出过程中，描述产出变量的分布可能随时间变化。为简单起见，一般将变化划分为三种形式：均值改变、方差改变，或者两者都变。如图 12.8 所示。

图 12.7　一个产出变量三个时间点上的分布

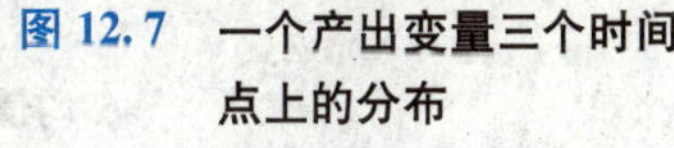

图 12.8　产出变量的变异模式

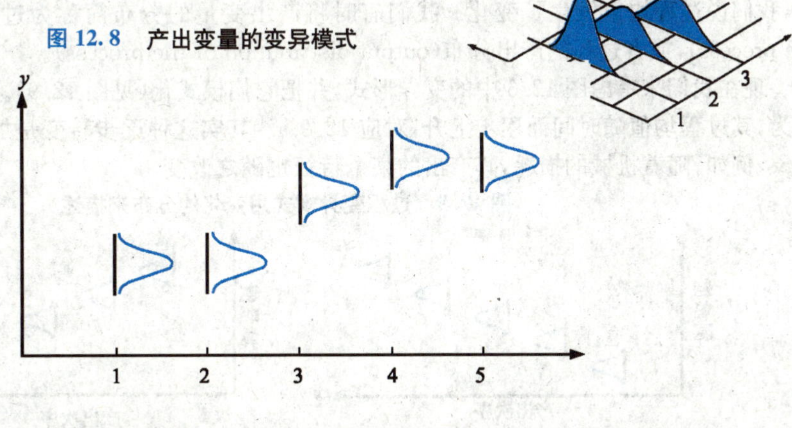

a. 均值的变化(位置改变)

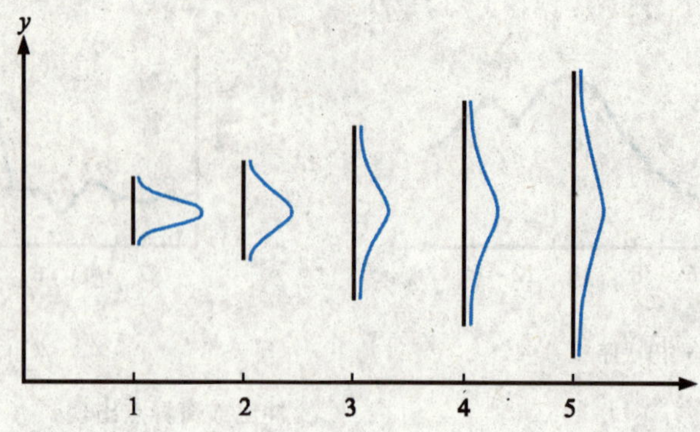

b. 方差的变化(形状的变化)

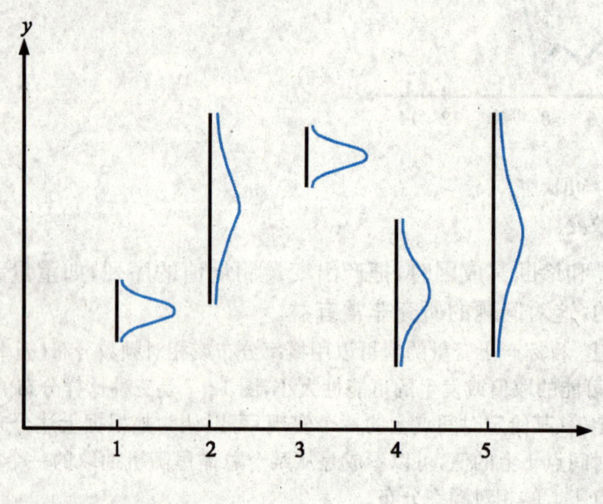

c. 均值和方差都改变

一般来说,如果产出变量的分布随时间变异,我们称之为过程变异。如果均值向高水平转化,我们说过程均值发生了变化。我们有时将产出变量的分布简称为过程分布(distribution of the process),或者过程的产出分布(output distribution of the process)。

现在我们来考虑图 12.6 中的变异形式,并把它们模式化(见图 12.9)。图 12.6 a 可以被这样认为,其过程均值随时间而逐步上升,对应 12.9 a。其实这种逐步转变是加工过程中普遍存在的现象,例如,随着机械的损耗,其产出的某个特征也随之改变。

图 12.9 过程变异模式用变化的分布来描述

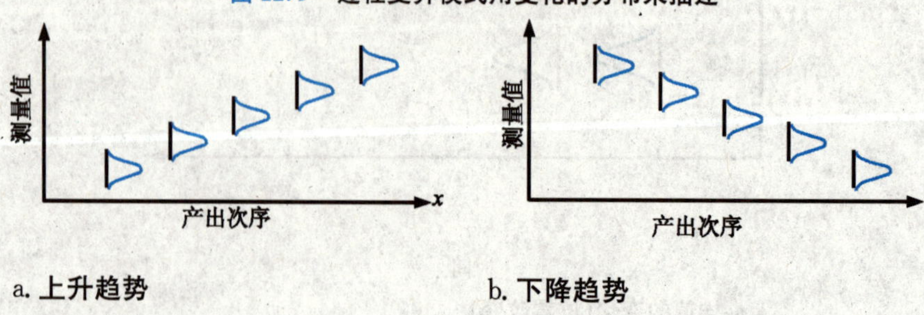

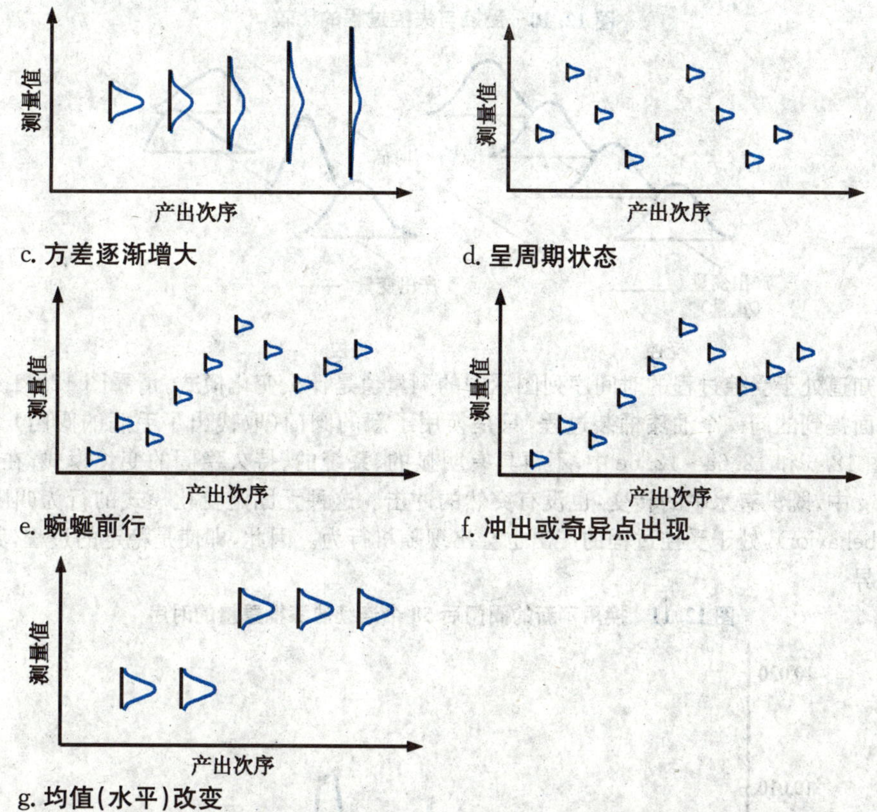

在 12.6c 模式中，观测值发散加剧，可以这样解释，过程的均值不变，但方差随时间增大，见图 12.9c。这种过程质量的退化可能是由于工人的乏困所引起的。在过程的开始(刚换班)，无论是打字员、机器操作者、服务员，或者是管理者，精力都很充沛，高度注意过程的每个环节，但时间长了，工人注意力开始分散，结果某些环节注意得较好，某些注意得较差，从而造成产出方差的增大。

在图 12.6g 中，测量值水平突然提高，可以这样解释，过程的方差不变，但均值突然增大，见图 12.9g。产生这种情况的原因可能是采用了高质量原料，或者引进了新机器，或者是更换了新操作员。

以上各例具有一个共同点，这就是产出变量的分布随时间变化。在这些实例中，我们称过程丧失了稳定性(stability)，以下是有关过程稳定性的一些定义。

定义 12.4

产出分布不随时间改变的过程称为一种统计控制(statistical control)状态，或简称受控(in control)，如果产出分布随时间改变，则称为一种统计失控(out of statistical control)状态，或简称失控(out of control)。

图 12.10 对两种过程(受控和失控)产出分布的序列作了对比性描述。

图 12.10 受控与失控过程的比较

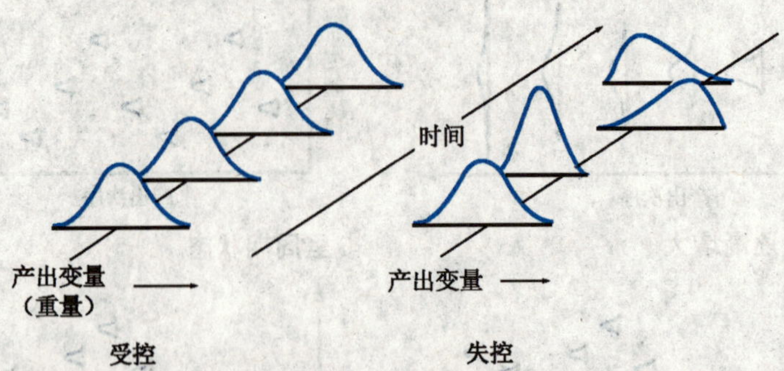

要想知道处于受控过程的时间序列图示中的测量值是什么变化模式，请看图 12.11。这些数据来自前面提到的同一个油漆桶装过程，只是换用了新的阀门(取代出了毛病的阀门)。我们注意到，在图 12.5 和 12.6a～12.6e 中，不再具有明显的、系统的、持久稳固的变化模式；在图 12.6f～图 12.6g 中，既没有水平的转变，也没有突然的冲击。这种无固定变化模式的行为叫随机行为(random behavior)，处于受控过程的产出也会出现随机行为。因此，即使是稳定的过程，其产出也会发生变异。

图 12.11 换用了新的阀门后 50 个连续油漆桶重量的时序

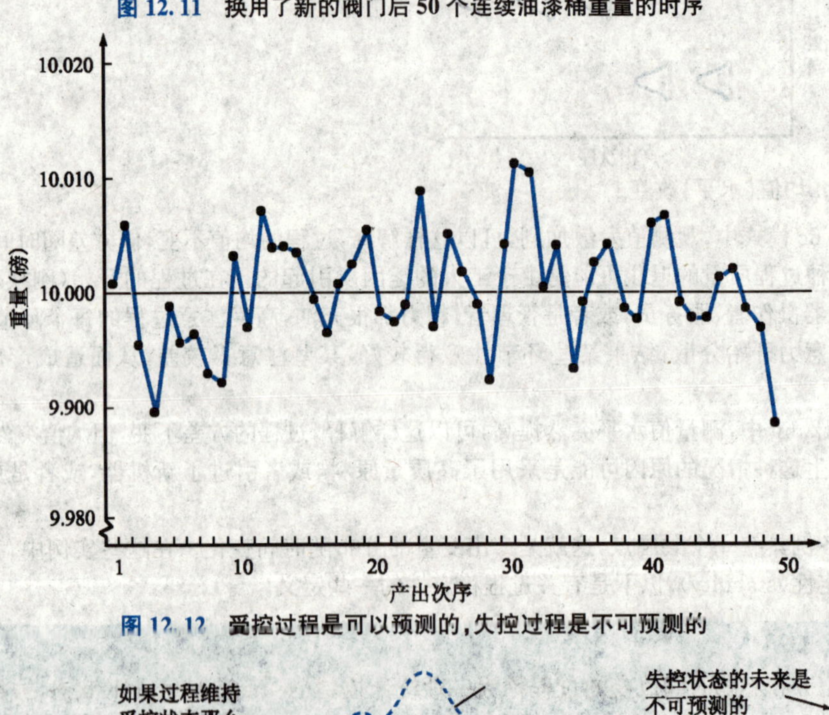

图 12.12 受控过程是可以预测的，失控过程是不可预测的

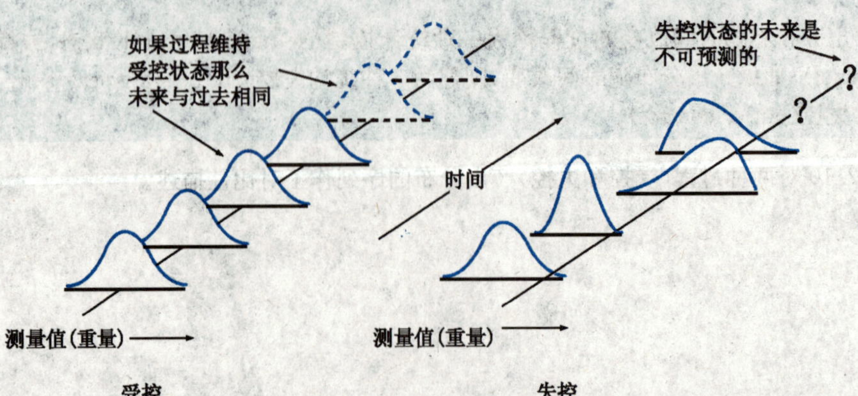

如果过程受控并能延续下去,则过程的表现前后具有相似性,所以这样的过程未来是可以预测的。在这种情况下,它的产出会局限在某个范围,因而不是失控的。而在图 12.12 中,那些失控的过程的产出模式是无法预料的①,因为你不知道过程以后会发生什么。承担失控过程的业务将面临以下的风险:(1)提供低劣产品给内部消费者(使用过程产出的组织内部人员),(2)出售低劣产品或服务给外部消费者。总之,这样他将面临失去消费者和破产的风险。

过程管理的基本目标是识别失控过程,采取措施使之受控,并维持这种受控过程。这一系列行为称做统计过程控制(statistical process control)。

定义 12.5

监控和排除变异,以使过程达到统计控制状态,或者维持一个已经达到统计控制状态过程的一系列行为称做统计过程控制(SPC)。

这一节和下一节所关心的都是统计过程控制,现在我们继续讨论统计控制。

在受控过程中表现出来的变异,是由共同变异原因所引起的。

定义 12.6

共同变异原因(common causes of variation)包括组成过程的生产方式、原料、机器、职员、环境,以及过程必须的投入等。因此,共同变异原因是在过程的设计中产生的,他们不仅影响过程的产出,而且可能影响过程的参与者。

在一个受控过程中表现出来的变异是各种共同变异原因综合的结果,但是绝大部分对过程产出影响很小。一般说来,每一个变异原因都有影响每个过程产出的潜在可能。例如,这些共同变异原因包括工厂或办公室的灯光、所需原材料的等级、工人受培训的程度等。其中任何因素都可能影响其产出的变化,由于灯光昏暗,工人可能忽视了瑕疵,如果灯光明亮,则瑕疵会被发现;原料的不一致性可能导致过程成品的不一致性;工人工作培训的程度影响他们的专业技术水平。由于这些因素的存在,所以成品就有差异。

实际上,因为共同变异原因被设计到了过程中,所以可以利用由它们的变化水平来衡量过程产出的差别。如果变异程度高,即产出相互之间偏差较大,那么,在设计过程时就应尽量排除一些共同变异原因。因为过程的重新设计是管理者的责任,所以排除共同变异原因是由管理者来完成的,而不是工人。

在失控过程中表现出来的变异是共同变异原因和特殊变异原因共同作用的结果。

定义 12.7

特殊变异原因(special causes of variation)是指一些不属于过程设计中的事件或行为。它们的影响是暂时的,只影响过程的某个时间段、某个范围或某个操作。如,一个工人、一台机器、一小部分原料等,但是这些事件可能有连续性或复发性。

特殊变异原因包括以下方面:某个工人没有正确使用某台机器;某工人生病了但仍在岗位上;机器的传送带失灵;因工人的疏忽而使用了劣质原料等。

就后面的实例中,其产出变化模式可能类似于图 12.6f。但如果不只是一小部分劣质原料,而是连续不断地输入劣质原料,其产出变化模式将可能类似 12.6g。某台机器如果慢慢失灵,则

① 正如在图 12.10 和 12.12 所看到的,受控过程的产出变量可能近似地服从正态分布。如果失控,就不会服从正态分布。但是,并不是所有的受控过程,无论在哪个时刻其产出变量都服从相同的分布。因此在本章中,不要对许多图中的正态分布产生错误的解释,即认为所有的受控过程都服从正态分布。

其产出变化模式可能是 12.6a、12.6b 或 12.6c，所有这些模式，一部分是由共同变异原因引起，一部分是由特殊变异原因引起。一般而言，我们认为，所有的而不只是偶然的某个产出变化模式，都是共同变异原因和特殊变异原因共同作用的结果①。因为特殊变异原因的影响可以在过程中查明，可以由工人和直接监管者诊断排除。有时还要通过管理层，例如供货的问题。

大部分过程是非统计控制的，认识这点很重要。正如 Deming(1986，p. 332)所说："稳定即统计控制是少有的状态，它是一项成果，这个成果是在把特殊的变异原因一个一个排除，只剩下共同变异原因后获得的"。

过程的改进首先要求识别、诊断、排除特殊变异原因，使过程处于统计控制状态。为进一步改进过程质量，我们还必须识别、诊断、排除共同变异原因。排除共同的和特殊变异原因对过程产生的效果见图 12.13。

图 12.13　排除变异原因后产生的效果

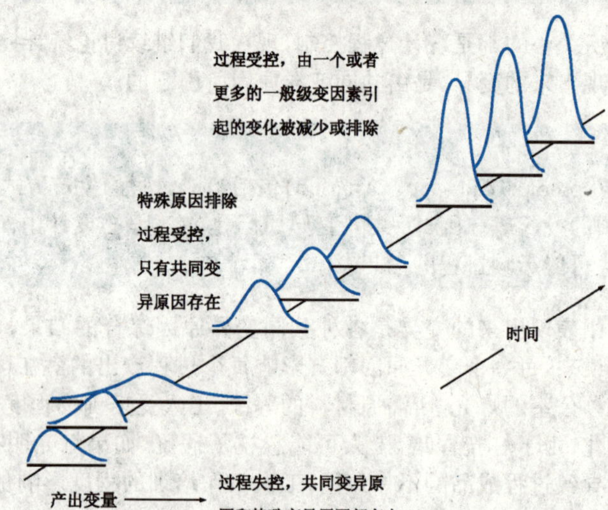

在本章的最后，我们向你引入一些统计过程控制的方法。特别是，你将知道怎样通过分析控制图来决定过程是否是受控的。

12.3　控制图的原理

通过使用控制图，我们可以判别过程的变异，究竟是由特殊变异原因引起，还是因共同变异原因造成。换句话说，通过使用控制图来决定过程是否处于受控(只有共同变异原因存在)状态。能够判别过程是否受控，就意味着知道什么时候该采取措施发现、排除特殊变异原因，什么时候不必干预过程。如果根本没有特殊变异原因，而去采取措施强行干预过程，反而会不断扩大过程变异，影响过程产出。

一般地，控制图可以评估过程过去的业绩，以及监控当前的表现。通过分析控制图来决定过程在前两周是否是受控的，以及决定过程在未来的每时每刻是否都将处于受控状态。对后者，我们的目标是尽快检验和排除可能随时产生的特殊变异原因。切记，质量改进行为的基本目的是减少过程变异。

---

①　对于某些特定的过程(如受季节影响的过程)，它们具备一个系统的、持续的变化模式——周期变化模式(见图 12.6d)，它是过程内在的特性。在处理这些特殊的过程时，有些统计学家把导致这个系统变化模式的因素称为共同变异原因，这种分析的方式超出了本书的范围，有兴趣的同学可以参看 Alwan and Roberts(1988)。

在本章,我们将向你介绍如何用定性质量变量和定量质量变量构建并使用控制图。重要的定量变量有重量、宽度、时间等。另外,一个重要的定性变量是产品的状态:有瑕疵或无瑕疵。

图 12.14 是一个控制图的例子。简单地说,控制图是一个质量变量的个体测量结果的时间序列图示,附加一条中线和两条上下水平控制限(control limits)。当过程处于统计控制状态时,中线代表均值。上控制限(upper control limits)和下控制限(lower control limits)是这样设定的,即满足,当过程处于统计控制状态时,质量变量的个体测量值落在控制限外的概率很小。应用者一般把控制限定在离中线 3 倍标准差外的两边,并称之为 3σ 限(3－sigma limits),如果过程受控,且变量值服从正态分布,则质量变量的个体测量结果落在控制限外的概率为 0.0027,小于千分之三,见图 12.15。

图 12.15 过程受控时个体测量值落在控制限外的概率

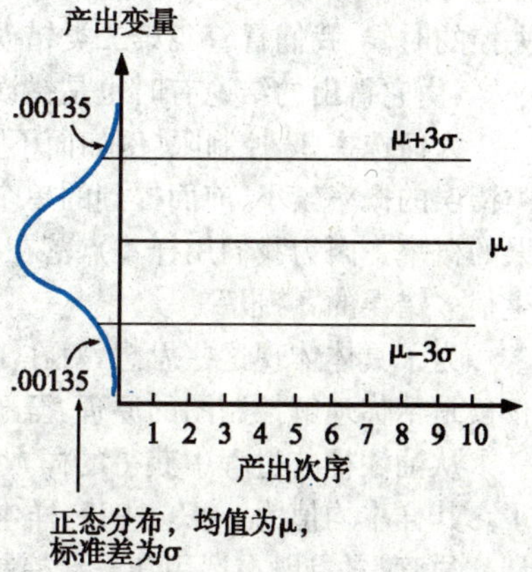

图 12.14　一个控制图

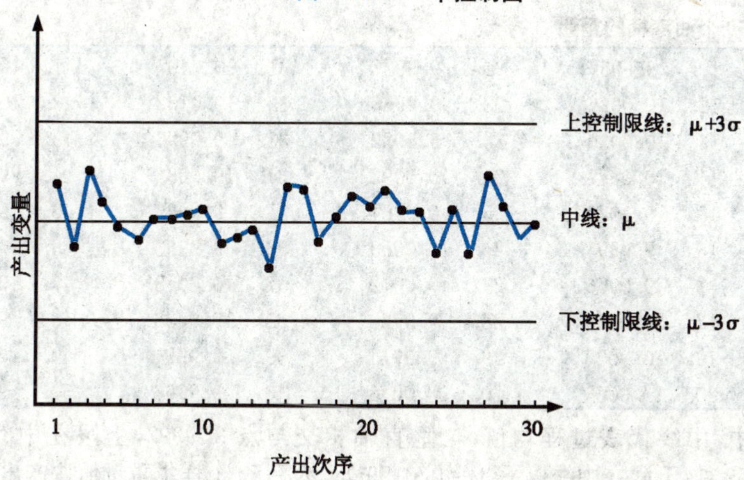

只有当个体测量值都落在控制限内,则过程被认为是受控的。这意味着没有特殊变异原因干扰过程产出,否则,则认为小概率事件发生了,即过程失控。从前面提到的小概率事件推断方法可看出,这样的结果显然可以解释为,过程已经失控,必须采取措施排除特殊的变异原因。

另一个昭示过程失控的迹象也可能在控制图内找到。例如,如果观察到了在图 12.6 中的任何一种过程变异模式,即使所有的点落在控制限内,我们也可能由此得出过程失控的结论!一般说来,任何系统、持久稳定的变化(即非随机变化模式)都可认为是失控的迹象。我们下节再对此类情况进行讨论。

在第 8 章,我们学习了怎样利用假设检验来对总体做推断。尽管本节的重点是过程而不是总体,但我们所做的工作与前面相当类似。我们再次用假设检验,检验设计如下:

$$H_0\text{:过程受控}$$
$$H_a\text{:过程失控}$$

每当描一个新的点,为判别它是否落在控制限以内,我们都要做一次双尾假设检验,控制限是检验中临界值的函数。

在使用控制图时，我们在第 8 章学过的由假设检验产生的两类错误同样存在。任何时候，当拒绝零假设，而认为过程是失控时，我们都冒着犯第一类错误的风险；当接受零假设，而认为过程失控的时候，我们冒着犯第二类错误的风险。控制图没有什么神奇的地方，也像其他的假设检验一样，由它得出的结论有时也是错误的。

为何选择 3σ 控制限(例如而不是 2σ 控制限或者 1σ 控制限)？主要原因是，使用它时犯第一类错误的概率较小，前面提到的单个测量结果落在控制限外的概率为 0.0027，这就是犯第一类错误的概率。因为我们用样本点落在控制限外来推断过程处于失控状态，所以用 3σ 控制限不会产生很多错误的"警报"。

为了具体体现这些思想，对在 12.2 节讲到的油漆桶装过程构建控制图，并予以解释。其目的仅仅是帮你理解控制图的原理，至于怎样一步一步构建控制图将在下一节讲解。

从油漆桶装过程中获得的样本观测值见表 12.1。在图 12.11 中，我们已将这些数据图示化了。其样本均值为 $\bar{x}=9.9997$，样本标准差为 $s=0.0053$，我们把它们作为过程均值和方差的估计。尽管是估计，在运用和解释控制图时，我们把它们看成与实际的 μ 和 σ 相等同。下面是一个标准实例。

表 12.1　连续 50 个油漆桶的重量

1.	10.0008	11.	9.9957	21.	9.9977	31.	10.0107	41.	10.0054
2.	10.0062	12.	10.0076	22.	9.9968	32.	10.0102	42.	10.0061
3.	9.9948	13.	10.0036	23.	9.9982	33.	9.9995	43.	9.9978
4.	9.9893	14.	10.0037	24.	10.0092	34.	10.0038	44.	9.9969
5.	9.9994	15.	10.0029	25.	9.9964	35.	9.9925	45.	9.9969
6.	9.9953	16.	9.9995	26.	10.0053	36.	9.9983	46.	10.0006
7.	9.9963	17.	9.9956	27.	10.0012	37.	10.0018	47.	10.0011
8.	9.9925	18.	10.0005	28.	9.9988	38.	10.0038	48.	9.9973
9.	9.9914	19.	10.0020	29.	9.9914	39.	9.9974	49.	9.9958
10.	10.0035	20.	10.0053	30.	10.0036	40.	9.9966	50.	9.9873

在图 12.16 中，中线代表过程均值，与垂直轴相交与点 9.9997，上限在中线以上 $3s=3(0.0053)=0.0159$ 处，下限在中线以下 $3s=0.0159$ 处，然后 50 个样本重量值按产出次序被描点在上下控制限之间。

如图 12.16 所示，点都落在控制限内，而且正如图 12.5 和 12.6 所显示的，没有任何系统、持续稳定的变化模式。因此，我们不能说过程失控，我们只能接受零假设，即过程受控。然而，在解释控制图结果时，我们不是用正式的假设检验语言，而喜欢简单的表述，即数据显示或表明过程受控。尽管这样，我们还是清楚地知道犯第二类错误的概率实际上是未知的，因而，我们的结论有可能是错误的。当我们在下结论过程受控时，我们真正可以这么说，数据显示过程受控，最好不要去干预它。

前面我们将控制图的假设检验构建成失控与受控的假设检验。现在，我们从另一角度来解释这个假设检验。我们用单个的油漆桶重量数据与控制限值比较时，双尾假设检验构建如下：

$H_0: \mu=9.9997$

$H_0: \mu\neq 9.9997$

这里，9.9997 是控制图的中线，控制限为检验划出了两个拒绝区域。通过利用个体数据与控制限作比较，来检验过程的均值是否已改变。因此控制图监控的是过程均值是否已改变。基于过程均值是否已经改变的检验结果，控制图能够帮助我们判断过程是否失控。这种不稳定性已在图 12.8 的顶部描述过。在油漆桶装过程中，在重量样本收集整个期间，过程均值显然没有改变。

图 12.16　连续 50 个油漆桶重量的控制图

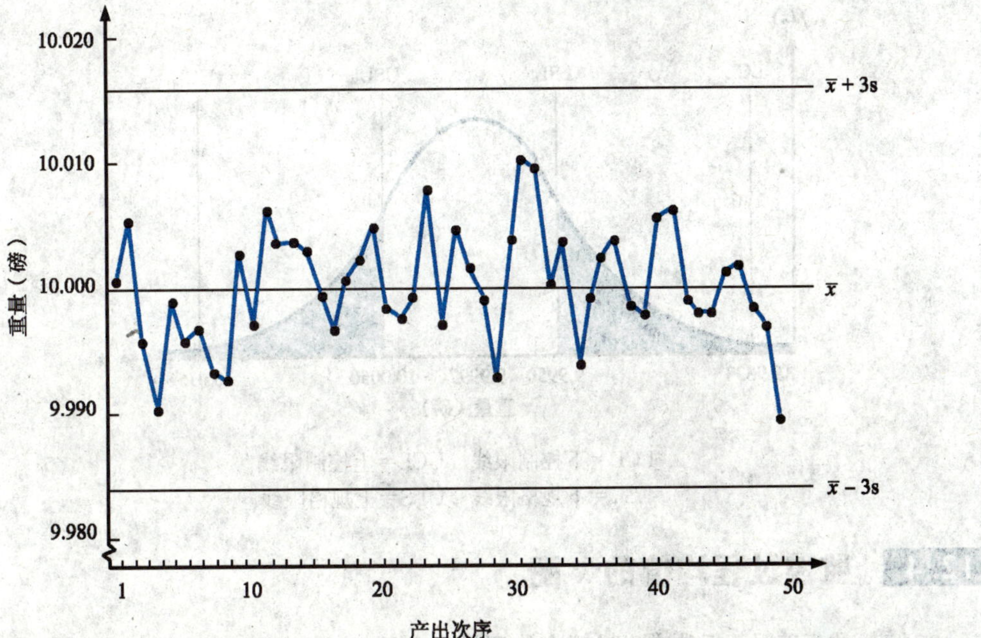

在 12.5 节里，我们将介绍另外一种控制图。它将有利于我们知道过程的方差是否变了，这类似于图 12.8 中中下部分所描述的。

刚才提到的控制图叫**个体图**(individuals chart)，或者是 $\bar{x}$ **图**。这里术语“个体”是指这种图用个体测量值来监控过程，也就是说测量值来自产出的个体单元。这区别于在控制图中标出的样本均值，这种区别在下面的内容里可以体现出来。

初学者也许会把控制限和产品的**规格极限**(specification limits)相混淆。其实，我们已经解释得很清楚了，控制限是过程自然变异性的函数。假如我们总是用 3σ 控制限，它的位置代表的是过程标准差 σ 的函数。

定义 12.8

规格极限是指一特定产品或服务产出变量(如有关质量特征的)的可接受值的边界点。它们由消费者、管理者、产品的设计者来决定。规格极限可以是有两边的，即有上下极限，也可以是单边的，即只有上极限或下极限。

过程产出如果落在规格极限内，则认为产品**符合规格**(conform to specifications)，否则认为不**符合规格**(nonconforming)。

与控制限不相同，规格极限与过程没有任何关系，一个油漆桶的消费者可以要求，桶的容量不超过 10.005 磅，不小于 9.995 磅。这些才是规格极限。消费者有理由提出这个要求，但不知道供货商的产出过程是否符合他们的要求。油漆桶装过程消费者的规格极限和供货商控制限同时描绘在图 12.17 中。你认为消费者会满意所接受的产品的质量吗？显然不，尽管一些观测值在规格极限内，但大部分没有。详细信息见图 12.17。

图 12.17 规格限与控制限的比较

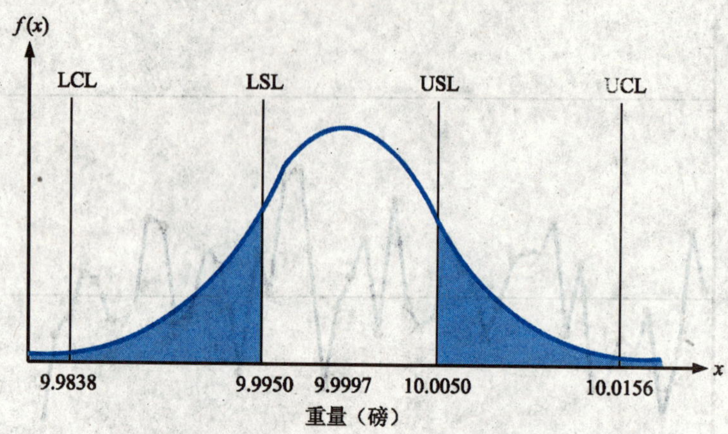

LCL＝下控制限线 UCL＝上控制限线
LSL＝下规格限线 ULS＝上规格限线

12.4 监控过程均值的 $\bar{x}$ 图

在上节，我们着眼于反映产出过程个体测量值变异，从而引入了控制图的思想。通过此图，我们可以决定过程均值是否有所改变。本节我们要讲的 $\bar{x}$ 图，也是用来观察过程均值变化的图，但我们是通过监控样本均值的变化来实现的，而这个样本来自所关心的过程。也就是说，我们不再在控制图上描出个体测量值，而是描出样本均值。因为有样本均值附带的信息（每一个均值都来自 n 个个体观察值），所以，在反映过程均值的变化上，$\bar{x}$ 图比个体图更敏感。

在实践中，$\bar{x}$ 图很少单独运用。比较常见的是 $\bar{x}$ 图与监控过程变异的 R 图并用。在工业中，$\bar{x}$ 图和 R 图被广泛运用于监控。如果两个图并用，我们就能容易地做出决定：当均值发生变化或变异发生变化时，过程是否处于失控状态。R 图将在下节介绍，然后我们讨论它们的相似用法。目前，我们只介绍 $\bar{x}$ 图，因此，在本节我们假设过程变异是稳定的①。

图 12.18 给 $\bar{x}$ 图提供了一个实例。像个体图一样，中线代表过程均值，上下控制限离均值中线 3 倍标准差。然而，既然 $\bar{x}$ 图是跟踪样本均值，而不是个体观测值，所以相应的标准差为 $\bar{x}$ 的标准差，而不再是产出变量的标准差 σ。

图 12.18 $\bar{x}$ 图

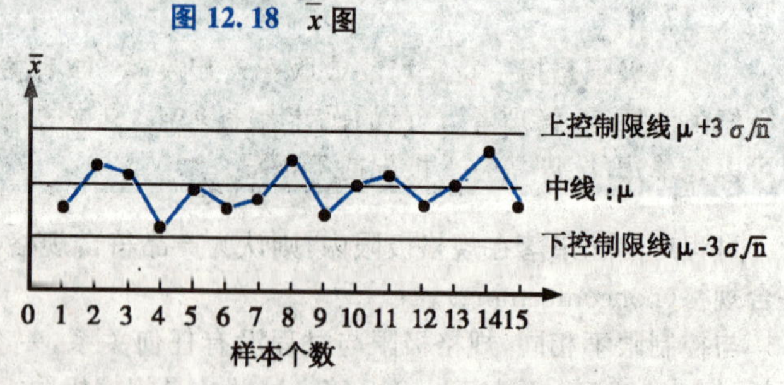

如果过程为统计控制状态，那么描在图上的 $\bar{x}$ 序列将表现为处在控制限内的随机行为。只有当小概率事件发生，或过程失控时，样本均值才会落在控制限外。

为了更好地理解涉及 $\sigma_{\bar{x}}$ 的控制限的合理性，请看下面的分析。$\bar{x}$ 图关心的是 $\bar{x}$ 的变化，如第 6 章所述，其变化是用 $\bar{x}$ 的抽样分布来描述的。但 $\bar{x}$ 的抽样分布是什么呢？如果过程受控且其产出变量在任何时刻都服从 $N(\mu,\sigma)$ 正态分布，那么 $\bar{x}$ 也同样会服从均值为 μ 的正态分布，但我们在

① 请老师注意：从技术上讲，应该先构建和解释 R 图，然后才是 $\bar{x}$ 图。但是，根据我们的经验，如果学生掌握了一些基本的理论，学习控制图就很容易，因为在第 6 到第 8 章，我们已经介绍了 $\bar{x}$ 图的一些基本理论，所以就将 $\bar{x}$ 图的学习放在前面。

第 6 章已经知道，$\bar{x}$ 的标准差为 $\sigma_{\bar{x}}=\sigma/\sqrt{n}$。$\bar{x}$ 图的控制限由 $\bar{x}$ 的抽样分布决定，同时由其解释，而不是 x 的分布。图 12.19 列出了这些要点①。

图 12.19　$\bar{x}$ 的抽样分布

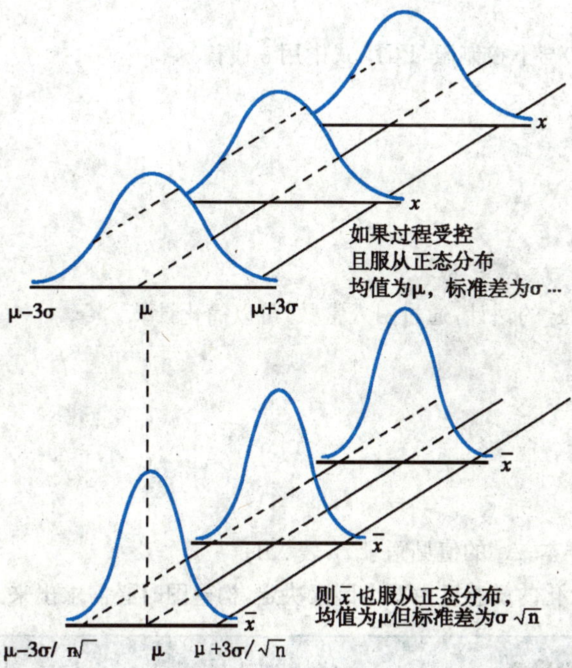

为了构建 $\bar{x}$ 图，至少要有含 n 个连续观测值的 20 个样本，这里 $n\geqslant 2$。这样才能合理地推算出过程均值和方差的估计值。代表过程均值的中线由下式决定。

中线：$\bar{\bar{x}}=\dfrac{\bar{x}_1+\bar{x}_2+\cdots+\bar{x}_k}{k}$

这里，k 是从需构建 $\bar{x}$ 图的总体中抽取的含 n 个连续观测值的样本的个数，$\bar{x}_i$ 是第 i 个样本的均值，因此 $\bar{\bar{x}}$ 是 μ 的估计，

控制限由下面两个式子决定：

上控制限：$\bar{\bar{x}}+\dfrac{3\sigma}{\sqrt{n}}$

下控制限：$\bar{\bar{x}}-\dfrac{3\sigma}{\sqrt{n}}$

因为一般情况下过程的标准差 σ 是未知的，所以要对它进行估计。估计的方法很多，一种方法是先计算 k 个样本中的每一个标准差，然后平均；另一种是利用样本标准差 s，s 来自过程的大量样本，假设此时过程受控；第三种方法备受工业部门的青睐，已经证明，当 n 为 10(工业中常用的样本数)或更少时，采用的第三种方法与另外的方法有等同的效果。

第三种方法是用 k 个样本的极差来估计过程标准差 σ，回顾第 2 章，一个样本的极差 R 是指样本内最大观测值与最小样本观测值的差，将 k 个极差的均值 $\bar{R}$ 除以常数 d_2，所得 $\hat{\sigma}$ 为标准差 σ 的无偏估计。$\hat{\sigma}$ 由下式决定(详见 Ryan(1989))：

---

①　我们可以用中心极限定理来近似 $\bar{x}$ 的抽样分布(见第 6 章)。也就是说，当过程受控时，$\bar{x}$ 是这个过程中一个大样本的均值($n>30$)，则抽样分布将近似于正态分布，均值为 μ，标准差为 $\sigma_{\bar{x}}=\sigma/\sqrt{n}$，甚至，当样本容量只有 4 个或 5 个时，只要 x 的分布是比较对称的，且为大致的钟形图，$\bar{x}$ 的分布也可近似为正态分布。

$$\hat{\sigma}=\frac{\overline{R}}{d_2}=\frac{R_1+R_2+\cdots+R_K}{K}\left(\frac{1}{d_2}\right)$$

其中，R_i 是第 i 个样本极差，d_2 是由样本大小决定的一个常数，对 n 为 2～25 的样本，d_2 的值见附录 B，表 XII。

在上控制限(UCL)与下控制限(LCL)式中用 $\hat{\sigma}$ 代替 σ，得

$$\text{UCL}: \bar{\bar{x}}+\frac{3\left(\frac{\overline{R}}{d_2}\right)}{\sqrt{n}}$$

$$\text{LCL}: \bar{\bar{x}}-\frac{3\left(\frac{\overline{R}}{d_2}\right)}{\sqrt{n}}$$

其中 $(\overline{R}/d_2)/\sqrt{n}$ 是 $\sigma_{\bar{x}}$ 的估计，通过引入常数，可以简化计算。令

$$A_2=\frac{3}{d_2\sqrt{n}}$$

然后得：

$$\text{UCL}: \bar{\bar{x}}+A_2\overline{R}$$

$$\text{LCL}: \bar{\bar{x}}-A_2\overline{R}$$

对 n 为 2～25 的样本，A_2 的值见附录 B，表 XII。

$\bar{x}$ 图对过程均值变化的敏感度由两个因素决定，构建图时必需求出来。

构建 $\bar{x}$ 图的两个决定性因素。

1. 确定样本容量大小。
2. 确定从过程中抽取样本的频率(每小时一个？每个轮班一个？还是一天一个？)。

为了尽快观察到过程的变异，我们应尽可能地按以下要求选择样本，即样本的选择应使过程均值的变化发生在样本之间，而不是样本之内(不是发生在一个样本抽取的时间内)。这样，均值变化以前的样本里的所有测量值都没受到变化的影响，变化以后的样本里的所有测量值都受到了变化的影响，从而，后面样本的均值将与前面样本的均值明显不同，这分明是一个信号，过程均值出现了问题。

定义 12.9

设计样本的容量与频率，使过程均值的变化发生在样本之间，而不是样本之内。这样的样本叫合理子群(rational subgroups)。

合理子群策略(rational subgroups strategy)

样本(合理子群)应按这样的方式抽取。

1. 尽最大可能地使一个样本内的测量值相似(受相同变异因素的影响)。
2. 尽最大可能地使各样本不同（至少有一个变异因素不同)。

下面的例子对合理子群这个概念做了很好的解释。由于新雇员在晚班上的优势，操作管理员怀疑某加工过程产出的质量班与班之间有明显差异。为尽快检测到这种差异，管理员利用了 $\bar{x}$ 图，并采用子群策略抽样。在不同的班里抽取不同的样本，同一个样本不跨班抽取，然后构建控制图。也就是说，不可能有这样的样本，既包括 1 班生产的最后三个产品，又包括 2 班生产的前两

个产品。这样，同一样本里的测量值相似，但不同的均值反映班之间的差异。

设计一个有效的 $\bar{x}$ 图的关键是预测有可能影响过程均值的特殊变异原因，然后，有目的地采用合理子群策略，构建一个对预测的变异原因敏感的控制图。

前面的讨论和实例主要针对的问题是抽样时间和抽样频率。至于样本容量，应用者们一般选择 $n=4$ 与 $n=10$ 之间的数，以连续的产出（即连续产生的观测值）为样本。采用连续产出的小样本，有利于确保同一样本内的测量值相似（受相同变异原因的影响）。

构建 $\bar{x}$ 图的简单过程

1. 采用合理子群策略，收集至少 20 个样本（子群），其中每一个样本大小 $n\geqslant 2$。
2. 计算每一个样本的均值与极差。
3. 计算样本均值的均值 $\bar{\bar{x}}$，以及样本极差的均值 $\bar{R}$。

$$\bar{\bar{x}}=\frac{\bar{x}_1+\bar{x}_2+\cdots+\bar{x}_k}{k} \quad \bar{R}=\frac{R_1+R_2+\cdots+R_k}{k}$$

其中 k＝样本（子群）个数

$\bar{x}_i$＝第 i 个样本的样本均值

R_i＝第 i 个样本的极差

4. 绘制中线与控制限：

中线：$\bar{\bar{x}}$

上控制限：$\bar{\bar{x}}+A_2\bar{R}$

下控制限：$\bar{\bar{x}}-A_2\bar{R}$

其中 A_2 为常数，依赖于 n，对 n 为 2～25 的样本，A_2 的值见附录 B，表 XII。

5. 按样本在过程中产生的顺序，在控制图上将 k 个均值点描出来。

当解释控制图时，将图看成由 6 个区组成（见图 12.20）会更方便，每个区为 1 个标准差宽。与中线距离为 1 个标准差宽的区为 C 区（Zone C）；与中线距离为 1 个标准差宽与 2 个标准差宽之间的区为 B 区；与中线距离为 2 个标准差宽与 3 个标准差宽之间的区为 A 区。下面就怎样构建 $\bar{x}$ 图的区边界做了归纳。

图 12.20 控制图的区

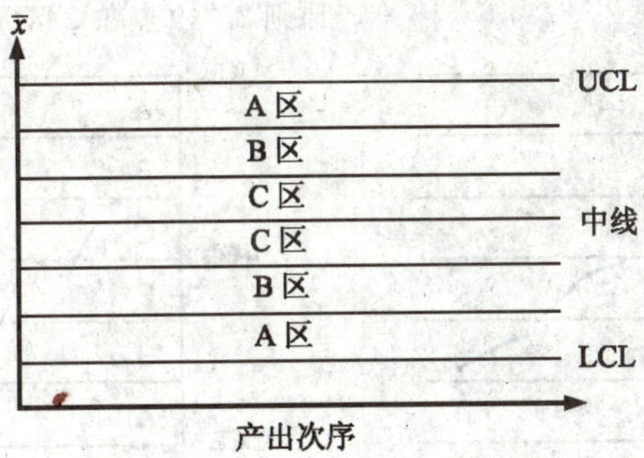

为$\bar{x}$图构建区边界

1. 利用 $3a$ 控制限：

上 $A-B$ 边界：$\bar{\bar{x}}+\frac{2}{3}A_2\bar{R}$

下 A−B 边界：$\bar{\bar{x}}-\frac{2}{3}A_2\bar{R}$

上 $B-C$ 边界：$\bar{\bar{x}}+\frac{1}{3}A_2\bar{R}$

下 $B-C$ 边界：$\bar{\bar{x}}-\frac{1}{3}A_2\bar{R}$

2. 利用 $\bar{x}$ 标准差的估计：$(\bar{R}/d_2)/\sqrt{n}$：

上 $A-B$ 边界：$\bar{\bar{x}}+2[(\bar{R}/d_2)/\sqrt{n}]$

下 $A-B$ 边界：$\bar{\bar{x}}-2[(\bar{R}/d_2)/\sqrt{n}]$

上 $B-C$ 边界：$\bar{\bar{x}}+[(\bar{R}/d_2)/\sqrt{n}]$

下 $B-C$ 边界：$\bar{\bar{x}}-[(\bar{R}/\mathrm{d}_2)/\sqrt{\mathrm{n}}]$

应用者借助于 6 个区的 6 条简单原则来决定过程是否失控，图 12.21 归纳了这 6 条简单原则。它们被称之为**模式分析原则**(pattern—analysis rules)。

图 12.21　检测特殊变异原因的模式分析原则

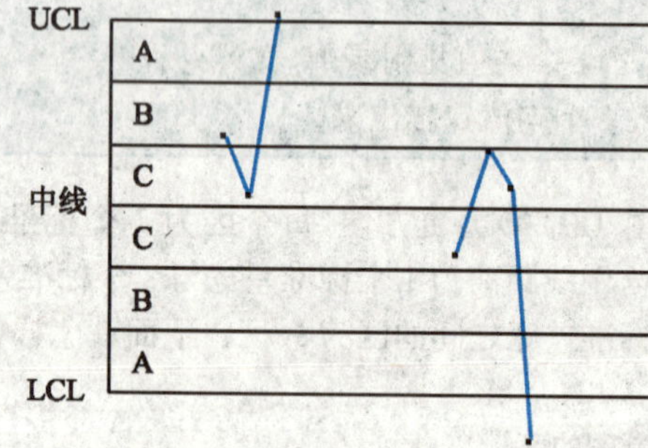

原则 1：　1 点在 **A** 区外

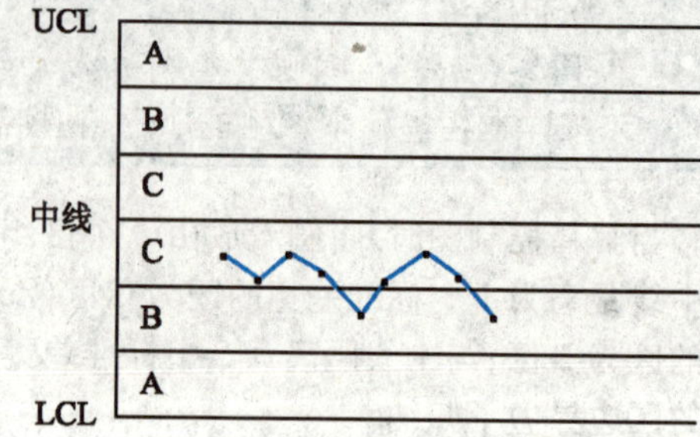

原则 2：　9 点在 **C** 区内或外成一排

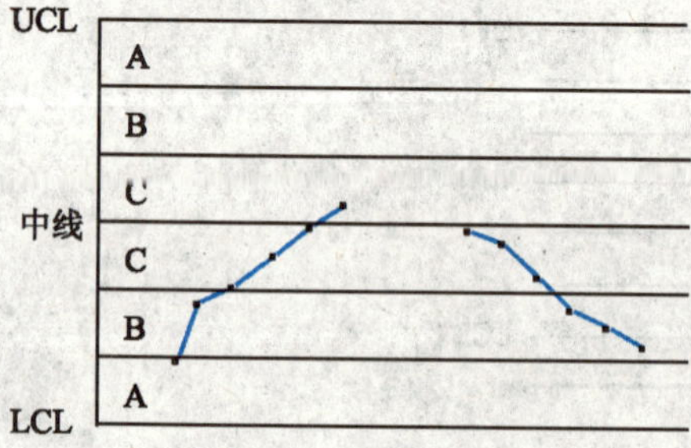

原则 3：　6 点成一排稳定的上升或下降

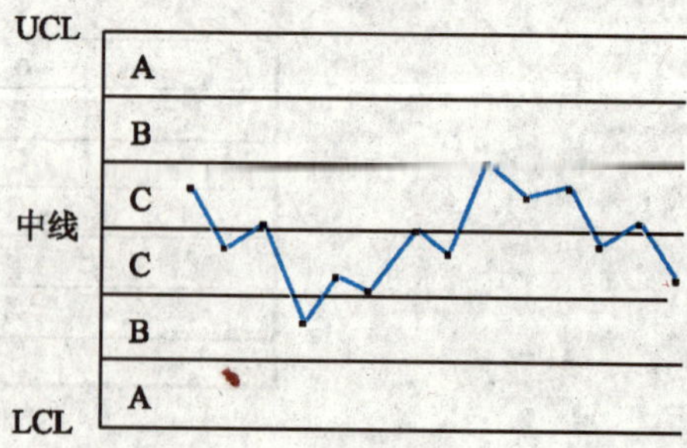

原则 4：　14 点成一排一上一下变动

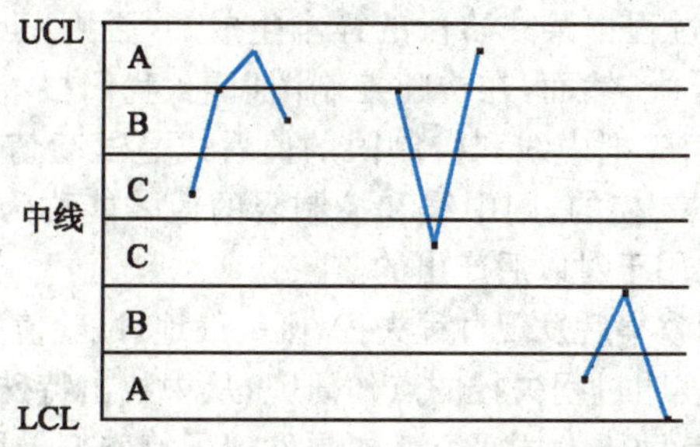

原则 5：　一排中 3 点中的 2 点在 A 区内(或外)

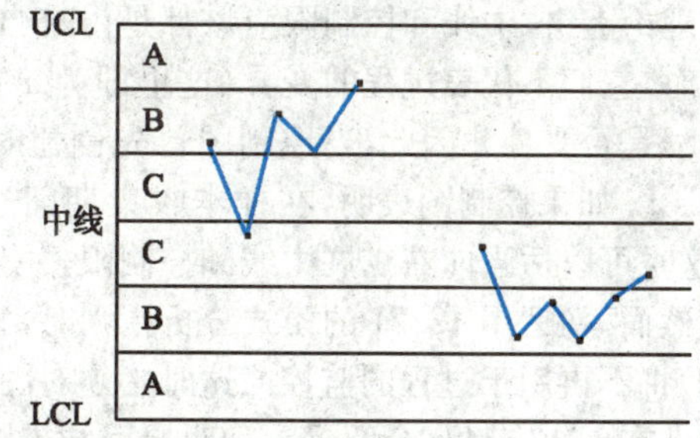

原则 6：　一排中 5 点中的 4 点在 B 区内(或外)

原则 3 和 4 应用于整个图,原则 1、2、5 和 6 分别用于控制图的上下对称两部分。

原则 1 就是我们熟悉的点在控制限外原则,对此我们已经提了多次。其他原则用来帮助我们判断,尽管所有点都在控制限内,过程也会失控。也就是说,它们有助于识别非随机变异方式,尽管这种变异方式没有越过控制限(也许永远不会)。

如果过程受控,图 12.21 中的各种模式都是小概率事件。为了有个清楚的认识,假设过程受控,且服从正态分布,则我们可以很容易地算出单个点落在某个区的概率(在第 4、5 章我们已经解决了)。如果只考虑中线的一边,你就知道某点超出 A 区的概率为 0.00135,在 A 区是 0.02135,在 B 区是 0.1360,在 C 区是 0.3413,当然,中线两边概率分布一样。

从这些概率知道,各种点模式发生的可能性,例如,估算一下原则 1,某点超出界线的概率(在上控制限以上或在下控制限以下)是 0.00135＋0.00135＝0.0027,显然,这是一个小概率事件。

再看一个例子,原则 5 表明,这种一排 3 点中有 2 点在 A 区内或外,这种现象是少有的,对吗？落在 A 区或超出 A 区的概率为 0.00135＋0.02135＝0.0227,同时我们可用二项分布(第 5 章讲的)来计算 3 个点中的 2 个落在 A 区或超出 A 区的概率,当 $n=3$,$p=0.0227$ 时,$P(x=2)=0.0015$,这显然是一个小概率事件。

一般来说,当过程受控且服从正态分布时,以上所有原则中的任何一个,在对特殊的变异原因发出错误信号的概率都小于 0.005,或者说千分之五。如果前 4 个同时使用,则对特殊的变异原因发出错误信号的总的概率大约为 0.01。如果 6 个原则同时使用,则对特殊的变异原因发出一错误信号的总概率会达到 0.02,或者说百分之二,这 3 个概率可认为是发生第一类错误的概率,每一个都表明了拒绝零假设即过程处于受控状态犯错误的概率。

至于对这些非随机模式产生原因的探究,不是本章的范围,如有兴趣,请看 AT&T 的《质量控制手册》(Statistical Quality Control Handbook,1956)。

在下一节解释 R 图时,我们仍然会用到这些原则。

$\bar{x}$图的解释。

1. 如果样本均值的一个或多个点超出了控制限,则过程失控。另外,如果观察到了图 12.21 上的其他 5 个变化模式中任何一个,则说明一个或多个特殊的变异原因在干扰过程,要尽快识别和排除,使过程回到受控状态。

2. 如果没有以上情况发生则认为过程是受控的,此时不必干预过程,然而,如果过程变异水平高得令人难以接受,就要对共同变异原因进行识别,并排除它们。

假设:过程的变异是稳定的(如果不稳定,那么 $\bar{x}$ 图控制限就没有意义,因为它们是过程变异的函数,下节讲的 R 图是对这个假设的研究)。

理论上讲，中线和控制限应该都是由来自受控过程中某一阶段的样本生成的，否则，当过程受控时，它们不代表过程的变异(这里即为 $\bar{x}$ 的变异)。然而，在构建控制图以前，我们根本不知道过程是否受控。因此，当控制图首先创建时，我们应把中线和控制限的值看成是**试验值**(trial values)。如果控制图表明，在样本收集期间过程是受控的，则中线和控制限的值才能称为正式值，这时可以适当向右扩展中线和控制限，并且把它用于对以后产出的监控。

然而，在运用 12.21 的模式分析原则时，当数据收集后发现过程失控，则一般地，试验值(即实验图)将不再用于过程的监控。这时必须对图上的表明过程失控的点作研究，从中找出特殊变异原因。在 12.7 节里，介绍了一种叫原因结果图，它有助于上述研究。如果发现了特殊变异原因，则：(1)必须排除它们；(2)受到变异原因影响的，无论是控制限内还是限外的点，都应去掉，(3)利用剩下的数据计算新的试验值(中线和控制限)。也许，新的试验值仍然表明过程失控，这时，重复上面的步骤，直到所有的点都在控制限内。

如果特殊的变异原因无法找到和排除，则要对失控迹象的严厉性作评估，同时对以下作出判断：(1)失控点是否要排除，新的试验控制限是否要重新确定；(2)将原来的试验控制限变成正式控制限是否可行；(3)是否要收集新的数据以计算新的试验控制限值。

例 12.1

让我们回到 12.2 和 12.3 讲到的油漆桶装过程，这里我们不是连续地抽取 50 个油桶为样本构建控制图，而是在未来的 25 个小时内，每 1 小时连续抽取 5 个，样本数据见表 12.2。因为在一个月内，灌注管头有几次堵塞，所以采用的是合理子群抽样。当堵塞发生时，在一天内，灌注管头的喷射会越来越少，这种退化很不规则，有时分秒之间都有不同，有时半个小时，因此很难把握其变化。

a. 解释所用的合理子群策略背后的思想。

b. 用表 12.2 中的数据构建一个 $\bar{x}$ 图。

c. 所建图对油漆桶装过程的稳定性有何展示(是否是统计控制过程)?

d. 控制限值能被用于未来过程产出的监控吗?

解答：

a. 在抽取样本时，样本之间间隔的时间要长，以便观察到小时与小时之间的差别或者说过程均值的变化，但样本内的测量值之间的时间间隔要尽可能短，以使同一样本内过程变异较少。总之，采用合理子群策略抽样，能使我们发现样本之间过程均值的变化，同时把这种变化显示在控制图上。

表 12.2　来自油漆桶装过程中的 25 组样本(每组 5 个)

样本	观测值					均值	极差
1	10.0042	9.9981	10.0010	9.9964	10.0001	9.99995	0.0078
2	9.9950	9.9986	9.9948	10.0030	9.9938	9.99704	0.0092
3	10.0028	9.9998	10.0086	9.9949	9.9980	10.00082	0.0137
4	9.9952	9.9923	10.0034	9.9965	10.0026	9.99800	0.0111
5	9.9997	9.9983	9.9975	10.0078	9.9891	9.99649	0.0195
6	9.9987	10.0027	10.0001	10.0027	10.0029	10.00141	0.0042
7	10.0004	10.0023	10.0024	9.9992	10.0135	10.00358	0.0143
8	10.0013	9.9938	10.0017	10.0089	10.0001	10.00116	0.0151
9	10.0103	10.0009	9.9969	10.0103	9.9986	10.00339	0.0134
10	9.9980	9.9954	9.9941	9.9958	9.9963	9.99594	0.0039
11	10.0013	10.0033	9.9943	9.9949	9.9999	9.99874	0.0090
12	9.9986	9.9990	10.0009	9.9947	10.0008	9.99882	0.0062
13	10.0089	10.0056	9.9976	9.9997	9.9922	10.00080	0.0167
14	9.9971	10.0015	9.9962	10.0038	10.0022	10.00016	0.0076

15	9.9949	10.0011	10.0043	9.9988	9.9919	9.99822	0.0124
16	9.9951	9.9957	10.0094	10.0040	9.9974	10.00033	0.0137
17	10.0015	10.0026	10.0032	9.9971	10.0019	10.00127	0.0061
18	9.9983	10.0019	9.9978	9.9997	10.0029	10.00130	0.0051
19	9.9977	9.9963	9.9981	9.9968	10.0009	9.99798	0.0127
20	10.0078	10.0004	9.9966	10.0051	10.0007	10.00212	0.0112
21	9.9963	9.9990	10.0037	9.9936	9.9962	9.99764	0.0101
22	9.9999	10.0022	10.0057	10.0026	10.0032	10.00272	0.0058
23	9.9998	10.0002	9.9978	9.9966	10.0060	10.00009	0.0094
24	10.0031	10.0078	9.9988	10.0032	9.9944	10.00146	0.0134
25	9.9993	9.9978	9.9964	10.0032	10.0041	10.00015	0.0077

b. 25 组样本(k=25)，每一个样本包含 5 个油桶观测值，然后计算 25 个样本均值和极差。下面是第一个样本的均值和极差。

$$\bar{x}=\frac{10.0042+9.9981+10.010+9.9964+10.0001}{5}=9.99995$$

R=10.0042－9.9964=0.0078

所有 25 个均值与极差见表 12.2。

然后计算均值的均值以及样本极差的均值。

$$\bar{\bar{x}}=\frac{9.99995+9.99704+\cdots+10.00015}{25}=9.9999$$

$$\bar{R}=\frac{0.0078+0.0092+\cdots+0.0077}{25}=0.01028$$

图的中线位置在 $\bar{\bar{x}}$=9.9999。为了确定控制限，先得找 A_2，见附录 B，表 XII。n=5，A_2=0.577，则

UCL：$\bar{\bar{x}}+A_2\bar{R}$=9.9999＋0.577(0.01028)＝10.0058

LCL：$\bar{\bar{x}}-A_2\bar{R}$=9.9999－0.577(0.01028)＝9.9940

确定控制限后，在图上按抽样顺序，将 25 个均值描出来，并用直线连起来，结果见图 12.22。

图 12.22　油漆桶装过程的 $\bar{x}$ 图

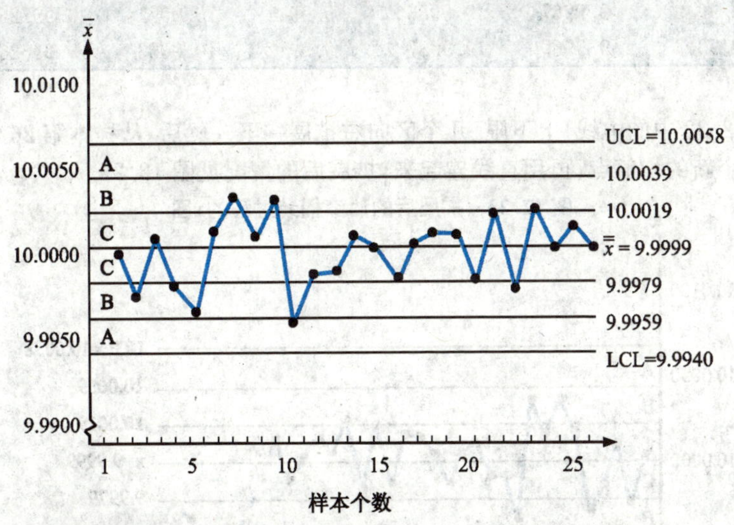

c. 为了检查过程的稳定性，我们用检验特殊变异原因的 6 个分析原则(图 12.21)，要使用大部分原则，确定图上的不同区是必要的(图 12.22 已有说明)，下面我们讲述构建过程。

A 区与 B 区之间的边界离中线为 2 倍标准差，C 区与 B 区之间的边界离中线 1 倍标准差，因此，利用前面计算的 $A_2\bar{R}$ 和 3σ 极限，我们可定位区 A、B、C。

A−B边：$\bar{\bar{x}}+\frac{2}{3}(A_2\bar{R})=9.9999+\frac{2}{3}(0.577)(0.01028)=10.0039$

B−C边：$\bar{\bar{x}}+\frac{1}{3}(A_2\bar{R})=9.9999+\frac{1}{3}(0.577)(0.01028)=10.0019$

类似的，中线以下的区也可定位：

A−B边：$\bar{\bar{x}}-\frac{2}{3}(A_2\bar{R})=9.9959$

B−C边：$\bar{\bar{x}}-\frac{1}{3}(A_2\bar{R})=9.9979$

利用6条原则，仔细对照图上的样本点，我们无法得出失控的结论。所有的点都在控制限内，控制限内好像没有任何非随机的变化模式，也就是说，过程的均值没有明显的变动，所以过程是受控的。

d. 既然在抽样时过程受控，那么在b部分构建实验控制限值可以认为是正式的了，可以把它扩展并利用它进行以后过程产出的监控。

例 12.2

从前面的油漆桶装过程中又抽取几组新的样本，样本大小，样本数据、均值、样本极差都列在表12.3里，其目的是研究当新数据获得时过程是否维持受控。

表 12.3　从油漆桶装过程中抽出的10组新样本(样本大小为5)

样本	观测值					均值	极差
26	10.0019	9.9981	9.9952	9.9976	9.9999	9.99841	0.0067
27	10.0041	9.9982	10.0028	10.0040	9.9971	10.00125	0.0070
28	9.9999	9.9974	10.0078	9.9971	9.9923	9.99890	0.0155
29	9.9982	10.0002	9.9916	10.0040	9.9916	9.99713	0.0124
30	9.9933	9.9963	9.9955	9.9993	9.9905	9.99498	0.0088
31	9.9915	9.9984	10.0053	9.9888	9.9876	9.99433	0.0177
32	9.9912	9.9970	9.9961	9.9879	9.9970	9.99382	0.0091
33	9.9942	9.9960	9.9975	10.0019	9.9912	9.99614	0.0107
34	9.9949	9.9967	9.9936	9.9941	10.0071	9.99726	0.0135
35	9.9943	9.9969	9.9937	9.9912	10.0053	9.99626	0.0141

解答：

我们把图12.22中的中线、上下限、几个区向右扩展一下。然后，从样本第26组开始，按照抽取顺序描出10个新的均值点，再用直线连起来，扩展后的情况见图12.23。

图 12.23　扩展后的油漆桶装过程的$\bar{x}$图

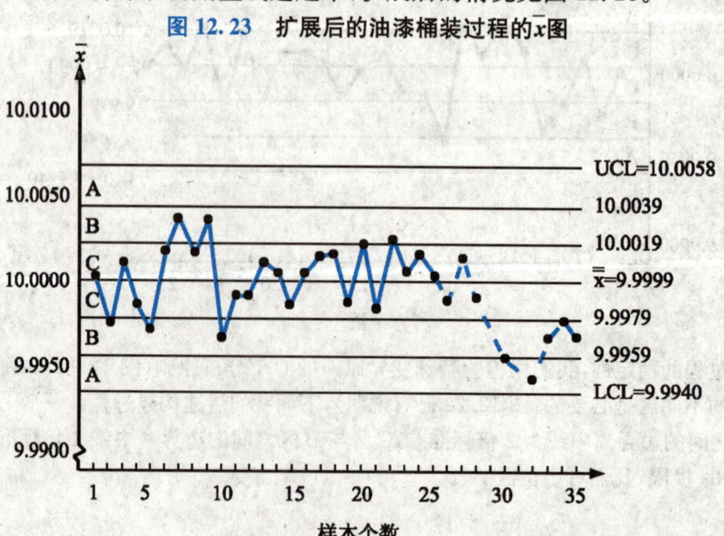

图已经绘制好了，现在我们利用 6 条模式分析原则来探究新的均值是否受到了特殊变异原因的影响。显然，没有点落在控制限外，但我们发现一排有连续下降的 6 个点(样本 27～32)，根据原则 3(一排 6 个点稳定的上升或下降)，这是有特殊变异原因存在的迹象。

另外，运用这些原则沿着图从左到右分析这个均值序列，我们发现下降的模式也符合原则 5(样本点 29～31)和原则 6(样本点 28～32)。

这些迹象表明，过程已经失控，显然，在抽取第 26 或第 27 组样本时灌注管头开始阻塞，结果是过程均值(过程产生的油漆桶的平均重量)开始下降。

练习 12.1～12.17

技能训练：

12.1 什么是控制图，说明它的用处。

12.2 说明在构建控制图时，为什么要采用合理子群策略。

12.3 控制图刚刚绘制好时，为什么认为中线值和控制限都是试验值?

12.4 在 $\bar{x}$ 图要监控的是过程中的哪一个参数?

12.5 在 $\bar{x}$ 图上，尽管所有的点都在控制限内，过程有可能失控，请解释。

12.6 在使用 $\bar{x}$ 图监控过程均值以前，关于过程的变异，哪点必须是真实的，为什么?

12.7 利用图 12.21 中的 6 条模式分析原则，以及下面图中的数据，判断正在监控的过程是否处在失控状态?

练习 12.7　的样本数据

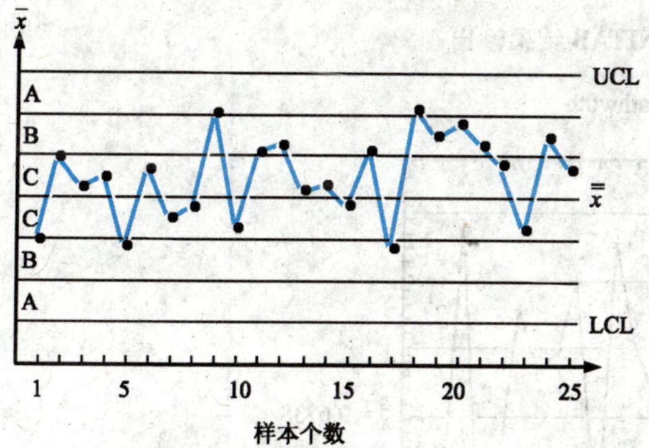

12.8 在监控时间里，下面 $\bar{x}$ 图描述的过程，是只含特殊变异原因还是只含共同变异原因？还是两者都有？请解释。

练习 12.8　样本数据

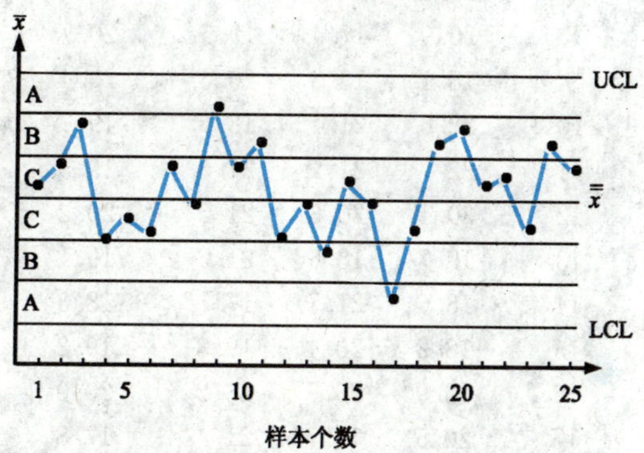

12.9 用附录 B 中的表 XII，查找不同 n 时的值。

a. $n=3$　b. $n=10$　c. $n=22$

12.10 下表是 25 组样本数据的 $\bar{R}$ 均值和样本极差(样本大小为 5)。

练习 12.10　样本数据

样本	x	R	样本	x	R
1	80.2	7.2	14	83.1	10.2
2	79.1	9.0	15	79.6	7.8
3	83.2	4.7	16	80.0	6.1
4	81.0	5.6	17	83.2	8.4
5	77.6	10.1	18	75.9	9.9
6	81.7	8.6	19	78.1	6.0
7	80.4	4.4	20	81.4	7.4
8	77.5	6.2	21	81.7	10.4
9	79.8	7.9	22	80.9	9.1
10	85.3	7.1	23	78.4	7.3
11	77.7	9.8	24	79.6	8.0
12	82.3	10.7	25	81.6	7.6
13	79.5	9.2			

a. 计算样本均值的均值 $\bar{\bar{x}}$，样本极差的均值 $\bar{R}$。

b. 计算和绘制 $\bar{x}$ 图的中线、上下控制限。

c. 计算和标出 $\bar{x}$ 图的区 A、B、C 的边界线。

d. 将 25 个样本均值描点在 $\bar{x}$ 图，然后根据 6 条模式分析原则，分析判断此过程是否为统计控制过程。

12.11 下表的数据是用来创建 $\overline{x}$ 图的。

练习 12.11 样本数据

样本	观测值			
1	19.4	19.7	20.6	21.2
2	18.7	18.4	21.2	20.7
3	20.2	18.8	22.6	20.1
4	19.6	21.2	18.7	19.4
5	20.4	20.9	22.3	18.6
6	17.3	22.3	20.3	19.7
7	21.8	17.6	22.8	23.1
8	20.9	17.4	19.5	20.7
9	18.1	18.3	20.6	20.4
10	22.6	21.4	18.5	19.7
11	22.7	21.2	21.5	19.5
12	20.1	20.6	21.0	20.2
13	19.7	18.6	21.2	19.1
14	18.6	21.7	17.7	18.3
15	18.2	20.4	19.8	19.2
16	18.9	20.7	23.2	20.0
17	20.5	19.7	21.4	17.8
18	21.0	18.7	19.9	21.2
19	20.5	19.6	19.8	21.8
20	20.6	16.9	22.4	19.7

a. 对每一个样本，计算 $\overline{x}$，R。

b. 计算样本均值的均值 $\overline{\overline{x}}$，样本极差的均值 $\overline{R}$。

c. 计算和绘制 $\overline{x}$ 图的中线、上下控制限。

d. 计算和标出 $\overline{x}$ 图的区 A、B、C 的边界线。

e. 在图上描出这 20 个样本均值，过程是否受控？说明理由。

概念运用：

12.12 微机的中央处理器(CPU)是一块芯片，包含上千万个晶体管，连接这些晶体管的仅仅是些细微的电路，只有 0.5～0.85 微米宽。为更好地理解这个电路的宽度，你可以想象一下，微米是一米的百万分之一，一根头发的直径有 70 微米。CPU 芯片制造者知道，如果电路不是 0.5～0.85 微米宽，它的功能就会出现一系列麻烦，因此，CPU 芯片制造者每次抽取 4 个产品测量细微电路的宽度，每天 6 次(从上午 8：00 至下午 4：30，每 90 分钟一次)，这样连续进行了 5 天。下面给出了用来构建图的数据和 MINITAB 结果输出。

练习 12.12 的 MINITAB 结果输出

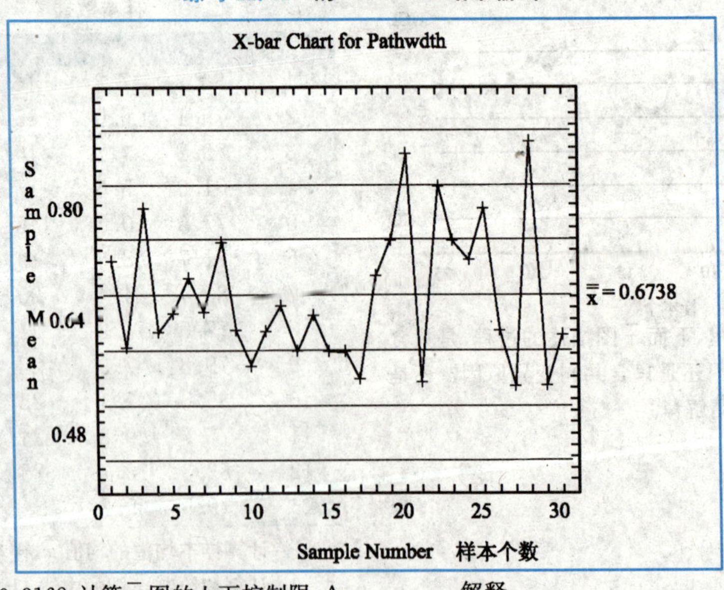

a. 假设 $\overline{R}$=0.3162，计算 $\overline{x}$ 图的上下控制限、A—B 的上下边界以及 B—C 的上下边界。

b. 根据所画的 $\overline{x}$ 图，你对将细微电路安装到 CPU 过程的稳定性有什么见解，说明理由。

c. 这些控制限能用于过程未来的监控吗？请解释。

12.13 在 K—公司，一台机器将谷类物品装箱，目标重量为每箱 24 盎司，此公司想用 $\overline{x}$ 图来监控机器的工作情况。为了创建 $\overline{x}$ 图，公司决定抽样并测量装有谷类物品箱子的重量，一天

5 次(上午 8:00、11:00,下午 2:00、5:00,晚上 8:00),每次连续测量 5 个。共进行了 20 天。数据如下表,且附有 SAS 的简要统计结果。

练习 12.13 的数据

天数	谷类品盒子的重量(盎司)				
1	24.02	23.91	24.12	24.06	24.13
2	23.89	23.98	24.01	24.00	23.91
3	24.11	24.02	23.99	23.79	24.04
4	24.06	23.98	23.95	24.01	24.11
5	23.81	23.90	23.99	24.07	23.96
6	23.87	24.12	24.07	24.01	23.99
7	23.88	24.00	24.05	23.97	23.97
8	24.01	24.03	23.99	23.91	23.98
9	24.06	24.02	23.80	23.79	24.07
10	23.96	23.99	24.03	23.99	24.01
11	24.10	23.90	24.11	24.09	23.98
12	24.01	24.07	23.93	24.09	23.98
13	24.14	24.07	24.08	23.98	24.02
14	23.91	24.04	23.89	24.01	23.95
15	24.03	24.04	24.01	23.98	24.10
16	23.94	24.07	24.12	24.00	24.02
17	23.88	23.94	23.91	24.06	24.07
18	24.11	23.99	23.90	24.01	23.98
19	24.05	24.04	23.97	24.08	23.95
20	24.02	23.96	23.95	23.89	24.04

练习 12.13 的 SAS 结果输出

WEIGHT		
天数	均值	极差
1	24.05	0.22
2	23.96	0.12
3	23.99	0.32
4	24.02	0.16
5	23.95	0.26
6	24.01	0.25
7	23.97	0.17
8	23.98	0.12
9	23.95	0.28
10	24.00	0.07
11	24.01	0.21
12	24.02	0.16
13	24.06	0.16
14	23.96	0.15
15	24.03	0.12
16	24.03	0.18
17	23.97	0.19
18	24.00	0.21
19	24.02	0.13
20	23.97	0.15

a. 用所给数据构建 $\bar{x}$ 图。

b. 根据所建 $\bar{x}$ 图,你对谷类物品装箱的过程的稳定性有什么见解(过程是受控还是失控)?说明理由。

c. 这些控制限能用于未来的监控吗?请解释。

d. 在谷类物品装箱过程中,两个工人轮流倒班,第二个人在下午 3:00 换班。公司采用了合理子群策略抽样,你认为这是否有利于识别因倒班引起的过程变异,并解释。

12.14 一精密仪器加工厂生产军用飞机的螺钉,螺钉的理想长度为 37 分米,公司进行了连续 25 个小时的抽样,每个小时一次,每次连续抽取 4 个,并应用计算机精密仪器测量其长度。数据和 MINITAB 结果输出分别见练习 12.14 的 MINITAB 输出结果。

练习 12.14　的数据

小时	螺丝长度(分米)			
1	37.03	37.08	36.90	36.88
2	36.96	37.04	36.85	36.98
3	37.16	37.11	36.99	37.01
4	37.20	37.06	37.02	36.98
5	36.81	36.97	36.91	37.10
6	37.13	36.96	37.01	36.89
7	37.07	36.94	36.99	37.00
8	37.01	36.91	36.98	37.12
9	37.17	37.03	36.90	37.01
10	36.91	36.99	36.87	37.11
11	36.88	37.10	37.07	37.03
12	37.06	36.98	36.90	36.99
13	36.91	37.22	37.12	37.03
14	37.08	37.07	37.10	37.04
15	37.03	37.04	36.89	37.01
16	36.95	36.98	36.90	36.99
17	36.97	36.94	37.14	37.10
18	37.11	37.04	36.98	36.91
19	36.88	36.99	37.01	36.94
20	36.90	37.15	37.09	37.00
21	37.01	36.96	37.05	36.96
22	37.09	36.95	36.93	37.12
23	37.00	37.02	36.95	37.04
24	36.99	37.07	36.90	37.02
25	37.10	37.03	37.01	36.90

a. 生产者对什么过程监控有兴趣？

b. 利用上面的数据构建 $\bar{x}$ 图。

c. 控制图上的信息能说明特殊变异原因的存在吗？理由何在。

d. 举一个有可能影响过程的特殊变异原因，另外，举一个有可能影响过程的共同变异原因。

e. 这些控制限能用于未来的监控吗？请解释。

12.15 在《管理的定量分析》(*Quantitative Analysis of Management*，1997)这篇文章里，B. Render (Rollins 大学)和 R. M. Stair 以 Bayfield Mud 公司为案例。Bayfield Mud 为 Wet－Land Drilling 公司提供泥浆处理剂，处理剂是用货车车厢运送，每袋重 50 磅。泥浆处理剂是用来控制石油钻井机操作时钻头的 pH 值以及其他化学属性的。Wet－Land Drilling 公司抱怨最近每袋处理剂轻了 5%(轻了可能降低钻头的化学控制性能，从而降低钻井的效率，严重影响经济效益)。担心失去老顾客，Bayfield Mud 公司马上检查其生产过程，管理者怀疑是因为最近增加了第三班。所有这三班工人出于市场需求日益增大的压力，只追求产出，影响了质量。质检人员开始进行抽样研究，每小时随机抽 6 袋，并测量其重量。在 3 天内，每次的平均重量以及重量的最大值和最小值见表 12.15 练习的数据。

练习 12.14　**的 MINITAB 输出结果**

Descriptive Statistics

Variable	HOUR	N	MEAN	MEDIAN	TR MEAN	STDEV	SE MEAN
LENGTH	1	4	36.973	36.965	36.973	0.098	0.049
	2	4	36.957	36.970	36.957	0.079	0.040
	3	4	37.067	37.060	37.067	0.081	0.040
	4	4	37.065	37.040	37.065	0.096	0.048
	5	4	36.947	36.940	36.947	0.121	0.061
	6	4	36.998	36.985	36.998	0.101	0.051
	7	4	37.000	36.995	37.000	0.054	0.027
	8	4	37.005	36.995	37.005	0.087	0.044
	9	4	37.028	37.020	37.028	0.111	0.055
	10	4	36.970	36.950	36.970	0.106	0.053
	11	4	37.020	37.050	37.020	0.098	0.049
	12	4	36.982	36.985	36.982	0.066	0.033
	13	4	37.070	37.075	37.070	0.132	0.066
	14	4	37.072	37.075	37.072	0.025	0.013
	15	4	36.993	37.020	36.993	0.069	0.035
	16	4	36.955	36.965	36.955	0.040	0.020
	17	4	37.038	37.035	37.038	0.097	0.049
	18	4	37.010	37.010	37.010	0.085	0.043
	19	4	36.955	36.965	36.955	0.058	0.029
	20	4	37.035	37.045	37.035	0.109	0.055
	21	4	36.995	36.985	36.995	0.044	0.022
	22	4	37.023	37.020	37.023	0.096	0.048
	23	4	37.003	37.010	37.003	0.039	0.019
	24	4	36.995	37.005	36.995	0.071	0.036
	25	4	37.010	37.020	37.010	0.083	0.041

Variable	HOUR	MIN	MAX	Q1	Q3
LENGTH	1	36.880	37.080	36.885	37.067
	2	36.850	37.040	36.878	37.025
	3	36.990	37.160	36.995	37.147
	4	36.980	37.200	36.990	37.165
	5	36.810	37.100	36.835	37.068
	6	36.890	37.130	36.907	37.100
	7	36.940	37.070	36.953	37.053
	8	36.910	37.120	36.927	37.092
	9	36.900	37.170	36.927	37.135
	10	36.870	37.110	36.880	37.080
	11	36.880	37.100	36.918	37.092
	12	36.900	37.060	36.920	37.043

续表

Descriptive Statietics					
Variable	HOUR	MIN	MAX	Q1	Q3
LENGTH	13	36.910	37.220	36.940	37.195
	14	37.040	37.100	37.047	37.095
	15	36.890	37.040	36.920	37.038
	16	36.900	36.990	36.913	36.987
	17	36.940	37.140	36.947	37.130
	18	36.910	37.110	36.927	37.092
	19	36.880	37.010	36.895	37.005
	20	36.900	37.150	36.925	37.135
	21	36.960	37.050	36.960	37.040
	22	36.930	37.120	36.935	37.113
	23	36.950	37.040	36.962	37.035
	24	36.900	37.070	36.922	37.058
	25	36.900	37.100	36.927	37.083

练习 12.15 的数据

时间	平均重量（英磅）	最轻的	最重的	时间	平均重量（英磅）	最轻的	最重的
6：00 A. M.	49.6	48.7	50.7	6：00P. M.	46.8	41.0	51.2
7：00	50.2	49.1	51.2	7：00	50.0	46.2	51.7
8：00	50.6	49.6	51.4	8：00	47.4	44.0	48.7
9：00	50.8	50.2	51.8	9：00	47.0	44.2	48.9
10：00	49.9	49.2	52.3	10：00	47.2	46.6	50.2
11：00	50.3	48.6	51.7	11：00	48.6	47.0	50.0
12 noon	48.6	46.2	50.4	12 midnight	49.8	48.2	50.4
1：00 P. M	49.0	46.4	50.0	1：00 A. M.	49.6	48.4	51.7
2：00	49.0	46.0	50.6	2：00	50.0	49.0	52.0
3：00	49.8	48.2	50.8	3：00	50.0	49.2	50.0
4：00	50.3	49.2	52.7	4：00	47.2	46.3	50.5
5：00	51.4	50.0	55.3	5：00	47.0	44.1	49.7
6：00	51.6	49.2	54.7	6：00	48.4	45.0	49.0
7：00	51.8	50.0	55.6	7：00	48.8	44.8	49.7

续表

时间	平均重量（英磅）	最轻的	最重的	时间	平均重量（英磅）	最轻的	最重的
8：00	51.0	48.6	53.2	8：00	49.6	48.0	51.8
9：00	50.5	49.4	52.4	9：00	50.0	48.1	52.7
10：00	49.2	46.1	50.7	10：00	51.0	48.1	55.2
11：00	49.0	46.3	50.8	11：00	50.4	49.5	54.1
12 midnight	48.4	45.4	50.2	12 noon	50.0	48.7	50.9
1：00A. M.	47.6	44.3	49.7	1：00P. M.	48.9	47.6	51.2
2：00	47.4	44.1	49.6	2：00	49.8	48.4	51.0
3：00	48.2	45.2	49.0	3：00	49.8	48.8	50.8
4：00	48.0	45.5	49.1	4：00	50.0	49.1	50.6
5：00	48.4	47.1	49.6	5：00	47.8	45.2	51.2
6：00	48.6	47.4	52.0	6：00	46.4	44.0	49.7
7：00	50.0	49.2	52.2	7：00	46.4	44.4	50.0
8：00	49.8	49.0	52.4	8：00	47.2	46.6	48.9
9：00	50.3	49.4	51.7	9：00	48.4	47.2	49.5
10：00	50.2	49.6	51.8	10：00	49.2	48.1	50.7
11：00	50.0	49.0	52.3	11：00	48.4	47.0	50.8
12 noon	50.0	48.8	52.4	12 midnight	47.2	46.4	49.2
1：00P. M	50.1	49.4	53.6	1：00A. M.	47.4	46.8	49.0
2：00	49.7	48.6	51.0	2：00	48.8	47.2	51.4
3：00	48.4	47.2	51.7	3：00	49.6	49.0	50.6
4：00	47.2	45.3	50.9	4：00	51.0	50.5	51.5
5：00	46.8	44.1	49.0	5：00	50.5	50.0	51.9

数据来源：Kinard, J., Western Carolina University, as reported in Render, B., and Stair, Jr., Quantitative Analysis of Management, 6th ed. Upper Saddle River, N, J.: Prentice－Hall, 1997.

a. 利用上面的数据构建 $\bar{x}$ 图。

b. 过程是否出于统计控制状态？

c. 管理者对第三班的怀疑正确吗？请解释。

12.16 某厂生产一种叫机器人夹子的马靴形金属夹子，加拿大 Waterloo 大学的统计学家将 $\bar{x}$ 图用到了此生产过程中（详见 *Applied Statistics*, *Vol*. 47, 1998）。用户关心的是夹子两个末端之间的宽度。他们的理想值为 0.054 英寸。在加工过程中，一个光学仪器对它进行测量。在一个 16 小时的生产日内，生产者每 15 分钟抽样一次，每次抽取 5 个并测量其宽度。下面是连续 4 小时的数据。

练习 12.16 的数据

时间	宽度（1 千分之一英寸）				
00：15	54.2	54.1	453.9	54.0	53.8
00：30	53.9	53.7	54.1	54.4	55.1
00：45	54.0	55.2	53.1	55.9	54.5
01：00	52.1	53.4	52.9	53.0	52.7
01：15	53.0	51.9	52.6	53.4	51.7
01：30	54.2	55.0	54.0	53.8	53.6
01：45	55.2	56.6	53.1	52.9	54.0
02：00	53.3	57.2	54.5	51.6	54.3
02：15	54.9	56.3	55.2	56.1	54.0
02：30	55.7	53.1	52.9	56.3	55.4
02：45	55.2	51.0	56.3	55.6	54.2
03：00	54.2	54.2	55.8	53.8	52.1
03：15	55.7	57.5	55.4	54.0	53.1
03：30	53.7	56.9	54.0	55.1	54.2
03：45	54.1	53.9	54.0	54.6	54.8
04：00	53.5	56.1	56.1	55.0	54.0

数据来源：Steiner, Stefan, H.,"Grouped Data Exponentially Weighted Moving Average Control Charts," *Applied Statistics－Journal of the Royal Statistical Society*, Vol. 47, Part2, 1998, pp. 203～216.

a. 利用上面的数据构建 $\bar{x}$ 图。

b. 对此图运用模式分析原则进行分析，你的分析能说明此生产过程里含特殊变异原因吗？你的结论来自哪一条原则？

c. 这些控制限能用于未来的监控吗？请解释。

12.17 一制药厂生产装满吗啡的小瓶子（详见 *Communications in Statistics*, Vol. 27, 1998），大部分时间里，装瓶过程是稳定的，但有段时间内，均值偏离了目标重量（52 克），为监控此过程，厂家每 27 分钟抽一次样，每次抽取 3 个，共抽取了 20 组样本。数据如下。

练习 12.17 的数据

样本	瓶中吗啡的质量（克）		
1	51.60	52.35	52.00
2	52.10	53.00	51.90
3	51.75	51.85	52.05
4	52.10	53.50	53.95
5	52.00	52.35	52.40
6	51.70	52.10	51.90
7	52.00	51.50	52.35
8	52.25	52.40	52.05
9	52.00	51.60	51.80
10	52.15	51.65	51.40
11	51.20	52.15	52.35
12	52.00	52.35	51.85
13	51.60	52.15	52.00
14	51.40	52.35	52.10
15	52.90	53.75	54.25
16	54.30	53.90	54.15
17	53.85	53.65	54.90
18	54.25	53.55	54.05
19	54.00	53.60	53.95
20	53.80	54.50	54.20

数据来源：Costa, A. F. B.,"VSSI Xcharts with sampling at Fixed Times," *Communications in Statistics－Theory and Methods*, Vol. 27, No. 11c, 1998,, pp. 2853～2869.

a. 利用上面的数据构建 $\bar{x}$ 图。

b. 对此过程的稳定性而言，x图能说明什么？

c. 此过程是否同时受特殊变异原因和共同变异原因的影响。请解释。

d. a 中 $\bar{x}$ 图的控制限和中线能用于未来吗啡瓶装过程的监控吗？请解释。

12.5 监控过程变异的 *R* 图

在 12.2 节，我们已经知道，在一时间段内，由于过程均值的变化，或方差的变化，或两者同时变化，过程将会处于统计失控状态（见图 12.8）。前面讲的图是用来监控过程均值的变化的。本节讲的 R 图，将用来监控过程变异的变化（changes in the variation of the process）。

R 图与$\bar{x}$图之间的主要区别在于，R 图不再将样本均值描在图上，监控其变化，而是将样本极

差描出来，然后监控其变化，样本极差的变化标识着过程变异的变化。

同样，我们可以通过描绘样本的标准差来监控过程的变异，也就是说，我们为每个样本（每个子群）计算标准差，然后将其描在称为 s 图的控制图上。不过本节我们的重点是 R 图，因为：(1)当样本容量是 9 或更少时，R 图和 s 图反映的是同样的信息；(2)应用者一般用 R 图，而很少用 s 图（因为计算和解释样本极差要比样本标准差容易得多）。要想对 s 图作进一步的了解，请参看书后参考目录。

就 R 图而言，其基本的思想和基本样式与 $\bar{x}$ 图相似。$\bar{x}$ 图监控，用的标准差构建 3σ 控制限。现在，我们的目的是要判断什么时候 R 取了不寻常大或小的值，为此，我们用 R 的标准差 σ_R 来构建 3σ 控制限。$\bar{x}$ 图中的中线代表过程均值 μ，也就是 $\bar{x}$ 抽样分布的均值 $\mu_{\bar{x}}$。同样，R 图中的中线代表均值 μ_R，也就是 R 抽样分布的均值。这些有关图的要点见图 12.24。

图 12.24　　R 图

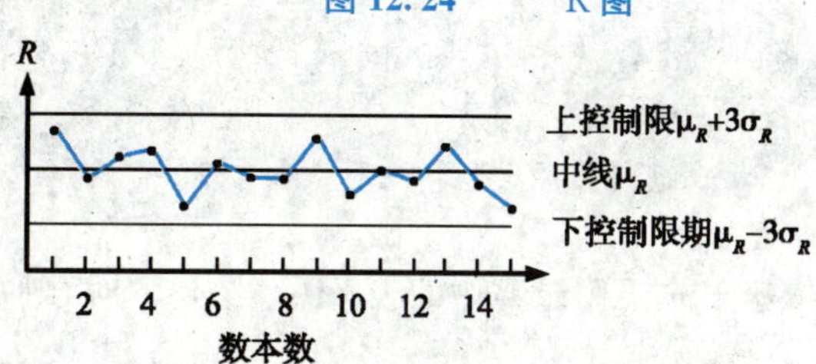

与 $\bar{x}$ 图类似，要构建 R 图，至少要抽取 20 组样本（样本大小为 n，$(n\geqslant 2)$），这样才能提供足够的数据，以获得 μ_R 与 σ_R 的较理想的估计。另外，继续沿用合理子群的思想，用以决定样本大小和抽样频率。

R 图中的中线由下式决定：

中线：$\bar{R}=\dfrac{R_1+R_2+\cdots+R_K}{K}$

其中，k 是样本组数，n 为样本大小，R_i 是第 i 个样本的极差，$\bar{R}$ 是 μ_R 的一个估计。

为了构建 3σ 控制限，我们需要知道 σ_R 的估计，这个估计由 Montgomery（1991）和 Ryan（1989）给出：

$$\hat{\sigma}_R=d_3\left(\frac{\bar{R}}{d_2}\right)$$

其中 d_2 和 d_3 为常数，由样本大小 n 决定，就 $n(2\leqslant n\leqslant 25)$，$d_2$ 和 d_3 的值见附录 B 中的表 XII。

控制限由下面两个式子决定：

上控制限：$\bar{R}+3\hat{\sigma}_R=\bar{R}+3d_3\left(\dfrac{\bar{R}}{d_2}\right)$

下控制限：$\bar{R}-3\hat{\sigma}_R=\bar{R}-3d_3\left(\dfrac{\bar{R}}{d_2}\right)$

在上式中，$\bar{R}$ 两次出现于控制限表达式中，为简化计算，提取公因子。

UCL：$\bar{R}\left(1+\dfrac{3d_3}{d_2}\right)=\bar{R}D_4$

LCL：$\bar{R}\left(1-\dfrac{3d_3}{d_2}\right)=\bar{R}D_3$

其中

$$D_4=\left(1+\frac{3d_3}{d_2}\right)\quad D_3=\left(1-\frac{3d_3}{d_2}\right)$$

就 $n(2\leqslant n\leqslant 25)$，$D_4$ 和 D_3 的值见附录 B 中的表 XII。

对 $n=2$ 到 $n=6$ 的样本来说，D_3 的值为负数，且下控制限在零以下。因为样本极差不可能取负数，所以这样的控制限是没有意义的。因此当 $n\leqslant 6$ 时，R 图只有一条控制限，即上控制限。

尽管 $n=2$ 到 $n=6$ 时，D_3 值为负数，但在附录 B 中的表 XII 中出现的是零。这是因为不主张在创建控制图时用到负的下控制限这种不合理的结构。如果用 $D_3=0$ 来计算下控制限，则有 $D_3\overline{R}=0$，这可以解释为此 R 图没有下 3σ 控制限。

构建 *R* 图的简单步骤

1. 采用合理子群思想，收集至少 20 组样本（子群），且 $n\geqslant 2$。
2. 计算每一个样本的样本极差。
3. 计算样本极差的均值，$\overline{R}$：

$$\overline{R}=\frac{R_1+R_2+\cdots+R_k}{k}$$

其中，k 为样本组数，R_i 是第 i 个样本的样本极差。

4. 绘制中线和控制限：

中线：$\overline{R}$

上控制限：$\overline{R}D_4$

下控制限：$\overline{R}D_3$

D_4 和 D_3 为常数，它们依赖于 n，见附录 B 中的表 XII。当 $n\leqslant 6$ 时，则 $D_3=0$，表明此控制图不存在下控制限。

5. 按样本抽取的顺序，将 k 个样本极差点描在图上。

在解释完整的 R 图时，基本模式与 $\bar{x}$ 图类似。我们寻找过程失控的迹象，这些迹象包括点在控制限内的各种非随机化变异模式，以及有点超出了控制限等。为了便于发现非随机行为，在 R 图中，同样引入前面讲到的 A、B、C 三区。下面将讲解怎样构建 R 图的区边界。这里只用到图 12.21 中的原则 1～4，因为原则 5 和 6 的前提假设是，描在控制图上的点的值服从正态分布，然而 R 的分布是偏右的[①]。

为 *R* 图构建区边界

最简单的构建方法是利用 R 的标准差的估计，即：$\hat{\sigma}_R=d_3(\overline{R}/d_2)$：

上 A－B 边界：$\overline{R}+2d_3(\overline{R}/d_2)$

下 A－B 边界：$\overline{R}-2d_3(\overline{R}/d_2)$

上 B－C 边界：$\overline{R}+d_3(\overline{R}/d_2)$

下 B－C 边界：$\overline{R}-d_3(\overline{R}/d_2)$

注意：当 $n\leqslant 6$ 时，R 图没有下控制限。然而，下 A－B、B－C 的边界线还是可以画出来的，如果它们为非负值。

***R* 图的解释**

1. 如果一个或多个样本极差落在控制区外（原则 1），以及观察到了符合图 12.21 中的原则 2、3、4 的任何变化模式，则过程失控。这些迹象表明，一个或多个特殊变异原因正在影响过程的变异。这些因素必须识别和排除，以使过程受控。

2. 如果没有观察到明显的失控迹象，则说明过程是受控的，此时不应去干预。然而，如果变化水平出奇的高，则要识别和排除共同变异原因。

---

① 在 $n\geqslant 4$ 时，有些作者（e. g，Kane，1989）在进行分析时用了所有 6 条原则。

与 $\bar{x}$ 图类似，R 图的中线和控制限必须建立在某个受控期间内抽出的样本的基础之上。当 R 图刚建立时，中线和控制限被看成是试验值(见 12.4 节)。在向右扩展，以用于未来过程产出的监控以前，如果有必要，需对它们进行调整。

例 12.3

参考例 12.1。

a. 为油漆桶装过程构建一个 $\boldsymbol{R}$ 图。

b. 当数据搜集时，就油漆桶装过程的稳定性而言，此图能说明什么？

c. 用此图的控制限值来监控未来的产出过程合适吗？

解答：

a. 搜集数据，对每一个样本计算样本极差，例如求第一个：

$R_1=10.0042-9.9964=0.0078$

所有 25 样本极差见表 12.2。

下一步，计算样本极差的均值。

$$\bar{R}=\frac{0.0078+0.0092+\cdots+0.0077}{25}=0.01028$$

此图的中线在 $\bar{R}=0.01028$ 的位置。为确定控制限，我们必需知道 D_3 和 D_4，这可以在附录 B 中的 XII 表中找到。因 $n=5$，所以 $D_3=0, D_4=2.115$。对 $D_3=0$，下 3σ 控制限为负，没有出现在控制图中，上控制限由下式决定，

UCL：$\bar{R}D_4=(0.01028)(2.115)=0.2174$

将上控制限绘制出来以后，我们就可以把 25 个样本极差点按抽取顺序描在 R 图上，然后用直线连起来。实验性的 R 图如图 12.25 所示。

图 12.25　油漆桶装过程的 $\boldsymbol{R}$ 图

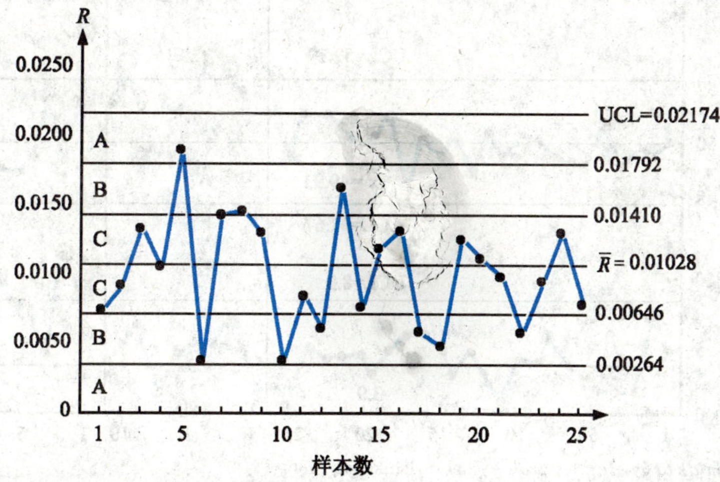

b. 为了便于研究，我们下一步绘制 4 个区边界。是否记得，一般来说，A—B 间的边界离中线 2 倍标准差，B—C 间的边界离中线 1 倍标准差。对于 R 图，我们用样本极差 R 的标准差的估计值 $\hat{\sigma}_R=d_3(\bar{R}/d_2)$ 来计算边界。

上 A—B 边界：$\bar{R}+2d_3(\bar{R}/d_2)=0.01792$

下 A—B 边界：$\bar{R}-2d_3(\bar{R}/d_2)=0.00264$

上 B—C 边界：$\bar{R}+d_3(\bar{R}/d_2)=0.01410$

下 B—C 边界：$\bar{R}-d_3(\bar{R}/d_2)=0.00646$

这里 $n=5$ 时，$d_2=2.326, d_3=0.864$(附录 B 中的 XII 表)，注意图 12.25，下 A 区略比上 A 区窄，这是因为下 3σ 控制限(正常的下 A 区的下边界)为负。

所有的样本极差点都在上控制限以下，这是过程受控的一个迹象。但是，我们也要查找那些点模式，而在过程受控时，这些点模式是不可能出现的。为此，我们利用图 12.21 中的前 4 条原则。没有一条原则能说明特殊变异原因的存在，因此，我们的结论是：在过程研究期间，把过程尤其是过程的变异看成是受控的是合理的，显然没有特殊变异原因干扰过程。

c. 对。因为在样本数据收集期间，过程的变异似乎处于受控状态。所以，当过程处于统计控制状态时，控制限比较合适地刻画了 R 的预期变化。

在实践中，R 图和图 $\overline{x}$ 的运用不是孤立的，这是我们早应该提到的。而是将 R 图和 $\overline{x}$ 图一同并用，同时监控过程的均值和过程的变异。事实上，许多应用者把它们创建在同一个文件里。

之所以把它们看成一个整体来处理，一个重要的原因是 $\overline{x}$ 图控制限是 R 的函数，也就是说，控制限依赖于过程的变异（$\overline{x}$ 图的控制限为 $\overline{x}\pm A_2\overline{R}$），因此，如果过程变异失控，那么 $\overline{x}$ 图就失去了意义。这是因为如果过程的变异是变化的（图 12.8 最后两图已说明），则任何单个的变异的估计（包括 $\overline{R}$ 或 s）都不能代表过程的变异。所以，比较合适的程序是先创建和解释 R 图，如果此图显示过程变异受控，再创建和解释 $\overline{x}$ 图。

图 12.26 来自卡鲁·伊施卡瓦（Kaoru Ishikawa）的有关质量改进方法的经典论文《质量控制导航》（*Guide to Quality Control*，1986）。它描述的是过程特殊的变化也许会怎样反应在 R 图和 $\overline{x}$ 图上的。在图的顶上是一系列概率分布 A、B、C，它们分别描述不同时间上的过程（产出变量）。实际上，我们从未有过这样的信息。然而，在此例中，为了阐明来自过程的样本数据的情况，伊施卡瓦采用了一个已知的过程（即过程具有给定的概率特征）。

图 12.26　$\overline{x}$ 图和 R 图的联用。

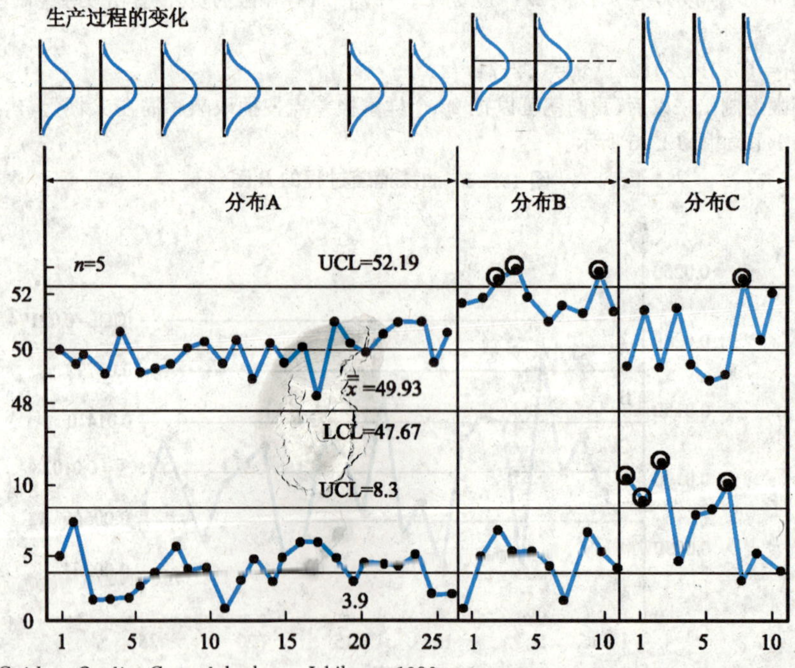

资料来源：*Guide to Quality Control*，by kaoru Ishikawa，1986.

两个图的控制限都是在取 $n=5$，k 为 25 的数据的基础上创建的。这些数据是依据分布 A 产生的，这 25 个样本均值和样本极差分别绘制在 $\overline{x}$ 图和 R 图上。因为在整个时期分布不变，那么根据统计控制的定义，此过程为受控过程。如果你不知道这点（这是经常的事实），看到这些控制图，你能得出什么结论呢？（记住，在解释 $\overline{x}$ 图前，总是先解释 R 图），两个图都显示过程受控。因此，控制限可以被确立为正式的，并用于未来的监控。

转到上图的中间，此时过程变了，均值明显升高，这时产出结果是用分布 B 来描述的。此过程失控，从过程中抽取了 10 组新样本（n 为 5），因为过程的变异没变化，所以 R 图应显示，过程的变异是稳定的。事实确实也是如此，所有的点都在上控制限以下。正如我们所希望的，是 $\overline{x}$ 图反

映出了过程均值的变化。

紧接着，过程又变了，转到了分布 C，这时均值又回到了原来的位置。但过程的变异加剧了，此时过程仍失控，只是由另一种原因引起。首先查看 R 图，我们发现它反映了我们所希望的，它检验到了过程变异的加剧。由于 R 图的发现，$\bar{x}$ 图的控制限就显得不合适(前面已经讲到)了，所以我们不再使用它们。不过请注意，这些样本均值是怎样反映过程加剧的变异的。这个加剧的 $\bar{x}$ 的变异与我们了解的 $\bar{x}$ 的方差的变化一致。它与过程的方差成正比关系，即 $\sigma_{\bar{x}}^2=\sigma^2/n$。

请注意，在本例中，伊施卡瓦研究的内容正好与我们在实践中做的相反。在实践中，我们利用样本数据和控制图对未知的过程分布的变法作推断。在此，为了帮助你理解和解释控制图，伊施卡瓦将已知的过程的分布不断改变，从而让你看清控制图有什么变化。

例 12.18～12.29

技能训练：

12.18 R 图是用来监控过程什么特征的？

12.19 在实践中，R 图和 $\bar{x}$ 图联合使用以监控过程。然而，为什么在解释 $\bar{x}$ 图时，要先解释 R 图？

12.20 就下面给定的样本 n 的值，查附录 B 中的 XII 表，求 D_3、D_4。

a. $n=4$ b. $n=12$ c. $n=24$

12.21 利用练习 12.10 的数据构建并解释一个 R 图。

a. 计算和绘制上控制限，如果合适，绘制下控制限。

b. 计算并在图上划出区 A、B、C 的边界。

c. 在 R 图上描出各样本极差点，用图 12.21 中的 1～4 条模式分析原则，试判断过程是否处于统计控制状态。

12.22 利用练习 12.11 的数据构建并解释一个 R 图。

a. 计算和绘制上控制限，如果合适，绘制下控制限。

b. 计算并在图上划出区 A、B、C 的边界。

c. 在 R 图上描出各样本极差点，然后判断过程是否处于受控状态。

12.23 用下面的样本数据构建和解释一个 R 图和一个 $\bar{x}$ 图，切记，把对 R 图的解释放在 $\bar{x}$ 图的前面。

练习 12.23 的数据

样本	数据							$\bar{x}$	R
	1	2	3	4	5	6	7		
1	20.1	19.0	20.9	22.2	18.9	18.1	21.3	20.07	4.1
2	19.0	17.9	21.2	20.4	20.0	22.3	21.5	20.33	4.4
3	22.6	21.4	21.4	22.1	19.2	20.6	18.7	20.86	3.9
4	18.1	20.8	17.8	19.6	19.8	21.7	20.0	19.69	3.9
5	22.6	19.1	21.4	21.8	18.4	18.0	19.5	20.11	4.6
6	19.1	19.0	22.3	21.5	17.8	19.2	19.4	19.76	4.5
7	17.1	19.4	18.6	20.9	21.8	21.0	19.8	19.80	4.7
8	20.2	22.4	22.0	19.6	19.6	20.0	18.5	20.33	3.9
9	21.9	24.1	23.1	22.8	25.6	24.2	25.2	23.84	3.7
10	25.1	24.3	26.0	23.1	25.8	27.0	26.5	25.40	3.9
11	25.8	29.2	28.5	29.1	27.8	29.0	28.0	28.20	3.4
12	28.2	27.5	29.3	30.7	27.6	28.0	27.0	28.33	3.7
13	28.2	28.6	28.1	26.0	30.0	28.5	28.3	28.24	4.0
14	22.1	21.4	23.3	20.5	19.8	20.5	19.0	20.94	4.3
15	18.5	19.2	18.0	20.1	22.0	20.2	19.5	19.64	4.0
16	21.4	20.3	22.0	19.2	18.0	17.9	19.5	19.76	4.1
17	18.4	16.5	18.1	19.2	17.5	20.9	19.6	18.60	4.4

续表

样本	数据							x	R
18	20.1	19.8	22.3	22.5	21.8	22.7	23.0	21.74	3.2
19	20.0	17.5	21.0	18.2	19.5	17.2	18.1	18.79	3.8
20	22.3	18.2	21.5	19.0	19.4	20.5	20.0	20.13	4.1

概念运用：

12.24 参考练习12.12，细微电路的理想宽度为0.5～0.85微米。生产者连续抽样了5天，每天抽样6次（从上午8：00至下午4：30，90分钟一次），每次抽取4个CPU芯片并对其进行测量。数据已用来创建一个MINITAB图。

a. 计算控制图的上、下控制限。

b. 从图上是否可以看出，数据收集时，过程中存在特殊的变异原因？

c. 此图的控制限能用于未来的监控吗？请解释。

d. 在图上有多少个R的不同取值点。大部分的R值的点是怎样沿3条水平线排列的？导致这种模式的可能原因是什么？

练习12.24的MINITAB结果输出

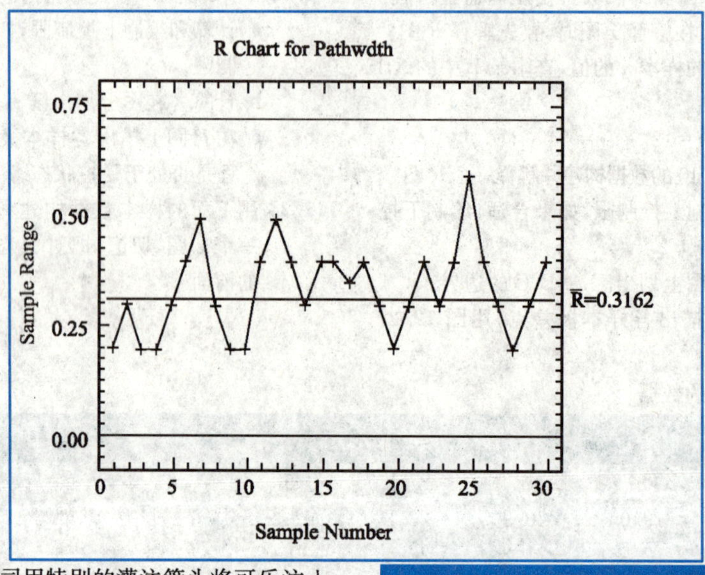

12.25 一个饮料公司用特别的灌注管头将可乐注入容量为16盎司的小瓶里，此过程是自动完成的，且24小时运作，公司想监控注入小瓶内可乐的重量。每天早上6点和下午6点，公司换用一个新的能产20000加仑可乐的二氧化物分配器，将它勾在灌注机器上。为了构建R图，以用来监控过程，公司决定对过程抽样。从上午6:15开始，每小时抽样一次（即在6:15、7:15、8:15等时点上抽样），每次连续抽取5瓶。抽样第一天的数据见表，另附有描述性统计的SPSS结果输出。

练习12.25 的数据

样本	数据				
1	16.01	16.03	15.98	16.00	16.01
2	16.03	16.02	15.97	15.99	15.99
3	15.98	16.00	16.03	16.04	15.99
4	16.00	16.03	16.02	15.98	15.98
5	16.07	15.99	16.03	16.01	16.04
6	16.01	16.03	16.04	15.97	15.99
7	16.04	16.05	15.97	15.96	16.00
8	16.02	16.05	16.03	15.97	15.98
9	15.97	15.99	16.02	16.03	15.95
10	16.00	16.01	15.95	16.04	16.06
11	15.95	16.04	16.07	15.93	16.03
12	15.98	16.07	15.94	16.08	16.02
13	15.96	16.00	16.01	16.00	15.98
14	15.98	16.01	16.02	15.99	15.99
15	15.99	16.03	16.00	15.98	16.01
16	16.02	16.02	16.01	15.97	16.00

样本	数据				
17	16.01	16.05	15.99	15.99	16.03
18	15.98	16.03	16.04	15.98	16.01
19	15.97	15.96	15.99	15.99	16.01
20	16.03	16.01	16.04	15.96	15.99
21	15.99	16.03	15.97	16.05	16.03
22	15.98	15.95	16.07	16.01	16.04
23	15.99	16.06	15.95	16.03	16.07
24	16.00	16.01	16.08	15.94	15.93

a. 采用合理子群策略是否有助于公司检测到不同分配器的差异引起的过程的变异？解释你的结论。

b. 利用数据构建 R 图。

c. 分析所建 R 图，在数据收集时，瓶装过程的稳定性如何？说明理由。

d. 过程控制限能用于未来的监控吗？

e. 基于 c 中答案，是否有必要再利用数据建一个 $\bar{x}$ 图，说明理由。

练习 12.25　**的 SAS 输出结果**

SAMPLE	Variable	Mean	Range	Minimum	Maximum	N
1.00	COLA	16.006	0.05	15.98	16.03	5
2.00	COLA	16.000	0.06	15.97	16.03	5
3.00	COLA	16.008	0.06	15.98	16.04	5
4.00	COLA	16.002	0.05	15.98	16.03	5
5.00	COLA	16.008	0.09	15.97	16.04	5
6.00	COLA	16.008	0.07	15.97	16.04	5
7.00	COLA	16.004	0.09	15.96	16.05	5
8.00	COLA	16.010	0.08	15.97	16.05	5
9.00	COLA	15.992	0.08	15.95	16.03	5
10.00	COLA	16.012	0.11	15.95	16.06	5
11.00	COLA	16.004	0.14	15.93	16.07	5
12.00	COLA	16.018	0.14	15.94	16.08	5
13.00	COLA	15.990	0.05	15.96	16.01	5
14.00	COLA	15.998	0.04	15.98	16.02	5
15.00	COLA	16.002	0.05	15.98	16.03	5
16.00	COLA	16.004	0.05	15.97	16.02	5
17.00	COLA	16.014	0.06	15.99	16.05	5
18.00	COLA	16.008	0.06	15.98	16.04	5
19.00	COLA	15.984	0.05	15.96	16.01	5
20.00	COLA	16.006	0.08	15.96	16.04	5
21.00	COLA	16.014	0.08	15.97	16.05	5
22.00	COLA	16.010	0.12	15.95	16.07	5
23.00	COLA	16.020	0.12	15.95	16.07	5
24.00	COLA	15.992	0.15	15.93	16.08	5

12.26 由于自动取款机(ATM)卡补办的拖延，顾客对此有些不满意。为了减少这种不满，一些银行对丢失卡的补办时间(周期)[补办时间的计算，是从顾客丢卡后在银行挂失，到领到新卡所用的时间(Management Science，Sept. 1990)。某个银行做了 20 个星期的监控，每星期抽取前 5 个要求补办的客户的补办时间，同时利用 R 图来监控补办时间的变异。数据见下表。

练习 12.26　**的数据**

星期	补办时间(天)				
1	7	10	6	6	10
2	7	12	8	8	6
3	7	8	7	11	6
4	8	8	12	11	12
5	3	8	4	7	7
6	6	10	11	5	7
7	5	12	11	8	7

续表

星期	补办时间(无)				
8	7	12	8	7	6
9	8	10	12	10	5
10	12	8	6	6	8
11	10	9	9	5	4
12	3	10	7	6	8
13	9	9	8	7	2
14	7	10	18	20	8
15	8	18	15	18	21
16	10	22	16	8	7
17	3	18	4	8	12
18	11	7	8	17	19
19	10	8	19	20	25
20	6	3	18	18	7

a. 利用这些数据构建 R 图。

b. 从 R 图上是否可以看出,过程中存在特殊的变异原因?

c. 此 R 图的控制限能用于未来补办时间的监控吗?

d. 给定在 b 中的结论,以及此 R 图所显示的数据模式,讨论此银行未来业绩的可能影响因素。

12.27《质量技术期刊》(*Journal of Quality Technology*,July 1998)刊登了一篇文章,主题是研究测量值精度对 R 图的影响。作者提供了一些来自英国一家营养食品公司的数据,此公司将一粉末状营养品装进容量为 500 克的容器里。对此过程抽样,15 分钟一次,一次抽取并测量 5 个容器,表"练习 12.27 的数据"有 25 组精确到 0.5 克的连续样本数据。另一个表是同样的但只精确到 2.5 克的连续样本数据。预先知道,过程的均值为 500 克,标准差为 1 克,且过程是受控的。

练习 12.27 的数据(精度为 0.5 克)

样本	精确到 0.5 克的质量数					极差
1	500.5	499.5	502.0	501.0	500.5	2.5
2	500.5	499.5	500.0	499.0	500.0	1.5
3	498.5	499.0	500.0	499.5	500.0	1.5
4	500.5	499.5	499.0	499.0	500.5	1.5
5	500.0	501.0	500.5	500.5	500.0	1.0
6	501.0	498.5	500.0	501.5	500.5	3.0
7	499.5	500.0	499.0	501.0	499.5	2.0
8	498.5	498.0	500.0	500.5	500.5	2.5
9	498.0	499.0	502.0	501.0	501.5	4.0
10	499.0	499.5	499.5	500.0	499.5	1.0
11	502.5	499.5	501.0	501.5	502.0	3.0
12	501.5	501.5	500.0	500.0	501.0	1.5
13	498.5	499.5	501.0	500.5	498.5	2.5
14	499.5	498.0	500.0	499.5	498.5	2.0
15	501.0	500.0	498.0	500.5	500.0	3.0
16	502.5	501.5	502.0	500.5	500.5	2.0
17	499.5	500.5	500.0	499.5	499.5	1.0
18	499.0	498.5	498.0	500.0	498.0	2.0
19	499.0	498.0	500.5	501.0	501.0	3.0
20	501.5	499.5	500.0	500.5	502.0	2.0
21	501.0	500.5	502.0	502.5	502.5	2.0
22	501.5	502.5	502.5	501.5	502.0	1.0
23	499.5	502.0	500.0	500.5	502.0	2.5
24	498.5	499.0	499.0	500.5	500.0	2.0
25	500.0	499.5	498.5	500.0	500.5	2.0

数据来源:Tricker, A. , Coates, E. and Okell, E. , "The Effects on the R－chart of Precision of Measurement," *Journal of Quality Technology*, July 1998, pp. 232～239

a. 利用精确到 0.5 克的数据建一个 R 图,过程是否处于统计状态,请解释。

b. 给定 a 的结论,再用这些数据建一个 $\bar{x}$ 图合适吗?请解释。

c. 利用只精确到 2.5 克的数据建一个 R 图,此图表明过程的稳定性是什么?

d. 基于 a、c 的答案,谈谈测量值的精确度对过程产出稳定性评估的影响。

练习 12.27 的数据(精度为 2.5 克)

样本	精确到 2.5 克的质量数					极差
1	500.0	500.0	502.5	500.0	500.0	2.5
2	500.0	500.0	500.0	500.0	500.0	0.0
3	500.0	500.0	500.0	500.0	500.0	0.0
4	497.5	500.0	497.5	497.5	500.0	2.5
5	500.0	500.0	500.0	500.0	500.0	0.0
6	502.5	500.0	497.5	500.0	500.0	5.0
7	500.0	500.0	502.5	502.5	500.0	2.5
8	497.5	500.0	500.0	497.5	500.0	2.5
9	500.0	500.0	497.5	500.0	502.5	5.0
10	500.0	500.0	500.0	500.0	500.0	0.0
11	500.0	505.0	502.5	500.0	500.0	5.0
12	500.0	500.0	500.0	500.0	500.0	0.0

13	500.0	500.0	497.5	500.0	500.0	2.5
14	500.0	500.0	500.0	500.0	500.0	0.0
15	502.5	502.5	502.5	500.0	502.5	2.5
16	500.0	500.0	500.0	500.0	500.0	0.0
17	497.5	497.5	497.5	497.5	497.5	0.0
18	500.0	500.0	500.0	500.0	500.0	0.0
19	495.0	497.5	500.0	500.0	500.0	5.0
20	500.0	502.5	500.0	500.0	502.5	2.5
21	500.0	500.0	500.0	500.0	500.0	0.0
22	500.0	500.0	500.0	500.0	500.0	0.0
23	500.0	500.0	500.0	500.0	500.0	0.0
24	497.5	497.5	500.0	497.5	497.5	2.5
25	500.0	500.0	497.5	500.0	500.0	2.5

12.28 参考练习 12.15，Bayfield Mud 公司关心的是，什么原因导致了泥浆袋重量的减轻？

a. 为装袋过程构建一个 ***R*** 图。

b. 能否从图上看出，过程是处于统计控制状态？请解释。

c. 图上是否有些关于导致泥浆袋重量减轻的原因的迹象。请解释。

12.29 参考练习 12.16，机器人夹子生产者关心的是两个末端之间的宽度。

a. 为此宽度构建一个 ***R*** 图。

b. 你的图为加工过程的哪一个参数提供信息？

c. 从图上是否可以看出，抽样时过程中存在特殊的变异原因？

12.6 监控过程缺陷比率的 *P* 图

到目前为止，为了监控定量产出变量，例如，时间、长度、宽度、重量等，在众多的由研究员和应用者创建的控制图中，$\bar{x}$ 图和 R 图是最受青睐的。在已提出的许多监控定性变量的控制图中，本节介绍的 P 图也最受应用者的欢迎，它一般用于分类产出变量（定性产出度）。通过使用 P 图，过程产出中属于特定类的（如有瑕疵、无瑕疵；成功、失败；过早、按时、迟到等）产出的比率可以得到监控。

比较典型的是，P 图常用于对过程产出中含瑕疵产品（即不符合规格的产品）的比率的监控。当过程产出变量是定量变量时，均值和方差被用于描述这个过程；同样比率也是用来刻画某个过程的。在工业中，监控过程比率的例子很多，包括信用卡公司的账单错误比率；厂家生产的不合格半导体芯片的比率；银行磁性识别系统对签字无法识别的比率等。

像均值和方差一样，过程的比率可以随时间变动，例如，上下浮动或者变化到一个更高的水平。在这些情况中，过程处于失控状态。只要过程的比率保持稳定，过程就会处于统计控制状态。

像其他在本章中提到的控制图，P 图也有由样本决定的中线和控制限。从过程中抽取容量为的个样本后，每个产品就有了分类（如有瑕疵或无瑕疵），每组样本中有瑕疵的产品的比率 $\hat{P}$ 就可以算出，利用这些信息算出中线，然后将样本比率在 P 图上绘制出来。这就是在某时间段内，我们要监控和解释的 $\hat{P}$ 的变异。所有 $\hat{P}$ 的变化反应了过程比率 P 的变化。

P 图的建立是基于这样的假设，即每组样本里含瑕疵产品的数目是个二项分布随机变量。我们所称的过程比率实际上是二项分布中的概率 P（在第 4 章我们讲了二项分布随机变量），当过程处于统计控制状态，则 P 保持不变。P 图中显示的 $\hat{P}$ 的变异是用来判断 P 是否稳定的。

为确定 P 图的中线和控制限，我们必须知道 $\hat{P}$ 的抽样分布。在 7.4 节，我们已经介绍了 $\hat{P}$ 的抽样分布。是否记得：

$$\hat{P}=\frac{\text{样本中瑕疵产品的个数}}{\text{样本中所有产品个数}}=\frac{x}{n}$$

$$\mu_{\hat{p}}=P$$

$$\sigma_{\hat{p}}=\sqrt{\frac{p(1-p)}{n}}$$

图 12.27 P 图

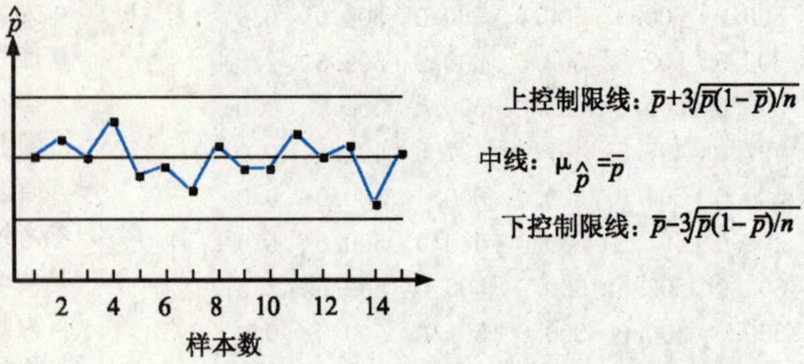

并且，对大样本来说，$\hat{p}$ 近似于正态分布。因此，如果知道 p，则中线为 p 以及 3σ 控制限为 $[p\pm 3\sqrt{p(1-p)/n}]$。然而 P 是未知的，只能从样本中得到估计，记合理的估计为 $\bar{p}$，则 nk 个样本产品中总的瑕疵产品的比率为：

$$\bar{p}=\frac{\text{所有 } k \text{ 个样本中瑕疵产品的总个数}}{\text{总的样本产品个数}}$$

为计算 P 图的控制限，在图 12.27 中列出的控制限表达式里，用 $\bar{p}$ 代替 p。

在构建 P 图时，建议你采用大样本，比构建 $\bar{x}$ 图和 R 图还大的样本。在工业中，大部分监控的过程的瑕疵品比率都较小，通常小于 0.05(表明不合格率低于 5%)。在这些实例中，如果采用小样本，如 $n=5$，则从过程中抽取的样本里极有可能不含任何不合格品，结果，大部分的 $\hat{P}$ 将为 0。

为确定足够大的样本大小，以避免上述不足，我们向你推荐一条简单原则。此原则也有助于最终不出现负的下控制限，而当 p 和 n 都很小时，负的下控制限会经常发生。详见 Montgomery (1991)或者 Duncan(1986)。

选择 n，使 $n>\frac{9(1-p_0)}{p_0}$

其中

n＝样本容量

p_0＝过程比率 p 的估计(也许是一种判断)

例如，p 被认为大概是 0.05，上述原则表明，构建 P 图时，样本容量至少是 171。

$$n>\frac{9(1-0.05)}{0.05}=171$$

下面归纳构建 P 图的简单步骤，以及构建区边界和怎样解释一个 P 图。

构建 P 图的简单步骤

1. 采用合理子群的思想，收集容量如下式所确定的样本至少 20 组。

$$n>\frac{9(1-p_0)}{p_0}$$

其中 p_0 是过程生产的含瑕疵产品的比率 p(不合格率)的估计。p_0 由样本数据(即 $\hat{P}$)决定，以及由专家指导。

2. 对每一个样本组，计算 $\hat{P}$(样本组里的不合格率)。

$$\hat{P}=\frac{\text{样本中瑕疵产品的个数}}{\text{样本中所有产品个数}}$$

3. 绘制中线和控制线。

$$\text{中线：}\bar{p}=\frac{\text{所有 } k \text{ 个样本中瑕疵产品的总个数}}{\text{总的样本产品个数}}$$

上控制限：$\bar{p}+3\sqrt{\frac{\bar{p}(1-\bar{p})}{n}}$

下控制限：$\bar{p}-3\sqrt{\frac{\bar{p}(1-\bar{p})}{n}}$

这里，k 为样本的组数，n 是样本大小，$\bar{p}$ 是 nk 个总样本产品中不合格的比率，$\bar{p}$ 是未知的过程比率 p 的估计。

4. 按过程抽样顺序，将 k 个样本比率的点绘制在控制图上。

像 $\bar{x}$ 图和 R 图一样，P 图的中线和控制限都应该基于这样的样本，即在抽样时，过程处于受控状态。因此，当一个 P 图第一次建立起来时，中线和控制限被看成是试验值（见 12.4），在把它向右扩展，以用于未来过程产出的监控前，如果有必要，需对它们进行调整。

构建 P 图的区边界

上 A—B 区边界：$\bar{p}+2\sqrt{\frac{\bar{p}(1-\bar{p})}{n}}$

下 A—B 区边界：$\bar{p}-2\sqrt{\frac{\bar{p}(1-\bar{p})}{n}}$

上 B—C 区边界：$\bar{p}+\sqrt{\frac{\bar{p}(1-\bar{p})}{n}}$

下 B—C 区边界：$\bar{p}-\sqrt{\frac{\bar{p}(1-\bar{p})}{n}}$

注意：如果下控制限为负，就不要在 P 图上画出来，但是，如果是非负，还是要画出来。

1. 如果一个或多个比率样本点落在控制限外（原则 1），或者，有图 12.21 所描述的 3 种变化模式（根据原则 2、3、4）中的任何一种出现，则说明过程失控。这些迹象表明，有一个或一个以上的特殊变异原因在影响过程的比率 P。这些因素必须被识别和排除，从而使过程处于受控状态。
2. 如果没有任何上述失控迹象出现，则说明过程受控。这时不要去干预过程。然而，如果过程变异水平出奇的高，那么必须识别和排除共同的变异原因。

例 12.4

一个汽车零件加工者，他对仓库操作中几大块实施统计过程控制有极大兴趣。他首先考虑的是订单的配货过程，因为客户经常收到一些发错了的货物以及少收到货物。收到订单后，零件从仓库里的箱柜中取出来，然后贴上标签放到传送带上。因为箱柜散落在一个 3 英亩的区域里，所以来自同一订单上的零件可能放在不同传送带上。在传送带的末端，一个工人根据订单的要求把各零件分类，分类的信息来自零件上贴的标签。

在整个配货过程中，有 3 个可能出错的地方：(1)从错误的箱柜中取零件；(2)对零件贴错标签；(3)最后分类错误。

公司的质检人员进行了一项抽样调查，每天检查 90 个订单的零件，检查是否正确。如果订单的出货有任何不符合顾客要求的就认为是不合格的。他们检查评估了 25 天，结果数据见表 12.4。

表 12.4 配货过程中的大小为 90 的 25 组样本数据

样本数	样本大小	错误个数	错误比例
1	90	12	0.13333
2	90	6	0.06666
3	90	11	0.12222
4	90	8	0.08888
5	90	13	0.14444
6	90	14	0.15555
7	90	12	0.13333
8	90	6	0.06666
9	90	10	0.11111
10	90	13	0.14444
11	90	12	0.13333
12	90	24	0.26666
13	90	23	0.25555
14	90	22	0.24444
15	90	8	0.08888
16	90	3	0.03333
17	90	11	0.12222
18	90	14	0.15555
19	90	5	0.05555
20	90	12	0.13333
21	90	18	0.20000
22	90	12	0.13333
23	90	13	0.14444
24	90	4	0.04444
25	90	6	0.06666
Totals	2250	292	

a. 为订单的配货过程构建一个 P 图。

b. 就过程的稳定性而言，此图能说明什么？

c. 采用此图的中线和控制限来监控未来过程的产出合适吗？

解答：

a. 搜集数据以后，创建 P 图的第一步是为每一个样本组算出不合格比率，对第一组样本，

$$\hat{P}=\frac{\text{样本中瑕疵产品的个数}}{\text{样本中所有产品个数}}=\frac{12}{90}=0.13333$$

所有的比率都列在表 12.4 上。下一步计算总的不合格比率：

$$\bar{p}=\frac{\text{所有 }k\text{ 个样本中瑕疵产品的总个数}}{\text{总的样本产品个数}}=\frac{292}{2250}=0.12978$$

中线在 $\bar{p}$ 的位置，然后 $\bar{p}$ 用于计算控制限：

$$\bar{p}\pm3\sqrt{\frac{\bar{p}(1-\bar{p})}{n}}=0.12978\pm3\sqrt{\frac{0.12978(1-0.12978)}{90}}$$

$=0.12978\pm0.10627$

UCL：0.23605

LCL：0.02351

画出中线和控制限后，再按抽样顺序将 25 个样本比率点在图上描出来，然后将点用直线连起来，最后结果见图 12.28。

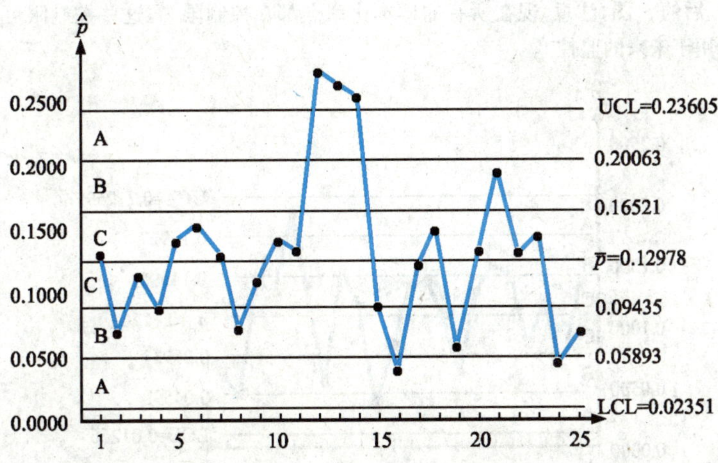

图 12.28　定单配货过程的 P 图

b. 为了便于研究 P 图，我们再增加区边界线。将 $\bar{p}=0.12978$ 代入下面的公式里。

上 A—B 区边界：$\bar{p}+2\sqrt{\frac{\bar{p}(1-\bar{p})}{n}}=0.20063$

下 A—B 区边界：$\bar{p}-2\sqrt{\frac{\bar{p}(1-\bar{p})}{n}}=0.05893$

上 B—C 区边界：$\bar{p}+\sqrt{\frac{\bar{p}(1-\bar{p})}{n}}=0.16521$

下 B—C 区边界：$\bar{p}-\sqrt{\frac{\bar{p}(1-\bar{p})}{n}}=0.09435$

因为有 3 个样本比率点超出了上控制限，根据原则 1，过程明显失控，但就原则 2、3、4(图 12.21)来说，图上没有突出的非随机变化模式。值得注意的是，过程的比率在抽取样本 12 的前后有很大的提高。

c. 在建图前抽样时，过程明显失控。因此，继续使用此图监控是不合适的，中线和控制限不能代表受控时的过程。如果要用于未来的监控，就要对此图作适当的修改。

后来，此例中的 3 个失控点被查明，失控发生在临时分类工人代替正规分类工人上班的那几天。并采取了措施，以确保将来临时分类工人都受到良好的培训。

识别和排除了特殊的变异原因，临时分类工人上班 3 天的样本数据被从样本集里剔除了，因而，中线和控制限必须重新计算。

中线：$\bar{p}=\frac{223}{1980}=0.11263$

控制限：$\bar{p}\pm3\sqrt{\frac{\bar{p}(1-\bar{p})}{n}}=0.11263\pm\sqrt{\frac{0.11263(1-0.11263)}{90}}=0.11263\pm0.09997$

UCL：0.21259　LCL：0.01266

重新计算修改后的区边界线，将 $\bar{p}=0.11263$ 代入下面的公式里。

上 A—B 区边界：$\bar{p}+2\sqrt{\frac{\bar{p}(1-\bar{p})}{n}}=0.17927$

下 A—B 区边界：$\bar{p}-2\sqrt{\frac{\bar{p}(1-\bar{p})}{n}}=0.04598$

上 B—C 区边界：$\bar{p}+\sqrt{\frac{\bar{p}(1-\bar{p})}{n}}=0.14595$

下 B—C 区边界：$\bar{p}-\sqrt{\frac{\bar{p}(1-\bar{p})}{n}}=0.07931$

图 12.29 是修改后的 P 图，注意，现在所有的样本比率点都在控制限内，这些控制限可以被确定为正式的，将它向右扩展以用于未来的监控。

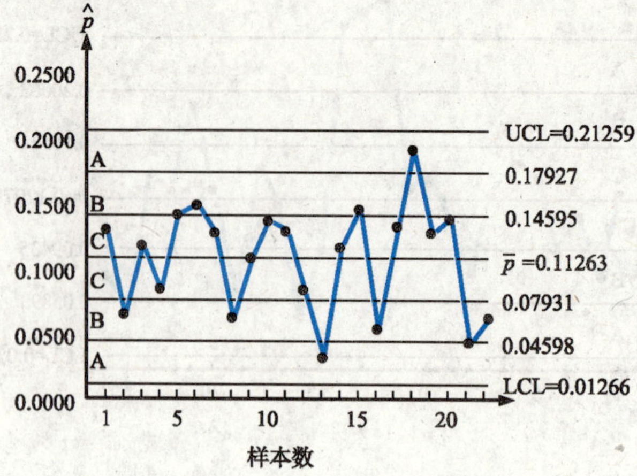

图 12.29 修改后的订单配货过程的 P 图

练习 12.30～12.38

技能训练

12.30 P 图是用来监控过程的什么特性的？

12.31 假设一个加工过程中，含瑕疵产品的比率为 8%，为了使下控制限不小于零，那么样本大小 n 最小为多少？

12.32 为给一个加工过程构建 P 图，从过程中抽取了大小为 200 的 25 组样本，每组样本含瑕疵的产品个数见表"练习 12.32"的数据。

练习 12.32 的数据

样本数	样本大小	瑕疵比个数
1	200	16
2	200	14
3	200	9
4	200	11
5	200	15
6	200	8
7	200	12
8	200	16
9	200	17
10	200	13
11	200	15
12	200	10
13	200	9
14	200	12
15	200	14
16	200	11

续表

样本数	样本大小	瑕疵比个数
17	200	8
18	200	7
19	200	12
20	200	15
21	200	9
22	200	16
23	200	13
24	200	11
25	200	10

a. 计算每组样本含瑕疵产品的比率。

b. 计算和绘制 P 图的上下控制限。

c. 计算并在此 P 图上绘制区 A、B、C 的区边界线。

d. 在 P 图上描出各样本比率点，并用直线把它们连起来。

e. 用前面讲到的分析模式原则 1～4 判断，此过程是否存在特殊的变异原因，是否处于失控状态？

12.33 为构建一个 P 图，从某过程中抽取了大小为 150 的 20 组样本，每组样本含瑕疵的产品个数见表"练习 12.33"的数据。

练习 12.33 的数据

样本数	瑕疵比例率	样本数	瑕疵比例率
1	0.03	11	0.07
2	0.05	12	0.04
3	0.10	13	0.06
4	0.02	14	0.05
5	0.08	15	0.07
6	0.09	16	0.06
7	0.08	17	0.07
8	0.05	18	0.02
9	0.07	19	0.05
10	0.06	20	0.03

a. 计算和绘制 P 图的中线和上下控制限。

b. 计算并在此 P 图上绘制区 A、B、C 的区边界线。

c. 在 P 图上描出各比率样本点。

d. 此过程是否受控，请解释。

e. 能否将此图中的中线和上下控制限用于未来过程产出的监控？请说明理由。

12.34 对下面的各种情形，用样本大小计算公式算出样本大小，以确保下控制限为非负值。

a. $p_0=0.01$　　**b.** $p_0=0.05$

c. $p_0=0.10$　　**d.** $p_0=0.20$

概念运用

12.35 一家工厂生产个人计算机微米芯片，根据经验，生产管理者认为不合格的比率为 1%，厂家抽样下午 4:00 以后首先生产的 1000 个芯片，在一个月内，每隔一天抽样一次。相关数据的 MINITAB 结果输出见图"练习 12.35"的 MINITAB 输出结果。

练习 12.35 的 MINITAB 结果输出

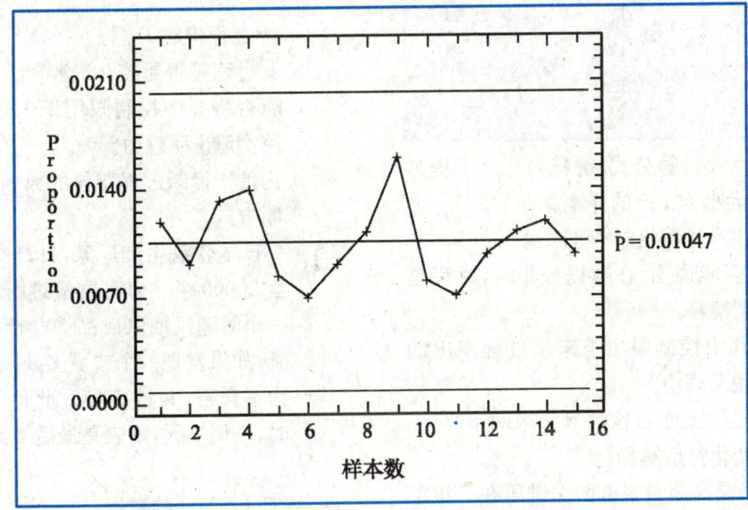

a. 从统计的角度来看，用大小为 1000 的样本用来构建 P 图是否合适，说明理由。

b. 计算和绘制 P 图的上下控制限。

c. 此图是否能说明，在数据收集时，过程中存在特殊的变异原因？

d. 对此加工厂采用的合理子群思想作一下评论。

12.36 一橡胶轮胎公司对在 Akron，Ohio 生产厂生产的轮胎的不合格品的监控很关注。此公司的执行工程师认为不合格比率约为 7%。在检验过程中，轮胎将会受到一些损坏，但他们打算将被检测的轮胎数目控制在最小范围内。同时他们还想使用下控制限为正的 P 图。采用下控制限为正的 P 图有可能发现，什么时候过程的不合格比率是不寻常的小。这样的发现显然是个好的信息，它能提醒工程师找到过程能产生上乘表现的原因。因此，这样的信息可以用来提高产出过程。通过样本大小计算公式，执行工程师建议，公司随机抽样，每天抽取 120 个轮胎，至此，共抽样了 20 天，数据如下。

练习 12.36　的数据

样本数	样本大小	瑕疵数
1	120	11
2	120	5
3	120	4
4	120	8
5	120	10
6	120	13
7	120	9
8	120	8
9	120	10
10	120	11
11	120	10
12	120	12
13	120	8
14	120	6
15	120	10
16	120	5
17	120	10
18	120	10
19	120	3
20	120	8

a. 使用样本大小计算公式，解释为什么工程师建议采用大小为 120 的样本。

b. 为此轮胎生产过程绘制 P 图。

c. 此 P 图是否能说明，在数据搜集时，过程是稳定的？请解释。

d. 能否将此图中控制限用于未来过程产出的监控？请说明理由。

e. 在 b 中创建的图能否检测到 P 图小时与小时之间的变化？请解释。

12.37 精确的排版是高质量报纸的关键所在。报纸 Morristown Daily Tribune 一周发行一次，发行量为 27000 份。其编辑构建了一个监控排版过程的控制图，每周随机地抽取报中的 100 段，并检查是否正确，然后记下其中含错误的段落的个数。前 30 个星期抽样的结果见下表。

练习 12.37　的数据

星期	含错误的段落数	星期	含错误的段落数
1	2	16	2
2	4	17	3
3	10	18	7
4	4	19	3

续表

星期	含错误的段落数	星期	含错误的段落数
5	1	20	2
6	1	21	3
7	13	22	7
8	9	23	4
9	11	24	3
10	0	25	2
11	3	26	2
12	4	27	0
13	2	28	1
14	2	29	3
15	8	30	4

数据来源：Jerry Kinard，Westwen Carolina U versity. Secondary Source：Render，B.，and Stair，Jr.，R. Quantitative Analysis for Management，6th ed. Upper Saddle River，N. J.：Prentice－Hall. 1997

a. 为过程构建 P 图。

b. 此过程是否受控？请解释。

c. 能否将 a 中控制限用于未来过程产出的监控？请说明理由。

d. 为便于诊断过程变异的原因，请推荐两种诊断方式。

12.38 一日本软盘生产厂家，日产高密度 3.5 寸软盘 20000 个。为对质量进行监控，厂家每隔一小时随机抽取成品 200 个，并进行合格检查，如果发现一个或更多缺陷，则此软盘被认为不合格，并被废掉。此厂每天加工 20 小时，一周 7 天，下表是最后 3 天的抽样记录。

练习 12.38　的数据

天数	日期	含瑕疵数	天数	日期	含瑕疵数
1	1	13		6	3
	2	5		7	1
	3	2		8	2
	4	3		9	3
	5	2		10	1
	6	3	3	1	9
	7	1		2	5
	8	2		3	2
	9	1		4	1
	10	1		5	3

续表

天数	日期	含瑕疵数	天数	日期	含瑕疵数
2	1	11		6	2
	2	6		7	4
	3	2		8	2
	4	3		9	1
	5	1		10	1

a. 为软盘加工过程构建 P 图。

b. 此 P 图是否能说明，软盘加工过程是稳定的？请解释。

c. 为协助此加工厂发现特殊的有损过程的变异原因，你能提出哪些好的建议？

12.7　变异原因诊断（选学）

统计过程控制(SPC)主要包括三个阶段：

(1)监控过程变异，(2)诊断变异原因，(3)排除变异原因。有关的详细描述见图 12.30，在那里，SPC 被描述成一个质量改进循环过程。在监控阶段，主要评估来自过程的统计信号，寻找改进过程质量的可能。这个阶段的内容我们已在 12.3～12.6 节讲解了，现在我们进入第二阶段——诊断变异原因。

在质量改进的循环链里，诊断变异原因是关键的一环。在监控过程变异阶段，我们仅仅识别了过程是否存在问题。而变异原因诊断阶段是要识别产生问题的原因。如果在第一阶段监控到了特殊变异原因的存在(即在控制图中发现了过程失控的迹象)，则第二阶段的主题是查清潜在的变异原因。如果在第一阶段没有监控到特殊变异原因(即过程处于统计控制状态)，但为了进一步改进过程，则诊断阶段的任务是查清共同变异原因。

图 12.30　SPC 被看成是一个改进质量的循环

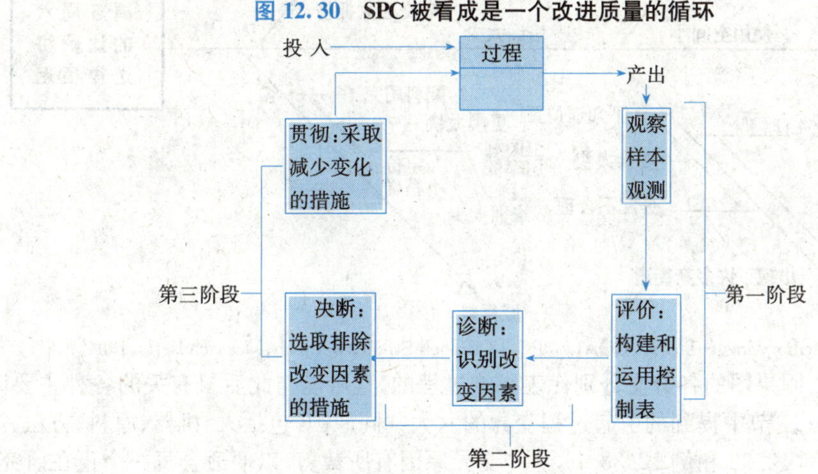

为了对过程进行改进，仅仅采用控制图之类的统计工具是不够的，认识这点很重要。这在诊断阶段尤为明显。无疑，在变异原因诊断阶段，有关过程的专业知识是必需的。正如你背部痛，你找医生帮你诊断痛因。为了诊断过程变异的原因，你将求助于在过程中工作的员工，或者求助于工程师，或者求助于具有过程专业技术的分析员。

为了协助过程专家进行过程诊断，研究人员已经发明了好几种方法，其中包括流程图(见统计实践 12.2)、简单但有效的 **Pareto 分析**(Pareto analysis)(见第 2 章)。本节将介绍另外一种图示方法，叫**因果图**(cause-and-effect diagram)，还有第四种方法实验设计(experimental design)，这将是第 14 章的重点。

因果图是东京大学 Kaoru Ishikawa 于 1943 年提出的。因此，也被称为 Kaoru Ishikawa 图。利用因果图，可以非常便利地构建原因链以解释某些事故、问题、状况等的发生原因。因果图一般是一小群专家通过“头脑风暴”似的讨论后制定的。在日本，此图已被各公司运用几十年，但在美国，到20世纪80年代中期才被广泛运用。

图12.31是一个因果图的基本框架。在图中右边的框中，我们记下了后果，而造成这个后果的原因是需要我们诊断的。

图 12.31　因果图的基本框架

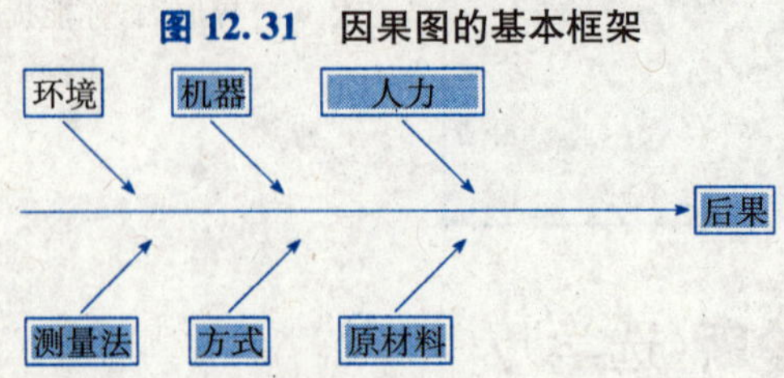

例如，GOAL/QPC顾问团(一个设在马萨诸塞州的TQM顾问团)使用因果图来解释为什么在周五和周六比萨饼送得较迟(见图12.32)。图12.33是用来说明另外一个例子，以解释20磅干狗食袋装过程在重量上有较大变异的原因。

图 12.32　比萨饼送得较迟的因果图

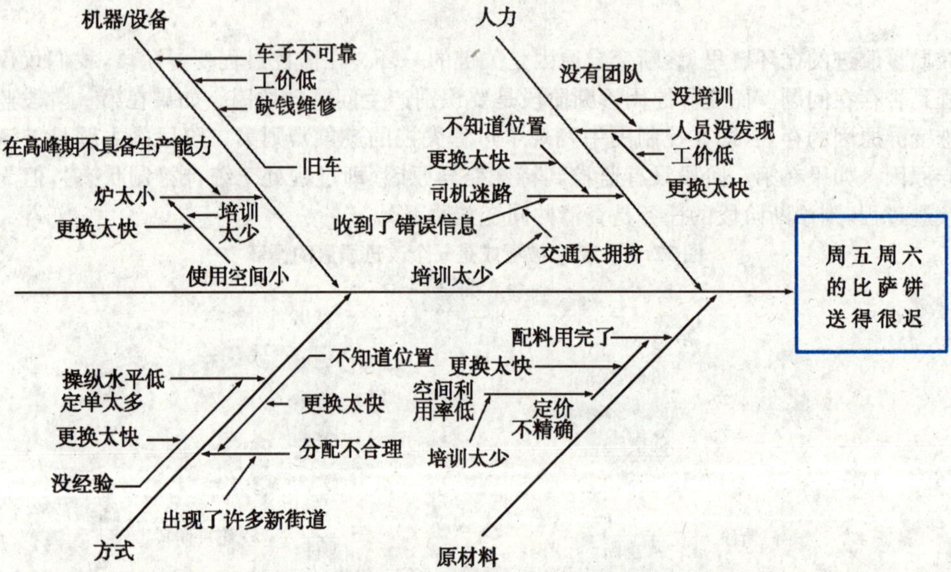

机器/设备
车子不可靠
工价低
缺钱维修
旧车
在高峰期不具备生产能力
炉太小
更换太快
培训太少
使用空间小
人力
没有团队
没培训
人员没发现
工价低
更换太快
不知道位置
更换太快
司机迷路
收到了错误信息
交通太拥挤
培训太少
周五周六的比萨饼送得很迟
不知道位置
操纵水平低
定单太多
更换太快
更换太快
分配不合理
没经验
出现了许多新街道
方式
配料用完了
更换太快
空间利用率低
定价不精确
培训太少
原材料

资料来源：The Memory loggerTM //，GOAL/QPC，13 Branch Street，Methuan，Massachusetts，1994，p. 27.

参看图12.31，因果图的各分支分别代表影响过程的，且可能与此后果有关的各种主要因素。这通常是我们在12.1节中提到的引起过程变异的六大共同原因，包括人、机器、原料、方法、测量、环境等。注意，在例12.32和例12.33中，这些变异原因有所裁剪，以便适合每一个正在研究的过程。这个变异原因分类集必须足够大，以便将所有可能影响过程的因素包含进去。至于到底用了多少种类，以及怎样命名它们并不很重要。

因果图的构建是由后果到原因的推理过程完成的。也就说，先确定感兴趣的后果，然后向后推，以识别潜在的原因。一旦找到了一个潜在的原因，你就可以把它看成是一个后果，而后尽力去查实产生这个后果的原因，这样一步一步查实，所得结果叫原因链。一个完整的因果图通常包含许多原因链，借助于这些原因链，我们可以跟踪变异原因，将这些变异原因根除以后，我们所关心的后果就会减少，或者得到根除。

构建完因果图的基本框架，并在右边的框中记下感兴趣的后果，然后从一般潜在原因到逐渐确定的原因，逐个构建原因链。从选定6个共同原因中的一个开始，如选定人这个因素，然后提出这样一个问题：“哪些与人有关的因素可以导致这个后果？”如在送比萨饼的例中(例12.32)，识别

了两个与人有关的因素：(1)司机没上班，(2)司机迷路了，这两个因素都出现在有关人的枝节中。下一步，把这两个因素看成是后果而去查找其原因，也就是子原因。例如，就司机没上班，有两个原因：(1)人员更换太快，(2)没有协作。对第一个原因，可以解释为待遇太差，第二个原因，可以解释为培训不够。因此，司机没上班的枝节里有两个原因，“人员更换太快”和“没有协作”。并且每一个分支里都有相关的原因。像这样，对因果图中的每一个分支都要建许多原因链。

图 12.33　20 磅狗食袋装过程的因果图

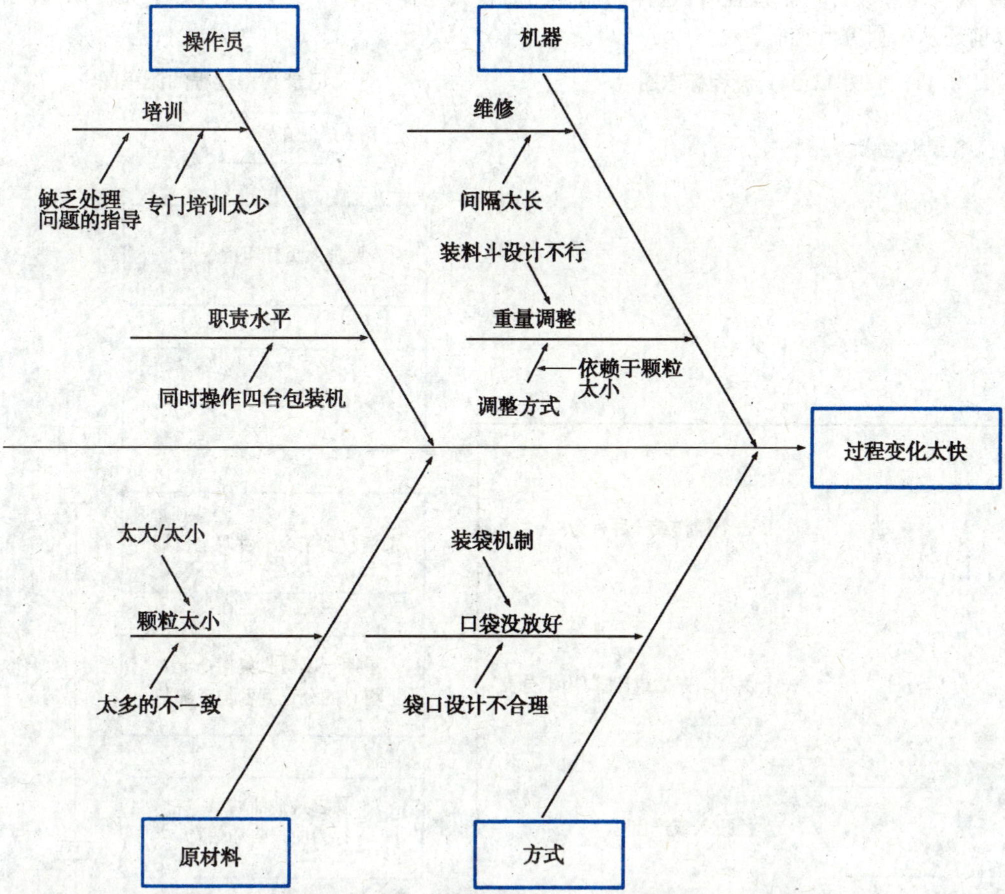

因果图一旦建好，就必须对不同的原因链进行评估(一定要客观)，以识别一个或几个最有可能影响过程的因素，然后对症下药，排除这些原因，改进过程质量(见图 12.30)。

除了便于过程诊断，因果图还可以被用来记录可能影响过程的各种变异原因，从而在组织里作为信息与别人交流。因果图具有很强的灵活性，能用于诸多情况，如前文所述，它可以作为 SPC 循环的一个正式环节，或者作为组织里各种问题、事件、情况的一个简单调查工具。同时，在采用控制图监控过程时，它有助于选择合适的过程变量。

统计实践

12.2　服务过程中的质量控制

许多大公司都设有内部服务部门，负责收集有关公司内部的报告、数据和其他信息。图12.34中的流程图为一家美国汽车公司报告过程的宏观视图。一个宏观流程图忽略了许多潜在的复杂环节。例如，当一个指令文本不完整或不好读时，将会发生什么呢？但是在了解、监控，或者重新设计一个过程时，这样的流程图通常只是作为第一步。此时，着手关注的过程在以前还从未研究和监控过。

图12.34　流程标志图

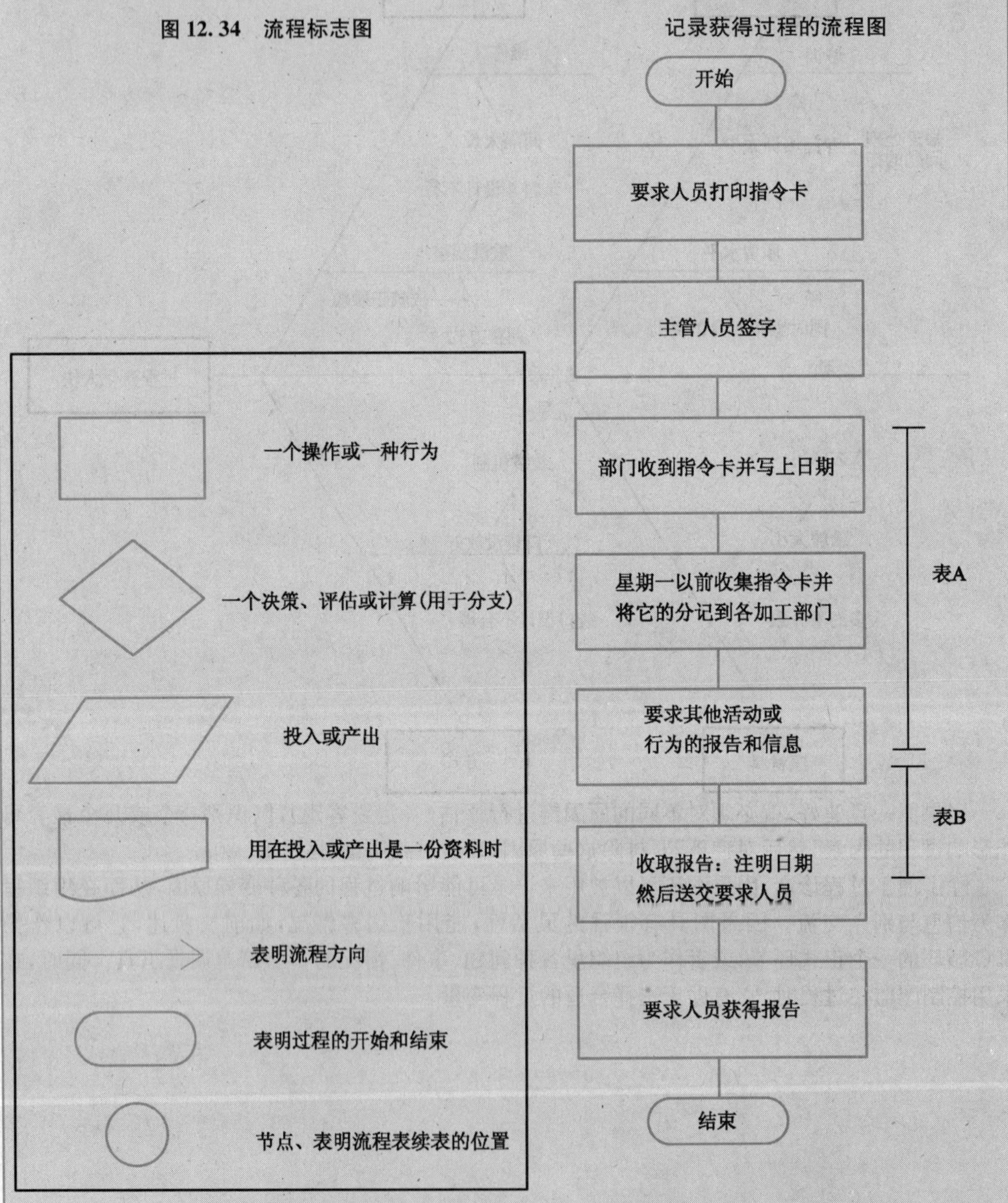

一个负责对该报告获取过程进行研究的小组认为，数据搜集应该基于这两个时间：(1)收到一个指令卡到服务部门发布一个报告要求之间的时间，(2)服务部门发布一个报告要求到服务部门收到这个报告之间的时间。这两个时间间隔相应地出现在图A和图B上。数据是

通过随机抽样获得的，每天从那些与当天收到的报告有关的指令卡中抽取 3 个。所关心的时间段由印在卡上的日期决定。在图 12.35 中，为这两个时间变量，各建了一个 $\bar{x}$ 图和 R 图。

来源：Adapted from Kane，Defect Prevention. New York：Marcel Dekker. Inc.. 1989. pp. 77～81

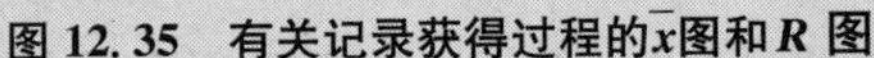

图 12.35　有关记录获得过程的 $\bar{x}$ 图和 *R* 图

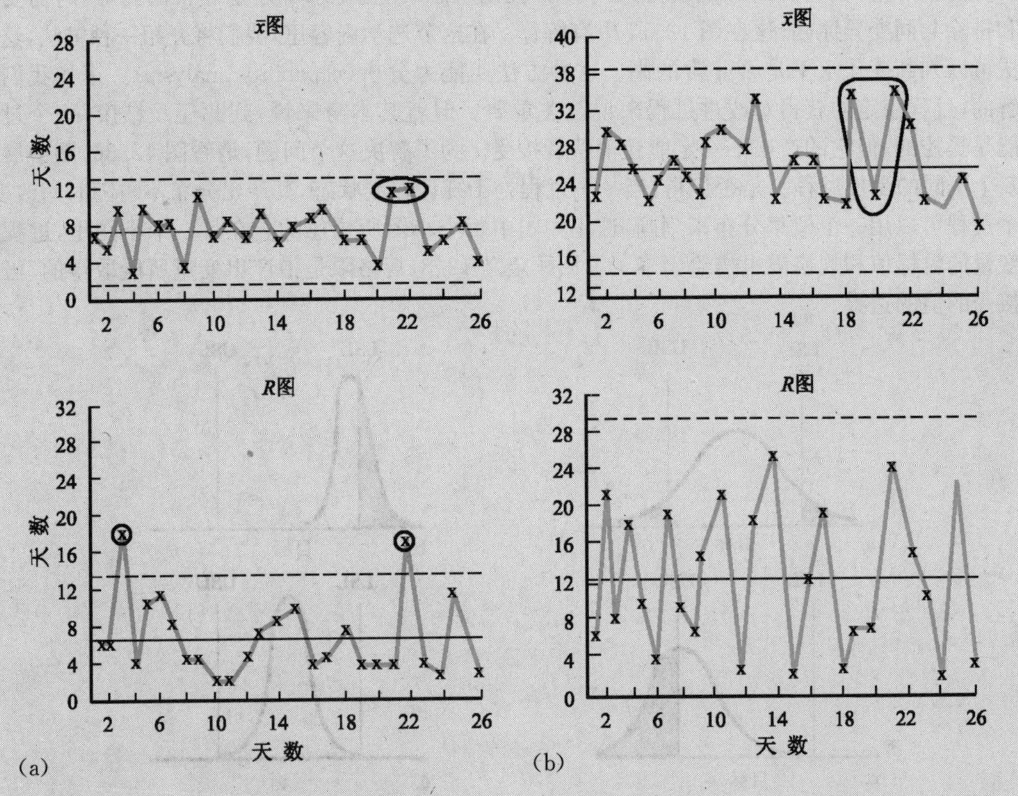

讨论焦点

a. 扩展图 12.34 中的流程图，使之包括过程的以下成分。

1. 假设服务部门收到一张没有正确签名的指令时，将会发生什么？
2. 如果一张指令单找不到了，将会发生什么？（当你不知道部门是怎样处理这些情况时，你会怎么考虑？）请利用框中的标志为你的流程图做准备。

b. 描述这个小组将要监控的两个过程。

c. 这些过程是否处于统计控制状态？请解释。

d. 分析记录在控制图上的数据，然后回答下面的问题。

1. 在最坏的情况下，处理完一份报告请求指令单最多只能允许多少个星期？
2. 平均而言，要多少天才能处理一份指令单？最多呢？
3. 如果作最坏的打算，要多少天才能收到一份指令单？最多几天？

e. 站在顾客的角度来分析，哪一个时间间隔需要服务部门监控？

12.8 能力分析(选学)

在前 4 节里,我们讲到,如果过程处于统计控制状态,但变化水平还是非常的高,这时需要识别和排除共同变异原因,这在图 12.13 中有解释。在这节选学内容里,我们将介绍一种方法,这种方法可以判断变化水平是否非常的高。这种方法叫能力分析(capability analysis)。正如我们所了解的,过程稳定的获得对改进过程来说至关重要。但就其本身来说,到此还没结束,一个过程可能是受控的,但它的产出不一定能让消费者接受。为了解决这个问题,请看图 12.36,图中展示了 6 个不同的受控过程。是否记得,当一个过程处于统计控制状态,其产出分布不再随时间改变,整个过程可以用一个概率分布来刻画,这正如图中每个小图所描述的。在每一个小图里,过程产出变量的目标值和规格限也描绘出来了。回顾定义 12.8,规格限是指产出变量所能取得的、可以被接受的值的边界。

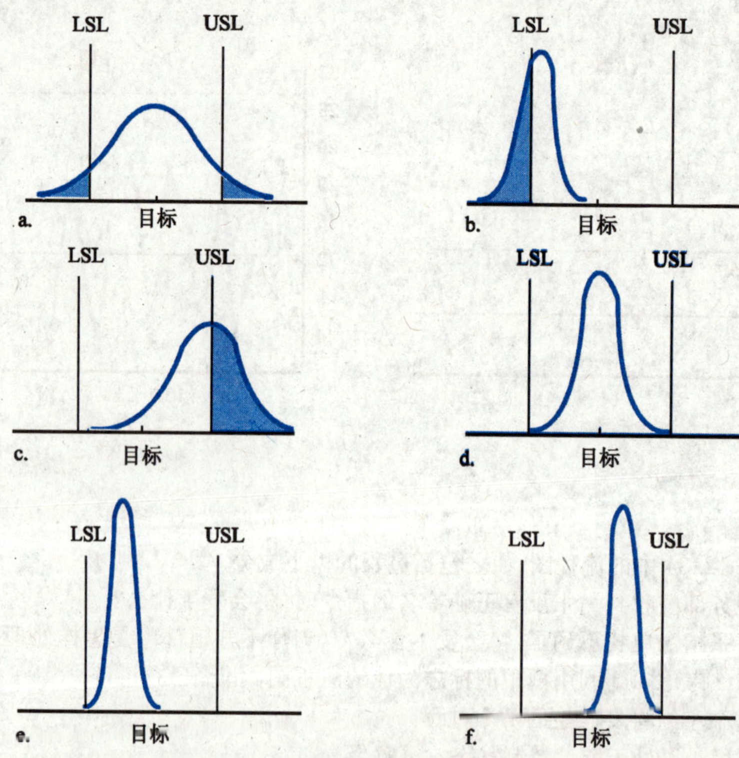

图 12.36 6 个不同的受控过程产出的分布

(其中 LSL 表示下规格限,USL 表示上规格限)

在小图 a、b、c 刻画的过程中,产出中有很大一部分产品在规格限以外,它们中的任何一个都没有满足顾客要求的能力。在小图 a 中的过程以目标值为中线,但由于共同变异原因的存在,变异水平太高。在小图 b 中的过程,相对于规格限的宽度来说,变化不是很大,但它偏离中线太远。在小图 c 中的过程,以上两个问题都存在:变异水平太高;过程偏离中线太远。因此,使过程处于统计控制状态还不能保证过程的能力。

在小图 d、e、f 中的过程都具有能力,每一个过程的分布都很适合,都处在规格限内。事实上,过程的每一个产出都能为消费者所接受。但是,任何重大的规格限的缩减,包括来自消费者、内部管理者,以及工程师的要求,都将导致过程出现一些不能接受的产品,因而有必要重新开始过

程控制活动，以使过程恢复能力。而且，尽管过程是有能力的，但连续的过程提高要求过程不断提高能力。

当过程受控时，评估其能力的最直接的方式是，利用一个来自过程的个体测量值的大样本(50 个或更多)构建频率分布或者茎叶图，然后将产出变量的目标值和规格限加在图上，此图叫能力分析图(capability analysis diagram)。这是评估过程能力的最简单直观的工具。

在例 12.1 和 12.2 中，油漆桶装的过程被证实为受控过程，图 12.37 是油漆桶装过程的 MINITAB 结果输出(包括规格限)，它是有关此过程的一个能力分析图。从图上可以看出，过程的中线紧挨着目标值 10 磅，但是有大部分点落在规格限以外，由此可以看出，此过程不能满足顾客的要求。

图 12.37 油漆桶装过程的能力分析图

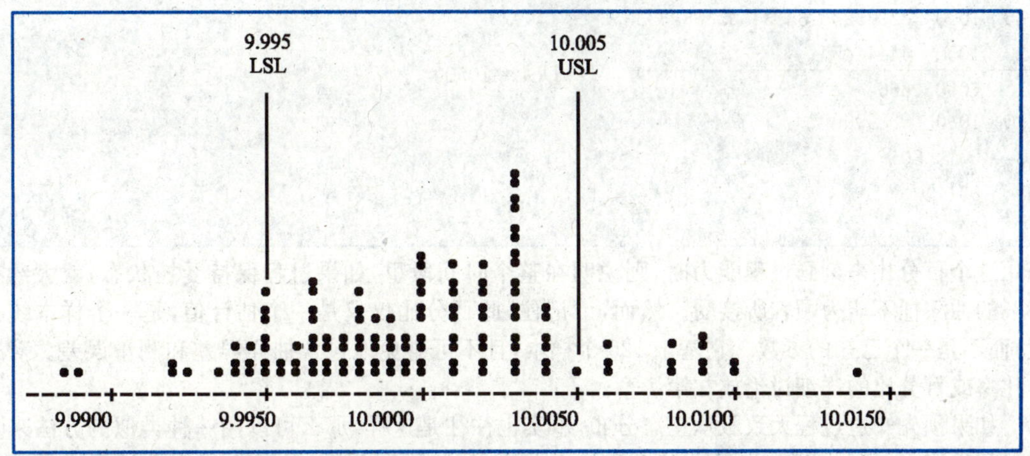

大部分质量管理专家和统计学家都认为，就描述一个受控过程的绩效而言，能力分析图是最好的方式。然而，许多公司发现，能力的数值测度非常有用。将能力归纳为一个简单的数字有很多优点，例如，方便、简单、易于交流等。然而，这里也有一个较大的潜在的不利，即它有可能误导使用者，这正如你用均值刻画一组数据，而忽视它的变异一样。如果你提供给你听众的信息是不完整的，则可能对他们的行为和决定起负面影响(详细的讨论在本节的后面讲解)。

量化能力的方法很多，这里，我们将简单介绍两种。第一种是(也是最直接的方法)，计算落在能力分析图上规格限以外的产品数目，然后报告这些产品占总样本容量的百分比。为获得这个必需的规格限以外产品的数目，我们既可以利用原始数据集，也可用那些描述个体测量值的图表，例如茎叶图和散点图等。

图 12.38 是一个 MINITAB 结果输出，是一个附有规格限的油漆数据的茎叶图。从图上可看出，125 个油漆桶中有 29 个落在规格限以外(16 个低于 9.995，13 个高于 10.005)。因这 129 个样本油漆桶中，有 29 个或者说有 23.2%不能为消费者所接受。

图 12.38　附有规格限的油漆数据的茎叶图(MINITAB 输出结果)

```
Stem-and-leaf of Weight   N=125
Leaf Unit=0.0010
2  998   89
3  999   1
8  999   22333
22  999   44444444  555555        LSL=9.995
43  999   666666666666777777777
(22)  999   8888888888899999999999
60  1000   000000111111111
45  1000   222222222333333333333333
20  1000   4444445                USL=10.00
13  1000   666
10  1000   8889999
3  1001   00
1  1001
1  1001   4
```

当用这个百分比来刻画过程能力时，则说明在整个时间段里，如果过程保持受控状态，就大约有23%的油漆桶不能为顾客所接受。然而，请记住，此百分比仅仅是一个估计值，是一个样本统计量，而不是一个已知的参数。它基于 125 个样本，且不可避免地包含抽样误差和测量误差。对这个比率或百分比的详细讨论放在第 7 章。

如果预先知道过程大致服从正态分布，事实也往往是这样，那么可以用一种类似的方法来量化过程的能力。在此方法中，用来构建能力分析图的样本测量值的均值和标准差被看成是过程均值和标准差的估计。然后，如我们在第 5 章讲的，通过求出在正态曲线下相关区域的面积，就可以知道落在规格限以外的产品的百分比。如前文所说，如果用这个比率刻画一个过程，那么请记住，它仅仅是一个估计，且包含有抽样误差。

衡量能力的第二种方法是构建一个能力指标(capability index)。到目前为止，已经有许多指标被提出。我们只讲其中一个，这个能力指标被用于目标值为中线的稳定过程。此指标常被称为 C_p 指标①。

图 12.39　过程范围与规格范围

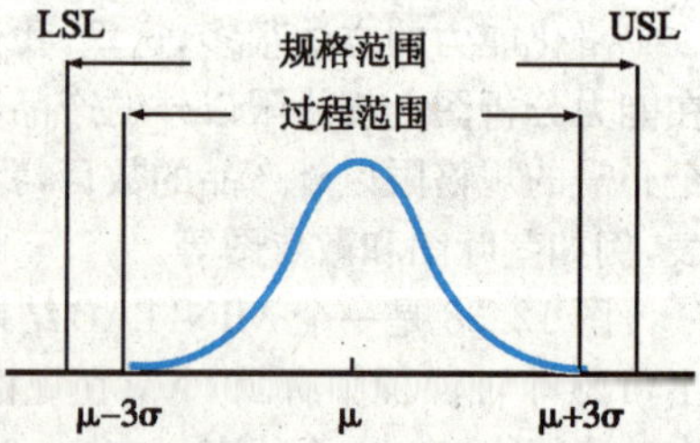

如果能力分析图显示，过程以均值为中线，则通过将上下规格限之间距离即规格范围(specification spread)与产出分布的范围即过程范围(process spread)的比较，我们可以量化能力。产出分布的范围叫过程范围，它被定义为 6σ，但通常用 $6s$ 来估计，其中 s 是用来构建能力分析图的样本数据的标准差。在图 12.39 中，可以清楚地看到这两个距离。这两个距离的比率叫能力指标 C_p。

定义 12.10

$$C_p=\frac{\text{规格范围}}{\text{过程范围}}=\frac{USL-LSL}{6\sigma}$$

这里 σ 用 s 来估计，其中是用来构建能力分析图的样本数据的标准差。

① 对于偏离中线的过程，可以用它的姐妹指标 C_{pk} 衡量，要知道有关 C_{pk} 的详细知识，请参看书后的参考书。

能力指标 C_p 的解释

C_p 是对一个稳定过程的高度概括，且此过程相对于规格限来说是不偏的，C_p 表明过程产出落在规格限内的程度。

1. 如果 $C_p=1$（规格范围＝过程范围），过程有能力；
2. 如果 $C_p>1$（规格范围＞过程范围），过程有能力；
3. 如果 $C_p<1$（规格范围＜过程范围），过程没能力。

如果过程服从正态分布，则：

a) $C_p=1.00$，意味着 1000 个产出里大概有 2.7 个不能被顾客接受；

b) $C_p=1.33$，意味着 1000000 个产出里大概有 63 个不能被顾客接受；

c) $C_p=1.67$，意味着 1000000 个产出里大概有 0.6 个不能被顾客接受；

d) $C_p=2.00$，意味着 1000000000 个产出里大概有 0.6 个不能被顾客接受。

在生产应用中，当过程服从正态分布时，管理者通常要求 C_p 至少为 1.33。如果 C_p 为 1.33，则过程范围仅仅占规格范围的 75%，还留有一些余地，以防过程偏离中线。

例 12.5

让我们回到例 12.1 和 12.3，这两个例子讲的都是油漆桶装过程，通过抽取大小为 5 的样本 25 组（125 个测量值），我们已经构建了 $\bar{x}$ 图和 R 图，并得出结论，过程处于统计控制状态。另外在图 12.37（能力分析图）和图 12.38（茎叶图）中，我们都可以看到每桶油漆重量能被接受的规格限。

a. 为此过程构建一个能力指标合适吗？

b. 为此过程计算 C_p，并给予解释。

解答：

a. 因为此过程是稳定的（受控），且任何时候其过程产出都服从相同的概率分布，因而，用分布以及与之有关的绩效测度（如）来评估过程的绩效是合适的。

b. 由定义 12.10

$$C_p=\frac{USL-LSL}{6\sigma}$$

从图 12.37 的能力分析图我们知道，上下规格限分别为 10.005 和 9.995 磅，但这里 σ 是什么呢？因为我们始终不能确切地知道过程产出的分布，同样也不知道产出分布的标准差 σ，所以我们只能用过程中的大样本的标准差来估计。在此题中，我们用构建能力分析图的 125 个测量值的样本标准差 s 来估计，通过计算得（样本数据见表 12.2）。则有：

$$C_p=\frac{10.005-9.995}{6(0.004459)}=\frac{0.01}{0.026754}=0.3738$$

因为 $C_p<10$，所以过程没能力，过程范围大于规格范围，这与能力分析图的结论一致。

在使用和解释 C_p 时，要引起高度注意，原因有两点。第一，就像在计算中用到的标准差 s 一样，C_p 也是一个统计指标，从而免不了抽样误差。也就是说，如果样本不同，C_p 也将不同。因此，除非你知道错误的范围，否则，对不同的过程，在比较 C_p 时要格外小心。第二，C_p 不能反映产出分布的形状，不同的产出分布可能拥有相同的 C_p。所以，不要单独使用 C_p，应将它与能力分析图结合使用。

对一个受控过程来说，如果能力分析的结果是无能力（如油漆桶装过程），则主要原因通常是过程的变异，而不是过程偏离了中线。因此，过程能力的获得或者恢复主要是通过识别和排除共同变异原因来实现的。

练习 12.39～12.50

技能训练

12.39 如果过程失控，则构建能力分析图是不合适的，请解释。

12.40 请说明过程范围与规格范围之间的区别。

12.41 请简单描述两种评估过程能力的方法。

12.42 为什么不要单独地使用 C_p，而应将它与能力分析图结合使用。

12.43 对一受控过程，且产出服从正态分布，请解释以下的 C_p。

a. 1.00 b. 1.33 c. 0.50 d. 2.00

12.44 请计算规格范围。

a) USL=19.65，LSL=12.45

b) USL=0.0010，LSL=0.0008

c) USL=1.43，LSL=1.27

d) USL=490，LSL=486

12.45 请计算过程范围。

a. $\sigma=21$ b. $\sigma=5.2$

c. $s=110.06$ d. $s=0.0024$

12.46 针对下面的情形，计算 C_p。

a. USL=1.0065，LSL=1.0035，$s=0.0005$

b. USL=22，LSL=21，$s=0.2$

c. USL=875，LSL=870，$s=0.75$

概念运用

12.47 一个受控过程，其产出服从无偏正态分布，且 $C_p=2.0$。离过程均值几倍标准差距离的地方才是上规格限？

12.48 一个受控过程，其产出服从正态分布，均值为 1000，标准差为 100，过程上下规格限分别为 1020 和 980。

a. 假设过程不再改变，则多大百分比的产出将不能被接受？

b. 为过程计算 C_p，并解释。

12.49 下表是来自练习 12.13 中装谷类物品盒的重量的数据，设上下规格限分别为 USL=24.2 盎司和 LSL=23.8 盎司。

练习 12.49 的数据

天数	谷类物品含的重量(盎司)				
1	24.02	23.91	24.12	24.06	24.13
2	23.89	23.98	24.01	24.00	23.91
3	24.11	24.02	23.99	23.79	24.04
4	24.06	23.98	23.95	24.01	24.11
5	23.81	23.90	23.99	24.07	23.96
6	23.87	24.12	24.07	24.01	23.99
7	23.88	24.00	24.05	23.97	23.97

续表

天数	谷类物品含的重量(盎司)				
8	24.01	24.03	23.99	23.91	23.98
9	24.06	24.02	23.80	23.79	24.07
10	23.96	23.99	24.03	23.99	24.01
11	24.10	23.90	24.11	23.98	23.95
12	24.01	24.07	23.93	24.09	23.98
13	24.14	24.07	24.08	23.98	24.02
14	23.91	24.04	23.89	24.01	23.95
15	24.03	24.04	24.01	23.98	24.10
16	23.94	24.07	24.12	24.00	24.02
17	23.88	23.94	23.91	24.06	24.07
18	24.11	23.99	23.90	24.01	23.98
19	24.05	24.04	23.97	24.08	23.95
20	24.02	23.96	23.95	23.89	24.04

a. 设过程受控，为此过程构建能力分析图。

b. 此过程有能力吗？请用一个数值测度解释你的观点。

12.50 参看练习 12.14，用在军事飞机上的螺钉的长度数据复制在下表。管理员已经制定了上下规格限，分别为 37cm 和 35cm。

练习 12.50 的数据

小时	金属钉长度(分米)			
1	37.03	37.08	36.90	36.88
2	36.96	37.04	36.85	36.98
3	37.16	37.11	36.99	37.01
4	37.20	37.06	37.02	36.98
5	36.81	36.97	36.91	37.10
6	37.13	36.96	37.01	36.89
7	37.07	36.94	36.99	37.00
8	37.01	36.91	36.98	37.12
9	37.17	37.03	36.90	37.01
10	36.91	36.99	36.87	37.11
11	36.88	37.10	37.07	37.03
12	37.06	36.98	36.90	36.99
13	36.91	37.22	37.12	37.03
14	37.08	37.07	37.10	37.04
15	37.03	37.04	36.89	37.01
16	36.95	36.98	36.90	36.99
17	36.97	36.94	37.14	37.10
18	37.11	37.04	36.98	36.91
19	36.88	36.99	37.01	36.94
20	36.90	37.15	37.09	37.00

续表

小时	金属钉长度(分米)			
21	37.01	36.96	37.05	36.96
22	37.09	36.95	36.93	37.12
23	37.00	37.02	36.95	37.04
24	36.99	37.07	36.90	37.02
25	37.10	37.03	37.01	36.90

a. 设过程受控，为此过程构建能力分析图。
b. 计算落在规格限外的点的百分比。
c. 计算 C_p。
d. 过程有能力吗？请解释。

要 点 回 顾

注意：带 * 的来自本章的选学节

关键词：

A 区(A zone)
B 区(B zone)
能力分析(capability analysis *)
能力分析图(capability analysis diagram *)
能力指标(capability index *)
原因链(causal chain)
符合规格(conform to specification)
因果图(cause－and－effect diagram *)
中线(centerline)
共同变异原因(common causes of variation)
控制图(control chart)
控制限(control limits)
C 区(C zone)
流程图(flowchart *)
受控(in control)
个体图(individual chart)
下控制限(lower control limit)
不符合(nonconforming)
振荡序列(oscillating sequence)
失控(out of control)
产出分布(output distribution)
P 图(P－chart)
模式分析原则(pattern－analysis rules)
过程(process)
过程范围(process spread *)
过程变异(process spread)
质量(quality)
R 图(chart)
随机行为(random behavior)
小概率事件(rare event)
合理子群(rational subgroup)
特殊原因(special causes of variation)
规格限(specification limits)
规格范围(specification spread *)
统计过程控制(statistical process control)
系统(system)
稳定性(stability)
统计思想(statistical thinking)
3－σ 控制限(3－σlimits)
试验值(trial values)
全面质量管理(total quality management)
上控制限(upper control limit)
x 图(x－chart)
$\bar{x}$ 图($\bar{x}$ chart)

关键公式：

控制图	中线	控制限(上、下)	A－B 区边界	B－C 区边界
$\bar{x}$ 图	$\bar{\bar{x}}=\frac{\sum_{i=1}^{k}\bar{x}_i}{k}$	$\bar{\bar{x}}\pm A_2\bar{R}$	$\bar{\bar{x}}+\frac{2}{3}(A_2\bar{R})$ or $\bar{\bar{x}}\pm 2\frac{(\bar{R}/d_2)}{\sqrt{n}}$	$\bar{\bar{x}}\pm\frac{1}{3}(A_2\bar{R})$699700 or $\bar{\bar{x}}\pm\frac{(\bar{R}/d_2)}{\sqrt{n}}$
R 图	$\bar{R}=\frac{\sum_{i=1}^{k}R_1}{k}$	$(\bar{R}D_3,\bar{R}D_4)$	$\bar{R}\pm 2d_3(\frac{\bar{R}}{d_2})$	$\bar{R}\pm d_3(\frac{\bar{R}}{d_2})$714715
P 图	$\bar{p}=\frac{总的不合格个数}{总的样本个数}$	$\bar{p}\pm 3\sqrt{\frac{\bar{p}(1-\bar{p})}{n}}$	$\bar{p}\pm 2\sqrt{\frac{\bar{p}(1-\bar{p})}{n}}$	$\bar{p}\pm\sqrt{\frac{\bar{p}(1-\bar{p})}{n}}$725726

$n>\frac{9(1-p_0)}{p_0}$，这里 p_0 为不合格率的估计值　构建 P 图的样本大小

USL－LSL　　规格范围 *

$6\sigma\approx 6s$　　过程范围 *

$(USL-LSL)/6\sigma$　　C_p 指标 *

附加练习 12.51～12.76

注意：带 * 的题与本章的选学节有关。

技能训练

12.51 定义“质量”，并列出其具体的含义。

12.52 什么叫系统，举一个你所熟悉的例子，并描述它的投入、产出及其转换过程。

12.53 什么叫过程？分别举一个组织过程和个体过程的例子。

12.54 举一个你想深入了解或想提高的个体过程的例子，并为它构建流程图。

12.55 说出引起过程变异的六大主要原因。

12.56 假设过程去年的产出测量值都在顾客的规格限里，你是否怀疑过程处于统计控制状态？请解释。

*12.57 选一个问题、事件或状况，假设你想诊断其原因，为方便诊断，请构建一个因果图。

*12.58 在采用样本均值 $\bar{x}$ 估计均值 μ 时，有可能 $\bar{x}\neq\mu$，为什么？为后果 $\bar{x}\neq\mu$ 构建一个因果图。

*12.59 为什么顾客在快餐馆窗口等待的时间是个变量？为方便解释，请构建一个因果图。

12.60 受控的过程可以预估，但失控的不能，请解释原因。

12.61 谈谈共同变异原因与特殊变异原因的区别与联系。

12.62 解释控制图中控制限的作用。

12.63 解释控制限与规格限的区别。

*12.64 对一个既受控又有能力的过程，有必要用控制图来监控吗？说明理由。

*12.65 在什么情况下，才适合用 C_p 来评估能力？

12.66 一个受控过程，且服从正态分布，均值为100，标准差为10。为此过程构建 $\bar{x}$ 图，控制限离均值3倍标准差，即是 $100\pm3(10/\sqrt{n})$。观测到 $\bar{x}$ 落在控制限外的概率为 $0.00135+0.00135=0.0027$。假设要建一个控制图，以监控是否有特殊变异原因存在。采用偏离均值多少倍标准差的控制限比较合适，这样方能使得此图错误表明有特殊变异原因的概率为0.10，而不是0.0027？

概念运用

12.67 下面是一个加工过程中某产品重量的时间序列数据，解答下题。

练习 12.67 的数据

产品顺序	重量（克）	产品顺序	重量（克）
1	6.0	9	6.5
2	5.0	10	9.0
3	7.0	11	3.0
4	5.5	12	11.0
5	7.0	13	3.0
6	6.0	14	12.0
7	8.0	15	2.0
8	5.0		

a. 构建时间序列图，将点连起来，且描绘出中线。

b. 根据此图所显示信息，判断它最符合图12.6中哪一种变化模式？

12.68 下面是20支连续产出铅笔的长度。

练习 12.68 的数据

产品顺序	长度（英寸）	产品顺序	长度（英寸）
1	7.47	11	7.57
2	7.48	12	7.56
3	7.51	13	7.55
4	7.49	14	7.58
5	7.50	15	7.56
6	7.51	16	7.59
7	7.48	17	7.57
8	7.49	18	7.55
9	7.48	19	7.56
10	7.50	20	7.58

a. 构建时间序列图，将点连起来，且描绘出中线。

b. 根据此图所显示信息，判断它最符合图12.6中哪一种变化模式？

12.69 根据下面控制图提供信息，采用合适的模式分析原则，试判断过程是否受特殊变异原因的影响？

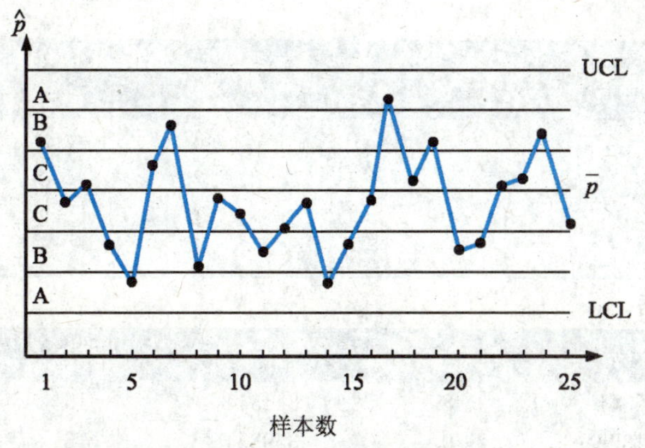

练习 12.69　的控制图

12.70 一公司加工塑料模块零件。公司怀疑产出中有大量瑕疵品，为证实这个事实，特从每一个班里随机抽取容量为 200 个零件的 7 组样本，且对每一个详细检验，看是否含有瑕疵（见 Hart，1992），这些数据见练习 12.70 的数据表。

a. 从统计的角度来看，样本组数和样本大小(200)的数据是否符合创建一个 R 图？请解释。

b. 为此加工过程构建一个 R 图。

c. 此图的控制限能用于未来的监控吗？请解释。

d. 为识别可能存在的特殊变异原因，请提出一种合理的思想。

12.71 自 1978 年以来，一家医院一直用控制图来监控卫生服务的质量。在判断病人住院期间是否享受到了优质的医疗服务时，该医院采用了一套满分为 363 的评分标准。评估者定期去每一科室，每次抽查两个病人。评估者查阅病人记录单，询问病人，查访护士、护士长，观看护理状况等（*International Journal of Quality and Reliability Management*, vol. 9, 1992)，下表的数据来自一个新开的科室，收集期为 3 个月。

练习 12.70　的数据

					Type of Defect		装饰
样本	班次	瑕疵数	裂缝	绕坏	有污垢	有水泡	有问题
1	1	4	1	1	1	0	1
2	1	6	2	1	0	2	1
3	1	11	1	2	3	3	2
4	1	12	2	2	2	3	3
5	1	5	0	1	0	2	2
6	1	10	1	3	2	2	2
7	1	8	0	3	1	1	3
8	2	16	2	0	8	2	4
9	2	17	3	2	8	2	2
10	2	20	0	3	11	3	3
11	2	28	3	2	17	2	4
12	2	20	0	0	16	4	0
13	2	20	1	1	18	0	0
14	2	17	2	2	13	0	0
15	3	13	3	2	5	1	2
16	3	10	0	3	4	2	1
17	3	11	2	2	3	2	2

续表

样本	班次	瑕疵数	Type of Defect 裂缝	绕坏	有污垢	有水泡	装饰有问题
18	3	7	0	3	2	2	0
19	3	6	1	2	0	1	2
20	3	8	1	1	2	3	1
21	3	9	1	2	2	2	2

练习 12.71 的数据

样本	计分	样本	计分	样本	计分
1	345341	8	344344	15	345329
2	331328	9	359334	16	358351
3	343355	10	346361	17	353352
4	351352	11	360355	18	334340
5	360348	12	325335	19	341,335
6	342,336	13	350348	20	358345
7	328331	14	336337		

a. 为此护理过程构建一个 R 图。

b. 为此护理过程构建一个 $\bar{x}$ 图。

c. 这两个图的控制限能用于未来的监控吗？请解释。

d. 医院要求每个质量得分超过 335(规格限)。3 个月内,比率为多少的病人没有享受到优质服务(没达到医院要求)?

12.72 某航空公司提供晚上邮件服务。该公司关心的是在 Toledo,Ohio 的终端邮件分类部门的操作效率。公司要监控的是该部门收到邮件到分类完发出去的时间。分类部门一天工作 6 小时,从下午 6 点到晚上 12 点。公司连续抽取了 4 天,每天每小时抽 4 个邮件,给出了每份邮件分发需要的时间数据(按分钟计时)。

a. 利用上表中数据构建一个图。为使此 $\bar{x}$ 图有意义,对过程的变异,我们必须作怎样的假设,为什么?

b. 观察此图,试判断此邮件分类过程处于什么状态?请解释。

c. 此图的控制限能用于未来的监控吗?请解释。

练习 12.72 的数据

样本	等待时间(秒)			
1	31.9	33.4	37.8	26.2
2	29.1	24.3	33.2	36.7
3	30.3	31.1	26.3	34.1
4	39.6	29.4	31.4	37.7

续表

样本	等待时间(秒)			
5	27.4	29.7	36.5	33.3
6	32.7	32.9	40.1	29.7
7	30.7	36.9	26.8	34.0
8	28.4	24.1	29.6	30.9
9	30.5	35.5	36.1	27.4
10	27.8	29.6	29.0	34.1
11	34.0	30.1	35.9	28.8
12	25.5	26.3	34.8	30.0
13	24.6	29.9	31.8	37.9
14	30.6	36.0	40.2	30.8
15	29.7	33.2	34.9	27.6
16	24.1	26.8	32.7	29.0
17	29.4	31.6	35.2	27.6
18	31.1	33.0	20.6	35.2
19	27.0	29.0	35.1	25.1
20	36.6	32.4	28.7	27.9
21	33.0	27.1	26.2	35.1
22	33.2	41.2	30.7	31.6
23	26.7	35.2	39.7	31.5
24	30.5	36.8	27.9	28.6

12.73 大山航空公司的官员对在 Reno ,Nevada 的航空服务台的检票过程感兴趣,每位乘客要在台前等待多久是问题的核心。为构建控制图,他们抽样了 20 天,每天随机抽 5 个乘客,以分钟为单位计时,数据如下表。

练习 12.73　**的数据**

样本	分类发完时间(秒)				
1	3.2	6.7	1.3	8.4	2.2
2	5.0	4.1	7.9	8.1	2.4
3	7.1	3.2	2.1	6.5	3.7
4	4.2	1.6	2.7	7.2	1.4
5	1.7	7.1	1.6	0.9	1.8
6	4.7	5.5	1.6	3.9	4.0
7	6.2	2.0	1.2	0.9	1.4
8	1.4	2.7	3.8	4.6	3.8
9	1.1	4.3	9.1	3.1	2.7
10	5.3	4.1	9.8	2.9	2.7
11	3.2	2.9	4.1	5.6	0.8
12	2.4	4.3	6.7	1.9	4.8
13	8.8	5.3	6.6	1.0	4.5
14	3.7	3.6	2.0	2.7	5.9
15	1.0	1.9	6.5	3.3	4.7
16	7.0	4.0	4.9	4.4	4.7
17	5.5	7.1	2.1	0.9	2.8
18	1.8	5.6	2.2	1.7	2.1
19	2.6	3.7	4.8	1.4	5.8
20	3.6	0.8	5.1	4.7	6.3

a. 利用表中数据构建 R 图。

b. 据所建图，判断过程的稳定性，并予以解释。

c. 为什么在解释 $\bar{x}$ 图以前，要先解释 R 图。

d. 利用表中数据构建 $\bar{x}$ 图。

e. 据所建 $\bar{x}$ 图，判断过程的稳定性，并予以解释。

f. $\bar{x}$ 图和 R 图中的控制限能用于未来产出的监控吗？说明理由。

* 12.74 考虑上题中的检票过程，解答下题。

a. 假设过程受控，构建一个能力分析图，管理员预定的上规格限为 5 分钟。

b. 过程有能力吗？说明理由。

c. 对此过程来说，创建和解释 C_p 合适吗？如果行，请计算 C_p；如果不行，说明理由。

12.75 某公司 CRW 为银行和保险公司经营信用卡支票。经培训后的管理助手将信用卡的历史信息输入电脑。该公司对监控历史信息含错误条款的卡的比率有兴趣。根据数据处理部门领导的经验，此比率一般为 6%。CRW 抽样了 20 天，每天随机抽 150 张卡。数据如下表。

练习 12.75　**的数据**

样本	样本大小	有错误的历史记录
1	150	9
2	150	11
3	150	12
4	150	8
5	150	10
6	150	6
7	150	13
8	150	9
9	150	11
10	150	5
11	150	7
12	150	6
13	150	12
14	150	10
15	150	11
16	150	7
17	150	6
18	150	12
19	150	14
20	150	10

a. 利用样本大小计算公式证明此样本大小(150)能满足不使下控制限(构建 R 图时的)为负的需要。

b. 利用表中数据为数据输入过程构建 R 图。

c. 从所建图来看，过程是否存在特殊变异原因？并解释。

d. 分别举一个有可能影响过程的特殊变异原因和共同变异原因的例子。

e. R 图中的控制限能用于未来数据输入过程的监控吗？说明理由。

12.76 一生产高尔夫球球杆的公司，去年收到许多顾客寄来的有关石墨球杆性能的抱怨信，从而丢了不少市场。为此，公司决定监控球杆生产过程，以提高产品质量。此球杆加工过程包括以下环节：将一纤维杆推过一个热固聚合物槽，然后推过一个经过长久加热的冲模。当纤维杆被推过冲模时，这根杆状物就被冲出了一弯勾。最后将球杆切掉多余部分，以达到理想长度。在此加工过程中，有可能产生瑕疵，如内部有气泡孔、某些纤维断裂、里外连续两层之间有沟痕以及因不适当的弯曲导致的细微裂痕等。为监控此加工过程，公司新成立的质检部门进行了抽样。该部门每半小时抽样一次，每次连续抽样 10

根，并对其进行仔细的有关瑕疵的检测。每一个班为 8 小时，一个班的 160 根组合成一个样本组，共进行了 36 天。36 个样本的瑕疵品比率数据如下表，另外，表的下面还有识别出来的瑕疵的种类(注意：一根不合格的球杆可能不止含一个瑕疵)。

练习 12.76　的数据(1)

班次	有瑕疵的球样数	有瑕疵的球样的比例
1	9	0.05625
2	6	0.03750
3	8	0.05000
4	14	0.08750
5	7	0.04375
6	5	0.03125
7	7	0.04375
8	9	0.05625
9	5	0.03125
10	9	0.05625
11	1	0.00625
12	7	0.04375
13	9	0.05625
14	14	0.08750
15	7	0.04375
16	8	0.05000
17	4	0.02500
18	10	0.06250
19	6	0.03750
20	12	0.07500
21	8	0.05000
22	5	0.03125
23	9	0.05625
24	15	0.09375
25	6	0.03750
26	8	0.05000
27	4	0.02500
28	7	0.04375
29	2	0.01250
30	6	0.03750
31	9	0.05625
32	11	0.06875
33	8	0.05000
34	9	0.05625
35	7	0.04375
36	8	0.05000

a. 采用合适的控制图，判断过程的比率比是否稳定。

b. 从你所建的控制图中，你是否发现过程同时存在特殊变异原因和共同变异原因，并解释。

c. 为了有助于过程变异原因的诊断，请为观察到的瑕疵的种类构建一个 Pareto 图，哪些“极其重要的少数”，哪些“无关紧要的多数”？(详见统计实践 2.1)

练习 12.76　的数据(2)

瑕疵种类	瑕疵数
内室	11
级合脱开	96
房间小沟	72
小裂缝	150

第 13 章

时间序列：描述性分析、模型及预测

本章内容

统计实践

我们已学过的

在前一章里，我们开始了对过程的研究。我们知道，虽然过程的变化是不确定的，但是可以识别过程变化的原因。另外，我们还学习了不断改进过程和提高其产出质量的两种方法，即统计方法和管理方法。我们重点讲解了控制图，通过控制图可以监控过程产出的变异，以决定是否需要进一步采取措施来改进过程。

我们将要学的

在本章，我们的重点不是放在改进过程的方法，而是讨论怎样深入理解过程产出的方法。本章的方法特别着重于一时间段内过程产出的数据流，即时间序列数据。通过对时间序列的学习，我们可以掌握更多的过程过去和未来的信息。本章我们将首先介绍指数，在时间序列里，指数通常用来描述一个复杂的产出过程（尤其是经济方面的）。最后，我们将学习预测未来产出值的方法。

在前一章，我们重点在如何改进过程。在本章，我们不再关注过程内质量的提高，而是考虑描述和预测过程的产出。我们关心的过程产出是指一时间段内由过程生成的数据流。读者是否还记得，在第 2 章和第 12 章中，我们称这样的数据流为时间序列或时间序列数据。例如，商业过程生成的时间序列包括周销售量、季度盈利、年利润等，它们用来描述和评估商业过程的业绩。美国经济可以认为是一个系统，它生成一些数据流，包括国内生产总值、消费者价格指数、失业率等等。

本章的方法特别着重于过程产出的时间序列数据。通过正确的分析，我们可以掌握更多的过程的过去和未来的信息。时间序列数据，如前面介绍的其他数据一样，都可以进行两种分析，即描述性分析和推断性分析。描述性分析是采用图表和数据处理技术，将时间序列中的模式清晰地呈现出来。把数据图示化后，你可以利用它对未来产出的时间序列作一些推断，也就是预测未来值。例如，如果你知道过去和现在道・琼斯指数的趋势，你将会预测道・琼斯指数未来的趋势，并以此对是否买卖股票做出决策。因为运作大量资金结果的好坏依赖于你的预测，所以预测的可靠性非常重要。预测及其可靠性的评估是时间序列分析中推断技术的重要内容。

13.1 描述性分析：指数

指数的计算是描述一个有关经济或商务时间序列的最常用方法。指数用来测度时间序列在一时间段内的变化情况。这种变化情况的计算与事先选定的时间段（基期）相关。

定义 13.1

指数是以特定基期（base period）变量数值的大小为标准，衡量一时间段内该变量变化程度的一个值。

在经济与商务中，常用的有两种指数，它们是价格指数（price indexes）和数量指数（quantity indexes）。价格指数是一个用来衡量一种或一组商品在一时间段内价格变化程度的数值。消费者价格指数（CPI）是一个价格指数，因为它衡量一组商品价格的变化，这组商品被用来代表美国消费者的典型购买状况。另外，用于测度美国汽车每年生产总量变化的指数是一个数量指数的例子。

从简单到复杂，计算指数的方法有很多。但具体指数的选用，则依赖于数据和指数代表的事物的种类。

在本节中，我们将介绍几种重要的指数。

简单指数（simple index numbers）

当一个指数仅仅反映一个商品价格或数量的变化时，该指数就称为简单指数。

定义 13.2

简单指数是反映一种商品的价格或数量在一时间段内相对变化的数值。

例如,考虑 1975 年至 1998 年间白银的价格(单位:美元/盎司),见表 13.1。为编制一个简单指数,以反映白银价格的相对变化,我们必须首先选择基期。基期的选择非常重要,因为其他后期价格的变化都是通过与基期价格比较而得。这里,我们以 1975 年白银的价格为基期,这一年刚好是石油价格飞涨导致经济迅速膨胀的前期。

表 13.1　1975-1998 **年间白银的价格**

年份	价格(美元/盎司)
1975	4.42
1976	4.35
1977	4.62
1978	5.40
1979	11.09
1980	20.64
1981	10.52
1982	7.95
1983	11.44
1984	8.14
1985	6.14
1986	5.47
1987	7.01
1988	6.53
1989	5.50
1990	4.82
1991	4.04
1992	3.94
1993	4.30
1994	5.30
1995	5.20
1996	5.18
1997	4.89
1998	5.59

资料来源:Standard & Poor's Current Statistics, Dec. 1999.

要求特定年份的简单指数,我们用当年价格除以基期价格,然后乘以 100。因此,对 1980 年的简单指数,我们可以这样计算:

$$1980\text{ 年指数}=\left(\frac{1980\text{ 年白银价格}}{1975\text{ 年白银价格}}\right)\times 100=\left(\frac{20.64}{4.42}\right)\times 100=467.0$$

类似地,1998 年的简单指数:

$$1998\text{ 年指数}=\left(\frac{1998\text{ 年白银价格}}{1975\text{ 年白银价格}}\right)\times 100=\left(\frac{5.59}{4.42}\right)\times 100=126.5$$

基期的简单指数总是 100,因为

$$1975\text{ 年指数}=\left(\frac{1975\text{ 年白银价格}}{1976\text{ 年白银价格}}\right)\times 100=\left(\frac{4.42}{4.42}\right)\times 100=100$$

表 13.2　白银价格的简单指数(基期为 1975 年)

年份	指数	年份	指数
1975	100.0	1987	158.6
1976	98.4	1988	147.7
1977	104.5	1989	124.4
1978	122.2	1990	109.1
1979	250.9	1991	91.4
1980	467.0	1992	89.1
1981	238.0	1993	97.3
1982	179.9	1994	119.9
1983	258.8	1995	117.7
1984	184.2	1996	117.2
1985	138.9	1997	110.6
1986	123.8	1998	126.5

因此,在 1975 年与 1980 年之间,白银价格提高了 367%(1980 年指数与 1975 年指数的差),而在 1975 年与 1998 年之间,白银价格仅提高了 26.5%,1975 年与 1980 年之间每年的简单指数见表 13.2,它们的图示化见图 13.1,下面总结了计算简单指数的步骤。

图 13.1　1975—1998 年间白银价格指数的图示化

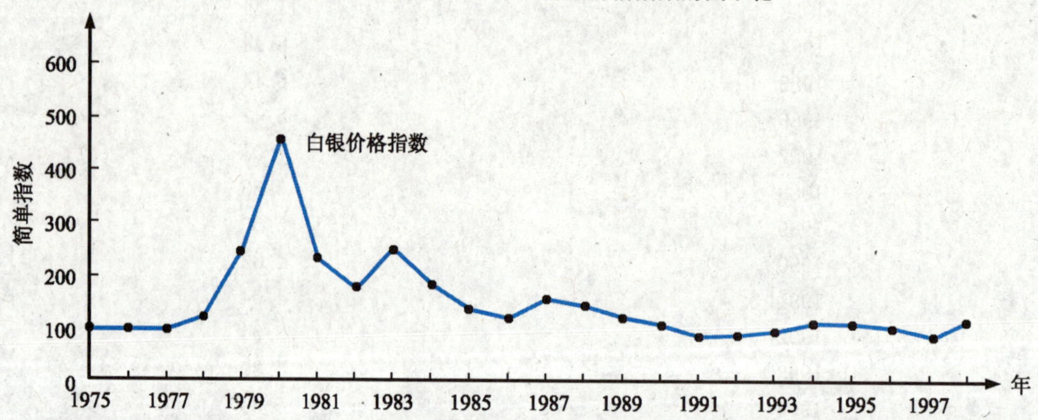

计算简单指数的步骤

1. 获得报告期内商品的数量或价格。
2. 选择基期。
3. 根据计算公式,计算每个时期的简单指数,公式为:

$$t\text{ 时指数}=\left(\frac{t\text{ 时间序列的数值}}{\text{基期时间序列的数值}}\right)\times 100$$

用数学公式表示是

$$I_t=\left(\frac{Y_t}{Y_0}\right)\times 100$$

其中,I_t 为 t 时期的指数,Y_t 为时间序列在 t 时的值,Y_0 为时间序列在基期的值。

复合指数(composite index numbers)

复合指数代表的是几种商品数量或价格的组合。例如,假如你要编制一个指数,以代表美国三大主要汽车生产厂家(通用、福特、克莱斯勒)生产汽车的总量。第一阶段收集三大厂家在报告期内

的销售资料,如1980～2000 年。然后将 3 个时间序列包含的信息汇总,形成单个指数。我们把每一年三大厂家的产量加起来,形成一个新的时间序列,最后我们可以在新序列的基础上计算出指数,这个结果称为简单复合指数(simple composite index)。例 13.1 中,有编制简单复合指数的描述。

定义 13.3

简单复合指数是描述两个或两个以上商品总价格或总数量的时间序列的简单指数。

例 13.1

指数的基本用途是描述一段时期内股票价格的变化,许多不同的公司或企业都编制有各自特征的股票市场指数,并且最后归总为几个指数,以描述股票的价格,这些指数每天由媒体公布(如标准普尔的 500 股票指数和道·琼斯 65 股票指数)。

表 13.3 中提供了在 1998－1999 年间纽约证券市场四家高科技公司的股票每月的收盘价格(每月中最后一天的收盘价格)。4 种股票价格的趋势如何? 以 1998 年 1 月为基期编制简单复合指数,将指数图示化,然后就其应用作简单评述。

表 13.3　四家高科技公司股票的月收盘价格

年份	IBM	摩托罗拉	英特尔	微软	总计
1998					
一月	$ 49.38	$ 59.56	$ 40.50	$ 37.30	$ 186.74
二月	52.22	55.63	44.84	42.38	195.07
三月	51.94	60.75	39.03	44.75	196.47
四月	57.94	55.75	40.41	45.06	199.16
五月	58.75	53.00	35.72	42.41	189.88
六月	57.41	52.56	37.06	54.19	201.22
七月	66.25	52.25	72.22	54.97	245.69
八月	56.31	42.94	35.59	47.97	182.81
九月	64.25	42.88	42.88	55.03	205.04
十月	74.25	52.00	44.59	52.94	223.78
十一月	82.56	61.88	53.81	61.00	259.25
十二月	92.19	61.06	59.28	69.34	281.87
1999					
一月	91.63	72.25	70.47	87.50	321.85
二月	84.88	70.25	59.97	75.06	290.16
三月	88.63	73.25	59.44	89.63	310.95
四月	104.59	80.00	61.19	81.31	327.09
五月	116.00	82.81	54.06	81.81	334.68
六月	129.25	94.75	59.50	90.19	373.69
七月	125.69	91.25	69.00	85.81	371.75
八月	124.56	92.25	82.19	92.56	391.56
九月	121.00	88.00	74.31	90.56	373.87
十月	98.25	97.31	77.44	92.56	365.56
十一月	103.06	116.68	76.69	91.05	387.48
十二月	107.88	147.25	82.31	116.75	454.19

资料来源:Standard & Poor's NYSE Daily Stock Price Record,1998～1999。

解答:

首先,我们计算每月 4 种股票的总价格。这些总价格列在表 13.3 中最后一列,然后,简单复合指数就等于每月总价格除以基期1998年1月的总价格，指数结果见表13.4，简图见图13.2。

表13.4 股票价格的简单复合指数

1998	指数	1999	指数
一月	100	一月	172.4
二月	104.5	二月	155.3
三月	105.2	三月	166.5
四月	106.7	四月	175.2
五月	101.7	五月	179.2
六月	107.8	六月	200.1
七月	131.7	七月	199.1
八月	97.9	八月	209.7
九月	109.8	九月	200.2
十月	119.8	十月	195.8
十一月	138.8	十一月	207.5
十二月	150.9	十二月	243.2

图13.2表明，在这两年期间，四家高科技公司股票的简单复合指数呈上升趋势，这些高科技股票的复合价格在1998年1月与1999年12月间内上扬了143%。

图13.2 四大高科技股的简单复合指数图解

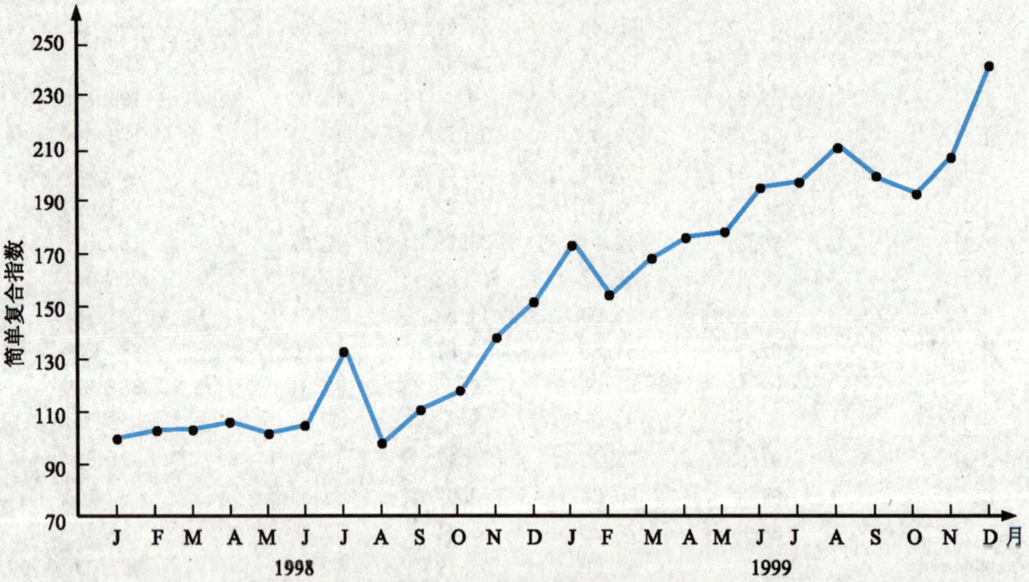

简单复合指数有一个缺点，就是在各报告期内商品的销售数量没考虑在内。计算指数时仅仅考虑了总的价格，为弥补不足，我们采用加权复合指数(weighted composite price index)。

定义13.4

加权复合指数是指，在计算每一期的总量指数时，使用购买量给价格加权所得的复合指数。用加权方式来计算复合指数的步骤类似于计算简单复合指数的步骤。

因为各时期的购买量是变化的，所以选择什么时期的购买量作为权数来计算复合指数很重要。Laspeyres指数采用基期购买量为权数。其基本原理是，各期价格的比较应该基于报告期与基期具有相同购买量这样一个事实。也就是固定基期购买量加权来测度价格的膨胀与紧缩。计算Laspeyres指数的方法具体如下。

计算 Laspeyres 指数的步骤：

1. 为计算价格复合指数，收集 k 个价格序列的信息，并记 k 个价格序列为 $P_{1t}, P_{2t}, \cdots, P_{kt}$。
2. 选择基期，记为 t_0。
3. 收集基期销售量，记 k 个销售量为 $Q_{1t_0}, Q_{2t_0}, \cdots, Q_{kt_0}$。
4. 为每一时期计算加权总数，公式如下：

$$\sum_{i=1}^{k} Q_{it_0} P_{it}$$

5. 计算 t 时的 Laspeyres 指数 I_t，公式如下：

$$I_t = \frac{\sum_{i=1}^{k} Q_{it_0} P_{it}}{\sum_{i=1}^{k} Q_{it_0} P_{it_0}} \times 100$$

例 13.2

四家高科技公司股票 1 月份的价格见表 13.5，假设一投资者在 1998 年 1 月买的股票也在表中(为简化例子，只用了 1 月份的价格和数量，可用同样方法计算其他时期)，以 1998 年 1 月为基期，为投资者计算这四家高科技股票的组合 Laspeyres 指数。

表 13.5　带有销售量的四大高科技公司股票 1 月份的价格

	IBM	摩托罗拉	英特尔	微软
所买股份数目	500	100	100	1000
1998 年 1 月价格	49.38	59.56	40.50	37.30
1999 年 1 月价格	91.63	72.25	70.47	87.50

解答：

首先，用基期销售量为权数计算各时期的价格总数，有

$$\begin{aligned}1998\text{ 年 1 月加权总数为} &= \sum_{i=1}^{4} Q_{i,1998} P_{i,1998} \\ &= 500 \times 49.38 + 100 \times 59.56 + 100 \times 40.50 + 1000 \times 37.30 \\ &= 71996\end{aligned}$$

$$\begin{aligned}1999\text{ 年 1 月加权总数为} &= \sum_{i=1}^{4} Q_{i,1998} P_{i,1999} \\ &= 500 \times 91.63 + 100 \times 72.25 + 100 \times 70.47 + 1000 \times 87.50 \\ &= 147587\end{aligned}$$

因此各期的 Laspeyres 指数为：

$$I_{1998} = \frac{\sum_{i=1}^{4} Q_{i,1998} P_{i,1998}}{\sum_{i=1}^{4} Q_{i,1998} P_{i,1998}} \times 100 = \frac{71996}{71996} \times 100 = 100$$

$$I_{1999} = \frac{\sum_{i=1}^{4} Q_{i,1998} P_{i,1999}}{\sum_{i=1}^{4} Q_{i,1998} P_{i,1998}} \times 100 = \frac{147587}{71996} \times 100 = 205.0$$

上面的指数表明，与 1998 年 1 月相比，在 1999 年 1 月，投资者购买的股票价格上扬了 105%。

如果基期的数量对于所有的报告期是合理的，那么 Laspeyres 指数是合适的。例 13.2 中就是如此，例中基期数量代表某些时期实际购买和拥有的股票数。如果基期数量与报告期的实际数量比较接近，则所得 Laspeyres 指数也是合理的。然而，如果基期数量与报告期的实际数量误差较大，则会造成误导。

也许，人们最熟悉的 Laspeyres 指数是全商品消费者价格指数(CPI)。这是一个月复合指数，由数百种物价复合而成。而且，为确定基期数量，美国劳工统计局(BLS)在 1982—1984 年抽取了 30000 多户家庭的购买数量。因此，从 1987 年开始，CPI 每月都被公布一次，反映在 1982—1984 年间，经全国抽样获得的购买商品物价的变化。然而，有些商品物价上升比较快，有些上升慢，消费者倾向于购买较便宜的商品。例如，在 70 年代中期，汽车和汽油价格上涨较快，消费者就喜欢买小型汽车。另外，由于在使用基期数量计算 CPI 时，购买量水平被固定了，因此通货膨胀给消费带来的影响就被高估了，而实际上购买量随物价的变动而变动。

就购买数量与基期有差距这个问题，解决的办法较多。一是定期的变换基期，因而基期数量也不断刷新。二是用报告期的商品数量，而不是基期的商品数量来加权。Paasche 指数是采用这种方式计算出来的，计算 Paasche 指数的步骤如下。

计算 Paasche 指数的具体步骤：

1. 为用于计算复合指数的 k 个价格序列收集价格信息，并记 k 个价格序列为 $P_{1t},P_{2t},\cdots,P_{kt}$。
2. 选择基期，记为 t_0。
3. 收集各报告期销售量，记 k 个销售量为 $Q_{1t},Q_{2t},\cdots,Q_{kt}$。
4. 计算 t 时的 Paasche 指数 I_t，公式如下：

$$I_t=\frac{\sum_{i=1}^{k}Q_{it}P_{it}}{\sum_{i=1}^{k}Q_{it}P_{it_0}}\times 100$$

例 13.3

表 13.6 为 1998 年和 1999 年，1 月份购买数百万股 4 家高科技股票的价格和数量(实际购买量)。请用 1998 年 1 月为基期，计算和解释 Paasche 指数。

表 13.6 高科技股 1 月份的购买价格和数量

	IMB		Motorola		Intel		Microsoft	
	价格	数量	价格	数量	价格	数量	价格	数量
1998 年 1 月	49.38	206.2	59.56	57.8	40.50	679.4	37.30	743.2
1999 年 1 月	91.63	246.7	72.25	84.3	70.47	697.2	87.50	736.3

资料来源：Standard & Poor's *NYSE Daily Stock Price Record*, Jan. 1998, 1999。

解答：

计算 Paasche 指数的关键是记住各报告期的权数(购买量)变化。因此有：

$$I_{1998}=\frac{\sum_{i=1}^{4}Q_{i,1998}P_{i,1998}}{\sum_{i=1}^{4}Q_{i,1998}P_{i,1998}}\times 100=\frac{71996}{71996}\times 100=100$$

$$I_{1999}=\frac{\sum_{i=1}^{4}Q_{i,1999}P_{i,1999}}{\sum_{i=1}^{4}Q_{i,1999}P_{i,1998}}\times 100$$

$$=\frac{246.7\times91.63+84.3\times72.25+697.2\times70.47+736.3\times87.50}{246.7\times49.38+84.3\times59.56+697.2\times40.50+736.3\times37.30}\times100$$

$$=195.1$$

上面的指数表明,假设在两个时期,购买数量都与 1999 年 1 月一样,与 1998 年 1 月相比,1999 年 1 月投资者购买的股票价格上升了 95.1%。

如果按当前的购买水平,将当前的价格与基期的价格作比较,则用 Paasche 指数是最合适的。然而,Paasche 指数也存在不少问题。其一,计算 Paasche 指数时,必须知道各报告期的数量,这就使得把 CPI 排除在外,因为收集数量信息所花费的时间与资金是巨大的(是否记得,在 1982—1984 年,为估计购买数量,要抽样 30000 多户家庭)。其二,由于加权时采用不同的数量,所以,尽管所有报告期都是与基期进行比较,不同报告期的价格水平还是无法比较,结果,指数不仅受到了物价的影响,而且受到了数量的影响。如果都不是基期,就很难解释各时期 Paasche 指数的变化了。

尽管还有用其他加权方法计算的价格指数,但 Laspeyres 指数和 Paasche 指数还是广为所用的两种复合指数。根据创建指数的主要对象,其中一个可能适合大多数用途。

统计实践

13.1　消费者价格指数:CPI －U 和 CPI －W

消费者价格指数(CPI)。首先由美国劳工统计局(BLS)在 1919 年发布,它是美国价格变化的主要测度方式。CPI 的一个主要用途是反映通货膨胀的程度,有了它,就可以对国家经济政策的优劣进行监控。另外,CPI 可以作为提高收入的依据。大部分美国工人在他们的集体合同条款里都注明,他们待遇的提高应与 CPI 同步。还有,社会保障福利、退休军人和国家公务员的待遇都与 CPI 息息相关。据估计,如果 CPI 上升一个百分点,则付给公民的福利和待遇将增加 10 亿美元。

自 1978 年以来,BLS 发布了两种全国性的物价指数:最新的 CPI-U 和传统的 CPI-W。CPI-U 测度城镇居民(约占总人口的 80%)的一揽子特定消费品(包括商品与服务)价格的变化。CPI- W 测度城镇工薪阶层和国家公务员(约占城镇人口的 50%)的一揽子特定消费品(包括商品与服务)价格的变化。直到 1988 年,两种价格指数的基期都是 1967 年,但为了使基期商品数量也保持更新,后来就以 1982—1984 年为基期。CPI-U 主要由出版社和广播媒体来报告。劳务合同条款或政府福利计划都使用 CPI-W 指数。除了 CPI-U 和 CPI-W 这两个全国性的指数,BLS 还发布 27 个大城市的 CPI-U 和 CPI-W 指数。全国性的和城市性的 CPI-U 和 CPI- W 每个月发布在 BLS 主办的刊物《CPI 详细报告》中。

用于计算 CPI-U 和 CPI-W 的一揽子消费品中包含了住房这一成分,在计算物价指数时,住房成本占 30%的权重。住房成本对物价指数的影响要比食物、能源、医疗服务等对物价指数的影响大得多。住房成本包括购买住房的资金(房子的价格以及抵押贷款利息等),还有财产税、财产保险和维修费用等。在 20 世纪 70 年代至 80 年代早期,用这些量来评估住房成本一直遭到非议。有以下两种主要批评:

1. 既然 CPI 是为了提高收入或确定通货膨胀率而对购买力的变化进行测量,在计算 CPI 时,“就不应考虑物价的上升对诸如住房一类资产的影响，就像计算 CPI 时排除了股票、证券等价值的变化一样。在计算 CPI 时，我们要将住房价值的变化（升值或贬值）和持有这个固定资产证券的成本的变化与享用住房这个住所所需的成本的变化区别开来。在一个价格指数中，需要反映的是享用住房这个住所所需的成本，而不是拥有住房产权的投资成本。这个成本应该反映在维持不动产收入不变的指数中。”

2. “由于在计算 CPI 时，采用的是当前住房的价格和当前抵押利息，所以 CPI 高估了通货膨胀率。CPI 不应用当前住房的价格和当前抵押贷款的利息来估计基期购买时的价值，而是要测算老百姓为实现安居而实际支付的资金。”

针对这些批评，在评估购房成本时，BLS 设计和试用了一套全新的方法。结果，住房成本不再像上面提到的那样明显地包含在一揽子消费品中，于是，BLS 便引入了一个租金平衡成分。这种方法的理由是，房主享用住房提供一切服务的成本相当于把房子租出去而获得的租金收入。用租金充当平衡成分来估算住房成本的思路在新方法中得到了实施，这种新的指数称为 CPI-U-X1。

图 13.3　**城区消费者的消费价格指数变化：官方（CUI-U）和试验性的租金平衡测量（CPI-U-X1）**

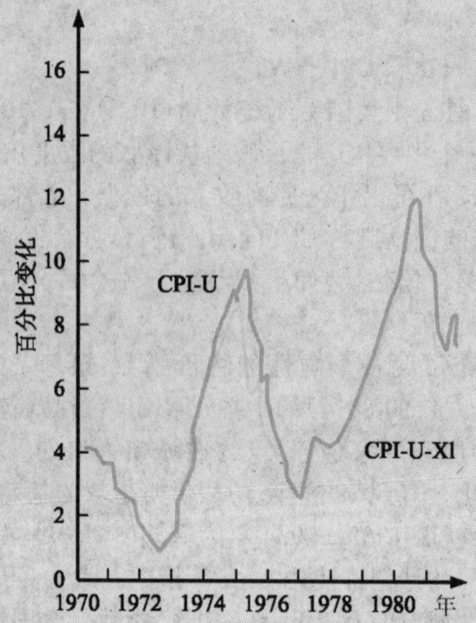

图 13.1 显示了在 1970—1981 年之间 CPI-U 和 CPI-U-X1 应该具有的变动情况（注意：利用 12 个月的原始数据计算了百分比的变化，见 Gillingham 与 Lane，1982，p. 13）。我们注意到，两个指数具有类似的变动情况，但是 CPI U 总是在 CPI-U-X1 的上面，在 1970 年、1974—1975 年、1978—1981 年这些高抵押利息年份，这种情形更加突出。如果某些批评家说的是事实（CPI 高估了通货膨胀率），那么用 CPI-U-X1 来估计通货膨胀率不能不说是一个较好的方法。在 1983 年 1 月，BLS 变换了官方 CPI-U，而是用住房租金来取代住房成本，从而使用了 CPI-U-X1。同时在 1985 年，BLS 对 CPI-W 也作了类似更改。

讨论焦点：

在 1996 年，由国会委派的评审团研究了消费价格指数，并得出结论，CPI 把通货膨胀率高估了 1.1%。以下列出了一些相关分析。见文（Nease，J.，“CPI fails to recognize changes in buying paterns，”*Newark-Star Ledger*，Dec. 22，1996）。

1. 当消费者购买发生变化时，比如从牛肉转向鸡肉时，指数反应缓慢。
2. 当出现激烈竞争和（或）技术创新时，该指数不能捕捉新产品价格急剧下跌的信息。

例如，录像机刚上市时售价为 1000 美元，待该价格出现在 CPI 中时，其实际价格已跌至 300 美元。

3. 指数不能反映产品技术的提高，例如，现在花 2000 美元购买的个人电脑，比十年以前花三、四倍价钱买的同类电脑性能要好得多。
   a. 分析上面提出的 3 个问题，然后解释为什么指数不能反映这些显著影响。
   b. 对每一个问题，请分析，它们是否会影响 CPI 高估或低估通货膨胀率，说明理由。

练习 13.1～13.13

技能训练：

13.1 简要说明怎样编制简单指数。

13.2 简要说明怎样计算以下指数。
   a. 简单复合指数　　b. 加权复合指数
   c. Laspeyres 指数　　d. Paasche 指数

13.3 简要说明 Laspeyres 指数和 Paasche 指数的区别。

13.4 下表列出了美国在 1975—1996 年间中等家庭年收入的数据，表中还包含了计算中等家庭收入的两种简单指数的一些数据，请补充遗漏的数据。

练习 13.4 的数据　 FAMINCOM. DAT

年份	收入($)	基期为 1975 的指数	基期为 1980 的指数
1975	13719	—	65.26
1976	14958	109.03	—
1977	16009	116.69	—
1978	17640	—	—
1979	19587	—	93.17
1980	21023	153.24	—
1981	22388	—	—
1982	23433	—	111.46
1983	24580	—	—
1984	26433	192.67	—
1985	27735	202.16	—
1986	29458	—	140.12
1987	30970	—	147.31
1988	32191	—	153.12
1989	34213	249.38	—
1990	35353	257.69	—
1991	25939	—	—
1992	36812	—	—
1993	36959	—	—
1994	38782	—	184.47
1995	40611	—	—
1996	42300	—	—

资料来源：U. S. Bureau of the Census. *Statistical Abstract of the United States*, 1998.

13.5 下表列出了在 1970—1996 年间，美国啤酒产量的数据（以 100 万桶为单位）。
   a. 以 1977 年为基期，计算这个时间序列的简单指数。
   b. a 题的指数是价格指数还是数量指数？
   c. 以 1980 年为基期，重新计算这个时间序列的指数。并绘图比较两指数。

练习 13.5 的数据　USBEER. DAT

年份	啤酒	年份	啤酒	年份	啤酒
1970	133	1979	184	1988	197
1971	137	1980	193	1989	198
1972	141	1981	194	1990	202
1973	149	1982	196	1991	204
1974	156	1983	195	1992	202
1975	161	1984	192	1993	202
1976	164	1985	194	1994	203
1977	171	1986	194	1995	200
1978	179	1987	196	1996	199

资料来源：U. S. Bureau of the Census. *Statistical Abstract of the United States*, **1992, 1996, 1998.**

13.6 参阅下表数据，以 1990 年为基期，计算并绘出未来一些商品交易量（以 100 万合同为单位）的简单复合指数。

练习 13.6 的数据　

年份	谷物	能源产品	货币
1990	17.0	35.2	27.2
1991	16.6	31.8	28.8
1992	17.6	38.4	38.7
1993	16.0	42.8	28.8
1994	20.0	50.5	30.4

资料来源：U. S. Bureau of the Census. *Statistical Abstract of the United States*, **1995.**

概念运用：

13.7 德耳塔航空公司（DAL）股票年收盘价列在下表，解下题。

a. 以 1977 年为基期，计算在 1985—2000 年间年收盘价格的简单指数。

b. 与 1985 相比，1989 年的价格是上涨了，还是下滑了？有多少百分点？2000 年与 1991 年相比呢？

练习 13.7 的数据  DAL. DAT

年份	收盘价	年份	收盘价
1985	17.84	1993	25.94
1986	18.46	1994	27.94
1987	24.09	1995	27.00
1988	19.03	1996	34.19
1989	25.32	1997	39.50
1990	29.95	1998	57.06
1991	34.13	1999	54.56
1992	33.56	2000	46.31

资料来源：Standard & Poor's *NYSE Daily Stock Price Record*, 1985—2000.

13.8 下表列出了 1982—1996 年间天然气的价格（美元/1000 立方英尺）。

练习 13.8 的数据 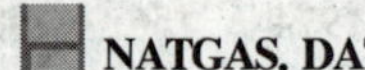 NATGAS. DAT

年份	价格	年份	价格
1982	$2.46	1990	$1.71
1983	2.59	1991	1.64
1984	2.66	1992	1.74
1985	2.51	1993	1.97
1986	1.94	1994	1.60
1987	1.67	1995	1.30
1988	1.69	1996	1.85
1989	1.69		

资料来源：U. S. Bureau of the Census. *Statistical Abstract of the United States*, 1998.

a. 以 1982 年为基期，计算并描绘出在 1982—1996 年间天然气价格的简单指数。

b. 利用简单指数，解释天然气价格的趋势。

c. a 中的指数是价格指数还是数量指数？请解释。

13.9 国内就业人员通常被联邦政府划为两类：农业人员和非农业人员。1980—1997 年间农业人员和非农业人员数量（1000 人为单位）见下表。

CVEMPLOY. DAT

年份	农业人员	非农业人员	年份	农业人员	非农业人员
1980	3364	95938	1989	3199	114142
1981	3368	97030	1990	3186	114728
1982	3401	96125	1991	3233	113644
1983	3383	97450	1992	3207	114391
1984	3321	101685	1993	3074	116232
1985	3179	103971	1994	3409	119651
1986	3163	106434	1995	3440	121460
1987	3208	109232	1996	3443	123264
1988	3169	111800	1997	3399	126159

资料来源：U. S. Bureau of the Census. *Statistical Abstract of the United States*, 1998.

a. 以 1980 年为基期，分别计算两个时间序列的简单指数。

b. 在所示时期中哪类人员的变化最大？

c. 以 1980 年为基期，计算在 1980—1997 年间两类人员总人数的简单复合指数。

d. 参阅 c，解释 1997 年的简单复合指数。

13.10 国内生产总值（GDP）是国内年货物与服务产出按市场价算出的总量，它用来衡量美国经济的好坏。GDP 的一部分就是个人消费费用，包括耐用品、非耐用品和服务等。下表列出了 1960—1990 年和 1990—1997 年年间各成分的数据（以 10 亿美元为单位，1960—1990 年为 5 年一跨度）。

GDP. DAT

年份	耐用品	非耐用品	服务
1960	$43.5	$153.1	$135.9
1965	63.5	191.9	189.2
1970	85.3	270.4	290.8
1975	134.3	416.0	471.5
1980	212.5	682.9	852.7
1985	352.9	919.4	1395.1
1990	468.2	1229.2	2063.8
1991	456.6	1257.8	2188.1
1992	492.7	1295.5	2348.7
1993	538.0	1339.2	2501.0
1994	591.5	1394.3	2642.7
1995	1152.3	1423.4	3614.7
1996	1222.1	1443.7	3686.6
1997	1326.4	1488.4	3789.1

资料来源：U. S. Bureau of the Census. *Statistical Abstract of the United States*, 1998.

a. 以 1970 年为基期，用表中的 3 组数值，计算 GDP 中个人消费费用的简单复合指数。

b. 假如我们以 1980 年为基期更新指数，只可使用 a 题计算出的指数值，不可参照原始数据。

c. 将 1960—1997 年的个人消费费用指数图示化(记住 1990 年以前为 5 年一个跨度)，先以 1970 年为基期。再以 1980 年为基期。基期的变化对该指数图有何影响。

13.11 参阅练习 13.10。假设 1970 年各类产出的数量以 10 亿个为单位，它们是：耐用品(10.9)、非耐用品(14.02)、服务(42.6)。

a. 以 1970 年为基期，用表中的数据，计算在 1960—1997 年间(年间跨度与练习 13.10 相同)消费物品的 Laspeyres 指数。

b. 将上题的简单复合指数和 a 中的 Laspeyres 指数画在同一张图上，然后进行比较。

13.12 金属的价格和产量是衡量美国工业的一个重要指标。下表列出了 1997 年各月 3 种主要金属价格(美元/吨)和产量(吨)。

a. 以 1 月份为基期，计算 12 个月价格和产量的简单复合指数。

b. 以 1 月份为基期，计算 12 个月价格的 Laspeyres 指数。

c. 将简单复合指数和 Laspeyres 指数画在同一张图上，然后进行比较。

d. 以 1 月分为基期，计算 12 个月价格的 Paasche 指数。

e. 将 Paasche 指数和 Laspeyres 指数画在同一张图上，然后进行比较。

f. 比较 9 月份到 12 月份间 4 个月的 Paasche 指数和 Laspeyres 指数。要描述这 4 个月的价格变化，你认为哪种指数较为合适？

13.13 下页表列出的是三个不同工业部门的非管理人员在 1975 到 1998 年间的平均时薪和平均每周工作时的数据。

a. 以 1975 年为基期，计算制造业工人在 1975—1998 年间平均时薪的简单指数。然后对运输和公共事业工人作同样的计算。

b. 将两个简单指数画在同一张图上，然后对结果进行解释。

c. 以 1975 年为基期，计算 24 年的平均工资和周工作时数的简单复合指数。

d. 将 c 中两个简单复合指数画在同一张图上，然后对结果进行解释。

练习 13.12 的表

METALS. DAT

	铜		钢		铅	
月份	工资	产量	工资	产量	工资	产量
1	1065.2	220.7	131.14	8735	1000.0	28800
2	1051.6	200.7	143.50	8266	1000.0	28500
3	1061.8	216.7	139.70	9175	974.0	31900
4	1080.0	216.3	132.59	8882	960.0	30400
5	1052.0	205.9	136.50	9048	960.0	30800
6	992.8	196.5	136.50	8662	960.0	28700
7	960.0	222.1	143.50	8692	960.0	25900
8	954.2	231.5	146.50	8818	960.0	28000
9	920.0	226.2	139.60	9006	960.0	21600
10	880.0	241.2	139.63	9128	960.0	30500
11	800.0	229.3	142.50	9116	960.0	29000
12	800.0	230.6	142.50	9071	960.0	28700

练习 13.13 的表 NONSUPER.DAT

	制造业		运输和公共事业		批发行业	
年份	时薪	周工作时	时薪	周工作时	时薪	周工作时
1975	4.83	39.5	5.88	39.7	4.72	38.6
1976	5.22	40.1	6.45	39.8	5.02	38.7
1977	5.68	40.3	6.99	39.9	5.39	38.8
1978	6.17	40.4	7.57	40.0	5.88	38.8
1979	6.70	40.2	8.16	39.9	6.39	38.8
1980	7.27	39.7	8.87	39.6	6.95	38.4
1981	7.99	39.8	9.70	39.4	7.55	38.5
1982	8.49	38.9	10.32	39.0	8.08	38.3
1983	8.83	40.1	10.79	39.0	8.54	38.5
1984	9.19	40.7	11.12	39.4	8.88	38.5
1985	9.54	40.5	11.40	39.5	9.15	38.4
1986	9.73	40.7	11.70	39.2	9.34	38.3
1987	9.91	41.0	12.03	39.2	9.59	38.1
1988	10.19	41.1	12.26	38.8	9.98	38.1
1989	10.48	41.0	12.60	38.9	10.39	38.0
1990	10.83	40.8	12.97	38.9	10.79	38.1
1991	11.18	40.7	13.22	38.7	11.15	38.1
1992	11.46	41.0	13.45	38.9	11.39	38.2
1993	11.74	41.4	13.62	39.6	11.74	38.2
1994	12.07	42.0	13.86	39.9	12.06	38.4
1995	12.37	41.6	14.23	39.5	12.43	38.3
1996	12.77	41.6	14.45	39.6	12.87	38.3
1997	13.17	42.0	14.92	39.7	13.45	38.4
1998	13.49	41.7	15.31	39.5	14.06	38.4

资料来源：U. S. Bureau of the Census. *Statistical Abstract of the United States*, 1999.

13.2 描述性分析：指数平滑

前面我们已经知道，指数对描述时间序列的趋势和变化用处很大。但时间序列的波动通常是不规则的，其趋势很难描述。当时间序列的波动十分迅速时，指数很难反应变动趋势，容易产生误导。因此，必须消除时间序列中的快速波动，以发现其中的一般趋势。这些消除剧烈波动的方法称为平滑(smoothing)技术。

指数平滑是加权平均中的一种，它对时间序列中的当前值与过去值赋予正的权数值。权数 $w(0<w<1)$ 称为指数平滑系数(Exponential smoothing constant)。记调整后的时间序列为 E_t，E_t 由下式给出：

$$E_1=Y_1$$
$$E_2=wY_2+(1-w)E_1$$
$$E_3=wY_3+(1-w)E_2$$
$$\vdots$$

$$E_t = wY_1 + (1-w)E_{t-1}$$

可以看出，在 t 时的平滑值是当前值与前一个平滑值分别加权 w、$1-w$ 后所得。

例如，表 13.7 中列出了 1980—1999 年间道琼斯工业指数(DJIA)的时间序列。假设指数平滑系数 w 为 0.3，

$E_{1980} = Y_{1980} = 963.99$

$E_{1981} = 0.3Y_{1981} + (1-0.3)E_{1980} = 0.3\times 875.00 + 0.7\times 963.99 = 937.29$

⋮

$E_{1982} = 0.3Y_{1982} + (1-0.3)E_{1981} = 0.3\times 1046.54 + 0.7\times 937.29 = 970.07$

用指数平滑系数 $w=0.3$ 平滑后的时间序列都在表 13.7 中。

表 13.7　1980—1999 年间道琼斯工业指数(DJIA)以及指数平滑后的时间序列(w=0.3)

年份	DJIA	指数平滑后的 DJIA	年份	DJIA	指数平滑后的 DJIA
1980	936.99	963.99	1990	2633.66	2230.89
1981	875.00	937.29	1991	3168.83	2512.30
1982	1046.54	970.07	1992	3330.11	2757.62
1983	1258.64	1056.64	1993	3754.09	3056.56
1984	1211.57	1103.12	1994	3834.44	3289.93
1985	1546.67	1236.18	1995	5117.12	3838.08
1986	1895.95	1434.11	1996	6448.27	4621.14
1987	1938.83	1585.53	1997	7908.25	5607.27
1988	2168.57	1760.44	1998	9181.43	6679.52
1989	2753.20	2058.27	1999	11497.12	8124.80

资料来源：Standard & Poor's *NYSE Daily Stock Price Record*, 1980—1999.

图 13.4　指数平滑后的 DJIA(w=0.3)

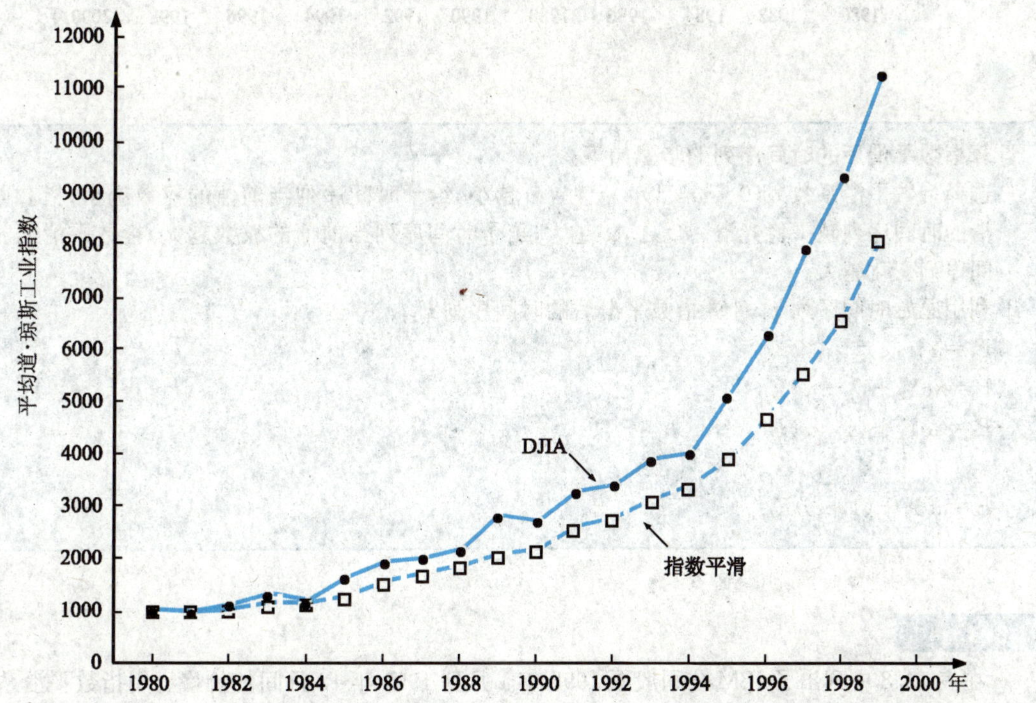

DJIA 和平滑后的 DJIA 都绘制在图 13.4 上。像其他的平均数一样，平滑后的时间序列的变

化没有原时间序列急剧。另外,平滑系数 w 影响 Et 的平滑效果,w 越小(越接近 0),Et 越平滑,因为较小的 w 系数给予时间序列过去值较大的权数,指数平滑后的时间序列不受时间序列中当前值急剧变化的影响,因而比原始时间序列平滑。相反,如果 w 趋向于 1,则平滑序列更接近原始时间序列,也就是说 w 值越大,给予时间序列当前值的权数越大,平滑序列更接近原始时间序列。这一概念如图 13.5 所示,计算指数平滑序列后的方向见下框图。

图 13.5　指数平滑后的 DJIA(w=0.3 和 w=0.7)

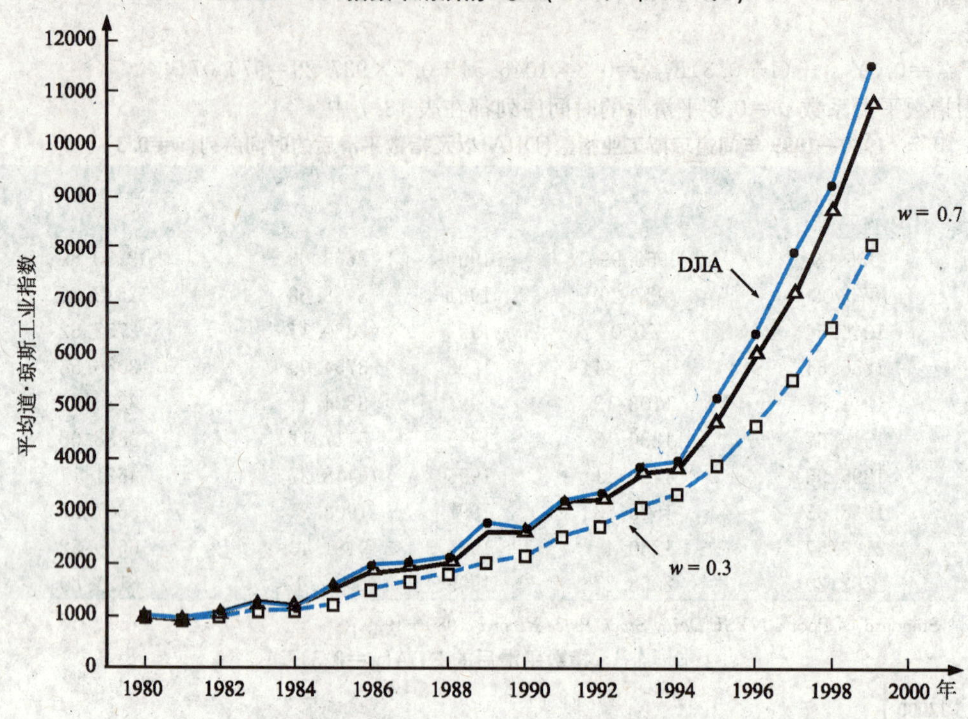

计算指数平滑后的时间序列的步骤如下:

1. 选择指数平滑系数 $w(0<w<1)$。记住,w 越小,给予时间序列当前值的权数越小,指数平滑的时间序列越平稳光滑。反之,w 越大,给予时间序列当前值的权数越大,指数平滑的时间序列变化越大。
2. 利用原始时间序列 Y_t 计算指数平滑后的时间序列 E_t。

$$E_1-Y_1$$
$$E_2=wY_2+(1-w)E_1$$
$$E_3=wY_3+(1-w)E_2$$
$$\vdots$$
$$E_t=wY_t+(1-w)E_{t-1}$$

例 13.4

在表 13.8 中列出了 IBM 公司股票 1998 年 1 月到 1999 年 12 月间的价格。用指数平滑系数 w=0.5,计算并绘制指数平滑后的时间序列,同时把初始时间序列绘在同一图上。

表 13.8　IBM 公司股票价格和指数平滑后的时间序列（$w=0.5$）

1998	IMB	平滑后	1999	IBM	平滑后
1	49.38	49.38	1	91.63	87.67
2	52.22	50.80	2	84.88	86.28
3	51.94	51.37	3	88.63	87.45
4	57.94	54.66	4	104.59	96.02
5	58.75	56.70	6	116.00	106.01
6	57.41	57.06	6	129.25	117.63
7	66.25	61.65	7	125.69	121.66
8	56.31	58.98	8	124.56	123.11
9	64.25	61.61	9	121.00	122.06
10	74.25	67.93	10	98.25	110.15
11	82.56	75.25	11	103.06	106.60
12	92.19	83.72	12	107.88	107.24

资料来源：Standard & Poor's *NYSE Daily Stock Price Record*，1998—1999.

解答：

因为 $w=0.5$，则指数平滑后的时间序列为：

$$E_1=Y_1=49.38$$

$$E_2=wY_2+(1-w)E_1=0.5\times52.22+0.5\times49.38=50.80$$

$$\vdots$$

$$E_{24}=wY_{24}+(1-w)E_{23}=0.5\times107.88+0.5\times106.60=107.24$$

图 13.6 中绘制了原始时间序列和平滑后的时间序列。

图 13.6　IBM 股票价格和指数平滑后的价格（$w=0.5$）

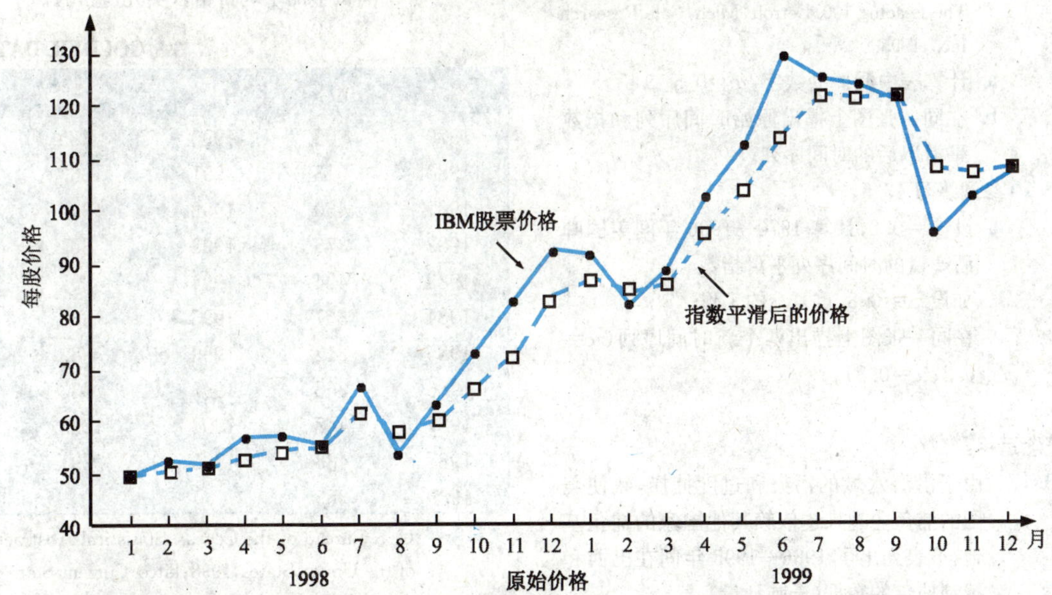

从图上可以看出，平滑后的时间序列很清晰地显示了原时间序列的一般趋势。但也要注意，平滑后的时间序列对短期价格偏离趋势的敏感度更弱。例如，比 1999 年的趋势。

时间序列指数平滑的一个主要作用是预测时间序列的未来值。在指数平滑时，只用了当前数据和过去的数据，因此比较适合预测。时间序列指数平滑的这一应用将在 13.4 节讲解。

练习 13.14～13.20

技能训练：

13.14 谈谈 w 的选择对指数平滑效果的影响，如果 $w=0.2$ 和 $w=0.8$，哪个产生的时间序列会更平滑？

13.15 下表列出了 1986—1996 年间美国经济龙头企业汽车工业雇佣工人的人数(以千为单位)的数据。

MOTORVEH. DAT

年份	总雇佣人数(千)	平滑后的时序($w=0.5$)
1986	280.5	—
1987	281.3	—
1988	250.3	265.6
1989	246.6	256.1
1990	239.8	—
1991	218.1	—
1992	218.7	—
1993	210.0	—
1994	205.0	—
1995	206.6	—
1996	200.4	—

资料来源：Sawinski, D, M., ed. U. S. Industry Profiles: The Leading 100. Detroit, Mich: Gale Research Inc., 1995.

a. 计算表中漏掉的数字，$w=0.5$。

b. 在同一张图上描出原始时间序列和指数平滑以后的时间序列。

13.16 参阅练习 13.5。

a. 设 $w=0.2$，计算 1970—1996 年间美国啤酒产量的时间序列平滑指数。

b. 如设 $w=0.8$，重复 a 的工作。

c. 在同一张图上描出两个新时间序列($w=0.2$、$w=0.8$)。

概念运用：

13.17 由于沿海水域的污染和过度捕捞，致使美国的捕鱼业越来越依赖其他国家的捕鱼基地，下表列出了 1986—1995 年间在巴西和智利捕鱼的数据(千吨计量)。

FISHTONS. DAT

年份	智利	巴西
1986	5571.6	957.6
1987	4814.6	948.0
1988	5209.9	830.1
1989	6454.2	850.0
1990	5195.4	802.9
1991	6002.8	800.0
1992	6501.8	790.0
1993	6034.9	780.0
1994	7838.5	820.0
1995	7590.5	800.0

资料来源：Statistical Division. Department of Economics and Social Information and Policy Analysis, United Nations *Statistical Yearbook*, 1997.

a. 设 $w=0.5$，分别计算在巴西和智利捕鱼的时间序列的平滑指数。

b. 将两个实际的和平滑后的时间序列作在同一张图上，然后比较两国捕鱼量的变化，比如说，是上升趋势还是下降趋势。

13.18 黄金价格是金融分析家用来衡量投资者通货膨胀期望值的指标，因为黄金价格越高，投资者对通货膨胀的担心就越多。下表列出了 1979—1999 年间黄金的平均价格，(美元/盎司)。

GOLDYR. DAT

年份	价格	年份	价格
1979	308	1990	385
1980	613	1991	363
1981	460	1992	345
1982	376	1993	361
1983	424	1994	387
1984	361	1995	385
1985	318	1996	389
1986	368	1997	333
1987	448	1998	288
1988	438	1999	291
1989	383		

资料来源：U. S. Bureau of the Census. Statistical Abstract of the United States, 1998; kitco. Current Statistics, Feb. 2000.

a. 设 $w=0.8$，为 1979—1999 年间黄金的平均价格时间序列作指数平滑。

b. 在同一张图上描出这两个时间序列。

13.19 自 1970 年以来，运输在经济领域中已呈显著增长趋势。下表列出了个人消费费用的数据

（十亿美元为单位）。

TRANSPRT. DAT

年份	运输费用	年份	运输费用
1970	80.6	1985	359.5
1971	92.3	1986	366.3
1972	105.4	1987	377.1
1973	114.6	1988	406.4
1974	117.9	1989	425.7
1975	129.4	1990	463.3
1976	155.2	1991	438.2
1977	179.3	1992	466.3
1978	198.1	1993	504.2
1979	219.4	1994	542.2
1980	236.6	1995	572.3
1981	261.5	1996	602.2
1982	267.3		
1983	291.9		
1984	319.5		

资料来源：U. S. Bureau of the Census. *Statistical Abstract of the United States*, 1998.

a. 设 $w=0.2$ 和 $w=0.8$，为此时间序列作指数平滑。

b. 将初始时间序列和两个新时间序列画在同一张图上。根据图所示，比较 70 年代与 90 年代个人消费运输费用支出趋势的不同。

13.20 下表列出了秘鲁在 1984—1995 年间年进口总量的数据（百万美元为单位）。

PERU. DAT

年份	进口量
1984	2212
1985	1835
1986	2909
1987	3562
1988	3348
1989	2749
1990	3470
1991	4195
1992	4861
1993	4859
1994	6691
1995	9224

资料来源：Department of Economics and Social Information and Policy Analysis, United Nations *Statistical Yearbook*, 1997.

a. 设分别有 $w=0.01$ 和 $w=0.9$，为此时间序列作指数平滑。

b. 将原始时间序列和两个新时间序列画在同一张图上并作比较，哪一个新时间序列更平滑？为什么？

13.3 时间序列的构成

在前两节，我们已经学会了怎样用各种描述性技术来获取时间序列的一些信息。现在我们将所掌握的技术推广，将用时间序列进行统计推断。统计推断的核心是预测时间序列的未来值。

在对时间序列的未来值作预测以前，必须用几种模型来描述时间序列，同时这些模型也应当具有能推广到未来的属性。从简单描述到复杂推断，时间序列模型种类繁多，如前节讲的指数平滑模型，以及后面要学的回归与特定模型的组合等。不论简单也好，复杂也罢，其目的都是相同的：更精确地预测时间序列的未来值。

到目前为止，人们已经提出了许多代数式时间序列模型，其中一个应用广泛，称为加法模型①(additive model)，形式如下：

$$Y_t=T_t+C_t+S_t+R_t$$

其中：T_t 代表长期趋势，是时间序列中的一个成分，描述 Y_t 的长期变化过程。例如你要描述 1930 年以来汽车生产的长期趋势，你就应将 T_t 表示为从 1930 年至今的上升时间序列。这并不

① 另外一个很有用的模型形式是乘法模型：$Y_t=T_tC_tS_tR_t$，取自然对数后，变成一个加法模型，即 $\ln T_t+\ln C_t+\ln S_t+\ln R_t$，详见 13.8 节。

是说汽车产量逐月，逐年递增，而是说这段时间生产的长期趋势是上升的。

C_t 代表循环影响，它描述由于经济和商业的原因，而引起围绕时间序列长期趋势的上下波动。例如，回到前面讲的 1980—1999 年间道琼斯工业指数时间序列（表 13.7）。是否记得，有关它的图形（图 13.4）显示，此时间序列有一个上扬的长期趋势。但在经济衰退时期，它处在长期趋势的下方；在经济扩张时期，它却处在长期趋势的上方。

S_t 代表季节影响，描述在特定时期内时间序列的波动。例如，佛罗里达电力公司各季度的电力负载量具有明显的季节性，第三季度（夏天）用电量最高，在第一季度各天又是一个小高峰，而在第二、四季度（春天和秋天），季节的影响为负，意味那两个季度的序列处在长期趋势以下。

R_t 代表残差影响，它是 Y_t 排除长期趋势影响、循环影响、季节影响后的剩余部分。残差影响有一部分也许来自一些难以预料的突发事件的影响（如地震、总统遇刺等），以及其他人类行为的随意性等影响。残差的存在表明，我们不可能准确无误地预测时间序列的未来值。因此，残余影响强调的是我们在第 10 章中得出有关回归模型论点：任何商业现象都不应用确定的模型来描述。所有现实的商业模型，无论是时间序列还是其他模型，都应该包括一个残差成分。

以上提到的时间序列的 4 个构成因素，对时间序列每一个时刻的 Yt 值都有影响。尽管我们不可能严格地区分开每一个因素，但是这个模型为时间序列分析者提供了一个很好的理论模型，帮助他们更好地了解时间序列对各种现象的影响。

13.4 预测：指数平滑

在 13.2 节，我们已经学习了指数平滑，它是排除时间序列中不规则波动的一种方法。至于我们刚讨论过的时间序列的组成部分，因为指数平滑可以降低大多数残差在时间序列中的影响，而且指数平滑只用到过去和现在的值，因此它为我们提供了一个有用的预测模式。

回到前面的指数平滑公式：

$$E_t = wY_t + (1-w)E_{t-1}$$

其中，$w(0<w<1)$，称为指数平滑系数。平滑系数 w 决定平滑效果 Et，w 越小（接近 0），指数平滑后的时间序列越平稳光滑，因为较小的给予时间序列过去值较大的权数，指数平滑后的时间序列受时间序列当前值激烈的波动的影响较小，因而比原始时间序列平滑。如果 w 趋向于 1，则平滑效果就不明显。

假设我们的目标是预测时间序列的下一个 Y_{t+1} 值，Y_{t+1} 的指数平滑预测（exponentially smoothing forecast）结果只是 t 时间的平滑后的时间序列值。即：

$$F_{t+1} = E_t$$

其中 F_{t+1} 是 Y_{t+1} 的预测值，为了更好的理解预测公式，我们用指数平滑公式代替 E_t，则有：

$$\begin{aligned} F_{t+1} &= E_t = wY_t + (1-w)E_{t-1} \\ &= wY_t + (1-w)F_t \\ &= F_t + w(Y_t - F_t) \end{aligned}$$

注意，我们用 F_t 代替了 E_{t-1}，这是因为时的预测值就是平滑后的时间序列在 $t-1$ 时的值。上式的最后一步意思很明确，就是 $t+1$ 时的预测值等于 t 时的预测值加上 t 时预测的误差（$Y_t - F_t$）的纠正部分 $w(Y_t - F_t)$。

这是指数平滑预测之所以称为自调（自适应）预测（adaptive forecast）的原因，$t+1$ 时的预测显然结合了 t 时预测产生的错误。

因为指数平滑预测是过去值与当前值的加权平均，所以当原始时间序列存在长期趋势时，平滑后的时间序列具有滞后性。另外平滑后的时间序列使得每个季节段变得平稳光滑，因此，只有

当时间序列长期趋势和季节性不是很明显时，采用指数平滑预测才比较合适。此时，因为时间序列不存在长期趋势和季节性，所以 F_{t+1} 不只用于预测 Y_{t+1} 的值，同时可预测 Y_t 任何时刻的值，也就是，预测未来两期值为

$$F_{t+2}=F_{t+1}$$

未来三期的预测值：

$$F_{t+3}=F_{t+2}=F_{t+1}$$

指数平滑预测的方法归纳如下。

指数平滑预测的步骤：

1. 给定时间序列 $Y_1, Y_2, \cdots, Y_t$，先计算它的指数平滑时间序列 $E_1, E_2, \cdots, E_t$，，用下面的式子。

$$E_1=Y_1$$
$$E_2=wY_2+(1-w)E_1$$
$$\vdots$$
$$E_t=wY_t+(1-w)E_{t-1}$$

2. 平滑后的时间序列中最后一个值预测下一时刻的值，即：

$$F_{t+1}=E_t$$

3. 当时间序列不存在长期趋势和季节性时有：

$$F_{t+1}=F_{t+2}$$
$$F_{t+3}=F_{t+1}$$
$$\vdots$$

以下是关于指数平滑预测的两个要点：

1. w 的选取很关键，如果 w 很小(接近 0)，你将得到一个平稳的，变化缓慢的预测时间序列。相反，如果 w 较大(接近 1)，则得到的时间序列与原始时间序列很类似。一般情况下，我们多尝试几个 w，然后观察预测时间序列是否对它很敏感，试验多了就能够积累经验。
2. 越是远期预测，预测的准确性就越不确定。因为指数平滑预测在未来任何时刻都是一个常数，所以没考虑任何长期趋势和季节性。不过未来预测值的不确定性不仅存在于指数平滑预测中，同时也存在于其他任何预测方式中。一般说来，时间序列对短期预测效果较好。

例 13.5

表中又列出了 1980—1999 年间道琼斯工业指数，同时附有用 $w=0.3$ 和 $w=0.7$ 平滑过的新时间序列。试采用指数平滑预测方法预测 1997—1999 年的值(分别用 $w=0.3$ 和 $w=0.7$)。

解答：

首先我们用上面的步骤求 $w=0.3$ 时的预测值。

$$F_{1997}=E_{1997}=5607.27$$
$$F_{1998}=F_{1997}=5607.27$$
$$F_{1999}=F_{1998}=F_{1997}=5607.27$$

表 13.9 道琼斯工业指数(1980—1999)和指数平滑预测值。

		指数平滑后的 DJIA				指数平滑后的 DJIA	
年份	DJIA	$\omega=0.3$	$\omega=0.7$	年份	DJIA	$\omega=0.3$	$\omega=0.7$
1980	963.99	963.99	963.99	1990	2633.66	2230.89	2609.26
1981	875.00	937.29	901.70	1991	3168.83	2512.30	3000.96
1982	1046.54	970.07	1003.09	1992	3330.11	2757.62	3231.36
1983	1258.64	1056.64	1181.97	1993	3754.09	3056.56	3597.27
1984	1211.57	1103.12	1202.69	1994	3834.44	3289.93	3763.29
1985	1546.67	1236.18	1443.48	1995	5117.12	3838.08	4710.97
1986	1895.95	1434.11	1760.21	1996	6448.27	4621.14	5927.08
1987	1938.83	1585.53	1885.24	1997	7908.25	5607.27	7313.90
1988	2168.57	1760.44	2083.57	1998	9181.43	6679.52	8621.17
1989	2753.20	2058.27	2552.31	1999	11497.12	8124.80	10634.34

资料来源:Standard & Poor's *NYSE Daily Stock Price Record*,1980～1999.

利用 $w=0.7$,重复上面的预测,两组数据如表 13.10 所示,同时还列出了 1997—1999 年的实际道琼斯工业指数。预测误差指实际值与预测值之差。

表 13.10 道琼斯工业指数(1997—1999)实际值与预测值

年份	实际值	预测值($w=0.3$)	预测误差	预测($w=0.7$)	预测误差
1997	7908.25	5607.27	2300.98	7313.90	594.35
1998	9181.43	5607.27	3574.16	7313.90	1867.53
1999	11497.12	5607.27	5889.85	7313.90	4183.22

由上表可知,1997 年的预测误差明显小于 1998 和 1999 年的预测误差。还有无论是 $w=0.3$ 还是 $w=0.7$,预测结果都不尽人意,原因是指数平滑预测暗含了时间序列没有长期趋势和季节性。此例说明,如果不是短时期的预测,则预测结果将具有很大的风险。

很多时间序列具有长期趋势和季节性,采用指数平滑预测的方法不再合适(除非是很短时期内的)。下面,我们将介绍指数平滑预测的扩展形式——Holt-Winters 预测,它可以解决具有长期趋势的时间序列的预测问题。

13.5 趋势预测:Holt-Winters 预测模型(选学)

前面用指数平滑预测方法预测道琼斯指数产生了较大的误差,很大程度上是因为它忽视了时间序列中趋势的存在。本节我们将介绍指数平滑预测的扩展形式,即要识别这种趋势。Holt-Winters 预测模型包含两部分:指数平滑后的序列 E_t 和趋势 T_t。在计算指数平滑后的序列 E_t 时也用到了 T_t。下面等式表明,E_t 和 T_t 都是用加权平均所得。

$$E_t=wY_t+(1-w)(E_{t-1}+T_{t-1})$$
$$T_t=v(E_t-E_{t-1})+(1-v)T_{t-1}$$

注意,上面等式要求有两个系数 w 和 v,且 $0<w<1,0<v<1$,像前面说的,w 决定 Et 的平滑度,如果 w 很小(接近 0),你将得到一个平稳的,变化很小的新时间序列。相反,如果较大(接近 1),则得到的时间序列与原始时间序列很类似。

序列中的趋势成分采用的自调性估计,用最近的变化(E_t-E_{t-1})与上一个时期的趋势估计 T_{t-1} 加权而得。v 如果接近 0,说明看重前一个时期的趋势估计,v 如果接近 1,说明看重近期的变化水平。

计算 Holt-Winters 预测值的步骤与计算指数平滑预测值的步骤类似。

计算 Holt－Winters 预测值的简单步骤：

1. 选择指数平滑系数 $w(0<w<1)$。记住，较小的给予时间序列当前值较小的权数，w 越小，指数平滑后的时间序列越平稳光滑。
2. 选择趋势平滑系数 $v(0<v<1)$，v 如果接近 0，说明看重前一个时期的趋势估计，v 如果接近 1，说明看当前期的变化水平。
3. 利用原时间序列 Y_t，计算这两个部分 E_t 和 T_t，从 $t=2$ 开始①。

$$E_2=Y_2$$
$$T_2=Y_2-Y_1$$
$$E_3=wY_3+(1-w)(E_2+T_2)$$
$$T_3=v(E_3-E_2)+(1-v)T_2$$
$$\vdots$$
$$E_t=wY_t+(1-w)(E_{t-1}+T_{t-1})$$
$$T_t=v(E_t-E_{t-1})+(1-v)T_{t-1}$$

注意：没定义 E_1 和 T_1

例 13.6

表 13.11 给出了某公司经营前 35 年的年度销售数据。设 $w=0.7, v=0.5$，计算 Holt-Winters 指数平滑模型中的 E_t 和 T_t。并将原始数据和平滑后的序列 E_t 描在同一张图上。

表 13.11　某公司前 35 年的年度销售收入(单位：千美元)

t	Y_t	t	Y_t	t	Y_t
1	4.8	13	48.4	25	100.3
2	4.0	14	61.6	26	111.7
3	5.5	15	65.6	27	108.2
4	15.6	16	71.4	28	115.5
5	23.1	17	83.4	29	119.2
6	23.3	18	93.6	30	125.2
7	31.4	19	94.2	31	136.3
8	46.0	20	85.4	32	146.8
9	46.1	21	86.2	33	146.1
10	41.9	22	89.9	34	151.4
11	45.5	23	89.2	35	150.9
12	53.5	24	99.1		

解答：

利用上面的公式可得：

$$E_2=Y_2=4.0$$
$$T_2=Y_2-Y_1=4.0-4.8=-0.8$$
$$E_3=0.7Y_3+(1-0.7)(E_2+T_2)=0.7\times5.5+0.3\times(4.0-0.8)=4.8$$
$$T_3=0.5(E_3-E_2)+(1-0.5)T_2=0.5\times(4.8-4.0)+0.5\times(-0.8)=0$$
$$\vdots$$

所有 E_t 和 T_t 的值都在表 13.12 中给出，并且，时间序列 Y_t 和 E_t 绘制在同一张图上，见图 13.7。注意，这里的 T_t 是用来测度 Y_t 的一般上升趋势的。$v=0.5$ 给了该公司销售的前一个时期趋势和当前期趋势以相同的权重。结果，图中的平滑序列 E_t 表明该公司年销售量呈平滑上升

① 从 $t=2$ 开始计算，而不是 $t=1$，因为需要有前两次的观测值才能获得第一次趋势估算值 T_2。

趋势。

表 13.12　该公司年销量的 Holt-Winters 预测值: E_t 和 T_t

年份	销售 Y_t	E_t $(w=0.7)$	T_t $(v=0.5)$	年份	销售 Y_t	E_t $(w=0.7)$	T_t $(v=0.5)$	年份	销售 Y_t	E_t $(w=0.7)$	T_t $(v=0.5)$
1	4.8	—	—	13	48.4	50.5	1.1	25	100.3	100.1	3.8
2	4.0	4.0	−0.8	14	61.6	58.6	4.6	26	111.7	109.4	6.5
3	5.5	4.8	0.0	15	65.6	64.9	5.4	27	108.2	110.5	3.8
4	15.6	12.4	3.8	16	71.4	71.1	5.8	28	115.5	115.1	4.2
5	23.1	21.0	6.2	17	83.4	81.5	8.1	29	119.2	119.3	4.2
6	23.3	24.5	4.8	18	93.6	92.4	9.5	30	125.2	124.7	4.8
7	31.4	30.8	5.6	19	94.2	96.5	6.8	31	136.3	134.2	7.2
8	46.0	43.1	8.9	20	85.4	90.8	0.5	32	146.8	145.2	9.1
9	46.1	47.9	6.9	21	86.2	87.7	−1.2	33	146.1	148.5	6.2
10	41.9	45.8	2.4	22	89.9	88.9	0.1	34	151.4	152.4	5.0
11	45.5	46.3	1.4	23	89.2	89.1	0.1	35	150.9	152.9	2.7
12	53.5	51.8	3.5	24	99.1	96.1	3.6				

图 13.7　销售量数据和 Holt—Winters 指数平滑后的时间序列

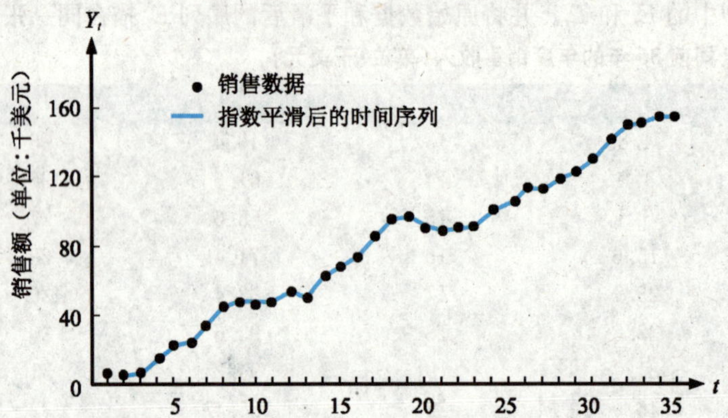

我们的目的是用 Holt-Winters 指数平滑后的时间序列来预测未来时间序列的值。对第一阶预测，我们只要将最近的平滑后的时间序列的值与最近的趋势估计相加就行了。也就是说，给出 t 时间的观测值，预测 $t+1$ 时为：

$$F_{t+1}=E_t+T_t$$

可以看出，对时间序列作预测就是将最近的平滑后的时间序列的值 E_t 与由于趋势 T_t 存在而引起的期望上升或下降结合起来。

对两阶预测而言，除了加两倍最近的趋势估计外，其他与一阶预测类似，即：

$$F_{t+2}=E_t+2T_t$$

同理，k 阶预测只是加 k 倍最近的趋势估计，即：

$$F_{t+k}=E_t+kT_t$$

Holt-Winters 预测技术简述如下。

Holt-Winters 预测：

1. 利用前面给出的公式，计算每个观测值 $Y_t(t\geqslant 2)$ 时指数平滑后的序列 Y_t，t 和趋势序列 T_t。
2. 计算一阶预测：

$$F_{t+1}=E_t+T_t$$

3. 计算 k 阶预测：

$$F_{t+k}=E_t+kT_t$$

例 13.7

参阅例 13.6，表 13.12 列出某公司前 35 年的年销售数据，以及用 $w=0.7$，$v=0.5$ 计算的 Holt-Winters 指数平滑模型中 E_t 和 T_t 值。试用 Holt-Winters 预测技术预测公司 36—40 年后的年销量。

解答：

先计算第 36 年的销量

$$F_{36}=E_{35}+T_{35}=152.9+2.7=155.6$$

预测 37 年的销量

$$F_{37}=E_{35}+2T_{35}=152.9+2\times 2.7=158.3$$

38—40 年后的销量

$$F_{38}=152.9+3\times 2.7=161.0$$
$$F_{39}=152.9+4\times 2.7=163.7$$
$$F_{40}=152.9+5\times 2.7=166.4$$

图 13.8 列出预测结果，我们发现预测结果具有明显的上升趋势，这是 Holt-Winters 模式中估计的趋势成分产生的结果。

图 13.8　36—40 年后预测结果和 Holt—Winters 趋势

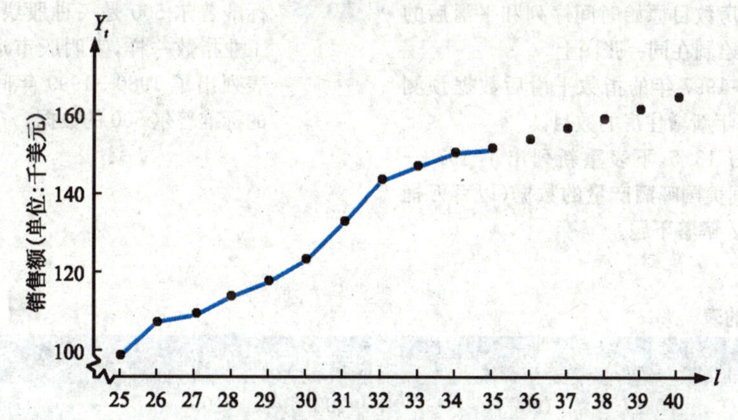

例 13.7 选择 $w=0.7$，$v=0.5$ 作为平滑与趋势的权重，目的是在指数平滑时给原时间序列的当前值以大的权重，和给前一个时期的趋势和与前期趋势以相同的权重。但是在运用 Holt-Winters 模型时，你可以尝试的多种组合，从而可以发现预测结果是否对权数很敏感。经多次运用 Holt-Winters 模型后，你就可以在选择上积累很多有用经验。

练习 13.21～13.28

技能训练：

13.21 在进行指数平滑预测时，平滑系数 w 对结果有什么影响？

13.22 下表列出了 1975—1998 年间每年新增私有住房的数目（以千为单位）及部分平滑值，设 $w=0.6$，解答下题。

HOUSTART.DAT

年份	原始数据	平滑后数据	年份	原始数据	平滑后数据
1975	1160		1987	1620	1677.44
1976	1538		1988	1488	
1977	1987	1746.92	1989	1376	1451.11
1978	2020	1910.77	1990	1193	
1979	1745		1991	1014	
1980	1292		1992	1200	
1981	1084		1993	1288	
1982	1062	1137.32	1994	1457	
1983	1703	1476.73	1995	1354	
1984	1750		1996	1476	
1985	1742		1997	1462	
1986	1805	1763.59	1998	1390	

资料来源：U. S. Bureau of the Census. Statistical Abstract of the United States, 1998.

a. 计算表中平滑后时间序列的遗漏值。

b. 将新增住房数目原始时间序列和平滑后的时间序列绘制在同一张图上。

c. 利用 1975-1997 年的指数平滑后数据预测 1998 年间年新增住房的数目。

13.23 参阅练习 13.5，下表重新列出了 1970—1996 年间美国啤酒产量的数据（以百万桶为单位）。解答下题。

练习 13.23 表 USBEER.DAT

年份	啤酒年产出	年份	啤酒年产出	年份	啤酒年产出
1970	133	1979	184	1988	197
1971	137	1980	193	1989	198
1972	141	1981	194	1990	202
1973	149	1982	196	1991	204
1974	156	1983	195	1992	202
1975	161	1984	192	1993	202
1976	164	1985	194	1994	203
1977	171	1986	194	1995	200
1978	179	1987	196	1996	199

资料来源：U. S. Bureau of the Census. Statistical Abstract of the United States, 1992, 1996, 1998.

a. 设 $w=0.3$ 和 $w=0.7$，利用 1970—1993 年的数据，预测 1994—1996 年间的年量

b. 分别设 $w=0.7$，$v=0.3$，运用 Holt-Winters 模型，预测 1994—1996 年间的年量。当 $w=0.3$，$v=0.7$，重复这个工作。

13.24 参阅练习 13.23 中的 a，分别设 $w=0.3$ 和 $w=0.7$，用 1970—1993 年的数据，预测 1997 年的年量。

概念运用：

13.25 标准普尔 500 是一种股票指数，和道琼斯工业指数一样，表明股市运作的指数。下表列出了 1980—1999 年间每年第四季度的标准普尔 500 的数据。

练习 13.25 的表 SP500QTR.DAT

年份	季度	标准普尔 500	年份	季度	标准普尔 500	年份	季度	标准普尔 500
1980	一	104.7	1987	一	292.5	1994	一	463.8
	二	114.6		二	301.4		二	454.8
	三	126.5		三	318.7		三	467.0
	四	133.5		四	241.0		四	455.2
1981	一	133.2	1988	一	265.7	1995	一	493.2
	二	132.3		二	270.7		二	539.4
	三	118.3		三	268.0		三	578.8
	四	123.8		四	276.5		四	614.6

续表

年份	季度	标准普尔 500	年份	季度	标准普尔 500	年份	季度	标准普尔 500
1982	一	110.8	1989	一	292.7	1996	一	645.5
	二	109.7		二	323.7		二	670.6
	三	122.4		三	347.3		三	687.3
	四	139.4		四	348.6		四	740.7
1983	一	151.9	1990	一	338.5	1997	一	757.1
	二	166.4		二	360.4		二	885.1
	三	167.2		三	315.4		三	947.3
	四	164.4		四	328.8		四	970.4
1984	一	157.4	1991	一	372.3	1998	一	1101.8
	二	153.1		二	378.3		二	1133.8
	三	166.1		三	387.2		三	1017.0
	四	164.5		四	388.5		四	1229.2
1985	一	179.4	1992	一	407.3	1999	一	1286.4
	二	188.9		二	408.3		二	1372.7
	三	184.1		三	418.5		三	1282.7
	四	207.3		四	435.6		四	1269.3
1986	一	232.3	1993	一	450.2			
	二	245.3		二	448.1			
	三	238.3		三	459.2			
	四	248.6		四	466.0			

数据来源：Standard & Poor's Statistical Service . Security Price Index Record，1996；Standard & Poor's Current Statistics，Jan. 1997；Yahoo Finance Current Statistics，Feb. 2000.

a. 设 $w=0.7$，调整 1980—1999 年的时间序列。然后只用 1998 年四个季度的数据预测 1999 年四个季度的标准普尔 500 指数。

b. 设 $w=0.3$，重复 a 中的工作。

13.26　参阅练习 13.25。设 $w=0.3, v=0.5$ 和 $w=0.7, v=0.5$，只用 1993—1997 年间的数据，采用 Holt-Winters 模型，分别预测 1999 年四个季度的标准普尔 500。

13.27　在 20 世纪 90 年代早期，黄金和其他贵重金属价格的波动反映美元的强弱，以及欧洲国家货币的动荡。下表列出了 1990 年 1 月至 1999 年 12 月之间每月的黄金价格数据。

GOLDMON. DAT

月份	1990	1991	1992	1993	1994	1995	1996	1997	1998	1999
1	411.5	384.9	355.7	330.2	408.3	379.8	400.9	345.5	304.9	285.4
2	418.5	365.1	355.2	330.9	383.3	377.8	406.1	358.6	297.4	287.1
3	394.4	347.2	346.0	331.3	385.4	383.4	397.5	348.2	301.0	279.5
4	375.5	359.6	339.8	343.2	378.4	391.3	394.3	340.2	310.7	286.6
5	370.4	358.1	338.5	368.0	382.5	386.6	393.3	345.6	293.6	269.0
6	353.6	368.0	342.0	373.2	387.0	388.9	386.6	334.6	296.3	262.6
7	382.0	369.7	338.9	391.6	386.7	387.7	384.9	326.4	288.9	255.6
8	396.5	341.9	344.2	379.7	381.7	384.9	388.7	325.4	273.4	254.8
9	390.8	368.4	346.7	356.1	393.1	384.5	384.3	332.1	293.9	307.5
10	382.0	360.1	345.6	365.4	391.1	384.4	382.4	311.4	294.0	299.1
11	383.0	344.2	336.3	374.9	385.7	381.0	379.5	296.8	294.7	291.4
12	379.3	380.3	335.5	385.3	386.7	388.7	369.3	290.2	287.8	290.3

资料来源：Standard & Poor's Statistics，1996；kitco. com Current Statistics，2000.

a. 设 $w=0.5$，用指数平滑方法平滑 1990 年 1 月至 1998 年 12 月间的时间序列，同时预测 1999 年各月黄金价格。

b. 在平滑后时间序列的基础上，每次增加一个月实际价格，然后 12 次预测 1999 年内的一阶预测价格。

c. 设 $w=0.5$，$v=0.5$，采用 Holt-Winters 技术重复 a、b 的工作。

13.28 参阅练习 13.20 中的秘鲁年进口总量的数据（以百万美元为单位，且数据再次在下表中列出）。利用在练习 13.20 中求出的指数平滑时间序列（$w=0.1$）预测 2000 年的进口总量。在什么情况下这种预测方法会产生一个精确的预测？

练习 13.28 的表　　PERU. DAT

年份	进口量	年份	进口量
1984	2212	1990	3470
1985	1835	1991	4195
1986	2909	1992	4861
1987	3562	1993	4859
1988	3348	1994	6691
1989	2749	1995	9224

资料来源：Statistical Division, Department of Economics and Social Information and Policy Analysis ，United Nations Statistical Yearbook，1997.

13.6 预测精确度评估：MAD 和 RMSE

在前面我们已经提到了预测误差（即预测值与实际值之间的差）可以用来评估预测的准确度。预测精确性由两个因素决定。其一，所采用的预测方法；其二，预测模型中参数的选取（指数平滑与 Holt-Winters 预测中的权数）。最常用的精确性检测方法都是基于预测误差，包括平均绝对误差（MAD）和均方根误差（RMSE）。下面将详细介绍。

预测精确性检测方法：

1. 平均绝对误差（MAD）被定义为时间序列的预测值与真实值之间绝对差的平均值，由下式给出：

$$\text{MAD}=\frac{\sum_{t=1}^{N}|F_t-Y_t|}{N}$$

其中 N 为用于评估的预测值的个数。

2. 均方根误差（RMSE）被定义为时间序列的预测值与真实值之间均方差的平方根，由下式给出：

$$\text{RMSE}=\sqrt{\frac{\sum_{t=1}^{N}(F_t-Y_t)^2}{N}}$$

注意，上面两个评估方法都必须知道一个或多个真实值。因此我们要么等到真实值产生后再评估，要么在构建预测模型时留一部分后面的数据用于评估。

例 13.8

在 13.4 节，我们发现 1997—1999 年道琼斯工业指数的指数平滑预测不尽人意，因为我们没有看到时间序列的长期趋势。现在我们采用 13.5 节中学过的 Holt-Winters 模型预测趋势。表 13.3 列出了 1996 年原始数据，进行了两次预测，第一次采用 $w=0.5$，$v=0.2$，第二次采用 $w=0.5$，$v=0.8$，用 1997—1999 年间的数据，并运用 MAD 和 RMSE 评估方法评估两个预测模型。

表 13.13　1980—1996 年道琼斯工业指数和 Holt-Winters 预测值

年份	DJIA	Holt-Winters 模型 1 $E(w=0.5)$	 $T(v=0.2)$	Holt-Winters 模型 2 $E(w=0.5)$	 $T(v=0.8)$
1980	963.99	—	—	—	—
1981	875.00	875.00	−88.990	875.00	−88.99
1982	1046.54	916.28	−62.937	916.28	15.22
1983	1258.64	1055.99	−22.407	1095.07	146.08
1984	1211.57	1122.58	−4.608	1226.36	134.25
1985	1546.67	1332.32	38.262	1453.64	208.67
1986	1895.95	1633.27	90.799	1779.13	302.13
1987	1938.83	1831.45	112.276	2010.04	245.16
1988	2168.57	2056.15	134.760	2211.89	210.50
1989	2753.20	2472.05	190.990	2587.79	342.83
1990	2633.66	2648.35	188.051	2782.14	224.04
1991	3168.83	3002.62	221.294	3087.51	289.10
1992	3330.11	3277.01	231.914	3353.36	270.50
1993	3754.09	3631.51	256.431	3688.898	322.59
1994	3834.44	3861.19	251.081	3923.00	251.74
1995	5117.12	4614.69	351.566	4645.93	628.69
1966	6448.27	5707.27	499.767	5861.45	1098.15

解答：

首先就两种参数组合，分别计算 1997—1999 年间的 Holt-Winters 预测值。预测时运用了公式

$$F_{t+k}=E_t+kT_t$$

表 13.14 中列出了 1997—1999 年间实际道琼斯工业指数和预测误差。为了比较两种组合的预测效果，我们先计算平均绝对误差。

表 13.14　两种预测模型对道琼斯工业指数预测及预测误差的对比

年份	实际 DIJA	模型 1 预测值	 预测误差	模型 2 预测值	 预测误差
1997	7908.25	6207.04	−1701.21	6959.60	−948.65
1998	9181.43	6706.81	−2474.62	8057.75	−1123.68
1999	11497.12	7206.58	−4290.54	9155.90	−2341.22

$$\text{MAD}_1=\frac{|-1701.21|+|-2474.62|+|-4290.54|}{3}=2822.1$$

$$\text{MAD}_2=\frac{|-948.65|+|-1123.68|+|-2341.22|}{3}=1471.2$$

下一步计算均方根误差

$$\text{RMSE}_1=\sqrt{\frac{(-1701.21)^2+(-2474.62)^2+(-4290.54)^2}{3}}=3023.6$$

$$\text{RMSE}_2=\sqrt{\frac{(-948.65)^2+(-1123.68)^2+(-2341.22)^2}{3}}=1596.2$$

两种检测方法得出相同结论，模型 2 的预测效果比模型 1 的预测效果更准确。而两个 Holt-Winters 预测模型的惟一区别是，第二个模型给短期趋势权重比长期趋势权重要大。在这需要预测的 3 年里，模型 2 对短期趋势比较敏感，而模型 1 对长期趋势比较敏感，所以模型 2 对 90 年代末期市场的预测效果比模型1预测的要好。然而，两个模型都没预测到1997—1999年间道琼斯工业指数的猛烈上扬，在这里我们可以观察到最大预测误差。尽管模型 Holt－Winters 明显地预测到了趋势，但如果预测时期增长，那么预测精确度就会降低。

对预测精确度的检验的两种标准 MAD 和 RMSE 进行解释时，我们都要引起高度重视。预测期的长短对模型的选择来说很重要，另外，已有的实际时间序列的长度也是一个较为关键的因素。选定模型后，我们就可以评估预测效果。但是，只有像回归那样具有随机误差成分的推断模型才能用于估计未实现的预测的可靠性。我们将在下节讲解推断模型。

练习 13.29～13.36

技能训练：

13.29 参阅练习 13.22 中的 c，计算对 1998 年新增住房数目预测的误差。

13.30 参阅练习 13.23 中啤酒产量的时间序列，在其中的 a，我们已经用指数平滑方法（$w=0.3$ 和 $w=0.7$）对 1994—1996 年间的产量进行了预测。

a. 计算 $w=0.3$ 时的指数平滑预测误差。
b. 计算 $w=0.7$ 时的指数平滑预测误差。
c. 为 $w=0.3$ 时的指数平滑预测计算 MAD。
d. 为 $w=0.7$ 时的指数平滑预测计算 MAD。
e. 为 $w=0.3$ 时的指数平滑预测计算 RMSE。
f. 为 $w=0.7$ 时的指数平滑预测计算 RMSE。

13.31 参阅练习 13.23 中的啤酒产量时间序列，在中其中的 b，我们已经用 Holt-Winters 方法（$w=0.3, v=0.7$ 和 $w=0.7, v=0.3$）对 1994—1996 年间的产量进行了预测。

a. 计算 $w=0.3, v=0.7$ 时的 Holt-Winters 预测误差。
b. 计算 $w=0.7, v=0.3$ 时的 Holt-Winters 预测误差。
c. 计算 $w=0.3, v=0.7$ 时的 Holt-Winters 预测计算 MAD。
d. 为 $w=0.7, v=0.3$ 时的 Holt-Winters 预测计算 MAD。
e. 为 $w=0.3, v=0.7$ 时的 Holt-Winters 预测计算 RMSE。
f. 为 $w=0.7, v=0.3$ 时的 Holt-Winters 预测计算 RMSE。

概念运用：

13.32 下表列出了 1980—1997 年间每年去法国旅游人数的数据（以千为单位）。

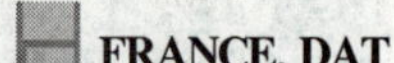 FRANCE. DAT

年份	旅游人数	年份	旅游人数
1980	30100	1989	45100
1981	31340	1990	52497
1982	33467	1991	55041
1983	34018	1992	59740
1984	35429	1993	60565
1985	36748	1994	61312
1986	36080	1995	60033
1987	36974	1996	62406
1988	38288	1997	64138

资料来源：European Marketing Data and Statistics，1988，1991，1997，1999.

a. 假设 $w=0.8$，利用 1980—1995 年间的数据，采用简单指数平滑预测方法预测 1996 和 1997 年去法国旅游的人数。
b. 假设 $w=0.8, v=0.7$，利用 1980—1995 年间的数据，采用 Holt-Winters 预测方法预测 1996 和 1997 年去法国旅游的人数。
c. 用 MAD 和 RMSE 两种标准，计算以上两种预测的精确度，并判断哪种模型预测效果较好。为什么？

13.33 参阅练习 13.25，我们已经计算出了 1999 年四个季度的（简单指数平滑）标准普尔 500 指数预测值。

a. 为预测值（$w=0.7$）计算 MAD 和 RMSE。
b. 为预测值（$w=0.3$）计算 MAD 和 RMSE。
c. 比较上面两种预测的 MAD 和 RMSE，并判断哪种模型预测效果较好。

13.34 参阅练习 13.26，我们已经计算出了 1999 年四个季度（Holt-Winters 预测）标准普尔 500 指数预测值。

a. 为预测值（$w=0.3, v=0.5$）计算 MAD 和 RMSE。

b. 为预测值($w=0.7, v=0.5$)计算 MAD 和 RMSE。

c. 比较上面两种预测的 MAD 和 RMSE，并判断哪种模型预测效果较好。

13.35 参阅练习 13.27，采用了两种方法：指数平滑预测($w=0.5$)、Holt-Winters 预测($w=0.5, v=0.5$)，预测 1999 年的各月黄金价格。

a. 利用 MAD 和 RMSE 两个标准评估预测 1999 年各月黄金价格的准确性。

b. 为两种模型的预测值(在平滑后时间序列的基础上，每次增加一个月实际价格，然后 12 次预测 1999 年内的一阶预测价格)。计算 MAD 和 RMSE，并评估它们的精度。

13.36 参阅练习 13.28 中对秘鲁 2000 年进口总量的预测，查看当年的实际进口量，并运用 MAD 和 RMSE 测算预测的准确度。

13.7 趋势预测：简单线性回归

你可能熟悉最简单的推断预测模型(inferential forecasting model)，它是一种简单的线性回归模型。用直线模型将时间序列 Y_t 描述成时间 t 的函数，同时用最小二乘法来预测时间序列 Y_t 的未来值。

假设某公司想预测未来 5 年内各年度收入。为了预测以及评估预测精度，我们必须创建时间序列模型。回到表 13.11，某公司 35 年的年销售数据。从图 13.9(由此数据产生的图)我们不难发现，时间序列中含有线性上升趋势，因此，可以建立这样的模型：

$E(Y_t)=\beta_0+\beta_1 t$

这个模型用来刻画长期趋势应该是比较合理的。用最小二乘估计(见 10.2 节)拟和模型，我们可以求出其最小二乘模型(见 10.2 节)：

$\hat{Y}_t=\hat{\beta}_0+\hat{\beta}_1 t=0.4051+4.2956t$,　　且有：SSE=1345.45

最小二乘线(Least squares line)如图 13.9 所示，SAS 的输出结果见图 13.10。

图 13.9　销售数据的回归图

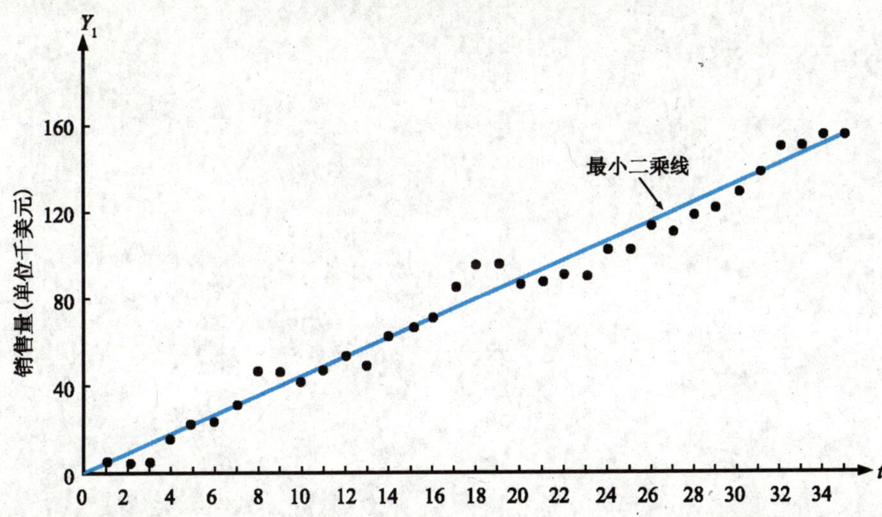

现在我们可以预测 36—40 年间的年销售量。预测的结果及其 95％的置信区间都列在 SAS 的输出中。例如，对 $t=36$，有

$\hat{Y}_{36}=155.0$

它的 95％的置信区间为(141.3，168.8)。类似的，可以获得其他 37—40 年间的预测结果及

其 95%的置信区间。在图 13.11 中列出了实际观测值、预测值和置信区间。尽管在表中不易看出,但随着对未来的进一步预测,置信区间也变得更宽阔(见图 13.10)。这符合我们直观的认识,即短期预测比长期预测更可靠。

用最小二乘模型预测时间序列的未来值,有两个问题需要进一步的讨论。

其一,用最小二乘模型,我们是在预测独立变量观察区以外的时间序列 t 的未来值,也就是说,我们在预测 36～40 年间的值,而不是预测已经观察到的 1～35 年间的值。正如我们在第 10 和 11 章所见到的,用最小二乘回归模型预测试验区域之外的数值是极具风险的。

然而这个问题又显然是不可避免的,因为预测总是与某时间序列的未来值有关系,部分或全部独立变量也许发生在建立模型的观测区以外。对预测者来说,认识到这种预测风险非常重要。如果预测模型建立起来后,基础性的条件发生了巨大变化(如在公司运作第 36 年间产品受联邦价格的制约),那么所做的预测和置信区间都将无用。

其二,尽管可以用直线模型来充分描述销售量的长期趋势,但在建立模型时,我们忽略了时间序列的周期性影响,由于模型没把经济的扩张期和衰退期考虑在内,因此预测错误就会显著增加。

值得庆幸的是,预测者对第二个问题都有控制度,这在本章后面会讲到。

在构建置信区间时,我们对模型中的随机误差成分作了标准回归假设(见第 10、11 章),我们假设随机误差变量独立,服从正态分布,均值为零,方差为常数。但是假设误差变量独立是值得怀疑的,尤其是存在短期趋势的时候。通常是这样,如果某年的值在长期趋势线上方,那么下一年的值仍存在长期趋势线以上的倾向。也就是,误差之间有相关倾向见表 13.9。

在 13.9 节,我们将讲解怎样处理误差相关问题。现在我们要讲的是,这种简单的线性回归预测方法可以洞察到长期趋势,但对许多时间序列而言,它还是太简单了。同时,像所有其他预测方法一样,简单线性回归预测方法也只对短期预测适用。

图 13.10　销售量时间序列最小二乘拟合的 SAS 输出 Y_t＝销量

Analysis of Variance

Source	DF	Sum of Squares	Mean Square	F Value	Prob>F
Model	1	65875.20817	65875.20817	1615.724	0.0001
Error	33	1345.45355	40.77132		
C Total	34	67220.66171			

Root MSE	6.38524	R－square	0.9800
Dep Mean	77.72286	Adj R－sq	0.9794
C. V.	8.21540		

Parameter Estimates

Variable	DF	Parameter Estimate	Standard Error	T for H0: Parameter＝0	Prob>|T|
INTERCEP	1	0.401513	2.20570829	0.182	0.8567
T	1	4.295630	0.10686692	40.196	0.0001

T	Dep Var Y	Predict Value	Std Err Predict	Lower 95% Predict	Upper 95% Predict	Residual
1	4.8000	4.6971	2.113	－8.9866	18.3809	0.1029
2	4.0000	8.9928	2.022	－4.6338	22.6194	－4.9928
3	5.5000	13.2884	1.932	－0.2843	26.8611	－7.7884
4	15.6000	17.5840	1.845	4.0619	31.1061	－1.9840
5	23.1000	21.8797	1.759	8.4048	35.3545	1.2203
6	23.3000	26.1753	1.676	12.7444	39.6062	－2.8753
7	31.4000	30.4709	1.596	17.0805	43.8613	0.9291
8	46.0000	34.7666	1.519	21.4133	48.1198	11.2334
9	46.1000	39.0622	1.446	25.7426	52.3818	7.0378
10	41.9000	43.3578	1.377	30.0684	56.6572	－1.4578
11	45.5000	47.6534	1.313	34.3908	60.9161	－2.1534
12	53.5000	51.9491	1.255	38.7096	65.1886	1.5509
13	48.4000	56.2447	1.204	43.0249	69.4645	－7.8447
14	61.6000	60.5403	1.161	47.3366	73.7441	1.0597
15	65.6000	64.8360	1.126	51.6448	78.0272	0.7640
16	71.4000	69.1316	1.100	55.9494	82.3138	2.2684
17	83.4000	73.4272	1.085	60.2504	86.6041	9.9728
18	93.6000	77.7229	1.079	64.5478	90.8979	15.8771
19	94.2000	82.0185	1.085	68.8416	95.2	12.1815
20	85.4000	86.3141	1.100	73.1319	99.5	－0.9141
21	86.2000	90.6097	1.126	77.4185	103.8	－4.4097
22	89.9000	94.9	1.161	81.7016	108.1	－5.0054
23	89.2000	99.2	1.204	85.9812	112.4	－10.0010
24	99.1	103.5	1.255	90.2571	116.7	－4.3966
25	100.3	107.8	1.313	94.5	121.1	－7.4923
26	111.7	112.1	1.377	98.8	125.4	－0.3879
27	108.2	116.4	1.446	103.1	129.7	－8.1835
28	115.5	120.7	1.519	107.3	134.0	－5.1792
29	119.2	125.0	1.596	111.6	138.4	－5.7748

续表

Analysis of Variance						
30	125.2	129.3	1.676	115.8	142.7	−4.0704
31	136.3	133.6	1.759	120.1	147.0	2.7339
32	146.8	137.9	1.845	124.3	151.4	8.9383
33	146.1	142.2	1.932	128.6	155.7	3.9427
34	151.4	146.5	2.022	132.8	160.1	4.9471
35	150.9	150.7	2.113	137.1	164.4	0.1514
36	.	155.0	2.206	141.3	168.8	.
37	.	159.3	2.300	145.5	173.1	.
38	.	163.6	2.394	149.8	177.5	.
39	.	167.9	2.490	154.0	181.9	.
40	.	172.2	2.587	158.2	186.2	.

图 13.11 直线模型的销量观测值(25—35 年)和预测结果(36—40 年)

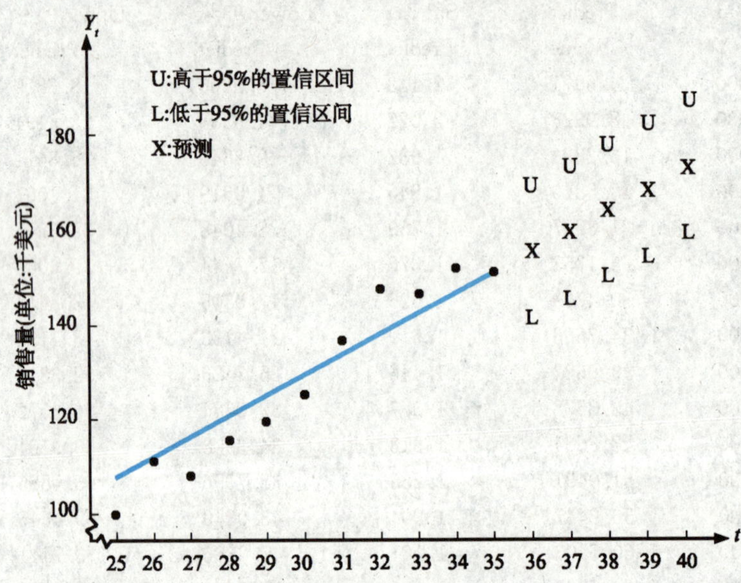

统计实践

13.2　急诊室需求预测

随着对医疗保健开展经营,美国的医院也开始像商业一样运作。因此,医院管理者需要懂得和运用比以往任何时候要多的商业理论和方法。例如,医院需要用本节讲的方法预测本院服务的需求,尤其是采用回归分析对急诊室需求进行预测等。弗吉尼亚州 Richmond 的 Richmond Memorial 医院和明尼苏达州 Minneapolis 的 Abbott-Northwestern 医院已经使用回归模型预测急诊室的需求状况了。

Richmord Memorial 医院就是用过去 10 年中每年 8 月份到急诊室就医的病人数据预测下一年 8 月份的需求。最近 10 年中 8 月份就医情况的数据见表 13.15。

表 13.15　统计实践的数据　ER. DAT

年份 t	就诊人数	日均人数 Y_t	年份 t	就诊人数	日均人数 Y_t
1	1367	44.09	6	3019	97.38
2	1642	52.96	7	2794	90.12
3	1780	57.41	8	2846	91.80
4	2060	66.45	9	3001	96.80
5	2257	72.80	10	3548	114.45

资料来源：Adapted from Bolling，W，B. "Queuing Model of a hospital emergency room，" *Industrial Engineering*，Sept，1972.

用直线回归模型拟合这个趋势，Y_t 即为 8 月份平均每天的就诊人数，时间 t（以年计算）为独立时间变量，则有

$\hat{Y}_t = 38.171 + 7.319t$

这条最小二乘回归直线在图 13.12 中的散点之间。可以看出，急诊室需求明显呈上升趋势。基于这个分析可以确定急诊需求上升的速度大于该地区人口增长的速度。因此，这一发现使医院管理者有理由相信，急诊室医疗服务正逐步取代家庭医生的作用。

图 13.12　**急诊室需求时间序列中的趋势**

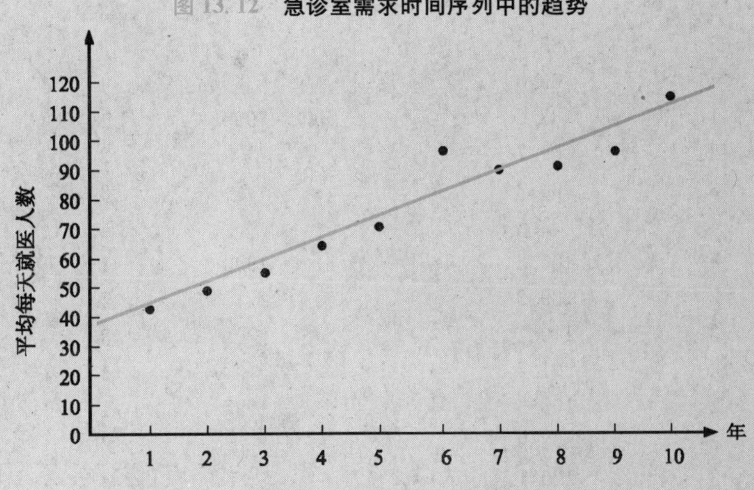

讨论焦点：

1. 利用最小二乘预测模型为以后三年的每个 8 月份急诊室需求量分别给出一个点估计。
2. 请解释为什么点估计要置信区间。
3. 用简单线性回归对急诊服务需求进行预测有什么潜在风险？
4. 在本章讲的哪种方法比较适合用来预测急诊病人的人数？

13.8　季节回归模型

许多时间序列明显地带有季节性。在圣诞节、春季和秋季，零售额通常处于最高峰期，而在冬季和夏季，零售额相对平和。恰恰相反，在夏季和冬季，能源的使用量处于高峰期，而在春秋季

处于低谷期。在夏季学校放假期间，青少年的失业率上升；但在圣诞前夕，许多商家雇佣临时工时，失业率就下降。

多重回归模型(multiple regression model)可以用来预测季节因素较强的时间序列。此时，时间序列的平均值 $E(Y_t)$ 用一个数学公式表达，同时包含长期趋势和季节影响两种成分。尽管季节模型可以采用多种数学表达形式，但用虚拟变量描述季节差别是普遍采用的方式。

例如，表 13.16 为某南方电力公司 1988—1999 年间每一季度用电量的数据，下面的模型既包含了期望增量(趋势)，又包含了季节成分。

$$E(Y_t)=\beta_0+\beta_1 t+\beta_2 Q_1+\beta_3 Q_2+\beta_4 Q_3$$

其中，t=时期，$t=1,2,\cdots,48$。从 1988 年的第一季度到 1999 年的第四季度。

$$Q_1=\begin{cases}1 & \text{第一季度}\\ 0 & \text{第二、三、四季度}\end{cases}$$

$$Q_2=\begin{cases}1 & \text{第二季度}\\ 0 & \text{第一、三、四季度}\end{cases}$$

$$Q_3=\begin{cases}1 & \text{第三季度}\\ 0 & \text{第一、二、四季度}\end{cases}$$

表 13.16　南方某电力公司在 1988—1999 年间各季度用电量数据(以百万瓦为单位)

年份	季度	用电量	年份	季度	用电量
1988	1	68.8	1994	1	130.6
	2	65.0		2	116.8
	3	88.4		3	144.2
	4	69.0		4	123.3
1989	1	83.6	1995	1	142.3
	2	69.7		2	124.0
	3	90.2		3	146.1
	4	72.5		4	135.5
1990	1	106.8	1996	1	147.1
	2	89.2		2	119.3
	3	110.7		3	138.2
	4	91.7		4	127.6
1991	1	108.6	1997	1	143.4
	2	98.9		2	134.0
	3	120.1		3	159.6
	4	102.1		4	135.1
1992	1	113.1	1998	1	149.5
	2	94.2		2	123.3
	3	120.5		3	154.4
	4	107.4		4	139.4
1993	1	116.2	1999	1	151.6
	2	104.4		2	133.7
	3	131.7		3	154.5
	4	117.9		4	135.1

图 13.13 是表 13.16 中数据经最小二乘模型拟合后的 SAS 结果输出。

图 13.13　用电量时间序列经最小二乘模型拟合后的 SAS 结果输出

Dependent Variable：LOAD

Analysis of Variance

Source	DF	Sum of Squares	Mean Square	F Value	Prob>F
Model	4	28374.9925	7093.7481	114.88	0.0001
Error	43	2655.1356	61.7473		
C Total	47	31030.1281			

Root MSE	7.85795	R-square	0.9144
Dep Mean	117.69375	Adj R-sq	0.9065
C. V.	6.67662		

Parameter Estimates

Variable	DF	Parameter Estimate	Standard Error	T for H0: Parameter=0	Prob>|T|
INTERCEP	1	70.508523	3.11552479	22.63	0.0001
T	1	1.636211	0.08213932	19.92	0.0001
Q1	1	13.658632	3.21744388	4.25	0.0001
Q2	1	-3.735912	3.21219719	-1.16	0.2512
Q3	1	18.469544	3.20904506	5.76	0.0001

由上图可以看出，模型拟合得相当不错，决定系数 $R^2=0.91$，这表明模型有 91%建立在这 12 年样本变化信息的基础上。$F=114.88$，说明回归模型是高度显著的。7.86 的均方误差(Root MSE)表明，在通常情况下，预测结果较准确地落在区间±2×7.86(或者说±16 百万万瓦)以内。而且，$\hat{\beta}=1.64$ 表明，每季度用电量大约增加 1.64 百万万瓦，最后季节虚拟变量可以作如下解释(可参考第 11 章)[①]。

$\hat{\beta}_2=13.66$　　第一季度用电量平均比第四季度用电量多 13.66 百万万瓦，

$\hat{\beta}_3=-3.74$　第二季度用电量平均比第四季度用电量少 3.74 百万万瓦，

$\hat{\beta}_4=18.47$　　第三季度用电量平均比第四季度用电量多 18.47 百万万瓦，夏季为高峰期。

因此，正如我们所希望的，冬夏两季的用电量大于春秋两季的用电量。

为了预测 2000 年的用电量，我们计算 $k=49,50,51,52$ 时的预测值 $\hat{Y}$，所以有：

$\hat{Y}_1=\hat{\beta}_0+\hat{\beta}_1(49)+\hat{\beta}_2=70.51+1.636\times49+13.66=164.3$

$\hat{Y}_2=\hat{\beta}_0+\hat{\beta}_1(50)+\hat{\beta}_3=148.6$

$\hat{Y}_3=\hat{\beta}_0+\hat{\beta}_1(51)+\hat{\beta}_4=172.4$

$\hat{Y}_4=\hat{\beta}_0+\hat{\beta}_1(52)=155.6$

其中 $\hat{Y}_i(i=1,2,3,4)$相应代表 4 个季度预测值。

表 13.17 给出了预测结果和 95%置信区间，图 13.14 绘制出了原始数据和最小二乘预测值，并且依次将观测值用线段连起来了。另外在表 13.17 和图 13.14 中，我们都可以看到 2000 年各季度实际用电量，它们都落在预测区间里。

① 这里假设 t 为一固定值，在实践中，这是不现实的，因为每一个季度都对应一个不同的 t 值。但是，通过分析虚拟变量系数，我们可以洞察到这些时间序列数据的季节性。

表 13.17 2000 年用电量的预测值、置信区间和真实值

季度	预测用电量	95%置信区间下限	95%置信区间上限	实际用电量
1	164.3	147.3	181.4	151.3
2	148.6	131.5	165.6	132.9
3	172.4	155.4	189.5	160.5
4	155.6	138.5	172.6	161.0

图 13.14 某南方电力公司的回归预测模型

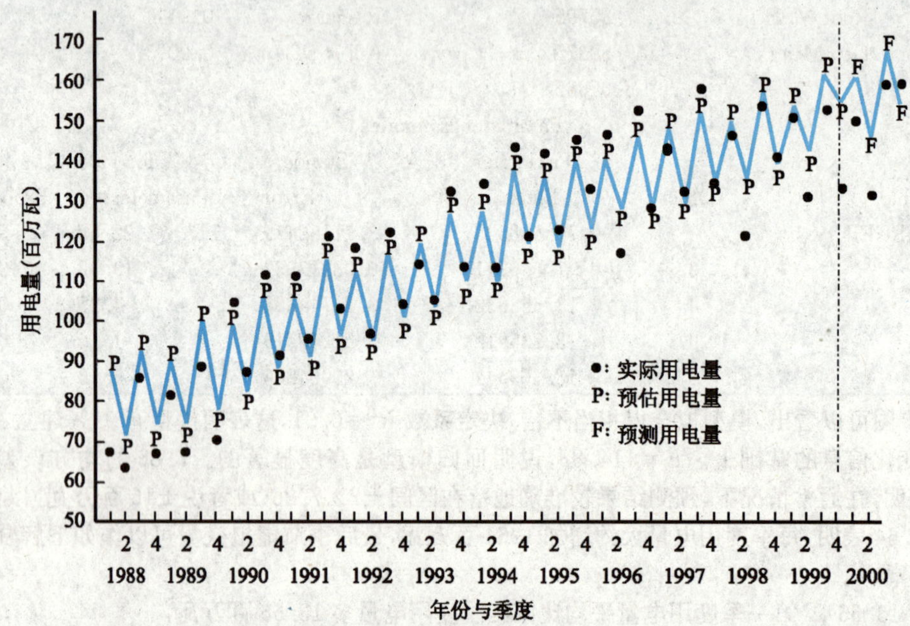

预测用电量的季节模型是一个加法模型，因为季节因素($\beta_2 Q_1+\beta_3 Q_2+\beta_4 Q_3$)中包含了长期趋势部分 $\beta_1 t$。乘法模型除了因变量是用电量的自然对数外与之具有相同的形式。即：

$$\ln Y_t=\beta_0+\beta_1 t+\beta_2 Q_1+\beta_3 Q_2+\beta_4 Q_3+\varepsilon$$

为了了解这个乘法模型的特点，将其两边求反对数，得：

$$\begin{aligned}Y_t&=\exp\{\beta_0+\beta_1 t+\beta_2 Q_1+\beta_3 Q_2+\beta_4 Q_3+\varepsilon\}\\&=\underbrace{\exp\{\beta_0\}}_{\text{常量}}\ \underbrace{\exp\{\beta_1 t\}}_{\text{长期趋势}}\ \underbrace{\exp\{\beta_2 Q_1+\beta_3 Q_2+\beta_4 Q_3\}}_{\text{季节成分}}\underbrace{\exp\{\varepsilon\}}_{\text{残量}}\end{aligned}$$

当时间序列在整个时期以递增速率变化时，采用乘法模型预测比较合适。

如果时间序列数据是按月获取的，那么在回归预测模型里需要 11 个虚拟变量来描述各月的季节性。如果时间序列数据是按季度获取的，那么在回归预测模型里需要 3 个虚拟变量如上面的模型。一般地，有几个季节变化，需要的虚拟变量数目就比季节变化数目少 1。

预测季节时间序列的未来值，除了用回归虚拟变量方法外，还有许多方法。为了在模型里出现季节性，可以采用三角函数(正弦、余弦)。其他时间序列模型中(如 Holt-Winters 指数平滑预测模型)根本没有用到回归，同时，在这些模型中加入季节成分的方法也很多。之所以选择回归模型来讨论是因为想对前面(第 11 章)讲的重要概念做一些应用。还有，回归模型预测时可以构建置信区间，而置信区间可以用来测度预测值的可靠性。然而其他预测模型没有给预测结果提供一个明显的可靠性测度。但是，在许多特殊的应用中，这些模型中的大部分都体现了优良的特性。要了解其他模型，请参阅本书附录。

练习 13.37～13.43

技能训练：

13.37 相对于指数平滑预测模型来说，回归模型有什么优点？这些优点是否可以说明回归预测更精确？

13.38 下表列出了 1985—2000 年间某成品的年平均价格（分/磅），时间变量从 $t=1$（1985 年）开始，然后逐年增加 1，下图是对这些数据的回归拟合 SAS 结果输出。

练习 13.38 的 SAS 输出结果

Dependent Variable: PRICE

Analysis of Variance

Source	DF	Sum of Squares	Mean Square	F Value	Prob>F
Model	1	2.81736	2.81736	1.257	0.2811
Error	14	31.37941	2.24139		
C Total	15	34.19678			

Root MSE	1.49713	R−square	0.0824
Dep Mean	25.47125	Adj R−sq	0.0168
C. V.	5.87771		

Parameter Estimates

Variable	DF	Parameter Estimate	Standard Error	T for H0: Parameter=0	Prob>|T|
INTERCEP	1	24.697500	0.78509959	31.458	0.0001
T	1	0.091029	0.08119307	1.121	0.2811

Obs	YEAR	Dep Var PRICE	Predict Value	Std Err Predict	Lower 95% Predict	Upper 95% Predict	Residual
1	1985	21.7300	24.7885	0.715	21.2303	28.3467	-3.0585
2	1986	24.3200	24.8796	0.647	21.3815	28.3776	-0.5596
3	1987	25.3100	24.9706	0.583	21.5250	28.4162	0.3394
4	1988	26.3600	25.0616	0.523	21.6603	28.4630	1.2984
5	1989	27.3100	25.1526	0.470	21.7872	28.5181	2.1574
6	1990	27.5800	25.2437	0.426	21.9053	28.5820	2.3363
7	1991	24.7900	25.3347	0.394	22.0146	28.6548	-0.5447
8	1992	25.3600	25.4257	0.376	22.1148	28.7367	-0.0657
9	1993	24.4200	25.5168	0.376	22.2058	28.8277	-1.0968
10	1994	25.4900	25.6078	0.394	22.2877	28.9279	-0.1178
11	1995	26.1900	25.6988	0.426	22.3605	29.0372	0.4912
12	1996	27.3100	25.7899	0.470	22.4244	29.1553	1.5201
13	1997	24.4000	25.8809	0.523	22.4795	29.2822	-1.4809
14	1998	24.2400	25.9719	0.583	22.5263	29.4175	-1.7319
15	1999	25.8700	26.0629	0.647	22.5649	29.5610	-0.1929
16	2000	26.8600	26.1540	0.715	22.5958	29.7122	0.7060
17	2001	.	26.2450	0.785	22.6193	29.8707	.
18	2002	.	26.3360	0.857	22.6358	30.0363	.

练习 13.38 的表 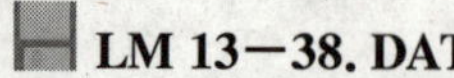 LM 13—38. DAT

年份	t	价格	年份	t	价格
1985	1	21.73	1993	9	24.42
1986	2	24.32	1994	10	25.49
1987	3	25.31	1995	11	26.19
1988	4	26.36	1996	12	27.31
1989	5	27.31	1997	13	24.40
1990	6	27.58	1998	14	24.24
1991	7	24.79	1999	15	25.87
1992	8	25.36	2000	16	26.86

a. 在 SAS 结果输出里找出 β 的最小二乘估计值。

b. 用最小二乘回归预测模型预测 2001 年和 2002 年的年平均价格。你的结果与 SAS 结果输出中列出的一致吗?

c. 在 SAS 输出中找出 2001 年和 2002 年预测值的 95%的置信区间并给予解释。

d. 你愿意推荐这个模型预测未来产品年平均价格吗?

13.39 下表列出了某商店 10 年内的各季度零售额数据(以 10 万美元为单位)。

a. 写出一个包含趋势和季节成分的回归模型,用来描述销售数据。

b. 用最小二乘法拟合这个模型,同时评估其拟合效果。

c. 用此回归预测模型预测第 11 年的季度销售额,并给出 95%的置信区间。

练习 13.39 的表 LM 13—39. DAT

	季度			
年	1	2	3	4
1	8.3	10.3	8.7	13.5
2	9.8	12.1	10.1	15.4
3	12.1	14.5	12.7	17.1
4	13.7	16.0	14.2	19.2
5	17.4	19.7	18.0	23.1
6	18.2	20.5	18.6	24.0
7	20.0	22.2	20.5	25.1
8	22.3	25.1	22.9	27.7
9	24.7	26.9	25.1	29.8
10	25.8	28.7	26.0	32.2

概念运用:

13.40 下表给出了 1980—1998 年间,加利福尼亚州个人年收入总量(以十亿美元为单位)。用简单线性回归模型来拟合这些数据比较合适,此模型是 $E(Y_t)=\beta_0+\beta_1 t$,其中 t 是从 1979 年起的年数。所有结果见 MINITAB 结果输出。

练习 13.40 的 MINITAB 输出结果

```
The regression equation is
INCOME=240+33.6T

Predictor        Coef      SE Coef        T         P
Constant      239.702        6.707    35.74     0.000
T             33.5561       0.5883    57.04     0.000
S=14.04          R-Sq=99.5%             R-Sq(adj)=99.4%
Analysis of Variance

Source            DF        SS          MS          F         P
Regression         1    641828      641828    3253.75     0.000
Residual Error    17      3353         197
Total             18    645182

Predicted Values for New Observations

New Obs     T       Fit    SE Fit      95.0% CI              95.0% PI
1          20    910.82      6.71   (896.67, 924.98)    (877.99, 943.66)
2          21    944.38      7.23   (929.13, 959.63)    (911.05,977.71)
```

练习 13.40 的表  CALINCOM.DAT

年份	个人收入	年份	个人收入
1980	281	1990	637
1981	314	1991	651
1982	335	1992	683
1983	361	1993	698
1984	402	1994	716
1985	437	1995	760
1986	468	1996	799
1987	505	1997	847
1988	547	1998	901
1989	588		

数据来源：U. S. Dept. of Commerce. *Survey of Current Business*, 1999.

a. 求各 β 的最小二乘估计值并解释。

b. 评估模型的拟合效果。

c. MINITAB 结果输出的下方列出了 1999 年至 2000 年预测值的 95%置信区间，请给予解释。

d. 请叙述用简单回归模型进行预测时存在的问题。

13.41　美国的运输行业在 20 世纪 90 年代经济中有长足的发展，该行业的个人消费支出数据(以十亿美元为单位)见下表。

练习 13.41 的表  PERSEXP.DAT

年份	消费	年份	消费
1970	80.6	1984	319.5
1971	92.3	1985	359.5
1972	105.4	1986	366.3
1973	114.6	1987	377.1
1974	117.9	1988	406.4
1975	129.4	1989	425.7
1976	155.2	1990	453.7
1977	179.3	1991	438.2
1978	198.1	1992	466.3
1979	219.4	1993	504.2
1980	236.6	1994	536.6
1981	261.5	1995	572.3
1982	267.3	1996	602.2
1983	291.9		

数据来源：U. S. Bureau of the Census. *Statistical Abstract of the United States*, 1998.

a. 拟合简单回归模型 $E(Y_t)=\beta_0+\beta_1 t$，其中 t ($t=0,1,\cdots,26$)是从 1970 年起的年数。

b. 预测 1997—2000 年间的个人消费支出，并求出 95%置信区间。

13.42　下表列出了一家校内商店某种计算器的季度销售量。其中的季度划分是以学期为依据，所以秋季为第一季度，其他依次为冬二春三夏四。定义时间变量 $t=1$ 代表 1996 年的第一季度，$t=2$ 代表 1996 年的第二季度，依此类推。给虚拟变量作如下定义：

$$Q_1=\begin{cases}1 & \text{第一季度}\\ 0 & \text{其他季度}\end{cases}$$

$$Q_2=\begin{cases}1 & \text{第二季度}\\ 0 & \text{其他季度}\end{cases}$$

$$Q_3=\begin{cases}1 & \text{第三季度}\\ 0 & \text{其他季度}\end{cases}$$

下面有模型

$E(Y_t)=\beta_0+\beta_1 t+\beta_2 Q_1+\beta_3 Q_2+\beta_4 Q_3$ 的 SAS 结果输出。

a. 解释各参数的最小二乘估计值，并评估模型的拟合效果。

b. 当采用回归模型拟合时间序列时，对随机误差的假设中，哪一个比较可疑？

c. 求出 2001 年的季度预测值和 95%置信区间，并给予解释。

GRAPHICAL.DAT

年份	第一季度	第二季度	第三季度	第四季度
1996	438	398	252	160
1997	464	429	376	216
1998	523	496	425	318
1999	593	576	456	398
2000	636	640	526	498

练习 13.42 的 SAS 输出结果

Dep Variable: Y

Analysis of Variance

Source	DF	Sum of Squares	Mean Square	F Value	Prob>F
Model	4	318560.30000	79640.07500	117.817	0.0001
Error	15	10139.50000	675.96667		
C Total	19	328699.80000			

Root MSE	25.99936	R−Square	0.9692
Dep Mean	440.90000	Adj R−Sq	0.9609
C. V.	5.89688		

Parameter Estimates

Variable	DF	Parameter Estimate	Standard Error	T for H0: Parameter=0	Prob>|T|
INTERCEP	1	119.850000	16.94950835	7.071	0.0001
T	1	16.512500	1.02771490	16.067	0.0001
Q1	1	262.337500	16.72998649	15.681	0.0001
Q2	1	222.825000	16.57140484	13.446	0.0001
Q3	1	105.512500	16.47552320	6.404	0.0001

Obs	Y	Predict Value	Residual	Lower 95% Predict	Upper 95% Predict
1	438.0	398.7	39.3000	335.5	461.9
2	398.0	375.7	22.3000	312.5	438.9
3	252.0	274.9	-22.9000	211.7	338.1
4	160.0	185.9	-25.9000	122.7	249.1
5	464.0	464.7	-0.7500	403.4	526.1
6	429.0	441.7	-12.7500	380.4	503.1
7	376.0	340.9	35.0500	279.6	402.3
8	216.0	251.9	-35.9500	190.6	313.3
9	523.0	530.8	-7.8000	470.1	591.5
10	496.0	507.8	-11.8000	447.1	568.5
11	425.0	407.0	18.0000	346.3	467.7
12	318.0	318.0	0	257.3	378.7
13	593.0	596.9	-3.8500	535.5	658.2
14	576.0	573.9	2.1500	512.5	635.2
15	456.0	473.1	-17.0500	411.7	534.4
16	398.0	384.0	13.9500	322.7	445.4
17	636.0	662.9	-26.9000	599.7	726.1
18	640.0	639.9	0.1000	576.7	703.1
19	626.0	539.1	-13.1000	475.9	602.3
20	498.0	450.1	47.9000	386.9	513.3
21	.	729.0	.	662.8	795.1
22	.	706.0	.	639.8	772.1
23	.	605.1	.	539.0	671.3
24	.	516.1	.	450.0	582.3

13.43 下表列出了 1970—1996 年间美国售出的人寿保险保单数目的数据(以百万为单位)。

a. 用简单回归模型拟合这些数据(采用最小二乘法)。

b. 对 1997 年和 1998 年将售出的保单作预测。

c. 为 b 的预测值给出 95%置信区间。

d. 从《美国统计摘要》上找出 1997 年和 1998 年售出的实际保单数，然后与预测值作比较。

练习 13.43 的表　LIFEINS. DAT

年份	保单数(百万单位)	年份	保单数(百万单位)
1970	355	1984	385
1971	357	1985	386
1972	365	1986	391
1973	369	1987	395
1974	380	1988	391
1975	380	1989	394
1976	382	1990	389
1977	390	1991	375
1978	401	1992	366
1979	407	1993	363
1980	402	1994	371
1981	400	1995	392
1982	390	1996	418
1983	387		

数据来源：U. S. Bureau of the Census. *Statistical Abstract of the United States*, 1998.

13.9 自相关与 Durbin-Watson 检验

在用回归进行预测时，我们曾做过这样的假设，就是模型中的误差项之间相互独立。事实上，这种假设是存在问题的。由于有周期性的存在，序列中的数值往往偏离长期趋势，而形成一些正负(相对于趋势线)交替的群，处在长期趋势线的两边，如图 13.15 所示。

图 13.15　周期误差的图示

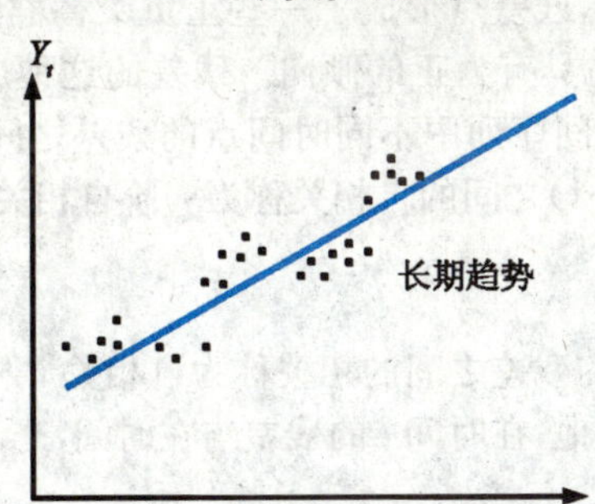

时间序列与拟合长期趋势(如果存在的话还应包括季节因素)的回归模型之间的误差称为时间序列残差(time series residuals)。因此，如果记时间序列为 Y_t，它的预测为 $\hat{Y}_t$，那么时间序列的残差为：

$$\hat{R}_t = Y_t - \hat{Y}_t$$

注意，我们定义的时间序列的残差，跟任何回归模型中的残差是一致的。通常我们将残差随时间的变化描述在图上，这样就能判断时间序列是否存在周期性。

例如，我们再来分析表 13.11 中列出的销售量预测数据，对此，我们用了一个简单的直线回归模型来拟合。图 13.16 绘制出了所有的数据点和模型。另外，残差点在图 13.17 中给出。

图 13.16 销售量数据点图示

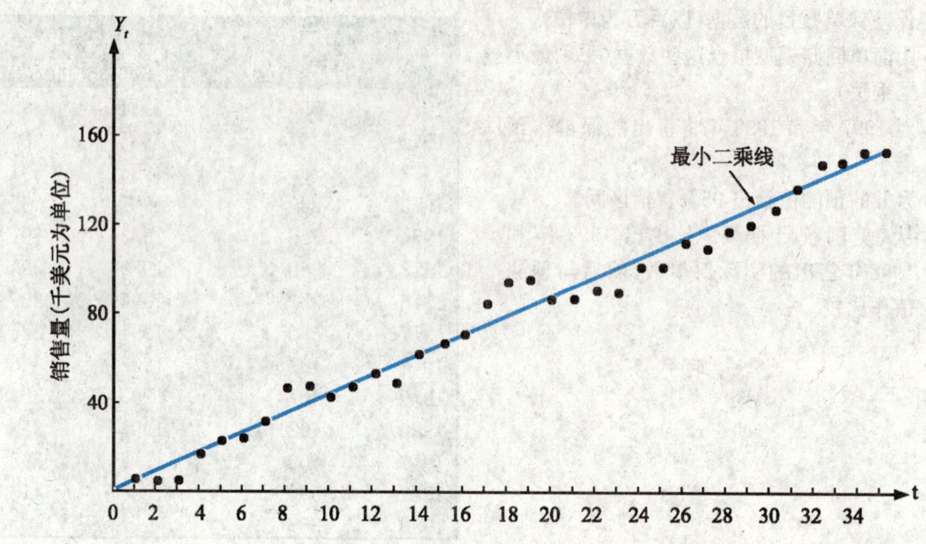

图 13.17 残差随时间的变化:最小二乘模型

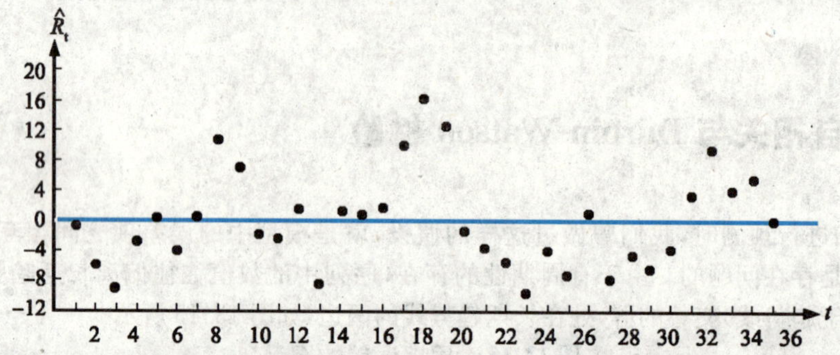

从图 13.17 中我们可以看到,残差点形成了一些正负交替群的趋势。也就是说,如果 t 年的残差为正,那么$(t+1)$年的残差也具有为正的倾向。残差的这种周期性暗含着这样一个事实,即相邻两个残差可能呈相关性。时间序列中不同时间点的残差之间的相关称为自相关(autocorrelation),同时相邻两点(如 t 与 $t+1$)之间的自相关称为一阶自相关(first autocorrelation)。

定义 13.5

时间序列中,不同时间点的残差之间的相关称为自相关。相邻残差(如 t 与 $t+1$)之间的自相关称为 阶自相关。一般地,在时间 t 的残差与在时间 $t+d$ 的残差之间的自相关称为 d 阶自相关。

在本节,我们不是考虑自相关的存在性问题,而是关心它的检验问题。对大多数商业和经济时间序列而言,自相关检验一般指一阶自相关检验。其他高阶自相关也许表明时间序列存在季节性,例如季度时间序列里存在四阶相关关系。除非有特别说明,在本文中,我们所指的自相关通常指一阶自相关。因而,我们作假设检验:

H_0:残差之间没有一阶自相关关系

H_a:残差之间有一阶自相关关系

下面的 Durbin-Watson 统计量是用来验证残差之间是否存在一阶自相关关系的,Durbin-Watson 统计量是这样定义的:

$$d=\frac{\sum_{t=2}^{n}(\hat{R}_t-\hat{R}_{t-1})^2}{\sum_{t=1}^{n}\hat{R}_t^2}$$

其中 n 为观察期的数目，$(\hat{R}_t-\hat{R}_{t-1})$ 为两个连续时间序列残差之间的差。d 值一般落在 0 与 4 之间，大部分统计软件包里含有 d 的计算方法。下面给出了 d 的解释。

Durbin-Watson 统计量 *d* 的解释：

$$d=\frac{\sum_{t=2}^{n}(\hat{R}_t-\hat{R}_{t-1})^2}{\sum_{t=1}^{n}\hat{R}_t^2}\qquad \text{其中 } d:0\leqslant d\leqslant 4$$

1. 如果残差不相关，则有 $d\approx 2$。
2. 如果残差正自相关，则有 $d<2$；如果这种自相关非常强，则有 $d\approx 0$。
3. 如果残差负自相关，则有 $d>2$；如果这种自相关非常强，则有 $d\approx 4$。

Durbin 和 Watson(1951)就低阶自相关检验给出了统计量 d 的值，见附录 B 中的表 XIII(α=0.05)和 XIV(α=0.01)。在本节表 13.18 中，我们摘取了表 XIII(α=0.05)中的部分值。以销量为例，我们有独立变量 $k=1$ 和 $n=35$(观测期)，检验水平 $\alpha=0.05$，对残差作一阶正自相关性单尾检验后，我们获得了表中列出的值 $d_L=1.40$ 和 $d_U=1.52$。图 13.18 对这两个值作了描述性解释。因为 d 的抽样分布很复杂，所以不能像用 z,t,F 等统计量来做检验一样，我们很难确定一个点作为拒绝与接受的边界。而上限 d_U 和下限 d_L 是确定的。这样，如果 $d<d_L$，且 $\alpha=0.05$，就有足够理由说明残差存在自相关关系(是否记得小的 d 值表明存在正相关关系)。如果 $d>d_U$，且 $\alpha=0.05$，则没有理由说明残差存在正的自相关关系。如果 $d_L<d<d_U$，且 $\alpha=0.05$，则这个 d 还不能说明什么问题，要想做出结论(残差是否存在自相关关系)，还需要其他信息。

表 13.18　附录表 BXIII(α=0.05)中的 Durbin-Watson 统计量 *d* 的部分值

	$k=1$		$k=2$		$k=3$		$k=4$		$k=5$	
n	d_L	d_U	d_L	d_U	d_L	d_U	d_L	d_U	d_L	d_U
31	1.36	1.50	1.30	1.57	1.23	1.65	1.16	1.74	1.09	1.83
32	1.37	1.50	1.31	1.57	1.24	1.65	1.18	1.73	1.11	1.82
33	1.38	1.51	1.32	1.58	1.26	1.65	1.19	1.73	1.13	1.81
34	1.39	1.51	1.33	1.58	1.27	1.65	1.21	1.73	1.15	1.81
35	1.40	1.52	1.34	1.58	1.28	1.65	1.22	1.73	1.16	1.80
36	1.41	1.52	1.35	1.59	1.29	1.65	1.24	1.73	1.18	1.80
37	1.42	1.53	1.36	1.59	1.31	1.66	1.25	1.72	1.19	1.80
38	1.43	1.54	1.37	1.59	1.32	1.66	1.26	1.72	1.21	1.79
39	1.43	1.54	1.38	1.60	1.33	1.66	1.27	1.72	1.22	1.79
40	1.44	1.54	1.39	1.60	1.34	1.66	1.29	1.72	1.23	1.79

图 13.18 以销量为例的 Durbin-Watson d 检验的拒绝区域

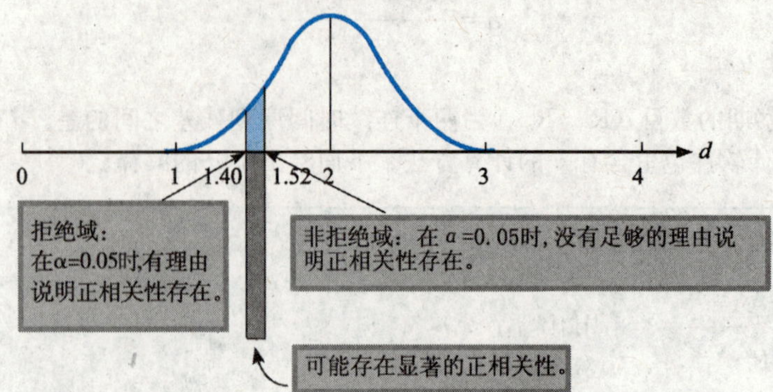

对于负自相关性检验和自相关性双尾检验，我们可以利用 d 统计量抽样分布关于均值 2 对称的性质(见图 13.18)。检验过程总结如下。

在图 13.19 中给出了销售总量回归拟合的 SAS 输出。从中可以看出，d 值为 0.82，比 $d_L = 1.40(\alpha=0.05)$ 要小，因此，我们可以得出结论，此销量的直线模型的残差呈正自相关性。

一旦找到强有力的证明，说明时间序列的残差呈自相关性(如上面的销售量例子)，那么起初用最小二乘法得到的结果以及其推论都已明显站不住脚。此时，要另外建立模型，同时在模型中考虑随机误差的自相关性。这个新建的模型通常是一阶自回归模型，关于一阶自回归模型的介绍见本书最后的附录。

图 13.19 年销量数据回归拟合的 SAS 输出

Dependent Variable: Y

Analysis of Variance

Source	DF	Sum of Squares	Mean Square	F Value	Prob>F
Model	1	65875.20817	65875.20817	1615.724	0.0001
Error	33	1345.45355	40.77132		
C Total	34	67220.66171			

Root MSE	6.38524	R-Square	0.9800
Dep Mean	77.72286	Adj R-Sq	0.9794
C. V.	8.21540		

Parameter Estimates

Variable	DF	Parameter Estimate	Standard Error	T for H0: Parameter=0	Prob>|T|
INTERCEP	1	0.401513	2.20570829	0.182	0.8567
T	1	4.295630	0.10686692	40.196	0.0001

Durbin-Watson	0.821
(For Number of Obs.)	35
1st Order Autocorrelation	0.590

Durbin-Watson d 检验	
单尾检验	双尾检验
H_0:无一阶自相关 H_a:正一阶自相关 (或负一阶自相关) 统计量: $d=\frac{\sum_{t=2}^{n}(\hat{R}_t-\hat{R}_{t-1})^2}{\sum_{t=1}^{n}\hat{R}_t^2}$ 拒绝区域: $d<d_{L,\alpha}$ [或者$(4-d)<d_{L,\alpha}$,如果 H_a 是负一阶自相关] 其中 $d_{L,\alpha}$,$d_{U,\alpha}$,分别是对应于 k 个独立变量和 n 个观测期的 Durbin-Watson 检验的上下界,它们定义的区间 $d_{L,\alpha}<d<d_{U,\alpha}$ 是一个"可能显著"的区间。(见图 13.18)	H_0:无一阶自相关 H_a:正或负一阶自相关 统计量: $d=\frac{\sum_{t=2}^{n}(\hat{R}_t-\hat{R}_{t-1})^2}{\sum_{t=1}^{n}\hat{R}_t^2}$ 拒绝区域: $d<d_{L,\alpha/2}$或者$(4-d)<d_{L,\alpha/2}$ 其中 $d_{L,\alpha/2}$,$d_{U,\alpha/2}$分别是对应于 k 个独立变量和 n 个观测期的 Durbin-Watson 检验的上下界,它们定义的区间 $d_{L,\alpha/2}<d<d_{U,\alpha/2}$是一个"可能显著"的区间。(见图 13.18)
注意:这里假设残差服从正态分布	

练习 13.44～13.49

技能训练:

13.44 什么是自相关?为什么说在时间序列建模与预测中自相关是一个很重要的概念?

13.45 下面的 *Durbin-Watson* 统计量说明时间序列的残差之间有什么关系?

a. $d=3.9$　　b. $d=0.2$　　c. $d=1.99$

13.46 对下面的各种情况,检验的结果是接受零假设(无一阶自相关关系)还是接受备择假设(有一阶正自相关关系)。

a. $k=2,n=20,\alpha=0.05,d=1.1$

b. $k=2,n=20,\alpha=0.01,d=1.1$

c. $k=5,n=65,\alpha=0.05,d=0.95$

d. $k=1,n=31,\alpha=0.01,d=1.35$

概念运用:

13.47 下表列出了 1960 年—1997 年间有关美元贬值的分析数据,表中提供的数据是美元每一年的购买力(与 1982 年相比)。一阶回归模型

$$Y_t=\beta_0+\beta_1 t+\varepsilon$$

是用最小二乘法对数据进行拟合的模型。下面分别给出了 STATISTIX 结果输出和回归残差图。

a. 分析残差图,你能否看到有正负交替群?你认为这个现象是由什么原因造成?

b. 在结果输出中找到 Durbin-Watson 统计量 d 的值,并检验零假设,即时间序列残差不存在相关性($\alpha=0.01$)。

c. 为了使 b 中的检验有效,还必须满足什么假设条件?

BUYPOWER.DAT

t	Y_t	t	Y_t	t	Y_t	t	Y_t
1960	2.994	1971	2.469	1982	1.000	1993	0.802
1961	2.994	1972	2.392	1983	0.984	1994	0.797
1962	2.985	1973	2.193	1984	0.964	1995	0.782
1963	2.994	1974	1.901	1985	0.955	1996	0.762
1964	2.985	1975	1.718	1986	0.969	1997	0.759

t	Y_t	t	Y_t	t	Y_t	t	Y_t
1965	2.933	1976	1.645	1987	0.949		
1966	2.841	1977	1.546	1988	0.926		
1967	2.809	1978	1.433	1989	0.880		
1968	2.732	1979	1.289	1990	0.839		
1969	2.632	1980	1.136	1991	0.822		
1970	2.545	1981	1.041	1992	0.812		

数据来源：U. S. Bureau of the Census. *Statistical Abstract of the United States*, 1998.

练习 13.47 的 **STATISTIX** 输出结果

```
UNWEIGHTED LEAST SQUARES LINEAR REGRESSION OF BUYPOWER

PREDICTOR
VARIABLES          COEFFICIENT    STD ERROR    STUDENT'S T       P
CONSTANT              150.806      7.61699         19.80     0.0000
T                    -0.07537      0.00385        -19.58     0.0000

R-SQUARED                 0.9141   RESID. MEAN SQUARE(MSE)   0.06773
ADJUSTED R-SQUARED        0.9117   STANDANRD DEVIATION       0.26024

SOURCE          DF      SS          MS          F          P
--------------  ----  ----------  ----------  ---------  ---------
REGRESSION       1    25.9565     25.9565     383.26     0.0000
RESIDUAL        36    2.43810     0.06773
TOTAL           37    28.3946
DURBIN-WATSON TEST FOR AUTOCORRELATION
DURBIN-WATSON STATISTIC     0.0692
P-VALUES, USING DURBIN-WATSON'S BETA APPROXIMATION:
  P (POSITIVE CORR)=0.0000, P (NEGATIVE CORR)=1.0000

EXPECTED VALUE OF DURBIN-WATSON STATISTIC              2.0553
EXACT VARIANCE OF DURBIN-WATSON STATISTIC              0.09930

CASES  INCLUDED  38        MISSING CASES  0
```

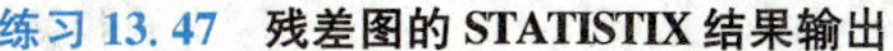

练习 13.47 残差图的 STATISTIX 结果输出

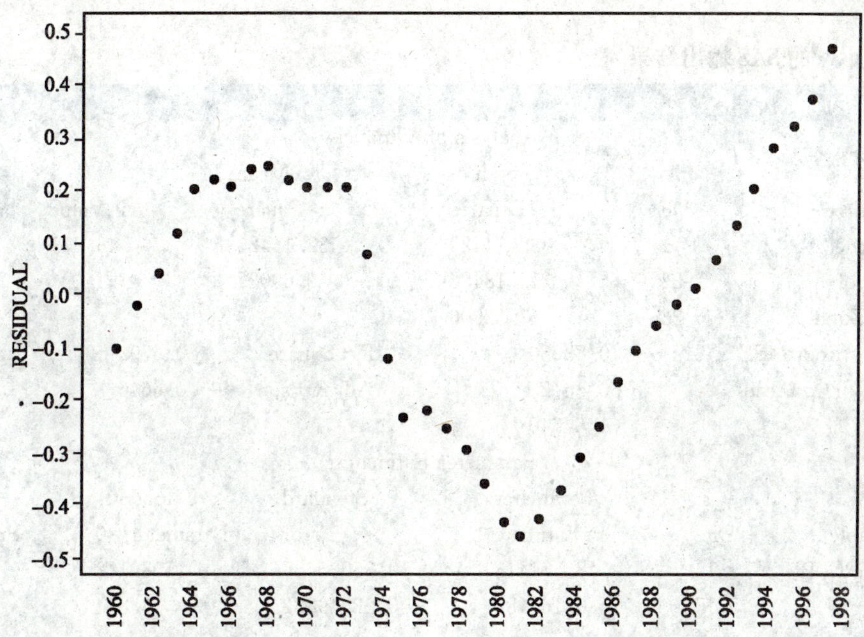

13.48 几年以前,新泽西州某医药公司引入了一种名为 Coldex 的感冒药,然后在美国各大药店和超市销售,下表是前两年的月销售量数据。

COLDEX. DAT

感冒药销售量(单位:千美元)

年份	1月	2月	3月	4月	5月	6月
1	3394	4010	924	205	293	1130
2	4458	3710	1675	999	986	1786
年份	**7月**	**8月**	**9月**	**10月**	**11月**	**12月**
1	1116	4009	5692	3458	2849	3470
2	2253	5237	6679	4116	4109	5124

数据来源: Personal communication from Coaoll Cowley, Carla Marchesini, and Ginny Wilson, Rutgers University ,Graduate School of Management.

a. 对这些数据绘制时间序列图。

b. 用一个简单线性回归模型拟合这些数据。

c. 计算和描出回归残差(随时间变化),从残差图上可否看出残差具有自相关性?

d. 利用 Durbin-Watson 统计量正式检验残差的自相关性。

e. 基于 a、b、c、d 中的信息,建立一个合适的回归模型(不是 b 的简单模型),从而能预测未来的销售量。

13.49 下表是 1996—1997 年间美国汽车商的公共汽车月零售销售量数据(以 10 亿美元为单位)。用一阶回归模型

$$Y_t=\beta_0+\beta_1 t+\varepsilon$$

对这些数据进行拟合,下面给出了它的 SAS 结果输出。

MONCARS. DAT

月份	1996 年 时间 t	1996 年 销量 Y_t	1997 年 时间 t	1997 年 销量 Y_t
1	1	48.07	13	50.84
2	2	49.95	14	52.69
3	3	49.92	15	51.86
4	4	48.46	16	50.45
5	5	49.48	17	49.93
6	6	48.67	18	50.75
7	7	48.71	19	51.89
8	8	49.01	20	52.75
9	9	49.84	21	51.93
10	10	50.11	22	51.32
11	11	49.52	23	51.85
12	12	50.04	24	53.03

数据来源: Standard and Poor's. *Current Statistics*, Dec 1999.

a. 解释输出中最小二乘估计值的意义。

b. 设随机误差满足必要的假设,那么在利用此模型预测未来销售量时,你期望什么程度的精度?

c. 设水平 $\alpha=0.10$,图中是否存在能说明残

差自相关的信息？

练习 13.49 的 SAS 输出结果

Dependent Variable: CARSALES

Analysis of Variance

Source	DF	Sum of Squares	Mean Square	F Value	Prob>F
Model	1	32.14420	32.14420	46.571	0.0001
Error	22	15.18486	0.69022		
C Total	23	47.32906			

Root MSE	0.83080	R−Square	0.6792
Dep Mean	50.46125	Adj R−sq	0.6646
C. V.	1.64640		

Parameter Estimates

Variable	DF	Parameter Estimate	Standard Error	T for H0: Parameter=0	Prob>|T|
INTERCEP	1	48.371413	0.35005605	138.182	0.0001
T	1	0.167187	0.02449882	6.824	0.0001

Durbin-Watson D	1.334
(For Number of Obs.)	24
1st Order Autocorrelation	0.312

要点回顾

注意：带 * 的来自选学章节。

关键词：

Adaptive forecast 自适应预测
Additive model 加法模型
Autocorrelation 自相关
Base period 基期
Composite index number 复合指数
Cyclical effect 周期影响
Durbin-Watson test Durbin-Watson 检验
Exponential smoothing 指数平滑
Exponential smoothing constant 指数平滑系数
Exponential smoothing forecast 指数平滑预测
First-order autocorrelation 一阶自相关
Forecast error 预测误差
Holt-Winters forecasting model* Holt-Winters 预测模型*
Index number 指数
Inferential forecasting model 推断预测模型
Laspeyres index Laspeyres 指数
Long-term trend 长期趋势
Mean absolute deviation 平均绝对误差
Multiplicative model 乘法模型
Paasche index Paasche 指数
Residual effect 残差影响
Root mean squared error 均方误差
Seasonal effect 季节影响
Seasonal model 季节模型
Secular trend 长期趋势
Simple composite index number 简单复合指数量
Simple index number 简单指数
Time series 时间序列
Time series residuals 时间序列残差
Weighted composite price index 加权复合价格指数

关键公式:

$I_t=\left(\frac{Y_t}{Y_0}\right)\times 100$　　简单指数

$I_t=\left(\frac{\text{在 } t \text{ 时所有 } Y \text{ 的总和}}{\text{在 } t_0 \text{ 时所有 } Y \text{ 的总和}}\right)\times 100$　　简单复合指数

加权复合指数:

$I_t=\frac{\sum_{i=1}^{k} Q_{it_0} P_{it}}{\sum_{i=1}^{k} Q_{it_0} P_{it_0}}\times 100$　　Laspeyres 指数

$I_t=\frac{\sum_{i=1}^{k} Q_{it} P_{it}}{\sum_{i=1}^{k} Q_{it} P_{it_0}}\times 100$　　Paasche 指数

指数平滑:

$E_t=wY_t+(1-w)E_{t-1}$,注意 $E_1=Y_1$

预测:$F_{t+k}=E_t$

Holt-Winters 预测模型*:

$E_t=wY_t+(1-w)(E_{t-1}+T_{t-1})$　注意:$E_2=Y_2$,$T_2=Y_2-Y_1$

$T_t=v(E_t-E_{t-1})+(1-v)T_{t-1}$

预测:$F_{t+k}=E_t+kT_t$

$\text{MAD}=\frac{\sum_{t=1}^{N}|F_t-Y_t|}{N}$　　平均绝对误差

$\text{RMSE}=\sqrt{\frac{\sum_{t=1}^{N}(F_t-Y_t)^2}{N}}$　　均方误差

$d=\frac{\sum_{t=2}^{n}(\hat{R}_t-\hat{R}_{t-1})^2}{\sum_{t=1}^{n}\hat{R}_t^2}$　　Durbin-Watson 检验统计量

语言室:

符号	说明
Y_t	时间序列在 t 时的值
I_t	t 时的指数
P_t	t 时的价格时序
Q_t	t 时的数量时序
E_t	t 时的指数平滑值
T_t	t 时的平滑趋势
F_{t+k}	k 阶预测值
MAD	平均绝对误差
RMSE	均方误差
$\hat{R}_t$	t 时的残差
d	Durbin-Watson 检验统计量的值
d_L	d 的下关键值
d_U	d 的上关键值

补充练习 13.50～13.62

13.50 20 世纪 80 年代，由于进口钢铁在市场占有率的提高、国内经济几经衰退的影响，以及其他重大经济事故原因，美国钢铁工业成了备受关注的目标。下面列出了 1980—1996 年间 3 种钢材的年平均价(美分/磅)。

STEEL3. DAT

年份	冷轧钢	热轧钢	电镀钢
1980	21.91	18.46	23.88
1981	23.90	20.15	26.88
1982	24.65	20.80	26.75
1983	26.36	22.23	28.43
1984	28.15	23.75	30.30
1985	28.15	23.75	30.30
1986	25.65	21.15	30.30
1987	27.38	21.64	30.49
1988	28.15	21.50	31.05
1989	28.15	21.50	32.48
1990	25.37	22.25	33.55
1991	25.75	22.88	35.35
1992	24.03	19.13	30.88
1993	23.83	17.25	30.90
1994	25.70	17.25	32.24
1995	25.70	25.32	34.47
1996	25.81	23.94	35.90

数据来源：Standard & Poor's Statistics: Metals, 1995; *The CRB Community Yearbook*, 1998

a. 对每一个价格时间序列进行指数平滑(w=0.5)。

b. 将原始价格时间序列和指数平滑后的时间序列绘制在同一张图上。

c. 预测这 3 种钢材 2000 年的价格，并说出这些预测的不足之处。

13.51 参阅上题。

a. 以 1980 年为基期，计算这 3 个时间序列的简单复合指数。

b. 这个指数是数量指数，还是价格指数？

c. 以 1980 年为基期，为了计算 Laspeyres 指数，还需要什么信息？计算 Paasche 指数呢？

13.52 在 1990 年，郊区的四口之家一周的食品平均开支约为 154.40 美元。下表列出了 1990—1997 年间所选食品的零售价格。

FOOD4. DAT

年份	面包(美元/磅)	牛排(美元/磅)	鸡蛋(美元/打)	土豆(美元/磅)
1990	0.70	5.45	1.00	0.32
1991	0.72	5.21	1.01	0.28
1992	0.74	5.39	0.93	0.31
1993	0.76	5.77	0.87	0.36
1994	0.75	5.86	0.87	0.34
1995	0.84	5.92	1.16	0.38
1996	0.87	5.87	1.31	0.33
1997	0.88	6.07	1.17	0.37

数据来源：U. S. Bureau of the Census, Statistical Abstrad of the United States, 1998.

假设一个一般的郊区四口之家，1990 年平均每周购买所选食物的数量如下表所示。

面包	牛排	鸡蛋	土豆
2 磅	4 磅	1 打	10 磅

a. 以 1990 年为基期，计算 1990～1997 年间的 Laspeyres 价格指数。

b. 根据上面计算的价格指数，可以看出，1990～1997 年间这些食物的价格是怎样上涨或下跌的？

13.53 参阅练习 13.41 中的个人年消费数据。假设 $w=0.3$，$v=0.7$，计算 1997～2000 年间 Holt-Winters 预测值。采用标准 MAD 和 RMSE，将这些预测值与 13.41 中的线性回归预测值进行比较(要完成本题，你必须获得 1997—2000 年间的实际时间序列值)。

13.54 下表列出了 Abbott 实验室的股票年收盘价格。

ABBLAB. DAT

年份	收盘价	年份	收盘价
1980	56.50	1990	45.00
1981	27.00	1991	68.07
1982	38.75	1992	30.03
1983	45.25	1993	29.05
1984	41.75	1994	32.05
1985	68.37	1995	41.05
1986	45.62	1996	50.75
1987	48.02	1997	65.50
1988	48.01	1998	49.00
1989	64.03	1999	36.31

数据来源：Standard & Poor's *NYSE Daily Stock Price Record*, 1980—1999.

a. 假设 $w=0.8$，用指数平滑方法预测 2000 年和 2001 年的收盘价格，如果你在 1999 年年底买入，然后在 2000 年年底卖出，你的预期收益或损失是怎样的情形？

b. 假设取 $w=0.8$，$v=0.5$，用 Holt-Winters 预测方法重复 a 的工作。

c. 上面两种预测，你对哪一种更有信心，为什么？

13.55 参阅练习 13.54。

a. 用一个简单线性回归模型对股票价格数据进行拟合。

b. 将拟合的回归线绘制在数据散点图上。

c. 用此回归模型预测 2000 年和 2001 年的收盘价格。

d. 对 c 中的预测值建立 95%置信区间，并给予解释。

e. 计算此时间序列简单线性回归模型的残差，并用 Durbin-Watson 统计量检验自相关关系。

13.56 下表列出了加拿大和墨西哥 1987—1996 年间谷物年产出的数据（以 1000 吨为单位）。

CEREAL2. DAT

年份	加拿大	墨西哥
1987	51682	23636
1988	35788	21067
1989	48402	21429
1990	56797	25570
1991	53850	23616
1992	49500	26976
1993	52241	25825
1994	46580	26811
1995	49294	24717
1996	59407	26846

数据来源：Department of Economics and Social Information and Policy Analysis，United Nations. *Statistical Yearbook*，1997.

a. 以 1990 年为基期，分别计算这两个时间序列的简单指数。

b. 绘制两个指数的时间序列图。

c. 利用 a、b 中的结果，比较在 1987—1996 年间加拿大和墨西哥谷物年产出的情况。

13.57 GDP（国民生产总值）是商品与服务年产出按市场价计算的总量。下表列出了 1980—1997 年间各季度 GDP 数据（以 10 亿美元为单位）。取 $w=0.5$，$v=0.5$，仅以 1995—1997 年间的数据为基础，采用 Holt-Winters 方法预测 1998 年 4 个季度的 GDP。

QTRGDP. DAT

	季度			
年份	1	2	3	4
1980	2650.1	2643.9	2705.3	2832.9
1981	2953.5	2993.0	3079.6	3096.3
1982	3092.9	3146.2	3164.2	3195.1
1983	3254.9	3367.1	3450.9	3547.3
1984	3666.9	3754.6	3818.2	3869.1
1985	3940.0	3997.5	4076.9	4140.5
1986	4215.7	4232.0	4290.2	4336.6
1987	4408.3	4494.9	4573.5	4683.0
1988	4752.4	4857.2	4947.3	5044.6
1989	5139.9	5218.5	5277.3	5340.4
1990	5422.4	5504.7	5570.5	5557.5
1991	5589.0	5652.6	5709.2	5739.7
1992	5896.8	5971.3	6043.6	6169.3
1993	6235.9	6299.9	6359.2	6478.1
1994	6772.8	6885.0	6987.6	7080.0
1995	7147.8	7196.5	7298.5	7348.1
1996	7495.3	7629.2	7703.4	7818.4
1997	7955.0	8063.4	8170.8	8154.5

数据来源：U. S. Bureau of Economic Analysis. *Business Statistic*，1998

13.58 参阅练习 13.57。

a. 用简单线性回归模型拟合 1980—1997 年间的数据，然后预测 1998 年 4 个季度的 GDP。并给出预测值的 95%置信区间。

b. 这些 GDP 值已经进行了季节性调整，也就是说在报告数据以前，已经没法剔除了季节性影响。在模型中增加季节虚拟变量，然后采用部分 F 检验（见 11.11 节），试确定这些数据中是否含有季节影响。检验的结果能说明这些数据已经进行了季节调整吗？

c. 采用季节模型预测 1998 年 4 个季度的 GDP。

d. 计算时间序列季节模型的残差，然后用 Durbin-Watson 统计量检验自相关关系（$\alpha=0.05$）。

13.59 参阅练习 13.57 和 13.58。对每一个预测模型计算 MAD 和 RMSE，然后对 1998 年的前 3 个季度的预测进行评估。根据评估结果，你认为哪种预测模型较好？（要完成此题，需要知道 1998 年 GDP 的实际数据。）

13.60 消费者信用贷款中的大部分由汽车贷款、滚动信用贷款以及其他信用贷款等构成。下表列出了1980—1997年间这些主要项目的贷款数据(以十亿美元为单位)。

LOANS. DAT

年份	汽车	其他	滚动
1980	112.0	131.0	55.1
1981	119.0	131.2	61.1
1982	125.9	133.4	66.5
1983	143.6	146.4	79.1
1984	173.6	168.8	100.3
1985	210.2	185.7	121.8
1986	247.8	188.4	135.8
1987	266.3	189.3	153.1
1988	285.5	203.2	174.3
1989	292.5	233.3	198.5
1990	283.1	228.3	223.5
1991	259.6	223.5	245.3
1992	257.7	216.1	257.3
1993	282.0	224.4	287.9
1994	324.5	249.1	337.7
1995	364.2	287.0	443.0
1996	392.4	288.3	499.2
1997	414.6	292.4	528.9

数据来源: U. S. Bureau of the Census. *Statistical Abstract of the United States*, 1998.

a. 用简单线性回归模型预测2000年和2001年的主要项目贷款额,并且给出每一个预测值的95%置信区间。

b. 取 $w=0.7, v=0.7$,采用 Holt-Winters 方法预测2000年和2001年主要项目的贷款额,并与上面用简单线性回归模型预测的结果作比较。

13.61 在一年中,个人挣得的美元称为个人现金收入。将这些数据进行调整,使得报告期挣得的美元与基期收入的美元购买力一致,这一调整后的结果称为个人真实收入。消费者价格指数(CPI)可以用来作这种数据调整,以获得真实收入(基于1982—1984年的购买力)。要获得某一年的真实收入结果,就必须将当年收入除以当年的CPI,然后乘以100。下表列出了1970—1997年间CPI。

CPI. DAT

年份	CPI	年份	CPI	年份	CPI
1970	38.8	1980	82.4	1990	130.7
1971	40.5	1981	90.9	1991	136.2
1972	41.8	1982	96.5	1992	140.3
1973	44.4	1983	99.6	1993	144.5
1974	49.3	1984	103.9	1994	148.2
1975	53.8	1985	107.6	1995	152.4
1976	56.9	1986	109.6	1996	156.9
1977	60.6	1987	113.6	1997	160.5
1978	65.2	1988	118.3		
1979	72.6	1989	124.0		

数据来源: U. S. Bureau of the Census. *Statistical Abstract of the United States*, 1998.

a. 假设你在1970年和1997年的现金收入分别为20000和60000美元,则这两年的真实收入是多少?你能在哪一年买到更多的货物或服务?请解释。

b. 为获得与1970年的20000美元货币收入同样的购买力,则1997年要得到多少美元?

13.62 在例13.4中,我们分析了IBM公司股票在1998年1月到1999年12月之间各月的价格。在下表,我们又列出了这些原始数据和指数平滑后的新数据 $w=0.5$。

a. 利用1998年1月到1999年9月平滑后的数据预测1999年10月到12月的股票价格,并计算预测误差。

b. 我们用一个简单的线性回归模型拟合1998年1月到1999年9月的原始数据,下表是其SAS结果输出。时间变量 t 取1到21之间的整数,代表21个样本月。解释输出结果中的最小二乘估计值。

c. 利用回归模型预测IBM公司股票的价格,你期望的预测精度大约是多少?

d. 利用简单线性回归模型预测1999年10月到12月的股票价格,并求出95%的置信区间。这个结果与在c中你的期望符合吗?

e. 利用MAD和RMSE比较用指数平滑模型预测的结果和用简单线性回归模型预测的结果。

f. 回归模型中的随机误差成分必须满足什么条件才能使模型预测(推断)有效?

g. 取 $\alpha=0.05$,检验时间序列的残差是否存

在一阶自相关关系，并判断上面的预测(利用简单线性回归模型预测结果)是否有效。

IBM. DAT

1998	IBM	平滑后	1999	IBM	平滑后
1月	49.38	49.38	1月	91.63	87.67
2月	52.22	50.80	2月	84.88	86.28
3月	51.94	51.37	3月	88.63	87.45
4月	57.94	45.66	4月	104.59	96.02
5月	58.75	56.70	5月	116.00	106.01
6月	57.41	57.06	6月	129.25	117.63
7月	66.25	61.65	7月	125.69	121.66
8月	56.31	58.98	8月	124.56	123.11
9月	64.25	61.61	9月	121.00	122.06
10月	74.25	67.93	10月	98.25	110.15
11月	82.56	75.25	11月	103.06	106.60
12月	92.19	83.72	12月	107.88	107.24

数据来源：Standard & Poor's *NYSE Daily Stock Price Record*，1980—1999.

练习 13.62　**的 SAS 结果输出**

Dependent Variable：IBM

Analysis of Variance

Source	DF	Sum of Squares	Mean Square	F Value	Prob>F
Model	1	14003.99966	14003.99966	219.809	0.0001
Error	19	1210.48786	63.70989		
C Total	20	15214.48752			

Root MSE	7.98185	R−Square	0.9204
Dep Mean	83.31810	Adj R−sq	0.9163
C. V.	9.57997		

Parameter Estimates

Variable	DF	Parameter Estimate	Standard Error	T for HO: Parameter=0	Prob>|T|
INTERCEP	1	36.407238	3.61183581	10.080	0.0001
T	1	4.264623	0.28764581	14.826	0.0001

Durbin−Watson D	0.783
(For Number of Obs.)	21
1st Order Autocorrelation	0.567

Obs	Dep Var IBM	Predict Value	Std Err Predict	Lower 95% Predict	Upper 95% Predict	Residual
1	49.3800	40.6719	3.363	22.5436	58.8001	8.7081
2	52.2200	44.9365	3.120	26.9992	62.8738	7.2835
3	51.9400	49.2011	2.886	31.4364	66.9658	2.7389
4	57.9400	53.4657	2.662	35.8547	71.0768	4.4743
5	58.7500	57.7304	2.452	40.2536	75.2071	1.0196

续表

6	57.4100	61.9950	2.259	44.6327	79.3573	−4.5850
7	66.2500	66.2596	2.087	48.9915	83.5277	−0.00960
8	56.3100	70.5242	1.944	53.3298	87.7187	−14.2142
9	64.2500	74.7888	1.834	57.6472	91.9305	−10.5388
10	74.2500	79.0535	1.765	61.9435	96.1634	−4.8035
11	82.5600	83.3181	1.742	66.2188	100.4	−0.7581
12	92.1900	87.5827	1.765	70.4728	104.7	4.6073
13	91.6300	91.8473	1.834	74.7057	109.0	−0.2173
14	84.8800	96.1120	1.944	78.9175	113.3	−11.2320
15	88.6300	100.4	2.087	83.1085	117.6	−11.7466
16	104.6	104.6	2.259	87.2789	122.0	−0.0512
17	116.0	108.9	2.452	91.4291	126.4	7.0942
18	129.3	113.2	2.662	95.5594	130.8	16.0796
19	125.7	117.4	2.886	99.6704	135.2	8.2549
20	124.6	121.7	3.120	103.8	139.6	2.8603
21	121.0	126.0	3.363	107.8	144.1	−4.9643
22	.	130.2	3.612	111.9	148.6	.
23	.	134.5	3.866	115.9	153.1	.
24	.	138.8	4.125	120.0	157.6	.

现实案例

垫片制造案例：(一个涵盖第 12 章和第 13 章内容的案例)

问题：美国中西部地区为汽车以及其他车辆厂家生产垫片的某企业，突然收到客户(一汽车制造商)的通知，说他们对用于汽车发动机上的一种硬垫片厚度大幅提高了规格要求，虽然垫片制造商能满足目前使用的规格，但他们的产品无法满足新的规格标准。

为此，垫片生产企业的第一反应是与客户磋商，看新的标准能否有所改变。当协商失败后，双方关系处于紧张状态。此时，垫片生产企业的想法是，如果耐心等待，客户也许会让步，并继续购买目前规格的垫片。但事与愿违，随着时间的推移，此事已变得很清楚，现状是不可能有所改变的。因此，还是需要采取积极措施，提高产品质量。但要怎样做，由谁来做呢？

图 C5.1　硬垫片

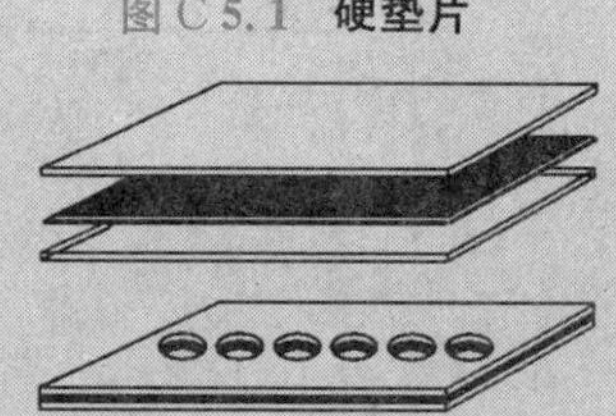

产品：图 C5.1 所示，为问题中的硬垫片，此硬垫片由外部两层软垫片材料和内部一片打孔的金属片组成。这 3 层金属组装在一起后，接下来是打孔，然后在内部的圆孔上和整个产品的外围安上一些金属环。在此例中，我们关心的产品特性是垫片组装的厚度。

过程：机械工程师的最初研究表明，软垫片材料厚度的变化(硬材料的外部两层)毫无疑问是影响成品厚度变化的主要原因。图 C5.2 展示了轧辊机的加工过程。此轧辊机把软垫片材料制作成薄片。为制作一片软垫片材料，操作人员把软小球状的加工原料填入两轧辊之间缝隙中。较大的轧辊围绕其转轴转动但不能平动，而较小的轧辊可以前后平移以调整缝隙的大小。当操作员在缝隙中不断加入更多的原料时，薄片就在大的轧辊表面形成了。当小的轧辊达到预定位置时(也就是成品薄片的厚度)，轧辊机就会自动响起铃声并亮红灯，通知操作员停止加料。操作员立即停下轧辊机，然后水平切割轧辊外围的薄片，以便把薄片从轧辊上取下来。接下来把成品薄片放到桌子上，操作员用微米测量器测量它的厚度。然后把这个厚度与规定厚度作比较，如果薄片太厚或太薄，就要调整两轧辊间的缝隙，以便符合要求。

图 C5.2　制造软衬垫的轧辊机

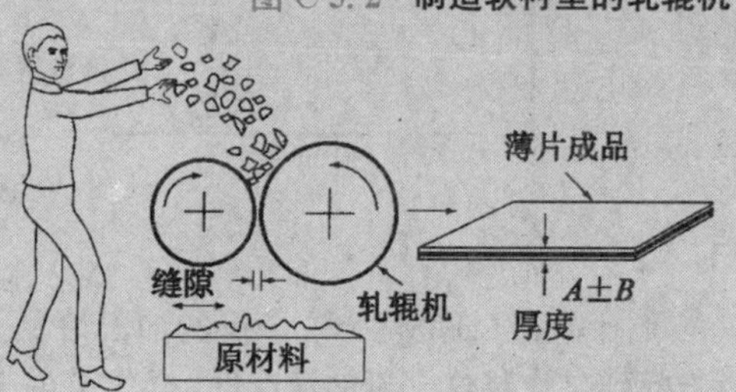

过程操作：调查表明，操作员按以下程序进行操作。每一片薄片制作好后，操作员用微米测量器测量它的厚度，连续测量 3 张薄片后，求出它们的平均值，然后将平均值描在一张图上。交接班的开始，这张图上只有一条直线，这条直线代表正在加工的软衬垫薄片的期望厚度。同时操作员定期检查这些数据，从而决定要不要对过程均值(薄片的厚度)进行调整。如果需要调整，只需停机松开小轧辊上的螺丝，然后移动千分之几英寸，直到操作员认为合适为止。螺丝拧紧后，操作员用一个锥形测量器再次测量缝隙的宽度，如果符合要求，就重新启动开始加工。一般情况下这个调整工作需要 10～15 分钟。问题是什么时候开始调整，以及调整多少，这完全由操作员根据图上产生的平均值数据作决定。

图 C5.3 中有一系列的小图是对一个班中操作员对过程进行调整的详细记录。这些数据来自同一个班，工程师往往从这班中抽取数据，以研究加工能力(后面会讲到)。图 C5.3(a)显示的调整是最初连续 12 个薄片(每 3 个连续薄片厚度的 4 个平均值)生产后的情况。正如图上显示的，根据获得的数据，操作员发现正在加工的薄片的厚度小于期望厚度。因此，他就把机器停下来，把缝隙略微调宽，然后又启动机器。图 C5.3(b)显示的是调整了一段时间后的情况。此图显示，操作员后来发现，前次调整调得太大了，因此，他又停机进行调查。

从图 C5.3(c)可以看出,过程正常运行了一段时间后,操作员发现平均值又低于期望厚度。他认为有必要再作一次调整。图 C5.3(d)和图 C5.3(e)显示了后来在其他时间进行调整的情况。

图 C 5.3　一个班内过程调整的情况

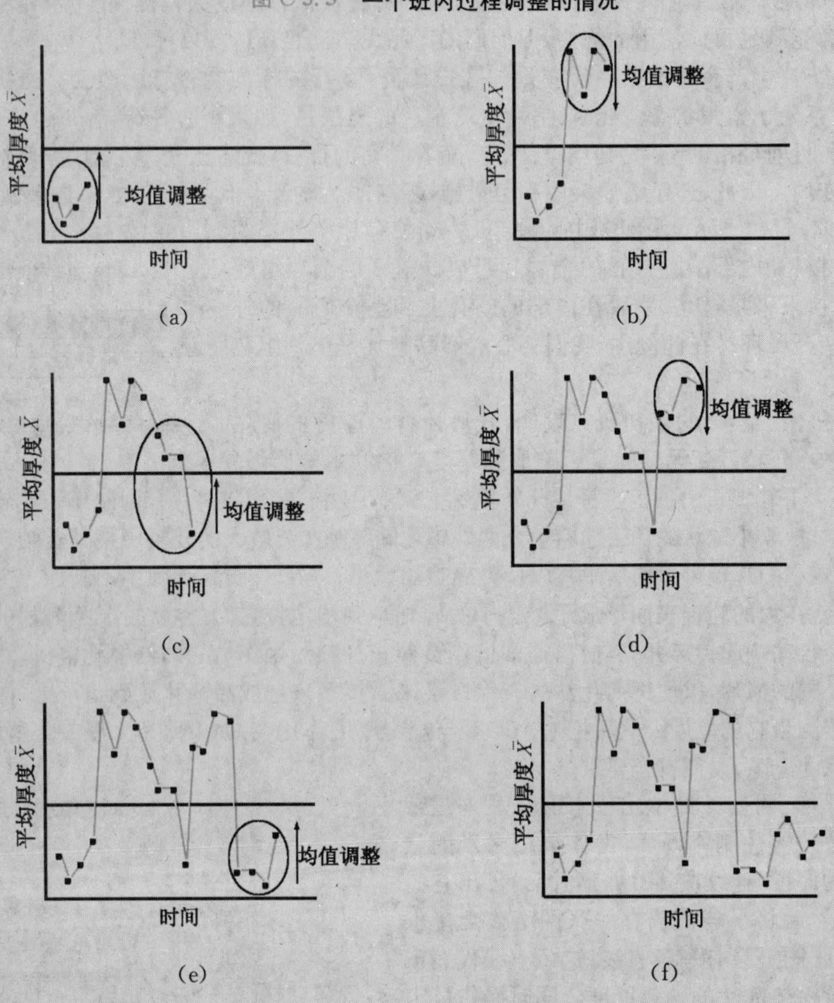

图 C5.3(f)是整个这个班的加工情况。在这个班里,共生产了 24×3=72 个软衬垫薄片。当问到操作员这个班的情况时,操作员说工作正常。

公司的解决方案:工程师研究制定合适的操作计划的同时必须采取措施使产出的硬垫片厚度符合新的规格要求。为此,管理者决定加强生产监控。特别是指把每一个垫片按厚度分级,以便厚度变化在组装过程中均匀分配,还增加了几个监察员给软垫片材料的厚度分级。同样厚度的薄片运兄弟工厂进行组装。将那些过厚或过薄的衬垫挑选出来,制成符合规格的硬垫片。这一过程的确奏效,但有些人认为这样做的成本过高,而且并没有找到问题的根源,能否坚持做下去还有些争议。

表 C5.1　**薄片厚度的测量值**

薄片	厚度(英寸)	薄片	厚度(英寸)	薄片	厚度(英寸)
1	0.0440	25	0.0464	49	0.0427
2	0.0446	26	0.0457	50	0.0437
3	0.0437	27	0.0447	51	0.0445
4	0.0438	28	0.0451	52	0.0431
5	0.0425	29	0.0447	53	0.0448
6	0.0443	30	0.0457	54	0.0429
7	0.0453	31	0.0456	55	0.0425
8	0.0428	32	0.0455	56	0.0442
9	0.0433	33	0.0445	57	0.0432
10	0.0451	34	0.0448	58	0.0429
11	0.0441	35	0.0423	59	0.0447
12	0.0434	36	0.0442	60	0.0450
13	0.0459	37	0.0459	61	0.0443
14	0.0466	38	0.0468	62	0.0441
15	0.0476	39	0.0452	63	0.0450
16	0.0449	40	0.0456	64	0.0443
17	0.0471	41	0.0471	65	0.0423
18	0.0451	42	0.0450	66	0.0447
19	0.0472	43	0.0472	67	0.0429
20	0.0477	44	0.0465	68	0.0427
21	0.0452	45	0.0461	69	0.0464
22	0.0457	46	0.0462	70	0.0448
23	0.0459	47	0.0463	71	0.0451
24	0.0472	48	0.0471	72	0.0428

工程部门的分析：同时公司的工程师们继续进行研究，并得出结论，认为目前用于加工软垫片的轧辊设备只是不能满足新规格的要求。这一结论是他们经过几个月对产品数据的检验获得的。他们研究了一些新设备，得到了良好的连续跟踪记录。所以决定提交更新现有轧辊机的报告。

为了使建议书有说服力，他们的老板要求他们搜集了一些证明目前设备加工能力不够的数据。坚信设备能力不足的工程师选用优秀的操作员和最好的设备(有数条轧辊生产线的工厂)，同时对 8 小时时间内生产的每一张薄片进行仔细测量。在这段时间里共生产了 72 张薄片。由于每班的定额生产量是 70 张，所以这个结果非常令人满意。表 C5.1 给出了这 72 张薄片的厚度(按加工顺序)。工程师们开始用这些数据进行加工能力的研究。

图 C5.4　**加工能力研究的数据立方图**

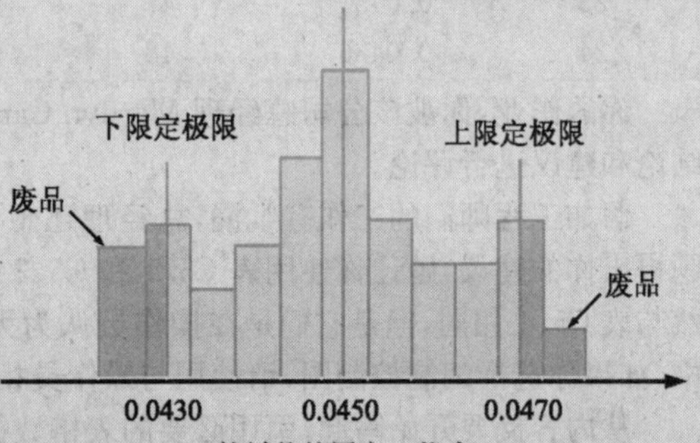

下限定极限
上限定极限
废品
废品
0.0430　0.0450　0.0470
软衬垫的厚度（英寸）

在起草建议书人中有人 10 年前学过统计学，依靠学过的知识，他们决定利用这些数据编制频率分布图，并且利用它来估计落在规格范围内测量值的百分比。图 C5.4 是一个直方图，上面标出了上下控制限。深色阴影部分代表落在控制限以外的产品数目。很明显，很大部分产品不符合客户的要求。72张薄片中有8张落在控制限以外。因此，按照符合规格要求的百分比而言，加工能力仅为88.8%，这显然是不能接受的。分析人员证实了工程师关于设备加工能力低的看法，并把这个观点写在交给董事会办公室的有关更换设备的建议书中。

表C5.2 一个班内没有过程调整时薄片厚度的测量值

薄片	厚度(英寸)	薄片	厚度(英寸)	薄片	厚度(英寸)
1	0.0445	25	0.0443	49	0.0445
2	0.0455	26	0.0450	50	0.0471
3	0.0457	27	0.0441	51	0.0465
4	0.0435	28	0.0449	52	0.0438
5	0.0453	29	0.0448	53	0.0445
6	0.0450	30	0.0467	54	0.0472
7	0.0438	31	0.0465	55	0.0453
8	0.0459	32	0.0449	56	0.0444
9	0.0428	33	0.0448	57	0.0451
10	0.0449	34	0.0461	58	0.0455
11	0.0449	35	0.0439	59	0.0435
12	0.0467	36	0.0452	60	0.0443
13	0.0433	37	0.0443	61	0.0440
14	0.0461	38	0.0434	62	0.0438
15	0.0451	39	0.0454	63	0.0444
16	0.0455	40	0.0456	64	0.0444
17	0.0454	41	0.0459	65	0.0450
18	0.0461	42	0.0452	66	0.0467
19	0.0455	43	0.0447	67	0.0445
20	0.0458	44	0.0442	68	0.0447
21	0.0445	45	0.0457	69	0.0461
22	0.0445	46	0.0454	70	0.0450
23	0.0451	47	0.0445	71	0.0463
24	0.0436	48	0.0451	72	0.0456

你的作业：你被该公司总经理 Marilyn Carlson 聘为公司顾问，她会请你对工程师的分析、结论和建议进行评论。

假如工程师们的工作有纰漏，总经理还想请你自己进行一番研究，并对如何解决公司问题提出你的建议，她让你使用表C5.1和C5.2中的报告数据，表C5.2这些数据的采集方式虽然与表C5.1相同，但是它们是在操作员认为无需调整薄片厚度的时候获取的。在你的分析中，如果你选择编制控制图，请使用与操作员相同的三次测量子集。

从内容摘要开始写起，引用必要的表格数据支持你的分析和建议(如下表所示，此案例的数据存储在GASKET.DAT)。

GASKET. DAT

变量	栏	类型
薄片	1—2	QN
厚度	7—11	QN
调整	13	QL(A=有操作员调整,N=没有操作员调整)

第 14 章

实验设计与方差分析

本章内容

统计实践

我们已经学过的

正如我们在前面所见到的,很多实际问题的解决依赖于对总体均值的推断。在第 7~9 章,我们学习了有关均值的估计和假设检验的方法,以及两个均值的比较;在第 10~11 章,我们介绍了利用回归模型估计一个响应变量均值的方法;而在第 12 章,我们的重点是对一种过程的均值进行监控的方法。

我们将要学习的

在本章,我们将通过两条重要的途径把 7~12 章的方法加以扩展。其一,讨论抽样实验设计(design)中的主要要素。其二,为了比较两个以上的总体,我们将学习怎样分析(analyze)实验。我们将重点放在两个以上总体的实验设计上,同时用计算机分析设计的实验。为此,主要采用两种分析方式:方差分析和回归分析。前面的数据,大部分来自观察(observational)的抽样实验,而不是来自设计的抽样实验。在观察研究(observational study)中,分析者几乎不可能控制所要研究的变量,只能观察它们的值。相反,在设计的实验(designed experiments)中,分析者可以控制一个或多个变量的水平,从而研究并控制它们对所研究变量的影响。在实际的商务活动中,尽管像这样控制的机会很少，但即使对于观察实验，它也同样具有启发性，使我们能够分析和解释由设计实验所得到的数据，并在有机会设计实验时了解设计实验的要点。

在 14.1 节，我们首先介绍实验设计的要素。然后，在 14.2 节和 14.4 节，我们将讨论两个简单的多总体的实验设计，最后在 14.5 节，我们将利用第 10～11 章的回归方法，实现对设计实验的统计分析。

14.1 实验设计的要素

除了在一些特定的应用领域，对几乎所有的实验设计来说，某些要素是最基本的。例如，响应变量(response)是在实验中我们要研究的变量。响应变量可以是某个高三学生的 SAT 得分，可以是某公司去年的总销售量，也可以是今年某个家庭的总收入。在回归分析中，我们称响应变量为因变量(dependent variable)。本章中这些术语可交叉使用。

定义 14.1

响应变量是在实验中需要研究的目标变量，有时我们也称响应变量为因变量。

在统计实验中，我们的目的是测定一个或多个变量对响应变量的影响，这些变量，在回归分析中叫自变量(independent variable)，我们称之为因子(factors)。像自变量一样，根据这一变量是否可用数量尺度进行测量，因子既可以是定量的，也可以是定性的。例如，我们可以分析“性别”这一定性变量对于“SAT 得分”这一响应变量的影响，换言之，我们是想要比较高三学生中男生与女生的 SAT 得分。另外，我们也许要研究定量变量“销售员人数”对响应变量“公司销售总量”的影响。在大多情况下，我们的因子有两个或两个以上，例如，我们要分析定量因子“挣工资人数”和定性因子“所在地区”对响应变量“家庭收入”的影响等。

定义 14.2

因子是那些对响应变量产生影响且实验者对此影响感兴趣的变量。定量因子(quantitative factors)是一种可以用数量尺度进行度量的因子，而定性因子(qualitative factors)则不能用数量尺度度量。在回归分析中，因子被称为自变量，我们将这两个术语作为同义词来使用。

在实验中，水平(levels)是因子的取值。定性变量的水平通常不是数值的。例如，“性别”的水平是男和女，“所在地区”的水平可能是东、南、西、北等。① 定量变量的水平是数值的，例如，“销售员人数”的水平可以是 1、3、5、7 和 9 等。“受教育程度”的水平可以是 8、12、16 和 20 年等。

定义 14.3

因子的水平是实验中所利用的因子的取值。

在实验中，如果我们运用的是单因子(single factor)，则因子的水平就是实验的处理(treatments)。例如，如果我们要研究“性别”这一定性因子对响应变量“SAT 得分”的影响，那么实验的处理就是性别的两个水平：男或女。或者，如果实验对象是挣工资人数对家庭收入的影

---

① 定性变量的水平也可以用数字来表示。例如，位置可以标为 1、2、3 和 4 等，然而，在这些情况下，定性变量的数字只是代码，不代表实际的数值。

响，则“挣工资人数”这个定量变量所取的数值就是实验的处理。在实验中，如果选择了两个或多个因子，那么实验的处理就是所运用的因子一水平组合。例如，如果我们研究的是性别和 GPA 这两个因子对响应变量 SAT 得分的影响，则实验的处理就是所运用的性别水平和 GPA 水平的组合。即(女，2.61)、(男，3.43)和(女，3.82)都是处理。

定义 14.4

一个实验的处理是所运用的因子—水平组合。

被用来观察响应变量和因子的对象称为实验单元(experimental units)。例如，SAT 得分、中学 GPA 和性别都是可以对同一个实验单元——一个高中三年级学生进行观察的变量。又如，销售总额、每一股份的收入和销售人员的数量都可以在某一年对某一公司进行测度，则年份一公司组合是实验单元。对于某一时点的一个家庭，总收入、女性挣工资者的人数和位置都是可观察到的，因此，家庭—时间组合是一个实验单元。每一个实验，无论是观察的，还是设计的，都有着对变量进行观察的实验单元。然而，如果实验者必须要对实验单元抽样并测量变量，则实验单元的确定在设计实验中更为重要。

定义 14.5

一个实验单元是对响应变量和因子进行观察和测量的对象。①

当处理的规格以及对每个处理指定实验单元的方法是由分析者进行控制时，则称这个实验为设计(designed)实验。相反，如果分析者仅仅是在实验单元的一个样本上对处理进行观测，则这个实验是观察(observational)实验。例如，为了分析培训对雇员生产率的影响，如果你对一组随机选取的雇员进行培训，而不对另一组随机选取的雇员培训，则你就是正在设计一个实验。另一方面，如果你对具有大学学位的雇员与没有大学学位的雇员的生产率进行比较，那么这个实验就是观察实验。

定义 14.6

一个设计实验是指处理的规格以及对每一个处理指定实验单元的方法均由分析者进行控制的实验。而观察实验是指分析者仅在实验单元的一个样本上对处理和响应变量进行观察的实验。

图 14.1 中的简图概括了实验过程以及本节所介绍的术语。注意到实验单元处于这一流程的核心位置，且从总体中抽取实验单元样本的方式决定了实验的种类。每一个因子的水平(处理)和响应变量都是在每一个实验单元上进行观察和测量的变量。

例 14.1

为了确保高尔夫球设备符合 USGA(美国高尔夫球协会)标准，USGA 定期地对其进行检测。假设该协会要比较 4 种不同品牌的高尔夫球被长打杆(使距离最远的球棒)击出后的平均距离。则这个实验是这样进行的：对每种品牌随机选取 10 个球，每个球都由“Iron Byron”(USGA 以著名的高尔夫球员 Iron Byron 命名的高尔夫球机器人)用一根长打杆击出，并记下其距离。请确定这一实验中以下的各个要素：响应变量、因子、因子种类、水平、处理和实验单元。

① 回顾第 1 章内容，我们不难发现，实验单元集就是总体。

图 14.1　抽样实验的过程和相关术语

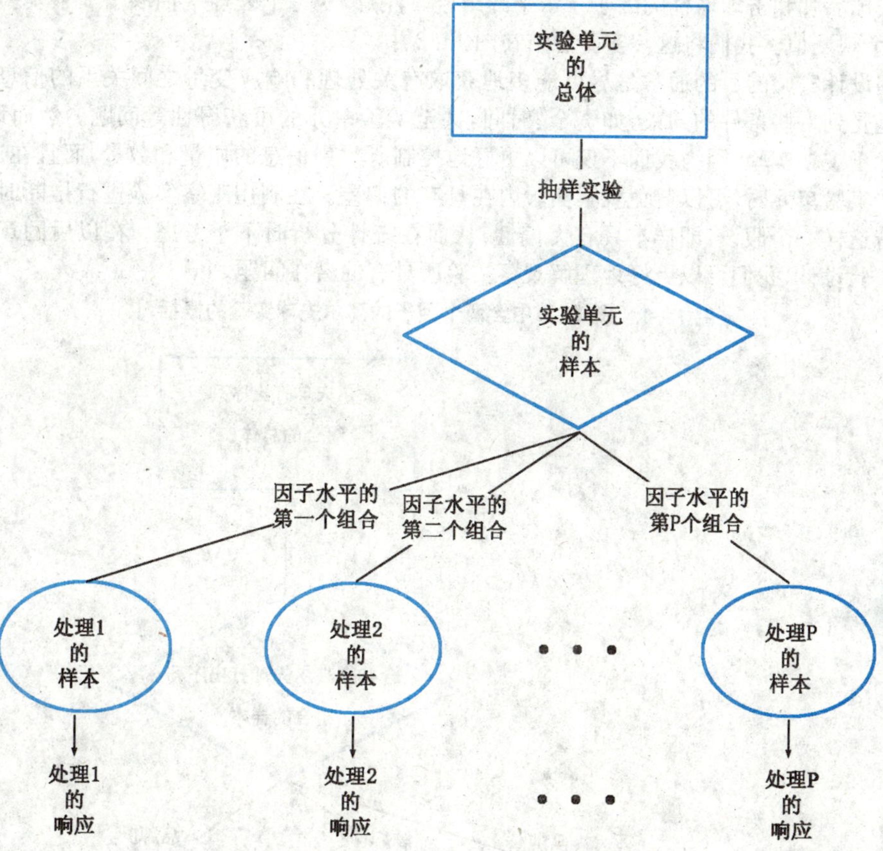

解答：

响应变量是这里的目标变量，即距离。惟一要研究的因子是高尔夫球的品牌，它是非数值的，因而是一个定性变量。4 个品牌（即 A、B、C、D）就是因子的水平。由于只采用了一个因子，则处理就是这个因子的 4 个水平即这 4 个品牌。这里，实验单元是一个高尔夫球，更确切地说，它是在击球序列中处于某一位置的高尔夫球。因为只有当球被打出去以后，其距离才能被记录下来。而且我们预料到如果同一个球被第二次击出，其距离是不一样的（由于诸如风的阻力、落地点等随机因素的存在）。要注意对于每个处理抽取了 10 个实验单元，共产生了 40 个观测值。

如同许多真实的应用，这个实验是设计实验与观察实验的混合：分析者不能对每个高尔夫球品牌的指定进行控制（观察实验），但是分析者能够对每一球在击球序列中所处位置的指定进行控制（设计实验）。

例 14.2

假设 USGA 欲对这 4 种品牌的高尔夫球在被一根 5 号钢球杆和一根长打杆击出后的平均距离进行比较。每种品牌的 10 个球是随机选取的，5 个球用长打杆击出，另 5 个球用 5 号钢球杆击出。请确定这一实验的要素，并绘制一个类似于图 14.1 的示意图，以便对这一实验提供一个概况。

解答：

响应变量与例 14.1 相同——距离。这里，实验的因子有 2 个，高尔夫球的品牌和所使用的球杆。品牌的水平有 4 个(A、B、C、D),球杆的水平有 2 个(长打杆和 5 号钢球杆,即 1 和 5)。处理是高尔夫球品牌和击球球杆的因子一水平的组合。注意,从每个处理中抽取了 5 个实验单元,共产生 40 个观测值。我们将这一实验总结在图 14.2 中。

我们设计实验的目的通常是尽可能多地获取有关处理和响应变量之间关系的信息。当然,我们总是受到一些条件的约束,如资金、时间,甚至实验单元的可获得性等问题。然而设计的实验一般优于观察实验,因为我们不仅可以更好地控制所收集信息的质量和数量,而且在选择每一个处理的实验单元时,可以避免观察实验内在具有的偏差。在利用观察实验进行推断时,我们总是附带着这样一个假设,即样本具有无偏性,从而在统计分析时不予考虑。在以后的章节里,通过学习实验设计,我们可以更好地理解观察实验所具有的潜在问题。

图 14.2　例 14.2 中含两个因子的高尔夫球实验的概括

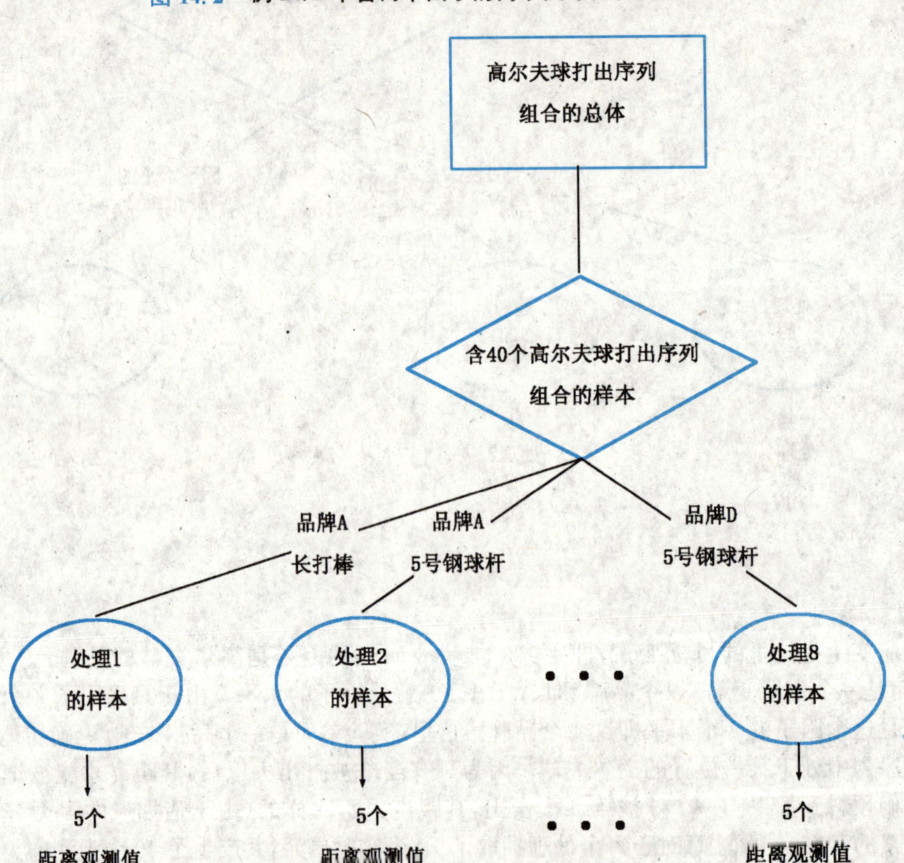

练习 14.1～14.8

技能训练:

14.1　在一设计的实验中,只有一个定性因子,且具有水平 A、B、C 和 D,则这个实验的处理是什么?

14.2　在一个设计的实验中,包含两个因子,一个是定性因子,具有水平 A 和 B,一个是定量因子,具有水平 50、60、70、80 和 90,则这个实验的处理是什么?

14.3　下面的响应变量是在什么样的实验单元上观察的?

a. 大学的 GPA;

b. 家庭收入;

c. 汽车消耗一升汽油能行驶多少英里;

d. 在一个磁盘中,含瑕疵的扇形区的数目;

e. 某州 12 月份的失业率。

14.4　观察实验与设计的实验有什么区别?

概念运用:

14.5　经商者经常使用诸如"原价 25,现价 20"的广

告词，以表明打折促销。人们一般拿促销价格与过去相应的价格或与竞争者的价格进行对比。研究表明，消费者对商店之间价格的比较比对同一商店前后价格的比较更感兴趣。但是，这个影响与消费者在家里从广告上获取这个价格信息与在购物时获取的这个价格信息有区别吗？为了回答这个问题，研究市场的教授 D. Grewal，H. Marmorstein 和迈阿密大学的沙尔马进行了一个实验，见《消费者研究杂志》(*Journal of Consumer Research*，Sept. 1996)。他们采用了两种情况（在家获得信息和在购买时获得信息）和两种价格比较（同一商店前后价格的比较和竞争者之间的价格比较），针对这 4 个处理中的每一个，他们都请了不同样本内的大学生阐明他们对于折价的看法。试为这个实验确定下列要素。

a. 响应变量
b. 因子和因子类型
c. 处理
d. 实验单元

14.6 在测量工业纯铁的质量时，一名质量监控者依质量好坏记分，记分范围为 0～10。为此他设计了一个实验。在实验中，他选用了 3 种不同的温度（在 1,100～1,200 华氏度之间），5 种不同的压力（在 500～600 帕斯卡之间），在每一个温度与压力的组合里检测了 20 块工业纯铁。请为这个实验确定下列要素。

a. 响应变量
b. 因子和因子类型
c. 处理
d. 实验单元

14.7 下面是一些实验的简单描述，请判断哪些是观察的，哪些是设计的，并说明理由。

a. 为了研究失业率与州总产值的关系，一名经济学家获得了一个州过去 10 年里每年的失业率和总产值。
b. 一名造纸厂的经理为了测定 3 种激励机制对生产力的影响，分别将每种激励机制引入到 9 个工厂中的一个进行试验。
c. 一名个人电脑销售员在 4 个国家级刊物上刊登了一个季度的广告，并且记录下了由每个广告带来的销售量。
d. 为了了解排放物中二氧化硫的含量水平与设备发动机负荷之间的关系，一个电力单位雇用了一名顾问，在一年内的各月对烟筒的排放物进行监测。
e. 有人对取消了政府价格控制前后州内的货车运输率进行了比较，在比较中，他们还考虑了运输路程，所运货物，以及燃油价格等因素。

14.8 市场上的销售员历来不具备良好的道德形象，特别是在大学生们的眼光中。为此，《商业道德》中的一篇文章研究了大学生的这种观点是否为销售工作的种类（销售高科技产品与销售低科技产品）或销售任务（发展新客户和维系老客户）的一个函数。大学生的 4 个不同样本面临了 4 种不同的情形（高科技销售任务中的新客户发展、低科技销售任务中的新客户发展，高科技销售任务中的老客户维系，低科技销售任务中的老客户维系），并要求他们按照从 1 分（不严重的道德违背）到 7 分（很严重的道德违背）的 7 分尺度来评估销售员人员的道德行为。请确定这个实验的下列要素：

a. 响应变量
b. 因子和因子类型
c. 处理
d. 实验单元

14.2 完全随机化设计：单因子

完全随机化设计（completely randomized design）是一种最简单的实验设计，它的每一个处理的实验单元是独立随机选取的。例如，我们可以独立随机地抽取 20 名高三女生组成一个样本和 15 位高三男生组成另一个样本，以比较他们的平均 SAT 得分。或者，我们也可以从 4 个居民调查区中各自独立地抽取 30 户家庭的随机样本，来比较这些区中每个家庭的平均收入。在这两个例子中，我们的目的是通过选取每个处理的独立随机样本来对处理的均值进行比较。

定义 14.7

完全随机化设计是指对每个处理的实验单元独立随机选取样本的一种设计。[①]

完全随机化设计的目的通常是比较处理的均值。如果我们用来表示 p 个处理的均值为 μ_1、μ_2，…，μ_p，则我们检验的原假设为：处理的均值都是相等的；备择假设为：其中至少有两个处理的均值是不同的。

H_0：$\mu_1=\mu_2=\cdots=\mu_p$

H_a：p 个处理的均值中至少有两个是不同的

这里的 μ 可以表示所有高三男生和所有女生 SAT 得分的均值，或者表示 4 个居民区中每个居民区的所有家庭收入的均值。

为了进行这些假设的统计检验，我们将利用由完全随机化设计从处理总体中选取的独立随机样本的均值。也就是说，我们比较 p 个样本均值 $\overline{x_1}$，$\overline{x_2}$，…，$\overline{x_p}$。

例如，假设你选取了 5 个男生和 5 个女生的独立随机抽样，并分别得到 590 和 550 的样本平均 SAT 得分，则我们能够得出男生比女生的得分平均高出 40 分的结论吗？为了回答这个问题，我们必须要考虑在实验单元（学生）中抽样变异性的大小。如果学生的分数如图 14.3 所绘出的一样，那么，均值间的差异相对于处理之间男生和女生分数的抽样变异性而言是很小的，在此例中我们不能拒绝总体均值相等的原假设。

图 14.3　SAT 得分的散点图（均值的不同主要来自抽样变异性）

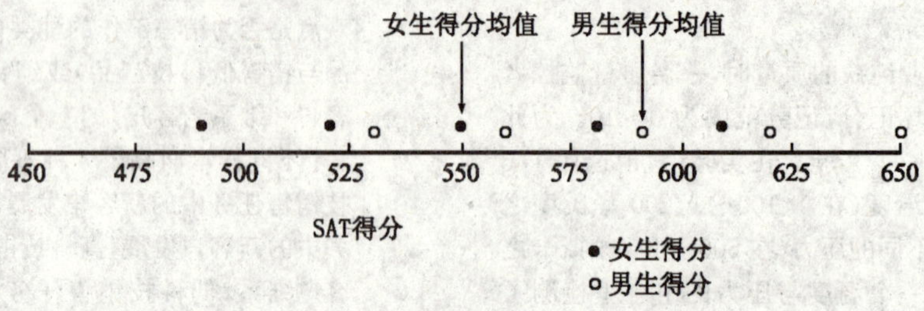

相反，如果数据如图 14.4 所标出的一样，则抽样变异性相对于均值之间的差异而言是很小的，那么，我们倾向于接受备择假设，即本例中两个总体均值是不相等的。

图 14.4　SAT 得分的散点图（相对于处理分数中的抽样变异性来说，均值间的差距很大）

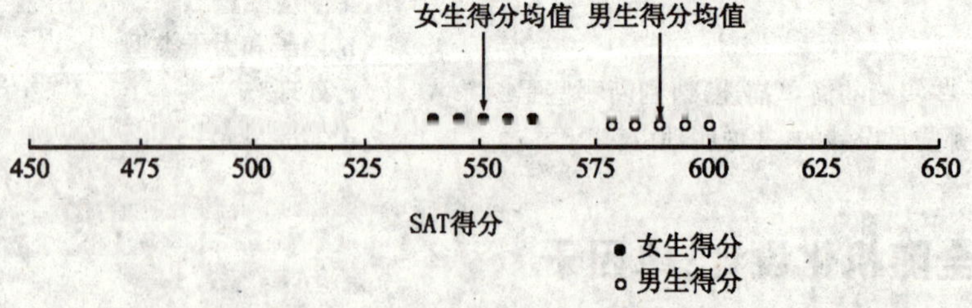

由上面的分析可知，检验的关键在于将处理均值与抽样变异性大小之间进行比较。为了建立正规的统计假设检验，需要处理均值与每个处理内的抽样变异性之间差异的数量测度。处理均值之间的变异是由处理平方和（Sum of Squares for Treatments）（SST）来测度的，它是通过得出

---

① 我们将“完全随机化设计”这个概念既用于设计实验，也用于观察实验。因此，惟一的要求是处理所运用的实验单元（对于设计实验）或者处理所观察的实验单元（对于观察实验）对于每个处理是独立随机地抽取的。

每个处理均值与所有样本观测值的总均值之间的差，将这一离差的平方再乘以相应处理的样本观测值的个数，并对所有的处理加总这一结果而得到的：

$$SST=\sum_{i=1}^{p}n_i(\overline{x_i}-\overline{x})^2=5\times(550-570)^2+5\times(590-570)^2=4000$$

这里 $\overline{x}$ 代表所有样本观测值的总平均响应，即所有样本的均值。n_i 表示第个处理的样本容量。由上式可知，对于图 14.3 和图 14.4 中所绘出的 5 个女生和 5 个男生这两个样本，SST 的值为 4000。

下一步，我们必须要测度各个处理内的抽样变异性。我们称之为误差平方和(Sum of Squares for Error，SSE)，因为它测度了由抽样的随机性所引起的以处理均值为中心的变异性。假设在图 14.3 中的 10 个观测值中，女生为 490、520、550、580 和 610，男生为 530、560、590、620 和 650，则 SSE 的值是通过将每个观测值与相应的处理均值之差的平方进行加总，然后将整个样本中所有观测值的这一差值的平方相加而得到的：

$$SSE=\sum_{i=1}^{n_1}(x_{1j}-\overline{x_1})^2+\sum_{j=1}^{n_2}(x_{2j}-\overline{x_2})^2+\cdots+\sum_{j=1}^{n_p}(x_{pj}-\overline{x_p})^2$$

其中 x_{1j} 为第 1 个样本中的第 j 个观测值，x_{2j} 为第 2 个样本中的第 j 个观测值，依此类推。回忆在第 2 章中所讲到的样本方差 s^2 的公式：

$$s^2=\sum_{i=1}^{n}\frac{(x_i-\overline{x})^2}{n-1}$$

可以将这一看起来相当复杂的公式进行简化。注意，SSE 中的每一个和只不过是那一个特定的处理的 s^2 的分子，因而，我们可将公式又写为：

$$SSE=(n_1-1)s_1^2+(n_2-1)s_2^2+\cdots+(n_p-1)s_p^2$$

其中，$s_1^2,s_2^2,\cdots,s_p^2$ 分别为 p 个处理的样本方差。在我们的 SAT 得分一例中，我们可求得 $s_1^2=2250$(女生)和 $s_2^2=2250$(男生)，则我们有：

$$SSE=(5-1)\times2250+(5-1)\times2250=18000$$

为了使这两个变异性的观测值具有可比性，我们将其分别除以自由度，以此将平方和转变为均方。首先，处理均方(Mean Squares for Treatments，MST)测度了处理均值之间的变异性，它等于：

$$MST=\frac{SST}{p-1}=\frac{4000}{2-1}=4000$$

这里 p 个处理的自由度个数为$(p-1)$。其次，均方误差(Mean Squares for Error)(MSE)测量了各处理内的抽样变异性，为：

$$MSE=\frac{SSE}{n-p}=\frac{18000}{10-2}=2250$$

最后，我们来计算 MST 和 MSE 的比——F 统计量：

$$F=\frac{MST}{MSE}=\frac{4000}{2250}=1.78$$

F 统计量的值接近 1，表明处理均值之间和处理内的两个变异性基本相等。在此例中，处理均值之间的差异可能主要是由抽样误差引起的，因此，它对于“总体处理均值不同”的备择假设几乎不提供支持。如果统计量的值远大于 1 则表明，各个处理均值之间的变异远远超过了处理内的变异，因而支持“总体处理均值不同”的备择假设。

当 F 大于 1 到什么程度时，我们就足以拒绝“各均值相等”的原假设呢？这依赖于处理和误差的自由度，以及对于这一检验所选择的置信水平 α 值。我们将这一计算出的 F 值与对应于 F 分布表(见附录 B 中的表 VIII～XI)中分子自由度为 $\upsilon_1=(p-1)$、分母自由度为 $\upsilon_2=(n-p)$ 以及犯第一类错误的概率为 α 的表中 F 值进行比较。对于 SAT 得分一例，F 统计量具有 $\upsilon_1=(2-1)=1$ 的分子自由度以及 $\upsilon_2=(10-2)=8$ 的分母自由度。因而，对于 $\alpha=0.05$，我们可查到(附录 B 的表 VIII～XI)：

$$F_{0.05}=5.32$$

这个值意味着只有当 MST 比 MSE 大于 5.32 倍时，我们才能够在 $\alpha=0.05$ 的置信水平下得出两个处理均值不等的结论。由于得到的 $F=1.78$，使得我们对图 14.3 中的散点图所具有的初步印象得到了证实，即对于中学高年级男生和女生，没有充分的理由推断平均 SAT 得分是不同的。这一拒绝域和计算出的 F 值见图 14.5。

图 14.5　与 SAT 得分例子有关的假设检验拒绝域和 F 值

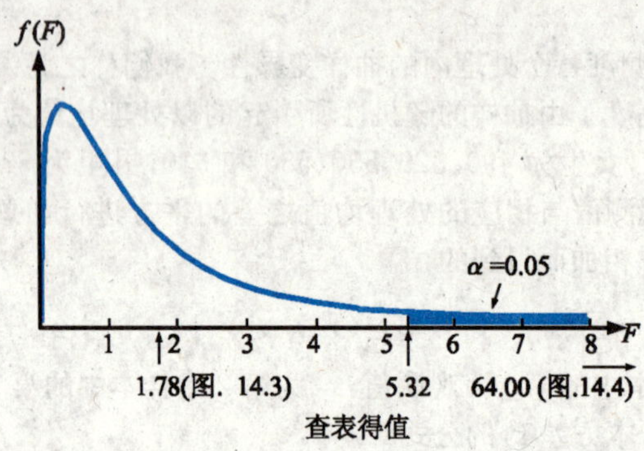

相反，考虑图 14.4 中的散点图。由于均值与第一个例子是相同的，分别为 550 和 590，则均值间的变异也是相同的，MST＝4 000。但是这两个处理内的变异明显减少。有关女生的观测值为 540、545、550、555 和 560，有关男生的观测值为 580、585、590、595 和 600。由这些数据得到：$s_1^2=62.5$(女生)和 $s_2^2=62.5$(男生)。因此处理内的变异可测度为：

$$\text{SSE}=(5-1)\times 62.5+(5-1)\times 62.5=500$$

$$\text{MSE}=\frac{\text{SSE}}{n-p}=\frac{500}{10-2}=62.5$$

则 F 的值为：$F=\dfrac{\text{MST}}{\text{MSE}}=\dfrac{4000}{62.5}=64.0$

这样，再一次从统计上证实了我们对散点图的直观分析：$F=64.0$ 远远大于相应于 0.05 置信水平下的表中 F 值 5.32。因而，在这一水平下，我们将拒绝原假设并得出男生的 SAT 平均得分与女生不同的结论。

是否记得在 9.1 节中，我们对两个独立样本运用含两样本的统计量对两个均值之差进行了假设检验。事实上，在比较两个独立样本时，t 检验和 F 检验是等价的。为了理解这点，回忆公式：

$$t=\frac{\overline{x_1}-\overline{x_2}}{\sqrt{s_p^2\left(\frac{1}{n_1}+\frac{1}{n_2}\right)}}=\frac{590-550}{\sqrt{62.5\times\left(\frac{1}{5}+\frac{1}{5}\right)}}=\frac{40}{5}=8$$

这里我们利用了 $s_p^2=\text{MSE}$，这可以通过比较那两个公式得以证明。注意，对这些样本所计算出的 F 值($F=64$)等于对同样样本所计算出的 t 值(t=8)的平方。同样，在双尾 0.05 的置信水平下($t_{0.025}=2.306$，自由度为 8)，表中 F 值(5.32)是表中值的平方。由于拒绝域与计算出的检验值以同样的方式相联系，则这些检验是等价的。而且，为确保检验和检验的有效性所需满足的假设也是相同的：

1. 与每个处理相联系的响应变量总体的概率分布都必须是正态的；
2. 与每个处理相联系的响应变量总体的概率分布都必须具有相同的方差；
3. 对于这些处理所选取的实验单元的样本必须是随机且独立的。

事实上，这两个检验的真正惟一区别是，F 检验可以用于多于两个处理均值的比较，而检验只能用于两个样本的比较。下面是对 F 检验的总结：

完全随机化设计中 p 个处理均值比较的检验。

$H_0: \mu_1 = \mu_2 = \cdots = \mu_p$

H_a：p 个处理的均值中至少有两个均值不同

检验统计量：$F = \frac{\text{MST}}{\text{MSE}}$

其中假设：1. 样本是独立且随机地从各自的总体中抽取；

2. 所有 p 个总体概率分布都是正态的；

3. p 个总体方差是相等的。

拒绝域为：$F > F_\alpha$，这里 F_α 是基于 $(p-1)$ 的分子自由度（与 MST 相联系）以及 $(n-p)$ 的分母自由度（与 MSE 相联系）。

MST 和 MSE 的计算公式在附录 C 中。我们将借助一些可利用的统计软件包来计算统计量的值，而把精力集中在对结果的解释，而不是它们的计算上。

例 14.3

假设 USGA 要比较用同一根球杆击出的 4 种不同品牌的高尔夫球的平均距离。为此，采用了完全随机化设计，让 USGA 的高尔夫球机器人 Iron Byron 用一根长打杆以随机顺序击出从每个品牌中随机抽取的 10 个球。每次击球以后，距离都被记录了下来。数据按照品牌排列在表 14.1 中。

表 14.1　完全随机化设计的结果（机器人球员 Iron Byron）

	品牌 A	品牌 B	品牌 C	品牌 D
	251.2	263.2	269.7	251.6
	245.1	262.9	263.2	248.6
	248.0	265.0	277.5	249.4
	251.1	254.5	267.4	242.0
	260.5	264.3	270.5	246.5
	250.0	257.0	265.5	251.3
	253.9	262.8	270.7	261.8
	244.6	264.4	272.9	249.0
	254.6	260.6	275.6	247.1
	248.8	255.9	266.5	245.9
样本均值	250.8	261.1	270.0	249.3

a. 建立假设检验，以比较这 4 种品牌高尔夫球的平均距离。运用，

b. 利用 SAS 的方差分析程序获得检验统计量和 p 值，并解释结果。

解答：

a. 为了比较这 4 种品牌高尔夫球的平均距离，我们首先确立将要检验的假设。记为第？种品牌的总体均值。我们检验：

$H_0: \mu_1 = \mu_2 = \mu_3 = \mu_4$

H_a：其中至少两个平均距离是不同的。

检验统计量将 4 个处理(品牌)之间的变异与每个处理内的抽样变异进行比较。

检验统计量:$F=\frac{MST}{MSE}$

拒绝域为:$F>F_{\alpha}=F_{0.10}$,$\upsilon_1=(p-1)=3df$,且 $\upsilon_1=(n-p)=36df$。从附录 B 中的表Ⅷ中,我们看出,对于 3 和 $36df$ 来说,$F_{0.10}\approx2.25$,因而,如果 $F>2.25$,我们将拒绝 H_0(图 14.6)。

为了保证检验的有效性,所必需的假设为:

1. 每个品牌的 10 个高尔夫球样本都是独立且随机地选取的。
2. 每个品牌距离的概率分布为正态分布。
3. 每个品牌距离的概率分布的方差是相等的。

图 14.6　完全随机化设计(高尔夫球实验)的检验

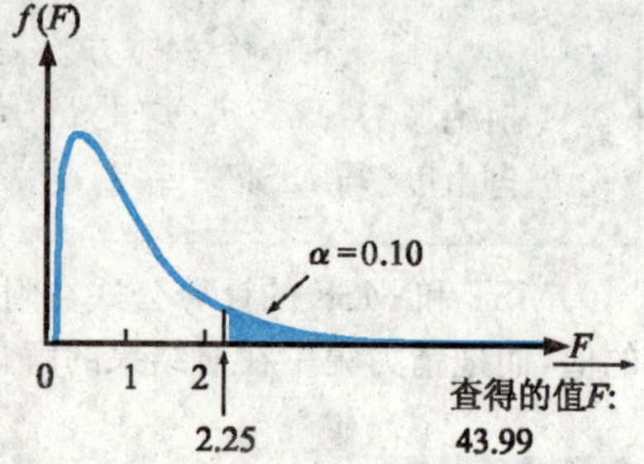

b. 由这一完全随机化设计所得到的表 14.1SAS 输出结果数据见图 14.7。注意,输出结果的上部与回归分析的输出结果是相同的。总平方和标示为"Corrected Total",并被分为,"Model"和"Error Sums of Squares"两部分。在输出结果的底部,将"Model"部分进一步分解为构成模型的因子。在此单因子实验中,"模型"和"品牌"平方和是相同的。"Sums of Squares"(平方和)一列的列名为"Anova SS"。

图 14.7　表 14.1 中数据方差分析的 SAS 输出结果:完全随机化设计

Analysis of variance procedure

Dependent Variable:DISTANCE

Source	DF	Sum of Squares	Mean Square	F Value	Pr>F
Model	3	2794.388750	931.462917	43.99	0.0001
Error	36	762.301000	21.175028		
Corrected Total	39	3556.689750			

	R-Square	C. V.	Root MSE		DISTANCE Mean
	0.785671	1.785118	4.601633		257.777500

Source	DF	Anova ss	Mean Square	F Value	Pr > F
BRAND	3	2794.388750	931.462917	43.99	0.0001

均方值 MST 和 MSE 分别为 931.46 和 21.18(已显著标示在输出结果上),统计量的值为 43.99(亦在表中标注),大于表中值 2.25,因此在 0.10 的显著性水平下,我们将拒绝原假设,得出 4 个品牌的高尔夫球被击出后至少有两个平均距离不同的结论。

输出结果上显著标示出了这个检验观察到的显著性水平(observed significance level)0.0001。这是计算出的值的右边区域,它意味着在任何大于 0.0001 的显著性水平下,我们将拒绝原假设。

方差分析(ANOVA)的结果可以用一种简单的表格形式进行总结,它类似于例 14.3 中由 SAS 得到的结果。一般的表格形式如表 14.2 所示,表中的 df、SS 和 MS 分别代表自由度、平方和以及均方。注意这两个变异性来源处理和误差,它们的和为总平方和 SS(总)。例 14.3 的方差分析汇总表在表 14.3 中给出,总平方和分解为两部分图示在图 14.8 中。

表 14.2　完全随机化设计方差分析结果归纳表的一般形式

来源	df	SS	MS	F
处理	$p-1$	SST	$MST=\frac{SST}{p-1}$	$\frac{MST}{MSE}$
误差	$n-p$	SSE	$MSE=\frac{SSE}{n-p}$	
总和	$n-1$	SS(Total)		

表 14.3　例 14.3 的方差分析结果归纳表

来源	df	SS	MS	F	p 值
品牌	3	2 794.39	931.46	43.99	0.0001
误差	36	762.30	21.18		
总和	39	3 556.69			

图 14.8　完全随机化设计的总平方和来源的情况

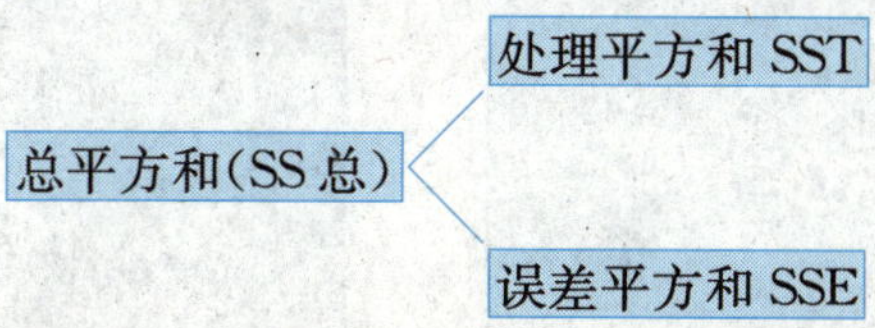

假设 F 检验得到的结果是拒绝“处理均值相等”的原假设，那么分析的工作是否就到此结束了呢？通常，至少其中有两个处理均值不等的结论会引出一些其他问题，如哪些均值不等，它们相差多少等等。例如，例 14.3 中的 F 检验得出的结论是当球被一根球杆击出后，至少有两种品牌的高尔夫球的平均距离不相等。现在的问题是，到底哪些品牌是不相等的呢？就平均距离而言，这些品牌是如何排名的呢？

为了得到这一信息，我们最好利用在 9.1 节中介绍的方法，对任何一对处理的均值之差构造一个置信区间。例如，如果例 14.3 中 $\mu_A-\mu_C$ 求得的 95％置信区间是(－24，－13)，那么我们就可确信地认为品牌 C 的平均距离大于品牌 A 的平均距离(因为置信区间内所有的差都是负数)。若对所有可能的各对品牌构造这样的置信区间，你就可以对这 4 种品牌的均值进行排序。在14.3 节，我们将学习这种均值多重比较的方法，这种方法也是一种控制第一类错误的方法。

例 14.4

参看例 14.3 中完全随机化设计的方差分析，对于这一检验所必需的假设大致满足吗？

解答：

这一检验的假设重复如下：

1. 对于每个品牌的 10 个高尔夫球样本是独立且随机地选取的。
2. 每个品牌距离的概率分布为正态分布。
3. 每个品牌距离的概率分布的方差是相等的。

因为样本是从每个品牌中随机选取的 10 个球组成，而且所有球都由一个高尔夫球机器人 Iron Byron 击出，则独立随机样本的第一个假设被满足。为验证后面的两个假设条件，我们采用第 2 章所讲述的图示方法：茎叶图和散点图。对于各品牌高尔夫球的样本距离的 MINITAB 茎叶图见图 14.9，而图 14.10 中所示的是一个 MINITAB 散点图。

查看图 14.9 中的茎叶图，可以验证正态性假设。然而，因为每个品牌只有 10 个观测值，所以还不能提供足够的信息。因而，在我们评估这些距离是否服从正态分布之前，对于每个品牌我们还需要搜集更多的数据。所幸的是，当正态性的假设没有完全满足时，事情还不会很糟糕，因为方差分析是一种稳健方法（robust method）。也就是说，一般正态性假设的违背不会对 ANOVA 检验的显著性水平或置信系数产生很大的影响。对于这一实验，为了证实正态性的假设，我们将依赖于方差分析的这种稳健性，而不是花费时间、金钱和精力去搜集额外的数据。

散点图是大致检验方差是否相等的简便方法。图 14.10 的散点图表明，除了品牌 D 可能有离群值以外，其他每一个品牌观测值的离散程度大致是相同的。因为样本方差看起来是相同的，所以对于这些品牌的总体方差相等的假设很可能是满足的。尽管 ANOVA 对于正态性假设是稳健的，但它对于等方差的假设却并不稳健。违背等方差的假设会影响有关的可靠性测度（如 p 值和置信水平等）。然而，值得庆幸的是，当样本容量相等时，这种影响是很微小的，正如这一实验的情形。

图 14.9　验证正态性假设茎叶图的 MINITAB 输出

Stem—and—Leaf of Brand A N=10 Leaf Unit=1.0

2	24	45
2	24	
4	24	88
(3)	25	011
3	25	3
2	25	4
1	25	
1	25	
1	26	0

Stem—and—Leaf of Brand B N=10 Leaf Unit =1.0

2	25	45
3	25	7
3	25	
4	26	0
(3)	26	223
3	26	445

Stem—and—Leaf of Brand C N=10 Leaf Unit=1.0

1	26	3
2	26	5
4	26	67
5	26	9
5	27	00
3	27	2
2	27	5
1	27	7

Stem—and—Leaf of Brand D N=10 Leaf Unit=1.0

1	24	2
2	24	5
4	24	67
(3)	24	899
3	25	11
1	25	
1	25	
1	25	
1	25	
1	26	1

图 14.10　验证方差相等假设散点图的 MINITAB 输出

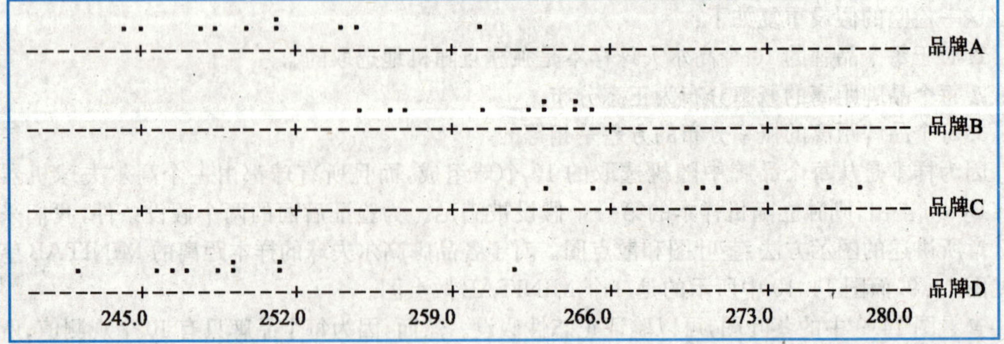

尽管可以用图来检验 ANOVA 假设(如例 14.4),但这些图还没有任何可靠性的测度。当通过观察图还不能确定 ANOVA 假设是否满足时,你可以运用一些正规的统计检验,但这些方法不在本书所要讲述的范围之内(请参考有关这些检验的参考文献)。当对 ANOVA 假设的有效性存有疑虑时,非参数统计方法是有用的。

对于一个完全随机化设计的方差分析,当假设没有被满足时,你该怎么办?
回答:采用一种非参数统计方法,如 15.4 节中将要介绍的 Kruskal—Wallis H 检验法等。

对一个完全随机化设计进行方差分析步骤的总结在下面。记住,这种设计的特点是每一处理的实验单元的样本是独立且随机抽取的。然而,在某些情况下,样本具有相依性的设计也许会更为合适。对于这些设计的运用请参阅有关文献。

对一个完全随机化设计进行方差分析的步骤:

1. 确信这个设计是真正的完全随机化的,每个处理都具有独立随机的样本。
2. 检验正态性假设和方差相等假设。
3. 建立一个方差分析归纳表,确定归因于处理和误差的变异性,这样才能够计算出统计量的值,从而对总体中各处理均值相等的原假设进行检验。运用一个统计软件程序来获取其数量结果。如果没有这样的软件包,则利用附录 C 中的计算公式。
4. 如果 F 检验得出均值不等的结论:
   a. 对你希望进行比较的各对均值运用一种多重比较方法(见 14.3 节),然后利用这些结果总结出在这些处理均值之间的统计上的显著差异。
   b. 如果有必要,对一个或多个处理均值建立置信区间。
5. 如果 F 检验得出的结果是不能拒绝各处理均值相等的原假设,则可以考虑以下的可能性:
   a. 各处理均值是相等的,即原假设是正确的。
   b. 各处理均值确实不相等,但是其他一些影响响应变量的重要因素没有被完全随机化实验所解释。这些因子扩大了抽样变异性(由 MSE 来测度),从而 F 导致值较小。因此,你或者对每个处理增加样本容量,或者采用另外一个能够解释影响响应变量的其他因素的实验设计(见 14.4 节)。

注意:要特别注意,不要轻易地得出各处理均值相等的结论,因为如果你欲接受原假设 H_0,则必须要考虑犯第二类错误的可能性。

练习 14.9～14.26

技能训练:

14.9 利用附录 B 的表 VIII、IX、X 和 XI 查找下面各小题中的值。

a. $F_{0.05}$, $\upsilon_1=4$, $\upsilon_2=4$

b. $F_{0.01}$, $\upsilon_1=4$, $\upsilon_2=4$

c. $F_{0.10}$, $\upsilon_1=30$, $\upsilon_2=40$

d. $F_{0.025}$, $\upsilon_1=15$, $\upsilon_2=12$

14.10 计算下题中的概率。

a. $\upsilon_1=5$, $\upsilon_2=9$,求 $P(F\leqslant 3.48)$

b. $\upsilon_1=15$, $\upsilon_2=20$,求 $P(F>3.09)$

c. $\upsilon_1=15$, $\upsilon_2=15$,求 $P(F>2.40)$

d. $\upsilon_1=8$, $\upsilon_2=40$,求 $P(F\leqslant 1.83)$

14.11. 分析以下所示的散点图 a 与 b。在哪一个图中,相对于样本观测值中的变异性而言样本均值的之间变异性是小的?说明理由。

图 14.11 练习 14.11 的散点图

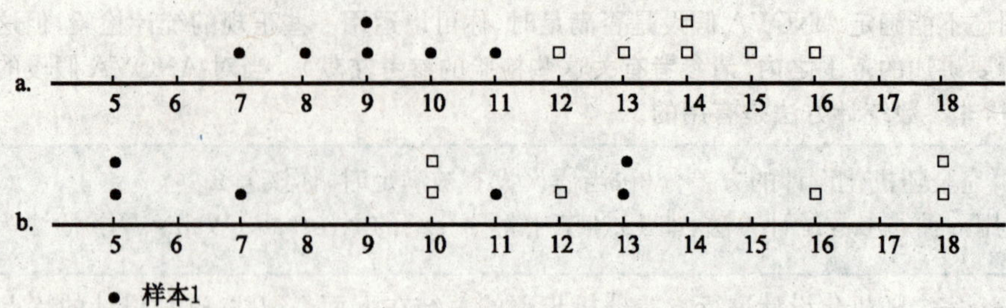

14.12. 参看练习 14.11。假设这两个样本代表一个完全随机化设计中两个处理的独立随机样本，解答下题。

a. 计算处理均值，即两个散点图中样本 1 和样本 2 的均值。

b. 利用这一均值为每个散点图中的处理计算处理平方和(SST)。

c. 为每个样本计算样本方差，并利用所得结果计算每个散点图的误差平方和(SSE)。

d. 将处理处理平方和误差平方和相加，计算这两个散点图的总平方和(SS(总))。在这一情况中，SS(总)的多大比例是由处理来解释的，即处理平方和占总平方和的比例有多大?

e. 将处理平方和与误差平方和都除以它们的自由度，从而转化为均方。将处理均方(MST)除以误差均方(MSE)，为每个散点图计算 F 值。

f. 在 $\alpha=0.05$ 的情况下，运用 F 检验检验原假设，即这两个样本是从均值相等的总体中抽取的。

g. 为了确保 f 中的 F 检验有效，必须对相应于每个处理的响应变量的概率分布作出哪些假设?

14.13 参看练习 14.11 与 14.12，请做一个原假设为"对于每一个散点图，这两个处理的均值相等"的两样本的 t 检验(见 9.1 节)，运用 $\alpha=0.05$ 和双尾检验。在检验过程中，将下面的各项与练习 14.12 中的 F 检验作比较。

a. 总方差与 MSE。

b. t 检验统计量和 F 检验的统计量。

c. 决定拒绝域的 t 和 F 的表中值。

d. t 检验和 F 检验的结论。

e. 为使 t 检验和 F 检验有效，必须要作出的假设。

14.14 参看练习 14.11 与 14.12，对这两个散点图分别完成下面的方差分析表。

练习 14.14 的方差分析表

来源	df	SS	MS	F
处理				
误差				
总和				

14.15. 对在一个具有 6 个处理且共有 $n=36$ 个观测值(每个处理有 6 个)的完全随机化设计实验，假设总平方和为 500。针对下面的各种情形，进行 F 检验，其原假设为"平均响应对于这 5 个处理是相等的"。运用 $\alpha=0.01$。

a. 处理平方和(SST)是 SS(总)的 20%。

b. SST 是 SS(总)的 50%。

c. SST 是 SS(总)的 80%。

d. 当 SST 在 SS(总)中的百分比增加时，F 值将会产生什么变化?

14.16 下表是一个尚未完成的完全随机化设计方差分析表。

练习 14.16 的方差分析表

来源	df	SS	MS	F
处理	6	17.5	—	—
误差	—	—	—	
总和	41	46.5		

a. 完成 ANOVA 表。

b. 此实验共涉及了多少个处理?

c. 在 $\alpha=0.10$ 的情况下，上面的数据能够说明总体的均值间存在显著差别吗?

d. 对 c 部分的检验求出近似的观察到的显著性水平，并给予解释。

e. 假设和 $\overline{x_1}=3.7$ 和 $\overline{x_2}=4.1$，每个处理有 6 个观测值，在 $\alpha=0.10$ 的情况下，是否有足够的理由说明 μ_1 和 μ_2 之间存在显

著差别？

f. 参看 e 部分，为 $\mu_1-\mu_2$ 构建 90%的置信区间。

g. 参考 e 部分，为 μ_1 构建 90%的置信区间。

14.17　下面是一个完全随机化设计实验的 MINITAB 输出结果。

a. 此实验中涉及到了多少处理？总的样本容量是多少？

b. 在 $\alpha=0.10$ 的情况下，进行一个原假设为处理均值相等的检验。

c. 为了能够对某些对的处理均值进行比较，还需要什么其他的信息？

练习 14.17 的 MINITAB 输出结果

ANALYSIS OF VARIANCE ON Y					
SOURCE	DF	SS	MS	F	P
因子	3	57258	19086	14.80	0.002
误差	34	43836	1289		
总和	37	101094			

14.18　下表的数据来自于一个完全随机化设计的实验。

练习 14.18 的数据　 **LM14_18. DAT**

处理 1	处理 2	处理 3
3.8	5.4	1.3
1.2	2.0	0.7
4.1	4.8	2.2
5.5	3.8	
2.3		

a. 利用统计软件(或附录 C 中适当的计算公式)完成下面的方差分析表。

b. 检验原假设：$\mu_1=\mu_2=\mu_3$，这里 μ_i 代表第 i 个处理的真实均值，备择假设为至少有两个均值不相等(运用 $\alpha=0.01$)。

练习 14.18 的方差分析表

来源	df	SS	MS	F
处理	—	—	—	—
误差	—	—	—	
总和	—	—		

概念运用：

14.19　为了获得房地产证券信息，投资者将他们所持证券的房地产按地域划分几类。有些投资者所关注的是各个大城市房地产所特有的信息，而有些投资者是在同一个大城市将房地产划为几个子区域以把握信息。佐治亚州的 Rabianski 教授和 P. Cheng 教授对后种信息把握方式作了一次调查研究(见 *Journal of Real Estate Portfolio Management*, Vol. 3, 1997)。在此研究中，他们是用子市场办公可用地空余率来作为办公地总投资回报率的一个替代。研究人员比较了好几个大城市中的子市场。下表是佐治亚州 8 个子市场办公可用地空余率 9 年内季度数据的均值。

练习 14.19 的表佐治亚州 8 个子市场办公可用地空余率 9 年内季度数据的均值

子市场	空余率均值(%)
鹿头区	16.85
商业区	20.73
市中心区	19.75
中偏北区	16.73
东北区	16.95
西北区	16.81
北湖区	20.38
南区	28.26

数据来源：Rabianski, J. S., and Cheng, P., "Intrametropolitan Spatial Diversification," *Journal of Real Estate Portfolio Management* (Vol. 3, 1997). pp. 117～128.

a. 为比较这 8 个均值，请设计原假设和备择假设。

b. 对上面的数据，方差分析得到的统计量的值 $F=17.54$。为 a 中设计的假设进行假设检验，并分析所得的结果。

c. 在 b 中的检验结果里，近似的 p 值是多少？

d. 为了使 b 中的推断有效，你必须作什么样的假设？在运用中，你认为哪个假设是最令人置疑的，为什么？

14.20　宾夕法尼亚州大学和爱荷华大学的研究人员联合作了一项调查研究(详见 *American Journal of Political Science*, *Jan.* 1998)。目的是研究 3 种职业人员(科学家、记者和政府官员)对核能厂安全的态度,因为他们的态度直接影响政府对新技术控制政策的制定。在研究中,每种职业人员各被随机地抽取了 100 个,态度反应按 7 分制评估(1 为不安全,7 为非常安全),3 个群体态度的记分均值分别为:科学家 4.1、记者 3.7 和政府官员 4.2。

a. 识别这次实验中的响应变量。

b. 此实验用了多少处理?将它们描述出来。

c. 为了比较这 3 类人对核能厂安全的态度是否有显著差别,请设计原假设和备择假设。

d. 假设样本数据的 MSE 为 2.355,在 $\alpha=0.05$ 的情况下,要拒绝原假设,MST 至少要有多大?

e. 如果 MST 为 11.280,检验中的 p 值大约是多少?

14.21 参看《财富》(*Fortune*, Oct. 25, 1999)杂志,此文刊载了美国当年最具实力的前 50 名女性,假如你要比较 3 组(基于在公司里的地位分组)女性的平均年龄,这 3 组分别是第一组(首席执行官、首席财务官、首席信息官和首席运营官),第二组(主席、总裁和董事),第三组(副主席、副总裁和总经理)。下面的图是利用那些数据进行方差分析的 MINITAB 输出结果。请详细解释这些结果,并给出假设检验中的原假设与备择假设。同时判断,方差分析的假设是否合理。

练习 14.21 的数据

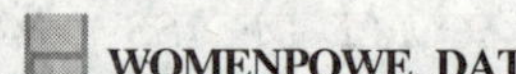 WOMENPOWE. DAT

名次	姓名	年龄	公司	职务
1	Carly Fiorina	45	Hewlett—Packard	CEO
2	Heidi Miller	46	Citigroup	CFO
3	Mary Meeker	40	Morgan Stanley	Managing Director
4	Shelly Lazarus	52	Ogilvy & Mather	CEO
5	Meg Whitman	43	eBay	CEO
6	Debby Hopkins	44	Boeing	CFO
7	Marjorie Scardino	52	Pearson	CEO
8	Martha Stewart	58	Martha Stewart Living	CEO
9	Nancy Peretsman	45	Allen & Co.	Ex. V. P.
10	Pat Russo	47	Lucent Technologies	Ex. V. P.
11	Patricia Dunn	46	Barclays Global Investors	Chairman
12	Abby Joseph Cohen	47	Goldman Sachs	Managing Director
13	Ann Livermore	41	Hewlett—Packard	CEO
14	Andrea Jung	41	Avon Products	COO
15	Sherry Lansing	55	Paramount Pictures	Chairman
16	Karen Katen	50	Pfizer	Ex. V. P.
17	Marilyn Carlson Nelson	60	Carlson Cos.	CEO
18	Judy McGrath	47	MTV & M2	President
19	Lois Juliber	50	Colgate—Palmolive	COO
20	Gerry Laybourne	52	Oxygen Media	CEO
21	Judith Estrin	44	Cisco Systems	Sr. V. P.
22	Cathleen Black	55	Hearst Magazines	President
23	Linda Sandford	46	IBM	General Manager
24	Ann Moore	49	Time Inc.	President
25	Jill Barad	48	Mattel	CEO
26	Oprah Winfrey	45	Harpo Entertainment	Chairman
27	Judy Lewent	50	Merck	Sr. V. P.
28	Joy Covey	36	Amazon. com	COO

续表

名次	姓名	年龄	公司	职务
29	Rebecca Mark	45	Azurix	CEO
30	Deborah Willingham	43	Microsoft	V. P.
31	Dina Dubion	46	Chase Manhattan	Ex. V. P.
32	Patricia Woertz	46	Chevron	President
33	Lawton Fitt	46	Goldman Sachb	Man. Dir.
34	Ann Fudge	48	Kraft Foods	Ex. V. P.
35	Carolyn Ticknor	52	Hewlett—Packard	CEO
36	Dawn Lepore	45	Charles Schwab	CIO
37	Jeannine Rivet	51	UnitedHealthcare	CEO
38	Jamie Gorelick	49	Fannie Mae	Vice Chairman
39	Jan Brandt	48	America Online	Mar. President
40	Bridget Macaskill	51	OppenheimerFunds	CEO
41	Jeanne Jackson	48	Banana Republic	CEO
42	Cynthia Trudell	46	General Motors	V. P.
43	Nina DiSesa	53	McCann—Erickson	Chairman
44	Linda Wachner	53	Warnaco	Chairman
45	Darla Moore	45	Rainwater Inc.	President
46	Marion Sandler	68	Golden West	Co—CEO
47	Michelle Anthony	42	Sony Music	Ex. V. P.
48	Orit Gadlesh	48	Bain & Co.	Chairman
49	Charlotte Beers	64	J. Walter Thompson	Chairman
50	Abigail Johnson	37	Fidelity Investments	V. P.

数据来源：*Fortune*，Oct，25，1999.

练习 14.21 的 MINITAB 输出结果

```
Analysis of Variance for age

Source    DF      SS       MS       F       P
组别       2     114.3    57.1    1.62    0.209
误差      47    1658.5    35.3
总和      49    1772.7            Individual 95% CIs For Mean
                                  Based on Pooled StDev
Level     N      Mean     StDev   ---------+---------+---------+-------
  1      21    48.952    7.159              (--------*--------)
  2      16    49.188    5.648              (--------*--------)
  3      13    45.615    3.595    (--------*--------)
                                  ---------+---------+---------+-------
Pooled StDev     5.940                    45.0      48.0      51.0
```

练习 14.21 的 MINITAB 输出结果(茎叶图)

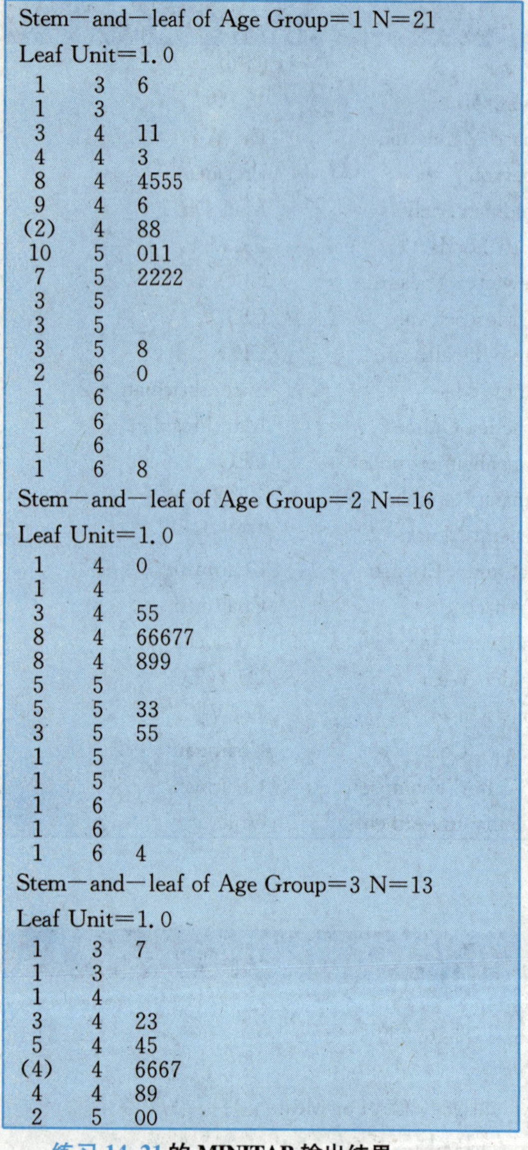

```
Stem-and-leaf of Age Group=1 N=21
Leaf Unit=1.0
  1    3   6
  1    3
  3    4   11
  4    4   3
  8    4   4555
  9    4   6
 (2)   4   88
 10    5   011
  7    5   2222
  3    5
  3    5
  3    5   8
  2    6   0
  1    6
  1    6
  1    6
  1    6   8
Stem-and-leaf of Age Group=2 N=16
Leaf Unit=1.0
  1    4   0
  1    4
  3    4   55
  8    4   66677
  8    4   899
  5    5
  5    5   33
  3    5   55
  1    5
  1    5
  1    6
  1    6
  1    6   4
Stem-and-leaf of Age Group=3 N=13
Leaf Unit=1.0
  1    3   7
  1    3
  1    4
  3    4   23
  5    4   45
 (4)   4   6667
  4    4   89
  2    5   00
```

练习 14.21 的 MINITAB 输出结果

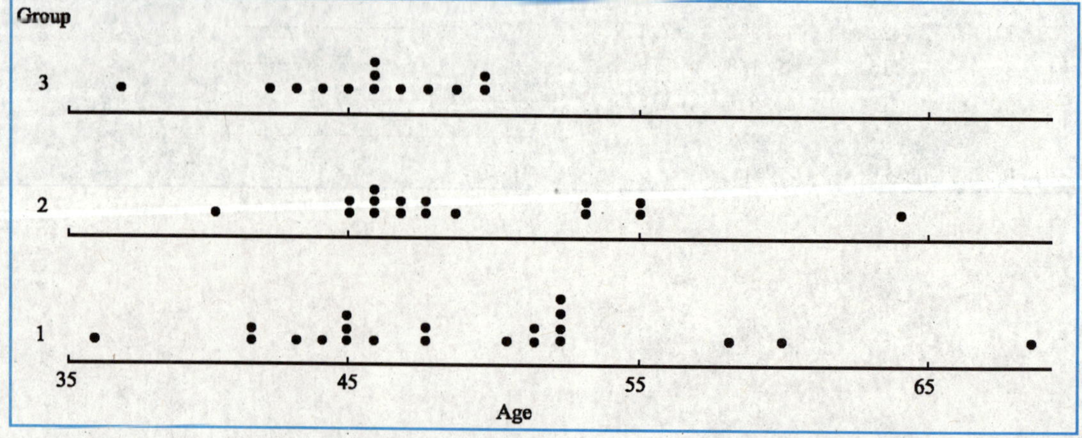

14.22 某审计公司的主要业务是为一些大公司的金融账目作审核。这家公司想知道,它在为那些大公司提供服务时收费是否合理。研究中的一项内容是比较为不同规模的公司进行审计所需要的开支。为此,审计公司以接受服务的公司的年销售量来衡量该公司的大小,审计公司将受服务的公司总体划分为 3 个子总体:

a. 年销售量超过 2.5 亿美元的公司

b. 年销售量在 1 亿到 2.5 亿美元之间的公司

c. 年销售量在 1 亿美元以下的公司

对每一个子总体,审计公司各抽样 10 个样本,并记下为提供服务所需的开支(千美元为单位),数据见下表。

练习 14.22 的数据 ACCOSTS.DAT

A	B	C
250	100	80
150	150	125
275	75	20
100	200	186
475	55	52
600	80	92
150	110	88
800	160	141
325	132	76
230	233	200

练习 14.22 的 SAS 输出结果

General Linear Models Procedure

Dependent Variable: COST

Source	DF	Sum of Squares	Mean Square	F Value	Pr>F
Model	2	318861.667	159430.833	8.44	0.0014
Error	27	510163.000	18894.926		
Corrected Total	29	829024.667			
	R−Square	C. V.	Root MSE		COST Mean
	0.384623	72.220043	137.459		190.333333
Source	DF	Type 1 SS	Mean Square	F Value	Pr>F
TREATMENT	2	318861.67	159430.83	8.44	0.0014

a. 用 3 种不同的方式分别为这 3 组子总体样本数据绘制散点图(参看图 14.3 和图 14.4),并标明每组子总体均值的位置。根据散点图中所得信息,你能否判断子总体均值之间存在显著差别,请解释。

b. 下图给出了本题方差分析的 SAS 输出结果,利用上面的信息作一个检验,检验 3 组子总体均值之间是否存在显著差别($\alpha=0.05$)。

c. b 中的检验里,观察到的显著性水平是多少? 请解释这个数值。

d. 为了使在 b 和 c 中的推断有效,必须满足什么样的假设条件?

14.23. 明尼苏达州多项性格测试单(MMPI)是一个特意设计的问卷调查单,其目的是用来测验人的歪曲反应。研究人员将歪曲反应划分为 5 个等级:很少发生(I)、明显(O)、微弱(S)、介于明显与微弱之间(O−S)和掩饰(D)。*Psychological Assessment* (Mar. 1995)刊登了一项研究,研究人员的目的是评估用 MMPI 检测蓄意的歪曲反应是否可行。在此研究中,研究人员采用了一个完全随机化设计实验,实验中共涉及到 4 个处理,处理的实验单元都是随机抽样的女性。这 4 个群体样本是:能狡辩的精神病人($n_1=65$)、不狡辩的精神病人($n_2=28$)、诚实回答的大学生($n_3=140$)、建议提供虚假回答的大学生(提供蓄意歪曲反应)($n_4=45$),这 278 个参与者都接受了一份问卷(MMPI),并被记下了评估等级。每个评分等级被看成是一个响应变量,然后为此实验作了方差分析,分析的结果见下表。

练习 14.23 的方差分析结果

响应变量	ANOVA F 值
很少	155.8
明显	49.7
微弱	10.3
介于明显与微弱之间	45.4
掩饰	39.1

a. 对每一个响应变量,试判断完成问卷的 4 组群体的记分均值是否存在显著差别(都用 $\alpha=0.05$)。

b. 如果用 MMPI 检测蓄意的歪曲反应是可行的,则提供虚假回答的处理的记分均值将是最大的。根据表中所提供的信息,研究人员能就 MMPI 的可行性作一个推断吗? 请解释。

14.24 *Journal of Hazardous Materials* (July 1995)刊登了一项有关 3 种不同有毒有机溶液树酯(esters)、芬醛(aromatics)和氯苯(chloroalkanes)化学性质的研究结果。该研究的目标变量是吸附作用率,其大小是通过克分子所含百分比来衡量的。在实验过程中,研究人员对每种溶液样本都进行了独立的化学测验,并记下了测验结果。数据见下表。此实验方差分析的 SPSS 输出结果见下图。

练习 14.24 的 SPSS 输出结果

SORPRATE

	Sum of Squares	df	Mean Square	F	Sig
Between Groups	3.305	2	1.653	24.512	0.000
within Groups	1.955	29	0.067		
Total	5.261	31			

练习 14.24 的数据  HAZARDS.DAT

芬醛		氯苯		树脂		
1.06	0.95	1.58	1.12	0.29	0.43	0.06
0.79	0.65	1.45	0.91	0.06	0.51	0.09
0.82	1.15	0.57	0.83	0.44	0.10	0.17
0.89	1.12	1.16	0.43	0.61	0.34	0.60
1.05				0.55	0.53	0.17

数据来源：Reprinted from *Journal of Hazardous Materials*, Vol. 42, No. 2, J. D. Ortego et al., "A review of polymeric geosynthetics used in hazardous waste facilities, p. 142, july 1995.

a. 是否有充分的理由说明 3 种溶液的吸附作用率均值之间存在显著差别，用 $\alpha=0.10$ 进行检验。

b. 为了使 a 的检验有效，列出必须的假设条件。

c. 检查 b 中列出的假设，在本题它们都满足吗？

14.25 针对不同前台销售技术的有效性，长期以来，各工业专职销售人员众说纷纭。为此，阿库雷恩大学的研究员 S. Hawes、J. Strong 和 B. Winick 作了一项研究调查，来评估 6 种前台销售技术的有效性。信誉水平代表采用不同销售技术的销售员的销售水平，见 Industrial Marketing(Sept. 1996)。这 6 种前台销售技术中有两种是假定临近（assumed close）和迫近事务技术（impending event technique）。对于前者，如果某个销售完成了，销售员简单的记下订单和销售事项。而后者，在消费者的下次购买还未开始时，销售员就鼓励他们现在就买，否则，以后的购买对消费者不利。此研究中，共有 238 名消费者参与了实验。并被提供一种销售情景表，表中列出的分别是 6 种前台销售技术中的一种，阅读完后，每个参与者被要求按 7 分制为不同销售技术的销售员的销售前景（信誉水平）打分。下表列出了与实验相关的数据。

练习 14.25 的数据

处理：临近技术	样本大小
1. 不临近	38
2. 迫近事务	36
3. 社会认可	29
4. 假设	42
5. 假定临近	36
6. 只能二选一	56

a. 研究人员的假设是：

H_0：销售人员的销售前景不受前台销售技术方式的影响

H_a：销售人员的销售前景受前台销售技术方式的影响

如果要进行方差分析，这些假设该怎么描述（即在方差分析中的形式）？

b. 研究人员的报告中，方差分析 F 统计量为 2.21，在 $\alpha=0.05$ 的情况下，是否有足够的理由拒绝原假设？

c. 为使 a 中的检验有效，必须满足哪些假设条件？

d. 这个实验是什么类型的？是观察的，还是设计的？请解释。

14.26 平均看来，美国每年有 100 万个以上新的商业实体产生。(Journal of Business Venturing, Vol. 11, 1996) 曾刊载了一项调查研究，旨在研究企业行为，本文着重调查一个商业实体成立过程中所要开办的活动以及所需活动的个数。在此调查研究中，71 位企业家接受了调查，并被分成 3 组：已成功地创建了一个商业实体（34 人）、正在积极创建新的商业实体（21 人）和开始尽力创建新商业实体但最终放弃了（16 人）。实验中，在创建新商业实体过程中的某一特定时间段内，每一组企业家所开办的活动（包括商业计划、融资和购买设备等）的总数都被记下了。下面是一个未完成的方差分析表。

练习 14.26 方差分析表

来源	df	SS	MS	F
组数	2	128.70	__	__
误差	68	27 124.52	__	

数据来源：Carter, N., Garner, W., and Reynolds, P. "Exploring start—up event sequences", *Journal of Business Venturing*, Vol. 11, 1996, p. 159.

a. 完成方差分析表。

b. 表中的数据是否提供足够的理由说明 3 组不同的企业家在创办一个新商业实体的过程中所要开办的活动的总数之间有区别？请检验（$\alpha=0.05$）。

c. 在 b 的检验中，观察到的 p 值是多少？

d. 此研究的一个结果是，那些已成功地创建了一个商业实体的企业家的行为与失败了的企业家的行为有区别。你同意这个结论吗？请说出你的理由。

e. 这个实验是什么类型的？是观察的，还是设计的？请解释。

14.3 均值的多重比较

现在我们来考虑具有 A、B、C 三个处理的完全随机化实验设计。假如我们通过 14.2 节的 ANOVA F 检验确定出 3 个处理均值在统计上是不同的。为了完成这一分析，我们想要对这 3 个处理进行排序。正如在 14.2 节中所提及的，我们首先为实验中各对处理均值之差建立置信区间。例如，在具有 3 个处理的实验中，我们将为 3 组均值之差：$\mu_A-\mu_B$、$\mu_A-\mu_C$ 和 $\mu_B-\mu_C$ 构造置信区间。

> 一般地，如果有 p 个处理均值，则有
> $$c=\frac{p(p-1)}{2}$$
> 一个需要比较的均值配对。

如果我们想要以 $100(1-\alpha)\%$ 的置信度确信这个置信区间中的每个区间都包含我们试图估计的真实差，则对于每个单独的置信区间，我们选取的值必须小于只有一个区间时所选用的值。例如，假如我们要对 A、B、C 这 3 个处理的均值排序，并以 95% 的置信度使得比较这些均值的所有 3 个置信区间中包含着处理均值之间的真实差。那么，为了有 95% 的把握使得这 3 个区间共同地包含真实差，则每个单独的置信区间需要用一个小于 α=0.05 的显著性水平来建立。①

为了对一组处理均值进行多重比较，我们可以采用多种方法，使得在不同的假设下确保与所有的比较相关联的这一总的置信水平保持或大于所指定的的水平 $100(1-\alpha)\%$。其中 3 种广泛应用的方法为：Bonferroni、Scheffe 和 Tukey 法。对于每一种方法，都将犯第 1 类错误的风险用于实验中处理均值的比较。因此，所选取的值被称为实验误差率（experimentwise error rate）（与比较误差率（comparisonwise error rate）对比而言）。

在 ANOVA 中，多重比较方法的选择依赖于所运用的实验设计类型以及分析者所感兴趣的比较。例如，在 Tukey(1949) 所建立的方法专门用于当各处理的样本容量相等的情况下的配对比较；Bonferroni 法（见 Miller，1981）与 Tukey 法类似，也可以用于所关心的配对比较，然而 Bonferroni 法并不要求相同的样本容量；Scheffe(1953) 所建立的方法是一种更为一般的方法，用于比较处理均值的任意线性组合。因而，当进行配对比较时，由 Scheffe 法所得到的置信区间一般要比 Tukey 和 Bonferroni 的置信区间宽一些。

运用 Bonferroni、Scheffe 和 Tukey 法对处理均值之差建立置信区间的公式不在本书的范围。然而，这些方法（以及其他许多方法）在大多数统计软件包的 ANOVA 程序中都可得到。这些程序根据分析者所选取的实验误差率（α），对所有可能的各对处理的两个处理均值之差建立一个置信区间。

例 14.5

参看例 14.3 中的完全随机化设计，在此实验中我们推断，在 4 种品牌的高尔夫球中至少有 2 种被击出后的平均距离不同。

---

① 建立每个置信区间所需的置信水平必须要比为区间的集合所指定的置信水平高，究其原因，可证明如下：
{c 个区间中至少有一个没有包含真实差}
$=1-P\{$所有 c 个区间都包含真实差$\}$
$=1-(1-\alpha)^c\geqslant\alpha$
因此，为了使得至少有一个区间没有包含真实差的概率等于 α，则我们必须指定单独的置信水平低于 α。

a. 运用 Tukey 多重比较法以 95％的总的置信水平对处理均值进行排序。

b. 对排名最前的高尔夫球估计平均距离。

解答：

a. 为了以 95％的总的置信水平对处理均值进行排序，我们所需要的实验误差率为 $\alpha=0.05$。由 Tukey 法得到的置信区间位于图 14.11 中 SAS ANOVA 输出结果的底部。注意到对任何一对均值 μ_1 和 μ_2，SAS 都计算出了两个置信区间，一个用于 $\mu_i-\mu_j$，一个用于 $\mu_j-\mu_i$。为了判断两个均值是否显著不同时，这些区间中只有一个是必要的。

图 14.11　例 14.5 的 SAS 输出结果

Analysis of Variance Procedure

Dependent Variable：DISTANCE

Source	DF	Sum of Squares	Mean Square	F Value	Pr>F
Model	3	2794.388750	931.462917	43.99	0.0001
Error	36	762.301000	21.175028		
Corrected Total	39	3556.689750			

R－Square	C. V.	Root MSE	DISTANCE Mean
0.785671	1.785118	4.601633	257.777500

Source	DF	Anova SS	Mean Square	F Value	Pr>F
BRAND	3	2794.388750	931.462917	43.99	0.0001

Tukey's Studentized Range (HSD) Test for variable：DISTANCE

NOTE：This test controls the type I experimentwise error rate.

Alpha＝0.05 Confidence＝0.95 df＝36 MSE＝21.17503

Critical Value of Studentized Range＝3.809

Minimum Significant Difference＝5.5424

Comparisons significant at the 0.05 level are indicated by '＊＊＊'

BRAND Comparison		Simultaneous Lower Confidence Limit	Difference Between Means	Simultaneous Upper Confidence Limit	
C	－B	3.348	8.890	14.432	＊＊＊
C	－A	13.628	19.170	24.712	＊＊＊
C	－D	15.088	20.630	26.172	＊＊＊
B	－C	－14.432	－8.890	－3.348	＊＊＊
B	－A	4.738	10.280	15.822	＊＊＊
B	－D	6.198	11.740	17.282	＊＊＊
A	－C	－24.712	－19.170	－13.628	＊＊＊
A	－B	－15.822	－10.280	－4.738	＊＊＊
A	－D	－4.082	1.460	7.002	
D	－C	－26.172	－20.630	－15.088	＊＊＊
D	－B	－17.282	－11.740	－6.198	＊＊＊
D	－A	－7.002	－1.460	4.082	

在本例中，我们要比较 4 个品牌均值，即 $p=4$，因此，有关的配对比较个数，即所需的置信区间个数为 $c=4\times3/2=6$ 个。这 6 个区间已标示在图 14.11 中，并另在表 14.4 中给出。

表 14.4　例 14.5 中均值配对的比较

品牌比较	置信区间
$(\mu_A-\mu_B)$	(−15.822，−4.738)
$(\mu_A-\mu_C)$	(−24.712，−13.628)
$(\mu_A-\mu_D)$	(−4.082，−7.002)
$(\mu_B-\mu_C)$	(−14.432，−3.348)
$(\mu_B-\mu_D)$	(6.198，17.282)
$(\mu_C-\mu_D)$	(15.088，26.172)

因此，我们有 95％的把握确信，这些区间共同地包含真实品牌平均距离之间的所有差。注意到那些包含了 0 的置信区间，例如(品牌 A－品牌 D)区间是从－4.082 至 7.002，它不支持这两个品牌的平均距离不同的结论。如果区间的两个端点都为正，如(品牌 B－品牌 D)的区间是从 6.198至17.282，则表示第一个品牌(B)的平均距离大于第二个品牌(D)的平均距离。相反，如果区间的两个端点都为负，如(品牌 A－品牌 C)区间是从－24.712 至－13.628，则表示第二个品牌(C)的平均距离大于第一个品牌(A)的平均距离。

为对 Tukey 多重比较结果作一个简便的总结，我们可以绘制一个列表，即将品牌均值由最高到最低排序，用一条实线将那些不是显著不同的值连接起来。这一总结见图 14.12。其解释为，品牌 C 的平均距离大于所有其他品牌的平均距离；品牌 B 的平均距离大于品牌 A 和 D 的平均距离；品牌 A 和 D 的均值没有显著不同。所有这些结论是同时以 95％的置信度，即 Tukey 多重比较的总的置信水平进行推断的。

图 14.12　Tukey 多重比较归类

品牌	均值
C	270.0
B	261.1
A	250.8
D	249.3

b. 品牌 C 排名最高，因此我们想要 μ_C 的一个置信区间。由于在一个完全随机化设计中样本是独立地选取的，则一个单独的处理均值的置信区间是由 7.2 节中所讲述的单样本置信区间来得到的，它运用标准差 $s=\sqrt{\text{MSE}}$作为这一实验的抽样变异性的测度。则品牌 C(它显然是所测试的品牌中“距离最远的球”)的平均距离的 95％置信区间为：

$\overline{x_C}\pm t_{0.025}s\sqrt{1/n}$

这里，$n=10$，$t_{0.025}\approx2$(自由度为 36)，$s=4.601633$，(由图 14.11 的 SAS 输出结果中获得)，将其代入后得到：

$270.0\pm(2)(4.60)(\sqrt{0.1})$

270.0 ± 2.9 即(267.1，272.9)

因此，我们有 95％的把握确信，当 Iron Byron 用一根长打杆击球时，品牌 C 的真实平均距离在 267.1 码至 272.9 码之间。

在许多具有多重比较程序的统计软件包里，也都会产生如图 14.12 所示的排序。例如，图

14.13 的 SAS 输出结果显示了运用 Bonferroni 方法对这 4 个高尔夫球品牌的平均距离的排序。

图 14.13 对 4 个品牌的高尔夫球 Bonferroni 分析的 SAS 输出结果

Analysis of Variance Procedure

Bonferroni (Dunn) T tests for variable: DISTANCE

NOTE: This test controls the type I experimentwise error rate, but generally has a higher type II error rate than REGWQ

Alpah=0.05 df=36 MSE=21.17503

Critical Value of T=2.79

Minimum Significant Difference=5.7456

Means with the same letter are not significantly different.

Bon Grouping	Mean	N	BRAND
A	269.950	10	C
B	261.060	10	B
C	250.780	10	A
C			
C	249.320	10	D

在分析中所运用的实验误差率(0.05)、MSE 值(21.175)和 t 临界值(2.79)已标示在输出结果上。均值的 Bonferroni 排序显示在图 14.13 的底部。请注意,SAS 运用了 Bon Grouping 字母来连接那些并非显著不同的均值,而不是实线。你可以看到,品牌 C 的排名最高,然后是品牌 B 的均值。这两个均值是显著不同的,因为它们是以不同的 Bon Grouping 字母相关联的。品牌 A 和品牌 D 的排名最低,它们的均值不是显著不同的(因为它们具有相同的 Bon Grouping 字母)。

请记住,Tukey 方法和 Bonferroni 方法仅是众多可利用的多重比较方法中的两种。对于你所运用的实验设计,也许其他方法更为适合。当你运用这些其他的方法时,具体请参考有关的文献。

统计实践

14.1 治疗是暴饮暴食者的新"减肥药"吗?

在美国,节食治疗肥胖症是一件大事。新的节食辅助产品如果能够成功地推销,则会给生产厂家带来数以百万美元的巨额利润。然而,大多数医生认为,这些产品对于超重问题不是长久之计。相反,改变饮食习惯并伴以体育锻炼才是对付肥胖的更为行之有效的办法。

肥胖往往与精神或身体的失调有关。例如,一个具有暴食症(BED)的人会有多次暴食并伴以超重的经历。据临床心理学家估计,25%到 30%的肥胖病患者是暴饮暴食者。认知行为治疗(CBT)告诉病人如何在特定的行为状态中进行改变,它对于治疗 BED 是有效的。例如,CBT 建议暴饮暴食者每周测量体重,进行体育锻炼,只吃低脂食物,并在暴饮暴食前控制其思想和心情。然而,以 CBT 治疗的患者大约仅一半确实摈弃了暴食的恶习。因此,对 CBT 无效的患者需要进行另一个层面的治疗。

斯坦福大学的一些研究人员将人际疗法(IPT)作为对于暴饮暴食者另一个层面的治疗。在 IPT 中,患者以小组的形式讨论他们暴饮暴食的病源(例如,压抑、个人问题等),并且讨论如何对待这些问题。这项针对 41 名被诊断为暴食症的超重患者进行的为期 24 周的研究发表在 *Consulting and Clinical Psychology*(1995.6)上。

这些暴食症患者选自于一个 260 名患者的群体，他们或是向研究人员查询，或是据当地媒体的广告而加入的。一些患者由于缺乏兴趣或时间而被从研究中排除，还有一些被排除是由于他们不符合既超重又暴饮暴食的标准。对于这项研究，64 名患者被认为是合格的，同时他们也同意参加。然而，有 14 名患者没有完成基本的评估，且又有 9 名在中途退出，所以，剩下的最终样本容量为 $n=41$。

研究人员采用随机化设计，将患者或分配在一个治疗组(30 名)，或分配在对照组(11 名)。在治疗组中的患者接受为期 12 周的认知行为治疗。在 12 周末，这 30 名接受 CBT 的患者又被分成两组。那些由于 CBT 治疗成功而得以减轻体重、限制暴食并建立了最低锻炼计划的患者(17 名)被分到了体重减轻治疗组(WLT)，以便接受下一轮为期 12 周的治疗；而那些对治疗没有疗效的患者(13 名)，则接受 12 周的人际疗法(IPT)。在对照组的 11 名患者不接受任何种类的治疗，但分别在 12 周和 24 周末后接受评估。因而，这一实验最终由 3 组超重且暴饮暴食的患者组成：CBT－WLT 组、CBT－IPT 组和对照组。

研究人员对每一名患者测量了一些响应变量，包括每周有暴饮暴食情况的次数和体重(单位为千克)，这 3 个组在 24 周末各自的汇总统计量见表 14.5。

分析这些数据的一种方法是将这一设计视为具有 3 个处理(CBT－WLT 组、CBT－IPT 组和对照组)的完全随机化设计，然后对每个响应变量进行一个方差分析。尽管在这篇文章中没有提供 ANOVA 表，但是，表 14.5 所提供的资料已足以建立它们的 ANOVA 表。

讨论焦点：

a. 考虑将每周暴饮暴食的次数 x 作为响应变量。运用以下的公式对每周暴饮暴食次数计算其 ANOVA 的 SST：

$$SST=\sum_{i=1}^{3}n_i(\overline{x_i}-\overline{x})^2$$

这里 $\overline{x}$ 为 41 名患者每周暴饮暴食的总平均次数。

提示：[$\overline{x}=(\sum_{i=1}^{3}n_i\overline{x_i})41$]

b. 再一次考虑将每周暴饮暴食的次数作为响应变量。回顾 ANOVA 的 SSE 可以写为：

$$SSE=(n_1-1)s_1^2+(n_2-1)s_2^2+(n_3-1)s_3^2$$

这里 s_1^2,s_2^2,s_3^2 分别为 3 个处理的样本方差，计算 ANOVA 的 SSE。

c. 参考 a 和 b 部分，完成下面的 ANOVA 表。

来源	df	SS	MS	F
处理	____	____	____	____
误差	____	____	____	____
总和	____	____		

d. 在 $\alpha=0.01$ 的情况下，有充足的理由表明这 3 组中的患者每周发生暴饮暴食的平均次数是不同的吗？

e. 参看 d 部分，如果合适的话，运用 $\alpha=0.03$ 的实验误差率进行一个 Bonferroni 分析来对这 3 个处理均值进行排序。请解释研究人员的所得结果。

提示：$(\mu_i-\mu_j)$ 的置信区间的 Bonferroni 公式为：

$(\overline{x}_i-\overline{x}_j)\pm t_{\alpha^*/2}(s)\sqrt{(1/n_i)+(1/n_j)}$

这里 $\alpha^*=2\alpha/[(p)(p-1)]$，$\alpha$ 为实验误差率，p 是需要比较的处理均值的总个数。

f. 对于"体重"这一响应变量，重复 a－e 部分。

g. 对方差分析的假设进行评述，它会怎样影响这一研究的结果？

h. 评述在此项研究中所采用的完全随机化设计，患者是随机且独立地分配到每个组的吗？这会怎样影响这一研究的结果？

i. 对这项研究选取患者的方式进行评述。这 41 个患者样本足以代表目标总体吗？请解释它对这一研究的推断所产生的影响。

表 14.5　3 组样本统计数据的归纳

	CBT－WLT	CBT－IPT	控制
样本大小	17	13	11
每周暴食的均值数	0.2	1.9	2.9
（标准差）	(0.4)	(1.7)	(2.0)
重量的均值	98.8	119.2	110.2
（标准差）	(22.3)	(32.1)	(22.8)

练习 14.27～14.37

技能训练：

14.27　考虑一个具有 p 个处理的完全随机化设计，假设采用一种多重比较方法对处理均值进行所有的配对比较。对于以下的值，请确定所要进行比较的总的处理均值个数。

a. $p=3$　　b. $p=5$

c. $p=4$　　d. $p=10$

14.28　什么叫实验误差率？

14.29　什么叫比较误差率？

14.30　考虑一个具有 A、B、C、D 和 E 五个处理的完全随机化设计。ANOVA*F* 检验表明在这些均值之间具有显著差异。在 $\alpha=0.05$ 的显著性水平下，运用多重比较方法对处理均值的所有可能配对进行了比较。这 5 个处理均值的排序总结如下，试确定哪几对均值是显著不同的。

a. $\overline{A\quad C}\quad\overline{E\quad B\quad D}$

b. $\overline{A\quad\underline{C\quad E}}\underline{\quad B\quad D}$

c. $\overline{A\quad C}\quad E\quad B\quad D$

d. $\overline{A\quad C}\quad\overline{E\quad B}\quad D$

概念运用：

14.31　参看练习 14.19 佐治亚 8 个子市场办公可用地空余率的问题。表中对空余率均值进行了排序。（在 $\alpha=0.10$ 的前提下，用直线连接起来的均值与其他有显著不同）。请全面地解释这些结果。

练习 14.31 空余率均值排序

市场	空余率均值(%)
中北区	16.73
西北区	16.81
鹿头区	16.85
东北区	16.95
市中心区	19.75
北湖区	20.38
商业区	20.73
南区	28.26

14.32　参看（*American Journal of Political Science*, Jan. 1998），本文研究 3 种职业人员（科学家、记者和政府官员）对核能厂安全的态度（见练习 14.20）。3 个群体的态度的记分均值分别为：

政府官员：　　4.2

科学家： 4.1

记者： 3.7

a. 试确定在此研究中需要比较的均值配对的个数。

b. 假设实验误差率 $\alpha=0.05$，Tukey 比较均值的最小显著差别为 0.23。利用这些信息为此次试验设计一个多重比较，并解释所得结果。

14.33 参看练习 14.22。在练习 14.22，通过方差分析和 F 检验，我们发现，对 3 类公司子群体审计所需费用的均值有显著差别。为了对这 3 个均值进行排序，必须采用多重比较方法。

a. 为了达到排序目的，必须进行多少组均值比较。

b. 假设你用的实验误差率为 $\alpha=0.05$，请解释这个值。

c. 在此研究中，Tukey 多重比较方法适合吗？请解释。

d. 下图给出了 Tukey 分析的 SAS 输出结果，请解释这些结果。

14.34 在练习 14.23，你已经就每一个 MMPI 记分等级进行了方差分析，并且得出了这样的结论：对每一个记分等级来说，4 组样本的记分均值有明显的差别。这 4 个样本群体是：能狡辩的精神病人(FP)、不狡辩的精神病人(NFP)、诚实回答的大学生(CSH)和建议提供虚假回答的大学生(CSFB)。在实验误差率为 $\alpha=0.05$ 的前提下，采用 Bonferroni 方法对 4 个均值进行了排序。在下表中，列出了包括所有响应变量在内的排序结果。就所有的响应变量，请解释这些结果。(注意，用直线连起来的均值之间差别不大。)是否记得，如果 CSFB 组的记分均值最大，则说明用 MMPI 检测歪曲反应是可行的。

14.35 参看(*Journal of Hazardous Materials*, July 1995)，此文是研究 3 种不同有机溶液吸附作用率均值的(详见练习 14.24)。本题中，采用了 SAS 软件来对每组均值构建 Conferring 置信区间。SAS 的输出结果见下图。

a. 在输出结果中，找出和解释实验误差率。

b. 找出和解释树酯(esters)与芬醛(aromatics)吸附作用率均值差别的置信区间。

c. 用这些置信区间判断哪组均值之间存在显著差别。

练习 14.33 的 SAS 输出结果

Analysis of Variance Procedure

Tukey's Studentized Range (HSD) Test for variable: COST

NOTE: This test controls the type I experimentwise error rate, but generally has a higher type II error rate than REGWQ

Alpha=0.05 df=27 MSE=18894.93

Critical Value of Studentized Range=3.506

Minimum Significant Difference=152.41

Means with the same letter are not significantly different

Tukey Grouping	Mean	N	CLIENT
A	335.50	10	A
B	129.50	10	B
B			
B	106.00	10	C

练习 14.34 的数据

响应变量					
很少	均值	7.1	11.3	14.6	33.6
	组别	CSH	NFP	FP	CSFB
明显	均值	240.9	270.7	287.5	341.9
	组别	CSH	FP	NFP	CSFB
微弱	均值	231.4	244.1	244.5	259.7
	组别	CSFB	CSH	FP	NFP
明显 微弱	均值	51.3	88.2	93.4	198.8
	组别	CSH	NFP	FP	CSFB
掩饰	均值	12.0	12.1	20.8	21.0
	组别	FP	NFP	CSH	CSFB

数据来源：Bagby, R. M., Burs, T., and Nicholson, R. a. "Relative effectiveness of the standard Validity scales in detecting fake－bad and fake－good responding: Replication and extension" Psychological Assessment Vol, 7, No. 1, Mar. 1995, p. 86(Table 1).

练习 14.35 的 SAS 输出结果

Analysis of Variance Procedure

Bonferroni (Dunn) T tests for variable: SORPRATE

NOTE: This test controls the type I experimentwise error rate but generally has a higher type II error rate than Tukey's for all pairwise comparisons.

Alpha＝0.05 Confidence＝0.95 df＝29 MSE＝0.067426

Critical Value of T＝2.54091

Comparisons significant at the 0.05 level are indicated by '＊＊＊'.

SOLVENT Comparison	Simultaneous Lower Confidence Limit	Difference Between Means	Simutaneous Upper Confidence Limit	
CHLOR－AROMA	－0.2566	0.0640	0.3846	
CHLOR－ESTER	0.03874	0.6763	0.9651	＊＊＊
AROMA－CHLOR	－0.3846	－0.0640	0.2566	
AROMA－ESTER	0.3340	0.6122	0.8904	＊＊＊
ESTER－CHLOR	－0.9651	－0.6763	－0.3874	＊＊＊
ESTER－AROMA	－0.8904	－0.6122	－0.3340	＊＊＊

14.36 参看(*Industrial Marketing*, Sept. 1996)，本文研究的是 6 种前台销售技术的比较(详见练习 14.25)。在下表中，信誉水平(level of trust)代表采用不同销售技术的销售员的销售前景。在 α＝0.05 的前提下，我们做了多重比较分析，结果在表的第三列。请全面解释这些结果。

练习 14.37 的数据

举措数目均值	8.00	6.56	5.05
企业家组	成功	放弃	继续努力

数据来源：Hawes, S. M., Strong, J. T., and Winick, B. S. "Do closing techniques diminish prospect trust?" *Industrial Marketing Management*,

Vol,25No.5,Sept.1996,p.355.

14.37 参看(*Journal of Business Venturing*, Vol.11,1996),本文是研究企业行为的(详见练习 14.26),在 $\alpha=0.05$ 的前提下,采用 Conferring 多重比较方法对 3 组企业家的相关均值进行配对比较。在下表,列出了企业家所采取的举措数目均值及其比较结果,试解释这些结果。

练习 14.37 的数据

处理:临近技术	信誉水平	处理间的差别
1. 不临近	4.67	a1 与 5、6 不同
2. 迫近事务	4.48	b2 与 6 不同
3. 社会认可	4.40	c 没有差别
4. 假设	4.33	d 没有差别
5. 假定临近	4.04	e5 与 1 不同
6. 只能二选一	3.98	f6 与 1、2 不同

14.4 因子实验

在 14.2 和 14.3 节中所讨论的所有实验都是单因子实验(single-factor experiments)。这些实验的处理是一个单因子的水平,且运用完全随机化设计抽取实验单元的样本。然而,大多数的响应变量不只是受一个因子的影响,因此,我们经常要设计包含多个因子的实验。

考虑这样一个实验,在此实验中响应变量受两个因子 A 和 B 的影响。假定我们对因子 A 在 a 个水平上进行研究,对因子 B 在 b 个水平上研究。是否记得,处理是因子—水平的组合,因此,可以想象,这一实验潜在地有 ab 个处理。完全因子实验(complete factorial experiments)是一个运用了所有可能的 ab 个处理的实验。

定义 14.8

完全因子实验是一个运用了每个因子—水平组合的实验。即实验中处理的个数等于因子—水平组合的总个数。

例如,USGA 想确定的不仅是距离与高尔夫球品牌之间的关系,还有距离与击球所使用的球杆之间的关系。如果他们决定使用 4 种品牌的高尔夫球和 2 种球杆(例如,长打杆与 5 号钢球杆),则一个完全因子实验需要利用所有的 8 个品牌—球杆组合。这种实验被明确地称为 $4\times2=8$ 完全因子实验。表 14.6 中给出了一个两因子实验的表式(此后当我们运用“因子”这个词时我们就指“完全因子”)。这个因子实验也被称为二维分类(two—way classifiction)实验,因为它可以按表 14.6 所示安排为行—列的形式。

表 14.6 两因子实验的表格显示

		因子 B 的 b 个水平				
	水平	1	2	3	…	b
	1	Trt. 1	Trt. 2	Trt. 3	…	Trt. b
因子 A 的	2	Trt. b+1	Trt. b+2	Trt. b+3	…	Trt. 2b
a 个水平	3	Trt. 2b+1	Trt. 2b+2	Trt. 2b+3	…	Trt. 3b
	⋮	⋮	⋮	⋮	…	⋮
	a	Trt. (a−1)b+1	Trt. (a−1)b+2	Trt. (a−1)b+3	…	Trt. ab

为了完成实验设计的要求,必须将处理分配到实验单元。如果在完全因子实验中,ab 个处理的分配是随机且独立的,则这一设计是完全随机化的。例如,如果选用机器人 Iron Byron 去击 80 个高尔夫球,按照随机顺序对于 8 个品牌—球杆组合分别分配 10 个球,则这个设计便是完全随机化的。在本节的其余部分,我们将主要研究完全随机化设计的因子实验。

如果我们用完全随机化设计来做一个具有 ab 个处理的因子实验，则我们可以按照与 14.2 节中相同的方法来进行分析。我们计算(或者让计算机计算)出处理均值变异性的测度(MST)和抽样变异性的测度(MSE)，并运用这两个值的 F 比值来检验处理均值相等的原假设。当然，如果这一假设被拒绝，我们便推断在这些处理均值之间存在着一些差异。重要的问题还在后面，是这两个因子都影响着响应变量，还是仅有一个因子影响着响应变量呢？如果两个都影响，那么它们是独立地影响着响应变量，还是交互地影响着响应变量？

例如，在高尔夫球实验中的距离数据表明，在这 8 个处理(品牌—球杆)均值中至少有两个不同。那么，是高尔夫球的品牌(因子 A)还是所使用的球杆(因子 B)影响着平均距离，抑或它们两者都产生影响了呢？图 14.14 中显示出了几种可能性。在图 14.14a 中，品牌均值是相等的(为了举例说明，这里只选取了 3 个品牌)，但是对于因子 B(球杆)的两个水平而言，距离却是不同的。因此，品牌对距离均值没有影响，但球杆的主效应是存在的。在图 14.14b 中，品牌均值不同，但球杆均值对于每个品牌是相等的，因此，这里品牌的主效应是存在的，但球杆的主效应并不存在。

图 14.14c 和图 14.14d 说明了两个因子都影响响应变量的情况。在 14.14c 中，对于这 3 个品牌而言，球杆之间的平均距离没有变化，则品牌对距离的影响是独立于球杆的，换言之，品牌与球杆这两个因子没有交互作用。相反，图 14.14d 则表明，球杆之间的平均距离的差异随着品牌的改变而改变，因而品牌对距离的影响依赖于球杆，则这两个因子确实存在交互作用。

图 14.14 高尔夫球因子实验中几种可能出现的情形

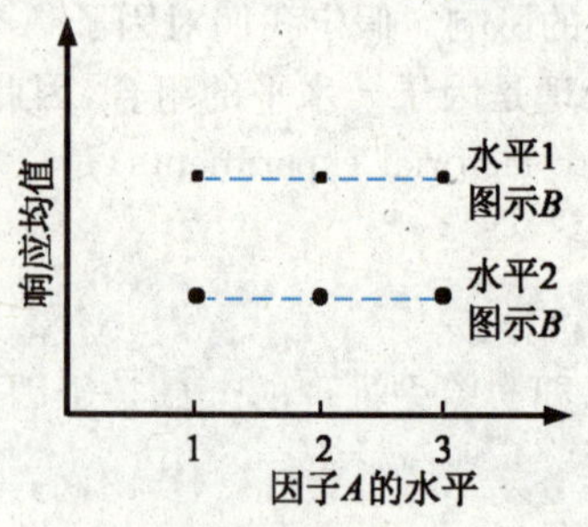

a. 没有 A 效应，B 主效应

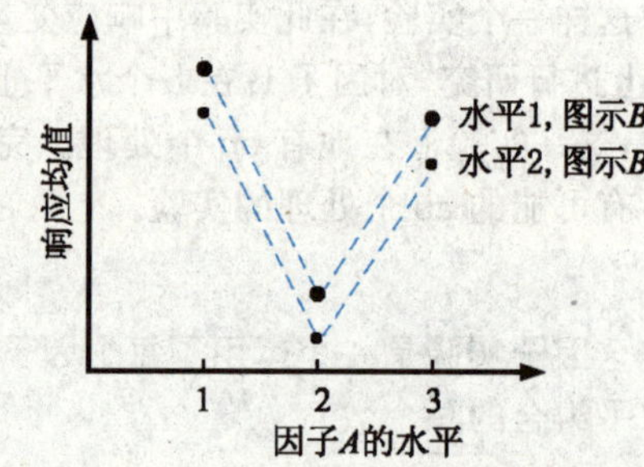

b. A 主效应；显著的 B 效应

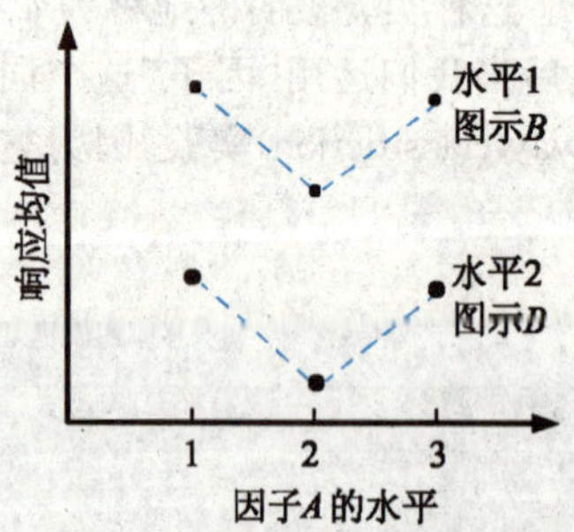

c. A 与 B 都有主效应，没有交互效用

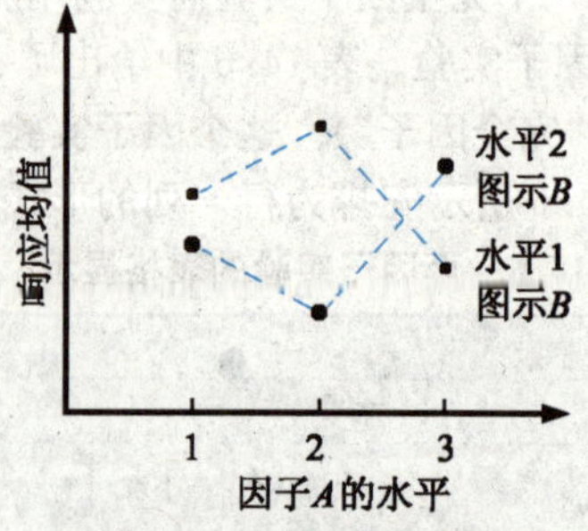

d. A 与 B 交互效用

在一个因子实验中，如果处理对响应变量有效应的话，为了确定其属性，我们需要将处理变异性分解成为三部分：因子 A 与 B 之间的交互效应、因子 A 的主效应和因子 B 的主效应。因子交互效应(Factor Interaction)部分是用于检验这两个因子是否联合起来影响着响应变量，而因子主效应(Factor Main Effect)部分则是用于确定这两个因子是否单独地对响应变量产生影响。

在图 14.15 中，说明了将总平方和分解为不同部分的过程。注意到在第一阶段，各个组成部分与 14.2 节的单因子完全随机化设计的组成部分是相同的，即总平方和分解为处理平方和与误差平方和。处理的自由度等于处理的个数减 1，为$(ab-1)$；误差的自由度等于总的样本容量减去

处理的个数，为$(n-ab)$。只有在分解的第二阶段，因子实验与前面所讲述过的不同。这里，我们将处理平方和分为 3 个部分：交互效应和两个主效应。这样，如果在均值处理之间存在差异，则这些组成部分便可用于检验这些差异的性质。

图 14.15 含两个因子实验的总平方和的分解

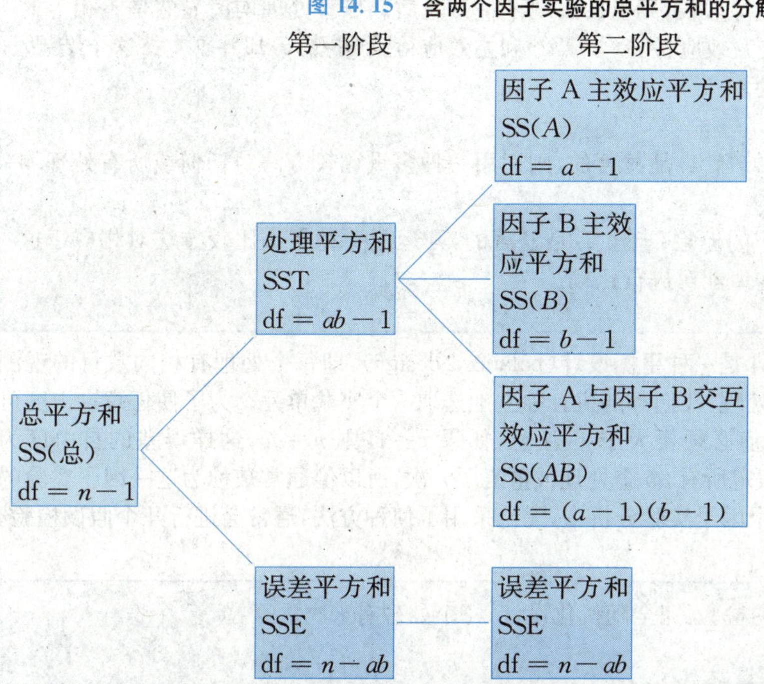

在一个因子实验中，有很多方法可用于检验和估计因子。下面，我们只讲述一种方法。

两因子因子实验的分析步骤

1. 将总平方和分解为处理和误差部分（图 14.15 中的第一阶段）。可运用统计软件包或者附录 C 中的计算公式完成这一分解。
2. 计算处理均方与误差均方的 F 比值，以检验处理均值相等的原假设。①
   a. 如果检验结果没有拒绝原假设，则考虑通过增加重复次数或引进其他因子来改进实验。还可考虑响应变量与这两个因子无关的可能性。
   b. 如果检验结果拒绝了原假设，则进行步骤 3。
3. 将处理平方和分解成为主效应和交互效应平方和（图 14.15 中的第二阶段），可运用统计软件包或者附录 C 中的计算公式完成这一分解。
4. 通过计算交互效应均方与误差均方的 F 比值，检验因子 A 和 B 没有交互地影响响应变量的原假设。
   a. 如果检验结果没有拒绝原假设，则进行步骤 5。
   b. 如果检验结果拒绝了原假设，便推断这两个因子交互地影响着平均响应，则进行步骤 6a。

① 有些分析者宁愿直接检验交互效应和主效应部分，而忽略处理均值的检验。我们由这一检验开始是为了与我们在单因子完全随机化设计中所讲述的方法一致。

5. 通过将每一个因子主效应的均方与误差均方进行比较以计算出两个 F 值。对两个原假设进行检验，即在因子 A 和因子 B 的每个水平平均响应是相等的。
   a. 如果有一个或两个检验都拒绝原假设，便推断这一因子影响着平均响应，则进行步骤 6b。
   b. 如果两个检验都不拒绝原假设，则显然出现了一个矛盾。尽管处理均值显然是不相等的（步骤 2 检验），但是，交互效应检验（步骤 4）和主效应检验（步骤 5）却并不支持这个结果。则建议进一步进行实验。
6. 比较这些均值：
   a. 如果交互效应的检验（步骤 4）是显著的，则运用一种多重比较方法对任何或所有处理均值的配对进行比较。
   b. 如果一个或两个主效应的检验（步骤 5）是显著的，则运用一种多重比较方法对相应于这些显著因子各水平的均值配对进行比较。

我们假定完全随机化设计是一种**平衡设计**（balanced design），即每个处理有相同数目的观测值。也就是假定对于每一个处理，我们都随机且独立地选取 r 个实验单元。为了使任意自由度可用于测量抽样变异性，r 的数值必须要大于 1（注意：如果 $r=1$，则 $n=ab$，这样误差的自由度为 $df=n-ab=0$）。由于我们假定所有 ab 个处理被重复了 r 次，所以值通常被称为这一因子实验的**重复**（replicates）次数。在一个因子实验分析中，无论采用了何种方法，通常会进行几个假设检验。这些检验总结如下：

因子实验分析中所做的检验：完全随机化设计，每个处理有 r 次重复。

处理均值的检验：

H_0：在 ab 个处理均值间不存在差异

H_a：至少有两个处理均值不同

检验统计量：$F=\dfrac{\text{MST}}{\text{MSE}}$

拒绝域：$F\geqslant F_\alpha$（分子自由度为 $(ab-1)$，分母自由度为 $(n-ab)$，注意：$[n=abr]$）

因子交互效应的检验：

H_0：因子 A 和因子 B 不是交互地影响响应变量

H_a：因子 A 和因子 B 确实交互地影响着响应变量

检验统计量：$F=\dfrac{\text{MS}(AB)}{\text{MSE}}$

拒绝域：$F\geqslant F_\alpha$（分子自由度为 $(a-1)(b-1)$，分母自由度为 $(n-ab)$

因子 A 的主效应检验：

H_0：因子 A 的 a 个均值水平之间不存在差异

H_a：因子 A 至少有两个均值水平不同

检验统计量：$F=\dfrac{\text{MS}(A)}{\text{MSE}}$

拒绝域：$F\geqslant F_\alpha$ 分子自由度为 $(a-1)$，分母自由度为 $(n-ab)$

因子 B 的主效应检验：

H_0：因子 B 的 b 个均值水平之间不存在差异

H_a：因子 B 至少两个均值水平不同

检验统计量：$F=\dfrac{\text{MS}(B)}{\text{MSE}}$

拒绝域：$F \geqslant F_\alpha$，分子自由度为$(b-1)$，分母自由度为$(n-ab)$

所有检验的假设：

1. 对于每一个因子－水平组合(处理)而言，响应变量的分布都是正态的。
2. 对于所有的处理而言，响应变量的方差是固定的。
3. 对于每个处理，其实验单元都是随机独立的样本。

例 14.6

假如 USGA 以一个完全随机化设计对高尔夫球的 4 种不同品牌(A,B,C,D)和 2 种不同的球杆(长打杆和 5 号钢球杆)进行检验。这 8 个品牌－球杆组合(处理)各自被随机且独立地分配到 4 个实验单元，每个实验单元在由 Iron Byron 击出的序列中都有一个特定位置。这 32 次击球各自的距离都被记录了下来，其结果见表 14.7。

表 14.7　**高尔夫球实验数据汇总**

		品牌			
		A	B	C	D
球棒	长打棒	226.4	238.3	240.5	219.8
		232.6	231.7	246.9	228.7
		234.0	227.7	240.3	232.9
		220.7	237.2	244.7	237.6
	5 号钢球棒	163.8	184.4	179.0	157.8
		179.4	180.6	168.0	161.8
		168.6	179.5	165.2	162.1
		173.4	186.2	156.5	160.3

a. 运用一个统计软件包将总平方和分解为分析这个 4×2 因子实验所需的各个部分。

b. 根据用于分析含两个因子的实验的步骤来分析这个实验，并解释你的分析结果。做检验时，假设 $\alpha=0.10$。

图 14.16　**高尔夫球实验的 SAS 输出结果**

Analysis of Variance Procedure

Dependent Variable: DISTANCE

Source	DF	Sum of Squares	Mean Square	F Value	Pr > F
Model	7	33659.8087	4808.5441	140.35	0.0001
Error	24	822.2400	34.2600		
Corrected Total	31	34482.0487			

R－Square	C.V.	Root MSE	DISTANCE Mean
0.976155	2.8964608	5.85320	202.081250

Source	DF	Anova SS	Mean Square	F Value	Pr > F
CLUB	1	32093.11	32093.11	936.75	0.0001
BRAND	3	800.74	266.91	7.79	0.0008
CLUB * BRAND	3	765.96	255.32	7.45	0.0011

解答:

a. SAS对于这一因子实验的总平方和分解的输出结果已出现在图14.16中。这个分解过程包含两个阶段:首先,将总平方和分解为模型(处理)和误差平方和两部分,见输出结果的上部。注意到SST为33659.8,其自由度为7;SSE为822.2,其自由度为24,加起来为34482.0,且自由度为31。在分解的第二个阶段,处理平方和被进一步分解为两部分:主效应和交互效应平方和。在输出结果的底部我们可以看到,SS(Club)为32,093.1,自由度为1;SS(Brand)为800.7,自由度为3;SS(Club×Brand)为766.0,自由度为3,加起来为33,659.8,且自由度为7。

b. 一旦分解完成,我们的第一个检验是:

H_0:这8个处理均值是相等的

H_a:这8个均值中至少有2个是不相等的

检验统计量:$F=\frac{\text{MST}}{\text{MSE}}=140.35$(见输出结果的上部)

观察到的显著性水平:$p=0.0001$(见输出结果的上部)

因为$\alpha=0.10$大于p值,所以我们拒绝原假设并推断出:品牌一球杆组合中至少有2个的平均距离是不相等的。当接受了处理均值不同时,即因子"品牌"或因子"球杆"以某种方式影响着平均距离的假设,我们想要确定这两因子是怎样影响平均响应的。我们从检验品牌和球杆的交互效应开始。

H_0:品牌和球杆没有交互影响平均响应

H_a:品牌和球杆交互影响着平均响应

检验统计量:$F=\frac{\text{MS}(AB)}{\text{MSE}}=\frac{\text{MS(Brand}\times\text{Club)}}{\text{MSE}}=\frac{255.32}{34.26}=7.45$(见输出结果的底部)

观察到的显著性水平为:$p=0.0011$(见输出结果的底部)

由于$\alpha=0.10$大于p值,则我们推断品牌和球杆交互地影响平均距离。

因为这两个因子存在交互作用,所以我们不再检验品牌和球杆的主效应,而是对处理均值进行比较,以便获取这一交互效应的性质。我们仅在每个球杆内的各对品牌之间检验差异,而不是将所有$(8\times7)/2=28$对处理均值都进行比较。假定球杆之间存在差异,因而,对于每种球杆,只需比较$(4\times3)/2=6$对均值,或者,对于两种球杆而言,总共比较12对。图14.17的SAS输出结果给出了对于每种球杆而言,以$\alpha=0.10$的实验误差率运用Tukey法的比较结果。对于每一种球杆,图14.17给出了品牌均值的降序排列,且那些并非显著不同的均值在Tukey Grouping列里被以相同的字母连接起来。

图14.17 高尔夫球实验中均值排序的SAS输出结果

```
------------------------------CLUB=5IRON------------------------------
                  Analysis of Variance Procedure
     Tukey's Studentized Range (HSD) Test for variable:DISTANCE
   Note:This test controls the type I experimentwise error rate,but
        generally has a higher type II error rate than REGWQ.
              Alpha=0.1   df=12   MSE=36.10792
           Critical Value of Studentized Range=3.621
              Minimum Significant Difference=10.878
     Means with the same letter are not significantly different
      Tukey Grouping        Mean        N        BRAND
            A             182.675       4          B
            B             171.300       4          A
```

```
----------------------------------CLUB=5IRON----------------------------------
                 B
                 B          167.175        4        C
                 B
                 B          160.500        4        D
----------------------------------CLUB=DRIVER---------------------------------
                    Analysis of Variance Procedure
          Tukey's Studentized Range (HSD) Test for variable: DISTANCE
        Note: This test controls the type I experimentwise error rate, but
              generally has a higher type II error rate than REGWQ
                 Alpha=0.1   df=12   MSE=32.41208
               Critical Value of Studentized Range=3.621
                Minimum Significant Difference=10.306
          Means with the same letter are not signifcantly different.
     Tukey Grouping         Mean        N   BRAND
                 A        243.100       4   C
                 A
          B      A        233.725       4   B
          B
          B               229.750       4   D
          B
          B               228.425       4   A
```

图 14.18 高尔夫球实验的样本均值图

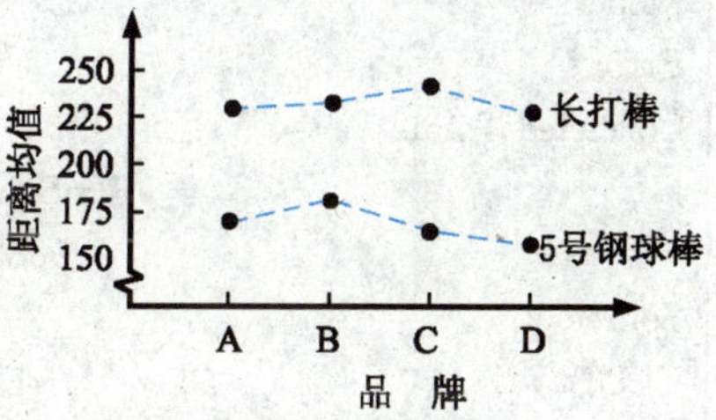

正如图 14.17 所示，就品牌的均值而言，这个输出结果还不明确。对于 5 号钢球杆(见图 14.17 的上部)，品牌 B 的均值显著地大于所有其他品牌的均值。然而，对于长打杆，品牌 B 的均值并不是显著地不同于其他任何一个品牌。要注意多重比较的非传递性。例如，对于长打杆，品牌 C 的均值可以与品牌 B 的均值“相同”，且品牌 B 的均值可以与品牌 D 的均值“相同”，然而，品牌 C 的均值却可以显著地大于品牌 D 的均值，其原因在于“相同”的定义。我们要特别小心，不要仅仅因为两个均值是用一条垂线连接便推断它们是相等的。这条直线仅仅表明连接起来的均值不是显著不同的。你只能得出这样的结论，即在总的显著性水平为 α 的情况下，没有连接起来的两个均值是不同的，而对于连接起来的均值需持谨慎态度。不过，随着因子实验的重复次数的增加，哪些均值不同以及有多大的不同会变得清晰一些。

品牌球杆的交互效应可以从图 14.18 中可以看出。注意到这两种球杆(长打杆和 5 号钢球杆)的平均距离之差随着品牌而变化。图中显示，品牌 C 的差异最大，而品牌 B 的差异最小。

例 14.7

参看例 14.6，假设对另外的 4 种品牌(E、F、G 和 H)进行同样的因子实验，结果见表 14.8。重复因子分析并解释其结果。

表 14.8 第二个高尔夫球实验的距离数据

		品牌			
		E	F	G	H
球棒	击打棒	238.6	261.4	264.7	235.4
		241.9	261.3	262.9	239.8
		236.6	254.0	253.5	236.2
		244.9	259.9	255.6	237.5
	5 号钢球棒	165.2	179.2	189.0	171.4
		156.9	171.0	191.2	159.3
		172.2	178.0	191.3	156.6
		163.2	182.7	180.5	157.4

解答：

第二个因子实验的输出结果见图 14.19。处理的 F 值为 $F=290.1$，大于分子自由度为 7，分母自由度为 24 的表中值 $F_{0.10}=1.98$。(注意，由于因子的个数、处理的个数和重复次数都与例 14.6 相同，所以本例的拒绝域也是一样的)。因此我们推断，品牌－球杆组合中至少有两个具有不同的平均距离。

图 14.19 第二个高尔夫球实验的 SAS 结果输出

Analysis of Variance Procedure

Dependent Variable: DISTANCE

Source	DF	Sum of Squares	Mean Square	F Value	Pr > F
Model	7	49959.3747	7137.0535	290.12	0.0001
Error	24	590.4075	24.6003		
Corrected Total	31	50549.7822			

R-Square	C. V.	Root MSE	DISTANCE Mean
0.988320	2.3515897	4.95987	210.915625

Source	DF	Anova SS	Mean Square	F Value	Pr > F
CLUB	1	46443.90	46443.90	1887.94	0.0001
BRAND	3	3410.32	1136.77	46.21	0.0001
CLUB * BRAND	3	105.16	35.05	1.42	0.2600

然后我们检验两个因子间的交互效应：

$$F=\frac{\text{MS(Brand}\times\text{Club)}}{\text{MSE}}=1.42$$

由于这一 F 值没有大于自由度为 3 和 24 的表中值 $F_{0.10}=2.33$，则在 0.10 的置信水平下我们不能推断这两个因子存在交互作用。实际上，注意到这一交互效应检验的观察到的显著性水平为 0.26(在 SAS 输出结果上)因而，在任何小于 $\alpha=0.26$ 的显著性水平下我们都不能得出这两个因子存在交互作用的结论。

我们首先检验品牌的主效应：

H_0：品牌的真实平均距离之间不存在差异

H_a：至少有两个品牌的平均距离是不同的

检验统计量：$F=\frac{\text{MS(Brand)}}{\text{MSE}}=\frac{1136.77}{24.60}=46.21$(见输出结果的底部)

观察到的显著性水平为：$p=0.0001$(见输出结果的底部)

由于 $\alpha=0.10$ 大于 p 值，所以我们的结论是至少有两个品牌的均值是不同的。随后我们将运用 Tukey 多重比较方法来确定哪些品牌的均值是不同的。但是，首先我们想要检验球杆的主效应：

H_0：在球杆的平均距离之间不存在差异

H_a：球杆的平均距离是不同的

检验统计量：$F=\dfrac{\text{MS(Club)}}{\text{MSE}}=\dfrac{46443.9}{24.60}=1887.94$（见输出结果的底部）

观察到的显著性水平为：$p=0.0001$（见输出结果的底部）

由于 $\alpha=0.10$ 大于 p 值，则我们推断，这两种球杆具有不同的平均距离。由于在这一实验中只运用了球杆的两个水平，则通过 F 检验我们可以得出这两种球杆的距离不同的结论。用长打杆击球的平均距离比用 5 号钢球杆击球的平均距离明显地远，这（对于打高尔夫球的人来讲）是不足为奇的。

为了确定哪几个品牌的平均距离是不同的，我们可以在 $\alpha=0.10$ 的水平下运用 Tukey 法比较这 4 个品牌的均值。这些多重比较的结果见图 14.20 的 SAS 输出结果。我们再一次看到，在图 14.20 中品牌均值按降序排列，将那些并非显著不同的均值在 Tukey Grouping 列里用相同的字母连接起来。品牌 G 和 F 的平均距离显然显著地大于品牌 E 和 H 的平均距离，但是，运用这些数据我们不能对品牌 G 和 F 之间或品牌 E 和 H 之间进行区分。由于品牌和球杆之间的交互效应不显著，因而我们推断品牌间的这种差异同样存在于两种球杆之间。所有处理一品牌组合的样本均值都已显示在图 14.21 中，它显然支持了我们的检验和比较结论。注意到对于每一种球杆，品牌均值保持了他们的相对位置，对于长打杆和 5 号钢球杆，品牌 F 和 G 都高于品牌 E 和 H 的位置。

图 14.20 用 Tukey 比较方法得出的 SAS 输出结果

Analysis of Variance Procedure

Tukey's Studentized Rangd (HSD) Test for variable: DISTANCE

Note: This test controls the type I experimentwise error rate, but generally has a higher type II error rate than REGWQ

Alpha=0.1 df=12 MSE=24.60031

Critical Value of Studentized Range=3.423

Minimum Significant Difference=6.003

Means with the same letter are not significantly different.

Tukey Grouping	Mean	N	BRAND
A	223.587	8	G
A			
A	218.437	8	F
B	202.438	8	E
B			
B	199.200	8	H

如果因子增多的话，因子实验的分析将会变得很复杂。如果一些因子组合所具有的观测值个数与其他因子组合不同，即使是两因子实验也会变得难以分析。通过每个处理具有相同个数观测值的两因子实验，我们已对这些重要的实验进行了介绍。尽管简单的原理适用于大多数的因子实验，但如果你需要设计和分析更复杂的因子实验，则你应该参看书末的本章参考文献。

图 14.21 第二个高尔夫球实验样本均值的图示

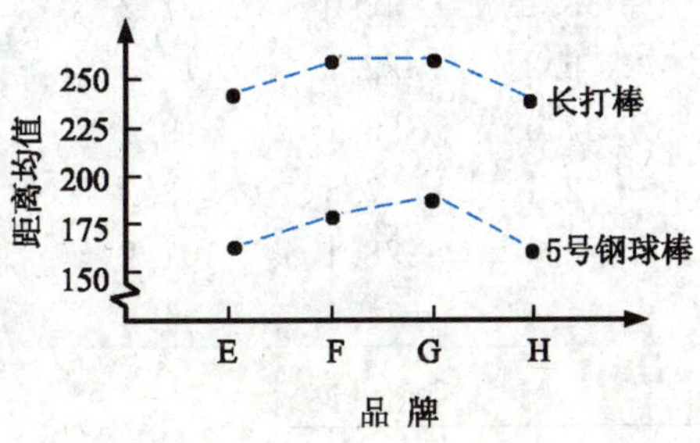

统计实践

14.2 蟑螂觅踪

昆虫学者一直认为，诸如蚂蚁、蜜蜂、毛虫、白蚁等昆虫是利用化学或者“气味”的踪迹探路。对于这些昆虫而言，这些踪迹是其食物与窝巢之间的公路。然而，直到现在，昆虫学者才发现，蟑螂的觅食行为是随机的，且与化学踪迹没有关系。

第一个向蟑螂的“随机游走”理论提出挑战的研究人员是弗吉尼亚工业大学的教授兼昆虫学家迪民·米勒。米勒认为，“蟑螂随机搜寻食物的理论意味着蟑螂每晚必须从它们的藏身之地爬出来，并偶然地找到食物或水。但是蟑螂从来没有显得在挨饿。”由于蟑螂的觅踪行为从来未被评估过，因此米勒设计了一个实验，来检验蟑螂利用自己的排泄物追踪痕迹的能力(*Explore Research at the University of Florida*, Fall 1998)。

首先，米勒从蟑螂的排泄物(称为外激素)中提炼出一些甲醇。她的理论是，外激素是蟑螂之间的联系手段。如果一个地方害虫横行，屎迹遍布，那么，这等于在告示，“嘿，这里是蟑螂的栖身之地”。后来，她在一条套色纸条上用外激素制造了一条化学物痕迹，然后将纸条放置在一个 122 平方厘米的 V 形塑料容器底部。然后，米勒把一些德国蟑螂一次一只地放进容器里的痕迹起始处，并用一台监控摄像机监控蟑螂的一举一动。

除了含有排泄物的痕迹(“处理”)外，她还制作了一条仅含有甲醇的痕迹，这条痕迹是用作第一条“处理”痕迹的“对照”或者“控制”(control)。由于米勒还想要测定蟑螂的觅踪能力是否因年龄、性别，以及是否处在生育期而存在差别，因此，在实验中运用了 4 组蟑螂：成年雌性、成年雄性、怀孕的和未成年的。对于“处理”痕迹，随机安排了每种类型的 20 只蟑螂；对于“控制”痕迹，随机安排了每种类型的 10 只蟑螂，因而，在这个实验总共用了 120 只蟑螂。这一设计的安排见图 14.22。

图 14.22 蟑螂实验的设计方案

		成年雄性	成年雌性	怀孕	未成年
Trail	Extract	$n=20$	$n=20$	$n=20$	$n=20$
	Control	$n=10$	$n=10$	$n=10$	$n=10$

在评估蟑螂的移动时，米勒运用了动物机械运动分析方法 DAMA(Danamic Animal Movement Analyzer)，将蟑螂的移动放在坐标里来分析。每 1/10 秒测量一次蟑螂与痕迹线的垂直距离，然后将每个蟑螂所测得距离平均，或者计算它们的偏差。在表 14.9 中，列出了所有测得的数据(以像素来衡量)。①

表 14.9 蟑螂实验数据

成年雄性		成年雌性		怀孕		未成年	
排物法	控制	排物法	控制	排物法	控制	排物法	控制
3.1	42.0	7.2	70.2	78.7	54.6	7.7	132.9
6.2	22.7	17.3	49.0	70.3	54.3	27.7	19.7
34.0	93.1	9.1	40.5	79.9	63.5	18.4	32.1
2.1	17.5	13.2	13.3	51.0	52.6	47.6	66.4
2.4	78.1	101.2	31.8	13.6	95.1	22.4	126.0
4.4	74.1	4.6	116.0	20.4	117.9	8.3	131.1

① 1像素等于 2 分米。

续表

成年雄性		成年雌性		怀孕		未成年	
排物法	控制	排物法	控制	排物法	控制	排物法	控制
2.4	50.3	18.1	164.0	51.2	53.3	13.5	50.7
7.6	8.9	73.0	30.2	27.5	84.0	45.6	93.8
5.5	11.3	4.8	44.3	63.1	103.5	8.4	59.4
6.9	82.0	20.5	72.6	4.8	53.0	3.3	25.6
25.4		51.6		23.4		51.2	
2.2		5.8		48.2		10.4	
2.5		27.8		13.3		32.0	
4.9		2.8		57.4		6.9	
18.5		4.4		65.4		32.6	
4.6		3.2		10.5		23.8	
7.7		3.6		59.9		5.1	
3.2		1.7		38.4		3.8	
2.4		29.8		27.0		3.1	
1.5		21.7		76.6		2.8	

数据来源：Dr. Dini Miller, Department of Entomolgy, Virginia Polytechnic Institute and State Univer sity.

讨论焦点：

对这些数据进行方差分析，并利用所得结果回答下面的问题。

(1)是否有理由说明，在同一组里的蟑螂表现出了追踪排泄物痕迹的能力？

(2)觅踪能力是否因年龄、性别，以及是否处在生育期而存在差别？

将分析结果写成一份报告，并且在课堂上进行阐述。

练习 14.38～14.50

技能训练：

14.38 假设你进行一个 4×3 的因子实验。

a. 在此实验中运用了几个因子？

b. 根据所给的信息，你能确定这些因子的类型吗？定性的，还是定量的？请解释。

c. 你能确定每个因子的水平个数吗？请解释。

d. 请说明一下这个实验中的一个处理，并确定此次实验中需要用到的处理的个数。

e. 如果这个实验只有一次重复，将会产生什么问题？怎样解决这一问题？

14.39 对于一个具有两次重复的 3×4 的因子实验，其部分完成的方差分析表如下。

练习 14.39 的方差分析表

来源	df	SS	MS	F
A		0.8		
B		5.3		
AB		9.6		
误差				
总和		17.0		

a. 完成这一方差分析表。

b. 哪些平方和组成处理平方和？数据是否提供了足够的信息来说明处理均值间是不同的？运用 $\alpha=0.05$。

c. b 中的检验结果为进一步的检验提供了充足理由吗？请解释。

d. 因子交互效应的含义是什么？如果存在交互效应，其实际含义是什么？

e. 在本题中，运用 $\alpha=0.05$，试检验因子是否交互影响着响应变量的均值，并解释所得结果。

f. 这一交互效应检验的结果为进一步的检验提供了充足理由吗？请解释。

14.40 下表是一个两因子因子实验的部分方差分

析表。

练习 14.40 的方差分析表

来源	df	SS	MS	F
A	3		0.75	
B	1	0.95		
AB			0.30	
误差				
总和	23	6.5		

a. 给出每个因子的水平个数。

b. 对每一个因子－水平组合收集了多少观测值？

c. 完成上面的方差分析表。

d. 运用 $\alpha=0.10$，试检验处理均值之间是否不同。

e. 分别在 $\alpha=0.10$ 的显著性水平下，进行因子交互效应和主效应检验。哪些检验为因子实验分析提供了充足理由？请解释。

14.41 对于每个因子－水平组合具有两个观测值的一个 2×3 因子实验，下面的二维表给出了数据。

练习 14.41 的 MZNITAB 数据 LM14.41.DAT

	因子 B			
	水平	1	2	3
因子 A	1	3.1,4.0	4.6,4.2	6.4,7.1
	2	5.9,5.3	2.9,2.2	3.3,2.5

a. 确定这个实验的处理。计算并在图上绘出处理均值，这里将响应变量作为 y 轴，因子 B 的水平作为 x 轴。运用因子 A 的水平作为描点标志。从图中是否可以看出，处理均值之间存在差异？因子之间存在交互影响？

b. 对于这一实验的方差分析 MINITAB 输出结果如下。在 $\alpha=0.05$ 的显著性水平下，检验处理均值是否不同？这一检验支持你在 a 中所得到的直观解释吗？

练习 14.41 的 MINITAB 输出结果

ANALYSIS OF VARIANCE ON RESPONSE

SOURCE	DF	SS	MS
A	1	4.441	4.441
B	2	4.127	2.063
INTERACTION	2	18.007	9.003
ERROR	6	1.475	0.246
TOTAL	11	28.049	

c. b 中的检验结果是否为这两个因子的交互效应检验提供了充足的理由？如果有，请运用 $\alpha=0.05$ 进行这一检验。

d. 前面的检验结果是否为这两个因子的主效应检验提供了充足的理由？如果有，请运用 $\alpha=0.05$ 进行这一检验。

e. 解释这些检验的结果，这一检验支持你在 a 中所得到的直观解释吗？

14.42 下面的二维表给出了每个因子－水平组合具有两个观测值的 2×2 因子实验的数据。

练习 14.42 的数据 LM14.42.DAT

	因子 B		
	水平	1	2
因子 A	1	29.6,35.2	47.3,42.1
	2	12.9,17.6	28.4,22.7

a. 确定这个实验中的所有处理。计算并在图上绘出处理均值，这里将响应变量作为 y 轴，B 因子的水平作为 x 轴。运用因子 A 的水平作为描点标志。从图中是否可以看出，处理均值之间存在差异？因子之间存在交互影响？

b. 利用附录 C 中的计算公式为这个实验创建一个方差分析表。

c. 在 $\alpha=0.05$ 的显著性水平下进行检验，以确定处理均值是否存在差异。这一检验支持你在 a 中所得到的直观解释吗？

d. b 中所得到的结果是否为两因子间交互效应的检验提供了充分的根据。如果是，请运用 $\alpha=0.05$ 进行检验。

e. 前面的检验结果是否为两因子的主效应检验提供了充分的根据。如果是，请运用 $\alpha=0.05$ 进行检验。

f. 解释这些检验的结果，它们支持你在 a 中所得到的直观解释吗？

g. 根据你的检验结果，如果有的话，你认为哪几对均值需要进行比较？

14.43 假如一个 3×3 的因子实验具有 3 次重复，同时有 SS(总)＝1000。对于下面的情形，请构建一个方差分析表。然后进行合适的检验，并解释所得结果。

a. 因子 A 主效应的平方和 SS(A)是 SS(总)的 20%，因子 B 主效应的平方和 SS(B)是 SS(总)的 10%，两因子交互效应的平方和 SS(AB)是 SS(总)的 10%。

b. SS(A)占 SS(总)的 10%，SS(B)占 10%，

SS(AB)占 50%。

c. SS(A)占 SS(总)的 40%,SS(B)占 10%,SS(AB)占 20%。

d. SS(A)占 SS(总)的 40%,SS(B)占 40%,SS(AB)占 10%。

概念运用

14.44 俄克拉荷马州大学的教授 Samir Barman 做了一个因子实验(见 *Production Inventory Management Journal*, 3rd, Qtr.,1999),以研究学生对机房电脑的利用情况,机房每天 24 小时开放。在此次实验中,Barman 主要关心的是电脑的利用是否因所在的星期几或者一天中的不同时段而不一样。数据来自学生的上机日志,利用率的高低用每小时学生在电脑上的人数来衡量。此次研究共收集了 7 周的数据(每小时的上机人数),1176 个小时的观察中只有 4 个小时不适合利用。这个实验方差分析的结果见下表。

a. 这是一个观察实验,还是一个设计实验?请解释。

b. 这个实验的两个因子是什么?它们各含多少水平?

c. 假设这是一个 $a\times b$ 因子实验,则 a 和 b 分别为多少?

d. 设 $\alpha=0.10$,请检验每一个 $a-b$ 组合(处理)的均值间是否有显著差别。

e. 假设要检验这两个因子的交互效应,请确定原假设和备择假设。

f. 利用 $\alpha=0.01$ 进行实验的 d 部分解释所得结果。

g. 如果有必要的话,请分别给两个因子做主效应检验($\alpha=0.10$),并解释所得结果。

14.45 西班牙多纳纳生物保护区的牛生长在一个宽松的环境里,不存在人为的干预。为了研究它们在 4 个季节里的漫游行为,研究人员将它们分成 4 类(LGN、MTZ、PLC 和 QMD),然后做了一个 4×4 的因子实验(*The Journal of Zoology*, July 1995),牛群和季节为两个因子。在实验里,每组牛群在每个季节里都抽样 3 只作为研究对象,并分别记下单个个体的活动范围(以平方公里为单位)。然后对数据进行方差分析,结果见下表。

练习 14.45 的研究牛的实验的方差分析结果

来源	df	F	p—Value
牛	3	17.2	$p<0.001$
季节	3	3.0	$p<0.05$
	3	3.0	$p>0.05$
牛×季节	9	1.2	$p>0.051$
误差	32		
总和	47		

a. 利用表中的数据作 F 检验,并解释所得结果。

b. 研究人员将 4 组牛的均值进行了排序,但没考虑季节,你认为这样合适吗?请解释。

c. 参考 b,在 $\alpha=0.05$ 的情况下,4 组牛均值的 Bonferroni 排序见下表,请解释结果。

4 组牛均值的 Bonferroni 排序

活动范围均值(km^2)	0.75	1.0	2.7	3.8
牛群	RLC	LGN	QMD	MTZ

练习 14.44 的表

来源	df	平方和	均方	F 值	Pr>F
模型	167	191047.21	1143.99	25.06	0.001
误差	1004	45829.97	45.65		
总和	1171	236877.18			

$R^2=0.8065$

来源	df	平方和	均方	F 值	Pr>F
天	6	18732.13	3122.02	68.39	0.0001
时段	23	164629.86	7175.82	156.80	0.0001
天×时段	138	7685.22	55.69	1.22	0.0527

数据来源: Barman, Samir, "A Statistical Analysis of the attendance Pattern of a Computer Laboratory," *Production Inventory Management Journal*, 3rd, Qtr., 1999, pp. 26~30.

14.46 在进行市场研究以评估销售业绩的时候，因子实验常常被采用。在有关一个超市的实验里，研究人员选用了两个因子：价格水平（正规价格、降价价格、成本价格）和陈列情况（正常陈列空间、正常陈列空间另加过道、两倍正常陈列空间）。这样就形成了一个3×3的完全因子实验。在一个特定的超市里，使用一特定的商品，将每一个处理运用3次，选用的目标变量是一周的销售量。为了尽量减少附带影响，在观察每个处理前的一个星期和后一个星期，超市都采用正规的价格和正常的陈列空间。下表给出了所有观察数据，同时还给出了这个实验的SAS输出结果。

练习 14.46 的超市实验的观察数据 SUPERMKT.DAT

		价格		
		正规价格	降价价格	成本价格
陈列	正常陈列	989	1211	1577
		1025	1215	1559
		1030	1182	1598
	正常陈列加过道	1191	1860	2492
		1233	1910	2527
		1221	1926	2511
	两倍正常陈列	1226	1516	1801
		1202	1501	1833
		1180	1498	1852

练习 14.46 的 SAS 输出结果

Analysis of Variance Procedure

Dependent Variable: SALES

Source	DF	Sum of Squares	Mean Square	F Value	Pr > F
Model	8	5291151.19	661393.90	1336.85	0.0001
Error	18	8905.33	494.74		
Corrected Total	26	5300056.52			

R−Square	C.V.	Root MSE	SALES Mean
0.998320	1.4344689	22.2428	1550.59259

Source	DF	Anova SS	Mean Square	F Value	Pr > F
DISPLAY	2	1691392.5	845696.3	1709.37	0.0001
PRICE	2	3089053.9	1544526.9	3121.89	0.0001
DISPLAY * PRICE	4	510704.8	127676.2	258.07	0.0001

a. 在此研究里，共使用了多少个处理？

b. 用 $\alpha=0.10$ 进行检验，这些数据能否说明处理销售均值间存在显著差别？

c. 根据 b 的检验结果，试分析是否有进行交互效应检验的必要，如果有，请检验（$\alpha=0.10$）。

d. 根据以上的检验结果，试分析是否有进行主效应检验的必要，如果有，请检验($\alpha=0.10$)。

e. 根据 b—d 的检验结果，试判断哪些均值配对还需作比较。

f. 下图是处理均值图示的 SAS 输出结果，利用此图解释你的检验结果。

练习 14.46 的 SAS 图示

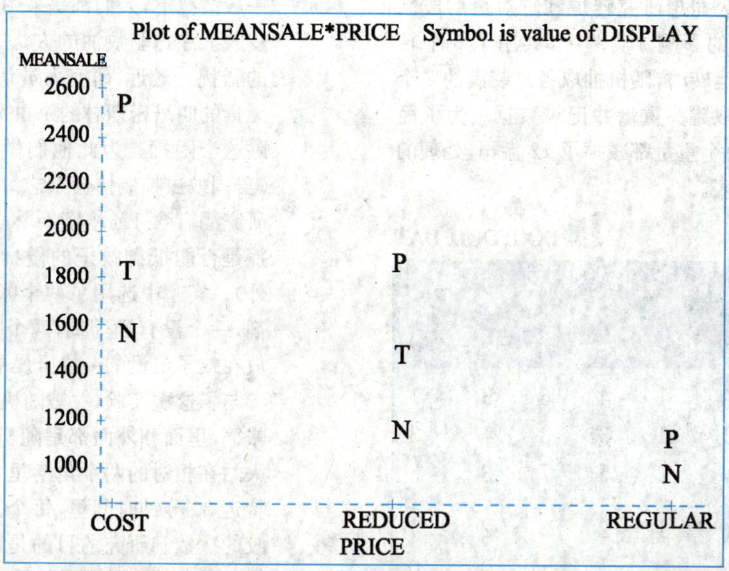

注：正常陈列加过道(P)和两倍正常陈列(T)的均值几乎与正规价格相等，在这个价位上它们都用 P 表示。

14.47 信息技术的发展为人们提供了不少服务，人们在这些服务中的受益一点都不亚于产品给他们带来的好处。这些服务包括家庭回答器(home answer machines)和声音邮件服务(voice—mail)等。在这些服务出现的初期，消费者面临两种享用这些服务的收费方案的选择。利用一个 2×2 的因子实验(*Journal of Business Reseach*, Vol. 41, 1998)，罗得岛州大学的 D. Fortin 教授和 Greenlee 教授研究了信息获得系统(家庭回答器与声音邮件)和收费方案(一次交 5 年使用期的费用与 5 年使用期内按月交费)对消费者购买意愿的影响。对这 4 个处理，他们各抽取了 30 个实验单元。对每一个实验单元，两位教授都询问了他们的相关意愿，并按 5 个等级计分(1=绝对不买，5=绝对买)。结果在下面未完成的方差分析表里。

练习 14.47 的方差分析表

Source	df	SS	MS	F
信息获得系统	____	____	____	2.001
收费方案	____	____	____	5.019
信息获得系统×收费方案	____	____	____	4.986
误差	____	____	____	
总和	119	____		

数据来源：Fortin, D. and Greenlee, T., “Using a Product/Service Evaluation Frame: An Experiment on the Economic Equivalence of Product versus Service Alternatives for Message Retrieval Systems,” *Journal of Business Reseach*, *Vol*. 41, 1998, *pp*. 205～214.

a. 在方差分析表里填上相应自由度。

b. 如果要进行交互效应检验(服务种类选择与收费方案选择)，请构建原假设和备择假设。

c. 设 $\alpha=0.05$，进行 b 部分的交互效应检验，并解释检验结果。

d. 根据 c 中的检验结果，试确定是否有做主效应检验的必要。并说出是与否的理由。如果需要，请做检验($\alpha=0.05$)

14.48 《质量工程》(1990 年第二期)上刊登了一家狗食料加工厂做的一次实验,目的是用来改善肉馅的装罐程序。这个装罐程序使用二台旋转的六缸填料机,每个缸都装满肉馅。这家公司想研究转炉和缸对最后成品重量产生的影响。实验中,共用了 5 个转炉。转炉运转时,随机抽取各缸装满的 3 个罐头。称取罐头重量并记录数据。为了简化计算,每个重量都减掉了 12 盎司,处理的数据见下表。

练习 14.48的数据 **DOGFOOD. DAT**

		Batch				
		1	2	3	4	5
缸	1	1	4	6	3	1
		1	3	3	1	3
		2	5	7	3	3
	2	−1	−2	3	2	1
		3	1	1	0	0
		−1	0	5	1	1
	3	1	2	2	1	3
		1	0	4	3	3
		1	1	3	3	3
	4	−2	−2	3	0	0
		3	0	3	0	1
		0	1	4	2	1
	5	1	2	0	1	−2
		1	1	1	0	3
		−1	5	2	−1	1
	6	0	0	3	3	3
		1	0	3	0	1
		1	3	4	2	2

数据来源:Griffith, B. A., Westman, A. E. R., and Lloyd, B. H. "Analysis of Variance." *Quality Engineering*, Vol. 2, 1990. pp. 195~226.

a. 这个加工厂选用的是哪种实验设计方式?
b. 请识别实验中的因子以及它们的水平。
c. 此实验中共用到了多少处理?
d. 给这些数据作方差分析,并将结果列在方差分析表里。
e. 针对所要研究的问题,请解释出食炉与容器的交互效应意味着什么?并考虑是什么导致了这些交互效应?
f. 检验两因子的交互效应($\alpha=0.05$)。
g. 如果合适的话,请检验主效应($\alpha=0.05$)。

14.49 一般情况下,人们都是采用遮住体表或者在皮肤上涂抹驱蚊油的方法来减少来自蚊子的骚扰。最近,研究人员认为,一种对人体无毒的叫培密斯林的杀虫剂,可以让人们排除这个困扰。为此他们做了一个实验(见《美国蚊虫控制协会杂志》Mar. 1995),旨在研究洒有含 1%培密斯林药剂的撑开的帐篷是否能抵御蚊子的侵扰(包括帐篷的内外)。实验中选用了两个帐篷,一个洒有药剂,一个没有洒药剂,两个帐篷相距 25 米,放在蚊子出没的一块干燥平地上,有 8 个人参与了这次实验,并被随机地安排到这两个帐篷,里面和外面都是随机地安排两个(两人站在相对的两个角落里),在晚上的某个特定 20 分钟时间里,每个人都记下被蚊子咬的次数。研究的目的是看两个不同的帐篷以及帐篷内外对受蚊子咬的次数的影响。

a. 这个实验采用的是何种设计方式?
b. 请识别实验中所有的因子和处理。
c. 请识别响应变量。
d. 研究表明,帐篷的种类(洒了药与没洒药)和所处帐篷的位置(里面与外面)对响应变量有交互效应影响,请给予实际的解释。

14.50 发表在《会计组织和社会》(*Accounting Organization and Society*, Vol. 19, 1994)杂志上的一篇文章对不同业绩评价方式对于工作压力的水平所起的作用是否受信任的影响进行了研究。在此实验中,考虑了 3 种业绩评估方式(PES),这 3 种评估方式都有一个共同点,就是在进行评估时,利用了一些会计信息。这 3 种方式分别为:预算受限制方式(BC)、盈利意识方式(PC)和非会计方式(NA),其中 NA 方式是根据产出的质量,以及对待工作的态度等因子来评估的。在此实验中,在澳大利亚 18 个公司工作的 215 名管理者各收到了一份问卷调查,问卷调查涉及的问题有:管理者对上司进行业绩评估的方式的意见、管理者受上司的信任度(很低、一般、很高)和管理者来自工作的压力等。获得的数据被用来进行方差分析,下面有一个未完成的方差分析表和处理均值表。

Source	df	SS	MS	F
PES	2	2.1774	____	____
Trust	____	7.6367	____	____
PES×Trust	4	1.7380	____	____
Error	206	____		
Total	214	161.1162		

练习 14.50 的处理均值表

		业绩评估方式		
		BC	PC	NA
Trust	Low	3.2350 (n=32)	3.111 (n=24)	3.2290 (n=16)
	Medium	2.7601 (n=26)	2.8530 (n=31)	2.6373 (n=14)
	High	2.3067 (n=30)	2.4436 (n=26)	3.1810 (n=16)

数据来源：Ross, A. "Trust as a moderator of the effect of performance evaluation style on job－related tension: A research note." *Accounting Organization and society*, Vol. 19, 1994. pp. 663（表 3 和表 4）。

a. 描述此实验中的处理。

b. 完成方差分析表。

c. 选用合适的假设检验(α=0.05)，检验是否存在交互效应。

d. 将所有处理的均值在图上描出来，然后分析交互效应的存在性，并解释你的直观结果。你的直观结果与 c 和 d 中的检验结果相符吗？

e. 根据你在 c、d 中获得的结果，请解释，为什么针对主效应的两个 F 检验之间没有关联。

14.5　使用回归模型进行方差分析(选学)

在前面的章节我们已经讲述了涉及到一个响应变量与一个或多个因子之间统计分析的方差分析。在第 10 章和第 11 章，我们已经运用回归方法进行过类似的分析。所以，这两种方法有着紧密的联系，对此我们不足为奇。事实上，本章中用到的每一个方差分析都可以用公式表示为回归模型。而且，同样的分析也可以运用在回归的背景中。在本节，我们举例说明 ANOVA 与回归之间的对应关系。

一个完全随机化设计的单因子实验为这一对应关系提供了一个最简单的例子。假设这个因子有 p 个水平，即在实验中有 p 个处理。假定这个因子是定性的，则相应的回归模型为：

$$y=\beta_0+\beta_1x_1+\beta_2x_2+\cdots+\beta_{p-1}x_{p-1}+\varepsilon$$

这里，$x_1,x_2,\cdots,x_{p-1}$ 描述了这一因子的 p 个水平的($p-1$)个虚拟变量。如果因子是定量的，那么就变成这一变量的幂，即 $x_i=x^i$。对于这两种情形，在方差分析中，为了检验所关注的原假设，我们运用处理均方与误差均方的比来做 F 检验：

$$H_0: \mu_1=\mu_2=\cdots=\mu_p$$

这正好与相应回归实例中总体模型检验一样：

$$H_0: \beta_1=\beta_2=\cdots=\beta_p=0$$

其中,我们运用了(回归)模型均方与误差均方的 F 比值。这两种检验得到了相同的 F 值,且具有相同的分子和分母自由度,分别$(p-1)$为和$(n-p)$。

为了更好地理解这两种方法的等同性,注意到如果回归模型中所有的 β 值为 0,那么,不管将定性变量的哪个水平用作基础水平,平均响应都为 β_0。也就是说,平均响应对于所有的 p 个处理都是相等的,这恰好是方差分析中的原假设。例如,在 14.2 节,我们用方差分析检验的原假设为,4 种品牌的高尔夫球被 Iron Byron 用长打杆击出后的平均距离相等。则我们检验:

$H_0: \mu_A=\mu_B=\mu_C=\mu_D$

这里是第 i 种品牌的平均距离。同样地,我们可以定义回归模型:

$E(y)=\beta_0+\beta_1x_1+\beta_2x_2+\beta_3x_3$

这里

$x_1=\begin{cases}1 & \text{品牌 A 的球}\\0 & \text{其他}\end{cases}\quad x_2=\begin{cases}1 & \text{品牌 B 的球}\\0 & \text{其他}\end{cases}\quad x_3=\begin{cases}1 & \text{品牌 C 的球}\\0 & \text{其他}\end{cases}$

其中 β_0 是品牌 D 的平均距离,β_1 是品牌 A 与品牌 D 的平均距离之差,其他依此类推。原假设为:

$H_0: \beta_1=\beta_2=\beta_3=0$

它等价于方差分析中的原假设,即各个品牌的均值是相等的。

例 14.8

参考例 14.3。在那里,我们为一个完全随机化设计实验做了方差分析,从而检验了原假设,即 4 种品牌的高尔夫球的平均距离都相等。在那个实验里,对于每种品牌,我们随机且独立地抽取了 10 个实验单元,并且将距离数据记录下来了,数据见表 14.10。运用一个回归程序拟合其等价的模型,并且对模型在预测响应变量 y 的有效性方面进行总体 F 检验。将这一检验与例 14.3 中所进行的检验作比较,并解释这些结果($\alpha=0.10$)。

表 14.10 高尔夫球实验数据

	品牌 A	品牌 B	品牌 C	品牌 D
	251.2	263.2	269.7	251.6
	245.1	262.9	263.2	248.6
	248.0	265.0	277.5	249.4
	251.1	254.5	267.4	242.0
	260.5	264.3	270.5	246.5
	250.0	257.0	265.5	251.3
	253.9	262.8	270.7	261.8
	244.6	264.4	272.9	249.0
	254.6	260.6	275.6	247.1
	248.8	255.9	266.5	245.9
均值	250.78	261.06	269.95	249.32

解答:

对于这个运用了 3 个虚拟变量来描述品牌的回归模型,其 MINITAB 输出结果见图 14.22。为了检验模型预测的有效性,我们这样检验原假设:

$H_0: \beta_1=\beta_2=\beta_3=0$

这一检验统计量已标示在输出结果上,为 $F=43.99$,与之相联的 p 值(也已标示)近似为 0。因

此，我们拒绝这一模型的原假设，并在 $\alpha=0.10$ 的显著性水平下推断，平均距离与球的品牌有关。

这个回归值与例 14.3 中运用方差分析所得到的 F 值相同。其结论看似与例 14.3 中有所不同，但仔细分析后就会发现它们也是相同的。在方差分析中我们推断，至少有两种品牌的平均距离是不同的，而这里我们得出的结论是模型对于预测距离是有效的。但是，为了使模型有效，因子“品牌”一定要与平均距离有某种关系，因为品牌是回归模型的惟一因子。也就是说，平均距离一定要随着品牌的改变而改变，它意味着至少有两个品牌具有不同的平均距离。

解释图 14.22 中 β 参数的最小二乘估计值是很有意义的。$\hat{\beta}_0=249.32$ 是品牌 D 的样本平均距离（见表 14.10），因为品牌 D 是所有 3 个虚拟变量都等于 0 的基础水平。$\hat{\beta}=1.46$ 是品牌 A 与品牌 D 的样本平均距离之差（250.78－249.32＝1.46）。类似地，你可以看到 $\hat{\beta}_2$ 和 $\hat{\beta}_3$，分别是品牌 B 和 D 的样本平均距离之差以及品牌 C 和 D 的样本平均距离之差。最后，我们看到，这一回归模型的标准差为 $s=4.602$，这与方差分析中 $\sqrt{\text{MSE}}$的是相同的，而且，两者都是用来测度同一个品牌内的距离变异。事实上，我们希望能够运用这一模型在大约±10 码的误差范围内预测当 Iron Byron 击出某一种指定品牌的高尔夫球时的距离。或者，换一种说法，我们是对于一个特定品牌的高尔夫球在围绕其均值 10 码的一个范围内预测其实际的距离。当然，这些变异性可能部分地归因于那些可被纳入到一个扩展的回归模型的一些其他因子。

图 14.22　例 14.8 的 MINITAB 输出结果

The regression equation is

DISTANCE＝249＋1.46 X1＋11.7 X2＋20.6 X3

Predictor	Coef	Stdev	t－ratio	p
Constant	249.320	1.455	171.33	0.000
X1	1.460	2.058	0.71	0.483
X2	11.740	2.058	5.70	0.000
X3	20.630	2.058	10.02	0.000

s＝4.602　　R－sq＝78.6%　　R－sq(adj)＝76.8%

Analysis of Variance

SOURCE	DF	SS	MS	F	p
Regression	3	2794.39	931.46	43.99	0.000
Error	36	762.30	21.18		
Total	39	3556.69			

另外，为确保一个方差分析和回归分析的有效性所需的假设也是一样的，尽管通常在表述上是不同的。以这一高尔夫球实验为例，当我们在进行方差分析时，对于每一种品牌我们假设其距离的概率分布服从具有相同方差的正态分布。而当我们认识到回归模型的误差部分描述了某一种品牌内距离的随机变异性时，我们便可明白这两种假设是等价的，因为回归假设是对于自变量的所有取值，误差部分以固定的方差服从正态分布。因此，我们假设对于每个品牌而言，每个品牌内的距离观测值服从具有相同方差的正态分布。同样地，各样本随机且独立的方差分析假设与误差部分以 0 均值相互独立的回归假设是一致的。

对于一个具有单因子完全随机化设计的回归模型，可以将其应用进一步扩展为多于一个因子的回归模型。

例 14.9

参看例 14.6,在此例中,为了评估两个因子(高尔夫球的品牌与所使用的球杆)对平均距离的影响,我们采用了一个完全随机化设计的因子实验。实验中选用了 4 种品牌和 2 种类型的球杆,且这一 4×2 因子实验被重复了 4 次。数据见表 14.11。

表 14.11　4×2 因子高尔夫球实验数据

		品牌			
		A	B	C	D
球棒杆	长打棒杆	226.4	238.3	240.5	219.8
		232.6	231.7	246.9	228.7
		234.0	227.7	240.3	232.9
		220.7	237.2	244.7	237.6
	5 号钢球棒杆	163.8	184.4	179.0	157.8
		179.4	180.6	168.0	161.8
		168.6	179.5	165.2	162.1
		173.4	186.2	156.5	160.3

a. 请为这个因子实验写出一个回归模型。

b. 运用一个计算机程序拟合这个模型,并进行一个类似于例 14.6 中方差分析的分析。

解答:

a　这两个因子品牌和球杆都是定性的,因此我们采用虚拟变量来描述它们。同时我们还关心,这两个因子间是否存在有交互作用,也就是说,品牌的平均距离的不同是否依赖于球杆。于是,我们建立的模型为:

$$y=\beta_0+\overbrace{\beta_1x_1+\beta_2x_2+\beta_3x_3}^{\text{品牌主效应}}+\overbrace{\beta_4x_4}^{\text{棒杆主效应}}+\beta_5\overbrace{x_1x_4+\beta_6x_2x_4+\beta_7x_3x_4}^{\text{品牌×棒杆交互交应}}+\varepsilon$$

这里 x_1,x_2,x_3 代表这 3 个品牌的虚拟变量(在其他所有的 3 个虚拟变量都为 0 的情况下,将品牌 D 作为基础水平),x_4 是代表了两种球杆的虚拟变量(当虚拟变量为 0 时,将 5 号钢球杆作为基础水平)。注意到交互效应项正是各个品牌虚拟变量与球杆虚拟变量的叉积。

b　图 14.23 给出了这一回归模型的 SAS 输出结果。这一模型的总体 F 检验所检验的原假设为:

$H_0:\beta_1=\beta_2=\cdots=\beta_7=0$

图 14.23　回归模型的 SAS 输出结果

```
Model:MODEL1
Dep Variable:DISTANCE
                              Analysis of Variance
                                Sum of          Mean
Source          DF             Squares         Square       F Value       Prob>F
Model            7         33659.80875     4808.54411       140.354       0.0001
Error           24           822.24000       34.26000
C Total         31         34482.04875
      Root MSE                 5.85320       R-Square        0.9762
      Dep Mean               202.08125       Adj R-Sq        0.9692
      C. V.                    2.89646
                              Parameter Estimates
                     Parameter        Standard     T for H0:
Variable     DF       Estimate           Error   Paremate=0         Prob>|T|
INTERCEP      1     167.175000      2.92660213       57.123           0.0001
X1            1       4.125000      4.13884042        0.997           0.3289
X2            1      15.500000      4.13884042        3.745           0.0010
X3            1      -6.675000      4.13884042       -1.613           0.1199
X4            1      75.925000      4.13884042       18.345           0.0001
```

续表

Variable	DF	Estimate	Error	Paremate=0	Prob>|T|
X1X4	1	−18.800000	5.85320425	−3.212	0.0037
X2X4	1	−24.875000	5.85320425	−4.250	0.0003
X3X4	1	−6.675000	5.85320425	−1.140	0.2654

一般说来，这个原假设意味着模型没有预测价值。在此例中，它表示平均距离与品牌和球杆无关，也就是说，对于所有的品牌×球杆组合，平均距离都是相等的。这与 4×2=8 个处理均值都相等的方差分析检验应该是一样的。

由 SAS 输出结果我们可以看到，$F=140.35$(图 14.23)，它与我们在例 14.6 中运用方差分析 $F=\text{MST}/\text{MSE}$ 所计算出的值是一样的。SAS 结果给出的观察到的显著性水平为 0.0001(基于 7 和 24 的分子、分母自由度)，它表明在任何大于 0.0001 的显著性水平下将拒绝原假设。因此，当 $\alpha=0.10$ 时(与例 14.6 同)，我们得到了与方差分析同样的结果，即有足够理由说明在两个或更多个品牌—球杆组合之间的平均距离是不同的。

在一个两因子因子实验中的下一个检验涉及到因子之间的交互效应。在回归的范畴中，品牌与球杆两因子之间不存在交互效应的原假设为：

$H_0:\beta_5=\beta_6=\beta_7=0$ 这个检验需要将图 14.23 中的完全模型与没有交互项的简化模型进行比较。这一简化模型的 SAS 输出结果见图 14.24。则我们计算：

$$F=\frac{[\text{SSE(简化模型)}-\text{SSE(完全模型)}]/3}{\text{MSE(完全模型)}}=\frac{(1588.201-822.240)/3}{34.260}=7.45$$

图 14.24　简化模型的 SAS 输出结果

Model: MODEL2
Dep Variable: DISTANCE

Analysis of Variance

Source	DF	Sum of Squares	Mean Square	F Value	Prob>F
Model	4	32893.84750	8223.46187	139.802	0.0001
Error	27	1588.20125	58.82227		
C Total	31	34482.04875			

Root MSE	7.66957	R−Square	0.9539
Dep Mean	202.08125	Adj R−Sq	0.9471
C. V.	3.79529		

Parameter Estimates

Variable	DF	Parameter Estimate	Standard Error	T for H0: Paremate=0	Prob>|T|
INTERCEP	1	173.468750	3.03166282	57.219	0.0001
X1	1	−5.275000	3.83478384	−1.376	0.1803
X2	1	3.062500	3.83478384	0.799	0.4315
X3	1	−10.012500	3.83478384	−2.611	0.0146
X4	1	63.337500	2.71160166	23.358	0.0001

这一 F 值与例 14.6 中在 ANOVA 检验中所得到的 F 值是一样的。由于当分子分母自由度分别为 3 和 24 时，$F_{0.10}=2.33$，则在 $\alpha=0.10$ 的显著性水平下，我们再一次得到原假设被拒绝的结论。因而我们推断，品牌与球杆都影响平均距离，且品牌的平均距离之间的差异依赖于球杆

(即这些因子存在作用)。交互效应的存在,使得因子主效应的检验就没有必要了。

我们可以运用完全模型中β参数的最小二乘估计来估计某些处理均值以及某些均值配对之间的差异。不过,运用 Bonferroni 方法或其他一些多重比较方法很可能会容易一些(参见例 14.6)。

注意,随机误差部分的变异性是用回归模型的标准差 $s=5.85$ 来测度的。这种测度与方差分析中所得到的 $\sqrt{MSE}=\sqrt{34.260}=5.85$ 是相同的。它表明,如果我们指定了品牌和球杆,则可以利用这个模型在 $\pm 2s=\pm 11.7$ 码的误差范围内来预测由 Iron Byron 击球的距离。而且,$R^2=0.976$,说明这一模型解释了 97.6%的距离的总样本变异。

许多设计的实验既可以用 ANOVA 也可以用回归方法来分析,并得到相同的结果。至于采用哪种分析方法将依赖于许多因素,包括分析的最终目的(例如,是预测响应变量还是估计处理均值之间的差异),可利用的计算机软件的类型,以及分析者最得心应手的方法,也许这是最重要的。总之,不管采用何种分析工具,重要的是我们要认识到,ANOVA 和回归这两种方法都是将响应变量的均值与一个或多个因子联系起来,并对我们用以进行推断的抽样变异性进行一个估计。

练习 14.51～14.55

技能训练:

14.51 假设你采用完全随机化设计进行一个实验,这个实验有一个具有 5 个水平的因子,且这个因子的每个水平都被随机地指定了 3 个实验单元。

a. 为此实验写出一个回归模型,并解释模型中的β参数。

b. 在估计误差部分的标准差 σ 时,可利用的自由度为多少?

c. 根据模型中的β参数写出各处理均值相等的原假设。

d. 当运用 $\alpha=0.10$ 的显著性水平时,c 中这一检验的拒绝域是什么?

14.52 下面的模型是建议用来刻画一个设计实验的:

$y=\beta_0+\beta_1x_1+\beta_2x_2+\beta_3x_3+\beta_4x_1x_3+\beta_5x_2x_3+\varepsilon$ 这里

$$x_1=\begin{cases}1 & \text{如果因子 } A \text{ 的水平是 } 1\\ 0 & \text{其他}\end{cases}$$

$$x_2=\begin{cases}1 & \text{如果因子 } A \text{ 的水平是 } 2\\ 0 & \text{其他}\end{cases}$$

$$x_3=\begin{cases}1 & \text{如果因子 } B \text{ 的水平是 } 1\\ 0 & \text{如果因子 } B \text{ 的水平是 } 2\end{cases}$$

a. 这个模型描述了什么类型的实验?

b. 请说明你将怎样检验各处理均值相等的原假设,包括假设、检验统计量和拒绝域。(假设对每个因子—水平组合都随机且独立地安排了 3 个实验单元)。

c. 请说明你将怎样检验交互效应。

概念运用:

14.53 参看练习 14.22,在此题中,为了比较对 3 组不同公司进行审计而耗资的均值的大小,研究人员采用了完全随机化实验设计。数据见下表:

练习 14.53 的数据

ACCOSTS. DAT

A	B	C
250	100	80
150	150	125
275	75	20
100	200	186
475	55	52
600	80	92
150	110	88
800	160	141
325	132	76
230	233	200

采用的模型是:

$E(y)=\beta_0+\beta_1x_1+\beta_2x_2$

这里 $$x_1=\begin{cases}1 & \text{如果是 A 组}\\ 0 & \text{其他}\end{cases}$$

$$x_2=\begin{cases}1 & \text{如果是 B 组}\\ 0 & \text{其他}\end{cases}$$

对此模型进行回归模拟,其 SAS 输出结果见下图:

练习 14.53的 SAS 输出结果

```
Model: MODEL2
Dep Variable: COST
                              Analysis of Variance
                          Sum of             Mean
Source          DF       Squares            Square        F Value   Prob>F

Model            2    318861.66667     159430.83333        8.438    0.0014
Error           27    510163.00000      18894.92593
C Total         29    829024.6667

     Root MSE          137.45882         R-Square          0.3846

     Dep Mean          190.33333         Adj R-Sq          0.3390
     C. V.              72.22004
                              Parameter Estimates
                    Parameter          Standard       T for H0:
Variable     DF      Estimate             Error     Paremate=0        Prob>|T|
INTERCEP      1    106.000000       43.46829411          2.439          0.0216
X1            1    229.500000       61.47345106          3.733          0.0009
X2            1     23.500000       61.47345106          0.382          0.7052
```

a. 利用回归输出结果作原假设检验(为 3 组公司审计耗资的均值相等),然后与在练习 14.22 中获得结果作比较。

b. 比较检验中观察到的显著性水平。

c. 利用回归输出结果将总平方和分解成处理平方和与残差平方和的和,并与在练习 14.22 中获得结果作比较。

d. 解释 R^2 的值,以及 β 的最小二乘估计值。

14.54 研究表明,雇员对不宜管理决策做出的不良反应的强度受他们对决策过程公正性理解程度的影响。与此研究有关的文章见 *Accounting, Organization and Society*,(Vol. 20,1995)。在此研究中,来自欧洲、非洲、亚洲以及南美洲的 24 名管理者接受了研究人员的调查。这是一个 2×2 的因子实验,因子为预算参与性(是与否)和预算赞同性(赞同与不赞同),在设计的实验中,每个处理都安排有 6 名管理者。采用一种合理的为人与人之间的信任打分的方式,每一名管理者都对上司(上司负责决定预算)的信任度打分,分数在 4(一般信任)到 28 分(非常信任)之间。数据见下表。

练习 14.54 的数据　　BUDGET. DAT

		预算参与性			
		是		否	
预算赞同性	赞同	19	22	17	16
		25	18	20	24
		25	23	23	21
	不赞同	23	28	16	12
		20	26	15	18
		18	23	15	14

数据来源:Magner, N,. Welker, R., and Campbel, T. "The interactive effect of budgetary participation and budget favorability on attitudes toward budgetary decision marketers: A research note." *Accounting, Organization and Society*, Vol. 20, 1995. pp. 611~618.

a. 实验中的因子是定性的还是定量的,请解释。

b. 为变量 y(代表相互之间的信任)建立一个回归模型。

c. 拟合这个模型,然后用 F 检验评估这个模型的可行性,并解释结果。

d. 研究人员假设预算参与性因子与预算赞同性因子之间存在交互效应,这样,参与预算决策过程的管理者会比没参加与预算决策过程的管理者对上司的态度会少一些负面的印象。你认为这些数据支持这个假设吗?请在 $\alpha=0.05$ 的情况下作检验。

e. 绘制并解释一个合理的均值散点图,从而更深层次地研究 d 中的假设。

14.55 参看练习 14.46,此题有关一个 3×3 因子

EXCEL Output for Interaction model, Exercise 14.55

SUMMARY OUTPUT						
Regression statistics						
Multiple R	0.99915953					
R square	0.998319766					
Adjusted R square	0.9975772996					
standard Error	22.24276828					
observations	27					
ANOVA						
	df	ss	Ms	F	significance F	
Regression	8	5291151.185	661393.8981	1336.849472	2.33764E−23	
Residual	18	8905.333333	494.7407407			
Total	26	5300056.519				
	Coefficients	Standard Error	t stat	P−value	Lower 95%	Upper 95%
Intercept	1828.666667	12.84186825	142.3988029	6.29968E−29	1801.686882	1855.646452
x1	−626	18.16114425	−34.46919376	6.85697E−18	−664.1551778	−587.8448222
x2	−323.6666667	18.16114425	−17.82193138	6.97959E−13	−361.8218444	−285.5114889
x3	−250.6666667	18.16114425	−13.80236086	5.1434E−11	−288.8218444	−212.5114889
x4	681.3333333	18.16114425	37.5159915	1.5228E−18	643.1781556	719.4885111
x1x3	62.66666667	25.68373651	2.439935741	0.025262966	8.707096803	116.6262365
x1x4	−669	25.68373651	−26.04761187	9.65321E−16	−722.9595699	−615.0404301
x2x3	−51.66666667	25.68373651	−2.011649148	0.059472777	−105.6262365	2.292903197
x2x4	−287.6666667	25.68373651	−11.20034332	1.51892E−09	−341.6262365	−233.7070968

EXCEL Output for Reduced model, Exercise 14. 55

SUMMARY OUTPUT						
Regression statistics						
Multiple R	0. 949716481					
R square	0. 901961395					
Adjusted R square	0. 884136194					
standard Error	153. 6835811					
observations	27					
ANOVA						
	df	ss	MS	F	significance F	
Regression	4	4780446. 37	1195111. 593	50. 60034938	8. 78322E−11	
Residual	22	519610. 1481	23618. 6431			
Total	26	5300056. 519				
	Coefficients	Standard Error	t stat	P−value	Lower 95%	Upper 95%
Intercept	1933. 740741	66. 13488335	29. 23934606	4. 21534E−19	1796. 58524	2070. 896241
x1	−828. 1111111	72. 4471349	−11. 43055709	1. 00539E−10	−978. 3574343	−677. 8647879
x2	−436. 7777778	72. 4471349	−6. 028917201	4. 55577E−06	−587. 0241009	−286. 5314546
x3	−247	72. 4471349	−3. 409382584	0. 002514362	−397. 2463232	−96. 75367683
x4	362. 4444444	72. 4471349	5. 002881687	5. 23178E−05	212. 1981213	512. 6907676

实验，旨在研究价格水平因子和摆设情况因子对某产品销售量的影响。数据见下表，建议你采用下面的回归模型来分析这个实验：

这里 $y=\beta_0+\beta_1x_1+\beta_2x_2+\beta_3x_3+\beta_4x_4+\beta_5x_1x_3+\beta_6x_1x_4+\beta_7x_2x_3+\beta_8x_2x_4+\varepsilon$

下图是模型的 EXCEL 输出结果。

练习 14.55 的 EXCEL 结果输出（含交互效应模型） SUPERMKT. DAT

		Price		
		Regular	Reduced	Cost to Supermarket
Display	Normal	989	1211	1577
		1025	1215	1559
		1030	1182	1598
	Normal Plus	1191	1860	2492
		1233	1910	2527
		1221	1926	2511
	Twice Normal	1226	1516	1801
		1202	1501	1833
		1180	1498	1852

a. 请解释模型中的用来刻画响应变量均值的 3×3=9 个处理的最小二乘估计系数。

b. 解释模型的 R^2 和标准差。

c. 是否有理由说明销售量因 9 个处理不同而不同？为模型构建一个原假设，并在 $\alpha=0.10$ 的情况下作检验。然后与在练习 14.46 中获得结果作比较。

d. 为检验因子价格水平和因子摆设情况之间交互效应，合适的原假设是什么？检验统计量是什么？在 $\alpha=0.10$ 的情况下，拒绝域是什么？

e. 对简化模型（不含交互效应），EXCEL 输出结果如图。检验在 d 中设计的原假设，并与在练习 14.46 交互效应检验中获得结果作比较。

f. 你认为还有必要对参数作检验吗？请解释。

要 点 回 顾

关键词：

Analysis of variance 方差分析 (ANOVA)
Balanced design 平衡设计
Bonferroni multiple comparisons procedure 多重比较方法
Comparisonwise error rate 比较误差率
Complete factorial experiment 完全因子实验
Completely randomized design 完全随机化设计
Dependent Variable 因变量
Designed experiment 设计的实验
Experimental unit 实验单元
Experimentwise error rate 实验误差率
F—statistic F统计量
Factorial experiment 因子实验
Factor interaction 因子交互效应
Factor levels 因子水平
Factor main effect 因子主效应
Factors 因子
Independent variable 自变量
Mean square for error 误差均方
Mean square for treatment 处理均方
Multiple comparisons of means 均值多重比较
Observational experiment 观察实验
Qualitative factor 定性因子
Quantitative factor 定量因子
Replicates of the experiment 实验重复量
Response variable 响应变量

Scheffe multiple comparisons procedure 多重比较法
Single-factor experiment 单因子实验
Sum of squares for error 误差平方和
Sum of squares for treatments 处理平方和
Treatments 处理
Tukey multiple comparisons procedure 多重比较法
Two-factor experiment 两因子实验

注：附录 C 中有 ANOVA 计算平方和(SS)和均方(MS)的公式。

关键公式：

完全随机化设计：

$F=\dfrac{\text{MST}}{\text{MSE}}$ 检验处理

$c=\dfrac{p(p-1)}{2}$ 含 p 个处理的实验的配对均值比较的个数

含两个因子的设计：

$F=\dfrac{\text{MS}(A)}{\text{MSE}}$ 检验 A 的主效应

$F=\dfrac{\text{MS}(B)}{\text{MSE}}$ 检验 B 的主效应

$F=\dfrac{\text{MS}(AB)}{\text{MSE}}$ 检验 $A-B$ 的交互效应

语言室：

符号	说明
ANOVA	方差分析
SST	处理平方和
SSE	误差平方和
MST	处理均方
MSE	误差均方
SS(A)	因子 A 的平方和
MS(A)	因子 A 的均方
SS(B)	因子 B 的平方和
MS(B)	因子 B 的均方
SS(AB)	交互效应 $A\times B$ 的平方和
MS(AB)	交互效应 $A\times B$ 的均方

附加练习 14.56～14.76

(带 * 号的与本章的选学内容有关)

技能训练：

14.56 完全随机化设计实验与因子设计实验有何区别？请解释。

14.57 在含两个因子的实验中，因子 A 有 3 个水平，因子 B 有 2 个水平，则处理是什么？

14.58 假设实验有两个以上的处理，则多重比较方法中的实验误差率与每一组配对均值比较中的显著性水平有什么不同？

14.59 在比较 4 个处理的均值时，采用了一完全随机化设计实验，数据见下表。

练习 14.59 的数据  **LM14.59.DAT**

处理值 1	处理值 2	处理值 3	处理值 4
8	6	9	12
10	9	10	13
9	8	8	10
10	8	11	11
11	7	12	11

a. 假设 SST=36.95，SS(总)=62.55，为此实验创建一个方差分析表。

b. 在 $\alpha=0.10$ 情况下，是否有理由说明处理的均值不同？

c. 为处理 4 描述的响应变量构造一个 90% 的置信区间。

14.60 下面是一个未完成的方差分析表，此表有关一个含两个因子的实验。

练习 14.60 的方差分析表

来源	df	SS	MS	F
A	3	2.6	___	___
B	5	9.2	___	___
A×B	___	___	3.1	___
误差	___	18.7		
总和	47			

a. 完成方差分析表。

b. 每一个因子有多少个水平？实验含多少处理？实验的重复量是多少？

c. 找出处理平方和，在 $\alpha=0.05$ 的情况下作检验，并判断是否有足够的理由说明各处理的均值相等。

d. 是否有必要对因子的影响作进一步的检验？如果有必要，在 $\alpha=0.05$ 的情况下检验是否存在因子交互效应，并解释所得结果。

概念运用：

14.61 *Journal of Testing and Evaluation* (July 1992)刊登了一项调查研究。此研究有关波浪形纤维板制成的海运容器的抗压力均值的比较的调查。有 5 种不同型号的容器 A、B、C、D 和 E，实验时对每种型号都抽取了 20 个相同的容器，并记下了它们的最高抗压力，下图表明，各种型号的样本值围绕相应的均值变动。

a. 为什么要采用完全随机化设计收集实验数据？请解释。

b. 参看图中 B、D 两种容器盒，是否可以看出两种容器盒的抗压力均值有显著差别，请解释。

c. 基于下图中的信息，是否可以判断 5 种容器盒的抗压力均值有显著差别，请解释。

练习 14.61 的图

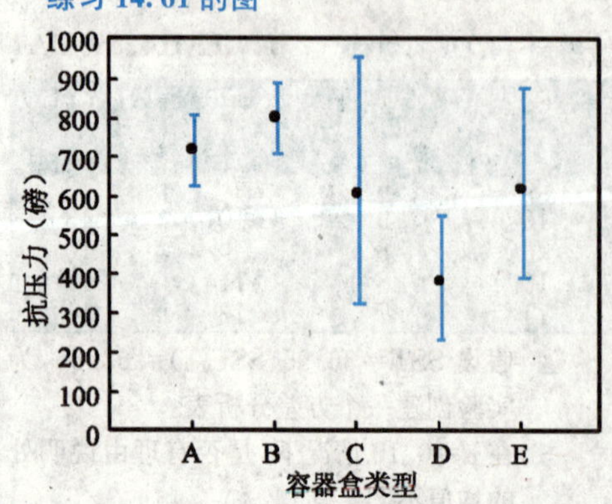

数据来源：Singh, S. P., et al. "Compression of single-wall corrugated shipping containers using fixed and floating test platens." *Journal of Testing and Evalution*, Vol. 20, No. 4, July 1992, p. 319(图 3)

14.62 市场研究者都认为，对顾客采用什么方式提问与对顾客提什么问题同样重要，*Journal of the Market Research Society* (July 1996)刊登了一项研究，此研究有关积极的提问方式与消极的提问方式对顾客反应的影响。特别是，需要研究当被调查者在问题中参与水平不同时，积极的提问与消极的提问对所得的回答结果是否有影响(正面的或反面)。被调查者对积极提问的认可按 5 分制评分，1 为强烈反对，5 为强烈赞同，对被消极提问的认可的评分刚好相反。为此，研究人员在中东地区随机地抽取了 154 个被调查者。其中涉及到两个变量：在问题中的参与水平(高与低)和提问方式(积极的与消极的)。每一个被调查者都参与了一组提问(一组被积极的提问，一组被消极地提问)，采用上面的 5 分制记分，高层次参与者被提的问题有关海湾战争(此实验做于 1991 年)，低层次参与者被提的问题是有关产品和购买的一般性问题。最后，研究人员对所得的数据作了方差分析。

a. 在此研究中，研究人员采用了什么类型的实验设计？

b. 识别实验中的因子，它们是定性的还是定量的？

c. 描述每一个因子的水平。

d. 描述实验中的处理。

e. 此实验的因变量是什么？

14.63 当一个人想影响另一个人的目标实现时，领导者将会采用一些措施。在 *Accounting, Organizations and Society* (Vol. 20, 1995)中，研究人员研究了上级领导方式对下级行为的影响。研究中涉及的领导方式有 4 种，由两个变量组成，分别为对下属的控制程度(高或低)和对下属的关爱程度(高或低)。此实验调查了某审计公司的 257 名高级审计师，样本分布如下：

练习 14.63 的数据

领导风格	n
A. 高控制，低关爱	51
B. 低控制，低关爱	63
C. 高控制，高关爱	79
D. 低控制，高关爱	64
总和	257

每个被调查者都被问及在不同的领导方式下，故意使审计工作不符合要求的频率，记分为 5 分制，1 为从来都不，5 为总是，这些数据见下表。为了检验 4 个处理均值，研究人员进行了方差分析，所得 F 值为 30.4。

a. 表中数据是否表明，上司领导方式的不同会影响下属的工作行为？在 $\alpha=0.05$ 的情况下作检验。

b. 在实验误差率为 $\alpha=0.05$ 时，研究人员对 4 个处理的均值排了序，请详细解释这些结果。

c. 为使 Bonferroni 多重比较法有效，必须满足什么样的假设条件？

练习 14.63 的数据

领导风格	平均值	标准	Bonferroni 分析：明显较小的均值
A	4.27	1.13	B,C,D
B	2.83	1.18	D
C	2.54	1.24	无
D	2.87	1.31	无
总计	2.87	1.42	

数据来源：Otley, D. T., and Pierce, B. J. "The control Problem in public accounting firms: An empirical study of the impact of leadship style." *Accounting, Organization and Society*, Vol. 20, 1995, pp. 405～420.

14.64 一邮递公司为消费者汇集和存储纸类产品(信封、信件、相册、卡片等)。该公司想用每种纸类产品的平均重量以及整个船的运载量来估计纸类产品数目。公司对从一个纸箱里抽取样本来估计单个纸类产品重量均值的可靠性不能确定。同时也怀疑，为从一部分纸箱中抽取样本而花费时间是否值得。对此，公司从 5 个纸箱里分别抽取了 8 本相册，并记下了测量的结果。重量(以磅为单位)见下表。

练习 14.64 的数据  CARTONS.DAT

纸箱 1	纸箱 2	纸箱 3	纸箱 4	纸箱 5
0.01851	0.01872	0.01869	0.01899	0.01882
0.01829	0.01861	0.01853	0.01917	0.01895
0.01844	0.01876	0.01876	0.01852	0.01884
0.01859	0.01886	0.01880	0.01904	0.01835
0.01854	0.01896	0.01880	0.01923	0.01889
0.01853	0.01879	0.01882	0.01905	0.01876

续表

纸箱 1	纸箱 2	纸箱 3	纸箱 4	纸箱 5
0.01844	0.01879	0.01862	0.01924	0.01891
0.01833	0.01879	0.01860	0.01893	0.01879

a. 识别响应变量、因子、处理和实验单元。

b. 表中的数据可否提供了足够的理由说明这 5 个纸箱中的相册重量均值有显著差异？

c. 为了使 b 中的检验有效，必须满足什么假设条件？

d. 在总的显著性水平 $\alpha=0.05$ 的情况下，采用 Bonferroni 多重比较法比较所有配对的均值。

e. 根据上面的结果，请提个建议，是从一个箱中抽取样本，还是需要从多个箱中抽取样本？

14.65 为了评估人机交互系统语言识别的效果，研究人员做了一项研究(详见 *Special Interest Group on Computer — human Interaction Bulletin*, July 1993.)。在此研究中，45 个研究对象被随机的分成 3 组，每组 15 人，每个对象被要求在一个基本语言邮件系统上完成一些任务。对每一组，分别采用不同的界面：(1)触摸机，(2)人工操作机，(3)模拟声音识别机。其中涉及的变量之一是完成这些任务所需的总时间(按秒计算),为了比较3组均值的不同,研究人员进行了方差分析。

练习 14.65 的数据

组别	平均完成时间(秒)
触摸机	1400
人工操作机	1030
模拟声音识别机	1040

a. 识别此研究中采用的实验设计类型。

b. 参看上表中的各组时间均值。尽管表中的均值有差别,但在方差分析中,当 $\alpha=0.05$ 时,不能拒绝原假设。请解释这种可能性。

14.66 就会计对风险的态度和最近确定预算的业绩这两项对他们当前预算确定的影响,路易斯安那州大学的 D. C. Kin 教授作了一次研究(详见 Accounting Review, Apr. 1992)。在此研究中,81 名大学肄业生被选作研究对象,通过采用标准的风险评估方式,发现有 40 名学生渴求风险,41 名学生厌恶风险。然后,他们被要求在一家会计公司充当新员工,并且每人被要求读一份假定的审计债务案例。这些大学生,以前都做过一个案例,但相对于大学生的水平来说,在这些预算审计案例中表现出来的业绩,有的不令人满意,有的令人满意。读完假定案例后,他们每人都需要做一个带风险的或不带风险的预算,并且要表明他们对所做预算的偏好程度。对偏好程度评估采用 11 分制记分,即为(强烈偏好于风险选择)到 5(强烈偏好于无风险选择)的 11 个整数。利用所得的数据,D. C. Kin 教授进行了方差分析,下面是未完成的方差分析表。

练习 14.66 的方差分析表

来源	df	SS	MS	F
最近业绩(A)	1	243.2	___	___
风险偏好(B)	1	57.8	___	___
AB	1	___	___	___
误差	77	670.8	___	
合计	80	976.3		

数据来源: D. C. Kin. "Risk preferences in participative budgeting." *Accounting Review*, Vol, 67. Apr. 1992, pp. 303～318。

a. 完成方差分析表。

b. 数据是否显示因子 A 与因子 B 之间有交互效应,请在 $\alpha=0.01$ 的情况下作检验。

c. 个人对风险的态度对他的预算确定有影响吗? 请在 $\alpha=0.05$ 的情况下作检验。

d. 最近的预算业绩对他的预算确定有影响吗? 请在 $\alpha=0.01$ 的情况下作检验。

14.67 为了提高工业车床产出的质量,研究人员作了一项研究(详见 *Quality Engineering*, Vol. 6, 1994)。整个加工过程由计算机自动控制。这个加工过程为输入棒条,加工棒条表面,使之光滑,然后输出。在此加工过程中,棒条被稳定在一夹头上,并且不停地滚动。车床操作员输入棒条的速度与机器加工的速度相等。这个产品的目标特征变量是表面的光滑程度。测量光滑程度时采用的是一标准尺,表面越光滑,标准尺上的值就越高。下表记录了因子的水平设置,以及表面光滑度的观测值。(H=High, L=Low)。

练习 14.67 的数据 LATHE. DAT

Speed	Feed	Collet Tightness	Tool Wear	Surface Finish
H	H	H	H	216
L	H	H	H	212
H	L	H	H	48
L	L	H	H	40
H	H	L	H	232
L	H	L	H	248
H	L	L	H	514
L	L	L	H	298
H	H	H	L	238
L	H	H	L	219
H	L	H	L	40
L	L	H	L	33
H	H	L	L	230
L	H	L	L	253
H	L	L	L	273
L	L	L	L	101
H	H	H	H	217
L	H	H	H	221
H	L	H	H	39
L	L	H	H	31
H	H	L	H	235

续表

Speed	Feed	Collet Tightness	Tool Wear	Surface Finish
L	H	L	H	238
H	L	L	H	437
L	L	L	H	87
H	H	H	L	245
L	H	H	L	226
H	L	H	L	51
L	L	H	L	33
H	H	L	L	226
L	H	L	L	214
H	L	L	L	691
L	L	L	L	130

数据来源：Collins, W. H., and Collins, C. B. "Including residual analysis in desighed experiment: Case studies." *Quality Engineering*, Vol. 6, No. 4, 1994, pp. 547～565。

a. 此研究采用的是什么类型的实验设计？

b. 实验中有多少处理？

c. 利用表中数据作方差分析。

d. 存在显著的交互效应吗？请在 $\alpha=0.05$ 的情况下作检验，并解释所得结果。

e. 是否有必要作主效应检验，为什么？如果有，请在 $\alpha=0.05$ 的情况下作检验。

f. 为了使在 c、d、e 中的结果有效，必须满足什么假设条件？

14.68 人们一直认为，凸镜上的塑料经过铸造后会提高配戴效果。为了证实这点，研究人员选用了 4 个处理(A、B、C、D)，为了确定处理中平均配戴是否存在差异，采用单一形式的塑料制作了 28 个铸型每个处理被随机地抽取了 7 个铸件样本。经过 200 转的磨损后，研究人员通过测量磨损的增加来断定配戴效果(效果越好，磨损增加越少)。数据见下表。

练习 14.68 的数据  CASTINGS. DAT

A	B	C	D
9.16	11.95	11.47	11.35
13.29	15.15	9.54	8.73
12.07	14.75	11.26	10.00
11.97	14.79	13.66	9.75
13.31	15.48	11.18	11.71
12.32	13.47	15.03	12.45
11.78	13.06	14.86	12.38

a. 此研究采用了什么类型的实验？识别其响应变量、因子、因子类型、处理和实验单元。

b. 用软件包或附录 C 中的计算公式分析这些数据，是否有足够的理由说明各处理的磨损均值相等，请在 $\alpha=0.05$ 的情况下作检验。

c. 检验中可观察的显著性水平是多少？请解释。

d. 在总的 $\alpha=0.10$ 的情况下，利用 Tukey 多重比较法比较各组配对的均值。

e. 用 90% 的置信区间估计用 A 处理做的凸镜的磨损均值。

14.69 一项研究(详见 *Journal of Psychology and Marketing*, Jan. 1992) 调查了消费者对掺假商品的态度。其中一个变量是消费者所受教育的水平(分 5 个层次)。消费者被问及他们对掺假商品的关心程度，按 9 分制记分，1 为毫不关心，9 分为非常关心。下表是相关数据。

练习 14.69 的数据

教育水平	均值	样本大小
高中以下学历	3.731	26
高中毕业	3.224	49
大专毕业	3.330	94
大学毕业	3.167	60
研究生毕业	4.341	86

a. 识别实验中方差分析设计的类型，以及实验中包含的处理。

b. 在研究中，研究人员比较了 5 个层次教育水平的消费者对掺假态度的记分均值。检验中所得 $F=3.298$。请作一次检验，看是否存在至少两个不同层次的记分均值之间有显著差别。(提示：利用数据计算自由度以及误差。)

c. 在 $\alpha=0.05$ 时，采用 Bonferroni 多重比较法得到的结果如下表。请解释这些结果。

练习 14.69 的结果

均值	3.167	3.224	3.330	3.731	4.3441
教育水平	大学毕业	高中毕业	大专毕业	高中以下学历	研究生毕业

14.70 在治疗皮肤癌和口腔癌时，为了阻挡辐射光柱的穿透，有人发明了一种塑料树脂与金属粉末的合成物。为了测量辐射光柱在这种合成物中的穿透程度，研究人员做了 2×2 因子实验。一是金属粉末的密度(重合金与轻合金)，另外一个是金属粉末下面是否有

塑料层(有与无),共涉及 4 种合成物,下表是有关的数据。利用本章所学的分析技术分析这些数据,然后,从保护病人免于有害辐射出发,提出你的合理建议。

练习 14.70 的数据 RADIAT. DAT

		合金密度	
		重	轻
第二层	有	0.04,0.02	0.46,0.40
塑料	无	0.38,0.13	1.84,2.29

数据来源:Personal Communication from E. Eichmiller. Paffenbarger Research Center. Gaithersburg, MD.

14.71 在一实验中,研究人员随机挑选了 16 个工人,旨在研究工作日方式和付酬方式对工人工作态度的影响。有两种工作日方式,一是 8—5 制(每天工作 8 小时,一周工作 5 天)。另外一种是弹性工作日,工人可以自行决定是 8 点开始上班,还是 7 点开始上班,另外,工人午饭时间可以选择半个小时或者一个小时。两种付酬方式为:一是标准的计时,二是减少标准的计时工资,附加计件工资(基于工人的工作效率)。对这 4 个工作日方式与付酬方式的组合,每一个都随机地抽取 4 个工人,一个月后,每个工人都接受了对工作态度的测试,测试结果见下表。

练习 14.71 的数据 JOBATT. DAT

		付酬	
		标准计时	计时工资加附件工资
工作方式	8—5 制	54,68,55,63	89,75,71,83
	弹性工作日	79,65,62,74	83,94,91,86

练习 14.71 的 SAS 输出结果

Analysis of Variance Procedure

Dependent Variable:SCORE

Source	DF	Sum of Squares	Mean Square	F value	Pr>F
Model	3	1806.00000	602.00000	12.29	0.0006
Error	12	588.00000	49.00000		
Corrected Total	15	2394.00000			
	R—Square	C. V.	Root MSE		SCORE Mean
	0.754386	9.3959732	7.00000		74.5000000
Source	DF	Anova SS	Mean Square	F Value	Pr>F
SCHEDULE	1	361.0000	361.0000	7.37	0.0188
PAYMENT	1	1444.0000	1444.000	29.47	0.0002
SCHEDULE * PAYMENT	1	1.0000	1.0000	0.02	0.888

a. 所做的实验是什么类型?请识别响应变量、因子、因子类型、处理和实验单元。

b. 参看 SAS 输出结果。在 $\alpha=0.05$ 的情况下,是否有足够的理由说明处理的均值之间有显著差别。

c. 如果在 b 的基础上还需进一步检验,请进行合适的主效应检验和交互效应检验,并解释所得结果。

d. 为了使推断有效,必须满足什么样的假设条件?就这个实验,说出应有的假设条件。

14.72 一饮料销售商想知道,如果广告代理(2 个水平)与媒体(3 个水平)联合推销产品,一美元广告费所获得的销售量是否会增加。广告代理通过复印件或电影来推销产品,而媒体是通过报纸、电台和电视。为此,研究人员选择了 12 个规模类似的城镇，每个处理（广告代理与媒体的组合）被随机分配两个城镇。在一个月的销售期间，每一美元广告费带来的销售量增加了，数据详见下表。

练习 14.72 的数据　**ADSTUDY. DAT**

		广告媒体		
		报纸	电台	电视
代理	1	15.3	20.1	12.7
		12.7	17.4	16.2
	2	18.9	24.3	12.5
		22.4	28.8	9.4

a. 描述这个实验，包括响应变量、因子、因子类型、因子水平、处理和实验单元。这个实验叫什么实验，采用的什么设计方式？

b. 参看 SPSS 输出结果，并为此实验作一个完全的分析，切记做相关的检验。同时，利用 Bonferroni 多重比较法比较各配对均值（全部使用 $\alpha=0.10$）。

c. 用媒体作水平轴，代理作描点标示，将处理均值点描出来。你在 b 中分析的结果合理吗，用所描的图解释分析的结果。

练习 14.72 的 **SPSS** 输出结果

* * * A N A L Y S I S　O F　V A R I A N C E * * *

SALES
By　AGENCY
MEDIUM

Source of Variation	Sum of Squares	DF	Mean Square	F	Signif of F
Main Effects	238.299	3	79.433	13.934	0.004
AGENCY	39.967	1	39.967	7.011	0.038
MEDIUM	198.332	2	99.166	17.395	0.003
2－way Interactions	77.345	2	38.672	6.784	0.029
AGENCY MEDIUM	77.345	2	38.672	6.784	0.029
Explained	315.644	5	63.129	11.074	0.005
Residual	34.205	6	5.701		
Total	349.849	11	31.804		

14.73　在纽约股票市场（NYSE）、美国股票市场（ASE）和 NASDAQ 国家市场各独立随机地抽取 36 种股票。下表是最近某天 108 种股票的价格。

练习 14.73 的数据　**STOCKEK. DAT**

NYSE		ASE		NASDAQ	
$31\frac{3}{4}$	$27\frac{1}{2}$	$5\frac{3}{4}$	$5\frac{1}{2}$	$8\frac{1}{2}$	$6\frac{3}{4}$
$22\frac{1}{4}$	$36\frac{3}{4}$	$23\frac{1}{8}$	$123\frac{1}{2}$	$5\frac{1}{8}$	$21\frac{1}{2}$
$18\frac{3}{4}$	$20\frac{1}{4}$	2	23	$10\frac{1}{4}$	12
$11\frac{1}{4}$	$78\frac{3}{4}$	$11\frac{1}{4}$	$15\frac{3}{4}$	$4\frac{1}{8}$	$4\frac{3}{4}$

续表

NYSE		ASE		NASDAQ	
43	$13\frac{5}{8}$	$11\frac{3}{4}$	$5\frac{1}{4}$	$7\frac{3}{4}$	$27\frac{3}{4}$
$32\frac{7}{8}$	$12\frac{3}{4}$	$10\frac{1}{4}$	$11\frac{3}{4}$	$22\frac{3}{4}$	16
$20\frac{1}{2}$	$19\frac{3}{4}$	$15\frac{5}{8}$	$15\frac{1}{8}$	$8\frac{1}{2}$	$5\frac{7}{8}$
$3\frac{7}{8}$	$25\frac{1}{4}$	$7\frac{1}{8}$	$2\frac{1}{4}$	$18\frac{7}{8}$	$25\frac{1}{4}$
$9\frac{1}{4}$	$27\frac{1}{2}$	$5\frac{1}{2}$	$19\frac{7}{8}$	$14\frac{5}{8}$	$17\frac{1}{8}$
$11\frac{1}{8}$	$58\frac{1}{2}$	$15\frac{3}{4}$	16	10	$27\frac{3}{4}$
$25\frac{7}{8}$	$18\frac{3}{4}$	1	$7\frac{1}{8}$	$2\frac{1}{4}$	$5\frac{5}{8}$

续表

NYSE		ASE		NASDAQ	
16⅜	13⅛	5	26¼	55¾	2¾
20⅞	57⅝	30⅞	10⅜	79½	26¾
8	40⅜	23¾	9¼	5⅞	15⅞
9⅝	21¾	4⅜	14	53	17
22	13¼	8⅛	19	17½	14½
37¾	32	30⅜	5¼	4⅜	1⅞
9¾	38⅜	1⅞	⅝	25	18¼

数据来源：*The New York Times*

a. 这个实验是观察实验，还是设计实验？它是属于什么类型的实验？

b. 参看分析的 SAS 输出结果。是否有充分的理由说明 3 个市场的价格均值之间有显著差别，用 $\alpha=0.10$ 进行检验。

c. 在 SAS 的输出结果中，我们可以看到，3 个市场的价格均值已按 Tukey 方法排好了序，请解释这些结果。在此分析中，什么是实验误差率？

练习 14.73 的 SAS 输出结果

```
                         Analysis of Variance Procedure
Dependent Variable:PRICE              Sum of            Mean
Source                      DF       Squares          Square      F Value      Pr>F
Model                        2   2082.334201     1041.167101         3.34    0.0394
Error                      105  32767.348090      312.069982
Corrected Total            107  34849.682292
                      R-Square          C. V.        Root MSE               PRICE Mean
                      0.059752       91.93467        17.66550               19.2152778
Source                      DF      Anova SS     Mean Square      F Value      Pr>F
STOCK                        2   2082.334201     1041.167101         3.34    0.0394
------------------------------------------------------------------------------------
              Tukey's Studentized Range (HSD) Test for variable:PRICE
         NOTE:This test controls the type I experimentwise error rate,but
              generally has a higher type II error rate than REGWQ.
                    Alpha=0.05   df=105   MSE=312.07
                 Critical Value of Studentized Range=3.362
                  Minmum Significant Difference=9.8991
           Means with the same letter are not significantly different.
           Tukey Grouping                 Mean    N   STOCK
                          A             25.299   36   NYSE
                          A
                    B     A             17.253   36   NASDAQ
                    B
                    B                   15.094   36   ASE
```

* 14.74 参看练习 14.73。

a. 请写出一个回归模型，用以描述这个实验，并详细说明你要用到的变量。

b. 回归的 SAS 输出结果如下图。请解释最小二乘估计值，并推断出虚拟变量的实际含义。

c. 利用回归输出结果检验原假设，即在 1997 年 3 月 3 日那天，3 个市场的股票收盘价格均值之间没有显著差别（$\alpha=0.10$），此检验观察到的显著性水平是多少？

练习 14.74 的 SAS 输出结果

```
Dependent Variable:PRICE
                              Analysis of Variance
                         Sum of          Mean
Source          DF      Squares         Square     F Value        Prob>f
Model            2   2082.33420     1041.16710      3.336         0.0394
Error          105  32767.34809      312.06998
C Total        107  34849.68229

      Root MSE    17.66550    R-Square    0.0598
      Dep Mean    19.21528    Adj R-sq    0.0418
      C. V.       91.93467

                              Parameter Estimates
                    Parameter       Standard      T for H0:
Variable      DF    Estimater          Error    Parameter=0        Prob>|T|
INTERCEP       1    17.253472     2.94425043          5.860          0.0001
X1             1     8.045139     4.16379889          1.932          0.0560
X2             1    -2.159722     4.16379889         -0.519          0.6051
```

14.75 为了吸引更多的乘客，一城市公共汽车公司计划将一路从郊区到繁华市区的公交线转变成高速服务线。这条线路途经好几个交通红绿灯路口，这样就影响了运行时间。为此，公司作了一项实验，旨在研究 4 种方案(设一条特别的公车线路，提高交通信号质量等)对运行时间的影响。在每种方案试用阶段，当早晨交通拥挤时，这路公交车的运行时间被记录下来，详细结果见下表。

练习 14.75 的数据  BUSINESS. DAT

计划			
1	2	3	4
27	25	34	30
25	28	29	33
29	30	32	31
26	27	31	
	24	36	

a. 此研究采用的什么实验设计？

b. 采用合适的软件包，为此实验创建一个方差分析表。

c. 在 $\alpha=0.10$ 的情形下，是否有足够的理由说明采用这 4 种方案时，运行时间均值之间没有明显差别。

d. 如果有必要，采用多重比较方法，比较各组配对的均值($\alpha=0.05$)。

*14.76 为了给顾客提供更多的有关两个位于郊区的大居民区的信息，某房地产经纪人想知道每个社区家庭住房的平均价值。为此，他在每个社区随机地抽取了 8 个住户，并作了相应评估(以万美元计数)。数据详见下表。根据这些数据，你能判断两个社区的家庭住房价值的均值不同吗？

练习 14.76 的数据  HOMEVAL. DAT

郊区 A		郊区 B	
43.5	57.5	73.5	44.5
49.5	32.0	62.0	56.0
38.0	67.5	47.5	68.0
66.5	71.5	36.5	63.5

a. 用含两组样本的统计量(见 9.1 节)检验：$H_0: \mu_A=\mu_B$

b. 考虑回归模型：$y=\beta_0+\beta_1 x+\varepsilon$

这里 $x=\begin{cases}1 & 如果是\text{A}社区\\ 0 & 如果是\text{B}社区\end{cases}$ y=评估值

因为 $\beta_1=\mu_B-\mu_A$，检验 $H_0: \beta_1=0$ 等价与检验 $H_0: \mu_A=\mu_B$，利用下面给出了回归的 STATISTIX 输出结果。在 $\alpha=0.05$ 的情形下，检验原假设 $H_0: \beta_1=0$。

c. 下图是方差分析的 STATISTIX 输出结果，根据图中信息，你能判断两个处理均值有显著差别吗？在 $\alpha=0.05$ 的情形下作检验。

d. 利用 a～c 中的 3 个检验结果证实，就检验统计量和拒绝域而言，对这种特殊情形($p=2$)，完全随机化设计的两种检验方式(回归与方差分析)是等价的。

练习 14.76 的回归 STATISTIX 输出结果

UNWEIGHTED LEAST SQUARES LINEAR REGRESSION OF VALUE

PREDICTOR VARIABLES	COEFFICIENT	STD ERROR	STUDENT'S T	P
CONSTANT	53.2500	4.86305	10.95	0.0000
X	3.18750	6.87739	0.46	0.6501

R−SQUARED	0.0151	RESID. MEAN SQUARE (MSE)	189.194
ADJUSTED R−SQUARED	−0.0552	STANDARD DEVIATION	13.7548

SOURCE	DF	SS	MS	F	P
REGRESSION	1	40.6406	40.6406	0.21	0.6501
RESIDUAL	14	2648.72	189.194		
TOTAL	15	2689.36			

练习 14.76 的方差分析 STATISTIX 输出结果

ONE−WAY AOV FOR VALUE BY SUBURB

SOURCE	DF	SS	MS	F	P
BETWEEN	1	40.6406	40.6406	0.21	0.6501
WITHIN	14	2648.72	189.194		
TOTAL	15	2689.36			

SUBURB	MEAN	SAMPLE SIZE	GROUP STD DEV
A	53.250	8	14.750
B	56.437	8	12.681
TOTAL	54.844	16	13.755

第 15 章

非参数统计

本章内容

统计实践

我们已学过的

在第 7～9 章和 14 章中，我们研究了单个总体均值的推断和两个或多个总体均值比较的方法。这些方法大多是基于样本总体具有近似的正态分布，且方差相同的假设条件之上。但是，如果所得的数据不满足以上假设条件，我们该如何分析呢？

我们将要学习的

在本章中，我们将给出基于一组按照相应数量大小排序的样本观测值的推断方法。由于这些方法对总体的概率分布假设要求非常少，所以我们称之为非参数统计方法。

15.1 引言：与分布无关检验

第 7～9 章和第 14 章中讨论的置信区间和假设检验过程，都含有关于总体参数推断的内容，相应地，将这些推断方法称为**参数统计检验**(parametric statistical tests)。大多数参数统计方法(例如：第 8 章的小样本 t 检验、第 14 章的方差分析 F 检验)都是建立在数据来源于正态分布总体的假设条件之上。当数据服从正态分布时，这些检验是非常有效的。换句话说，参数统计检验可以使检验的势(power)——研究者正确拒绝原假设的概率达到最大。

现在考虑数据总体为非正态的情形。例如，总体的分布可能非常平滑，或是非常尖，或是向左或向右偏斜(见图 15.1)。对这些数据采用小样本 t 检验，结果可能是非常糟糕的。由于正态假设明显不成立，t 检验的结果显然是不可信的：(1)犯第一类错误的概率(即，当 H_0 为真时，拒绝 H_0)可能大于给定的显著水平 α；(2)检验的势，$1-\beta$ 不为最大。

图 15.1　t 检验失效的非正态分布

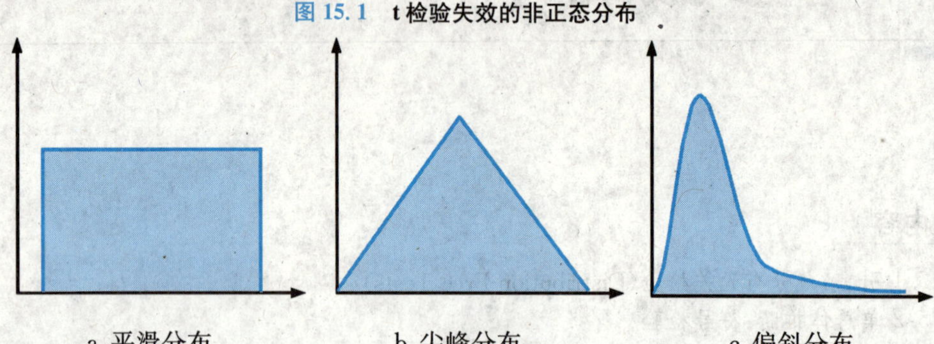

许多非参数统计方法适用于不服从正态分布的数据。非参数检验并不依赖于总体的分布，所以，称它们为与分布无关检验。而且，非参数方法主要研究内容是集中在总体概率分布的确定上，不涉及总体诸如均值等特定的参数(因此，称之为“非参数”)。

定义 15.1

与分布无关检验(Distribution-Free Tests)是一种不依赖于任何关于总体概率分布基本假设的统计检验。

定义 15.2

非参数统计(Nonparametrics)是统计推断中，与分布无关检验相关的一个分支。

非参数检验方法对可以进行排序的非数值数据类型同样适用。例如，对食品的品尝或对其他类型消费品的评价，我们可以说产品 A 优于产品 B，产品 B 优于产品 C，但是我们无法得到它们精确的数量值。基于观测值次序的非参数检验称为**秩检验**(rank tests)。

定义 15.3

基于观测值次序的非参数统计量(或检验)称为秩统计量(rank statistics)(或秩检验)。

在本章中，我们将给出几种常用的非参数方法。务必牢记：无论是对于非正态数据还是排序数据，这些非参数检验方法比相应的参数方法更为有效。

在 15.2 **节中，我们讨论单个总体集中趋势**(central tendency)的检验推断。在 15.3 和 15.5 节中，我们将给出比较两个或多个独立概率分布的秩统计量。在 15.4 节中，成对数据设计将应用于总体的非参数比较。最后，在 15.6 节，我们将给出两变量相关的非参数测度(measure)方法。

15.2 单总体推断:符号检验

在第 8 章里,我们利用 z 和 t 统计量对总体均值进行假设检验。z 统计量适用于大样本总体——对总体的概率分布几乎没有限制。t 统计量适用于来自于正态总体的小样本检验。现在的问题是:对一个来自非正态总体的小样本,我们该怎样进行假设检验?

符号检验(sign test)是一种比较简单的关于非正态概率分布集中趋势假设检验的非参数方法。我们用集中趋势代替总体均值,是因为像其他非参数方法一样,符号检验给出的不是总体均值 μ 的推断,而是总体中位数的推断。将总体中位数记为希腊字母 η,我们知道(第 2 章)η 是分布的第 50 个百分位数(图 15.2),而且,它受分布的偏度和异常值(极端观测值)的影响较小。由于非参数检验适合于所有分布,而不仅局限于正态分布,所以非参数检验更注重中位数——集中趋势测度的稳健性(对异常值不敏感)。

图 15.2 总体中位数 η 的位置

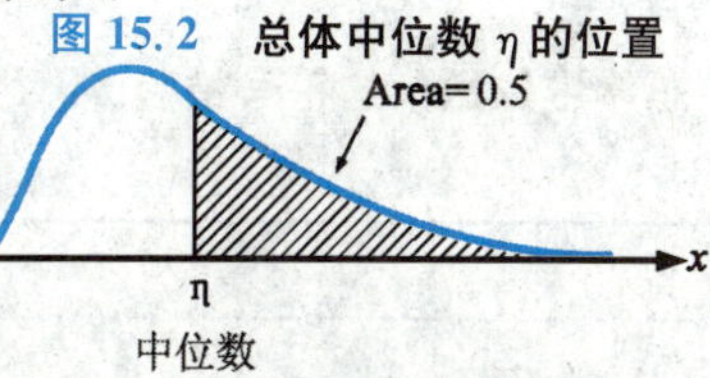

例如,越来越多的私立和公立机构都要求它们的员工通过一种名为“Substance Abuce”的测试。一个实验室已开发出一套具有标准测试尺度的系统来进行测试,测试值小于 1 表示“正常”范围,测试值等于或大于 1 表示“不正常”范围。只要个体测试值的中位数小于 1,系统就认为该个体为正常。对每个个体进行 8 次独立的测试。假设某个个体测试的数据结果如下:

0.78 0.51 3.79 0.23 0.77 0.98 0.96 0.89

如果我们的目的是确定总体中位数(即:对同一个个体进行不确定的大量的测试,所有测试值的中位数水平)是否小于 1,那么,我们建立如下假设检验:

$$H_0: \eta = 1$$
$$H_a: \eta < 1$$

单侧符号检验是通过计算“有利于”备择假设——小于 1 的样本数实施的。如果零假设为真,我们期望观测值落在中位数的两侧的数目近似相等,而如果备择假设为真,我们预计,满足备择假设,即小于 1 的数将占一半以上。因此,

检验统计量:S=小于零假设中位数 1 的样本观测数。

如果我们要在 $\alpha = 0.05$ 的置信水平下进行检验,拒绝域可以用检验的显著性水平,或检验的 p 值表示:

拒绝域:p 值 $\leqslant 0.05$

在此例中,$S=7$,(8 个观测值中有 7 个小于 1)。为了确定相应结果的置信水平,注意到观测值小于 1 的个数为二项随机变量(见第 4 章)。如果 H_0 为真,观测值落在中位数 1 之下(或上)的概率 p 等于 0.5(图 15.2)。如果 H_0 为真,那么相应于 H_0 的观测数目或比相应于 H_0 的观测数目还多的结果发生的概率为多少?换句话说,如果成功的概率为 0.5,在 8 次观测中出现 7 次或 7 次以上的成功(观测值小于 1)观测的概率为多少?从附录 B 的二项分布表 II 中可查得($n=8$, $p=0.5$)。

$$P(x \geqslant 7) = 1 - P(x \leqslant 6) = 1 - 0.965 = 0.035$$

所以,如果真的中位数为 1,那么 8 次观测中至少有 7 次小于 1 的概率仅为 0.035。即检验的 p 值为 0.035。

上述 p 值也可通过统计软件包得到。MINITAB 的统计分析结果如图 15.3 所示。p 值用阴影显出。由于 $p=0.035$ 小于 $\alpha=0.05$,我们可以得出结论,样本给出了拒绝零假设的充足理由。拒绝假设意味着,实验室在 $\alpha=0.05$ 的置信水平下可以得出结论:该个体实际的中位数水平小于 1。然而,那个远远大于其他值的观测值 3.79 应特别值得注意。这个大的观测值是一个异常值,它不满足正态性假

设，使得 t 检验失效。保证符号检验有效的惟一假设是观测值的概率分布是连续的。

图 15.3　符号检验的 MNITAB 结果

SIGN TEST OF MEDIAN	=	1.000	VERSUS	L. T.	1.000	
	N	BELOW	EQUAL	ABOVE	P-VALUE	MEDIAN
READING	8	7	0	1	0.0352	0.8350

利用符号检验进行关于总体中位数的假设检验的方法可总结如下。

总体中位数 η 的符号检验

单侧检验	双侧检验
$H_0: \eta = \eta_0$ $H_a: \eta = \eta_0$ [或 $H_a: \eta < \eta_0$] 检验统计量： S=大于 η_0 的样本个数[或小于 η_0 的样本个数] 观测置信水平： p 值 $=P(x \geqslant S)$	$H_0: \eta = \eta_0$ $H_0: \eta \neq \eta_0$ 检验统计量： $S=S_1$ 和 S_2 中的较大者；S_1 为小于 η_0 的样本个数，S_2 为大于 η_0 的样本个数 观测置信水平： p 值 $=2P(x \geqslant S)$

其中：x 服从参数为 $n, p=0.5$ 的二项分布，(利用附录 B 中的表Ⅱ。)

拒绝域：如果 p 值 $\leqslant 0.05$，拒绝 H_0

假设：样本的概率分布是连续的。(不需要假设概率分布的形状。)

前面讲过，当样本量足够大时，正态分布是二项分布非常好的近似分布。对于分布中位数的检验，如果 $n \geqslant 10$，可用正态分布作为二项分布的近似分布。这样，对大容量样本，我们可用标准正态分布 z 统计量来代替符号检验。大样本符号检验的方法总结如下。

大样本总体中位数 η 的符号检验

单侧检验	双侧检验
$H_0: \eta = \eta_0$ $H_a: \eta > \eta_0$ [或 $H_a: \eta < \eta_0$]	$H_0: \eta = \eta_0$ $H_a: \eta \neq \eta_0$

检验统计量：$z=\dfrac{(S-0.5)-0.5n}{0.5\sqrt{n}}$

[注：S 可由前表中的方法求得。我们用 S 减去 0.5 作为"连续性的修正"原假设意味着均值 $np=0.5n$，标准差为 $\sqrt{np\dfrac{q}{1}}=\sqrt{n \times 0.5 \times 0.5}=0.5\sqrt{n}$。详见第 5 章二项分布的正态分布近似。]

拒绝域：$z > z_\alpha$　　　　拒绝域：$z > z_{\alpha/2}$

z 的值可从附录 B 中的表 IV 查得。

例 15.1

一家生产 CD 播放器的工厂，声称它的播放器使用寿命的中位数为 5250 小时。它的竞争对手抽取 20 个 CD 播放器样本，并一直使用，直到每台 CD 播放器损坏为止。20 个 CD 播放器样本的测试使用寿命范围从 5 小时（次品）到 6575 小时，20 台中有 14 台超过 5250 小时。是否有理由证明该厂生产的 CD 播放器的寿命不是 5250 小时？$\alpha=0.10$。

解答：

我们感兴趣的原假设和备择假设为：

$$H_0: \eta=5250 \text{ 小时}$$
$$H_a: \eta\neq 5250 \text{ 小时}$$

检验统计量：因为 $n\geqslant 10$，我们可用标准正态分布 z 统计量：

$$z=\frac{(S-0.5)-0.5n}{0.5\sqrt{n}}$$

其中，$S=S_1$ 和 S_2 中的较大者，S_1 为大于 5250 的观测数，S_2 为小于 5250 的观测数。

拒绝域：$z>1.645$　其中 $z_{\alpha/2}=z_{0.05}=1.645$

假设：损坏次数的分布是连续的（时间是连续变量），对概率分布的形状不作任何假设。

因为测量值超过 5250 的个数是 $S_2=14$，而小于 5250 的个数是 $S_1=6$，所以，$S=14$（S_1，S_2 中较大者。）然后计算统计量 z

$$z=\frac{(S-0.5)-0.5n}{0.5\sqrt{n}}=\frac{13.5-10}{0.5\sqrt{20}}=1.565$$

z 的值不在拒绝域内，所以，我们不能在显著性水平 $\alpha=0.10$ 下拒绝原假设。这样，在这个样本的基础上，不能得出结论，该厂生产的 CD 播放器的寿命不是 5250 小时。

中位数的单样本非参数符号检验提供了一种代替非正态概率分布小样本 t 检验的方法。不过，如果分布是近似正态的，关于分布集中趋势假设检验利用 t 检验则更为有效。

练习 15.1～15.10

技能训练：

15.1 在什么条件下，关于分布集中趋势的推断，用符号检验比 t 检验更为有效？

15.2 随机选取一观测值超过如下值的概率是多少？

a. 正态分布的均值。
b. 正态分布的中位数。
c. 非正态分布的均值。
d. 非正态分布的中位数。

15.3 利用附录 B 中的表 II 求出下式的二项概率：

a. $n=8, p=0.5$ 时，$p(x\geqslant 7)=?$
b. $n=8, p=0.5$ 时，$p(x\geqslant 5)=?$
c. $n=8, p=0.5$ 时，$p(x\geqslant 8)=?$
d. $n=15, p=0.5$ 时，$p(x\geqslant 10)=?$ 同时利用正态分布的近似计算此概率，然后，将近似值与精确值进行比较。
e. $n=25, p=0.5$ 时，$p(x\geqslant 15)=?$ 同时利用正态分布的近似计算此概率，然后，将近似值与精确值进行比较。

15.4 考虑下列十个样本观测值：

LM15.4.DAT

8.4 16.9 15.8 12.5 10.3 4.9 12.9 9.8 23.7 7.3

利用这些数据对以下假设进行符号检验，$\alpha=0.05$。（利用附录 B 中的表 II）

a. $H_0: \eta=9; H_a: \eta>9$
b. $H_0: \eta=9; H_a: \eta\neq 9$
c. $H_0: \eta=20; H_a: \eta<20$
d. $H_0: \eta=20; H_a: \eta\neq 20$
e. 对上述情形利用二项分布的正态近似分别进行检验。比较两个结果。
f. 保证每种检验过程有效的假设条件是什么？

15.5 假设你正在进行一项研究，需要对研究总体的中位数是否大于 75 进行检验。你随机从研究总体中抽取的 25 个样本中，有 17 个大于 75。在显著性水平 $\alpha=0.1$ 下建立并进行合适的假设检验。注意，详述必要的假设条件。

概念运用：

15.6 评价 MBA 学位优越性的一种方式就是调查

研究获得 MBA 学位的学生，在毕业几年后他们获得的收入情况。1998 年，研究生管理咨询委员会对毕业 4 年后的全职、高层 MBA 学生的收入进行了估计，认为他们收入的中位数为 \$96000（*Selection*, Winter 1999）。对 1996 届的 50 名全职、高层 MBA 学生，用通讯问卷方式进行随机调查，调查他们 2000 年的收入情况。收到 15 份有效问卷，其中 9 人收入高于 \$96000，6 人收入低于 \$96000。

a. 详细说明用来检验 2000 年 MBA 学生的收入的中位数高于 \$96000 的零假设和备择假设。

b. 当 $\alpha=0.05$ 时，对 a 进行检验，并得出你对此问题的结论。

c. 保证 b 中检验的有效性的必要条件是什么？

15.7 特殊种类的蚊子叮咬试验研究在《美国蚊蝇控制协会杂志》(Mar. 1995)中进行了报道。蚊虫叮咬率定义为自愿者在 15 分钟的暴露时间里蚊子叮咬的次数。在渥太华的 Stanbury 岛上的试验表明，一种蚊子的叮咬率的中位数是 15 分钟 5 次。可是，理论上认为叮咬率的中位数在晴天会增大(这类信息对杀虫剂销售商很有用)。为了检验这个理论，122 名自愿者到 Stanbury 岛在晴天进行试验，在这些试验者中，95 人的叮咬率 15 分钟超过了 5 次。

a. 给出此检验的零假设和备择假设。

b. 计算检验的近似 p 值。（提示：利用二项分布的正态近似）

c. 当 $\alpha=0.01$ 时，对 a 进行检验，并得出合适的结论。

15.8 为了减少成本，许多公司都缩减公司职员的规模。公司缩减规模的根据是依照商业委员会制定的规模缩减规则(RIF: Reduction in Force)(《商业周刊》Feb. 24, 1997)。按照 RIFs，公司经常被员工起诉。员工们认为 RIFs 对年龄有歧视。联邦法律保护 40 岁的员工，以免受到年龄的歧视。现假设一家大公司员工年龄的中位数为 37 岁。它的 RIF 计划需要解雇 15 名员工，被解雇的员工的年龄如下。

FIRE15. DAT

43	32	39	28	54	41	50	62
22	45	47	54	43	33	59	

a. 计算被解雇员工年龄的中位数。

b. 详细说明用来检验被解雇员工年龄的中位数是否超过了公司所有员工的中位数的零假设和备择假设。

c. b 中的检验可以利用 MINITAB。在给出的 MINITAB 分析结果表中找出显著性水平值，并对此显著性水平值进行解释。

d. 假设法院一般要求裁决是否有年龄歧视所要求的统计的显著性水平为 0.1，你对这家公司的 RIF 计划有何建议？解释理由。

练习 15.8 的 MINITAB 分析结果表

SIGN TEST OF MEDIAN = 37.00			VERSUS	G. T.	37.00	
	N	BELOW	EQUAL	ABOVE	P－VALUE	MEDIAN
AGE	15	4	0	11	0.0592	43.00

15.9 为了对 ValuJet Airlines 的承诺作出回应，联邦航空管理局(FFA: Federal Aviation Administration)增加了对飞行器的保养维修过程进行检查的频率与彻底性。假设对 FFA 一条航线当前正在使用的 6 架飞机的记录进行随机抽样，得到了每架飞机在两次完全保养之间飞行的次数，结果见下表。FFA 要求每 30 次飞行必须进行完全保养。虽然从结果中显然可以看出不是所有的飞机都满足这项规定，但 FFA 希望检验这条航线是否“平均”满足完全保养这项要求。

练习 15.9 的数据 **FAA6. DAT**

24	27	25
94	29	28

a. 对上述问题，你认为是用 t 检验好，还是用符号检验好呢？为什么？

b. 详细说明用来检验这条航线是否“平均”满足完全保养这项要求的零假设和备择假设。

c. 显著性水平 $\alpha=0.01$ 下检验的统计量和拒绝域是什么？为什么显著性水平设置这么低？

d. 对假设进行检验，并解释最后的结论。

15.10 在练习 7.26 中，对 1999 年 500 家技术增长速度最快的科技企业(即福布斯技术增长 500 强)的 5 年的平均财富增长率作了调查，数据见下表。

a. 回忆练习 7.26a，对 1999 年 500 家技术增长速度最快的科技企业 5 年的平均财富增长率的真实值用 t 分布进行了推断。解释为什么推断结果是无效的。

b. 详细说明用来检验 500 家技术增长速度最快的科技企业 5 年的平均财富增长率低于 5000%的原假设和备择假设。

c. 显著性水平 $\alpha=0.05$ 下，对 b 进行检验。对照此问题给出解释。

FAST500. DAT

名次	公司	1994—1999 平均财富增长率(%)
4	Netscape Communication	64240
22	Primary Network	10789
89	Web Trends	3378
160	CTX	1864
193	ARIS	1543
268	Iomega	1098
274	Medarex	1075
322	World Access	895
359	Force 3	808
396	Theragenics	704
441	Ascent Solutions	630
485	3Com	555

资料来源：《福布斯》*Forbes ASAP*. Nov 29，1999，pp. 92-111.

15.3 比较两个总体：独立样本的 Wilcoxon 秩和检验

我们希望用两组相互独立的随机样本来比较两个总体，而第 9 章的 t 检验又不满足假设条件，怎么办呢？我们可能不愿对总体的基本概率分布的形式做任何假设，或者也可能无法得到样本的精确观察值。在这种情况下，如果数据能以某种标准进行排序，那么我们可利用 **Wilcoxon 秩和检验**(**Wilcoxon rank sum test**)(由 Frank Wilcoxon 提出)来检验两个相关总体概率分布相同的假设。

举例说明，假设随机抽取出 6 名在联邦政府工作的经济学家和 7 名在学院任教的经济学家，让他们每人都对明年住房消费相对今年数据变化的百分数进行预测。我们研究的目的是比较政府经济学家与学院经济学家的预测值是否相同。数据见表 15.1。

表 15.1　**联邦政府经济学家和学院经济学家对住房消费变化的预测(%)**

联邦政府经济学家(1)		学院经济学家(2)	
预测	秩	预测	秩
3.1	4	4.4	6
4.8	7	5.8	9
2.3	2	3.9	5
5.6	8	8.7	11
0.0	1	6.3	10
2.9	3	10.5	12
		10.8	13

调查结果的图形显示，经济学家们预测数据总体的概率分布是偏斜的，如图 15.4 所示。由于

此时正态假设不成立，所以我们不能利用 t 检验来比较两组经济学家的预测均值。

预测值的两个总体可以通过询问所有政府和所有学院经济学家们得到。为了利用非参数检验方法比较它们的概率分布，我们首先将所有的样本观察值放在一起，就像它们都来自于同一总体一样，然后对它们进行排序。即将 13 个测量值从最小(秩定义为 1)到最大(秩定义为 13)进行排序。13 名经济学家预测值相应的秩见表 15.1。

图 15.4　住房消费变化预测的可能分布

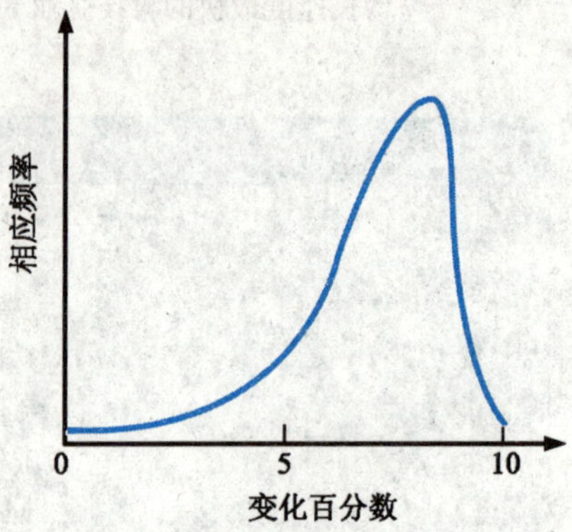

相应频率

0　5　10

变化百分数

Wilcoxon 检验的检验统计量是基于每组样本的秩的总和——秩和。如果两组样本的秩和几乎相同，这就意味着，没有理由表明样本是来自于不同总体。另一方面，如果两个秩和相差非常大，这就表明两组样本来自于不同的总体。

对此例中经济学家们的预测值，我们不妨用 T_1 表示政府经济学家预测值的秩和，用 T_2 表示学院经济学家预测值的秩和。这样

$$T_1=4+7+2+8+1+3=25$$
$$T_2=6+9+5+11+10+12+13=66$$

T_1 和 T_2 的总和等于 $n(n+1)/2$，其中 $n=n_1+n_2$。所以，对此例，$n_1=6$，$n_2=7$，且

$$T_1+T_2=13\times(13+1)/2=91$$

由于 T_1+T_2 是固定的，所以 T_1 值较小就意味着 T_2 值较大(反之亦然)，并且 T_1 与 T_2 之间的差距越大。所以，两个秩和中只要有一个较小，样本来自不同总体的理由就较充分。

这个检验的统计量就是样本数较小的样本的秩和，当 $n_1=n_2$ 时，每个样本的秩和均可使用。落在秩和检验拒绝域的值由附录 B 中的表 XV 给出。该表的一部分如表 15.2 所示。表中的列是指第一个样本的大小，用 n_1 表示，表中的行是指第二个样本的大小，用 n_2 表示。T_L 和 T_U 分别表示样本数较小的样本的相应秩和的下界(lower)和上界(upper)。如果样本大小 n_1 和 n_2 相等，可任取一个秩和作为检验统计量。为了说明问题，假设 $n_1=8$，$n_2=10$，对 $\alpha=0.05$ 的双侧检验，我们通过查表可以发现，如果样本 1(样本值较小的样本)的秩和 T，小于或等于 $T_L=54$ 或者大于或等于 $T_U=98$(这两个值在表 15.2 中用阴影显出)，原假设将会被拒绝。秩和检验的方法总结如下。

表 15.2　附录 B 中表 XV 的一部分

a=0.025 one-tailed; α=0.05 two-tailed

n_2 \ n_1	3		4		5		6		7		8		9		10	
	T_L	T_U	T_L	T_U	T_L	T_U	T_L	T_U	T_L	T_U	T_L	T_U	T_L	T_U	T_L	T_U
3	5	16	6	18	6	21	7	23	7	26	8	28	8	31	9	33
4	6	18	11	25	12	28	12	32	13	35	14	38	15	41	16	44
5	6	21	12	28	18	37	19	41	20	45	21	49	22	53	24	56
6	7	23	12	32	19	41	26	52	28	56	29	61	31	65	32	70
7	7	26	13	35	20	45	28	56	37	68	39	73	41	78	43	83
8	8	28	14	38	21	49	29	61	39	73	49	87	51	93	54	98
9	8	31	15	41	22	53	31	65	41	78	51	93	63	108	66	114
10	9	33	16	44	24	56	32	70	43	83	54	98	66	114	79	131

<table>
<tr><td colspan="2">独立样本的 Wilcoxon 秩和检验 D_1, D_2 分别表示总体 1 和 2 的概率分布。</td></tr>
<tr><td>单侧检验</td><td>双侧检验</td></tr>
<tr><td>H_0：D_1 和 D_2 相同
H_α：D_1 位于 D_2 的右边
[或 H_α：D_1 位于 D_2 的左边]
检验统计量：
T_1，当 $n_1 < n_2$ 时；T_2，当 $n_1 > n_2$ 时
($n_1 = n_2$ 时，任取一)
拒绝域：
T_1：$T_1 \geqslant T_U$[或 $T_1 \leqslant T_L$]
T_2：$T_2 \leqslant T_L$[或 $T_2 \geqslant T_U$]</td><td>H_0：D_1 和 D_2 相同
H_α：D_1 位于 D_2 的左边或位于 D_2 的右边

检验统计量：
T_1，当 $n_1 < n_2$ 时；T_2，当 $n_1 > n_2$ 时
($n_1 = n_2$ 时，任取一并表示为 T)
拒绝域：
$T \leqslant T_L$ 或 $T \geqslant T_U$</td></tr>
</table>

注意，Wilcoxon 秩和检验的有效性假设，并不要求数据概率分布的形状和类型。不过，分布必须假设是连续的，这可使得产生相同点的概率为零(见第 5 章)，从而每个观察值都分别对应惟一一个秩。实际上，连续的观察有时也会产生相同的观测值(ties)。只要相同观测值的数目相对样本大小来说较小，Wilcoxon 检验仍然可以适用。但是，此检验不可用来对离散总体进行比较，因为离散总体可能会产生太多的相同观测值。

例 15.2

试检验：在预测住房消费明年变化的百分数方面，政府经济学家的预测值要比学院经济学家低。即检验确定：政府经济学家预测值的概率分布比学院经济学家预测值的概率分布向左平移。利用表 15.1 中的数据，$\alpha = 0.05$。

解答：

H_0：政府经济学家和学院经济学家预测的变化值的概率分布相同。

H_a：政府经济学家预测值的概率分布位于学院经济学家预测值概率分布的左侧。

检验统计量：因为政府经济学家($n_1 = 6$)的样本数小于学院经济学家($n_2 = 7$)，所以检验统计量为 T_1——政府经济学家预测值的秩和。

拒绝域：由于检验是单侧的，我们查表 XV 的 b 部分，对应 $\alpha = 0.05$，查找拒绝域。仅当 $T_1 \leqslant T_L$ 时，我们拒绝 H_0，T_L 为表 XV 中的下界。从图 15.5 中可看出，我们要检验假设：政府经济学家预测值的分布位于学院经济学家预测值分布的左侧。这样，如果 $T_1 \leqslant 30$，我们就拒绝 H_0。

图 15.5　例 15.2 的备择假设和拒绝域

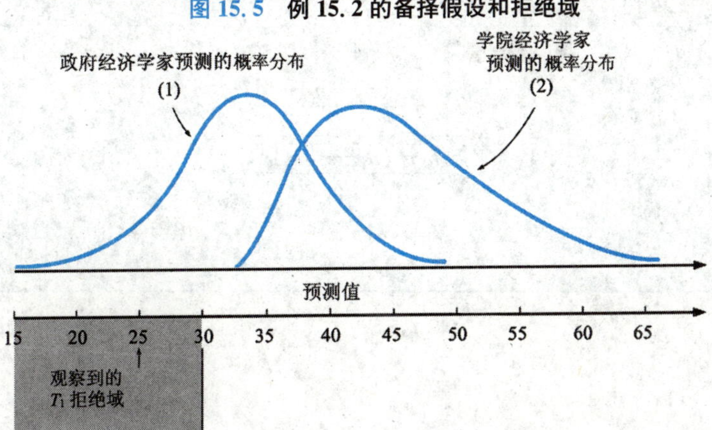

因为政府经济学家预测值的秩和 $T_1=25$，位于拒绝域之内(如图 15.5)。所以，我们可以得出结论：学院经济学家预测值的趋势一般来说要高于政府经济学家的预测值。用统计软件包可以得到同样的结果。SAS 分析的结果见图 15.6。其中，统计量($T_1=25$)和双侧 p 值($p=0.0184$)用阴影标出。单侧检验 p 值，$p=0.0184/2=0.0092$，小于 $\alpha=0.05$，所以拒绝 H_0。

图 15.6　例 15.2 的 SAS 输出结果

```
N P A R 1 W A Y P R O C E D U R E
Wilcoxon Scores (Rank Sums) for Variable PCTCHNG
Classlified by Variable ECONOMST

                 Sum of      Expected      std Dev         Mean
ECONOMST    N    Scores      Under Ho      Under Ho        Score
GOVERN      6    25.0        42.0          7.0             4.16666667
UNIV        7    66.0        49.0          7.0             9.42857143

Wicoxon 2-Sample Test (Normal Approximation)
(with continuity Correction of. 5)
S=  25.0000     z=-2.35714     prob>|z| = 0.0184
T=-Test approx. significance = 0.0362
kruskal-Wallis Test (chi-Square Approximation)
CHTSQ=  5.8980   DF=  1    prob>CHTSQ=   0.0152
```

在附录 B 中，表 XV 中只给出 n_1 和 n_2 小于等于 10 情况下的 T_L 和 T_U 值。当样本量 n_1 和 n_2 大于 10 时，T_1 的抽样分布可用正态分布近似代替，均值方差分别为

$$E(T_1)=\frac{n_1(n_1+n_2+1)}{2} \text{ 和 } \sigma_{T_1}^2=\frac{n_1 n_2(n_1+n_2+1)}{12}$$

所以，当 $n_1\geqslant 10$ 和 $n_2\geqslant 10$ 时，我们可以用第 8 和 9 章熟悉的 z 检验导出 Wilcoxon 秩和检验。检验方法总结如下。

大样本($n_1\geqslant 10$ 和 $n_2\geqslant 10$)的 Wilcoxon 秩和检验

D_1，D_2 分别表示总体 1 和 2 的概率分布。

单侧检验	双侧检验
H_0: D_1 和 D_2 相同 H_a: D_1 位于 D_2 的右边 [或 H_a: D_1 位于 D_2 的左边]	H_0: D_1 和 D_2 相同 H_a: D_1 位于 D_2 的左边或位于 D_2 的右边

检验统计量：

$$z=\frac{T_1-\frac{n_1(n_1+n_2+1)}{2}}{\sqrt{\frac{n_1 n_2(n_1+n_2+1)}{12}}}$$

拒绝域：	拒绝域：
$z>z_\alpha$(或 $z<-z_\alpha$)	$\lvert z\rvert>z_{\alpha/2}$

练习 15.11～15.21

技能训练：

15.11 详细说明下列情形下，检验独立样本的Wilcoxon秩和检验的统计量和拒绝域：

a. $n_1=10$, $n_2=6$, $\alpha=0.10$
H_0：概率分布 1 和概率分布 2 相同
H_a：概率分布 1 向概率分布 2 的左方或右方偏移。

b $n_1=5$, $n_2=7$, $\alpha=0.05$
H_0：概率分布 1 和概率分布 2 相同
H_a：概率分布 1 向概率分布 2 的右方偏移。

c. $n_1=9$, $n_2=8$, $\alpha=0.05$
H_0：概率分布 1 和概率分布 2 相同
H_a：概率分布 1 向概率分布 2 的左方偏移。

d. $n_1=15$, $n_2=15$, $\alpha=0.05$
H_0：概率分布 1 和概率分布 2 相同
H_a：概率分布 1 向概率分布 2 的左方或右方偏移

15.12 如果你想比较治疗方案 A 和 B 的效果。特别地，你希望确定总体 B 的分布是否向总体 A 的分布的右方偏移。你准备使用 Wilcoxon 秩和检验。

LM15_12.DAT

样本 A	37,40,33,29,42,33,35,28,34
样本 B	65,35,47,52

a. 详述你要检验的零假设和备择假设。

b. 假如你得到了下面关于两种治疗方案的样本观测数据。检验 a 中的假设。$\alpha=0.05$。

15.13 解释 Wilcoxon 秩和检验的单侧检验与双侧检验之间的区别。

15.14 从两总体中抽取独立随机样本，数据如下表。

LM15_14.DAT

样本一		样本二		
15	16	5	9	5
10	13	12	8	10
12	8	9	4	

a. 利用 Wilcoxon 秩和检验确定是否有充足的理由表明抽样总体的概率分布在位置上有偏移，$\alpha=0.05$。

b. 数据有充足的理由表明总体 1 的概率分布向总体 2 的概率分布的右方偏移吗？利用 Wilcoxon 秩和检验，$\alpha=0.05$。

概念运用：

15.15 昆士兰大学的研究者 J. Hann 和 R. Weber，在澳大利亚随机抽取私人机构和公共机构的有关数据，研究这些机构的信息系统部门的计划费用情况(《管理科学》，1996)，作为该过程的一部分，他们询问每一个抽样组织在上一年度有多少资金投入在信息系统上，占组织总收入的百分之几。如果如下：

INFOSYS.DAT

私人机构	公共机构
2.58%	5.40%
5.05	2.55
0.05	9.00
2.10	10.55
4.30	1.02
2.25	5.11
2.50	12.42
1.94	1.67
2.33	3.33

资料来源：Adapted from Hann, J., and Weber, R. "Information systems planning: A model and empirical tests." *Management Science*, Vol. 42, No. 2, July, 1996, pp. 1043～1064.

a. 私人机构的分布与公共机构的分布相同吗？ 公共机构的分布位于私人机构分布的右边吗？检验假设，$\alpha=0.05$。

b. 检验的 p 值小于还是大于 0.05？ 验证你的答案。

c. 为了保证 a 中检验的有效性，必经满足什么假设条件？

15.16 在练习 9.17 中，对工业化国家城市的固体垃圾与中等收入国家城市的固体垃圾产生的比率做了调查。在这个练习中，考虑中等收入国家城市与低收入国家城市的情况，下表出自《国际环境健康研究杂志》(1994)，数据表示的是垃圾产生值(人均每天 kg 数)。两样本是独立的。这两类国家的固体垃圾产生的比率有区别吗？

SOLWAST2.DAT

低收入国家城市		中等收入国家城市	
雅加达	0.60	新加坡	0.87
泗水	0.52	香港	0.85
万隆	0.55	麦德林	0.54

续表

低收入国家城市		中等收入国家城市	
拉合尔	0.60	卡诺	0.46
卡拉奇	0.50	马尼拉	0.50
加尔各答	0.51	开罗	0.50
坝普尔	0.50	突尼斯	0.56

资料来源：Al－Momani，A. H.．"Solid－waste management：Sampling，analysis and assessment of household waste in the city of Amman." *International Journal of Enviromental Health Research*，Vol. 4，1994，pp. 208～222.

a. 哪一种非参数假设检验方法可以回答上述问题？

b. 写出零假设和备择假设。

c. $\alpha=0.01$ 时进行检验。对结果进行解释。

15.17 全美采购管理协会提倡采购过程中采购经理应遵循道德准则，以避免直接或间接地影响采购决策。在美国的第三大贸易伙伴墨西哥，采购还没有完全标准的行业道德行为准则。Xavier 大学研究人员调查研究了如下问题：美国和墨西哥的采购经理在采购道德行为的认识上有区别吗？(《工业市场管理》，July，1999)，作为他们研究的一部分，15 名墨西哥采购经理和 15 名美国采购经理分别针对不同的道德问题做出回答，回答的尺度是从"非常不同意"(1 分)到"非常同意"(100 分)。

下表列出的是对问题"接受销售方的免费旅游是应该的"的回答情况。

ETHICS. DAT

美国采购经理			墨西哥采购经理		
50	15	19	10	15	5
10	8	11	90	60	55
35	40	5	65	80	40
30	80	25	50	85	45
20	75	30	20	35	95

资料来源：Adapted from Tadepalli，R.，Moreno，A.，and Trevino，S.，"Do American and Mexican Purchsing Managers Perceive Ethical Situations Differently? An Empirical Investigation." *Industrial Marketing Management*，Vol. 28，No. 4，July 1999，pp. 369～380.

练习 15.17 的 STATISTIX 结果输出

RANK SUM TWO-SAMPLS (MANN-WHITNEY) TEST FOR FREETRIP BY COUNTRY

COUNTRY	RANK SUM	SAMPLE SIZE	U STAT	MEAN RANK
MEX	279.00	15	159.00	18.6
US	186.00	15	66.000	12.4
TOTAL	465.00	30		

NORMAL APPROXIMATION WITH CONTINUITY CORRECTION 1.908
TWO-TAILED P-VALUE FOR NORMAL APPROXIMATION 0.0564

TOTAL NUMBER OF VALUES THAT WERE TIED 18
MAXIMUM DIFFERENCE ALLOWED BETWEEN TIES 0.00001

CASES INCLUDED 30 MISSING CASES 0

a. 利用 Wilcoxon 秩和检验确定美国和墨西哥的采购经理在采购道德行为的认识上是否有区别。STATISTIX 的分析结果见下表。验证分析结果中的秩和检验是正确的。

b. $\alpha=0.05$ 时，进行假设检验。利用结果中的 p 值验证你的结论。(注：STATISTIX 使用的是与 Wilcoxon 秩和检验相类似的 Mann-Whitney U 检验，两者的 p 值相同)。

c. 在什么条件下可以用第 9 章两样本的 t 检验来分析此数据？考察此例中 t 检验是否合适。

15.18 下表数据来自《技术计量学》(1986)，表示科罗拉多两家美国地理观测站测得的溪流日累积沉淀量(单位：英寸)。检验两家观测站测得数据的分布是否相同。$\alpha=0.10$。为什

么对此数据非参数检验方法合适？

COLORAIN. DAT

第一观测站			第二观测站		
127.96	108.91	100.85	114.79	85.54	280.55
210.07	178.21	85.89	109.11	117.64	145.11
203.24	285.37		330.33	302.74	95.36

资料来源：Gastwirth, J. L., and Mahmoud, H.. "An efficient robust nonparametric test for scale change for data from a gamma distribution," *Technometrics*, Vol. 28, No. 1, Feb. 1986, p. 83 (Table 2).

15.19 回忆二项分布样本的方差 $\hat{p}$，它依赖于总体参数 p。相应地，样本百分数$(100\hat{p})\%$的方差同样依赖于 p。这样如果你想用一个不成对的 t 检验(9.1 节)来比较两百分数总体的均值，你可能会违备 t 检验的基本假设 $\sigma_1^2=\sigma_2^2$。如果方差相差太大，你可以通过检验独立样本的 Wilcoxon 秩和检验得到更加可信的检验结果。在练习 9.20 中，我们利用 t 检验来比较美国和日本空调制造厂劳动工作量百分数的平均值，5 家美国工厂和 5 家日本工厂的相应数据见下表。数据是否有充足的理由表明美国工厂劳动工作量百分数的平均值大于相应日本工厂劳动工作量百分数的平均值？利用 Wilcoxon 秩和检验，$\alpha=0.05$，将你的结果与练习 9.20 的 t 检验结果进行比较。

TURNOVER. DAT

美国工厂	日本工厂
7.11%	3.52%
6.06	2.02
8.00	4.91
6.87	3.22
4.77	1.92

15.20 一家剃须刀片生产厂家的广告"可以让你刮得更快"，宣称它的双刀片可调式剃须刀比市场上的任何一种单刀片可调式剃须刀都要好。一家在单刀片剃须刀市场上非常成功的竞争对手想检验这一说法。8 个单刀片用户和 8 个双刀片用户被独立随机抽样，每个人在换刀片前所剃胡须量的数据被记录下来，结果见下表。

RAZOR. DAT

双刀片		单刀片	
8	15	10	13
17	10	6	14
9	6	3	5
11	12	7	7

a. 数据支持双刀片生产厂家的说法吗？$\alpha=0.05$。

b. 你认为这个试验设计的最合理吗？如果不是，什么是更好的？

c. 使 a 中检验有效的必要假设条件是什么？对此调查假设合理吗？

15.21 信息管理系统(MIS)是以计算机为基础的信息处理系统，它可以帮助机构运行、管理和决策。MIS 的建成包括 3 个部分：定义、物理设计和系统运行(《管理信息》，1993)。30 家最近使用 MIS 的公司被调查：16 家对运行结果表示满意，14 家不满意。每家公司对 MIS 制作过程中，计划和协商阶段的质量进行评价，评价尺度从 0 到 100，数字越大表示质量越好。(100 分表示所有问题都圆满解决，而 0 分表示所有问题都没有解决。)结果见下表。

MIS. DAT

MIS 优良的公司			MIS 较差的公司		
52	59	95	60	40	90
70	60	90	50	55	85
40	90	86	55	65	80
80	75	95	70	55	90
82	80	93	41	70	
65					

a. 用 Wilcoxcon 秩和检验来比较两类公司对 MIS 开发过程中实施质量优劣的反映，SAS 分析结果如下。确定是否 MIS 满意公司的评价结果分布位于 MIS 不满意公司的评价结果分布之右。$\alpha=0.05$。

b. 在什么条件下，你可以利用第 9 章的两样本 t 检验得出同样的结论。

练习 15.21 的 SAS 结果输出

```
NPARIWAY PROCEDURE
Wilcoxon Scoree(Rank Sums)for Variable QUALITY
Classified by Variable FIRM
                    Sum of        Expected     Std Dew       Mean
FIRM        N       Scores        Under H0     Under H0      Score
GOOD        16      290.500000    248.0        23.9858196    18.1562500
POOR        14      174.500000    217.0        23.9858196    12.4642857
Average Scores Were used for Ties
Wilcoxon2-Sample Test(Normal Approximation)
(with Continuity Correction of 0.5)
S=174.500       Z=-1.75103       Prob>|Z|=0.0799
T-Test approx. Significance=0.0905
Kruskal-Wallis Test(Chi-Square Approximation)
CHISQ=3.1396       DF=1       Prob>CHISQ=0.0764
```

15.4 比较两个总体:成对差异试验的 Wilcoxon 符号秩检验

非参数方法同样也可以用来比较成对差异试验数据的两个概率分布。例如,消费者对两种竞争产品的偏好问题,通常是让每一个消费者分别对两种产品作出评价,然后通过比较来进行判断。这样,对每个消费者来说,评价指标是成对出现的。下面就是这种类型的一个例子。

对某种纸产品,柔软度是一个让消费者接受的重要因素。决定柔软度的一种方法是让评审员给出产品样本柔软的评价指标。假设 10 名评审员每人手中都有一家公司想要比较的两种产品的样本。每人按 1 到 10 的尺度对每一产品的柔软度进行评分,得分越高表示产品越柔软。试验结果见表 15.3。

表 15.3 纸的柔软度评分

	产品		差值		
评分	A	B	A−B	差值的绝对值	绝对值的秩
1	6	4	2	2	5
2	8	5	3	3	7.5
3	4	5	−1	1	2
4	9	8	1	1	2
5	4	1	3	3	7.5
6	7	9	−2	2	5
7	6	2	4	4	9
8	5	3	2	2	5
9	6	7	−1	1	2
10	8	2	6	6	10
				T_+ =原始差异为正所对应的秩的和=46 T_- =原始差异为负所对应的秩的和=9	

由于这是一个成对差异试验,我们要分析测量值之间的差异(见 9.2 节)。非参数方法——**Wilcoxon 符号秩检验(Wilcoxon signed rank test)**——要求计算测量差异绝对值的秩,即差值必须先去掉负号,然后再排序。注意绝对值相同的点,用相应秩的平均表示。在绝对差异值排序之

后，分别计算 T_+：原始差异为正所对应的秩的和；T_-：原始差异为负所对应的秩的和。

现在，我们开始进行非参数假设检验：

H_0：产品 A 和 B 评价值的概率分布相同

H_a：两种产品评价值的概率分布不相同（位置上）（注意如备择假设是双侧的，则应该使用双侧检验）

检验统计量：T = 正秩和 T_+ 与负秩和 T_- 中较小者

T 的值越小，表明两个分布在位置上不同的理由就越充分。T 的拒绝域可通过查附录 B 的表 XVI 确定（部分表如表 15.4）

表 15.4 **附录 B 中表 XVI 的一部分**

单侧	双侧	$n=5$	$n=6$	$n=7$	$n=8$	$n=9$	$n=10$
$\alpha=0.05$	$\alpha=0.10$	1	2	4	6	8	11
$\alpha=0.025$	$\alpha=0.05$		1	2	4	6	8
$\alpha=0.01$	$\alpha=0.02$			0	2	3	5
$\alpha=0.005$	$\alpha=0.01$				0	2	3
		$n=11$	$n=12$	$n=13$	$n=14$	$n=15$	$n=16$
$\alpha=0.05$	$\alpha=0.10$	14	17	21	26	30	36
$\alpha=0.025$	$\alpha=0.05$	11	14	17	21	25	30
$\alpha=0.01$	$\alpha=0.02$	7	10	13	16	20	24
$\alpha=0.005$	$\alpha=0.01$	5	7	10	13	16	19
		$n=17$	$n=18$	$n=19$	$n=20$	$n=21$	$n=22$
$\alpha=0.05$	$\alpha=0.10$	41	47	54	60	68	75
$\alpha=0.025$	$\alpha=0.05$	35	40	46	52	59	66
$\alpha=0.01$	$\alpha=0.02$	28	33	38	43	49	56
$\alpha=0.005$	$\alpha=0.01$	23	28	32	37	43	49
		$n=23$	$n=24$	$n=25$	$n=26$	$n=27$	$n=28$
$\alpha=0.05$	$\alpha=0.10$	83	92	101	110	120	130
$\alpha=0.025$	$\alpha=0.05$	73	81	90	98	107	117
$\alpha=0.01$	$\alpha=0.02$	62	69	77	85	93	102
$\alpha=0.005$	$\alpha=0.01$	55	61	68	76	84	92

表 15.4 给出了对应 n 的每一个值的数值 T_0（无论是单侧还是双侧）。对于 $\alpha=0.05$ 的双侧检验，如果 $T \leqslant T_0$，则拒绝 H_0。从表 15.4 中可以查出，对应于 $\alpha=0.05$，$n=10$（10 对观察值），确定拒绝域边界的值 $T_0=8$（用阴影显出），这样，检验的拒绝域（见图 15.7）为：

图 15.7 **成对差异试验的拒绝域**

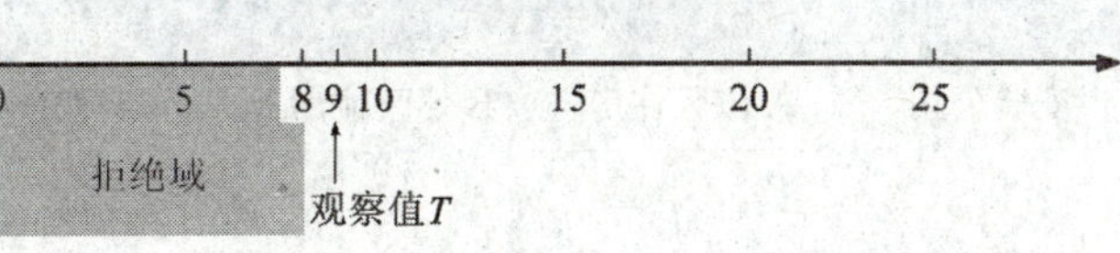

$$\text{拒绝域：} T \leqslant 8 \text{，对应于 } \alpha=0.05$$

由于较小的秩和为 $T_-=9$，不在拒绝域内，所以按照他们的评价数据，在水平 $\alpha=0.05$ 下，没有充足的理由认为两种纸产品的柔软度有很大的差别。

注意到，如果显著水平 $\alpha=0.10$，拒绝域就变为 $T \leqslant 11$，此时，我们将拒绝 H_0。换句话说，在水平 $\alpha=0.10$ 下，样本提供了充足的理由认为两种纸产品的柔软度是有差别的。

Wilcoxon 符号秩检验总结如下。注意到差异值被假设具有连续概率分布，以使绝对差异值对应惟一的秩。尽管相同的绝对差异值的秩用秩平均代替，但相同点的数目相对于观察值数目应尽量小，以保证检验的有效性。

成对差异试验的 Wilcoxon 符号秩检验	
D_1,D_2 分别表示总体 1 和 2 的概率分布。	
单侧检验	双侧检验
H_0:D_1 和 D_2 相同 H_a:D_1 位于 D_2 的右方 [或 H_a:D_1 位于 D_2 的左方] 计算 n 对观测数据每一对的差值,然后按差值绝对值的大小从最小(秩为 1)到最大(秩为 n)进行排序,再分别计算 T_+:原始差异为正反对应的秩的和,T_-:原始差异为负所对应的秩的和。[注意:差值为 0 的数据去掉,相应的 n 值要减少] 检验统计量: T_-,负差异值的秩和 (或 T_+,正差异值的秩和) 拒绝域: $T_- \leqslant T_0$[或 $T_+ \leqslant T_0$]	H_0:D_1 和 D_2 相同 H_a:D_1 位于 D_2 的左方或位于 D_2 的右方 检验统计量: T_- 和 T_+ 中的较小者 拒绝域: $T \leqslant T_0$
其中,T_0 的值可从附录 B 中的表 XVI 查得。 假设:1. 差值样本是从差值总体中随机抽取的。 2. 成对差异样本的概率分布是连续的。 注:观测值相同,如果样本的差异绝对值相同,则用相应秩的平均值代替。例,秩序位于第 3 和第 4 的差异绝对值相同,则它们的秩都用(3+4)/2=3.5 代替。	

例 15.3

美国消费者产品安全委员会(CPSC)希望对以下假设进行检验:纽约市电器安装公司在市区住宅中安装的电源插座很可能要比郊区住宅里的更不安全。在市区和效区各选 10 家住户进行比较。每一家市区住户和效区住户为一对,由同一家电力公司负责服务,10 家安装公司随机分别安装一对住房。CPSC 的工作人员将 20 家住房每家的电器,按安全标准从 1 到 10 进行打分,分越高,电器安全性越好。结果见表 15.5,利用 Wilcoxon 符号秩检验确定 CPSC 的假设是否正确。$\alpha=0.05$。

表 15.5 纽约市 10 对住房电器安全评分

	位置		差值	
安装公司	A 市区住房	B 郊区住房	**(A−B)**	差值绝对值的秩
1	7	9	−2	4.5
2	4	5	−1	2
3	8	8	0	舍去
4	9	8	1	2
5	3	6	−3	6
6	6	10	−4	7.5
7	8	9	−1	2
8	10	8	2	4.5
9	9	4	5	9
10	5	9	−4	7.5
			正秩和 $T_+=15.5$	

解答:零假设和备择假设分别为

H_0：市区住房电器评价分布与郊区住房电器评价分布相同

H_a：市区住房电器评价分布位于郊区住房电器评价分布的右方

由于成对差异数据设计的使用(住房是一间市区、一间郊区成对选择,电器由同一家公司安装),我们首先计算每对住房评价值之间的差异,然后按差异值绝对值的大小进行排序(见表 15.5),注意到一对评价值相同(均为 8),则差异值为零,这对正秩和与负秩和均无影响,所以,我们从检验统计量的计算中去掉这对数。

检验统计量:正秩和 T_+:

在表 15.5 中,我们计算市区评价值减去郊区评价值的差值,如果备择假设是真的,我们将期望得到更多负的差异值。换句话说,我们希望正秩和 T_+ 较小。(见图 15.8)

图 15.8　例 15.3 的假设:我们期望 T_+ 变小

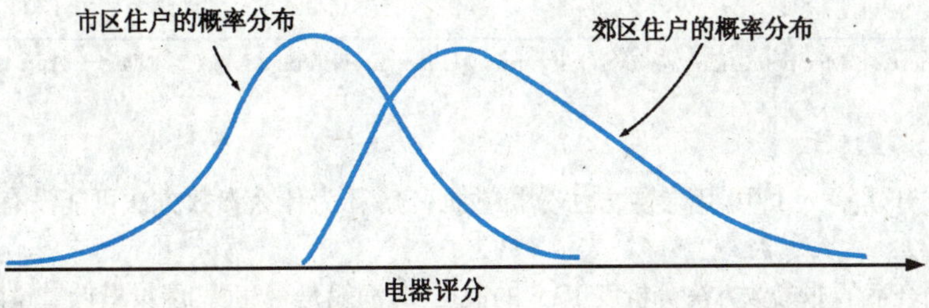

拒绝域:对于 $\alpha=\mathbf{0.05}$,查附录 B 的表 XVI,对应 $n=\mathbf{9}$(注意:有一对数据已经去掉)单侧检验的拒绝域为 $T_+\leqslant\mathbf{8}$。

由于 $T_+=\mathbf{15.5}$,超过了临界值 **8**,所以我们得出结论,样本有足够的理由证实,在 $\alpha=\mathbf{0.05}$ 的水平下,备择假设是正确的。但注意我们不能同时得出郊区的电源插座比市区的更安全的结论。MINITAB 分析结果如图 **15.9**,证实了如上结论。检验的 p 值为 **0.221**,超过了 $\alpha=\mathbf{0.05}$。

图 15.9　例 15.3 的 MINITAB 结果

```
TEST OF MEDIAN    =    0.000000    VERSUS MEDIAN L. T.              0.000000
                       N FOR       WILCOXON                      ESTIMATED
                  N    TEST        STATISTIC       P-VALUE       MEDIAN
AminusB          10      9            15.5         0.221         -1.000
```

同独立样本秩和检验情形一样,当成对观察数目 n 较大($n\geqslant25$)时,符号秩统计量的抽样分布可用正态分布近似。大样本 z 检验总结如下。

<table>
<tr><th colspan="2">大样本($n\geqslant25$)的 Wilcoxon 符号秩检验</th></tr>
<tr><td colspan="2">D_1,D_2 分别表示总体 1 和 2 的概率分布</td></tr>
<tr><td>单侧检验</td><td>双侧检验</td></tr>
<tr><td>H_0：D_1 和 D_2 相同
H_a：D_1 位于 D_2 的右方
[或 H_a：D_1 位于 D_2 的左方]</td><td>H_0：D_1 和 D_2 相同
H_a：D_1 位于 D_2 在左方或位于 D_2 的右方</td></tr>
<tr><td colspan="2">检验统计量:
$$z=\frac{T_+-[n(n+1)/4]}{\sqrt{[n(n+1)(2n+1)]/24}}$$</td></tr>
<tr><td>拒绝域:
$z>z_\alpha$　(或 $z<-z_\alpha$)</td><td>拒绝域:
$|z|>z_{\alpha/2}$</td></tr>
<tr><td colspan="2">假设:样本大小 n 必须大于或等于 25,差值为 0 的数据要去掉,相应的 n 值要减少。如果样本的差异绝对值相同,则用相应秩的平均值代替。</td></tr>
</table>

统计实践

15.1 扇贝重量数据的再分析

在统计实践 7.1："扇贝、抽样与法律"中，你面临着这样一个问题：确定渔船中扇贝的重量是否违背由美国鱼类和野生动物组织制定的"扇贝最低重量限制标准"。此项标准要求：每只扇贝的净肉重至少为 1/36 磅。此规定用来禁止对扇贝幼鱼的大量捕获。

新英格兰港口遇到了"扇贝重量"问题：11000 包扇贝是否符合标准，港口管理员从中随机抽取 18 包称重。数据见表 15.6。（扇贝的重量用 1/36 磅的倍数表示。）

表 15.6　18 包扇贝样本的重量　　**SCALLOPS. DAT**

0.93	0.88	0.85	0.91	0.91	0.84	0.90	0.98	0.88
0.89	0.98	0.87	0.91	0.92	0.99	1.14	1.06	0.93

资料来源：Bennett，A"Misapplications review：Jail terms ，"*Interfaces*，Vol. 25，No. 2，Mar. — Apr. 1995，p. 20.

讨论焦点：

a. 在统计实践 7.1 中，用参数方法分析数据。解释为什么参数方法可能没有得到有效的推断。

b. 利用合适的非参数方法分析表 15.6 的数据，对渔船是否违背"扇贝最低重量限制标准"做出推断。

练习 15.22～15.33

技能训练：

15.22 详细说明下列情形下，检验成对差异试验数据的 Wilcoxon 符号秩检验的统计量和拒绝域：

a. $n=30$，$\alpha=0.10$

H_0：概率分布 1 和概率分布 2 相同

H_a：概率分布 1 向概率分布 2 的左方或右方偏移

b. $n=20$，$\alpha=0.05$

H_0：概率分布 1 和概率分布 2 相同

H_a：概率分布 1 向概率分布 2 的右方偏移

c. $n=8$，$\alpha=0.005$

H_0：概率分布 1 和概率分布 2 相同

H_a：概率分布 1 向概率分布 2 的左方偏移

15.23 假如你想检验：零假设治疗方案 A 和 B 相同，或备择假设：治疗方案 A 优于治疗方案 B。你准备设计成对差异试验，且使用 Wilcoxon 符号秩检验来分析数据。

a. 详述你要检验的零假设和备择假设。

b. 假如成对差异试验得到了下面的数据。检验 a 中的假设。$\alpha=0.025$。

练习 15.23 的数据　　**LM15_23. DAT**

成对数据	治疗方案 A	治疗方案 B	成对数据	治疗方案 A	治疗方案 B
1	54	45	6	77	75
2	60	45	7	74	63
3	98	87	8	29	30
4	43	31	9	63	59
5	82	71	10	80	82

15.24 解释成对差异试验的 Wilcoxon 符号秩检验的单侧检验与双侧检验之间的区别。

15.25 为了利用 Wilcoxon 符号秩检验，为什么我们需要假设差异值分布是连续的。

15.26 假如你想检验：治疗方案 A 和 B 相同，或备择假设治疗方案 A 优于治疗方案 B。

a. 如果成对数据等于 25，给出大样本条件下的 Wilcoxon 符号秩检验。$\alpha=0.05$。

b. 假如 $T_+=273$。给出你的检验结果。

c. 找到检验的 p 值，并给出解释。

15.27 已知一成对差异实验的 $n=30$，$T_+=354$。

a. 详细说明用来检验概率分布 1 位于概率分布 2 右方的零假设和备择假设。

b. 当 $\alpha=0.05$ 时，对 a 进行检验。

c. b 中检验的 p 值大约为多少？

d. 什么假设条件才能保证 b 中检验的有效性？

概念运用：

15.28 地图册是一种描述一个或多个地区，有关地理、经济和社会人文方面信息的概要手册。商业地方团体、商务销售的市场交易人员、教育人士都使用地图册。新地图册最关键的要素之一是按主题内容设计。在一次地图册使用人员的研究中(《地理杂志》，5/6，1995)，对英属哥伦比亚的中学教师进行了一次大规模调查，让他们对 12 种主题地图册，按用处的大小进行排序，然后基于所有被调查教师回答"肯定会用"的百分数，进行排序综合，再将这些教师的排序结果与 3 年前大学地理系校友的排序结果相比较，数据见下表。试用合适的非参数检验方法比较这两组人对主题地图册排序结果的分布。$\alpha=0.05$，并解释实际结果。

ATLAS. DAT

	排序	
主题	中学教师	地理系校友
旅游	10	2
物理	2	1
运输	7	3
民族	1	6
历史	2	5
气候	6	4
森林	5	8
农业	7	7
渔业	9	10
能源	2	8
矿产	10	11
制造	12	12

资料来源：Keller, C. P., et al.. "Planning the next generation of regional atlases: Input from educators." *Journal of Geography*, Vol. 94, No. 3, May/June. 1995, p. 413 (Table 1).

15.29 按照国家睡眠基金会的建议，公司应鼓励它们的员工进行"有效的打盹"(Athens《每日新闻》，2000.1.9)，在练习 9.31 中，已对一家大航空公司，最近开始鼓励它的职员在休息时打盹所收集的数据进行了研究。随机抽出的 10 名职员，对他们中的每一位，分别记录在打盹制度执行之前 6 个月内和制度执行之后 6 个月内的抱怨次数，结果见下表。比较这两段时期内抱怨次数的分布，利用 Wilcoxon 符号秩检验。$\alpha=0.05$。

POWERNAP. DAT

职员	1999 年抱怨次数	2000 年抱怨次数
1	10	5
2	3	0
3	16	7
4	11	4
5	8	6
6	2	4
7	1	2
8	14	3
9	5	5
10	6	1

15.30 在练习 9.33 中，9 名经济学家分别对 1999 年 6 月、2000 年 1 月的通货膨胀进行了预测，预测结果见下表(引自《华尔街杂志》)。为了确定经济学家们是否认为 1999 年后期比 2000 年中期的通货膨胀率更低，使用 Wilcoxon 符号秩检验来分析数据。

INFLATE. DAT

	1999 年 6 月预测 1999 年 11 月	2000 年 1 月预测 2000 年 5 月
Bruce Steinberg	1.8	2.2
Wayne Angell	2.3	2.3
David Blitzer	2.3	2.3
Michael Cosgrove	2.5	3.0
Gail Fosler	2.3	2.4
John Lonski	2.5	3.0
Donald Ratajczak	2.5	2.5
Thomas Synott	2.3	2.6
Sung Won Sohn	2.5	2.6

资料来源：*Wall street Journal*, January 3, 2000.

a. 详述你要检验的原假设和备择假设。

b. 当 $\alpha=0.05$ 时，进行检验，并解释你的结果。

c. 解释此问题第 I 类错误与第 II 类错误的区别。

15.31 工作计划(Job-Scheduling)改革帮助管理者解决了 8 小时固定工作日带来的旷工问题。灵活的工作时间方案允许雇员按照自己的需求设计一周工作 40 小时的安排(《纽约时报》,1996.3.31)。一家大的制造公司准备根据试验的好坏来决定是否采用"弹性的时间方案"。随机抽取 10 名雇员，通过问卷调查了解他们的工作态度。然后，对每名员工开始执行"弹性的时间方案",6 个月之后，他们对工作的态度重新又被调查。态度得分结果见下表，分值越高，雇员就越喜欢他或她的工作。利用非参数检验确定"弹性的时间方案"是否成功？$\alpha=0.05$。

FLEXTIME. DAT

员工	执行方案前	执行方案后	员工	执行方案前	执行方案后
1	54	68	6	82	88
2	25	42	7	94	90
3	80	80	8	72	81
4	76	91	9	33	39
5	63	70	10	90	93

15.32 标准普尔 500 指数是一个基准点，投资者可以参照它比较每种股票的行情。从中抽取 8 家制造公司作为样本，分别计算 1998 年和 1999 年的净收益，结果见下表，收益的计算是由净利润算出。

NETMARGIN. DAT

公司	1999 年的净收益(%)	1998 年的净收益(%)
Applied Materials	17.3	2.3
Caterpillar	4.8	7.2
Ingersoll-Rand	7.1	6.2
Johnson Controls	2.6	2.6
3M	11.3	8.1
Black & Decker	6.6	−16.6
Newell Rubbermaid	1.5	7.8
Corning	11.0	9.3

资料来源：*Business Week*, March 27, 2000, pp. 182−183.

a. 是否有充足的理由推断出美国制造公司的收益 1999 年比 1998 年好？$\alpha=0.05$。

b. 什么假设条件才能保证 a 中检验的有效性？

15.33 在练习 9.91 中，从佛罗里达废弃的石膏和含磷酸盐的土中抽出 15 个样本，分别测量氡的蒸发比率(辐射单位)。同一样本的蒸发比率由 PCHD 和 EERF 两家专业机构分别测量，结果见下表。数据能否提供足够的理由说明($\alpha=0.05$)两家机构的测量值，一家高于另一家？利用 SPSS 的分析结果做出你的推断。

EXRATES. DAT

15 个样本的样本编号	PCHD	EERF
71	1709.79	1479.0
58	357.17	257.8
84	1150.94	1287.0
91	1572.69	1395.0
44	558.33	416.5
43	4132.28	3993.0
79	1489.86	1351.0
61	3017.48	1813.0
85	393.55	187.7
46	880.84	630.4
4	2996.49	3707.0
20	2367.40	2791.0
36	599.84	706.8
42	538.37	618.5
55	2770.23	2639.0

练习 15.33　的 SPSS 结果输出

```
－－－－－Wilcoxon Matched-pairs Signed-ranks Test
    PCHD
with EERF
    Mean Rank   Cases
        8.40      10  －   Ranks   (EERF Lt PCHD)
        7.20       5  ＋   Ranks   (EERF Gt PCHD)
                  －－     Ties    (EERF Eq PCHD)
                  15 Total
        Z=   －1.3631            2-tailed   p=0.1728
```

15.5　完全区组设计的 Kruskal— Wallis H 检验

在第 14 章里，我们使用方差分析和 F 检验比较 p 个方差 σ^2 相同的正态总体的均值。现在，我们介绍非参数方法—— **Kruskal-Wallis *H* 检验(Kruskal - Wallis*H*-test)**——来比较无分布假设的总体。

假设一名卫生管理人员想比较同一城市三家医院的病床空闲情况。她从这 3 家医院的每家医院空床记录清单中，随机抽取 10 天，记录每天的空床数(见表 15.7)。由于每天的空床数可能相差很大，可以想象数据的总体分布可能向右倾斜，并且数据类型不满足比较总体均值参数方法所要求的假设条件。所以，我们采用非参数方法，在秩和的基础上比较 3 组样本数据。与两独立样本(15.3 节)比较一样，将所有样本综合在一起，然后按照相对大小将观测值进行排序，给出每个观测值的秩(见表 15.7)。相同点的处理方式与 Wilcoxon 秩和与 Wilcoxon 符号秩检验一样，用每个相同值所对应的秩的平均值代替。

表 15.7　医院的病床空闲情况

医院 1		医院 2		医院 3	
床位数	秩	床位数	秩	床位数	秩
6	5	34	25	13	9.5
38	27	28	19	35	26
3	2	42	30	19	15
17	13	13	9.5	4	3
11	8	40	29	29	20
30	21	31	22	0	1
15	11	9	7	7	6
16	12	32	23	33	24
25	17	39	28	18	14
5	4	27	18	24	16
$R_1=120$　$R_2=210.5$　$R_3=134.5$					

我们检验：

H_0：3 家医院的空床数的概率分布相同

H_a：至少 2 家或 3 家医院空床数的概率分布在位置上有不同

如果记 3 组样本的秩和分别为 R_1、R_2 和 R_3，检验统计量为

$$H=\frac{12}{n(n+1)}\sum\frac{R_j^2}{n_j}-3(n+1)$$

其中 n_j 表示第 j 个样本的观测值，n 为总样本数（$n=n_1+n_2+\cdots+n_p$）。对表 15.7 的数据，我们有 $n_1=n_2=n_3=10$ 和 $n=30$。秩和分别为 $R_1=120$，$R_2=210.5$，$R_3=134.5$。这样

$$H=\frac{12}{30\times31}\left[\frac{(120)^2}{10}+\frac{(210.5)^2}{10}+\frac{(134.5)^2}{10}\right]-3\times31$$
$$=99.097-93=6.097$$

H 统计量度量了 p 个样本的秩的差异程度。这一点从 H 的等价变形式容易看出。

$$H=\frac{12}{n(n+1)}\sum n_j(\overline{R}_j-\overline{R})^2$$

其中 $\overline{R}_j$ 为样本 j 的秩平均，[即，$\overline{R}=1/2(n+1)$]。这样，如果所有样本的秩平均相同，H 等于 0，当样本秩平均的差异增大时，H 增大。如果原假设为真，H 的分布在重复抽样条件下近似服从卡方分布。只要样本大小 p 超过 5，H 的抽样分布的近似程度就足够了（详见参考文献）。相应的自由度为（$p-1$）——比总样本数小 1。由于较大的 H 值意味着总体有不同概率分布的备择假设是正确的，所以检验的拒绝域位于 χ^2 分布的右尾。

对于表 15.7 的数据，H 统计量服从自由度（$p-1$）$=2$ 的 χ^2 分布。为了确定多大的 H 值才能拒绝原假设，我们查附表 B 的表 Ⅶ，$\alpha=0.05$，$df=2$ 时，$\chi^2_{0.05}=5.99147$，如果 $H>5.99147$，我们就拒绝 3 个概率分布相同的原假设。

拒绝域如图 15.10 所示，由于计算得到 $H=6.097$ 超过了临界值 5.99147，所以我们得出结论：3 家医院至少有一家空床位数多于其他两家。

图 15.10　三个概率分布的拒绝域比较

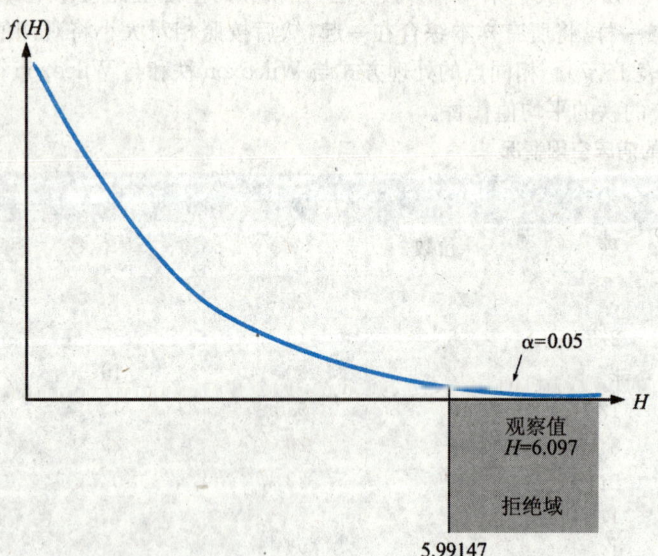

从计算机程序分析的结果也可推出相同结论。非参数检验的秩和、检验统计量、p 值都用阴影突显在 SAS 的分析结果图 15.11 中。由于 $\alpha=0.05$ 大于 p 值$=0.0474$，所以我们有充足的理由拒绝 H_0。

比较两个以上概率分布的 Kruskal-Wallis H 检验方法总结如下。注意，如果 Kruskal-Wallis H 检验接受至少有两个概率分布不同的备择假设，我们就可以利用 15.3 节的 Wilcoxon 秩和检验来比较两个成对总体。

比较 p 个概率分布的 Kruskal—Wallis H 检验

H_0:p 个概率分布相同　　　H_a:p 个概率分布中至少有两个不同

检验统计量:$H=\frac{12}{n(n+1)}\sum\frac{R_j^2}{n_j}-3(n+1)$

其中

$n_j=$ 第 j 个样本的观测值

$R_j=$ 第 j 个样本的秩和,其中,是将 p 组样本的所有观测值的相对大小进行排序,然后再计算秩。

n =总样本数 = $n_1+n_2+\cdots+n_p$

拒绝域:$H>\chi_\alpha^2(p-1)$　$p-1$ 为自由度

假设:1. p 组样本是随机独立的。

2. 每组样本至少有 5 个以上的观测值。

3. 每组样本的概率分布 p 是连续的。

观测值相同:如果样本的差异绝对值相同,则用相应秩的平均值代替。例,秩序位于第 3 和第 4 的差异绝对值相同,则它们的秩都用(3+4)/2 =3.5 代替。

统计实践

15.2　纳税人与 IRS 之争:审判法院的选择

国内税务署(IRS:Internal Revenue Service)是由美国财政部授权实施税法的机构。因为纳税人有申税和纳税的义务,所以 IRS 会定期审计个人的纳税情况,以确信纳税人是否遵守税法,依法纳税。IRS 审计要求纳税人补交少纳之税,这时 IRS 和纳税人必须相互协商取得一致。如果意见不一致且得不到解决,IRS 便会提起诉讼,将纳税人送上法庭。

你对于 IRS 的税收争议诉讼了解吗?纳税人可以选择法院吗?3 家互相独立的法院可供选择:(1)美国税务法院,(2)联邦区法院,(3)美国诉讼法院。每家法院的要求和限制都不相同,这一点对纳税人的选择非常重要。

例如,美国税务法院不要求预先支付诉讼费。另一方面,联邦区法院为纳税人提供陪审团,而当起诉的数额较大时,美国诉讼法院可能会偏向纳税人。当然,纳税人赢得官司的概率也会影响纳税人对审判法庭的选择。

会计学 B. A. Billings 教授、B. P. Green 教授和商业法 W. H. Volz 教授对纳税人选择诉讼法院作了研究(《应用商业研究杂志》,1996,秋季刊)。他们从美国联邦税务报告(Prentice-Hall)和美国税务法院报告中,收集自 1987 年以来关于税务征收争议的案件。161 个法院判决样本值用作分析。对与每个案件相关的众多因素中找出两个主要因素:纳税人选择的法院(美国税务法院、联邦区法院和美国诉讼法院)和应补交的税额(按美元计)。

研究的一个目的是确定纳税人选择法院的重要因素有哪些。考虑应补交的税额——DEF(DEF 意思是 Tax deficiency—— 被 B. A. Billings、B. P. Green 和 W. H. Volz 教授称为 DEF)。如果 DEF 是重要的因素,那么这 3 家税务法院 DEF 的均值应显著不同。

讨论焦点:

a. 研究者为什么使用非参数检验方法而不用参数检验方法比较 DEF 的分布。对他们的选择给出合理的解释。

b. 应该用哪种非参数检验方法分析合适?为什么?

c. 表 15.8 总结了研究者的研究数据。利用此表计算相关的检验统计量。

d. 此检验的检验显著水平(p 值)为 $p=0.0037$。解释此结论。

e. 用非参数检验方法比较配对法院的 DEF 分布。利用 14 章的 Bonferroni 方法控制误差。

表 15.8　DEF 数据汇总

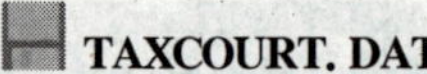

TAXCOURT.DAT

纳税人选择的法院	样本容量	DEF 的样本均值	DEF 值的秩和
税务法院	67	\$80357	5335
联邦区法院	57	\$74213	3937
诉讼法院	37	\$185648	3769

资料来源：Billings, B. A., Green, B. P., and Volz, W. H. "Selection of forum for litigated tax issues," *Journal of Applied Business Research*, Vol. 12, Fall 1996, p. 38 (Table 2).

练习 15.34～15.42

技能训练：

15.34 利用完全的随机设计，从 3 个总体 A、B 和 C 中抽取数据，样本数据如下描述。

$$n_A = n_B = n_C = 15$$

$$R_A = 230,\quad R_B = 440,\quad R_C = 365$$

a. 详细说明用来检验概率分布 A、B 和 C 在位置上是否相同的零假设和备择假设。

b. 当 $\alpha = 0.05$ 时，对 a 进行检验。

c. b 中检验的 p 值大约为多少？

d. 计算每个样本的秩的均值，然后利用这些均值，按照公式计算 H 的值。将计算结果与 b 中的 H 值相比较。

15.35 假如你想利用 Kruskal-Wallis H 检验来比较 3 个总体的概率分布。从 3 个总体中随机抽取的相互独立的样本，样本数据如下：

LM15_35.DAT

Ⅰ：	66	23	55	88	58	62	79	49
Ⅱ：	19	31	16	29	30	33	40	
Ⅲ：	75	96	102	75	98	78		

a. 试验设计的类型是什么？

b. 详述你要检验的零假设和备择假设。

c. 详述你要进行假设检验的拒绝域。$\alpha = 0.01$。

d. 检验 a 中的假设。$\alpha = 0.01$。

15.36 什么假设条件下，χ^2 分布才能提供 Kruskal-Wallis H 检验统计量抽样分布合适的特征？

概念运用：

15.37 参考《美国蚊蝇控制协会杂志》关于对蚊子的研究(练习 15.7)。在渥太华的 Stanbury 岛上，蚊子的叮咬受风速(公里/小时)的影响。志愿者在六种不同的风速下接受调查。6 种风速下蚊虫叮咬比率分布的比较用 Kruskal-wallis 检验进行检验。秩和结果见下表。

风速(kph)	受叮咬的志愿者人数(nj)	叮咬比率的秩和(Rj)
<1	11	1804
1～2.9	49	6398
3～4.9	62	7328
5～6.9	39	4075
7～8.9	35	2660
9～20	21	1388
总计	217	23653

资料来源：Strickman, D., et al. "Meteorological effects on the biting activity of Leptoconops americanus (Diptera: Ceratopogonidae)," *Journal of the American Mosquito Control Association*, Vol. II, No. 1, May. 1995, p. 17 (Table 1).

a. 研究者报告的检验统计量为 $H = 35.2$，验证这个值。

b. 求出你要进行假设检验的拒绝域。$\alpha = 0.01$。

c. 给出合适的结论。

d. 研究者的检验的 p 值为 $p < 0.01$，此值支持你 c 中的推断吗？给出解释。

15.38 房地产市场的周期，根据需求的变化比例，一般可分为四个阶段：Ⅰ——复苏，Ⅱ——扩张，Ⅲ——过度，Ⅳ——衰退。霍普金斯(Hopkins)大学的 Glenn Mueller 研究了美国房地产市场中，办公室租用的市场周期(《房地产研究杂志》，7/8，1999)。对每一个市场周期，6 家不同房地产市场办公室租金的增长率被调查。数据(百分数)见下表。利用 Kruskal-Wallis 检验进行。

练习 15.38 的数据　MKTCYCLE. DAT

阶段Ⅰ	阶段Ⅱ	阶段Ⅲ	阶段Ⅳ
2.7	10.5	6.1	−1.0
−1.0	11.5	1.2	6.2
1.1	9.4	11.4	−10.8
3.4	12.2	4.4	2.0
4.2	8.6	6.2	−1.1
3.5	10.9	7.6	−2.3

资料来源:Adapted from Mueller, G. R., . "Real Estate Rental Growth Rates at Different Points in the Physical Market Cycle," Journal of Real Estate Research, Vol. 18, No. 1, July/Aug. 1999, pp. 131−150.

练习 15.38 的 STATSTIX 分析结果

```
KRUSKAL-WALLIS ONE-WAY NONPARAMETRIC AOV FOR GROWRATE BY CYCLE

             MEAN      SAMPLE
CYCLE        RANK      SIZE
----------   -------   --------
Ⅰ            8.8       6
Ⅱ            20.8      6
Ⅲ            14.8      6
Ⅳ            5.7       6
TOTAL        15.5      24

KRUSKAL-WALLIS STATISTIC                          16.2458
P-VALUE, USING CHI-SQUARED APPROXIMATION           0.0010

PARAMETRIC AOV APPLIED to RANKS

SOURCE       DF       SS         MS         F        P
----------   ------   --------   --------   ------   ------
BETWEEN      3        811.583    270.528    16.04    0.0000
WITHIN       20       337.417    16.8708
TOTAL        23       1149.00

TOTAL NUMBER OF VALUES THAT WERE TIED              4
MAX. DIFF. ALLOWED BETWEEN TIES              0.00001

CASES INCLUDED  24          MISSING CASES  0
```

a. 是否有证据得出办公室租金增长率的分布在 4 个周期阶段中有所不同? $\alpha=0.05$。

b. 如果你在 a 中得出分布在 4 个周期阶段中不同的结论,那么什么统计检验过程可以用来比较成对的周期阶段?为什么这么比较?

c. 使用 a 中的 Kruskal-Wallis H 检验比第 14 章的 F 检验有什么优点?

15.39 《商业周刊》将共同基金分成 3 类:成长(growth)基金,混合(blend)基金,价值(value)基金。那些明显低于平均 p-e(price-earnings rations)和 p-b(price-to-book rations)的基金称为价值基金,高于平均 p-e 和 p-b 的基金称为成长基金,位于两者之间的称为混合基金。下表中列出 7 家共同基金公司 3 类基金对投资者的税后回报。

a. 是否有证据得出共同基金公司 3 类基金

对投资者的税后回报分布是不相同的？$\alpha=0.05$。

b. 什么条件才能保证 a 中的假设检验有效。

c. 描述 a 中假设检验的第 I 类错误与第 II 类错误。

d. 什么条件下可以利用第 14 章的 ANOVA *F* 检验来验证 a 的结论。

练习 15.39 的数据 MFUNDS.DAT

Category	Fund	12-Month Return(%)
Growth	Citizens Index	21.2
	Fidelity Advisor Growth	37.9
	Gabelli Growth	39.2
	Northern Growth Equity	22.7
	Preferred Growth	44.8
	Seligman Growth	31.8
	RYDEX OTC	118.5
Blend	American Perform Equity	5.9
	Columbia Common Stock	23.5
	Fidelity	21.3
	General Security	47.9
	J. P. Morgan U. S. Equity	8.2
	Lexington Growth & Income	17.8
	Oppenheimer Growth & Income	12.4
Value	American Mutual	−9.2
	CITIFUNDS Growth & Income	−5.5
	ICAP Equity	8.5
	Marshall Equity Income	−8.5
	Paysom Value	9.2
	Pioneer Equity Income	−6.8
	Putnam Equity Income	−9.6

资料来源：*Business Week*, *Mutual Fund Scoreboard Current Statistics*, *March* 2000.

15.40 《危险材料杂志》(7,1995)对用来清洗金属的 3 种不同类型的危险溶剂做了比较研究，见练习 14.24。从芳香烃(Aromatics)、氯化物(Chloralkanes)和酯(Esters)3 种溶剂中随机抽取样本，结果见下表。利用 SAS 分析的结果，来比较 3 个样本。

练习 15.40 的数据 HAZARDS.DAT

芳香烃		氯化物		酯		
1.06	0.95	1.58	1.12	0.29	0.43	0.06
0.79	0.65	1.45	0.91	0.06	0.51	0.09
0.82	1.15	0.57	0.83	0.44	0.10	0.17
0.89	1.12	1.16	0.43	0.61	0.34	0.60
1.05				0.55	0.53	0.17

资料来源：Ortgo, J. D., et al. "A review of polymeric geosynthetics used in hazardous waste facilities," *Journal of Hazardous Materials*, Vol. 42, No. 2, July. 1995, p. 142 (Table 9).

练习 15.40 的SAS输出结果

NPARIWAY PROCEDURE

Wilcoxon Scores (Rank Sums)for Variable SORPRATE
Classified by Variable SOLVENT

SOLVENT	N	Sum of Scores	Expected Under H0	Std Dev Under H0	Mean Score
APOMA	9	210.500000	148.500000	23.8502130	23.3888889
CHLOR	8	189.000000	132.000000	22.9698259	23.6250000
ESTER	15	128.500000	247.500000	26.4714164	8.5666667

Average Sccores were used for Ties

Kruskal-wallis Test (Chi-square approiation)

CHISQ= 20.211 DF= 2 Prob>CHISQ= 0.0001

15.41 公司的负债/资本比是指用长期负债除以总投资资本。对于公司潜在的投资者，负债/资本比太高意味着公司拖欠太多，投资人不愿对公司投资。《福布斯》(March 2000)对400 家公司 1999 会计年度的负债/资本比作了报道。4 个行业的公司的负债/资本比数据见下表。

练习 15.41 的数据 DEBTCAP. DAT

行业	公司	负债/资本%
Aerospace & Defense 航空	Raytheon	45.3
	Boeing	37.0
	Textron	64.6
	Northrop Grumman Corp	40.6
	Lockheed Martin	63.9
	Rohr	63.3
Electric Utilities 电器	Pacific Corp	56.4
	Avista Corp.	59.9
	Florida Progress	58.6
	Duke Energy Corp.	46.9
	Northern States Power	49.8
	Consolidated Edison, Inc.	41.7
	Hawaiian Electric	36.5
Retailing 零售	Rite Aid	62.2
	Kmart	31.2
	Bradlees	75.6
	Spiegel	48.8

续表

行业	公司	负债/资本
	Fay's Incorporated	42.1
化工	Olin	22.6
	Valspar	47.2
	Dow Chemical	44.2
	FMC	67.0
	Union Carbide	47.6

资料来源：*Forbes Current Statistics*，March 2000(*http*：*www.forbes*，*com/tool box/mktguide*)。

a. 利用 Kruskal-Wallis H 检验研究 4 个行业的公司的负债/资本比的分布是否不同。详述你要表明此问题结论的检验零假设和备择假设。$\alpha=0.05$。

b. 假设 Kruskal-Wallis H 检验表明 4 个行业的公司的负债/资本比的分布不相同，那么哪种非参数方法可以用来比较零售行业和化工行业的公司的负债/资本比的分布？给出你的分析过程和结论。

15.42 在 3 个主要城市中，从每个城市中随机抽取 7 名律师，他们的工资水平见下表。请你确定这 3 个城市律师的工资水平分布是否存在差别。

a. 在是什么条件下可以利用 F—检验来完成所研究问题的随机设计？

b. 在此问题中，利用 F 检验所要求的哪种条件容易变动？给出解释。

c. 利用 Kruskal-Wallis H 检验确定这 3 个城市律师的工资水平分布是否存在差别，详述你要表明此问题结论的检验零假设和备择假设。$\alpha=0.05$。

d. 保证 c 中非参数检验有效性的必要条件是什么？

练习 15.42 的数据

亚特兰大	洛杉机	华盛顿特区
\$34600	\$42400	\$38000
84900	135000	76900
61700	63000	48000
38900	43700	72600
77200	69400	73200
83600	97000	51800
59800	49500	55000

资料来源：Adapted from *American Almanac of Jobs and Salaries*，1997—1998 Edition，New York：Avon Books，1996，pp. 246—260.

15.6 Spearman 秩相关系数

两家消费者杂志评价 10 种新型汽车的刹车系统。从 1(最好)到 10(最差)给每辆汽车打分。我们想知道两家杂志的排序结果是否存在关系？两种排名是否存在一致性？如果一辆汽车被杂志 1 排名在前，它同样会被杂志 2 排名在前吗？或者，一辆汽车被一种杂志排名较高，它会被另一种杂志排名较低吗？总而言之，两种杂志排名是否是相关的？

如果排名如表 15.9 中"完全一致"一列所示，我们立刻可以观察到对某一辆车两种杂志排名都是完全相同的。这是一个完全正相关的例子。与此相反，在表 15.9 中"完全不一致"一列中，一种杂志排名高的汽车对应另一种杂志排名却较低，这是一个完全负相关的例子。在实际中，你很少会见到排序正好完全正相关或完全负相关的例子。

表 15.9　**两家消费者杂志对 10 种新型汽车刹车系统的评价：完全一致或完全不一致**

	完全一致		完全不一致	
车型	杂志 1	杂志 2	杂志 1	杂志 2
1	4	4	9	2
2	1	1	3	8
3	7	7	5	6
4	5	5	1	10
5	2	2	2	9
6	6	6	10	1
7	8	8	6	5
8	3	3	4	7
9	10	10	8	3
10	9	9	7	4

实际上，杂志的排名很可能如表 15.10 所示。你会注意到两种杂志的排名有一些会一致，但不会完全一致，这就需要用秩相关系数来度量。

表 15.10　**两家消费者杂志对新型汽车刹车系统的评价：不完全一致**

	杂志		杂志 1 与杂志 2 排序的差值	
车型	杂志 1	杂志 2	d	d^2
1	4	5	−1	1
2	1	2	−1	1
3	9	10	−1	1
4	5	6	−1	1
5	2	1	1	1
6	10	9	1	1
7	7	7	0	0
8	3	3	0	0
9	6	4	2	4
10	8	8	0	0
				总计：10

Spearman 秩相关系数(Spearman's rank correlation coeffcient)r_s，给出了一种度量秩之间相关性的方法。计算公式见下框。当不存在相同秩时，公式与 r_s 相同。当相同秩的个数小于成对数据时，用 r_s 近似代替。

Spearman 秩相关系数

$$r_s = \frac{SS_{uv}}{\sqrt{SS_{uu}SS_{vv}}}$$

其中：

$$SS_{uv} = \sum(u_i - \bar{u})(v_i - \bar{v}) = \sum u_i v_i - \frac{(\sum u_i)(\sum v_i)}{n}$$

$$SS_{uu} = \sum(u_i - \bar{u})^2 = \sum u_i^2 - \frac{(\sum u_i)^2}{n}$$

$$SS_{vv} = \sum(v_i - \bar{v})^2 = \sum v_i^2 - \frac{(\sum v_i)^2}{n}$$

u_i = 样本 1 第 i 个观测的秩

v_i = 样本 2 第 i 个观测的秩

n = 成对观测的数目

r_s 的简化式

$$r_s = 1 - \frac{6\sum d_i^2}{n(n^2-1)}$$

其中 $d_i = u_i - v_i$（样本 1 和样本 2 第 i 个观测所对应秩的差值）

注意到如果两种杂志的排序相同，正如表 15.9 第 2,3 列所示，那么秩之间的差别则为 0，而

$$r_s = 1 - \frac{6\sum d^2}{n(n^2-1)} = 1 - \frac{6\times 0}{10\times 99} = 1$$

即，完全正相关的成对数据的 *Spearman* 秩相关系数 $r_s = 1$。当排序完全不同时，如表 15.9 的第 4、5 列所示，$\sum d_i^2 = 330$，且

$$r_s = 1 - \frac{6\times 330}{10\times 99} = -1$$

所以，$r_s = -1$ 表明完全负相关。

对表 15.10 中的数据

$$r_s = 1 - \frac{6\sum d^2}{n(n^2-1)} = 1 - \frac{6\times 10}{10\times 99} = 1 - \frac{6}{99} = 0.94$$

r_s 接近 1，表明两种杂志比较一致，但不完全一致。

r_s 总是介于 −1 与 +1 之间，+1 表示完全正相关，−1 表示完全负相关。r_s 值越是接近 +1 或 −1，秩之间的相关性就越大。相反，r_s 越接近 0，相关性就越小。

注意到相关性的概念意味着每个试验得到两个观察值。在消费者杂志的例子中，每辆新汽车模型有两种名次（两种杂志），研究的目的是确定两种排名之间正相关的程度。秩相关方法可用来度量任何一对变量的相关性。如果两个值是在 n 次实验的每个单元测得的，我们分别按变量将观察值排序。相同的观察值用秩平均代替。然后求出两种次序的 r_s 值，这个值可以度量两个变量之间的秩相关性。下面通过例 15.4 来详细说明。

例 15.4

易坏的食物常用防腐剂来防止变质。一个令人关注的问题是太多的防腐剂可能会改变食物的美味。假设对一种食物分别加入不同数量的防腐剂做实验。每个样本记录食物变质的时间和味道评价值。味道评价值是 3 个品尝人评价的平均值，每个品尝人对每个样本按从 1（好）到 5（坏）的尺度对食物进行评价。12 个样本观测结果见表 15.11。

表 15.11　**数据与相关性**

样本	变质时间(天)	秩	排序	秩	d	d^2
1	30	2	4.3	11	−9	81
2	47	5	3.6	7.5	−2.5	6.25
3	26	1	4.5	12	−11	121
4	94	11	2.8	3	8	64
5	67	7	3.3	6	1	1
6	83	10	2.7	2	8	64
7	36	3	4.2	10	−7	49
8	77	9	3.9	9	0	0
9	43	4	3.6	7.5	−3.5	12.25
10	109	12	2.2	1	11	121
11	56	6	3.1	5	1	1
12	70	8	2.9	4	4	16
						总计:536.5

a. 计算变质时间与味道评价值之间的 Spearman 秩相关系数。

b. 利用非参数检验发现变质时间是否与味道评价值负相关($\alpha=0.05$)。

解答:　a. 我们首先对变质时间进行排序,将最小值(26)记为 1,最大值(109)记为 12。同样,对味道评价值进行排序[注意:相同的值用相关秩的平均代替了]。因为相同值数目相对较小,我们可利用 r_s 的简化式来计算。变质时间的秩与味道评价值的秩两者之间的差 d 如表 15.11 所示。d^2 的值也在表中给出结果。这样

$$r_s = 1 - \frac{6\sum d^2 i}{n(n^2-1)} = 1 - \frac{6\times 536.5}{12\times(12^2-1)} = 1 - 1.876 = -0.876$$

r_s 的值同样也可由计算机求出。EXCEL 分析结果见图 15.12。r_s 的值,用阴影显示在表中为−0.879,与我们手算的值相同(四舍五入)。负相关系数表明:随着变质天数的增加(不一定是原因),味道评价值的得分降低。

图 15.12　**例 15.4 的 Excel 分析表**

样品	天数	味道
1	30	4.3
2	47	3.6
3	26	4.5
4	94	2.8
5	67	3.3
6	83	2.7
7	36	4.2
8	77	3.9
9	43	3.6
10	109	2.2
11	56	3.1
12	70	2.9
Spearman r(s)	−0.879160718	0.000165104

b. 如果我们定义 ρ 为总体秩相关系数即能用总体所有的(x,y)值计算的秩相关系数,则问题可通过以下假设检验解决:

H_0：$\rho=0$(秩之间无总体相关)

H_a：$\rho<0$(秩之间存在负总体相关)

检验统计量：γ_s(Spearman 样本秩相关系数)

为了确定拒绝域，我们查附录 B 中的表 XVII，此表的一部分如下表 15.12。注意表的左列是 n 的值——成对观测的数目。表中的值因为只给出正值，所以表示右侧拒绝域。这样，对 $n=12$，和 $\alpha=0.05$，所以查表得出 0.497 为拒绝域的右侧边界值，所以如果 H_0：$\rho=0$ 为真，那么 $P(r_s>0.497)=0.05$。

表 15.12　附录 B 表 XVII 的一部分：Spearman's 秩相关系数的临界值

n	$\alpha=.05$	$\alpha=.025$	$\alpha=.01$	$\alpha=.005$
5	0.900	—	—	—
6	0.829	0.886	0.943	—
7	0.714	0.786	0.893	—
8	0.643	0.738	0.833	0.881
9	0.600	0.683	0.783	0.833
10	0.564	0.648	0.745	0.794
11	0.523	0.623	0.736	0.818
12	0.497	0.591	0.703	0.780
13	0.475	0.566	0.673	0.745
14	0.457	0.545	0.646	0.716
15	0.441	0.525	0.623	0.689
16	0.425	0.507	0.601	0.666
17	0.412	0.490	0.582	0.645
18	0.399	0.476	0.564	0.625
19	0.388	0.462	0.549	0.608
20	0.377	0.450	0.534	0.591

类似，对 r_s 的负值，我们有 H_0：$\rho=0$ 为真，那么 $P(r_s<-0.497)=0.05$。换句话说，如果变量秩之间确实不存在关系，我们只有 5%的机会得到 $r_s<-0.497$。所以左侧拒绝域为：

$$拒绝域(\alpha=0.05)：r_s<-0.497$$

由于计算结果 $r_s=-0.876$，小于-0.497，所以我们在显著性水平 $\alpha=0.05$ 下拒绝 H_0。即，样本提供足够的证据得出结论：食品的变质时间是否与味道评价值之间确实存在负相关。这表明防腐剂会对食物的美味起反作用。[注：图 15.12 所示的 EXCEL 分析结果中，双侧检验的 p 值用阴影显出。因为单侧的 p 值，$p=0.00016/2=0.00008$，小于 $\alpha=0.05$，我们可以得出相同的结论：拒绝 H_0。]

Spearman's Nonparametric Test for Rank Correlation

one-Tailed Test	Two-Tailed Test
H_0：$\rho=0$	H_0：$\rho=0$
H_a：$\rho>0$(or H_a：$\rho<0$)	H_a：$\rho\neq 0$

Test statistic：r_s，the sample rank correlation(see the formulas for calculating r_s)

Rejection region：$r_s>r_{s,\alpha}$	*Rejection region*：$\lvert r_s\rvert>r_{s,\alpha/2}$
where $r_{s,\alpha}$(or $r_s<-r_{s,\alpha}$ when H_a：$P_s<0$)is the value from Table XVII corresponding to the upper-tail area α and n pairs of observations	where $r_{s,\alpha/2}$ is the value from Table XVII corresponding to the upper-tail area $\alpha/2$ and n pairs of observations

Assumptions：　1. The sample of experimental units on which the two variables are measured is

randomly selected.

2. The probability distributions of the two variables are continuous.

Ties: Assign tied measurements the average of the ranks they would receive if they were unequal but occurred in successive order. For example, if the third-ranked and fourth-ranked measurements are tied. assign each a rank of (3+4)/2=3.5. The number of ties should be small relative to the total number of observations.

练习 15.43～15.53

技能训练：

15.43 利用附录 B 中的表 XVII 求出下式的概率：

a. $n=22$, $p(r_s>0.580)$

b. $n=28$, $p(r_s>0.448)$

c. $n=10$, $p(r_s\leq 0.648)$

d. $n=8$, $p(r_s<-0.738$ 或 $r_s>0.738)$

15.44 叙述以下各题秩相关系数 Spearman 非参数检验的拒绝域：

a. $H_0:\rho=0$; $H_a:\rho\neq 0$, $n=10$, $\alpha=0.05$

b. $H_0:\rho=0$; $H_a:\rho>0$, $n=20$, $a=0.025$

c. $H_0:\rho=0$; $H_a:\rho<0$, $n=30$, $\alpha=0.01$

15.45 计算下列各成对观测样本的 Spearman 相关系数：

a.

x	33	61	20	19	40
y	26	36	65	25	35

b.

x	89	102	120	137	41
y	81	94	75	52	136

c.

x	2	15	4	10
y	11	2	15	21

d.

x	5	20	15	10	3
y	80	83	91	82	87

15.46 收集变量 x 和 y 的样本数据如下：

x	0	3	0	−4	3	0	4
y	0	2	2	0	3	1	2

a. 详细说明用来检验变量 x 和 y 相关的零假设和备择假设。

b. 当 $\alpha=0.05$ 时，对 a 进行检验。

c. b 中检验的 p 值大约为多少？

d. 保证 b 中检验的有效性的必要条件是什么？

概念运用：

15.47 参考练习 10.14，桔子汁质量的研究。生产厂家为了提高桔子汁的“甜度”指标，研究了在桔子汁生产过程中，“甜度”指标与加入果胶的重量之间的关系。一桔子汁生产车间的 24 种桔子汁产品的数据见下表。

练习 15.47 的数据　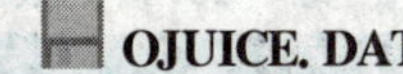 **OJUICE. DAT**

桔子汁产品	甜度指标	加入果胶量(ppm)	桔子汁产品	甜度指标	加入果胶量(ppm)
1	5.2	220	13	5.8	306
2	5.5	227	14	5.5	259
3	6.0	259	15	5.3	284

a. 计算“甜度”指标与加入果胶重量之间的 Spearman 秩相关系数。对结果进行解释。

b. 对“甜度”指标与加入果胶重量之间是否存在负相关的假设进行非参数检验。$\alpha=0.01$。

续表

桔子汁产品	甜度指标	加入果胶量(ppm)	桔子汁产品	甜度指标	加入果胶量(ppm)
4	5.9	210	16	5.3	383
5	5.8	224	17	5.7	271
6	6.0	215	18	5.5	264
7	5.8	231	19	5.7	227
8	5.6	268	20	5.3	263
9	5.6	239	21	5.9	232
10	5.9	212	22	5.8	220
11	5.4	410	23	5.8	246
12	5.6	256	24	5.9	241

15.48 大都市地区由于拥有大量的公司总部，所以研究发现，通过小公司和大公司的辅助服务机构的工作的增长，从生产型经济比较容易转型到服务型经济。Georgia 大学的 James O. Wheeler 教授，对 11 个大都市地区的公司总部的数量与其辅助服务机构的数量之间的关系进行了研究(《增长和变化》，1988 春季)。研究数据见下表。他假设这两变量之间存在正相关。

练习 15.48 的数据  **METRO.DAT**

大都市地区	公司总部的数量	辅助服务机构的数量
纽约	643	2617
芝加哥	381	1724
洛杉矶	342	1867
达拉斯	251	1238
底特律	216	890
波士顿	208	681
休斯顿	102	1534
旧金山	141	899
明尼亚波里	131	492
克里夫兰	128	579
丹佛	124	672

资料来源：Wheeler, J. O. "The corporate role of large metropolitan areas in the United States.", *Growth and Change*, Spring 1988, pp. 75～88.

a. 计算上表中公司总部的数量与其辅助服务机构数量之间的 Spearman 秩相关系数。计算结果满足 Wheeler 的假设吗？

b. 为了利用 Spearman 秩相关系数正式检验 Wheeler 的假设，一定的条件必须满足，这些条件是什么？该问题条件满足吗？请解释。

15.49 联邦政府在工程研究中的投入与在航空与导弹工业工作的科学家人数之间存在关系吗？下表中的数据是在选定的年份内，联邦政府在工程研究中的投入(以百万美元计)，以及在航空与导弹工业工作的科学家人数(以千人计)。对这两个变量之间关系的强度进行非参数假设检验。$\alpha=0.10$。

练习 15.49 的数据 **MISSILE.DAT**

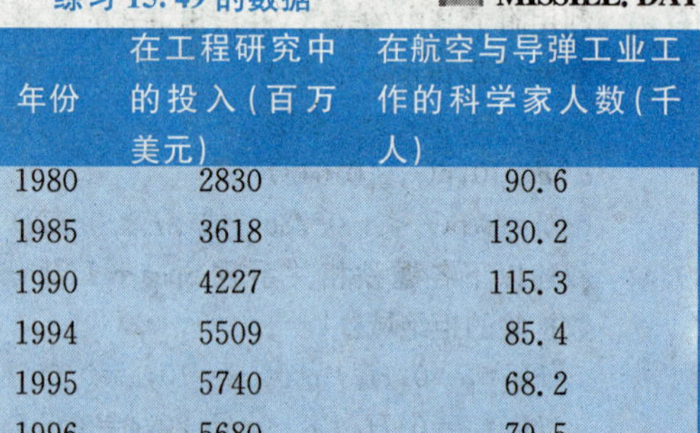

年份	在工程研究中的投入(百万美元)	在航空与导弹工业工作的科学家人数(千人)
1980	2830	90.6
1985	3618	130.2
1990	4227	115.3
1994	5509	85.4
1995	5740	68.2
1996	5680	79.5
1997	5690	95.1

资料来源：U. S. Cencus Bureau, *Statistical Abstract of the United States*, 1999.

15.50 两位品酒专家对 6 个品牌的酒进行评价。他们的评价结果见下表。数据是否充分表明两位品酒专家的排序是正相关的？

练习 15.50 的数据  **WINETAS.DAT**

品牌	专家 1	专家 2
A	6	5
B	5	6
C	1	2
D	3	1
E	2	4
F	4	3

15.51 "雇员建议系统"是一个包括获得、分析、执行和有计划改进等内容的正式过程。(斯坦福的 Yale and Towne 制造工厂于 1880 年首次使用这个系统)。D. Cannevale 和 B. Sharp 利用"国家建议系统协会"中的数据，对雇员参加建议计划的程度与雇主所认为的费用节省之间的关系进行了研究(《公共个人管理评论》(*Review of Public Personnel Administration*)，1993)。下表的数据是指他们从联邦、州和地方政府中抽样分析的数据。费用节省比例是从第一年开始计算。

练习 15.51 的数据  SUGGEST. DAT

参加建议计划雇员的比例(%占总员工)	费用节省(%占总预算)
10.1%	8.5%
6.2	6.0
16.3	9.0
1.2	0.0
4.8	5.1
11.5	6.1
0.6	1.2
2.8	4.5
8.9	5.4
20.2	15.3
2.7	3.8

资料来源：Data adapted from Cannevale, D. G., and Sharp, B. S. "The old employee suggestion box." *Review of Public Personnel Administration*, Spring 1993, pp. 82—92.

a. 解释为什么在此研究中，费用的节省比例可以了解这个系统执行所得的总的获益？

b. D. Cannevale 和 B. Sharp 得出结论：雇员参加建议计划的程度与雇主所认为的费用节省之间存在正的相关性。你同意吗？在 $\alpha=0.01$ 水平下进行检验。

c. 验证你在 b 中所用的统计方法。

15.52 协议证券存款是一种银行在一特定时间段，以特定的利息，可在基金债券中进行交易的特殊存款方式（Lee, Finnerty, and Norton, 1997）。下表列出从 1986 年 1 月到 1999 年 12 月，3 个月的协议证券存款在每个季度末的利率和标准普尔指数股票综合平均在每个季度末的价值。

a. 关于 Spearman 秩相关系数的 STATISTIX 分析表见下图。解释分析结果。

b. 对原假设：协议证券存款的利率和标准普尔指数是不相关的，备择假设：它们是相关的，进行假设检验。$\alpha=0.10$。

c. 利用 1996 年至今的数据（你可从图书馆的标准普尔指数最新数据中查得），重复 a 和 b。将你对新数据的结果与旧数据的结果进行比较。

练习 15.52 的 STATISTIX 输出结果

CD3MONTH. DAT

年度	季度	利率 x	标准普尔 500 指数 y	年度	季度	季率 x	标准普尔 500 指数 y
1986	Ⅰ	7.24	232.3	1993	Ⅰ	3.11	450.2
	Ⅱ	6.73	245.3		Ⅱ	3.21	448.1
	Ⅲ	5.71	238.3		Ⅲ	3.12	459.2
	Ⅳ	6.04	248.6		Ⅳ	3.17	466.0
1987	Ⅰ	6.17	292.5	1994	Ⅰ	3.77	463.8
	Ⅱ	6.94	301.4		Ⅱ	4.52	454.8
	Ⅲ	7.37	318.7		Ⅲ	5.03	467.0
	Ⅳ	7.66	241.0		Ⅳ	6.29	455.2
1988	Ⅰ	6.63	265.7	1995	Ⅰ	6.15	493.2
	Ⅱ	7.51	270.7		Ⅱ	5.90	539.4
	Ⅲ	8.23	268.0		Ⅲ	5.73	578.8
	Ⅳ	9.25	276.5		Ⅳ	5.62	614.6
1989	Ⅰ	10.09	292.7	1996	Ⅰ	5.29	645.5
	Ⅱ	9.20	323.7		Ⅱ	5.46	670.6
	Ⅲ	8.28	347.3		Ⅲ	5.51	687.3
	Ⅳ	8.32	348.6		Ⅳ	5.44	740.7
1990	Ⅰ	8.27	338.5	1997	Ⅰ	5.53	757.1
	Ⅱ	8.33	360.4		Ⅱ	5.66	885.1
	Ⅲ	8.08	315.4		Ⅲ	5.60	947.3
	Ⅳ	7.96	328.8		Ⅳ	5.80	970.4
1991	Ⅰ	6.71	372.3	1998	Ⅰ	5.58	1,101.8
	Ⅱ	6.01	378.3		Ⅱ	5.60	1,133.8
	Ⅲ	5.70	387.2		Ⅲ	5.41	1017.0
	Ⅳ	4.91	388.5		Ⅳ	5.14	1229.2
1992	Ⅰ	4.25	407.3	1999	Ⅰ	4.91	1286.4
	Ⅱ	3.86	408.27		Ⅱ	5.13	1372.7
	Ⅲ	3.13	418.48		Ⅲ	5.50	1282.7
	Ⅳ	3.48	435.64		Ⅳ	6.05	1269.3

STATISTIX Output for Exercise 15.52

```
SPEARMAN RANK CORRELATIONS,  CORRECTED FOR TIES
              INTRATE
SP500        −0.5778
MAXIMUM DIFFERENCE ALLOWED BETWEEN TIES      0.00001
CASES INCLUDED  56   MISSING CASES  0
```

15.53 保健组织(HMOs:Health Maintenance Organizations) 为了对危机干涉的标准解释进行研究，对 145 个国家的保健组织进行了随机问卷调查(《医疗健康》,1985)。每个保健组织被要求回答:“对你认为应该属于‘危机干涉’的情况或状态给出一简单描述定义”。研究者将这些危机情形分成 10 类,然后请 3 名医学专家从以下两个标准对每一类进行评价,1. 危机干涉的有效性(例,真正属于危机的情形)。2. 危机干涉解释的清晰度。每个评价标准以 4 分作为评价尺度。10 类危机按的有效性和清晰度的进行评价,最后得出的评价值的均值见下表。是否有证据表明危机的有效性和清晰度之间存在正相关。α=0.05。

练习 15.53　**数据表**

Category(situation)	Crisis Intervention Rting(1=definitely) a crisis, 4=definitely not a crisis	Clarity Rating(1=very clear guideline, 4=very unclear guideline)
Psychosis	1.31	1.33
Drug/alcohoa abuse	1.33	1.29
Depression/anxiety	1.48	1.59
Emphasis on acute-ness	1.76	2.50
Insistence on"short-term"response	2.48	3.22
Suicide	1.13	1.32
Family problems	2.59	2.30
Violence/harm	1.06	1.86
Miscellaneous	2.60	2.33
Nondefinition	3.57	3.57

资料来源：Cheifetz, D. I., and Salloway, J. C. "Crisis intervention: Interpretation and practice by HMO." *Medical Care*, Vol. 23, No. 1, Jan. 1985, pp. 89—93

要点回顾

关键词：

Distribution-Free Tests 与分布无关检验

Parametric statistical tests 参数统计检验

Nonparametrics 非参数

Rank statistics 秩统计量

Sign test 符号检验

Wilcoxon 秩和检验(Wilcoxon rank sum test)

Wilcoxon 符号秩检验(Wilcoxon signed rank test)

Kruskal-Wallis H-检验(Kruskal-Wallis H-test)

Spearman 秩相关系数(Spearman's rank correlation coeffcient)

Population rank correlation coefficient 总体秩相关系数

关键公式：

检验	检验统计量	大样本近似性质
符号检验	S=大于 η_0(假设的中位数)的样本个数或；小于 η_0 的样本个数	$z=\frac{(S-0.5)-0.5n}{0.5\sqrt{n}}$
Wilcoxon 秩和检验	T_1= 样本 1 的秩和 或 T_2=样本 2 的秩和	$z=\frac{T_1-\frac{n_1(n_1+n_2+1)}{2}}{\sqrt{\frac{n_1n_2(n_1+n_2+1)}{12}}}$
Wilcoxon 符号秩检验	T_-=负差异值的秩和 或 T_+= 正差异值的秩和	$z=\frac{T_+-[n(n+1)/4]}{\sqrt{[n(n+1)(2n+1)]/24}}$
Kruskal—Wallis H 检验	$H=\frac{12}{n(n+1)}\sum\frac{R_j^2}{n_j}-3(n+1)$	
Spearman 秩相关系数简化式	$r_s=1-\frac{6\sum d_i^2}{n(n^2-1)}$ 其中 d_i 为样本 1 和样本 2 第 i 个观测值的差对应秩的差值	

语言室：

符号	定义
S	符号检验的检验统计量(见主要公式)
T_1	观测样本1的秩和
T_2	观测样本2的秩和
T_L	Wilcoxon 秩和检验的下临界值
T_U	Wilcoxon 秩和检验的上临界值
T_+	成对观测数据正差异值的秩和
T_-	成对观测数据负差异值的秩和
T_0	Wilcoxon 符号秩检验的临界值
R_j	观测样本 j 的秩和
H	Kruskal-Wallis H 检验(见主要公式)
r_s	Spearman 秩相关系数(见主要公式)
η	总体中位数
ρ	总体相关系数

补充练习 15.54～15.73

技能训练：

15.54 从3个总体中随机抽取的样本数据见下表。已知样本总体不满足正态分布。利用合适的检验方法确定数据是否有充分的证据表明：至少有两个总体的分布在位置上是不同的。$\alpha=0.05$。

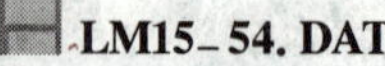
LM15_54. DAT

样本1	样本2	样本3
18	12	87
32	33	53
43	10	65
15	34	50
63	18	77

15.55 关于两个变量 x 和 y 的9对观测随机样本数据见下表。

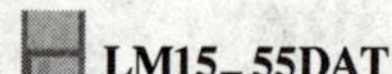
LM15_55DAT

配对	x	y
1	19	12
2	27	19
3	15	7
4	35	25
5	13	11
6	29	10
7	16	16
8	22	10
9	16	18

a. 数据是否有充分理由表明 x 和 y 的秩相关系数 $\rho\neq0$？$\alpha=0.05$。

b. 数据有充足的理由表明 x 的概率分布向 y 的概率分布的右方偏移吗？利用 Wilcoxon 秩和检验，$\alpha=0.05$。

15.56 两个独立的随机样本产生的数据见下表。数据有充足的理由表明两个抽样总体的概率分布在位置上不相同吗？$\alpha=0.05$。

练习 15.56 的数据 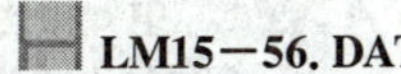 LM15-56. DAT

样本总体 1	样本总体 2
1.2	1.5
1.9	1.3
0.7	2.9
2.5	1.9
1.0	2.7
1.8	3.5
1.1	

概念运用：

15.57 发表在《商业通讯杂志》(1985 年) 上的研究发现：在处理复杂的群体问题时，电视、电话会议可能比面对面会议更有效。10 个组，每组 4 个人，被随机安排一种会议(电视、电话会议或面对面会议)，来解决两个复杂问题中的一个。结束一个问题后，同一组被安排另一种会议形式，去解决另外一个问题。每个问题被每一组解决的百分数结果见下表。

练习 15.57 的数据  FACEVT. DAT

组别	面对面会议	电视、电话会议
1	65%	75%
2	82	80
3	54	60
4	69	65
5	40	55
6	85	90
7	98	98
8	35	40
9	85	89
10	70	80

a. 此问题用的试验设计的类型是什么？

b. 详述零假设和备择假设，用来确定数据是否有充分理由表明电视、电话会议比面对面会议更有效。

c. 检验 b 中的假设。$\alpha=0.05$。

d. c 中检验的 p 值约为多少？

15.58 按照国家饮食协会的报道，汉堡包是美国销售排名第一的快餐食品。一名经济学家为了研究美国人购买快餐食品的习惯，他雇佣大学生站在波士顿附近的两家麦当劳餐厅外，询问离开餐厅的顾客午餐用在汉堡包上的费用是否多于 \$2.25。20 个人回答说“少于”；50 个人回答“多于”；10 个人拒绝回答。

a. 是否有充足的理由得出结论：顾客午餐花费在麦当劳汉堡包上的费用的中位数少于 \$2.25。

b. 你的结论适用于所有午餐在麦当劳吃汉堡包的美国人吗？

c. 什么条件才能保证你在 a 中检验的有效性？

15.59 一名经济学家想了解 3 个不同地区——市内、郊区和农村的学校的税率是否不同。随机抽取样本，得到的数据见下表(单位：1mill＝ \$1/1000)。数据是否表明以上 3 个不同地区的税率水平不同？$\alpha=0.05$。

练习 15.59 的数据 PROPTAX. DAT

市内	郊区	农村
4.3	5.9	5.1
5.2	6.7	4.8
6.2	7.6	3.9
5.6	4.9	6.2
3.8	5.2	4.2
5.8	6.8	4.3
4.7		

15.60 某州高速公路巡逻队希望了解他们巡逻的频率是否会减少违章超速驾驶者的数目。选取两条相似的州际高速公路作为研究对象——一条高速公路频繁巡逻，而另一条偶尔巡逻。一个月后，每条高速公路上随机抽取 100 辆汽车，违章超速驾驶者被记录下来。这个过程随机重复了 5 天。数据见下表。

练习 15.60 的数据  HWPATROL. DAT

天数	高速公路 1(频繁巡逻)	高速公路 2(偶尔巡逻)
1	35	60
2	40	36
3	25	48
4	38	54
5	47	63

a. 是否有充足的理由得出结论：巡逻频繁的高速公路违章超速驾驶者的数目(每 100 辆汽车中)，是否少于偶尔巡逻的高速公路？$\alpha=0.05$。

b. 利用 $\alpha=0.05$ 的成对 t 检验比较这两条高

速公路每 100 辆汽车违章超速驾驶者的数目总体的均值。必须满足什么假设条件，才能使检验过程有效？

15.61 研究人对一种新止痛药的反应时间的长短做试验，用以下方式进行。随机选取的试验者以随机的时间和顺序分别服用阿斯匹林(x)和这种新的止痛药(y)，然后分别记录他或她感到疼痛消除所用的时间的长度(以分钟记)。试验数据在下表列出。数据是否有充足的理由表明：服用阿斯匹林疼痛消除所用时间长度的概率分布，位于服用新止痛药疼痛消除所用时间长度的分布的右侧？

练习 15.61 的数据　　**PAINKILL. DAT**

试验对象	x	y
1	15	7
2	20	14
3	12	13
4	20	11
5	17	10
6	14	16
7	17	11

15.62 练习 10.76 描述了由明尼苏达州运输部门承担的一项新的对运动中称重的刻度研究。卡车本身的重量与通过"运动称重仪器"称出的重量这两个统计量之间的关系，可用 Pearson 乘积矩相关系数来度量。数据(单位：千磅)见下表。

练习 15.62 的数据　　**TRUCKWTS. DAT**

卡车	卡车本身的重量 x	刻度调整前的仪器称重重量 y_1	刻度调整后的仪器称重重量 y_2
1	27.9	26.0	27.8
2	29.1	29.9	29.1
3	38.0	39.5	37.8
4	27.0	25.1	27.1
5	30.3	31.6	30.6
6	34.5	36.2	34.3
7	27.8	25.1	26.9
8	29.6	31.0	29.6
9	33.1	35.6	33.0
10	35.5	40.2	35.0

a. 计算表中 x 与 y_1、x 与 y_2 之间的 Spearman 秩相关系数。请解释这个问题的计算结果。将结果与练习 10.76 中 c 相比较。

b. 在此问题中，什么条件才能导致 Spearman 秩相关系数恰好为 1？恰好为 0？请解释。

15.63 一个试验用来比较两种印刷字体 A 和 B，决定是否字体 A 要比字体 B 更容易阅读。10 个测试者被随机分成个数相同的两组。每个测试者都阅读相同的材料，一组的材料用字体 A 印刷，另一组的材料用字体 B 印刷。每个测试者阅读材料的时间(秒)见下表。

练习 15.63 取数据　　**PRINTAB. DAT**

字体 A	95	122	101	99	108
字体 B	110	102	115	112	120

数据是否有充足的理由得出结论：字体 A 更容易阅读？$\alpha=0.05$。

15.64 参考以上练习 15.63。检验如下假设：字体 A 概率分布的中位数超过 100 秒。对字体 B 进行同样的假设检验。两个检验的显著性水平都用 $\alpha=0.05$。

15.65 假设一家公司希望研究个性与领导之间的关系。选择 4 个不同个性的领导(1～4)。然后，从每个领导所领导的小组中选取员工对其领导进行评价。评价尺度从 1 到 20 (20 表示非常受欢迎)。评价结果见下表。

练习 15.65 的数据　　**SUPER4. DAT**

1	2	3	4
20	17	16	8
19	11	15	12
20	13	13	10
18	15	18	14
17	14	11	9
	16		10

a. 可以利用什么类型的试验设计？确定出试验设计的关键元素：反应、因子、因子类型、处理和试验单位。

b. 检验并决定是否有证据表明：4 个不同个性的领导的评价分布至少有两个不同，显著性水平 $\alpha=0.05$。

c. 什么条件才能保证检验的有效性？

d. 检验的结果可以进一步进行成对数据比较吗？如果可以，比较所有概率分布成对情形。显著性水平 $\alpha=0.05$。4 个领导中是否有 1 个领导最受欢迎？

15.66 大学通常接受公司、基金、个人和校友的礼物与捐赠。一所大学接受校友的捐赠水平的上升和下降,经常引起人们的关注与争议。下表中的数据是从美国重点大学中随机抽取的,最近一年所接受捐赠的总的增加金额。除此之外,还列出校友捐赠所占的比例。

练习 15.66 的数据 HIGHERED. DAT

大学	捐赠总和	校友捐赠所占的比例
哈佛	$323406242	47.5%
耶鲁	199646606	54.6
康奈尔	198736229	56.2
威斯康里	164349458	17.4
密歇根	145757642	45.4
宾夕法尼亚	135324761	34.3
伊利诺斯	116578975	36.6
普林斯顿	103826392	53.2
布朗	102513437	34.7
西北大学	101041213	27.3

资料来源:*The Chronicle of Higher Education*, Sept. 2, 1996, p. 27.

a. 数据是否表明总的增加金额与校友的贡献是相关的?在显著性水平 $\alpha=0.05$ 下检验。

b. 什么条件必须满足,才能保证你所进行检验的有效性?

15.67 象鼻虫(Weevils)每年都会对棉花作物造成价值百万美元的损失。专门研制了用来对付象鼻虫的两种化学药剂(A 和 B),两块棉花农田分别使用两种药剂。3 个月后,10 块使用被随机设计成相同大小的棉花试验区域中的棉花被象鼻虫损害的记录见下表。附表中的数据是否有足够的证据表明:相应两种药剂的所形成的棉花损失比率的分布在位置上不同?显著性水平 $\alpha=0.05$。

练习 15.67 的数据 WEEVIL. DAT

A		B	
10.8	9.8	22.3	20.4
15.6	16.7	19.5	23.6
19.2	19.0	18.6	21.2
17.9	20.3	24.3	19.8
18.3	19.4	19.9	22.6

15.68 许多水处理设备都利用氟矽化物酸来控制水中自然氟化物的浓度,以便达到饮用水中自然氟化物的浓度标准。饮用水中一定量的自然氟化物可以增进牙齿的健康,但自然氟化物的浓度太高则会造成危险。假设一家水处理厂,在处理饮用水时,要求的氟化物浓度处理标准为 0.75 毫克/升。该厂每天随机抽查 25 个样本,依此样本来确定测得样本的中位数是否不同于目标值。

a. 建立假设检验的零假设和备择假设。

b. 给出显著性水平 $\alpha=0.10$ 下检验的统计量和拒绝域。

c. 解释此题检验过程中第 I 类错误和第 II 类错误的含义。

d. 假定一天的样本有 18 个值超过了标准 0.75 毫克/升。进行假设检验,给出合适的结论。

e. 当向此家水处理厂的管理者建议可以利用 t 检验来对日数据进行假设检验时,她回答自然氟化物浓度的概率分布"向右倾斜很多"。用图形把管理者的意思表述出来,并且解释为什么此时符号检验比 t 检验更有效。

15.69 一家旅馆为了解决顾客预定周末的房间但又不履行预定(未入住)的问题,特制定了一种新的预定和处置制度,希望减少不履行预定的次数。新制度执行一年后,管理者计算新制度同老制度相比较后的效果。下表中的数据表示 10 个非假期周末在新制度执行前后顾客不履行预定的次数。新办法对改进问题有效吗?在显著性水平 $\alpha=0.05$ 下进行检验。

练习 15.69 的数据 NOSHOWS. DAT

执行前		执行后	
10	11	4	4
5	8	3	2
3	9	8	5
6	6	5	7
7	5	6	1

15.70 一制造厂家希望确定员工生产的次品是否随着工作时间的增加而增加。在生产员工不知道被调查的情况下,对他们在生产中的每道工序都进行了一天的详细监测,按小时细分的次品率被整理出来。数据结果见附表。是否有证据表明在一天中,员工生产的次品率随着工作时间的增加而增加?在显著性水平 $\alpha=0.05$ 下进行检验。

练习 15.70 的数据  DEFECTS. DAT

小时	次品率
1	0.02
2	0.05
3	0.03
4	0.08
5	0.06
6	0.09
7	0.11
8	0.10

15.71 一家公司的人事经理，在对应聘者的背景一无所知的情况下，对 6 名求职者进行了面试，然后按 1 到 10 分的标准对应聘者打分。另外，人事部总监独立地对这 6 名应聘者的背景材料按同样 10 分的标准进行评价。结果见下表。对数据进行分析，问是否可以表明应聘者的背景材料分与他们在面试时的表现得分是相关的？在显著性水平 $\alpha=0.10$下进行检验。

练习 15.71 的数据 INTRVIEW. DAT

应聘者	资格	面试表现
1	10	8
2	8	9
3	9	10
4	4	5
5	5	3
6	6	6

15.72 一家储蓄贷款社计划在一大城市中选取 3 处地点作为潜在的营业网点。公司雇佣市场调查人员对住在这 3 个地点附近的居民的生活收入进行了比较。市场调查人员对每个区域随机抽取 10 户，分别调查他们的工作性质、工作时间和家庭中哪些人在工作等等。这些信息可以帮助估计每户的年收入，估计结果见下表(单位按千美元计)。

练习 15.72 的数据 OFFICES. DAT

地点 1		地点 2		地点 3	
34.3	36.2	39.3	42.2	34.5	38.3
35.5	43.5	45.5	103.5	29.3	43.3
32.1	34.7	50.2	47.9	37.2	36.7
28.3	38.0	72.1	41.2	33.2	40.0
40.5	35.1	48.6	44.0	32.6	35.2

a. 可以利用什么类型的试验设计？

b. 利用合适的非参数检验方法对此问题进行检验。详述假设并对检验结果进行解释。显著性水平 $\alpha=0.05$。

c. 检验的结果可以进一步进行成对数据比较吗？如果可以，比较所有概率分布成对情形。显著性水平 $\alpha=0.05$。解释所得的检验结果。

d. 什么条件才能保证你所用非参数检验过程及结果的有效性？如果希望使用合适的参数检验方法对此问题进行检验，那么必须满足什么条件？

15.73 《会计教育杂志》对在重点大学中与提升和终身职位有关的各种重要影响因素，调查了会计学教授们的观点。150 名具有博士学位的大学教授对通讯问卷进行了回答。通讯问卷要求教授们对如下问题进行回答：

(1)你所在大学中与提升和终身职位有关的 20 种实际重要影响因素。

(2)你认为在大学中与提升和终身职位有关的 20 种理想重要影响因素。回答从“不重要”到“非常重要”按 5 分制进行评分。将评分结果按平均得分进行排序，排序结果见下表。试计算数据之间的 Spearman 秩相关系数。并认真解释这个问题的计算结果。

练习 15.73 的数据

TENURE. DAT

影响因素	实际	理想
Ⅰ. 教学方面(及相关因素):		
教学表现	6	1
对学生的指导	19	15
学生的批评/表扬	14	17
Ⅱ. 研究方面		
论文发表数	1	6.5
论文的质量	4	2
相关出版物:		
a) 应用研究	5	4
b) 理论实证	2	3
c) 教学基础	11	8
专业会议论文数	10	12
杂志编辑或评论	9	10
其他(教材等)	7.5	11
Ⅲ. 服务与专业交流		
专业服务	15	9
学术获奖	7.5	6.5
社团服务	18	19
大学服务	16	16
大学合作交流	12	13
Ⅳ. 其他:		
获得学位	3	5
专业认证	17	14
咨询活动	20	20
基金申请	13	18

资料来源:Campbell, D. K., Gaertner, J., and Vecchio, R. P. "Perceptions of promotion and tenure criteria: A survey of accounting educators." *Journal of Accounting Education*, Vol. 1, Spring 1983, pp. 83—92.

第 16 章

属性数据分析

本章内容

统计实践

16.1. 计算机技术和应用中的道德准则

我们已经学过的

在前几章中,我们研究了一些分析多种类型数据的统计方法。这些统计方法除了部分适合于定量或定性数据类型的总体外,第 7～9 章和第 14章所讲的大多数方法只适合于数据为定量随机变量的总体。第 10 章和第 11 章介绍的回归模型,是对自变量为定性或定量数据,而因变量为定量数据的预测。第 15 章介绍了非参数统计方法。

我们将要学习的

在本章中,我们将讨论适用于一类特殊的定性数据的统计方法。回忆第 4 章 n 重试验的二项分布,每一次试验有两种可能的结果,这样,我们可将所有数据分成两类。在本章中,我们将要考虑如何分析两类或两类以上的属性数据。

16.1 属性数据与多重试验

回顾 1.5 节中的定性变量的观察,它们只能进行分类。例如,研究售货员每人所受的最高教育水平。教育水平是定性变量,每个售货员必将属于且惟一属于下面 5 种分类之中的一类:高中肄业、高中毕业、大专、大学毕业和研究生毕业。分别计算属于每一类的人数可以得到分类的结

果。两种结果中取一种结果的数据(如:是或否,成功或失败,喜欢或不喜欢,等等),可以用第 4.4 节中讨论的二项分布来分析。但是,像上述受教育水平的定性数据,在一次试验中有多于两个的结果,这种情形在实际应用中更加普遍,这些数据必须用不同的方法进行分析。

落入两种以上类型的定性数据来自于多重试验。包含 k 个结果的多重试验的性质在下表中列出,大家可以看出,第 4 章中讨论的二项分布是多重试验 $k=2$ 时的特例。

多重试验的性质

1. 试验在同样的条件下重复 n 次。
2. 每次试验有 k 个结果。
3. k 个结果发生的概率,分别用 $p_1, p_2, \cdots, p_k$ 表示,且 $p_1+p_2+...+p_k=1$。
4. 每次试验是相互独立的。
5. 随机变量 $n_1, n_2, ..., n_k$ 的取值分别表示试验观测落入 k 类结果中每一类的个数。

例 16.1

考虑一家大公司 100 名售货员每人获得的最高教育水平。假如我们将受教育水平分成 5 类——高中肄业、高中毕业、大专、大学毕业和研究生毕业,计算属于每一类的售货员人数,这可以看作一个多重试验吗?

解答:对照上表中多重试验的 5 个性质,我们有:

1. 试验包含 100 次重复试验,每次试验确定一名售货员的最高教育水平。
2. 5 种教育水平分类,对应 5 种可能试验结果,即 $k=5$。
3. 这 5 种可能的结果的概率,p_1, p_2, p_3, p_4 和 p_5,每次试验都保持相同。其中,p_i 表示一名售货员获得教育水平 i 的概率。
4. 试验是相互独立的。即一名售货员获得的教育水平并不影响其他人获得的教育水平。
5. 我们感兴趣的是落入 5 种类别的售货员的人数,分别用 n_1, n_2, n_3, n_4 和 n_5 表示。

所以,多重试验的性质是满足的。

在本章中,我们关心的是属性数据——特别是多重试验结果中每一类数据的分析。在 16.2 节,我们将要学习按单个定性变量(或属性变量)分类的数据的分类概率进行推断的问题。在 16.3节,我们考虑按两个定性变量分类的数据的分类概率进行推断的问题。推断使用的统计量是近似 χ^2 分布(卡方分布)。

16.2 分类概率的检验:单向表

在这一节里,我们考虑按照单个定性度量分类的包含 k 个结果的多重试验。这种试验的结果可以总结为单向表。我们特别希望根据单向表中的样本信息推断出 k 种类别实际的百分比。

为了解释清楚,假设一家大型超级连锁店,通过调查顾客购买某种品牌面包的记录,来推断消费者的偏好。这家连锁店有 3 种品牌的面包——2 种主要的品牌(A 和 B)以及商店自身的品牌,随机抽取 150 个购买面包的消费者,将他们每人偏好某种品牌面包的数据制成表格,结果见表 16.1。

表 16.1　消费者偏好调查

A	B	商店
61	53	36

注意到消费者偏好调查数据满足多重试验的性质，试验的定性变量是面包的品牌。试验包含随机样本 $n=150$，样本总体(顾客)中，喜欢A品牌面包的比例为 p_1，喜欢B品牌面包的比例为 p_2，喜欢商店品牌面包的比例为 p_3，每个面包购买者的购买行为，表示一个3种结果中取一的试验：消费者分别以概率 p_1，p_2 和 p_3 喜欢品牌A、B或商店品牌(假设每个消费者都有一种偏好)。购买者喜欢任意一种品牌都不影响其他购买者的偏好；从而，试验是独立的。最后，可得到3种消费偏好分类的数据。所以，以上调查满足多重试验的性质。

在消费偏好的调查中，同大多数多重试验的实际应用一样，k 个结果的概率 $p_1, p_2, \cdots, p_k$ 是未知的，我们希望利用调查的数据推断出它们的值。在消费偏好的调查中，未知的概率分别为

p_1＝所有购买者中喜欢品牌A的比例

p_2＝所有购买者中喜欢品牌B的比例

p_3＝所有购买者中喜欢商店品牌的比例

比如，为了确定消费者是否对任一品牌都有相同的偏好，我们要检验原假设：3种品牌面包偏好相同(即 $p_1=p_2=p_3=1/3$)，相应的备择假设为：一种品牌是特别偏好的(即 p_1，p_2，p_3 中至少有一个超过1/3)。这样，我们希望检验如下假设

H_0：$p_1=p_2=p_3=1/3$(无偏好)

H_a：至少有一个超过1/3(存在偏好)

如果零假设为真，即 $p_1=p_2=p_3=1/3$，偏好品牌A的消费者人数的期望值(均值)为：

$$E(n_1)=np_1=n\times\frac{1}{3}=150\times\frac{1}{3}=50$$

同理，在零假设为真，不存在偏好的条件下，$E(n_2)=E(n_3)=50$。

下面的检验统计量——卡方检验——可以测量数据与零假设之间的差异程度：

$$\chi^2=\frac{[n_1-E(n_1)]^2}{E(n_1)}+\frac{[n_2-E(n_2)]^2}{E(n_2)}+\frac{[n_3-E(n_3)]^2}{E(n_3)}$$

$$=\frac{(n_1-50)^2}{50}+\frac{(n_2-50)^2}{50}+\frac{(n_3-50)^2}{50}$$

注意到观察值，n_1、n_2 和 n_3 离各自的期望值(50)越远，χ^2 将变的越大。这就表明，较大的 χ^2 值意味着零假设是错误的。

我们知道，在决定数据是否表明存在偏好之前，重复抽样可以采取 χ^2 分布。当 H_0 为真时，χ^2 近似服从8.7节和15.4节的近似卡方分布。对上述单变量分类问题，χ^2 分布的自由度为k－1①。当 $\alpha=0.05$ 时，$df=k-1=3-1=2$ 的消费者偏好调查的拒绝域为

拒绝域：$\chi^2>\chi^2_{0.05}$

其中，$\chi^2_{0.05}$ 的值可从附录B中的表Ⅶ查得为5.99147(见图16.1)。统计量的计算值为

$$\chi^2=\frac{(n_1-50)^2}{50}+\frac{(n_2-50)^2}{50}+\frac{(n_3-50)^2}{50}$$

$$=\frac{(61-50)^2}{50}+\frac{(53-50)^2}{50}+\frac{(36-50)^2}{50}=6.52$$

由于计算值 $\chi^2=6.52$ 大于临界值5.99147，我们可以推断，在显著水平 $\alpha=0.05$ 的情况下，确实存在某一或更多的面包品牌的消费者偏好。

---

① χ^2 自由度的计算与计数数据的线性约束有关，在这种情况下，事先只给定惟一的一个约束条件 $\sum n_i=n$(n：样本大小)，所以，df＝k－1。其他情形，有兴趣的读者可参考其他更详细的文献。

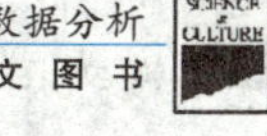

图 16.1　消费偏好调查的拒绝域

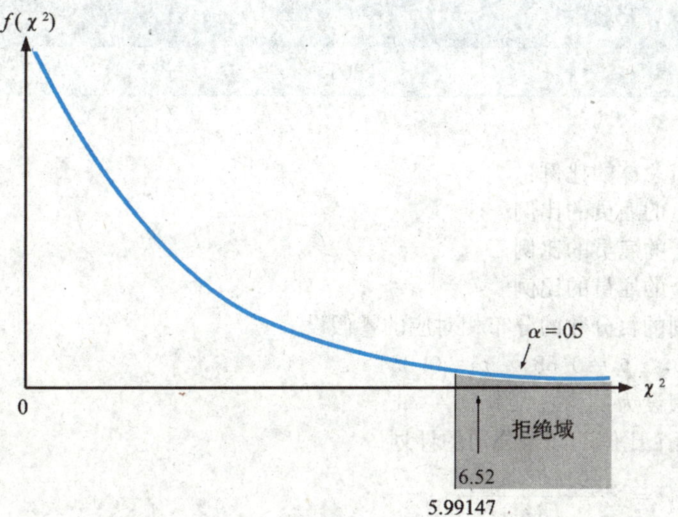

既然我们有理由表明比例 p_1，p_2 和 p_3 不相等，所以我们可以采用 7.3 节的方法，来推断它们的具体值。[注意：我们不能采用 9.3 节的比较两个比例的方法，因为单元格中的量是相关的随机变量]。关于多重概率假设检验的一般形式总结如下。

多重概率的假设检验：单向表

H_0：$P_1=P_{1,0}$，$P_2=P_{2,0}$，... $P_k=P_{k,0}$

其中，$P_{1,0}$，$P_{2,0}$，... $P_{k,0}$ 分别表示多重概率的假设值。

H_a：至少有一个多重概率不等于它的假设值

统计量：$\chi^2=\sum\frac{[n_i-E(n_i)]^2}{E(n_i)}$

其中，$E(n_i)=np_{i,0}$ 是单元格的期望值即 H_0 为真时，第 i 类结果的期望数。总样本大小为 n。

拒绝域：$\chi^2>\chi^2_\alpha$

其中，χ^2_α 的 df$=k-1$

假设：1. 必须满足多重试验的条件。

2. 每个单元格的样本大小 n 应尽量大，每个单元格样本的期望值 $E(n_i)$ 至少为 5。①

例 16.2

一家大公司建立了一套每年增加雇员薪金的客观评价系统。此系统是基于管理者对每个雇员的一系列评价得分。得分超过 80 分的雇员可以获得额外奖金，50～80 分的雇员得到基本奖金，50 分以下的雇员没有奖金。公司确定如下计划：平均来说，25％的雇员将得到额外奖金，65％的得到标准奖金，10％的没有奖金。经过一年的运作，600 名公司雇员的奖金发放情况见表 16.2。在 $\alpha=0.01$ 水平下，检验这些数据的分布是否与公司设定的比例有显著差异。

① 所有样本点数的期望至少为 5 的假设是为了保证 χ^2 分布近似的合理性，对于期望较小的样本点的假设检验的精确方法超出了本书的范围。

表 16.2 雇员薪金增加的分布

没有奖金的雇员数	标准奖金的雇员数	额外奖金的雇员数
42	365	193

解答：

定义三类雇员总体的比例：

p_1＝没有奖金的雇员的比例

p_2＝标准奖金的雇员的比例

p_3＝额外奖金的雇员的比例

于是公司计划的百分数的分布相对应的零假设

$H_0: p_1=0.10,\quad p_2=0.65,\quad p_3=0.25$

相应的备择假设为：

H_a：至少有两个比例不同于公司的计划。

检验统计量：$\chi^2=\sum\frac{[n_i-E(n_i)]^2}{E(n_i)}$

其中

$$E(n_1)=np_{1,0}=600\times0.10=60$$
$$E(n_2)=np_{2,0}=600\times0.65=390$$
$$E(n_3)=np_{3,0}=600\times0.25=150$$

由于所有值都大于 5，所以可以采用 χ^2 分布近似

拒绝域：对 $\alpha=0.01$，$df=k-1=2$，如果 $\chi^2>\chi^2_{0.01}$，拒绝 H_0

从附录 B 中的表 XII 查得 $\chi^2_{0.01}$ 为 9.21034。

我们可以计算检验统计量：

$$\chi^2=\frac{(42-60)^2}{60}+\frac{(365-390)^2}{390}+\frac{(193-150)^2}{150}=19.33$$

这个值超过了临界值 $\chi^2_{0.01}=9.21034$；所以，数据提供了充足的证据（$\alpha=0.01$）证明公司实际支付的分布与计划分布不同。

χ^2 检验也可利用现成的统计软件包进行。图 16.2 显示的是用 EXCEL 分析表 16.2 的数据所得结果的一部分；注意检验的 p 值是 0.0000634664。由于 $\alpha=0.01$ 大于 p 值，所以有充分的理由拒绝 H_0。

图 16.2 表 16.2 数据的 EXCEL 分析结果表

χ^2	p 值
19.33	6.34664E−05

如果我们关注多重试验的一个特定的结果，我们可以采用 7.4 节针对二项总体，建立任一多重概率置信区间的方法。例如，如果想得到该公司在新系统下，公司雇员将得到额外奖金 95％的置信区间，可以计算得到：

$$\hat{p}_3\pm1.96\sigma_{\hat{p}_3}\approx\hat{p}_3\pm1.96\sqrt{\frac{\hat{p}_3(1-\hat{p}_3)}{n}}=0.32\pm1.96\sqrt{\frac{0.32\times(1-0.32)}{600}}=0.32\pm0.04$$

其中，$\hat{p}_3=\frac{n_3}{n}=\frac{193}{600}=0.32$

这样，我们估计公司 28％～36％之间的雇员在新计划下都能得到额外奖金，这表明公司应该提高获得额外奖金的标准，以符合 25％的计划比例。

练习 16.1～16.15

技能训练：

16.1 求出下列对应于 $p_1, p_2, \ldots, p_k$ 零假设的一维 χ^2 检验的拒绝域，如果

a. $k=3$；　$\alpha=0.05$

b. $k=5$；　$\alpha=0.10$

c. $k=4$；　$\alpha=0.01$

16.2 多重试验的性质是什么？请与二重试验的性质相比较。

16.3 n 必须满足什么条件，才能使 χ^2 检验有意义？

16.4 一个 $k=3, n=320$ 的多重试验得出的数据见下表。有足够的理由拒绝零假设：$p_1=0.25, p_2=0.25, p_3=0.50$ 吗？显著性水平 $\alpha=0.05$。

练习 16.4　的表

	1	2	3
n_i	78	60	182

16.5 一个 $k=4, n=205$ 的多重试验得出的数据见下表。

练习 16.5　的表

	1	2	3	4
n_i	43	56	59	47

a. 数据有足够的理由推断多重概率不同吗？显著性水平 $\alpha=0.05$。

b. 检验 a 的第 I 类和第 II 类错误是什么？

16.6 参考练习 16.5。求出对应于单元格 3 的多重概率的 95%的置信区间。

概念应用：

16.7 M&M 公司的原味巧克力糖果有 6 种颜色：棕色、黄色、红色、橙色、绿色和蓝色。按照制造商(Mars, Inc)的规定，每一个大的生产车间生产的上述糖果颜色的比例分别是 30%，20%，20%，10%和 10%。为了检验这个标准，明尼苏达州 Carleton 学院的一位教授让学生计算出一袋"开心装"中 370 粒糖果的颜色(《统计教学》*Teaching Statistics*, Spring, 1993)结果如下表：

练习 16.7 的数据　 M&M. DAT

棕色	黄色	红色	橙色	绿色	蓝色	总计
84	79	75	49	36	47	370

资料来源：Johnson, R. W. "Testing colour proportions of M&M's." *Teaching Statistics*, Vol. 15, No 1, Spring 1993, p. 2. (Table 1)

a. 假设生产车间声明的百分数是准确的，计算每一类糖果数量的期望。

b. 计算检验生产车间声明的 χ^2 值。

c. 对假设进行检验以确定颜色真的百分数是否与生产者声明的百分数有显著不同。显著性水平 $\alpha=0.05$。

16.8 *Bon Appetit* 杂志抽出 200 名读者，调查他们对 4 种蔬菜——比京芽菜，秋葵菜，菜豆，花椰菜——最喜欢哪一种，结果(引自 Adweek, 2000)见下表。记 p_1, p_2, p_3 和 p_4 分别表示 *Bon Appetitd* 的读者对比京芽菜，秋葵菜，菜豆和花椰菜的偏好的比例。

练习 16.8　的数据　BONAPP. DAT

比京芽菜	秋葵菜	菜豆	花椰菜
46	76	44	34

a. 如果 *Bon Appetit* 的读者对四种蔬菜没有特别偏好，p_1, p_2, p_3 和 p_4 的值为多少？

b. 叙述检验 *Bon Appetit* 的读者对四种蔬菜至少偏好一种的零假设和备择假设。

c. 对 b 中描述的假设进行检验，显著性水平 $\alpha=0.05$。对此问题给出你的结论。

d. 什么条件必须满足，以保证你在 c 中所作的检验的有效性？在这个问题的应用中，哪一个假设必须特别关注？

16.9 为了研究消费者对美国医疗改革的意见，来自密歇根大学的研究者调查了 500 家美国住户(《消费期刊》*Journal of Consumer Affairs*, Winter, 1999)，每家户主都被问及是否赞成、中立或反对"国家健康保险计划"，此计划对所有美国人都适用。434 份有效回答数据总结在下表，STATISTIX 软件对此数据分析的结果也同时给出。

练习 16.9 的数据　HEALTH. DAT

赞成	中立	反对
234	119	81

资料来源：Hong, G., and White-Means, S. "Consumer Preferences for Health Care Reform." *Journal of Consumer Affairs*, Vol. 33, No 2, Winter 1999, pp. 237-253.

练习 16.9 STATISTIX 的分析结果

```
MULTINOMIAL TEST

HYPOTHESIZED PROPORTIONS VARIABLE: HYPPROP
OBSERVED FREQUENCIES VARIABLE:     NUMBER

         HYPOTHESIZED    OBSERVED    EXPECTED     CHI-SQUARE
CATEGORY  PROPORTION    FREQUENCY   FREQUENCY    CONTRIBUTION
   1       0.33333         234        144.67         55.16
   2       0.33333         119        144.67          4.55
   3       0.33333          81        144.67         28.02

OVERALL  CHI-SQUARE  87.74
P-VALUE              0.0000
DEGREES OF FREEDOM      2
```

a. 是否有充足的理由推断:对"国家健康保险计划"赞成、中立或反对的意见不是平均的。$\alpha=0.01$

b. 求出赞成"国家健康保险计划"家庭户主比例的 95%的置信区间。

16.10 干扰素是帮助人体抵抗感染、调节免疫系统的蛋白质,是人体自然的产物。一种从干扰素中提炼出的药物叫 Avonex,现在正用来治疗多发性硬化症(MS)病人。在临床研究中,85 例 MS 病人接受了每周一次注射 Avonex 的治疗,一直持续两年多时间。每个病人恶化(突然发作)的次数被记录下来,经整理的数据见下表。对于经过两周时间安慰剂治疗的 MS 病人,以往的研究表明:26%的病人没有发作,30%的病人 1 次发作恶化,11%的病人 2 次发作,14%的病人 3 次发作,19%的病人 4 次或更多次发作。

练习 16.10 的数据 AVONEX. DAT

病人突然发作次数	病人数
0	32
1	26
2	15
3	6
4 次以上	6

资料来源:*Biogen, Inc*,. 1997

a. 对假设进行检验以确定接受了每周一次注射 Avonex 的治疗的 MS 病人的分布是否与经过两周时间安慰剂治疗 MS 病人的分布有显著不同。显著性水平 $\alpha=0.05$。

b. 求出接受两年多时间每周一次注射 Avonex 的治疗的 MS 病人真百分数的 95%的置信区间。

c. 参考 b。是否有证据表明注射 Avonex 的治疗的 MS 病人是否比经过安慰剂治疗的 MS 病人更不容易发作。解释原因。

16.11 *Inc. Technology*(Mar. 18, 1997)上登载了一篇调查报告。1996年,Equifax/Harris 消费者调查公司 328 名互联网用户对以下问题:"政府应该对互联网上的信息和用户之间的交易进行监控,以免欺诈和其他违法行为的发生"的赞成程度进行了调查。被调查用户的回答总结如下表。

练习 16.11 的数据  GOVWEB. DAT

非常同意	部分同意	部分不同意	非常不同意
59	108	82	79

a. 详述零假设和备择假设,用来确定持 4 类不同意见的互联网用户人数是否有明显地差异。

b. 对 a 中描述的假设进行检验,显著性水平 $\alpha=0.05$。

c. 解释此题检验过程中第 I 类错误和第 II 类错误的含义。

d. 什么条件才能保证你在 b 中检验过程及结果的有效性?

16.12 超级市场扫描收款机的数据可以用来研究分析消费者的购买方式和购买偏好。研究者经常研究家庭样本的购买数据——称为 Scanner Panel 。这些家庭每户都有一张确定身份的磁卡,当他们在超级市场购货时,购货数据会自动分类加总。市场研究人员最近研究分析发现:家庭购买行为的 Panel 数据依赖于家庭在同一家超市购货的总数(《市场研究》*Marketing Research*, Nov. 1996)。下表中列出的数据表示:由 A. C. Nielsen 公司收集的在 Sioux Falls, SD 的 2500 户家庭,在 102 个星期内,购买花生油的数据。表中最后一列表示同期内,花生油在市场中所占的份额。

练习 16.12 的数据　SCANNER. DAT

品牌	大小盎司	住户购买行为的 Panel 数据	市场中所占的份额
Jif	18	3165	20.10%
Jif	28	1892	10.10%
Jif	40	726	5.42%
Peter Pan	10	4079	16.01%
Skippy	18	6260	28.65%
Skippy	28	1627	12.38%
Skippy	40	1420	7.32%

资料来源： 总和 19115 Gupta, S., et. al. "Do household scanner data provide representative inferences from brand choices? A comparison with store data." *Journal of Marketing Research*, Vol. 33, Nov 1996, pp. 393. (Table 6).

a. 数据是否有足够的理由得出结论：家庭购买行为的 Panel 数据是否依赖于家庭在同一家超市购货的总数？显著性水平 $\alpha=0.05$。

b. 什么条件才能保证你在 a 中检验过程及结果的有效性？

c. 求出你在 a 中对此问题检验的近似 p 值，并对结果进行解释。

16.13 每年大约有 130 万美国人受到药物副作用(ADE)的伤害，这是一种无意识的由处方药物造成的伤害。《美国医学学会杂志》(July 5, 1995)的一项研究分析了在波士顿两家医院的 247 例 ADE 病例。研究者发现处方的定量错误(处方用量或药物分发)是非常普遍的。95 名近期由定量错误引起的 ADE 病人的主要原因属性数据结果见下表。对假设进行检验：以确定在"5 种原因"中 ADE 的百分数是否是不同的？显著性水平 $\alpha=0.10$。利用给出 EXCEL 分析结果表做出你的决策。

练习 16.13 的数据　ADE. DAT

错误处方原因	ADE 病例数
1. 缺乏药物知识	29
2. 违规	17
3. 用药量错误	13
4. 遗漏	9
5. 其他	27

练习 16.13　的 EXCEL 分析结果表

原因	ADE
缺乏知识	29
违规	17
用药量错误	13
遗漏	9
其他	27
卡方	16
p 值	0.003019

16.14 教育中的现代教育技术主要是指诸如：电子制表软件，电子数据表，CD-ROMs，视频和演示软件等等。教授在课堂教学中使用以上现代教育技术的频率如何？为了回答这个问题，西密歇根大学的研究者对 306 名大学教员进行了问卷调查(《教育技术》*Educational Technology*, *Mar.*—Apr. 1995)。被调查者要求对以下问题进行回答：你在教学中使用现代教育技术"每周一次"，"每月一次"，或"从不"。被调查者的回答(对每一类的回答人数)结果总结在下表。

练习 16.14 的数据　TECHUSE. DAT

技术	每周一次	每月一次	从不
电子数据表	58	67	181
文字处理	168	61	77
统计软件	37	82	187

a. 确定使用电子制表软件的百分数是否与使用这 3 类回答的百分数不同。在显著性水平 $\alpha=0.01$ 下检验。

b. 对文字处理软件的使用重复过程 a。

c. 对统计软件的使用重复过程 a。

d. 求出在教学中从不使用电子制表软件的教员百分数的 99% 的置信区间。解释此区间。

16.15 运输超载虽然是违法的，但货车运输超载在运输管理中却经常发生。明尼苏达州州立高速公路管理局运用计算机控制的自动装置监控在高速公路上超载货车的运行情况。在司机不知情的情况下，该装置会自动记录经过的货车的载重重量。下表中第一行的数据表示每一天占一星期总的货车运输量(5 吨以上货车)的比例，第二行的数据表示该天超载运输的货车辆数。

练习 16.15 的数据　OVERLOAD. DAT

星期一	星期二	星期三	星期四	星期五	星期六	星期日
0.191	0.198	0.187	0.180	0.155	0.043	0.046
星期一	星期二	星期三	星期四	星期五	星期六	星期日
90	82	72	70	51	18	31

a. 高速公路管理局想了解每天的超载运输货车数是否与该天的货车运输量相关？在显著性水平 $\alpha=0.05$ 下进行检验。

b. 求出 a 中检验的近似 p 值。

16.3 分类概率的检验：二维表（列联表）

在 16.1 节，我们学习了按照单个定性变量标准分类的数据的多维概率分布，现在我们考虑按照两个定性变量分类的数据的多重试验问题，即按两个因素分类的多重试验。

例如，高昂的石油价格迫使消费者关心他们购买的汽车的大小，假设一家汽车制造公司，对汽车的大小与汽车厂的关系非常感兴趣。随机抽取 1000 名近期购买美国制造的汽车的用户，每一个用户按照汽车的大小与制造厂家进行分类，属性数据见表 16.3，这种表称为二维表，也称列联表。它表示按两种尺度或维数，即本例中汽车的大小与制造厂家两个因素进行分类的多重数据。

表 16.3　汽车大小与制造厂家的列联表

		制造厂家				
		A	B	C	D	总计
汽车大小	小型	157	65	181	10	413
	中型	126	82	142	46	396
	大型	58	45	60	28	191
	总计	341	192	383	84	1000

表 16.4a　列联表 16.3 的观测数

		制造厂家				
		A	B	C	D	总计
汽车大小	小型	n_{11}	n_{12}	n_{13}	n_{14}	r_1
	中型	n_{21}	n_{22}	n_{23}	n_{24}	r_2
	大型	n_{31}	n_{32}	n_{33}	n_{34}	r_3
	总计	c_1	c_2	c_3	c_4	n

表 16.4b　列联表 16.3 的概率

		制造厂家				
		A	B	C	D	总计
汽车大小	小型	p_{11}	p_{12}	p_{13}	p_{14}	p_{r1}
	中型	p_{21}	p_{22}	p_{23}	p_{24}	p_{r2}
	大型	p_{31}	p_{32}	p_{33}	p_{34}	p_{r3}
	总计	p_{c1}	p_{c2}	p_{c3}	p_{c4}	1

表 16.3 中每个单元——每行和每列用一般符号表示的多重试验表见表 16.4a；对应每个单元的概率见表 16.4b。这样，n_{11} 表示购买制造厂家 A 生产，小型汽车的用户数，p_{11} 表示相应单元的概率。注意每行和每列的符号，以及每行和每列概率求和的符号，后者称为每行和每列边缘概率。边缘概率 p_{r1} 是小型汽车购买的概率，p_{c1} 表示车是由厂家 A 制造的概率，这样，

$$p_{r1}=p_{11}+p_{12}+p_{13}+p_{14} \text{ 和 } p_{c1}=p_{11}+p_{21}+p_{31}$$

同样，我们可以知道这的确满足一个 1000 次多重试验的条件，12 个单元和可能的结果，每个

单元的概率见表 16.4b。如果这 1000 名近期购买用户是随机抽取的，那么试验可认为是独立的，概率在每次试验中都保持常数。

假如我们想知道汽车制造厂家与汽车大小两类之间是否是互相依赖的，即如果我们知道了一个顾客想购买汽车的大小，那么是否从中给我们启示他想购买哪家制造厂家的汽车。从第 3 章，我们知道，若两事件 A 和 B 相互独立，则意味着 $P(AB)=P(A)P(B)$。类似地，在列联表分析中，如果两类独立，每一单元格的概率是相应两个边缘概率的乘积。因此，在独立的假设之下，对表格 16.4b，我们有

$p_{11}=p_{r1}p_{c1}$ 和 $p_{12}=p_{r1}p_{c2}$

为了检验独立性假设，我们可仿效 16.2 节中单维假设检验的过程。首先，在假设零假设为真的条件下，计算期望值(或均值)，计算每个单元格的数目。注意到，表格中每个单元的期望数正好等于多重试验的总次数 n 乘以此单元相应的概率。记 n_{ij} 表示任于第 i 行和第 j 列的单元的观测数目。所以，左上角单元(第一行，第一列)的期望值为

$$E(n_{11})=np_{11}$$

即，当零假设(分类是独立的)为真时

$$E(n_{11})=np_{r1}p_{c1}$$

由于这些概率都是未知的，我们用比例 $\hat{p}_{r1}=r_1/n$ 和 $\hat{p}_{c1}=c_1/n$ 来估 p_{r1} 计和 p_{c1}，所以，我们对 $E(n_{11})$ 的估计值为

$$\hat{E}(n_{11})=n(\frac{r_1}{n})(\frac{c_1}{n})=\frac{r_1c_1}{n}$$

同样地，对于 i 或 j，我们有

$$\hat{E}(n_{ij})=\frac{(\text{行总计})(\text{列总计})}{\text{总样本大小}}$$

这样，

$$\hat{E}(n_{12})=\frac{r_1c_2}{n}$$

……

……

$$\hat{E}(n_{34})=\frac{r_3c_4}{n}$$

利用表 16.3 中的数据，我们有

$$\hat{E}(n_{11})=\frac{r_1c_1}{n}=\frac{413\times341}{1000}=140.833$$

$$\hat{E}(n_{12})=\frac{r_1c_2}{n}=\frac{413\times192}{1000}=79.296$$

……

……

$$\hat{E}(n_{34})=\frac{r_3c_4}{n}=\frac{191\times84}{1000}=16.044$$

观察数据与期望值的估计值(括号里的数)见表 16.5。

表 16.5 观测与期望值的估值(括号中)

		制造厂家				
		A	B	C	D	总计
汽车大小	小型	157 (140.883)	65 (79.296)	181 (158.179)	10 (34.692)	413
	中型	126 (135.036)	82 (76.032)	142 (151.668)	46 (33.264)	396
	大型	58 (65.131)	45 (36.672)	60 (73.153)	28 (16.044)	191
	总计	341	192	383	84	1000

现在,我们利用 χ^2 统计量来比较列联表中每个单元格的观察值与期望值(估计值):

$$\chi^2=\frac{[n_{11}-\hat{E}(n_{11})]^2}{\hat{E}(n_{11})}+\frac{[n_{12}-\hat{E}(n_{12})]^2}{\hat{E}(n_{12})}+\cdots+\frac{[n_{34}-\hat{E}(n_{34})]^2}{\hat{E}(n_{34})}$$

$$=\sum\frac{[n_{ij}-\hat{E}(n_{ij})]^2}{\hat{E}(n_{ij})}$$

注意:和号表示对列联表中所有的单元格的值进行求和。

将表 16.5 中的数据代入以上公式,我们有

$$\chi^2=\frac{(157-140.833)^2}{140.833}+\frac{(65-79.296)^2}{79.296}+\cdots+\frac{(28-16.044)^2}{16.044}=45.81$$

如果 χ^2 的值较大,那么表示观察值并不一致,即独立性假设不成立。为了确定 χ^2 的临界值,我们可以利用当属性数据独立时,样本分布近似服从 χ^2 概率分布的性质。

二维列联表独立性假设检验时,近似的自由度为$(r-1)(c-1)$,其中 r, c 分别为表中行和列的数目。

对此例汽车的数据,统计量 χ^2 的自由度为$(r-1)(c-1)=(3-1)(4-1)=6$。所以,对 $\alpha=0.05$ 我们拒绝独立性的假设,当

$$\chi^2>\chi^2_{0.05}=12.5916$$

由于计算出的统计量 χ^2 的值为 45.81,大于临界值 12.5916,所以,我们得出结论:$\alpha=0.05$,顾客选择汽车的大小与汽车的生产厂家是相关的。

相互依赖的形式可以通过数据百分数进一步解释清楚。首先,从两类中选择一类作为基本变量。在汽车大小偏好的例子中,假定我们选择制造厂商作为基本变量,然后将第二个分类变量(汽车的大小)的每个水平作为对基本变量求和的百分数。作为例子,我们利用表 16.5 中的数据。将生产厂家 A 销售小汽车的数值(157)去除以生产厂家 A 销售的汽车总量(341)进行数据转换。即

$$(157/341)100\% = 46\%$$

对表 16.5 中的数据进行同样的数据转换,转换结果见表 16.6。位于表的最后一列的数据表示它所在行中的数据之和所占全部表格总数的百分数。即,小汽车的百分数为(413/1000)(100%)= 41%(四舍五入)。

表 16.6 汽车大小占制造厂家的百分数

		制造厂家				
		A	B	C	D	总计
汽车大小	小型	46	34	47	12	41
	中型	37	43	37	55	40
	大型	17	23	16	33	19
	总计	100	100	100	100	100

如果汽车大小和制造厂家变量是相互独立的，那么表中每个单元格的百分数应该近似等于相应行的百分数。这样，我们期望 4 个制造厂家的每一个小汽车的百分数，在汽车大小和制造厂家独立的条件下，都近似等于 41%。每个制造厂家的百分数与 41%差异的程度决定两类别的依赖性，行变量的百分数越大，依赖的程度就越强。百分数所作的图可以帮助我们总结观察值的分布。在图 16.3 中，我们用水平轴表示制造厂家（基本变量），垂直轴表示百分数的大小。在独立假设下，"期望"的百分数用水平线表示，每个观察值用代表大小分类的英文字母（大：L，中：I，小：S）表示。

图 16.3　汽车大小各占制造厂商的百分数

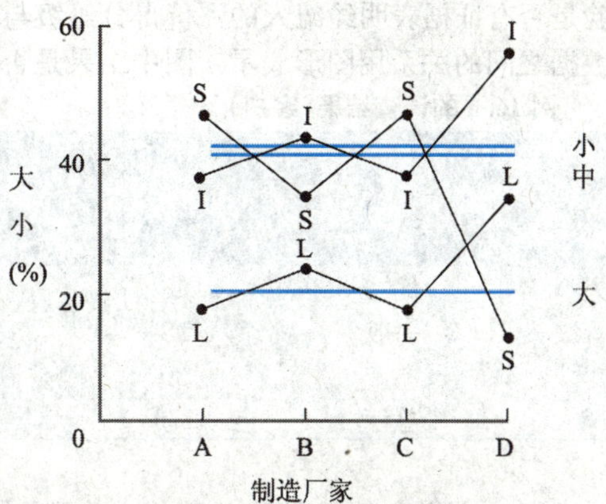

图 16.3 清楚地解释了在列联表中两类变量互相依赖的原因，注意到厂家 **A**、**B** 和 **C** 的销售量在独立假设下，相对接近期望的百分数。然而，厂家 **D** 的销售值明显远离期望值，大型和中型车的百分数离期望值很远，小型车离期望值较近。同样，厂家 **B** 的销售值稍微偏离期望值，中型车的百分数比小型车的百分数稍大。判别双因素分类属性数据独立性的统计度量方法已超出了本书的范围，可参看其他文献。不过，利用图 16.3 的图形描述方法可以测度样本数据的依赖程度。

表 16.7　rxc 列联表

列	1	2	…	c	行和
1	n_{11}	n_{12}	…	n_{1c}	r_1
2	n_{21}	n_{22}	…	n_{2c}	r_2
⋮	⋮	⋮		⋮	⋮
行　r	n_{r1}	n_{r2}	…	n_{rc}	r_r
列和	c_1	c_2	…	c_c	n

包含 r 行，c 列的二维列联表的一般形式（称为 $r\times c$ 列联表）见表 16.7。注意第 ij 单元格的观察值记为 n_{ij}，第 i 行的和记为 r_i，第 j 列的和记为 c_j，样本大小为 n。利用这些记号，我们将列联表独立性检验的一般形式总结如下。

列联表分析的一般表达式：独立性检验

H_0：两个分类是独立的

H_a：两个分类不是独立的

统计量：$\chi^2=\sum\frac{[n_{ij}-\hat{E}(n_{ij})]^2}{\hat{E}(n_{ij})}$

其中，$\hat{E}(n_{ij})=\frac{r_i c_j}{n}$

拒绝域：$\chi^2>\chi^2_\alpha$

其中，χ^2_α 的自由度 $df=(r-1)(c-1)$

假设：1. n 个观察值为来自研究总体的随机样本，然后考虑有 $r\times c$ 个可能结果的多重试验。

2. 样本大小 n 应足够大，以满足每个单元格样本的期望值 $E(n_{ij})$ 至少为 5。

例 16.3

一家大型经纪人公司希望了解它的经纪人对富裕客户的服务与对低收入客户的服务是否不

同。对 500 名客户进行抽样调查，了解每个客户对他（或她）的经纪人的评价。结果见表 16.8。

a. 检验是否有证据表明经纪人的评价得分等级与客户收入是独立的，$\alpha=0.10$。

b. 将数据之间的关系用图形表示。图中结果是否与检验一致？

表 16.8　**例 16.3 的调查结果（客户）**

		客户收入			
		\$30000 以下	\$30000～\$60000	\$60000 以上	总计
经纪人的评价等级	优秀	48	64	41	153
	一般	98	120	50	268
	差	30	33	16	79
	总计	176	217	107	500

解答：

a. 第一步，在分类独立的假设下，计算每个单元的期望估计值。不用手算，我们求助于计算机。SAS 分析结果如图 16.4。图 16.4 中每个单元格包括观察值（上）和期望值（下）。用 $\hat{E}(n_{11})$ 表示评价等级为优秀且收入在 \$30000 元以下单元格的期望值，即 $\hat{E}(n_{11})=53.856$，类似，评价等级为优秀且收入在 \$30000～\$60000 元之间单元格的期望值 $\hat{E}(n_{12})=66.402$。因为所有单元的期望值都大于 5，所以用近似 χ^2 检验是有效的。假设选中的客户是在公司所有客户中随机抽取的，那么满足多重概率分布的性质。我们要做的零假设和备择假设如下：

H_0：客户给他（或她的）经纪人的评价等级与客户的收入独立

H_a：客户给他（或她的）经纪人的评价等级与客户的收入是相关的检验统计量。

$\chi^2=4.278$，检验显著性水平（p 值）在图 16.4 中用阴影显出。因为 $\alpha=0.01$ 小于 $p=0.370$，所以我们不能拒绝 H_0。从而，这次抽样调查的数据不能支持公司关于经纪人对富裕客户的服务与对低收入客户的服务是不同的备择假设。

图 16.4　**SAS 分析结果**

TABLE OF RATING BY INCOME

RATING / Frequency / Expected	INCOME: UNDER30K	30K－60K	OVER60K	Total
OUTSTAND	48 53.856	64 66.402	41 32.742	153
AVERAGE	98 94.336	120 116.31	50 57.352	268
POOR	30 27.808	33 34.286	16 16.906	79
Total	176	217	107	500

STATISTICS FOR TABLE OF RATING BY INCOME

Statistic	DF	Value	Prob
Chi-Square	4	4.278	0.370
Likelihood Ratio Chi-Square	4	4.184	0.382
Mantel-Haenszel Chi-Square	1	2.445	0.118
Phi Coefficient		0.092	
Contingency Coefficient		0.092	
Cramer's V		0.065	

Sample Size＝500

b. 经纪人评价等级占收入的百分数汇总表见表 16.9，独立假设下，百分数的期望值见每一行最后一个数。百分数数据的图形如图 16.5 所示，其中水平线表示独立假设下百分数的期望值。注意到相应的点离百分数期望值很近，这与结论 a 相符合，换句话说，图形描述和统计检验都没有证据支持公司经纪人的评价等级与客户的收入是相关的。

表 16.9　评价等级占收入的百分数

		客户收入			
		\$30000 以下	\$30000 ～\$60000	\$60000 以上	总计
经纪人的评价等级	优秀	27	29	38	31
	一般	56	55	47	54
	差	17	15	15	16
	总计	100	99*	100	101*

* 四舍五入后百分比之和不为 100。

图 16.5

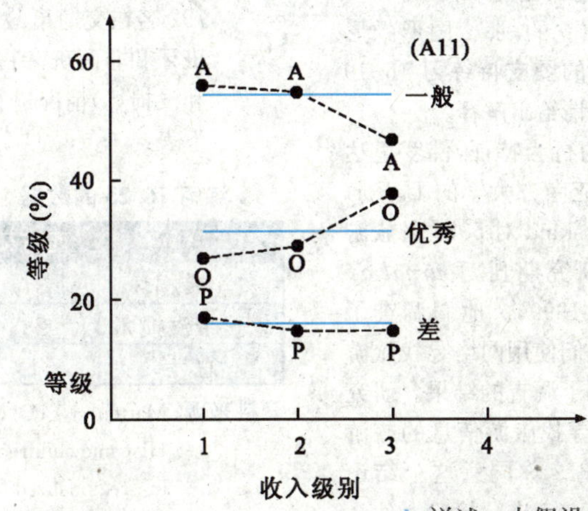

练习 16.16～16.29

技能训练：

16.16 写出下列几种情况的检验两类独立性假设检验的拒绝域，其中，列联表包含 r 行和 c 列：

a. $r=5,\ c=5,\ \alpha=0.05$

b. $r=3,\ c=6,\ \alpha=0.10$

c. $r=2,\ c=3,\ \alpha=0.01$

16.17 考虑以下 2×3 列联表（$r=2,\ c=3$）。

练习 16.17 的数据　LM16-17. DAT

		行		
		1	2	3
列	1	9	34	53
	2	16	30	25

a. 详述检验行和列互相独立假设检验的零假设和备择假设。

b. 详述 a 中假设检验的统计量和拒绝域。$\alpha=0.01$。

c. 假设行和列是互相独立的，估计每个单元格的期望值。

d. 对 a 进行假设检验。解释你的结论。

16.18 参考练习 16.17。

a. 通过计算每列总和占每行的百分数，将表中的频数转换为百分数。同样将每行的和转换为总和的百分数。将百分数列在表中。

b. 以列数为横轴，百分数为纵轴做出图形。将每行总和的百分数以水平线在图中表示，单元格的百分数用点在图中表示。

c. 如果行和列是相互独立的，那么图形的形状是什么样的。b 中的图支持练习 16.17 假设检验的结果吗？

16.19 检验 A 和 B 两类的独立性零假设，3×3 列联表如下。α=0.05。

练习 16.19 的数据 LM16－19.DAT

		B		
		1	2	3
	1	40	72	42
A	2	63	53	70
	3	31	38	30

16.20 参考练习 16.21。

a. 通过计算每列总和占每行的百分数，将表中的频数转换为百分数。同样将每行的和转换为总和的百分数。将百分数列在表中。

b. 以列数为横轴，百分数为纵轴做出图形。将每行总和的百分数以水平线在图中表示，单元格的百分数用点在图中表示。

c. 如果行和列是相互独立的，那么图形的形状是什么样的。b 中的图支持练习 16.19 假设检验的结果吗？请给出解释。

16.21 为了研究旅游者愉快的行为特征，佛罗里达大学的 M. Bonn、乔治亚南方大学的 L. Forr 和康奈尔大学的 A. Susskind 对 5026 名旅游者进行了调查(《旅游研究期刊》*Journal of Travel Research*, May 1999)。他们调查了旅游者的教育水平和他们使用网络寻找旅游信息的情况。下表总结了调查的结果。研究者得出结论：使用网络寻找旅游信息的旅游者很可能受过大学教育。你同意这个结论吗？在显著性水平 $\alpha=0.05$ 进行检验。什么条件才能保证你检验过程及结果的有效性？

练习 16.21 的数据 NETRAVEL.DAT

	使用网络	
教育水平	使用	不使用
大学教育或以上	1072	1287
低于大学教育	040	2027

数据来源：Bonn, M., Furr, L., and Susskind, A., "Predicting a Behavioral Profile for Pleasure Travelers! on the Basis of Internet Use Segmentation," *Journal of Travel Research*, Vol. 37, May 1999, pp. 333－340.

16.22 在 2000 年美国总统竞选过程中，参议员 John McCain 和乔治·布什州长竞选共和党提名。在卡罗来纳州南部的第一轮选举前夕，《时代周刊》进行了 507 个电话调查询问调查者选举的愿望：谁最有可能赢得选举。由此来确定他们支持什么党派。调查结果显示，218 名支持布什，203 名支持 John McCain，其余的人弃权。一个问题是这样询问的：你是否赞成预算剩余用来支付纳税削减？在布什的支持者中，61%同意，30%反对，9%不确定。在 John McCain 的支持者中，42%同意，50%反对，8%不确定。(*Newsweek*, Feb. 21, 2000)。数据是否有足够的理由说明选民在关于纳税削减方面的意见与他(或她)所喜爱的总统候选人相关？在显著性水平 $\alpha=0.05$ 进行检验。

16.23 在《美国公众健康》(*American Journal of Public Health*, July 1995)上的一篇文章报道了西班牙的儿童外伤研究情况。其中一项研究是比较西班牙和非西班牙白种儿童在坐车时是否携带安全保护装置。以从圣地亚哥区域化创伤系统中收集的数据为基础，792 名在交通事故中受伤的儿童按种族(西班牙和非西班牙白种)和安全带使用(损坏和没损坏)情况进行分类。数据结果总结见下表：

练习 16.23 的数据 TRAUMA.DAT

	西班牙	非西班牙白种	总计
安全带损坏	31	148	179
安全带没损坏	283	330	613
总计	314	478	792

资料来源：Matteneci, R. M. et al.. "Trauma among Hispanic children: A population－based study in regionalized system of trauma care," *American Journal of Public Health*, Vol. 85, July 1995, p. 1007(Table 2).

a. 计算样本中在交通事故中没有使用安全带而受伤的西班牙儿童的比例。

b. 计算样本中在交通事故中没有使用安全带而受伤的非西班牙白种儿童的比例。

c. 比较 a 和 b 两个比例。你认为这两个比例实际值就是不相同的吗？

d. 通过假设检验确定 San Diego County Regionalized Trauma System 中数据表明安全带是否使用与种族相关。在显著性水平 $\alpha=0.01$ 进行检验。

e. 求出 a 和 b 中两个比例的 99%的置信区间，对置信区间给出解释。

16.24 为了更好地理解全面质量管理(TQM: Total Quality Management)在美国公司的实际应用情况，Scranton 大学的研究人员 N. Tamimi 和 R. Sebastianelli 对宾夕法尼亚 86 家公司的每位经理做了访问调查

(*Production and Inventory Management Journal*,1996)。调查他们的公司是否应用了 TQM,调查数据总结如下:

练习 16.24 的数据　　TQM.DAT

	服务公司	制造公司
应用 TQM 的公司数	34	23
没有应用 TQM 的公司数	18	11
总计	52	34

资料来源:Adapted from Tamimi, N., and Sebastianelli, R. "How firms define and measure quality," *Production and Inventory Management Journal*, Third Quarter, 1996 p. 35.

a. 研究者认为"制造公司应用 TQM 的程度没有更显著地高于服务公司应用 TQM 的程度",你同意这个结论吗?在显著性水平 $\alpha=0.05$,进行检验。

b. 求出并解释你在 a 中进行假设检验的近似 p 值。

c. 什么条件才能保证你在 a 中进行的假设检验,以及在 b 中得到的近似 p 值的有效性?

16.25 20 年来,电影评论员 Gene Siskel(曾供职于《芝加哥论坛报》)和 Roger Ebert(供职于《芝加哥太阳时报》)对在公共电视台的"先睹为快"频道和电影公司联合组织等国家电视频道放映的最新电影进行了排名。佛罗里达大学的统计研究人员对评论员 Gene Siskel 和 Roger Ebert 在 1995～1996 年之间评论的 160 部电影进行了统计研究(《机会》*Chance*, Spring 1997)。每位评论员对电影的评价均分成三类:好、坏、一般。数据的总结在所附的 SPSS 分析结果中。

a. 验证表中单元格期望值的准确性。

b. 两位评论员对电影的评价是否是独立的。在显著性水平 $\alpha=0.01$ 下对上述假设进行检验。

练习 16.25 的 SPSS 分析结果

SISKEL * EBERT Crosstabulation

			EBERT			Total
			Con	Mix	Pro	
SISKEL	Con	Count	24	8	13	45
		Expected Count	11.8	8.4	24.8	45.0
	Mix	Count	8	13	11	32
		Expected Count	8.4	6.0	17.6	32.0
	Pro	Count	10	9	64	83
		Expected Count	21.8	15.6	45.7	83.0
Total		Count	42	30	88	160
		Expected Count	42.0	30.0	88.0	160.0

Chi-Square Tests

	Value	df	Asymp. Sig. (2-sided)
Pearson Chi-square	45.357[a]	4	0
Likelihood Ratio	43.233	4	0
N of Valid Cases	160		

a. 0 cells (0%) have expected count less than 5. The minimum expected count is 6.00.

16.26 路易斯威尔大学的 Julia Karcher 教授进行了一项调查实验,对会计师的道德行为进行了研究(《商业道德期刊》*Journal of Business Ethics*, Vol. 15,1996)。她的研究侧重于利用审计师的能力去检验那些很难显现出的道德问题。给 70 名来自 Big-Six 会计事务所的审计师一些详细的案例,案例包括了客户逃税漏税等一些问题,其中,有 35 个案例逃税漏税非常严重,另外 35 个案例中等。审计师被要求去辨别这些案例中的道德问题。结果见下表:

练习 16.26 的数据 ACCETHIC. DAT

	问题的严重程度	
	适度	非常严重
可以识别道德问题	27	26
不可以识别道德问题	8	9

资料来源: Karcher, J. "Auditors' ability to discern the presence of ethical problems," *Journal of Business Ethics*, Vol. 15, 1996, p. 1041 (Table V).

a. 道德问题的严重性是否会影响审计师的识别结果? 在显著性水平 α=0.05 进行检验。

b. 假如上述表格中第一列的数据 27 和 8 替换成 35 和 0。a 中的检验结果有变化吗? 给出解释。

c. 保持样本大小不变,变化列联表中的数据,符合你认为正确的结论。

16.27 许多公司通过广告建立他们的声誉,而其他一些公司则通过形象代言人来宣传他们的品牌。《市场营销期刊》*Journal of Marketing*, Fall, 1992 上的一项研究对形象代言人的性别与观众的性别之间的关系做了调查。调查目的是为了了解这种关系如何影响品牌的知名度。300 名电视观众被要求通过不同的广告形象代言人去识别产品。结果见下表:

练习 16.27 的数据 FEMALEAD. DAT

男性形象代言人			
	观众性别		
	男性	女性	总计
能够识别产品	95	41	136
不能够识别产品	55	109	164
总计	150	150	300

练习 16.27 的数据 FEMDLEAD. DAT

女性形象代言人			
	观众性别		
	男性	女性	总计
能够识别产品	47	61	108
不能够识别产品	103	89	192
总计	150	150	300

a. 对由男性形象代言人所做的广告,通过检验确定观众的性别与产品的识别是否存在相关性? 在显著性水平 α=0.05 进行检验。

b. 对由女性形象代言人所做的广告,重复 a 中的检验。

c. 对以上结果你如何解释?

16.28 为了研究董事会制定的战略计划的可行性。A. Tashakori 和 W. Boulton 对美国主要公司的 119 名 CEO 进行了问卷调查(《商业战略期刊》, Winter 1983)。问卷调查的目的之一是确定董事会组成——如在主要负责外部事务的董事与主要负责内部事物的董事——他们在战略计划制定过程参与的程度上的关系。问卷调查的数据按照董事们在战略计划制定过程参与的程度进行分类:

程度一:董事会参与制定或者参与执行或者参与评价战略。

程度二:董事会参与制定和执行或参与制定和评价、或参与执行和评价。

程度三:董事会参与制定、执行并且评价。

119 个按照主要负责外部事务的董事与主要负责内部事务的董事进行分类。数据详见 SAS 分析结果表。

a. 研究者认为董事会的组成与他们在战略计划制定过程参与的程度之间存在相关性,你同意这个结论吗? 构造合适的列联表,在显著性水平 α=0.10 进行检验。

b. 解释此题检验过程 a 中第 I 类错误和第 II 类错误的含义。

c. 画出图形解释 a 中的检验结果。

练习 16.28　的 SAS 分析结果

TABLE OF LEVEL BY COMPOSIT

LEVEL Frequency Expected	COMPOSIT INSIDE	OUTSIDE	Total
1	2 3.5126	20 18.487	22
2	10 5.9076	27 31.092	37
3	7 9.5798	53 50.42	60
Total	19	100	119

STATISTICS FOR TABLE OF LEVEL BY COMPOSIT

Statistic	DF	Value	Prob
Chi-Square	2	4.976	0.083
Likelihood Ratio Chi-Square	2	4.696	0.096
Mantel-Haenszel Chi-Square	1	0.120	0.729
Phi Coefficient		0.204	
Contingency Coeffieient		0.200	
Cramer's V		0.204	
Sample Size=119			

16.29 研究表明由于现代生活方式产生的压力导致健康问题在社会上已占有很大的比例,《运动心理国际期刊》(July-Sept. 1990)上的一篇研究论文对体质健康和压力之间的关系进行了研究,549 名公司的雇员参加了由健康发展服务中心提供的健康检查计划。被检查者的健康水平按以下标准分成三类:好、一般和差。然后对每人进行压力测试。下表给出了 3 组的测试结果(注意:给出的比例值表示所有显示压力的人数分别落入每组的比例)。数据是否有充分理由表明压力的状态与被检查者的健康水平相关?

练习 16.29 的表

健康水平	样本大小	显示压力的比例
差	242	0.155
一般	212	0.133
好	95	0.108

统计实践

16.1　计算机技术和应用中的道德准则

道德观是指决定人们道德行为的一些准则或规定。计算机产业的员工，每天在工作场所都要遇到道德准则问题。不适当的举动和非法的行为，自觉和不自觉地通过计算机的使用表现出来。最近在计算机的使用方面出现了一些不道德的行为，基中包括 Robert Morri 将“蠕虫”病毒侵入互联网，几个非常有声望的大学和学院侵犯了软件的版权等。

乔治亚南方大学的 Margaret A. Pierce 和 John W. Henry 教授对计算机及计算机技术使用中的道德行为进行了研究。研究结果发表在《商业道德期刊》(Vol. 15，1996)上。Pierce 和 Henry 考虑了 3 个基本的影响因素：(1)个人自身的道德准则；(2)工作场所一些非正式的道德行为准则；(3)公司正规的计算机道德行为准则(即有关计算机使用的制度)。

研究者将计算机道德问卷调查表，分别寄给从数据处理管理协会中随机抽出的 2551 名信息系统专业人员。调查问卷的问题见图 16.6。约 14%的调查问卷返回，得到了 356 份可以使用的问卷。表 16.10 给出了按工业类型分类的数据。表 16.11(哪种类型的准则在行为决策中最重要?)和表 16.12(你遵守哪种准则?)总结了问题回答的数据(由于一些问题没有回答，所以样本大小不足 356)。

讨论焦点：

a. 公司道德准则对计算机使用者认为个人自身的道德准则，非正式的道德行为准则，正规的计算机道德行为准则的重要性有影响吗？如果有，画出适当的近似百分数图说明相互之间的关系。

b. 计算机用户的职务(专家和雇员)是否对个人自身的道德准则，非正式的道德行为准则，正规的计算机道德行为准则的遵守有影响？如果有，画出适当的近似百分数图说明相互之间的关系。

c. 按照工业类型，收回的问卷能够代表 2551 名信息系统专业人员吗？请给出解释。

图 16.6　计算机道德准则问卷第一部分

第一部分请回答以下关于道德的问题。这次调查的“道德问题”是指与计算机技术使用相关的道德问题。“你的公司”是指你工作的组织或教育机构。

1. 性别：男________女________
2. 年龄：________
3. 教育(请在你获得的最高学历处画圈)
   (1)高中　(2)2 年制大学　(3)4 年制大学　(4)研究生　(5)博士
4. 你的职业
   (1)CS/MIS 教师　(2)其他教师　(3)程序号
   (4)研发经理　(5)系统总监　(6)其他________
5. 你是否有职业资格证书
   (1)没有　(2)有，是________。
6. 工作年限
   (1)在此行业________(2)在现在的公司________

续表

7. 你工作的公司类型：
(1)制造业 (2)政府 (3)教育业 (4)金融业 (5)公用事业
(6)服务业 (7)咨询业 (8)批发/零售 (9)其他________
8. 你所在公司的规模(员工数)________
9. 你认为你是 (1)DP/计算机专业人员 (2)公司员工
10. 你所在的专业组织
(1)DPMA (2)ACM (3)IEEE－CS
11. (a)你是否熟悉以上专业组织的道德准则 (1)是 (2)否
(b)如果熟悉，你所在的专业组织(1)DPMA (2)ACM (3)IEEE－CS
(c)如果是，你是否用准则来指导你的行为(1)是 (2)否
12. 你对道德理论或道德行为有过研究吗？(1)是 (2)否

图 16.6 计算机道德准则问卷第二部分

第二部分请回答以下关于公司正规的计算机道德行为准则(即代表公司的官方立场，用书面或口头表示的道德行为准则)；个人自身的道德准则(你自己的看法)；工作场所一些非正式的道德行为准则(一般在工作场所)；道德的问题。这次调查的“道德问题”是指与计算机技术使用相关的道德问题。“你的公司”是指你工作的组织或教育机构。

1. 你们公司有正式的公司道德准则吗？(1)有 (2)没有
(如果有，请附你们公司道德准则的复印件)
2. 哪一类道德准则最能指导你们公司员工在工作中的行为？
(1)正规的计算机道德行为准则；(2)个人自身的道德准则；(3)工作场所一些非正式的道德行为准则。(如果有)
3. 哪一类道德准则，你们公司员工在做决策时用得最多？
(1)正规的计算机道德行为准则；(2)个人自身的道德准则；(3)工作场所一些非正式的道德行为准则。(如果有)
4. 这些道德准则对不道德行为具有的威慑力量
a. 正规的计算机道德行为准则； 非常同意 1 2 3 4 5 非常不同意
b. 个人自身的道德准则； 非常同意 1 2 3 4 5 非常不同意
c. 工作场所一些非正式的道德行为准则。 非常同意 1 2 3 4 5 非常不同意
5. 在我们公司里有机会卷入不道德行为： 非常同意 1 2 3 4 5 非常不同意
6. 我认为我们公司里有许多人有不道德的行为：
非常同意 1 2 3 4 5 非常不同意
7. 我对工作场所一些非正式的道德行为准则很了解：
非常同意 1 2 3 4 5 非常不同意
8. 我有很强的计算机技术及使用的个人自身的道德准则：
非常同意 1 2 3 4 5 非常不同意

练习 16.10 的数据 TAB16—10.DAT

产业类型	返回的问卷	占 2551 个原始问卷样本的百分比
制造业	67	19
DP 服务/咨询	57	16
公用事业	20	5.5
批发/零售	18	5
金融/房地产	42	12
教育/医药/法律	80	22
政府	21	6
其他	51	14.5
总计	356	1000

资料来源：Pierce, M. A., and Henry., J. W. "Computer ethics: The role of personal, informal, and formal codes." *Journal of Business Ethics*, Vol. 15, 1996, p. 429(Table Ⅰ).

练习 16.11 的数据 TAB16_11.DAT

	公司准则	
准则	是	否
正式	51	6
非正式	47	69
个人	70	100

资料来源：Pierce, M. A., and Henry., J. W. "Computer ethics: The role of personal, informal, and formal codes." *Journal of Business Ethics*, Vol. 15, 1996, p. 431(Table Ⅱ).

练习 16.12 的数据 TAB16_12.DAT

	立场	
道德准则	信息专业	雇员
正式	27	2
非正式	34	5
个人	208	63

材料来源：Pierce, M. A., and Henry., J. W. "Computer ethics: The role of personal, informal, and formal codes." *Journal of Business Ethics*, Vol. 15, 1996, p. 432(Table Ⅳ).

16.4 关于 χ^2 检验条件的小结

因为在多维概率假设检验中，χ^2 统计量检验是应用最广泛的统计工具之一，所以它也是最容易误用的方法之一。因此，使用者首先必须确认检验的每个过程是否满足条件。进一步，使用者必须确定样本来自于正确的总体——即从这个总体出发去做出推断。

在使用作为抽样分布近似的 χ^2 概率分布时，应注意避免期望值太小。当期望值太小时，近似程度会变得特别差，此时真实的 α 水平与表中的值会有相当大的差别。作为一个经验法则，每个单元格的期望值至少为 5，这样 χ^2 分布可以用来确定近似的临界值。

如果 χ^2 的值没有超过临界值，不接受独立性的假设。你会面临犯第二类错误的风险（H_0 为假时，接受它）。而犯第二类错误的概率 β 是未知的。通常的备择假设是分类相关的。因为两种类型相关的方式实际上是无限的，所以很难计算出一个或者几个 β 值来代表如此广泛的备择假设。所以，即使 χ^2 较小时，我们也避免推断出两个分类是独立的结论。

最后，如果一个列联表的 χ^2 值超过临界值，我们必须小心避免得出两类之间存在因果关系的结论。我们的备择假设是假设两类是统计相关的 —— 但统计相关并不意味着因果关系。所以列联表的分析并不能推断出因果关系的存在。

要 点 回 顾

关键词：

chi-square test 卡方检验
contingency table 列联表
expected cell count 单元格的期望值
marginal probabilities 边缘概率
multinomial experiment 多重试验
observed cell count 观察数目
one-way table 单向表
two-way table 二维表
two classification are independent 相互独立

关键公式：

检验	检验统计量
$\chi^2=\sum\frac{[n_i-E(n_i)]^2}{E(n_i)}$ （单向表）	其中，$E(n_i)=np_{i,0}$是单元格的期望值。H_0 为真时，第 i 类结果的期望数。总样本大小为 n。
$\chi^2=\sum\frac{[n_{ij}-\hat{E}(n_{ij})]^2}{\hat{E}(n_{ij})}$ （二维表）	其中，$\hat{E}(n_{ij})=\frac{r_i c_j}{n}$　第 ij 单元格的观察值记为 n_{ij}，第 i 行的和记为 r_i，第 j 列的和记为 c_j，样本大小为 n。

语音室：

符号	说明
p_{i0}	多重概率 p_i 在假设 H_0 下的值
χ^2	分析定序数据的检验统计量
n_i	单向表中第 i 个单元格样本的观察数值
$E(n_i)$	H_0 为真时，单向表中第 i 个单元格样本的期望值
p_{ij}	二维列联表中第 i 行第 j 列单元格结果的概率值
n_{ij}	二维列联表中第 i 行第 j 列单元格的观察数值

补充练习 16.30～16.43

技能训练：

16.30 250 个按行和列分类的随机样本数据观测值见下表：

练习 16.30 的数据　LM16_30.DAT

		列		
		1	2	3
行	1	20	20	10
	2	10	20	70
	3	20	50	30

a. 数据有充分的理由推断行和列是相互独立的吗？$\alpha=0.05$。

b. 如果先固定行的总和再去收集数据，那么 a 中的分析会起变化吗？

c. 使按照行和(或列和)固定的分析有效的假设条件是什么？

d. 以每列的和为标准，求出每行相应的百分数，将上表转换成百分数表。另外计算行和，然后将它们转换为总观测数 250 的百分数。

e. 以列数为 x 轴，行百分数为纵轴作图。画出对应行和百分数的水平线。每个行百分数所对应的距离行和百分数的离差是否支持 a 中的结论？

16.31 150 个分类随机样本数据观测值见下表：

练习 16.31 的数据　LM16_31.DAT

	类别				
	1	2	3	4	5
n_i	28	35	33	25	29

a. 数据有充分的理由表明分类是不相等的吗？$\alpha=0.10$

b. 求出观测值落入分类 2 的概率 p_2 的 90%的置信区间。

概念运用：

16.32 对地震的恐惧伴随着在加利福尼亚生活的居民，科学家预测这里每 10 年将要发生一次“大地震”。《美国地理协会年刊》(1992)上的一篇文章，对影响住户购买地震保险的因素进行了研究。研究结果表明，主要因素之一是离“主断层”的距离。研究者假设离“主断层”的距离越近的县，住户越容易购买地震保险。从加利福尼亚的四个县中随机抽取700个参加地震保险住户，数据结果见下表：

练习16.32的数据 EARTHQK.DAT

	Contra Costa	Santa Clara	Los Angeles	San Bernardino
参加保险数	103	213	241	143

a. 写出检验每个县在所有参加地震保险住户总数中所占比例是否存在差别的零假设和备择假设。

b. 数据是否有充分的理由表明，4个县参加地震保险住户的比例存在差别？$\alpha=0.05$时，进行检验。

c. Los Angeles是离“主断层”最近的县，求出Los Angeles参加地震保险住户占4个县参加地震保险住户的比例的95%的置信区间。

d. 你在c中求出的置信区间支持你在b中所做假设检验的结论吗？给出解释。

16.33 研究表明退休人员最偏好的是旅行。《旅游研究期刊》(1992年)的一项研究对退休的状态(退休前和退休后)与旅游业的关系进行了研究。研究的一部分是调查退休前后两类人员，在旅游中所用的天数的差别。703个旅游者被问及他们在一次旅游中所用的天数。结果见下表。利用表中的信息确定退休状态与一次旅游中所用的天数相互之间是否是独立的。$\alpha=0.05$。

练习16.33的数据 TRAVTRIP.DAT

天数	退休前	退休后
4～7	247	172
8～13	82	67
14～21	35	52
22以上	16	32
总计	380	323

16.34 因为股东控制着公司，他们可能利用几种不同的红利策略，将公司债券持有人的资产转移到自己身上。这种公司股东与债券持有人之间潜在的利益冲突可以通过债务契约方式缓解。乔治亚州立大学的E. Griner和H. Huss会计师，在公司债券持有人所要求的债务契约方式的基础上，对公司持有人之间的冲突与公司的大小之间的关系进行了研究(《应用商业研究期刊》，1995)。作为研究的一部分，他们调查了31家公司，这些公司的债券持有人所要求的债务契约方式都是基于有形资产而不是现金流或净资产或剩余收益。31家公司的数据整理如下表。研究的目的是确定基于有形资产的债务契约方式下，公司持有人之间的冲突与公司的大小之间是否存在关系。

练习16.34的数据 INSIDOWN.DAT

		公司大小	
		大	小
冲突	低	3	17
	高	8	3

资料来源：Griner, E., and Huss, H. “Firm size, inside ownership, and accounting － based debt covenants,” *Journal of Applied Business Research*, Vol. 11, No 4, 1995, p. 7 (Table 4).

a. 假设独立性的零假设为真，上表中的每个单元格应有多少家公司？

b. 研究者不能使用卡方检验来分析数据。解释为什么。

c. 零假设的检验可以利用Fisher's精确检验的小样本方法进行检验。这种方法计算样本观测值的精确概率值(p值)。研究者对此检验的p值为0.0043。解释这个结果。

d. 做出适当的百分数列联表，用列联表来研究独立性。

16.35 近些年，民意调查发现公众对大公司的满意度与经济环境有很大联系。Harvey Kahalas假设对大公司的工会与非工会员工，对大公司的满意度水平与工作满意度之间存在联系。他从国家民意研究中心收集样本数据(见下表)，然后研究得出结论假设不成立。你同意吗？利用所附的SPSS分析结果表。$\alpha=0.05$。叙述你的零假设和备择假设。

练习 16.35 的数据 UNION.DAT

	工作满意度			
	非常满意	中等满意	不满意	非常不满意
大公司	26	15	2	1
工会员工	95	73	16	5
的满意度	34	28	10	9

练习 16.35 的数据 NONUNION.DAT

	工作满意度			
	非常满意	中等满意	不满意	非常不满意
不同大公司	111	52	12	4
非工会员工	246	142	37	18
的满意度	73	51	19	9

练习 16.35 的 SPSS 分析结果表

UNIONCON by JOBSAT

UNIONCON	JOBSAT Count Exp Val	Little	Moderate	None	Very	Row Total
	GreatDeal	2 3.9	15 16.3	1 2.1	26 21.7	44 14.0%
	HardlyAny	10 7.2	28 29.9	9 3.9	34 40.0	81 25.8%
	OnlySome	16 16.9	73 69.8	5 9.0	95 93.3	189 60.2%
	Column Total	28 8.9%	116 36.9%	15 4.8%	155. 49.4%	314 100.0%

Chi-Square	Value	DF	Significance
Pearson	13.36744	6	0.03756
Likelihood Ratio	12.08304	6	0.06014

Minimum Expected Frequency — 2.102

Cells with Expected Frequency < 5—3 OF 12 (25.0%)

续表

NOUNCON by JOBSAT

UNIONCON (Count / Exp Val)	JOBSAT: Little	Moderate	None	Very	Row Total
GreatDeal	12	52	4	111	179
	15.7	56.7	7.2	99.4	23.1%
HardlyAny	19	51	9	73	152
	13.4	48.1	6.1	84.4	19.6%
OnlySome	37	142	18	246	443
	38.9	140.2	17.7	246.1	57.2%
Column Total	68	245	31	430	774
	8.8%	31.7%	4.0%	55.6%	100.0%

Chi-Square	Value	DF	Significance
Pearson	9.63514	6	0.14088
Likelihood Ratio	9.55907	6	0.14449
Minimum Expected Frequency —	6.088		

16.36 如果一家公司能够掌握一天中事故容易发生的时段，那么在这些时间段里就可以特别小心且进行预防。从一家工厂过去一年里发生在工作不同时段的事故频率中随机抽取样本。数据见下表。你能从表中的数据里推断出：在4个时间段中，至少有2个事故频率不相同吗？

练习16.36 的数据 JOBACC.DAT

小时	1~2	3~4	5~6	7~8
事故数	31	28	45	47

16.37 许多投资者相信股票市场在1月份的变化方向预示着这一年的变化方向。“1月方向效应”果真如此吗？附表中总结了道琼斯工业平均指数从1927年至1981年内相应的变化。J. Martinich 应用独立卡方检验对这些数据的“1月方向效应”进行研究。

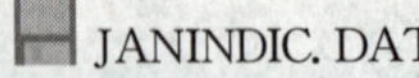

练习16.37 的数据 JANINDIC.DAT

		后11个月变化	
		涨	**跌**
1月份变化	**涨**	25	10
	跌	9	9

a. 考察上述列联表。仅通过你的观察，你认为数据能表明“1月方向效应”吗？解释为什么？

b. 以1月份的涨、跌变化为基础，用图形表示后11个月向上涨变化的百分数。比较对应于样本中11个月上涨时间段的百分数。你现在对“1月方向效应”有什么看法？

c. 如果应用独立卡方检验对这些数据的“1月方向效应”进行研究，那么合适的零假设和备择假设是什么？

d. 对c进行假设检验。利用 $\alpha=0.05$。解释你的检验结果。

e. 如果 $\alpha=0.10$。检验结果与d相同吗？

16.38 一名经济学家非常有兴趣了解儿子是否有选择与父亲相同职业的趋势。为了研究这个问题，500名男性被随机抽取，每个人回答他自己的职业和他父亲的职业。父子属于同一职业的人数的数据总结在下表中。是否有足够的理由表明儿子的职业选择与他父亲的职业是相互独立的。$\alpha=0.05$。利用SAS的分析结果。

练习16.38 的数据 FATHSON.DAT

父亲	儿子：专业人员	技工	工人	农民
专业人员	55	38	7	0
技工	79	71	25	0
工人	22	75	38	10
农民	15	23	10	32

练习 16.38　的 SAS 分析结果

TABLE OF FATHER BY SON

FATHER Frequency Expected	SON Farmer	Prof/Bus	Skill	Unskill	Total
Farmer	32 6.72	15 27.36	23 33.12	10 12.8	80
Prof/Bus	0 8.4	55 34.2	38 41.4	7 16	100
Skill	0 14.7	79 59.85	71 72.45	25 28	175
Unskill	10 12.18	22 49.59	75 60.03	38 23.2	145
Total	42	171	207	80	500

STATISTICS FOR TABLE OF FATHER BY SON

Statistic	DF	Value	Prob
Chi-Square	9	180.874	0.000
Likelihood Ratio Chi-Square	9	160.832	0.000
Mantel-Haenszel Chi-Square	1	52.040	0.000
Phi Coefficient		0.601	
Contingency Coefficient		0.515	
Cramer's V		0.347	

Sample Size=500

16.39 Westinghouse 电力公司通过监督员使用不同的方法来评价营销人员的业绩。一种方法是比较单个监督员的评价与由 Westinghouse 工作标准委员会组成的专家组的评价。在一次评价中，153 名营销员中的 111 名被 Westinghouse 工作标准委员会评价为合格。一名监督员对同样 153 名营销员进行评价，结果 124 人被评价为合格。在被监督员评价为不合格的人员中，委员会认为有 19 名合格。

a. 构造总结委员会与监督员的评价结果的列联表。

b. 考察 a 中列联表。仅通过你的观察，你认为委员会的评价与监督员的评价两者有联系吗？解释为什么（被委员会和监督员拒绝的百分数图可以帮助你解释）。

c. 应用独立卡方检验对这些数据进行讨论，利用 $\alpha=0.05$。仔细解释你的检验结果。

16.40 对城市东南区 5 家食品店在报纸上所作广告的准确性，有关人员进行了调查研究。4 天中，每天都从每家商店的广告中随机抽取一些商品，将它们的实际价格与广告上的价格相比较。4 家商店按以下分类：国有、地方连锁 A、地方连锁 B、地方连锁 C、私有。下表中的数据分别表示每家商店经比较价格相同的商品数与价格不同的商品数。

练习 16.40　的数据  ADERRS. DAT

商店类型	价格相同的商品数	价格不相同的商品数
国有	89	10
地方连锁 A	53	14
地方连锁 B	43	12
地方连锁 C	32	13
私有	41	7

a. 数据是否有充分的理由表明，至少有两家商店价格相同的商品数比例不同，$\alpha=0.10$ 时，进行检验。

b. 利用 95% 的置信区间估计国有商场价格相同的商品数的比例。

16.41 当一名顾客买一件商品时，售货员会将他或她购买记录记在应收账户上，一些零售商按照如下分类对每一位顾客的应收账户进行监管：现在、1～30 天之后、31～60 天之后、超过 60 天后和其他情况。一零售商有如下应收账户的历史数据：

现在	65%
1～30 天之后	15%
31～60 天之后	10%
超过 60 天后	7%
其他情况	3%

当利率增加 6 个月之后，该零售商的 200 个应收账户数据变化如下：

现在	78%
1～30 天之后	12%
31～60 天之后	5%
超过 60 天后	2%
其他情况	3%

a. 是否有证据表明利率的增加对顾客的购买时间有影响？$\alpha=0.1$ 时，进行检验。

b. 求出该检验的近似显著性水平。

16.42 对一组包含 1000 个月工资的数据进行统计分析。研究要求样本的假设条件必须满足正态分布。拟合优度检验可以用来确定样本是否服从正态分布。假设 1000 个工资数据的均值和标准差分别为 \$1200 和 \$200，利用正态分布表我们可以得到工资落在下表中各区间内的近似概率。第三列的数据表示来自均值 μ 为 \$1200 和标准差 σ 为 \$200 的正态分布的 1000 个样本，它们落在各区间内的期望数。最后一列为样本实际观测数。期望数与观测数之间如有较大差别，则表示不满足正态分布假设。

区　间	概率	期望数	观测数
小于 \$800	0.023	23	26
\$800～\$1000	0.136	136	146
\$1000～\$1200	0.341	341	361
\$1200～\$1400	0.341	341	311
\$1400～\$1600	0.136	136	143
\$1600 以上	0.023	23	13

a. 在期望数和观测数的基础上，按照 16.2 节的方法，计算 χ^2 统计量。

b. 当 $\alpha=0.05$ 时，自由度为 5，从表中查出 χ^2 的值（自由度 $df=k-1=5$）

c. Based on the χ^2 statistic and the tabulated χ^2 value, is there evidence that the salary distribution is non-normal?

d. Find an approximate observed significance level for the test in part c.

16.43 商品或服务的质量经常被称作“满足需要”。这意味着商品或服务满足顾客的需求。一般说来，“满足需要”基于以下 5 种质量特征：科技方面（如强度，硬度）；心理方面（如味道、外表包装）；时间方面（可靠性）；契约方面（品质保证）；道德方面（谦恭、诚实）。服务的质量基本包括以上所有内容，而制造产品一般只与科技方面和时间方面的因素有关。在接到一大堆顾客关于产品质量的投诉之后，轿车汽油过滤器的生产厂家对 600 个汽油过滤器样本进行了检查，200 个样本一次循环，然后进行质量检测。数据见下表。

练习 16.43　的数据　　FILTER.DAT

循环	不合格产品个数
第一次循环	25
第二次循环	35
第三次循环	80

a. 数据是否表明，汽油过滤器的质量是否与产品的循环次数相关？$\alpha=0.05$ 时，进行检验。

b. 利用 95% 的置信区间估计第一次循环中产生汽油过滤器废品的比例。

现实案例

工作中的歧视(一个涵盖第 14 章到第 16 章内容的案例)

1964 年颁布的民法第 VII 条禁止工作因种族、肤色、宗教、性别,或出生地而受到歧视。1967 年的劳工法中年龄歧视条款中,有条款保护工人在 40～70 岁之间不受到年龄歧视。但是,在雇用、提升、补偿和解雇方面歧视还是可能存在的。

1971 年美国最高法院将劳动歧视分为两种情形:差别待遇和差别性影响。前者说明雇主是否有意歧视雇员。例如,当雇主考虑雇员种族从而决定是否解雇他,这种情形就是差别待遇。差别性影响的情形则是表明在工作中是否对受保护的群体或个人有反面影响,有时甚至雇主并没觉察到这就是歧视。

第一部分:计算机公司的裁员

差别性影响总是要包括统计证据的使用和统计学专家的证词。原告的律师经常使用假设检验结果中的 p 值在法庭中为原告方辩护。

表 C6.1 是最近报道的种族歧视案件的证据,数字表示一家计算机制造厂减少部门和裁员的情况。公司解雇了 1215 名员工中的 51 人。本案中 20 名美籍非洲裔人中的 15 名被解雇,这 15 名原告将公司告上法庭,希望得到 2000 万美元的补偿。

公司的律师宣称解雇是按照所有员工的排序结果进行的,原告的辩护律师引用统计假设检验的结果,认为解雇与种族相关。

原告利用数据进行辩护的效力依赖于检验的假设是否满足条件。特别地,同这本书中所有的假设检验问题一样,随机抽样的假设必须满足。如果不是这样,检验的结果可能违背假设,从而不是歧视。一般来说,合适的检验过程依赖于在讨论问题的过程中获得相关证据的检验能力。

准备一个报告用来提供这个客户的证据,其中你要评价原告数据解释的有效性。你的评价应部分基于你对公司通常解雇员工过程的了解和这些过程怎样影响假设检验过程。

第二部分:年龄歧视——假如你是法官

1996 年,为了更有效地增大生产线的效率,AJAX 制药厂(一个真实公司的假名),在匹兹堡一生产车间解雇了 55 名装配线工人中的 24 名。根据年龄歧视条款,11 名解雇工人向法院起诉他们受到了年龄歧视,并要求 AJAX 公司赔偿 50 万元的损失。公司负责人反驳说,工人必须流动,他们是随机抽取 24 名工人解雇的。

表 C6.2 列出 55 名装配工人解雇和在岗的情况。原告用星号标出。这些数据被原告和被告使用,请你决定出公司是否对 40 岁及 40 岁以上工人有“差别待遇”,或还是象管理者所称的是随机抽取的。

利用你认为合适的任何统计方法,构造一个结论支持原告的说法(称为结论 A),同样,构造另一个结论支持被告(称为结论 B),然后讨论哪种说法更令人信服?说明你的理由。(注:本例的数据可从 DISCRIM.DAT 中得到)。

表 C6.1　**种族歧视案件的数据**　　TABC6_1.DAT

		决定	
		保留	解雇
种族	白人	1051	31
	黑人	113	20

资料来源:Confidential personal communication with P. George Benson, 1997.

表 C6.2 种族岐视案件的数据

雇员	年薪	年龄	雇佣状况	雇员	年薪	年龄	雇佣状况
* Adler, C. J.	$41200	45	解雇	* Huang, T. J.	42995	48	解雇
Alario, B. N.	39565	43	在职	Jatho, J. A.	31755	40	在职
Anders, J. M.	30980	41	在职	Johnson, C. H.	29540	32	在职
Bajwa, K. K.	23225	27	在职	Jurasik, T. B.	34300	41	在职
Barny, M. L.	21250	26	在职	Klein, K. L.	43700	51	解雇
* Berger, R. W.	41875	45	解雇	Lang, T. F.	19435	22	在职
Brenn, L. O.	31225	41	在职	Liao, P. C.	28750	32	在职
Cain, E. J.	30135	36	解雇	* Lostan, W. J.	44675	52	解雇
Carle, W. J.	29850	32	在职	Mak, G. L.	35505	38	解雇
Castle, A. L.	21850	22	在职	Maloff, V. R.	33425	38	解雇
Chan, S. D.	43005	48	解雇	McCall, R. M.	31300	36	解雇
Cho, J. Y.	34785	41	在职	* Nadeau, S. R.	42300	46	解雇
Cohen, S. D.	25350	27	在职	Nguyen, O. L.	43625	50	解雇
Darel, F. E.	36300	42	在职	Oas, R. C.	37650	42	在职
* Davis, D. E.	40425	46	解雇	* Patel, M. J.	38400	43	解雇
* Dawson, P. K.	39150	42	解雇	Porter, K. D.	32195	35	解雇
Denker, U. H.	19435	19	在职	Rosa, L. M.	19435	21	在职
Dorando, T. R.	24125	28	在职	Roth, J. H.	32785	39	解雇
Dubois, A. G.	30450	40	在职	Savino, G. L.	37900	42	在职
England, N.	24750	25	在职	Scott, I. W.	29150	30	解雇
Estis, K. B.	22755	23	在职	Smith, E. E.	35125	41	在职
Fenton, C. K.	23000	24	在职	Teel, Q. V.	27655	33	在职
Finer, H. R.	42000	46	解雇	* Walker, F. O.	42545	47	解雇
* Frees, O. C.	44100	52	解雇	Wang, T. G.	22200	32	在职
Gary, J. G.	44975	55	解雇	Yen, D. O.	40350	44	解雇
Gillen, D. J.	25900	27	在职	Young, N. L.	28305	34	在职
Harvey, D. A.	40875	46	解雇	Zeitels, P. W.	36500	42	在职
Hliggins. N. M	38695	41	在职				

* 为原告

案例数据表 DISCRIM. DAT

DISCRIM. DAT(观测数为 55)

Variable	Column(s)	Type
姓	1—10	QL
薪金	15—19	QN
年龄	35—36	QN
状况	47	QL(A=active,在职 T=terminated,解雇)

附录 A

基本计算法则

通常，与许多试验有关的样本点都具有相同的特性。如果我们能找到一条计算样本点的法则，则对于计算许多的概率问题将有很大的帮助。例如，许多试验都涉及从含 N 个的总体中抽取 n 个样本的事件，那么，正如 3.1 节中所解释的，我们可以利用下面的公式来计算所有可能抽到的不同样本的个数，这样就知道了实验的样本点的个数。

$$\binom{N}{n}=\frac{N!}{n!\ (N-n)!}$$

下面，我们将给出一些有用的计算法则。然后，在试验中，你可以根据需要仔细的选取有用的计算法则。

要想熟练地决定，是否在试验中用到某个计算法则，这需要耐心以及不断地训练。如果你想掌握这门技巧，你可以利用这些法则来解答第三章的练习。*W. Feller* 的文章（见第三章列出的参考书）中给出了下面这些法则的证明。

乘法法则

假设有 k 个含不同元素的集合，每个集合中包含的元素的个数分别是 $n_1, n_2, \wedge, n_k$，现假设从每个集合中抽取一个元素组成一个样本，则能产生的不同的样本的个数为：

$$n_1 \cdot n_2 \cdot n_3 \cdot \wedge \cdot n_k$$

例 A.1

某产品可以通过 4 个航班运输，且每个航班有三条不同的路径，则运输这种产品到目的地的可能方式有多少种？

解答： 因为本例中一种运输方式涉及两个方面的内容，一个是航班，一个是路径，因此，$k=2$，且航班数 $n_1=4$，路径数 $n_2=3$，所以可能的产品运输方式有：

$$n_1 \cdot n_2 = 4\times 3=12$$

在 3.6 节中，就乘法法则，我们进行了图示，在图 A.1 中，每个航班的路径选择有 3 个。

图 A.1　航班实例的图示

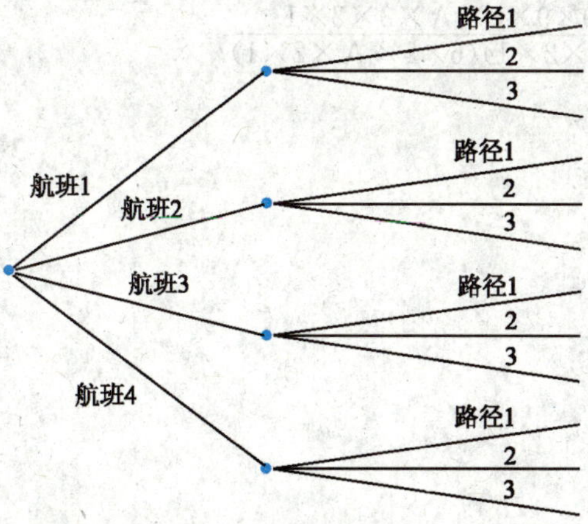

例 A.2

假设有 20 个人竞聘 3 个管理岗位 E_1，E_2 和 E_3，多少种？

解答： 在此例中，$k=3$，有如下 3 个集合。

集合 1：可能竞聘到职位 E_1 的候选人员；

集合 2：可能竞聘到职位 E_2 的候选人员（职位 E_1 的人员确定以后）；

集合 3:可能竞聘到职位 E_3 的候选人员(职位 E_1 和 E_2 的人员确定以后)。

所以,三个集合的元素个数分别为 $n_1=20$,$n_2=19$ 和 $n_3=18$,则可能出现的竞聘结果数为:

$$n_1 \cdot n_2 \cdot n_3=20\times19\times18=6480$$

分离法则:

假设一集合包含 N 个不同元素,现要将它分离成 k 个不同的集合,且第一个集合包含 n_1 个元素,第二个集合包含 n_2 个元素,依此类推,第 k 个集合包含 n_k 个元素,则不同的分离结果数为:

$$\frac{N!}{n_1!\ n_2!\ \Lambda n_k!},$$

其中 $n_1+n_2+n_3+\Lambda+n_k=N$

例 A.3

现有 12 名工人派到三个工地,假设第一个工地需要 3 人,第二个工地需要 4 人,其他 5 人派到第三个工地,试求有多少种委派结果。

解答:在此例中,$k=3$.(对应于三个工地)$N=12$,$n_1=3$,$n_2=4$ 和 $n_3=5$,则可能的委派结果数为:

$$\frac{N!}{n_1!\ n_2!\ n_3!}=\frac{12!}{3!\ 4!\ 5!}=\frac{12\times11\times10\times\cdots\times3\times2\times1}{(3\times2\times1)(4\times3\times2\times1)(5\times4\times3\times2\times1)}=27720$$

组合法则:

在第三章中讲到的组合法则是分离法则的一个特例,此时的 $k=2$,也就是说,将含 N 个元素的集合分离成两个集合,其中一部分出现在样本中,另一部分没出现在样本中。设 $n_1=n$,这是样本的个数,且 $n_2=N-n$,这是剩下元素的个数。这样,从 N 中抽取 n 个不同样本的个数为:

$$\frac{N!}{n_1!\ n_2!}=\frac{N!}{n!\ (N-n)!}=\binom{N}{n}$$

这个公式在 3.1 节中已经给出。

例 A.4

从 10 个消防员中抽取 4 个的不同样本的个数有多少?

解答:因为 $N=10$,$n=4$,所以:

$$\binom{N}{n}=\binom{10}{4}=\frac{10!}{4!\ \times6!}$$

$$=\frac{10\times9\times8\times\Lambda\times3\times2\times1}{(4\times3\times2\times1)(6\times5\times\Lambda\times2\times1)}$$

$$=210$$

附录 B

附表

目录

附录 C

方差分析的计算公式

C.1 完全随机化设计中的计算公式

CM 均值的修正值$=\frac{(\text{所有观测值的和})^2}{\text{观测值的个数}}=\frac{(\sum_{i=1}^{n} y_i)^2}{n}$

SS(总)=总平方和=(所有观测值的平方和)$-\text{CM}=\sum_{i=1}^{n} y_i^2-\text{CM}$

SST =处理的平方和=(各处理的平方除以该处理的观测值的个数后的和)－CM

$=\frac{T_1^2}{n_1}+\frac{T_2^2}{n_2}+\wedge+\frac{T_p^2}{n_p}-\text{CM}$

SSE=残差平方和= SS(总)－SST

MST=处理均方$=\frac{\text{SST}}{p-1}$

MSE=残差均方$=\frac{\text{SSE}}{n-p}$

F =检验统计量$=\frac{\text{MST}}{\text{MSE}}$这里

n=所有观测值的个数

p=处理的个数

T_i=第 i 个处理的总和($i=1,2,\wedge,p$)

C.2 双析因试验中的计算公式

CM =均值的修正值$=\frac{(\text{所有 } n \text{ 个观测值的和})^2}{n}=\frac{(\sum_{i=1}^{n} y_i)^2}{n}$

SS(总)=总平方和=(所有个观测值的平方和)$-\text{CM}=\sum_{i=1}^{n} y_i^2-\text{CM}$

SS(A)=因素 A 的主效应平方和($A_1,A_2,\wedge,A_a$ 的平方和除以观测值的个数 br 的值)－CM

$=\frac{\sum_{i=1}^{a} A_i^2}{br}-\text{CM}$

SS(A)=因素 B 的主效应平方和

$=(B_1,B_2,\cdots,B_b$ 的平方和除以观测值的个数 ar 的值$)-\text{CM}=\frac{\sum_{i=1}^{b} B_i^2}{ar}-\text{CM}$

SS(AB)=AB 交互作用的平方和

($AB_{11},AB_{12},\cdots,AB_{ab}$ 的平方和除以观测值的个数 r 的值)－SS(A)－SS(B)－CM

$=\frac{\sum_{i=1}^{b}\sum_{i=1}^{a} AB_{ij}^2}{r}\text{SS}(A)-\text{SS}(B)-\text{CM}$

这里

a=因素 A 的水平个数

b=因素 B 的水平个数

r=复制量(处理的观测值个数)

A_i=因素 A 第 i 个水平的总和($i=1,2,\cdots,a$)

B_j=因素 B 第 j 个水平的总和($j=1,2,\cdots,b$)

AB_{ij}=处理(i,j)的总和，即对应于因素 A 的第 i 个水平与因素 B 的第 j 个水平。

表 I　随机数

行＼列	1	2	3	4	5	6	7	8	9	10	11	12	13	14
1	10480	15011	01536	02011	81647	91646	69179	14194	62590	36207	20969	99570	91291	90700
2	22368	46573	25595	85393	30995	89198	27982	53402	93965	34095	52666	19174	39615	99505
3	24130	48360	22527	97265	76393	64809	15179	24830	49340	32081	30680	19655	63348	58629
4	42167	93093	06243	61680	07856	16376	39440	53537	71341	57004	00849	74917	97758	16379
5	37570	39975	81837	16656	06121	91782	60468	81305	49684	60672	14110	06927	01263	54613
6	77921	06907	11008	42751	27756	53498	18602	70659	90655	15053	21916	81825	44394	42880
7	99562	72905	56420	69994	98872	31016	71194	18738	44013	48840	63213	21069	10634	12952
8	96301	91977	05463	07972	18876	20922	94595	56869	69014	60045	18425	84903	42508	32307
9	89579	14342	63661	10281	17453	18103	57740	84378	25331	12566	58678	44947	05585	56941
10	85475	36847	53342	53988	53060	59533	38867	62300	08158	17983	16439	11458	18593	64942
11	28918	69578	88231	33276	70997	79936	56865	05859	90106	31595	01547	85590	91610	78188
12	63553	40961	48235	03427	49626	69445	18663	72695	52180	20847	12234	90511	33703	90322
13	09429	93969	52636	92737	88974	33488	36320	17617	30015	08272	84115	27156	30613	74952
14	10365	61129	87529	85689	48237	52267	67689	93394	01511	26358	85104	20285	29975	89868
15	07119	97336	71048	08478	77233	13916	47564	81056	97735	85977	29372	74461	28551	90707
16	51085	12765	51821	51259	77452	16308	60756	92144	49442	53900	70690	63990	75601	40719
17	02368	21382	52404	60268	89368	19885	55322	44819	01188	65255	64835	44919	05944	55187
18	01011	54092	33362	94904	31273	04146	18594	29852	71585	85030	51132	01915	92747	64951
19	52162	53916	46369	58586	23216	14513	83149	98736	23495	64350	94738	17752	35156	35749
20	07056	97628	33787	09998	42698	06691	76988	13602	51851	46104	88916	19509	25625	58104
21	48663	91245	85828	14346	09172	30168	90229	04734	59193	22178	30421	61666	99904	32812
22	54164	58492	22421	74103	47070	25306	76468	26384	58151	06646	21524	15227	94909	44592
23	32639	32363	05597	24200	13363	38005	94342	28728	35806	06912	17012	64161	18296	22851
24	29334	27001	87637	87038	58731	00256	45834	15398	46557	41135	10367	07684	36188	18510
25	02488	33062	28834	07351	19731	92420	60952	61280	50001	67658	32586	86679	50720	94953
26	81525	72295	04839	96423	24878	82651	66566	14778	76797	14780	13300	87074	79666	95725
27	29676	20591	68086	26432	46901	20849	89768	81536	86645	12659	92259	57102	80428	25280
28	00742	57392	39064	66432	84673	40027	32832	61362	98947	96067	64760	64584	96096	98253
29	05366	04231	25669	26422	44407	44048	37937	63904	45766	66134	75470	66520	34693	90449
30	91921	26418	64117	94305	26766	25940	39972	22209	71500	64568	91402	42416	07844	69618
31	00582	04711	87917	77341	42206	35126	74087	99547	81817	42607	43808	76655	62028	76630
32	00725	69884	62797	56170	86324	88072	76222	36086	84637	93161	76038	65855	77919	88006
33	69011	65795	95876	55293	18988	27354	26575	08625	40801	59920	29841	80150	12777	48501
34	25976	57948	29888	88604	67917	48708	18912	82271	65424	69774	33611	54262	85963	03547
35	09763	83473	73577	12908	30883	18317	28290	35797	05998	41688	34952	37888	38917	88050

续表

行＼列	1	2	3	4	5	6	7	8	9	10	11	12	13	14
36	91576	42595	27958	30134	04024	86385	29880	99730	55536	84855	29080	09250	79656	73211
37	17955	56349	90999	49127	20044	59931	06115	20542	18059	02008	73708	83517	36103	42791
38	46503	18584	18815	49618	02304	51038	20655	58727	28168	15475	56942	53389	20562	87338
39	92157	89634	94824	78171	84610	82834	09922	25417	44137	48413	25555	21246	35509	20468
40	14577	62765	35605	81263	39667	47358	56873	56307	61607	49518	89656	20103	77490	18062
41	98427	07523	33352	64270	01638	92477	66969	98420	04880	45585	46565	04102	46880	45709
42	34914	63976	88720	82765	34476	17032	87589	40836	32427	70002	70663	88863	77775	69348
43	70060	28277	39475	46473	23219	53416	94970	25832	69975	94884	19661	72828	00102	66794
44	53976	54914	06990	67245	68350	82948	11398	42878	80287	88267	47363	46634	06541	97809
45	76072	29515	40980	07391	58745	25774	22987	80059	39911	96189	41151	14222	60697	59583
46	90725	52210	83974	29992	65831	38857	50490	83765	55657	14361	31720	57375	56228	41546
47	64364	67412	33339	31926	14883	24413	59744	92351	97473	89286	35931	04110	23726	51900
48	08962	00358	31662	25388	61642	34072	81249	35648	56891	69352	48373	45578	78547	81788
49	95012	68379	93526	70765	10592	04542	76463	54328	02349	17247	28865	14777	62730	92277
50	15664	10493	20492	38391	91132	21999	59516	81652	27195	48223	46751	22923	32261	85653
51	16408	81899	04153	53381	79401	21438	83035	92350	36693	31238	59649	91754	72772	02338
52	18629	81953	05520	91962	04739	13092	97662	24822	94730	06496	35090	04822	86774	98289
53	73115	35101	47498	87637	99016	71060	88824	71013	18735	20286	23153	72924	35165	43040
54	57491	16703	23167	49323	45021	33132	12544	41035	80780	45393	44812	12512	98931	91202
55	30405	83946	23792	14422	15059	45799	22716	19792	09983	74353	68668	30429	70735	25499
56	16631	35006	85900	98275	32388	52390	16815	69290	82732	38480	73817	32523	41961	44437
57	96773	20206	42559	78985	05300	22164	24369	54224	35083	19687	11052	91491	60383	19746
58	38935	64202	14349	82674	66523	44133	00697	35552	35970	19124	63318	29686	03387	59846
59	31624	76384	17403	53363	44167	64486	64758	75366	76554	31601	12614	33072	60332	92325
60	78919	19474	23632	27889	47914	02584	37680	20801	72152	39339	34806	08930	85001	87820
61	03931	33309	57047	74211	63445	17361	62825	39908	05607	91284	68833	25570	38818	46920
62	74426	33278	43972	10110	89917	15665	52872	73823	73144	88662	88970	74492	51805	99378
63	09066	00903	20795	95452	92648	45454	09552	88815	16553	51125	79375	97596	16296	66092
64	42238	12426	87025	14267	20979	04508	64535	31355	86064	29472	47689	05974	52468	16834
65	16153	08002	26504	41744	81959	65642	74240	56302	00033	67107	77510	70625	28725	34191
66	21457	40742	29820	96783	29400	21840	15035	34537	33310	06116	95240	15957	16572	06004
67	21581	57802	02050	89728	17937	37621	47075	42080	97403	48626	68995	43805	33386	21597
68	55612	78095	83197	33732	05810	24813	86902	60397	16489	03264	88525	42786	05269	92532
69	44657	66999	99324	51281	84463	60563	79312	93454	68876	25471	93911	25650	12682	73572
70	91340	84979	46949	81973	37949	61023	43997	15263	80644	43942	89203	71795	99533	50501

续表

行＼列	1	2	3	4	5	6	7	8	9	10	11	12	13	14
71	91227	21199	31935	27022	84067	05462	35216	14486	29891	68607	41867	14951	91696	85065
72	50001	38140	66321	19924	72163	09538	12151	06878	91903	18749	34405	56087	82790	70925
73	65390	05224	72958	28609	81406	39147	25549	48542	42627	45233	57202	94617	23772	07896
74	27504	96131	83944	41575	10573	08619	64482	73923	36152	05184	94142	25299	84387	34925
75	37169	94851	39117	89632	00959	16487	65536	49071	39782	17095	02330	74301	00275	48280
76	11508	70225	51111	38351	19444	66499	71945	05422	13442	78675	84081	66938	93654	59894
77	37449	30362	06694	54690	04052	53115	62757	95348	78662	11163	81651	50245	34971	52924
78	46515	70331	85922	38329	57015	15765	97161	17869	45349	61796	66345	81073	49106	79860
79	30986	81223	42416	58353	21532	30502	32305	86482	05174	07901	54339	58861	74818	46942
80	63798	64995	46583	09785	44160	78128	83991	42865	92520	83531	80377	35909	81250	54238
81	82486	84846	99254	67632	43218	50076	21361	64816	51202	88124	41870	52689	51275	83556
82	21885	32906	92431	09060	64297	51674	64126	62570	26123	05155	59194	52799	28225	85762
83	60336	98782	07408	53458	13564	59089	26445	29789	85205	41001	12535	12133	14645	23541
84	43937	46891	24010	25560	86355	33941	25786	54990	71899	15475	95434	98227	21824	19585
85	97656	63175	89303	16275	07100	92063	21942	18611	47348	20203	18534	03862	78095	50136
86	03299	01221	05418	38982	55758	92237	26759	86367	21216	98442	08303	56613	91511	75928
87	79626	06486	03574	17668	07785	76020	79924	25651	83325	88428	85076	72811	22717	50585
88	85636	68335	47539	03129	65651	11977	02510	26113	99447	68645	34327	15152	55230	93448
89	18039	14367	64337	06177	12143	46609	32989	74014	64708	00533	35398	58408	13261	47908
90	08362	15656	60627	36478	65648	16764	53412	09013	07832	41574	17639	82163	60859	75567
91	79556	29068	04142	16268	15387	12856	66227	38358	22478	73373	88732	09443	82558	05250
92	92608	82674	27072	32534	17075	27698	98204	63863	11951	34648	88022	56148	34925	57031
93	23982	25835	40055	67006	12293	02753	14827	23235	35071	99704	37543	11601	35503	85171
94	09915	96306	05908	97901	28395	14186	00821	80703	70426	75647	76310	88717	37890	40129
95	59037	33300	26695	62247	69927	76123	50842	43834	86654	70959	79725	93872	28117	19233
96	42488	78077	69882	61657	34136	79180	97526	43092	04098	73571	80799	76536	71255	64239
97	46764	86273	63003	93017	31204	36692	40202	35275	57306	55543	53203	18098	47625	88684
98	03237	45430	55417	63282	90816	17349	88298	90183	36600	78406	06216	95787	42579	90730
99	86591	81482	52667	61582	14972	90053	89534	76036	49199	43716	97548	04379	46370	28672
100	38534	01715	94964	87288	65680	43772	39560	12918	86537	62735	19636	51132	25739	56947

资料来源：Abridged from W. H. Beyer (ed.). *CRC Standard Mathematical Tables*, 24th edition. (Cleveland: The Chemical Rubber Company). 1976. Reproduced by permission of the publisher.

表Ⅱ 二项分布概率

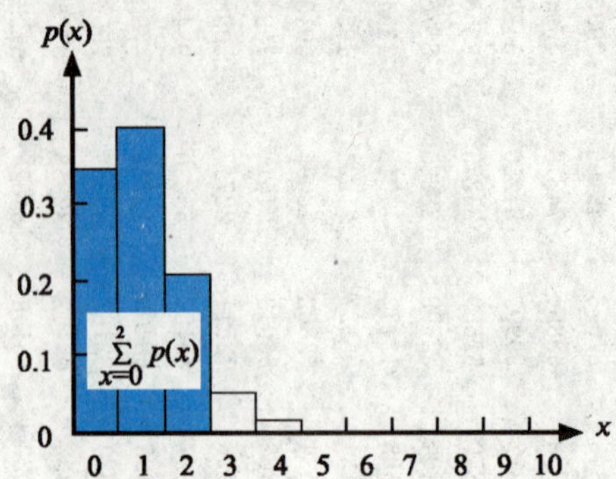

表中的值为 $\sum_{x=0}^{k} P(x)$，计算到小数点后面三位。

a. $n=5$

k \ p	0.01	0.05	0.10	0.20	0.30	0.40	0.50	0.60	0.70	0.80	0.90	0.95	0.99
0	0.951	0.774	0.590	0.328	0.168	0.078	0.031	0.010	0.002	0.000	0.000	0.000	0.000
1	0.999	0.977	0.919	0.737	0.528	0.337	0.188	0.087	0.031	0.007	0.000	0.000	0.000
2	1.000	0.999	0.991	0.942	0.837	0.683	0.500	0.317	0.163	0.058	0.009	0.001	0.000
3	1.000	1.000	1.000	0.993	0.969	0.913	0.812	0.663	0.472	0.263	0.081	0.023	0.001
4	1.000	1.000	1.000	1.000	0.998	0.990	0.969	0.922	0.832	0.672	0.410	0.226	0.049

b. $n=6$

k \ p	0.01	0.05	0.10	0.20	0.30	0.40	0.50	0.60	0.70	0.80	0.90	0.95	0.99
0	0.941	0.735	0.531	0.262	0.118	0.047	0.016	0.004	0.001	0.000	0.000	0.000	0.000
1	0.999	0.967	0.886	0.655	0.420	0.233	0.109	0.041	0.011	0.002	0.000	0.000	0.000
2	1.000	0.998	0.984	0.901	0.744	0.544	0.344	0.179	0.070	0.017	0.001	0.000	0.000
3	1.000	1.000	0.999	0.983	0.930	0.821	0.656	0.456	0.256	0.099	0.016	0.002	0.000
4	1.000	1.000	1.000	0.998	0.989	0.959	0.891	0.767	0.580	0.345	0.114	0.033	0.001
5	1.000	1.000	1.000	1.000	0.999	0.996	0.984	0.953	0.882	0.738	0.469	0.265	0.059

c. $n=7$

k \ p	0.01	0.05	0.10	0.20	0.30	0.40	0.50	0.60	0.70	0.80	0.90	0.95	0.99
0	0.932	0.698	0.478	0.210	0.082	0.028	0.008	0.002	0.000	0.000	0.000	0.000	0.000
1	0.998	0.956	0.850	0.577	0.329	0.159	0.063	0.019	0.004	0.000	0.000	0.000	0.000
2	1.000	0.996	0.974	0.852	0.647	0.420	0.227	0.096	0.029	0.005	0.000	0.000	0.000
3	1.000	1.000	0.997	0.967	0.874	0.710	0.500	0.290	0.126	0.033	0.003	0.000	0.000
4	1.000	1.000	1.000	0.995	0.971	0.904	0.773	0.580	0.353	0.148	0.020	0.004	0.000
5	1.000	1.000	1.000	1.000	0.996	0.981	0.937	0.841	0.671	0.423	0.150	0.044	0.002
6	1.000	1.000	1.000	1.000	1.000	0.998	0.992	0.972	0.918	0.790	0.522	0.302	0.068

d. $n=8$

k \ p	0.01	0.05	0.10	0.20	0.30	0.40	0.50	0.60	0.70	0.80	0.90	0.95	0.99
0	0.923	0.663	0.430	0.168	0.058	0.017	0.004	0.001	0.000	0.000	0.000	0.000	0.000
1	0.997	0.943	0.813	0.503	0.255	0.106	0.035	0.009	0.001	0.000	0.000	0.000	0.000
2	1.000	0.994	0.962	0.797	0.552	0.315	0.145	0.050	0.011	0.001	0.000	0.000	0.000
3	1.000	1.000	0.995	0.944	0.806	0.594	0.363	0.174	0.058	0.010	0.000	0.000	0.000
4	1.000	1.000	1.000	0.990	0.942	0.826	0.637	0.406	0.194	0.056	0.005	0.000	0.000
5	1.000	1.000	1.000	0.999	0.989	0.950	0.855	0.685	0.448	0.203	0.038	0.006	0.000
6	1.000	1.000	1.000	1.000	0.999	0.991	0.965	0.894	0.745	0.497	0.187	0.057	0.003
7	1.000	1.000	1.000	1.000	1.000	0.999	0.996	0.983	0.942	0.832	0.570	0.337	0.077

e. $n=9$

k \ p	0.01	0.05	0.10	0.20	0.30	0.40	0.50	0.60	0.70	0.80	0.90	0.95	0.99
0	0.914	0.630	0.387	0.134	0.040	0.010	0.002	0.000	0.000	0.000	0.000	0.000	0.000
1	0.997	0.929	0.775	0.436	0.196	0.071	0.020	0.004	0.000	0.000	0.000	0.000	0.000
2	1.000	0.992	0.947	0.738	0.463	0.232	0.090	0.025	0.004	0.000	0.000	0.000	0.000
3	1.000	0.999	0.992	0.914	0.730	0.483	0.254	0.099	0.025	0.003	0.000	0.000	0.000
4	1.000	1.000	0.999	0.980	0.901	0.733	0.500	0.267	0.099	0.020	0.001	0.000	0.000
5	1.000	1.000	1.000	0.997	0.975	0.901	0.746	0.517	0.270	0.086	0.008	0.001	0.000
6	1.000	1.000	1.000	1.000	0.996	0.975	0.910	0.768	0.537	0.262	0.053	0.008	0.000
7	1.000	1.000	1.000	1.000	1.000	0.996	0.980	0.929	0.804	0.564	0.225	0.071	0.003
8	1.000	1.000	1.000	1.000	1.000	1.000	0.998	0.990	0.960	0.866	0.613	0.370	0.086

f. $n=10$

k \ p	0.01	0.05	0.10	0.20	0.30	0.40	0.50	0.60	0.70	0.80	0.90	0.95	0.99
0	0.904	0.599	0.349	0.107	0.028	0.006	0.001	0.000	0.000	0.000	0.000	0.000	0.000
1	0.996	0.914	0.736	0.376	0.149	0.046	0.011	0.002	0.000	0.000	0.000	0.000	0.000
2	1.000	0.988	0.930	0.678	0.383	0.167	0.055	0.012	0.002	0.000	0.000	0.000	0.000
3	1.000	0.999	0.987	0.879	0.650	0.382	0.172	0.055	0.011	0.001	0.000	0.000	0.000
4	1.000	1.000	0.998	0.967	0.850	0.633	0.377	0.166	0.047	0.006	0.000	0.000	0.000
5	1.000	1.000	1.000	0.999	0.953	0.834	0.623	0.367	0.150	0.033	0.002	0.000	0.000
6	1.000	1.000	1.000	0.999	0.989	0.945	0.828	0.618	0.350	0.121	0.013	0.001	0.000
7	1.000	1.000	1.000	1.000	0.998	0.988	0.945	0.833	0.617	0.322	0.070	0.012	0.000
8	1.000	1.000	1.000	1.000	1.000	0.998	0.989	0.954	0.851	0.624	0.264	0.086	0.004
9	1.000	1.000	1.000	1.000	1.000	1.000	0.999	0.994	0.972	0.893	0.651	0.401	0.096

g. $n=15$

k \ p	0.01	0.05	0.10	0.20	0.30	0.40	0.50	0.60	0.70	0.80	0.90	0.95	0.99
0	0.860	0.463	0.206	0.035	0.005	0.000	0.000	0.000	0.000	0.000	0.000	0.000	0.000
1	0.990	0.829	0.549	0.167	0.035	0.005	0.000	0.000	0.000	0.000	0.000	0.000	0.000
2	1.000	0.964	0.816	0.398	0.127	0.027	0.004	0.000	0.000	0.000	0.000	0.000	0.000
3	1.000	0.995	0.944	0.648	0.297	0.091	0.018	0.002	0.000	0.000	0.000	0.000	0.000
4	1.000	0.999	0.987	0.838	0.515	0.217	0.059	0.009	0.001	0.000	0.000	0.000	0.000
5	1.000	1.000	0.998	0.939	0.722	0.403	0.151	0.034	0.004	0.000	0.000	0.000	0.000
6	1.000	1.000	1.000	0.982	0.869	0.610	0.304	0.095	0.015	0.001	0.000	0.000	0.000
7	1.000	1.000	1.000	0.996	0.950	0.787	0.500	0.213	0.050	0.004	0.000	0.000	0.000
8	1.000	1.000	1.000	0.999	0.985	0.905	0.696	0.390	0.131	0.018	0.000	0.000	0.000
9	1.000	1.000	1.000	1.000	0.996	0.966	0.849	0.597	0.278	0.061	0.002	0.000	0.000
10	1.000	1.000	1.000	1.000	0.999	0.991	0.941	0.783	0.485	0.164	0.013	0.001	0.000
11	1.000	1.000	1.000	1.000	1.000	0.998	0.982	0.909	0.703	0.352	0.056	0.005	0.000
12	1.000	1.000	1.000	1.000	1.000	1.000	0.996	0.973	0.873	0.602	0.184	0.036	0.000
13	1.000	1.000	1.000	1.000	1.000	1.000	1.000	0.995	0.965	0.833	0.451	0.171	0.010
14	1.000	1.000	1.000	1.000	1.000	1.000	1.000	1.000	0.995	0.965	0.794	0.537	0.140

h. $n=20$

k \ p	0.01	0.05	0.10	0.20	0.30	0.40	0.50	0.60	0.70	0.80	0.90	0.95	0.99
0	0.818	0.358	0.122	0.012	0.001	0.000	0.000	0.000	0.000	0.000	0.000	0.000	0.000
1	0.983	0.736	0.392	0.069	0.008	0.001	0.000	0.000	0.000	0.000	0.000	0.000	0.000
2	0.999	0.925	0.677	0.206	0.035	0.004	0.000	0.000	0.000	0.000	0.000	0.000	0.000
3	1.000	0.984	0.867	0.411	0.107	0.016	0.001	0.000	0.000	0.000	0.000	0.000	0.000
4	1.000	0.997	0.957	0.630	0.238	0.051	0.006	0.000	0.000	0.000	0.000	0.000	0.000
5	1.000	1.000	0.989	0.804	0.416	0.126	0.021	0.002	0.000	0.000	0.000	0.000	0.000
6	1.000	1.000	0.998	0.913	0.608	0.250	0.058	0.006	0.000	0.000	0.000	0.000	0.000
7	1.000	1.000	1.000	0.968	0.772	0.416	0.132	0.021	0.001	0.000	0.000	0.000	0.000
8	1.000	1.000	1.000	0.990	0.887	0.596	0.252	0.057	0.005	0.000	0.000	0.000	0.000
9	1.000	1.000	1.000	0.997	0.952	0.755	0.412	0.128	0.017	0.001	0.000	0.000	0.000
10	1.000	1.000	1.000	0.999	0.983	0.872	0.588	0.245	0.048	0.003	0.000	0.000	0.000
11	1.000	1.000	1.000	1.000	0.995	0.943	0.748	0.404	0.113	0.010	0.000	0.000	0.000
12	1.000	1.000	1.000	1.000	0.999	0.979	0.868	0.584	0.228	0.032	0.000	0.000	0.000
13	1.000	1.000	1.000	1.000	1.000	0.994	0.942	0.750	0.392	0.087	0.002	0.000	0.000
14	1.000	1.000	1.000	1.000	1.000	0.998	0.979	0.874	0.584	0.196	0.011	0.000	0.000
15	1.000	1.000	1.000	1.000	1.000	1.000	0.994	0.949	0.762	0.370	0.043	0.003	0.000
16	1.000	1.000	1.000	1.000	1.000	1.000	0.999	0.984	0.893	0.589	0.133	0.016	0.000
17	1.000	1.000	1.000	1.000	1.000	1.000	1.000	0.996	0.965	0.794	0.323	0.075	0.001
18	1.000	1.000	1.000	1.000	1.000	1.000	1.000	0.999	0.992	0.931	0.608	0.264	0.017
19	1.000	1.000	1.000	1.000	1.000	1.000	1.000	1.000	0.999	0.988	0.878	0.642	0.182

i. $n=25$

k \ p	0.01	0.05	0.10	0.20	0.30	0.40	0.50	0.60	0.70	0.80	0.90	0.95	0.99
0	0.778	0.277	0.072	0.004	0.000	0.000	0.000	0.000	0.000	0.000	0.000	0.000	0.000
1	0.974	0.642	0.271	0.027	0.002	0.000	0.000	0.000	0.000	0.000	0.000	0.000	0.000
2	0.998	0.873	0.537	0.098	0.009	0.000	0.000	0.000	0.000	0.000	0.000	0.000	0.000
3	1.000	0.966	0.764	0.234	0.033	0.002	0.000	0.000	0.000	0.000	0.000	0.000	0.000
4	1.000	0.993	0.902	0.421	0.090	0.009	0.000	0.000	0.000	0.000	0.000	0.000	0.000
5	1.000	0.999	0.967	0.617	0.193	0.029	0.002	0.000	0.000	0.000	0.000	0.000	0.000
6	1.000	1.000	0.991	0.780	0.341	0.074	0.007	0.000	0.000	0.000	0.000	0.000	0.000
7	1.000	1.000	0.998	0.891	0.512	0.154	0.022	0.001	0.000	0.000	0.000	0.000	0.000
8	1.000	1.000	1.000	0.953	0.677	0.274	0.054	0.004	0.000	0.000	0.000	0.000	0.000
9	1.000	1.000	1.000	0.983	0.811	0.425	0.115	0.013	0.000	0.000	0.000	0.000	0.000
10	1.000	1.000	1.000	0.994	0.902	0.586	0.212	0.034	0.002	0.000	0.000	0.000	0.000
11	1.000	1.000	1.000	0.998	0.956	0.732	0.345	0.078	0.006	0.000	0.000	0.000	0.000
12	1.000	1.000	1.000	1.000	0.983	0.846	0.500	0.154	0.017	0.000	0.000	0.000	0.000
13	1.000	1.000	1.000	1.000	0.994	0.922	0.655	0.268	0.044	0.002	0.000	0.000	0.000
14	1.000	1.000	1.000	1.000	0.998	0.966	0.788	0.414	0.098	0.006	0.000	0.000	0.000
15	1.000	1.000	1.000	1.000	1.000	0.987	0.885	0.575	0.189	0.017	0.000	0.000	0.000
16	1.000	1.000	1.000	1.000	1.000	0.996	0.946	0.726	0.323	0.047	0.000	0.000	0.000
17	1.000	1.000	1.000	1.000	1.000	0.999	0.978	0.846	0.488	0.109	0.002	0.000	0.000
18	1.000	1.000	1.000	1.000	1.000	1.000	0.993	0.926	0.659	0.220	0.009	0.000	0.000
19	1.000	1.000	1.000	1.000	1.000	1.000	0.998	0.971	0.807	0.383	0.033	0.001	0.000
20	1.000	1.000	1.000	1.000	1.000	1.000	1.000	0.991	0.910	0.579	0.098	0.007	0.000
21	1.000	1.000	1.000	1.000	1.000	1.000	1.000	0.998	0.967	0.766	0.236	0.034	0.000
22	1.000	1.000	1.000	1.000	1.000	1.000	1.000	1.000	0.991	0.902	0.463	0.127	0.002
23	1.000	1.000	1.000	1.000	1.000	1.000	1.000	1.000	0.998	0.973	0.729	0.358	0.026
24	1.000	1.000	1.000	1.000	1.000	1.000	1.000	1.000	1.000	0.996	0.928	0.723	0.222

表Ⅲ　泊松分布概率

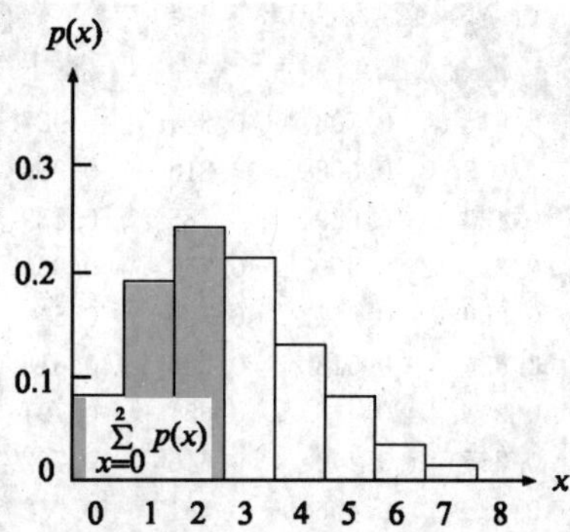

表中的值为 $\sum_{x=0}^{k} P(x)$. 计算到了小数点后面三位.

λ \ k	0	1	2	3	4	5	6	7	8	9
0.02	0.980	1.000								
0.04	0.961	0.999	1.000							
0.06	0.942	0.998	1.000							
0.08	0.923	0.997	1.000							
0.10	0.905	0.995	1.000							
0.15	0.861	0.990	0.999	1.000						
0.20	0.819	0.982	0.999	1.000						
0.25	0.779	0.974	0.998	1.000						
0.30	0.741	0.963	0.996	1.000						
0.35	0.705	0.951	0.994	1.000						
0.40	0.670	0.938	0.992	0.999	1.000					
0.45	0.638	0.925	0.989	0.999	1.000					
0.50	0.607	0.910	0.986	0.998	1.000					
0.55	0.577	0.894	0.982	0.998	1.000					
0.60	0.549	0.878	0.977	0.997	1.000					
0.65	0.522	0.861	0.972	0.996	0.999	1.000				
0.70	0.497	0.844	0.966	0.994	0.999	1.000				
0.75	0.472	0.827	0.959	0.993	0.999	1.000				
0.80	0.449	0.809	0.953	0.991	0.999	1.000				
0.85	0.427	0.791	0.945	0.989	0.998	1.000				
0.90	0.407	0.772	0.937	0.987	0.998	1.000				
0.95	0.387	0.754	0.929	0.981	0.997	1.000				
1.00	0.368	0.736	0.920	0.981	0.996	0.999	1.000			
1.1	0.333	0.699	0.900	0.974	0.995	0.999	1.000			
1.2	0.301	0.663	0.879	0.966	0.992	0.998	1.000			
1.3	0.273	0.627	0.857	0.957	0.989	0.998	1.000			
1.4	0.247	0.592	0.833	0.946	0.986	0.997	0.999	1.000		
1.5	0.223	0.558	0.809	0.934	0.981	0.996	0.999	1.000		
1.6	0.202	0.525	0.783	0.921	0.976	0.994	0.999	1.000		
1.7	0.183	0.493	0.757	0.907	0.970	0.992	0.998	1.000		
1.8	0.165	0.463	0.731	0.891	0.964	0.990	0.997	0.999	1.000	
1.9	0.150	0.434	0.704	0.875	0.956	0.987	0.997	0.999	1.000	
2.0	0.135	0.406	0.677	0.857	0.947	0.983	0.995	0.999	1.000	
2.2	0.111	0.355	0.623	0.819	0.928	0.975	0.993	0.998	1.000	
2.4	0.091	0.308	0.570	0.779	0.904	0.964	0.988	0.997	0.999	1.000
2.6	0.074	0.267	0.518	0.736	0.877	0.951	0.983	0.995	0.999	1.000
2.8	0.061	0.231	0.469	0.692	0.848	0.935	0.976	0.992	0.998	0.999
3.0	0.050	0.199	0.423	0.647	0.815	0.916	0.966	0.988	0.996	0.999
3.2	0.041	0.171	0.380	0.603	0.781	0.895	0.955	0.983	0.994	0.998
3.4	0.033	0.147	0.340	0.558	0.744	0.871	0.942	0.977	0.992	0.997

续表

k / λ	0	1	2	3	4	5	6	7	8	9
3.6	0.027	0.126	0.303	0.515	0.706	0.844	0.927	0.969	0.988	0.996
3.8	0.022	0.107	0.269	0.473	0.668	0.816	0.909	0.960	0.984	0.994
4.0	0.018	0.092	0.238	0.433	0.629	0.785	0.889	0.949	0.979	0.992
4.2	0.015	0.078	0.210	0.395	0.590	0.753	0.867	0.936	0.972	0.989
4.4	0.012	0.066	0.185	0.359	0.551	0.720	0.844	0.921	0.964	0.985
4.6	0.010	0.056	0.163	0.326	0.513	0.686	0.818	0.905	0.955	0.980
4.8	0.008	0.048	0.143	0.294	0.476	0.651	0.791	0.887	0.944	0.975
5.0	0.007	0.040	0.125	0.265	0.440	0.616	0.762	0.867	0.932	0.968
5.2	0.006	0.034	0.109	0.238	0.406	0.581	0.732	0.845	0.918	0.960
5.4	0.005	0.029	0.095	0.213	0.373	0.546	0.702	0.822	0.903	0.951
5.6	0.004	0.024	0.082	0.191	0.342	0.512	0.670	0.797	0.886	0.941
5.8	0.003	0.021	0.072	0.170	0.313	0.478	0.638	0.771	0.867	0.929
6.0	0.002	0.017	0.062	0.151	0.285	0.446	0.606	0.744	0.847	0.916

k / λ	10	11	12	13	14	15	16			
2.8	1.000									
3.0	1.000									
3.2	1.000									
3.4	0.999	1.000								
3.6	0.999	1.000								
3.8	0.998	0.999	1.000							
4.0	0.997	0.999	1.000							
4.2	0.996	0.999	1.000							
4.4	0.994	0.998	0.999	1.000						
4.6	0.992	0.997	0.999	1.000						
4.8	0.990	0.996	0.999	1.000						
5.0	0.986	0.995	0.998	0.999	1.000					
5.2	0.982	0.993	0.997	0.999	1.000					
5.4	0.977	0.990	0.996	0.999	1.000					
5.6	0.972	0.988	0.995	0.998	0.999	1.000				
5.8	0.965	0.984	0.993	0.997	0.999	1.000				
6.0	0.957	0.980	0.991	0.996	0.999	0.999	1.000			

k / λ	0	1	2	3	4	5	6	7	8	9
6.2	0.002	0.015	0.054	0.134	0.259	0.414	0.574	0.716	0.826	0.902
6.4	0.002	0.012	0.040	0.119	0.235	0.384	0.542	0.687	0.803	0.886
6.6	0.001	0.010	0.040	0.105	0.213	0.355	0.511	0.658	0.780	0.869
6.8	0.001	0.009	0.034	0.093	0.192	0.327	0.480	0.628	0.755	0.850
7.0	0.001	0.007	0.030	0.082	0.173	0.301	0.450	0.599	0.729	0.830
7.2	0.001	0.006	0.025	0.072	0.156	0.276	0.420	0.569	0.703	0.810
7.4	0.001	0.005	0.022	0.063	0.140	0.253	0.392	0.539	0.676	0.788
7.6	0.001	0.004	0.019	0.055	0.125	0.231	0.365	0.510	0.648	0.765
7.8	0.000	0.004	0.016	0.048	0.112	0.210	0.338	0.481	0.620	0.741
8.0	0.000	0.003	0.014	0.042	0.100	0.191	0.313	0.453	0.593	0.717
8.5	0.000	0.002	0.009	0.030	0.074	0.150	0.256	0.386	0.523	0.653
9.0	0.000	0.001	0.006	0.021	0.055	0.116	0.207	0.324	0.456	0.587
9.5	0.000	0.001	0.004	0.015	0.040	0.089	0.165	0.269	0.392	0.522
10.0	0.000	0.000	0.003	0.010	0.029	0.067	0.130	0.220	0.333	0.458

续表

λ \ k	10	11	12	13	14	15	16	17	18	19
6.2	0.949	0.975	0.989	0.995	0.998	0.999	1.000			
6.4	0.939	0.969	0.986	0.994	0.997	0.999	1.000			
6.6	0.927	0.963	0.982	0.992	0.997	0.999	0.999	1.000		
6.8	0.915	0.955	0.978	0.990	0.996	0.998	0.999	1.000		
7.0	0.901	0.947	0.973	0.987	0.994	0.998	0.999	1.000		
7.2	0.887	0.937	0.967	0.984	0.993	0.997	0.999	0.999	1.000	
7.4	0.871	0.926	0.961	0.980	0.991	0.996	0.998	0.999	1.000	
7.6	0.854	0.915	0.954	0.976	0.989	0.995	0.998	0.999	1.000	
7.8	0.835	0.902	0.945	0.971	0.986	0.993	0.997	0.999	1.000	
8.0	0.816	0.888	0.936	0.966	0.983	0.992	0.996	0.998	0.999	1.000
8.5	0.763	0.849	0.909	0.949	0.973	0.986	0.993	0.997	0.999	0.999
9.0	0.706	0.803	0.876	0.926	0.959	0.978	0.989	0.995	0.998	0.999
9.5	0.645	0.752	0.836	0.898	0.940	0.967	0.982	0.991	0.996	0.998
10.0	0.583	0.697	0.792	0.864	0.917	0.951	0.973	0.986	0.993	0.997

λ \ k	20	21	22							
8.5	1.000									
9.0	1.000									
9.5	0.999	1.000								
10.0	0.998	0.999	1.000							

λ \ k	0	1	2	3	4	5	6	7	8	9
10.5	0.000	0.000	0.002	0.007	0.021	0.050	0.102	0.179	0.279	0.397
11.0	0.000	0.000	0.001	0.005	0.015	0.038	0.079	0.143	0.232	0.341
11.5	0.000	0.000	0.001	0.003	0.011	0.028	0.060	0.114	0.191	0.289
12.0	0.000	0.000	0.001	0.002	0.008	0.020	0.046	0.090	0.155	0.242
12.5	0.000	0.000	0.000	0.002	0.005	0.015	0.035	0.070	0.125	0.201
13.0	0.000	0.000	0.000	0.001	0.004	0.011	0.026	0.054	0.100	0.166
13.5	0.000	0.000	0.000	0.001	0.003	0.008	0.019	0.041	0.079	0.135
14.0	0.000	0.000	0.000	0.000	0.002	0.006	0.014	0.032	0.062	0.109
14.5	0.000	0.000	0.000	0.000	0.001	0.004	0.010	0.024	0.048	0.088
15.0	0.000	0.000	0.000	0.000	0.001	0.003	0.008	0.018	0.037	0.070

λ \ k	10	11	12	13	14	15	16	17	18	19
10.5	0.521	0.639	0.742	0.825	0.888	0.932	0.960	0.978	0.988	0.994
11.0	0.460	0.579	0.689	0.781	0.854	0.907	0.944	0.968	0.982	0.991
11.5	0.402	0.520	0.633	0.733	0.815	0.878	0.924	0.954	0.974	0.986
12.0	0.347	0.462	0.576	0.682	0.772	0.844	0.899	0.937	0.963	0.979
12.5	0.297	0.406	0.519	0.628	0.725	0.806	0.869	0.916	0.948	0.969
13.0	0.252	0.353	0.463	0.573	0.675	0.764	0.835	0.890	0.930	0.957
13.5	0.211	0.304	0.409	0.518	0.623	0.718	0.798	0.861	0.908	0.942
14.0	0.176	0.260	0.358	0.464	0.570	0.669	0.756	0.827	0.883	0.923
14.5	0.145	0.220	0.311	0.413	0.518	0.619	0.711	0.790	0.853	0.901
15.0	0.118	0.185	0.268	0.363	0.466	0.568	0.664	0.749	0.819	0.875

λ \ k	20	21	22	23	24	25	26	27	28	29
10.5	0.997	0.999	0.999	1.000						
11.0	0.995	0.998	0.999	1.000						
11.5	0.992	0.996	0.998	0.999	1.000					
12.0	0.988	0.994	0.987	0.999	0.999	1.000				
12.5	0.983	0.991	0.995	0.998	0.999	0.999	1.000			
13.0	0.975	0.986	0.992	0.996	0.998	0.999	1.000			
13.5	0.965	0.980	0.989	0.994	0.997	0.998	0.999	1.000		
14.0	0.952	0.971	0.983	0.991	0.995	0.997	0.999	0.999	1.000	
14.5	0.936	0.960	0.976	0.986	0.992	0.996	0.998	0.999	0.999	1.000
15.0	0.917	0.947	0.967	0.981	0.989	0.994	0.997	0.998	0.999	1.000

续表

λ \ k	4	5	6	7	8	9	10	11	12	13
16	0.000	0.001	0.004	0.010	0.022	0.043	0.077	0.127	0.193	0.275
17	0.000	0.001	0.002	0.005	0.013	0.026	0.049	0.085	0.135	0.201
18	0.000	0.000	0.001	0.003	0.007	0.015	0.030	0.055	0.092	0.143
19	0.000	0.000	0.001	0.002	0.004	0.009	0.018	0.035	0.061	0.098
20	0.000	0.000	0.000	0.001	0.002	0.005	0.011	0.021	0.039	0.066
21	0.000	0.000	0.000	0.000	0.001	0.003	0.006	0.013	0.025	0.043
22	0.000	0.000	0.000	0.000	0.001	0.002	0.004	0.008	0.015	0.028
23	0.000	0.000	0.000	0.000	0.000	0.001	0.002	0.004	0.009	0.017
24	0.000	0.000	0.000	0.000	0.000	0.000	0.001	0.003	0.005	0.011
25	0.000	0.000	0.000	0.000	0.000	0.000	0.001	0.001	0.003	0.006

λ \ k	14	15	16	17	18	19	20	21	22	23
16	0.368	0.467	0.566	0.659	0.742	0.812	0.868	0.911	0.942	0.963
17	0.281	0.371	0.468	0.564	0.655	0.736	0.805	0.861	0.905	0.937
18	0.208	0.287	0.375	0.469	0.562	0.651	0.731	0.799	0.855	0.899
19	0.150	0.215	0.292	0.378	0.469	0.561	0.647	0.725	0.793	0.849
20	0.105	0.157	0.221	0.297	0.381	0.470	0.559	0.644	0.721	0.787
21	0.072	0.111	0.163	0.227	0.302	0.384	0.471	0.558	0.640	0.716
22	0.048	0.077	0.117	0.169	0.232	0.306	0.387	0.472	0.556	0.637
23	0.031	0.052	0.082	0.123	0.175	0.238	0.310	0.389	0.472	0.555
24	0.020	0.034	0.056	0.087	0.128	0.180	0.243	0.314	0.392	0.473
25	0.012	0.022	0.038	0.060	0.092	0.134	0.185	0.247	0.318	0.394

λ \ k	24	25	26	27	28	29	30	31	32	33
16	0.978	0.987	0.993	0.996	0.998	0.999	0.999	1.000		
17	0.959	0.975	0.985	0.991	0.995	0.997	0.999	0.999	1.000	
18	0.932	0.955	0.972	0.983	0.990	0.994	0.997	0.998	0.999	1.000
19	0.893	0.927	0.951	0.969	0.980	0.988	0.993	0.996	0.998	0.999
20	0.843	0.888	0.922	0.948	0.966	0.978	0.987	0.992	0.995	0.997
21	0.782	0.838	0.883	0.917	0.944	0.963	0.976	0.985	0.991	0.994
22	0.712	0.777	0.832	0.877	0.913	0.940	0.959	0.973	0.983	0.989
23	0.635	0.708	0.772	0.827	0.873	0.908	0.936	0.956	0.971	0.981
24	0.554	0.632	0.704	0.768	0.823	0.868	0.904	0.932	0.953	0.969
25	0.473	0.553	0.629	0.700	0.763	0.818	0.863	0.900	0.929	0.950

λ \ k	34	35	36	37	38	39	40	41	42	43
19	0.999	1.000								
20	0.999	0.999	1.000							
21	0.997	0.998	0.999	0.999	1.000					
22	0.994	0.996	0.998	0.999	0.999	1.000				
23	0.988	0.993	0.996	0.997	0.999	0.999	1.000			
24	0.979	0.987	0.992	0.995	0.997	0.998	0.999	0.999	1.000	
25	0.966	0.978	0.985	0.991	0.991	0.997	0.998	0.999	0.999	1.000

表Ⅳ 正态分布曲面

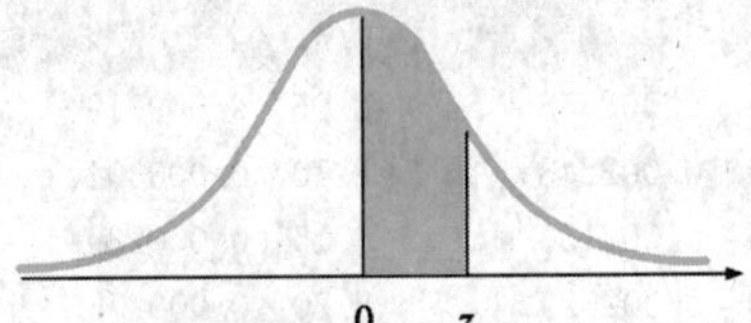

z	0.00	0.01	0.02	0.03	0.04	0.05	0.06	0.07	0.08	0.09
0.0	0.0000	0.0040	0.0080	0.0120	0.0160	0.0199	0.0239	0.0279	0.0319	0.0359
0.1	0.0398	0.0438	0.0478	0.0517	0.0557	0.0596	0.0636	0.0675	0.0714	0.0753
0.2	0.0793	0.0832	0.0871	0.0910	0.0948	0.0987	0.1026	0.1064	0.1103	0.1141
0.3	0.1179	0.1217	0.1255	0.1293	0.1331	0.1368	0.1406	0.1443	0.1480	0.1517
0.4	0.1554	0.1591	0.1628	0.1664	0.1700	0.1736	0.1772	0.1808	0.1844	0.1879
0.5	0.1915	0.1950	0.1985	0.2019	0.2054	0.2088	0.2123	0.2157	0.2190	0.2224
0.6	0.2257	0.2291	0.2324	0.2357	0.2389	0.2422	0.2454	0.2486	0.2517	0.2549
0.7	0.2580	0.2611	0.2642	0.2673	0.2704	0.2734	0.2764	0.2794	0.2823	0.2852
0.8	0.2881	0.2910	0.2939	0.2967	0.2995	0.3023	0.3051	0.3078	0.3106	0.3133
0.9	0.3159	0.3186	0.3212	0.3238	0.3264	0.3289	0.3315	0.3340	0.3365	0.3389
1.0	0.3413	0.3438	0.3461	0.3485	0.3508	0.3531	0.3554	0.3577	0.3599	0.3621
1.1	0.3643	0.3665	0.3686	0.3708	0.3729	0.3749	0.3770	0.3790	0.3810	0.3830
1.2	0.3849	0.3869	0.3888	0.3907	0.3925	0.3944	0.3962	0.3980	0.3997	0.4015
1.3	0.4032	0.4049	0.4066	0.4082	0.4099	0.4115	0.4131	0.4147	0.4162	0.4177
1.4	0.4192	0.4207	0.4222	0.4236	0.4251	0.4265	0.4279	0.4292	0.4306	0.4319
1.5	0.4332	0.4345	0.4357	0.4370	0.4382	0.4394	0.4406	0.4418	0.4429	0.4441
1.6	0.4452	0.4463	0.4474	0.4484	0.4495	0.4505	0.4515	0.4525	0.4535	0.4545
1.7	0.4554	0.4564	0.4573	0.4582	0.4591	0.4599	0.4608	0.4616	0.4625	0.4633
1.8	0.4641	0.4649	0.4656	0.4664	0.4671	0.4678	0.4686	0.4693	0.4699	0.4706
1.9	0.4713	0.4719	0.4726	0.4732	0.4738	0.4744	0.4750	0.4756	0.4761	0.4767
2.0	0.4772	0.4778	0.4783	0.4788	0.4793	0.4798	0.4803	0.4808	0.4812	0.4817
2.1	0.4821	0.4826	0.4830	0.4834	0.4838	0.4842	0.4846	0.4850	0.4854	0.4857
2.2	0.4861	0.4864	0.4868	0.4871	0.4875	0.4878	0.4881	0.4884	0.4887	0.4890
2.3	0.4893	0.4896	0.4898	0.4901	0.4904	0.4906	0.4909	0.4911	0.4913	0.4916
2.4	0.4918	0.4920	0.4922	0.4925	0.4927	0.4929	0.4931	0.4932	0.4934	0.4936
2.5	0.4938	0.4940	0.4941	0.4943	0.4945	0.4946	0.4948	0.4949	0.4951	0.4952
2.6	0.4953	0.4955	0.4956	0.4957	0.4959	0.4960	0.4961	0.4962	0.4963	0.4964
2.7	0.4965	0.4966	0.4967	0.4968	0.4969	0.4970	0.4971	0.4972	0.4973	0.4974
2.8	0.4974	0.4975	0.4976	0.4977	0.4977	0.4978	0.4979	0.4979	0.4980	0.4981
2.9	0.4981	0.4982	0.4982	0.4883	0.4984	0.4984	0.4985	0.4985	0.4986	0.4986
3.0	0.4987	0.4987	0.4987	0.4988	0.4988	0.4989	0.4989	0.4989	0.4990	0.4990

资料来源：Abridged from Table Ⅰ of A. Hald, *Statistical Tables and Formulas* (New York: Wiley), 1952. Reproduced by permission of A. Hald.

表V　指数分布

λ	$e^{-\lambda}$	λ	$e^{-\lambda}$	λ	$e^{-\lambda}$	λ	$e^{-\lambda}$	λ	$e^{-\lambda}$
0.00	1.000000	2.05	0.128735	4.05	0.017422	6.05	0.002358	8.05	0.000319
0.05	0.951229	2.10	0.122456	4.10	0.016573	6.10	0.002243	8.10	0.000304
0.10	0.904837	2.15	0.116484	4.15	0.015764	6.15	0.002133	8.15	0.000289
0.15	0.860708	2.20	0.110803	4.20	0.014996	6.20	0.002029	8.20	0.000275
0.20	0.818731	2.25	0.105399	4.25	0.014264	6.25	0.001930	8.25	0.000261
0.25	0.778801	2.30	0.100259	4.30	0.013569	6.30	0.001836	8.30	0.000249
0.30	0.740818	2.35	0.095369	4.35	0.012907	6.35	0.001747	8.35	0.000236
0.35	0.704688	2.40	0.090718	4.40	0.012277	6.40	0.001661	8.40	0.000225
0.40	0.670320	2.45	0.086294	4.45	0.011679	6.45	0.001581	8.45	0.000214
0.45	0.637628	2.50	0.082085	4.50	0.011109	6.50	0.001503	8.50	0.000204
0.50	0.606531	2.55	0.078082	4.55	0.010567	6.55	0.001430	8.55	0.000194
0.55	0.576950	2.60	0.074274	4.60	0.010052	6.60	0.001360	8.60	0.000184
0.60	0.548812	2.65	0.070651	4.65	0.009562	6.65	0.001294	8.65	0.000175
0.65	0.522046	2.70	0.067206	4.70	0.009095	6.70	0.001231	8.70	0.000167
0.70	0.496585	2.75	0.063928	4.75	0.008652	6.75	0.001171	8.75	0.000158
0.75	0.472367	2.80	0.060810	4.80	0.008230	6.80	0.001114	8.80	0.000151
0.80	0.449329	2.85	0.057844	4.85	0.007828	6.85	0.001059	8.85	0.000143
0.85	0.427415	2.90	0.055023	4.90	0.007447	6.90	0.001008	8.90	0.000136
0.90	0.406570	2.95	0.052340	4.95	0.007083	6.95	0.000959	8.95	0.000130
0.95	0.386741	3.00	0.049787	5.00	0.006738	7.00	0.000912	9.00	0.000123
1.00	0.367879	3.05	0.047359	5.05	0.006409	7.05	0.000867	9.05	0.000117
1.05	0.349938	3.10	0.045049	5.10	0.006097	7.10	0.000825	9.10	0.000112
1.10	0.332871	3.15	0.042852	5.15	0.005799	7.15	0.000785	9.15	0.000106
1.15	0.316637	3.20	0.040762	5.20	0.005517	7.20	0.000747	9.20	0.000101
1.20	0.301194	3.25	0.038774	5.25	0.005248	7.25	0.000710	9.25	0.000096
1.25	0.286505	3.30	0.036883	5.30	0.004992	7.30	0.000676	9.30	0.000091
1.30	0.272532	3.35	0.035084	5.35	0.004748	7.35	0.000643	9.35	0.000087
1.35	0.259240	3.40	0.033373	5.40	0.004517	7.40	0.000611	9.40	0.000083
1.40	0.246597	3.45	0.031746	5.45	0.004296	7.45	0.000581	9.45	0.000079
1.45	0.234570	3.50	0.030197	5.50	0.004087	7.50	0.000553	9.50	0.000075
1.50	0.223130	3.55	0.028725	5.55	0.003887	7.55	0.000526	9.55	0.000071
1.55	0.212248	3.60	0.027324	5.60	0.003698	7.60	0.000501	9.60	0.000068
1.60	0.201897	3.65	0.025991	5.65	0.003518	7.65	0.000476	9.65	0.000064
1.65	0.192050	3.70	0.024724	5.70	0.003346	7.70	0.000453	9.70	0.000061
1.70	0.182684	3.75	0.023518	5.75	0.003183	7.75	0.000431	9.75	0.000058
1.75	0.173774	3.80	0.022371	5.80	0.003028	7.80	0.000410	9.80	0.000056
1.80	0.165299	3.85	0.021280	5.85	0.002880	7.85	0.000390	9.85	0.000053
1.85	0.157237	3.90	0.020242	5.90	0.002739	7.90	0.000371	9.90	0.000050
1.90	0.149569	3.95	0.019255	5.95	0.002606	7.95	0.000353	9.95	0.000048
1.95	0.142274	4.00	0.018316	6.00	0.002479	8.00	0.000336	10.00	0.000045
2.00	0.135335								

表Ⅵ　t 检验的临界值

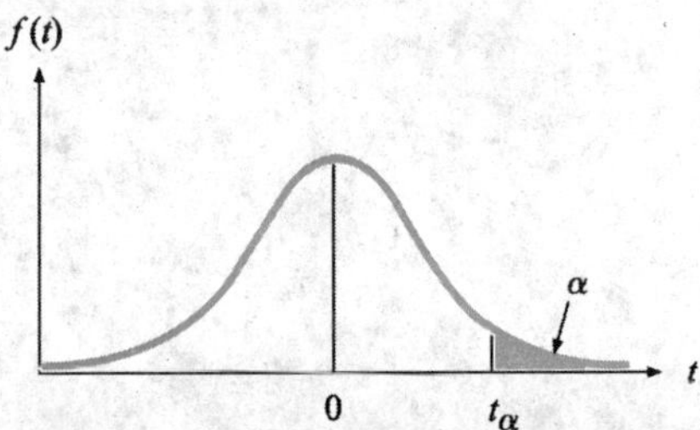

ν	$t_{.100}$	$t_{.050}$	$t_{.025}$	$t_{.010}$	$t_{.005}$	$t_{.001}$	$t_{.0005}$
1	3.078	6.314	12.706	31.821	63.657	318.31	636.62
2	1.886	2.920	4.303	6.965	9.925	22.326	31.598
3	1.638	2.353	3.182	4.541	5.841	10.213	12.924
4	1.533	2.132	2.776	3.747	4.604	7.173	8.610
5	1.476	2.015	2.571	3.365	4.032	5.893	6.869
6	1.440	1.943	2.447	3.143	3.707	5.208	5.959
7	1.415	1.895	2.365	2.998	3.499	4.785	5.408
8	1.397	1.860	2.306	2.896	3.355	4.501	5.041
9	1.383	1.833	2.262	2.821	3.250	4.297	4.781
10	1.372	1.812	2.228	2.764	3.169	4.144	4.587
11	1.363	1.796	2.201	2.718	3.106	4.025	4.437
12	1.356	1.782	2.179	2.681	3.055	3.930	4.318
13	1.350	1.771	2.160	2.650	3.012	3.852	4.221
14	1.345	1.761	2.145	2.624	2.977	3.787	4.140
15	1.341	1.753	2.131	2.602	2.947	3.733	4.073
16	1.337	1.746	2.120	2.583	2.921	3.686	4.015
17	1.333	1.740	2.110	2.567	2.898	3.646	3.965
18	1.330	1.734	2.101	2.552	2.878	3.610	3.922
19	1.328	1.729	2.093	2.539	2.861	3.579	3.883
20	1.325	1.725	2.086	2.528	2.845	3.552	3.850
21	1.323	1.721	2.080	2.518	2.831	3.527	3.819
22	1.321	1.717	2.074	2.508	2.819	3.505	3.792
23	1.319	1.714	2.069	2.500	2.807	3.485	3.767
24	1.318	1.711	2.064	2.492	2.797	3.467	3.745
25	1.316	1.708	2.060	2.485	2.787	3.450	3.725
26	1.315	1.706	2.056	2.479	2.779	3.435	3.707
27	1.314	1.703	2.052	2.473	2.771	3.421	3.690
28	1.313	1.701	2.048	2.467	2.763	3.408	3.674
29	1.311	1.699	2.045	2.462	2.756	3.396	3.659
30	1.310	1.697	2.042	2.457	2.750	3.385	3.646
40	1.303	1.684	2.021	2.423	2.704	3.307	3.551
60	1.296	1.671	2.000	2.390	2.660	3.232	3.460
120	1.289	1.658	1.980	2.358	2.617	3.160	3.373
∞	1.282	1.645	1.960	2.326	2.576	3.090	3.291

资料来源:This table is reproduced with the kind permission of the Trustees of Biometrika from E. S. Pearson and H. O. Hartley(eds), *The Biometrika Tables for Statisticians*, Vol. 1, 3d ed., Biometrika, 1966.

表Ⅶ χ^2 检验的临界值

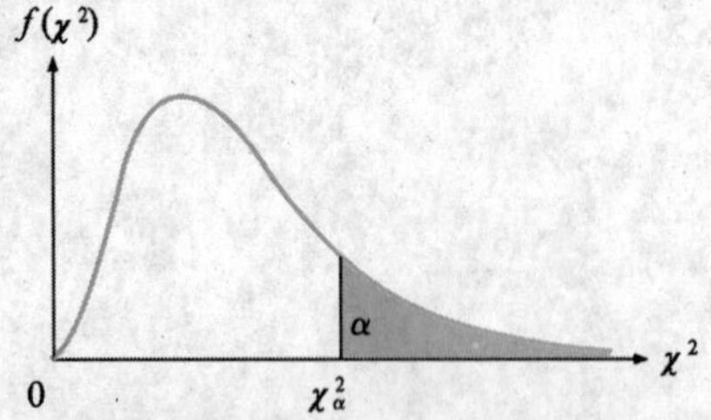

自由度	$\chi^2_{.995}$	$\chi^2_{.990}$	$\chi^2_{.975}$	$\chi^2_{.950}$	$\chi^2_{.900}$
1	0.0000393	0.0001571	0.0009821	0.0039321	0.0157908
2	0.0100251	0.0201007	0.0506356	0.102587	0.210720
3	0.0717212	0.114832	0.215795	0.351846	0.584375
4	0.206990	0.297110	0.484419	0.710721	1.063623
5	0.411740	0.554300	0.831211	1.145476	1.61031
6	0.675727	0.872085	1.237347	1.63539	2.20413
7	0.989265	1.239043	1.68987	2.16735	2.83311
8	1.344419	1.646482	2.17973	2.73264	3.48954
9	1.734926	2.087912	2.70039	3.32511	4.16816
10	2.15585	2.55821	3.24697	3.94030	4.86518
11	2.60321	3.05347	3.81575	4.57481	5.57779
12	3.07382	3.57056	4.40379	5.22603	6.30380
13	3.56503	4.10691	5.00874	5.89186	7.04150
14	4.07468	4.66043	5.62872	6.57063	7.78953
15	4.60094	5.22935	6.26214	7.26094	8.54675
16	5.14224	5.81221	6.90766	7.96164	9.31223
17	5.69724	6.40776	7.56418	8.67176	10.0852
18	6.26481	7.01491	8.23075	9.39046	10.8649
19	6.84398	7.63273	8.90655	10.1170	11.6509
20	7.43386	8.26040	9.59083	10.8508	12.4426
21	8.03366	8.89720	10.28293	11.5913	13.2396
22	8.64272	9.54249	10.9823	12.3380	14.0415
23	9.26042	10.19567	11.6885	13.0905	14.8479
24	9.88623	10.8564	12.4011	13.8484	15.6587
25	10.5197	11.5240	13.1197	14.6114	16.4734
26	11.1603	12.1981	13.8439	15.3791	17.2919
27	11.8076	12.8786	14.5733	16.1513	18.1138
28	12.4613	13.5648	15.3079	16.9279	18.9392
29	13.1211	14.2565	16.0471	17.7083	19.7677
30	13.7867	14.9535	16.7908	18.4926	20.5992
40	20.7065	22.1643	24.4331	26.5093	29.0505
50	27.9907	29.7067	32.3574	34.7642	37.6886
60	35.5346	37.4848	40.4817	43.1879	46.4589
70	43.2752	45.4418	48.7576	51.7393	55.3290
80	51.1720	53.5400	57.1532	60.3915	64.2778
90	59.1963	61.7541	65.6466	69.1260	73.2912
100	67.3276	70.0648	74.2219	77.9295	82.3581

资料来源:From C. M. Thompson, "Tables of the Percentage Points of the χ^2-Distribution," *Biomertrika*, 1941, 32, 188—189, Reproduced by permission of the *Biometrika* Trustees.

续表

自由度	$\chi^2_{.100}$	$\chi^2_{.050}$	$\chi^2_{.025}$	$\chi^2_{.010}$	$\chi^2_{.005}$
1	2.70554	3.84146	5.02389	6.63490	7.87944
2	4.60517	5.99147	7.37776	9.21034	10.5966
3	6.25139	7.81473	9.34840	11.3449	12.8381
4	7.77944	9.48773	11.1433	13.2767	14.8602
5	9.23635	11.0705	12.8325	15.0863	16.7496
6	10.6446	12.5916	14.4494	16.8119	18.5476
7	12.0170	14.0671	16.0128	18.4753	20.2777
8	13.3616	15.5073	17.5346	20.0902	21.9550
9	14.6837	16.9190	19.0228	21.6660	23.5893
10	15.9871	18.3070	20.4831	23.2093	25.1882
11	17.2750	19.6751	21.9200	24.7250	26.7569
12	18.5494	21.0261	23.3367	26.2170	28.2995
13	19.8119	22.3621	24.7356	27.6883	29.8194
14	21.0642	23.6848	26.1190	29.1413	31.3193
15	22.3072	24.9958	27.4884	30.5779	32.8013
16	23.5418	26.2962	28.8454	31.9999	34.2672
17	24.7690	27.5871	30.1910	33.4087	35.7185
18	25.9894	28.8693	31.5264	34.8053	37.1564
19	27.2036	30.1435	32.8523	36.1908	38.5822
20	28.4120	31.4104	34.1696	37.5662	39.9968
21	29.6151	32.6705	35.4789	38.9321	41.4010
22	30.8133	33.9244	36.7807	40.2894	42.7956
23	32.0069	35.1725	38.0757	41.6384	44.1813
24	33.1963	36.4151	39.3641	42.9798	45.5585
25	34.3816	37.6525	40.6465	44.3141	46.9278
26	35.5631	38.8852	41.9232	45.6417	48.2899
27	36.7412	40.1133	43.1944	46.9630	49.6449
28	37.9159	41.3372	44.4607	48.2782	50.9933
29	39.0875	42.5569	45.7222	49.5879	52.3356
30	40.2560	43.7729	46.9792	50.8922	53.6720
40	51.8050	55.7585	59.3417	63.6907	66.7659
50	63.1671	67.5048	71.4202	76.1539	79.4900
60	74.3970	79.0819	83.2976	88.3794	91.9517
70	85.5271	90.5312	95.0231	100.425	104.215
80	96.5782	101.879	106.629	112.329	116.321
90	107.565	113.145	118.136	124.116	128.299
100	118.498	124.342	129.561	135.807	140.169

表Ⅷ F 分布的百分位数，$\alpha=0.10$

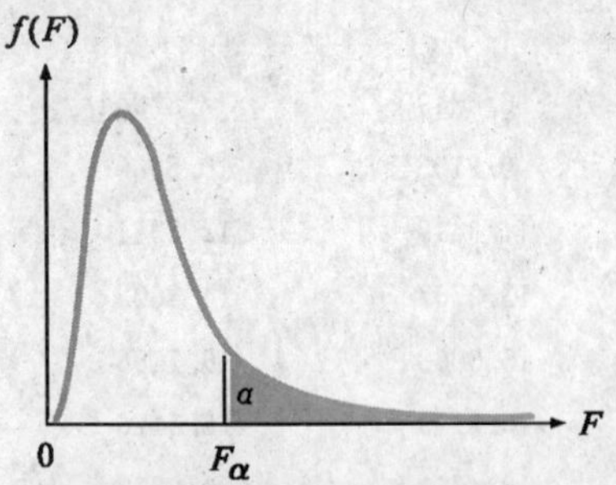

自由度分母 ν_2 \ 自由度分子 ν_1	1	2	3	4	5	6	7	8	9
1	39.86	49.50	53.59	55.83	57.24	58.20	58.91	59.44	59.86
2	8.53	9.00	9.16	9.24	9.29	9.33	9.35	9.37	9.38
3	5.54	5.46	5.39	5.34	5.31	5.28	5.27	5.25	5.24
4	4.54	4.32	4.19	4.11	4.05	4.01	3.98	3.95	3.94
5	4.06	3.78	3.62	3.52	3.45	3.40	3.37	3.34	3.32
6	3.78	3.46	3.29	3.18	3.11	3.05	3.01	2.98	2.96
7	3.59	3.26	3.07	2.96	2.88	2.83	2.78	2.75	2.72
8	3.46	3.11	2.92	2.81	2.73	2.67	2.62	2.59	2.56
9	3.36	3.01	2.81	2.69	2.61	2.55	2.51	2.47	2.44
10	3.29	2.92	2.73	2.61	2.52	2.46	2.41	2.38	2.35
11	3.23	2.86	2.66	2.54	2.45	2.39	2.34	2.30	2.27
12	3.18	2.81	2.61	2.48	2.39	2.33	2.28	2.24	2.21
13	3.14	2.76	2.56	2.43	2.35	2.28	2.23	2.20	2.16
14	3.10	2.73	2.52	2.39	2.31	2.24	2.19	2.15	2.12
15	3.07	2.70	2.49	2.36	2.27	2.21	2.16	2.12	2.09
16	3.05	2.67	2.46	2.33	2.24	2.18	2.13	2.09	2.06
17	3.03	2.64	2.44	2.31	2.22	2.15	2.10	2.06	2.03
18	3.01	2.62	2.42	2.29	2.20	2.13	2.08	2.04	2.00
19	2.99	2.61	2.40	2.27	2.18	2.11	2.06	2.02	1.98
20	2.97	2.59	2.38	2.25	2.16	2.09	2.04	2.00	1.96
21	2.96	2.57	2.36	2.23	2.14	2.08	2.02	1.98	1.95
22	2.95	2.56	2.35	2.22	2.13	2.06	2.01	1.97	1.93
23	2.94	2.55	2.34	2.21	2.11	2.05	1.99	1.95	1.92
24	2.93	2.54	2.33	2.19	2.10	2.04	1.98	1.94	1.91
25	2.92	2.53	2.32	2.18	2.09	2.02	1.97	1.93	1.89
26	2.91	2.52	2.31	2.17	2.08	2.01	1.96	1.92	1.88
27	2.90	2.51	2.30	2.17	2.07	2.00	1.95	1.91	1.87
28	2.89	2.50	2.29	2.16	2.06	2.00	1.94	1.90	1.87
29	2.89	2.50	2.28	2.15	2.06	1.99	1.93	1.89	1.86
30	2.88	2.49	2.28	2.14	2.05	1.98	1.93	1.88	1.85
40	2.84	2.44	2.23	2.09	2.00	1.93	1.87	1.83	1.79
60	2.79	2.39	2.18	2.04	1.95	1.87	1.82	1.77	1.74
120	2.75	2.35	2.13	1.99	1.90	1.82	1.77	1.72	1.68
∞	2.71	2.30	2.08	1.94	1.85	1.77	1.72	1.67	1.63

资料来源：From M. Merrington and C. M. Thompson, "Tables of Percentage Points of the Inverted Beta(F)-Distribution," *Biometrika*, 1943, 33, 73—88. Reproduced by permission of the *Biometrika* Trustees.

续表

v_2 \ v_1	自由度分子									
自由度分母	10	12	15	20	24	30	40	60	120	∞
1	60.19	60.71	61.22	61.74	62.00	62.26	62.53	62.79	63.06	63.33
2	9.39	9.41	9.42	9.44	9.45	9.46	9.47	9.47	9.48	9.49
3	5.23	5.22	5.20	5.18	5.18	5.17	5.16	5.15	5.14	5.13
4	3.92	3.90	3.87	3.84	3.83	3.82	3.80	3.79	3.78	3.76
5	3.30	3.27	3.24	3.21	3.19	3.17	3.16	3.14	3.12	3.10
6	2.94	2.90	2.87	2.84	2.82	2.80	2.78	2.76	2.74	2.72
7	2.70	2.67	2.63	2.59	2.58	2.56	2.54	2.51	2.49	2.47
8	2.54	2.50	2.46	2.42	2.40	2.38	2.36	2.34	2.32	2.29
9	2.42	2.38	2.34	2.30	2.28	2.25	2.23	2.21	2.18	2.16
10	2.32	2.28	2.24	2.20	2.18	2.16	2.13	2.11	2.08	2.06
11	2.25	2.21	2.17	2.12	2.10	2.08	2.05	2.03	2.00	1.97
12	2.19	2.15	2.10	2.06	2.04	2.01	1.99	1.96	1.93	1.90
13	2.14	2.10	2.05	2.01	1.98	1.96	1.93	1.90	1.88	1.85
14	2.10	2.05	2.01	1.96	1.94	1.91	1.89	1.86	1.83	1.80
15	2.06	2.02	1.97	1.92	1.90	1.87	1.85	1.82	1.79	1.76
16	2.03	1.99	1.94	1.89	1.87	1.84	1.81	1.78	1.75	1.72
17	2.00	1.96	1.91	1.86	1.84	1.81	1.78	1.75	1.72	1.69
18	1.98	1.93	1.89	1.84	1.81	1.78	1.75	1.72	1.69	1.66
19	1.96	1.91	1.86	1.81	1.79	1.76	1.73	1.70	1.67	1.63
20	1.94	1.89	1.84	1.79	1.77	1.74	1.71	1.68	1.64	1.61
21	1.92	1.87	1.83	1.78	1.75	1.72	1.69	1.66	1.62	1.59
22	1.90	1.86	1.81	1.76	1.73	1.70	1.67	1.64	1.60	1.57
23	1.89	1.84	1.80	1.74	1.72	1.69	1.66	1.62	1.59	1.55
24	1.88	1.83	1.78	1.73	1.70	1.67	1.64	1.61	1.57	1.53
25	1.87	1.82	1.77	1.72	1.69	1.66	1.63	1.59	1.56	1.52
26	1.86	1.81	1.76	1.71	1.68	1.65	1.61	1.58	1.54	1.50
27	1.85	1.80	1.75	1.70	1.67	1.64	1.60	1.57	1.53	1.49
28	1.84	1.79	1.74	1.69	1.66	1.63	1.59	1.56	1.52	1.48
29	1.83	1.78	1.73	1.68	1.65	1.62	1.58	1.55	1.51	1.47
30	1.82	1.77	1.72	1.67	1.64	1.61	1.57	1.54	1.50	1.46
40	1.76	1.71	1.66	1.61	1.57	1.54	1.51	1.47	1.42	1.38
60	1.71	1.66	1.60	1.54	1.51	1.48	1.44	1.40	1.35	1.29
120	1.65	1.60	1.55	1.48	1.45	1.41	1.37	1.32	1.26	1.19
∞	1.60	1.55	1.49	1.42	1.38	1.34	1.30	1.24	1.17	1.00

表Ⅸ　F分布的百分位数，$\alpha=0.05$

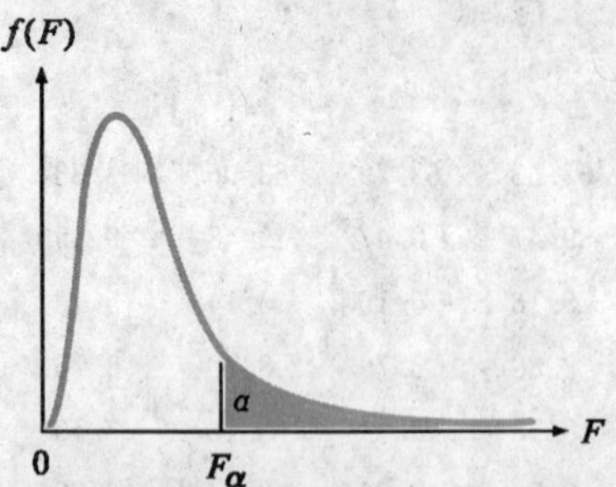

ν_2 \ ν_1	自由度分子								
	1	2	3	4	5	6	7	8	9
自由度分母 1	161.4	199.5	215.7	224.6	230.2	234.0	236.8	238.9	240.5
2	18.51	19.00	19.16	19.25	19.30	19.33	19.35	19.37	19.38
3	10.13	9.55	9.28	9.12	9.01	8.94	8.89	8.85	8.81
4	7.71	6.94	6.59	6.39	6.26	6.16	6.09	6.04	6.00
5	6.61	5.79	5.41	5.19	5.05	4.95	4.88	4.82	4.77
6	5.99	5.14	4.76	4.53	4.39	4.28	4.21	4.15	4.10
7	5.59	4.74	4.35	4.12	3.97	3.87	3.79	3.73	3.68
8	5.32	4.46	4.07	3.84	3.69	3.58	3.50	3.44	3.39
9	5.12	4.26	3.86	3.63	3.48	3.37	3.29	3.23	3.18
10	4.96	4.10	3.71	3.48	3.33	3.22	3.14	3.07	3.02
11	4.84	3.98	3.59	3.36	3.20	3.09	3.01	2.95	2.90
12	4.75	3.89	3.49	3.26	3.11	3.00	2.91	2.85	2.80
13	4.67	3.81	3.41	3.18	3.03	2.92	2.83	2.77	2.71
14	4.60	3.74	3.34	3.11	2.96	2.85	2.76	2.70	2.65
15	4.54	3.68	3.29	3.06	2.90	2.79	2.71	2.64	2.59
16	4.49	3.63	3.24	3.01	2.85	2.74	2.66	2.59	2.54
17	4.45	3.59	3.20	2.96	2.81	2.70	2.61	2.55	2.49
18	4.41	3.55	3.16	2.93	2.77	2.66	2.58	2.51	2.46
19	4.38	3.52	3.13	2.90	2.74	2.63	2.54	2.48	2.42
20	4.35	3.49	3.10	2.87	2.71	2.60	2.51	2.45	2.39
21	4.32	3.47	3.07	2.84	2.68	2.57	2.49	2.42	2.37
22	4.30	3.44	3.05	2.82	2.66	2.55	2.46	2.40	2.34
23	4.28	3.42	3.03	2.80	2.64	2.53	2.44	2.37	2.32
24	4.26	3.40	3.01	2.78	2.62	2.51	2.42	2.36	2.30
25	4.24	3.39	2.99	2.76	2.60	2.49	2.40	2.34	2.28
26	4.23	3.37	2.98	2.74	2.59	2.47	2.39	2.32	2.77
27	4.21	3.35	2.96	2.73	2.57	2.46	2.37	2.31	2.25
28	4.20	3.34	2.95	2.71	2.56	2.45	2.36	2.29	2.24
29	4.18	3.33	2.93	2.70	2.55	2.43	2.35	2.28	2.22
30	4.17	3.32	2.92	2.69	2.53	2.42	2.33	2.27	2.21
40	4.08	3.23	2.84	2.61	2.45	2.34	2.25	2.18	2.12
60	4.00	3.15	2.76	2.53	2.37	2.25	2.17	2.10	2.04
120	3.92	3.07	2.68	2.45	2.29	2.17	2.09	2.02	1.96
∞	3.84	3.00	2.60	2.37	2.21	2.10	2.01	1.94	1.88

资料来源：From M. Merrington and C. M. Thompson, "Tables of Percentage Points of the Inverted Beta(F)-Distribution," *Biometrika*, 1943, 33, 73—88. Reproduced by permission of the *Biometrika* Trustees.

续表

ν_2 \ ν_1	自由度分子									
自由度分母	10	12	15	20	24	30	40	60	120	∞
1	241.9	243.9	245.9	248.0	249.1	250.1	251.1	252.2	253.3	254.3
2	19.40	19.41	19.43	19.45	19.45	19.46	19.47	19.48	19.49	19.50
3	8.79	8.74	8.70	8.66	8.64	8.62	8.59	8.57	8.55	8.53
4	5.96	5.91	5.86	5.80	5.77	5.75	5.72	5.69	5.66	5.63
5	4.74	4.68	4.62	4.56	4.53	4.50	4.46	4.43	4.40	4.36
6	4.06	4.00	3.94	3.87	3.84	3.81	3.77	3.74	3.70	3.67
7	3.64	3.57	3.51	3.44	3.41	3.38	3.34	3.30	3.27	3.23
8	3.35	3.28	3.22	3.15	3.12	3.08	3.04	3.01	2.97	2.93
9	3.14	3.07	3.01	2.94	2.90	2.86	2.83	2.79	2.75	2.71
10	2.98	2.91	2.85	2.77	2.74	2.70	2.66	2.62	2.58	2.54
11	2.85	2.79	2.72	2.65	2.61	2.57	2.53	2.49	2.45	2.40
12	2.75	2.69	2.62	2.54	2.51	2.47	2.43	2.38	2.34	2.30
13	2.67	2.60	2.53	2.46	2.42	2.38	2.34	2.30	2.25	2.21
14	2.60	2.53	2.46	2.39	2.35	2.31	2.27	2.22	2.18	2.13
15	2.54	2.48	2.40	2.33	2.29	2.25	2.20	2.16	2.11	2.07
16	2.49	2.42	2.35	2.28	2.24	2.19	2.15	2.11	2.06	2.01
17	2.45	2.38	2.31	2.23	2.19	2.15	2.10	2.06	2.01	1.96
18	2.41	2.34	2.27	2.19	2.15	2.11	2.06	2.02	1.97	1.92
19	2.38	2.31	2.23	2.16	2.11	2.07	2.03	1.98	1.93	1.88
20	2.35	2.28	2.20	2.12	2.08	2.04	1.99	1.95	1.90	1.84
21	2.32	2.25	2.18	2.10	2.05	2.01	1.96	1.92	1.87	1.81
22	2.30	2.23	2.15	2.07	2.03	1.98	1.94	1.89	1.84	1.78
23	2.27	2.20	2.13	2.05	2.01	1.96	1.91	1.86	1.81	1.76
24	2.25	2.18	2.11	2.03	1.98	1.94	1.89	1.84	1.79	1.73
25	2.24	2.16	2.09	2.01	1.96	1.92	1.87	1.82	1.77	1.71
26	2.22	2.15	2.07	1.99	1.95	1.90	1.85	1.80	1.75	1.69
27	2.20	2.13	2.06	1.97	1.93	1.88	1.84	1.79	1.73	1.67
28	2.19	2.12	2.04	1.96	1.91	1.87	1.82	1.77	1.71	1.65
29	2.18	2.10	2.03	1.94	1.90	1.85	1.81	1.75	1.70	1.64
30	2.16	2.09	2.01	1.93	1.89	1.84	1.79	1.74	1.68	1.62
40	2.08	2.00	1.92	1.84	1.79	1.74	1.69	1.64	1.58	1.51
60	1.99	1.92	1.84	1.75	1.70	1.65	1.59	1.53	1.47	1.39
120	1.91	1.83	1.75	1.66	1.61	1.55	1.50	1.43	1.35	1.25
∞	1.83	1.75	1.67	1.57	1.52	1.46	1.39	1.32	1.22	1.00

表X　F 分布的百分位数，α=0.025

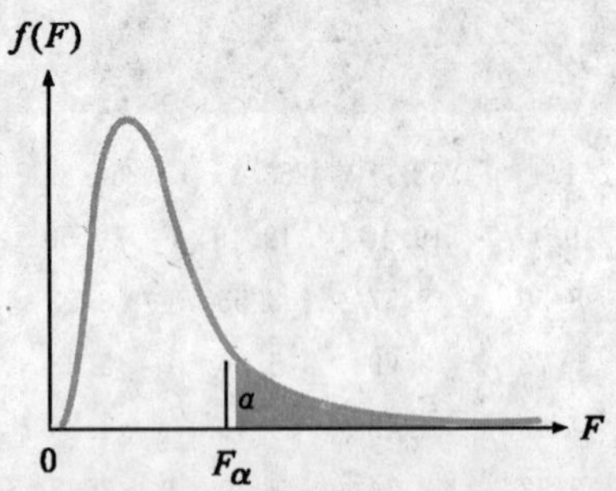

v_2 \ v_1	自由度分子								
	1	2	3	4	5	6	7	8	9
1	647.8	799.5	864.2	899.6	921.8	937.1	978.2	956.7	963.3
2	38.51	39.00	39.17	39.25	39.30	39.33	39.36	39.37	39.39
3	17.44	16.04	15.44	15.10	14.88	14.73	14.62	14.54	14.47
4	12.22	10.65	9.98	9.60	9.36	9.20	9.07	8.98	8.90
5	10.01	8.43	7.76	7.39	7.15	6.98	6.85	6.76	6.68
6	8.81	7.26	6.60	6.23	5.99	5.82	5.70	5.60	5.52
7	8.07	6.54	5.89	5.52	5.29	5.12	4.99	4.90	4.82
8	7.57	6.06	5.42	5.05	4.82	4.65	4.53	4.43	4.36
9	7.21	5.71	5.08	4.72	4.48	4.32	4.20	4.10	4.03
10	6.94	5.46	4.83	4.47	4.24	4.07	3.95	3.85	3.78
11	6.72	5.26	4.63	4.28	4.04	3.88	3.76	3.66	3.59
12	6.55	5.10	4.47	4.12	3.89	3.73	3.61	3.51	3.44
13	6.41	4.97	4.35	4.00	3.77	3.60	3.48	3.39	3.31
14	6.30	4.86	4.24	3.89	3.66	3.50	3.38	3.29	3.21
15	6.20	4.77	4.15	3.80	3.58	3.41	3.29	3.20	3.12
16	6.12	4.69	4.08	3.73	3.50	3.34	3.22	3.12	3.05
17	6.04	4.62	4.01	3.66	3.44	3.28	3.16	3.06	2.98
18	5.98	4.56	3.95	3.61	3.38	3.22	3.10	3.01	2.93
19	5.92	4.51	3.90	3.56	3.33	3.17	3.05	2.96	2.88
20	5.87	4.46	3.86	3.51	3.29	3.13	3.01	2.91	2.84
21	5.83	4.42	3.82	3.48	3.25	3.09	2.97	2.87	2.80
22	5.79	4.38	3.78	3.44	3.22	3.05	2.93	2.84	2.76
23	5.75	4.35	3.75	2.41	3.18	3.02	2.90	2.81	2.73
24	5.72	4.32	3.72	3.38	3.15	2.99	2.87	2.78	2.70
25	5.69	4.29	3.69	3.35	3.13	2.97	2.85	2.75	2.68
26	5.66	4.27	3.67	3.33	3.10	2.94	2.82	2.73	2.65
27	5.63	4.24	3.65	3.31	3.08	2.92	2.80	2.71	2.63
28	5.61	4.22	3.63	3.29	3.06	2.90	2.78	2.69	2.61
29	5.59	4.20	3.61	3.27	3.04	2.88	2.76	2.67	2.59
30	5.57	4.18	3.59	3.25	3.03	2.87	2.75	2.65	2.57
40	5.42	4.05	3.46	3.13	2.90	2.74	2.62	2.53	2.45
60	5.29	3.93	3.34	3.01	2.79	1.63	2.51	2.41	2.33
120	5.15	3.80	3.23	2.89	2.67	2.52	2.39	2.30	2.22
∞	5.02	3.69	3.12	2.79	2.57	2.41	2.29	2.19	2.11

（行：自由度分母）

资料来源 From M. Merrington and C. M. Thompson, "Tables of Percentage Points of the Inverted Beta (*F*)-Distribution," *Biometrika*, 1943, 33, 73—88. Reproduced by permission of the *Biometrika* Trustees.

续表

自由度分母 ν_2 \ 自由度分子 ν_1	10	12	15	20	24	30	40	60	120	∞
1	968.6	976.7	984.9	993.1	997.2	1001	1006	1010	1014	1018
2	39.40	39.41	39.43	39.45	39.46	39.46	39.47	39.48	39.49	39.50
3	14.42	14.34	14.25	14.17	14.12	14.08	14.04	13.99	13.95	13.90
4	8.84	8.75	8.66	8.56	8.51	8.46	8.41	8.36	8.31	8.26
5	6.62	6.52	6.43	6.33	6.28	6.23	6.18	6.12	6.07	6.02
6	5.46	5.37	5.27	5.17	5.12	5.07	5.01	4.96	4.90	4.85
7	4.76	4.67	4.57	4.47	4.42	4.36	4.31	4.25	4.20	4.14
8	4.30	4.20	4.10	4.00	3.95	3.89	3.84	3.78	3.73	3.67
9	3.96	3.87	3.77	3.67	3.61	3.56	3.51	3.45	3.39	3.33
10	3.72	3.62	3.52	3.42	3.37	3.31	3.26	3.20	3.14	3.08
11	3.53	3.43	3.33	3.23	3.17	3.12	3.06	3.00	2.94	2.88
12	3.37	3.28	3.18	3.07	3.02	2.96	2.91	2.85	2.79	2.72
13	3.25	3.15	3.05	2.95	2.89	2.84	2.78	2.72	2.66	2.60
14	3.15	3.05	2.95	2.84	2.79	2.73	2.67	2.61	2.55	2.49
15	3.06	2.96	2.86	2.76	2.70	2.64	2.59	2.52	2.46	2.40
16	2.99	2.89	2.79	2.68	2.63	2.57	2.51	2.45	2.38	2.32
17	2.92	2.82	2.72	2.62	2.56	2.50	2.44	2.38	2.32	2.25
18	2.87	2.77	2.67	2.56	2.50	2.44	2.38	2.32	2.26	2.19
19	2.82	2.72	2.62	2.51	2.45	2.29	2.33	2.27	2.20	2.13
20	2.77	2.68	2.57	2.46	2.41	2.35	2.29	2.22	2.16	2.09
21	2.73	2.64	2.53	2.42	2.37	2.31	2.25	2.18	2.11	2.04
22	2.70	2.60	2.50	2.39	2.33	2.27	2.21	2.14	2.08	2.00
23	2.67	2.57	2.47	2.36	2.30	2.24	2.18	2.11	2.04	1.97
24	2.64	2.54	2.44	2.33	2.27	2.21	2.15	2.08	2.01	1.94
25	2.61	2.51	2.41	2.30	2.24	2.18	2.12	2.05	1.98	1.91
26	2.59	2.49	2.39	2.28	2.22	2.16	2.09	2.03	1.95	1.88
27	2.57	2.47	2.36	2.25	2.19	2.13	2.07	2.00	1.93	1.85
28	2.55	2.45	2.34	2.23	2.17	2.11	2.05	1.98	1.91	1.83
29	2.53	2.43	2.32	2.21	2.15	2.09	2.03	1.96	1.89	1.81
30	2.51	2.41	2.31	2.20	2.14	2.07	2.01	1.94	1.87	1.79
40	2.39	2.29	2.18	2.07	2.01	1.94	1.88	1.80	1.72	1.64
60	2.27	2.17	2.06	1.94	1.88	1.82	1.74	1.67	1.58	1.48
120	2.16	2.05	1.94	1.82	1.76	1.69	1.61	1.53	1.43	1.31
∞	2.05	1.94	1.83	1.71	1.64	1.57	1.48	1.39	1.27	1.00

表Ⅺ　F分布的百分位数，$\alpha=0.01$

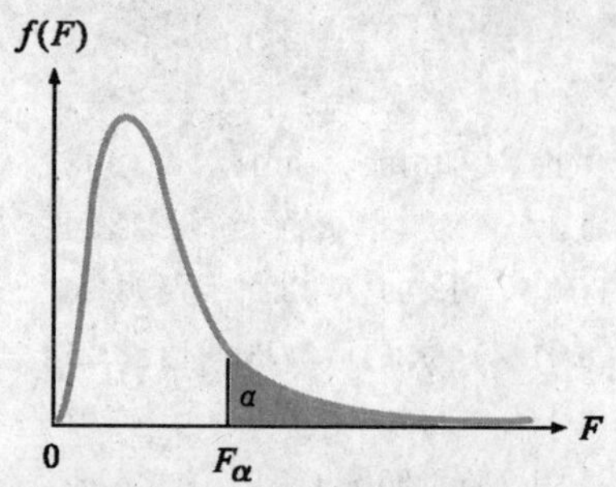

ν_2 \ ν_1	自由度分子								
自由度分母	1	2	3	4	5	6	7	8	9
1	4052	4999.5	5403	5625	5764	5859	5928	5982	6022
2	98.50	99.00	99.17	99.25	99.30	99.33	99.36	99.37	99.39
3	34.12	30.82	29.46	28.71	28.24	27.91	27.67	27.49	27.35
4	21.20	18.00	16.69	15.98	15.52	15.21	14.98	14.80	14.66
5	16.26	13.27	12.06	11.39	10.97	10.67	10.46	10.29	10.16
6	13.75	10.92	9.78	9.15	8.75	8.47	8.26	8.10	7.98
7	12.25	9.55	8.45	7.85	7.46	7.19	6.99	6.84	6.72
8	11.26	8.65	7.59	7.01	6.63	6.37	6.18	6.03	5.91
9	10.56	8.02	6.99	6.42	6.06	5.80	5.61	5.47	5.35
10	10.04	7.56	6.55	5.99	5.64	5.39	5.20	5.06	4.94
11	9.65	7.21	6.22	5.67	5.32	5.07	4.89	4.74	4.63
12	9.33	6.93	5.95	5.41	5.06	4.82	4.64	4.50	4.39
13	9.07	6.70	5.74	5.21	4.86	4.62	4.44	4.30	4.19
14	8.86	6.51	5.56	5.04	4.69	4.46	4.28	4.14	4.03
15	8.68	6.36	5.42	4.89	4.56	4.32	4.14	4.00	3.89
16	8.53	6.23	5.29	4.77	4.44	4.20	4.03	3.89	3.78
17	8.40	6.11	5.18	4.67	4.34	4.10	3.93	3.79	3.68
18	8.29	6.01	5.09	4.58	4.25	4.01	3.84	3.71	3.60
19	8.18	5.93	5.01	4.50	4.17	3.94	3.77	3.63	3.52
20	8.10	5.85	4.94	4.43	4.10	3.87	3.70	3.56	3.46
21	8.02	5.78	4.87	4.37	4.04	3.81	3.64	3.51	3.40
22	7.95	5.72	4.82	4.31	3.99	3.76	3.59	3.45	3.35
23	7.88	5.66	4.76	4.26	3.94	3.71	3.54	3.41	3.30
24	7.82	5.61	4.72	4.22	3.90	3.67	3.50	3.36	3.26
25	7.77	5.57	4.68	4.18	3.85	3.63	3.46	3.32	3.22
26	7.72	5.53	4.64	4.14	3.82	3.59	3.42	3.29	3.18
27	7.68	5.49	4.60	4.11	3.78	3.56	3.39	3.26	3.15
28	7.64	5.45	4.57	4.07	3.75	3.53	3.36	3.23	3.12
29	7.60	5.42	4.54	4.04	3.73	3.50	3.33	3.20	3.09
30	7.56	5.39	4.51	4.02	3.70	3.47	3.30	3.17	3.07
40	7.31	5.18	4.31	3.83	3.51	3.29	3.12	2.99	2.89
60	7.08	4.98	4.13	3.65	3.34	3.12	2.95	2.82	2.72
120	6.85	4.79	3.95	3.48	3.17	2.96	2.79	2.66	2.56
∞	6.63	4.61	3.78	3.32	3.02	2.80	2.64	2.51	2.41

资料来源：From M. Merrington and C. M. Thompson, "Tables of Percentage Points of the Inverted Beta(F)-Distribution," *Biometrika*, 1943, 33, 73—88. Reproduced by permission of the *Biometrika* Trustees.

续表

ν_1 \ ν_2	自由度分子									
自由度分母	10	12	15	20	24	30	40	60	120	∞
1	6056	6106	6157	6209	6235	6261	6287	6313	6339	6366
2	99.40	99.42	99.43	99.45	99.46	99.47	99.47	99.48	99.49	99.50
3	27.23	27.05	26.87	26.69	26.60	26.50	26.41	26.32	26.22	26.13
4	14.55	14.37	14.20	14.02	13.93	13.84	13.75	13.65	13.56	13.46
5	10.05	9.89	9.72	9.55	9.47	9.38	9.29	9.20	9.11	9.02
6	7.87	7.72	7.56	7.40	7.31	7.23	7.14	7.06	6.97	6.88
7	6.62	6.47	6.31	6.16	6.07	5.99	5.91	5.82	5.74	5.65
8	5.81	5.67	5.52	5.36	5.28	5.20	5.12	5.03	4.95	4.86
9	5.26	5.11	4.96	4.81	4.73	4.65	4.57	4.48	4.40	4.31
10	4.85	4.71	4.56	4.41	4.33	4.25	4.17	4.08	4.00	3.91
11	4.54	4.40	4.25	4.10	4.02	3.94	3.86	3.78	3.69	3.60
12	4.30	4.16	4.01	3.86	3.78	3.70	3.62	3.54	3.45	3.36
13	4.10	3.96	3.82	3.66	3.59	3.51	3.43	3.34	3.25	3.17
14	3.94	3.80	3.66	3.51	3.43	3.35	3.27	3.18	3.09	3.00
15	3.80	3.67	3.52	3.37	3.29	3.21	3.13	3.05	2.96	2.87
16	3.69	3.55	3.41	3.26	3.18	3.10	3.02	2.93	2.84	2.75
17	3.59	3.46	3.31	3.16	3.08	3.00	2.92	2.83	2.75	2.65
18	3.51	3.37	3.23	3.08	3.00	2.92	2.84	2.75	2.66	2.57
19	3.43	3.30	3.15	3.00	2.92	2.84	2.76	2.67	2.58	2.49
20	3.37	3.23	3.09	2.94	2.86	2.78	2.69	2.61	2.52	2.42
21	3.31	3.17	3.03	2.88	2.80	2.72	2.64	2.55	2.46	2.36
22	3.26	3.12	2.98	2.83	2.75	2.67	2.58	2.50	2.40	2.31
23	3.21	3.07	2.93	2.78	2.70	2.62	2.54	2.45	2.35	2.26
24	3.17	3.03	2.89	2.74	2.66	2.58	2.49	2.40	2.31	2.21
25	3.13	2.99	2.85	2.70	2.62	2.54	2.45	2.36	2.27	2.17
26	3.09	2.96	2.81	2.66	2.58	2.50	2.42	2.33	2.23	2.13
27	3.06	2.93	2.78	2.63	2.55	2.47	2.38	2.29	2.20	2.10
28	3.03	2.90	2.75	2.60	2.52	2.44	2.35	2.26	2.17	2.06
29	3.00	2.87	2.73	2.57	2.49	2.41	2.33	2.23	2.14	2.03
30	2.98	2.84	2.70	2.55	2.47	2.39	2.30	2.21	2.11	2.01
40	2.80	2.66	2.52	2.37	2.29	2.20	2.11	2.02	1.92	1.80
60	2.63	2.50	2.35	2.20	2.12	2.03	1.94	1.84	1.73	1.60
120	2.47	2.34	2.19	2.03	1.95	1.86	1.76	1.66	1.53	1.38
∞	2.32	2.18	2.04	1.88	1.79	1.70	1.59	1.47	1.32	1.00

表Ⅻ 控制图常数

Number of Observations in Subgroup, n	A_2	d_2	d_3	D_3	D_4
2	1.880	1.128	0.853	0.000	3.267
3	1.023	1.693	0.888	0.000	2.574
4	0.729	2.059	0.880	0.000	2.282
5	0.577	2.326	0.864	0.000	2.114
6	0.483	2.534	0.848	0.000	2.004
7	0.419	2.704	0.833	0.076	1.924
8	0.373	2.847	0.820	0.136	1.864
9	0.337	2.970	0.808	0.184	1.816
10	0.308	3.078	0.797	0.223	1.777
11	0.285	3.173	0.787	0.256	1.744
12	0.266	3.258	0.778	0.283	1.717
13	0.249	3.336	0.770	0.307	1.693
14	0.235	3.407	0.762	0.328	1.672
15	0.223	3.472	0.755	0.347	1.653
16	0.212	3.532	0.749	0.363	1.637
17	0.203	3.588	0.743	0.378	1.622
18	0.194	3.640	0.738	0.391	1.608
19	0.187	3.689	0.733	0.403	1.597
20	0.180	3.735	0.729	0.415	1.585
21	0.173	3.778	0.724	0.425	1.575
22	0.167	3.819	0.720	0.434	1.566
23	0.162	3.858	0.716	0.443	1.557
24	0.157	3.805	0.712	0.451	1.548
25	0.153	3.931	0.709	0.459	1.541
More than 25	$3/\sqrt{n}$				

资料来源:*ASTM Manual on the Presentation of Data and Control Chart Analysis*, Philadelphia, PA: American Society for Testing Materials, pp, 134—136, 1976.

表XIII Durbin-Watson d 统计检验的临界值，$\alpha=0.05$

n	$k=1$		$k=2$		$k=3$		$k=4$		$k=5$	
	d_L	d_U	d_L	d_U	d_L	d_U	d_L	d_U	d_L	d_U
15	1.08	1.36	0.95	1.54	0.82	1.75	0.69	1.97	0.56	2.21
16	1.10	1.37	0.98	1.54	0.86	1.73	0.74	1.93	0.62	2.15
17	1.13	1.38	1.02	1.54	0.90	1.71	0.78	1.90	0.67	2.10
18	1.16	1.39	1.05	1.53	0.93	1.69	0.92	1.87	0.71	2.06
19	1.18	1.40	1.08	1.53	0.97	1.68	0.86	1.85	0.75	2.02
20	1.20	1.41	1.10	1.54	1.00	1.68	0.90	1.83	0.79	1.99
21	1.22	1.42	1.13	1.54	1.03	1.67	0.93	1.81	0.83	1.96
22	1.24	1.43	1.15	1.54	1.05	1.66	0.96	1.80	0.96	1.94
23	1.26	1.44	1.17	1.54	1.08	1.66	0.99	1.79	0.90	1.92
24	1.27	1.45	1.19	1.55	1.10	1.66	1.01	1.78	0.93	1.90
25	1.29	1.45	1.21	1.55	1.12	1.66	1.04	1.77	0.95	1.89
26	1.30	1.46	1.22	1.55	1.14	1.65	1.06	1.76	0.98	1.88
27	1.32	1.47	1.24	1.56	1.16	1.65	1.08	1.76	1.01	1.86
28	1.33	1.48	1.26	1.56	1.18	1.65	1.10	1.75	1.03	1.85
29	1.34	1.48	1.27	1.56	1.20	1.65	1.12	1.74	1.05	1.84
30	1.35	1.49	1.28	1.57	1.21	1.65	1.14	1.74	1.07	1.83
31	1.36	1.50	1.30	1.57	1.23	1.65	1.16	1.74	1.09	1.83
32	1.37	1.50	1.31	1.57	1.24	1.65	1.18	1.73	1.11	1.82
33	1.38	1.51	1.32	1.58	1.26	1.65	1.19	1.73	1.13	1.81
34	1.39	1.51	1.33	1.58	1.27	1.65	1.21	1.73	1.15	1.81
35	1.40	1.52	1.34	1.58	1.28	1.65	1.22	1.73	1.16	1.80
36	1.41	1.52	1.35	1.59	1.29	1.65	1.24	1.73	1.18	1.80
37	1.42	1.53	1.36	1.59	1.31	1.66	1.25	1.72	1.19	1.80
38	1.43	1.54	1.37	1.59	1.32	1.66	1.26	1.72	1.21	1.79
39	1.43	1.54	1.38	1.60	1.33	1.66	1.27	1.72	1.22	1.79
40	1.44	1.54	1.39	1.60	1.34	1.66	1.29	1.72	1.23	1.79
45	1.48	1.57	1.43	1.62	1.38	1.67	1.34	1.72	1.29	1.78
50	1.50	1.59	1.46	1.63	1.42	1.67	1.38	1.72	1.34	1.77
55	1.53	1.60	1.49	1.64	1.45	1.68	1.41	1.72	1.38	1.77
60	1.55	1.62	1.51	1.65	1.48	1.69	1.44	1.73	1.41	1.77
65	1.57	1.63	1.54	1.66	1.50	1.70	1.47	1.73	1.44	1.77
70	1.58	1.64	1.55	1.67	1.52	1.70	1.49	1.74	1.46	1.77
75	1.60	1.65	1.57	1.68	1.54	1.71	1.51	1.74	1.49	1.77
80	1.61	1.66	1.59	1.69	1.56	1.72	1.53	1.74	1.51	1.77
85	1.62	1.67	1.60	1.70	1.57	1.72	1.55	1.75	1.52	1.77
90	1.63	1.68	1.61	1.70	1.59	1.73	1.57	1.75	1.54	1.78
95	1.64	1.69	1.62	1.71	1.60	1.73	1.58	1.75	1.56	1.78
100	1.65	1.69	1.63	1.72	1.61	1.74	1.59	1.76	1.57	1.78

资料来源：From J. Durbin and G. S. Watson, "Testing for Serial Correlation in Least Squares Regression, II," *Biometrika*, 1951, 30, 159－178. Reproduced by permission of the *Biometrika* Trustees.

表ⅪⅤ Durbin-Watson d 统计检验的临界值，$\alpha=0.05$

n	$k=1$		$k=2$		$k=3$		$k=4$		$k=5$	
	d_L	d_U	d_L	d_U	d_L	d_U	d_L	d_U	d_L	d_U
15	0.81	1.07	0.70	1.25	0.59	1.46	0.49	1.70	0.39	1.96
16	0.84	1.09	0.74	1.25	0.63	1.44	0.53	1.66	0.44	1.90
17	0.87	1.10	0.77	1.25	0.67	1.43	0.57	1.3	0.48	1.85
18	0.90	1.12	0.80	1.26	0.71	1.42	0.61	1.60	0.52	1.80
19	0.93	1.13	0.83	1.26	0.74	1.41	0.65	1.58	0.56	1.77
20	0.95	1.15	0.86	1.27	0.77	1.41	0.68	1.57	0.60	1.74
21	0.97	1.16	0.89	1.27	0.80	1.41	0.72	1.55	0.63	1.71
22	1.00	1.17	0.91	1.28	0.83	1.40	0.75	1.54	0.66	1.69
23	1.02	1.19	0.94	1.29	0.86	1.40	0.77	1.53	0.70	1.67
24	1.04	1.20	0.96	1.30	0.88	1.41	0.80	1.53	0.72	1.66
25	1.05	1.21	0.98	1.30	0.90	1.41	0.83	1.52	0.75	1.65
26	1.07	1.22	1.00	1.31	0.93	1.41	0.85	1.52	0.78	1.64
27	1.09	1.23	1.02	1.32	0.95	1.41	0.88	1.51	0.81	1.63
28	1.10	1.24	1.04	1.32	0.97	1.41	0.90	1.51	0.83	1.62
29	1.12	1.25	1.05	1.33	0.99	1.42	0.92	1.51	0.85	1.61
30	1.13	1.26	1.07	1.34	1.01	1.42	0.94	1.51	0.88	1.61
31	1.15	1.27	1.08	1.34	1.02	1.42	0.96	1.51	0.90	1.60
32	1.16	1.28	1.10	1.35	1.04	1.43	0.98	1.51	0.92	1.60
33	1.17	1.29	1.11	1.36	1.05	1.43	1.00	1.51	0.94	1.59
34	1.18	1.30	1.13	1.36	1.07	1.43	1.01	1.51	0.95	1.59
35	1.19	1.31	1.14	1.27	1.08	1.44	1.03	1.51	0.97	1.59
36	1.21	1.32	1.15	1.38	1.10	1.44	1.04	1.51	0.99	1.59
37	1.22	1.32	1.16	1.38	1.11	1.45	1.06	1.51	1.00	1.59
38	1.23	1.33	1.18	1.39	1.12	1.45	1.07	1.52	1.02	1.58
39	1.24	1.34	1.19	1.39	1.14	1.45	1.09	1.52	1.03	1.58
40	1.25	1.34	1.20	1.40	1.15	1.46	1.10	1.52	1.05	1.58
45	1.29	1.38	1.24	1.42	1.20	1.48	1.16	1.53	1.11	1.58
50	1.32	1.40	1.28	1.45	1.24	1.49	1.20	1.54	1.16	1.59
55	1.36	1.43	1.32	1.47	1.28	1.51	1.25	1.55	1.21	1.59
60	1.38	1.45	1.35	1.48	1.32	1.52	1.28	1.56	1.25	1.60
65	1.41	1.47	1.38	1.50	1.35	1.53	1.31	1.57	1.28	1.61
70	1.43	1.49	1.40	1.52	1.37	1.55	1.34	1.58	1.31	1.61
75	1.45	1.50	1.42	1.53	1.39	1.56	1.37	1.59	1.34	1.62
80	1.47	1.52	1.44	1.54	1.42	1.57	1.39	1.60	1.36	1.62
85	1.48	1.53	1.46	1.55	1.43	1.58	1.41	1.60	1.39	1.63
90	1.50	1.54	1.47	1.56	1.45	1.59	1.43	1.61	1.41	1.64
95	1.51	1.55	1.49	1.57	1.47	1.60	1.45	1.62	1.42	1.64
100	1.52	1.56	1.50	1.58	1.48	1.60	1.46	1.63	1.44	1.65

资料来源：From J. Durbin and G. S. Watson, "Testing for Serial Correlation in Least Squares Regression, Ⅱ," *Biometrika*, 1951, 30, 159—178. Reproduced by permission of the *Biometrika* Trustees.

表XV　Wilcoxon 秩和检验中 T_L 和 T_U 的临界值(独立样本)

Test statistic is the rank sum associated with the smaller sample（*if equal sample sizes*，*either rank sum can be used*）.

a. α = 0.025 one—tailed; α = 0.05 two-tailed

n_1	3		4		5		6		7		8		9		10	
n_2	T_L	T_U	T_L	T_U	T_L	T_U	T_L	T_U	T_L	T_U	T_L	T_U	T_L	T_U	T_L	d_U
3	5	16	6	18	6	21	7	23	7	26	8	28	8	31	9	33
4	6	18	11	25	12	28	12	32	13	35	14	38	15	41	16	44
5	6	21	12	28	18	37	19	41	20	45	21	49	22	53	24	56
6	7	23	12	32	19	41	26	52	28	56	29	61	31	65	32	70
7	7	26	13	35	20	45	28	56	37	68	39	73	41	78	43	83
8	8	28	14	38	21	49	29	61	39	73	49	87	51	93	54	98
9	8	31	15	41	22	53	31	65	41	78	51	93	63	108	66	114
10	9	33	16	44	24	56	32	70	43	83	54	98	66	114	79	131

b. α = 0.05 one—tailed; α = 0.10 two-tailed

n_1	3		4		5		6		7		8		9		10	
n_2	T_L	T_U	T_L	T_U	T_L	T_U	T_L	T_U	T_L	T_U	T_L	T_U	T_L	T_U	T_L	T_U
3	6	15	7	17	7	20	8	22	9	24	9	27	10	29	11	31
4	7	17	12	24	13	27	14	30	15	33	16	36	17	39	18	42
5	7	20	13	27	19	36	20	40	22	43	24	46	25	50	26	54
6	8	22	14	30	20	40	28	50	30	54	32	58	33	63	35	67
7	9	24	15	33	22	43	30	54	39	66	41	71	43	76	46	80
8	9	27	16	36	24	46	32	58	41	71	52	84	54	90	57	95
9	10	29	17	39	25	50	33	63	43	76	54	90	66	105	69	111
10	11	31	18	42	26	54	35	67	46	80	57	95	69	111	83	127

资料来源：From F·Wilcoxon and R. A. Wilcox, "Some Rapid Approximate Statistical Procedures," 1964, 20—23. Courtesy of Ledcrle Laboratories Division of American Cyanamid Company, Madison, NJ.

表XVI Wilcoxon配对差符号检验中 T_L 和 T_u 的临界值

One—Tailed	Two—Tailed	$n=5$	$n=6$	$n=7$	$n=8$	$n=9$	$n=10$
α=0.05	α=0.10	1	2	4	6	8	11
α=0.025	α=0.05		1	2	4	6	8
α=0.01	α=0.02			0	2	3	5
α=0.005	α=0.01				0	2	3
		n=11	**n=12**	**n=13**	**n=14**	**n=15**	**n=16**
α=0.05	α=0.10	14	17	21	26	30	36
α=0.025	α=0.05	11	14	17	21	25	30
α=0.01	α=0.02	7	10	13	16	20	24
α=0.005	α=0.01	5	7	10	13	16	19
		n=17	**n=18**	**n=19**	**n=20**	**n=21**	**n=22**
α=0.05	α=0.10	41	47	54	60	68	75
α=0.025	α=0.05	35	40	46	52	59	66
α=0.01	α=0.02	28	33	38	43	49	56
α=0.005	α=0.01	23	28	32	37	43	49
		n=23	**n=24**	**n=25**	**n=26**	**n=27**	**n=28**
α=0.05	α=0.10	83	92	101	110	120	130
α=0.025	α=0.05	73	81	90	98	107	117
α=0.01	α=0.02	62	69	77	85	93	102
α=0.005	α=0.01	55	61	68	76	84	92
		n=29	**n=30**	**n=31**	**n=32**	**n=33**	**n=34**
α=0.05	α=0.10	141	152	163	175	188	201
α=0.025	α=0.05	127	137	148	159	171	183
α=0.01	α=0.02	111	120	130	141	151	161
α=0.005	α=0.01	100	109	118	128	138	149
		n=35	**n=36**	**n=38**	**n=38**	**n=39**	
α=0.05	α=0.10	214	228	242	256	271	
α=0.025	α=0.05	195	208	222	235	250	
α=0.01	α=0.02	174	186	198	211	224	
α=0.005	α=0.01	160	171	183	195	208	
		n=40	**n=41**	**n=42**	**n=43**	**n=44**	**n=45**
α=0.05	α=0.10	287	303	319	336	353	371
α=0.025	α=0.05	264	279	295	311	327	344
α=0.01	α=0.02	238	252	267	281	297	313
α=0.005	α=0.01	221	234	248	262	277	292
		n=46	**n=47**	**n=48**	**n=49**	**n=50**	
α=0.05	α=0.10	389	408	427	446	466	
α=0.025	α=0.05	361	379	397	415	434	
α=0.01	α=0.02	329	345	362	380	398	
α=0.005	α=0.01	307	323	339	356	373	

资料来源：From F. Wilcoxon and R. A. Wilcox, "Some Rapid Approximate Statisticd Procedures,", 1964, p. 28. Courtesy of Lederle Laboratories Division of American Cyanamid Company, Madison, NJ.

表XVII Spearman 秩相关系数的临界值

The a values correspond to a one－tailed test of $H_0:\rho=0$. *The value should be doubled for two-tailed tests.*

n	α=0.05	α=0.025	α=0.01	α=0.005
5	0.900	—	—	—
6	0.829	0.886	0.943	—
7	0.714	0.786	0.893	—
8	0.643	0.738	0.833	0.881
9	0.600	0.683	0.783	0.833
10	0.564	0.648	0.745	0.794
11	0.523	0.623	0.736	0.818
12	0.497	0.591	0.703	0.780
13	0.475	0.566	0.673	0.745
14	0.457	0.545	0.646	0.716
15	0.441	0.525	0.623	0.689
16	0.425	0.507	0.601	0.666
17	0.412	0.490	0.582	0.645
18	0.399	0.476	0.564	0.625
19	0.388	0.462	0.549	0.608
20	0.377	0.450	0.534	0.591
21	0.368	0.438	0.521	0.576
22	0.359	0.428	0.508	0.562
23	0.351	0.418	0.496	0.549
24	0.343	0.409	0.485	0.537
25	0.336	0.400	0.475	0.526
26	0.329	0.392	0.465	0.515
27	0.323	0.385	0.456	0.505
28	0.317	0.377	0.448	0.496
29	0.311	0.370	0.440	0.487
30	0.305	0.364	0.432	0.478

资料来源：From E. G. Olds, "Distribution of Sums fo Squares of Rank Differences for Small Samples," *Annals of Mathematical Statistics*, 1938, 9. Reproduced with the permission of the Editor, *Annals of Mathematical Statistics*.

续表

ν_2 \ ν_1	自由度分子									
	10	12	15	20	24	30	40	60	120	∞
自由度分母 1	241.9	243.9	245.9	248.0	249.1	250.1	251.1	252.2	253.3	254.3
2	19.40	19.41	19.43	19.45	19.45	19.46	19.47	19.48	19.49	19.50
3	8.79	8.74	8.70	8.66	8.64	8.62	8.59	8.57	8.55	8.53
4	5.96	5.91	5.86	5.80	5.77	5.75	5.72	5.69	5.66	5.63
5	4.74	4.68	4.62	4.56	4.53	4.50	4.46	4.43	4.40	4.36
6	4.06	4.00	3.94	3.87	3.84	3.81	3.77	3.74	3.70	3.67
7	3.64	3.57	3.51	3.44	3.41	3.38	3.34	3.30	3.27	3.23
8	3.35	3.28	3.22	3.15	3.12	3.08	3.04	3.01	2.97	2.93
9	3.14	3.07	3.01	2.94	2.90	2.86	2.83	2.79	2.75	2.71
10	2.98	2.91	2.85	2.77	2.74	2.70	2.66	2.62	2.58	2.54
11	2.85	2.79	2.72	2.65	2.61	2.57	2.53	2.49	2.45	2.40
12	2.75	2.69	2.62	2.54	2.51	2.47	2.43	2.38	2.34	2.30
13	2.67	2.60	2.53	2.46	2.42	2.38	2.34	2.30	2.25	2.21
14	2.60	2.53	2.46	2.39	2.35	2.31	2.27	2.22	2.18	2.13
15	2.54	2.48	2.40	2.33	2.29	2.25	2.20	2.16	2.11	2.07
16	2.49	2.42	2.35	2.28	2.24	2.19	2.15	2.11	2.06	2.01
17	2.45	2.38	2.31	2.23	2.19	2.15	2.10	2.06	2.01	1.96
18	2.41	2.34	2.27	2.19	2.15	2.11	2.06	2.02	1.97	1.92
19	2.38	2.31	2.23	2.16	2.11	2.07	2.03	1.98	1.93	1.88
20	2.35	2.28	2.20	2.12	2.08	2.04	1.99	1.95	1.90	1.84
21	2.32	2.25	2.18	2.10	2.05	2.01	1.96	1.92	1.87	1.81
22	2.30	2.23	2.15	2.07	2.03	1.98	1.94	1.89	1.84	1.78
23	2.27	2.20	2.13	2.05	2.01	1.96	1.91	1.86	1.81	1.76
24	2.25	2.18	2.11	2.03	1.98	1.94	1.89	1.84	1.79	1.73
25	2.24	2.16	2.09	2.01	1.96	1.92	1.87	1.82	1.77	1.71
26	2.22	2.15	2.07	1.99	1.95	1.90	1.85	1.80	1.75	1.69
27	2.20	2.13	2.06	1.97	1.93	1.88	1.84	1.79	1.73	1.67
28	2.19	2.12	2.04	1.96	1.91	1.87	1.82	1.77	1.71	1.65
29	2.18	2.10	2.03	1.94	1.90	1.85	1.81	1.75	1.70	1.64
30	2.16	2.09	2.01	1.93	1.89	1.84	1.79	1.74	1.68	1.62
40	2.08	2.00	1.92	1.84	1.79	1.74	1.69	1.64	1.58	1.51
60	1.99	1.92	1.84	1.75	1.70	1.65	1.59	1.53	1.47	1.39
120	1.91	1.83	1.75	1.66	1.61	1.55	1.50	1.43	1.35	1.25
∞	1.83	1.75	1.67	1.57	1.52	1.46	1.39	1.32	1.22	1.00

表Ⅸ　F分布的百分位数，$\alpha=0.05$

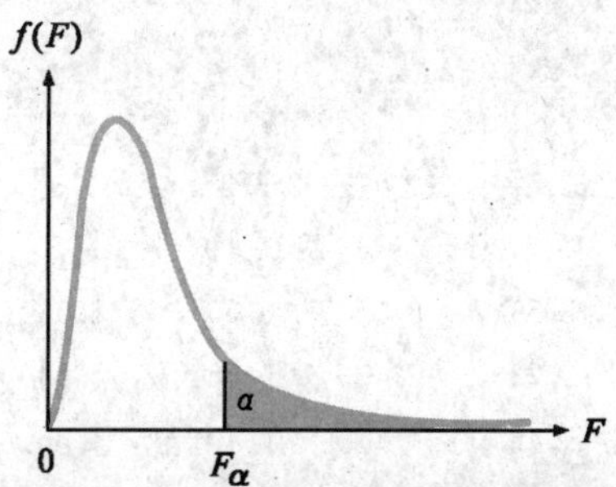

ν_2（自由度分母） \ ν_1	自由度分子								
	1	2	3	4	5	6	7	8	9
1	161.4	199.5	215.7	224.6	230.2	234.0	236.8	238.9	240.5
2	18.51	19.00	19.16	19.25	19.30	19.33	19.35	19.37	19.38
3	10.13	9.55	9.28	9.12	9.01	8.94	8.89	8.85	8.81
4	7.71	6.94	6.59	6.39	6.26	6.16	6.09	6.04	6.00
5	6.61	5.79	5.41	5.19	5.05	4.95	4.88	4.82	4.77
6	5.99	5.14	4.76	4.53	4.39	4.28	4.21	4.15	4.10
7	5.59	4.74	4.35	4.12	3.97	3.87	3.79	3.73	3.68
8	5.32	4.46	4.07	3.84	3.69	3.58	3.50	3.44	3.39
9	5.12	4.26	3.86	3.63	3.48	3.37	3.29	3.23	3.18
10	4.96	4.10	3.71	3.48	3.33	3.22	3.14	3.07	3.02
11	4.84	3.98	3.59	3.36	3.20	3.09	3.01	2.95	2.90
12	4.75	3.89	3.49	3.26	3.11	3.00	2.91	2.85	2.80
13	4.67	3.81	3.41	3.18	3.03	2.92	2.83	2.77	2.71
14	4.60	3.74	3.34	3.11	2.96	2.85	2.76	2.70	2.65
15	4.54	3.68	3.29	3.06	2.90	2.79	2.71	2.64	2.59
16	4.49	3.63	3.24	3.01	2.85	2.74	2.66	2.59	2.54
17	4.45	3.59	3.20	2.96	2.81	2.70	2.61	2.55	2.49
18	4.41	3.55	3.16	2.93	2.77	2.66	2.58	2.51	2.46
19	4.38	3.52	3.13	2.90	2.74	2.63	2.54	2.48	2.42
20	4.35	3.49	3.10	2.87	2.71	2.60	2.51	2.45	2.39
21	4.32	3.47	3.07	2.84	2.68	2.57	2.49	2.42	2.37
22	4.30	3.44	3.05	2.82	2.66	2.55	2.46	2.40	2.34
23	4.28	3.42	3.03	2.80	2.64	2.53	2.44	2.37	2.32
24	4.26	3.40	3.01	2.78	2.62	2.51	2.42	2.36	2.30
25	4.24	3.39	2.99	2.76	2.60	2.49	2.40	2.34	2.28
26	4.23	3.37	2.98	2.74	2.59	2.47	2.39	2.32	2.77
27	4.21	3.35	2.96	2.73	2.57	2.46	2.37	2.31	2.25
28	4.20	3.34	2.95	2.71	2.56	2.45	2.36	2.29	2.24
29	4.18	3.33	2.93	2.70	2.55	2.43	2.35	2.28	2.22
30	4.17	3.32	2.92	2.69	2.53	2.42	2.33	2.27	2.21
40	4.08	3.23	2.84	2.61	2.45	2.34	2.25	2.18	2.12
60	4.00	3.15	2.76	2.53	2.37	2.25	2.17	2.10	2.04
120	4.92	3.07	2.68	2.45	2.29	2.17	2.09	2.02	1.96
∞	3.84	3.00	2.60	2.37	2.21	2.10	2.01	1.94	1.88

资料来源：From M. Merrington and C. M. Thompson, "Tables of Percentage Points of the Inverted Beta(F)-Distribution," *Biomertrika*, 1943, 33, 73－88. Reproduced by permission of the *Biometrika* Trustees.

续表

ν_2 \ ν_1	自由度分子									
	10	12	15	20	24	30	40	60	120	∞
1	241.9	243.9	245.9	248.0	249.1	250.1	251.1	252.2	253.3	254.3
2	19.40	19.41	19.43	19.45	19.45	19.46	19.47	19.48	19.49	19.50
3	8.79	8.74	8.70	8.66	8.64	8.62	8.59	8.57	8.55	8.53
4	5.96	5.91	5.86	5.80	5.77	5.75	5.72	5.69	5.66	5.63
5	4.74	4.68	4.62	4.56	4.53	4.50	4.46	4.43	4.40	4.36
6	4.06	4.00	3.94	3.87	3.84	3.81	3.77	3.74	3.70	3.67
7	3.64	3.57	3.51	3.44	3.41	3.38	3.34	3.30	3.27	3.23
8	3.35	3.28	3.22	3.15	3.12	3.08	3.04	3.01	2.97	2.93
9	3.14	3.07	3.01	2.94	2.90	2.86	2.83	2.79	2.75	2.71
10	2.98	2.91	2.85	2.77	2.74	2.70	2.66	2.62	2.58	2.54
11	2.85	2.79	2.72	2.65	2.61	2.57	2.53	2.49	2.45	2.40
12	2.75	2.69	2.62	2.54	2.51	2.47	2.43	2.38	2.34	2.30
13	2.67	2.60	2.53	2.46	2.42	2.38	2.34	2.30	2.25	2.21
14	2.60	2.53	2.46	2.39	2.35	2.31	2.27	2.22	2.18	2.13
15	2.54	2.48	2.40	2.33	2.29	2.25	2.20	2.16	2.11	2.07
16	2.49	2.42	2.35	2.28	2.24	2.19	2.15	2.11	2.06	2.01
自由度分母 17	2.45	2.38	2.31	2.23	2.19	2.15	2.10	2.06	2.01	1.96
18	2.41	2.34	2.27	2.19	2.15	2.11	2.06	2.02	1.97	1.92
19	2.38	2.31	2.23	2.16	2.11	2.07	2.03	1.98	1.93	1.88
20	2.35	2.28	2.20	2.12	2.08	2.04	1.99	1.95	1.90	1.84
21	2.32	2.25	2.18	2.10	2.05	2.01	1.96	1.92	1.87	1.81
22	2.30	2.23	2.15	2.07	2.03	1.98	1.94	1.89	1.84	1.78
23	2.27	2.20	2.13	2.05	2.01	1.96	1.91	1.86	1.81	1.76
24	2.25	2.18	2.11	2.03	1.98	1.94	1.89	1.84	1.79	1.73
25	2.24	2.16	2.09	2.01	1.96	1.92	1.87	1.82	1.77	1.71
26	2.22	2.15	2.07	1.99	1.95	1.90	1.85	1.80	1.75	1.69
27	2.20	2.13	2.06	1.97	1.93	1.88	1.84	1.79	1.73	1.67
28	2.19	2.12	2.04	1.96	1.91	1.87	1.82	1.77	1.71	1.65
29	2.18	2.10	2.03	1.94	1.90	1.85	1.81	1.75	1.70	1.64
30	2.16	2.09	2.01	1.93	1.89	1.84	1.79	1.74	1.68	1.62
40	2.08	2.00	1.92	1.84	1.79	1.74	1.69	1.64	1.58	1.51
60	1.99	1.92	1.84	1.75	1.70	1.65	1.59	1.53	1.47	1.39
120	1.91	1.83	1.75	1.66	1.61	1.55	1.50	1.43	1.35	1.25
∞	1.83	1.75	1.67	1.57	1.52	1.46	1.39	1.32	1.22	1.00

部分习题答案

第一章

1.3 总体;变量;数字汇总方法;结论

1.5 现有出版物;设计试验;调查;观察

1.13 定性的;定量的

1.15 **a.** 所有美国公民　**b.** 总统的工作表现;定性的　**c.** 2000 选民　**d.** 估计那些认为总统在做善事的公民所占的比例　**e.** 调查　**f.** 不太可能

1.17 **a.** 所有美国雇员　**b.** 雇员的工作地位　**c.** 定性的　**d.** 1000 名被调查雇员　**e.** 大多数工人将维持他们的工作

1.19 **a.** 定量的　**b.** 定量的　**c.** 定性的
d. 定量的　**e.** 定性的　**f.** 定量的　**g.** 定性的

1.21 **a.** 所有百货商店的经理　**b.** 工作满意度;权谋导向度　**c.** 218 名百货商店经理　**d.** 调查
e. 具有较高工作满意度分数的经理其权谋导向程度较低。

1.25 **a.** 所有美国大公司　**b.** 工作是否是兼职工作　**c.** 1035 家(被调查的)公司　**d.** 估计为雇员提供兼职岗位的那些公司所占的比例

1.27 Ⅰ.定性的　Ⅱ.定量的　Ⅲ.定量的　Ⅳ.定性的　Ⅴ.定性的　Ⅵ.定量的

1.29 **b.** 传递速度;发货单准确性;包装质量　**c.** 收到的问卷总数

第二章

2.1 16;0.18;0.45;0.15;0.14

2.3 **b.** 是　**c.** 银行:是;仓储超市:否

2.5 **a.** 0.642,0.204,0.083,0.071

2.7 **a.** 反馈时间　**c.** 3570

2.9 **a.** 小企业每周上网的时间长度　**c.** 0.08

2.13 50,75,125,100,25,50,50,25

2.15 **a.** 频数直方图　**b.** 14　**c.** 49

2.17 **c.** 28.6%

2.19 **b.** 22;0.733

2.25 **a.** 44.75%　**b.** 0.325

2.27 **a.** 33　**b.** 175　**c.** 20　**d.** 71　**e.** 1,089

2.29 **a.** 6　**b.** 50　**c.** 42.8

2.31 **a.** $\bar{x}=2.717, m=2.65$

2.35 **a.** 2.5;3;3　**b.** 3.08;3;3　**c.** 49.6;49;50

2.37 $m=129000.5; \bar{x}=197632.25$

2.39 **a.** $\bar{x}=5.24, m=3$,众数$=2$　**b.** 48
c. $\bar{x}=4.66, m=3$,众数$=2$

2.45 **a.** 申请优先采取重组方案的公司 $\bar{x}=2.6545, m=1.5$;只请求预先打包的公司 $\bar{x}=4.2364$,$m=3.2$;不进行预先投票的公司 $\bar{x}=1.8185, m=1.4$　**b.** 三个中心 2.47　**c.** 不可能;可能会(如果数据在 0 到 1 之间)

2.49 **a.** $R=4, s^2=2.3, s=1.52$ **b.** $R=6, s^2=3.619, s=1.90$ **c.** $R=10, s^2=7.111, s=2.67$
d. $R=5, s^2=1.624, s=1.274$

2.51 **a.** $\bar{x}=5.6, s^2=17.3, s=4.1593$ **b.** $\bar{x}=13.75$ 英尺，$s^2=152.25$ 平方英尺，$s=12.339$ 英尺
c. $\bar{x}=-2.5, s^2=4.3, s=2.0736$ **b.** $\bar{x}=0.33$ 盎司，$s^2=0.0587$ 平方盎司，$s=0.2422$ 盎司

2.55 **a.** \$17360;\$13700 **b.** \$36202 **c.** 否

2.57 **a.** 150.30;150.95 **b.** 7.5;7.8 **c.** 2.41;2.66 **d.** 芝加哥指数

2.59 **a.** $R=455.2, s^2=25367.88, s=159.27$ **b.** R 和 s：百万美元，s^2：百万美元的平方 **c.** 增加；增加

2.61 **a.** 没有说明什么 **b.** 至少 3/4 的观测值落在此区间 **c.** 至少 $\frac{8}{9}$ 的观测值落在此区间

2.63 **a.** $x=8.24, s^2=3.357, s=1.83$ **b.** 18/25＝0.72，24/25＝0.96，25/25＝1 **d.** R＝48，$s=1.75$ $s\approx2.65$ **b.** R＝48 在 8 和 12 之间 **c.** 最多 25%，至少 50%

2.67 **b.** (−100.27,219.91)

2.69 **a.** 不适用 **b.** (−1.107,6.205) **c.** 47/49＝0.959 **d.** 不超过 6.2 个月

2.71 **a.** 至少有 8/9 的速度落在区间(906,966)上， **b.** 不可能

2.73 不购买

2.75 11：30 和 4：00

2.77 **a.** 75% **b.** 50% **c.** 20% **d.** 84%

2.79 **a.** $z=2$ **b.** $z=-3$ **c.** $z=-2$ **d.** $z=1.67$

2.81 否

2.83 **b.** $\bar{x}=-13117.06, s=21889.6$；日本：$z=-1.96$；埃及：$z=0.74$

2.85 **a.** 0 **b.** 21 **c.** 5.90 **d.** 是

2.87 **a.** $z=0.727$，不是 **b.** $z=-3.273$，是 **c.** $z=1.364$，不是 **d.** $z=3.727$，是

2.93 **c.** 不一致 d. 是

2.95 **b.** 客户 268,269 和 264

2.99 **a.** −1,1,2 **b.** −2,2,4 **c.** 1,3,4 **d.** 0.1,0.3,0.4

2.101 **a.** 6,27,5.20 **b.** 6.25,28.25,5.32 **c.** 7,37.67,6.14 **d.** 3,0,0

2.107 **b.** 营销部门：6.5 天；工程部：7.0 天；会计部门：8.5 天

2.111 **a.** 右偏分布 **c.** ≈38 **d.** 不可能，$z=3.333$

2.113 **b.** 右偏斜状 **c.** 370 **d.** 0.46，−1.10 **f.** 卡罗莱纳州，新英格兰，丹佛，西雅图，匹兹堡，辛辛那提 **g.** 达拉斯 **h.** 出场费随着市值的增加而增加

2.115 **a.** 频数条形图

第三章

3.1 **a.** 0.5 **b.** 0.3 **c.** 0.6

3.3 $P(A)=0.55, P(B)=0.50, P(C)=0.70$

3.5 $P(A)=1/10, P(B)=3/5, P(C)=3/10$

3.7 **b.** 0.189,0.403,0.258,0.113,0.038 **c.** 0.592 **d.** 0.812

3.9 1/20

3.11 **a.** 0.990,0.010 **b.** 0.195,0.203,0.576

3.13 **a.** 1 to 2 **b.** 1/2 **c.** 2/5

3.15 **b.** 1/16 **c.** 5/16

3.19 **a.** 3/4 **b.** 13/20 **c.** 1 **d.** 2/5 **e.** 1/4 **f.** 7/20 **g.** 1 **h.** 1/4

3.21 **a.** 0.65 **b.** 0.72 **c.** 0.25 **d.** 0.08 **e.** 0.35 **f.** 0.72 **g.** 0 **h.** A 和 C，B 和 C，C 和 D

3.23 **a.** $B \cap C$ **b.** A^c **c.** $C \cap B$ **d.** $A \cap C^c$

3.25 **a.** $P(A)=0.281, P(B)=0.276, P(C)=0.044, P(D)=0.079, P(E)=0.044$ **b.** 0 **c.** 0.557 **d.** 0 **e.** 0.325 **f.** A 和 B，A 和 C，A 和 C，A 和 D，A 和 E

3.27 **a.** (1,R)，(1,S)，(1,E)，(2,R)，(2,S)，(2,E)，(3,R)，(3,S)，(3,E) **b.** 样本空间 **c.** 0.24 **d.** 0.10 **e.** 0.47 **f.** 0.62 **g.** 0.28

3.29 **a.** (D,C)，$(D,T)(F,C)$，(F,T)，(G,C)，(G,T) **b.** 0.450，0.550，0.338 **c.** 0.578，0 **d.** 0.236，0.186

3.31 **a.** 是 **b.** $P(A)=0.26, P(B)=0.35, P(C)=0.72, P(D)=0.28, P(E)=0.05$ **c.** 0.56，0.05，0.77 **d.** 0.74 **e.** C 和 D，D 和 E

3.33 **a.** 0.8，0.7，0.6 **b.** 0.25，0.375，0.375 **d.** 不独立

3.35 **a.** 0.37 **b.** 0.68 **c.** 0.15 **d.** 0.2206 **e.** 0 **f.** 0 **g.** 没有

3.37 **a.** A 和 C；B 和 C **b.** 无 **c.** 0.65，0.90

3.39 **a.** 0.08，0.4，0.52 **b.** 0.12，0.30

3.41 **a.** 0.833 **b.** 0.5 **c.** 0.333

3.43 **a.** 0.9224

3.45 **a.** 0.543 **b.** 0.221 **c.** 0.052 **d.** 0.914

3.47 **a.** 0.02 **b.** 0.08

3.49 **a.** 0.116 **b.** 0.728

3.51 **a.** 0.3，0.6 **b.** 不独立 **c.** 独立

3.53 **a.** 35,820,200 **b.** 1/35,820,200

3.55 **a.** 0.000186 **c.** 否

3.61 0.5

3.63 **a.** 0，0.2，0.9，1，0.7，0.3，0.4，0

3.65 **a.** 720 **b.** 10 **c.** 10 **d.** 20 **e.** 1

3.67 **a.** 0.25 **b.** 0.13 **c.** 0.75 **d.** 0.0325

3.69 **a.** 0.75 **b.** 0.2875 **c.** 0.6 **d.** 0.06 **e.** 不独立 **f.** 员工计划在 68 岁不退休的或员工是非技术人员 **g.** 是

3.71 **a.** 1/10，1/10 **b.** 0.041，0.359 **c.** 偏高

3.73 **a.** 0.00000625 **b.** 0.0135 **c.** 怀疑制造商的声称的正确性 **d.** 否 **c.** 1/10，3/10

3.75 0.801

3.77 **b.** 0.95 **c.** 0.25 **d.** 0.5

3.79 **a.** 0.24 **b.** 0.1 **c.** 0.14

3.81 0.79

3.83 **a.** 0.7127 **b.** 0.2873

3.85 **b.** 1/10

3.87 **a.** 0.550 **b.** 0.450 **c.** 0.272 **d.** 0.040 **e.** 0.182 **f.** 0.857 **g.** 0.182

第四章

4.3 **a.** 离散 **b.** 离散 **c.** 离散 **d.** 连续 **e.** 离散 **f.** 连续

4.11 **a.** 0.25 **b.** 0.40 **c.** 0.75

4.13 **b.** 1/8 **d.** 1/2

4.15 **a.** $p(x)=1/6$ 对所有 x 的值

4.17 **a.** 0.2592 **b.** 0.0870 **c.** 0.6826

4.19 **b.** 0.011,0.052,0.948,0.219 **d.** 0.138,0.196

4.23 **a.** 34.5,174.75,13.219 **c.** 1.00

4.25 **c.** x：$\mu=1,\sigma^2=0.6$；y：$\mu=1,\sigma^2=0.2$

4.27 \$0.25

4.29 **a.** 2.9,3 **b.** 3,4 **c.** 3,3

4.31 $a_1=2.4$；$a_2=1.5$；$a_3=0.90$；$a_4=0.90$；$a_5=0.90$；$a_6=1.65$

4.33 **a.** $p(x)=0.05$ 对所有 x 值 **b.** 52.5 **c.** (−5.16,110.16) **f.** 33.25,38.3577 **g.** 0.525 **i.** 0.20 **j.** 0.65

4.35 **a.** 15 **b.** 10 **c.** 1 **d.** 1 **e.** 4

4.37 **a.** 0.4096 **b.** 0.3456 **c.** 0.027 **d.** 0.0081 **e.** 0.3456 **f.** 0.027

4.39 **a.** 12.5,6.25,2.5 **b.** 16,12.8,3.578 **c.** 60,24,4.889 **d.** 63,6.3,2.510 **e.** 48,9.6,3.098 **f.** 40,38.4,6.197

4.41 **a.** 0.5 **b.** 0.2 **c.** 0.8

4.43 **a.** 0.015,0.030 **b.** 0.0706 0.0022 **c.** 1328,0.0085 **d.** 0.9129

4.45 **b.** 0.60 **c.** 0.346 **d.** 0.317

4.47 **b.** $\mu=2.4,\sigma=1.47$ **c.** $p=0.90,q=0.010,n=24,\mu=21.60,\sigma=1.47$

4.49 $\mu=0.5,\sigma=7.07$；不符合，4.95

4.51 **a.** 520,13.491 **b.** 否，$z=-8.895$

4.53 **a.** 离散型 **b.** 泊松分布 **d.** $\mu=3,\sigma=1.7321$ **e.** $\mu=3,\sigma=1.7321$

4.55 **a.** 0.934 **b.** 0.191 **c.** 0.125 **d.** 0.223 **e.** 0.777 **f.** 0.001

4.57 **a.** 4.2 **b.** −1.5 **c.** 0.889

4.59 **a.** 2 **b.** 不可能. $P(x>10)=0.003$

4.61 **a.** 0.03 **c.** 0.0291,0.9704

4.63 **a.** 0.6083 **c.** 不可能. $P(x>2)=0.0064$；可能，$P(x<1)=0.6907$

4.65 0.224,0.050,0.05^8

4.67 **a.** 0.2734 **b.** 0.4096 **c.** 0.3432

4.69 **a.** 0.192 **b.** 0.228 **c.** 0.772 **d.** 0.987， 0.960 **f.** 14,4.2,2.049 **g.** 0.975

4.71 **a.** 离散型 **b.** 连续型 **c.** 连续型 **d.** 连续型

4.73 **a.** 1,2,3,4,... **b.** 0.99 **c.** 0.01

4.75 0.009

4.77 **a.** 合理 **b.** 0.017

4.79 **b.** 20,4.4721 **c.** 不可能，$z=-3.55$ **d.** 0

4.81 **a.** 1.25,1.09,不能 **b.** $(x\geqslant5)$,0.007 **c.** 不可能

4.83 **a.** 0.006 **b.** 杀虫剂不是宣称的那么有效

4.85 **a.** 0.0314 **b.** 0.1066

第五章

5.1 **a.** $f(x)=0.04(20\leqslant x\leqslant 45)$，否则为0 **b.** 32.5，7.22

5.3 **a.** $f(x)=1/4(3\leqslant x\leqslant 7)$，否则为0 **b.** 5，1.155

5.5 **a.** 0 **b.** 1 **c.** 1

5.7 **a.** $\mu=0.03,\sigma=0.00013$ **b.** $\mu=0.75,\sigma=0.0208$ **c.** 1，0.375 **d.** 0.5，20，0

5.9 是

5.11 **a.** 连续 **c.** 7，0.2887，(6.42，7.577) **d.** 0.5 **e.** 0 **f.** 0.75 **g.** 0.0002

5.13 **a.** 0.4772 **b.** 0.4987 **c.** 0.4332 **d.** 0.2881

5.15 **a.** 0.721 **b.** 0.0594 **c.** 0.2434 **d.** 0.3457 **e.** 0.5 **f.** 0.9233

5.17 **a.** 0.6826 **b.** 0.9500 **c.** 0.90 **d.** 0.9544

5.19 **a.** −0.81 **b.** 0.55 **c.** 1.43 **d.** 0.21 **e.** −2.05 **f.** 0.50

5.21 **a.** −2.5 **b.** 0 **c.** −6.25 **d.** −3.75 **e.** 1.25 **f.** −1.25

5.23 **a.** 0.3830 **b.** 0.3023 **c.** 0.1525 **d.** 0.7333 **e.** 0.1314 **f.** 0.9545

5.25 **a.** 0.9544 **b.** 0.0918 **c.** 0.0228 **d.** 0.8607 **e.** 0.0927 **f.** 0.7049

5.27 **a.** 0.6554 **b.** 0.4295 **c.** 0.9544

5.29 **a.** 0.1020 **b.** 0.6879，0.8925 **c.** 0.0032

5.31 **a.** 0.5124 **b.** 是 **c.** 否

5.33 **a.** 0.68% **b.** $P(x<6)=0.0068$

5.35 5.068

5.37 **a.** $z_L=-0.67, z_u=0.67$ **b.** 下内层＝−2.68，上内层＝2.68 **c.** 下外层＝−4.69，上外层＝4.69 **d.** 0.0074，0

5.39 **a.** 123 **b.** 1.295 **c.** 是

5.41 **b.** 2.765 **c.** $IQR/s=1.70$

5.43 数据不是正态分布的

5.47 **a.** 否 **b.** 是 **c.** 否 **d.** 是 **e.** 是 **f.** 是

5.49 **a.** 0.345，0.3446 **b.** 0.115，0.1151 **c.** 0.924，0.9224

5.51 **a.** 0.4880 **b.** 0.2334 **c.** 0

5.53 **a.** 1 **b.** $\mu\pm 3\sigma=(-2.508, 8.658)$

5.55 **a.** 5.000；25,000 **b.** 0.5438 **c.** 否

5.57 **a.** 否 **b.** 0.6026，5155 **c.** 否，是，是 **d.** 0.7190

5.59 **a.** 300 **b.** 800 **c.** 1.0

5.61 **a.** 0.367879 **b.** 0.082085 **c.** 0.000553 **d.** 0.223130

5.63 **a.** 0.999447 **b.** 0.999955 **c.** 0.981684 **d.** 0.632121

5.65 **a.** 0.018316 **b.** 0.950213 **c.** 0.383401

5.67 **a.** 0.0949 **b.** 10.54；10.54 **d.** 0.1729

5.69 **a.** $e^{-0.5c}$ **b.** 0.135335 **c.** 0.367897 **d.** 否 **e.** 820.85；3,934.69 **f.** 37days

5.71 **a.** 0.550671 **b.** 0.263597

5.73 **a.** 250 **b.** 0.135335 **c.** 0.135335

5.75 **a.** $f(x)=1/80, 10\leqslant x\leqslant 90$，否则为 0 **b.** 50，23.09 **d.** 0.625 **e.** 0 **f.** 0.875 **g.** 0.577 **h.** 0.1875

5.77 **a.** 0.02 **b.** −0.13 **c.** 1.04 **d.** −0.69

5.79 **a.** 0.3821 **b.** 0.5398 **c.** 0 **d.** 0.1395 **e.** 0.0045 **f.** 0.4602

5.81 $9.6582

5.83 **a.** 0.0918 **b.** 0 **c.** 4.87 分币

5.85 **a.** 0.221199 **b.** 0.002394 **c.** 082085

5.87 **a.** 0.8264 **b.** 17 次 **c.** 0.6217 **d.** 0，−157

5.89 否

5.91 **a.** 0.384，0.49，0.212，0.84 **b.** 0.3849，0.4938，0.2119，0.8413 **c.** 0.0009，0.0038，0.0001，0.0013

5.93 $P(x\geqslant 400)\approx 0$

5.95 **a.** 0.135335 **b.** 0.594

第六章

6.1 **c.** 1/16

6.3 **c.** 0.05 **d.** 否

6.9 **a.** 5 **b.** $E(\bar{x})=5$ **c.** $E(m)=4.778$

6.13 **b.** 1.61 **e.** $E(s)=1.00394$

6.15 **a.** 100，5 **b.** 100，2 **c.** 100，1 **d.** 100，1.414 **e.** 100，0.447 **f.** 100，0.316

6.17 **a.** 2.9，3.29，1.814

6.19 **a.** 20，2 **b.** 近似正态 **c.** −2.25 **d.** 1.50

6.21 **a.** 0.8944 **b.** 0.0228 **c.** 0.1292 **d.** 0.9699

6.25 **a.** 近似正态 **b.** 0.0322 **c.** 0.8925 **d.** 19.1 **e.** 少于 19.1

6.27 **a.** $\mu_{\bar{x}}=406$，$\sigma_{\bar{x}}=1.6833$，近似正态 **b.** 0.0010 **c.** 第一

6.29 **a.** 近似正态 **b.** 0.0091 **c.** 0.9544

6.33 **a.** 0.5 **b.** 0.0606 **c.** 0.0985 **d.** 0.8436

6.39 **a.** 不知道形状 **b.** 近似正态 **c.** 0.2843 **d.** 0.1292

6.41 **a.** 0.0013 **b.** 计划没有减少病假日均值

6.43 **a.** 95.25% **b.** 100%

6.45 **a.** 0.4514 **b.** 没受影响 **c.** 0.9918

6.47 **a.** 1.5% **b.** 0.0026 **c.** 0.1587

6.49 **a.** 0.05 **b.** 1 **c.** 0.000625

6.51 **a.** 60；36 **b.** 正态 **c.** 0

6.1d.

$\bar{x}$	$p(\bar{x})$
0	1/16
1	2/16
2	3/16
3	4/16
4	3/16
5	2/16
6	1/16

6.3a.

$\bar{x}$	$p(\bar{x})$
1	0.04
1.5	0.12
2	0.17
2.5	0.20
3	0.20
3.5	0.14
4	0.08
4.5	0.04
5	0.01

6.9b.

$\bar{x}$	$p(\bar{x})$
2	1/27
8/3	3/27
10/3	3/27
4	1/27
13/3	3/27
5	6/27
17/3	3/27
20/3	3/27
22/3	3/27
9	1/27
	27/27

6.9c.

m	$p(m)$
2	7/27
4	13/27
9	7/27
	27/27

6.13a.

s^2	$p(s^2)$
0.0	0.22
0.5	0.36
2.0	0.24
4.5	0.14
8.0	0.04

6.13d.

s	$p(s)$
0.000	0.22
0.707	0.36
1.414	0.24
2.121	0.14
2.828	0.04

6.17b.

$\bar{x}$	$p(\bar{x})$
1	0.01
1.5	0.08
2	0.24
2.5	0.32
3	0.16
4.5	0.02
5	0.08
5.5	0.08
8	0.01
	1.00

第七章

7.1 **a.** 1.645 **b.** 2.58 **c.** 1.96 **d.** 1.28

7.3 **a.** 28±0.784 **b.** 102±0.65 **c.** 15±0.0588 **d.** 4.05±0.163 **e.** 否

7.5 **a.** 26.2±0.96 **b.** 意味着在重复抽样中，就有构建的置信区间里有 95%的包含 μ. **c.** 26.2±1.26 **d.** 增加 **e.** 是

7.9 是

7.11 **d.** 这个宣称可能正确

7.13 **a.** 3.39±0.047

7.15 (0.3526, 0.4921)

7.17 **a.** 66.83±4.69 **c.** (41.009, 49.602)

7.19 **a.** $z_{0.10}=1.28$, $t_{0.10}=1.533$ **b.** $z_{0.05}=1.645$, $t_{0.05}=2.132$ **c.** $z_{0.025}=1.96$, $t_{0.025}=2.776$ **d.** $z_{0.01}=2.33$ $t_{0.01}=3.747$ **e.** $z_{0.005}=2.575$, $t_{0.005}=4.604$

7.21 **a.** 2.228 **b.** 2.228 **c.** −1.812 **d.** 1.725 **e.** 4.032

7.23 **a.** 97.94±4.24 **b.** 97.94±6.74

7.25 **a.** 2.886±4.034 **b.** 0.408±0.256

7.27 **a.** 49.3±8.6 **b.** 有 99%的理由相信，以一个使用毒素的土壤标本中除掉的 B(a)P 百分比均值在 40.70%与 57.90%之间

7.29 184.99±133.93

7.31 **a.** 22.46±11.18 **d.** 有效性值没怀疑

7.35 **a.** 是 **b.** 否 **c.** 是 **d.** 否

7.37 **a.** 是 **b.** 0.46±0.065

7.39 **b.** 0.29±0.028

7.41 **a.** 0.24 **b.** 0.24±0.181

7.43 **a.** 0.694±0.106

7.45 0.85±0.002

7.47 308

7.49 **a.** 68 **b.** 31

7.51 34

7.53 **a.** 0.98,0.784,0.56,0.392,0.196

7.55 **a.** 0.226±0.007 **b.** 0.014 **c.** 1680

7.57 1692

7.59 43;171;385

7.61 271

7.63 否

7.65 **a.** 4.90 **b.** 5.66 **c.** 6.00 **d.** 6.293

7.67 **a.** 1.00 **b.** 0.6124 **c.** 0 **d.** 随着 n 增大,$\sigma_{\bar{x}}$减小.

7.69 0.42±0.021

7.71 **a.** 156.46 **b.** 18.70 **c.** 156.46±37.405 **d.** 不合理

7.73 1±41.43

7.75 0.694±0.092

7.77 **a.** −1.725 **b.** 3.250 **c.** 1.860 **d.** 2.898

7.79 **a.** 32.5 ±5.16 **b.** 23,964

7.81 **a.** 0.9874 **b.** 0.8944 **c.** 0.8944

7.83 **a.** (298.6,582.3)

7.85 **a.** 0.876 ±0.003

7.87 **a.** 男:7.4±0.979;女:4.5±0.755 **b.** 男:9.3±1.185;女:6.6±1.138

7.89 **a.** 12.2±1.645 **b.** 167

7.91 **a.** 否 **b.** 1337

7.93 **a.** 191

7.95 **b.** 3.256±0.348

7.99 **a.** 985.6±25.61 **b.** 没有失控 **c.** 985.6±14.198;失控 **d.** 99%

7.101 818

第八章

8.1 零假设;备择假设

8.3 α

8.7 否

8.9 $H_0: p=0.10, H_a: p<0.10$

8.11 **c.** α. **e.** 减少 **f.** 增加

8.13 **a.** 不安全;安全 **c.** α

8.15 **g.** 0.025,0.05,0.005,0.10,0.10,0.01

8.17 **a.** $z=1.67$,拒绝 H_0 **b.** $z=1.67$,不拒绝 H_0

8.19 $z=-1.86$,不拒绝 H_0

8.21 **a.** $H_0: \mu=16, H_a: \mu<16$ **b.** $z=-4.31$,拒绝 H_0

8.23 **a.** 是,$z=7.02$

8.25 a. $H_0:\mu=10, H_a:\mu<10$　c. $z=-2.34$，拒绝 H_0

8.27 a. 右偏　b. 是，$z=1.75$　c. 是，否

8.29 a. 不拒绝 H_0　b. 拒绝 H_0　c. 拒绝 H_0　d. 不拒绝 H_0　e. 不拒绝 H_0

8.31 0.0150

8.33 0.9279，不拒绝 H_0

8.35 a. 不拒绝 H_0　b. 拒绝 H_0　c. 拒绝 H_0　d. 不拒绝 H_0

8.37 b. 拒绝 H_0　c. 拒绝 H_0

8.39 a. $H_0:\mu=2.5, H_a:\mu>2.5$　b. 0　c. 拒绝 H_0

8.41 a. $H_0:\mu=16.5, H_a:\mu>16.5$　b. 0.0681

8.43 n 小，总体为正态分布

8.47 a. $|t|>2.160$　b. $t>2.500$　c. $t>1.397$　d. $t<-2.718$　e. $|t|>1.729$　f. $t<-2.353$

8.49 b. p 值$=0.0382$，拒绝 H_0　c. 0.0764，拒绝 H_0

8.51 a. $t=-1.79$，拒绝 H_0　b. 每区分驱蚊剂的总体服从正态分布

8.53 是，$t=8.75$

8.55 a. $H_0:\mu=0.004, H_a:\mu>0.004$　c. 工厂 1：不拒绝 H_0；工厂 2：不拒绝 H_0

8.57 a. 是　b. 否　c. 是　d. 否 e. 否

8.59 a. -2.23　c. 拒绝 H_0　d. 0.0099

8.61 a. $z=1.13$，不拒绝 H_0　b. 0.1292

8.63 a. 否，$z=1.14$　b. 0.1271

8.65 $z=33.47$，拒绝 H_0

8.67 a. $z=-2.22$，不拒绝 H_0　b. 0.0132

8.69 $z=1.20$，不拒绝 H_0

8.71 b. 532.9　d. 0.1949　e. 0.8051

8.73 c. 0.1469　d. 0.8531

8.75 c. 0.5359　d. 0.0409

8.77 a. 0.1949，第二类错误　b. 0.05，第一类错误　c. 0.8051

8.79 0.1075

8.81 a. $\chi^2<6.26214$ or $\chi^2>27.4884$　b. $\chi^2>40.2894$　c. $\chi^2>21.0642$　d. $\chi^2<3.57056$
e. $\chi^2<1.63539$ or $\chi^2>12.5916$　f. $\chi^2<13.8484$

8.83 a. $x^2=479.16$，拒绝 H_0

8.85 a. $H_0:\sigma^2=225, H_a:\sigma^2>225$　b. 187.896　c. 不拒绝 H_0

8.87 $\alpha=0.05$，是；$\chi^2=133.90$

8.89 $\chi^2=40.8375$，不拒绝 H_0

8.91 可选

8.93 大

8.95 a. $t=-7.51$，拒绝 H_0　b. $t=-7.51$，拒绝 H_0

8.97 a. $z=-1.67$，不拒绝 H_0　b. $z=-3.35$，拒绝 H_0

8.99 a. $\chi^2=63.48$，拒绝 H_0　b. $\chi^2=63.48$，拒绝 H_0

8.101 a. 是，$z=-1.93$

8.103 a. $z=15.61$，拒绝 H_0　b. 0

8.105 **b.** 拒绝 H_0 $\alpha=0.05$ **c.** 第一类错误

8.107 **a.** $z=12.97$,拒绝 $H_0: p=0.5$ **b.** 0 **c.** 0.6844

8.109 **a.** 否,$z=1.41$ **b.** 小的 **c.** 0.0793

8.111 **a.** 否 **b.** $\beta=0.5910$,功效$=0.4090$ **c.** 增加

8.113 **b.** 0.8264 **c.** 减少

8.115 **a.** 拒绝 H_0 **b.** 0.0152

8.117 **a.** $H_0: \mu=209700$ $H_a: \mu>209700$ **b.** p 值$=0.0188$. 拒绝 H_0

第九章

9.1 **a.** 150 ± 6 **b.** 150 ± 8 **c.** 0;5 **d.** 0 ± 10 **e.** 独立样本均值之差的变异性较大

9.3 **a.** 35 ± 24.5 **b.** $z=2.8$,p 值$=0.0052$,拒绝 H_0 **c.** p 值$=0.0026$ **d.** $z=0.8$,p 值$=0.4238$,不拒绝 H_0 **e.** 独立随机样本

9.5 **a.** 否 **b.** 否 **c.** 否 **d.** 是 **e.** 否

9.7 **a.** 0.5989 **b.** 是,$t=-2.39$ **c.** -1.24 ± 0.98 **d.** 置信区间

9.9 **a.** p 值$=0.1150$,不拒绝 H_0 **b.** 0.0575

9.11 **a.** p 值$=0.1114$,不拒绝 H_0 **b.** -2.50 ± 3.12

9.13 **a.** $H_0: \mu_1=\mu_2$,$H_a: \mu_1\neq\mu_2$ **b.** $z=7.71$,拒绝 H_0 **c.** 0.51 ± 0.14

9.15 **a.** 是,$t=1.9557$ **c.** 0.0579 **d.** -7.4 ± 6.83

9.17 **a.** 是 **b.** $t=19.73$,拒绝 H_0

9.19 **a.** 否,$t=-0.81$ **b.** -0.0184 ± 0.0446

9.21 **a.** 起始期:6.09 ± 41.84;第一个后续期:-52.24 ± 40.84;第二个后续期:-48.41 ± 40.64;第三个后续期:-37.68 ± 39.78;第四个后续期:-38.54 ± 42.96

9.23 **a.** $H_0: \mu_1-\mu_2=0$,$H_a: \mu_1-\mu_2>0$ **b.** $t=2.616$,$0.01<p$ 值<0.025,拒绝 H_0

9.25 **a.** $t>1.796$ **b.** $t>1.319$ **c.** $t>3.182$ **d.** $t>2.998$

9.27 **a.** $H_0: \mu_D=0$,$H_a: \mu_D<0$ **b.** $t=-5.29$,p 值$=0.0002$,拒绝 H_0 **c.** $(-5.284,-2.116)$ **d.** 差的总体从正态分布

9.29 **a.** $t=0.81$,不拒绝 H_0 **b.** p 值≥0.20

9.31 **a.** 是,$t=2.864$

9.33 **a.** $H_0: \mu_D=0$,$H_a: \mu_D<0$ **b.** $t=-2.948$,拒绝 H_0

9.35 **a.** $H_0: \mu_D=0$,$H_a: \mu_D\neq0$ **b.** $t=5.76$,拒绝 H_0 **c.** 是

9.37 p 值$=0.65$,不拒绝 H_0

9.41 **a.** $z<-2.33$ **b.** $z<-1.96$ **c.** $z<-1.645$ **d.** $z<-1.28$

9.43 **a.** 0.07 ± 0.067 **b.** 0.06 ± 0.086 **c.** -0.15 ± 0.131

9.45 $z-1.14$,不拒绝 H_0

8.47 **a.** p_1-p_2

9.49 **b.** 是 **c.** 0.19 ± 0.02 **d.** 可以作为正态近似,但样本不够大

9.51 **a.** 是 **b.** -0.0568 ± 0.0270

9.53 是,$z=-2.25$

9.55 34

9.57 **a.** 29954 **b.** 2165 **c.** 1113

9.59 27

9.61 3.383

9.63 542

9.65 293

9.67 **a.** 0.01 **b.** 0.05 **c.** 0.05 **d.** 0.01

9.69 **a.** $F>2.19$ **b.** $F>2.75$ **c.** $F>3.37$ **d.** $F>4.30$

9.71 **a.** $F=2.26$,不拒绝 H_0 **b.** $0.10<p$ 值<0.20

9.73 **b.** $H_0:\sigma_1^2=\sigma_2^2, H_a:\sigma_1^2\neq\sigma_2^2$ **c.** $F=28.22$,拒绝 H_0

9.75 **a.** $F=2.26$,不拒绝 H_0

9.77 **a.** $F=8.29$,拒绝 H_0 **b.** 否

9.79 **a.** $t=0.78$,不拒绝 H_0 **b.** 2.50 ± 8.99 **c.** 225

9.81 **a.** 3.90 ± 0.31 **b.** $z=20.60$,拒绝 H_0 **c.** 346

9.83 **a.** $t=5.73$,拒绝 H_0 **b.** 3.8 ± 1.84

9.85 **a.** 拒绝 H_0 **b.** 不拒绝 H_0 **c.** 拒绝 H_0 **d.** 拒绝 H_0 **e.** 不拒绝 H_0 **f.** 不拒绝 H_0

9.87 **a.** 是,7.679 **b.** 0.000597 **d.** 0.4167 ± 0.1395

9.89 **a.** $H_0:\mu_1-\mu_2=0, H_a:\mu_1-\mu_2\neq0$ **b.** $z=-7.69$,拒绝 H_0

9.91 **a.** 否,$t=0.80$ **c.** 84.17 ± 226.47

9.93 初始表现:$z=5.68$,拒绝 H_0;职业提升率:$z=5.36$,拒绝 H_0:最终表现评价:$z=10.63$,拒绝 H_0

9.95 **a.** 是,$t=-4.02$ **b.** 0.0030

9.97 4802

9.99 0.0308 ± 0.0341

9.101 **a.** Contra Costa 县:0.17 ± 0.063;Santa Clara 县:-0.004 ± 0.066;San Bernardino 县:0.102 ± 0.070

9.103 **a.** $H_0:\mu_D=0, H_a:\mu_D>0$ **b.** 至已对差 **c.** 对广告的态度:在 $\alpha=0.05$ 时不拒绝零假设;对品牌的态度:在 $\alpha=0.05$ 时,拒绝零假设;购买意向:在 $\alpha=0.05$ 时,不拒绝零假设

第十章

10.3 $\beta_1=1/3, \beta_0=14/3, y=14/3+1/3x$

10.9 否

10.11 **a.** $\sum(y-\hat{y})=0.02$, SSE=1.2204 **c.** SSE=108.00

10.13 **b.** 负线性相关 **c.** $-0.9939, 8.543$ **e.** x 的范围为:2～8 10.15 a. 正的 **c.** -205.777, 1057.367

10.17 **b.** $\hat{y}=16.593+1.949x$ **d.** 45.828

10.19 **b.** $\hat{y}=569.5801-0.00192x$ **e.** x 的范围:\$16900 to \$70000

10.21 **b.** $-51.362, 17.754$

10.23 **a.** 0.3475 **b.** 1.179

10.25 10.10:SSE=1.22,$s^2=2.441$,$s=0.4960$;10.13:SSE=5.713,$s^2=1.143$,$s=1.069$

10.27 **a.** $\hat{y}=7.381+0.373x$ **b.** \$6040.181 亿 **c.** SSE=2225.63 $s^2=27.24$

10.29 **a.** SSE=20554.415,$s^2=2005.442$,$s=45.337$

10.31 **a.** 95% CI:31 ± 1.13;90% CI:31 ± 0.92 **b.** 95% CI:64 ± 4.28;90% CI:64 ± 3.53 **c.** 95% CI:-8.4 ± 0.67;90% CI:-8.4 ± 0.55

10.33 0.82±0.76

10.35 **a.** 是　**b.** $\hat{y}=-3284.5+451.4x$　**c.** 是，$t=7.57$　**e.** 451.4±104.5

10.37 **a.** 赞成　**b.** $\hat{y}=15.878+0.927x$　**c.** 是，$t=2.45$　**d.** 0 和 1

10.39 **a.** 是，$t=4.98$，p 值$=0.001$　**b.** 0.607

10.41 **a.** $t=3.384$，p 值$=0.0035$，拒绝 H_0　**b.** 17.57±16.63

10.43 是，$t=-0.96$

10.45 **a.** 正的　**b.** 负的　**c.** 0 slope　**d.** 正的或负的

10.47 **a.** 0.9438　**b.** 0.8020

10.49 **a.** 非常弱的正线性相关　**b.** 弱的正线性相关

10.51 **b.** −0.420　**d.** 0.1764

10.53 $r^2=0.2935$，$r=-0.5418$

10.55 **a.** 是　**b.** −0.423

10.57 **b.** $\hat{y}=1.5+0.946x$　**c.** 2.221　**d.** 4.338±1.170　**e.** 4.338±3.223　**f.** y 的预测区间

10.59 a. 2.2±1.382　**d.** $t=6.10$，拒绝 H_0

10.61 **b.** $\hat{y}=5566.13-210.346x$　**c.** $t=-8.69$，$p=0$ 拒绝 H_0　**d.** 0.8437　**e.** (3714.7，4052.0)　**f.** (3364.1，4402.7)

10.63 **a.** (12.6384，239.7)　**b.** 比较窄　**c.** 否

10.65 **a.** 是，t=−5.91；负的　**b.** (0.656，2.829)　**c.** (1.467，2.018)

10.67 **a.** $\hat{y}=37.08-1.6x$　**c.** 57.2　**d.** 4.4　**e.** −1.6±0.5　**f.** 13.08±6.93　**g.** 13.08±7.86

10.69 **b.** $r=-0.1245$，$r^2=0.0155$　**c.** 否，$t=-0.35$

10.71 **b.** $\hat{y}=12.594+0.10936x$　**c.** 是，$t=3.50$　**d.** 28.99±12.50

10.73 $\hat{y}=-92.46+8.35x$，拒绝 H_0，p 值$=0.0021$

10.75 **a.** $\hat{y}=3.068-0.015x$　**c.** $t=-3.32$，拒绝 H_0　**d.** 2.913±0.207

10.77 **a.** 57.14±34.82　**b.** 110 在 x 的范围之外　**c.** $\bar{x}=44$

10.79 **a.** $\hat{y}=46.3992x$　**b.** $\hat{y}=478.4433+45.1525x$　**d.** 否，$t=0.906$

10.81 机器小时：$t=3.30$，$p=0.008$，拒绝 H_0，$r^2=0.521$；劳动时间：$t=1.43$，$p=0.183$，不拒绝 H_0，$r^2=0.170$

第十一章

11.1 **a.** $E(y)=\beta_0+\beta_1x_1+\beta_2x_2$　**b.** $E(y)=\beta_0+\beta_1x_1+\beta_2x_2+\beta_3x_3+\beta_4x_4$　**c.** $E(y)=\beta_0+\beta_1x_1+\beta_2x_2+\beta_3x_3+\beta_4x_4+\beta_5x_5$

11.3 **a.** $t=1.45$，不拒绝 H_0　**b.** $t=3.21$，拒绝 H_0

11.5 $n-(k+1)$

11.7 **a.** $E(y)=\beta_0+\beta_1x_1+\beta_2x_2$　**b.** $\hat{y}=-20.352+13.3504x_1+243.714x_2$　**d.** 否，$t=1.74$　**e.** (49.69，437.74)

11.9 **a.** $\hat{y}=20.9+0.261x_1-7.8x_2+0.0042x_3$　**b.** 14.01　**c.** 否，$t=1.09$

11.11 **a.** $\hat{y}=12.2-0.0265x_1-0.458x_2$　**c.** $t=-0.50$，$p=0.632$，不拒绝 H_0　**d.** −0.458±0.347

11.15 **a.** $\hat{y}=93074+4152x_1-855x_2+0.924x_3+2692x_4+15.5x_5$　**b.** 33225.9　**c.** 是，$t=2.78$，p 值$=0.0059$　**f.** t=−2.86，拒绝 H_0　**g.** 0.00495

11.17 **a.** 0.8911　**b.** 0.8775　**c.** $F=65.462$，拒绝 H_0　**d.** 0.0001

11.19 **a.**

Source	df	SS	MS	F
Model	2	12.09	6.045	8.321
Error	17	12.35	0.72647	
Total	19	24.44		

b. $R^2=0.4947$；$R_a^2=0.4352$；$F=8.321$，拒绝 H_0

11.21 **a.** 0.8168　**b.** $H_0:\beta_1=\beta_2=0$　**c.** $F=31.22$，$p=0.0000069$　**d.** 拒绝 H_0

11.23 **a.** $\hat{y}=-4.30-0.002x_1+0.336x_2+0.384x_3+0.067x_4-0.143x_5+0.081x_6+0.134x_7$

b. F=111.1，拒绝 H_0　**d.** $t=1.76$，p 值$=0.079$，不拒绝 H_0　**e.** 否，$t=-0.049$，p 值$=0.961$

11.25 **a.** 51%营业毛利的可变性可由这个模型作出解释　**b.** $F=13.53$，拒绝 H_0

11.27 $F=1.06$，不拒绝 H_0

11.29 **a.** $R^2=0.529$；$R_a^2=0.505$；R_a^2　**b.** $F=21.88$，p 值$=0$，拒绝 H_0

11.31 **a.** (1759.4，275.4)　**b.** (2620.3，3414.9)　**c.** 是

11.33 (−1.233，1.038)

11.35 **a.** $F=72.11$，拒绝 H_0

11.37 **a.** $E(y)=\beta_0+\beta_1x_1+\beta_2x_2+\beta_3x_1x_2$　**b.** $E(y)=\beta_0+\beta_1x_1+\beta_2x_2+\beta_3x_3+\beta_4x_1x_2+\beta_5x_1x_3+\beta_6x_2x_3$

11.39 **c.** 交互影响存在

11.41 **b.** $\hat{y}=1,161+0.122x_1+6.0x_2-0.0353x_1x_2$　**c.** 是，$t=-3.02$　**d.** $51400

11.43 **a.** $E(y)=\beta_0+\beta_1x_1+\beta_2x_2+\beta_3x_1x_2$　**b.** 是，$t=1.6$

11.45 **b.** 对，因为 R^2 大些，s 小些

11.47 **a.** $t=3.133$，拒绝 H_0　**b.** $t=3.133$，是

11.49 **b.** 偏左偏右的体现　**c.** 控制上凸还是下凸

11.51 **a.** $E(y)=\beta_0+\beta_1x$　**b.** $E(y)=\beta_0+\beta_1x+\beta_2x^2$　**d.** $F=12.44$，模型有用；否，$t=0.61$　**e.** 一阶模型

11.53 **a.** $E(y)=\beta_0+\beta_1x_1+\beta_2x_2+\beta_3x_1x_2+\beta_4x_1^2+\beta_5x_2^2$　**b.** $\beta_4x_1^2$ 和 $\beta_5x_2^2$

11.55 **b.** 一阶模型；一阶模型；二阶模型

11.57 $E(y)=\beta_0+\beta_1x+\beta_2x^2$

11.59 **b.** $E(y)=\beta_0+\beta_1\mathrm{M}_1+\beta_2\mathrm{M}_1^2$　**c.** 是，$F=5.58$　**d.** 0.0114　**e.** 否，$t=0.76$　**f.** $p=0.4562$

11.61 $E(y)=\beta_0+\beta_1x_1+\beta_2x_2$，这里 $x_1=$水平为 2 时取 1，其他为 0，

11.63 **a.** $\hat{y}=80+16.8x_1+40.4x_2$　$H_0:\mu_1=\mu_2=\mu_3$　**d.** $F=24.72$，拒绝 H_0

11.65 **a.** $E(y)=\beta_0+\beta_1x_1$，这里 $x_1=$如果是“否”为 1，如果是“是”为 0　**b.** $E(y)=\beta_0+\beta_1x_1+\beta_2x_2$，如果介为 1，如果是“否”为 0，如果在单位内为 1，如果是“否”为 0，　**c.** $E(y)=\beta_0+\beta_1x_1+\beta_2x_2$，如果有咨询服务为 1，如果是“否”为 0，如果主动寻找为 1，如果是“否”为 0，　**d.** $E(y)=\beta_0+\beta_1x_1+\beta_2x_2$，这里 $x_1=$如果未婚为 1，如果已婚为 0，**e.** $E(y)=\beta_0+\beta_1x_1+\beta_2x_2$，这里 $x_1=$如果是“女性”为 1，如果是“男性”为 0

11.67 **a.** $E(y)=\beta_0+\beta_1x_1+\beta_2x_2+\beta_3x_3$，这里 $x_1=$如果是自动的为 1，如果不是为 0，$x_2=$如果是药物为 1，如果不是为 0，$x_3=$如果是无线通讯为 1，如果不是为 0，**c.** $\hat{y}-1780+2759x_1+9589x_2+10909x_3$，**d.** F=5.19，拒绝 H_0，**e.** 12689　**f.** 9589±6936.64

11.69 **a.** $E(y)=\beta_0+\beta_1x_1$，这里 $x_1=$ 如果池塘被填平为 1，如果是其他的为 0 **c.** $H_0:\beta_1=0$ **d.** reject H_0

11.71 **a.** 是，$F=4.80$ **b.** \$11400 **c.** \$20000

11.73 **a.** $E(y)=\beta_0+\beta_1x_1$ **b.** $E(y)=\beta_0+\beta_1x_1+\beta_2x_2+\beta_3x_3$，$x_2$ 和 x_3 为虚拟变量 **c.** $E(y)=\beta_0+\beta_1x_1+\beta_2x_2+\beta_3x_3+\beta_4x_1x_2+\beta_5x_1x_3$ **d.** $\beta_4=\beta_5=0$ **e.** $\beta_2=\beta_3=\beta_4=\beta_5=0$

11.75 **a.** $E(y)=\beta_0+\beta_1x_1$；$E(y)=\beta_0+\beta_1x_1+\beta_2$；$E(y)=\beta_0+\beta_1x_1+\beta_3$ **b.** $\hat{y}=44.803+2.173x_1+9.413x_2+15.632x_3$ **c.** level 1：$\hat{y}=44.803+2.173x_1$；level 2：$\hat{y}=54.216+2.173x_1$；level3：$\hat{y}=60.435+2.173x_1$

11.77 $E(y)=\beta_0+\beta_1x_1+\beta_2x_1^2+\beta_3x_2+\beta_4x_3+\beta_5x_4$，其中 x_2-x_4 为虚拟变量

11.79 **a.** $E(y)=\beta_0+\beta_1x_1$；β_1 **b.** $E(y)=(\beta_0+\beta_2)+(\beta_1+\beta_3)x_1$；$\beta_1+\beta_3$ **c.** 没有交互作用的迹象

11.81 **a.** $E(y)=\beta_0+\beta_1x_1+\beta_2x_1^2+\beta_3x_2+\beta_4x_3+\beta_5x_4+\beta_6x_1x_2+\beta_7x_1x_3+\beta_8x_1x_4+\beta_9x_1^2x_2+\beta_{10}x_1^2x_3+\beta_{11}x_1^2x_4$，其中 x_1 为销售量，(x_2-x_4) 为地区虚拟变量 **b.** $E(y)=(\beta_0+\beta_5)+(\beta_1+\beta_8)x_1+(\beta_2+\beta_{11})x_1^2$ **c.** $E(y)=(\beta_0+\beta_3)+(\beta_1+\beta_6)x_1+(\beta_2+\beta_9)x_1^2$ **d.** β_3 到 β_{11} **e.** 是，$F=8.21$，$p=0$

11.83 **a.** $E(y)=\beta_0+\beta_1x_1+\beta_2x_2+\beta_3x_1x_2$，如果 x_2 是发展中的为 1，否则为 0， **c.** $\hat{y}=56.917-0.557x_1-18.293x_2+0.354x_1x_2$；新兴的：$\hat{y}=56.917-0.557x_1$；发达的：$\hat{y}=38.624-0.203x_1$ **e.** 是，$t=4.654$

11.85 a 和 b，a 和 d ，a 和 e，b 和 c，b 和 d，b 和 e，c 和 e，d 和 e

11.87 **a.** $\hat{y}=14.0-0.642x_1-0.396x_2$ **b.** $SSE_R=160.44$，$SSE_C=152.66$ **c.** 5；3 **d.** $H_0:\beta_3=\beta_4=0$ **e.** $F=0.38$，不拒绝 H_0 **f.** $p>0.10$

11.89 **b.** $F=38.24$，拒绝 H_0 **c.** 否

11.91 **a.** $H_0:\beta_1=\beta_2=\beta_3=\beta_4=\beta_5=0$ **b.** $F=18.24$，拒绝 H_0 **c.** $H_0:\beta_3=\beta_4=\beta_5=0$ **d.** $F=8.46$，拒绝 H_0 **e.** 第二个模型

11.93 **a.** $H_0:\beta_2=\beta_5=0$ **b.** $H_0:\beta_3=\beta_4=\beta_5=0$ **c.** 是，$F=11.75$

11.95 **a.** $H_0:\beta_4=\beta_5=0$ **b.** $H_0:\beta_3=\beta_4=\beta_5=0$ **c.** 否，$F=0.93$

11.97 **a.** 7；$E(y)=\beta_0+\beta_1x_i$ **b.** 6；$E(y)=\beta_0+\beta_1x_1+\beta_2x_i$ **c.** 5；$E(y)=\beta_0+\beta_1x_1+\beta_2x_2+\beta_3x_i$

11.99 **a.** 合同状况，划拨于调动的费用比例，合同投标者的数目

11.101 是

11.105 **a.** 否 **b.** $\hat{y}=0.915+0.180$ 状态 -0.00715 No-Bid $+0.0133$ Mobil $+0.0112$ Stat-No-Bid -0.0120 Stat-Mob $+0.00011$ NoBid-Mob **c.** 否；否

11.107 **a.** 否 **b.** 是 **c.** 否 **d.** 是；第 26 个家庭 **e.** 否

11.109 置信区间

11.111 **a.** $\hat{y}=90.1-1.836x_1+0.285x_2$ **b.** 0.916 **c.** 是，$F=64.91$ **d.** $t=-5.01$，拒绝 H_0 **e.** 10.677

11.115 $E(y)=\beta_0+\beta_1x_1+\beta_2x_2+\beta_3x_3$，如果水平为 2$x_1$ 则为 1，否则为 0，水平为 3，x_2 则为 1，否则为 0。水平为 4，则 x_3 为 1，否则为 0。

11.119 残差自由度为 0

11.121 **a.** 榨桔汁器的类型是定性地；桔子大小是定量地 **b.** $E(y)=\beta_0+\beta_1x_1+\beta_2x_2$，$x_1$ 为桔子的直径，如果是品牌 Bx_2 为 1；否则为 0 **c.** $E(y)=\beta_0+\beta_1x_1+\beta_2x_2+\beta_3x_1x_2$ **e.** $H_0:\beta_3=0$

11.123 **a.** $E(y)=\beta_0+\beta_1x_1+\beta_2x_2+\beta_{3x3}+\beta_4x_4+\beta_5x_5$ **b.** 拒绝 $H_0:\beta_1=\beta_2=\beta_3=\beta_4=\beta_5=0$ **c.** $E(y)=\beta_0+\beta_1x_1+\beta_2x_2+\beta_3x_3+\beta_4x_4+\beta_5x_5+\beta_6x_6+\beta_7x_7$ **d.** CSI 得分的变异的 60.3%可以由模型

来解释 **e.** 两个变量对 GSI 的预测都有用

11.125 因为重要性与支持程度的相关系数为 0.6991；不会。

11.127 **b.** $E(y)=\beta_0+\beta_1x_1+\beta_2x_1^2+\beta_3x_2+\beta_4x_1x_2+\beta_5x_1^2x_2$，其中如果 I=35W，则 x_2 为 1，否则为 0 **c.** 是，$F=383.76$ **d.** 满足假设条件

11.129 **a.** $E(y)=\beta_0+\beta_1x_1+\beta_2x_2+\beta_3x_3$，其中如果 VH，则 $x=1$，否则 $x_1=0$，如果 H，则 $x_2=1$，否则 $x_2=0$；如果 M，则 $x_3=1$，否则 $x_3=0$ **b.** 否 **c.** $y=10.2+0.5x_1+2.08x_2+0.683x_3$ **d.** 是，$F=63.09$

11.131 **b.** 是，$F=16.10$ **c.** 是，$t=2.5$ **d.** 945

11.133 **c.** 是，$F=39.505$，p 值=0 **d.** $x_2=60$：$\hat{y}=0.47+0.026x_1$；$x_2=75$；$\hat{y}=0.98+0.026x_1$；$x_2=90$；$\hat{y}=1.49+0.026x_1$ **e.** 加 x_1^2

11.135 **a.** $E(y)=\beta_0+\beta_1x_1+\beta_2x_6+\beta_3x_7$，其中如果是好的则 x_6 为 1，否则为 0，如果是一般的 x_1 则为 1，否则为 0 **c.** 优秀：$\hat{y}=188875+15617x_1$；好：$\hat{y}=85.829+15.617x_1$；一般：$\hat{y}=36388+15617x_1$ **e.** 是，$F=8.43$ **f.** (x_1 和 x_3)，(x_1 和 x_5)(x_3 和 x_5)高度相关 **g.** 假设条件满足

第十二章

12.7 失控

12.9 **a.** 1.023 **b.** 0.308 **c.** 0.167

12.11 **b.** $\bar{\bar{x}}=20.11625$，$\bar{R}=3.31$ **c.** UCL=22.529，LCL=17.703 **d.** 上 A-B：21.725，下 A-B：18.507，上 B-C：20.920，下 B-C：19.312 **e.** 是

12.13 **a.** $\bar{\bar{x}}=23.9971$ $\bar{R}=0.1815$，UCL=24.102，LCL=23.892，上 A-B：24.067，下 A-B：23.927，上 B-C：24.032，下 B-C：23.962 **b.** 受控 **c.** 是

12.15 **a.** $\bar{\bar{x}}=49.129$，$\bar{R}=3.733$，UCL=50.932，LCL=47.326，上 A-B：50.331，下 A-B：47.927，上 B-C：49.730，下 B—C：48.528 **b.** 否 **c.** 否

12.17 **a.** $\bar{\bar{x}}=52.6467$，$\bar{R}=0.755$，UCL=53.419，LCL=51.874，上 A-B：53.162，下 A-B：52.132，上 B—C：52.904，下 B—C：52.389 **b.** 失控 **d.** 否

12.21 **a.** UCL=16.802 **b.** 上 A-B：13.835，下 A—B：2.043，上 B-C：10.900，下 B-C：4.996 **c.** 受控

12.23 $\bar{R}$ 图：$\bar{R}=4.03$ UCL=7.754，LCL=0.306，上 A-B：6.513，下 A-B：1.547，上 B—C：5.271，下 B-C：2.789，受控；$\bar{\bar{x}}$-图：$\bar{\bar{x}}=21.728$，UCL=23.417，LCL=20.039，上，A-B：22.854，下 A-B：20.602，上 B-C：22.291，下 B-C：21.165，失控

12.25 **a.** 是 **b.** $\bar{R}=0.0796$，UCL=0.168，上 A-B：0.139，下 A-B：0.020，上 B-C：0.109，下 B-C：0.050 **c.** 受控 **d.** 是 **e.** 是

12.27 **a.** $\bar{R}=2.08$，UCL=4.397，上 A—B：3.625，下 A-B：0.535，上 B-C：2.853，下 B-C：1.307；受控 **b.** 是 C. $\bar{R}=1.7$，UCL=3.594，上 A-B：2.963，下 A-B：0.437，上 B-C：2.331，下 B-C：1.069；失控

12.29 **a.** $\bar{R}=2.756$，UCL=5.826，上 A—B：4.803，下 A-B：0.709，上 B-C：3.780，下 B-C：1.732 **b.** 变异 **c.** 受控

12.31 104

12.33 **a.** $\bar{p}=0.0575$，UCL=0.1145，LCL=0.0005，上 A-B：0.0955，下 A-B：0.0195，上 B-C：

0.0765,下 B-C:0.385 **d.** 否 **e.** 否

12.35 **a.** 是 **b.** UCL=0.02013,LCL=0.00081 **c.** 上 A-B:0.01691,下 A-B:0.00403,上 B-C:0.01369,下 B-C:0.00725;受控

12.37 **a.** $\bar{p}$=0.04,UCL=-0.99,LCL=-0.019,上 A-B:0.079,下 A-B:0.001,上 B-C:0.060,下 B-C:0.020 **b.** 否 **c.** 否

12.45 **a.** 126 **b.** 31.2 **c.** 660.36 **d.** 0.0144

12.47 6σ

12.49 **b.** C_p=0.866;否

12.67 **a.** $\bar{x}$=64 **b.** 方差增大

12.69 失控

12.71 **a.** $\bar{R}$=7.4,UCL=24.1758,上 A-B:18.5918,下 A-B:-3.7918,上 B-C:12.9959,下 B-C:1.8041;失控 **b.** $\bar{\bar{x}}$=344.15,UCL=358.062,LCL=330.238,上 A-B:353.425,下 A-B:334.875,上 B-C:348.787,下 B—C:339.513;失控 **c.** 否
d. 0.25

12.73 **a.** $\bar{R}$=5.455,UCL=11.532,上 A-B:9.508,下 A-B:1.402,上 B-C:7.481,下 B-C:3.429 **b.** 受控 **d.** $\bar{\bar{x}}$=3.876,UCL=7.015,LCL=0.719,上 A-B:5.965,下 A-B:1.769,上 B-C:4.916,下 B-C:2.818 **e.** 受控 **f.** 是

12.75 **a.** $n>141$ **b.** $\bar{p}$=0.063,UCL=0.123,LCL=0.003,上 A-B:0.103,下 A-B:0.023,上 B-C:0.083,下 B-C:0.043 **c.** 失控 **e.** 否

第十三章

13.5 **a.** 77.78,80.12,82.46,87.13,91.23,94.15,95.91,100.00,104.68,107.60,112.87,113.45,114.62,114.04,112.28,113.45,113.45,114.62,115.20,115.79,118.13,119.30,118.13,118.13,118.71,116.96,116.37 **b.** 数量 **c.** 68.91,70.98,73.06,77.20,80.83,83.42,84.97,88.60,92.75,95.34,100.00,100.52,100.52,101.55,101.04,99.48,100.52,100.52,101.55,102.07,102.59,104.66,105.70,104.66,104.66,105.18,103.63,103.11

13.7 **a.** 100.00,103.48,135.03,106.67,141.93,167.88,191.31,188.12,145.40,156.61,151.35,191.65,221.41,319.83,305.83,259.59 **b.** 41.93%,68.28%

13.9 **a.** 农业:100.00,100.12,101.10,100.56,98.72,94.50,94.02,95.36,94.20,95.10,94.71,96.11,95.33,91.38,101.34,102.26,102.35,101.04;非农业:100.00,101.14,100.19,101.58,105.99,108.37,110.94,113.86,116.53,118.97,119.59,118.46,119.23,121.15,124.72,126.60,128.48,131.50 **b.** 非农业 **c.** 100.00,101.10,100.23,101.54,105.74,107.90,110.37,113.23,115.78,118.17,118.74,117.70,118.42,120.14,123.92,125.78,127.60,130.47

13.11 **a.** 49.16,66.88,100.00,160.79,281.82,445.20,644.43,676.99,722.36,766.75,809.96,1090.09,1114.11,1149.94

13.13 **a.** 加工工人:100.00,108.07,117.60,127.74,138.72,150.52,165.42,175.78,182.82,190.27,197.52,201.45,205.18,210.97,216.98,224.22,231.47,237.27,243.06,249.90,256.11,264.39,272.67,279.30;运输服务行业工人:100.00,109.69,118.88,128.74,138.78,150.85,164.97,175.51,183.50,189.12,193.88,198.98,204.59,208.50,214.29,

220.58,224.83,228.74,231.63,235.71,242.01,245.75,253.74,260.37,总和:100.00,106.36,114.19,124.58,135.38,147.25,159.96,171.19,180.93,188.14,193.86,197.88,203.18,211.44,220.13,228.60,236.23,241.31,248.73,255.51,263.35,272.67,284.96,297.88 **c.** 工资:100.00,108.17,117.04,127.15,137.72,149.64,163.58,174.27,182.50,189.18,195.01,199.42,204.34,210.17,216.92,224.17,230.40,235.26,240.44,246.21,252.95,259.82,269.228,277.77;工作时:100.00,100.68,101.92,101.19,100.93,99.92,99.92,98.64,99.83,100.68,100.51,100.34,100.42,100.17,100.08,100.00,99.75,100.25,101.19,102.12,101.36,101.44,101.95,101.53

13.15 **a.** 280.5,280.9,265.6,256.1,248.0,233.0,225.9,217.9.211.5,209.0,204.7

13.17 **a.** 智利:5571.60,5193.10,5201.50,5827.85,5511.63,5757.21,6129.51,6082.20,6960.35,7275.43;巴西:957.60,952.80,891.45,870.73,836.81,818.41,804.2,792.10,806.15,803.03

13.19 **a.** $\omega=0.2$:80.60,82.94,87.43,92.87,97.87,104.18,114.38,127.37,141.51,157.09,172.99,190.69,206.01,223.19,242.45,265.86,285.95,304.18,324.62,344.84,368.53,382.47,399.23,420.23,444.62,470.16,496.57,$\omega=0.8$:80.60,89.96,102.31,112.41,116.75,126.87,149.53,173.35,193.05,214.15,232.11,255.62,264.96,286.51,312.90,350.18,363.08,374.30,399.98,420.56,454.75,441.51,461.34,495.63,532.89,564.42,594.64

13,23 **a.** $\omega=0.3$:200.72;$\omega=0.7$:202.09, **b.** $\omega=0.7$ 和 $v=0.3$:$F_{1994}=203.35$,$F_{1995}=204.04$,$F_{1996}=204.73$;$\omega=0.3$ 和 $v=0.7$:$F_{1994}=206.24$,$F_{1995}=208.16$, $F_{1996}=210.08$

13.25 **a.** 四个季度的预测值都为 1174.02 **b.** 四个季度的预测值者为 1068.19

13.27 **a.** 12 个月的预测值都为 290.41 **b.** 291.41,287.90,287.50,283.50,285.05,277.03,269.81,262.71,258.75,283.13,291.11,291.26 **c.** using1990－1998:291.47,292.13,292.79,293.45,294.11,294.77,295.43,296.09,296.75,297.41,298.07,298.73;两月更新:291.47,287.57,286.36,280.24,282.32,271.23,260.33,250.19,245.88,285.48,304.48,306.86

13.29 －59.15

13.31 **a.** －3.24,－8.16,－11.08 **b.** －35,－4.04－5.73 **c.** 7.493 **d.** 3.373 **e.** 8.162 **f.** 4.053

13.33 **a.** MAD＝128.74,RMSE＝135.08 **b.** MAD＝234.57,RMSE＝238.11 **c.** $\omega=0.7$

13.35 **a.** 指数平滑:MAD＝14.13,RMSE＝18.81;Holt-Winters 平滑:MAD＝16.43,RMSE＝21.36 **b.** 指数平滑:MAD＝11.29,RMSE＝16.99;Holt-Winters 平滑:MAD＝12.99,RMSE＝20.10

13.39 **a.** $E(Y_t)=\beta_0+\beta_1 t+\beta_2 x_1+\beta_3 x_2+\beta_4 x_3$,这里 $x_1=${如果是 1 季度则为 1,否则为 0},$x_2=${第二季度为 1,否则为 0},$x_3=${第三季度为 1,否则为 0} **b.** $\hat{Y}_t=11.4933+0.5098t-3.9505x_1-2.0903x_2-4.5202x_3$;$F=1275.44$,拒绝 H_0 **c.** 第 1 季度:(272217,29.6761);第 2 季度:(29.5917,32.0416);第 3 季度(27.6717,30.1216);第 4 季度:(32.7017,35.1416)

14.41 **a.** $\hat{Y}_t=47.34+19.94t$ **b.** 1997:(548.1,623.4);1998:(567.7,643.7);1999:(587.4,663.9);2000:(607.0,684.2)

13.43 **a.** $\hat{Y}_t=376.037+0.6032t$ **b.** 1997:392.93;1998:393.53 **c.** 1997:(359.62,426.23);1998:(359.97,427.09)

13.45 **a.** 非常强的负自相关 **b.** 非常强的正自相关 **c.** 可能不自相关

13.47 **a.** 对,残差项自相关 **b.** $d=0.0692$,拒绝 H_0

13.49 **a.** $\hat{Y}_t=48.3714+0.1672t$ **b.** $2s=1.6616$ **c.** 否,$d=1.334$

13.51 **a.** 100.00,110.40,112.37,119.88,127.94,127.94,120.00,123.75,125.60,127.83,126.33,130.71,115.24,112.03,117.03,133.06,133.31 **b.** 价格 **c.** 1980 年的钢产量,每一年的钢产量

13.53 $F_{1997}=620.35, F_{1998}=655.03, F_{1999}=689.71, F_{2000}=724.39$

13.55 **a.** $\hat{Y}_t=46.792-0.0272t$ **c.** $F_{2000}=46.22, F_{2001}=46.19$ **d.** 2000:(15.69,76.75);2001:(15.25,77.13) **e.** $d=1.83$,不拒绝 H_0

13.57 $F_{\mathrm{I}}=8307.21, F_{\mathrm{II}}=8389.66, F_{\mathrm{III}}=8472.11, F_{\mathrm{IV}}=8544.56$

13.61 **a.** 1970:\$51546.39;1997:\$37383.18 **b.** \$82731.96

第十四章

14.1 A,B,C,D

14.3 **a.** 大学生 **b.** 家庭 **c.** 汽车模型 **d.** 磁盘扇区 **e.** 州

14.5 **a.** 对跌价效果的观点 **b.** 比较的情况和跌价种类;都是定性的 **c.** 情况与种类的组合 **d.** 大学生

14.7 **a.** 观察 **d.** 设计 **c.** 观察 **d.** 观察 **e.** 观察

14.9 **a.** 6.39 **b.** 15.98 **c.** 1.54 **d.** 3.18

14.11 图中 b 的点

14.13 **a.** $MSE_a=2, MSE_b=14.4$ **b.** $t_a=-6.12, F_a=37.5; t_b=-2.28, F_b=5.21$ **c.** $|t|>2.228, F>4.96$ **d.** 拒绝 H_0

14.15 **a.** $F=1.5$,不拒绝 H_0 **b.** $F=6$,拒绝 H_0 **c.** $F=24$,拒绝 H_0 **d.** 增大

14.17 **a.** 4;38 **b.** $F=14.80$,拒绝 H_0 **c.** 样本均值

14.19 **a.** $H_0:\mu_1=\mu_2=\mu_3=\mu_4=\mu_5=\mu_6=\mu_7=\mu_8$ **b.** 拒绝 H_0 **c.** p 值<0.01

14.21 不拒绝 $H_0:\mu_1=\mu_2=\mu_3$,$F=1.62$,p 值$=0.209$;可能违背方差相等的假设

14.23 **a.** 很少发生:拒绝 H_0;明显:拒绝 H_0;微妙:拒绝 H_0;明显与微妙之间:拒绝 H_0;掩饰:拒绝 H_0 **b.** 否

14.25 **a.** $H_0:\mu_1=\mu_2=\mu_3=\mu_4=\mu_5=\mu_6$ **b.** 否 **d.** 设计

14.27 **a.** 3 **b.** 10 **c.** 6 **d.** 45

14.31 $\mu_S>\mu_D>\mu_{NL}>\mu_M>(\mu_{NE},\mu_B,\mu_{NW},\mu_{NC})$

14.33 **a.** 3 **c.** 是 **d.** $\mu_A>(\mu_B,\mu_C)$

14.35 **a.** 0.05 **b.** (0.3304,0.8904) **c.** $\mu_C>\mu_E>\mu_A>\mu_E$

14.37 $\mu_{SF}>(\mu_G,\mu_{ST})$

14.39

来源	df	SS	MS	F
A	2	0.8	0.4000	3.69
B	3	5.3	1.7667	16.31
AB	6	9.6	1.6000	14.77
误差	12	1.3	0.1083	
总和	23	17.00		

b. SSA+SSB+SSAB；是，$F=13.18$　c. 是　c. $F=14.77$，拒绝 H_0　f. 否

14.41 a. (1,1),(1,2),(1,3),(2,1),　(2,2),(2,3)　b. 是，$F=21.62$　c. 是；$F=36.60$，拒绝 H_0　d. 否

14.43

a.

来源	df	SS	MS	F
A	2	200	100	3.00
B	2	100	50	1.50
AB	4	100	25	0.75
误差	18	600	33.333	
总和	25	1000		

b.

来源	df	SS	MS	F
A	2	100	50	3.00
B	2	100	50	3.00
AB	4	500	125	7.50
误差	18	300	16.667	
总和	26	1000		

c.

来源	df	SS	MS	F
A	2	400	200	12.00
B	2	100	50	3.00
AB	4	200	25	3.00
误差	18	300	16.667	
总和	26	1000		

d.

来源	df	SS	MS	F
A	2	400	200	36.00
B	2	400	200	36.00
AB	4	100	25	4.50
误差	18	100	5.556	
总和	26	1000		

14.45 a. $F=1.2$，不拒绝 H_0：牛群与季节不存在交互作用；$F=17.2$，拒绝 H_0：各牛群的均值相等；$F=3.0$，不拒绝 H_0：各季节均值相等　b. 是　c. $(\mu_{MTZ},\mu_{LGN})>(\mu_{PLC},\mu_{LGN})$

14.47 a. 1,1,1,116,119　b. H_0：收价方案与信息获得系统不存在交互作用　c. $F=4.986$，拒绝 H_0　d. 否

14.49 a. 2×2 因子实验　b. 因素为帐篷种类与位置；4 个处理为(洒有药剂，里面)；(洒有药剂，外面)；(未洒药剂，里面)；(未洒药剂，外面)；　c. 在 20 分钟之内被蚊子咬的次数

14.51 a. $E(y)=\beta_0+\beta_1x_1+\beta_2x_2+\beta_3x_3+\beta_4x_4$，这里 x_1-x_4 是 5 个水平的虚拟变量　b. 10　c. $H_0:\beta_1=\beta_2=\beta_3=\beta_4=0$　d. $F>2.61$

14.53 a. $F=8.438$，拒绝 H_0　b. 0.0014　c. SST=318861.66667，SSE=510163　d. $R^2=0.3846$

14.55 a. 正规价格，正常摆设：1014.67；正规价格，附加以外的摆设：1215：正规价格，两倍摆设：1202.67；降价价格，正常摆设：1202.66；降价价格，附加以外摆设：1898.66；降价价格，两倍摆设：1505；成本价格，正常摆设：1578；成本价格，附加以外的摆设：2510；成本价格，两倍摆设：1828.67　b. $s=22.25$，$R^2=0.999$　c. 是，$F=1336.85$　d. $H_0:\beta_5=\beta_6=\beta_7=\beta_8=0$；$F>2.29$　e. $F=258.07$，拒绝 H_0　f. 否

14.57 $A_1B_1,A_1B_2,A_2B_1,A_2B_2,A_3B_1,A_3B_2$

14.59 a.

Source	dF	SS	MS	F
Treatment	3	36.95	12.32	7.70
Error	16	25.60	1.60	
Total	19	62.55		

b. 是，$F=7.70$　**c.** 11.4 ± 0.99

14.61 **b.** 是　**c.** 否

14.63 **a.** 是，$F=30.4$　**b.** $\mu_A>(\mu_B,\mu_C,\mu_D)$；$\mu_B>\mu_D$

14.65 **a.** 完全随机化

14.67 **a.** $2\times2\times2\times2$ 因子实验设计　**b.** 16

d. 是，$F=3.87$　**e.** 有必要，对模具有光滑度作主效应检验；$t=0.05$，不拒绝 H_0

14.69 **a.** 完全随机化；教育水平 **b.** $F=3.298$，拒绝 H_0　**c.** $\mu_P>(\mu_{CG},\mu_{HS},\mu_{SC},\mu_{NH})$

14.71 **a.** 2×2 因子实验　**b.** 是，$F=12.29$　**c.** 交互作用 $F=0.02$，不拒绝 H_0：工作日程：$F=7.37$，拒绝 H_0；付酬方式：$F=29.47$，拒绝 H_0

14.73 **a.** 观察，完全随机化

b. 是，$F=3.34$　**c.** $\mu_{NYSE}>\mu_{ASE}$；0.05

14.75 **a.** 完全随机化

b.

Source	df	SS	MS	F
Treatment	3	117.642	39.214	7.79
Error	13	64.417	5.032	
Total	16	183.059		

c. 是，$F=7.79$　**d.** $\mu_3>(\mu_1,\mu_2)$

第十五章

15.3 **a.** 0.035　**b.** 0.363　**c.** 0.004　**d.** 0.151　**e.** 0.2119

15.5 p 值 $=0.054$；拒绝 H_0

15.7 **a.** $H_0:\eta=5, H_a:\eta>5$　**b.** 0　**c.** 拒绝 H_0

15.9 **a.** 符号检验　**b.** $H_0:\eta=30, H_a:\eta<30$　**c.** $S=0.5$，p 值 <0.01　**d.** p 值 $=0.109$，不拒绝 H_0

15.11 **a.** T_2；$T_2\leqslant35$ 或 $T_2\geqslant67$　**b.** T_1；$T_1\geqslant43$　**c.** T_2；$T_2\geqslant93$　**d.** z；$|z|>1.96$

15.15 **a.** 否，$T_2=105$　**b.** 少于 0.05

15.17 **b.** p 值 $=0.0564$，不拒绝 H_0　**c.** 总体都为正态分布，且方差相等；将违背正态性假设

15.19 是，$T_1=39$；是

15.21 **a.** $z=-1.75$，拒绝 H_0

15.23 **a.** H_0：两个被抽样的总体具有相同的概率分布　**b.** $T_-=3.5$，拒绝 H_0

15.27 **a.** H_0：两个被抽样的总体具有相同的概率分布　**b.** $z=2.499$，拒绝 H_0　**c.** 0.0062

15.29 $T_-=3.5$，拒绝 H_0

15.31 $T_+=2$，拒绝 H_0

15.33 否，p 值 $=0.1728$

15.35 **a.** 完全随机化　**b.** H_0：三个概率分布都相同　**c.** $H>9.21034$　**d.** $H=13.85$，拒绝 H_0

15.37 **b.** $H>15.0863$　**c.** 拒绝 H_0　**d.** 是

15.39 **a.** 是，$H=13.544$　**c.** 第一类错误：当三个回极教率分布相同时，得出至少有两个不同的结论；第二类错误：当三个回极率分布不相同时，得出的结论是相同　**d.** 因为正态分布且具有相同的方差

15.41 **a.** $H=0.354$，不拒绝 H_0　**b.** Wilcoxon 和检验

15.43 **a.** 0.01 **b.** 0.01 **c.** 0.975 **d.** 0.05

15.45 **a.** 0.4 **b.** −0.9 **c.** −0.2 **d.** 0.2

15.47 **a.** −0.485 **b.** 拒绝 H_0

15.49 $r_s=-0.607$,不拒绝 H_0

15.51 **b.** $r_s=0.972$,拒绝 H_0

15.53 否,$r_s=0.255$

15.55 **a.** 否,$r_s=0.40$ **b.** 是,$T_-=1.5$

15.57 **a.** 电话会议对差 **b.** H_0:两个被抽样的总体具有相同的概率分布,Ha:A(面对面)的分布偏向于B(电话会议)分布的右边。 **c.** $T_+=3.5$,拒绝 H_0 **d.** $0.01<p$ 值 <0.025

15.59 否,$H=5.85$

15.61 是,$T_-=3$

15.63 否,$T_A=21$

15.65 **a.** 完全随机化 **b.** $H=14.61$,拒绝 H_0 **d.** 对;领导 1

15.67 是,$T_1=62$

15.69 是,$T_{以前}=132.5$

15.71 否,$r_s=0.7714$

15.73 $r_s=0.8574$

第十六章

16.1 **a.** $\chi^2>5.99147$ **b.** $\chi^2>7.77944$ **c.** $\chi^2>11.3449$

16.3 $E(n_i)\geqslant 5$

16.5 **a.** $\chi^2=3.293$

16.7 **a.** 111,74,74,37,37,37 **b.** 13.541 **c.** 拒绝 H_0

16.9 **a.** 是,$\chi^2=87.74$,p 值$=0$ **b.** 0.539 ± 0.047

16.11 **a.** $H_0:p_1=p_2=p_3=p_4=0.25$ **b.** $\chi^2=14.805$,拒绝 H_0 **c.** 第一类错误:当持四种意见的网络用户的人数无明显差异时得到的结论是人数有明显差异;第二类错误:当持四种意见的网络用户的人数有明显差异时,得到的结论是人数无明显差异;

16.13 $\chi^2=16$,p 值$=0.003$,拒绝 H_0

16.15 **a.** $\chi^2=12.734$,不拒绝 H_0 **b.** $0.05<p$ 值 <0.10

16.17 **a.** H_0:行与列相互独立 **b.** $\chi^2>9.21034$ **c.** 14.37,36.79,44.84,10.63,26.21,33.16 **d.** $\chi^2=8.71$,不拒绝 H_0

16.19 $\chi^2=12.36$,拒绝 H_0

16.21 是,$\chi^2=256.336$

16.23 **a.** 0.901 **b.** 0.690 **d.** $\chi^2=48.191$,拒绝 H_0 **e.** 0.211 ± 0.070

16.25 **b.** $\chi^2=45.357$,p 值$=0$,拒绝 H_0

16.27 **a.** $\chi^2=39.22$,拒绝 H_0 **b.** $\chi^2=2.84$,不拒绝 H_0

16.29 是,$\chi^2=24.524$

16.31 **a.** 否,$\chi^2=2.133$ **b.** 0.233 ± 0.057

16.33 $\chi^2=19.10$,拒绝 H_0

16.35 工会员工:$\chi^2=13.37$,p 值$=0.038$,拒绝 H_0;非工会员工:$\chi^2=9.64$,p 值$=0.141$,不拒绝 H_0

16.37 **a.** 否 **c.** H_0:第一个月的变化与接下来11个月的变化互相独立 **d.** $\chi^2=2.373$,不拒绝 H_0 **e.** 是

16.39 **a.**

	委员会接受	委员会拒绝	总和
监督员接受	101	23	124
监督员拒绝	10	19	29
总和	111	42	153

b. 是 **c.** $\chi^2=26.034$,拒绝 H_0

16.41 **a.** 是,$\chi^2=18.54$ **b.** p 值<0.005

16.43 **a.** 是,$\chi^2=47.98$ **b.** 0.125 ± 0.046